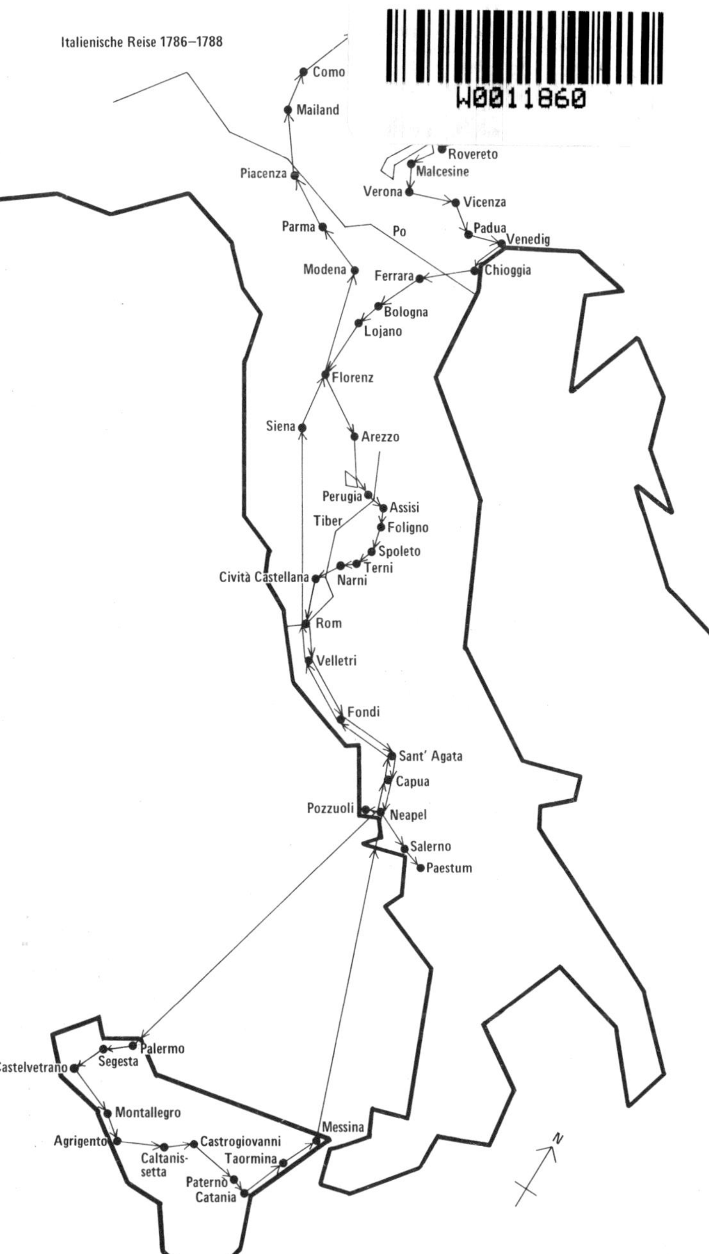

Italienische Reise 1786–1788
Como
Mailand
Piacenza
Parma
Modena
Po
Rovereto
Malcesine
Verona
Vicenza
Padua
Venedig
Chioggia
Ferrara
Bologna
Lojano
Florenz
Siena
Arezzo
Perugia
Assisi
Tiber
Foligno
Spoleto
Terni
Narni
Cività Castellana
Rom
Velletri
Fondi
Sant' Agata
Capua
Pozzuoli
Neapel
Salerno
Paestum
Palermo
Segesta
Castelvetrano
Montallegro
Agrigento
Caltanis-
setta
Castrogiovanni
Taormina
Messina
Paternò
Catania
N

GOETHE · DIE REISEN

JOHANN WOLFGANG GOETHE

DIE REISEN

ARTEMIS VERLAG
ZÜRICH UND MÜNCHEN

ALS TEXTVORLAGE DIENTE DIE VON ERNST BEUTLER UNTER MITARBEIT ZAHLREICHER FACHGELEHRTER HERAUSGEGEBENE ARTEMIS-GEDENKAUSGABE DER WERKE GOETHES (ZWEITE AUFLAGE ZÜRICH 1961 BIS 1966)

GESAMTHERSTELLUNG:
EBNER ULM
PRINTED IN GERMANY
ISBN 3 7608 2528 1

GOETHE IN DER CAMPAGNA

AUSSCHNITT AUS DEM GEMÄLDE VON J. H. W. TISCHBEIN 1786–88

STÄDELSCHES KUNSTINSTITUT FRANKFURT AM MAIN

ITALIENISCHE REISE

ERSTER TEIL

Auch ich in Arkadien!

KARLSBAD BIS AUF DEN BRENNER

Den 3. September 1786

Früh drei Uhr stahl ich mich aus Karlsbad, weil man mich sonst nicht fortgelassen hätte. Die Gesellschaft, die den achtundzwanzigsten August, meinen Geburtstag, auf eine sehr freundliche Weise feiern mochte, erwarb sich wohl dadurch ein Recht mich fest zu halten; allein hier war nicht länger zu säumen. Ich warf mich, ganz allein, nur einen Mantelsack und Dachsranzen aufpackend, in eine Postchaise und gelangte halb acht Uhr nach Zwodau, an einem schönen stillen Nebelmorgen. Die obern Wolken streifig und wollig, die untern schwer. Mir schienen das gute Anzeichen. Ich hoffte, nach einem so schlimmen Sommer einen guten Herbst zu genießen. Um zwölf in Eger, bei heißem Sonnenschein; und nun erinnerte ich mich, daß dieser Ort dieselbe Polhöhe habe wie meine Vaterstadt, und ich freute mich, wieder einmal bei klarem Himmel unter dem fünfzigsten Grade zu Mittag zu essen.

In Bayern stößt einem sogleich das Stift Waldsassen entgegen — köstliche Besitztümer der geistlichen Herren, die früher als andere Menschen klug waren. Es liegt in einer Teller-, um nicht zu sagen Kesseltiefe, in einem schönen Wiesengrunde, rings von fruchtbaren sanften Anhöhen umgeben. Auch hat dieses Kloster im Lande weit umher Besitzungen. Der Boden ist aufgelöster Tonschiefer. Der Quarz, der sich in dieser Gebirgsart befindet und sich nicht auflöst noch verwittert, macht das Feld locker und durchaus fruchtbar. Bis gegen Tirschenreuth steigt das Land noch. Die Wasser fließen einem entgegen, nach der Eger und Elbe zu. Von

Tirschenreuth an fällt es nun südwärts ab, und die Wasser laufen nach der Donau. Mir gibt es sehr schnell einen Begriff von jeder Gegend, wenn ich bei dem kleinsten Wasser forsche, wohin es läuft, zu welcher Flußregion es gehört. Man findet alsdann selbst in Gegenden, die man nicht übersehen kann, einen Zusammenhang der Berge und Täler gedankenweise. Vor gedachtem Ort beginnt die treffliche Chaussee von Granitsand; es läßt sich keine vollkommenere denken: denn da der aufgelöste Granit aus Kiesel und Tonerde besteht, so gibt das zugleich einen festen Grund und ein schönes Bindungsmittel, die Straße glatt wie eine Tenne zu machen. Die Gegend, durch die sie geführt ist, sieht desto schlechter aus: gleichfalls Granitsand, flachliegend, moorig, und der schöne Weg desto erwünschter. Da nun zugleich das Land abfällt, so kömmt man fort mit unglaublicher Schnelle, die gegen den böhmischen Schneckengang recht absticht. Beiliegendes Blättchen benennt die verschiedenen Stationen. Genug, ich war den andern Morgen um zehn Uhr in Regensburg und hatte also diese vierundzwanzig und eine halbe Meile in einunddreißig Stunden zurückgelegt. Da es anfing Tag zu werden, befand ich mich zwischen Schwandorf und Regenstauf, und nun bemerkte ich die Veränderung des Ackerbodens ins Bessere. Es war nicht mehr Verwitterung des Gebirgs, sondern aufgeschwemmtes gemischtes Edreich. Den Regenfluß herauf hatte in uralten Zeiten Ebbe und Flut aus dem Donautal in alle die Täler gewirkt, die gegenwärtig ihre Wasser dorthin ergießen, und so sind diese natürlichen Polder entstanden, worauf der Ackerbau gegründet ist. Diese Bemerkung gilt in der Nachbarschaft aller größern und kleinern Flüsse, und mit diesem Leitfaden kann der Beobachter einen schnellen Aufschluß über jeden der Kultur geeigneten Boden erlangen.

Regensburg liegt gar schön. Die Gegend mußte eine Stadt herlocken; auch haben sich die geistlichen Herren wohl bedacht. Alles Feld um die Stadt gehört ihnen, in der Stadt steht Kirche gegen Kirche und Stift gegen Stift. Die Donau erinnert mich an den alten Main. Bei Frankfurt haben Fluß und Brücke ein besseres Ansehn, hier aber nimmt sich das gegenüberliegende Stadt-am-Hof recht artig aus. Ich verfügte mich gleich in das Jesuitenkollegium, wo das jährliche Schauspiel durch Schüler gegeben ward, sah das Ende der Oper und den Anfang des Trauerspiels. Sie machten es nicht schlimmer als eine angehende Liebhabertruppe und waren recht schön, fast zu prächtig gekleidet. Auch diese öffentliche Darstellung hat mich von der Klugheit der Jesuiten aufs neue überzeugt. Sie verschmähten nichts, was irgend wirken konnte, und wußten es mit Liebe und Aufmerksamkeit zu behandeln. Hier ist nicht Klugheit, wie man sie sich in abstracto denkt, es ist eine Freude an der Sache dabei, ein Mit- und Selbstgenuß, wie er aus dem Gebrauche des Lebens entspringt. Wie diese große geistliche Gesellschaft Orgelbauer, Bildschnitzer und Vergulder unter sich hat, so sind gewiß auch einige, die sich des Theaters mit Kenntnis und Neigung annehmen, und wie durch gefälligen Prunk sich ihre Kirchen auszeichnen, so bemächtigen sich die einsichtigen Männer hier der weltlichen Sinnlichkeit durch ein anständiges Theater.

Heute schreibe ich unter dem neunundvierzigsten Grade. Er läßt sich gut an. Der Morgen war kühl, und man klagt auch hier über Nässe und Kälte des Sommers; aber es entwickelte sich ein herrlicher gelinder Tag. Die milde Luft, die ein großer Fluß mitbringt, ist ganz was Eigenes. Das Obst ist nicht sonderlich. Gute Birnen hab' ich gespeist; aber ich sehne mich nach Trauben und Feigen.

Der Jesuiten Tun und Wesen hält meine Betrachtungen fest. Kirchen, Türme, Gebäude haben etwas Großes und Vollständiges in der Anlage, das allen Menschen insgeheim Ehrfurcht einflößt. Als Dekoration ist nun Gold, Silber, Metall, geschliffene Steine in solcher Pracht und Reichtum gehäuft, der die Bettler aller Stände blenden muß. Hier und da fehlt es auch nicht an etwas Abgeschmacktem, damit die Menschheit versöhnt und angezogen werde. Es ist dieses überhaupt der Genius des katholischen äußeren Gottesdienstes; noch nie habe ich es aber mit so viel Verstand, Geschick und Konsequenz ausgeführt gesehen als bei den Jesuiten. Alles trifft darin überein, daß sie nicht wie andere Ordensgeistliche eine alte abgestumpfte Andacht fortsetzten, sondern sie, dem Geist der Zeit zuliebe, durch Prunk und Pracht wieder aufstutzten.

Ein sonderbar Gestein wird hier zu Werkstücken verarbeitet, dem Scheine nach eine Art Totliegendes, das jedoch für älter, für ursprünglich, ja für porphyrartig gehalten werden muß. Es ist grünlich, mit Quarz gemischt, löcherig, und es finden sich große Flecke des festesten Jaspis darin, in welchen sich wieder kleine runde Flecken von Brekzienart zeigen. Ein Stück war gar zu instruktiv und appetitlich, der Stein aber zu fest, und ich habe geschworen, mich auf dieser Reise nicht mit Steinen zu schleppen.

München, den 6. September

Den fünften September halb ein Uhr mittag reiste ich von Regensburg ab. Bei Abach ist eine schöne Gegend, wo die Donau sich an Kalkfelsen bricht, bis gegen Saal. Es ist der Kalk wie der bei Osteroda am Harz, dicht, aber im ganzen löcherig. Um sechs Uhr morgens war ich in München, und nachdem ich mich zwölf Stunden umgesehen, will ich nur weniges bemerken. In der Bildergalerie fand ich mich nicht einheimisch; ich muß meine Augen erst wieder an Gemälde gewöhnen. Es sind treffliche Sachen. Die Skizzen von Rubens, von der Luxemburger Galerie, haben mir große Freude gemacht.

Hier steht auch das vornehme Spielwerk, die Trajanische Säule, in Modell. Der Grund Lapislazuli, die Figuren verguldet. Es ist immer ein schön Stück Arbeit, und man betrachtet es gern.

Im Antikensaale konnte ich recht bemerken, daß meine Augen auf diese Gegenstände nicht geübt sind, deswegen wollte ich nicht verweilen und Zeit verderben. Vieles sprach mich gar nicht an, ohne daß ich sagen könnte warum. Ein Drusus erregte meine Aufmerksamkeit, zwei Antonine gefielen mir, und so noch einiges. Im ganzen stehen die Sachen auch nicht glücklich, ob man gleich mit ihnen hat aufputzen wollen, und der Saal oder vielmehr das Gewölbe ein gutes Ansehn hätte, wenn es nur reinlicher und besser unterhalten wäre. Im Naturalienkabinett fand ich schöne Sachen aus Tirol, die ich in kleinen Musterstücken schon kenne, ja besitze.

Es begegnete mir eine Frau mit Feigen, welche als die ersten vortrefflich schmeckten. Aber das Obst überhaupt ist doch für den achtundvierzigsten Grad nicht besonders gut. Man klagte hier durchaus über Kälte und Nässe. Ein Nebel, der für einen Regen gelten konnte, empfing mich heute früh vor München. Den ganzen Tag blies der Wind sehr kalt vom Tiroler Gebirg. Als ich vom Turm dahin sah, fand ich es bedeckt und den ganzen Himmel überzogen. Nun scheint die Sonne im Untergehen noch an den alten Turm, der mir vor dem Fenster steht. Verzeihung, daß ich so sehr auf Wind und Wetter acht habe: der Reisende zu Lande, fast so sehr als der Schiffer, hängt von beiden ab, und es wäre ein Jammer, wenn mein Herbst in fremden Landen sowenig begünstigt sein sollte als der Sommer zu Hause.

Nun soll es gerade auf Innsbruck. Was lass' ich nicht alles rechts und links liegen, um den einen Gedanken auszuführen, der fast zu alt in meiner Seele geworden ist!

Mittenwald, den 7. September, abends

Es scheint, mein Schutzgeist sagt Amen zu meinem Credo, und ich danke ihm, der mich an einem so schönen Tage hierher geführt hat. Der letzte Postillon sagte mit vergnüglichem Ausruf: es sei der erste im ganzen Sommer. Ich nähre meinen stillen Aberglauben, daß es so fortgehen soll, doch müssen mir die Freunde verzeihen, wenn wieder von Luft und Wolken die Rede ist.

Als ich um fünf Uhr von München wegfuhr, hatte sich der

Himmel aufgeklärt. An den Tiroler Bergen standen die Wolken in ungeheuern Massen fest. Die Streifen der untern Regionen bewegten sich auch nicht. Der Weg geht auf den Höhen, wo man unten die Isar fließen sieht, über zusammengeschwemmte Kieshügel hin. Hier wird uns die Arbeit der Strömungen des uralten Meeres faßlich. In manchem Granitgeschiebe fand ich Geschwister und Verwandte meiner Kabinettsstücke, die ich Knebeln verdanke.

Die Nebel des Flusses und der Wiesen wehrten sich eine Weile, endlich wurden auch diese aufgezehrt. Zwischen gedachten Kieshügeln, die man sich mehrere Stunden weit und breit denken muß, das schönste fruchtbarste Erdreich wie im Tale des Regenflusses. Nun muß man wieder an die Isar, und sieht einen Durchschnitt und Abhang der Kieshügel, wohl hundertundfünfzig Fuß hoch. Ich gelangte nach Wolfrathshausen, und erreichte den achtundvierzigsten Grad. Die Sonne brannte heftig, niemand traut dem schönen Wetter, man schreit über das böse des vergehenden Jahres, man jammert, daß der große Gott gar keine Anstalt machen will.

Nun ging mir eine neue Welt auf. Ich näherte mich den Gebirgen, die sich nach und nach entwickelten.

Benediktbeuern liegt köstlich und überrascht beim ersten Anblick. In einer fruchtbaren Fläche ein lang und breites weißes Gebäude und ein breiter hoher Felsrücken dahinter. Nun geht es hinauf zum Kochelsee; noch höher ins Gebirge zum Walchensee. Hier begrüßte ich die ersten beschneiten Gipfel, und auf meine Verwunderung, schon so nahe bei den Schneebergen zu sein, vernahm ich, daß es gestern in dieser Gegend gedonnert, geblitzt und auf den Bergen geschneit habe. Aus diesen Meteoren wollte man Hoffnung zu besserem Wetter schöpfen und aus dem ersten Schnee eine Umwandlung der Atmosphäre vermuten. Die Felsklippen, die mich umgeben, sind alle Kalk, von dem ältesten, der noch keine Versteinerungen enthält. Diese Kalkgebirge gehen in ungeheuern ununterbrochenen Reihen von Dalmatien bis an den St. Gotthard und weiter fort. Hacquet hat einen großen

Teil der Kette bereist. Sie lehnen sich an das quarz- und tonreiche Urgebirge.

Nach Walchensee gelangte ich um halb fünf. Etwa eine Stunde von dem Orte begegnete mir ein artiges Abenteuer: ein Harfner mit seiner Tochter, einem Mädchen von elf Jahren, gingen vor mir her und baten mich, das Kind einzunehmen. Er trug das Instrument weiter, ich ließ sie zu mir sitzen, und sie stellte eine große neue Schachtel sorgfältig zu ihren Füßen. Ein artiges ausgebildetes Geschöpf, in der Welt schon ziemlich bewandert. Nach Maria Einsiedeln war sie mit ihrer Mutter zu Fuß gewallfahrtet, und beide wollten eben die größere Reise nach Sankt Jago von Compostell antreten, als die Mutter mit Tode abging und ihr Gelübde nicht erfüllen sollte. Man könne in der Verehrung der Mutter Gottes nie zu viel tun, meinte sie. Nach einem großen Brande habe sie selbst gesehen ein ganzes Haus niedergebrannt bis auf die untersten Mauern, und über der Türe, hinter einem Glase, das Muttergottesbild, Glas und Bild unversehrt, welches denn doch ein augenscheinliches Wunder sei. All ihre Reisen habe sie zu Fuße gemacht, zuletzt in München vor dem Kurfürsten gespielt und sich überhaupt vor einundzwanzig fürstlichen Personen hören lassen. Sie unterhielt mich recht gut. Hübsche, große, braune Augen, eine eigensinnige Stirn, die sich manchmal ein wenig hinaufwärts faltete. Wenn sie sprach, war sie angenehm und natürlich, besonders wenn sie kindischlaut lachte; hingegen wenn sie schwieg, schien sie etwas bedeuten zu wollen und machte mit der Oberlippe eine fatale Miene. Ich sprach sehr viel mit ihr durch, sie war überall zu Hause und merkte gut auf die Gegenstände. So fragte sie mich einmal, was das für ein Baum sei? Es war ein schöner großer Ahorn, der erste der mir auf der ganzen Reise zu Gesichte kam. Den hatte sie doch gleich bemerkt und freute sich, da mehrere nach und nach erschienen, daß sie auch diesen Baum unterscheiden könne. Sie gehe, sagte sie, nach Bozen auf die Messe, wo ich doch wahrscheinlich auch hinzöge. Wenn sie mich dort anträfe, müsse ich ihr einen Jahrmarkt kaufen, welches ich ihr denn auch versprach. Dort wolle sie auch ihre neue Haube aufsetzen, die sie sich in München von ihrem Verdienst habe machen lassen. Sie wolle mir solche im voraus zeigen. Nun eröffnete sie die Schachtel, und ich mußte mich des reichgestickten und wohlbebänderten Kopfschmuckes mit ihr erfreuen.

Über eine andere frohe Aussicht vergnügten wir uns gleichfalls zusammen. Sie versicherte nämlich, daß es gut Wetter gäbe. Sie trügen ihren Barometer mit sich, und das sei die Harfe. Wenn sich der Diskant hinaufstimme, so gebe es gutes Wetter, und das habe er heute getan. Ich ergriff das Omen, und wir schieden im besten Humor in der Hoffnung eines baldigen Wiedersehns.

Auf dem Brenner, den 8. September, abends

Hierher gekommen, gleichsam gezwungen, endlich an einen Ruhepunkt, an einen stillen Ort, wie ich ihn mir nur hätte wünschen können. Es war ein Tag, den man jahrelang in der Erinnerung genießen kann. Um sechs Uhr verließ ich Mittenwald, den klaren Himmel reinigte ein scharfer Wind vollkommen. Es war eine Kälte, wie sie nur im Februar erlaubt ist. Nun aber, bei dem Glanze der aufgehenden Sonne, die dunkeln, mit Fichten bewachsenen Vordergründe, die grauen Kalkfelsen dazwischen und dahinter die beschneiten höchsten Gipfel auf einem tieferen Himmelsblau, das waren köstliche, ewig abwechselnde Bilder.

Bei Scharnitz kommt man ins Tirol. Die Grenze ist mit einem Walle geschlossen, der das Tal verriegelt und sich an die Berge anschließt. Es sieht gut aus: an der einen Seite ist der Felsen befestigt, an der andern steigt er senkrecht in die Höhe. Von Seefeld wird der Weg immer interessanter, und wenn er bisher, seit Benediktbeuern herauf, von Höhe zu Höhe stieg, und alle Wasser die Region der Isar suchten, so blickt man nun über einen Rücken in das Inntal, und Inzing liegt vor uns. Die Sonne war hoch und heiß, ich mußte meine Kleidung erleichtern, die ich bei der veränderlichen Atmosphäre des Tages oft wechsele.

Bei Zirl fährt man ins Inntal herab. Die Lage ist unbeschreiblich schön, und der hohe Sonnenduft machte sie ganz herrlich. Der Postillon eilte mehr als ich wünschte: er hatte noch keine Messe gehört und wollte sie in Innsbruck, es war eben Marientag, um desto andächtiger zu sich nehmen. Nun rasselte es immer an dem Inn hinab, an der Martinswand vorbei, einer steil abgehenden ungeheuern Kalkwand. Zu dem Platze, wohin Kaiser Maximilian sich verstiegen haben soll, getraute ich mir wohl ohne Engel hin und her zu kommen, ob es gleich immer ein frevelhaftes Unternehmen wäre.

Innsbruck liegt herrlich in einem breiten reichen Tale, zwischen hohen Felsen und Gebirgen. Erst wollte ich dableiben, aber es ließ mir keine Ruhe. Kurze Zeit ergötzte ich mich an dem Sohne des Wirts, einem leibhaftigen Söller. So begegnen mir nach und nach meine Menschen. Das Fest Mariä Geburt zu feiern, ist alles geputzt. Gesund und wohlhäbig zu Scharen, wallfahrten sie nach Wilten, einem Andachtsorte, eine Viertelstunde von der Stadt gegen das Gebirge zu. Um zwei Uhr, als mein rollender Wagen das muntere bunte Gedränge teilte, war alles in frohem Zug und Gang.

Von Innsbruck herauf wird es immer schöner, da hilft kein Beschreiben. Auf den gebahntesten Wegen steigt man eine Schlucht herauf, die das Wasser nach dem Inn zu sendet, eine Schlucht, die den Augen unzählige Abwechslungen bietet. Wenn der Weg nah am schroffsten Felsen hergeht, ja in ihn hineingehauen ist, so erblickt man die Seite gegenüber sanft abhängig, so daß noch kann der schönste Feldbau darauf geübt werden. Es liegen Dörfer, Häuser, Häuschen, Hütten, alles weiß angestrichen, zwischen Feldern und Hecken auf der abhängenden hohen und breiten Fläche. Bald verändert sich das Ganze: das Benutzbare wird zur Wiese, bis sich auch das in einen steilen Abhang verliert.

Zu meiner Welterschaffung habe ich manches erobert,

doch nichts ganz Neues und Unerwartetes. Auch habe ich viel geträumt von dem Modell, wovon ich so lange rede, woran ich so gern anschaulich machen möchte, was in meinem Innern herumzieht, und was ich nicht jedem in der Natur vor Augen stellen kann.

Nun wurde es dunkler und dunkler, das einzelne verlor sich, die Massen wurden immer größer und herrlicher, endlich da sich alles nur wie ein tiefes geheimes Bild vor mir bewegte, sah ich auf einmal wieder die hohen Schneegipfel vom Mond beleuchtet, und nun erwarte ich, daß der Morgen diese Felsenkluft erhelle, in der ich auf der Grenzscheide des Südens und Nordens eingeklemmt bin.

Ich füge noch einige Bemerkungen hinzu, über die Witterung, die mir vielleicht eben deswegen so günstig ist, weil ich ihr so viele Betrachtungen widme. Auf dem flachen Lande empfängt man gutes und böses Wetter, wenn es schon fertig geworden, im Gebirge ist man gegenwärtig, wenn es entsteht. Dieses ist mir nun so oft begegnet, wenn ich auf Reisen, Spaziergängen, auf der Jagd tag'- und nächtelang in den Bergwäldern, zwischen Klippen verweilte, und da ist mir eine Grille aufgestiegen, die ich auch für nichts anders geben will, die ich aber nicht los werden kann, wie man denn eben die Grillen am wenigsten los wird. Ich sehe sie überall, als wenn es eine Wahrheit wäre, und so will ich sie denn auch aussprechen, da ich ohnehin die Nachsicht meiner Freunde so oft zu prüfen im Falle bin.

Betrachten wir die Gebirge näher oder ferner, und sehen ihre Gipfel bald im Sonnenscheine glänzen, bald vom Nebel umzogen, von stürmenden Wolken umsaust, von Regenstrichen gepeitscht, mit Schnee bedeckt, so schreiben wir das alles der Atmosphäre zu, da wir mit Augen ihre Bewegungen und Veränderungen gar wohl sehen und fassen. Die Gebirge hingegen liegen vor unserm äußeren Sinn in ihrer herkömmlichen Gestalt unbeweglich da. Wir halten sie für tot, weil sie erstarrt sind, wir glauben sie untätig, weil sie ruhen. Ich aber kann mich schon seit längerer Zeit nicht entbrechen, einer innern, stillen, geheimen Wirkung derselben die Veränderungen, die sich in der Atmosphäre zeigen, zum großen Teile zuzuschreiben. Ich glaube nämlich, daß die Masse der Erde überhaupt, und folglich auch besonders ihre hervorragenden Grundfesten, nicht eine beständige, immer gleiche Anziehungskraft ausüben, sondern daß diese Anziehungskraft sich in einem gewissen Pulsieren äußert, so daß sie sich durch innere notwendige, vielleicht auch äußere zufällige Ursachen bald vermehrt, bald vermindert. Mögen alle anderen Versuche, diese Oszillation darzustellen zu beschränkt und roh sein, die Atmosphäre ist zart und weit genug, um uns von jenen stillen Wirkungen zu unterrichten. Vermindert sich jene Anziehungskraft im geringsten, alsobald deutet uns die verringerte Schwere, die verminderte Elastizität der Luft diese Wirkung an. Die Atmosphäre kann die Feuchtigkeit, die in ihr chemisch und mechanisch verteilt war, nicht mehr tragen, Wolken senken sich, Regen stürzen nieder, und Regenströme ziehen nach dem Lande zu. Vermehrt aber das Gebirg seine Schwerkraft, so wird alsobald die Elastizität der Luft wieder hergestellt, und es entspringen zwei wichtige Phänomene. Einmal versammeln die Berge ungeheuere Wolkenmassen um sich her, halten sie fest und starr, wie zweite Gipfel über sich, bis sie, durch innern Kampf elektrischer Kräfte bestimmt, als Gewitter, Nebel und Regen niedergehen, sodann wirkt auf den Überrest die elastische Luft, welche nun wieder mehr Wasser zu fassen, aufzulösen und zu verarbeiten fähig ist. Ich sah das Aufzehren einer solchen Wolke ganz deutlich: sie hing um den steilsten Gipfel, das Abendrot beschien sie. Langsam, langsam sonderten ihre Enden sich ab, einige Flocken wurden weggezogen und in die Höhe gehoben; diese verschwanden, und so verschwand die ganze Masse nach und nach und ward vor meinen Augen, wie ein Rocken, von einer unsichtbaren Hand ganz eigentlich abgesponnen.

Wenn die Freunde über den ambulanten Wetterbeobachter und dessen seltsame Theorien gelächelt haben, so gebe ich ihnen vielleicht durch einige andere Betrachtungen Gelegenheit zum Lachen, denn ich muß gestehen, da meine Reise eigentlich eine Flucht war, vor allen den Unbilden, die ich unter dem einundfünfzigsten Grade erlitten, daß ich Hoffnung hatte, unter dem achtundvierzigsten ein wahres Gosen zu betreten. Allein ich fand mich getäuscht, wie ich früher hätte wissen sollen; denn nicht die Polhöhe allein macht Klima und Witterung, sondern die Bergreihen, besonders jene, die von Morgen nach Abend die Länder durchschneiden. In diesen ereignen sich immer große Veränderungen, und nordwärts liegende Länder haben am meisten darunter zu leiden. So scheint auch die Witterung für den ganzen Norden diesen Sommer über durch die große Alpenkette, auf der ich dieses schreibe, bestimmt worden zu sein. Hier hat es die letzten Monate her immer geregnet, und Südwest und Südost haben den Regen durchaus nordwärts geführt. In Italien sollen sie schön Wetter, ja zu trocken, gehabt haben.

Nun von dem abhängigen, durch Klima, Berghöhe, Feuchtigkeit auf das mannigfaltigste bedingten Pflanzenreich einige Worte. Auch hierin habe ich keine sonderliche Veränderung, doch Gewinn gefunden. Äpfel und Birnen hängen schon häufig vor Innsbruck in dem Tale, Pfirschen und Trauben hingegen bringen sie aus Welschland, oder vielmehr aus dem mittägigen Tirol. Um Innsbruck bauen sie viel Türkisch- und Heidekorn, das sie Blende nennen. Den Brenner herauf sah ich die ersten Lärchenbäume, bei Schönberg den ersten Zirbel. Ob wohl das Harfnermädchen hier auch nachgefragt hätte?

Die Pflanzen betreffend fühl' ich noch sehr meine Schülerschaft. Bis München glaubt' ich wirklich nur die gewöhnlichen zu sehen. Freilich war meine eilige Tag- und Nachtfahrt solchen feinern Beobachtungen nicht günstig. Nun habe ich zwar meinen Linné bei mir und seine Terminologie wohl eingeprägt, wo soll aber Zeit und Ruhe zum Analysieren herkommen, das ohnehin, wenn ich mich recht kenne, meine Stärke niemals werden kann? Daher schärf' ich mein Auge aufs Allgemeine, und als ich am Walchensee die erste Gentiana sah, fiel mir auf, daß ich auch bisher zuerst am Wasser die neuen Pflanzen fand.

Was mich noch aufmerksamer machte, war der Einfluß, den die Gebirgshöhe auf die Pflanzen zu haben schien. Nicht nur neue Pflanzen fand ich da, sondern Wachstum der alten verändert; wenn in der tiefern Gegend Zweige und Stengel stärker und mastiger waren, die Augen näher aneinander standen und die Blätter breit waren, so wurden höher ins Gebirg hinauf Zweige und Stengel zarter, die Augen rückten auseinander, so daß von Knoten zu Knoten ein größerer Zwischenraum statt fand, und die Blätter sich lanzenförmiger bildeten. Ich bemerkte dies bei einer Weide und einer Gentiana und überzeugte mich, daß es nicht etwa verschiedene Arten wären. Auch am Walchensee bemerkte ich längere und schlankere Binsen als im Unterlande.

Die Kalkalpen, welche ich bisher durchschnitten, haben eine graue Farbe und schöne, sonderbare, unregelmäßige Formen, ob sich gleich der Fels in Lager und Bänke teilt. Aber weil auch geschwungene Lager vorkommen, und der Fels überhaupt ungleich verwittert, so sehen die Wände und Gipfel seltsam aus. Diese Gebirgsart steigt den Brenner weit herauf. In der Gegend des oberen Sees fand ich eine Veränderung desselben. An dunkelgrünen und dunkelgrauen Glimmerschiefer, stark mit Quarz durchzogen, lehnte sich ein weißer dichter Kalkstein, der an der Ablösung glimmerig war und in großen, obgleich unendlich zerklüfteten Massen anstand. Über demselben fand ich wieder Glimmerschiefer, der mir aber zärter als der vorige zu sein schien. Weiter hinauf zeigt sich eine besondere Art Gneis, oder vielmehr eine Granitart, die sich dem Gneis zubildet, wie in der Gegend von Elbogen. Hier oben, gegen dem Hause über, ist der Fels Glimmerschiefer. Die Wasser, die aus dem Berge kommen, bringen nur diesen Stein und grauen Kalk mit.

Nicht fern muß der Granitstock sein, an den sich alles anlehnt. Die Karte zeigt, daß man sich an der Seite des eigentlichen großen Brenners befindet, von dem aus die Wasser sich ringsum ergießen.

Vom Äußern des Menschengeschlechts habe ich so viel aufgefaßt. Die Nation ist wacker und gerade vor sich hin. Die Gestalten bleiben sich ziemlich gleich, braune wohlgeöffnete Augen und sehr gut gezeichnete schwarze Augenbraunen bei den Weibern; dagegen blonde und breite Augenbraunen bei den Männern. Diesen geben die grünen Hüte zwischen den grauen Felsen ein fröhliches Ansehn. Sie tragen sie geziert mit Bändern oder breiten Schärpen von Taft mit Fransen, die mit Nadeln gar zierlich aufgeheftet werden. Auch hat jeder eine Blume oder eine Feder auf dem Hut. Dagegen verbilden sich die Weiber durch weiße, baumwollene, zottige, sehr weite Mützen, als wären es unförmliche Mannesnachtmützen. Das gibt ihnen ein ganz fremdes Ansehn, da sie im Auslande die grünen Mannshüte tragen, die sehr schön kleiden.

Ich habe Gelegenheit gehabt zu sehen, welchen Wert die gemeinen Leute auf Pfauenfedern legen, und wie überhaupt jede bunte Feder geehrt wird. Wer diese Gebirge bereisen wollte, müßte dergleichen mit sich führen. Eine solche am rechten Orte angebrachte Feder würde statt des willkommensten Trinkgeldes dienen.

Indem ich nun diese Blätter sondere, sammele, hefte und dergestalt einrichte, daß sie meinen Freunden bald einen leichten Überblick meiner bisherigen Schicksale gewähren können, und daß ich mir zugleich, was ich bisher erfahren und gedacht, von der Seele wälze, betrachte ich dagegen mit einem Schauer manche Pakete, von denen ich ein kurz und gutes Bekenntnis ablegen muß: sind es doch meine Begleiter, werden sie nicht viel Einfluß auf meine nächsten Tage haben!

Ich hatte nach Karlsbad meine sämtlichen Schriften mitgenommen, um die von Göschen zu besorgende Ausgabe schließlich zusammen zu stellen. Die ungedruckten besaß ich schon längst in schönen Abschriften, von der geschickten Hand des Sekretär Vogel. Dieser wackere Mann begleitete mich auch diesmal, um mir durch seine Fertigkeit beizustehen. Dadurch ward ich in den Stand gesetzt, die vier ersten Bände, unter der treusten Mitwirkung Herders, an den Verleger abzusenden, und war im Begriff, mit den vier letzten das gleiche zu tun. Diese bestanden teils aus nur entworfenen Arbeiten, ja aus Fragmenten, wie denn meine Unart, vieles anzufangen und bei vermindertem Interesse liegen zu lassen, mit den Jahren, Beschäftigungen und Zerstreuungen allgemach zugenommen hatte.

Da ich nun diese Dinge sämtlich mit mir führte, so gehorchte ich gern den Anforderungen der Karlsbader geistreichen Gesellschaft und las ihr alles vor, was bisher unbekannt geblieben, da man sich denn jedesmal über das Nichtvollbringen derjenigen Dinge, an denen man sich gern länger unterhalten hätte, bitterlich beschwerte.

Die Feier meines Geburtstages bestand hauptsächlich darin, daß ich mehrere Gedichte erhielt, im Namen meiner unternommenen aber vernachlässigten Arbeiten, worin sich jedes nach seiner Art über mein Verfahren beklagte. Darunter zeichnete sich ein Gedicht im Namen der Vögel aus, wo eine an Treufreund gesendete Deputation dieser muntern Geschöpfe inständig bat, er möchte doch das ihnen zugesagte Reich nunmehr auch gründen und einrichten. Nicht weniger einsichtig und anmutig waren die Äußerungen über meine andern Stückwerke, so daß sie mir auf einmal wieder lebendig wurden und ich den Freunden meine gehabten Vorsätze und vollständigen Plane mit Vergnügen erzählte. Dies veranlaßte dringende Forderungen und Wünsche und gab Herdern gewonnen Spiel, als er mich zu überreden suchte, ich möchte diese Papiere nochmals mit mir nehmen, vor allen aber Iphigenien noch einige Aufmerksamkeit schenken, welche sie wohl verdiene. Das Stück, wie es gegenwärtig liegt, ist mehr Entwurf als Ausführung, es ist in poetischer Prosa geschrieben, die sich manchmal in einen jambischen

Rhythmus verliert, auch wohl andern Silbenmaßen ähnelt. Dieses tut freilich der Wirkung großen Eintrag, wenn man es nicht sehr gut liest und durch gewisse Kunstgriffe die Mängel zu verbergen weiß. Er legte mir dieses so dringend ans Herz, und da ich meinen größeren Reiseplan ihm wie allen verborgen hatte, so glaubte er, es sei nur wieder von einer Bergwanderung die Rede, und weil er sich gegen Mineralogie und Geologie immer spöttisch erwies, meinte er, ich sollte, anstatt taubes Gestein zu klopfen, meine Werkzeuge an diese Arbeit wenden. Ich gehorchte so vielen wohlgemeinten Andrängen: bis hierher aber war es nicht möglich, meine Aufmerksamkeit dahin zu lenken. Jetzt sondere ich Iphigenien aus dem Paket und nehme sie mit in das schöne warme Land als Begleiterin. Der Tag ist so lang, das Nachdenken ungestört, und die herrlichen Bilder der Umwelt verdrängen keineswegs den poetischen Sinn, sie rufen ihn vielmehr, von Bewegung und freier Luft begleitet, nur desto schneller hervor.

VOM BRENNER BIS VERONA

Trient, den 11. September, früh

Nachdem ich völlig fünfzig Stunden am Leben und in steter Beschäftigung gewesen, kam ich gestern abend um acht Uhr hier an, begab mich bald zur Ruhe und finde mich nun wieder imstande, in meiner Erzählung fortzufahren. Am neunten abends, als ich das erste Stück meines Tagebuchs geschlossen hatte, wollte ich noch die Herberge, das Posthaus auf dem Brenner, in seiner Lage zeichnen, aber es gelang nicht, ich verfehlte den Charakter und ging halb verdrießlich nach Hause. Der Wirt fragte mich, ob ich nicht fort wollte: es sei Mondenschein und der beste Weg, und ob ich wohl wußte, daß er die Pferde morgen früh zum Einfahren des Grummets brauchte und bis dahin gern wieder zu Hause hätte, sein Rat also eigennützig war, so nahm ich ihn doch, weil er mit meinem innern Triebe übereinstimmte, als gut an. Die Sonne ließ sich wieder blicken, die Luft war leidlich, ich packte ein, und um sieben Uhr fuhr ich weg. Die Atmosphäre ward über die Wolken Herr und der Abend gar schön.

Der Postillon schlief ein, und die Pferde liefen den schnellsten Trab bergunter, immer auf dem bekannten Wege fort; kamen sie an ein eben Fleck, so ging es desto langsamer. Der Führer wachte auf und trieb wieder an, und so kam ich sehr geschwind, zwischen hohen Felsen, an dem reißenden Eisack hinunter. Der Mond ging auf und beleuchtete ungeheuere Gegenstände. Einige Mühlen zwischen uralten Fichten über dem schäumenden Strom waren völlige Everdingen.

Als ich um neun Uhr nach Sterzing gelangte, gab man

mir zu verstehen, daß man mich gleich wieder wegwünsche. In Mittewald punkt zwölf Uhr fand ich alles in tiefem Schlafe, außer dem Postillon, und so ging es weiter auf Brixen, wo man mich wieder gleichsam entführte, so daß ich mit dem Tage in Kollmann ankam. Die Postillons fuhren, daß einem Sehen und Hören verging, und so leid es mir tat, diese herrlichen Gegenden mit der entsetzlichsten Schnelle und bei Nacht wie im Fluge zu durchreisen, so freuete es mich doch innerlich, daß ein günstiger Wind hinter mir herblies und mich meinen Wünschen zujagte. Mit Tagesanbruch erblickte ich die ersten Rebhügel. Eine Frau mit Birnen und Pfirschen begegnete mir, und so ging es auf Teutschen los, wo ich um sieben Uhr ankam und gleich weiter befördert wurde. Nun erblickte ich endlich bei hohem Sonnenschein, nachdem ich wieder eine Weile westwärts gefahren war, das Tal, worin Bozen liegt. Von steilen, bis auf eine ziemliche Höhe angebauten Bergen umgeben, ist es gegen Mittag offen, gegen Norden von den Tiroler Bergen gedeckt. Eine milde sanfte Luft füllte die Gegend. Hier wendet sich die Eisack wieder gegen Mittag. Die Hügel am Fuße der Berge sind mit Wein bebaut. Über lange niedrige Lauben sind die Stöcke gezogen, die blauen Trauben hängen gar zierlich von der Decke herunter und reifen an der Wärme des nahen Bodens. Auch in der Fläche des Tals, wo sonst nur Wiesen sind, wird der Wein in solchen eng aneinander stehenden Reihen von Lauben gebaut, dazwischen das türkische Korn, das nun immer höhere Stengel treibt. Ich habe es oft zu zehn Fuß hoch gesehen. Die zaselige männliche Blüte ist noch nicht abgeschnitten, wie es geschieht, wenn die Befruchtung eine Zeitlang vorbei ist.

Bei heiterm Sonnenschein kam ich nach Bozen. Die vielen Kaufmannsgesichter freuten mich beisammen. Ein absichtliches wohlbehagliches Dasein drückt sich recht lebhaft aus. Auf dem Platze saßen Obstweiber mit runden flachen Körben, über vier Fuß im Durchmesser, worin die Pfirschen nebeneinander lagen, daß sie sich nicht drücken sollten.

Ebenso die Birnen. Hier fiel mir ein, was ich in Regensburg am Fenster des Wirtshauses geschrieben sah:

Comme les pêches et les melons
Sont pour la bouche d'un baron,
Ainsi les verges et les bâtons
Sont pour les fous, dit Salomon.

Daß ein nordischer Baron dieses geschrieben, ist offenbar, und daß er in diesen Gegenden seine Begriffe ändern würde, ist auch natürlich.

Die Bozner Messe bewirkt einen starken Seidenvertrieb; auch Tücher werden dahin gebracht und was an Leder aus den gebirgigen Gegenden zusammen geschafft wird. Doch kommen mehrere Kaufleute hauptsächlich um Gelder einzukassieren, Bestellungen anzunehmen und neuen Kredit zu geben dahin. Ich hatte große Lust, alle die Produkte zu beleuchten, die hier auf einmal zusammengefunden werden, doch der Trieb, die Unruhe, die hinter mir ist, läßt mich nicht rasten, und ich eile sogleich wieder fort. Dabei kann ich mich trösten, daß in unsern statistischen Zeiten dies alles wohl schon gedruckt ist, und man sich gelegentlich davon aus Büchern unterrichten kann. Mir ist jetzt nur um die sinnlichen Eindrücke zu tun, die kein Buch, kein Bild gibt. Die Sache ist, daß ich wieder Interesse an der Welt nehme, meinen Beobachtungsgeist versuche und prüfe, wie weit es mit meinen Wissenschaften und Kenntnissen geht, ob mein Auge licht, rein und hell ist, wie viel ich in der Geschwindigkeit fassen kann, und ob die Falten, die sich in mein Gemüt geschlagen und gedrückt haben, wieder auszutilgen sind. Schon jetzt, daß ich mich selbst bediene, immer aufmerksam, immer gegenwärtig sein muß, gibt mir diese wenigen Tage her eine ganz andere Elastizität des Geistes; ich muß mich um den Geldkurs bekümmern, wechseln, bezahlen, notieren, schreiben, anstatt daß ich sonst nur dachte, wollte, sann, befahl und diktierte.

Von Bozen auf Trient geht es neun Meilen weg in einem fruchtbaren und fruchtbareren Tale hin. Alles was auf den höheren Gebirgen zu vegetieren versucht, hat hier schon mehr Kraft und Leben, die Sonne scheint heiß, und man glaubt wieder einmal an einen Gott.

Eine arme Frau rief mich an, ich möchte ihr Kind in den Wagen nehmen, weil ihm der heiße Boden die Füße verbrenne. Ich übte diese Mildtätigkeit zu Ehren des gewaltigen Himmelslichtes. Das Kind war sonderbar geputzt und aufgeziert, ich konnte ihm aber in keiner Sprache etwas abgewinnen.

Die Etsch fließt nun sanfter und macht an vielen Orten breite Kiese. Auf dem Lande, nah am Fluß, die Hügel hinauf, ist alles so enge an- und ineinander gepflanzt, daß man denkt, es müsse eins das andere ersticken. Weingeländer, Mais, Maulbeerbäume, Äpfel, Birnen, Quitten und Nüsse. Über Mauern wirft sich der Attich lebhaft herüber. Efeu wächst in starken Stämmen die Felsen hinauf, und verbreitet sich weit über sie; die Eidechse schlüpft durch die Zwischenräume, auch alles was hin und her wandelt, erinnert einen an die liebsten Kunstbilder. Die aufgebundenen Zöpfe der Frauen, der Männer bloße Brust und leichte Jacken, die trefflichen Ochsen, die sie vom Markt nach Hause treiben, die beladenen Eselchen, alles bildet einen lebendigen bewegten Heinrich Roos. Und nun wenn es Abend wird, bei der milden Luft wenige Wolken an den Bergen ruhen, am Himmel mehr stehen als ziehen, und gleich nach Sonnenuntergang das Geschrille der Heuschrecken laut zu werden anfängt, da fühlt man sich doch einmal in der Welt zu Hause, und nicht wie geborgt, oder im Exil. Ich lasse mir's gefallen, als wenn ich hier geboren und erzogen wäre und nun von einer Grönlandsfahrt, von einem Walfischfange zurückkäme. Auch der vaterländische Staub, der manchmal den Wagen umwirbelt, von dem ich so lange nichts erfahren habe, wird begrüßt. Das Glocken- und Schellengeläute der Heuschrekken ist allerliebst, durchdringend und nicht unangenehm. Lustig klingt es, wenn mutwillige Buben mit einem Feld solcher Sängerinnen um die Wette pfeifen, man bildet sich ein, daß sie einander wirklich steigern. Auch der Abend ist vollkommen milde, wie der Tag.

Wenn mein Entzücken hierüber jemand vernähme der in Süden wohnte, von Süden herkäme, er würde mich für sehr kindisch halten. Ach, was ich hier ausdrücke, habe ich lange gewußt, solange als ich unter einem bösen Himmel dulde, und jetzt mag ich gern diese Freude als Ausnahme fühlen, die wir als eine ewige Naturnotwendigkeit immerfort genießen sollten.

Trient (bis Rovereto), den 11. September, abends

Ich bin in der Stadt herum gegangen, die uralt ist und in einigen Straßen neue wohlgebaute Häuser hat. In der Kirche hängt ein Bild, wo das versammelte Konzilium einer Predigt des Jesuitengenerals zuhört. Ich möchte wohl wissen, was er ihnen aufgebunden hat. Die Kirche dieser Väter bezeichnet sich gleich von außen durch rote Marmorpilaster an der Fassade; ein schwerer Vorhang schließt die Türe, den Staub abzuhalten. Ich hob ihn auf und trat in eine kleine Vorkirche; die Kirche selbst ist durch ein eisernes Gitter geschlossen, doch so, daß man sie ganz übersehen kann. Es war alles still und ausgestorben, denn es wird hier kein Gottesdienst mehr gehalten. Die vordere Türe stand nur auf, weil zur Vesperzeit alle Kirchen geöffnet sein sollen.

Wie ich nun so dastehe und der Bauart nachdenke, die ich den übrigen Kirchen dieser Väter ähnlich fand, tritt ein alter Mann herein, das schwarze Käppchen sogleich abnehmend. Sein alter, schwarzer, vergrauter Rock deutete auf einen verkümmerten Geistlichen; er kniet vor dem Gitter nieder und steht nach einem kurzen Gebet wieder auf. Wie er sich umkehrt, sagt er halb laut für sich: «Da haben sie nun die Jesuiten heraus getrieben, sie hätten ihnen auch zahlen sollen, was die Kirche gekostet hat. Ich weiß wohl was sie gekostet hat und das Seminarium, wie viele Tausende.» Indessen war er hinaus und hinter ihm der Vorhang zugefallen, den ich lüftete und mich still hielt. Er war auf der obern

Stufe stehen geblieben und sagte: «Der Kaiser hat es nicht getan, der Papst hat es getan.» Mit dem Gesicht gegen die Straße gekehrt und ohne mich zu vermuten, fuhr er fort: «Erst die Spanier, dann wir, dann die Franzosen. Abels Blut schreit über seinen Bruder Kain!» und so ging er die Treppe hinab, immer mit sich redend, die Straße hin. Wahrscheinlich ist es ein Mann, den die Jesuiten erhielten, und der über den ungeheuern Fall des Ordens den Verstand verlor und nun täglich kommt, in dem leeren Gefäß die alten Bewohner zu suchen und nach einem kurzen Gebet ihren Feinden den Fluch zu geben.

Ein junger Mann, den ich um die Merkwürdigkeiten der Stadt fragte, zeigte mir ein Haus, das man des Teufels Haus nennt, welches der sonst allzeit fertige Zerstörer in einer Nacht mit schnell herbeigeschafften Steinen erbaut haben soll. Das eigentliche Merkwürdige daran bemerkte der gute Mensch aber nicht, daß es nämlich das einzige Haus von gutem Geschmack ist, das ich in Trient gesehen habe, in einer älteren Zeit gewiß von einem guten Italiener aufgeführt.

Abends um fünf Uhr reiste ich ab; wieder das Schauspiel von gestern abend, und die Heuschrecken, die gleich bei Sonnenuntergang zu schrillen anfangen. Wohl eine Meile weit fährt man zwischen Mauern, über welche sich Traubengeländer sehen lassen; andere Mauern, die nicht hoch genug sind, hat man mit Steinen, Dornen und sonst zu erhöhen gesucht, um das Abrupfen der Trauben den Vorbeigehenden zu wehren. Viele Besitzer bespritzen die vordersten Reihen mit Kalk, der die Trauben ungenießbar macht, dem Wein aber nichts schadet, weil die Gärung alles wieder heraustreibt.

Den 11. September, abends

Hier bin ich nun in Rovereto, wo die Sprache sich abschneidet; obenherein schwankt es noch immer vom Deutschen zum Italienischen. Nun hatte ich zum erstenmal einen stockwelschen Postillon, der Wirt spricht kein Deutsch, und ich muß nun meine Sprachkünste versuchen. Wie froh bin ich, daß nunmehr die geliebte Sprache lebendig, die Sprache des Gebrauchs wird.

Torbole, den 12. September, nach Tische

Wie sehr wünschte ich meine Freunde einen Augenblick neben mich, daß sie sich der Aussicht freuen könnten, die vor mir liegt.

Heute abend hätte ich können in Verona sein, aber es lag mir noch eine herrliche Naturwirkung an der Seite, ein köstliches Schauspiel, der Gardasee, den wollte ich nicht versäumen, und bin herrlich für meinen Umweg belohnt. Nach fünfen fuhr ich von Rovereto fort, ein Seitental hinauf, das seine Wasser noch in die Etsch gießt. Wenn man hinauf kommt, liegt ein ungeheurer Felsriegel hinten vor, über den man nach dem See hinunter muß. Hier zeigten sich die schönsten Kalkfelsen zu malerischen Studien. Wenn man hinab kommt, liegt ein Örtchen am nördlichen Ende des Sees, und ist ein kleiner Hafen oder vielmehr Anfahrt daselbst, es heißt Torbole. Die Feigenbäume hatten mich schon den Weg herauf häufig begleitet, und indem ich in das Felsamphitheater hinabstieg, fand ich die ersten Ölbäume voller Oliven. Hier traf ich auch zum erstenmal die weißen kleinen Feigen, als gemeine Frucht, welche mir die Gräfin Lanthieri verheißen hatte.

Aus dem Zimmer, in dem ich sitze, geht eine Türe nach dem Hof hinunter, ich habe meinen Tisch davorgerückt und die Aussicht mit einigen Linien gezeichnet. Man übersieht den See beinah in seiner ganzen Länge, nur am Ende links entwendet er sich unsern Augen. Das Ufer, auf beiden Seiten von Hügeln und Bergen eingefaßt, glänzt von unzähligen kleinen Ortschaften.

Nach Mitternacht bläst der Wind von Norden nach Süden, wer also den See hinab will, muß zu dieser Zeit fahren: denn schon einige Stunden vor Sonnenaufgang wendet sich der Luftstrom und zieht nordwärts. Jetzo Nachmittag wehet er stark gegen mich und kühlt die heiße Sonne gar lieblich. Zugleich lehrt mich Volkmann, daß dieser See ehemals Benacus geheißen, und bringt einen Vers des Virgil, worin dessen gedacht wird:

Fluctibus et fremitu resonans Benace marino.

Der erste lateinische Vers, dessen Inhalt lebendig vor mir steht, und der in dem Augenblicke, da der Wind immer stärker wächst und der See höhere Wellen gegen die Anfahrt wirft, noch heute so wahr ist als vor vielen Jahrhunderten. So manches hat sich verändert, noch aber stürmt der Wind in dem See, dessen Anblick eine Zeile Virgils noch immer veredelt.

Geschrieben unter dem fünfundvierzigsten Grade fünfzig Minuten.

In der Abendkühle ging ich spazieren, und befinde mich nun wirklich in einem neuen Lande, in einer ganz fremden Umgebung. Die Menschen leben ein nachlässiges Schlaraffenleben: erstlich haben die Türen keine Schlösser; der Wirt aber versicherte mir, ich könnte ganz ruhig sein, und wenn alles, was ich bei mir hätte aus Diamanten bestünde; zweitens sind die Fenster mit Ölpapier statt Glasscheiben geschlossen; drittens fehlt eine höchst nötige Bequemlichkeit, so daß man dem Naturzustande hier ziemlich nahe kömmt. Als ich den Hausknecht nach einer gewissen Gelegenheit fragte, deutete er in den Hof hinunter. «Qui abasso può servirsi!» Ich fragte: «Dove?» — «Da per tutto, dove vuol!» antwortete er freundlich. Durchaus zeigt sich die größte Sorglosigkeit, doch Leben und Geschäftigkeit genug. Den ganzen Tag verführen die Nachbarinnen ein Geschwätz, ein Geschrei, und haben alle zugleich etwas zu tun, etwas zu schaffen. Ich habe noch kein müßiges Weib gesehn.

Der Wirt verkündigte mir mit italienischer Emphase, daß er sich glücklich finde, mir mit der köstlichsten Forelle dienen zu können. Sie werden bei Torbole gefangen, wo der Bach vom Gebirge herunter kommt, und der Fisch den Weg hinauf sucht. Der Kaiser erhält von diesem Fange zehntausend Gulden Pacht. Es sind keine eigentlichen Forellen, groß, manchmal fünfzig Pfund schwer, über den ganzen Körper bis auf den Kopf hinauf punktiert; der Geschmack zwischen Forelle und Lachs, zart und trefflich.

Mein eigentlich Wohlleben aber ist in Früchten, in Feigen, auch Birnen, welche da wohl köstlich sein müssen, wo schon Zitronen wachsen.

Den 13. September, abends

Heute früh um drei Uhr fuhr ich von Torbole weg, mit zwei Ruderern. Anfangs war der Wind günstig, daß sie die Segel brauchen konnten. Der Morgen war herrlich, zwar wolkig, doch bei der Dämmerung still. Wir fuhren bei Limone vorbei, dessen Berggärten, terrassenweise angelegt und mit Zitronenbäumen bepflanzt, ein reiches und reinliches Ansehn geben. Der ganze Garten besteht aus Reihen von weißen viereckigen Pfeilern, die in einer gewissen Entfernung voneinander stehen und stufenweis den Berg hinaufrücken. Über diese Pfeiler sind starke Stangen gelegt, um im Winter die dazwischen gepflanzten Bäume zu decken. Das Betrachten und Beschauen dieser angenehmen Gegenstände ward durch eine langsame Fahrt begünstigt, und so waren wir schon an Malcesine vorbei, als der Wind sich völlig umkehrte, seinen gewöhnlichen Tagweg nahm und nach Norden zog. Das Rudern half wenig gegen die übermächtige Gewalt, und so mußten wir im Hafen von Malcesine landen. Es ist der erste venezianische Ort an der Morgenseite des Sees. Wenn man mit dem Wasser zu tun hat, kann man nicht sagen: ich werde heute da oder dort sein. Diesen Aufenthalt will ich so gut als möglich nutzen, besonders das Schloß zu zeichnen, das am Wasser liegt und ein schöner Gegenstand ist. Heute im Vorbeifahren nahm ich eine Skizze davon.

Den 14. September

Der Gegenwind, der mich gestern in den Hafen von Malcesine trieb, bereitete mir ein gefährliches Abenteuer, welches ich mit gutem Humor überstand und in der Erinnerung lustig finde. Wie ich mir vorgenommen hatte, ging ich morgens beizeiten in das alte Schloß, welches ohne Tore, ohne Verwahrung und Bewachung jedermann zugänglich ist. Im Schloßhofe setzte ich mich dem alten, auf und in den Felsen gebauten Turm gegenüber; hier hatte ich zum Zeichnen ein sehr bequemes Plätzchen gefunden; neben einer drei, vier Stufen erhöhten verschlossenen Türe, im Türgewände ein verziertes steinernes Sitzchen, wie wir sie wohl bei uns in alten Gebäuden auch noch antreffen.

Ich saß nicht lange, so kamen verschiedene Menschen in den Hof herein, betrachteten mich und gingen hin und wider. Die Menge vermehrte sich, blieb endlich stehen, so daß sie mich zuletzt umgab. Ich bemerkte wohl, daß mein Zeichnen Aufsehen erregt hatte, ich ließ mich aber nicht stören und fuhr ganz gelassen fort. Endlich drängte sich ein Mann zu mir, nicht von dem besten Ansehen, und fragte, was ich da mache? Ich erwiderte ihm, daß ich den alten Turm abzeichne, um mir ein Andenken von Malcesine zu erhalten. Er sagte darauf: es sei dies nicht erlaubt, und ich sollte es unterlassen. Da er dieses in gemeiner venezianischer Sprache sagte, so daß ich ihn wirklich kaum verstand, so erwiderte ich ihm, daß ich ihn nicht verstehe. Er ergriff darauf mit wahrer italienischer Gelassenheit mein Blatt, zerriß es, ließ es aber auf der Pappe liegen. Hierauf konnt' ich einen Ton der Unzufriedenheit unter den Umstehenden bemerken, besonders sagte eine ältliche Frau, es sei nicht recht! man solle den Podestà rufen, welcher dergleichen Dinge zu beurteilen wisse. Ich stand auf meinen Stufen, den Rücken gegen die Türe gelehnt, und überschaute das immer sich vermehrende Publikum. Die neugierigen starren Blicke, der gutmütige Ausdruck in den meisten Gesichtern, und was sonst noch alles eine fremde Volksmasse charakterisieren mag, gab mir den lustigsten Eindruck. Ich glaubte das Chor der Vögel vor mir zu sehen, das ich als Treufreund auf dem Ettersburger Theater oft zum besten gehabt. Dies versetzte mich in die heiterste Stimmung, so daß, als der Podestà mit seinem Aktuarius herankam, ich ihn freimütig begrüßte und auf seine Frage: warum ich ihre Festung abzeichnete, ihm bescheiden erwiderte: daß ich dieses Gemäuer nicht für eine Festung anerkenne. Ich machte ihn und das Volk aufmerksam auf den Verfall dieser Türme und dieser Mauern, auf den Mangel von Toren, kurz auf die Wehrlosigkeit des ganzen Zustandes und versicherte, ich habe hier nichts als eine Ruine zu sehen und zu zeichnen gedacht.

Man entgegnete mir: wenn es eine Ruine sei, was denn dran wohl merkwürdig scheinen könne? Ich erwiderte darauf, weil ich Zeit und Gunst zu gewinnen suchte, sehr umständlich, daß sie wüßten, wie viele Reisende nur um der Ruinen willen nach Italien zögen, daß Rom, die Hauptstadt der Welt, von den Barbaren verwüstet, voller Ruinen stehe, welche hundert und aber hundertmal gezeichnet worden, daß nicht alles aus dem Altertum so erhalten sei wie das Amphitheater zu Verona, welches ich denn auch bald zu sehen hoffte.

Der Podestà, welcher vor mir, aber tiefer stand, war ein langer, nicht gerade hagerer Mann von etwa dreißig Jahren. Die stumpfen Züge seines geistlosen Gesichts stimmten ganz zu der langsamen und trüben Weise, womit er seine Fragen hervorbrachte. Der Aktuarius, kleiner und gewandter, schien sich in einen so neuen und seltnen Fall auch nicht gleich finden zu können. Ich sprach noch manches dergleichen, man schien mich gern zu hören, und indem ich mich an einige wohlwollende Frauengesichter wendete, glaubte ich Beistimmung und Billigung wahrzunehmen.

Als ich jedoch des Amphitheaters zu Verona erwähnte, das man im Lande unter dem Namen Arena kennt, sagte der Aktuarius, der sich unterdessen besonnen hatte: das möge wohl gelten, denn jenes sei ein weltberühmtes römisches

Gebäude; an diesen Türmen aber sei nichts Merkwürdiges, als daß es die Grenze zwischen dem Gebiete Venedigs und dem österreichischen Kaiserstaate bezeichne und deshalb nicht ausspioniert werden solle. Ich erklärte mich dagegen weitläufig, daß nicht allein griechische und römische Altertümer, sondern auch die der mittlern Zeit Aufmerksamkeit verdienten. Ihnen sei freilich nicht zu verargen, daß sie an diesem von Jugend auf gekannten Gebäude nicht so viele malerische Schönheiten als ich entdecken könnten. Glücklicherweise setzte die Morgensonne Turm, Felsen und Mauern in das schönste Licht, und ich fing an, ihnen dieses Bild mit Enthusiasmus zu beschreiben. Weil aber mein Publikum jene belobten Gegenstände im Rücken hatte und sich nicht ganz von mir abwenden wollte, so drehten sie auf einmal jenen Vögeln gleich, die man Wendehälse nennt, die Köpfe herum, dasjenige mit Augen zu schauen, was ich ihren Ohren anpries, ja der Podestà selbst kehrte sich, obgleich mit etwas mehr Anstand, nach dem beschriebenen Bilde hin. Diese Szene kam mir so lächerlich vor, daß mein guter Mut sich vermehrte, und ich ihnen nichts, am wenigsten den Efeu schenkte, der Fels und Gemäuer auf das reichste zu verzieren schon Jahrhunderte Zeit gehabt hatte.

Der Aktuarius versetzte drauf, das lasse sich alles hören, aber Kaiser Joseph sei ein unruhiger Herr, der gewiß gegen die Republik Venedig noch manches Böse im Schilde führe, und ich möchte wohl sein Untertan, ein Abgeordneter sein, um die Grenzen auszuspähen.

«Weit entfernt», rief ich aus, «dem Kaiser anzugehören, darf ich mich wohl rühmen, so gut als ihr, Bürger einer Republik zu sein, welche zwar an Macht und Größe dem erlauchten Staat von Venedig nicht verglichen werden kann, aber doch auch sich selbst regiert und an Handelstätigkeit, Reichtum und Weisheit ihrer Vorgesetzten keiner Stadt in Deutschland nachsteht. Ich bin nämlich von Frankfurt am Main gebürtig, einer Stadt, deren Name und Ruf gewiß bis zu euch gekommen ist.»

«Von Frankfurt am Main!» rief eine hübsche junge Frau, «da könnt ihr gleich sehen, Herr Podestà, was an dem Fremden ist, den ich für einen guten Mann halte; laßt den Gregorio rufen, der lange daselbst konditioniert hat, der wird am besten in der Sache entscheiden können.»

Schon hatten sich die wohlwollenden Gesichter um mich her vermehrt, der erste Widerwärtige war verschwunden, und als nun Gregorio herbeikam, wendete sich die Sache ganz zu meinem Vorteil. Dieser war ein Mann etwa in den Fünfzigen, ein braunes italienisches Gesicht, wie man sie kennt. Er sprach und betrug sich als einer, dem etwas Fremdes nicht fremd ist, erzählte mir sogleich, daß er bei Bolongaro in Diensten gestanden und sich freue, durch mich etwas von dieser Familie und von der Stadt zu hören, an die er sich mit Vergnügen erinnere. Glücklicherweise war sein Aufenthalt in meine jüngeren Jahre gefallen, und ich hatte den doppelten Vorteil, ihm genau sagen zu können, wie es zu seiner Zeit gewesen, und was sich nachher verändert habe. Ich erzählte ihm von den sämtlichen italienischen Familien, deren mir keine fremd geblieben; er war sehr vergnügt, manches einzelne zu hören, zum Beispiel daß der Herr Allesina im Jahre 1774 seine goldene Hochzeit gefeiert, daß darauf eine Medaille geschlagen worden, die ich selbst besitze; er erinnerte sich recht wohl, daß die Gattin dieses reichen Handelsherrn eine geborne Brentano sei. Auch von den Kindern und Enkeln dieser Häuser wußte ich ihm zu erzählen, wie sie herangewachsen, versorgt, verheiratet worden, und sich in Enkeln vermehrt hätten.

Als ich ihm nun die genaueste Auskunft fast über alles gegeben, um was er mich befragt, wechselten Heiterkeit und Ernst in den Zügen des Mannes. Er war froh und gerührt, das Volk erheiterte sich immer mehr und konnte unserm Zwiegespräch zuzuhören nicht satt werden, wovon er freilich einen Teil erst in ihren Dialekt übersetzen mußte.

Zuletzt sagte er: «Herr Podestà, ich bin überzeugt, daß dieses ein braver kunstreicher Mann ist, wohlerzogen, welcher herumreist, sich zu unterrichten. Wir wollen ihn freundlich entlassen, damit er bei seinen Landsleuten Gutes von uns rede und sie aufmuntere, Malcesine zu besuchen, dessen schöne Lage wohl wert ist, von Fremden bewundert zu sein.» Ich verstärkte diese freundlichen Worte durch das Lob der Gegend, der Lage und der Einwohner, die Gerichtspersonen als weise und vorsichtige Männer nicht vergessend.

Dieses alles ward für gut erkannt, und ich erhielt die Erlaubnis, mit Meister Gregorio nach Belieben den Ort und die Gegend zu besehen. Der Wirt, bei dem ich eingekehrt war, gesellte sich nun zu uns und freute sich schon auf die Fremden, welche auch ihm zuströmen würden, wenn die Vorzüge Malcesines erst recht ans Licht kämen. Mit lebhafter Neugierde betrachtete er meine Kleidungsstücke, besonders aber beneidete er mich um die kleinen Terzerole, die man so bequem in die Tasche stecken konnte. Er pries diejenigen glücklich, die so schöne Gewehre tragen dürften, welches bei ihnen unter den peinlichsten Strafen verboten sei. Diesen freundlich Zudringlichen unterbrach ich einigemal, meinem Befreier mich dankbar zu erweisen. «Dankt mir nicht», versetzte der brave Mann, «mir seid ihr nichts schuldig. Verstünde der Podestà sein Handwerk, und wäre der Aktuar nicht der eigennützigste aller Menschen, ihr wäret nicht so los gekommen. Jener war verlegener als ihr, und diesem hätte eure Verhaftung, die Berichte, die Abführung nach Verona auch nicht einen Heller eingetragen. Das hat er geschwind überlegt, und ihr wart schon befreit, ehe unsere Unterredung zu Ende war.»

Gegen Abend holte mich der gute Mann in seinen Weinberg ab, der den See hinabwärts sehr wohlgelegen war. Uns begleitete sein fünfzehnjähriger Sohn, der auf die Bäume steigen und mir das beste Obst brechen mußte, indessen der Alte die reifsten Weintrauben aussuchte.

Zwischen diesen beiden weltfremden wohlwollenden Menschen, in der unendlichen Einsamkeit dieses Erdwinkels ganz allein, fühlte ich denn doch, wenn ich die Abenteuer des Tages überdachte, auf das lebhafteste, welch ein wunderliches Wesen der Mensch ist, daß er dasjenige, was er mit Sicherheit und Bequemlichkeit in guter Gesellschaft genießen könnte, sich oft unbequem und gefährlich macht, bloß aus der Grille, die Welt und ihren Inhalt sich auf seine besondere Weise zuzueignen.

Gegen Mitternacht begleitete mich mein Wirt an die Barke, das Fruchtkörbchen tragend, welches mir Gregorio verehrt hatte, und so schied ich mit günstigem Wind von dem Ufer, welches mir lästrygonisch zu werden gedroht hatte.

Nun von meiner Seefahrt! Sie endete glücklich, nachdem die Herrlichkeit des Wasserspiegels und des daran liegenden brescianischen Ufers mich recht im Herzen erquickt hatte. Da wo an der Abendseite das Gebirge aufhört steil zu sein, und die Landschaft flächer nach dem See fällt, liegen in einer Reihe, in einer Länge von ungefähr anderthalb Stunden, Gargnano, Bogliaco, Cecina, Toscolan, Maderno, Gardone, Saló; alle auch wieder meist in die Länge gezogen. Keine Worte drücken die Anmut dieser so reich bewohnten Gegend aus. Früh um zehn Uhr landete ich in Bardolino, lud mein Gepäck auf ein Maultier und mich auf ein anderes. Nun ging der Weg über einen Rücken, der das Tal der Etsch von der Seevertiefung scheidet. Die Urwasser scheinen hier von beiden Seiten gegeneinander in ungeheuern Strömungen gewirkt, und diesen kolossalen Kieseldamm aufgeführt zu haben. Fruchtbares Erdreich ward in ruhigern Epochen darüber geschlemmt; aber der Ackersmann ist doch stets aufs neue von den immer wieder hervordringenden Geschieben geplagt. Man sucht soviel als möglich ihrer los zu werden, baut sie reihen- und schichtenweise übereinander und bildet dadurch am Wege hin sehr dicke Quasimauern. Die Maulbeerbäume sehen wegen Mangel an Feuchtigkeit nicht fröhlich auf dieser Höhe. An Quellen ist nicht zu denken. Von Zeit zu Zeit trifft man Pfützen zusammengeleiteten Regenwassers, woraus die Maultiere, auch wohl die Treiber ihren Durst löschen. Unten am Flusse sind Schöpfräder angebracht, um die tiefer liegenden Pflanzungen nach Gefallen zu wässern.

Nun aber kann die Herrlichkeit der neuen Gegend, die man beim Herabsteigen übersieht, durch Worte nicht dargestellt werden. Es ist ein Garten meilenlang und -breit, der am Fuß hoher Gebirge und schroffer Felsen ganz flach in der größten Reinlichkeit daliegt. Und so kam ich denn am 14. September gegen ein Uhr hier in Verona an, wo ich zuerst noch dieses schreibe, das zweite Stück meines Tagebuchs schließe und hefte, und gegen Abend mit freudigem Geiste das Amphitheater zu sehen hoffe.

Von der Witterung diese Tage her melde ich folgendes. Die Nacht vom neunten auf den zehnten war abwechselnd hell und bedeckt, der Mond behielt immer einen Schein um sich. Morgens gegen fünf Uhr überzog sich der ganze Himmel mit grauen, nicht schweren Wolken, die mit dem wachsenden Tage verschwanden. Je tiefer ich hinabkam, desto schöner war das Wetter. Wie nun gar in Bozen der große Gebirgsstock mitternächtlich blieb, zeigte die Luft eine ganz andere Beschaffenheit; man sah nämlich an den verschiedenen Landschaftsgründen, die sich gar lieblich durch ein etwas mehr oder weniger Blau voneinander absonderten, daß die Atmosphäre voll gleichausgeteilter Dünste sei, welche sie zu tragen vermochte, und die daher weder als Tau oder Regen niederfielen, noch als Wolken sich sammelten. Wie ich weiter hinab kam, konnte ich deutlich bemerken, daß alle Dünste, die aus dem Bozner Tal, alle Wolkentsreifen, die von den mittägigern Bergen aufsteigen, nach den höhern mitternächtigen Gegenden zuzogen, sie nicht verdeckten, aber in eine Art Höherauch einhüllten. In der weitesten Ferne, über dem Gebirg konnte ich eine sogenannte Wassergalle bemerken. Von Bozen südwärts haben sie den ganzen Sommer das schönste Wetter gehabt, nur von Zeit zu Zeit ein wenig Wasser (sie sagen acqua, um den gelinden Regen auszudrücken), und dann sogleich wieder Sonnenschein. Auch gestern fielen von Zeit zu Zeit einige Tropfen, und die Sonne schien immer dazu. Sie haben lange kein so gutes Jahr gehabt; es gerät alles; das Üble haben sie uns zugeschickt.

Das Gebirge, die Steinarten erwähne ich nur kürzlich, denn Ferbers Reise nach Italien und Hacquets durch die Alpen unterrichten uns genugsam von dieser Wegstrecke. Eine Viertelstunde vom Brenner ist ein Marmorbruch, an dem ich in der Dämmerung vorbei fuhr. Er mag und muß, wie der an der andern Seite, auf Glimmerschiefer aufliegen. Diesen fand ich bei Kollmann, als es Tag ward; weiter hinab zeigten sich Porphyre an. Die Felsen waren so prächtig, und an der Chaussee die Haufen so gätlich zerschlagen, daß man gleich Voigtische Kabinettchen daraus hätte bilden und verpacken können. Auch kann ich ohne Beschwerde jeder Art ein Stück mitnehmen, wenn ich nur Augen und Begierde an ein kleineres Maß gewöhne. Bald unter Kollmann fand ich einen Porphyr, der sich in regelmäßige Platten spaltet, zwischen Branzoll und Neumarkt einen ähnlichen, dessen Platten jedoch sich wieder in Säulen trennen. Ferber hielt sie für vulkanische Produkte, das war aber vor vierzehn Jahren, wo die ganze Welt in den Köpfen brannte. Hacquet schon macht sich darüber lustig.

Von den Menschen wüßte ich nur weniges und wenig Erfreuliches zu sagen. Sobald mir vom Brenner Herunterfahrendem der Tag aufging, bemerkte ich eine entschiedene Veränderung der Gestalt, besonders mißfiel mir die bräunlich bleiche Farbe der Weiber. Ihre Gesichtszüge deuteten auf Elend, Kinder waren ebenso erbärmlich anzusehen, Männer ein wenig besser; die Grundbildung übrigens durchaus regelmäßig und gut. Ich glaube die Ursache dieses krankhaften Zustandes in dem häufigen Gebrauch des türkischen und Heidekorns zu finden. Jenes, das sie auch gelbe Blende nennen, und dieses, schwarze Blende genannt, werden gemahlen, das Mehl in Wasser zu einem dicken Brei gekocht und so gegessen. Die jenseitigen Deutschen rupfen den Teig wieder auseinander und braten ihn in Butter auf. Der welsche Tiroler hingegen ißt ihn so weg, manchmal Käse darauf gerieben, und das ganze Jahr kein Fleisch. Notwendig muß das die ersten Wege verleimen und verstopfen, besonders bei den Kindern und Frauen, und die kachektische Farbe deutet auf solches Verderben. Außerdem essen sie auch noch Früchte und grüne Bohnen, die sie in Wasser absieden und mit Knoblauch und Öl anmachen. Ich fragte, ob es nicht auch reiche Bauern gäbe? — «Ja freilich.» — «Tun sie sich nichts zugute? essen sie nicht besser?» — «Nein, sie sind es einmal so gewohnt.» — «Wo kommen sie denn mit ihrem Gelde hin? Was machen sie sonst für Aufwand?» — «O, die haben schon ihre Herren, die es ihnen wieder abnehmen.» — Das war die Summa des Gesprächs mit meiner Wirtstochter in Bozen.

Ferner vernahm ich von ihr, daß die Weinbauern, die am wohlhabendsten scheinen, sich am übelsten befinden, denn sie sind in den Händen der städtischen Handelsleute, die ihnen bei schlechten Jahren den Lebensunterhalt vorschießen, und bei guten den Wein um ein Geringes an sich nehmen. Doch das ist überall dasselbe.

Was meine Meinung wegen der Nahrung bestätigt, ist, daß die Stadtbewohnerinnen immer wohler aussehen. Hübsche volle Mädchengesichter, der Körper für ihre Stärke und für die Größe der Köpfe etwas zu klein, mitunter aber recht freundlich entgegenkommende Gesichter. Die Männer kennen wir durch die wandernden Tiroler. Im Lande sehen sie weniger frisch aus als die Weiber, wahrscheinlich weil diese mehr körperliche Arbeiten, mehr Bewegung haben, die Männer hingegen als Krämer und Handwerksleute sitzen. Am Gardasee fand ich die Leute sehr braun und ohne den mindesten rötlichen Schein der Wangen, aber doch nicht ungesund, sondern ganz frisch und behaglich aussehend. Wahrscheinlich sind die heftigen Sonnenstrahlen, denen sie am Fuße ihrer Felsen ausgesetzt sind, hievon die Ursache.

VERONA BIS VENEDIG

Verona, den 16. September

Das Amphitheater ist also das erste bedeutende Monument der alten Zeit, das ich sehe, und so gut erhalten! Als ich hinein trat, mehr noch aber, als ich oben auf dem Rande umher ging, schien es mir seltsam, etwas Großes und doch eigentlich nichts zu sehen. Auch will es leer nicht gesehen sein, sondern ganz voll von Menschen, wie man es neuerer Zeit Joseph dem Zweiten und Pius dem Sechsten zu Ehren veranstaltet. Der Kaiser, der doch auch Menschenmassen vor Augen gewohnt war, soll darüber erstaunt sein. Doch nur in der frühesten Zeit tat es seine ganze Wirkung, da das Volk noch mehr Volk war, als es jetzt ist. Denn eigentlich ist so ein Amphitheater recht gemacht, dem Volk mit sich selbst zu imponieren, das Volk mit sich selbst zum besten zu haben.

Wenn irgend etwas Schauwürdiges auf flacher Erde vorgeht und alles zuläuft, suchen die Hintersten auf alle mögliche Weise sich über die Vordersten zu erheben: man tritt auf Bänke, rollt Fäßer herbei, fährt mit Wagen heran, legt Bretter hinüber und herüber, besitzt einen benachbarten Hügel, und es bildet sich in der Geschwindigkeit ein Krater.

Kommt das Schauspiel öfter auf derselben Stelle vor, so baut man leichte Gerüste für die so bezahlen können, und die übrige Masse behilft sich, wie sie mag. Dieses allgemeine Bedürfnis zu befriedigen, ist hier die Aufgabe des Architekten. Er bereitet einen solchen Krater durch Kunst, so einfach als nur möglich, damit dessen Zierat das Volk selbst werde. Wenn es sich so beisammen sah, mußte es über sich selbst erstaunen, denn da es sonst nur gewohnt, sich durcheinanderlaufen zu sehen, sich in einem Gewühle ohne Ordnung und sonderliche Zucht zu finden, so sieht das vielköpfige, vielsinnige, schwankende, hin und her irrende Tier sich zu einem edlen Körper vereinigt, zu einer Einheit bestimmt, in eine Masse verbunden und befestigt, als eine Gestalt, von einem Geiste belebt. Die Simplizität des Oval ist jedem Auge auf die angenehmste Weise fühlbar, und jeder Kopf dient zum Maße, wie ungeheuer das Ganze sei. Jetzt wenn man es leer sieht, hat man keinen Maßstab, man weiß nicht, ob es groß oder klein ist.

Wegen der Unterhaltung dieses Werks müssen die Veroneser gelobt werden. Es ist von einem rötlichen Marmor gebaut, den die Witterung angreift, daher stellt man der Reihe nach die ausgefressenen Stufen immer wieder her, und sie scheinen fast alle ganz neu. Eine Inschrift gedenkt eines Hieronymus Maurigenus und seines auf dieses Monument verwendeten unglaublichen Fleißes. Von der äußern Mauer steht nur ein Stück und ich zweifele, ob sie je ganz fertig geworden. Die untern Gewölbe, die an den großen Platz, il Brà genannt, stoßen, sind an Handwerker vermietet, und es sieht lustig genug aus, die Höhlungen wieder belebt zu sehen.

Das schönste, aber immer geschlossene Tor heißt Porta stuppa oder del Palio. Als Tor und in der großen Entfernung, aus der man es schon gewahr wird, ist es nicht gut gedacht, denn erst in der Nähe erkennt man das Verdienst des Gebäudes.

Sie geben allerlei Ursachen an, warum es geschlossen sei. Ich habe jedoch eine Mutmaßung: die Absicht des Künstlers ging offenbar dahin, durch dieses Tor eine neue Anlage des Corso zu verursachen, denn auf die jetzige Straße steht es ganz falsch. Die linke Seite hat lauter Baracken und die winkelrechte Linie der Mitte des Tores geht auf ein Nonnenkloster zu, das notwendig hätte niedergelegt werden müssen. Das sah man wohl ein, auch mochten die Vornehmen und Reichen nicht Lust haben, sich in dem entfernten Quartier anzubauen. Der Künstler starb vielleicht, und so schloß man das Tor, wodurch die Sache nun auf einmal geendigt war.

Das Portal des Theatergebäudes, von sechs großen ionischen Säulen, nimmt sich anständig genug aus. Desto kleinlicher erscheint über der Türe von einer gemalten Nische, die von zwei korinthischen Säulen getragen wird, die lebensgroße Büste des Marchese Maffei in einer großen Perücke. Der Platz ist ehrenvoll, aber um sich gegen die Größe und Tüchtigkeit der Säulen einigermaßen zu halten, hätte die Büste kolossal sein müssen. Jetzt steht sie kleinlich auf einem Kragsteinchen unharmonisch mit dem Ganzen.

Auch die Galerie, die den Vorhof einfaßt, ist kleinlich, und die kannelierten dorischen Zwerge nehmen sich neben den glatten ionischen Riesen armselig aus. Doch wollen wir das verzeihen in Betracht der schönen Anstalt, welche unter diesen Säulenlauben angelegt ist. Hier hat man die Antiquitäten, meist in und um Verona gegraben, gesammelt aufgestellt. Einiges soll sogar sich im Amphitheater gefunden haben. Es sind etrurische, griechische, römische, bis zu den niedern Zeiten und auch neuere. Die Basreliefs sind in die Wände eingemauert und mit den Nummern versehen, die ihnen Maffei gab, als er sie in seinem Werke Verona illustrata beschrieb. Altäre, Stücke von Säulen und dergleichen Reste; ein ganz trefflicher Dreifuß von weißem Marmor, worauf Genien, die sich mit den Attributen der Götter beschäftigen. Raffael hat dergleichen in den Zwickeln der Farnesina nachgeahmt und verklärt.

Der Wind, der von den Gräbern der Alten herweht, kommt mit Wohlgerüchen wie über einen Rosenhügel. Die Grabmäler sind herzlich und rührend und stellen immer das Leben her. Da ist ein Mann, der neben seiner Frau aus einer Nische wie zu einem Fenster heraussieht. Da stehen Vater und Mutter, den Sohn in der Mitte, einander mit unaussprechlicher Natürlichkeit anblickend. Hier reicht sich ein Paar die Hände. Hier scheint ein Vater, auf seinem Sofa ruhend, von der Familie unterhalten zu werden. Mir war die unmittelbare Gegenwart dieser Steine höchst rührend. Von späterer Kunst sind sie, aber einfach, natürlich und allgemein ansprechend. Hier ist kein geharnischter Mann auf den Knien, der eine fröhliche Auferstehung erwartet. Der Künstler hat mit mehr oder weniger Geschick nur die einfache Gegenwart der Menschen hingestellt, ihre Existenz dadurch fortgesetzt und bleibend gemacht. Sie falten nicht die Hände, schauen nicht in den Himmel, sondern sie sind hienieden was sie waren und was sie sind. Sie stehen beisammen, nehmen Anteil aneinander, lieben sich, und das ist in den Steinen, sogar mit einer gewissen Handwerksunfähigkeit, allerliebst ausgedrückt. Ein sehr reich verzierter marmorner Pfeiler gab mir auch neue Begriffe.

So löblich diese Anstalt ist, so sieht man ihr doch an, daß der edle Erhaltungsgeist, der sie gegründet, nicht mehr in ihr fortlebt. Der kostbare Dreifuß geht nächstens zugrunde, weil er frei steht, gegen Westen der Witterung ausgesetzt. Mit einem hölzernen Futteral wäre dieser Schatz leicht zu erhalten.

Der angefangene Palast des Proveditore, wäre er fertig geworden, hätte ein schön Stück Baukunst gegeben. Sonst bauen die Nobili noch viel, leider aber ein jeder auf den Platz, wo seine ältere Wohnung stand, also oft in engen Gassen. So baut man jetzt eine prächtige Fassade eines Seminariums in einem Gäßchen der entferntesten Vorstadt.

Als ich mit meinem zufällig aufgegriffenen Begleiter vor einem großen ernsthaften Tore eines wunderbaren Gebäudes vorüber ging, fragte er mich gutmütig, ob ich nicht einen Augenblick in den Hof treten wolle. Es war der Palast der Justiz, und wegen Höhe der Gebäude erschien der Hof doch nur als ein ungeheurer Brunnen. «Hier werden», sagte er, «alle die Verbrecher und Verdächtigen verwahrt.»

Ich sah umher und durch alle Stockwerke gingen, an zahlreichen Türen hin, offene, mit eisernen Geländern versehene Gänge. Der Gefangene, wie er aus seinem Kerker heraustrat, um zum Verhör geführt zu werden, stand in der freien Luft, war aber auch den Blicken aller ausgesetzt; und weil nun mehrere Verhörstuben sein mochten, so klapperten die Ketten, bald über diesem bald über jenem Gange durch alle Stockwerke. Es war ein verwünschter Anblick, und ich leugne nicht, daß der gute Humor, womit ich meine Vögel abgefertigt hatte, hier doch einen etwas schweren Stand würde gefunden haben.

Ich ging auf der Kante des amphitheatralischen Kraters bei Sonnenuntergang, der schönsten Aussicht genießend über Stadt und Gegend. Ich war ganz allein und unten auf den breiten Steinen des Brà gingen Mengen von Menschen: Männer von allen Ständen, Weiber vom Mittelstande spazieren. Diese letztern nehmen sich in ihren schwarzen Überkleidern aus dieser Vogelperspektive gar mumienhaft aus.

Der Zendale und die Veste, die dieser Klasse statt aller Garderobe dient, ist übrigens eine Tracht, ganz eingerichtet für ein Volk, das nicht immer für Reinlichkeit sorgen und doch immer öffentlich erscheinen, bald in der Kirche, bald auf dem Spaziergange sein will. Veste ist ein schwarztaffeter Rock, der über andere Röcke geworfen wird. Hat das Frauenzimmer einen reinlichen weißen darunter, so versteht sie den schwarzen an der einen Seite in die Höhe zu heben. Dieser wird so angegürtet, daß er die Taille abschneidet und die Lippen des Korsetts bedeckt, welches von jeglicher Farbe sein kann. Der Zendale ist eine große Kappe, mit langen Bärten, die Kappe selbst durch ein Drahtgestell hoch über den Kopf gehalten, die Bärte aber wie eine Schärpe um den Leib geknüpft, so daß die Enden hinterwärts herunter fallen.

Als ich heute wieder von der Arena wegging, kam ich einige tausend Schritte davon zu einem modernen öffentlichen Schauspiel. Vier edle Veroneser schlugen Ball gegen vier Vicentiner. Sie treiben dies sonst unter sich das ganze Jahr, etwa zwei Stunden vor Nacht; diesmal, wegen der fremden Gegner, lief das Volk unglaublich zu. Es können immer vier- bis fünftausend Zuschauer gewesen sein. Frauen sah ich von keinem Stande.

Vorhin, als ich vom Bedürfnis der Menge in einem solchen Falle sprach, hab' ich das natürliche zufällige Amphitheater schon beschrieben, wie ich das Volk hier übereinander gebaut sah. Ein lebhaftes Händeklatschen hört' ich schon von weiten, jeder bedeutende Schlag war davon begleitet. Das Spiel aber geht so vor sich: In gehöriger Entfernung voneinander sind zwei gelindabhängige Bretterflächen errichtet. Derjenige, der den Ball ausschlägt, steht, die Rechte mit einem hölzernen breiten Stachelringe bewaffnet, auf der obersten Höhe. Indem nun ein anderer von seiner Partei ihm den Ball zuwirft, so läuft er herunter dem Ball entgegen und vermehrt dadurch die Gewalt des Schlages, womit er denselben zu treffen weiß. Die Gegner suchen ihn zurückzuschlagen, und so geht es hin und wider, bis er zuletzt im Felde liegen bleibt. Die schönsten Stellungen, wert in Marmor nachgebildet zu werden, kommen dabei zum Vorschein. Da es lauter wohlgewachsene, rüstige, junge Leute sind, in kurzer, knapper, weißer Kleidung, so unterscheiden sich die Parteien nur durch ein farbiges Abzeichen. Besonders schön ist die Stellung, in welche der Ausschlagende gerät, indem er von der schiefen Fläche herunterläuft und den Ball zu treffen ausholt; sie nähert sich der des Borghesischen Fechters.

Sonderbar kam es mir vor, daß sie diese Übung an einer alten Stadmauer, ohne die mindeste Bequemlichkeit für die Zuschauer vornehmen; warum sie es nicht im Amphitheater tun, wo so schöner Raum wäre!

Verona, den 17. September

Was ich von Gemälden gesehen, will ich nur kurz berühren und einige Betrachtungen hinzufügen. Ich mache diese wunderbare Reise nicht, um mich selbst zu betrügen, sondern um mich an den Gegenständen kennen zu lernen, da sage ich mir denn ganz aufrichtig, daß ich von der Kunst, von dem Handwerk des Malers wenig verstehe. Meine Aufmerksamkeit, meine Betrachtung kann nur auf den praktischen Teil, auf den Gegenstand und auf die Behandlung desselben im allgemeinen gerichtet sein.

San Giorgio ist eine Galerie von guten Gemälden, alle Altarblätter, wo nicht von gleichem Wert, doch durchaus merkwürdig. Aber die unglückseligen Künstler, was mußten die malen! und für wen! Ein Mannaregen vielleicht dreißig Fuß lang und zwanzig hoch! das Wunder der fünf Brote zum Gegenstück! was war daran zu malen? Hungrige Menschen, die über kleine Körner herfallen, unzählige andere, denen Brot präsentiert wird. Die Künstler haben sich die Folter gegeben, um solche Armseligkeiten bedeutend zu machen. Und doch hat, durch diese Nötigung gereizt, das Genie schöne Sachen hervorgebracht. Ein Künstler, der die heilige Ursula mit den elftausend Jungfrauen vorzustellen hatte, zog sich mit großem Verstand aus der Sache. Die Heiliege steht im Vordergrunde, als habe sie siegend das Land in Besitz genommen. Sie ist sehr edel, amazonenhaft jungfräulich, ohne Reiz gebildet; in der alles verkleinernden Ferne hingegen sieht man ihre Schar aus den Schiffen steigen und in Prozession herankommen. Die Himmelfahrt Mariä im Dom, von Tizian, ist sehr verschwärzt, der Gedanke lobenswert, daß die angehende Göttin nicht himmelwärts, sondern herab nach ihren Freunden blickt.

In der Galerie Gherardini fand ich sehr schöne Sachen von Orbetto und lernte diesen verdienten Künstler auf einmal kennen. In der Entfernung erfährt man nur von den ersten Künstlern, und oft begnügt man sich mit ihren Namen; wenn man aber diesem Sternenhimmel näher tritt und die von der zweiten und dritten Größe nun auch zu flimmern anfangen, und jeder auch als zum ganzen Sternbild gehörend hervortritt, dann wird die Welt weit und die Kunst reich. Den Gedanken eines Bildes muß ich hier loben. Nur zwei Halbfiguren. Simson ist eben im Schoße der Delila eingeschlafen, sie greift leise über ihn hinweg nach einer Schere, die auf dem Tisch neben der Lampe liegt. Die Ausführung ist sehr brav. Im Palast Canossa war mir eine Danae bemerklich.

Der Palast Bevilacqua enthält die köstlichsten Sachen. Ein sogenanntes Paradies von Tintoretto, eigentlich aber die Krönung der Maria zur Himmelskönigin, in Gegenwart aller Erzväter, Propheten, Apostel, Heiligen, Engel und so weiter, eine Gelegenheit, den ganzen Reichtum des glücklichsten Genies zu entwickeln. Leichtigkeit des Pinsels, Geist, Mannigfaltigkeit des Ausdrucks, dies alles zu bewundern und sich dessen zu erfreuen, müßte man das Stück selbst besitzen und es zeitlebens vor Augen haben. Die Arbeit geht ins Unendliche, ja die letzten in der Glorie verschwindenden Engelsköpfe haben noch Charakter. Die größten Figuren mögen einen Fuß hoch sein, Maria und Christus, der ihr die Krone aufsetzt, etwa vier Zoll. Die Eva ist doch das schönste Weibchen auf dem Bilde und noch immer, von altersher, ein wenig lüstern.

Ein paar Porträte von Paul Veronese haben meine Hochachtung für diesen Künstler nur vermehrt. Die Antikensammlung ist herrlich, ein hingestreckter Sohn der Niobe köstlich, die Büsten, ungeachtet ihrer restaurierten Nasen, meistens höchst interessant, ein August mit der Bürgerkrone, ein Caligula und andere.

Es liegt in meiner Natur, das Große und Schöne willig und mit Freuden zu verehren, und diese Anlage an so herrlichen Gegenständen Tag für Tag, Stunde für Stunde auszubilden, ist das seligste aller Gefühle.

In einem Lande, wo man des Tages genießt, besonders aber des Abends sich erfreut, ist es höchst bedeutend, wenn die Nacht einbricht. Dann hört die Arbeit auf, dann kehrt der Spaziergänger zurück, der Vater will seine Tochter wieder zu Hause sehen, der Tag hat ein Ende; doch was Tag sei, wissen wir Kimmerier kaum. In ewigem Nebel und Trübe ist es uns einerlei, ob es Tag oder Nacht ist, denn wieviel Zeit können wir uns unter freiem Himmel wahrhaft ergehen und ergötzen? Wie hier die Nacht eintritt, ist der Tag entschieden vorbei, der aus Abend und Morgen bestand, vierundzwanzig Stunden sind verlebt, eine neue Rechnung geht an, die Glocken läuten, der Rosenkranz wird gebetet, mit brennender Lampe tritt die Magd in das Zimmer und spricht: Felicissima notte! Diese Epoche verändert sich mit jeder Jahreszeit, und der Mensch, der hier lebendig lebt, kann nicht irre werden, weil jeder Genuß seines Daseins sich nicht auf die Stunde, sondern auf die Tageszeit bezieht. Zwänge man dem Volke einen deutschen Zeiger auf, so würde man es verwirrt machen, denn der seinige ist innigst mit seiner Natur verwebt. Anderthalb Stunden, eine Stunde vor Nacht fängt der Adel an auszufahren, es geht auf den Brà, die lange breite Straße nach der Porta Nuova zu, das Tor hinaus, an der Stadt hin, und wie es Nacht schlägt, kehrt alles um. Teils fahren sie an die Kirchen, das Ave Maria della sera zu beten, teils halten sie auf dem Brà, die Kavaliers treten an die Kutschen, unterhalten sich mit den Damen, und das dauert eine Weile; ich habe das Ende niemals abgewartet, die Fußgänger bleiben weit in die Nacht. Heute war gerade so viel Regen niedergegangen, um den Staub zu löschen, es war wirklich ein lebendiger munterer Anblick.

Um mich ferner in einem wichtigen Punkte der Landesgewohnheit gleich zu stellen, habe ich mir ein Hülfsmittel erdacht, wie ich ihre Stundenrechnung mir leichter zu eigen machte. Nachfolgendes Bild kann davon einen Begriff geben. Der innere Kreis bedeutet unsere vierundzwanzig Stunden, von Mitternacht zu Mitternacht, in zweimal zwölf geteilt, wie wir zählen und unsere Uhren sie zeigen. Der mittlere Kreis deutet an, wie die Glocken in der jetzigen Jahreszeit hier schlagen, nämlich gleichfalls zweimal bis zwölf in vierundzwanzig Stunden, allein dergestalt, daß es eins schlägt, wenn es bei uns acht schlüge, und so fort bis zwölfe voll sind. Morgens acht Uhr nach unserm Zeiger schlägt es wieder eins und so fort. Der oberste Kreis zeigt nun endlich, wie bis vierundzwanzig im Leben gezählt wird. Ich höre zum Beispiel in der Nacht sieben schlagen und weiß, daß Mitternacht um fünf ist, so ziehe ich die Zahl von jener ab, und habe also zwei Uhr nach Mitternacht. Hör' ich am Tage sieben schlagen und weiß, daß auch Mittag um fünf Uhr ist, so verfahre ich ebenso und habe zwei Uhr Nachmittag. Will ich aber die Stunden nach hiesiger Weise aussprechen, so muß ich wissen, daß Mittag siebenzehn Uhr, ist hiezu füge ich noch die Zwei und sage neunzehn Uhr. Wenn man dies zum erstenmal hört und überdenkt, so scheint es höchst verworren und schwer durchzuführen; man wird es aber gar bald gewohnt und findet diese Beschäftigung unterhaltend, wie sich auch das Volk an dem ewigen Hin- und Wider-Rechnen ergötzt, wie Kinder an leicht zu überwindenden Schwierigkeiten. Sie haben ohnedies immer die Finger in der Luft, rechnen alles im Kopfe und machen sich gern mit Zahlen zu schaffen. Ferner ist dem Inländer die Sache so viel leichter, weil er sich um Mittag und Mitternacht eigentlich nicht bekümmert und nicht, wie der Fremde in diesem Lande tut, zwei Zeiger miteinander vergleicht. Sie zählen nur von Abend die Stunden wie sie schlagen, am Tag addieren sie die Zahl zu der ihnen bekannten abwechselnden Mittagszahl. Das weitere erläutern die der Figur beigefügten Anmerkungen. (Siehe das nebenstehende Blatt)

Das Volk rührt sich hier sehr lebhaft durcheinander, besonders in einigen Straßen, wo Kaufläden und Handwerksbuden aneinander stoßen, sieht es recht lustig aus. Da ist nicht etwa eine Tür vor dem Laden oder Arbeitszimmer, nein, die ganze Breite des Hauses ist offen, man sieht bis in die Tiefe und alles was darin vorgeht. Die Schneider nähen,

Vergleichungskreis

der italienischen und deutschen Uhr, auch der italienischen Zeiger für die zweite Hälfte des Septembers.

Mittag

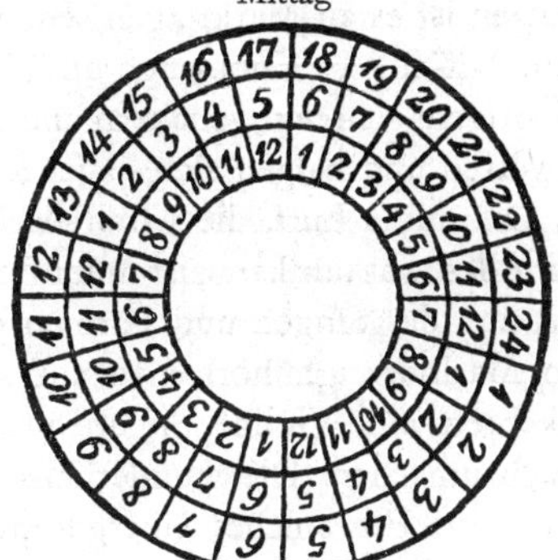

Mitternacht

Die Nacht wächst mit jedem halben Monat eine halbe Stunde

Monat	Tag	Wird Nacht nach unserm Zeiger	Ist Mitternacht alsdann um
August	1	8½	3½
"	15	8	4
September	1	7½	4½
"	15	7	5
Oktober	1	6½	5½
"	15	6	6
November	1	5½	6½
"	15	5	7

Von da an bleibt die Zeit stehen und ist

	Nacht	Mitternacht
Dezember Januar	5	7

Der Tag wächst mit jedem halben Monat eine halbe Stunde

Monat	Tag	Wird Nacht nach unserm Zeiger	Ist Mitternacht alsdann um
Februar	1	5½	6½
"	15	6	6
März	1	6½	5½
"	15	7	5
April	1	7½	4½
"	15	8	4
Mai	1	8½	3½
"	15	9	3

Von da an bleibt die Zeit stehen und ist

	Nacht	Mitternacht
Juni Juli	9	3

die Schuster ziehen und pochen alle halb auf der Gasse; ja die Werkstätten machen einen Teil der Straße. Abends, wenn Lichter brennen, sieht es recht lebendig.

Auf den Plätzen ist es an Markttagen sehr voll, Gemüse und Früchte unübersehlich, Knoblauch und Zwiebeln nach Herzenslust. Übrigens schreien, schäkern und singen sie den ganzen Tag, werfen und balgen sich, jauchzen und lachen unaufhörlich. Die milde Luft, die wohlfeile Nahrung läßt sie leicht leben. Alles, was nur kann, ist unter freiem Himmel.

Nachts geht nun das Singen und Lärmen recht an. Das Liedchen von Marlborough hört man auf allen Straßen, dann ein Hackebrett, eine Violine. Sie üben sich, alle Vögel mit Pfeifen nachzumachen. Die wunderlichsten Töne brechen überall hervor. Ein solches Übergefühl des Daseins verleiht ein mildes Klima auch der Armut, und der Schatten des Volks scheint selbst noch ehrwürdig.

Die uns so sehr auffallende Unreinlichkeit und wenige Bequemlichkeit der Häuser entspringt auch daher: sie sind immer draußen und in ihrer Sorglosigkeit denken sie an nichts. Dem Volk ist alles recht und gut, der Mittelmann lebt auch von einem Tag zum andern, der Reiche und Vornehme schließt sich in seine Wohnung, die eben auch nicht so wohnlich ist wie im Norden. Ihre Gesellschaften halten sie in öffentlichen Versammlungshäusern. Vorhöfe und Säulengänge sind alle mit Unrat besudelt, und es geht ganz natürlich zu. Das Volk fühlt sich immer vor. Der Reiche kann reich sein, Paläste bauen, der Nobile darf regieren, aber wenn er einen Säulengang, einen Vorhof anlegt, so bedient sich das Volk dessen zu seinem Bedürfnis und es hat kein dringenderes, als das so schnell wie möglich los zu werden, was es so häufig als möglich zu sich genommen hat. Will einer das nicht leiden, so muß er nicht den großen Herrn spielen, das heißt er muß nicht tun, als wenn ein Teil seiner Wohnung dem Publikum angehöre, er macht seine Türe zu, und so ist es auch gut. An öffentlichen Gebäuden läßt sich das Volk sein Recht nun gar nicht nehmen, und das ist's, worüber der Fremde durch ganz Italien Beschwerde führt.

Ich betrachtete heut auf mancherlei Wegen durch die Stadt die Tracht und die Manieren besonders des Mittelstandes, der sich sehr häufig und geschäftig zeigt. Sie schlenkern im Gehen alle mit den Armen. Personen von einem höhern Stande, die bei gewissen Gelegenheiten einen Degen tragen, schlenkern nur mit einem, weil sie gewohnt sind, den linken still zu halten.

Obgleich das Volk seinen Geschäften und Bedürfnissen sehr sorglos nachgeht, so hat es doch auf alles Fremde ein scharfes Auge. So konnt' ich die ersten Tage bemerken, daß jedermann meine Stiefel betrachtete, da man sich derselben als einer teuern Tracht nicht einmal im Winter bedient. Jetzt da ich Schuh und Strümpfe trage, sieht mich niemand mehr an. Aber merkwürdig war mir's, daß heute früh, da sie alle mit Blumen, Gemüse, Knoblauch und so vielen andern Markterzeugnissen durcheinander liefen, ihnen der Zypressenzweig nicht entging, den ich in der Hand trug. Einige grüne Zapfen hingen daran, und daneben hielt ich blühende Kapernzweige. Sie sahen alle, groß und klein, mir auf die Finger, und schienen wunderliche Gedanken zu haben.

Diese Zweige bracht' ich aus dem Garten Giusti, der eine treffliche Lage und ungeheure Zypressen hat, die alle pfriemenartig in die Luft stehen. Wahrscheinlich sind die spitz zugeschnittenen Taxus der nordischen Gartenkunst Nachahmungen dieses herrlichen Naturprodukts. Ein Baum, dessen Zweige von unten bis oben, die ältesten wie die jüngsten, gen Himmel streben, der seine dreihundert Jahre dauert, ist wohl der Verehrung wert. Der Zeit nach, da der Garten angelegt worden, haben diese schon ein so hohes Alter erreicht.

Vicenza, den 19. September

Der Weg von Verona hieher ist sehr angenehm, man fährt nordostwärts an den Gebirgen hin und hat die Vorderberge, die aus Sand, Kalk, Ton, Mergel bestehen, immer linkerhand; auf den Hügeln, die sie bilden, liegen Orte, Schlösser, Häuser. Rechts verbreitet sich die weite Fläche, durch die man fährt. Der gerade, gut unterhaltene, breite Weg geht durch fruchtbares Feld, man blickt in tiefe Baumreihen, an welchen die Reben in die Höhe gezogen sind, die sodann, als wären es luftige Zweige, herunter fallen. Hier kann man sich eine Idee von Festonen bilden! Die Trauben sind zeitig und beschweren die Ranken, die lang und schwankend niederhängen. Der Weg ist voll Menschen aller Art und Gewerbes, besonders freuten mich die Wagen mit niedrigen tellerartigen Rädern, die, mit vier Ochsen bespannt, große Kufen hin und wider führen, in welchen die Weintrauben aus den Gärten geholt und gestampft werden. Die Führer standen, wenn sie leer waren, drinnen, es sah einem bacchischen Triumphzug ganz ähnlich. Zwischen den Weinreihen ist der Boden zu allerlei Arten Getreide, besonders zu Türkischkorn und Sörgel benutzt.

Kommt man gegen Vicenza, so steigen wieder Hügel von Norden nach Süden auf, sie sind vulkanisch, sagt man, und schließen die Ebene. Vicenza liegt an ihrem Fuße und, wenn man will, in einem Busen, den sie bilden.

Vor einigen Stunden bin ich hier angekommen, habe schon die Stadt durchlaufen, das Olympische Theater und die Gebäude des Palladio gesehen. Man hat ein sehr artiges Büchelchen mit Kupfern zur Bequemlichkeit der Fremden herausgegeben mit einem kunstverständigen Texte. Wenn man nun diese Werke gegenwärtig sieht, so erkennt man erst den großen Wert derselben, denn sie sollen ja durch ihre wirkliche Größe und Körperlichkeit das Auge füllen, und durch die schöne Harmonie ihrer Dimensionen nicht nur in abstrakten Aufrissen, sondern mit dem ganzen perspektivischen Vordringen und Zurückweichen den Geist befriedigen; und so sag' ich vom Palladio: er ist ein recht innerlich und von innen heraus großer Mensch gewesen. Die höchste

Schwierigkeit, mit der dieser Mann wie alle neuern Architekten zu kämpfen hatte, ist die schickliche Anwendung der Säulenordnungen in der bürgerlichen Baukunst; denn Säulen und Mauern zu verbinden, bleibt doch immer ein Widerspruch. Aber wie er das untereinander gearbeitet hat, wie er durch die Gegenwart seiner Werke imponiert und vergessen macht, daß er nur überredet! Es ist wirklich etwas Göttliches in seinen Anlagen, völlig wie die Force des großen Dichters, der aus Wahrheit und Lüge ein Drittes bildet, dessen erborgtes Dasein uns bezaubert.

Das Olympische Theater ist ein Theater der Alten im kleinen realisiert und unaussprechlich schön, aber gegen die unsrigen kömmt mir's vor wie ein vornehmes, reiches, wohlgebildetes Kind gegen einen klugen Weltmenschen, der, weder so vornehm, noch so reich, noch wohlgebildet, besser weiß, was er mit seinen Mitteln bewirken kann.

Betrachtet man nun hier am Orte die herrlichen Gebäude, die jener Mann aufführte, und sieht, wie sie schon durch das enge schmutzige Bedürfnis der Menschen entstellt sind, wie die Anlagen meist über die Kräfte der Unternehmer waren, wie wenig diese köstlichen Denkmale eines hohen Menschengeistes zu dem Leben der übrigen passen, so fällt einem denn doch ein, daß es in allem andern ebenso ist: denn man verdient wenig Dank von den Menschen, wenn man ihr inneres Bedürfnis erhöhen, ihnen eine große Idee von ihnen selbst geben, ihnen das Herrliche eines wahren edlen Daseins zum Gefühl bringen will. Aber wenn man die Vögel belügt, Märchen erzählt, von Tag zu Tag ihnen forthelfend, sie verschlechtert, da ist man ihr Mann, und darum gefällt sich die neuere Zeit in so viel Abgeschmacktem. Ich sage das nicht, um meine Freunde herunter zu setzen, ich sage nur, daß sie so sind, und daß man sich nicht verwundern muß, wenn alles ist, wie es ist.

Wie sich die Basilika des Palladio neben einem alten, mit ungleichen Fenstern übersäten, kastellähnlichen Gebäude ausnimmt, welches der Baumeister zusamt dem Turm gewiß weg gedacht hat, ist nicht auszudrücken, und ich muß mich schon auf eine wunderliche Weise zusammenfassen: denn ich finde auch hier, leider gleich! das was ich fliehe und suche nebeneinander.

Den 20. September

Gestern war Oper, sie dauerte bis nach Mitternacht, und ich sehnte mich zu ruhen. Die drei Sultaninnen und Die Entführung aus dem Serail haben manche Fetzen hergegeben, woraus das Stück mit weniger Klugheit zusammengeflickt ist. Die Musik hört sich bequem an, ist aber wahrscheinlich von einem Liebhaber, kein neuer Gedanke, der mich getroffen hätte. Die Ballette dagegen sind allerliebst. Das Hauptpaar tanzte eine Allemande, daß man nichts Zierlichers sehen konnte.

Das Theater ist neu, lieblich, schön, modestprächtig, alles uniform, wie es einer Provinzialstadt geziemt, jede Loge hat ihren übergeschlagenen gleichfarbigen Teppich, die des Capitan Grande ist nur durch einen etwas längern Überhang ausgezeichnet.

Die erste Sängerin, vom ganzen Volke sehr begünstigt, wird, wie sie auftritt, entsetzlich beklatscht, und die Vögel stellen sich vor Freuden ganz ungebärdig, wenn sie etwas recht gut macht, welches sehr oft geschieht. Es ist ein natürlich Wesen, hübsche Figur, schöne Stimme, ein gefällig Gesicht und von einem recht honetten Anstand; in den Armen könnte sie etwas mehr Grazie haben. Indessen komme ich denn doch nicht wieder, ich fühle, daß ich zum Vogel verdorben bin.

Den 21. September

Heute besuchte ich Doktor Turra; wohl fünf Jahre hat er sich mit Leidenschaft auf die Pflanzenkunde gelegt, ein Herbarium der italienischen Flora gesammelt, unter dem vorigen Bischof einen botanischen Garten eingerichtet. Das ist aber alles hin. Medizinische Praxis vertrieb die Naturgeschichte, das Herbarium wird von Würmern gespeist, der Bischof ist tot und der botanische Garten wieder, wie billig, mit Kohl und Knoblauch bepflanzt.

Doktor Turra ist ein gar feiner guter Mann. Er erzählte mir mit Offenheit, Seelenreinheit und Bescheidenheit seine Geschichte und sprach überhaupt sehr bestimmt und gefällig, hatte aber nicht Lust seine Schränke aufzutun, die vielleicht in keinem präsentablen Zustande sein mochten. Der Diskurs kam bald ins Stocken.

Den 21. September, abends

Ich ging zum alten Baumeister Scamozzi, der des Palladio Gebäude herausgegeben hat und ein wackerer leidenschaftlicher Künstler ist. Er gab mir einige Anleitung, vergnügt über meine Teilnahme. Unter den Gebäuden des Palladio ist eins, für das ich immer eine besondere Vorliebe hatte, es soll seine eigne Wohnung gewesen sein; aber in der Nähe ist es weit mehr, als man im Bilde sieht. Ich möchte es gezeichnet und mit den Farben illuminiert haben, die ihm das Material und das Alter gegeben. Man muß aber nicht denken, daß der Baumeister sich einen Palast errichtet habe. Es ist das bescheidenste Haus von der Welt, hat nur zwei Fenster, die durch einen breiten Raum, der das dritte Fenster vertrüge, abgesondert sind. Wollte man es zum Gemälde nachbilden, so daß die Nachbarhäuser mit vorgestellt würden, so wäre auch das vergnüglich anzusehen, wie es zwischen sie eingeschaltet ist. Das hätte Canaletto malen sollen.

Heute besuchte ich das eine halbe Stunde von der Stadt auf einer angenehmen Höhe liegende Prachthaus, die Rotonda genannt. Es ist ein viereckiges Gebäude, das einen runden, von oben erleuchteten Saal in sich schließt. Von allen vier Seiten steigt man auf breiten Treppen hinan und gelangt jedesmal in eine Vorhalle, die von sechs korinthischen Säulen gebildet wird. Vielleicht hat die Baukunst ihren Luxus niemals höher getrieben. Der Raum, den die Treppen und Vorhallen einnehmen, ist viel größer als der des Hauses selbst: denn jede einzelne Seite würde als Ansicht eines Tempels befriedigen. Inwendig kann man es wohnbar aber nicht wöhnlich nennen. Der Saal ist von der schönsten Proportion, die Zimmer auch; aber zu den Bedürfnissen eines Sommeraufenthalts einer vornehmen Familie würden sie kaum hinreichen. Dafür sieht man es auch in der ganzen Gegend, von allen Seiten, sich auf das herrlichste darstellen. Die Mannigfaltigkeit ist groß, in der sich seine Hauptmasse zugleich mit den vorspringenden Säulen vor dem Auge der Umherwandelnden bewegt, und die Absicht des Besitzers ist vollkommen erreicht, der ein großes Fideikommißgut und zugleich ein sinnliches Denkmal seines Vermögens hinterlassen wollte. Und wie nun das Gebäude von allen Punkten der Gegend in seiner Herrlichkeit gesehen wird, so ist die Aussicht von daher gleichfalls die angenehmste. Man sieht den Bachiglione fließen, Schiffe von Verona herab gegen die Brenta führend, dabei überschaut man die weiten Besitzungen, welche Marchese Capra unzertrennt bei seiner Familie erhalten wollte. Die Inschriften der vier Giebelseiten, die zusammen eine ganze ausmachen, verdienen wohl aufgezeichnet zu werden:

MARCUS CAPRA GABRIELIS FILIUS
QUI AEDES HAS
ARCTISSIMO PRIMOGENITURAE GRADUI SUBJECIT
UNA CUM OMNIBUS
CENSIBUS AGRIS VALLIBUS ET COLLIBUS
CITRA VIAM MAGNAM
MEMORIAE PERPETUAE MANDANS HAEC
DUM SUSTINET AC ABSTINET.

Der Schluß besonders ist seltsam genug: ein Mann, dem so viel Vermögen und Wille zu Gebote stand, fühlt noch, daß er dulden und entbehren müsse. Das kann man mit geringerm Aufwand lernen.

Den 22. September

Heute abend war ich in einer Versammlung, welche die Akademie der Olympier hielt. Ein Spielwerk, aber ein recht gutes, es erhält noch ein bißchen Salz und Leben unter den Leuten. Ein großer Saal neben dem Theater des Palladio, anständig erleuchtet, der Capitan und ein Teil des Adels zugegen, übrigens durchaus ein Publikum von gebildeten Personen, viele Geistliche, zusammen ungefähr fünfhundert.

Die von dem Präsidenten für die heutige Sitzung aufgegebene Frage war: ob Erfindung oder Nachahmung den schönen Künsten mehr Vorteil gebracht habe? Der Einfall war glücklich genug: denn wenn man die in der Frage liegende Alternative trennt, so läßt sich hundert Jahre hinüber und herüber sprechen. Auch haben sich die Herren Akademiker dieser Gelegenheit weidlich bedient und in Prosa und Versen mancherlei hervorgebracht, worunter viel Gutes.

Sodann ist es das lebendigste Publikum. Die Zuhörer riefen Bravo, klatschten und lachten. Wenn man auch vor seiner Nation so stehen und sie persönlich belustigen dürfte! Wir geben unser Bestes schwarz auf weiß; jeder kauzt sich damit in eine Ecke und knopert daran, wie er kann.

Es läßt sich denken, daß Palladio auch diesmal an allen Orten und Enden war, es mochte von Erfinden oder Nachahmen die Rede sein. Zuletzt, wo immer das Scherzhafteste gefordert wird, hatte einer den glücklichen Einfall zu sagen: die andern hätten ihm den Palladio weggenommen, er wolle dagegen den Franceschini loben, den großen Seidenfabrikanten. Nun fing er an zu zeigen, was die Nachahmung der Lyoner und Florentiner Stoffe diesem tüchtigen Unternehmer und durch ihn der Stadt Vicenza für Vorteil gebracht habe, woraus erfolge: daß die Nachahmung weit über die Erfindung erhaben sei. Und dies geschah mit so gutem Humor, daß ein ununterbrochenes Gelächter erregt ward. Überhaupt fanden die, welche für die Nachahmung sprachen, mehr Beifall, denn sie sagten lauter Dinge, wie sie der Haufen denkt und denken kann. Einmal gab das Publikum mit großem Händeklatschen einem recht groben Sophism seinen herzlichen Beifall, da es viele gute, ja treffliche Sachen zu Ehren der Erfindung nicht gefühlt hatte. Es freut mich sehr, auch dieses erlebt zu haben, und dann ist es höchst erquickend, den Palladio nach so viel Zeit immer noch als Polarstern und Musterbild von seinen Mitbürgern verehrt zu sehen.

Heute früh war ich in Tiene, das nordwärts gegen die Gebirge liegt, wo ein neu Gebäude nach einem alten Risse aufgeführt wird, wobei wenig zu erinnern sein möchte. So ehrt man hier alles aus der guten Zeit und hat Sinn genug, nach einem geerbten Plan ein frisches Gebäude aufzuführen. Das Schloß liegt ganz trefflich in einer großen Plaine, die Kalkalpen ohne Zwischengebirg hinter sich. Vom Gebäude her, neben der schnurgeraden Chaussee, fließt zu beiden Seiten lebendiges Wasser dem Kommenden entgegen und wässert die weiten Reisfelder, durch die man fährt.

Ich habe nun erst die zwei italienischen Städte gesehen und mit wenig Menschen gesprochen, aber ich kenne meine Italiener schon gut. Sie sind wie Hofleute, die sich fürs erste Volk in der Welt halten und bei gewissen Vorteilen, die man ihnen nicht leugnen kann, sich's ungestraft und bequem einbilden können. Mir erscheinen die Italiener als eine recht gute Nation: man muß nur die Kinder und die gemeinen Leute sehen, wie ich sie jetzt sehe und sehen kann, da ich ihnen immer ausgesetzt bin und mich ihnen immer aussetze. Und was das für Figuren und Gesichter sind!

Besonders muß ich die Vicentiner loben, daß man bei ihnen die Vorrechte einer großen Stadt genießt. Sie sehen einen nicht an, man mag machen was man will; wendet man sich jedoch an sie, dann sind sie gesprächig und anmutig, besonders wollen mir die Frauen sehr gefallen. Die Veroneserinnen will ich nicht schelten, sie haben eine gute Bildung und entschiedene Profile; aber meistens bleich, und der Zendal tut ihnen Schaden, weil man unter der schönen Tracht auch etwas Reizendes sucht. Hier aber finde ich gar hübsche Wesen, besonders eine schwarzlockige Sorte, die mir ein eigenes Interesse einflößt. Es gibt auch noch eine blonde, die mir aber nicht so behagen will.

Padua, den 26. September, abends

In vier Stunden bin ich heute von Vicenza herübergefahren, auf ein einsitziges Chaischen, Sediola genannt, mit meiner ganzen Existenz gepackt. Man fährt sonst bequem in vierthalb Stunden, da ich aber den köstlichen Tag gern unter freiem Himmel genießen wollte, so war es mir angenehm, daß der Vetturin hinter seiner Schuldigkeit zurück blieb. Man fährt in der fruchtbarsten Ebene immer südostwärts, zwischen Hecken und Bäumen, ohne weitere Aussicht, bis man endlich die schönen Gebirge, von Norden gegen Süden streichend, zur rechten Hand sieht. Die Fülle der Pflanzen- und Fruchtgehänge, über Mauern und Hecken, an Bäumen herunter, ist unbeschreiblich. Kürbisse beschweren die Dächer, und die wunderlichsten Gurken hängen an Latten und Spalieren.

Die herrliche Lage der Stadt konnte ich vom Observatorium aufs klärste überschauen. Gegen Norden Tiroler Gebirge, beschneit, in Wolken halb versteckt, an die sich in Nordwest die Vicentinischen anschließen, endlich gegen Westen die nähern Gebirge von Este, deren Gestalten und Vertiefungen man deutlich sehen kann. Gegen Südost ein grünes Pflanzenmeer, ohne eine Spur von Erhöhung, Baum an Baum, Busch an Busch, Pflanzung an Pflanzung, unzählige weiße Häuser, Villen und Kirchen aus dem Grünen hervorblickend. Am Horizont sah ich ganz deutlich den Markusturm zu Venedig und andere geringere Türme.

Padua, den 27. September

Endlich habe ich die Werke des Palladio erlangt, zwar nicht die Originalausgabe, die ich in Vicenza gesehen, deren Tafeln in Holz geschnitten sind, aber eine genaue Kopie, ja ein Faksimile in Kupfer, veranstaltet durch einen vortrefflichen Mann, den ehemaligen englischen Konsul Smith in Venedig. Das muß man den Engländern lassen, daß sie von langeher das Gute zu schätzen wußten, und daß sie eine grandiose Art haben es zu verbreiten.

Bei Gelegenheit dieses Ankaufs betrat ich einen Buchladen, der in Italien ein ganz eigenes Ansehen hat. Alle Bücher stehen geheftet umher, und man findet den ganzen Tag über gute Gesellschaft. Was von Weltgeistlichen, Edelleuten, Künstlern einigermaßen mit der Literatur verwandt ist, geht hier auf und ab. Man verlangt ein Buch, schlägt nach, liest und unterhält sich, wie es kommen will. So fand ich etwa ein halb Dutzend beisammen, welche sämtlich, als ich nach den Werken des Palladio fragte, auf mich aufmerksam wurden. Indes der Herr des Ladens das Buch suchte, rühmten sie es und gaben mir Notiz von dem Originale und der Kopie, sie waren mit dem Werke selbst und dem Verdienst des Verfassers sehr wohl bekannt. Da sie mich für einen Architekten hielten, lobten sie mich, daß ich vor allen andern zu den Studien dieses Meisters schritte, er leiste zu Gebrauch und Anwendung mehr als Vitruv selbst, denn er habe die Alten und das Altertum gründlich studiert und es unsern Bedürfnissen näher zu führen gesucht. Ich unterhielt mich lange mit diesen freundlichen Männern, erfuhr noch einiges, die Denkwürdigkeiten der Stadt betreffend, und empfahl mich.

Da man denn doch einmal den Heiligen Kirchen gebaut hat, so findet sich auch wohl darin ein Platz, wo man vernünftige Menschen aufstellen kann. Die Büste des Kardinals Bembo steht zwischen ionischen Säulen, ein schönes, wenn ich so sagen soll, mit Gewalt in sich gezogenes Gesicht und ein mächtiger Bart; die Inschrift lautet:

PETRI BEMBI CARD. IMAGINEM HIER. GUERINUS ISMENI F. IN PUBLICO PONENDAM CURAVIT UT CUJUS INGENII MONUMENTA AETERNA SINT EJUS CORPORIS QUOQUE MEMORIA NE A POSTERITATE DESIDERETUR.

Das Universitätsgebäude hat mich mit aller seiner Würde erschreckt. Es ist mir lieb, daß ich darin nichts zu lernen hatte. Eine solche Schulenge denkt man sich nicht, ob man gleich als Studiosus deutscher Akademien auf den Hörbänken auch manches leiden müssen. Besonders ist das anatomische Theater ein Muster, wie man Schüler zusammen pressen soll. In einem spitzen hohen Trichter sind die Zuhörer übereinander geschichtet. Sie sehen steil herunter auf den engen Boden, wo der Tisch steht, auf den kein Licht fällt, deshalb der Lehrer bei Lampenschein demonstrieren muß. Der botanische Garten ist desto artiger und munterer. Es können viele Pflanzen auch den Winter im Lande bleiben, wenn sie an Mauern oder nicht weit davon gesetzt sind. Man überbaut alsdann das Ganze zu Ende des Oktobers und heizt die wenigen Monate. Es ist erfreuend und belehrend, unter einer Vegetation umherzugehen, die uns fremd ist. Bei gewohnten Pflanzen, sowie bei andern längst bekannten Gegenständen, denken wir zuletzt gar nichts, und was ist Beschauen ohne Denken? Hier in dieser neu mir entgegen tretenden Mannigfaltigkeit wird jener Gedanke immer lebendiger: daß man sich alle Pflanzengestalten vielleicht aus einer entwickeln könne. Hiedurch würde es allein möglich werden, Geschlechter und Arten wahrhaft zu bestimmen, welches, wie mich dünkt, bisher sehr willkürlich geschieht. Auf diesem Punkte bin ich in meiner botanischen Philosophie stecken geblieben und ich sehe noch nicht, wie ich mich entwirren will. Die Tiefe und Breite dieses Geschäfts scheint mir völlig gleich.

Der große Platz, Prato della Valle genannt, ist ein sehr weiter Raum, wo der Hauptmarkt im Juni gehalten wird. Hölzerne Buden in seiner Mitte geben freilich nicht das vorteilhafteste Ansehn, die Einwohner aber versichern, daß man auch bald hier eine Fiera von Stein wie die zu Verona sehen werde. Hiezu gibt freilich schon jetzt die Umgebung des Platzes gegründete Hoffnung, welche einen sehr schönen und bedeutenden Anblick gewährt.

Ein ungeheures Oval ist ringsum mit Statuen besetzt, alle berühmten Männer vorstellend, welche hier gelehrt und gelernt haben. Einem jeden Einheimischen und Fremden ist erlaubt, irgend einem Landsmann oder Verwandten hier eine Bildsäule von bestimmter Größe zu errichten, sobald das Verdienst der Person und der akademische Aufenthalt zu Padua bewiesen ist.

Um das Oval umher geht ein Wassergraben. Auf den vier Brücken, die hinaufführen, stehen Päpste und Dogen kolossal, die übrigen, kleiner, sind von Zünften, Partikuliers und Fremden gesetzt. Der König von Schweden ließ Gustav Adolfen hinstellen, weil man sagt, derselbe habe einmal in Padua eine Lektion angehört. Der Erzherzog Leopold erneuerte das Andenken Petrarchs und Galileis. Die Statuen sind in einer braven modernen Manier gemacht, wenige übermanieriert, einige recht natürlich, sämtlich im Kostüm ihrer Zeit und Würden. Die Inschriften sind auch zu loben. Es findet sich nichts Abgeschmacktes oder Kleinliches darunter.

Auf jeder Universität wäre der Gedanke sehr glücklich gewesen, auf dieser ist er am glücklichsten, weil es sehr wohltut, eine völlige Vergangenheit wieder hervorgerufen zu sehen. Es kann ein recht schöner Platz werden, wenn sie die hölzerne Fiera wegschaffen und eine von Stein erbauen, wie der Plan sein soll.

In dem Versammlungsorte einer dem heiligen Antonius gewidmeten Brüderschaft sind ältere Bilder, welche an die alten Deutschen erinnern, dabei auch einige von Tizian, wo schon der große Fortschritt merklich ist, den über den Alpen niemand für sich getan hat. Gleich darauf sah ich einiges von den neusten. Diese Künstler haben, da sie das hohe Ernste nicht mehr erreichen konnten, das Humoristische sehr glücklich getroffen. Die Enthauptung Johannes' von Piazetta ist, wenn man des Meisters Manier zugibt, in diesem Sinne ein recht braves Bild. Johannes kniet, die

Hände vor sich hinfaltend, mit dem rechten Knie an einen Stein. Er sieht gen Himmel. Ein Kriegsknecht, der ihn hinten gebunden hält, biegt sich an der Seite herum und sieht ihm ins Gesicht, als wenn er über die Gelassenheit erstaunte, womit der Mann sich hingibt. In der Höhe steht ein anderer, der den Streich vollführen soll, hat aber das Schwert nicht, sondern macht nur mit den Händen die Gebärde, wie einer der den Streich zum voraus versuchen will. Das Schwert zieht unten ein dritter aus der Scheide. Der Gedanke ist glücklich, wenn auch nicht groß, die Komposition frappant und von der besten Wirkung.

In der Kirche der Eremitaner habe ich Gemälde von Mantegna gesehen, einem der älteren Maler, vor denen ich erstaunt bin. Was in diesen Bildern für eine scharfe sichere Gegenwart dasteht! Von dieser ganz wahren, nicht etwa scheinbaren, effektlügenden, bloß zur Einbildungskraft sprechenden, sondern derben, reinen, lichten, ausführlichen, gewissenhaften, zarten, umschriebenen Gegenwart, die zugleich etwas Strenges, Emsiges, Mühsames hatte, gingen die folgenden Maler aus, wie ich an Bildern von Tizian bemerkte, und nun konnte die Lebhaftigkeit ihres Genies, die Energie ihrer Natur, erleuchtet von dem Geiste ihrer Vorfahren, auferbaut durch ihre Kraft, immer höher und höher steigen, sich von der Erde heben und himmlische aber wahre Gestalten hervorbringen. So entwickelte sich die Kunst nach der barbarischen Zeit.

Der Audienzsaal des Rathauses, mit Recht durch das Augmentativum Salone betitelt, das ungeheuerste abgeschlossene Gefäß, das man sich nicht vorstellen, auch nicht einmal in der nächsten Erinnerung zurückrufen kann. Dreihundert Fuß lang, hundert Fuß breit und bis in das der Länge nach ihn deckende Gewölbe hundert Fuß hoch. So gewohnt sind diese Menschen im Freien zu leben, daß die Baumeister einen Marktplatz zu überwölben fanden. Und es ist keine Frage, daß der ungeheure überwölbte Raum eine eigene Empfindung gibt. Es ist ein abgeschlossenes Unendliches, dem Menschen analoger als der Sternhimmel. Dieser reißt uns aus uns selbst hinaus, jener drängt uns, auf die gelindeste Weise, in uns selbst zurück.

So verweil' ich auch gern in der Kirche der heiligen Justine. Diese vierhundertfünfundachtzig Fuß lang, verhältnismäßig hoch und breit, groß und einfach gebaut. Heut abend setzt' ich mich in einen Winkel und hatte meine stille Betrachtung; da fühlt' ich mich recht allein, denn kein Mensch in der Welt, der in dem Augenblick an mich gedacht hätte, würde mich hier gesucht haben.

Nun wäre auch hier wieder einmal eingepackt, morgen früh geht es zu Wasser auf der Brenta fort. Heute hat's geregnet, nun ist's wieder ausgehellt, und ich hoffe die Lagunen und die dem Meer vermählte Herrscherin bei schöner Tageszeit zu erblicken und aus ihrem Schoß meine Freunde zu begrüßen.

VENEDIG

So stand es denn im Buche des Schicksals auf meinem Blatte geschrieben, daß ich 1786 den achtundzwanzigsten September, abends, nach unserer Uhr um fünfe, Venedig zum erstenmal, aus der Brenta in die Lagunen einfahrend, erblicken und bald darauf diese wunderbare Inselstadt, diese Biberrepublik betreten und besuchen sollte. So ist denn auch, Gott sei Dank, Venedig mir kein bloßes Wort mehr, kein hohler Name, der mich so oft, mich den Todfeind von Wortschällen, geängstiget hat.

Als die erste Gondel an das Schiff anfuhr (es geschieht, um Passagiere, welche Eil' haben, geschwinder nach Venedig zu bringen), erinnerte ich mich eines frühen Kinderspielzeuges, an das ich vielleicht seit zwanzig Jahren nicht mehr gedacht hatte. Mein Vater besaß ein schönes mitgebrachtes Gondelmodell; er hielt es sehr wert, und mir ward es hoch angerechnet, wenn ich einmal damit spielen durfte. Die ersten Schnäbel von blankem Eisenblech, die schwarzen Gondelkäfige, alles grüßte mich wie eine alte Bekanntschaft, ich genoß einen langentbehrten freundlichen Jugendeindruck.

Ich bin gut logiert in der Königin von England, nicht weit vom Markusplatz, und dies ist der größte Vorzug des Quartiers; meine Fenster gehen auf einen schmalen Kanal zwischen hohen Häusern, gleich unter mir eine einbogige Brücke, und gegenüber ein schmales belebtes Gäßchen. So wohne ich, und so werde ich eine Zeitlang bleiben, bis mein Paket für Deutschland fertig ist, und bis ich mich am Bilde dieser Stadt satt gesehen habe. Die Einsamkeit, nach der ich oft so sehnsuchtvoll geseufzt, kann ich nun recht genießen, denn nirgends fühlt man sich einsamer als im Gewimmel, wo man sich allen ganz unbekannt durchdrängt. In Venedig kennt mich vielleicht nur ein Mensch, und der wird mir nicht gleich begegnen.

Venedig, den 28. September 1786

Wie es mir von Padua hierher gegangen, nur mit wenig Worten: die Fahrt auf der Brenta, mit dem öffentlichen Schiffe, in gesitteter Gesellschaft, da die Italiener sich voreinander in acht nehmen, ist anständig und angenehm. Die Ufer sind mit Gärten und Lusthäusern geschmückt, kleine Ortschaften treten bis ans Wasser, teilweise geht die belebte Landstraße daran hin. Da man schleusenweis den Fluß hinabsteigt, gibt es öfters einen kleinen Aufhalt, den man benutzen kann, sich auf dem Lande umzusehen und die reichlich angebotenen Früchte zu genießen. Nun steigt man wieder ein und bewegt sich durch eine bewegte Welt voll Fruchtbarkeit und Leben.

Zu so viel abwechselnden Bildern und Gestalten gesellte sich noch eine Erscheinung, die, oblgeich aus Deutschland abstammend, doch hier ganz eigentlich an ihrem Platze war, zwei Pilger nämlich, die ersten die ich in der Nähe sah. Sie haben das Recht, mit dieser öffentlichen Gelegenheit umsonst weiter gebracht zu werden; allein weil die übrige Gesellschaft ihre Nähe scheut, so sitzen sie nicht mit in dem bedeckten Raume, sondern hinten bei dem Steuermann. Als eine in der gegenwärtigen Zeit seltene Erscheinung wurden sie angestaunt, und, weil früher unter dieser Hülle manch Gesindel umhertrieb, wenig geachtet. Als ich vernahm, daß es Deutsche seien, keiner andern Sprache mächtig, gesellte ich mich zu ihnen und vernahm, daß sie aus dem Paderbornischen herstammten. Beides waren Männer schon über fünfzig, von dunkler aber gutmütiger Physiognomie. Sie hatten vor allem das Grab der heiligen drei Könige zu Köln besucht, waren sodann durch Deutschland gezogen, und nun auf dem Wege, zusammen bis Rom und sodann ins obere Italien zurückzugehen, da denn der eine wieder nach Westfalen zu wandern, der andere aber noch den heiligen Jakob zu Compostell zu verehren gedachte.

Ihre Kleidung war die bekannte, doch sahen sie aufgeschürzt viel besser aus, als wir sie in langen Taffetkleidern auf unsern Redouten vorzustellen pflegen. Der große Kragen, der runde Hut, der Stab und die Muschel, als das unschuldigste Trinkgeschirr, alles hatte seine Bedeutung, seinen unmittelbaren Nutzen, die Blechkapsel enthielt ihre Pässe. Das Merkwürdigste aber waren ihre kleinen rotsaffianen Brieftaschen, in diesen befand sich alles kleine Geräte, was nur irgend einem einfachen Bedürfnis abzuhelfen geeignet sein mochte. Sie hatten dieselben hervorgezogen, indem sie an ihren Kleidern etwas zu flicken fanden.

Der Steuermann, höchst zufrieden, daß er einen Dolmetscher fand, ließ mich verschiedene Fragen an sie tun; dadurch vernahm ich manches von ihren Ansichten, besonders aber von ihrer Reise. Sie beklagten sich bitterlich über ihre Glaubensgenossen, ja Weltpriester und Klostergeistliche. Die Frömmigkeit, sagten sie, müsse eine sehr seltene Sache sein, weil man an die ihrige nirgends glauben wolle, sondern sie fast durchaus, ob sie gleich die ihnen vorgeschriebene geistliche Marschroute und die bischöflichen Pässe vorgezeigt, in katholischen Landen wie Landstreicher behandle. Sie erzählten dagegen mit Rührung, wie gut sie von den Protestanten aufgenommen worden, besonders von einem Landgeistlichen in Schwaben, vorzüglich aber von seiner Frau, welche den einigermaßen widerstrebenden Mann dahin vermocht, daß sie ihnen reichliche Erquickung zuteilen dürfen, welche ihnen sehr notgetan. Ja beim Abschiede habe sie ihnen einen Konventionstaler geschenkt, der ihnen sehr zustatten gekommen, sobald sie das katholische Gebiet wieder betreten. Hierauf sagte der eine mit aller Erhebung, deren er fähig war: «Wir schließen diese Frau aber auch täglich in unser Gebet ein und bitten Gott, daß er ihre Augen öffne, wie er ihr Herz für uns geöffnet hat, daß er sie, wenn auch spät, aufnehme in den Schoß der alleinseligmachenden Kirche. Und so hoffen wir gewiß ihr dereinst im Paradies zu begegnen.»

Von diesem allen erklärte ich was nötig und nützlich war, auf der kleinen Stiege sitzend, die auf das Verdeck führt, dem Steuermann und einigen andern Personen, die sich aus der Kajüte in den engen Raum gedrängt hatten. Den Pilgern wurden einige ärmliche Erquickungen gereicht, denn der Italiener liebt nicht zu geben. Sie zogen hierauf kleine geweihte Zettel hervor, worauf zu sehen das Bild der heiligen drei Könige nebst lateinischen Gebeten zur Verehrung. Die guten Menschen baten mich, die kleine Gesellschaft damit zu beschenken und ihr den hohen Wert dieser Blätter begreiflich zu machen. Dieses gelang mir auch ganz gut, denn als die beiden Männer sehr verlegen schienen, wie sie in dem großen Venedig das zur Aufnahme der Pilger bestimmte Kloster ausfinden sollten, so versprach der gerührte Steuermann, wenn sie landeten, wollte er einem Burschen sogleich einen Dreier geben, damit er sie zu jenem entfernt gelegenen Orte geleitete. Sie würden zwar, setzte er vertraulich hinzu, sie würden dort wenig Trost finden: die Anstalt, sehr groß angelegt, um ich weiß nicht wie viel Pilger zu fassen, sei gegenwärtig ziemlich zusammen gegangen und die Einkünfte würden eben anders verwendet.

So unterhalten waren wir die schöne Brenta herunter gekommen, manchen herrlichen Garten, manchen herrlichen Palast hinter uns lassend, wohlhabende, belebte Ortschaften an der Küste mit flüchtigem Blick beschauend. Als wir nun in die Lagunen einfuhren, umschwärmten mehrere Gondeln sogleich das Schiff. Ein Lombard, in Venedig wohl bekannt, forderte mich auf, ihm Gesellschaft zu leisten, damit wir geschwinder drinne wären und der Doganenqual entgingen. Einige, die uns abhalten wollten, wußte er mit einem mäßigen Trinkgeld zu beseitigen, und so schwammen wir bei einem heitern Sonnenuntergang schnell unserm Ziel entgegen.

Den 29., Michaelistag, abends

Von Venedig ist schon viel erzählt und gedruckt, daß ich mit Beschreibung nicht umständlich sein will, ich sage nur, wie es mir entgegen kömmt. Was sich mir aber vor allem andern aufdringt, ist abermals das Volk, eine große Masse, ein notwendiges unwillkürliches Dasein.

Dieses Geschlecht hat sich nicht zum Spaß auf diese Inseln geflüchtet, es war keine Willkür, welche die Folgenden trieb, sich mit ihnen zu vereinigen; die Not lehrte, sie ihre Sicherheit in der unvorteilhaftesten Lage suchen, die ihnen nachher so vorteilhaft ward und sie klug machte, als noch die ganze nördliche Welt im Düstern gefangen lag; ihre Vermehrung, ihr Reichtum war notwendige Folge. Nun drängten sich die Wohnungen enger und enger, Sand und Sumpf wurden durch Felsen ersetzt, die Häuser suchten die Luft wie Bäume, die geschlossen stehen, sie mußten an Höhe zu gewinnen suchen, was ihnen an Breite abging. Auf jede Spanne des Bodens geizig, und gleich anfangs in enge Räume gedrängt, ließen sie zu Gassen nicht mehr Breite, als nötig war, eine Hausreihe von der gegenüberstehenden zu trennen und dem Bürger notdürftige Durchgänge zu erhalten. Übrigens war ihnen das Wasser statt Straße, Platz und Spaziergang. Der Venezianer mußte eine neue Art von Geschöpf werden, wie man denn auch Venedig nur mit sich selbst vergleichen kann. Der große, schlangenförmig gewundene Kanal weicht keiner Straße in der Welt, dem Raum vor dem Markusplatze kann wohl nichts an die Seite gesetzt werden. Ich meine den großen Wasserspiegel, der diesseits von dem eigentlichen Venedig im halben Mond umfaßt wird. Über der Wasserfläche sieht man links die Insel San Giorgio Maggiore, etwas weiter rechts die Giudecca und ihren Kanal, noch weiter rechts die Dogane und die Einfahrt in den Canal Grande, wo uns gleich ein paar ungeheure Marmortempel entgegen leuchten. Dies sind mit wenigen Zügen die Hauptgegenstände, die uns in die Augen fallen, wenn wir zwischen den zwei Säulen des Markusplatzes hervortreten. Die sämtlichen Aus- und Ansichten sind so oft in Kupfer gestochen, daß die Freunde davon sich gar leicht einen anschaulichen Begriff machen können.

Nach Tische eilte ich, mir erst einen Eindruck des Ganzen zu versichern, und warf mich, ohne Begleiter, nur die Himmelsgegenden merkend, ins Labyrinth der Stadt, welche, obgleich durchaus von Kanälen und Kanälchen durchschnitten, durch Brücken und Brückchen wieder zusammenhängt. Die Enge und Gedrängtheit des Ganzen denkt man nicht, ohne es gesehen zu haben. Gewöhnlich kann man die Breite der Gasse mit ausgereckten Armen entweder ganz oder beinahe messen, in den engsten stößt man schon mit den Ellbogen an, wenn man die Hände in die Seite stemmt; es gibt wohl breitere, auch hie und da ein Plätzchen, verhältnismäßig aber kann alles enge genannt werden.

Ich fand leicht den großen Kanal und die Hauptbrücke Rialto; sie besteht aus einem einzigen Bogen von weißem Marmor. Von oben herunter ist es eine große Ansicht, der Kanal gesäet voll Schiffe, die alles Bedürfnis vom festen Lande herbeiführen und hier hauptsächlich anlegen und ausladen, dazwischen wimmelt es von Gondeln. Besonders heute, als am Michaelisfeste, gab es einen Anblick wunderschön lebendig; doch um diesen einigermaßen darzustellen, muß ich etwas weiter ausholen.

Die beiden Hauptteile von Venedig, welche der große Kanal trennt, werden durch die einzige Brücke Rialto miteinander verbunden, doch ist auch für mehrere Kommunikation gesorgt, welche in offenen Barken an bestimmten Überfahrtspunkten geschieht. Nun sah es heute sehr gut aus, als die wohlgekleideten, doch mit einem schwarzen Schleier bedeckten Frauen sich viele zusammen übersetzen ließen, um zu der Kirche des gefeierten Erzengels zu gelangen. Ich verließ die Brücke und begab mich an einen solchen Überfahrtspunkt, die Aussteigenden genau zu betrachten. Ich habe sehr schöne Gesichter und Gestalten darunter gefunden.

Nachdem ich müde geworden, setzte ich mich in eine Gondel, die engen Gassen verlassend, und fuhr, mir das entgegengesetzte Schauspiel zu bereiten, den nördlichen Teil des großen Kanals durch, um die Insel der heiligen Klara, in die Lagunen, den Kanal der Giudecca herein, bis gegen den Markusplatz, und war nun auf einmal ein Mitherr des Adriatischen Meeres, wie jeder Venezianer sich fühlt, wenn er sich in seine Gondel legt. Ich gedachte dabei meines guten Vaters in Ehren, der nichts Besseres wußte, als von diesen Dingen zu erzählen. Wird mir's nicht auch so gehen? Alles was mich umgibt ist würdig, ein großes respektables Werk versammelter Menschenkraft, ein herrliches Monument, nicht eines Gebieters, sondern eines Volkes. Und wenn auch ihre Lagunen sich nach und nach ausfüllen, böse Dünste über dem Sumpfe schweben, ihr Handel geschwächt, ihre Macht gesunken ist, so wird die ganze Anlage der Republik und ihr Wesen nicht einen Augenblick dem Beobachter weniger ehrwürdig sein. Sie unterliegt der Zeit, wie alles was ein erscheinendes Dasein hat.

Den 30. September

Gegen Abend verlief ich mich wieder, ohne Führer, in die entferntesten Quartiere der Stadt. Die hiesigen Brücken sind alle mit Treppen angelegt, damit Gondeln und auch wohl größere Schiffe bequem unter den Bogen hinfahren. Ich suchte mich in und aus diesem Labyrinthe zu finden, ohne irgend jemand zu fragen, mich abermals nur nach der Himmelsgegend richtend. Man entwirrt sich wohl endlich, aber es ist ein unglaubliches Gehecke ineinander, und meine Manier, sich recht sinnlich davon zu überzeugen, die beste. Auch habe ich mir, bis an die letzte bewohnte Spitze, der Einwohner Betragen, Lebensart, Sitte und Wesen gemerkt; in jedem Quartiere sind sie anders beschaffen. Du lieber Gott! was doch der Mensch für ein armes gutes Tier ist!

Sehr viele Häuserchen stehen unmittelbar in den Kanälen, doch gibt es hie und da schön gepflasterte Steindämme, auf denen man zwischen Wasser, Kirchen und Palästen gar angenehm hin und wider spaziert. Lustig und erfreulich ist der lange Steindamm, an der nördlichen Seite, von welchem die Inseln, besonders Murano, das Venedig im kleinen, geschaut werden. Die Lagunen dazwischen sind von vielen Gondeln belebt.

Den 30. September, abends

Heute habe ich abermals meinen Begriff von Venedig erweitert, indem ich mir den Plan verschaffte. Als ich ihn einigermaßen studiert, bestieg ich den Markusturm, wo sich dem Auge ein einziges Schauspiel darstellt. Es war um Mittag und heller Sonnenschein, daß ich ohne Perspektiv Nähen und Fernen genau erkennen konnte. Die Flut bedeckte die Lagunen, und als ich den Blick nach dem sogenannten Lido wandte (es ist ein schmaler Erdstreif, der die Lagunen schließt), sah ich zum erstenmal das Meer und einige Segel darauf. In den Lagunen selbst liegen Galeeren und Fregatten, die zum Ritter Emo stoßen sollten, der den Algierern den Krieg macht, die aber wegen ungünstiger Winde liegen bleiben. Die paduanischen und vicentinischen Berge und das Tiroler Gebirge schließen zwischen Abend und Mitternacht das Bild ganz trefflich schön.

Den 1. Oktober

Ich ging und besah mir die Stadt in mancherlei Rücksichten, und da es eben Sonntag war, fiel mir die große Unreinlichkeit der Straßen auf, worüber ich meine Betrachtungen anstellen mußte. Es ist wohl eine Art von Polizei in diesem Artikel, die Leute schieben den Kehrig in die Ecken, auch sehe ich große Schiffe hin und wider fahren, die an manchen Orten stille liegen und das Kehrig mitnehmen, Leute von den Inseln umher, welche des Düngers bedürfen; aber es ist in diesen Anstalten weder Folge noch Strenge, und desto unverzeihlicher die Unreinlichkeit der Stadt, da sie ganz zur Reinlichkeit angelegt worden, so gut als irgend eine holländische.

Alle Straßen sind geplattet, selbst die entferntesten Quartiere wenigstens mit Backsteinen auf der hohen Kante ausgesetzt, wo es nötig, in der Mitte ein wenig erhaben, an der Seite Vertiefungen, das Wasser aufzufassen und in bedeckte Kanäle zu leiten. Noch andere architektonische Vorrichtungen der ersten wohlüberdachten Anlage zeugen von der Absicht trefflicher Baumeister, Venedig zu der reinsten Stadt zu machen, wie sie die sonderbarste ist. Ich konnte nicht unterlassen, gleich im Spazierengehen eine Anordnung deshalb zu entwerfen und einem Polizeivorsteher, dem es Ernst wäre, in Gedanken vorzuarbeiten. So hat man immer Trieb und Lust, vor fremden Türen zu kehren.

Den 2. Oktober

Vor allem eilte ich in die Carità: ich hatte in des Palladio Werken gefunden, daß er hier ein Klostergebäude angegeben, in welchem er die Privatwohnung der reichen und gastfreien Alten darzustellen gedachte. Der sowohl im Ganzen als in seinen einzelnen Teilen trefflich gezeichnete Plan machte mir unendliche Freude, und ich hoffte ein Wunderwerk zu finden; aber ach! es ist kaum der zehnte Teil ausgeführt; doch auch dieser Teil seines himmlischen Genius würdig, eine Vollkommenheit in der Anlage und eine Genauigkeit in der Ausführung, die ich noch nicht kannte. Jahrelang sollte man in Betrachtung so eines Werks zubringen. Mich dünkt, ich habe nichts Höheres, nichts Vollkommneres gesehen, und glaube, daß ich mich nicht irre. Denke man sich aber auch den trefflichen Künstler, mit dem innern Sinn fürs Große und Gefällige geboren, der erst mit unglaublicher Mühe sich an den Alten heranbildet, um sie alsdann durch sich wieder herzustellen. Dieser findet Gelegenheit, einen Lieblingsgedanken auszuführen, ein Kloster, so vielen Mönchen zur Wohnung, so vielen Fremden zur Herberge bestimmt, nach der Form eines antiken Privatgebäudes aufzurichten.

Die Kirche stand schon, aus ihr tritt man in ein Atrium

von korinthischen Säulen, man ist entzückt und vergißt auf einmal alles Pfaffentum. An der einen Seite findet man die Sakristei, an der andern ein Kapitelzimmer, daneben die schönste Wendeltreppe von der Welt, mit offener weiter Spindel, die steinernen Stufen in die Wand gemauert und so geschichtet, daß eine die andere trägt; man wird nicht müde, sie auf- und abzusteigen; wie schön sie geraten sei, kann man daraus abnehmen, daß sie Palladio selbst für wohlgeraten angibt. Aus dem Vorhof tritt man in den innern großen Hof. Von dem Gebäude, das ihn umgeben sollte, ist leider nur die linke Seite aufgeführt, drei Säulenordnungen übereinander, auf der Erde Hallen, im ersten Stock ein Bogengang vor den Zellen hin, der obere Stock Mauer mit Fenstern. Doch diese Beschreibung muß durch den Anblick der Risse gestärkt werden. Nun ein Wort von der Ausführung.

Nur die Häupter und Füße der Säulen und die Schlußsteine der Bogen sind von gehauenem Stein, das übrige alles, ich darf nicht sagen von Backsteinen, sondern von gebranntem Ton. Solche Ziegeln kenne ich gar nicht. Fries und Karnies sind auch daraus, die Glieder der Bogen gleichfalls, alles teilweise gebrannt, und das Gebäude zuletzt nur mit wenig Kalk zusammengesetzt. Es steht wie aus einem Guß. Wäre das Ganze fertig geworden, und man sähe es reinlich abgerieben und gefärbt, es müßte ein himmlischer Anblick sein.

Jedoch die Anlage war zu groß, wie bei so manchem Gebäude der neuern Zeit. Der Künstler hatte nicht nur vorausgesetzt, daß man das jetzige Kloster abreißen, sondern auch anstoßende Nachbarshäuser kaufen werde, und da mögen Geld und Lust ausgegangen sein. Du liebes Schicksal, das du so manche Dummheit begünstigt und verewigt hast, warum ließest du dieses Werk nicht zustande kommen!

Den 3. Oktober

Die Kirche Il Redentore, ein schönes großes Werk von Palladio, die Fassade lobenswürdiger als die von San Giorgio. Diese mehrmals in Kupfer gestochenen Werke müßte man vor sich sehen, um das Gesagte verdeutlichen zu können. Hier nur wenige Worte.

Palladio war durchaus von der Existenz der Alten durchdrungen und fühlte die Kleinheit und Enge seiner Zeit, wie ein großer Mensch, der sich nicht hingeben, sondern das übrige soviel als möglich nach seinen edlen Begriffen umbilden will. Er war unzufrieden, wie ich aus gelinder Wendung seines Buches schließe, daß man bei christlichen Kirchen nach der Form der alten Basiliken zu bauen fortfahre, er suchte deshalb seine heiligen Gebäude der alten Tempelform zu nähern; daher entstanden gewisse Unschicklichkeiten, die mir bei Il Redentore glücklich beseitigt, bei San Giorgio aber zu auffallend erscheinen. Volkmann sagt etwas davon, trifft aber den Nagel nicht auf den Kopf.

Inwendig ist Il Redentore gleichfalls köstlich, alles, auch die Zeichnung der Altäre, von Palladio; leider die Nischen, die mit Statuen ausgefüllt werden sollten, prangen mit flachen, ausgeschnittenen, gemalten Brettfiguren.

Dem heiligen Franziskus zu Ehren hatten die Patres Kapuziner einen Seitenaltar mächtig ausgeputzt; man sah nichts von Stein als die korinthischen Kapitäle; alles übrige schien mit einer geschmackvollen prächtigen Stickerei, nach Art der Arabesken, überzogen, und zwar so artig, als man nur etwas zu sehen wünschte. Besonders wunderte ich mich über die breiten goldgestickten Ranken und Laubwerke. Ich ging näher und fand einen recht hübschen Betrug. Alles was ich für Gold gehalten hatte, war breit gedrücktes Stroh, nach schönen Zeichnungen auf Papier geklebt, der Grund mit lebhaften Farben angestrichen, und das so mannigfaltig und geschmackvoll, daß dieser Spaß, dessen Material gar nichts wert war, und der wahrscheinlich im Kloster selbst ausgeführt wurde, mehrere tausend Taler müßte gekostet haben, wenn er echt hätte sein sollen. Man könnte es gelegentlich wohl nachahmen.

Auf einem Uferdamme, im Angesicht des Wassers, bemerkte ich schon einigemal einen geringen Kerl, welcher einer größern oder kleinern Anzahl von Zuhörern im venezianischen Dialekt Geschichten erzählte; ich kann leider nichts davon verstehen, es lacht aber kein Mensch, nur selten lächelt das Auditorium, das meist aus der ganz niedern Klasse besteht. Auch hat der Mann nichts Auffallendes noch Lächerliches in seiner Art, vielmehr etwas sehr Gesetztes, zugleich eine bewunderungswürdige Mannigfaltigkeit und Präzision, welche auf Kunst und Nachdenken hinwiesen, in seinen Gebärden.

Den Plan in der Hand suchte ich mich durch die wunderlichsten Irrgänge bis zur Kirche der Mendicanti zu finden. Hier ist das Konservatorium, welches gegenwärtig den meisten Beifall hat. Die Frauenzimmer führten ein Oratorium hinter dem Gitter auf, die Kirche war voll Zuhörer, die Musik sehr schön, und herrliche Stimmen. Ein Alt sang den König Saul, die Hauptperson des Gedichtes. Von einer solchen Stimme hatte ich gar keinen Begriff; einige Stellen der Musik waren unendlich schön, der Text vollkommen singbar, so italienisch Latein, daß man an manchen Stellen lachen muß; die Musik aber findet hier ein weites Feld.

Es wäre ein trefflicher Genuß gewesen, wenn nicht der vermaledeite Kapellmeister den Takt mit einer Rolle Noten wider das Gitter, und so unverschämt geklappt hätte, als habe er mit Schuljungen zu tun, die er eben unterrichtete; und die Mädchen hatten das Stück oft wiederholt, sein Klatschen war ganz unnötig und zerstörte allen Eindruck, nicht anders als wenn einer, um uns eine schöne Statue begreiflich zu machen, ihr Scharlachläppchen auf die Gelenke klebte. Der fremde Schall hebt alle Harmonie auf. Das ist nun ein Musiker und er hört es nicht, oder er will vielmehr, daß man seine Gegenwart durch eine Unschicklichkeit vernehmen soll, da es besser wäre, er ließe seinen Wert an der Vollkommenheit der Ausführung erraten. Ich weiß, die Franzosen haben es an der Art, den Italienern hätte ich es nicht zugetraut, und das Publikum scheint daran gewöhnt. Es ist nicht das einzigemal, daß es sich einbilden läßt, das gerade gehöre zum Genuß, was den Genuß verdirbt.

Gestern abend Oper zu Sankt Moses (denn die Theater haben ihren Namen von der Kirche, der sie am nächsten liegen); nicht recht erfreulich! Es fehlt dem Plan, der Musik, den Sängern eine innere Energie, welche allein eine solche Darstellung auf den höchsten Punkt treiben kann. Man konnte von keinem Teil sagen, er sei schlecht; aber nur die zwei Frauen ließen sich's angelegen sein, nicht sowohl gut zu agieren, als sich zu produzieren und zu gefallen. Das ist denn immer etwas. Es sind zwei schöne Figuren, gute Stimmen, artige, muntere, gätliche Persönchen. Unter den Männern dagegen keine Spur von innerer Gewalt und Lust, dem Publikum etwas aufzuheften, sowie keine entschieden glänzende Stimme.

Das Ballett, von elender Erfindung, ward im ganzen ausgepfiffen, einige treffliche Springer und Springerinnen jedoch, welch letztere sich es zur Pflicht rechneten, die Zuschauer mit jedem schönen Teil ihres Körpers bekannt zu machen, wurden weidlich beklatscht.

Heute dagegen sah ich eine andere Komödie, die mich mehr gefreut hat. Im herzoglichen Palast hörte ich eine Rechtssache öffentlich verhandeln; sie war wichtig und zu meinem Glück in den Ferien vorgenommen. Der eine Advokat war alles, was ein übertriebener Buffo nur sein sollte. Figur dick, kurz, doch beweglich, ein ungeheuer vorspringendes Profil, eine Stimme wie Erz, und eine Heftigkeit, als wenn es ihm aus tiefstem Grunde des Herzens Ernst wäre, was er sagte. Ich nenne dies eine Komödie, weil alles wahrscheinlich schon fertig ist, wenn diese öffentliche Darstellung geschieht; die Richter wissen, was sie sprechen sollen, und die Partei weiß, was sie zu erwarten hat. Indessen gefällt mir diese Art unendlich besser als unsere Stuben- und

Kanzleihockereien. Und nun von den Umständen, und wie artig, ohne Prunk, wie natürlich alles zugeht, will ich suchen einen Begriff zu geben.

In einem geräumigen Saal des Palastes saßen an der einen Seite die Richter im Halbzirkel. Gegen ihnen über, auf einem Katheder, der mehrere Personen nebeneinander fassen konnte, die Advokaten beider Parteien, unmittelbar vor demselben, auf einer Bank, Kläger und Beklagte in eigner Person. Der Advokat des Klägers war von dem Katheder herabgestiegen, denn die heutige Sitzung war zu keiner Kontrovers bestimmt. Die sämtlichen Dokumente für und wider, obgleich schon gedruckt, sollten verlesen werden.

Ein hagerer Schreiber, in schwarzem kümmerlichem Rocke, ein dickes Heft in der Hand, bereitete sich die Pflicht des Lesenden zu erfüllen. Von Zuschauern und Zuhörern war übrigens der Saal gedrängt voll. Die Rechtsfrage selbst, so wie die Personen, welche sie betraf, mußten den Venezianern höchst bedeutend scheinen.

Fideikommisse haben in diesem Staat die entschiedenste Gunst, ein Besitztum, welchem einmal dieser Charakter aufgeprägt ist, behält ihn für ewige Zeiten, es mag durch irgend eine Wendung oder Umstand vor mehrern hundert Jahren veräußert worden, durch viele Hände gegangen sein, zuletzt, wenn die Sache zur Sprache kommt, behalten die Nachkommen der ersten Familie recht, und die Güter müssen heraus gegeben werden.

Diesmal war der Streit höchst wichtig, denn die Klage ging gegen den Dogen selbst, oder vielmehr gegen seine Gemahlin, welche denn auch in Person auf dem Bänkchen, vom Kläger nur durch einen kleinen Zwischenraum getrennt, in ihren Zendal gehüllt dasaß. Eine Dame von gewissem Alter, edlem Körperbau, wohlgebildetem Gesicht, auf welchem ernste, ja wenn man will, etwas verdrießliche Züge zu sehen waren. Die Venezianer bildeten sich viel darauf ein, daß die Fürstin, in ihrem eignen Palast, vor dem Gericht und ihnen erscheinen müsse.

Der Schreiber fing zu lesen an, und nun ward mir erst deutlich, was ein im Angesicht der Richter, unfern des Katheders der Advokaten, hinter einem kleinen Tische, auf einem niedern Schemel sitzendes Männchen, besonders aber die Sanduhr bedeute, die er vor sich niedergelegt hatte. Solange nämlich der Schreiber liest, solange läuft die Zeit nicht; dem Advokaten aber, wenn er dabei sprechen will, ist nur im ganzen eine gewisse Frist gegönnt. Der Schreiber liest, die Uhr liegt, das Männchen hat die Hand daran. Tut der Advokat den Mund auf, so steht auch die Uhr schon in der Höhe, die sich sogleich niedersenkt, sobald er schweigt. Hier ist nun die große Kunst, in den Fluß der Vorlesung hineinzureden, flüchtige Bemerkungen zu machen, Aufmerksamkeit zu erregen und zu fordern. Nun kommt der kleine Saturn in die größte Verlegenheit. Er ist genötigt, den horizontalen und vertikalen Stand der Uhr jeden Augenblick zu verändern, er befindet sich im Fall der bösen Geister im Puppenspiel, die auf das schnell wechselnde Berlicke! Berlocke! des mutwilligen Hanswursts nicht wissen, wie sie gehen oder kommen sollen.

Wer in Kanzleien hat kollationieren hören, kann sich eine Vorstellung von dieser Vorlesung machen, schnell, eintönig, aber doch artikuliert und deutlich genug. Der kunstreiche Advokat weiß nun durch Scherze die Langeweile zu unterbrechen, und das Publikum ergötzt sich an seinen Späßen in ganz unmäßigem Gelächter. Eines Scherzes muß ich gedenken, des auffallendsten unter denen, die ich verstand. Der Vorleser rezitierte soeben ein Dokument, wodurch einer jener unrechtmäßig geachteten Besitzer über die fraglichen Güter disponierte. Der Advokat hieß ihn langsamer lesen, und als er die Worte deutlich aussprach: ich schenke, ich vermache! fuhr der Redner heftig auf den Schreiber los und rief: «Was willst du schenken? was vermachen? du armer ausgehungerter Teufel! gehört dir doch gar nichts in der Welt an. Doch», fuhr er fort, indem er sich zu besinnen schien, «war doch jener erlauchte Besitzer in eben dem Fall, er wollte schenken, wollte vermachen, was ihm sowenig gehörte als dir.» Ein unendlich Gelächter schlug auf, doch sogleich nahm die Sanduhr die horizontale Lage wieder an. Der Vorleser summte fort, machte dem Advokaten ein flämisch Gesicht, doch das sind alles verabredete Späße.

Den 4. Oktober

Gestern war ich in der Komödie, Theater Sankt Lukas, die mir viel Freude gemacht hat; ich sah ein extemporiertes Stück in Masken, mit viel Naturell, Energie und Bravour aufgeführt. Freilich sind sie nicht alle gleich; der Pantalon sehr brav, die eine Frau stark und wohlgebaut, keine außerordentliche Schauspielerin, spricht exzellent und weiß sich zu betragen. Ein tolles Sujet, demjenigen ähnlich, das bei uns unter dem Titel Der Verschlag behandelt ist. Mit unglaublicher Abwechslung unterhielt es mehr als drei Stunden. Doch ist auch hier das Volk wieder die Base, worauf dies alles ruht, die Zuschauer spielen mit, und die Menge verschmilzt mit dem Theater in ein Ganzes. Den Tag über auf dem Platz und am Ufer, auf den Gondeln und im Palast, der Käufer und Verkäufer, der Bettler, der Schiffer, die Nachbarin, der Advokat und sein Gegner, alles lebt und treibt und läßt sich es angelegen sein, spricht und beteuert, schreit und bietet aus, singt und spielt, flucht und lärmt. Und abends gehen sie ins Theater und sehen und hören das Leben ihres Tages, künstlich zusammengestellt, artiger aufgestutzt, mit Märchen durchflochten, durch Masken von der Wirklichkeit abgerückt, durch Sitten genähert. Hierüber freun sie sich kindisch, schreien wieder, klatschen und lärmen. Von Tag zu Nacht, ja von Mitternacht zu Mitternacht ist immer alles ebendasselbe.

Ich habe aber auch nicht leicht natürlicher agieren sehen als jene Masken, so wie es nur bei einem ausgezeichnet glücklichen Naturell durch längere Übung erreicht werden kann.

Da ich das schreibe, machen sie einen gewaltigen Lärm auf dem Kanal, unter meinem Fenster, und Mitternacht ist vorbei. Sie haben im Guten und Bösen immer etwas zusammen.

Öffentliche Redner habe ich nun gehört: drei Kerle auf dem Platze und Ufersteindamme, jeden nach seiner Art Geschichten erzählend, sodann zwei Sachwalter, zwei Prediger, die Schauspieler, worunter ich besonders den Pantalon rühmen muß, alle diese haben etwas Gemeinsames, sowohl weil sie von ein und derselben Nation sind, die, stets öffentlich lebend, immer in leidenschaftlichem Sprechen begriffen ist, als auch weil sie sich untereinander nachahmen. Hiezu kommt noch eine entschiedene Gebärdensprache, mit welcher sie die Ausdrücke ihrer Intentionen, Gesinnungen und Empfindungen begleiten.

Heute am Fest des heiligen Franziskus war ich in seiner Kirche della Vigna. Des Kapuziners laute Stimme ward von dem Geschrei der Verkäufer vor der Kirche, wie von einer Antiphone, begleitet; ich stand in der Kirchtüre zwischen beiden, und es war wunderlich genug zu hören.

Den 5. Oktober

Heute früh war ich im Arsenal, mir immer interessant genug, da ich noch kein Seewesen kenne und hier die untere Schule besuchte: denn freilich sieht es hier nach einer alten Familie aus, die sich noch rührt, obgleich die beste Zeit der Blüte und der Früchte vorüber ist. Da ich denn auch den Handwerkern nachgehe, habe ich manches Merkwürdige gesehen, und ein Schiff von vierundachtzig Kanonen, dessen Gerippe fertig steht, bestiegen.

Ein gleiches ist vor sechs Monaten an der Riva de' Schiavoni bis aufs Wasser verbrannt, die Pulverkammer war nicht sehr gefüllt, und da sie sprang, tat es keinen großen Schaden. Die benachbarten Häuser büßten ihre Scheiben ein.

Das schönste Eichenholz, aus Istrien, habe ich verarbeiten sehen, und dabei über den Wachstum dieses werten Baumes meine stillen Betrachtungen angestellt. Ich kann nicht genug sagen, was meine sauer erworbene Kenntnis natürlicher Dinge, die doch der Mensch zuletzt als Materialien braucht und in seinen Nutzen verwendet, mir überall hilft, um mir das Verfahren der Künstler und Handwerker zu erklären; so ist mir auch die Kenntnis der Gebirge und des daraus genommenen Gesteins ein großer Vorsprung in der Kunst.

Um mit einem Worte den Begriff des Bukentaur auszusprechen, nenne ich ihn eine Prachtgaleere. Der ältere, von dem wir noch Abbildungen haben, rechtfertigt diese Benennung noch mehr als der gegenwärtige, der uns durch seinen Glanz über seinen Ursprung verblendet.

Ich komme immer auf mein Altes zurück. Wenn dem Künstler ein echter Gegenstand gegeben ist, so kann er etwas Echtes leisten. Hier war ihm aufgetragen, eine Galeere zu bilden, die wert wäre, die Häupter der Republik am feierlichsten Tage zum Sakrament ihrer hergebrachten Meerherrschaft zu tragen, und diese Aufgabe ist für trefflich ausgeführt. Das Schiff ist ganz Zierat, also darf man nicht sagen: mit Zierat überladen, ganz verguldetes Schnitzwerk, sonst zu keinem Gebrauch, eine wahre Monstranz, um dem Volke seine Häupter recht herrlich zu zeigen. Wissen wir doch: das Volk, wie es gern seine Hüte schmückt, will auch seine Obern prächtig und geputzt sehen. Dieses Prunkschiff ist ein rechtes Inventarienstück, woran man sehen kann, was die Venezianer waren und sich zu sein dünkten.

Nachts

Ich komme noch lachend aus der Tragödie und muß diesen Scherz gleich auf dem Papier befestigen. Das Stück war nicht schlimm, der Verfasser hatte alle tragischen Matadore zusammengesteckt und die Schauspieler hatten gut spielen. Die meisten Situationen waren bekannt, einige neu und ganz glücklich. Zwei Väter, die sich hassen, Söhne und Töchter aus diesen getrennten Familien, leidenschaftlich übers Kreuz verliebt, ja das eine Paar heimlich verheiratet. Es ging wild und grausam zu, und nichts blieb zuletzt übrig, um die jungen Leute glücklich zu machen, als daß die beiden Väter sich erstachen, worauf, unter lebhaftem Händeklatschen, der Vorhang fiel. Nun ward aber das Klatschen heftiger, nun wurde fuora gerufen, und das so lange, bis sich die zwei Hauptpaare bequemten, hinter dem Vorhang hervorzukriechen, ihre Bücklinge zu machen und auf der andern Seite wieder abzugehen.

Das Publikum war noch nicht befriedigt, es klatschte fort und rief: I morti! Das dauerte so lange, bis die zwei Toten auch herauskamen und sich bückten, da denn einige Stimmen riefen: Bravi i morti! Sie wurden durch Klatschen lange festgehalten, bis man ihnen gleichfalls endlich abzugehen erlaubte. Diese Posse gewinnt für den Augen- und Ohrenzeugen unendlich, der das Bravo! Bravi! das die Italiener immer im Munde führen, so in den Ohren hat wie ich, und dann auf einmal auch die Toten mit diesem Ehrenwort anrufen hört.

Gute Nacht! so können wir Nordländer zu jeder Stunde sagen, wenn wir im Finstern scheiden, der Italiener sagt: Felicissima notte! nur einmal, und zwar wenn das Licht in das Zimmer gebracht wird, indem Tag und Nacht sich scheiden, und da heißt es denn etwas ganz anderes. So unübersetzlich sind die Eigenheiten jeder Sprache: denn vom höchsten bis zum tiefsten Wort bezieht sich alles auf Eigentümlichkeiten der Nation, es sei nun in Charakter, Gesinnungen oder Zuständen.

Den 6. Oktober

Die Tragödie gestern hat mich manches gelehrt. Erstlich habe ich gehört, wie die Italiener ihre elfsilbigen Jamben behandeln und deklamieren, dann habe ich begriffen, wie klug Gozzi die Masken mit den tragischen Figuren verbunden hat. Das ist das eigentliche Schauspiel für dieses Volk, denn es will auf eine krude Weise gerührt sein, es nimmt keinen innigen zärtlichen Anteil am Unglücklichen, es freut sie nur, wenn der Held gut spricht, denn aufs Reden halten sie viel, sodann aber wollen sie lachen oder etwas Albernes vornehmen.

Ihr Anteil am Schauspiel ist nur als an einem Wirklichen. Da der Tyrann seinem Sohne das Schwert reichte und forderte, daß dieser seine eigne gegenüberstehende Gemahlin umbringen sollte, fing das Volk laut an, sein Mißvergnügen über diese Zumutung zu beweisen, und es fehlte nicht viel, so wäre das Stück unterbrochen worden. Sie verlangten, der Alte sollte sein Schwert zurücknehmen, wodurch denn freilich die folgenden Situationen des Stücks wären aufgehoben worden. Endlich entschloß sich der bedrängte Sohn, trat ins Proszenium und bat demütig: sie möchten sich nur noch einen Augenblick gedulden, die Sache werde noch ganz nach Wunsch ablaufen. Künstlerisch genommen aber war diese Situation nach den Umständen albern und unnatürlich, und ich lobte das Volk um sein Gefühl.

Jetzt verstehe ich besser die langen Reden und das viele Hin- und Herdissertieren im griechischen Trauerspiele. Die Athenienser hörten noch lieber reden und verstanden sich noch besser darauf als die Italiener; vor den Gerichtsstellen, wo sie den ganzen Tag lagen, lernten sie schon etwas.

An den ausgeführten Werken Palladios, besonders an den Kirchen, habe ich manches Tadelnswürdige neben dem Köstlichsten gefunden. Wenn ich nun so bei mir überlegte, inwiefern ich recht oder unrecht hätte gegen einen solchen außerordentlichen Mann, so war es, als ob er dabei stünde und mir sagte: Das und das habe ich wider Willen gemacht, aber doch gemacht, weil ich unter den gegebenen Umständen nur auf diese Weise meiner höchsten Idee am nächsten kommen konnte.

Mir scheint, so viel ich auch darüber denke, er habe bei Betrachtung der Höhe und Breite einer schon bestehenden Kirche, eines ältern Hauses, wozu er Fassaden errichten sollte, nur überlegt: Wie gibst du diesen Räumen die größte

Form? Im einzelnen mußt du, wegen eintretenden Bedürfnisses, etwas verrücken oder verpfuschen, da oder dort wird eine Unschicklichkeit entstehen, aber das mag sein, das Ganze wird einen hohen Stil haben und du wirst dir zur Freude arbeiten.

Und so hat er das größte Bild, das er in der Seele trug, auch dahin gebracht, wo es nicht ganz paßte, wo er es im einzelnen zerknittern und verstümmeln mußte.

Der Flügel in der Carità dagegen muß uns deshalb von so hohem Werte sein, weil der Künstler freie Hand hatte und seinem Geist unbedingt folgen durfte. Wäre das Kloster fertig geworden, so stünde vielleicht in der ganzen gegenwärtigen Welt kein vollkommeneres Werk der Baukunst.

Wie er gedacht und wie er gearbeitet, wird mir immer klarer, je mehr ich seine Werke lese und dabei betrachte, wie er die Alten behandelt: denn er macht wenig Worte, sie sind aber alle gewichtig. Das vierte Buch, das die antiken Tempel darstellt, ist eine rechte Einleitung, die alten Reste mit Sinn zu beschauen.

Den 6. Oktober

Gestern abend sah ich Elektra von Crébillon auf dem Theater San Crisostomo, nämlich übersetzt. Was mir das Stück abgeschmackt vorkam, und wie es mir fürchterliche Langeweile machte, kann ich nicht sagen.

Die Akteurs sind übrigens brav und wissen das Publikum mit einzelnen Stellen abzuspeisen. Orest hat allein drei verschiedene Erzählungen, poetisch aufgestutzt, in einer Szene. Elektra, ein hübsches Weibchen, von mittlerer Größe und Stärke und fast französischer Lebhaftigkeit, einem guten Anstand, spricht die Verse schön, nur betrug sie sich von Anfang bis zu Ende toll, wie es leider die Rolle verlangt. Indessen habe ich doch wieder gelernt. Der italienische, immer elfsilbige Jambe, hat für die Deklamation große Unbequemlichkeit, weil die letzte Silbe durchaus kurz ist und wider Willen des Deklamators in die Höhe schlägt.

Heute früh war ich bei dem Hochamte, welchem der Doge jährlich an diesem Tage, wegen eines alten Siegs über die Türken, in der Kirche der heiligen Justina beiwohnen muß. Wenn an dem kleinen Platz die vergoldeten Barken landen, die den Fürsten und einen Teil des Adels bringen, seltsam gekleidete Schiffer sich mit rot gemalten Rudern bemühen, am Ufer die Geistlichkeit, die Brüderschaften mit angezündeten, auf Stangen und tragbare silberne Leuchter gesteckten Kerzen stehen, drängen, wogen und warten, dann mit Teppichen beschlagene Brücken aus den Fahrzeugen ans Land gestreckt werden, zuerst die langen violetten Kleider der Savi, dann die langen roten der Senatoren sich auf dem Pflaster entfalten, zuletzt der Alte mit goldener phrygischer Mütze geschmückt, im längsten goldenen Talar, mit dem Hermelinmantel aussteigt, drei Diener sich seiner Schleppe bemächtigen, alles auf einem kleinen Platz vor dem Portal einer Kirche, vor deren Türen die Türkenfahnen gehalten werden, so glaubt man auf einmal eine alte gewirkte Tapete zu sehen, aber recht gut gezeichnet und koloriert. Mir nordischem Flüchtling hat diese Zeremonie viele Freude gemacht. Bei uns, wo alle Feierlichkeiten kurzröckig sind, und wo die größte, die man sich denken kann, mit dem Gewehr auf der Schulter begangen wird, möchte so etwas nicht am Ort sein. Aber hierher gehören diese Schleppröcke, diese friedlichen Begehungen.

Der Doge ist ein gar schön gewachsener und schön gebildeter Mann, der krank sein mag, sich aber nur noch so, um der Würde willen, unter dem schweren Rocke gerade hält. Sonst sieht er aus wie der Großpapa des ganzen Geschlechts und ist gar hold und leutselig; die Kleidung steht sehr gut, das Käppchen unter der Mütze beleidigt nicht, indem es, ganz fein und durchsichtig, auf dem weißesten klarsten Haar von der Welt ruht.

Etwa fünfzig Nobili, in langen dunkelroten Schleppkleidern, waren mit ihm, meist schöne Männer, keine einzige vertrackte Gestalt, mehrere groß, mit großen Köpfen, denen die blonden Lockenperücken wohl ziemten; vorgebaute Gesichter, weiches weißes Fleisch, ohne schwammig und widerwärtig auszusehen, vielmehr klug, ohne Anstrengung, ruhig, ihrer selbst gewiß, Leichtigkeit des Daseins und durchaus eine gewisse Fröhlichkeit.

Wie sich alles in der Kirche rangiert hatte und das Hochamt anfing, zogen die Brüderschaften zur Haupttüre herein und zur rechten Seitentüre wieder hinaus, nachdem sie, Paar für Paar, das Weihwasser empfangen und sich gegen den Hochaltar, den Dogen und den Adel geneigt hatten.

Auf heute abend hatte ich mir den famosen Gesang der Schiffer bestellt, die den Tasso und Ariost auf ihre eignen Melodien singen. Dieses muß wirklich bestellt werden, es kommt nicht gewöhnlich vor, es gehört vielmehr zu den halb verklungenen Sagen der Vorzeit. Bei Mondenschein bestieg ich eine Gondel, den einen Sänger vorn, den andern hinten; sie fingen ihr Lied an und sangen abwechselnd Vers für Vers. Die Melodie, welche wir durch Rousseau kennen, ist eine Mittelart zwischen Choral und Rezitativ, sie behält immer denselbigen Gang, ohne Takt zu haben; die Modulation ist auch dieselbige, nur verändern sie, nach dem Inhalt des Verses, mit einer Art von Deklamation sowohl Ton als Maß; der Geist aber, das Leben davon, läßt sich begreifen, wie folgt.

Auf welchem Wege sich die Melodie gemacht hat, will ich nicht untersuchen, genug, sie paßt gar trefflich für einen müßigen Menschen, der sich etwas vormoduliert und Gedichte, die er auswendig kann, solchem Gesang unterschiebt.

Mit einer durchdringenden Stimme — das Volk schätzt Stärke vor allem — sitzt er am Ufer einer Insel, eines Kanals, auf einer Barke und läßt sein Lied schallen, so weit er kann. Über den stillen Spiegel verbreitet sich's. In der Ferne vernimmt es ein anderer, der die Melodie kennt, die Worte versteht und mit dem folgenden Verse antwortet; hierauf erwidert der erste, und so ist einer immer das Echo des andern. Der Gesang währt Nächte durch, unterhält sie, ohne zu ermüden. Je ferner sie also voneinander sind, desto reizender kann das Lied werden: wenn der Hörer alsdann zwischen beiden steht, so ist er am rechten Flecke.

Um dieses mich vernehmen zu lassen, stiegen sie am Ufer der Giudecca aus, sie teilten sich am Kanal hin, ich ging zwischen ihnen auf und ab, so daß ich immer den verließ, der zu singen anfangen sollte, und mich demjenigen wieder näherte, der aufgehört hatte. Da ward mir der Sinn des Gesangs erst aufgeschlossen. Als Stimme aus der Ferne klingt es höchst sonderbar, wie eine Klage ohne Trauer; es ist darin etwas unglaublich, bis zu Tränen Rührendes. Ich schrieb es meiner Stimmung zu; aber mein Alter sagte: «È singolare, come quel canto intenerisce, e molto più quando è più ben cantato.» Er wünschte, daß ich die Weiber vom Lido, besonders die von Malamocco und Pelestrina hören möchte, auch diese sängen den Tasso auf gleiche und ähnliche Melodien. Er sagte ferner: sie haben die Gewohnheit, wenn ihre Männer aufs Fischen ins Meer sind, sich ans Ufer zu setzen und mit durchdringender Stimme abends diese Gesänge erschallen zu lassen, bis sie auch von ferne die Stimme der Ihrigen vernehmen und sich so mit ihnen unterhalten. Ist das nicht sehr schön? und doch läßt sich wohl denken, daß ein Zuhörer in der Nähe wenig Freude an solchen Stimmen haben möchte, die mit den Wellen des Meeres kämpfen. Menschlich aber und wahr wird der Begriff dieses Gesanges, lebendig wird die Melodie, über deren tote Buchstaben wir uns sonst den Kopf zerbrochen haben. Gesang ist es eines Einsamen in die Ferne und Weite, damit ein anderer, Gleichgestimmter, höre und antworte.

Den 8. Oktober

Den Palast Pisani Moretta besuchte ich wegen eines köstlichen Bildes von Paolo Veronese. Die weibliche Familie des Darius kniet vor Alexandern und Hephästion, die voranknieende Mutter hält den letztern für den König, er lehnt es ab und deutet auf den rechten. Man erzählt das Märchen, der Künstler sei in diesem Palast gut aufgenommen und längere Zeit ehrenvoll bewirtet worden, dagegen habe er das Bild heimlich gemalt und als Geschenk zusammengerollt unter das Bett geschoben. Es verdient allerdings einen besondern Ursprung zu haben, denn es gibt einen Begriff von dem ganzen Werte des Meisters. Seine große Kunst, ohne einen allgemeinen Ton, der über das ganze Stück gezogen wäre, durch kunstreich verteiltes Licht und Schatten und ebenso weislich abwechselnde Lokalfarben die köstlichste Harmonie hervorzubringen, ist hier recht sichtbar, da das Bild vollkommen erhalten und frisch, wie von gestern, vor uns steht: denn freilich, sobald ein Gemälde dieser Art gelitten hat, wird unser Genuß sogleich getrübt, ohne daß wir wissen, was die Ursache sei.

Wer mit dem Künstler wegen des Kostüms rechten wollte, der dürfte sich nur sagen: es habe eine Geschichte des sechzehnten Jahrhunderts gemalt werden sollen, und so ist alles abgetan. Die Abstufung von der Mutter durch Gemahlin und Töchter ist höchst wahr und glücklich; die jüngste Prinzeß, ganz am Ende knieend, ist ein hübsches Mäuschen und hat ein gar artiges, eigensinniges, trotziges Gesichtchen; ihre Lage scheint ihr gar nicht zu gefallen.

Meine alte Gabe, die Welt mit Augen desjenigen Malers zu sehen, dessen Bilder ich mir eben eingedrückt, brachte mich auf einen eignen Gedanken. Es ist offenbar, daß sich das Auge nach den Gegenständen bildet, die es von Jugend auf erblickt, und so muß der venezianische Maler alles klarer und heiterer sehn als andere Menschen. Wir, die wir auf einem bald schmutzkotigen, bald staubigen, farblosen, die Widerscheine verdüsternden Boden, und vielleicht gar in engen Gemächern leben, können einen solchen Frohblick aus uns selbst nicht entwickeln.

Als ich bei hohem Sonnenschein durch die Lagunen fuhr und auf den Gondelrändern die Gondoliere, leicht schwebend, buntbekleidet, rudernd, betrachtete, wie sie auf der hellgrünen Fläche sich in der blauen Luft zeichneten, so sah ich das beste frischeste Bild der venezianischen Schule. Der Sonnenschein hob die Lokalfarben blendend hervor, und die Schattenseiten waren so licht, daß sie verhältnismäßig wieder zu Lichtern hätten dienen können. Ein Gleiches galt von den Widerscheinen des meergrünen Wassers. Alles war hell in hell gemalt, so daß die schäumende Welle und die Blitzlichter darauf nötig waren, um die Tüpfchen aufs i zu setzen.

Tizian und Paolo hatten diese Klarheit im höchsten Grade, und wo man sie in ihren Werken nicht findet, hat das Bild verloren oder ist aufgemalt.

Die Kuppeln und Gewölbe der Markuskirche, nebst ihren Seitenflächen, alles ist bilderreich, alles bunte Figuren auf goldenem Grunde, alles musivische Arbeit; einige sind recht gut, andere gering, je nachdem die Meister waren, die den Karton verfertigten.

Es fiel mir recht aufs Herz, daß doch alles auf die erste Erfindung ankommt, und daß diese das rechte Maß, den wahren Geist habe, da man mit viereckigen Stückchen Glas, und hier nicht einmal auf die sauberste Weise, das Gute sowohl als das Schlechte nachbilden kann. Die Kunst, welche dem Alten seine Fußboden bereitete, dem Christen seine Kirchenhimmel wölbte, hat sich jetzt auf Dosen und Armbänder verkrümelt. Diese Zeiten sind schlechter, als man denkt.

In dem Hause Farsetti ist eine kostbare Sammlung von Abgüßen der besten Antiken. Ich schweige von denen, die ich von Mannheim her und sonst schon gekannt, und erwähne nur neuere Bekanntschaften. Eine Kleopatra in kolossaler Ruhe, die Aspis um den Arm geschlungen und in den Tod hinüber schlafend, ferner die Mutter Niobe, die ihre jüngste Tochter mit dem Mantel vor den Pfeilen des Apollo deckt, sodann einige Gladiatoren, ein in seinen Flügeln ruhender Genius, sitzende und stehende Philosophen.

Es sind Werke, an denen sich die Welt Jahrtausende freuen und bilden kann, ohne den Wert des Künstlers durch Gedanken zu erschöpfen.

Viele bedeutende Büsten versetzen mich in die alten herrlichen Zeiten. Nur fühle ich leider, wie weit ich in diesen Kenntnissen zurück bin, doch es wird vorwärts gehen, wenigstens weiß ich den Weg. Palladio hat mir ihn auch dazu und zu aller Kunst und Leben geöffnet. Es klingt das vielleicht ein wenig wunderlich, aber doch nicht so paradox, als wenn Jakob Böhme bei Erblickung einer zinnernen Schüssel durch Einstrahlung Jovis über das Universum erleuchtet wurde. Auch steht in dieser Sammlung ein Stück des Gebälks vom Tempel des Antonius und der Faustina in Rom. Die vorspringende Gegenwart dieses herrlichen Architekturgebildes erinnerte mich an das Kapitäl des Pantheon in Mannheim. Das ist freilich etwas anderes als unsere kauzenden, auf Kragsteinlein übereinander geschichteten Heiligen der gotischen Zierweisen, etwas anderes als unsere Tabakspfeifen-Säulen, spitze Türmlein und Blumenzacken; diese bin ich nun, Gott sei Dank, auf ewig los!

Noch will ich einiger Werke der Bildhauerkunst erwähnen, die ich diese Tage her, zwar nur im Vorbeigehen, aber doch mit Erstaunen und Erbauung betrachtet: zwei ungeheure Löwen von weißem Marmor vor dem Tore des Arsenals; der eine sitzt aufgerichtet, auf die Vorderpfoten gestemmt, der andere liegt — herrliche Gegenbilder, von lebendiger Mannigfaltigkeit. Sie sind so groß, daß sie alles umher klein machen, und daß man selbst zunichte würde, wenn erhabene Gegenstände uns nicht erhüben. Sie sollen aus der besten griechischen Zeit und vom Piraeus in den glänzenden Tagen der Republik hierher gebracht sein.

Aus Athen mögen gleichfalls ein paar Basreliefe stammen, in dem Tempel der heiligen Justina, der Türkenbesiegerin, eingemauert, aber leider durch Kirchstühle einigermaßen verfinstert. Der Küster machte mich aufmerksam darauf, weil die Sage gehe, daß Tizian seine unendlich schönen

Engel im Bilde, die Ermordung des heiligen Petrus Martyr vorstellend, darnach geformt habe. Es sind Genien, welche sich mit Attributen der Götter schleppen, freilich so schön, daß es allen Begriff übersteigt.

Sodann betrachtete ich mit ganz eignem Gefühl die nackte kolossale Statue des Marcus Agrippa, in dem Hofe eines Palastes; ein sich ihm zur Seite heraufschlängelnder Delphin deutet auf einen Seehelden. Wie doch eine solche heroische Darstellung den reinen Menschen Göttern ähnlich macht!

Die Pferde auf der Markuskirche besah ich in der Nähe. Von unten hinauf bemerkt man leicht, daß sie fleckig sind, teils einen schönen gelben Metallglanz haben, teils kupfergrünlich angelaufen. In der Nähe sieht und erfährt man, daß sie ganz verguldet waren, und sieht sie über und über mit Striemen bedeckt, da die Barbaren das Gold nicht abfeilen, sondern abhauen wollten. Auch das ist gut, so blieb wenigstens die Gestalt.

Ein herrlicher Zug Pferde! ich möchte einen rechten Pferdekenner darüber reden hören. Was mir sonderbar scheint, ist: daß sie in der Nähe schwer, und unten vom Platz leicht wie die Hirsche aussehen.

Ich fuhr heute früh mit meinem Schutzgeiste aufs Lido, auf die Erdzunge, welche die Lagunen schließt und sie vom Meere absondert. Wir stiegen aus und gingen quer über die Zunge. Ich hörte ein starkes Geräusch, es war das Meer, und ich sah es bald, es ging hoch gegen das Ufer, indem es sich zurückzog, es war um Mittag, Zeit der Ebbe. So habe ich denn auch das Meer mit Augen gesehen und bin auf der schönen Tenne, die es weichend zurückläßt, ihm nachgegangen. Da hätte ich mir die Kinder gewünscht, um der Muscheln willen; ich habe, selbst kindisch, ihrer genug aufgelesen; doch widme ich sie zu einigem Gebrauch, ich möchte von der Feuchtigkeit des Tintenfisches, die hier so häufig wegfließt, etwas eintrocknen.

Auf dem Lido, nicht weit vom Meer, liegen Engländer

begraben, und weiterhin Juden, die beiderseits in geweihtem Boden nicht ruhen sollten. Ich fand das Grab des edlen Konsuls Smith und seiner ersten Frauen; ich bin ihm mein Exemplar des Palladio schuldig und dankte ihm auf seinem ungeweihten Grabe dafür.

Und nicht allein ungeweiht, sondern halbverschüttet ist das Grab. Das Lido ist immer nur wie eine Düne anzusehen, der Sand wird dorthin geführt, vom Winde hin und her getrieben, aufgehäuft, überall angedrängt. In weniger Zeit wird man das ziemlich erhöhte Monument kaum wieder finden können.

Das Meer ist doch ein großer Anblick! Ich will sehen, in einem Fischerkahn eine Fahrt zu tun; die Gondeln wagen sich nicht hinaus.

Am Meere habe ich auch verschiedene Pflanzen gefunden, deren ähnlicher Charakter mir ihre Eigenschaften näher kennen ließ, sie sind alle zugleich mastig und streng, saftig und zäh, und es ist offenbar, daß das alte Salz des Sandbodens, mehr aber die salzige Luft ihnen diese Eigenschaften gibt; sie strotzen von Säften wie Wasserpflanzen, sie sind fest und zäh wie Bergpflanzen; wenn ihre Blätterenden eine Neigung zu Stacheln haben, wie Disteln tun, sind sie gewaltig spitz und stark. Ich fand einen solchen Busch Blätter, es schien mir unser unschuldiger Huflattich, hier aber mit scharfen Waffen bewaffnet, und das Blatt wie Leder, so auch die Samenkapseln, die Stiele, alles mastig und fett. Ich bringe Samen mit und eingelegte Blätter (Eryngium maritimum).

Der Fischmarkt und die unendlichen Seeprodukte machen mir viel Vergnügen; ich gehe oft darüber und beleuchte die unglücklichen aufgehaschten Meeresbewohner.

Den 9. Oktober

Ein köstlicher Tag, vom Morgen bis in die Nacht! Ich fuhr bis Pelestrina gegen Chioggia über, wo die großen Baue sind, Murazzi genannt, welche die Republik gegen das

Meer aufführen läßt. Sie sind von gehauenen Steinen und sollen eigentlich die lange Erdzunge, Lido genannt, welche die Lagunen von dem Meere trennt, vor diesem wilden Elemente schützen.

Die Lagunen sind eine Wirkung der alten Natur. Erst Ebbe, Flut und Erde gegeneinander arbeitend, dann das allmähliche Sinken des Urgewässers waren Ursache, daß am obern Ende des Adriatischen Meeres sich eine ansehnliche Sumpfstrecke befindet, welche, von der Flut besucht, von der Ebbe zum Teil verlassen wird. Die Kunst hat sich der höchsten Stellen bemächtigt, und so liegt Venedig, von hundert Inseln zusammen gruppiert und von hunderten umgeben. Zugleich hat man mit unglaublicher Anstrengung und Kosten tiefe Kanäle in den Sumpf gefurcht, damit man auch zur Zeit der Ebbe mit Kriegsschiffen an die Hauptstellen gelangen könne. Was Menschenwitz und Fleiß vor alters ersonnen und ausgeführt, muß Klugheit und Fleiß nun erhalten. Das Lido, ein langer Erdstreif, trennt die Lagunen von dem Meere, welches nur an zwei Orten hereintreten kann, bei dem Kastell nämlich, und am entgegengesetzten Ende, bei Chioggia. Die Flut tritt gewöhnlich des Tages zweimal herein, und die Ebbe bringt das Wasser zweimal hinaus, immer durch denselben Weg, in denselben Richtungen. Die Flut bedeckt die innern morastigen Stellen und läßt die erhöhteren wo nicht trocken, doch sichtbar.

Ganz anders wäre es, wenn das Meer sich neue Wege suchte, die Erdzunge angriffe und nach Willkür hinein und heraus flutete. Nicht gerechnet, daß die Örtchen auf dem Lido, Pelestrina, Sankt Peter und andere untergehen müßten, so würden auch jene Kommunikationskanäle ausgefüllt, und, indem das Wasser alles durcheinander schlemmte, das Lido zu Inseln, die Inseln, die jetzt dahinter liegen, zu Erdzungen verwandelt werden. Dieses zu verhüten, müssen sie das Lido verwahren, was sie können, damit das Element nicht dasjenige willkürlich angreifen, hinüber und herüber werfen möge, was die Menschen schon in Besitz genommen, dem sie schon zu einem gewissen Zweck Gestalt und Richtung gegeben haben.

Bei außerordentlichen Fällen, wenn das Meer übermäßig wächst, ist es besonders gut, daß es nur an zwei Orten herein darf und das übrige geschlossen bleibt, es kann also doch nicht mit der größten Gewalt eindringen und muß sich in einigen Stunden dem Gesetz der Ebbe unterwerfen und seine Wut mindern.

Übrigens hat Venedig nichts zu besorgen; die Langsamkeit, mit der das Meer abnimmt, gibt ihr Jahrtausende Zeit, und sie werden schon, den Kanälen klug nachhelfend, sich im Besitz zu erhalten suchen.

Wenn sie ihre Stadt nur reinlicher hielten, welches so notwendig als leicht ist, und wirklich auf die Folge von Jahrhunderten von großer Konsequenz. Nun ist zwar bei großer Strafe verboten, nichts in die Kanäle zu schütten, noch Kehrig hineinzuwerfen; einem schnell einfallenden Regenguß aber ist's nicht untersagt, allen den in die Ecken geschobnen Kehrig aufzurühren, in die Kanäle zu schleppen, ja, was noch schlimmer ist, in die Abzüge zu führen, die nur zum Abfluß des Wassers bestimmt sind, und sie dergestalt zu verschlemmen, daß die Hauptplätze in Gefahr sind, unter Wasser zu stehen. Selbst einige Abzüge auf dem kleinen Markusplatze, die, wie auf dem großen, gar klug angelegt sind, habe ich verstopft und voll Wasser gesehen.

Wenn ein Tag Regenwetter einfällt, ist ein unleidlicher Kot, alles flucht und schimpft, man besudelt beim Auf- und Absteigen der Brücken die Mäntel, die Tabarros, womit man sich ja das ganze Jahr schleppt, und da alles in Schuh und Strümpfen läuft, bespritzt man sich und schilt, denn man hat sich nicht mit gemeinem, sondern beizendem Kot besudelt. Das Wetter wird wieder schön und kein Mensch denkt an Reinlichkeit. Wie wahr ist es gesagt: das Publikum beklagt sich immer, daß es schlecht bedient sei, und weiß es nicht anzufangen, besser bedient zu werden. Hier, wenn der Souverän wollte, könnte alles gleich getan sein.

Heute abend ging ich auf den Markusturm: denn da ich neulich die Lagunen in ihrer Herrlichkeit, zur Zeit der Flut, von oben gesehen, wollt' ich sie auch zur Zeit der Ebbe, in ihrer Demut schauen, und es ist notwendig, diese beiden Bilder zu verbinden, wenn man einen richtigen Begriff haben will. Es sieht sonderbar aus, ringsum überall Land erscheinen zu sehen, wo vorher Wasserspiegel war. Die Inseln sind nicht mehr Inseln, nur höher bebaute Flecke eines großen grau-grünlichen Morastes, den schöne Kanäle durchschneiden. Der sumpfige Teil ist mit Wasserpflanzen bewachsen und muß sich auch dadurch nach und nach erheben, obgleich Ebbe und Flut beständig daran rupfen und wühlen und der Vegetation keine Ruhe lassen.

Ich wende mich mit meiner Erzählung nochmals ans Meer, dort habe ich heute die Wirtschaft der Seeschnecken, Patellen und Taschenkrebse gesehen und mich herzlich darüber gefreut. Was ist doch ein Lebendiges für ein köstliches herrliches Ding! Wie abgemessen zu seinem Zustande, wie wahr, wie seiend! Wie viel nützt mir nicht mein bißchen Studium der Natur, und wie freue ich mich, es fortzusetzen! Doch ich will, da es sich mitteilen läßt, die Freunde nicht mit bloßen Ausrufungen anreizen.

Die dem Meere entgegen gebauten Mauerwerke bestehen erst aus einigen steilen Stufen, dann kommt eine sacht ansteigende Fläche, sodann wieder eine Stufe, abermals eine sanft ansteigende Fläche, dann eine steile Mauer mit einem oben überhängenden Kopfe. Diese Stufen, diese Flächen hinan steigt nun das flutende Meer, bis es in außerordentlichen Fällen endlich oben an der Mauer und deren Vorsprung zerschellt.

Dem Meere folgen seine Bewohner, kleine eßbare Schnekken, einschalige Patellen und was sonst noch beweglich ist, besonders die Taschenkrebse. Kaum aber haben diese Tiere an den glatten Mauern Besitz genommen, so zieht sich schon das Meer weichend und schwellend, wie es gekommen, wieder zurück. Anfangs weiß das Gewimmel nicht, woran es ist, und hofft immer, die salzige Flut soll wiederkehren; allein sie bleibt aus, die Sonne sticht und trocknet schnell, und nun geht der Rückzug an. Bei dieser Gelegenheit suchen die Taschenkrebse ihren Raub. Wunderlicher und komischer kann man nichts sehen als die Gebärden dieser aus einem runden Körper und zwei langen Scheren bestehenden Geschöpfe: denn die übrigen Spinnenfüße sind nicht bemerklich. Wie auf stelzenartigen Armen schreiten sie einher, und sobald eine Patelle sich unter ihrem Schild vom Flecke bewegt, fahren sie zu, um die Schere in den schmalen Raum zwischen der Schale und dem Boden zu stecken, das Dach umzukehren und die Auster zu verschmausen. Die Patelle zieht sachte ihren Weg hin, saugt sich aber gleich fest an den Stein, sobald sie die Nähe des Feindes merkt. Dieser gebärdet sich nun wunderlich um das Dächelchen herum, gar zierlich und affenhaft; aber ihm fehlt die Kraft, den mächtigen Muskel des weichen Tierchens zu überwältigen, er tut auf diese Beute Verzicht, eilt auf eine andere wandernde los, und die erste setzt ihren Zug sachte fort. Ich habe nicht gesehen, daß irgendein Taschenkrebs zu seinem Zweck gelangt wäre, ob ich gleich den Rückzug dieses Gewimmels stundenlang, wie sie die beiden Flächen und die dazwischen liegenden Stufen hinabschlichen, beobachtet habe.

Den 10. Oktober

Nun endlich kann ich denn auch sagen, daß ich eine Komödie gesehen habe! Sie spielten heut auf dem Theater Sankt Lukas Le Baruffe Chioggiotte, welches allenfalls zu übersetzen wäre: Die Rauf- und Schreihändel von Chioggia. Die Handelnden sind lauter Seeleute, Einwohner von Chioggia, und ihre Weiber, Schwestern und Töchter. Das gewöhnliche Geschrei dieser Leute im Guten und Bösen, ihre Händel, Heftigkeit, Gutmütigkeit, Plattheit, Witz, Humor und ungezwungene Manieren, alles ist gar brav nachgeahmt. Das Stück ist noch von Goldoni, und da ich erst gestern in jener Gegend war, und mir Stimmen und Betragen der See-

und Hafenleute noch im Aug' und Ohr widerschien und widerklang, so machte es gar große Freude, und ob ich gleich manchen einzelnen Bezug nicht verstand, so konnte ich doch dem ganzen recht gut folgen. Der Plan des Stücks ist folgender: Die Einwohnerinnen von Chioggia sitzen auf der Reede vor ihren Häusern, spinnen, stricken, nähen, klippeln, wie gewöhnlich; ein junger Mensch geht vorüber und grüßt eine freundlicher als die übrigen, sogleich fängt das Sticheln an, dies hält nicht Maße, es schärft sich und wächst bis zum Hohne, steigert sich zu Vorwürfen, eine Unart überbietet die andere, eine heftige Nachbarin platzt mit der Wahrheit heraus, und nun ist Schelten, Schimpfen, Schreien auf einmal losgebunden, es fehlt nicht an entschiedenen Beleidigungen, so daß die Gerichtspersonen sich einzumischen genötigt sind.

Im zweiten Akt befindet man sich in der Gerichtsstube; der Aktuarius an der Stelle des abwesenden Podestà, der als Nobile nicht auf dem Theater hätte erscheinen dürfen, der Aktuarius also läßt die Frauen einzeln vorfordern; dieses wird dadurch bedenklich, daß er selbst in die erste Liebhaberin verliebt ist, und, sehr glücklich sie allein zu sprechen, anstatt sie zu verhören, ihr eine Liebeserklärung tut. Eine andere, die in den Aktuarius verliebt ist, stürzt eifersüchtig herein, der aufgeregte Liebhaber der ersten gleichfalls, die übrigen folgen, neue Vorwürfe häufen sich, und nun ist der Teufel in der Gerichtsstube los wie vorher auf dem Hafenplatz.

Im dritten Akt steigert sich der Scherz, und das Ganze endet mit einer eiligen notdürftigen Auflösung. Der glücklichste Gedanke jedoch ist in einem Charakter ausgedrückt, der sich folgendermaßen darstellt.

Ein alter Schiffer, dessen Gliedmaßen, besonders aber die Sprachorgane, durch eine von Jugend auf geführte harte Lebensart stockend geworden, tritt auf als Gegensatz des beweglichen, schwätzenden, schreiseligen Volkes, er nimmt immer erst einen Anlauf, durch Bewegung der Lippen und Nachhelfen der Hände und Arme, bis er denn endlich was er gedacht herausstößt. Weil ihm dieses aber nur in kurzen Sätzen gelingt, so hat er sich einen lakonischen Ernst angewöhnt, dergestalt, daß alles, was er sagt, sprüchwörtlich oder sententios klingt, wodurch denn das übrige wilde leidenschaftliche Handeln gar schön ins Gleichgewicht gesetzt wird.

Aber auch so eine Lust habe ich noch nie erlebt, als das Volk laut werden ließ, sich und die Seinigen so natürlich vorstellen zu sehen. Ein Gelächter und Gejauchze von Anfang bis zu Ende. Ich muß aber auch gestehen, daß die Schauspieler es vortrefflich machten. Sie hatten sich nach Anlage der Charaktere in die verschiedenen Stimmen geteilt, welche unter dem Volk gewöhnlich vorkommen. Die erste Aktrice war allerliebst, viel besser als neulich in Heldentracht und Leidenschaft. Die Frauen überhaupt, besonders aber diese, ahmten Stimme, Gebärden und Wesen des Volks aufs anmutigste nach. Großes Lob verdient der Verfasser, der aus nichts den angenehmsten Zeitvertreib gebildet hat. Das kann man aber auch nur unmittelbar seinem eignen lebenslustigen Volk. Es ist durchaus mit einer geübten Hand geschrieben.

Von der Truppe Sacchi, für welche Gozzi arbeitete, und die übrigens zerstreut ist, habe ich die Smeraldina gesehen, eine kleine dicke Figur, voller Leben, Gewandtheit und guten Humors. Mit ihr sah ich den Brighella, einen hagern, wohlgebauten, besonders in Mienen- und Händespiel trefflichen Schauspieler. Diese Masken, die wir fast nur als Mumien kennen, da sie für uns weder Leben noch Bedeutung haben, tun hier gar zu wohl als Geschöpfe dieser Landschaft. Die ausgezeichneten Alter, Charaktere und Stände haben sich in wunderlichen Kleidern verkörpert, und wenn man selbst den größten Teil des Jahrs mit der Maske herumläuft, so findet man nichts natürlicher, als daß da droben auch schwarze Gesichter erscheinen.

Den 11. Oktober

Und weil die Einsamkeit in einer so großen Menschenmasse denn doch zuletzt nicht recht möglich sein will, so bin ich mit einem alten Franzosen zusammengekommen, der kein Italienisch kann, sich wie verraten und verkauft fühlt und, mit allen Empfehlungsschreiben, doch nicht recht weiß, woran er ist. Ein Mann von Stande, sehr guter Lebensart, der aber nicht aus sich heraus kann; er mag stark in den Fünfzigen sein und hat zu Hause einen siebenjährigen Knaben, von dem er bänglich Nachrichten erwartet. Ich habe ihm einige Gefälligkeiten erzeigt, er reist durch Italien bequem, aber geschwind, um es doch einmal gesehen zu haben, und mag sich gern im Vorbeigehen so viel wie möglich unterrichten; ich gebe ihm Auskunft über manches. Als ich mit ihm von Venedig sprach, fragte er mich, wie lange ich hier sei? und als er hörte, nur vierzehn Tage und zum erstenmal, versetzte er: «Il paraît que vous n'avez pas perdu votre temps.» Das ist das erste Testimonium meines Wohlverhaltens, das ich aufweisen kann. Er ist nun acht Tage hier und geht morgen fort. Es war mir köstlich, einen recht eingefleischten Versailler in der Fremde zu sehen. Der reist nun auch! und ich betrachtete mit Erstaunen, wie man reisen kann, ohne etwas außer sich gewahr zu werden, und er ist in seiner Art ein recht gebildeter, wackrer, ordentlicher Mann.

Den 12. Oktober

Gestern gaben sie zu Sankt Lukas ein neues Stück: L'Inglicismo in Italia. Da viele Engländer in Italien leben, so ist es natürlich, daß ihre Sitten bemerkt werden, und ich dachte hier zu erfahren, wie die Italiener diese reichen und ihnen so willkommenen Gäste betrachten; aber es war ganz und gar nichts. Einige glückliche Narrenszenen, wie immer, das übrige aber zu schwer und ernstlich gemeint, und denn doch keine Spur von englischem Sinn, die gewöhnlichen italienischen sittlichen Gemeinsprüche, und auch nur auf das Gemeinste gerichtet.

Auch gefiel es nicht und war auf dem Punkt ausgepfiffen zu werden; die Schauspieler fühlten sich nicht in ihrem Elemente, nicht auf dem Platze von Chioggia. Da dies das letzte Stück ist, was ich hier sehe, so scheint es, mein Enthusiasmus für jene Nationalrepräsentation sollte noch durch diese Folie erhöht werden.

Nachdem ich zum Schluß mein Tagebuch durchgegangen, kleine Schreibtafelbemerkungen eingeschaltet, so sollen die Akten inrotuliert und den Freunden zum Urteilsspruch zugeschickt werden. Schon jetzt finde ich manches in diesen Blättern, das ich näher bestimmen, erweitern und verbessern könnte; es mag stehen als Denkmal des ersten Eindrucks, der, wenn er auch nicht immer wahr wäre, uns doch köstlich und wert bleibt. Könnte ich nur den Freunden einen Hauch dieser leichtern Existenz hinüber senden! Jawohl ist dem Italiener das Ultramontane eine dunkle Vorstellung, auch mir kommt das Jenseits der Alpen nun düster vor; doch winken freundliche Gestalten immer aus dem Nebel. Nur das Klima würde mich reizen, diese Gegenden jenen vorzuziehen: denn Geburt und Gewohnheit sind mächtige Fesseln. Ich möchte hier nicht leben, wie überall an keinem Orte, wo ich unbeschäftigt wäre; jetzt macht mir das Neue unendlich viel zu schaffen. Die Baukunst steigt, wie ein alter Geist, aus dem Grabe hervor, sie heißt mich ihre Lehren wie die Regeln einer ausgestorbenen Sprache studieren, nicht um sie auszuüben oder mich in ihr lebendig zu erfreuen, sondern nur um die ehrwürdige, für ewig abgeschiedene Existenz der vergangenen Zeitalter in einem stillen Gemüte zu verehren. Da Palladio alles auf Vitruv bezieht, so habe ich mir auch die Ausgabe des Galiani angeschafft; allein dieser Foliante lastet in meinem Gepäck, wie das Studium desselben auf meinem Gehirn. Palladio hat mir durch seine Worte und Werke, durch seine Art und Weise des Denkens und Schaffens den Vitruv schon näher gebracht und verdolmetscht, besser als die italienische Übersetzung tun kann. Vitruv liest sich nicht so leicht, das Buch ist an sich schon düster geschrieben und fordert ein kritisches Studium. Dessenungeachtet lese ich es flüchtig durch, und es bleibt mir mancher würdige Eindruck. Besser zu sagen: ich lese es wie ein Brevier, mehr aus Andacht als zur Belehrung. Schon bricht die Nacht zeitiger ein und gibt Raum zum Lesen und Schreiben.

Gott sei Dank, wie mir alles wieder lieb wird, was mir von Jugend auf wert war! Wie glücklich befinde ich mich, daß ich den alten Schriftstellern wieder näher zu treten wage! Denn jetzt darf ich es sagen, darf meine Krankheit und Torheit bekennen. Schon einige Jahre her durft' ich keinen lateinischen Autor ansehen, nichts betrachten, was mir ein Bild Italiens erneute. Geschah es zufällig, so erduldete ich die entsetzlichsten Schmerzen. Herder spottete oft über mich, daß ich all mein Latein aus dem Spinoza lerne, denn er hatte bemerkt, daß dies das einzige lateinische Buch war, das ich las; er wußte aber nicht, wie sehr ich mich vor den Alten hüten mußte, wie ich mich in jene abstrusen Allgemeinheiten nur ängstlich flüchtete. Noch zuletzt hat mich die Wielandsche Übersetzung der Satiren höchst unglücklich gemacht; ich hatte kaum zwei gelesen, so war ich schon verrückt.

Hätte ich nicht den Entschluß gefaßt, den ich jetzt ausführe, so wär' ich rein zu Grunde gegangen: zu einer solchen Reife war die Begierde, diese Gegenstände mit Augen zu sehen, in meinem Gemüt gestiegen. Die historische Kenntnis förderte mich nicht, die Dinge standen nur eine Hand breit von mir ab; aber durch eine undurchdringliche Mauer geschieden. Es ist mir wirklich auch jetzt nicht etwa zu Mute, als wenn ich die Sachen zum erstenmal sähe, sondern als ob ich sie wiedersähe. Ich bin nur kurze Zeit in Venedig und habe mir die hiesige Existenz genugsam zugeeignet und weiß, daß ich, wenn auch einen unvollständigen, doch einen ganz klaren und wahren Begriff mit wegnehme.

Venedig, den 14. Oktober, zwei Stunden in der Nacht

In den letzten Augenblicken meines Hierseins: denn es geht sogleich mit dem Kurierschiff nach Ferrara. Ich verlasse Venedig gern: denn um mit Vergnügen und Nutzen zu bleiben, müßte ich andere Schritte tun, die außer meinem Plan liegen; auch verläßt jedermann nun diese Stadt und sucht seine Gärten und Besitzungen auf dem festen Lande. Ich habe indes gut aufgeladen und trage das reiche, sonderbare, einzige Bild mit mir fort.

FERRARA BIS ROM

Den 16. Oktober, früh, auf dem Schiffe

Meine Reisegesellschaft, Männer und Frauen, ganz leidliche und natürliche Menschen, liegen noch alle schlafend in der Kajüte. Ich aber, in meinen Mantel gehüllt, blieb auf dem Verdeck die beiden Nächte. Nur gegen Morgen ward es kühl. Ich bin nun in den fünfundvierzigsten Grad wirklich eingetreten und wiederhole mein altes Lied: dem Landesbewohner wollt' ich alles lassen, wenn ich nur, wie Dido, so viel Klima mit Riemen umspannen könnte, um unsere Wohnungen damit einzufassen. Es ist denn doch ein ander Sein. Die Fahrt bei herrlichem Wetter war sehr angenehm, die Aus- und Ansichten einfach, aber anmutig. Der Po, ein freundlicher Fluß, zieht hier durch große Plainen, man sieht nur seine bebuschten und bewaldeten Ufer, keine Fernen. Hier, wie an der Etsch, sah ich alberne Wasserbaue, die kindisch und schädlich sind wie die an der Saale.

Ferrara, den 16. nachts

Seit früh sieben Uhr, deutschen Zeigers, hier angelangt, bereite ich mich, morgen wieder weg zu gehen. Zum erstenmal überfällt mich eine Art von Unlust in dieser großen und schönen, flachgelegenen, entvölkerten Stadt. Dieselben Straßen belebte sonst ein glänzender Hof, hier wohnte Ariost unzufrieden, Tasso unglücklich, und wir glauben uns zu erbauen, wenn wir diese Stätte besuchen. Ariosts Grabmal enthält viel Marmor, schlecht ausgeteilt. Statt Tassos Gefängnis zeigen sie einen Holzstall oder Kohlengewölbe, wo er gewiß nicht aufbewahrt worden ist. Auch weiß im Hause kaum jemand mehr, was man will. Endlich besinnen sie sich, um des Trinkgeldes willen. Es kommt mir vor wie Doktor Luthers Tintenklecks, den der Kastellan von Zeit zu Zeit wieder auffrischt. Die meisten Reisenden haben doch etwas Handwerkspurschenartiges und sehen sich gern nach solchen Wahrzeichen um. Ich war ganz mürrisch geworden, so daß ich an einem schönen akademischen Institut, welches ein aus Ferrara gebürtiger Kardinal gestiftet und bereichert, wenig teilnahm, doch erquickten mich einige alte Denkmale im Hofe.

Sodann erheiterte mich der gute Einfall eines Malers. Johannes der Täufer vor Herodes und Herodias. Der Prophet in seinem gewöhnlichen Wüstenkostüme deutet heftig auf die Dame. Sie sieht ganz gelassen den neben ihr sitzenden Fürsten, und der Fürst still und klug den Enthusiasten an. Vor dem Könige steht ein Hund, weiß, mittelgroß, unter dem Rock der Herodias hingegen kommt ein kleiner Bologneser hervor, welche beide den Propheten anbellen. Mich dünkt, das ist recht glücklich gedacht.

Cento, den 17. abends

In einer bessern Stimmung als gestern schreibe ich aus Guercins Vaterstadt. Es ist aber auch ein ganz anderer Zustand. Ein freundliches wohlgebautes Städtchen, von ungefähr fünftausend Einwohnern, nahrhaft, lebendig, reinlich, in einer unübersehlich bebauten Plaine. Ich bestieg nach meiner Gewohnheit sogleich den Turm. Ein Meer von Pappelspitzen, zwischen denen man in der Nähe kleine Bauerhöfchen erblickt, jedes mit seinem eignen Feld umgeben. Köstlicher Boden, ein mildes Klima. Es war ein Herbstabend, wie wir unserm Sommer selten einen verdanken. Der Himmel, den ganzen Tag bedeckt, heiterte sich auf, die Wolken warfen sich nord- und südwärts an die Gebirge, und ich hoffe einen schönen morgenden Tag.

Hier sah ich die Apenninen, denen ich mich nähere, zum erstenmal. Der Winter dauert hier nur Dezember und Januar; ein regniger April, übrigens nach Beschaffenheit der

Jahreszeit gut Wetter. Nie anhaltenden Regen; doch war dieser September besser und wärmer als ihr August. Die Apenninen begrüßte ich freundlich in Süden, denn ich habe der Flächen bald genug. Morgen schreibe ich dort an ihrem Fuße.

Guercino liebte seine Vaterstadt, wie überhaupt die Italiener diesen Lokalpatriotismus im höchsten Sinne hegen und pflegen, aus welchem schönen Gefühl so viel köstliche Anstalten, ja die Menge Ortsheilige entsprungen sind. Unter jenes Meisters Leitung entstand nun hier eine Malerakademie. Er hinterließ mehrere Bilder, an denen sich noch der Bürger freut, die es aber auch wert sind.

Guercin ist ein heiliger Name, und im Munde der Kinder wie der Alten.

Sehr lieb war mir das Bild, den auferstandenen Christus vorstellend, der seiner Mutter erscheint. Vor ihm kniend, blickt sie auf ihn mit unbeschreiblicher Innigkeit. Ihre Linke berührt seinen Leib, gleich unter der unseligen Wunde, die das ganze Bild verdirbt. Er hat seine linke Hand um ihren Hals gelegt und biegt sich, um sie bequemer anzusehen, ein wenig mit dem Körper zurück. Dieses gibt der Figur etwas, ich will nicht sagen Gezwungenes, aber doch Fremdes. Dessenungeachtet bleibt sie unendlich angenehm. Der stilltraurige Blick, mit dem er sie ansieht, ist einzig, als wenn ihm die Erinnerung seiner und ihrer Leiden, durch die Auferstehung nicht gleich geheilt, vor der edlen Seele schwebte.

Strange hat das Bild gestochen; ich wünschte, daß meine Freunde wenigstens diese Kopie sähen.

Darauf gewann eine Madonna meine Neigung. Das Kind verlangt nach der Brust, sie zaudert schamhaft, den Busen zu entblößen. Natürlich, edel, köstlich und schön.

Ferner eine Maria, die dem vor ihr stehenden und nach den Zauschauern gerichteten Kinde den Arm führt, daß es mit aufgehobenen Fingern den Segen austeile. Ein im Sinn der katholischen Mythologie sehr glücklicher und oft wiederholter Gedanke.

Guercin ist ein innerlich braver, männlich gesunder Maler, ohne Roheit. Vielmehr haben seine Sachen eine zarte moralische Grazie, eine ruhige Freiheit und Großheit, dabei etwas Eignes, daß man seine Werke, wenn man einmal das Auge darauf gebildet hat, nicht verkennen wird. Die Leichtigkeit, Reinlichkeit und Vollendung seines Pinsels setzt in Erstaunen. Er bedient sich besonders schöner, ins Braunrote gebrochener Farben zu seinen Gewändern. Diese harmonieren gar gut mit dem Blauen, das er auch gerne anbringt.

Die Gegenstände der übrigen Bilder sind mehr oder weniger unglücklich. Der gute Künstler hat sich gemartert und doch Erfindung und Pinsel, Geist und Hand verschwendet und verloren. Mir ist aber sehr lieb und wert, daß ich auch diesen schönen Kunstkreis gesehen habe, obgleich ein solches Vorüberrennen wenig Genuß und Belehrung gewährt.

Bologna, den 18. Oktober, nachts

Heute früh, vor Tage, fuhr ich von Cento weg und gelangte bald genug hieher. Ein flinker und wohl unterrichteter Lohnbediente, sobald er vernahm, daß ich nicht lange zu verweilen gedächte, jagte mich durch alle Straßen, durch so viel Paläste und Kirchen, daß ich kaum in meinem Volkmann anzeichnen konnte, wo ich gewesen war, und wer weiß, ob ich mich künftig bei diesen Merkzeichen aller der Sachen erinnere. Nun gedenke ich aber ein paar lichter Punkte, an denen ich wahrhafte Beruhigung gefühlt.

Zuerst also die Cäcilia von Raffael! Es ist, was ich zum voraus wußte, nun aber mit Augen sah: er hat eben immer gemacht, was andere zu machen wünschten, und ich möchte jetzt nichts darüber sagen, als daß es von ihm ist. Fünf Heilige nebeneinander, die uns alle nichts angehen, deren Existenz aber so vollkommen dasteht, daß man dem Bilde eine Dauer für die Ewigkeit wünscht, wenn man gleich zufrieden ist, selbst aufgelöst zu werden. Um ihn aber recht zu erkennen, ihn recht zu schätzen und ihn wieder auch nicht ganz als einen Gott zu preisen, der, wie Melchisedek, ohne Vater und ohne Mutter erschienen wäre, muß man seine Vorgänger, seine Meister ansehen. Diese haben auf dem festen Boden der Wahrheit Grund gefaßt, sie haben die breiten Fundamente emsig, ja ängstlich gelegt und miteinander wetteifernd die Pyramide stufenweis in die Höhe gebaut, bis er zuletzt, von allen diesen Vorteilen unterstützt, von dem himmlischen Genius erleuchtet, den letzten Stein des Gipfels aufsetzte, über und neben dem kein anderer stehen kann.

Das historische Interesse wird besonders rege, wenn man die Werke der ältern Meister betrachtet. Francesco Francia ist ein gar respektabler Künstler, Pietro Perugino ein so braver Mann, daß man sagen möchte, eine ehrliche deutsche Haut. Hätte doch das Glück Albrecht Dürern tiefer nach Italien geführt. In München habe ich ein paar Stücke von ihm gesehen, von unglaublicher Großheit. Der arme Mann, wie er sich in Venedig verrechnet und mit den Pfaffen einen Akkord macht, bei dem er Wochen und Monate verliert! Wie er auf seiner niederländischen Reise gegen seine herrlichen Kunstwerke, womit er sein Glück zu machen hoffte, Papageien eintauscht und, um das Trinkgeld zu sparen, die Domestiken porträtiert, die ihm einen Teller Früchte bringen! Mir ist so ein armer Narr von Künstler unendlich rührend, weil es im Grunde auch mein Schicksal ist, nur daß ich mir ein klein wenig besser zu helfen weiß.

Gegen Abend rettete ich mich endlich aus dieser alten, ehrwürdigen, gelehrten Stadt, aus der Volksmenge, die in den gewölbten Lauben, welche man fast durch alle Straßen verbreitet sieht, geschützt vor Sonne und Witterung, hin- und herwandeln, gaffen, kaufen und ihre Geschäfte treiben kann. Ich bestieg den Turm und ergötzte mich an der freien Luft. Die Aussicht ist herrlich! Im Norden sieht man die paduanischen Berge, sodann die Schweizer, Tiroler, Friauler Alpen, genug, die ganze nördliche Kette, diesmal im Nebel. Gegen Westen ein unbegrenzter Horizont, aus dem nur die Türme von Modena herausragen. Gegen Osten eine gleiche Ebene, bis ans Adriatische Meer, welches man bei

Sonnenaufgang gewahr wird. Gegen Süden die Vorhügel der Apenninen, bis an ihre Gipfel bepflanzt, bewachsen, mit Kirchen, Palästen, Gartenhäusern besetzt, wie die Vicentinischen Hügel. Es war ein ganz reiner Himmel, kein Wölkchen, nur am Horizont eine Art Höherauch. Der Türmer versicherte, daß nunmehro seit sechs Jahren dieser Nebel nicht aus der Ferne komme. Sonst habe er durch das Sehrohr die Berge von Vicenza mit ihren Häusern und Kapellen gar wohl entdecken können, jetzt, bei den hellsten Tagen, nur selten. Und dieser Nebel lege sich denn vorzüglich an die nördliche Kette und mache unser liebes Vaterland zum wahren Kimmerien. Der Mann ließ mich auch die gesunde Lage und Luft der Stadt daran bemerken, daß ihre Dächer wie neu aussähen, und kein Ziegel durch Feuchtigkeit und Moos angegriffen sei. Man muß gestehen, die Dächer sind alle rein und schön, aber die Güte der Ziegeln mag auch etwas dazu beitragen, wenigstens in alten Zeiten hat man solche in diesen Gegenden kostbar gebrannt.

Der hängende Turm ist ein abscheulicher Anblick, und doch höchst wahrscheinlich, daß er mit Fleiß so gebaut worden. Ich erkläre mir diese Torheit folgendermaßen. In den Zeiten der städtischen Unruhen ward jedes große Gebäude zur Festung, aus der jede mächtige Familie einen Turm erhob. Nach und nach wurde dies zu einer Lust- und Ehrensache, jeder wollte auch mit einem Turm prangen, und als zuletzt die graden Türme gar zu alltäglich waren, so baute man einen schiefen. Auch haben Architekt und Besitzer ihren Zweck erreicht, man sieht an den vielen graden schlanken Türmen hin und sucht den krummen. Ich war nachher oben auf demselben. Die Backsteinschichten liegen horizontal. Mit gutem bindendem Kitt und eisernen Ankern kann man schon tolles Zeug machen.

Den 19. Oktober, abends

Meinen Tag habe ich bestmöglichst angewendet, um zu sehen und wiederzusehen, aber es geht mit der Kunst wie mit dem Leben: je weiter man hineinkommt, je breiter wird sie. An diesem Himmel treten wieder neue Gestirne hervor, die ich nicht berechnen kann und die mich irre machen: die Carracci, Guido, Dominichin, in einer spätern glücklichern Kunstzeit entsprungen; sie aber wahrhaft zu genießen, gehört Wissen und Urteil, welches mir abgeht und nur nach und nach erworben werden kann. Ein großes Hindernis der reinen Betrachtung und der unmittelbaren Einsicht sind die meist unsinnigen Gegenstände der Bilder, über die man toll wird, indem man sie verehren und lieben möchte.

Es ist, als da sich die Kinder Gottes mit den Töchtern der Menschen vermählten, daraus entstanden mancherlei Ungeheuer. Indem der himmlische Sinn des Guido, sein Pinsel, der nur das Vollkommenste, was geschaut werden kann, hätte malen sollen, dich anzieht, so möchtest du gleich die Augen von den abscheulich dummen, mit keinen Scheltworten der Welt genug zu erniedrigenden Gegenständen wegkehren, und so geht es durchaus; man ist immer auf der Anatomie, dem Rabensteine, dem Schindanger, immer Leiden des Helden, niemals Handlung, nie ein gegenwärtig Interesse, immer etwas phantastisch von außen Erwartetes. Entweder Missetäter oder Verzückte, Verbrecher oder Narren, wo denn der Maler, um sich zu retten, einen nackten Kerl, eine hübsche Zuschauerin herbei schleppt, allenfalls seine geistlichen Helden als Gliedermänner traktiert und ihnen recht schöne Faltenmäntel überwirft. Da ist nichts, was einen menschlichen Begriff gäbe! Unter zehn Sujets nicht eins, das man hätte malen sollen, und das eine hat der Künstler nicht von der rechten Seite nehmen dürfen.

Das große Bild von Guido, in der Kirche der Mendicanti, ist alles was man malen, aber auch alles was man Unsinniges bestellen und dem Künstler zumuten kann. Es ist ein Votivbild. Ich glaube, der ganze Senat hat es gelobt und auch erfunden. Die beiden Engel, die wert wären, eine Psyche in ihrem Unglück zu trösten, müssen hier —

Der heilige Proculus, eine schöne Figur; aber dann die andern, Bischöfe und Pfaffen! Unten sind himmlische Kinder, die mit Attributen spielen. Der Maler, dem das Messer an der Kehle saß, suchte sich zu helfen, wie er konnte, er mühte sich ab, nur um zu zeigen, daß nicht er der Barbar sei. Zwei nackte Figuren von Guido: ein Johannes in der Wüste, ein Sebastian, wie köstlich gemalt, und was sagen sie? der eine sperrt das Maul auf, und der andere krümmt sich.

Betrachte ich in diesem Unmut die Geschichte, so möchte ich sagen: der Glaube hat die Künste wieder hervorgehoben, der Aberglaube hingegen ist Herr über sie geworden, und hat sie abermals zu Grunde gerichtet.

Nach Tische etwas milder und weniger anmaßlich gestimmt als heute früh, bemerkte ich folgendes in meine Schreibtafel: Im Palast Tanari ist ein berühmtes Bild von Guido, die säugende Maria vorstellend, über Lebensgröße, der Kopf, als wenn ihn ein Gott gemalt hätte; unbeschreiblich ist der Ausdruck, mit welchem sie auf den säugenden Knaben heruntersieht. Mir scheint es eine stille tiefe Duldung, nicht als wenn sie ein Kind der Liebe und Freude, sondern ein untergeschobenes himmlisches Wechselkind nur so an sich zehren ließe, weil es nun einmal nicht anders ist, und sie in tiefster Demut gar nicht begreift, wie sie dazu kommt. Der übrige Raum ist durch ein ungeheures Gewand ausgefüllt, welches die Kenner höchlich preisen; ich wußte nicht recht, was ich daraus machen sollte. Auch sind die Farben dunkler geworden; das Zimmer und der Tag waren nicht die hellsten.

Unerachtet der Verwirrung, in der ich mich befinde, fühle ich doch schon, daß Übung, Bekanntschaft und Neigung mir schon in diesen Irrgärten zu Hülfe kommen. So sprach mich eine Beschneidung von Guercin mächtig an, weil ich den Mann schon kenne und liebe. Ich verzieh den unleidlichen Gegenstand und freute mich an der Ausführung. Gemalt was man sich denken kann, alles daran respektabel und vollendet, als wenn's Emaille wäre.

Und so geht mir's denn wie Bileam, dem konfusen Propheten, welcher segnete, da er zu fluchen gedachte, und dies würde noch öfter der Fall sein, wenn ich länger verweilte.

Trifft man denn gar wieder einmal auf eine Arbeit von Raffael, oder die ihm wenigstens mit einiger Wahrscheinlichkeit zugeschrieben wird, so ist man gleich vollkommen geheilt und froh. So habe ich eine heilige Agathe gefunden, ein kostbares, obgleich nicht ganz wohl erhaltenes Bild. Der Künstler hat ihr eine gesunde sichere Jungfräulichkeit gegeben, doch ohne Kälte und Roheit. Ich habe mir die Gestalt wohl gemerkt und werde ihr im Geist meine Iphigenie vorlesen, und meine Heldin nichts sagen lassen, was diese Heilige nicht aussprechen möchte.

Da ich nun wieder einmal dieser süßen Bürde gedenke, die ich auf meiner Wanderung mit mir führe, so kann ich nicht verschweigen, daß zu den großen Kunst- und Naturgegenständen, durch die ich mich durcharbeiten muß, noch eine wundersame Folge von poetischen Gestalten hindurch zieht, die mich beunruhigen. Von Cento herüber wollte ich meine Arbeit an Iphigenia fortsetzen, aber was geschah: der Geist führte mir das Argument der Iphigenia von Delphi vor die Seele, und ich mußte es ausbilden. So kurz als möglich sei es hier verzeichnet:

Elektra, in gewisser Hoffnung, daß Orest das Bild der Taurischen Diana nach Delphi bringen werde, erscheint in dem Tempel des Apoll und widmet die grausame Axt, die so viel Unheil in Pelops Hause angerichtet, als schließliches Sühnopfer dem Gotte. Zu ihr tritt, leider, einer der Griechen und erzählt, wie er Orest und Pylades nach Tauris begleitet, die beiden Freunde zum Tode führen sehen und sich glücklich gerettet. Die leidenschaftliche Elektra kennt sich selbst nicht und weiß nicht, ob sie gegen Götter oder Menschen ihre Wut richten soll.

Indessen sind Iphigenie, Orest und Pylades gleichfalls zu Delphi angekommen. Iphigeniens heilige Ruhe kontrastiert gar merkwürdig mit Elektrens irdischer Leidenschaft, als die beiden Gestalten wechselseitig unerkannt zusammentreffen. Der entflohene Grieche erblickt Iphigenien, erkennt die Priesterin, welche die Freunde geopfert, und entdeckt es Elektren. Diese ist im Begriff mit demselbigen Beil, welches sie dem Altar wieder entreißt, Iphigenien zu ermorden, als eine glückliche Wendung dieses letzte schreckliche Übel von den Geschwistern abwendet. Wenn diese Szene gelingt, so ist nicht leicht etwas Größeres und Rührenderes auf dem Theater gesehen worden. Wo soll man aber Hände und Zeit hernehmen, wenn auch der Geist willig wäre!

Indem ich mich nun in dem Drang einer solchen Überfüllung des Guten und Wünschenswerten geängstigt fühle, so muß ich meine Freunde an einen Traum erinnern, der mir, es wird eben ein Jahr sein, bedeutend genug schien. Es träumte mir nämlich: ich landete mit einem ziemlich großen Kahn an einer fruchtbaren, reich bewachsenen Insel, von der mir bewußt war, daß daselbst die schönsten Fasanen zu haben seien. Auch handelte ich sogleich mit den Einwohnern um solches Gefieder, welches sie auch sogleich häufig, getötet, herbeibrachten. Es waren wohl Fasanen, wie aber der Traum alles umzubilden pflegt, so erblickte man lange, farbig beaugte Schweife, wie von Pfauen oder seltenen Paradiesvögeln. Diese brachte man mir schockweise ins Schiff, legte sie mit den Köpfen nach innen, so zierlich gehäuft, daß die langen bunten Federschweife, nach außen hängend, im Sonnenglanz den herrlichsten Schober bildeten, den man sich denken kann, und zwar so reich, daß für den Steuernden und die Rudernden kaum hinten und vorn geringe Räume verblieben. So durchschnitten wir die ruhige Flut und ich nannte mir indessen schon die Freunde, denen ich von diesen bunten Schätzen mitteilen wollte. Zuletzt in einem großen Hafen landend, verlor ich mich zwischen ungeheuer bemasteten Schiffen, wo ich von Verdeck auf Verdeck stieg, um meinem kleinen Kahn einen sichern Landungsplatz zu suchen.

An solchen Wahnbildern ergötzen wir uns, die, weil sie

aus uns selbst entspringen, wohl Analogie mit unserm übrigen Leben und Schicksalen haben müssen.

Nun war ich auch in der berühmten wissenschaftlichen Anstalt, das Institut oder die Studien genannt. Das große Gebäude, besonders der innere Hof, sieht ernsthaft genug aus, obgleich nicht von der besten Baukunst. Auf den Treppen und Korridors fehlt es nicht an Stukko- und Freskozierden; alles ist anständig und würdig, und über die mannigfaltigen schönen und wissenswerten Dinge, die hier zusammengebracht worden, erstaunt man billig, doch will es einem Deutschen dabei nicht wohl zu Mute werden, der eine freiere Studienweise gewohnt ist.

Mir fiel eine frühere Bemerkung hier wieder in die Gedanken, daß sich der Mensch, im Gange der alles verändernden Zeit, so schwer los macht von dem, was eine Sache zuerst gewesen, wenn ihre Bestimmung in der Folge sich auch verändert. Die christlichen Kirchen halten noch immer an der Basilikenform, wenn gleich die Tempelgestalt vielleicht dem Kultus vorteilhafter wäre. Wissenschaftliche Anstalten haben noch das klösterliche Ansehn, weil in solchen frommen Bezirken die Studien zuerst Raum und Ruhe gewannen. Die Gerichtssäle der Italiener sind so weit und hoch, als das Vermögen einer Gemeinde zureicht, man glaubt auf dem Marktplatze unter freiem Himmel zu sein, wo sonst Recht gesprochen wurde. Und bauen wir nicht noch immer die größten Theater mit allem Zubehör unter ein Dach, als wenn es die erste Meßbude wäre, die man auf kurze Zeit von Brettern zusammenschlug? Durch den ungeheuern Zudrang der Wißbegierigen, um die Zeit der Reformation, wurden die Schüler in Bürgerhäuser getrieben, aber wie lange hat es nicht gedauert, bis wir unsere Waisenhäuser auftaten und den armen Kindern diese so notwendige Welterziehung verschafften.

Bologna, den 20. abends

Diesen heitern schönen Tag habe ich ganz unter freiem Himmel zugebracht. Kaum nahe ich mich den Bergen, so werde ich schon wieder vom Gestein angezogen. Ich komme mir vor wie Antäus, der sich immer neu gestärkt fühlt, je kräftiger man ihn mit seiner Mutter Erde in Berührung bringt.

Ich ritt nach Paderno, wo der sogenannte Bologneser Schwerspat gefunden wird, woraus man die kleinen Kuchen bereitet, welche kalziniert im Dunkeln leuchten, wenn sie vorher dem Lichte ausgesetzt gewesen, und die man hier kurz und gut Fosfori nennt.

Auf dem Wege fand ich schon ganze Felsen Fraueneis zu Tage anstehend, nachdem ich ein sandiges Tongebirg hinter mir gelassen hatte. Bei einer Ziegelhütte geht ein Wasserriß hinunter, in welchen sich viele kleinere ergießen. Man glaubt zuerst einen aufgeschwemmten Lehmhügel zu sehen, der vom Regen ausgewaschen wäre, doch konnte ich bei näherer Betrachtung von seiner Natur so viel entdecken: das feste Gestein, woraus dieser Teil des Gebirges besteht, ist ein sehr feinblättriger Schieferton, welcher mit Gips abwechselt. Das schiefrige Gestein ist so innig mit Schwefelkies gemischt, daß es, von Luft und Feuchtigkeit berührt, sich ganz und gar verändert. Es schwillt auf, die Lagen verlieren sich, es entsteht eine Art Letten, muschlig, zerbröckelt, auf den Flächen glänzend wie Steinkohlen. Nur an großen Stükken, deren ich mehrere zerschlug und beide Gestalten deutlich wahrnahm, konnte man sich von dem Übergange, von der Umbildung überzeugen. Zugleich sieht man die muschligen Flächen mit weißen Punkten beschlagen, manchmal sind gelbe Partien drin; so zerfällt nach und nach die ganze Oberfläche, und der Hügel sieht wie ein verwitterter Schwefelkies im großen aus. Es finden sich unter den Lagen auch härtere, grüne und rote. Schwefelkies hab' ich in dem Gestein auch öfters angeflogen gefunden.

Nun stieg ich in den Schluchten des bröcklig aufgelösten

Gebirgs hinauf, wie sie von den letzten Regengüssen durchwaschen waren, und fand zu meiner Freude den gesuchten Schwerspat häufig, meist in unvollkommener Eiform, an mehreren Stellen des eben zerfallenden Gebirgs hervorschauen, teils ziemlich rein, teils noch von dem Ton, in welchem er stak, genau umgeben. Daß es keine Geschiebe seien, davon kann man sich beim ersten Anblick überzeugen. Ob sie gleichzeitig mit der Schiefertonlage, oder ob sie erst bei Aufblähung oder Zersetzung derselben entstanden, verdient eine nähere Untersuchung. Die von mir aufgefundenen Stücke nähern sich, größer oder kleiner, einer unvollkommenen Eigestalt, die kleinsten gehen auch wohl in eine undeutliche Kristallform über. Das schwerste Stück, welches ich gefunden, wiegt siebzehn Lot. Auch fand ich in demselbigen Ton lose vollkommene Gipskristalle. Nähere Bestimmung werden Kenner an den Stücken, die ich mitbringe, zu entwickeln wissen. Und ich wäre nun also schon wieder mit Steinen belastet! Ein Achtelszentner dieses Schwerspats habe ich aufgepackt.

Den 20. Oktober, in der Nacht

Wie viel hätte ich noch zu sagen, wenn ich alles gestehen wollte, was mir an diesem schönen Tage durch den Kopf ging. Aber mein Verlangen ist stärker als meine Gedanken. Ich fühle mich unwiderstehlich vorwärts gezogen, nur mit Mühe sammle ich mich an dem Gegenwärtigen. Und es scheint, der Himmel erhört mich. Es meldet sich ein Vetturin gerade nach Rom, und so werde ich übermorgen unaufhaltsam dorthin abgehen. Da muß ich denn wohl heute und morgen nach meinen Sachen sehn, manches besorgen und wegarbeiten.

Lojano auf den Apenninen, den 21. Oktober, abends

Ob ich mich heute selbst aus Bologna getrieben, oder ob ich daraus gejagt worden, wüßte ich nicht zu sagen. Genug, ich ergriff mit Leidenschaft einen schnellern Anlaß abzureisen. Nun bin ich hier in einem elenden Wirtshause, in Gesellschaft eines päpstlichen Offiziers, der nach Perugia, seiner Vaterstadt, geht. Als ich mich zu ihm in den zweirädrigen Wagen setzte, machte ich ihm, um etwas zu reden, das Kompliment, daß ich, als ein Deutscher, der gewohnt sei mit Soldaten umzugehen, sehr angenehm finde, nun mit einem päpstlichen Offizier in Gesellschaft zu reisen. — «Nehmt mir nicht übel», versetzte er darauf, «ihr könnt wohl eine Neigung zum Soldatenstande haben, denn ich höre, in Deutschland ist alles Militär; aber was mich betrifft, obgleich unser Dienst sehr läßlich ist, und ich in Bologna, wo ich in Garnison stehe, meiner Bequemlichkeit vollkommen pflegen kann, so wollte ich doch, daß ich diese Jacke los wäre und das Gütchen meines Vaters verwaltete. Ich bin aber der jüngere Sohn, und so muß ich mir's gefallen lassen.»

Den 22. abends

Giredo, auch ein kleines Nest auf den Apenninen, wo ich mich recht glücklich fühle, meinen Wünschen entgegen reisend. Heute gesellten sich reitend ein Herr und eine Dame zu uns, ein Engländer mit einer sogenannten Schwester. Ihre Pferde sind schön, sie reisen aber ohne Bedienung, und der Herr macht, wie es scheint, zugleich den Reitknecht und den Kammerdiener. Sie finden überall zu klagen, man glaubt einige Blätter im Archenholz zu lesen.

Die Apenninen sind mir ein merkwürdiges Stück Welt. Auf die große Fläche der Regionen des Pos folgt ein Gebirg, das sich aus der Tiefe erhebt, um, zwischen zwei Meeren, südwärts das feste Land zu endigen. Wäre die Gebirgsart nicht zu steil, zu hoch über der Meeresfläche, nicht so sonderbar verschlungen, daß Ebbe und Flut vor alten Zeiten mehr und länger hätten hereinwirken, größere Flächen bilden und überspülen können, so wäre es eins der schönsten Länder in dem herrlichsten Klima, etwas höher als das andere Land. So aber ist's ein seltsam Gewebe von Bergrücken gegeneinander; oft sieht man gar nicht ab, wohin das

Wasser seinen Ablauf nehmen will. Wären die Täler besser ausgefüllt, die Flächen mehr glatt und überspült, so könnte man das Land mit Böhmen vergleichen, nur daß die Berge auf alle Weise einen andern Charakter haben. Doch muß man sich keine Bergwüste, sondern ein meist bebautes, obgleich gebirgiges Land vorstellen. Kastanien kommen hier sehr schön, der Weizen ist trefflich, und die Saat schon hübsch grün. Immergrüne Eichen mit kleinen Blättern stehen am Wege, um die Kirchen und Kapellen aber schlanke Zypressen.

Gestern abend war das Wetter trübe, heute ist's wieder hell und schön.

Den 25. abends. Perugia

Zwei Abende habe ich nicht geschrieben. Die Herbergen waren so schlecht, daß an kein Auslegen eines Blattes zu denken war. Auch fängt es mir an ein bißchen verworren zu werden: denn seit der Abreise von Venedig spinnt sich der Reiserocken nicht so schön und glatt mehr ab.

Den dreiundzwanzigsten früh, unserer Uhr um zehne, kamen wir aus den Apenninen hervor und sahen Florenz liegen, in einem weiten Tal, das unglaublich bebaut und ins Unendliche mit Villen und Häusern besät ist.

Die Stadt hatte ich eiligst durchlaufen, den Dom, das Baptisterium. Hier tut sich wieder eine ganz neue, mir unbekannte Welt auf, an der ich nicht verweilen will. Der Garten Boboli liegt köstlich. Ich eilte so schnell heraus als hinein.

Der Stadt sieht man den Volksreichtum an, der sie erbaut hat; man erkennt, daß sie sich einer Folge von glücklichen Regierungen erfreute. Überhaupt fällt es auf, was in Toscana gleich die öffentlichen Werke, Wege, Brücken für ein schönes grandioses Ansehen haben. Es ist hier alles zugleich tüchtig und reinlich, Gebrauch und Nutzen mit Anmut sind beabsichtigt, überall läßt sich eine belebende Sorgfalt bemerken. Der Staat des Papstes hingegen scheint sich nur zu erhalten, weil ihn die Erde nicht verschlingen will.

Wenn ich neulich von den Apenninen sagte, was sie sein könnten, das ist nun Toscana: weil es so viel tiefer lag, so hat das alte Meer recht seine Schuldigkeit getan und tiefen Lehmboden aufgehäuft. Er ist hellgelb und leicht zu verarbeiten. Sie pflügen tief, aber noch recht auf die ursprüngliche Art: ihr Pflug hat keine Räder, und die Pflugschar ist nicht beweglich. So schleppt sie der Bauer, hinter seinen Ochsen gebückt, einher und wühlt die Erde auf. Es wird bis fünfmal gepflügt, wenigen und nur sehr leichten Dünger streuen sie mit den Händen. Endlich säen sie den Weizen, dann häufen sie schmale Sotteln auf, dazwischen entstehen tiefe Furchen, alles so gerichtet, daß das Regenwasser ablaufen muß. Die Frucht wächst nun auf den Sotteln in die Höhe, in den Furchen gehen sie hin und her, wenn sie jäten. Diese Verfahrungsart ist begreiflich, wo Nässe zu fürchten ist; warum sie es aber auf den schönsten Gebreiten tun, kann ich nicht einsehen. Diese Betrachtung machte ich bei Arezzo, wo sich eine herrliche Plaine auftut. Reiner kann man kein Feld sehen, nirgends auch nur eine Erdscholle, alles klar wie gesiebt. Der Weizen gedeiht hier recht schön, und er scheint hier alle seiner Natur gemäßen Bestimmungen zu finden. Das zweite Jahr bauen sie Bohnen für die Pferde, die hier keinen Hafer bekommen. Es werden auch Lupinen gesäet, die jetzt schon vortrefflich grün stehen und im März Früchte bringen. Auch der Lein hat schon gekeimt, er bleibt den Winter über und wird durch den Frost nur dauerhafter.

Die Ölbäume sind wunderliche Pflanzen; sie sehen fast wie Weiden, verlieren auch den Kern, und die Rinde klafft auseinander. Aber sie haben dessenungeachtet ein festeres Ansehn. Man sieht auch dem Holze an, daß es langsam wächst und sich unsäglich fein organisiert. Das Blatt ist weidenartig, nur weniger Blätter am Zweige. Um Florenz, an den Bergen, ist alles mit Ölbäumen und Weinstöcken bepflanzt, dazwischen wird das Erdreich zu Körnern benutzt. Bei Arezzo und so weiter läßt man die Felder freier. Ich finde, daß man dem Efeu nicht genug abwehrt, der den Ölbäumen und andern schädlich ist, da es so ein leichtes wäre, ihn zu zerstören. Wiesen sieht man gar nicht. Man sagt, das türkische Korn zehre den Boden aus; seitdem es eingeführt worden, habe der Ackerbau in anderm Betracht verloren. Ich glaube es wohl, bei dem geringen Dünger.

Heute abend habe ich von meinem Hauptmann Abschied genommen, mit der Versicherung, mit dem Versprechen, ihn auf meiner Rückreise in Bologna zu besuchen. Er ist ein wahrer Repräsentant vieler seiner Landsleute. Hier einiges, das ihn besonders bezeichnet. Da ich oft still und nachdenklich war, sagte er einmal: Che pensa! non deve mai pensar l'uomo, pensando s'invecchia. Das ist verdolmetscht: Was denkt ihr viel! der Mensch muß niemals denken, denkend altert man nur. Und nach einigem Gespräch: Non deve fermarsi l'uomo in una sola cosa, perchè allora divien matto; bisogna aver mille cose, una confusione nella testa. Auf deutsch: Der Mensch muß sich nicht auf eine einzige Sache heften, denn da wird er toll, man muß tausend Sachen, eine Konfusion im Kopfe haben.

Der gute Mann konnte freilich nicht wissen, daß ich eben darum still und nachdenkend war, weil eine Konfusion von alten und neuen Gegenständen mir den Kopf verwirrte. Die Bildung eines solchen Italieners wird man noch klarer aus folgendem erkennen. Da er wohl merkte, daß ich Protestant sei, sagte er nach einigem Umschweif, ich möchte ihm doch gewisse Fragen erlauben, denn er habe so viel Wunderliches von uns Protestanten gehört, worüber er endlich einmal Gewißheit zu haben wünsche. «Dürft ihr denn», so fragte er, «mit einem hübschen Mädchen auf einem guten Fuß leben, ohne mit ihr grade verheiratet zu sein? — erlauben euch das eure Priester?» Ich erwiderte darauf: Unsere Priester sind kluge Leute, welche von solchen Kleinigkeiten keine Notiz nehmen. Freilich, wenn wir sie darum fragen wollten, so würden sie es uns nicht erlauben. «Ihr braucht sie also nicht zu fragen?» rief er aus. «O ihr Glücklichen! und da ihr ihnen nicht beichtet, so erfahren sie's nicht.» Hierauf erging er sich in Schelten und Mißbilligen seiner Pfaffen und in dem Preise unserer seligen Freiheit. — «Was jedoch die Beichte betrifft», fuhr er fort, «wie verhält es sich damit? Man erzählt uns, daß alle Menschen, auch die keine Christen sind, dennoch beichten müssen; weil sie aber in ihrer Verstockung nicht das Rechte treffen können, so beichten sie einem alten Baume; welches denn freilich lächerlich und gottlos genug ist, aber doch beweist, daß sie die Notwendigkeit der Beichte anerkennen.» Hierauf erklärte ich ihm unsere Begriffe von der Beichte, und wie es dabei zugehe. Das kam ihm sehr bequem vor, er meinte aber, es sei ungefähr ebensogut, als wenn man einem Baum beichtete. Nach einigem Zaudern ersucht' er mich sehr ernsthaft, über einen andern Punkt ihm redlich Auskunft zu geben: er habe nämlich aus dem Munde eines seiner Priester, der ein wahrhafter Mann sei, gehört, daß wir unsere Schwestern heiraten dürften, welches denn doch eine starke Sache sei. Als ich diesen Punkt verneinte und ihm einige menschliche Begriffe von unserer Lehre beibringen wollte, mochte er nicht sonderlich darauf merken, denn es kam ihm zu alltäglich vor, und er wandte sich zu einer neuen Frage: — «Man versichert uns», sagte er, «daß Friedrich der Große, welcher so viele Siege selbst über die Gläubigen davongetragen und die Welt mit seinem Ruhm erfüllt, daß er, den jedermann für einen Ketzer hält, wirklich katholisch sei und vom Papste die Erlaubnis habe, es zu verheimlichen: denn er kommt, wie man weiß, in keine eurer Kirchen, verrichtet aber seinen Gottesdienst in einer unterirdischen Kapelle, mit zerknirschtem Herzen, daß er die heilige Religion nicht öffentlich bekennen darf, denn freilich, wenn er das täte, würden ihn seine Preußen, die ein bestialisches Volk und wütende Ketzer sind, auf der Stelle tot schlagen, wodurch denn der Sache nicht geholfen wäre. Deswegen hat ihm der heilige Vater jene Erlaubnis gegeben, dafür er denn aber auch die alleinseligmachende Religion im stillen so viel ausbreitet und begünstigt als möglich.» Ich ließ das alles gelten und erwiderte nur: da es ein großes Geheimnis sei, könnte freilich niemand davon Zeugnis geben. Unsere fernere Unterhaltung war ungefähr immer von derselben Art, so daß ich mich über die kluge Geistlichkeit wundern mußte, welche alles abzulehnen und zu entstellen sucht, was den dunkeln Kreis ihrer herkömmlichen Lehre durchbrechen und verwirren könnte.

Foligno, den 26. Oktober, abends

Ich verließ Perugia an einem herrlichen Morgen und fühlte die Seligkeit, wieder allein zu sein. Die Lage der Stadt ist schön, der Anblick des Sees höchst erfreulich. Ich habe mir die Bilder wohl eingedrückt. Der Weg ging erst hinab, dann in einem frohen, an beiden Seiten in der Ferne von Hügeln eingefaßten Tale hin, endlich sah ich Assisi liegen.

Aus Palladio und Volkmann wußte ich, daß ein köstlicher Tempel der Minerva, zu Zeiten Augusts gebaut, noch vollkommen erhalten dastehe. Ich verließ bei Madonna degli Angeli meinen Vetturin, der seinen Weg nach Foligno verfolgte, und stieg unter einem starken Wind nach Assisi hinauf, denn ich sehnte mich, durch die für mich so einsame Welt eine Fußwanderung anzustellen. Die ungeheueren Substruktionen der babylonisch übereinander getürmten Kirchen, wo der heilige Franziskus ruht, ließ ich links, mit Abneigung, denn ich dachte mir, daß darin die Köpfe so wie mein Hauptmannskopf gestempelt würden. Dann fragte ich einen hübschen Jungen nach der Maria della Minerva; er begleitete mich die Stadt hinauf, die an einen Berg gebaut ist. Endlich gelangten wir in die eigentliche alte Stadt, und siehe, das löblichste Werk stand vor meinen Augen, das erste vollständige Denkmal der alten Zeit, das ich erblickte. Ein bescheidener Tempel, wie er sich für eine so kleine Stadt schickte, und doch so vollkommen, so schön gedacht, daß er überall glänzen würde. Nun vorerst von seiner Stellung! Seitdem ich in Vitruv und Palladio gelesen, wie man

Städte bauen, Tempel und öffentliche Gebäude stellen müsse, habe ich einen großen Respekt vor solchen Dingen. Auch hierin waren die Alten so groß im Natürlichen. Der Tempel steht auf der schönen mittlern Höhe des Berges, wo eben zwei Hügel zusammen treffen, auf dem Platz, der noch jetzt der Platz heißt. Dieser steigt selbst ein wenig an, und es kommen auf demselben vier Straßen zusammen, die ein sehr gedrücktes Andreaskreuz machen, zwei von unten herauf, zwei von oben herunter. Wahrscheinlich standen zur alten Zeit die Häuser noch nicht, die jetzt dem Tempel gegenüber gebaut die Aussicht versperren. Denkt man sie weg, so blickte man gegen Mittag in die reichste Gegend, und zugleich würde Minervens Heiligtum von allen Seiten her gesehen. Die Anlage der Straßen mag alt sein, denn sie folgen aus der Gestalt und dem Abhange des Berges. Der Tempel steht nicht in der Mitte des Platzes, aber so gerichtet, daß er dem von Rom Heraufkommenden verkürzt gar schön sichtbar wird. Nicht allein das Gebäude sollte man zeichnen, sondern auch die glückliche Stellung.

An der Fassade konnte ich mich nicht satt sehen, wie genialisch konsequent auch hier der Künstler gehandelt. Die Ordnung ist korinthisch, die Säulenweiten etwas über zwei Model. Die Säulenfüße und die Platten darunter scheinen auf Piedestalen zu stehen, aber es scheint auch nur: denn der Sockel ist fünfmal durchschnitten und jedesmal gehen fünf Stufen zwischen den Säulen hinauf, da man denn auf die Fläche gelangt, worauf eigentlich die Säulen stehen, und von welcher man auch in den Tempel hinein geht. Das Wagstück, den Sockel zu durchschneiden, war hier am rechten Platze, denn da der Tempel am Berge liegt, so hätte die Treppe, die zu ihm hinauf führte, viel zu weit vorgelegt werden müssen und würde den Platz verengt haben. Wie viel Stufen noch unterhalb gelegen, läßt sich nicht bestimmen; sie sind, außer wenigen, verschüttet und zugepflastert. Ungern riß ich mich von dem Anblick los und nahm mir vor, alle Architekten auf dieses Gebäude aufmerksam zu machen, damit uns ein genauer Riß davon zukäme. Denn was Überlieferung für ein schlechtes Ding sei, mußte ich dieses Mal wieder bemerken. Palladio, auf den ich alles vertraute, gibt zwar dieses Tempels Bild, er kann ihn aber nicht selbst gesehen haben, denn er setzt wirklich Piedestale auf die Fläche, wodurch die Säulen unmäßig in die Höhe kommen und ein garstiges palmyrenisches Ungeheuer entsteht, anstatt daß in der Wirklichkeit ein ruhiger, lieblicher, das Auge und den Verstand befriedigender Anblick erfreut. Was sich durch die Beschauung dieses Werkes in mir entwickelt, ist nicht auszusprechen und wird ewige Früchte bringen. Ich ging am schönsten Abend die römische Straße bergab, im Gemüt zum schönsten beruhiget, als ich hinter mir rauhe heftige Stimmen vernahm, die untereinander stritten. Ich vermutete, daß es die Sbirren sein möchten, die ich schon in der Stadt bemerkt hatte. Ich ging gelassen vor mich hin und horchte hinterwärts. Da konnte ich nun gar bald bemerken, daß es auf mich gemünzt sei. Vier solcher Menschen, zwei davon mit Flinten bewaffnet, in unerfreulicher Gestalt, gingen vor mir vorbei, brummten, kehrten nach einigen Schritten zurück und umgaben mich. Sie fragten, wer ich wäre und was ich hier täte? Ich erwiderte, ich sei ein Fremder, der seinen Weg über Assisi zu Fuße mache, indessen der Vetturin nach Foligno fahre. Dies kam ihnen nicht wahrscheinlich vor, daß jemand einen Wagen bezahle und zu Fuße gehe. Sie fragten, ob ich im Gran Convento gewesen sei. Ich verneinte dies und versicherte ihnen, ich kenne das Gebäude von alten Zeiten her. Da ich aber ein Baumeister sei, habe ich diesmal nur die Maria della Minerva in Augenschein genommen, welches, wie sie wüßten, ein musterhaftes Gebäude sei. Das leugneten sie nicht, nahmen aber sehr übel, daß ich dem Heiligen meine Aufwartung nicht gemacht, und gaben ihren Verdacht zu erkennen, daß wohl mein Handwerk sein möchte, Konterbande einzuschwärzen. Ich zeigte ihnen das Lächerliche, daß ein Mensch, der allein auf der Straße gehe, ohne Ranzen, mit leeren Taschen, für einen Konterbandisten gehalten werden solle. Darauf erbot ich mich mit ihnen nach der Stadt zurück und zum Podestà zu gehen, ihm meine Papiere vorzulegen, da er mich denn als einen ehrenvollen Fremden anerkennen werde. Sie brummten hierauf und meinten, es sei nicht nötig, und als ich mich immerfort mit entschiedenem Ernst betrug, entfernten sie sich endlich wieder nach der Stadt zu. Ich sah ihnen nach. Da gingen nun diese rohen Kerle im Vordergrunde, und hinter ihnen her blickte mich die liebliche Minerva noch einmal sehr freundlich und tröstend an, dann schaute ich links auf den tristen Dom des heiligen Franziskus und wollte meinen Weg verfolgen, als einer der Unbewaffneten sich von der Truppe sonderte und ganz freundlich auf mich los kam. Grüßend sagte er sogleich: «Ihr solltet, mein Herr Fremder, wenigstens mir ein Trinkgeld geben, denn ich versichere, daß ich Euch alsobald für einen braven Mann gehalten und dies laut gegen meine Gesellen erklärt habe. Das sind aber Hitzköpfe und gleich oben hinaus und haben keine Weltkenntnis. Auch werdet Ihr bemerkt haben, daß ich Euren Worten zuerst Beifall und Gewicht gab.» Ich lobte ihn deshalb und ersuchte ihn, ehrenhafte Fremde, die nach Assisi sowohl wegen der Religion als wegen der Kunst kämen, zu beschützen; besonders die Baumeister, die zum Ruhme der Stadt den Minerventempel, den man noch niemals recht gezeichnet und in Kupfer gestochen, nunmehro messen und abzeichnen wollten. Er möchte ihnen zur Hand gehen, da sie sich denn gewiß dankbar erweisen würden, und somit drückte ich ihm einige Silberstücke in die Hand, die ihn über seine Erwartung erfreuten. Er bat mich, ja wieder zu kommen, besonders müsse ich das Fest des Heiligen nicht versäumen, wo ich mich mit größter Sicherheit erbauen und vergnügen sollte. Ja, wenn es mir, als einem hübschen Manne, wie billig, um ein hübsches Frauenzimmer zu tun sei, so könne er mir versichern, daß die schönste und ehrbarste Frau von ganz Assisi auf seine Empfehlung mich mit Freuden aufnehmen werde. Er schied nun beteurend, daß er noch heute abend bei dem Grabe des Heiligen meiner in Andacht gedenken und für meine fernere Reise beten wolle. So trennten wir uns, und mir war sehr wohl, mit der Natur und mit mir selbst wieder allein zu sein. Der Weg nach Foligno war einer der schönsten und anmutigsten Spaziergänge, die ich jemals zurückgelegt. Vier volle Stunden an einem Berge hin, rechts ein reichbebautes Tal.

Mit den Vetturinen ist es eine leidige Fahrt; das Beste, daß man ihnen bequem zu Fuße folgen kann. Von Ferrara lass' ich mich nun immer bis hieher so fort schleppen. Dieses Italien, von Natur höchlich begünstiget, bleib in allem Mechanischen und Technischen, worauf doch eine bequemere und frischere Lebensweise gegründet ist, gegen alle Länder unendlich zurück. Das Fuhrwerk der Vetturine, welches noch sedia, ein Sessel, heißt, ist gewiß aus den alten Tragsesseln entstanden, in welchen sich Frauen, ältere und vornehmere Personen von Maultieren tragen ließen. Statt des hintern Maultiers, das man hervor neben die Gabel spannte, setzte man zwei Räder unter, und an keine weitere Verbesserung ward gedacht. Man wird, wie vor Jahrhunderten, noch immer fortgeschaukelt, und so sind sie in ihren Wohnungen und allem.

Wenn man die erste poetische Idee, daß die Menschen meist unter freiem Himmel lebten und sich gelegentlich manchmal aus Not in Höhlen zurückzogen, noch realisiert sehen will, so muß man die Gebäude hier herum, besonders auf dem Lande betreten, ganz im Sinn und Geschmack der Höhlen. Eine so unglaubliche Sorglosigkeit haben sie, um über dem Nachdenken nicht zu veralten. Mit unerhörtem Leichtsinn versäumen sie, sich auf den Winter, auf längere Nächte vorzubereiten, und leiden deshalb einen guten Teil des Jahres wie die Hunde. Hier in Foligno, in einer völlig homerischen Haushaltung, wo alles um ein auf der Erde brennendes Feuer in einer großen Halle versammelt ist, schreit und lärmt, am langen Tische speist, wie die Hochzeit von Kana gemalt wird, ergreife ich die Gelegenheit, dieses zu schreiben, da einer ein Tintenfaß holen läßt, woran ich unter solchen Umständen nicht gedacht hätte. Aber man sieht auch diesem Blatt die Kälte und die Unbequemlichkeit meines Schreibtisches an.

Jetzt fühl' ich wohl die Verwegenheit, unvorbereitet und unbegleitet in dieses Land zu gehen. Mit dem verschiedenen Gelde, den Vetturinen, den Preisen, den schlechten Wirtshäusern ist es eine tagtägliche Not, daß einer, der zum erstenmale, wie ich, allein geht und ununterbrochnen Genuß hoffte und suchte, sich unglücklich genug fühlen müßte. Ich habe nichts gewollt als das Land sehen, auf welche Kosten es sei, und wenn sie mich auf Ixions Rad nach Rom schleppen, so will ich mich nicht beklagen.

Terni, den 27. Oktober, abends

Wieder in einer Höhle sitzend, die vor einem Jahr vom Erdbeben gelitten. Das Städtchen liegt in einer köstlichen Gegend, die ich auf einem Rundgange um dasselbe her mit Freuden beschaute, am Anfang einer schönen Plaine zwischen Bergen, die alle noch Kalk sind. Wie Bologna drüben, so ist Terni hüben an den Fuß des Gebirgs gesetzt.

Nun, da der päpstliche Soldat mich verlassen, ist ein Priester mein Gefährte. Dieser scheint schon mehr mit seinem Zustande zufrieden und belehrt mich, den er freilich schon als Ketzer erkennt, auf meine Fragen sehr gern von dem Ritus und andern dahin gehörigen Dingen. Dadurch daß ich immer wieder unter neue Menschen komme, erreiche ich durchaus meine Absicht; man muß das Volk nur untereinander reden hören, was das für ein lebendiges Bild des ganzen Landes gibt. Sie sind auf die wunderbarste Weise sämtlich Widersacher, haben den sonderbarsten Provinzial- und Stadteifer, können sich alle nicht leiden, die Stände sind in ewigem Streit, und das alles mit immer lebhafter gegenwärtiger Leidenschaft, daß sie einem den ganzen Tag Komödie geben und sich bloßstellen, und doch fassen sie zugleich wieder auf und merken gleich, wo der Fremde sich in ihr Tun und Lassen nicht finden kann.

Spoleto hab' ich bestiegen und war auf der Wasserleitung, die zugleich Brücke von einem Berg zu einem andern ist. Die zehen Bogen, welche über das Tal reichen, stehen von Backsteinen ihre Jahrhunderte so ruhig da, und das Wasser quillt immer noch in Spoleto an allen Orten und Enden. Das ist nun das dritte Werk der Alten, das ich sehe, und immer derselbe große Sinn. Eine zweite Natur, die zu bürgerlichen Zwecken handelt, das ist ihre Baukunst, so steht das Amphitheater, der Tempel und der Aquadukt. Nun fühle ich erst, wie mir mit Recht alle Willkürlichkeiten verhaßt waren, wie zum Beispiel der Winterkasten auf dem Weißenstein, ein Nichts um Nichts, ein ungeheurer Konfektaufsatz, und so mit tausend andern Dingen. Das steht nun alles totgeboren da, denn was nicht eine wahre innere Existenz hat, hat kein Leben, und kann nicht groß sein und nicht groß werden.

Was bin ich nicht den letzten acht Wochen schuldig geworden, an Freuden und Einsicht; aber auch Mühe hat mich's genug gekostet. Ich halte die Augen nur immer offen und drücke mir die Gegenstände recht ein. Urteilen möchte ich gar nicht, wenn es nur möglich wäre.

San Crocefisso, eine wunderliche Kapelle am Wege, halte ich nicht für den Rest eines Tempels, der am Orte stand, sondern man hat Säulen, Pfeiler, Gebälke gefunden und zusammengeflickt, nicht dumm aber toll. Beschreiben läßt sich's gar nicht, es ist wohl irgendwo in Kupfer gestochen.

Und so wird es einem denn doch wunderbar zu Mute, daß uns, indem wir bemüht sind, einen Begriff des Altertums zu erwerben, nur Ruinen entgegen stehen, aus denen man sich nun wieder das kümmerlich aufzuerbauen hätte, wovon man noch keinen Begriff hat.

Mit dem, was man klassischen Boden nennt, hat es eine andere Bewandtnis. Wenn man hier nicht phantastisch verfährt, sondern die Gegend real nimmt, wie sie daliegt, so ist sie doch immer der entscheidende Schauplatz, der die größten Taten bedingt, und so habe ich immer bisher den geologischen und landschaftlichen Blick benutzt, um Einbildungskraft und Empfindung zu unterdrücken und mir ein freies klares Anschauen der Lokalität zu erhalten. Da schließt sich denn auf eine wundersame Weise die Geschichte lebendig an, und man begreift nicht, wie einem geschieht, und ich fühle die größte Sehnsucht, den Tacitus in Rom zu lesen.

Das Wetter darf ich auch nicht ganz hintan setzen. Da ich von Bologna die Apenninen herauf kam, zogen die Wolken noch immer nach Norden, späterhin veränderten sie ihre Richtung und zogen nach dem Trasimenischen See. Hier blieben sie hangen, zogen auch wohl gegen Mittag. Statt also daß die große Plaine des Po den Sommer über alle Wolken nach dem Tiroler Gebirg schickt, sendet sie jetzt einen Teil nach den Apenninen, daher mag die Regenzeit kommen.

Man fängt nun an, die Oliven abzulesen. Sie tun es hier mit den Händen, an andern Orten schlagen sie mit Stöcken drein. Kommt ein frühzeitiger Winter, so bleiben die übrigen bis gegen das Frühjahr hängen. Heute habe ich auf sehr steinigem Boden die größten ältesten Bäume gesehen.

Die Gunst der Musen, wie die der Dämonen, besucht uns nicht immer zur rechten Zeit. Heute ward ich aufgeregt etwas auszubilden, was gar nicht an der Zeit ist. Dem Mittelpunkte des Katholizismus mich nähernd, von Katholiken umgeben, mit einem Priester in eine Sedie eingesperrt, indem ich mit reinstem Sinn die wahrhafte Natur und die edle Kunst zu beobachten und aufzufassen trachte, trat mir so lebhaft vor die Seele, daß vom ursprünglichen Christentum alle Spur verloschen ist; ja wenn ich mir es in seiner Reinheit vergegenwärtigte, so wie wir es in der Apostelgeschichte sehen, so mußte mir schaudern, was nun auf jenen gemütlichen Anfängen ein unförmliches, ja barockes Heidentum lastet. Da fiel mir der ewige Jude wieder ein, der Zeuge aller dieser wundersamen Ent- und Aufwicklungen gewesen und so einen wunderlichen Zustand erlebte, daß Christus selbst, als er zurückkommt, um sich nach den Früchten seiner Lehre umzusehen, in Gefahr gerät, zum zweitenmal gekreuzigt zu werden. Jene Legende: Venio iterum crucifigi, sollte mir bei dieser Katastrophe zum Stoff dienen.

Dergleichen Träume schweben mir vor. Denn aus Ungeduld, weiter zu kommen, schlafe ich angekleidet und weiß nichts Hübscheres, als vor Tag aufgeweckt zu werden, mich schnell in den Wagen zu setzen und zwischen Schlaf und Wachen dem Tag entgegen zu fahren und dabei die ersten besten Phantasiebilder nach Belieben walten zu lassen.

Città Castellana, den 28. Oktober

Den letzten Abend will ich nicht fehlen. Es ist noch nicht acht Uhr, und alles schon zu Bette; so kann ich noch zu guter Letzt des Vergangenen gedenken und mich aufs Nächstkünftige freuen. Heute war ein ganz heiterer herrlicher Tag, der Morgen sehr kalt, der Tag klar und warm, der Abend etwas windig, aber sehr schön.

Von Terni fuhren wir sehr früh aus; Narni kamen wir hinauf, ehe es Tag war, und so habe ich die Brücke nicht gesehen. Täler und Tiefen, Nähen und Fernen, köstliche Gegenden, alles Kalkgebirg, auch nicht eine Spur eines andern Gesteins.

Otricoli liegt auf einem der von den ehemaligen Strömungen zusammen geschwemmten Kieshügel und ist von Lava gebaut, jenseits des Flusses hergeholt.

Sobald man über die Brücke hinüber ist, findet man sich im vulkanischen Terrain, es sei nun unter wirklichen Laven oder unter früherm Gestein, durch Röstung und Schmelzung verändert. Man steigt einen Berg herauf, den man für graue Lava ansprechen möchte. Sie enthält viele weiße, granatförmig gebildete Kristalle. Die Chaussee, die von der Höhe nach Città Castellana geht, von eben diesem Stein, sehr schön glatt gefahren, die Stadt auf vulkanischen Tuff gebaut, in welchem ich Asche, Bimsstein und Lavastücke zu entdecken glaubte. Vom Schlosse ist die Aussicht sehr schön; der Berg Soracte steht einzeln gar malerisch da, wahrscheinlich ein zu den Apenninen gehöriger Kalkberg. Die vulkanisierenden Strecken sind viel niedriger als die Apenninen, und nur das durchreißende Wasser hat aus ihnen Berge und Felsen gebildet, da denn herrlich malerische Gegenstände, überhangende Klippen und sonstige landschaftliche Zufälligkeiten gebildet werden.

Morgen abend also in Rom. Ich glaube es noch jetzt kaum, und wenn dieser Wunsch erfüllt ist, was soll ich mir nachher wünschen; ich wüßte nichts, als daß ich mit meinem Fasanenkahn glücklich zu Hause landen und meine Freunde gesund, froh und wohlwollend antreffen möge.

ROM

Rom, den 1. November 1786

Endlich kann ich den Mund auftun und meine Freunde mit Frohsinn begrüßen. Verziehen sei mir das Geheimnis und die gleichsam unterirdische Reise hierher. Kaum wagte ich mir selbst zu sagen, wohin ich ging, selbst unterwegs fürchtete ich noch, und nur unter der Porta del Popolo war ich mir gewiß, Rom zu haben.

Und laßt mich nun auch sagen, daß ich tausendmal, ja beständig eurer gedenke, in der Nähe der Gegenstände, die ich allein zu sehen niemals glaubte. Nur da ich jedermann mit Leib und Seele in Norden gefesselt, alle Anmutung nach diesen Gegenden verschwunden sah, konnte ich mich entschließen, einen langen einsamen Weg zu machen und den Mittelpunkt zu suchen, nach dem mich ein unwiderstehliches Bedürfnis hinzog. Ja die letzten Jahre wurde es eine Art von Krankheit, von der mich nur der Anblick und die Gegenwart heilen konnte. Jetzt darf ich es gestehen; zuletzt durft' ich kein lateinisch Buch mehr ansehen, keine Zeichnung einer italienischen Gegend. Die Begierde, dieses Land zu sehen, war überreif: da sie befriedigt ist, werden mir Freunde und Vaterland erst wieder recht aus dem Grunde lieb, und die Rückkehr wünschenswert, ja um desto wünschenswerter, da ich mit Sicherheit empfinde, daß ich so viele Schätze nicht zu eignem Besitz und Privatgebrauch mitbringe, sondern daß sie mir und andern durchs ganze Leben zur Leitung und Fördernis dienen sollen.

Rom, den 1. November

Ja ich bin endlich in dieser Hauptstadt der Welt angelangt! Wenn ich sie in guter Begleitung, angeführt von einem recht verständigen Manne, vor fünfzehn Jahren gesehen hätte, wollte ich mich glücklich preisen. Sollte ich sie aber allein, mit eignen Augen sehen und besuchen, so ist es gut, daß mir diese Freude so spät zuteil ward.

Über das Tiroler Gebirg bin ich gleichsam weggeflogen. Verona, Vicenz, Padua, Venedig habe ich gut, Ferrara, Cento, Bologna flüchtig und Florenz kaum gesehen. Die Begierde, nach Rom zu kommen, war so groß, wuchs so sehr mit jedem Augenblicke, daß kein Bleibens mehr war, und ich mich nur drei Stunden in Florenz aufhielt. Nun bin ich hier und ruhig und, wie es scheint, auf mein ganzes Leben beruhigt. Denn es geht, man darf wohl sagen, ein neues Leben an, wenn man das Ganze mit Augen sieht, das man teilweise in- und auswendig kennt. Alle Träume meiner Jugend seh' ich nun lebendig; die ersten Kupferbilder, deren ich mich erinnere (mein Vater hatte die Prospekte von Rom auf einem Vorsaale aufgehängt), seh' ich nun in Wahrheit, und alles, was ich in Gemälden und Zeichnungen, Kupfern und Holzschnitten, in Gips und Kork schon lange gekannt, steht nun beisammen vor mir, wohin ich gehe, finde ich eine Bekanntschaft in einer neuen Welt; es ist alles wie ich mir's dachte und alles neu. Ebenso kann ich von meinen Beobachtungen, von meinen Ideen sagen. Ich habe keinen ganz neuen Gedanken gehabt, nichts ganz fremd gefunden, aber die alten sind so bestimmt, so lebendig, so zusammenhängend geworden, daß sie für neu gelten können.

Da Pygmalions Elise, die er sich ganz nach seinen Wünschen geformt und ihr so viel Wahrheit und Dasein gegeben hatte, als der Künstler vermag, endlich auf ihn zukam und sagte: Ich bin's! wie anders war die Lebendige als der gebildete Stein.

Wie moralisch heilsam ist mir es dann auch, unter einem ganz sinnlichen Volke zu leben, über das so viel Redens und

Schreibens ist, das jeder Fremde nach dem Maßstabe beurteilt, den er mitbringt. Ich verzeihe jedem, der sie tadelt und schilt; sie stehn zu weit von uns ab, und als Fremder mit ihnen zu verkehren, ist beschwerlich und kostspielig.

Rom, den 3. November

Einer der Hauptbeweggründe, die ich mir vorspiegelte, um nach Rom zu eilen, war das Fest Allerheiligen, der erste November: denn ich dachte, geschieht dem einzelnen Heiligen so viel Ehre, was wird es erst mit allen werden. Allein wie sehr betrog ich mich. Kein auffallend allgemeines Fest hatte die römische Kirche beliebt, und jeder Orden mochte im besondern das Andenken seines Patrons im stillen feiern, denn das Namensfest und der ihm zugeteilte Ehrentag ist's eigentlich, wo jeder in seiner Glorie erscheint.

Gestern aber, am Tage Allerseelen, gelang mir's besser. Das Andenken dieser feiert der Papst in seiner Hauskapelle auf dem Quirinal. Jedermann hat freien Zutritt. Ich eilte mit Tischbein auf den Monte Cavallo. Der Platz vor dem Palaste hat was ganz eignes Individuelles, so unregelmäßig als grandios und lieblich. Die beiden Kolossen erblickt' ich nun! Weder Auge noch Geist sind hinreichend, sie zu fassen. Wir eilten mit der Menge durch den prächtig geräumigen Hof eine übergeräumige Treppe hinauf. In diesen Vorsälen, der Kapelle gegenüber, in der Ansicht der Reihe von Zimmern, fühlt man sich wunderbar unter einem Dache mit dem Statthalter Christi.

Die Funktion war angegangen, Papst und Kardinäle schon in der Kirche. Der Heilige Vater, die schönste würdigste Männergestalt, Kardinäle von verschiedenem Alter und Bildung.

Mich ergriff ein wunderbar Verlangen, das Oberhaupt der Kirche möge den goldenen Mund auftun und, von dem unaussprechlichen Heil der seligen Seelen mit Entzücken sprechend, uns in Entzücken versetzen. Da ich ihn aber vor dem Altare sich nur hin und her bewegen sah, bald nach dieser bald nach jener Seite sich wendend, sich wie ein gemeiner Pfaffe gebärdend und murmelnd, da regte sich die protestantische Erbsünde, und mir wollte das bekannte und gewohnte Meßopfer hier keineswegs gefallen. Hat doch Christus schon als Knabe durch mündliche Auslegung der Schrift und in seinem Jünglingsleben gewiß nicht schweigend gelehrt und gewirkt, denn er sprach gern, geistreich und gut, wie wir aus den Evangelien wissen. Was würde der sagen, dacht' ich, wenn er hereinträte und sein Ebenbild auf Erden summend und hin und wider wankend anträfe? Das Venio iterum crucifigi! fiel mir ein, und ich zupfte meinen Gefährten, daß wir ins Freie der gewölbten und gemalten Säle kämen.

Hier fanden wir eine Menge Personen, die köstlichen Gemälde aufmerksam betrachtend, denn dieses Fest Allerseelen ist auch zugleich das Fest aller Künstler in Rom. Ebenso wie die Kapelle ist der ganze Palast und die sämtlichen Zimmer jedem zugänglich und diesen Tag für viele Stunden frei und offen, man braucht kein Trinkgeld zu geben und wird von dem Kastellan nicht gedrängt.

Die Wandgemälde beschäftigen mich, und ich lernte da neue, mir kaum dem Namen nach bekannte treffliche Männer kennen, so wie zum Beispiel den heitern Carlo Maratti schätzen und lieben.

Vorzüglich willkommen aber waren mir die Meisterstücke der Künstler, deren Art und Weise ich mir schon eingeprägt hatte. Ich sah mit Bewunderung die heilige Petronilla von Guercin, ehmals in Sankt Peter, wo nun eine musivische Kopie anstatt des Originals aufgestellt ist. Der Heiligen Leichnam wird aus dem Grabe gehoben und dieselbe Person neubelebt in der Himmelshöhe von einem göttlichen Jüngling empfangen. Was man auch gegen diese doppelte Handlung sagen mag, das Bild ist unschätzbar.

Noch mehr erstaunte ich vor einem Bilde von Tizian. Es überleuchtet alle, die ich gesehen habe. Ob mein Sinn schon geübter, oder ob es wirklich das Votrefflichste sei, weiß ich nicht zu unterscheiden. Ein ungeheures Meßgewand, das von Stickerei, ja von getriebenen Goldfiguren starrt, umhüllt eine ansehnliche bischöfliche Gestalt. Den massiven Hirtenstab in der Linken, blickt er entzückt in die Höhe, mit der Rechten hält er ein Buch, woraus er soeben eine göttliche Berührung empfangen zu haben scheint. Hinter ihm eine schöne Jungfrau, die Palme in der Hand, mit lieblicher Teilnahme nach dem aufgeschlagenen Buche hinschauend. Ein ernster Alter dagegen zur Rechten; dem Buche ganz nahe, scheint er dessen nicht zu achten: die Schlüssel in der Hand, mag er sich wohl eigenen Aufschluß zutrauen. Dieser Gruppe gegenüber ein nackter, wohlgebildeter, gebundener, von Pfeilen verletzter Jüngling, vor sich hinsehend, bescheiden ergeben. In dem Zwischenraume zwei Mönche, Kreuz und Lilie tragend, andächtig gegen die Himmlischen gekehrt. Denn oben offen ist das halbrunde Gemäuer, das sie sämtlich umschließt. Dort bewegt sich in höchster Glorie eine herabwärts teilnehmende Mutter. Das lebendig muntere Kind in ihrem Schoße reicht mit heiterer Gebärde einen Kranz herüber, ja scheint ihn herunter zu werfen. Auf beiden Seiten schweben Engel, Kränze schon im Vorrat haltend. Über allen aber und über dreifachem Strahlenkreise waltet die himmlische Taube, als Mittelpunkt und Schlußstein zugleich.

Wir sagen uns: hier muß ein heiliges altes Überliefertes zum Grunde liegen, daß diese verschiedenen unpassenden Personen so kunstreich und bedeutungsvoll zusammengestellt werden konnten. Wir fragen nicht nach Wie und Warum, wir lassen es geschehen und bewundern die unschätzbare Kunst.

Weniger unverständlich, aber doch geheimnisvoll ist ein Wandbild von Guido in seiner Kapelle. Die kindlich lieblichste, frömmste Jungfrau sitzt still vor sich hin und näht, zwei Engel ihr zur Seite erwarten jeden Wink, ihr zu dienen. Daß jugendliche Unschuld und Fleiß von den Himmlischen bewacht und geehrt werde, sagt uns das liebe Bild. Es bedarf hier keiner Legende, keiner Auslegung.

Nun aber zu Milderung des künstlerischen Ernstes ein heiteres Abenteuer: Ich bemerkte wohl, daß mehrere deutsche Künstler, zu Tischbein als Bekannte tretend, mich beobachteten und sodann hin und wider gingen. Er, der mich einige Augenblicke verlassen hatte, trat wieder zu mir und sagte: «Da gibt's einen großen Spaß! Das Gerücht, Sie seien hier, hatte sich schon verbreitet, und die Künstler wurden auf den einzigen unbekannten Fremden aufmerksam. Nun ist einer unter uns, der schon längst behauptet, er sei mit Ihnen umgegangen, ja er wollte mit Ihnen in freundschaftlichem Verhältnis gelebt haben, woran wir nicht so recht glauben wollten. Dieser ward aufgefordert, Sie zu betrachten und den Zweifel zu lösen, er versicherte aber kurz und gut, Sie seien es nicht und an dem Fremden keine Spur Ihrer Gestalt und Aussehns. So ist doch wenigstens das Inkognito für den Moment gedeckt, und in der Folge gibt es etwas zu lachen.»

Ich mischte mich nun freimütiger unter die Künstlerschar und fragte nach den Meistern verschiedener Bilder, deren Kunstweise mir noch nicht bekannt geworden. Endlich zog mich ein Bild besonders an, den heiligen Georg, den Drachenüberwinder und Jungfrauenbefreier, vorstellend. Niemand konnte mir den Meister nennen. Da trat ein kleiner, bescheidener, bisher lautloser Mann hervor und belehrte mich, es sei von Pordenone, dem Venezianer, eines seiner besten Bilder, an dem man sein ganzes Verdienst erkenne. Nun konnt' ich meine Neigung gar wohl erklären: das Bild hatte mich angemutet, weil ich, mit der venezianischen Schule schon näher bekannt, die Tugenden ihrer Meister besser zu schätzen wußte.

Der belehrende Künstler ist Heinrich Meyer, ein Schweizer, der mit einem Freunde namens Cölla seit einigen Jahren hier studiert, die antiken Büsten in Sepia vortrefflich nachbildet und in der Kunstgeschichte wohl erfahren ist.

Rom, den 5. November

Nun bin ich sieben Tage hier, und nach und nach tritt in meiner Seele der allgemeine Begriff dieser Stadt hervor. Wir gehn fleißig hin und wider, ich mache mir die Plane des alten und neuen Roms bekannt, betrachte die Ruinen, die Gebäude, besuche ein und die andere Villa, die größten Merkwürdigkeiten werden ganz langsam behandelt, ich tue nur die Augen auf und seh' und geh' und komme wieder, denn man kann sich nur in Rom auf Rom vorbereiten.

Gestehen wir jedoch, es ist ein saures und trauriges Geschäft, das alte Rom aus dem neuen herauszuklauben, aber man muß es denn doch tun und zuletzt eine unschätzbare Befriedigung hoffen. Man trifft Spuren einer Herrlichkeit und einer Zerstörung, die beide über unsere Begriffe gehen. Was die Barbaren stehen ließen, haben die Baumeister des neuen Roms verwüstet.

Wenn man so eine Existenz ansieht, die zweitausend Jahre und darüber alt ist, durch den Wechsel der Zeiten so mannigfaltig und vom Grund aus verändert, und doch noch derselbe Boden, derselbe Berg, ja oft dieselbe Säule und Mauer, und im Volke noch die Spuren des alten Charakters, so wird man ein Mitgenosse der großen Ratschlüsse des Schicksals, und so wird es dem Betrachter von Anfang schwer, zu entwickeln, wie Rom auf Rom folgt, und nicht allein das neue auf das alte, sondern die verschiedenen Epochen des alten und neuen selbst aufeinander. Ich suche nur erst selbst die halbverdeckten Punkte herauszufühlen, dann lassen sich erst die schönen Vorarbeiten recht vollständig nutzen; denn seit dem fünfzehnten Jahrhundert bis auf unsere Tage haben sich treffliche Künstler und Gelehrte mit diesen Gegenständen ihr ganzes Leben durch beschäftigt.

Und dieses Ungeheure wirkt ganz ruhig auf uns ein, wenn wir in Rom hin und her eilen, um zu den höchsten Gegenständen zu gelangen. Anderer Orten muß man das Bedeutende aufsuchen, hier werden wir davon überdrängt und überfüllt. Wie man geht und steht, zeigt sich ein landschaftliches Bild aller Art und Weise, Paläste und Ruinen, Gärten und Wildnis, Fernen und Engen, Häuschen, Ställe, Triumphbögen und Säulen, oft alles zusammen so nah, daß es auf ein Blatt gebracht werden könnte. Man müßte mit tausend Griffeln schreiben, was soll hier eine Feder! und dann ist man abends müde und erschöpft vom Schauen und Staunen.

Den 7. November

Verzeihen mir jedoch meine Freunde, wenn ich künftig wortkarg erfunden werde; während eines Reisezugs rafft man unterwegs auf was man kann, jeder Tag bringt etwas Neues, und man eilt auch, darüber zu denken und zu urteilen. Hier aber kömmt man in eine gar große Schule, wo ein Tag so viel sagt, daß man von dem Tage nichts zu sagen wagen darf. Ja man täte wohl, wenn man, jahrelang hier verweilend, ein pythagoreisches Stillschweigen beobachtete.

An demselben

Ich bin recht wohl. Das Wetter ist, wie die Römer sagen, brutto; es geht ein Mittagwind, Scirocco, der täglich mehr oder weniger Regen herbeiführt; ich kann aber diese Witterung nicht unangenehm finden, es ist warm dabei, wie es bei uns im Sommer regnichte Tage nicht sind.

Tischbeins Talente sowie seine Vorsätze und Kunstabsichten lerne ich nun immer mehr kennen und schätzen. Er legte mir seine Zeichnungen und Skizzen vor, welche sehr viel Gutes geben und verkünden. Durch den Aufenthalt bei Bodmer sind seine Gedanken auf die ersten Zeiten des menschlichen Geschlechts geführt worden, da, wo es sich auf die Erde gesetzt fand und die Aufgabe lösen sollte, Herr der Welt zu werden.

Als geistreiche Einleitung zu dem Ganzen bestrebte er sich das hohe Alter der Welt sinnlich darzustellen. Berge mit herrlichen Wäldern bewachsen, Schluchten von Wasserbächen ausgerissen, ausgebrannte Vulkane, kaum noch leise dampfend. Im Vordergrund ein mächtiger, in der Erde übriggebliebener Stock eines vieljährigen Eichbaums, an dessen halbentblößten Wurzeln ein Hirsch die Stärke seines Geweihes versucht, so gut gedacht als lieblich ausgeführt.

Dann hat er auf einem höchst merkwürdigen Blatte den Mann zugleich als Pferdebändiger und allen Tieren der Erde, der Luft und des Wassers, wo nicht an Stärke doch an List überlegen dargestellt. Die Komposition ist außerordentlich schön, als Ölbild müßte es eine große Wirkung tun. Eine Zeichnung davon müssen wir notwendig in Weimar besitzen. Sodann denkt er an eine Versammlung der alten, weisen und geprüften Männer, wo er Gelegenheit nehmen wird, wirkliche Gestalten darzustellen. Mit dem größten Enthusiasmus aber skizziert er an einer Schlacht, wo sich zwei Parteien Reiterei wechselseitig mit gleicher Wut angreifen, und zwar an einer Stelle, wo eine ungeheure Felsschlucht sie trennt, über welche das Pferd nur mit größter Anstrengung hinübersetzen kann. An Verteidigung ist hier nicht zu denken. Kühner Angriff, wilder Entschluß, Gelingen oder Sturz in den Abgrund. Dieses Bild wird ihm Gelegenheit geben, die Kenntnisse, die er von dem Pferde, dessen Bau und Bewegung besitzt, auf eine sehr bedeutende Weise zu entfalten.

Diese Bilder sodann und eine Reihe von folgenden und eingeschalteten wünscht er durch einige Gedichte verknüpft, welche dem Dargestellten zur Erklärung dienten und denen er dagegen wieder durch bestimmte Gestalten Körper und Reiz verliehe.

Der Gedanke ist schön, nur müßte man freilich mehrere Jahre zusammen sein, um ein solches Werk auszuführen.

Die Loggien von Raffael und die großen Gemälde der Schule von Athen etc. hab' ich nur erst einmal gesehen, und da ist's, als wenn man den Homer aus einer zum Teil verloschenen beschädigten Handschrift herausstudieren sollte. Das Vergnügen des ersten Eindrucks ist unvollkommen, nur wenn man nach und nach alles recht durchgesehn und studiert hat, wird der Genuß ganz. Am erhaltensten sind die Deckenstücke der Loggien, die biblische Geschichten vorstellen, so frisch wie gestern gemalt, zwar die wenigsten von Raffaels eigner Hand, doch aber gar trefflich nach seinen Zeichnungen und unter seiner Aufsicht.

Ich habe manchmal in früherer Zeit die wunderliche Grille gehabt, daß ich mir sehnlichst wünschte, von einem wohlunterrichteten Manne, von einem kunst- und geschichtskundigen Engländer nach Italien geführt zu werden; und nun hat sich das alles indessen schöner gebildet, als ich hätte ahnen können. Tischbein lebte so lange hier als mein herzlicher Freund, er lebte hier mit dem Wunsche, mir Rom zu zeigen; unser Verhältnis ist alt durch Briefe, neu durch Gegenwart; wo hätte mir ein werterer Führer erscheinen können? Ist auch meine Zeit nur beschränkt, so werde ich doch das Möglichste genießen und lernen.

Und bei allem dem seh' ich voraus, daß ich wünschen werde anzukommen, wenn ich weggehe.

Den 8. November

Mein wunderliches und vielleicht grillenhaftes Halbinkognito bringt mir Vorteile, an die ich nicht denken konnte. Da sich jedermann verpflichtet zu ignorieren wer ich sei, und also auch niemand mit mir von mir reden darf, so bliebt den Menschen nichts übrig, als von sich selbst oder von Gegenständen zu sprechen, die ihnen interessant sind, dadurch erfahr' ich nun umständlich, womit sich ein jeder beschäftigt oder was irgend Merkwürdiges entsteht und hervorgeht. Hofrat Reiffenstein fand sich auch in diese Grille; da er aber den Namen, den ich angenommen hatte, aus einer besondern Ursache nicht leiden konnte, so baronisierte er mich geschwind, und ich heiße nun der Baron gegen Rondanini über, dadurch bin ich bezeichnet genug, um so mehr als der Italiener die Menschen nur nach den Vornamen oder Spitznamen benennet. Genug, ich habe meinen Willen und entgehe der unendlichen Unbequemlichkeit, von mir und meinen Arbeiten Rechenschaft geben zu müssen.

Den 9. November

Manchmal stehe ich wie einen Augenblick still und überschaue die höchsten Gipfel des schon Gewonnenen. Sehr gerne blicke ich nach Venedig zurück, auf jenes große Dasein, dem Schoße des Meeres wie Pallas aus dem Haupte Jupiters entsprossen. Hier hat mich die Rotonda, so die äußere wie die innere, zu einer freudigen Verehrung ihrer Großheit bewogen. In Sankt Peter habe ich begreifen lernen, wie die Kunst sowohl als die Natur als Maßvergleichung aufheben kann. Und so hat mich Apoll von Belvedere aus der Wirklichkeit hinausgerückt. Denn wie von jenen Gebäuden die richtigsten Zeichnungen keinen Begriff geben, so ist es hier mit dem Original von Marmor gegen die Gipsabgüsse, deren ich doch sehr schöne früher gekannt habe.

Den 10. November

Ich lebe nun hier mit einer Klarheit und Ruhe, von der ich lange kein Gefühl hatte. Meine Übung, alle Dinge wie sie sind zu sehen und abzulesen, meine Treue, das Auge licht sein zu lassen, meine völlige Entäußerung von aller Prätention kommen mir einmal wieder recht zustatten und machen mich im stillen höchst glücklich. Alle Tage ein neuer merkwürdiger Gegenstand, täglich frische, große, seltsame Bilder und ein Ganzes, das man sich lange denkt und träumt, nie mit der Einbildungskraft erreicht.

Heute war ich bei der Pyramide des Cestius, und abends auf dem Palatin, oben auf den Ruinen der Kaiserpaläste, die wie Felsenwände dastehn. Hievon läßt sich nun freilich nichts überliefern! Wahrlich, es gibt hier nichts Kleines, wenn auch wohl hier und da etwas Scheltenswertes und Abgeschmacktes; doch auch ein solches hat teil an der allgemeinen Großheit genommen.

Kehr' ich nun in mich selbst zurück, wie man doch so gern

tut bei jeder Gelegenheit, so entdecke ich ein Gefühl, das mich unendlich freut, ja das ich sogar auszusprechen wage. Wer sich mit Ernst hier umsieht und Augen hat zu sehen, muß solid werden, er muß einen Begriff von Solidität fassen, der ihm nie so lebendig ward.

Der Geist wird zur Tüchtigkeit gestempelt, gelangt zu einem Ernst ohne Trockenheit, zu einem gesetzten Wesen mit Freude. Mir wenigstens ist es, als wenn ich die Dinge dieser Welt nie so richtig geschätzt hätte als hier. Ich freue mich der gesegneten Folgen auf mein ganzes Leben.

Und so laßt mich aufraffen, wie es kommen will, die Ordnung wird sich geben. Ich bin nicht hier, um nach meiner Art zu genießen; befleißigen will ich mich der großen Gegenstände, lernen und mich ausbilden, ehe ich vierzig Jahre alt werde.

Den 11. November

Heut hab' ich die Nymphe Egeria besucht, dann die Rennbahn des Caracalla, die zerstörten Grabstätten längs der Via Appia und das Grab der Metella, das einem erst einen Begriff von solidem Mauerwerk gibt. Diese Menschen arbeiteten für die Ewigkeit, es war auf alles kalkuliert, nur auf den Unsinn der Verwüster nicht, dem alles weichen mußte. Recht sehnlich habe ich dich herzugewünscht. Die Reste der großen Wasserleitung sind höchst ehrwürdig. Der schöne große Zweck, ein Volk zu tränken durch eine so ungeheure Anstalt! Abends kamen wir ans Colosseo, da es schon dämmrig war. Wenn man das ansieht, scheint wieder alles andre klein, es ist so groß, daß man das Bild nicht in der Seele behalten kann; man erinnert sich dessen nur kleiner wieder, und kehrt man dahin zurück, kommt es einem aufs neue größer vor.

Frascati, den 15. November

Die Gesellschaft ist zu Bette, und ich schreibe noch aus der Tuschmuschel, aus welcher gezeichnet worden ist. Wir haben ein paar schöne regenfreie Tage hier gehabt, warm und freundlichen Sonnenschein, daß man den Sommer nicht vermißt. Die Gegend ist sehr angenehm, der Ort liegt auf einem Hügel, vielmehr an einem Berge, und jeder Schritt bietet dem Zeichner die herrlichsten Gegenstände. Die Aussicht ist unbegrenzt, man sieht Rom liegen und weiter die See, an der rechten Seite die Gebirge von Tivoli und so fort. In dieser lustigen Gegend sind Landhäuser recht zur Lust angelegt, und wie die alten Römer schon hier ihre Villen hatten, so haben vor hundert Jahren und mehr reiche und übermütige Römer ihre Landhäuser auch auf die schönsten Flecke gepflanzt. Zwei Tage gehn wir schon hier herum, und es ist immer etwas Neues und Reizendes.

Und doch läßt sich kaum sagen, ob nicht die Abende noch vergnügter als der Tag hingehen. Sobald die stattliche Wirtin die messingene dreiarmige Lampe auf den großen runden Tisch gesetzt und Felicissima notte! gesagt hat, versammelt sich alles im Kreise und legt die Blätter vor, welche den Tag über gezeichnet und skizziert worden. Darüber spricht man, ob der Gegenstand hätte günstiger aufgenommen werden sollen, ob der Charakter getroffen ist, und was solche erste allgemeine Fordernisse sind, wovon man sich schon bei dem ersten Entwurf Rechenschaft geben kann. Hofrat Reiffenstein weiß diese Sitzungen durch seine Einsicht und Autorität zu ordnen und zu leiten. Diese löbliche Anstalt aber schreibt sich eigentlich von Philipp Hackert her, welcher höchst geschmackvoll die wirklichen Aussichten zu zeichnen und auszuführen wußte. Künstler und Liebhaber, Männer und Frauen, Alte und Junge ließ er nicht ruhen, er munterte jeden auf, nach seinen Gaben und Kräften sich gleichfalls zu versuchen, und ging mit gutem Beispiel vor. Diese Art, eine Gesellschaft zu versammeln und zu unterhalten, hat Hofrat Reiffenstein nach der Abreise jenes Freundes treulich fortgesetzt, und wir finden, wie löblich es sei, den tätigen Anteil eines jeden zu wecken. Die Natur und Eigenschaft der verschiedenen Gesellschaftsglieder tritt auf eine anmutige Weise hervor. Tischbein zum Beispiel sieht als Historienmaler die Landschaft ganz anders an als der Landschaftszeichner. Er findet bedeutende Gruppen und andere anmutige vielsagende Gegenstände da, wo ein anderer nichts gewahr würde, und so glückt es ihm auch, manchen menschlichen naiven Zug zu erhaschen, es sei nun an Kindern, Landleuten, Bettlern und andern dergleichen Naturmenschen oder auch an Tieren, die er mit wenigen charakteristischen Strichen gar glücklich darzustellen weiß und dadurch der Unterhaltung immer neuen angenehmen Stoff unterlegt.

Will das Gespräch ausgehen, so wird gleichfalls nach Hackerts Vermächtnis in Sulzers Theorie gelesen, und wenn man gleich von einem höhern Standpunkte mit diesem Werke nicht ganz zufrieden sein kann, so bemerkt man doch mit Vergnügen den guten Einfluß auf Personen, die auf einer mittlern Stufe der Bildung stehen.

Rom, den 17. November

Wir sind zurück! Heute nacht fiel ein entsetzlicher Regenguß mit Donner und Blitzen, nun regnet es fort und ist immer warm dabei.

Ich aber kann nur mit wenig Worten das Glück dieses Tages bezeichnen. Ich habe die Freskogemälde von Domenichin in Andrea della Valle, ingleichen die Farnesische Galerie von Caracci [den Carraccis] gesehen. Freilich zu viel für Monate, geschweige für einen Tag.

Den 18. November

Es ist wieder schön Wetter, ein heller, freundlicher, warmer Tag.

Ich sah in der Farnesina die Geschichte der Psyche, deren farbige Nachbildungen so lange meine Zimmer erheitern, dann zu Sankt Peter in Montorio die Verklärung von Raffael. Alles alte Bekannte, wie Freunde, die man sich in der Ferne durch Briefwechsel gemacht hat und die man nun von Angesicht sieht. Das Mitleben ist doch ganz was anders, jedes wahre Verhältnis und Mißverhältnis spricht sich sogleich aus.

Auch finden sich aller Orten und Enden herrliche Sachen, von denen nicht so viel Redens ist, die nicht so oft durch Kupfer und Nachbildungen in die Welt gestreut sind. Hievon bringe ich manches mit, gezeichnet von guten jungen Künstlern.

Daß ich mit Tischbein schon so lange durch Briefe in dem besten Verhältnis stehe, daß ich ihm so manchen Wunsch, sogar ohne Hoffnung nach Italien zu kommen, mitgeteilt, machte unser Zusammentreffen sogleich fruchtbar und erfreulich. Er hatte immer an mich gedacht und für mich gesorgt. Auch was die Steine betrifft, mit welchen die Alten und Neuen gebaut, ist er vollkommen zu Hause, er hat sie recht gründlich studiert, wobei ihm sein Künstlerauge und die Künstlerlust an sinnlichen Dingen sehr zustatten kommt. Eine für mich ausgewählte Sammlung von Musterstücken hat er vor kurzem nach Weimar abgesendet, die mich bei meiner Zurückkunft freundlich empfangen soll. Ein bedeutender Nachtrag hat sich indessen gefunden. Ein Geistlicher, der sich jetzt in Frankreich aufhält und über die antiken Steinarten ein Werk auszuarbeiten dachte, erhielt durch die Gunst der Propagande ansehnliche Stücke Marmor von der Insel Paros. Diese wurden hier zu Musterstücken verschnitten, und zwölf verschiedene Stücke auch für mich beiseite gelegt, vom feinsten bis zum gröbsten Korn, von der größten Reinheit und dann minder und mehr mit Glimmer gemischt, jene zur Bildhauerei, diese zur Architektur anwendbar. Wie viel eine genaue Kenntnis des Materials, worin die Künste gearbeitet, zu ihrer Beurteilung hilft, fällt genugsam in die Augen.

Gelegenheit gibt's genug, dergleichen hier zusammen zu schleppen. Auf den Ruinen des Neronischen Palastes gingen wir durch frisch aufgehäufelte Artischockenländer und konnten uns nicht enthalten, die Taschen vollzustecken von Granit-, Porphyr- und Marmortäfelchen, die zu Tausenden hier herum liegen und von der alten Herrlichkeit der damit überkleideten Wände noch als unerschöpfliche Zeugen gelten.

Zum 18. November

Nun muß ich aber auch von einem wunderbaren problematischen Bilde sprechen, das sich auf jene trefflichen Dinge noch immer gut sehen läßt.

Schon vor mehrern Jahren hielt sich hier ein Franzos auf, als Liebhaber der Kunst und Sammler bekannt. Er kommt zum Besitz eines antiken Gemäldes auf Kalk, niemand weiß woher; er läßt das Bild durch Mengs restaurieren und hat es als ein geschätztes Werk in seiner Sammlung. Winckelmann spricht irgendwo mit Enthusiasmus davon. Es stellt den Ganymed vor, der dem Jupiter eine Schale Wein reicht und dagegen einen Kuß empfängt. Der Franzose stirbt und hinterläßt das Bild seiner Wirtin als antik. Mengs stirbt und sagt auf seinem Todbette: es sei nicht antik, er habe es gemalt. Und nun streitet alles gegeneinander. Der eine behauptet, es sei von Mengs zum Scherz nur so leicht hingemacht, der andere Teil sagt, Mengs habe nie so etwas machen können, ja es sei beinahe für Raffael zu schön. Ich habe es gestern gesehn und muß sagen, daß ich auch nichts Schöneres kenne als die Figur Ganymeds, Kopf und Rücken, das andere ist viel restauriert. Indessen ist das Bild diskreditiert, und die arme Frau will niemand von dem Schatz erlösen.

Den 20. November

Da uns die Erfahrung genugsam belehrt, daß man zu Gedichten jeder Art Zeichnungen und Kupfer wünscht, ja der Maler selbst seine ausführlichsten Bilder der Stelle irgendeines Dichters widmet, so ist Tischbeins Gedanke höchst beifallswürdig, daß Dichter und Künstler zusammen arbeiten sollten, um gleich vom Ursprunge herauf eine Einheit zu bilden. Die Schwierigkeit würde um vieles freilich vermindert, wenn es kleine Gedichte wären, die sich leicht übersehen und fördern ließen.

Tischbein hat auch hiezu sehr angenehme idyllische Gedanken, und es ist wirklich sonderbar, daß die Gegenstände, die er auf diese Weise bearbeitet wünscht, von der Art sind, daß weder dichtende noch bildende Kunst, jede für sich, zur Darstellung hinreichend wären. Er hat mir davon auf unsern Spaziergängen erzählt, um mir Lust zu machen, daß ich mich darauf einlassen möge. Das Titelkupfer zu unserm gemeinsamen Werke ist schon entworfen; fürchtete ich mich nicht, in etwas Neues einzugehen, so könnte ich mich wohl verführen lassen.

Rom, den 22. November, am Cäcilienfeste

Das Andenken dieses glücklichen Tages muß ich durch einige Zeilen lebhaft erhalten und, was ich genossen, wenigstens historisch mitteilen. Es war das schönste ruhigste Wetter, ein ganz heiterer Himmel und warme Sonne. Ich ging mit Tischbein nach dem Petersplatze, wo wir erst auf- und abgehend und, wenn es uns zu warm wurde, im Schatten des großen Obelisks, der eben für zwei breit genug geworfen wird, spazierten und Trauben verzehrten, die wir in der Nähe gekauft hatten. Dann gingen wir in die Sixtinische Kapelle, die wir auch hell und heiter, die Gemälde wohlerleuchtet fanden. Das Jüngste Gericht und die mannigfaltigen Gemälde der Decke, von Michelangelo, teilten unsere Bewunderung. Ich konnte nur sehen und anstaunen. Die innere Sicherheit und Männlichkeit des Meisters, seine Großheit geht über allen Ausdruck. Nachdem wir alles wieder und wieder gesehn, verließen wir dieses Heiligtum und gingen nach der Peterskirche, die von dem heitern Himmel das schönste Licht empfing und in allen Teilen hell und klar erschien. Wir ergötzten uns als genießende Menschen an der Größe und der Pracht, ohne durch allzu eklen und zu verständigen Geschmack uns diesmal irre machen zu lassen, und unterdrückten jedes schärfere Urteil. Wir erfreuten uns des Erfreulichen.

Endlich bestiegen wir das Dach der Kirche, wo man das Bild einer wohlgebauten Stadt im kleinen findet. Häuser und Magazine, Brunnen, (dem Ansehn nach) Kirchen und einen großen Tempel, alles in der Luft, und schöne Spaziergänge dazwischen. Wir bestiegen die Kuppel und besahen die hellheitere Gegend der Apenninen, den Berg Soracte, nach Tivoli die vulkanischen Hügel, Frascati, Castel Gandolfo und die Plaine und weiter das Meer. Nahe vor uns die ganze Stadt Rom, in ihrer Breite und Weite mit ihren Bergpalästen, Kuppeln etc. Es rührte sich keine Luft, und in dem kupfernen Knopf war es heiß wie in einem Treibhause. Nachdem wir das alles beherzigt hatten, stiegen wir herab und ließen uns die Türen zu den Gesimsen der Kuppel, des Tambours und des Schiffs aufschließen; man kann um selbe herumgehen und diese Teile und die Kirche von oben betrachten. Als wir auf dem Gesimse des Tambours standen, ging der Papst unten in der Tiefe vorbei, seine Nachmittagsandacht zu halten. Es fehlte uns also nichts zur Peterskirche. Wir stiegen völlig wieder herab, nahmen in einem benachbarten Gasthofe ein fröhliches frugales Mahl und setzten unsern Weg nach der Cäcilienkirche fort.

Viele Worte würde ich brauchen, um die Auszierung der ganz mit Menschen angefüllten Kirche zu beschreiben. Man sah eben keinen Stein der Architektur mehr. Die Säulen waren mit rotem Samt überzogen und mit goldenen Tressen umwunden, die Kapitäle mit gesticktem Samt in ungefährer Kapitälform, so alle Gesimse und Pfeiler behangen und bedeckt. Alle Zwischenräume der Mauern mit lebhaft gemalten Stücken bekleidet, daß die ganze Kirche mit Mosaik ausgelegt schien, und über zweihundert Wachskerzen brannten um und neben dem Hochaltar, so daß die ganze eine Wand mit Lichtern besetzt, und das Schiff der Kirche vollkommen erleuchtet war. Die Seitengänge und Seitenaltäre ebenso geziert und erhellt. Gegen dem Hochaltar über, unter der Orgel, zwei Gerüste, auch mit Samt überzogen, auf deren einem die Sänger, auf dem andern die Instrumenter standen, die anhaltend Musik machten. Die Kirche war voll gedrängt.

Eine schöne Art musikalischer Aufführung hört' ich hier. Wie man Violin- oder andere Konzerte hat, so führen sie Konzerte mit Stimmen auf, daß die eine Stimme, der Sopran zum Beispiel, herrschend ist und Solo singt, das Chor von Zeit zu Zeit einfällt und ihn begleitet, es versteht sich, immer mit dem ganzen Orchester. Es tut gute Wirkung. — Ich muß endigen, wie wir den Tag enden mußten. Den Abend gelangten wir noch ans Opernhaus, wo eben die Litiganti aufgeführt wurden, und hatten des Guten so viel genossen, daß wir vorüber gingen.

Den 23. November

Damit es mir denn aber doch mit meinem beliebten Inkognito nicht wie dem Vogel Strauß ergehe, der sich für versteckt hält, wenn er den Kopf verbirgt, so gebe ich auf gewisse Weise nach, meine alte These immerfort behauptend. Den Fürsten von Liechtenstein, den Bruder der mir so werten Gräfin Harrach, habe ich gern begrüßt und einigemal bei ihm gespeist, und konnte bald merken, daß diese meine Nachgiebigkeit mich weiter führen würde, und so kam es auch. Man hatte mir von dem Abbate Monti präludiert, von seinem Aristodem, einer Tragödie, die nächstens gegeben werden sollte. Der Verfasser, sagte man, wünsche sie mir vorzulesen und meine Meinung darüber zu hören. Ich ließ die Sache fallen, ohne sie abzulehnen, endlich fand ich einmal den Dichter und einen seiner Freunde beim Fürsten, und das Stück ward vorgelesen.

Der Held ist, wie bekannt, ein König von Sparta, der sich wegen allerlei Gewissensskrupel selbst entleibt, und man gab mir auf eine artige Weise zu verstehen, der Verfasser des Werthers würde wohl nicht übel finden, wenn er in diesem Stücke einige Stellen seines trefflichen Buches benutzt finde. Und so konnte ich selbst in den Mauern von Sparta den erzürnten Manen des unglücklichen Jünglings nicht entgehen.

Das Stück hat einen sehr einfachen ruhigen Gang, die Gesinnungen, wie die Sprache, sind dem Gegenstande gemäß, kräftig und doch weichmütig. Die Arbeit zeigt von einem sehr schönen Talente.

Ich verfehlte nicht, nach meiner Weise, freilich nicht nach der italienischen, alles Gute und Lobenswürdige des Stücks herauszuheben, womit man zwar leidlich zufrieden war, aber doch mit südlicher Ungeduld etwas mehr verlangte. Besonders sollte ich weissagen, was von dem Effekt des Stücks auf das Publikum zu hoffen sei. Ich entschuldigte mich mit meiner Unkunde des Landes, der Vorstellungsart und des Geschmacks, war aber aufrichtig genug hinzuzusetzen, daß ich nicht recht einsehe, wie die verwöhnten Römer, die ein komplettes Lustspiel von drei Akten und eine komplette Oper von zwei Akten als Zwischenspiel oder eine große Oper mit ganz fremdartigen Balletts als Intermezz zu sehen gewohnt seien, sich an dem edlen ruhigen Gang einer ununterbrochen fortgehenden Tragödie ergötzen könnten. Alsdann schien mir auch der Gegenstand des Selbstmordes ganz außer dem Kreise italienischer Begriffe zu liegen. Daß man andere tot schlage, davon hätte ich fast Tag für Tag zu hören, daß man sich aber selbst das liebe Leben raube oder es nur für möglich hielte, davon sei mir noch nichts vorgekommen.

Hierauf ließ ich mich gern umständlich unterrichten, was gegen meinen Unglauben einzuwenden sein möchte, und ergab mich sehr gern in die plausibeln Argumente, versicherte auch, daß ich nichts mehr wünsche, als das Stück aufführen zu sehen und demselben mit einem Chor von Freunden den aufrichtigsten lautesten Beifall zu zollen. Diese Erklärung wurde freundlichst aufgenommen, und ich hatte alle Ursache, diesmal mit meiner Nachgiebigkeit zufrieden zu sein — wie denn Fürst Liechtenstein die Gefälligkeit selbst ist und mir Gelegenheit geschafft hat, mit ihm gar manche Kunstschätze zu sehen, wozu besondere Erlaubnis der Besitzer und also eine höhere Einwirkung nötig ist.

Dagegen aber reichte mein guter Humor nicht hin, als die Tochter des Prätendenten das fremde Murmeltier gleichfalls zu sehen verlangte. Das habe ich abgelehnt und bin ganz entschieden wieder untergetaucht.

Und doch ist das auch nicht die ganz rechte Art, und ich fühle hier sehr lebhaft, was ich schon früher im Leben bemerken konnte, daß der Mensch, der das Gute will, sich ebenso tätig und rührig gegen andere verhalten müsse, als der Eigennützige, der Kleine, der Böse. Einsehen läßt sich's gut, es ist aber schwer in diesem Sinne handeln.

Den 24. November

Von der Nation wüßte ich nichts weiter zu sagen, als daß es Naturmenschen sind, die unter Pracht und Würde der Religion und der Künste nicht ein Haar anders sind, als sie in Höhlen und Wäldern auch sein würden. Was allen Fremden auffällt und was heute wieder die ganze Stadt reden, aber auch nur reden macht, sind die Totschläge, die gewöhnlich vorkommen. Viere sind schon in unserm Bezirk in diesen drei Wochen ermordet worden. Heute ward ein braver Künstler Schwendimann, ein Schweizer, Medailleur, der letzte Schüler von Hedlinger, überfallen, völlig wie Winckelmann. Der Mörder, mit dem er sich herumbalgte, gab ihm an die zwanzig Stiche, und da die Wache hinzukam, erstach sich der Bösewicht selbst. Das ist sonst hier nicht Mode. Der Mörder erreicht eine Kirche, und so ist's gut.

Und so sollte ich denn, um auch Schatten in meine Gemälde zu bringen, von Verbrechen und Unheil, Erdbeben und Wasserflut einiges melden, doch setzt das gegenwärtige Ausbrechen des Feuers des Vesuvs die meisten Fremden hier in Bewegung, und man muß sich Gewalt antun, um nicht mit fortgerissen zu werden. Diese Naturerscheinung hat wirklich etwas Klapperschlangenartiges und zieht die

Menschen unwiderstehlich an. Es ist in dem Augenblick, als wenn alle Kunstschätze Roms zunichte würden; die sämtlichen Fremden durchbrechen den Lauf ihrer Betrachtungen und eilen nach Neapel. Ich aber will ausharren in Hoffnung, daß der Berg noch etwas für mich aufheben wird.

Den 1. Dezember

Moritz ist hier, der uns durch Anton Reiser und die Wanderungen nach England merkwürdig geworden. Es ist ein reiner trefflicher Mann, an dem wir viel Freude haben.

Hier in Rom, wo man so viel Fremde sieht, die nicht alle der höheren Kunst wegen diese Hauptstadt der Welt besuchen, sondern auch wohl auf andere Art unterhalten sein wollen, ist man auf allerlei vorbereitet. Es gibt so gewisse Halbkünste, welche Handgeschicklichkeit und Handwerkslust verlangen, worin man es hier sehr weit gebracht hat und die Fremden gern mit ins Interesse zieht.

Dahin gehört die Wachsmalerei, die einen jeden, der sich einigermaßen mit Wasserfarben abgegeben hat, durch ihre Vorarbeiten und Vorbereitungen, sodann zuletzt durch das Einbrennen und was sonst noch dazu gehört, mechanisch beschäftigen und einen oft geringen Kunstwert durch die Neuheit des Unternehmens erhöhen kann. Es gibt geschickte Künstler, die hierin Unterricht geben und unter dem Vorwand der Anleitung oft das Beste bei der Sache tun, so daß zuletzt, wenn das von Wachs erhöhte und glänzende Bild in goldenem Rahmen erscheint, die schöne Schülerin ganz überrascht von ihrem unbewußten Talent dasteht.

Eine andere artige Beschäftigung ist, hohl geschnittene Steine in einen feinen Ton abzudrucken, welches auch wohl mit Medaillen geschieht, wo beide Seiten zugleich nachgebildet werden.

Mehr Geschick, Aufmerksamkeit und Fleiß erfordert denn endlich das Verfertigen der Glaspasten selbst. Zu allen diesen Dingen hat Hofrat Reiffenstein in seinem Hause, oder wenigstens in seinen nächsten Umgebungen, die nötigen Gerätschaften und Anstalten.

Den 2. Dezember

Zufällig habe ich hier Archenholzens Italien gefunden. Wie so ein Geschreibe am Ort selbst zusammenschrumpft, eben als wenn man das Büchlein auf Kohlen legte, daß es nach und nach braun und schwarz würde, die Blätter sich krümmten und in Rauch aufgingen. Freilich hat er die Sachen gesehen; aber um eine großtuige verachtende Manier gelten zu machen, besitzt er viel zu wenig Kenntnisse und stolpert lobend und tadelnd.

Das schöne, warme, ruhige Wetter, das nur manchmal von einigen Regentagen unterbrochen wird, ist mir zu Ende Novembers ganz was Neues. Wir gebrauchen die gute Zeit in freier Luft, die böse im Zimmer, überall findet sich etwas zum Freuen, Lernen und Tun.

Am 28. November kehrten wir zur Sixtinischen Kapelle zurück, ließen die Galerie aufschließen, wo man den Plafond näher sehen kann; man drängt sich zwar, da sie sehr eng ist, mit einiger Beschwerlichkeit und mit anscheinender Gefahr, an den eisernen Stäben weg, deswegen auch die Schwindligen zurück bleiben: alles wird aber durch den Anblick des größten Meisterstücks ersetzt. Und ich bin in dem Augenblicke so für Michelangelo eingenommen, daß mir nicht einmal die Natur auf ihn schmeckt, da ich sie doch nicht mit so großen Augen wie er sehen kann. Wäre nur ein Mittel, sich solche Bilder in der Seele recht zu fixieren. Wenigstens was ich von Kupfern und Zeichnungen nach ihm erobern kann, bring' ich mit.

Wir gingen von da auf die Loggien Raffaels, und kaum darf ich sagen, daß man diese nicht ansehen durfte. Das Auge war von jenen großen Formen und der herrlichen Vollendung aller Teile so ausgeweitet und verwöhnt, daß man die geistreichen Spielereien der Arabesken nicht ansehen mochte, und die biblischen Geschichten, so schön sie sind, hielten auf jene nicht Stich. Diese Werke nun öfter gegeneinander zu sehen, mit mehr Muße und ohne Vorurteil zu vergleichen, muß eine große Freude gewähren; denn anfangs ist doch alle Teilnahme nur einseitig.

Von da schlichen wir, fast bei zu warmem Sonnenschein, auf die Villa Pamfili, wo sehr schöne Gartenpartien sind, und blieben bis an den Abend. Eine große, mit immergrünen Eichen und hohen Pinien eingefaßte, flache Wiese war ganz mit Maßlieben übersäet, die ihre Köpfchen alle nach der Sonne wendeten; nun gingen meine botanischen Spekulationen an, denen ich den andern Tag auf einem Spaziergange nach dem Monte Mario, der Villa Melini und Villa Madama weiter nachging. Es ist gar interessant zu bemerken, wie eine lebhaft fortgesetzte und durch starke Kälte nicht unterbrochene Vegetation wirkt, hier gibt's keine Knospen, und man lernt erst begreifen, was eine Knospe sei. Der Erdbeerbaum (arbutus unedo) blüht jetzt wieder, indem seine letzten Früchte reif werden, und so zeigt sich der Orangenbaum mit Blüten, halb und ganz reifen Früchten (doch werden letztere Bäume, wenn sie nicht zwischen Gebäuden stehen, nun bedeckt). Über die Zypresse, den respektabelsten Baum, wenn er recht alt und wohl gewachsen ist, gibt's genug zu denken. Ehstens werd' ich den botanischen Garten besuchen und hoffe da manches zu erfahren. Überhaupt ist mit dem neuen Leben, das einem nachdenkenden Menschen die Betrachtung eines neuen Landes gewährt, nichts zu vergleichen. Ob ich gleich noch immer derselbe bin, so mein' ich bis aufs innerste Knochenmark verändert zu sein.

Für diesmal schließ' ich und werde das nächste Blatt einmal ganz von Unheil, Mord, Erdbeben und Unglück anfüllen, daß doch auch Schatten in meine Gemälde komme.

Den 3. Dezember

Die Witterung hat bisher meist von sechs zu sechs Tagen abgewechselt. Zwei ganz herrliche, ein trüber, zwei bis drei

Regentage, und dann wieder schöne. Ich suche jeden nach seiner Art aufs beste zu nutzen.

Doch immer sind mir noch diese herrlichen Gegenstände wie neue Bekanntschaften. Man hat nicht mit ihnen gelebt, ihnen ihre Eigentümlichkeit nicht abgewonnen. Einige reißen uns mit Gewalt an sich, daß man eine Zeitlang gleichgültig, ja ungerecht gegen andere wird. So hat zum Beispiel das Pantheon, der Apoll von Belvedere, einige kolossale Köpfe und neuerlich die Sixtinische Kapelle so mein Gemüt eingenommen, daß ich daneben fast nichts mehr sehe. Wie will man sich aber, klein wie man ist, und ans Kleine gewohnt, diesem Edlen, Ungeheuren, Gebildeten gleichstellen? Und wenn man es einigermaßen zurecht rücken möchte, so drängt sich abermals eine ungeheure Menge von allen Seiten zu, begegnet dir auf jedem Schritt, und jedes fordert für sich den Tribut der Aufmerksamkeit. Wie will man sich da herausziehen? Anders nicht, als daß man es geduldig wirken und wachsen läßt und auch fleißig auf das merkt, was andere zu unsern Gunsten gearbeitet haben.

Winckelmanns Kunstgeschichte, übersetzt von Fea, die neue Ausgabe, ist ein sehr brauchbares Werk, das ich gleich angeschafft habe und hier am Orte in guter, auslegender und belehrender Gesellschaft sehr nützlich finde.

Auch die römischen Altertümer fangen mich an zu freuen. Geschichte, Inschriften, Münzen, von denen ich sonst nichts wissen mochte, alles drängt sich heran. Wie mir's in der Naturgeschichte erging, geht es auch hier, denn an diesen Ort knüpft sich die ganze Geschichte der Welt an, und ich zähle einen zweiten Geburtstag, eine wahre Wiedergeburt, von dem Tage, da ich Rom betrat.

Den 5. Dezember

In den wenigen Wochen, die ich hier bin, habe ich schon manchen Fremden kommen und gehen sehen und mich über die Leichtigkeit verwundert, mit welcher so viele diese würdigen Gegenstände behandeln. Gott sei Dank, daß mir von diesen Zugvögeln künftig keiner mehr imponiert, wenn er mir im Norden von Rom spricht, keiner mir die Eingeweide mehr erregt, denn ich hab's doch auch gesehn und weiß schon einigermaßen, woran ich bin.

Den 8. Dezember

Wir haben mitunter die schönsten Tage. Der Regen, der von Zeit zu Zeit fällt, macht Gras und Gartenkräuter grün. Die immergrünen Bäume stehen auch hier hin und wieder, so daß man das abgefallene Laub der übrigen kaum vermißt. In den Gärten stehen Pomeranzenbäume, voller Früchte, aus der Erde wachsend und unbedeckt.

Von einer sehr angenehmen Spazierfahrt, die wir ans Meer machten, und von dem Fischfang daselbst dachte ich umständlich zu erzählen, als abends der gute Moritz herein reitend den Arm brach, indem sein Pferd auf dem glatten römischen Pflaster ausglitschte. Das zerstörte die ganze Freude und brachte in unsern kleinen Zirkel ein böses Hauskreuz.

Rom, den 13. Dezember

Wie herzlich freut es mich, daß ihr mein Verschwinden so ganz wie ich wünschte genommen habt. Versöhnt mir nun auch jedes Gemüt, das daran dürfte Anstoß genommen haben. Ich habe niemand kränken wollen und kann nun auch nichts sagen, um mich zu rechtfertigen. Gott behüte mich, daß ich jemals mit den Prämissen zu diesem Entschlusse einen Freund betrübe.

Ich erhole mich nun hier nach und nach von meinem salto mortale und studiere mehr, als daß ich genieße. Rom ist eine Welt, und man braucht Jahre, um sich nur erst drinnen gewahr zu werden. Wie glücklich find' ich die Reisenden, die sehen und gehn.

Heute früh fielen mir Winckelmanns Briefe, die er aus Italien schrieb, in die Hand. Mit welcher Rührung hab' ich sie zu lesen angefangen! Vor einunddreißig Jahren, in derselben Jahreszeit kam er, ein noch ärmerer Narr als ich, hierher, ihm war es auch so deutsch ernst um das Gründliche und Sichere der Altertümer und der Kunst. Wie brav und gut arbeitete er sich durch! Und was ist mir nun aber auch das Andenken dieses Mannes auf diesem Platze!

Außer den Gegenständen der Natur, die in allen ihren Teilen wahr und konsequent ist, spricht doch nichts so laut als die Spur eines guten verständigen Mannes, als die echte Kunst, die eben so folgerecht ist als jene. Hier in Rom kann man das recht fühlen, wo so manche Willkürlichkeit gewütet hat, wo so mancher Unsinn durch Macht und Geld verewigt worden.

Eine Stelle in Winckelmanns Brief an Francken freute mich besonders: «Man muß alle Sachen in Rom mit einem gewissen Phlegma suchen, sonst wird man für einen Franzosen gehalten. In Rom, glaub' ich, ist die hohe Schule für alle Welt, und auch ich bin geläutert und geprüft.»

Das Gesagte paßt recht auf meine Art, den Sachen hier nachzugehn, und gewiß, man hat außer Rom keinen Begriff, wie man hier geschult wird. Man muß, sozusagen, wiedergeboren werden, und man sieht auf seine vorigen Begriffe wie auf Kinderschuhe zurück. Der gemeinste Mensch wird hier zu etwas, wenigstens gewinnt er einen ungemeinen Begriff, wenn es auch nicht in sein Wesen übergehen kann.

Dieser Brief kommt euch zum neuen Jahre, alles Glück zum Anfange, vor Ende sehn wir uns wieder, und das wird keine geringe Freude sein. Das vergangene war das wichtigste meines Lebens; ich mag nun sterben oder noch eine Weile dauern, in beiden Fällen war es gut. Jetzt noch ein Wort an die Kleinen.

Den Kindern mögt ihr Folgendes lesen oder erzählen: Man merkt den Winter nicht, die Gärten sind mit immergrünen Bäumen bepflanzt, die Sonne scheint hell und warm, Schnee sieht man nur auf den entferntesten Bergen gegen Norden. Die Zitronenbäume, die in den Gärten an den Wänden gepflanzt sind, werden nun nach und nach mit

Decken von Rohr überdeckt, die Pomeranzenbäume aber bleiben frei stehen. Es hängen viele Hunderte der schönsten Früchte an so einem Baum, der nicht wie bei uns beschnitten und in einen Kübel gepflanzt ist, sondern in der Erde frei und froh, in einer Reihe mit seinen Brüdern steht. Man kann sich nichts Lustigers denken als einen solchen Anblick. Für ein geringes Trinkgeld ißt man deren so viel man will. Sie sind schon jetzt recht gut, im März werden sie noch besser sein.

Neulich waren wir am Meere und ließen einen Fischzug tun; da kamen die wunderlichsten Gestalten zum Vorschein, an Fischen, Krebsen und seltsamen Unformen; auch der Fisch, der dem Berührenden einen elektrischen Schlag gibt.

Den 20. Dezember

Und doch ist das alles mehr Mühe und Sorge als Genuß. Die Wiedergeburt, die mich von innen heraus umarbeitet, wirkt immer fort. Ich dachte wohl hier was Rechts zu lernen; daß ich aber so weit in die Schule zurück gehen, daß ich so viel verlernen, ja durchaus umlernen müßte, dachte ich nicht.

Nun bin ich aber einmal überzeugt und habe mich ganz hingegeben, und je mehr ich mich selbst verleugnen muß, desto mehr freut es mich. Ich bin wie ein Baumeister, der einen Turm aufführen wollte und ein schlechtes Fundament gelegt hatte; er wird es noch beizeiten gewahr und bricht gern wieder ab, was er schon aus der Erde gebracht hat, seinen Grundriß sucht er zu erweitern, zu veredeln, sich seines Grundes mehr zu versichern, und freut sich schon im voraus der gewissern Festigkeit des künftigen Baues. Gebe der Himmel, daß bei meiner Rückkehr auch die moralischen Folgen an mir zu fühlen sein möchten, die mir das Leben in einer weitern Welt gebracht hat. Ja es ist zugleich mit dem Kunstsinn der sittliche, welcher große Erneuerung leidet.

Doktor Münter ist hier, von seiner Reise nach Sizilien zurückkehrend, ein energischer heftiger Mann, seine Zwecke kenne ich nicht. Er wird im Mai zu euch kommen und mancherlei zu erzählen wissen. Er reiste zwei Jahr in Italien. Mit den Italienern ist er unzufrieden, welche die bedeutenden Empfehlungsschreiben, die er mitgebracht, und die ihm manches Archiv, manche geheime Bibliothek eröffnen sollten, nicht genugsam respektiert, so daß er nicht völlig zu seinen Wünschen gelangt.

Schöne Münzen hat er gesammelt und besitzt, wie er mir sagte, ein Manuskript, welches die Münzwissenschaft auf scharfe Kennzeichen, wie die Linnéschen sind, zurückführt. Herder erkundigt sich wohl mehr darum, vielleicht wird eine Abschrift erlaubt. So etwas zu machen ist möglich, gut wenn es gemacht ist, und wir müssen doch auch, früh oder spat, in dieses Fach ernstlicher hinein.

Den 25. Dezember

Ich fange nun schon an die besten Sachen zum zweitenmal zu sehen, wo denn das erste Staunen sich in ein Mitleben und reineres Gefühl des Wertes der Sache auflöst. Um den höchsten Begriff dessen, was die Menschen geleistet haben, in sich aufzunehmen, muß die Seele erst zur vollkommenen Freiheit gelangen.

Der Marmor ist ein seltsames Material, deswegen ist Apoll von Belvedere im Urbilde so grenzenlos erfreulich, denn der höchste Hauch des lebendigen, jünglingsfreien, ewig jungen Wesens verschwindet gleich im besten Gipsabguß.

Gegen uns über im Palast Rondanini steht eine Medusenmaske, wo, in einer hohen und schönen Gesichtsform, über Lebensgröße, das ängstliche Starren des Todes unsäglich trefflich ausgedrückt ist. Ich besitze schon einen guten Abguß, aber der Zauber des Marmors ist nicht übrig geblieben. Das edle Halbdurchsichtige des gelblichen, der Fleischfarbe sich nähernden Steins ist verschwunden. Der Gips sieht immer dagegen kreidenhaft und tot.

Und doch, was für eine Freude bringt es, zu einem Gipsgießer hineinzutreten, wo man die herrlichen Glieder der Statuen einzeln aus der Form hervorgehen sieht und dadurch ganz neue Ansichten der Gestalten gewinnt. Alsdann erblickt man nebeneinander, was sich in Rom zerstreut befindet, welches zur Vergleichung unschätzbar dienlich ist. Ich habe mich nicht enthalten können, den kolossalen Kopf eines Jupiters anzuschaffen. Er steht meinem Bette gegenüber wohl beleuchtet, damit ich sogleich meine Morgenandacht an ihn richten kann, und der uns, bei aller seiner Großheit und Würde, das lustigste Geschichtchen veranlaßt hat.

Unserer alten Wirtin schleicht gewöhnlich, wenn sie das Bett zu machen hereinkommt, ihre vertraute Katze nach. Ich saß im großen Saale und hörte die Frau drinne ihr Geschäft treiben. Auf einmal, sehr eilig und heftig, gegen ihre Gewohnheit, öffnet sie die Türe und ruft mich, eilig zu kommen und ein Wunder zu sehen. Auf meine Frage: was es sei, erwiderte sie, die Katze bete Gott Vater an. Sie habe diesem Tiere wohl längst angemerkt, daß es Verstand habe wie ein Christ, dieses aber sei doch ein großes Wunder. Ich eilte mit eigenen Augen zu sehen, und es war wirklich wunderbar genug. Die Büste steht auf einem hohen Fuße, und der Körper ist weit unter der Brust abgeschnitten, so daß also der Kopf in die Höhe ragt. Nun war die Katze auf den Tisch gesprungen, hatte ihre Pfoten dem Gott auf die Brust gelegt und reichte mit ihrer Schnauze, indem sie die Glieder möglichst ausdehnte, gerade bis an den heiligen Bart, den sie mit der größten Zierlichkeit beleckte und sich weder durch die Interjektion der Wirtin, noch durch meine Dazwischenkunft im mindesten stören ließ. Der guten Frau ließ ich ihre Verwundrung, erklärte mir aber diese seltsame Katzenandacht dadurch, daß dieses scharf riechende Tier wohl das Fett möchte gespürt haben, das sich aus der Form in die Vertiefungen des Bartes gesenkt und dort verhalten hatte.

Den 29. Dezember

Von Tischbein muß ich noch vieles erzählen und rühmen, wie ganz original deutsch er sich aus sich selbst herausbildete, sodann aber dankbar melden, daß er die Zeit seines zweiten Aufenthalts in Rom über für mich gar freundschaftlich gesorgt hat, indem er mir eine Reihe Kopien, nach den besten Meistern, fertigen ließ, einige in schwarzer Kreide, andere in Sepia und Aquarell, die erst in Deutschland, wo man den Originalen entfernt ist, an Wert gewinnen und mich an das Beste erinnern werden.

Auf seiner Künstlerlaufbahn, da er sich erst zum Porträt bestimmte, kam Tischbein mit bedeutenden Männern, besonders auch zu Zürich in Berührung, und hat an ihnen sein Gefühl gestärkt und seine Einsicht erweitert.

Den zweiten Teil der Zerstreuten Blätter brachte ich mit hieher, und er war doppelt willkommen. Wie gut dies Büchlein auch bei wiederholtem Lesen wirkt, sollte wohl Herder zu seiner Belohnung recht umständlich erfahren. Tischbein wollte gar nicht begreifen, wie man so etwas habe schreiben können, ohne in Italien gewesen zu sein.

In diesem Künstlerwesen lebt man wie in einem Spiegelzimmer, wo man auch wider Willen sich selbst und andere oft wiederholt sieht. Ich bemerkte wohl, daß Tischbein mich öfters aufmerksam betrachtete, und nun zeigt sich's, daß er mein Porträt zu malen gedenkt. Sein Entwurf ist fertig, er hat die Leinwand schon aufgespannt. Ich soll in Lebensgröße, als Reisender, in einen weißen Mantel gehüllt, in freier Luft auf einem umgestürzten Obelisken sitzend, vorgestellt werden, die tief im Hintergrunde liegenden Ruinen der Campagna di Roma überschauend. Es gibt ein schönes Bild, nur zu groß für unsere nordischen Wohnungen. Ich werde wohl wieder dort unterkriechen, das Porträt aber wird keinen Platz finden.

Wieviel Versuche man übrigens macht, mich aus meiner Dunkelheit herauszuziehen, wie die Poeten mir schon ihre Sachen vorlesen oder vorlesen lassen, wie es nur von mir abhinge, eine Rolle zu spielen, irrt mich nicht und ist mir unterhaltend genug, da ich schon abgepaßt habe, wo es in Rom hinaus will. Denn die vielen kleinen Zirkel zu den Füßen der Herrscherin der Welt deuten hie und da auf etwas Kleinstädtisches.

Ja, es ist hier wie allenthalben, und was mit mir und durch mich geschehen könnte, macht mir schon Langeweile, ehe es geschieht. Man muß sich zu einer Partei schlagen, ihre Leidenschaften und Kabalen verfechten helfen, Künstler und Dilettanten loben, Mitwerber verkleinern, sich von Großen und Reichen alles gefallen lassen. Diese sämtliche Litanei, um derentwillen man aus der Welt laufen möchte, sollte ich hier mitbeten und ganz ohne Zweck?

Nein, ich gehe nicht tiefer, als nur um das auch zu kennen und dann auch von dieser Seite zu Hause zufrieden zu sein und mir und andern alle Lust in die liebe weite Welt zu benehmen. Ich will Rom sehen, das bestehende, nicht das mit jedem Jahrzehnt vorübergehende. Hätte ich Zeit, ich wollte sie besser anwenden. Besonders liest sich Geschichte von hier aus ganz anders als an jedem Orte der Welt. Anderwärts liest man von außen hinein, hier glaubt man von innen hinaus zu lesen, es lagert sich alles um uns her und geht wieder aus von uns. Und das gilt nicht allein von der römischen Geschichte, sondern von der ganzen Weltgeschichte. Kann ich doch von hier aus die Eroberer bis an die Weser und bis an den Euphrat begleiten, oder wenn ich ein Maulaffe sein will, die zurückkehrenden Triumphatoren in der heiligen Straße erwarten, indessen habe ich mich von Korn- und Geldspenden genährt und nehme behaglich Teil an aller dieser Herrlichkeit.

Den 2. Januar 1787

Man mag zugunsten einer schriftlichen und mündlichen Überlieferung sagen, was man will, in den wenigsten Fällen ist sie hinreichend, denn den eigentlichen Charakter irgendeines Wesens kann sie doch nicht mitteilen, selbst nicht in geistigen Dingen. Hat man aber erst einen sichern Blick getan, dann mag man gerne lesen und hören, denn das schließt sich an an den lebendigen Eindruck; nun kann man denken und beurteilen.

Ihr habt mich oft ausgespottet und zurückziehen wollen, wenn ich Steine, Kräuter und Tiere mit besonderer Neigung, aus gewissen entschiedenen Gesichtspunkten betrachtete: nun richte ich meine Aufmerksamkeit auf den Baumeister, Bildhauer und Maler und werde mich auch hier finden lernen.

Den 6. Januar

Eben komme ich von Moritz, dessen geheilter Arm heute aufgebunden worden. Es steht und geht recht gut. Was ich diese vierzig Tage bei diesem Leidenden als Wärter, Beichtvater und Vertrauter, als Finanzminister und geheimer Sekretär erfahren und gelernt, mag uns in der Folge zugute kommen. Die fatalsten Leiden und die edelsten Genüsse gingen diese Zeit her immer einander zur Seite.

Zu meiner Erquickung habe ich gestern einen Ausguß des kolossalen Junokopfes, wovon das Original in der Villa Ludovisi steht, in den Saal gestellt. Es war dieses meine erste Liebschaft in Rom, und nun besitz' ich sie. Keine Worte geben eine Ahnung davon. Es ist wie ein Gesang Homers.

Ich habe aber auch, für die Zukunft, die Nähe einer so guten Gesellschaft wohl verdient, denn ich kann nun vermelden, daß Iphigenia endlich fertig geworden ist, d. h. daß sie in zwei ziemlich gleichlautenden Exemplaren vor mir auf dem Tische liegt, wovon das eine nächstens zu euch wandern soll. Nehmt es freundlich auf, denn freilich steht nicht auf dem Papiere was ich gesollt, wohl aber kann man erraten was ich gewollt habe.

Ihr beklagtet euch schon einigemal über dunkle Stellen meiner Briefe, die auf einen Druck hindeuten, den ich unter den herrlichsten Erscheinungen erleide. Hieran hatte diese griechische Reisegefährtin nicht geringen Anteil, die mich zur Tätigkeit nötigte, wenn ich hätte schauen sollen.

Ich erinnerte mich jenes trefflichen Freundes, der sich auf eine große Reise eingerichtet hatte, die man wohl eine Entdeckungsreise hätte nennen können. Nachdem er einige Jahre darauf studiert und ökonomisiert, fiel es ihm zuletzt noch ein, die Tochter eines angesehenen Hauses zu entführen, weil er dachte, es ging' in einem hin.

Ebenso frevelhaft entschloß ich mich, Iphigenien nach Karlsbad mitzunehmen. An welchem Orte ich mich besonders mit ihr unterhalten, will ich kürzlich aufzeichnen.

Als ich den Brenner verließ, nahm ich sie aus dem größten Paket und steckte sie zu mir. Am Gardasee, als der gewaltige Mittagswind die Wellen ans Ufer trieb, wo ich wenigstens so allein war als meine Heldin am Gestade von Tauris, zog ich die ersten Linien der neuen Bearbeitung, die ich in Verona, Vicenza, Padua, am fleißigsten aber in Venedig fortsetzte. Sodann aber geriet die Arbeit in Stocken, ja ich ward auf eine neue Erfindung geführt, nämlich Iphigenia auf Delphi zu schreiben, welches ich auch sogleich getan hätte, wenn nicht die Zerstreuung und ein Pflichtsgefühl gegen das ältere Stück mich abgehalten hätte.

In Rom aber ging die Arbeit in geziemender Stetigkeit fort. Abends beim Schlafengehen bereitete ich mich aufs morgende Pensum, welches denn sogleich beim Erwachen angegriffen wurde. Mein Verfahren dabei war ganz einfach: ich schrieb das Stück ruhig ab und ließ es Zeile vor Zeile, Period vor Period regelmäßig erklingen. Was daraus entstanden ist, werdet ihr beurteilen. Ich habe dabei mehr gelernt als getan. Mit dem Stücke selbst erfolgen noch einige Bemerkungen.

Daß ich auch einmal wieder von kirchlichen Dingen rede, so will ich erzählen, daß wir die Christnacht herumschwärmten und die Kirchen besuchten, wo Funktionen gehalten werden. Eine besonders ist sehr besucht, deren Orgel und Musik überhaupt so eingerichtet ist, daß zu einer Pastoralmusik nichts an Klängen abgeht, weder die Schalmeien der

Hirten, noch das Zwitschern der Vögel, noch das Blöken der Schafe.

Am ersten Christfeste sah ich den Papst und die ganze Klerisei in der Peterskirche, da er zum Teil vor dem Thron, zum Teil vom Thron herab das Hochamt hielt. Es ist ein einziges Schauspiel in seiner Art, prächtig und würdig genug, ich bin aber im protestantischen Diogenismus so alt geworden, daß mir diese Herrlichkeit mehr nimmt als gibt; ich möchte auch, wie mein frommer Vorfahre, zu diesen geistlichen Weltüberwindern sagen: verdeckt mir doch nicht die Sonne höherer Kunst und reiner Menschheit.

Heute, als am Dreikönigsfeste, habe ich die Messe nach griechischem Ritus vortragen sehen und hören. Die Zeremonien scheinen mir stattlicher, strenger, nachdenklicher und doch populärer als die lateinischen.

Auch da hab' ich wieder gefühlt, daß ich für alles zu alt bin, nur fürs Wahre nicht. Ihre Zeremonien und Opern, ihre Umgänge und Ballette, es fließt alles wie Wasser von einem Wachstuchmantel an mir herunter. Eine Wirkung der Natur hingegen, wie der Sonnenuntergang von Villa Madama gesehen, ein Werk der Kunst, wie die viel verehrte Juno, machen tiefen und bleibenden Eindruck.

Nun graut mir schon vor dem Theaterwesen. Die nächste Woche werden sieben Bühnen eröffnet. Anfossi ist selbst hier und gibt Alexander in Indien; auch wird ein Cyrus gegeben, und die Eroberung von Troja als Ballett. Das wäre was für die Kinder.

Den 10. Januar

Hier folgt denn also das Schmerzenskind, denn dieses Beiwort verdient Iphigenia, aus mehr als einem Sinne. Bei Gelegenheit daß ich sie unsern Künstlern vorlas, strich ich verschiedene Zeilen an, von denen ich einige nach meiner Überzeugung verbesserte, die andern aber stehen lasse, ob vielleicht Herder ein paar Federzüge hineintun will. Ich habe mich daran ganz stumpf gearbeitet.

Denn warum ich die Prosa seit mehreren Jahren bei meinen Arbeiten vorzog, daran war doch eigentlich Schuld, daß unsere Prosodie in der größten Unsicherheit schwebt, wie denn meine einsichtigen, gelehrten, mitarbeitenden Freunde die Entscheidung mancher Fragen dem Gefühl, dem Geschmack anheim gaben, wodurch man denn doch aller Richtschnur ermangelte.

Iphigenia in Jamben zu übersetzen hätte ich nie gewagt, wäre mir in Moritzens Prosodie nicht ein Leitstern erschienen. Der Umgang mit dem Verfasser, besonders während seines Krankenlagers, hat mich noch mehr darüber aufgeklärt, und ich ersuche die Freunde, darüber mit Wohlwollen nachzudenken.

Es ist auffallend, daß wir in unserer Sprache nur wenige Silben finden, die entschieden kurz oder lang sind. Mit den andern verfährt man nach Geschmack oder Willkür. Nun hat Moritz ausgeklügelt, daß es eine gewisse Rangordnung der Silben gebe, und daß die dem Sinne nach bedeutendere gegen eine weniger bedeutende lang sei und jene kurz mache, dagegen aber auch wieder kurz werden könne, wenn sie in die Nähe von einer andern gerät, welche mehr Geistesgewicht hat. Hier ist denn doch ein Anhalten, und wenn auch damit nicht alles getan wäre, so hat man doch indessen einen Leitfaden, an dem man sich hinschlingen kann. Ich habe diese Maxime öfters zu Rate gezogen und sie mit meiner Empfindung übereinstimmend getroffen.

Da ich oben von einer Vorlesung sprach, so muß ich doch auch, wie es damit zugegangen, kürzlich erwähnen. Diese jungen Männer, an jene früheren, heftigen, vordringenden Arbeiten gewöhnt, erwarteten etwas Berlichingisches und konnten sich in den ruhigen Gang nicht gleich finden; doch verfehlten die edlen und reinen Stellen nicht ihre Wirkung. Tischbein, dem auch diese fast gänzliche Entäußerung der Leidenschaft kaum zu Sinne wollte, brachte ein artiges Gleichnis oder Symbol zum Vorschein. Er verglich es einem Opfer, dessen Rauch, von einem sanften Luftdruck niedergehalten, an der Erde hinzieht, indessen die Flamme freier nach der Höhe zu gewinnen sucht. Er zeichnete dies sehr hübsch und bedeutend. Das Blättchen lege ich bei.

Und so hat mich denn diese Arbeit, über die ich bald hinauszukommen dachte, ein völliges Vierteljahr unterhalten und aufgehalten, mich beschäftigt und gequält. Es ist nicht das erstemal, daß ich das Wichtigste nebenher tue, und wir wollen darüber nicht weiter grillisieren und rechten.

Einen hübschen geschnittenen Stein lege ich bei, ein Löwchen, dem eine Bremse vor der Nase schnurrt. Die Alten liebten diesen Gegenstand und haben ihn oft wiederholt. Ich wünsche, daß ihr damit künftig eure Briefe siegelt, damit, durch diese Kleinigkeit, eine Art von Kunstecho von euch zu mir herüber schalle.

Den 13. Januar

Wie viel hätte ich jeden Tag zu sagen, und wie sehr hält mich Anstrengung und Zerstreuung ab, ein kluges Wort aufs Papier zu bringen. Dazu kommen noch die frischen Tage, wo es überall besser ist als in den Zimmern, die ohne Ofen und Kamin uns nur zum Schlafen oder Mißbehagen aufnehmen. Einige Vorfälle der letzten Woche darf ich jedoch nicht unberührt lassen.

Im Palaste Giustiniani steht eine Minerva, die meine ganze Verehrung hat. Winckelmann gedenkt ihrer kaum, wenigstens nicht an der rechten Stelle, und ich fühle mich nicht würdig genug, über sie etwas zu sagen. Als wir die Statue besahen und uns lang dabei aufhielten, erzählte uns die Frau des Kustode: es sei dieses ein ehmals heiliges Bild gewesen, und die Inglesi, welche von dieser Religion seien, pflegten es noch zu verehren, indem sie ihm die eine Hand küßten, die auch wirklich ganz weiß war, da die übrige Statue bräunlich ist. Auch setzte sie hinzu, eine Dame dieser Religion sei vor kurzem da gewesen, habe sich auf die Knie niedergeworfen und die Statue angebetet. Eine so wunderliche Handlung habe sie, eine Christin, nicht ohne Lachen ansehen können und sei zum Saal hinausgelaufen, um nicht loszuplatzen. Da ich auch von der Statue nicht weg wollte, fragte sie mich: ob ich etwa eine Schöne hätte, die diesem Marmor ähnlich sähe, daß er mich so sehr anzöge. Das gute Weib kannte nur Anbetung und Liebe, aber von der reinen Bewunderung eines herrlichen Werkes, von der brüderlichen Verehrung eines Menschengeistes konnte sie keinen Begriff haben. Wir freuten uns über das englische Frauenzimmer und gingen weg mit der Begier umzukehren, und ich werde gewiß bald wieder hingehen. Wollen meine Freunde ein näheres Wort hören, so lesen sie, was Winckelmann vom hohen Stil der Griechen sagt. Leider führt er dort diese Minerva nicht an. Wenn ich aber nicht irre, so ist sie von jenem hohen strengen Stil, da er in den schönen übergeht, die Knospe, indem sie sich öffnet, und nun eine Minerva, deren Charakter eben dieser Übergang so wohl ansteht!

Nun von einem Schauspiel anderer Art! Am Dreikönigstage, am Feste des Heils, das den Heiden verkündigt worden, waren wir in der Propaganda. Dort ward in Gegenwart dreier Kardinäle und eines großen Auditorii erst eine Rede gehalten, an welchem Orte Maria die drei Magos empfangen? im Stalle? oder wo sonst? Dann nach verlesenen einigen lateinischen Gedichten ähnliches Gegenstandes traten bei dreißig Seminaristen nach und nach auf und lasen kleine Gedichte, jeder in seiner Landessprache: Malabarisch, Epirotisch, Türkisch, Moldauisch, Elenisch, Persisch, Kolchisch, Hebräisch, Arabisch, Syrisch, Kopthisch, Sarazenisch, Armenisch, Hibernisch, Madagaskarisch, Isländisch, Boisch, Ägyptisch, Griechisch, Isaurisch, Äthiopisch etc. und mehrere, die ich nicht verstehen konnte. Die Gedichtchen schienen meist im Nationalsilbenmaße verfaßt, mit der Nationaldeklamation vorgetragen zu werden, denn es kamen barbarische Rhythmen und Töne hervor. Das Griechische klang, wie ein Stern in der Nacht erscheint. Das Auditorium lachte unbändig über die fremden Stimmen, und so ward auch diese Vorstellung zur Farce.

Nun noch ein Geschichtchen, wie lose man im heiligen Rom das Heilige behandelt. Der verstorbene Kardinal Albani war in einer solchen Festversammlung, wie ich sie eben beschrieben. Einer der Schüler fing in einer fremden Mundart an, gegen die Kardinäle gewendet: gnaja! gnaja! so daß es ungefähr klang wie canaglia! canaglia! Der Kardinal wendete sich zu seinen Mitbrüdern und sagt: «Der kennt uns doch!»

Wie viel tat Winckelmann nicht, und wie viel ließ er uns zu wünschen übrig. Mit den Materialien, die er sich zueignete, hatte er so geschwind gebaut, um unter Dach zu kommen. Lebte er noch, und er könnte noch frisch und gesund sein, so wäre er der erste, der uns eine Umarbeitung seines Werks gäbe. Was hätte er nicht noch beobachtet, was berichtigt, was benutzt, das von andern nach seinen Grundsätzen getan und beobachtet, neuerdings ausgegraben und entdeckt worden. Und dann wäre der Kardinal Albani tot, dem zuliebe er manches geschrieben und vielleicht manches verschwiegen hat.

Den 15. Januar

Und so ist denn endlich auch Aristodem und zwar sehr glücklich und mit dem größten Beifall aufgeführt. Da Abbate Monti zu den Hausverwandten des Nepoten gehört und in den obern Ständen sehr geschätzt ist, so war von da her alles Gute zu hoffen. Auch sparten die Logen ihren Beifall nicht. Das Parterre war gleich von vornherein durch die schöne Diktion des Dichters und die treffliche Rezitation der Schauspieler gewonnen, und man versäumte keine Gelegenheit, seine Zufriedenheit an den Tag zu legen. Die deutsche Künstlerbank zeichnete sich dabei nicht wenig aus, und es war diesmal ganz am Platze, da sie überhaupt ein wenig vorlaut ist.

Der Verfasser war zu Hause geblieben, voller Sorge wegen des Gelingens des Stücks, von Akt zu Akt kamen günstige Botschaften, welche nach und nach seine Besorglichkeit in die größte Freude verwandelten. Nun fehlt es nicht an Wiederholung der Vorstellung, und alles ist in dem besten Gleise. So kann man durch die entgegengesetztesten Dinge, wenn nur jedes sein ausgesprochenes Verdienst hat, den Beifall der Menge sowohl als der Kenner erwerben.

Aber die Vorstellung war auch sehr löblich, und der Hauptakteur, der das ganze Stück ausfüllt, sprach und spielte vortrefflich: man glaubte einen der alten Kaiser auftreten zu sehen. Sie hatten das Kostüm, das uns an den Statuen so sehr imponiert, recht gut in Theaterpracht übersetzt, und man sah dem Schauspieler an, daß er die Antiken studiert hatte.

Den 16. Januar

Ein großer Kunstverlust steht Rom bevor. Der König von Neapel läßt den Herkules Farnese in seine Residenz bringen. Die Künstler trauern sämtlich, indessen werden wir bei dieser Gelegenheit etwas sehen, was unsern Vorfahren verborgen blieb.

Gedachte Statue nämlich, vom Kopf bis an die Knie und sodann die unteren Füße mit dem Sockel, worauf sie stehen, wurde auf Farnesischem Grund und Boden gefunden, die Beine aber vom Knie bis an die Knöchel fehlten und wurden durch Guglielmo della Porta ersetzt. Auf diesen steht er nun bis auf den heutigen Tag. Indessen waren auf Borghesischem Grund und Boden die echten alten Beine gefunden worden, die man denn auch in der Borghesischen Villa aufgestellt sah.

Gegenwärtig gewinnt es Prinz Borghese über sich und verehrt diese köstlichen Reste dem König von Neapel. Die Beine des Porta werden abgenommen, die echten an die Stelle gesetzt, und man verspricht sich, ob man gleich mit jenen bisher ganz wohl zufrieden gewesen, nunmehr eine ganz neue Anschauung und mehr harmonischen Genuß.

Den 18. Januar

Gestern, als am Feste des heiligen Antonius Abbas, machten wir uns einen lustigen Tag, es war das schönste Wetter von der Welt, hatte die Nacht Eis gefroren, und der Tag war heiter und warm.

Es läßt sich bemerken, daß alle Religionen, die entweder ihren Kultus oder ihre Spekulationen ausdehnten, zuletzt dahin gelangen mußten, daß sie auch die Tiere einigermaßen geistlicher Begünstigungen teilhaft werden ließen. Sankt Anton der Abt oder Bischof ist Patron der vierfüßigen Geschöpfe, sein Fest ein saturnalischer Feiertag für die sonst belasteten Tiere, so wie für ihre Wärter und Lenker. Alle Herrschaften müssen heute zu Hause bleiben oder zu Fuß gehen, man verfehlt niemals bedenkliche Geschichten zu erzählen, wie ungläubige Vornehme, welche ihre Kutscher an diesem Tage zu fahren genötigt, durch große Unfälle gestraft worden.

Die Kirche liegt an einem so weitschichtigen Platz, daß er beinahe für öde gelten könnte, heute ist er aber auf das lustigste belebt, Pferde und Maultiere, deren Mähnen und Schweife mit Bändern schön, ja prächtig eingeflochten zu schauen, werden vor die kleine, von der Kirche etwas abstehende Kapelle geführt, wo ein Priester, mit einem großen Wedel versehen, das Weihwasser, das in Butten und Kübeln vor ihm steht, nicht schonend, auf die muntern Geschöpfe derb losspritzt, manchmal sogar schalkhaft, um sie zu reizen. Andächtige Kutscher bringen größere oder kleinere Kerzen, die Herrschaften senden Almosen und Geschenke, damit die kostbaren nützlichen Tiere ein Jahr über vor allem Unfall sicher bleiben mögen. Esel und Hornvieh, ihren Besitzern ebenso nützlich und wert, nehmen gleichfalls an diesem Segen ihr beschieden Teil.

Nachher ergötzten wir uns an einer großen Wanderung unter einem so glücklichen Himmel, umgeben von den interessantesten Gegenständen, denen wir doch diesmal wenig Aufmerksamkeit schenkten, vielmehr Lust und Scherz in voller Maße walten ließen.

Den 19. Januar

So hat denn der große König, dessen Ruhm die Welt erfüllte, dessen Taten ihn sogar des katholischen Paradieses wert machten, endlich auch das Zeitliche gesegnet, um sich mit den Heroen seinesgleichen im Schattenreiche zu unterhalten. Wie gern ist man still, wenn man einen solchen zur Ruh gebracht hat.

Heute machten wir uns einen guten Tag, besahen einen Teil des Kapitols, den ich bisher vernachlässigt, dann setzten wir über die Tiber und tranken spanischen Wein auf einem neugelandeten Schiffe. In dieser Gegend will man Romulus und Remus gefunden haben, und so kann man, wie an einem doppelt und dreifachen Pfingstfeste, zugleich vom heiligen Kunstgeiste, von der mildesten Atmosphäre, von antiquarischen Erinnerungen und von süßem Weine trunken werden.

Den 20. Januar

Was im Anfang einen frohen Genuß gewährte, wenn man es oberflächlich hinnahm, das drängt sich hernach beschwerlich auf, wenn man sieht, daß ohne gründliche Kenntnis doch auch der wahre Genuß ermangelt.

Auf Anatomie bin ich so ziemlich vorbereitet, und ich habe mir die Kenntnis des menschlichen Körpers, bis auf einen gewissen Grad, nicht ohne Mühe erworben. Hier wird man durch die ewige Betrachtung der Statuen immerfort, aber auf eine höhere Weise hingewiesen. Bei unserer medizinisch-chirurgischen Anatomie kommt es bloß darauf an, den Teil zu kennen, und hierzu dient auch wohl ein kümmerlicher Muskel. In Rom aber wollen die Teile nichts heißen, wenn sie nicht zugleich eine edle schöne Form darbieten.

In dem großen Lazarett Santo Spirito hat man den Künstlern zulieb einen sehr schönen Muskelkörper dergestalt bereitet, daß die Schönheit desselben in Verwunderung setzt. Er könnte wirklich für einen geschundenen Halbgott, für einen Marsyas gelten.

So pflegt man auch, nach Anleitung der Alten, das Skelett nicht als eine künstlich zusammengereihte Knochenmasse zu studieren, vielmehr zugleich mit den Bändern, wodurch es schon Leben und Bewegung erhält.

Sage ich nun, daß wir auch abends Perspektiv studieren, so zeigt es doch wohl, daß wir nicht müßig sind. Bei allem dem aber hofft man immer mehr zu tun, als wirklich geschieht.

Den 22. Januar

Von dem deutschen Kunstsinn und dem dortigen Kunstleben kann man wohl sagen: man hört läuten, aber nicht zusammen klingen. Bedenke ich jetzt, was für herrliche Sachen in unserer Nachbarschaft sind, und wie wenig sie von mir genutzt worden, so möchte ich verzweifeln, und dann kann ich mich wieder auf den Rückweg freuen, wenn ich hoffen kann, jene Meisterwerke zu erkennen, an denen ich nur herumtappte.

Doch auch in Rom ist zu wenig für den gesorgt, dem es Ernst ist, ins Ganze zu studieren. Er muß alles aus unendlichen, obgleich überreichen Trümmern zusammenstoppeln. Freilich ist's wenigen Fremden reiner Ernst, etwas Rechts zu sehen und zu lernen. Sie folgen ihren Grillen, ihrem Dünkel, und das merken sich alle diejenigen wohl, die mit Fremden zu tun haben. Jeder Führer hat Absichten, jeder will irgendeinen Handelsmann empfehlen, einen Künstler begünstigen, und warum sollte er es nicht? Denn schlägt der Unerfahrne nicht das Vortrefflichste aus, das man ihm anbietet?

Einen außerordentlichen Vorteil hätte es der Betrachtung bringen können, ja es wäre ein eignes Museum entstanden, wenn die Regierung, die doch erst die Erlaubnis geben muß, wenn ein Altertum ausgeführt werden soll, fest darauf bestanden hätte, daß jedesmal ein Abguß geliefert werden müsse. Hätte aber auch ein Papst solch einen Gedanken gehabt, alles hätte sich widersetzt, denn man wäre in wenigen Jahren erschrocken über Wert und Würde solcher ausgeführten Dinge, wozu man die Erlaubnis in einzelnen Fällen heimlich und durch allerlei Mittel zu erlangen weiß.

Schon früher, aber besonders bei der Aufführung des Aristodem, erwachte der Patriotismus unserer deutschen Künstler. Sie unterließen nicht, Gutes von meiner Iphigenia zu reden, einzelne Stellen wurden wieder verlangt, und ich fand mich zuletzt zu einer Wiederholung des Ganzen genötigt. Auch da entdeckte ich manche Stelle, die mir gelenker aus dem Munde ging, als sie auf dem Papier stand. Freilich ist die Poesie nicht fürs Auge gemacht.

Dieser gute Ruf erscholl nun bis zu Reiffenstein und Angelika, und da sollte ich denn meine Arbeit abermals produzieren. Ich erbat mir einige Frist, trug aber sogleich die Fabel und den Gang des Stücks mit einiger Umständlichkeit vor. Mehr als ich glaubte, gewann sich diese Darstellung die Gunst gedachter Personen, auch Herr Zucchi, von dem ich es am wenigsten erwartet, nahm recht freien und wohlempfundenen Anteil. Dieses klärt sich aber dadurch sehr gut auf, daß das Stück sich der Form nähert, die man im Griechischen, Italienischen, Französischen längst gewohnt ist, und welche demjenigen noch immer am besten zusagt, welcher sich an die englischen Kühnheiten noch nicht gewöhnt hat.

Rom, den 25. Januar

Nun wird es mir immer schwerer, von meinem Aufenthalte in Rom Rechenschaft zu geben; denn wie man die See immer tiefer findet, je weiter man hineingeht, so geht es auch mir in Betrachtung dieser Stadt.

Man kann das Gegenwärtige nicht ohne das Vergangene erkennen, und die Vergleichung von beiden erfordert mehr Zeit und Ruhe. Schon die Lage dieser Hauptstadt der Welt führt uns auf ihre Erbauung zurück. Wie sehen bald, hier hat sich kein wanderndes, großes, wohlgeführtes Volk niedergelassen und den Mittelpunkt eines Reichs weislich festgesetzt; hier hat kein mächtiger Fürst einen schicklichen Ort zum Wohnsitz einer Kolonie bestimmt. Nein, Hirten und Gesindel haben sich hier zuerst eine Stätte bereitet, ein paar rüstige Jünglinge haben auf dem Hügel den Grund zu Palästen der Herren der Welt gelegt, an dessen Fuß sie die Willkür des Ausrichters zwischen Morast und Schilf einst hinlegte. So sind die sieben Hügel Roms nicht Erhöhungen gegen das Land, das hinter ihnen liegt, sie sind es gegen die Tiber und gegen das uralte Bette der Tiber, was Campus Martius ward. Erlaubt mir das Frühjahr weitere Exkursionen, so will ich die unglückliche Lage ausführlicher schildern. Schon jetzt nehm' ich den herzlichsten Anteil an dem Jammergeschrei und den Schmerzen der Weiber von Alba, die ihre Stadt zerstören sehn und den schönen, von einem klugen Anführer gewählten Platz verlassen müssen, um an den Nebeln der Tiber teilzunehmen, den elenden Hügel Coelius zu bewohnen und von da nach ihrem verlassenen Paradiese zurück zu sehn. Ich kenne noch wenig von der Gegend, aber ich bin überzeugt, kein Ort der ältern Völker lag so schlecht als Rom, und da die Römer endlich alles verschlungen hatten, mußten sie wieder mit ihren Landhäusern hinaus und an die Plätze der zerstörten Städte rücken, um zu leben und das Leben zu genießen.

Zu einer recht friedlichen Betrachtung gibt es Anlaß, wie viele Menschen hier im stillen leben und wie sich jeder nach seiner Weise beschäftigt. Wir sahen bei einem Geistlichen, der ohne großes angebornes Talent sein Leben der Kunst widmete, sehr interessante Kopien trefflicher Gemälde, die er in Miniatur nachgebildet hat. Sein vorzüglichstes nach dem Abendmahl des Leonards da Vinci in Mailand. Der Moment ist genommen, da Christus den Jüngern, mit denen er vergnügt und freundschaftlich zu Tische sitzt, erklärt und sagt: «Aber doch ist einer unter euch, der mich verrät.»

Man hofft einen Kupferstich entweder nach dieser Kopie oder nach andern, mit denen man sich beschäftigt. Es wird das größte Geschenk sein, wenn eine treue Nachbildung im großen Publikum erscheint.

Vor einigen Tagen besuchte ich den Pater Jacquier, einen Franziskaner, auf Trinità de' Monti. Er ist Franzos von Geburt, durch mathematische Schriften bekannt, hoch in Jahren, sehr angenehm und verständig. Er kannte zu seiner Zeit die besten Männer, und hat sogar einige Monate bei Voltaire zugebracht, der ihn sehr in Affektion nahm.

Und so habe ich noch mehr gute solide Menschen kennen lernen, dergleichen sich hier unzählige befinden, die ein pfäffisches Mißtrauen auseinander hält. Der Buchhandel gibt keine Verbindung, und die literarischen Neuigkeiten sind selten fruchtbar.

Und so geziemt es dem Einsamen, die Einsiedler aufzusuchen. Denn seit der Aufführung des Aristodems, zu dessen Gunsten wir uns wirklich tätig erwiesen hatten, führte man mich abermals in Versuchung; es lag aber nur zu klar am Tage, daß es nicht um mich zu tun sei, man wollte seine Partei verstärken, mich als Instrument brauchen, und wenn ich hätte hervorgehen und mich erklären wollen, hätte ich auch als Phantom eine kurze Rolle gespielt. Nun aber, da sie sehen, daß mit mir nichts anzufangen ist, lassen sie mich gehn, und ich wandle meinen sichern Weg fort.

Ja, meine Existenz hat einen Ballast bekommen, der ihr die gehörige Schwere gibt; ich fürchte mich nun nicht mehr vor den Gespenstern, die so oft mit mir spielten. Seid auch gutes Muts, ihr werdet mich oben halten und mich zu euch zurückziehen.

Den 28. Januar

Zwei Betrachtungen, die durch alles durchgehen, welchen sich hinzugeben man jeden Augenblick aufgefordert wird, will ich, da sie mir klar geworden, zu bezeichnen nicht verfehlen.

Zuerst also wird man bei dem ungeheuern und doch nur trümmerhaften Reichtum dieser Stadt, bei jedem Kunstgegenstande aufgefordert, nach der Zeit zu fragen, die ihm das Dasein gegeben. Durch Winckelmann sind wir dringend aufgeregt, die Epochen zu sondern, den verschiedenen Stil zu erkennen, dessen sich die Völker bedienten, den sie in Folge der Zeiten nach und nach ausgebildet und zuletzt wieder verbildet. Hievon überzeugte sich jeder wahre Kunstfreund. Anerkennen tun wir alle die Richtigkeit und das Gewicht der Forderung.

Aber wie nun zu dieser Einsicht gelangen! Vorgearbeitet nicht viel, der Begriff richtig und herrlich aufgestellt, aber das Einzelne im ungewissen Dunkel. Eine vieljährige entschiedene Übung des Auges ist nötig, und man muß erst lernen, um fragen zu können. Da hilft kein Zaudern und Zögern, die Aufmerksamkeit auf diesen wichtigen Punkt ist nun einmal rege, und jeder, dem es ernst ist, sieht wohl ein, daß auch in diesem Felde kein Urteil möglich ist, als wenn man es historisch entwickeln kann.

Die zweite Betrachtung beschäftigt sich ausschließlich mit der Kunst der Griechen und sucht zu erforschen, wie jene unvergleichlichen Künstler verfuhren, um aus der menschlichen Gestalt den Kreis göttlicher Bildung zu entwickeln, welcher vollkommen abgeschlossen ist und worin kein Hauptcharakter so wenig als die Übergänge und Vermittlungen fehlen. Ich habe eine Vermutung, daß sie nach eben den Gesetzen verfuhren, nach welchen die Natur verfährt und denen ich auf der Spur bin. Nur ist noch etwas anders dabei, das ich nicht auszusprechen wüßte.

Den 2. Februar

Von der Schönheit, im vollen Mondschein Rom zu durchgehen, hat man, ohne es gesehen zu haben, keinen Begriff. Alles Einzelne wird von den großen Massen des Lichts und Schattens verschlungen, und nur die größten allgemeinsten Bilder stellen sich dem Auge dar. Seit drei Tagen haben wir die hellsten und herrlichsten Nächte wohl und vollständig genossen. Einen vorzüglich schönen Anblick gewährt das Colosseo. Es wird nachts zugeschlossen, ein Eremit wohnt darin an einem Kirchelchen, und Bettler nisten in den verfallenen Gewölben. Sie hatten auf flachem Boden ein Feuer angelegt, und eine stille Luft trieb den Rauch erst auf der Arena hin, daß der untere Teil der Ruinen bedeckt war und die ungeheuern Mauern oben drüber finster herausragten; wir standen am Gitter und sahen dem Phänomen zu, der Mond stand hoch und heiter. Nach und nach zog sich der Rauch durch die Wände, Lücken und Öffnungen, ihn beleuchtete der Mond wie einen Nebel. Der Anblick war köstlich. So muß man das Pantheon, das Kapitol beleuchtet sehn, den Vorhof der Peterskirche und andere große Straßen und Plätze. Und so haben Sonne und Mond, eben wie der Menschengeist, hier ein ganz anderes Geschäft als anderer Orten, hier, wo ihrem Blick ungeheure und doch gebildete Massen entgegen stehn.

Den 13. Februar

Eines Glücksfalls muß ich erwähnen, obgleich eines geringen. Doch alles Glück, groß oder klein, ist von einer Art, und immer erfreulich. Auf Trinità de' Monti wird der Grund zum neuen Obelisk gegraben, dort oben ist alles aufgeschüttetes Erdreich von Ruinen der Gärten des Lucullus, die nachher an die Kaiser kamen. Mein Perückenmacher geht frühe dort vorbei und findet im Schutte ein flach Stück gebrannten Ton mit einigen Figuren, wäscht's und zeigt es uns. Ich eigne es mir gleich zu. Es ist nicht gar eine Hand groß und scheint von dem Rande einer großen Schüssel zu sein. Es stehn zwei Greifen an einem Opfertische, sie sind von der schönsten Arbeit und freuen mich ungemein. Stünden sie auf einem geschnittenen Stein, wie gern würde man damit siegeln.

Von vielen andern Sachen sammelt's sich auch um mich, und nichts Vergebliches oder Leeres, welches hier unmöglich wäre; alles unterrichtend und bedeutend. Am liebsten ist mir denn aber doch, was ich in der Seele mitnehme und was, immer wachsend, sich immer vermehren kann.

Den 15. Februar

Vor meiner Abreise nach Neapel konnte ich einer nochmaligen Vorlesung meiner Iphigenia nicht entgehen. Madam Angelika und Hofrat Reiffenstein waren die Zuhörer, und selbst Herr Zucchi hatte darauf gedrungen, weil es der Wunsch seiner Gattin war; er arbeitete indes an einer großen architektonischen Zeichnung, die er in Dekorationsart vortrefflich zu machen versteht. Er war mit Clerisseau in Dalmatien, hatte sich überhaupt mit ihm assoziiert, zeichnete die Figuren zu den Gebäuden und Ruinen, die jener herausgab, und lernte dabei so viel Perspektive und Effekt, daß er sich in seinen alten Tagen auf eine würdige Weise auf dem Papier damit vergnügen kann.

Die zarte Seele Angelika nahm das Stück mit unglaublicher Innigkeit auf; sie versprach mir eine Zeichnung daraus aufzustellen, die ich zum Andenken besitzen sollte. Und nun gerade, als ich mich von Rom zu scheiden bereite, werde ich auf eine zarte Weise mit diesen wohlwollenden Personen verbunden. Es ist mir zugleich ein angenehmes und schmerzliches Gefühl, wenn ich mich überzeuge, daß man mich ungern wegläßt.

Den 16. Februar

Die glückliche Ankunft der Iphigenia ward mir auf eine überraschende und angenehme Weise verkündigt. Auf dem Wege nach der Oper brachte man mir den Brief von wohlbekannter Hand, und diesmal doppelt willkommen mit dem Löwchen gesiegelt: als vorläufiges Wahrzeichen des glücklich angelangten Pakets. Ich drängte mich in das Opernhaus und suchte mir mitten unter dem fremden Volk einen Platz unter dem großen Lüster zu verschaffen. Hier fühlte ich mich nun so nah an die Meinigen gerückt, daß ich hätte aufhüpfen und sie umarmen mögen. Herzlich dank' ich, daß mir die nackte Ankunft gemeldet worden, möget ihr euer Nächstes mit einem guten Worte des Beifalls begleiten.

Hier folgt das Verzeichnis, wie die Exemplare, die ich von

Göschen zu erwarten habe, unter die Freunde verteilt werden sollen, denn ob es mir gleich ganz gleichgültig ist, wie das Publikum diese Sachen betrachtet, so wünscht' ich doch dadurch meinen Freunden einige Freude bereitet zu haben.

Man unternimmt nur zu viel. Denke ich an meine vier letzten Bände im ganzen, so möchte mir schwindelnd werden, ich muß sie einzeln angreifen, und so wird es gehn.

Hätte ich nicht besser getan, nach meinem ersten Entschluß diese Dinge fragmentarisch in die Welt zu schicken, und neue Gegenstände, an denen ich frischeren Anteil nehme, mit frischem Mut und Kräften zu unternehmen? Tät' ich nicht besser, Iphigenia auf Delphi zu schreiben, als mich mit den Grillen des Tasso herum zu schlagen, und doch habe ich auch dahinein schon zu viel von meinem Eignen gelegt, als daß ich es fruchtlos aufgeben sollte.

Ich habe mich auf den Vorsaal ans Kamin gesetzt, und die Wärme eines diesmal gut genährten Feuers gibt mir frischen Mut, ein neues Blatt anzufangen, denn es ist doch gar zu schön, daß man mit seinen neusten Gedanken so weit in die Ferne reichen, ja seine nächsten Umgebungen durch Worte dorthin versetzen kann. Das Wetter ist ganz herrlich, die Tage nehmen merklich zu, Lorbeeren und Buchsbäume blühen, auch die Mandelbäume. Heute früh überraschte mich ein wundersamer Anblick, ich sah von ferne hohe stangenähnliche Bäume, über und über von dem schönsten Violett bekleidet. Bei näherer Untersuchung war es der Baum, in unsern Treibhäusern unter dem Namen Judenbaum bekannt, dem Botaniker als cercis siliquastrum. Seine violetten Schmetterlingsblumen bringt er unmittelbar aus dem Stamme hervor. Abgeholzt den letzten Winter waren die Stangen, die ich vor mir sah, aus deren Rinde die wohlgebildete und gefärbte Blume zu Tausenden hervorbrach. Die Maßlieben dringen wie Ameisen aus dem Boden, Krokus und Adonis erscheinen seltner, aber desto zierlicher und zierender.

Was wird mir nicht erst das mittägigere Land für Freuden und Kenntnisse geben, aus denen für mich neue Resultate hervortreten. Es ist mit natürlichen Dingen wie mit der Kunst; es ist so viel drüber geschrieben, und jeder, der sie sieht, kann sie doch wieder in neue Kombination setzen.

Denke ich an Neapel, ja gar nach Sizilien, so fällt es einem sowohl in der Erzählung als in Bildern auf, daß in diesen Paradiesen der Welt sich zugleich die vulkanische Hölle so gewaltsam auftut und seit Jahrtausenden die Wohnenden und Genießenden aufschreckt und irre macht.

Doch schlage ich mir die Hoffnung jener vielbedeutenden Ansichten gern aus dem Sinne, um vor meiner Abreise die alte Hauptstadt der Welt noch recht zu benutzen.

Seit vierzehn Tagen bin ich von Morgen bis in die Nacht in Bewegung; was ich noch nicht gesehn, such' ich auf. Das Vorzüglichste wird zum zweiten- und drittenmal betrachtet, und nun ordnet sich's einigermaßen. Denn indem die Hauptgegenstände an ihre rechte Stelle kommen, so ist für viele mindere dazwischen Platz und Raum. Meine Liebschaften reinigen und entscheiden sich, und nun erst kann mein Gemüt dem Größeren und Echtesten mit gelassener Teilnahme sich entgegen heben.

Dabei findet man denn wohl den Künstler beneidenswert, der durch Nachbildung und Nachahmung auf alle Weise jenen großen Intentionen sich mehr nähert, sie besser begreift als der bloß Beschauende und Denkende. Doch muß am Ende jeder tun was er vermag, und so spanne ich denn alle Segel meines Geistes auf, um diese Küsten zu umschiffen.

Das Kamin ist diesmal recht durchgewärmt, und die schönsten Kohlen aufgehäuft, welches bei uns selten geschieht, weil nicht leicht jemand Lust und Zeit hat, dem Kaminfeuer ein paar Stunden Aufmerksamkeit zu widmen, und so will ich denn dieses schöne Klima benutzen, um einige Bemerkungen aus meiner Schreibtafel zu retten, die schon halb verloschen sind.

Am zweiten Februar begaben wir uns in die Sixtinische Kapelle zur Funktion, bei welcher die Kerzen geweiht werden. Ich fand mich gleich sehr unbehaglich und zog mit den Freunden bald wieder hinaus. Denn ich dachte: das sind ja grade die Kerzen, welche seit dreihundert Jahren diese herrlichen Gemälde verdüstern, und das ist ja eben der Weihrauch, der mit heiliger Unverschämtheit die einzige Kunstsonne nicht nur umwölkt, sondern von Jahr zu Jahren mehr trübe macht und zuletzt gar in Finsternis versenkt.

Darauf suchten wir das Freie und kamen nach einem großen Spaziergange auf Sant'Onofrio, wo Tasso in einem Winkel begraben liegt. Auf der Klosterbibliothek steht seine Büste. Das Gesicht ist von Wachs, und ich glaube gern, daß es über seinen Leichnam abgeformt sei. Nicht ganz scharf, und hie und da verdorben, deutet es doch im ganzen mehr als irgendein anderes seiner Bildnisse auf einen talentvollen, zarten, feinen, in sich geschlossenen Mann.

So viel für diesmal. Jetzt will ich an des ehrlichen Volkmanns zweiten Teil, der Rom enthält, um auszuziehen, was ich noch nicht gesehn habe. Ehe ich nach Neapel reise, muß die Ernte wenigstens niedergemäht sein; sie in Garben zu binden, werden auch schon gute Tage kommen.

Den 17. Februar

Das Wetter ist unglaublich und unsäglich schön, den ganzen Februar bis auf vier Regentage ein reiner heller Himmel, gegen Mittag fast zu warm. Nun sucht man das Freie, und wenn man bisher sich nur mit Göttern und Helden abgeben mochte, so tritt die Landschaft auf einmal wieder in ihre Rechte, und man heftet sich an die Umgebungen, die der herrlichste Tag belebt. Manchmal erinnere ich mich, wie der Künstler in Norden den Strohdächern und verfallenen Schlössern etwas abzugewinnen sucht, wie man sich an Bach und Busch und zerbröckeltem Gestein herumdrückt, um eine malerische Wirkung zu erhaschen, und ich komme mir ganz wunderbar vor, um so mehr als jene Dinge nach so langer Gewohnheit einem noch immer ankleben; nun habe ich mir aber seit vierzehn Tagen einen Mut gefaßt und bin mit kleinen Blättern hinausgegangen, durch die Tiefen und Höhen der Villen, und habe mir, ohne viel Besinnens, kleine auffallende, wahrhaft südliche und römische Gegenstände entworfen und suche nun, mit Hülfe des guten Glücks, ihnen Licht und Schatten zu geben. Es ist ganz eigen, daß man deutlich sehen und wissen kann, was gut und besser ist; will man sich's aber zueignen, so schwindet's gleichsam unter den Händen, und wir greifen nicht nach dem Rechten, sondern nach dem, was wir zu fassen gewohnt sind. Nur durch geregelte Übung könnte man vorwärts kommen, wo aber sollte ich Zeit und Sammlung finden! Indessen fühle ich mich denn doch durch das leidenschaftliche vierzehntägige Streben um vieles gebessert.

Die Künstler belehren mich gerne, denn ich fasse geschwind. Nun ist aber das Gefaßte nicht gleich geleistet, etwas schnell zu begreifen ist ja ohnehin die Eigenschaft des Geistes, aber etwas recht zu tun, dazu gehört die Übung des ganzen Lebens.

Und doch soll der Liebhaber, so schwach er auch nachstrebt, sich nicht abschrecken lassen. Die wenigen Linien, die ich auf's Papier ziehe, oft übereilt, selten richtig, erleichtern mir jede Vorstellung von sinnlichen Dingen, denn man erhebt sich ja eher zum Allgemeinen, wenn man die Gegenstände genauer und schärfer betrachtet.

Mit dem Künstler nur muß man sich nicht vergleichen, sondern nach seiner eigenen Art verfahren; denn die Natur hat für ihre Kinder gesorgt, der Geringste wird nicht, auch durch das Dasein des Trefflichsten, an seinem Dasein gehindert: «Ein kleiner Mann ist auch ein Mann!» Und dabei wollen wir's denn bewenden lassen.

Ich habe zweimal das Meer gesehn, erst das Adriatische, dann das Mittelländische, nur gleichsam zum Besuch. In Neapel wollen wir bekannter werden. Es rückt alles auf einmal in mir herauf; warum nicht früher, warum nicht wohlfeiler! Wie viele tausend Sachen, manche ganz neu und von vornen, hätte ich mitzuteilen.

Abends nach verklungener Karnevalstorheit

Ich lasse bei meiner Abreise Moritzen ungern allein. Er ist auf gutem Wege, doch wie er für sich geht, so sucht er sich gleich beliebte Schlupfwinkel. Ich habe ihn aufgemuntert, an Herdern zu schreiben, der Brief liegt bei, ich wünsche eine Antwort, die etwas Dienliches und Hülfreiches enthalte. Es ist ein sonderbar guter Mensch, er wäre viel weiter, wenn er von Zeit zu Zeit Personen gefunden hätte, fähig und liebevoll genug, ihn über seinen Zustand aufzuklären. Gegenwärtig kann er kein gesegneteres Verhältnis anknüpfen, als wenn ihm Herder erlaubt, manchmal zu schreiben. Er beschäftigt sich mit einem lobenswürdigen, antiquarischen Unternehmen, das wohl verdient, gefördert zu werden. Freund Herder wird nicht leicht eine Mühe besser angewendet und gute Lehre kaum in einen fruchtbarern Boden gelegt haben.

Das große Porträt, welches Tischbein von mir unternommen, wächst schon aus der Leinwand heraus. Der Künstler hat sich durch einen fertigen Bildhauer ein kleines Modell von Ton machen lassen, welches gar zierlich mit einem Mantel drapiert worden. Darnach malt er fleißig, denn es sollte freilich vor unserer Abreise nach Neapel schon auf einen gewissen Punkt gebracht sein, und es gehört schon Zeit dazu, eine so große Leinwand mit Farben auch nur zu bedecken.

Den 19. Februar

Das Wetter fährt fort, über allen Ausdruck schön zu sein; heute war ein Tag, den ich mit Schmerzen unter den Narren zubrachte. Mit Anbruch der Nacht erholte ich mich auf der Villa Medicis; Neumond ist eben vorbei, und neben der zarten Mondsichel konnte ich die ganze dunkle Scheibe fast mit bloßen Augen, durchs Perspektiv ganz deutlich sehn. Über der Erde schwebt ein Duft des Tags über, den man nur aus Gemälden und Zeichnungen des Claude kennt, das Phänomen in der Natur aber nicht leicht so schön sieht als hier. Nun kommen mir Blumen aus der Erde, die ich noch nicht kenne, und neue Blüten von den Bäumen; die Mandeln blühen und machen eine neue lustige Erscheinung zwischen den dunkelgrünen Eichen; der Himmel ist wie ein hellblauer Taft von der Sonne beschienen. Wie wird es erst in Neapel sein! Wir finden das meiste schon grün. Meine botanischen Grillen bekräftigen sich an allem diesen, und ich bin auf dem Wege, neue schöne Verhältnisse zu entdecken, wie die Natur, solch ein Ungeheueres, das wie nichts aussieht, aus dem Einfachen das Mannigfaltigste entwickelt.

Der Vesuv wirft Steine und Asche aus, und bei Nacht sieht man den Gipfel glühen. Gebe uns die wirkende Natur einen Lavafluß. Nun kann ich kaum erwarten, bis auch diese großen Gegenstände mir eigen werden.

Den 20. Februar, Aschermittwoch

Nun ist der Narrheit ein Ende. Die unzähligen Lichter gestern abend waren noch ein toller Spektakel. Das Karneval in Rom muß man gesehen haben, um den Wunsch völlig los zu werden, es je wieder zu sehen. Zu schreiben ist davon gar nichts, bei einer mündlichen Darstellung möchte es allenfalls unterhaltend sein. Was man dabei unangenehm empfindet, daß die innere Fröhlichkeit den Menschen fehlt und es ihnen an Gelde mangelt, das bißchen Lust, was sie noch haben mögen, auszulassen. Die Großen sind ökonomisch und halten zurück, der Mittelmann unvermögend, das Volk lahm. An den letzten Tagen war ein unglaublicher Lärm, aber keine Herzensfreude. Der Himmel, so unendlich rein und schön, blickte so edel und unschuldig auf diese Possen.

Da man aber doch das Nachbilden hier nicht lassen kann, so sind zur Lust der Kinder Masken des Karnevals und römische eigentümliche Kleidungen gezeichnet, dann mit Farben angestrichen worden, da sie denn ein fehlendes Kapitel des Orbis pictus den lieben Kleinen ersetzen mögen.

Den 21. Februar

Ich benutze die Augenblicke zwischen dem Einpacken, um noch einiges nachzuholen. Morgen gehn wir nach Neapel. Ich freue mich auf das Neue, das unaussprechlich schön sein soll, und hoffe in jener paradiesischen Natur wieder neue Freiheit und Lust zu gewinnen, hier im ernsten Rom wieder an das Studium der Kunst zu gehen.

Das Einpacken wird mir leicht, ich tue es mit leichterem Herzen als vor einem halben Jahre, da ich mich von allem loslöste, was mir so lieb und wert war. Ja es ist schon ein halbes Jahr, und von den vier Monaten, in Rom zugebracht, habe ich keinen Augenblick verloren, welches zwar viel heißen will, aber doch nicht zu viel gesagt ist.

Daß Iphigenia angekommen, weiß ich; möge ich am Fuße des Vesuvs erfahren, daß ihr eine gute Aufnahme zuteil geworden.

Mit Tischbein, der so einen herrlichen Blick in Natur als Kunst hat, diese Reise zu machen, ist für mich von der größten Wichtigkeit; doch können wir, als echte Deutsche, uns doch nicht losmachen von Vorsätzen und Aussichten auf Arbeit. Das schönste Papier ist gekauft, und wir nehmen uns vor darauf zu zeichnen, obgleich die Menge, die Schönheit und der Glanz der Gegenstände höchst wahrscheinlich unserm guten Willen Grenzen setzt.

Eins habe ich über mich gewonnen, daß ich von meinen poetischen Arbeiten nichts mitnehme als Tasso allein, zu ihm habe ich die beste Hoffnung. Wüßt' ich nun, was ihr zu Iphigenien sagt, so könnte mir dies zur Leitung dienen, denn es ist doch eine ähnliche Arbeit, der Gegenstand fast noch beschränkter als jener, und will im einzelnen noch mehr ausgearbeitet sein; doch weiß ich noch nicht, was es werden kann, das Vorhandene muß ich ganz zerstören, das hat zu lange gelegen, und weder die Personen, noch der Plan, noch der Ton haben mit meiner jetzigen Ansicht die mindeste Verwandtschaft.

Beim Aufräumen fallen mir einige eurer lieben Briefe in

die Hand, und da treffe ich beim Durchlesen auf den Vorwurf, daß ich mir in meinen Briefen widerspreche. Das kann ich zwar nicht merken, denn was ich geschrieben habe, schicke ich gleich fort, es ist mir aber selbst sehr wahrscheinlich, denn ich werde von ungeheuern Mächten hin und wider geworfen, und da ist es wohl natürlich, daß ich nicht immer weiß, wo ich stehe.

Man erzählt von einem Schiffer, der von einer stürmischen Nacht auf der See überfallen, nach Hause zu steuern trachtete. Sein Söhnchen, in der Finsternis an ihn geschmiegt, fragte: «Vater, was ist denn das für ein närrisches Lichtchen dort, das ich bald über uns, bald unter uns sehe?» Der Vater versprach ihm die Erklärung des andern Tags, und da fand es sich, daß es die Flamme des Leuchtturms gewesen, die einem von wilden Wogen auf- und niedergeschaukelten Auge bald unten bald oben erschien.

Auch ich steure auf einem leidenschaftlich bewegten Meere dem Hafen zu, und halte ich die Glut des Leuchtturms nur scharf im Auge, wenn sie mir auch den Platz zu verändern scheint, so werde ich doch zuletzt am Ufer genesen.

Bei der Abreise fällt einem doch immer jedes frühere Scheiden und auch das künftige letzte unwillkürlich in den Sinn, und mir drängt sich, diesmal stärker als sonst, dabei die Bemerkung auf, daß wir viel zu viel Voranstalten machen um zu leben, denn so kehren auch wir, Tischbein und ich, so vielen Herrlichkeiten, sogar unserm wohlausgestatteten eignen Museum den Rücken. Da stehn nun drei Junonen zur Vergleichung nebeneinander, und wir verlassen sie, als wenn's keine wäre.

ITALIENISCHE REISE

ZWEITER TEIL

NEAPEL

Velletri, den 22. Februar 1787

Bei guter Zeit sind wir hier angelangt. — Schon vorgestern verfinsterte sich das Wetter, die schönen Tage hatten uns trübe gebracht, doch deuteten einige Luftzeichen, daß es sich wieder zum Guten bequemen werde, wie es denn auch eintraf. Die Wolken trennten sich nach und nach, hier und da erschien der blaue Himmel, und endlich beleuchtete die Sonne unsere Bahn. Wir kamen durch Albano, nachdem wir vor Genzano an dem Eingang eines Parks gehalten hatten, den Prinz Chigi, der Besitzer, auf eine wunderliche Weise hält, nicht unterhält; deshalb auch nicht will, daß sich jemand darin umsehe. Hier bildet sich eine wahre Wildnis: Bäume und Gesträuche, Kräuter und Ranken wachsen wie sie wollen, verdorren, stürzen um, verfaulen. Das ist alles recht und nur desto besser. Der Platz vor dem Eingang ist unsäglich schön. Eine hohe Mauer schließt das Tal, eine vergitterte Pforte läßt hineinblicken, dann steigt der Hügel aufwärts, wo dann oben das Schloß liegt. Es gäbe das größte Bild, wenn es ein rechter Künstler unternähme.

Nun darf ich nicht weiter beschreiben, und sage nur: daß, als wir von der Höhe die Gebirge von Sezze, die Pontinischen Sümpfe, das Meer und die Inseln erblickten, daß in dem Moment ein starker Streifregen über die Sümpfe nach dem Meer zog, Licht und Schatten, abwechselnd und bewegt, die öde Fläche gar mannigfaltig belebten. Sehr schön wirkten hiezu mehrere von der Sonne erleuchtete Rauchsäulen, die aus zerstreuten, kaum sichtbaren Hütten emporstiegen.

Velletri liegt sehr angenehm auf einem vulkanischen Hügel,

der nur gegen Norden mit andern zusammenhängt, über drei Himmelsgegenden aber den freisten Anblick gewährt.

Nun besahen wir das Kabinett des Cavaliere Borgia, welcher, begünstigt durch die Verwandtschaft mit dem Kardinal und der Propaganda, treffliche Altertümer und sonstige Merkwürdigkeiten hier zusammenstellen konnte: ägyptische Götzen, aus dem härtesten Steine gebildet, kleinere Metallfiguren früherer und späterer Zeit; in der Gegend ausgegrabene, aus Ton gebrannte, flach erhobene Bildwerke, durch welche veranlaßt man den alten Volskern einen eignen Stil zuschreiben will.

Von allerlei andern Raritäten besitzt das Museum mancherlei. Ich merkte mir zwei chinesische Tuschkästchen, wo auf den Stücken des einen die ganze Zucht der Seidenwürmer, auf dem andern der Reisbau vorgestellt ist, beides höchst naiv genommen und ausführlich gearbeitet. Das Kästchen sowie die Einwicklung desselben sind ausnehmend schön und dürfen sich neben dem von mir schon gelobten Buch auf der Bibliothek der Propaganda wohl sehen lassen.

Es ist freilich unverantwortlich, daß man diesen Schatz so nahe bei Rom hat und denselben nicht öfter besucht. Doch mag die Unbequemlichkeit einer jeden Ausflucht in diesen Gegenden und die Gewalt des römischen Zauberkreises zur Entschuldigung dienen. Als wir nach der Herberge gingen, riefen uns einige vor ihren Haustüren sitzende Weiber an, ob wir nicht auch Altertümer zu kaufen Lust hätten, und als wir uns darnach sehr begierig erwiesen, holten sie alte Kessel, Feuerzange, nebst anderem schlechten Hausgeräte und wollten sich zu Tod lachen uns angeführt zu haben. Als wir uns deshalb entrüsteten, brachte unser Führer die Sache wieder ins Gleiche: denn er versicherte, daß dieser Spaß hergebracht sei und daß alle Fremden denselben Tribut entrichten müßten.

Dies schreib' ich in einer sehr übeln Herberge und fühle in mir weder Kraft noch Behagen weiter fortzufahren. Also die freundlichste gute Nacht!

Fondi, den 23. Februar

Schon früh um drei Uhr waren wir auf dem Wege. Als es tagte, fanden wir uns in den Pontinischen Sümpfen, welche kein so übles Ansehn haben, als man sie in Rom gemeiniglich beschreibt. Man kann zwar ein so großes und weitläufiges Unternehmen, als die beabsichtigte Austrocknung ist, auf der Durchreise nicht beurteilen, allein es scheint mir doch, daß die Arbeiten, welche der Papst angeordnet, die gewünschten Endzwecke wenigstens zum größten Teil erreichen werden. Man denke sich ein weites Tal, das sich von Norden nach Süden mit wenigem Falle hinzieht, ostwärts gegen die Gebirge zu vertieft, westwärts aber gegen das Meer zu erhöht liegt.

Der ganzen Länge nach in gerader Linie ist die alte Via Appia wieder hergestellt, an der rechten Seite derselben der Hauptkanal gezogen, und das Wasser fließt darin gelind hinab, dadurch ist das Erdreich der rechten Seite nach dem Meere zu ausgetrocknet und dem Feldbau überantwortet; so weit das Auge sehen kann, ist es bebaut oder könnte es werden, wenn sich Pächter fänden, einige Flecke ausgenommen, die allzutief liegen.

Die linke Seite nach dem Gebirg zu ist schon schwerer zu behandeln. Zwar gehen Querkanäle unter der Chaussee in den Hauptkanal; da jedoch der Boden gegen die Berge zu abfällt, so kann er auf diese Weise nicht vom Wasser befreit werden. Man will, sagt man, einen zweiten Kanal am Gebirge herführen. Große Strecken, besonders gegen Terracina, sind mit Weiden und Pappeln angeflogen.

Eine Poststation besteht aus einer bloßen langen Strohhütte. Tischbein zeichnete sie und genoß zur Belohnung dafür ein Vergnügen, das nur er völlig zu genießen weiß. Auf dem abgetrockneten Terrain hatte sich ein Schimmel losgemacht, der, sich seiner Freiheit bedienend, auf dem braunen Boden wie ein Lichtstrahl hin und wider fuhr; wirklich war es ein herrlicher Anblick, durch Tischbeins Entzücken erst recht bedeutend.

Da wo sonst der Ort Meza stand, hat der Papst ein großes und schönes Gebäude, als den Mittelpunkt der Fläche bezeichnend, aufrichten lassen. Der Anblick desselben vermehrt Hoffnung und Zutrauen für das ganze Unternehmen. Und so rückten wir immer fort, uns lebhaft unterhaltend, wohl eingedenk der Warnung daß man auf diesem Wege nicht einschlafen dürfe, und freilich erinnerte uns der blaue Dunst, der schon in dieser Jahrszeit in gewisser Höhe über dem Boden schwebte, an eine gefährliche Luftschicht. Desto erfreulicher und erwünschter war uns die Felsenlage von Terracina, und kaum hatten wir uns daran vergnügt, als wir das Meer gleich davor erblickten. Kurz darauf ließ uns die andere Seite des Stadtberges ein Schauspiel neuer Vegetation sehen. Indianische Feigen trieben ihre großen fetten Blätterkörper zwischen niedrigen graulichgrünen Myrten, unter gelbgrünen Granatbäumen und fahlgrünen Olivenzweigen. Am Wege sahen wir neue, noch nie gesehene Blumen und Sträuche. Narzissen und Adonis blühten auf den Wiesen. Man behält das Meer eine Zeitlang rechts; die Kalkfelsen aber bleiben links in der Nähe. Diese sind die Fortsetzung der Apenninen, welche sich von Tivoli herziehen und ans Meer anschließen, wovon sie erst durch die Campagna di Roma, dann durch die frascatanischen, albanischen, velletrischen Vulkane und endlich durch die Pontinischen Sümpfe getrennt wurden. Der Monte Circello, das Vorgebirg Terracina gegenüber, wo die Pontinischen Sümpfe sich endigen, mag gleichfalls aus gereihten Kalkfelsen bestehen.

Wir verließen das Meer und kamen bald in die reizende Ebene von Fondi. Dieser kleine Raum fruchtbaren und bebauten Erdreichs, von einem nicht allzu rauhen Gebirg umschlossen, muß jedermann anlachen. Noch hängt die Mehrzahl der Orangen an den Bäumen, die Saat steht grün, durchaus Weizen; Oliven auf den Äckern, das Städtchen im Grunde. Ein Palmbaum zeichnet sich aus und ward begrüßt. So viel für diesen Abend. Verzeihung der laufenden Feder. Ich muß schreiben ohne zu denken, damit ich nur schreibe.

Der Gegenstände sind zu viel, der Aufenthalt zu schlecht und doch meine Begierde allzu groß einiges dem Papiere anzuvertrauen. Mit einbrechender Nacht kamen wir an, und es ist nun Zeit Ruhe zu suchen.

Sant'Agata, den 24. Februar

In einer kalten Kammer muß ich Nachricht von einem schönen Tage geben. Als wir aus Fondi herausfuhren, ward es eben helle, und wir wurden sogleich durch die über die Mauern hängenden Pomeranzen auf beiden Seiten des Wegs begrüßt. Die Bäume hängen so voll, als man sich's nur denken kann. Obenher ist das junge Laub gelblich, unten aber und in der Mitte von dem saftigsten Grün. Mignon hatte wohl recht sich dahin zu sehnen.

Dann fuhren wir durch wohl geackerte und bestellte Weizenfelder, in schicklichen Räumen mit Oliven bepflanzt. Der Wind bewegte sie und brachte die silberne Unterfläche der Blätter ans Licht, die Äste bogen sich leicht und zierlich. Es war ein grauer Morgen, ein starker Nordwind versprach alles Gewölk völlig zu vertreiben.

Dann zog der Weg im Tale hin, zwischen steinichten, aber gut bebauten Äckern, die Saat vom schönsten Grün. An einigen Orten sah man geräumige, runde, gepflasterte Plätze, mit niedrigen Mäuerchen umgeben; hier drischt man die Frucht sogleich aus, ohne sie in Garben nach Hause zu fahren. Das Tal ward schmäler, der Weg ging bergan, Kalkfelsen standen nackt an beiden Seiten. Der Sturm war heftiger hinter uns her. Es fielen Graupeln, die sehr langsam tauten.

Einige Mauern antiker Gebäude mit netzförmiger Arbeit überraschten uns. Auf der Höhe sind die Plätze felsig, doch mit Olivenbäumen bepflanzt, wo nur das geringste Erdreich sie aufnehmen konnte. Nun über eine Plaine mit Oliven, sodann durch ein Städtchen. Eingemauert fanden wir nun Altäre, antike Grabsteine, Fragmente aller Art in den Gartenumfriedigungen, dann trefflich gemauerte, jetzt aber mit

Erdreich ausgefüllte Untergeschosse alter Landhäuser, nunmehr von Olivenwäldchen bewachsen. Dann erblickten wir den Vesuv, eine Rauchwolke auf seinem Scheitel.

Mola die Gaeta begrüßte uns abermals mit den reichsten Pomeranzenbäumen. Wir blieben einige Stunden. Die Bucht vor dem Städtchen gewährt eine der schönsten Aussichten, das Meer spült bis heran. Folgt das Auge dem rechten Ufer und erreicht es zuletzt das Hornende des halben Mondes, so sieht man auf einem Felsen die Festung Gaeta, in mäßiger Ferne. Das linke Horn erstreckt sich viel weiter; erst sieht man eine Reihe Gebirge, dann den Vesuv, dann die Inseln. Ischia liegt fast der Mitte gegenüber.

Hier fand ich am Ufer die ersten Seesterne und Seeigel ausgespült. Ein schönes grünes Blatt, wie das feinste Velinpapier, dann aber merkwürdige Geschiebe: am häufigsten die gewöhnlichen Kalksteine, sodann aber auch Serpentin, Jaspis, Quarze, Kieselbrekzien, Granite, Porphyre, Marmorarten, Glas von grüner und blauer Farbe. Die zuletzt genannten Steinarten sind schwerlich in dieser Gegend erzeugt, sind wahrscheinlich Trümmer alter Gebäude, und so sehen wir denn, wie die Welle vor unsern Augen mit den Herrlichkeiten der Vorwelt spielen darf. Wir verweilten gern und hatten unsere Lust an der Natur der Menschen, die sich beinahe als Wilde betrugen. Von Mola sich entfernend, hat man immer schöne Aussicht, wenn sich auch das Meer verliert. Der letzte Blick darauf ist eine liebliche Seebucht, die gezeichnet ward. Nun folgt gutes Fruchtfeld mit Aloen eingezäunt. Wir erblickten eine Wasserleitung, die sich vom Gebirg her nach unkenntlichen verworrenen Ruinen zog.

Dann folgt die Überfahrt über den Fluß Garigliano. Man wandert sodann durch ziemlich fruchtbare Gegenden auf ein Gebirg los. Nichts Auffallendes. Endlich der erste vulkanische Aschenhügel. Hier beginnt eine große herrliche Gegend von Bergen und Gründen, über welche zuletzt Schneegipfel hervorragen. Auf der nähern Höhe eine lange, wohl in die Augen fallende Stadt. In dem Tal liegt Sant' Agata, ein ansehnlicher Gasthof, wo ein lebhaftes Feuer in einem Kamin, das als Kabinett angelegt ist, brannte. Indessen ist unsere Stube kalt, keine Fenster, nur Läden, und ich eile zu schließen.

Neapel, den 25. Februar

Endlich auch hier glücklich und mit guten Vorbedeutungen angekommen. Von der Tagesreise nur so viel: Sant'Agata verließen wir mit Sonnenaufgang, der Wind blies heftig hinter uns her, und dieser Nordost hielt den ganzen Tag an. Erst nachmittag ward er Herr von den Wolken; wir litten von Kälte.

Unser Weg ging wieder durch und über vulkanische Hügel, wo ich nur noch wenige Kalkfelsen zu bemerken glaubte. Endlich erreichten wir die Plaine von Capua, bald darnach Capua selbst, wo wir Mittag hielten. Nachmittag tat sich ein schönes flaches Feld vor uns auf. Die Chaussee geht breit zwischen grünen Weizenfeldern durch, der Weizen ist wie ein Teppich und wohl spannenhoch. Pappeln sind reihenweis auf den Feldern gepflanzt, hoch ausgezweigt und Wein hinangezogen. So geht es bis Neapel hinein. Ein klarer, herrlich lockerer Boden und gut bearbeitet. Die Weinstöcke von ungewöhnlicher Stärke und Höhe, die Ranken wie Netze von Pappel zu Pappel schwebend.

Der Vesuv blieb uns immer zur linken Seite, gewaltsam dampfend! und ich war still für mich erfreut, daß ich diesen merkwürdigen Gegenstand endlich auch mit Augen sah. Der Himmel ward immer klärer, und zuletzt schien die Sonne recht heiß in unsere enge rollende Wohnung. Bei ganz rein heller Atmosphäre kamen wir Neapel näher; und nun fanden wir uns wirklich in einem andern Lande. Die Gebäude mit flachen Dächern deuten auf eine andere Himmelsgegend, inwendig mögen sie nicht sehr freundlich sein. Alles ist auf der Straße, sitzt in der Sonne, solange sie scheinen will. Der Neapolitaner glaubt im Besitz des Paradieses zu sein und hat von den nördlichen Ländern einen sehr traurigen Begriff: Sempre neve, case di legno, gran ignoranza, ma danari assai. Solch ein Bild machen sie sich von unserm Zustande. Zur Erbauung sämtlicher deutschen Völkerschaften heißt diese Charakteristik übersetzt: Immer Schnee, hölzerne Häuser, große Unwissenheit; aber Geld genug.

Neapel selbst kündigt sich froh, frei und lebhaft an, unzählige Menschen rennen durcheinander, der König ist auf der Jagd, die Königin guter Hoffnung, und so kann's nicht besser gehn.

Neapel, Montag, den 26. Februar

Alla Locanda del Signor Moriconi al Largo del Castello. Unter dieser ebenso heiter als prächtig klingenden Aufschrift würden uns Briefe aus allen vier Teilen der Welt nunmehr auffinden. In der Gegend des am Meere liegenden großen Kastells erstreckt sich eine große Weitung, die man, obgleich von allen vier Seiten mit Häusern umgeben, nicht Platz sondern Weite (largo) genannt hat, wahrscheinlicherweise von den ersten Zeiten her, da dieses noch ein unbegrenztes Feld war. Hier nun tritt an der einen Seite ein großes Eckhaus herein; und wir faßten Fuß in einem geräumigen Ecksaale, der einen freien und frohen Überblick über die immer bewegte Fläche gewährt. Ein eiserner Balkon zieht sich außen an mehrern Fenstern vorbei, selbst um die Ecke hin. Man würde davon nicht wegkommen, wenn der scharfe Wind nicht äußerst fühlbar wäre.

Der Saal ist munter dekoriert, besonders aber die Decke, deren Arabesken in hundert Abteilungen schon die Nähe von Pompeji und Herkulanum verkünden. Das wäre nun alles schön und gut, aber keine Feuerstätte, kein Kamin ist zu bemerken, und der Februar übt denn doch auch hier seine Rechte. Ich sehnte mich nach einiger Erwärmung.

Man brachte mir einen Dreifuß, von der Erde dergestalt erhöht, daß man die Hände bequem drüber halten konnte. Auf demselben war ein flaches Becken befestigt, dieses enthielt ganz zarte glühende Kohlen, gar glatt mit Asche bedeckt. Hier gilt es nun haushältig sein, wie wir es in Rom schon gelernt. Mit dem Ohr eines Schlüssels zieht man von Zeit zu Zeit die oberflächliche Asche behutsam weg, so daß von den Kohlen wieder etwas an die freie Luft gelange. Wollte man jedoch ungeduldig die Glut aufwühlen, so würde man einen Augenblick größere Wärme spüren, aber sehr bald die ganze Glut erschöpft haben, da denn das Becken abermals, gegen Erlegung einer gewissen Summe, zu füllen wäre.

Ich befand mich nicht ganz wohl und hätte freilich mehr Bequemlichkeit gewünscht. Eine Schilfmatte diente gegen die Einflüsse des Estrichs; Pelze sind nicht gewöhnlich, und ich entschloß mich eine Schifferkutte, die wir aus Scherz mitgenommen hatten, anzuziehen, die mir gute Dienste leistete, besonders nachdem ich sie mit einem Kofferstrick um den Leib befestigt hatte: da ich mir denn als Mittelding zwischen Matrosen und Kapuziner sehr komisch vorkommen mußte. Tischbein, der von Besuchen bei Freunden zurückkehrte, konnte sich des Lachens nicht enthalten.

Neapel, den 27. Februar

Gestern bracht' ich den Tag in Ruhe zu, um eine kleine körperliche Unbequemlichkeit erst abzuwarten, heute ward geschwelgt und die Zeit mit Anschauung der herrlichsten Gegenstände zugebracht. Man sage, erzähle, male was man will, hier ist mehr als alles. Die Ufer, Buchten und Busen des Meeres, der Vesuv, die Stadt, die Vorstädte, die Kastelle, die Lusträume! — Wir sind auch noch abends in die Grotte des Posilipo gegangen, da eben die untergehende Sonne zur andern Seite hereinschien. Ich verzieh es allen, die in Neapel von Sinnen kommen, und erinnerte mich mit Rührung meines Vaters, der einen unauslöschlichen Eindruck besonders von denen Gegenständen, die ich heut' zum erstenmal sah, erhalten hatte. Und wie man sagt, daß einer dem ein Gespenst erschienen nicht wieder froh wird, so konnte man umgekehrt von ihm sagen, daß er nie ganz unglücklich werden konnte, weil er sich immer wieder nach Neapel dachte. Ich bin nun nach meiner Art ganz stille und mache nur, wenn's gar zu toll wird, große, große Augen.

Neapel, den 28. Februar

Heute besuchten wir Philipp Hackert, den berühmten Landschaftsmaler, der eines besondern Vertrauens, einer vorzüglichen Gnade des Königs und der Königin genießt. Man hat ihm einen Flügel des Palasts Francavilla eingeräumt, den er mit Künstlergeschmack möblieren ließ und mit Zufriedenheit bewohnt. Es ist ein sehr bestimmter kluger Mann, der, bei unausgesetztem Fleiß, das Leben zu genießen versteht.

Dann gingen wir ans Meer und sahen allerlei Fische und wunderliche Gestalten aus den Wellen ziehen. Der Tag war herrlich, die Tramontane leidlich.

Neapel, den 1. März

Schon in Rom hatte man meinem eigensinnigen Einsiedlersinne, mehr als mir lieb war, eine gesellige Seite abgewonnen. Freilich scheint es ein wunderlich Beginnen, daß man in die Welt geht um allein bleiben zu wollen. So hatte ich denn auch dem Fürsten von Waldeck nicht widerstehen können, der mich aufs freundlichste einlud und, durch Rang und Einfluß, mir Teilnahme an manchem Guten verschaffte. Kaum waren wir in Neapel angekommen, wo er sich schon eine Zeitlang aufhielt, als er uns einladen ließ, mit ihm eine Fahrt nach Pozzuoli und der anliegenden Gegend zu machen. Ich dachte heute schon auf den Vesuv, Tischbein aber nötigt mich zu jener Fahrt, die, an und für sich angenehm, bei dem schönsten Wetter, in Gesellschaft eines so vollkommenen und unterrichteten Fürsten, sehr viel Freude und Nutzen verspricht. Auch haben wir schon in Rom eine schöne Dame gesehen, nebst ihrem Gemahl, von dem Fürsten unzertrennlich; diese soll gleichfalls von der Partie sein, und man hofft alles Erfreuliche.

Auch bin ich dieser edlen Gesellschaft durch frühere

Unterhaltung genauer bekannt. Der Fürst nämlich fragte bei unserer ersten Bekanntschaft, womit ich mich jetzt beschäftige, und meine Iphigenia war mir so gegenwärtig, daß ich sie einen Abend umständlich genug erzählen konnte. Man ging drauf ein; aber ich glaubte doch zu merken, daß man etwas Lebhafteres, Wilderes von mir erwartet hatte.

Abends

Von dem heutigen Tage wäre schwerlich Rechenschaft zu geben. Wer hat es nicht erfahren, daß die flüchtige Lesung eines Buchs, das ihn unwiderstehlich fortriß, auf sein ganzes Leben den größten Einfluß hatte und schon die Wirkung entschied, zu der Wiederlesen und ernstliches Betrachten kaum in der Folge mehr hinzutun konnte. So ging es mir einst mit Sakontala, und geht es uns mit bedeutenden Menschen nicht gleicherweise? Eine Wasserfahrt bis Pozzuoli, leichte Landfahrten, heitere Spaziergänge durch die wundersamste Gegend von der Welt. Unterm reinsten Himmel der unsicherste Boden. Trümmern undenkbarer Wohlhäbigkeit, zerlästert und unerfreulich. Siedende Wasser, Schwefel aushauchende Grüfte, dem Pflanzenleben widerstrebende Schlackenberge, kahle widerliche Räume und dann doch zuletzt eine immer üppige Vegetation, eingreifend wo sie nur irgend vermag, sich über alles Ertötete erhebend, um Landseen und Bäche umher, ja den herrlichsten Eichwald an den Wänden eines alten Kraters behauptend.

Und so wird man zwischen Natur- und Völkerereignissen hin und wider getrieben. Man wünscht zu denken und fühlt sich dazu zu ungeschickt. Indessen lebt der Lebendige lustig fort, woran wir es denn auch nicht fehlen ließen. Gebildete Personen, der Welt und ihrem Wesen angehörend, aber auch, durch ernstes Geschick gewarnt, zu Betrachtungen aufgelegt. Unbegrenzter Blick über Land, Meer und Himmel, zurückgerufen in die Nähe einer liebenswürdigen jungen Dame, Huldigung anzunehmen gewohnt und geneigt.

Unter allem diesem Taumel jedoch verfehlt' ich nicht

manches anzumerken. Zu künftiger Redaktion wird die an Ort und Stelle benutzte Karte und eine flüchtige Zeichnung von Tischbein die beste Hülfe geben; heute ist mir nicht möglich auch nur das mindeste hinzuzufügen.

Den 2. März

bestieg ich den Vesuv, obgleich bei trübem Wetter und umwölktem Gipfel. Fahrend gelangt' ich nach Resina, sodann auf einem Maultiere den Berg zwischen Weingärten hinauf; nun zu Fuß über die Lava vom Jahre einundsiebenzig, die schon feines aber festes Moos auf sich erzeugt hatte; dann an der Seite der Lava her. Die Hütte des Einsiedlers blieb mir links auf der Höhe. Ferner den Aschenberg hinauf, welches eine sauere Arbeit ist. Zwei Dritteile dieses Gipfels waren mit Wolken bedeckt. Endlich erreichten wir den alten nun ausgefüllten Krater, fanden die neuen Laven von zwei Monaten vierzehn Tagen, ja eine schwache von fünf Tagen schon erkaltet. Wir stiegen über sie an einem erst aufgeworfenen vulkanischen Hügel hinauf, er dampfte aus allen Enden. Der Rauch zog von uns weg, und ich wollte nach dem Krater gehn. Wir waren ungefähr fünfzig Schritte in den Dampf hinein, als er so stark wurde, daß ich kaum meine Schuhe sehen konnte. Das Schnupftuch vorgehalten half nichts, der Führer war mir auch verschwunden, die Tritte auf den ausgeworfenen Lavabröckchen unsicher, ich fand für gut umzukehren und mir den gewünschten Anblick auf einen heitern Tag und verminderten Rauch zu sparen. Indes weiß ich doch auch, wie schlecht es sich in solcher Atmosphäre Atem holt.

Übrigens war der Berg ganz still. Weder Flamme noch Brausen noch Steinwurf, wie er doch die ganze Zeit her trieb. Ich habe ihn nun rekognosziert, um ihn förmlich, sobald das Wetter gut werden will, zu belagern.

Die Laven, die ich fand, waren mir meist bekannte Gegenstände. Ein Phänomen hab' ich aber entdeckt, das mir sehr merkwürdig schien und das ich näher untersuchen, nach welchem ich mich bei Kennern und Sammlern erkundigen will. Es ist eine tropfsteinförmige Bekleidung einer vulkanischen Esse, die ehemals zugewölbt war, jetzt aber aufgeschlagen ist und aus dem alten nun ausgefüllten Krater herausragt. Dieses feste, grauliche, tropfsteinförmige Gestein scheint mir durch Sublimation der allerfeinsten vulkanischen Ausdünstungen, ohne Mitwirkung von Feuchtigkeit und ohne Schmelzung, gebildet worden zu sein; es gibt zu weitern Gedanken Gelegenheit.

Heute, den dritten März, ist der Himmel bedeckt und ein Scirocco weht; zum Posttage gutes Wetter.

Sehr gemischte Menschen, schöne Pferde und wunderliche Fische habe ich hier übrigens schon genug gesehn.

Von der Lage der Stadt und ihren Herrlichkeiten, die so oft beschrieben und belobt sind, kein Wort. Vedi Napoli e poi muori! sagen sie hier. Siehe Neapel und stirb!

Neapel, den 3. März

Daß kein Neapolitaner von seiner Stadt weichen will, daß ihre Dichter von der Glückseligkeit der hiesigen Lage in gewaltigen Hyperbeln singen, ist ihnen nicht zu verdenken, und wenn auch noch ein paar Vesuve in der Nachbarschaft stünden. Man mag sich hier an Rom gar nicht zurück erinnern; gegen die hiesige freie Lage kommt einem die Hauptstadt der Welt im Tibergrunde wie ein altes übelplaciertes Kloster vor.

Das See- und Schiffwesen gewährt auch ganz neue Zustände. Die Fregatte nach Palermo ging mit reiner starker Tramontane gestern ab. Diesmal hat sie gewiß nicht über sechsunddreißig Stunden auf der Fahrt zugebracht. Mit welcher Sehnsucht sah ich den vollen Segeln nach, als das Schiff zwischen Capri und Capo Minerva durchfuhr und endlich verschwand. Wenn man jemand Geliebtes so fortfahren sähe, müßte man vor Sehnsucht sterben! Jetzt weht der Scirocco; wenn der Wind stärker wird, werden die Wellen um den Molo lustig genug sein.

Heute, als an einem Freitage, war die große Spazierfahrt des Adels, wo jeder seine Equipagen, besonders Pferde, produziert. Man kann unmöglich etwas Zierlicheres sehen als diese Geschöpfe hier; es ist das erstemal in meinem Leben, daß mir das Herz gegen sie aufgeht.

Hier schick' ich einige gedrängte Blätter als Nachricht von dem Einstande, den ich hier gegeben. Auch ein an der Ecke angeschmauchtes Kuvert eures letzten Briefes, zum Zeugnis, daß er mit auf dem Vesuv gewesen. Doch muß ich euch nicht, weder im Traume noch im Wachen, von Gefahr umgeben erscheinen; seid versichert, da wo ich gehe, ist nicht mehr Gefahr als auf der Chaussee nach Belvedere. Die Erde ist überall des Herrn! kann man wohl bei dieser Gelegenheit sagen. Ich suche keine Abenteuer aus Vorwitz noch Sonderbarkeit, aber weil ich meist klar bin und dem Gegenstand bald seine Eigentümlichkeit abgewinne, so kann ich mehr tun und wagen als ein anderer. Nach Sizilien ist's nichts weniger als gefährlich. Vor einigen Tagen fuhr die Fregatte nach Palermo mit günstigem Nordostwind ab, sie ließ Capri rechts und hat gewiß den Weg in sechsunddreißig Stunden zurückgelegt. Drüben sieht es auch in der Wirklichkeit nicht so gefährlich aus, als man es in der Ferne zu machen beliebt.

Vom Erdbeben spürt man jetzt im untern Teile von Italien gar nichts, im obern ward neulich Rimini und naheliegende Orte beschädigt. Es hat wunderliche Launen, man spricht hier davon wie von Wind und Wetter und in Thüringen von Feuersbrünsten.

Mich freut, daß ihr nun mit der neuen Bearbeitung der Iphigenia euch befreundet; noch lieber wäre mir's, wenn euch der Unterschied fühlbarer geworden wäre. Ich weiß was ich daran getan habe und darf davon reden, weil ich es noch weiter treiben könnte. Wenn es eine Freude ist das Gute zu genießen, so ist es eine größere das Bessere zu empfinden, und in der Kunst ist das Beste gut genug.

Neapel, den 5. März

Den zweiten Fastensonntag benutzten wir, von Kirche zu Kirche zu wandern. Wie in Rom alles höchst ernsthaft ist, so treibt sich hier alles lustig und wohlgemut. Auch die neapolitanische Malerschule begreift man nur zu Neapel. Hier sieht man mit Verwunderung die ganze Vorderseite einer Kirche von unten bis oben gemalt, über der Türe Christus, der die Käufer und Verkäufer zum Tempel hinaus treibt, welche zu beiden Seiten munter und zierlich erschreckt die Treppen herunter purzeln. Innerhalb einer andern Kirche ist der Raum über dem Eingang reichhaltig mit einem Freskogemälde geziert, die Vertreibung Heliodors vorstellend. Luca Giordano mußte sich freilich sputen, um solche Flächen auszufüllen. Auch die Kanzel ist nicht immer, wie anderwärts, ein Katheder, Lehrstuhl für eine einzelne Person, sondern eine Galerie, auf welcher ich einen Kapuziner hin und her schreiten und bald von dem einen, bald von dem andern Ende dem Volk seine Sündhaftigkeit vorhalten sah. Was wäre da nicht alles zu erzählen!

Aber weder zu erzählen noch zu beschreiben ist die Herrlichkeit einer Vollmondnacht, wie wir sie genossen, durch die Straßen über die Plätze wandelnd, auf der Chiaja, dem unermeßlichen Spaziergang, sodann am Meeresufer hin und wider. Es übernimmt einen wirklich das Gefühl von Unendlichkeit des Raums. So zu träumen ist denn doch der Mühe wert.

Von einem trefflichen Manne, den ich diese Tage kennen gelernt, muß ich kürzlich das Allgemeinste erwähnen. Es ist Ritter Filangieri, bekannt durch sein Werk über die Gesetzgebung. Er gehört zu den ehrwürdigen jungen Männern, welche das Glück der Menschen und eine löbliche Freiheit derselben im Auge behalten. An seinem Betragen kann man den Soldaten, den Ritter und Weltmann erkennen, gemildert ist jedoch dieser Anstand durch den Ausdruck eines zarten sittlichen Gefühls, welches, über die ganze Person verbreitet, aus Wort und Wesen gar anmutig hervorleuchtet. Auch er ist seinem Könige und dessen Königreich im Herzen verbündet, wenn er auch nicht alles billigt was geschieht; aber auch er ist gedrückt durch die Furcht vor Joseph dem Zweiten. Das Bild eines Despoten, wenn es auch nur in der Luft schwebt, ist edlen Menschen schon fürchterlich. Er sprach mit mir ganz offen, was Neapel von jenem zu fürchten habe. Er unterhält sich gern über Montesquieu, Beccaria, auch über seine eigenen Schriften, alles in demselben Geiste des besten Wollens und einer herzlichen jugendlichen Lust das Gute zu wirken. Er mag noch in den Dreißigen stehen.

Gar bald machte er mich mit einem alten Schriftsteller bekannt, an dessen unergründlicher Tiefe sich diese neuern italienischen Gesetzfreunde höchlich erquicken und erbauen, er heißt Giovanni Battista Vico; sie ziehen ihn dem Montesquieu vor. Bei einem flüchtigen Überblick des Buches, das sie mir als ein Heiligtum mitteilten, wollte mir scheinen, hier seien sibyllinische Vorahnungen des Guten und Rechten, das einst kommen soll oder sollte, gegründet auf ernste Betrachtungen des Überlieferten und des Lebens. Es ist gar schön, wenn ein Volk solch einen Ältervater besitzt; den Deutschen wird einst Hamann ein ähnlicher Kodex werden.

Neapel, den 6. März

Obgleich ungern, doch aus treuer Geselligkeit, begleitete Tischbein mich heute auf den Vesuv. Ihm, dem bildenden Künstler, der sich nur immer mit den schönsten Menschen- und Tierformen beschäftigt, ja das Ungeformte selbst, Felsen und Landschaften, durch Sinn und Geschmack vermenschlicht, ihm wird eine solche furchtbare ungestalte Aufhäufung, die sich immer wieder selbst verzehrt und allen Schönheitsgefühl den Krieg ankündigt, ganz abscheulich vorkommen.

Wir fuhren auf zwei Kalessen, weil wir uns als Selbstführer durch das Gewühl der Stadt nicht durchzuwinden getrauten. Der Fahrende schreit unaufhörlich: Platz, Platz! damit Esel, Holz oder Kehricht Tragende, entgegen rollende Kalessen, lastschleppende oder freiwandelnde Menschen, Kinder und Greise sich vorsehen, ausweichen, ungehindert aber der scharfe Trab fortgesetzt werde.

Der Weg durch die äußersten Vorstädte und Gärten sollte schon auf etwas Plutonisches hindeuten. Denn da es lange nicht geregnet, waren von dickem aschgrauem Staube die von Natur immergrünen Blätter überdeckt, alle Dächer, Gurtgesimse und was nur irgendeine Fläche bot, gleichfalls übergraut, so daß nur der herrliche blaue Himmel und die hereinscheinende mächtige Sonne ein Zeugnis gab, daß man unter den Lebendigen wandle.

Am Fuße des steilen Hanges empfingen uns zwei Führer, ein älterer und ein jüngerer, beides tüchtige Leute. Der erste schleppte mich, der zweite Tischbein den Berg hinauf. Sie schleppten, sage ich: denn ein solcher Führer umgürtet sich mit einem ledernen Riemen, in welchen der Reisende greift und, hinaufwärts gezogen, sich an einem Stabe, auf seinen eigenen Füßen, desto leichter empor hilft.

So erlangten wir die Fläche, über welcher sich der Kegelberg erhebt, gegen Norden die Trümmer der Somma.

Ein Blick westwärts über die Gegend nahm wie ein heilsames Bad alle Schmerzen der Anstrengung und alle Müdigkeit hinweg, und wir umkreisten nunmehr den immer qualmenden, Stein und Asche auswerfenden Kegelberg. Solange der Raum gestattete in gehöriger Entfernung zu bleiben, war es ein großes geisterhebendes Schauspiel. Erst ein gewaltsamer Donner, der aus dem tiefsten Schlunde hervortönte, sodann Steine, größere und kleinere, zu Tausenden in die Luft geschleudert, von Aschenwolken eingehüllt. Der größte Teil fiel in den Schlund zurück. Die andern, nach der Seite zu getriebenen Brocken, auf die Außenseite des Kegels niederfallend, machten ein wunderbares Geräusch: erst plumpten die schwereren und hupften mit dumpfem Getön an die Kegelseite hinab, die geringeren klapperten hinterdrein, und zuletzt rieselte die Asche nieder. Dieses alles geschah in regelmäßigen Pausen, die wir durch ein ruhiges Zählen sehr wohl abmessen konnten.

Zwischen der Somma und dem Kegelberge ward aber der Raum enge genug, schon fielen mehrere Steine um uns her und machten den Umgang unerfreulich. Tischbein fühlte sich nunmehr auf dem Berge noch verdrießlicher, da dieses Ungetüm, nicht zufrieden häßlich zu sein, auch noch gefährlich werden wollte.

Wie aber durchaus eine gegenwärtige Gefahr etwas Reizendes hat und den Widerspruchsgeist im Menschen auffordert ihr zu trotzen, so bedachte ich, daß es möglich sein müsse, in der Zwischenzeit von zwei Eruptionen, den Kegelberg hinauf an den Schlund zu gelangen und auch in diesem Zeitraum den Rückweg zu gewinnen. Ich ratschlagte hierüber mit den Führern, unter einem überhängenden Felsen der Somma, wo wir, in Sicherheit gelagert, uns an den mitgebrachten Vorräten erquickten. Der jüngere getraute sich das Wagestück mit mir zu bestehen, unsere Hutköpfe fütterten wir mit leinenen und seidenen Tüchern, wir stellten uns bereit, die Stäbe in der Hand, ich seinen Gürtel fassend.

Noch klapperten die kleinen Steine um uns herum, noch rieselte die Asche, als der rüstige Jüngling mich schon über das glühende Gerölle hinaufriß. Hier standen wir an dem ungeheuren Rachen, dessen Rauch eine leise Luft von uns ablenkte, aber zugleich das Innere des Schlundes verhüllte, der ringsum aus tausend Ritzen dampfte. Durch einen Zwischenraum des Qualmes erblickte man hie und da geborstene Felsenwände. Der Anblick war weder unterrichtend noch erfreulich, aber eben deswegen weil man nichts sah, verweilte man um etwas heraus zu sehen. Das ruhige Zählen war versäumt, wir standen auf einem scharfen Rande vor dem ungeheuern Abgrund. Auf einmal erscholl der Donner, die furchtbare Ladung flog an uns vorbei, wir duckten uns unwillkürlich, als wenn uns das vor den niederstürzenden

Massen gerettet hätte; die kleineren Steine klapperten schon, und wir, ohne zu bedenken, daß wir abermals eine Pause vor uns hatten, froh, die Gefahr überstanden zu haben, kamen mit der noch rieselnden Asche am Fuße des Kegels an, Hüte und Schultern genugsam eingeäschert.

Von Tischbein aufs freundlichste empfangen, gescholten und erquickt, konnte ich nun den älteren und neueren Laven eine besondere Aufmerksamkeit widmen. Der betagte Führer wußte genau die Jahrgänge zu bezeichnen. Ältere waren schon mit Asche bedeckt und ausgeglichen, neuere, besonders die langsam geflossenen, boten einen seltsamen Anblick: denn indem sie, fortschleichend, die auf ihrer Oberfläche erstarrten Massen eine Zeitlang mit sich hinschleppen, so muß es doch begegnen, daß diese von Zeit zu Zeit stocken, aber, von den Glutströmen noch fortbewegt, übereinander geschoben, wunderbar zackig erstarrt verharren, seltsamer als im ähnlichen Fall die übereinander getriebenen Eisschollen. Unter diesem geschmolzenen wüsten Wesen fanden sich auch große Blöcke, welche, angeschlagen, auf dem frischen Bruch einer Urgebirgsart völlig ähnlich sehen. Die Führer behaupteten, es seien alte Laven des tiefsten Grundes, welche der Berg manchmal auswerfe.

Auf unserer Rückkehr nach Neapel wurden mir kleine Häuser merkwürdig, einstöckig, sonderbar gebaut, ohne Fenster, die Zimmer nur durch die auf die Straße gehende Türe erleuchtet. Von früher Tageszeit bis in die Nacht sitzen die Bewohner davor, da sie sich denn zuletzt in ihre Höhlen zurückziehen.

Die auf eine etwas verschiedene Weise am Abend tumultuierende Stadt entlockte mir den Wunsch einige Zeit hier verweilen zu können, um das bewegliche Bild nach Kräften zu entwerfen. Es wird mir nicht so wohl werden.

Neapel, Mittwoch, den 7. März

Und so hat mir diese Woche Tischbein redlich einen großen Teil der Kunstschätze von Neapel gezeigt und ausgelegt. Er, ein trefflicher Tierkenner und Zeichner, machte mich schon früher aufmerksam auf einen Pferdekopf von Erz im Palast Colombrano. Wir gingen heute dahin. Dieser Kunstrest steht gerade der Torfahrt gegenüber, im Hofe in einer Nische über einem Brunnen und setzt in Erstaunen; was muß das Haupt erst, mit den übrigen Gliedern zu einem Ganzen verbunden, für Wirkung getan haben! Das Pferd im ganzen war viel größer als die auf der Markuskirche, auch läßt hier das Haupt, näher und einzeln beschaut, Charakter und Kraft nur desto deutlicher erkennen und bewundern. Der prächtige Stirnknochen, die schnaubende Nase, die aufmerkenden Ohren, die starre Mähne! ein mächtig aufgeregtes kräftiges Geschöpf.

Wir kehrten uns um, eine weibliche Statue zu bemerken, die über dem Torwege in einer Nische stand. Sie wird für die Nachbildung einer Tänzerin schon von Winckelmann gehalten, wie denn solche Künstlerinnen in lebendiger Bewegung auf das mannigfaltigste dasjenige vorstellen, was die bildenden Meister uns als erstarrte Nymphen und Göttinnen aufbewahren. Sie ist sehr leicht und schön, der Kopf war abgebrochen, ist aber gut wieder aufgesetzt, übrigens nichts daran versehrt, und verdiente wohl einen bessern Platz.

Neapel, den 9. März

Heute erhalte ich die liebsten Briefe vom 16. Februar. Schreibet nur immer fort. Ich habe meine Zwischenposten wohl bestellt und werde es auch tun, wenn ich weitergehen sollte. Gar sonderbar kommt es mir vor, in so großer Entfernung zu lesen, daß die Freunde nicht zusammenkommen, und doch ist oft nichts natürlicher, als daß man nicht zusammen kommt, wenn man so nahe beisammen ist.

Das Wetter hat sich verdunkelt, es ist im Wechseln, das Frühjahr tritt ein, und wir werden Regentage haben. Noch ist der Gipfel des Vesuvs nicht heiter geworden, seit ich droben war. Diese letzten Nächte sah man ihn manchmal flammen, jetzt hält er wieder inne, man erwartet stärkeren Ausbruch.

Die Stürme dieser Tage haben uns ein herrliches Meer gezeigt, da ließen sich die Wellen in ihrer würdigen Art und Gestalt studieren; die Natur ist doch das einzige Buch, das auf allen Blättern großen Gehalt bietet. Dagegen gibt mir das Theater gar keine Freude mehr. Sie spielen hier in den Fasten geistliche Opern, die sich von den weltlichen in gar nichts unterscheiden, als daß keine Ballette zwischen den Akten eingeschaltet sind; übrigens aber so bunt als möglich. Im Theater San Carlo führen sie auf: Zerstörung von Jerusalem durch Nebukadnezar. Mir ist es ein großer Guckkasten; es scheint, ich bin für solche Dinge verdorben.

Heute waren wir mit dem Fürsten von Waldeck auf Capo di Monte, wo die große Sammlung von Gemälden, Münzen und dergleichen sich befindet, nicht angenehm aufgestellt, doch kostbare Sachen. Mir bestimmen und bestätigen sich nunmehr so viele Traditionsbegriffe. Was von Münzen, Gemmen, Vasen einzeln wie die gestutzten Zitronenbäume nach Norden kommt, sieht in Masse hier ganz anders aus, da wo diese Schätze einheimisch sind. Denn wo Werke der Kunst rar sind, gibt auch die Rarität ihnen einen Wert, hier lernt man nur das Würdige schätzen.

Sie bezahlen jetzt großes Geld für die etrurischen Vasen und gewiß finden sich schöne und treffliche Stücke darunter. Kein Reisender, der nicht etwas davon besitzen wollte. Man schlägt sein Geld nicht so hoch an als zu Hause, ich fürchte, selbst noch verführt zu werden.

Das ist das Angenehme auf Reisen, daß auch das Gewöhnliche durch Neuheit und Überraschung das Ansehen eines Abenteuers gewinnt. Als ich von Capo di Monte zurück kam, machte ich noch einen Abendbesuch bei Filangieri, wo ich auf dem Kanapee neben der Hausfrau ein

Frauenzimmer sitzend fand, deren Äußeres mir nicht zu dem vertraulichen Betragen zu passen schien, dem sie sich ganz ohne Zwang hingab. In einem leichten, gestreiften, seidenen Fähnchen, den Kopf wunderlich aufgeputzt, sah die kleine niedliche Figur einer Putzmacherin ähnlich, die, für die Zierde anderer sorgend, ihrem eigenen Aussehen wenig Aufmerksamkeit schenkt. Sie sind so gewohnt ihre Arbeit bezahlt zu sehen, daß sie nicht begreifen, wie sie für sich selbst etwas gratis tun sollen. Durch meinen Eintritt ließ sie sich in ihrem Plaudern nicht stören und brachte eine Menge possierliche Geschichten vor, welche ihr dieser Tage begegnet, oder vielmehr durch ihre Strudeleien veranlaßt worden.

Die Dame vom Hause wollte mir auch zum Wort verhelfen, sprach über die herrliche Lage von Capo di Monte und die Schätze daselbst. Das muntere Weibchen dagegen sprang in die Höhe und war, auf ihren Füßen stehend, noch artiger als zuvor. Sie empfahl sich, rannte nach der Türe und sagte mir im Vorbeigehen: «Filangieris kommen diese Tage zu mir zu Tische, ich hoffe Sie auch zu sehen!» Fort war sie, ehe ich noch zusagen konnte. Nun vernahm ich, es sei die Prinzessin ***, mit dem Hause nah verwandt. Filangieris waren nicht reich und lebten in anständiger Einschränkung. So dacht' ich mir das Prinzeßchen auch, da ohnehin solche hohe Titel in Neapel nicht selten sind. Ich merkte mir den Namen, Tag und Stunde und zweifelte nicht, mich am rechten Orte zu gehöriger Zeit einzufinden.

Neapel, Sonntag, den 11. März

Da mein Aufenthalt in Neapel nicht lange dauern wird, so nehme ich gleich die entfernteren Punkte zuerst, das Nähere gibt sich. Mit Tischbein fuhr ich nach Pompeji, da wir denn alle die herrlichen Ansichten links und rechts neben uns liegen sahen, welche durch so manche landschaftliche Zeichnung uns wohl bekannt, nunmehr in ihrem zusammenhängenden Glanze erschienen. Pompeji setzt jedermann wegen seiner Enge und Kleinheit in Verwunderung. Schmale Straßen, obgleich grade und an der Seite mit Schrittplatten versehen, kleine Häuser ohne Fenster, aus den Höfen und offenen Galerien die Zimmer nur durch die Türen erleuchtet. Selbst öffentliche Werke, die Bank am Tor, der Tempel, sodann auch eine Villa in der Nähe, mehr Modell und Puppenschrank als Gebäude. Diese Zimmer, Gänge und Galerien aber aufs heiterste gemalt, die Wandflächen einförmig, in der Mitte ein ausführliches Gemälde, jetzt meist ausgebrochen, an Kanten und Enden leichte und geschmackvolle Arabesken, aus welchen sich auch wohl niedliche Kinder- und Nymphengestalten entwickeln, wenn an einer andern Stelle aus mächtigen Blumengewinden wilde und zahme Tiere hervordringen. Und so deutet der jetzige, ganz wüste Zustand einer erst durch Stein- und Aschenregen bedeckten, dann aber durch die Aufgrabenden geplünderten Stadt auf eine Kunst- und Bilderlust eines ganzen Volkes, von der jetzo der eifrigste Liebhaber weder Begriff noch Gefühl noch Bedürfnis hat.

Bedenkt man die Entfernung dieses Orts vom Vesuv, so kann die bedeckende vulkanische Masse weder durch ein Schleudern noch durch einen Windstoß hierher getrieben sein; man muß sich vielmehr vorstellen, daß diese Steine und Asche eine Zeitlang wolkenartig in der Luft geschwebt, bis sie endlich über diesem unglücklichen Orte niedergegangen.

Wenn man sich nun dieses Ereignis noch mehr versinnlichen will, so denke man allenfalls ein eingeschneites Bergdorf. Die Räume zwischen den Gebäuden, ja die zerdrückten Gebäude selbst wurden ausgefüllt, allein Mauerwerk mochte hier und da noch herausstehen, als früher oder später der Hügel zu Weinbergen und Gärten benutzt wurde. So hat nun gewiß mancher Eigentümer, auf seinem Anteil niedergrabend, eine bedeutende Vorlese gehalten. Mehrere Zimmer fand man leer und in der Ecke des einen einen Haufen Asche, der mancherlei kleines Hausgeräte und Kunstarbeiten versteckte.

Den wunderlichen, halb unangenehmen Eindruck dieser mumisierten Stadt wuschen wir wieder aus den Gemütern, als wir in der Laube, zunächst des Meeres, in einem geringen Gasthof sitzend ein frugales Mahl verzehrten und uns an der Himmelsbläue, an des Meeres Glanz und Licht ergötzten, in Hoffnung, wenn dieses Fleckchen mit Weinlaub bedeckt sein würde, uns hier wieder zu sehen und uns zusammen zu ergötzen.

Näher an der Stadt fielen mir die kleinen Häuser wieder auf, die als vollkommene Nachbildungen der pompejanischen dastehen. Wir erbaten uns die Erlaubnis in eins hineinzutreten und fanden es sehr reinlich eingerichtet. Nett geflochtene Rohrstühle, eine Kommode ganz vergoldet, mit bunten Blumen staffiert und lackiert, so daß nach so vielen Jahrhunderten, nach unzähligen Veränderungen diese Gegend ihren Bewohnern ähnliche Lebensart und Sitte, Neigungen und Liebhabereien einflößt.

Neapel, Montag, den 12. März

Heute schlich ich beobachtend, meiner Weise nach, durch die Stadt und notierte mir viele Punkte zu dereinstiger Schilderung derselben, davon ich leider gegenwärtig nichts mitteilen kann. Alles deutet dahin, daß ein glückliches, die ersten Bedürfnisse reichlich anbietendes Land auch Menschen von glücklichem Naturell erzeugt, die, ohne Kümmernis, erwarten können, der morgende Tag werde bringen, was der heutige gebracht, und deshalb sorgenlos dahinleben. Augenblickliche Befriedigung, mäßiger Genuß, vorübergehender Leiden heiteres Dulden! — Von dem letzteren ein artiges Beispiel.

Der Morgen war kalt und feuchtlich, es hatte wenig geregnet. Ich gelangte auf einen Platz, wo die großen Quadern des Pflasters reinlich gekehrt erschienen. Zu meiner großen Verwunderung sah ich auf diesem völlig ebenen gleichen Boden eine Anzahl zerlumpter Knaben im Kreise kauzend, die Hände gegen den Boden gewendet, als wenn sie sich wärmten. Erst hielt ich's für eine Posse, als ich aber ihre Mienen völlig ernsthaft und beruhigt sah, wie bei einem befriedigten Bedürfnis, so strengte ich meinen Scharfsinn möglichst an, er wollte mich aber nicht begünstigen. Ich mußte daher fragen, was denn diese Äffchen zu der sonderbaren Positur verleite und sie in diesem regelmäßigen Kreis versammle?

Hierauf erfuhr ich, daß ein anwohnender Schmied auf dieser Stelle eine Radschiene heiß gemacht, welches auf folgende Weise geschieht. Der eiserne Reif wird auf den Boden gelegt und auf ihn im Kreise so viel Eichenspäne gehäuft, als man nötig hält, ihn bis auf den erforderlichen Grad zu erweichen. Das entzündete Holz brennt ab, die Schiene wird ums Rad gelegt und die Asche sorgfältig weggekehrt. Die dem Pflaster mitgeteilte Wärme benutzen sogleich die kleinen Huronen und rühren sich nicht eher von der Stelle, als bis sie den letzten warmen Hauch ausgesogen haben. Beispiele solcher Genügsamkeit und aufmerksamen Benutzens dessen, was sonst verloren ginge, gibt es hier unzählige. Ich finde in diesem Volk die lebhafteste und geistreichste Industrie, nicht um reich zu werden, sondern um sorgenfrei zu leben.

Abends

Damit ich ja zur bestimmten Zeit heute bei dem wunderlichen Prinzeßchen wäre und das Haus nicht verfehlte, berief ich einen Lohnbedienten. Er brachte mich vor das Hoftor eines großen Palastes, und da ich ihr keine so prächtige Wohnung zutraute, buchstabierte ich ihm noch einmal aufs deutlichste den Namen; er versicherte, daß ich recht sei. Nun fand ich einen geräumigen Hof, einsam und still, reinlich und leer, von Haupt- und Seitengebäuden umgeben. Bauart, die bekannte heitere neapolitanische, so auch die Färbung. Gegen mir über ein großes Portal und eine breite gelinde Treppe. An beiden Seiten derselben hinaufwärts, in kostbarer Livree, Bedienten gereiht, die sich, wie ich an ihnen vorbeistieg, aufs tiefste bückten. Ich schien mir der Sultan in Wielands Feenmärchen und faßte mir nach dessen Beispiel ein Herz. Nun empfingen mich die höheren Hausbedienten, bis endlich der anständigste die Türe eines großen Saals eröffnete, da sich denn ein Raum vor mir auftat, den ich ebenso heiter aber auch so menschenleer fand als das übrige. Beim Auf- und Abgehen erblickte ich, in einer Seitengalerie, etwa für vierzig Personen, prächtig, dem Ganzen gemäß eine Tafel bereitet. Ein Weltgeistlicher trat herein; ohne mich zu fragen, wer ich sei, noch woher ich komme, nahm er meine Gegenwart als bekannt an und sprach von den allgemeinsten Dingen.

Ein paar Flügeltüren taten sich auf, hinter einem ältlichen Herrn, der herein trat, gleich wieder verschlossen. Der Geistliche ging auf ihn los, ich auch, wir begrüßten ihn mit wenigen höflichen Worten, die er mit bellenden stotternden Tönen erwiderte, so daß ich mir keine Silbe des hottentottischen Dialekts enträtseln konnte. Als er sich ans Kamin gestellt, zog sich der Geistliche zurück und ich mit ihm. Ein stattlicher Benediktiner trat herein, begleitet von einem jüngeren Gefährten; auch er begrüßte den Wirt, auch er wurde angebellt, worauf er sich denn zu uns ans Fenster zurückzog. Die Ordensgeistlichen, besonders die eleganter gekleideten, haben in der Gesellschaft die größten Vorzüge; ihre Kleidung deutet auf Demut und Entsagung, indem sie ihnen zugleich entschiedene Würde verleiht. In ihrem Betragen können sie, ohne sich wegzuwerfen, unterwürfig erscheinen und dann, wenn sie wieder strack auf ihren Hüften stehen, kleidet sie eine gewisse Selbstgefälligkeit sogar wohl, welche man allen übrigen Ständen nicht zugute gehen ließe. So war dieser Mann. Ich fragte nach Monte Cassino, er lud mich dahin und versprach mir die beste Aufnahme. Indessen hatte sich der Saal bevölkert: Offiziere, Hofleute, Weltgeistliche, ja sogar einige Kapuziner waren gegenwärtig. Vergebens suchte ich nach einer Dame, und daran sollte es denn auch nicht fehlen. Abermals ein paar Flügeltüren taten sich auf und schlossen sich. Eine alte Dame war herein getreten, wohl noch älter als der Herr, und nun gab mir die Gegenwart der Hausfrau die völlige Versicherung, daß ich in einem fremden Palast, unbekannt völlig den Bewohnern sei. Schon wurden die Speisen aufgetragen und ich hielt mich in der Nähe der geistlichen Herren, um mit ihnen in das Paradies des Tafelzimmers zu schlüpfen, als auf einmal Filangieri mit seiner Gemahlin hereintrat, sich entschuldigend, daß er verspätet habe. Kurz darauf sprang Prinzeßchen auch in den Saal, fuhr unter Knixen, Beugungen, Kopfnicken an allen vorbei auf mich los. «Es ist recht schön, daß Sie Wort halten!» rief sie. «Setzen Sie sich bei Tafel zu mir, Sie sollen die besten Bissen haben. Warten Sie nur! ich muß mir erst den rechten Platz aussuchen, dann setzen Sie sich gleich an mich.» So aufgefordert, folgte ich den verschiedenen Winkelzügen, die sie machte, und wir gelangten endlich zum Sitze, die Benediktiner gerade gegen uns über, Filangieri an meiner andern Seite. — «Das Essen ist durchaus gut», sagte sie, «alles Fastenspeisen, aber ausgesucht, das Beste will ich Ihnen andeuten. Jetzt muß ich aber die Pfaffen scheren. Die Kerls kann ich nicht ausstehen; sie hucken unserm Hause tagtäglich etwas ab. Was wir haben, sollten wir selbst mit Freunden verzehren!» —Die Suppe war herumgegeben, der Benediktiner aß mit Anstand. — «Bitte sich nicht zu genieren, Hochwürden», rief sie aus, «ist etwa der Löffel zu klein? Ich will einen größern holen lassen, die Herren sind ein tüchtiges Maulvoll gewohnt.» — Der Pater versetzte, es sei in ihrem fürstlichen Hause alles so vortrefflich eingerichtet, daß ganz andere Gäste als er eine vollkommenste Zufriedenheit empfinden würden.

Von den Pastetchen nahm sich der Pater nur eins, sie rief ihm zu, er möchte doch ein halb Dutzend nehmen! Blätterteig, wisse er ja, verdaue sich leicht genug. Der verständige Mann nahm noch ein Pastetchen, für die gnädige Attention dankend, als habe er den lästerlichen Scherz nicht vernommen. Und so mußte ihr auch bei einem derbern Backwerk Gelegenheit werden, ihre Bosheit auszulassen: denn als der Pater ein Stück anstach und es auf seinen Teller zog, rollte ein zweites nach. — «Ein drittes», rief sie, «Herr Pater, Sie scheinen einen guten Grund legen zu wollen!» — «Wenn so vortreffliche Materialien gegeben sind, hat der Baumeister leicht arbeiten!» versetzte der Pater. — Und so ging es immer fort, ohne daß sie eine andere Pause gemacht hätte, als mir gewissenhaft die besten Bissen zuzuteilen.

Ich sprach indessen mit meinem Nachbar von den ernstesten Dingen. Überhaupt habe ich Filangieri nie ein gleichgültiges Wort reden hören. Er gleicht darin, wie in manchem andern, unserm Freunde Georg Schlosser, nur daß er, als Neapolitaner und Weltmann, eine weichere Natur und einen bequemern Umgang hat.

Diese ganze Zeit war den geistlichen Herren von dem Mutwillen meiner Nachbarin keine Ruhe gegönnt, besonders gaben ihr die zur Fastenzeit in Fleischgestalt verwandelten Fische unerschöpflichen Anlaß gott- und sittenlose Bemerkungen anzubringen, besonders aber auch die Fleischeslust hervorzuheben und zu billigen, daß man sich wenigstens an der Form ergötze, wenn auch das Wesen verboten sei.

Ich habe mir noch mehr solcher Scherze gemerkt, die ich jedoch mitzuteilen nicht Mut habe. Dergleichen mag sich im Leben und aus einem schönen Munde noch ganz erträglich ausnehmen, schwarz auf weiß dagegen wollen sie mir selbst nicht mehr gefallen. Und dann hat freche Verwegenheit das Eigene, daß sie in der Gegenwart erfreut, weil sie in Erstaunen setzt, erzählt aber erscheint sie uns beleidigend und widerlich.

Das Dessert war aufgetragen, und ich fürchtete, nun gehe es immer so fort; unerwartet aber wandte sich meine Nachbarin ganz beruhigt zu mir und sagte: «Den Syrakuser sollen die Pfaffen in Ruhe verschlucken, es gelingt mir doch nicht einen zu Tode zu ärgern, nicht einmal daß ich ihnen den

Appetit verderben könnte. Nun lassen Sie uns ein vernünftiges Wort reden! Denn was war das wieder für ein Gespräch mit Filangieri! Der gute Mann! er macht sich viel zu schaffen. Schon oft habe ich ihm gesagt: wenn ihr neue Gesetze macht, so müssen wir uns wieder neue Mühe geben um auszusinnen, wie wir auch die zunächst übertreten können, bei den alten haben wir es schon weg. Sehen Sie nur einmal, wie schön Neapel ist, die Menschen leben seit so vielen Jahren sorglos und vergnügt, und wenn von Zeit zu Zeit einmal einer gehängt wird, so geht alles übrige seinen herrlichen Gang.» Sie tat mir hierauf den Vorschlag, ich solle nach Sorrent gehen, wo sie ein großes Gut habe, ihr Haushofmeister werde mich mit den besten Fischen und dem köstlichsten Milch-Kalbfleisch (mungana) herausfüttern. Die Bergluft und die himmlische Aussicht sollten mich von aller Philosophie kurieren, dann wollte sie selbst kommen, und von den sämtlichen Runzeln, die ich ohnehin zu früh einreißen lasse, solle keine Spur übrig bleiben, wir wollten zusammen ein recht lustiges Leben führen.

Neapel, den 13. März

Auch heute schreib' ich einige Worte, damit ein Brief den andern treibe. Es geht mir gut, doch seh' ich weniger als ich sollte. Der Ort inspiriert Nachlässigkeit und gemächlich Leben, indessen wird mir das Bild der Stadt nach und nach runder.

Sonntag waren wir in Pompeji. — Es ist viel Unheil in der Welt geschehen, aber wenig das den Nachkommen so viel Freude gemacht hätte. Ich weiß nicht leicht etwas Interessanteres. Die Häuser sind klein und eng, aber alle inwendig aufs zierlichste gemalt. Das Stadttor merkwürdig, mit den Gräbern gleich daran. Das Grab einer Priesterin als Bank im Halbzirkel, mit steinerner Lehne, daran die Inschrift mit großen Buchstaben eingegraben. Über die Lehne hinaus sieht man das Meer und die untergehende Sonne. Ein herrlicher Platz, des schönen Gedankens wert.

Wir fanden gute muntere neapolitanische Gesellschaft daselbst. Die Menschen sind durchaus natürlich und leicht gesinnt. Wir aßen zu Torre dell'Annunziata, zunächst des Meeres tafelnd. Der Tag war höchst schön, die Aussicht nach Castellamare und Sorrent nah und köstlich. Die Gesellschaft fühlte sich so recht an ihrem Wohnplatz, einige meinten, es müsse ohne den Anblick des Meers doch gar nicht zu leben sein. Mir ist schon genug, daß ich das Bild in der Seele habe, und mag nun wohl gelegentlich wieder in das Bergland zurückkehren.

Glücklicherweise ist ein sehr treuer Landschaftsmaler hier, der das Gefühl der freien und reichen Umgebung seinen Blättern mitteilt. Er hat schon einiges für mich gearbeitet.

Die vesuvianischen Produkte hab' ich auch nun gut studiert; es wird doch alles anders, wenn man es in Verbindung sieht. Eigentlich sollt' ich den Rest meines Lebens auf Beobachtung wenden, ich würde manches auffinden, was die menschlichen Kenntnisse vermehren dürfte. Herdern bitte zu melden, daß meine botanischen Aufklärungen weiter und weiter gehen; es ist immer dasselbe Prinzip, aber es gehörte ein Leben dazu um es durchzuführen. Vielleicht bin ich noch imstande die Hauptlinien zu ziehen.

Nun freu' ich mich auf das Museum von Portici. Man sieht es sonst zuerst, wir werden es zuletzt sehen. Noch weiß ich nicht, wie es weiter mit mir werden wird: alles will mich auf Ostern nach Rom zurück haben. Ich will es ganz gehen lassen. Angelica hat aus meiner Iphigenie ein Bild zu malen unternommen; der Gedanke ist sehr glücklich, und sie wird ihn trefflich ausführen. Den Moment, da sich Orest in der Nähe der Schwester und des Freundes wiederfindet. Das was die drei Personen hintereinander sprechen, hat sie in eine gleichzeitige Gruppe gebracht und jene Worte in Gebärden verwandelt. Man sieht auch hieran, wie zart sie fühlt, und wie sie sich zuzueignen weiß, was in ihr Fach gehört. Und es ist wirklich die Achse des Stücks.

Lebt wohl und liebt mich! Hier sind mir die Menschen alle gut, wenn sie auch nichts mit mir anzufangen wissen; Tischbein dagegen befriedigt sie besser, er malt ihnen abends gleich einige Köpfe in Lebensgröße vor, wobei und worüber sie sich wie Neuseeländer bei Erblickung eines Kriegsschiffes gebärden. Hievon sogleich die lustige Geschichte:

Tischbein hat nämlich die große Gabe Götter- und Heldengestalten in Lebensgröße und drüber mit der Feder zu umreißen. Er schraffiert wenig hinein und legt mit einem breiten Pinsel den Schatten tüchtig an, so daß der Kopf rund und erhaben dasteht. Die Beiwohnenden schauten mit Verwunderung, wie das so leicht ablief, und freuten sich recht herzlich darüber. Nun kam es ihnen in die Finger auch so malen zu wollen; sie faßten die Pinsel und — malten sich Bärte wechselsweise und besudelten sich die Gesichter. Ist darin nicht etwas Ursprüngliches der Menschengattung? Und es war eine gebildete Gesellschaft, in dem Hause eines Mannes, der selbst recht wacker zeichnet und malt. Man macht sich von diesem Geschlecht keine Begriffe, wenn man sie nicht gesehen hat.

Caserta, Mittwoch, den 14. März

Bei Hackert in seiner höchst behaglichen Wohnung, die ihm in dem alten Schlosse gegönnt ist. Das neue, freilich ein ungeheurer Palast, eskurialartig, ins Viereck gebaut, mit mehreren Höfen; königlich genug. Die Lage außerordentlich schön auf der fruchtbarsten Ebene von der Welt, und doch erstrecken sich die Gartenanlagen bis ans Gebirge. Da führt nun ein Aquädukt einen ganzen Strom heran um Schloß und Gegend zu tränken, und die ganze Wassermasse kann, auf künstlich angelegte Felsen geworfen, zur herrlichsten Kaskade gebildet werden. Die Gartenanlagen sind schön und gehören recht in eine Gegend, welche ganz Garten ist.

Das Schloß, wahrhaft königlich, schien mir nicht genug

belebt, und unser einem können die ungeheuern leeren Räume nicht behaglich vorkommen. Der König mag ein ähnliches Gefühl haben, denn es ist im Gebirge für eine Anlage gesorgt, die, enger an den Menschen sich anschließend, zur Jagd- und Lebenslust geeignet ist.

Caserta, Donnerstag, den 15. März

Hackert wohnt im alten Schlosse gar behaglich, es ist räumlich genug für ihn und Gäste. Immerfort beschäftigt mit Zeichnen oder Malen, bleibt er doch gesellig und weiß die Menschen an sich zu ziehen, indem er einen jeden zu seinem Schüler macht. Auch mich hat er ganz gewonnen, indem er mit meiner Schwäche Geduld hat, vor allen Dingen auf Bestimmtheit der Zeichnung, sodann auf Sicherheit und Klarheit der Haltung dringt. Drei Tinten stehen, wenn er tuscht, immer bereit, und indem er von hinten hervorarbeitet und eine nach der andern braucht, so entsteht ein Bild, man weiß nicht woher es kommt. Wenn es nur so leicht auszuführen wäre als es aussieht. Er sagte zu mir mit seiner gewöhnlichen bestimmten Aufrichtigkeit: «Sie haben Anlage, aber Sie können nichts machen. Bleiben Sie achtzehn Monat bei mir, so sollen Sie etwas hervorbringen, was Ihnen und andern Freude macht.» — Ist das nicht ein Text, über den man allen Dilettanten eine ewige Predigt halten sollte? Was sie mir fruchtet, wollen wir erleben.

Von dem besondern Vertrauen, womit ihn die Königin beehrt, zeugt nicht allein, daß er den Prinzessinnen praktischen Unterricht gibt, sondern vorzüglich, daß er über Kunst und was daran grenzt abends öfters zu belehrender Unterhaltung gerufen wird. Er legt dabei Sulzers Wörterbuch zum Grunde, woraus er, nach Belieben und Überzeugung, einen oder den andern Artikel wählt.

Ich mußte das billigen und dabei über mich selbst lächeln. Welch ein Unterschied ist nicht zwischen einem Menschen, der sich von innen aus auferbauen, und einem, der auf die Welt wirken und sie zum Hausgebrauch belehren will! Sulzers Theorie war mir wegen ihrer falschen Grundmaxime immer verhaßt, und nun sah ich, daß dieses Werk noch viel mehr enthielt als die Leute brauchen. Die vielen Kenntnisse, die hier mitgeteilt werden, die Denkart, in welcher ein so wackrer Mann als Sulzer sich beruhigte, sollten die nicht für Weltleute hinreichend sein?

Mehrere vergnügte und bedeutende Stunden brachten wir bei dem Restaurator Andres zu, welcher, von Rom berufen, auch hier in dem alten Schlosse wohnt und seine Arbeiten, für die sich der König interessiert, emsig fortsetzt. Von seiner Gewandtheit, alte Bilder wieder herzustellen, darf ich zu erzählen nicht anfangen, weil man zugleich die schwere Aufgabe und die glückliche Lösung, womit sich diese eigene Handwerkskunst beschäftigt, entwickeln müßte.

Caserta, den 16. März

Die lieben Briefe vom 19. Februar kommen heute mir zur Hand und gleich soll ein Wort dagegen abgehen. Wie gerne mag ich, an die Freunde denkend, zur Besinnung kommen.

Neapel ist ein Paradies, jedermann lebt in einer Art von trunkner Selbstvergessenheit. Mir geht es ebenso, ich erkenne mich kaum, ich scheine mir ein ganz anderer Mensch. Gestern dacht' ich: entweder du warst sonst toll, oder du bist es jetzt.

Die Reste des alten Capua und was sich daran knüpft hab' ich nun von hier aus auch besucht.

In dieser Gegend lernt man erst verstehen, was Vegetation ist, und warum man den Acker baut. Der Lein ist schon nah am Blühen und der Weizen anderthalb Spannen hoch. Um Caserta das Land völlig eben, die Äcker so gleich und klar gearbeitet wie Gartenbeete. Alles mit Pappeln besetzt, an denen sich die Rebe hinaufschlingt, und, ungeachtet solcher Beschattung, trägt der Boden noch die vollkommenste Frucht. Wenn nun erst das Frühjahr mit Gewalt eintritt! Bisher haben wir bei schöner Sonne sehr kalte Winde gehabt, das macht der Schnee in den Bergen.

In vierzehn Tagen muß sich's entscheiden, ob ich nach Sizilien gehe. Noch nie bin ich so sonderbar in einem Entschluß hin und her gebogen worden. Heute kommt etwas, das mir die Reise anrät, morgen ein Umstand, der sie abrät. Es streiten sich zwei Geister um mich.

Im Vertrauen zu den Freundinnen allein, nicht daß es die Freunde vernehmen! Ich merke wohl, daß es meiner Iphigenie wunderlich gegangen ist, man war die erste Form so gewohnt, man kannte die Ausdrücke, die man sich bei öfterm Hören und Lesen zugeeignet hatte; nun klingt das alles anders, und ich sehe wohl, daß im Grunde mir niemand für die unendlichen Bemühungen dankt. So eine Arbeit wird eigentlich nie fertig, man muß sie für fertig erklären, wenn man nach Zeit und Umständen das möglichste getan hat.

Doch das soll mich nicht abschrecken, mit Tasso eine ähnliche Operation vorzunehmen. Lieber würf' ich ihn ins Feuer, aber ich will bei meinem Entschluß beharren, und da es einmal nicht anders ist, so wollen wir ein wunderlich Werk daraus machen. Deshalb ist mir's ganz angenehm, daß es mit dem Abdruck meiner Schriften so langsam geht. Und dann ist es doch wieder gut, sich in einiger Ferne vom Setzer bedroht zu sehen. Wunderlich genug, daß man zu der freisten Handlung doch einige Nötigung erwartet, ja fordert.

Wenn man in Rom gern studieren mag, so will man hier nur leben; man vergißt sich und die Welt, und für mich ist es eine wunderliche Empfindung, nur mit genießenden Menschen umzugehen. Der Ritter Hamilton, der noch immer als englischer Gesandter hier lebt, hat nun, nach so langer Kunstliebhaberei, nach so langem Naturstudium, den Gipfel aller Natur- und Kunstfreude in einem schönen Mädchen gefunden. Er hat sie bei sich, eine Engländerin von etwa zwanzig Jahren. Sie ist sehr schön und wohl gebaut. Er hat ihr ein griechisch Gewand machen lassen, das sie trefflich kleidet, dazu löst sie ihre Haare auf, nimmt ein paar Shawls und macht eine Abwechslung von Stellungen, Gebärden, Mienen etc., daß man zuletzt wirklich meint, man träume. Man schaut, was so viele tausend Künstler gerne geleistet hätten, hier ganz fertig, in Bewegung und überraschender Abwechslung. Stehend, knieend, sitzend, liegend, ernst, traurig, neckisch, ausschweifend, bußfertig, lockend, drohend, ängstlich etc., eins folgt aufs andere und aus dem andern. Sie weiß zu jedem Ausdruck die Falten des Schleiers zu wählen, zu wechseln und macht sich hundert Arten von Kopfputz mit denselben Tüchern. Der alte Ritter hält das Licht dazu und hat mit ganzer Seele sich diesem Gegenstand ergeben. Er findet in ihr alle Antiken, alle schönen Profile der sizilianischen Münzen, ja den Belvederschen Apoll selbst. So viel ist gewiß, der Spaß ist einzig! Wir haben ihn schon zwei Abende genossen. Heute früh malt sie Tischbein.

Vom Personal des Hofs und den Verhältnissen, was ich erfahren und kombiniert, muß erst geprüft und geordnet werden. Heute ist der König auf die Wolfsjagd, man hofft wenigstens fünfe zu erlegen.

Neapel, zum 17. März

Wenn ich Worte schreiben will, so stehen mir immer Bilder vor Augen, des fruchtbaren Landes, des freien Meeres, der duftigen Inseln, des rauchenden Berges, und mir fehlen die Organe das alles darzustellen.

Hierzulande begreift man erst, wie es dem Menschen einfallen konnte das Feld zu bauen, hier wo der Acker alles bringt, und wo man drei bis fünf Ernten des Jahres hoffen kann. In den besten Jahren will man auf demselben Acker dreimal Mais gebaut haben.

Ich habe viel gesehen, und noch mehr gedacht: die Welt eröffnet sich mehr und mehr, auch alles, was ich schon lange weiß, wird mir erst eigen. Welch ein früh wissendes und spät übendes Geschöpf ist doch der Mensch!

Nur schade, daß ich nicht in jedem Augenblick meine Beobachtungen mitteilen kann; zwar ist Tischbein mit mir, aber als Mensch und Künstler wird er von tausend Gedanken hin und her getrieben, von hundert Personen in Anspruch genommen. Seine Lage ist eigen und wunderbar, er kann nicht freien Teil an eines andern Existenz nehmen, weil er sein eignes Bestreben so eingeengt fühlt.

Und doch ist die Welt nur ein einfach Rad, in dem ganzen Umkreise sich gleich und gleich, das uns aber so wunderlich vorkommt, weil wir selbst mit herumgetrieben werden.

Was ich mir immer sagte, ist eingetroffen: daß ich so manche Phänomene der Natur und manche Verworrenheiten der Meinungen erst in diesem Lande verstehen und entwickeln lerne. Ich fasse von allen Seiten zusammen und bringe viel zurück, auch gewiß viel Vaterlandsliebe und Freude am Leben mit wenigen Freunden.

Über meine sizilianische Reise halten die Götter noch die Waage in Händen; das Zünglein schlägt herüber und hinüber.

Wer mag der Freund sein, den man mir so geheimnisvoll ankündigt? Daß ich ihn nur nicht über meiner Irr- und Inselfahrt versäume!

Die Fregatte von Palermo ist wieder zurück, heut über acht Tage geht sie abermals von hier ab; ob ich noch mitsegele, zur Karwoche nach Rom zurückkehre, weiß ich nicht. Noch nie bin ich so unentschieden gewesen; ein Augenblick, eine Kleinigkeit mag entscheiden.

Mit den Menschen geht mir es schon besser, man muß sie nur mit dem Krämergewicht, keineswegs mit der Goldwaage wiegen, wie es, leider, sogar oft Freunde untereinander aus hypochondrischer Grille und seltsamer Anforderung zu tun pflegen.

Hier wissen die Menschen gar nichts voneinander, sie merken kaum, daß sie nebeneinander hin und her laufen; sie rennen den ganzen Tag in einem Paradiese hin und wider, ohne sich viel umzusehen, und wenn der benachbarte Höllenschlund zu toben anfängt, hilft man sich mit dem Blute des heiligen Januarius, wie sich die übrige Welt gegen Tod und Teufel auch wohl mit — Blute hilft, oder helfen möchte.

Zwischen einer so unzählbaren und rastlos bewegten Menge durchzugehen ist gar merkwürdig und heilsam. Wie alles durcheinander strömt und doch jeder einzelne Weg und Ziel findet. In so großer Gesellschaft und Bewegung fühl' ich mich erst recht still und einsam; je mehr die Straßen toben, desto ruhiger werd' ich.

Manchmal gedenke ich Rousseaus und seines hypochondrischen Jammers, und doch wird mir begreiflich, wie eine so schöne Organisation verschoben werden konnte. Fühlt' ich nicht solchen Anteil an den natürlichen Dingen und säh' ich nicht, daß in der scheinbaren Verwirrung hundert Beobachtungen sich vergleichen und ordnen lassen, wie der Feldmesser mit einer durchgezogenen Linie viele einzelne Messungen probiert, ich hielte mich oft selbst für toll.

Neapel, den 18. März

Nun durften wir nicht länger säumen, Herkulanum und die ausgegrabene Sammlung in Portici zu sehen. Jene alte Stadt, am Fuße des Vesuvs liegend, war vollkommen mit Lava bedeckt, die sich durch nachfolgende Ausbrüche erhöhte, so daß die Gebäude jetzt sechzig Fuß unter der Erde liegen. Man entdeckte sie, indem man einen Brunnen grub und auf getäfelte Marmorfußböden traf. Jammerschade, daß die Ausgrabung nicht durch deutsche Bergleute recht planmäßig geschehen; denn gewiß ist bei einem zufällig räuberischen Nachwühlen manches edle Altertum vergeudet worden. Man steigt sechzig Stufen hinunter, in eine Gruft, wo man das ehmals unter freiem Himmel stehende Theater bei Fackelschein anstaunt und sich erzählen läßt, was alles da gefunden und hinaufgeschafft worden.

In das Museum traten wir wohl empfohlen und wohl empfangen. Doch war auch uns irgend etwas aufzuzeichnen nicht erlaubt. Vielleicht gaben wir nur desto besser acht und versetzten uns desto lebhafter in die verschwundene Zeit, wo alle diese Dinge zu lebendigem Gebrauch und Genuß um die Eigentümer umherstanden. Jene kleinen Häuser und Zimmer in Pompeji erschienen mir nun zugleich enger und weiter; enger, weil ich sie mir von so viel würdigen Gegenständen vollgedrängt dachte, weiter, weil gerade diese Gegenstände nicht bloß als notdürftig vorhanden, sondern, durch bildende Kunst aufs geistreichste und anmutigste verziert und belebt, den Sinn erfreuen und erweitern, wie es die größte Hausgeräumigkeit nicht tun könnte.

Man sieht zum Beispiel einen herrlich geformten Eimer, oben mit dem zierlichsten Rande; näher beschaut schlägt sich dieser Rand von zwei Seiten in die Höhe, man faßt die verbundenen Halbkreise als Handhabe und trägt das Gefäß auf das bequemste. Die Lampen sind nach Anzahl ihrer Dochte mit Masken und Rankenwerk verziert, so daß jede Flamme ein wirkliches Kunstgebilde erleuchtet. Hohe, schlanke, eherne Gestelle sind bestimmt, die Lampen zu tragen, aufzuhängende Lampen hingegen, mit allerlei geistreich gedachten Figuren behängt, welche die Absicht zu gefallen und zu ergötzen, sobald sie schaukeln und baumeln, sogar übertreffen.

In Hoffnung wiederzukehren folgten wir den Vorzeigenden von Zimmer zu Zimmer und haschten, wie es der Moment erlaubte, Ergötzung und Belehrung weg, so gut es sich schicken wollte.

Neapel, Montag, den 19. März

In den letzten Tagen hat sich ein neues Verhältnis näher angeknüpft. Nachdem in diesen vier Wochen Tischbein mir sein treues Geleit durch Natur- und Kunstgegenstände förderlich geleistet und wir gestern noch zusammen in Portici gewesen, ergab sich aus wechselseitiger Betrachtung, daß seine Kunstzwecke sowohl als diejenigen Geschäfte, die er, eine künftige Anstellung in Neapel hoffend, in der Stadt und bei Hofe zu betreiben pflichtig ist, mit meinen Absichten, Wünschen und Liebhabereien nicht zu verbinden seien. Er schlug mir daher, immer für mich besorgt, einen jungen Mann vor, als beständigen Gesellschafter, den ich seit den ersten Tagen öfter sah, nicht ohne Teilnahme und Neigung. Es ist Kniep, der sich eine Zeitlang in Rom aufgehalten, sodann sich aber nach Neapel, in das eigentlichste Element des Landschafters, begeben hatte. Schon in Rom hörte ich ihn als einen geschickten Zeichner preisen, nur seiner Tätigkeit wollte man nicht gleiches Lob erteilen. Ich habe ihn schon ziemlich kennen gelernt und möchte diesen gerügten Mangel eher Unentschlossenheit nennen, die gewiß zu überwinden ist, wenn wir eine Zeitlang beisammen sind. Ein glücklicher Anfang bestätigt mir diese Hoffnung, und wenn es mir nach geht, sollen wir auf geraume Zeit gute Gesellen bleiben.

Man darf nur auf der Straße wandeln und Augen haben, man sieht die unnachahmlichsten Bilder.

Am Molo, einer Hauptlärmecke der Stadt, sah ich gestern einen Pulcinell, der sich auf einem Brettergerüste mit einem kleinen Affen stritt, drüber einen Balkon, auf dem ein recht artiges Mädchen ihre Reize feil bot. Neben dem Affengerüste ein Wunderdoktor, der seine Arcana gegen alle Übel den bedrängten Gläubigen darbot; von Gerard Dou gemalt, hätte solch ein Bild verdient, Zeitgenossen und Nachwelt zu ergötzen.

So war auch heute Fest des heiligen Josephs; er ist der

Patron aller Frittaruolen, das heißt Gebacknesmacher, versteht sich Gebacknes im gröbsten Sinne. Weil nun immerfort starke Flammen unter schwarzem und siedendem Öl hervorschlagen, so gehört auch alle Feuerqual in ihr Fach; deswegen hatten sie gestern abend vor den Häusern mit Gemälden zum besten aufgeputzt: Seelen im Fegfeuer, Jüngste Gerichte glühten und flammten umher. Große Pfannen standen vor der Türe auf leicht gebauten Herden. Ein Gesell wirkte den Teig, ein anderer formte, zog ihn zu Kringlen und warf sie in die siedende Fettigkeit. An der Pfanne stand ein dritter, mit einem kleinen Bratspieße, er holte die Kringlen, wie sie gar wurden, heraus, schob sie einem vierten auf ein ander Spießchen, der sie den Umstehenden anbot; die beiden letzten waren junge Bursche mit blonden und lockenreichen Perücken, welches hier Engel bedeutet. Noch einige Figuren vollendeten die Gruppe, reichten Wein den Beschäftigten, tranken selbst und schrieen, die Ware zu loben; auch die Engel, die Köche, alle schrieen. Das Volk drängte sich herzu, denn alles Gebackene wird diesen Abend wohlfeiler gegeben und sogar ein Teil der Einnahme den Armen.

Dergleichen könnte man endlos erzählen; so geht es mit jedem Tage, immer etwas Neues und Tolleres, nur die Mannigfaltigkeit von Kleidern, die einem auf der Straße begegnet, die Menge Menschen in der einzigen Straße Toledo!

Und so gibt es noch manche originale Unterhaltung, wenn man mit dem Volke lebt; es ist so natürlich, daß man mit ihm natürlich werden könnte. Da ist zum Beispiel der Pulcinell, die eigentliche Nationalmaske, der Harlekin aus Bergamo, Hanswurst aus Tirol gebürtig. Pulcinell nun, ein wahrhaft gelassener, ruhiger, bis auf einen gewissen Grad gleichgültiger, beinahe fauler und doch humoristischer Knecht. Und so findet man überall Kellner und Hausknecht. Mit dem unsrigen macht' ich mir heute eine besondere Lust, und es war weiter nichts, als daß ich ihn schickte, Papier und Federn zu holen. Halber Mißverstand, Zaudern, guter Wille und Schalkheit brachte die anmutigste Szene hervor, die man auf jedem Theater mit Glück produzieren könnte.

Neapel, Dienstag, den 20. März

Die Kunde einer soeben ausbrechenden Lava, die für Neapel unsichtbar nach Ottajano hinunter fließt, reizte mich, zum drittenmale den Vesuv zu besuchen. Kaum war ich am Fuße desselben aus meinem zweirädrigen einpferdigen Fuhrwerk gesprungen, so zeigten sich schon jene beiden Führer, die uns früher hinauf begleitet hatten. Ich wollte keinen missen und nahm den einen aus Gewohnheit und Dankbarkeit, den andern aus Vertrauen, beide der mehreren Bequemlichkeit wegen mit mir.

Auf die Höhe gelangt, blieb der eine bei den Mänteln und Viktualien, der jüngere folgte mir, und wir gingen mutig auf einen ungeheuren Dampf los, der unterhalb des Kegelschlundes aus dem Berge brach; sodann schritten wir an dessen Seite her gelind hinabwärts, bis wir endlich unter klarem Himmel aus dem wilden Dampfgewölke die Lava hervorquellen sahen.

Man habe auch tausendmal von einem Gegenstande gehört, das Eigentümliche desselben spricht nur zu uns aus dem unmittelbaren Anschauen. Die Lava war schmal, vielleicht nicht breiter als zehn Fuß, allein die Art, wie sie eine sanfte, ziemlich ebene Fläche hinabfloß, war auffallend genug: denn indem sie während des Fortfließens an den Seiten und an der Oberfläche verkühlt, so bildet sich ein Kanal, der sich immer erhöht, weil das geschmolzene Material auch unterhalb des Feuerstroms erstarrt, welcher die auf der Oberfläche schwimmenden Schlacken rechts und links gleichförmig hinunter wirft, wodurch sich denn nach und nach ein Damm erhöht, auf welchem der Glutstrom ruhig fortfließt wie ein Mühlbach. Wir gingen neben dem ansehnlich erhöhten Damme her, die Schlacken rollten regelmäßig an den Seiten herunter bis zu unsern Füßen. Durch einige Lücken des Kanals konnten wir den Glutstrom von unten sehen und, wie er weiter hinabfloß, ihn von oben beobachten.

Durch die hellste Sonne erschien die Glut verdüstert, nur ein mäßiger Rauch stieg in die reine Luft. Ich hatte Verlangen mich dem Punkte zu nähern, wo sie aus dem Berge bricht; dort sollte sie, wie mein Führer versicherte, sogleich Gewölb' und Dach über sich her bilden, auf welchem er öfters gestanden habe. Auch dieses zu sehen und zu erfahren stiegen wir den Berg wieder hinauf, um jenem Punkte von hinten her beizukommen. Glücklicherweise fanden wir die Stelle durch einen lebhaften Windzug entblößt, freilich nicht ganz, denn ringsum qualmte der Dampf aus tausend Ritzen, und nun standen wir wirklich auf der breiartig gewundenen, erstarrten Decke, die sich aber so weit vorwärts erstreckte, daß wir die Lava nicht konnten herausquellen sehen.

Wir versuchten noch ein paar Dutzend Schritte, aber der Boden ward immer glühender; sonneverfinsternd und erstickend wirbelte ein unüberwindlicher Qualm. Der vorausgegangene Führer kehrte bald um, ergriff mich, und wir entwanden uns diesem Höllenbrudel.

Nachdem wir die Augen an der Aussicht, Gaumen und Brust aber am Weine gelabt, gingen wir umher, noch andere Zufälligkeiten dieses mitten im Paradies aufgetürmten Höllengipfels zu beobachten. Einige Schlünde, die als vulkanische Essen keinen Rauch, aber eine glühende Luft fortwährend gewaltsam ausstoßen, betrachtete ich wieder mit Aufmerksamkeit. Ich sah sie durchaus mit einem tropfsteinartigen Material tapeziert, welches zitzen- und zapfenartig die Schlünde bis oben bekleidete. Bei der Ungleichheit der Essen fanden sich mehrere dieser herabhängenden Dunstprodukte ziemlich zur Hand, so daß wir sie mit unsern Stäben und einigen hakenartigen Vorrichtungen gar wohl gewinnen konnten. Bei dem Lavahändler hatte ich schon dergleichen Exemplare unter der Rubrik der wirklichen Laven gefunden, und ich freute mich entdeckt zu haben, daß es vulkanischer Ruß sei, abgesetzt aus den heißen

Schwaden, die darin enthaltenen verflüchtigten mineralischen Teile offenbarend.

Der herrlichste Sonnenuntergang, ein himmlischer Abend erquickten mich auf meiner Rückkehr; doch konnte ich empfinden, wie sinneverwirrend ein ungeheurer Gegensatz sich erweise. Das Schreckliche zum Schönen, das Schöne zum Schrecklichen, beides hebt einander auf und bringt eine gleichgültige Empfindung hervor. Gewiß wäre der Neapolitaner ein anderer Mensch, wenn er sich nicht zwischen Gott und Satan eingeklemmt fühlte.

Neapel, den 22. März

Triebe mich nicht die deutsche Sinnesart und das Verlangen, mehr zu lernen und zu tun als zu genießen, so sollte ich in dieser Schule des leichten und lustigen Lebens noch einige Zeit verweilen und mehr zu profitieren suchen. Es ist hier gar vergnüglich sein, wenn man sich nur ein klein wenig einrichten könnte. Die Lage der Stadt, die Milde des Klimas kann nie genug gerühmt werden, aber darauf ist auch der Fremde fast allein angewiesen.

Freilich wer sich Zeit nimmt, Geschick und Vermögen hat, kann sich auch hier breit und gut niederlassen. So hat sich Hamilton eine schöne Existenz gemacht und genießt sie nun am Abend seines Lebens. Die Zimmer, die er sich in englischem Geschmack einrichtete, sind allerliebst, und die Aussicht aus dem Eckzimmer vielleicht einzig. Unter uns das Meer, im Angesicht Capri, rechts der Posilipo, näher der Spaziergang Villa reale, links ein altes Jesuitengebäude, weiterhin die Küste von Sorrent bis ans Cap Minerva. Dergleichen möcht' es wohl in Europa schwerlich zum zweitenmale geben, wenigstens nicht im Mittelpunkte einer großen bevölkerten Stadt.

Hamilton ist ein Mann von allgemeinem Geschmack und, nachdem er alle Reiche der Schöpfung durchwandert, an ein schönes Weib, das Meisterstück des großen Künstlers, gelangt.

Und nun nach allem diesem und hundertfältigem Genuß locken mich die Sirenen jenseits des Meeres, und, wenn der Wind gut ist, geh' ich mit diesem Briefe zugleich ab, er nordwärts, ich südwärts. Des Menschen Sinn ist unbändig, ich besonders bedarf der Weite gar sehr. Nicht sowohl das Beharren als ein schnelles Auffassen muß jetzt mein Augenmerk sein. Hab' ich einem Gegenstande nur die Spitze des Fingers abgewonnen, so kann ich mir die ganze Hand durch Hören und Denken wohl zueignen.

Seltsamerweise erinnert mich ein Freund in diesen Tagen an Wilhelm Meister und verlangt dessen Fortsetzung; unter diesem Himmel möchte sie wohl nicht möglich sein, vielleicht läßt sich von dieser Himmelsluft den letzten Büchern etwas mitteilen. Möge meine Existenz sich dazu genugsam entwickeln, der Stengel mehr in die Länge rücken und die Blumen reicher und schöner hervorbrechen. Gewiß, es wäre besser, ich käme gar nicht wieder, wenn ich nicht wiedergeboren zurückkommen kann.

Heute sahen wir ein Bild von Correggio, das verkäuflich ist, zwar nicht vollkommen erhalten, das aber doch das glücklichste Gepräg' des Reizes unausgelöscht mit sich führt. Es stellt eine Mutter Gottes vor, das Kind in dem Augenblicke, da es zwischen der Mutter Brust und einigen Birnen, die ihm ein Engelchen darreicht, zweifelhaft ist. Also eine Entwöhnung Christi. Mir scheint die Idee äußerst zart, die Komposition bewegt, natürlich und glücklich, höchst reizend ausgeführt. Es erinnert sogleich an das Verlöbnis der heiligen Katharina und scheint mir unbezweifelt von Correggios Hand.

Neapel, Freitag, den 23. März

Nun hat sich das Verhältnis zu Kniep auf eine recht praktische Weise ausgebildet und befestigt. Wir waren zusammen in Paestum, woselbst er, so wie auf der Hin- und Herreise, mit Zeichnen sich auf das tätigste erwies. Die herrlichsten

Umrisse sind gewonnen, ihn freut nun selbst dieses bewegte arbeitsame Leben, wodurch ein Talent aufgeregt wird, das er sich selbst kaum zutraute. Hier gilt es resolut sein; aber gerade hier zeigt sich seine genaue und reinliche Fertigkeit. Das Papier, worauf gezeichnet werden soll, mit einem rechtwinkligen Viereck zu umziehen, versäumt er niemals, die besten englischen Bleistifte zu spitzen, und immer wieder zu spitzen, ist ihm fast eine ebenso große Lust als zu zeichnen; dafür sind aber auch seine Konture, was man wünschen kann.

Nun haben wir folgendes verabredet. Von heute an leben und reisen wir zusammen, ohne daß er weiter für etwas sorgt als zu zeichnen, wie diese Tage geschehen. Alle Konture gehören mein, damit aber nach unserer Rückkehr daraus ein ferneres Wirken für ihn entspringe, so führt er eine Anzahl auszuwählender Gegenstände bis auf eine gewisse bestimmte Summe für mich aus; da sich denn indessen, bei seiner Geschicklichkeit, bei der Bedeutsamkeit der zu erobernden Aussichten und sonst wohl das Weitere ergeben wird. Diese Einrichtung macht mich ganz glücklich, und jetzt erst kann ich von unserer Fahrt kurze Rechenschaft geben.

Auf dem zweirädrigen leichten Fuhrwerk sitzend und wechselsweise die Zügel führend, einen gutmütigen rohen Knaben hintenauf, rollten wir durch die herrliche Gegend, welche Kniep mit malerischem Auge begrüßte. Nun erreichten wir die Gebirgsschlucht, die man, auf dem glattesten Fahrdamme durchrennend, an den köstlichsten Wald- und Felspartien vorbei fliegt. Da konnte denn Kniep zuletzt sich nicht enthalten, in der Gegend von La Cava einen prächtigen Berg, welcher sich gerade vor uns scharf am Himmel abzeichnete, nicht weniger die Seiten sowie den Fuß dieser Höhe, reinlich und charakteristisch im Umriß aufs Papier zu befestigen. Wir freuten uns beide daran, als an dem Einstand unserer Verbindung.

Ein gleicher Umriß ward abends aus den Fenstern von Salerno genommen, welcher mich aller Beschreibung überheben wird, einer ganz einzig lieblichen und fruchtbaren Gegend. Wer wäre nicht geneigt gewesen an diesem Orte zu studieren, zur schönen Zeit der blühenden hohen Schule? Beim frühsten Morgen fuhren wir auf ungebahnten, oft morastigen Wegen einem paar schön geformten Bergen zu, wir kamen durch Bach und Gewässer, wo wir den nilpferdischen Büffeln in die blutroten wilden Augen sahen.

Das Land ward immer flacher und wüster, wenige Gebäude deuteten auf kärgliche Landwirtschaft. Endlich, ungewiß ob wir durch Felsen oder Trümmer führen, konnten wir einige große länglich-viereckige Massen, die wir in der Ferne schon bemerkt hatten, als überbliebene Tempel und Denkmale einer ehemals so prächtigen Stadt unterscheiden. Kniep, welcher schon unterwegs die zwei malerischen Kalkgebirge umrissen, suchte sich schnell einen Standpunkt, von wo aus das Eigentümliche dieser völlig unmalerischen Gegend aufgefaßt und dargestellt werden könnte.

Von einem Landmanne ließ ich mich indessen in den Gebäuden herumführen; der erste Eindruck konnte nur Erstaunen erregen. Ich befand mich in einer völlig fremden Welt. Denn wie die Jahrhunderte sich aus dem Ernsten in das Gefällige bilden, so bilden sie den Menschen mit, ja sie erzeugen ihn so. Nun sind unsere Augen und durch sie unser ganzes inneres Wesen an schlankere Baukunst hinangetrieben und entschieden bestimmt, so daß uns diese stumpfen, kegelförmigen, enggedrängten Säulenmassen lästig, ja furchtbar erscheinen. Doch nahm ich mich bald zusammen, erinnerte mich der Kunstgeschichte, gedachte der Zeit, deren Geist solche Bauart gemäß fand, vergegenwärtigte mir den strengen Stil der Plastik, und in weniger als einer Stunde fühlte ich mich befreundet, ja ich pries den Genius, daß er mich diese so wohl erhaltenen Reste mit Augen sehen ließ, da sich von ihnen durch Abbildung kein Begriff geben läßt. Denn im architektonischen Aufriß erscheinen sie eleganter, in perspektivischer Darstellung plumper als sie sind, nur wenn man sich um sie her, durch sie durch bewegt, teilt man ihnen das eigentliche Leben mit; man fühlt es wieder aus ihnen heraus, welches der Baumeister beabsichtigte, ja hineinschuf. Und so verbrachte ich den ganzen Tag, indessen Kniep nicht säumte, uns die genausten Umrisse zuzueignen. Wie froh war ich, von dieser Seite ganz unbesorgt zu sein und für die Erinnerung so sichere Merkzeichen zu gewinnen. Leider war keine Gelegenheit, hier zu übernachten, wir kehrten nach Salerno zurück, und den andern Morgen ging es zeitig nach Neapel. Der Vesuv, von der Rückseite gesehn, in der fruchtbarsten Gegend; Pappeln pyramidal-kolossal an der Chaussee im Vordergrunde. Dies war auch ein angenehmes Bild, das wir durch ein kurzes Stillhalten erwarben.

Nun erreichten wir eine Höhe; der größte Anblick tat sich vor uns auf. Neapel in seiner Herrlichkeit, die meilenlange Reihe von Häusern am flachen Ufer des Golfs hin, die Vorgebirge, Erdzungen, Felswände, dann die Inseln und dahinter das Meer war ein entzückender Anblick.

Ein gräßlicher Gesang, vielmehr Lustgeschrei und Freudegeheul des hintenauf stehenden Knaben erschreckte und störte mich. Heftig fuhr ich ihn an, er hatte noch kein böses Wort von uns gehört, er war der gutmütigste Junge.

Eine Weile rührte er sich nicht, dann klopfte er mir sachte auf die Schulter, streckte seinen rechten Arm mit aufgehobenem Zeigefinger zwischen uns durch und sagte: Signor, perdonate! questa è la mia patria! — Das heißt verdolmetscht: Herr, verzeiht! Ist das doch mein Vaterland! — Und so war ich zum zweitenmale überrascht. Mir armem Nordländer kam etwas Tränenartiges in die Augen!

Neapel, den 25. März, Verkündigung Mariä

Ob ich gleich empfand, daß Kniep sehr gern mit mir nach Sizilien gehe, so konnte ich doch bemerken, daß er ungern etwas zurückließ. Bei seiner Aufrichtigkeit blieb mir nicht lange verborgen, daß ihm ein Liebchen eng und treu verbunden sei. Wie sie zusammen bekannt geworden, war artig genug zu hören; wie sich das Mädchen bisher betragen, konnte für sie einnehmen; nun sollte ich sie aber auch sehen, wie hübsch sie sei. Hiezu war Anstalt getroffen und zwar so, daß ich zugleich eine der schönsten Aussichten über Neapel genießen könnte. Er führte mich auf das flache Dach eines Hauses, von wo man besonders den untern Teil der Stadt, nach dem Molo zu, den Golf, die Küste von Sorrent vollkommen übersehen konnte; alles weiter rechts Liegende verschob sich auf die sonderbarste Weise, wie man es, ohne auf diesem Punkte zu stehen, nicht leicht sehen wird. Neapel ist überall schön und herrlich.

Als wir nun die Gegend bewunderten, stieg, obgleich erwartet doch unversehens, ein gar artiges Köpfchen aus dem Boden hervor. Denn zu einem solchen Söller macht nur eine länglich viereckige Öffnung im Estrich, welche mit einer Falltüre zugedeckt werden kann, den Eingang. Und da nun das Engelchen völlig hervortrat, fiel mir ein, daß ältere Künstler die Verkündigung Mariä also vorstellen, daß der Engel eine Treppe herauf kömmt. Dieser Engel aber war nun wirklich von gar schöner Gestalt, hübschem Gesichtchen und einem guten natürlichen Betragen. Es freute mich, unter dem herrlichen Himmel und im Angesicht der schönsten Gegend von der Welt, meinen neuen Freund so glücklich zu sehen. Er gestand mir, als sie sich wieder entfernt hatte, daß er eben deshalb eine freiwillige Armut bisher getragen, weil er dabei sich zugleich ihrer Liebe erfreut und ihre Genügsamkeit schätzen lernen, nun sollten ihm auch seine bessern Aussichten und ein reichlicher Zustand vorzüglich deshalb wünschenswert sein, damit er auch ihr bessere Tage bereiten könne.

Nach diesem angenehmen Abenteuer spazierte ich am Meere hin und war still und vergnüglich. Da kam mir eine gute Erleuchtung über botanische Gegenstände. Herdern bitte ich zu sagen, daß ich mit der Urpflanze bald zu Stande bin, nur fürchte ich, daß niemand die übrige Pflanzenwelt darin wird erkennen wollen. Meine famose Lehre von den Kotyledonen ist so sublimiert, daß man schwerlich wird weiter gehen können.

Neapel, den 26. März

Morgen geht dieser Brief von hier zu euch. Donnerstag den 29. geh' ich mit der Korvette, die ich, des Seewesens unkundig, in meinem vorigen Briefe zum Rang einer Fregatte erhob, endlich nach Palermo. Der Zweifel, ob ich reisen oder bleiben sollte, machte einen Teil meines hiesigen Aufenthaltes unruhig; nun da ich entschlossen bin, geht es besser. Für meine Sinnesart ist diese Reise heilsam, ja notwendig. Sizilien deutet mir nach Asien und Afrika, und auf dem wundersamen Punkte, wohin so viele Radien der Weltgeschichte gerichtet sind, selbst zu stehen, ist keine Kleinigkeit.

Neapel habe ich nach seiner eignen Art behandelt; ich war nichts weniger als fleißig, doch hab' ich viel gesehen und mir einen allgemeinen Begriff von dem Lande, seinen Einwohnern und Zuständen gebildet. Bei der Wiederkehr soll manches nachgeholt werden; freilich nur manches, denn vor dem 29. Juni muß ich wieder in Rom sein. Hab' ich die heilige Woche versäumt, so will ich dort wenigstens den Sankt-Peterstag feiern. Meine sizilianische Reise darf mich nicht allzuweit von meiner ersten Absicht weglenken.

Vorgestern hatten wir ein gewaltiges Wetter mit Donner, Blitz und Regengüssen; jetzt hat sich's wieder ausgehellt, eine herrliche Tramontane weht herüber; bleibt sie beständig, so haben wir die schnellste Fahrt.

Gestern war ich mit meinem Gefährten unser Schiff zu besehen und das Kämmerchen zu besuchen, das uns aufnehmen soll. Eine Seereise fehlte mir ganz in meinen Begriffen; diese kleine Überfahrt, vielleicht eine Küstenumschiffung, wird meiner Einbildungskraft nachhelfen und mir die Welt erweitern. Der Kapitän ist ein junger munterer Mann, das Schiff gar zierlich und nett, in Amerika gebaut, ein guter Segler.

Hier fängt nun alles an grün zu werden, in Sizilien find' ich es noch weiter. Wenn ihr diesen Brief erhaltet, bin ich auf der Rückreise und habe Trinakrien hinter mir. So ist der Mensch: immer springt er in Gedanken vor- und rückwärts; ich war noch nicht dort und bin schon wieder bei euch. Doch an der Verworrenheit dieses Briefes bin ich nicht schuld; jeden Augenblick werd' ich unterbrochen und möchte doch gern dies Blatt zu Ende schreiben.

Soeben besuchte mich ein Marchese Berio, ein junger Mann, der viel zu wissen scheint. Er wollte den Verfasser des Werther doch auch kennen lernen. Überhaupt ist hier großer Drang und Lust nach Bildung und Wissen. Sie sind nur zu glücklich um auf den rechten Weg zu kommen. Hätte ich nur mehr Zeit, so wollt' ich ihnen gern mehr Zeit geben. Diese vier Wochen—was waren die gegen das ungeheure Leben! Nun gehabt euch wohl! Reisen lern' ich wohl auf dieser Reise, ob ich leben lerne, weiß ich nicht. Die Menschen, die es zu verstehen scheinen, sind in Art und Wesen zu sehr von mir verschieden, als daß ich auf dieses Talent sollte Anspruch machen können.

Lebet wohl und liebt mich, wie ich eurer von Herzen gedenke.

Neapel, den 28. März

Diese Tage gehen mir nun gänzlich mit Einpacken und Abschiednehmen, mit Besorgen und Bezahlen, Nachholen und Vorbereiten, sie gehen mir völlig verloren.

Der Fürst von Waldeck beunruhigte mich noch beim Abschied, denn er sprach von nichts weniger, als daß ich bei meiner Rückkehr mich einrichten sollte, mit ihm nach Griechenland und Dalmatien zu gehen. Wenn man sich einmal in die Welt macht und sich mit der Welt einläßt, so mag man sich ja hüten, daß man nicht entrückt oder wohl gar verrückt wird. Zu keiner Silbe weiter bin ich fähig.

Neapel, den 29. März

Seit einigen Tagen machte sich das Wetter ungewiß, heute, am bestimmten Tage der Abfahrt ist es so schön als möglich. Die günstigste Tramontane, ein klarer Sonnenhimmel, unter dem man sich in die weite Welt wünscht. Nun sag' ich noch allen Freunden in Weimar und Gotha ein treues Lebewohl! Eure Liebe begleite mich, denn ich möchte ihrer wohl immer bedürfen. Heute nacht träumte ich mich wieder in meinen Geschäften. Es ist denn doch, als wenn ich mein Fasanenschiff nirgends als bei euch ausladen könnte. Möge es nur erst recht stattlich geladen sein!

SIZILIEN

Seefahrt, Donnerstag, den 29. März

Nicht wie bei dem letzten Abgange des Paketboots wehte diesmal ein förderlicher frischer Nordost, sondern leider von der Gegenseite ein lauer Südwest, der allerhinderlichste; und so erfuhren wir denn, wie der Seefahrer vom Eigensinne des Wetters und Windes abhängt. Ungeduldig verbrachten wir den Morgen bald am Ufer, bald im Kaffeehaus; endlich bestiegen wir zu Mittag das Schiff und genossen beim schönsten Wetter des herrlichsten Anblicks. Unfern vom Molo lag die Korvette vor Anker. Bei klarer Sonne eine dunstreiche Atmosphäre, daher die beschatteten Felsenwände von Sorrent vom schönsten Blau. Das beleuchtete lebendige Neapel glänzte von allen Farben. Erst mit Sonnenuntergang bewegte sich das Schiff, jedoch nur langsam, von der Stelle, der Widerwind schob uns nach dem Posilipo und dessen Spitze hinüber. Die ganze Nacht ging das Schiff ruhig fort. Es war in Amerika gebaut, schnellsegelnd, inwendig mit artigen Kämmerchen und einzelnen Lagerstätten eingerichtet. Die Gesellschaft anständig munter: Operisten und Tänzer, nach Palermo verschrieben.

Freitag, den 30. März

Bei Tagesanbruch fanden wir uns zwischen Ischia und Capri, ungefähr von letzterem eine Meile. Die Sonne ging hinter den Gebirgen von Capri und Capo Minerva herrlich auf. Kniep zeichnete fleißig die Umrisse der Küsten und Inseln und ihre verschiedenen Ansichten; die langsame Fahrt kam seiner Bemühung zustatten. Wir setzten mit schwachem und halbem Winde unsern Weg fort. Der Vesuv verlor sich gegen vier Uhr aus unsern Augen, als Capo Minerva und Ischia noch gesehen wurden. Auch diese verloren sich gegen Abend. Die Sonne ging unter ins Meer, begleitet von Wolken und einem langen, meilenweit reichenden Streifen, alles purpurglänzende Lichter. Auch dieses Phänomen zeichnete Kniep. Nun war kein Land mehr zu sehen, der Horizont ringsum ein Wasserkreis, die Nacht hell und schöner Mondschein.

Ich hatte doch dieser herrlichen Ansichten nur Augenblicke genießen können, die Seekrankheit überfiel mich bald. Ich begab mich in meine Kammer, wählte die horizontale Lage, enthielt mich, außer weißem Brot und rotem Wein, aller Speisen und Getränke und fühlte mich ganz behaglich. Abgeschlossen von der äußern Welt ließ ich die innere walten, und da eine langsame Fahrt vorauszusehen war, gab ich mir gleich zu bedeutender Unterhaltung ein starkes Pensum auf. Die zwei ersten Akte des Tasso, in poetischer Prosa geschrieben, hatte ich von allen Papieren allein mit über See genommen. Diese beiden Akte, in Absicht auf Plan und Gang ungefähr den gegenwärtigen gleich, aber schon vor zehn Jahren geschrieben, hatten etwas Weichliches, Nebelhaftes, welches sich bald verlor, als ich nach neueren Ansichten die Form vorwalten und den Rhythmus eintreten ließ.

Sonnabend, den 31. März

Die Sonne tauchte klar aus dem Meere herauf. Um sieben Uhr erreichten wir ein französisches Schiff, welches zwei Tage vor uns abgegangen war; um so viel besser segelten wir und doch sahen wir noch nicht das Ende unserer Fahrt. Einigen Trost gab uns die Insel Ustica, doch leider zur Linken, da wir sie eben, wie auch Capri, hätten rechts lassen sollen. Gegen Mittag war uns der Wind ganz zuwider und wir kamen nicht von der Stelle. Das Meer fing an höher zu gehen, und im Schiffe war fast alles krank.

Ich blieb in meiner gewohnten Lage, das ganze Stück

ward um und um, durch und durch gedacht. Die Stunden gingen vorüber, ohne daß ich ihre Einteilung bemerkt hätte, wenn nicht der schelmische Kniep, auf dessen Appetit die Wellen keinen Einfluß hatten, von Zeit zu Zeit, indem er mir Wein und Brot brachte, die treffliche Mittagstafel, die Heiterkeit und Anmut des jungen tüchtigen Kapitäns, dessen Bedauern, daß ich meine Portion nicht mitgenieße, zugleich schadenfroh gerühmt hätte. Ebenso gab ihm der Übergang von Scherz und Lust zu Mißbehagen und Krankheit, und wie sich dieses bei einzelnen Gliedern der Gesellschaft gezeigt, reichen Stoff zu mutwilliger Schilderung.

Nachmittags vier Uhr gab der Kapitän dem Schiff eine andere Richtung. Die großen Segel wurden wieder aufgezogen und unsere Fahrt gerade auf die Insel Ustica gerichtet, hinter welcher wir, zu großer Freude, die Berge von Sizilien erblickten. Der Wind besserte sich, wir fuhren schneller auf Sizilien los, auch kamen uns noch einige Inseln zu Gesichte. Der Sonnenuntergang war trübe, das Himmelslicht hinter Nebel versteckt. Den ganzen Abend ziemlich günstiger Wind. Gegen Mitternacht fing das Meer an sehr unruhig zu werden.

Sonntag, den 1. April

Um drei Uhr morgens heftiger Sturm. Im Schlaf und Halbtraum setzte ich meine dramatischen Plane fort, indessen auf dem Verdeck große Bewegung war. Die Segel mußten eingenommen werden, das Schiff schwebte auf den hohen Fluten. Gegen Anbruch des Tages legte sich der Sturm, die Atmosphäre klärte sich auf. Nun lag die Insel Ustica völlig links. Eine große Schildkröte zeigte man uns in der Weite schwimmend, durch unsere Fernröhre als ein lebendiger Punkt wohl zu erkennen. Gegen Mittag konnten wir die Küste Siziliens mit ihren Vorgebirgen und Buchten ganz deutlich unterscheiden, aber wir waren sehr unter den Wind gekommen, wir lavierten an und ab. Gegen Nachmittag waren wir dem Ufer näher. Die westliche Küste, vom Lilybäischen Vorgebirge bis Capo Gallo, sahen wir ganz deutlich, bei heiterem Wetter und hell scheinender Sonne.

Eine Gesellschaft von Delphinen begleitete das Schiff an beiden Seiten des Vorderteils und schossen immer voraus. Es war lustig anzusehen, wie sie, bald von den klaren durchscheinenden Wellen überdeckt, hinschwammen, bald mit ihren Rückenstacheln und Floßfedern, grün- und goldspielenden Seiten sich über dem Wasser springend bewegten.

Da wir weit unter dem Winde waren, fuhr der Kapitän gerade auf eine Bucht zu, gleich hinter Capo Gallo. Kniep versäumte die schöne Gelegenheit nicht, die mannigfaltigsten Ansichten ziemlich im Detail zu zeichnen. Mit Sonnenuntergang wendete der Kapitän das Schiff wieder dem hohen Meer zu und fuhr nordostwärts, um die Höhe von Palermo zu erreichen. Ich wagte mich manchmal aufs Verdeck, doch ließ ich meinen dichterischen Vorsatz nicht aus dem Sinne und ich war des ganzen Stücks so ziemlich Herr geworden. Bei trüblichem Himmel heller Mondschein, der Widerschein auf dem Meer unendlich schön. Die Maler, um der Wirkung willen, lassen uns oft glauben, der Widerschein der Himmelslichter im Wasser habe zunächst dem Beschauer die größte Breite, wo er die größte Energie hat. Hier aber sah man am Horizont den Widerschein am breitesten, der sich, wie eine zugespitzte Pyramide, zunächst am Schiff in blinkenden Wellen endigte. Der Kapitän veränderte die Nacht noch einigemal das Manöver.

Montag, den 2. April, früh 8 Uhr

fanden wir uns Palermo gegenüber. Dieser Morgen erschien für mich höchst erfreulich. Der Plan meines Dramas war diese Tage daher, im Walfischbauch, ziemlich gediehen. Ich befand mich wohl und konnte nun auf dem Verdeck die Küsten Siziliens mit Aufmerksamkeit betrachten. Kniep zeichnete emsig fort, und durch seine gewandte Genauigkeit wurden mehrere Streifen Papier zu einem sehr schätzbaren Andenken dieses verspäteten Landens.

Palermo, Montag, den 2. April

Endlich gelangten wir mit Not und Anstrengung nachmittags um drei Uhr in den Hafen, wo uns ein höchst erfreulicher Anblick entgegen trat. Völlig hergestellt wie ich war, empfand ich das größte Vergnügen. Die Stadt gegen Norden gekehrt, am Fuß hoher Berge liegend; über ihr, der Tageszeit gemäß, die Sonne herüberscheinend. Die klaren Schattenseiten aller Gebäude sahen uns an, vom Widerschein erleuchtet. Monte Pellegrino rechts, seine zierlichen Formen im vollkommensten Lichte, links das weit hingestreckte Ufer mit Buchten, Landzungen und Vorgebirgen. Was ferner eine allerliebste Wirkung hervorbrachte, war das junge Grün zierlicher Bäume, deren Gipfel, von hinten erleuchtet, wie große Massen vegetabilischer Johanniswürmer vor den dunkeln Gebäuden hin und wider wogten. Ein klarer Duft blaute alle Schatten.

Anstatt ungeduldig ans Ufer zu eilen, blieben wir auf dem Verdeck, bis man uns wegtrieb; wo hätten wir einen gleichen Standpunkt, einen so glücklichen Augenblick so bald wieder hoffen können!

Durch die wunderbare, aus zwei ungeheuern Pfeilern bestehende Pforte, die oben nicht geschlossen sein darf, damit der turmhohe Wagen der heiligen Rosalia an dem berühmten Feste durchfahren könne, führte man uns in die Stadt und sogleich links in einen großen Gasthof. Der Wirt, ein alter behaglicher Mann, von jeher Fremde aller Nationen zu sehen gewohnt, führte uns in ein großes Zimmer, von dessen Balkon wir das Meer und die Reede, den Rosalienberg und das Ufer überschauten, auch unser Schiff erblickten und unsern ersten Standpunkt beurteilen konnten. Über die Lage unseres Zimmers höchst vergnügt, bemerkten wir kaum, daß im Grunde desselben ein erhöhter Alkoven hinter Vorhängen versteckt sei, wo sich das weitläufigste Bett ausbreitete, das, mit einem seidenen Thronhimmel prangend, mit den übrigen veralteten stattlichen Mobilien völlig übereinstimmte. Ein solches Prunkgemach setzte uns gewissermaßen in Verlegenheit, wir verlangten herkömmlicherweise Bedingungen abzuschließen. Der Alte sagte dagegen: es bedürfe keiner Bedingung, er wünsche, daß es uns bei ihm wohl gefalle. Wir sollten uns auch des Vorsaals bedienen, welcher kühl und luftig, durch mehrere Balkone lustig, gleich an unser Zimmer stieß.

Wir vergnügten uns an der unendlich mannigfaltigen Aussicht und suchten sie im einzelnen zeichnerisch und malerisch zu entwickeln, denn hier konnte man grenzenlos eine Ernte für den Künstler überschauen.

Der helle Mondschein lockte uns des Abends noch auf die Reede und hielt nach der Rückkehr uns noch eine lange Zeit auf dem Altan. Die Beleuchtung war sonderbar, Ruhe und Anmut groß.

Palermo, Dienstag, den 3. April

Unser erstes war, die Stadt näher zu betrachten, die sehr leicht zu überschauen und schwer zu kennen ist, leicht, weil eine meilenlange Straße vom untern zum obern Tor, vom Meere bis gegen das Gebirg, sie durchschneidet und diese, ungefähr in der Mitte, von einer andern abermals durchschnitten wird: was auf diesen Linien liegt, ist bequem zu finden; das Innere der Stadt hingegen verwirrt den Fremden und er entwirrt sich nur mit Hülfe eines Führers in diesem Labyrinthe.

Gegen Abend schenkten wir unsere Aufmerksamkeit der Kutschenreihe der bekannten Fahrt vornehmerer Personen, welche sich, zur Stadt hinaus, auf die Reede begaben, um frische Luft zu schöpfen, sich zu unterhalten und allenfalls zu courtoisieren.

Zwei Stunden vor Nacht war der Vollmond eingetreten und verherrlichte den Abend unaussprechlich. Die Lage von Palermo gegen Norden macht, daß sich Stadt und Ufer sehr wundersam gegen die großen Himmelslichter verhält, deren Widerschein man niemals in den Wellen erblickt. Deswegen wir auch heute an dem heitersten Tage das Meer dunkelblau, ernsthaft und zudringlich fanden, anstatt daß es bei

Neapel, von der Mittagsstunde an, immer heiterer, luftiger und ferner glänzt.

Kniep hatte mich schon heute manchen Weg und manche Betrachtung allein machen lassen, um einen genauen Kontur des Monte Pellegrino zu nehmen, des schönsten aller Vorgebirge der Welt.

Hier noch einiges zusammenfassend, nachträglich und vertraulich:

Wir fuhren Donnerstag den 29. März mit Sonnenuntergang von Neapel und landeten erst nach vier Tagen um drei Uhr im Hafen von Palermo. Ein kleines Diarium, das ich beilege, erzählt überhaupt unsere Schicksale. Ich habe nie eine Reise so ruhig angetreten als diese, habe nie eine ruhigere Zeit gehabt als auf der durch beständigen Gegenwind sehr verlängerten Fahrt, selbst auf dem Bette im engen Kämmerchen, wo ich mich die ersten Tage halten mußte, weil mich die Seekrankheit stark angriff. Nun denke ich ruhig zu euch hinüber, denn wenn irgend etwas für mich entscheidend war, so ist es diese Reise.

Hat man sich nicht ringsum vom Meere umgeben gesehen, so hat man keinen Begriff von Welt und von seinem Verhältnis zur Welt. Als Landschaftszeichner hat mir diese große simple Linie ganz neue Gedanken gegeben.

Wir haben, wie das Diarium ausweist, auf dieser kurzen Fahrt mancherlei Abwechslungen und gleichsam die Schicksale der Seefahrer im kleinen gehabt. Übrigens ist die Sicherheit und Bequemlichkeit des Paketboots nicht genug zu loben. Der Kapitän ist ein sehr braver und recht artiger Mann. Die Gesellschaft war ein ganzes Theater, gutgesittet, leidlich und angenehm. Mein Künstler, den ich bei mir habe, ist ein munterer, treuer, guter Mensch, der mit der größten Akkuratesse zeichnet; er hat alle Inseln und Küsten, wie sie sich zeigten, umrissen, es wird euch große Freude machen, wenn ich alles mitbringe. Übrigens hat er mir, die langen Stunden der Überfahrt zu verkürzen, da Mechanische der

Wasserfarbenmalerei (Aquarell), die man in Italien jetzt sehr hoch getrieben hat, aufgeschrieben: versteht sich den Gebrauch gewisser Farben, um gewisse Töne hervorzubringen, an denen man sich, ohne das Geheimnis zu wissen, zu Tode mischen würde. Ich hatte wohl in Rom manches davon erfahren, aber niemals im Zusammenhange. Die Künstler haben es in einem Lande ausstudiert wie Italien, wie dieses ist. Mit keinen Worten ist die dunstige Klarheit auszudrükken, die um die Küsten schwebte, als wir am schönsten Nachmittage gegen Palermo anfuhren. Die Reinheit der Konture, die Weichheit des Ganzen, das Auseinanderweichen der Töne, die Harmonie von Himmel, Meer und Erde. Wer es gesehen hat, der hat es auf sein ganzes Leben. Nun versteh' ich erst die Claude Lorrain und habe Hoffnung, auch dereinst in Norden aus meiner Seele Schattenbilder dieser glücklichen Wohnung hervor zu bringen. Wäre nur alles Kleinliche so rein daraus weggewaschen als die Kleinheit der Strohdächer aus meinen Zeichenbegriffen. Wir wollen sehen, was diese Königin der Inseln tun kann.

Wie sie uns empfangen hat, habe ich keine Worte auszudrücken: mit frischgrünenden Maulbeerbäumen, immer grünendem Oleander, Zitronenhecken etc. In einem öffentlichen Garten stehn weite Beete von Ranunkeln und Anemonen. Die Luft ist mild, warm und wohlriechend, der Wind lau. Der Mond ging dazu voll hinter einem Vorgebirge herauf und schien ins Meer; und diesen Genuß, nachdem man vier Tage und Nächte auf den Wellen geschwebt! Verzeiht, wenn ich mit einer stumpfen Feder aus einer Tuschmuschel, aus der mein Gefährte die Umrisse nachzieht, dieses hinkritzle. Es kommt doch wie ein Lispeln zu euch hinüber, indes ich allen die mich lieben ein ander Denkmal dieser meiner glücklichen Stunden bereite. Was es wird, sag' ich nicht, wann ihr es erhaltet, kann ich auch nicht sagen.

Dieses Blatt sollte nun, meine Geliebten, euch des schönsten Genusses, insofern es möglich wäre, teilhaft machen;

es sollte die Schilderung der unvergleichlichen, eine große Wassermasse umfassenden Bucht überliefern. Von Osten herauf, wo ein flächeres Vorgebirg weit in die See greift, an vielen schroffen, wohlgebildeten, waldbewachsenen Felsen hin bis an die Fischerwohnungen der Vorstädte herauf, dann an der Stadt selbst her, deren äußere Häuser alle nach dem Hafen schauen, wie unsere Wohnung auch, bis zu dem Tore, durch welches wir hereinkamen.

Dann geht es westwärts weiter fort an den gewöhnlichen Landungsplatz, wo kleinere Schiffe anlegen, bis zu dem eigentlichen Hafen an den Molo, die Station größerer Schiffe. Da erhebt sich nun, sämtliche Fahrzeuge zu schützen, in Westen der Monte Pellegrino in seinen schönen Formen, nachdem er ein liebliches fruchtbares Tal, das sich bis zum jenseitigen Meer erstreckt, zwischen sich und dem eigentlichen festen Land gelassen.

Kniep zeichnete, ich schematisierte, beide mit großem Genuß, und nun, da wir fröhlich nach Hause kommen, fühlen wir beide weder Kräfte noch Mut, zu wiederholen und auszuführen. Unsere Entwürfe müssen also für künftige Zeiten liegen bleiben und dieses Blatt gibt euch bloß ein Zeugnis unseres Unvermögens, diese Gegenstände genugsam zu fassen, oder vielmehr unserer Anmaßung, sie in so kurzer Zeit erobern und beherrschen zu wollen.

Palermo, Mittwoch, den 4. April

Nachmittags besuchten wir das fruchtreiche und angenehme Tal, welches die südlichen Berge herab an Palermo vorbeizieht, durchschlängelt von dem Fluß Oreto. Auch hier wird ein malerisches Auge und eine geschickte Hand gefordert, wenn ein Bild soll gefunden werden, und doch erhaschte Kniep einen Standpunkt, da wo das gestemmte Wasser von einem halbzerstörten Wehr herunterfließt, beschattet von einer fröhlichen Baumgruppe, dahinter das Tal hinaufwärts die freie Aussicht und einige landwirtschaftliche Gebäude.

Die schönste Frühlingswitterung und eine hervorquellende Fruchtbarkeit verbreitete das Gefühl eines belebenden Friedens über das ganze Tal, welches mir der ungeschickte Führer durch seine Gelehrsamkeit verkümmerte, umständlich erzählend, wie Hannibal hier vormals eine Schlacht geliefert und was für ungeheure Kriegstaten an dieser Stelle geschehen. Unfreundlich verwies ich ihm das fatale Hervorrufen solcher abgeschiedenen Gespenster. Es sei schlimm genug, meinte ich, daß von Zeit zu Zeit die Saaten, wo nicht immer von Elefanten, doch von Pferden und Menschen zerstampft werden müßten. Man solle wenigstens die Einbildungskraft nicht mit solchem Nachgetümmel aus ihrem friedlichen Traume aufschrecken.

Er verwunderte sich sehr, daß ich das klassische Andenken an so einer Stelle verschmähte, und ich konnte ihm freilich nicht deutlich machen, wie mir bei einer solchen Vermischung des Vergangenen und des Gegenwärtigen zu Mute sei.

Noch wunderlicher erschien ich diesem Begleiter, als ich auf allen seichten Stellen, deren der Fluß gar viele trokken läßt, nach Steinchen suchte und die verschiedenen Arten derselben mit mir forttrug. Ich konnte ihm abermals nicht erklären, daß man sich von einer gebirgigen Gegend nicht schneller einen Begriff machen kann, als wenn man die Gesteinarten untersucht, die in den Bächen herabgeschoben werden, und daß hier auch die Aufgabe sei, durch Trümmer sich eine Vorstellung von jenen ewig klassischen Höhen des Erdaltertums zu verschaffen.

Auch war meine Ausbeute aus diesem Flusse reich genug, ich brachte beinahe vierzig Stücke zusammen, welche sich freilich in wenige Rubriken unterordnen ließen. Das meiste war eine Gebirgsart, die man bald für Jaspis oder Hornstein, bald für Tonschiefer ansprechen konnte. Ich fand sie teils in abgerundeten, teils unförmigen Geschieben, teils rhombisch gestaltet, von vielerlei Farben. Ferner kamen viele Abänderungen des ältern Kalkes vor, nicht weniger Brekzien, deren Bindemittel Kalk, die verbundenen Steine aber bald Jaspis, bald Kalk waren. Auch fehlte es nicht an Geschieben von Muschelkalk.

Die Pferde füttern sie mit Gerste, Häckerling und Kleien; im Frühjahr geben sie ihnen geschoßte grüne Gerste, um sie zu erfrischen, per rinfrescar, wie sie es nennen. Da sie keine Wiesen haben, fehlt es an Heu. Auf den Bergen gibt es einige Weide, auch auf den Äckern, da ein Drittel als Brache liegen bleibt. Sie halten wenig Schafe, deren Rasse aus der Barbarei kommt, überhaupt auch mehr Maultiere als Pferde, weil jenen die hitzige Nahrung besser bekommt als diesen.

Die Plaine, worauf Palermo liegt, sowie außer der Stadt die Gegend Ai Colli, auch ein Teil der Bagheria, hat im Grunde Muschelkalk, woraus die Stadt gebaut ist, daher man denn auch große Steinbrüche in diesen Lagen findet. In der Nähe von Monte Pellegrino sind sie an einer Stelle über fünfzig Fuß tief. Die untern Lager sind weißer von Farbe. Man findet darin viel versteinte Korallen und Schaltiere, vorzüglich große Pilgermuscheln. Das obere Lager ist mit rotem Ton gemischt und enthält wenig oder gar keine Muscheln. Ganz obenauf liegt roter Ton, dessen Lage jedoch nicht stark ist.

Der Monte Pellegrino hebt sich aus allem diesem hervor; er ist ein älterer Kalk, hat viele Löcher und Spaltungen, welche, genau betrachtet, obgleich sehr unregelmäßig, sich doch nach der Ordnung der Bänke richten. Das Gestein ist fest und klingend.

Palermo, Donnerstag, den 5. April

Wir gingen die Stadt im besondern durch. Die Bauart gleicht meistens der von Neapel, doch stehen öffentliche Monumente, zum Beispiel Brunnen, noch weiter entfernt vom guten Geschmack. Hier ist nicht, wie in Rom, ein Kunstgeist, welcher die Arbeit regelt; nur von Zufälligkeiten erhält das Bauwerk Gestalt und Dasein. Ein von dem ganzen Inselvolke angestaunter Brunnen existierte schwerlich, wenn es in Sizilien nicht schönen bunten Marmor gäbe, und wenn nicht gerade ein Bildhauer, geübt in Tiergestalten, damals Gunst gehabt hätte. Es wird schwer halten diesen Brunnen zu beschreiben. Auf einem mäßigen Platze steht ein rundes architektonisches Werk, nicht gar stockhoch, Sockel, Mauer und Gesims von farbigem Marmor; in die Mauer sind, in einer Flucht, mehrere Nischen angebracht, aus welchen, von weißem Marmor gebildet, alle Arten Tierköpfe auf gestreckten Hälsen herausschauen: Pferd, Löwe, Kamel, Elefant wechseln miteinander ab, und man erwartete kaum hinter dem Kreise dieser Menagerie einen Brunnen, zu welchem, von vier Seiten, durch gelassene Lücken, marmorne Stufen hinaufführen, um das reichlich gespendete Wasser schöpfen zu lassen.

Etwas Ähnliches ist es mit den Kirchen, wo die Prachtliebe der Jesuiten noch überboten ward, aber nicht aus Grundsatz und Absicht, sondern zufällig, wie allenfalls ein gegenwärtiger Handwerker, Figuren- oder Laubschnitzer, Vergolder, Lackierer und Marmorierer gerade das was er vermochte ohne Geschmack und Leitung an gewissen Stellen anbringen wollte.

Dabei findet man eine Fähigkeit natürliche Dinge nachzuahmen, wie denn zum Beispiel jene Tierköpfe gut genug gearbeitet sind. Dadurch wird freilich die Bewunderung der Menge erregt, deren ganze Kunstfreude nur darin besteht, daß sie das Nachgebildete mit dem Urbilde vergleichbar findet.

Gegen Abend machte ich eine heitere Bekanntschaft, indem ich auf der langen Straße bei einem kleinen Handelsmanne eintrat, um verschiedene Kleinigkeiten einzukaufen. Als ich vor dem Laden stand, die Ware zu besehen, erhob sich ein geringer Luftstoß, welcher, längs der Straße herwirbelnd, einen unendlichen erregten Staub in alle Buden und Fenster sogleich verteilte. Bei allen Heiligen! sagt mir, rief ich aus, woher kommt die Unreinlichkeit eurer Stadt, und ist derselben denn nicht abzuhelfen? Diese Straße wetteifert an Länge und Schönheit mit dem Corso zu Rom. An beiden Seiten Schrittsteine, die jeder Laden- und Werkstattbesitzer mit unablässigem Kehren reinlich hält, indem er alles in die Mitte hinunter schiebt, welche dadurch nur immer unreinlicher wird und euch mit jedem Windshauch den Unrat zurücksendet, den ihr der Hauptstraße zugewiesen habt. In Neapel tragen geschäftige Esel jeden Tag das Kehricht nach Gärten und Feldern, sollte denn bei euch nicht irgend eine ähnliche Einrichtung entstehen oder getroffen werden?

«Es ist bei uns nun einmal wie es ist», versetzte der Mann; «was wir aus dem Hause werfen, verfault gleich vor der Türe übereinander. Ihr seht hier Schichten von Stroh und Rohr, von Küchenabgängen und allerlei Unrat, das trocknet zusammen auf und kehrt als Staub zu uns zurück. Gegen den wehren wir uns den ganzen Tag. Aber seht, unsere schönen, geschäftigen, niedlichen Besen vermehren, zuletzt abgestumpft, nur den Unrat vor unsern Häusern.»

Und, lustig genommen, war es wirklich an dem. Sie haben niedliche Beschen von Zwergpalmen, die man, mit weniger Abänderung, zum Fächerdienst eignen könnte, sie schleifen sich leicht ab, und die Stumpfen liegen zu Tausenden in der Straße. Auf meine wiederholte Frage, ob dagegen keine Anstalt zu treffen sei, erwiderte er: die Rede gehe im Volke, daß gerade die, welche für Reinlichkeit zu sorgen hätten, wegen ihres großen Einflusses nicht genötigt werden könnten die Gelder pflichtmäßig zu verwenden, und dabei sei noch der wunderliche Umstand, daß man fürchte, nach weggeschafftem misthaftem Geströhde werde erst deutlich zum Vorschein kommen, wie schlecht das Pflaster darunter beschaffen sei, wodurch denn abermals die unredliche Verwaltung einer andern Kasse zutage kommen würde.

Das alles aber sei, setzte er mit possierlichem Ausdruck hinzu, nur Auslegung von Übelgesinnten, er aber von der Meinung derjenigen, welche behaupten: der Adel erhalte seinen Karossen diese weiche Unterlage, damit sie des Abends ihre herkömmliche Lustfahrt auf elastischem Boden bequem vollbringen könnten. Und da der Mann einmal im Zuge war, bescherzte er noch mehrere Polizeimißbräuche, mir zu tröstlichem Beweis, daß der Mensch noch immer Humor genug hat, sich über das Unabwendbare lustig zu machen.

Palermo, den 6. April

Die heilige Rosalie, Schutzpatronin von Palermo, ist durch die Beschreibung, welche Brydone von ihrem Feste gegeben hat, so allgemein bekannt geworden, daß es den Freunden gewiß angenehm sein muß, etwas von dem Orte und der Stelle, wo sie besonders verehrt wird, zu lesen.

Der Monte Pellegrino, eine große Felsenmasse, breiter als hoch, liegt an dem nordwestlichen Ende des Golfs von Palermo. Seine schöne Form läßt sich mit Worten nicht beschreiben; eine unvollkommene Abbildung davon findet sich in dem Voyage pittoresque de la Sicile. Er bestehet aus einem grauen Kalkstein der früheren Epoche. Die Felsen sind ganz nackt, kein Baum, kein Strauch wächst auf ihnen, kaum daß die flachliegenden Teile mit etwas Rasen und Moos bedeckt sind.

In einer Höhle dieses Berges entdeckte man zu Anfang des vorigen Jahrhunderts die Gebeine der Heiligen und brachte sie nach Palermo. Ihre Gegenwart befreite die Stadt von der Pest, und Rosalie war seit diesem Augenblicke die Schutzheilige des Volks; man baute ihr Kapellen und stellte ihr zu Ehren glänzende Feierlichkeiten an.

Die Andächtigen wallfahrteten fleißig auf den Berg, und man erbaute mit großen Kosten einen Weg, der wie eine Wasserleitung auf Pfeilern und Bogen ruht und in einem Zickzack zwischen zwei Klippen hinaufsteigt.

Der Andachtsort selbst ist der Demut der Heiligen,

welche sich dahin flüchtete, angemessener als die prächtigen Feste, welche man ihrer völligen Entäußerung von der Welt zu Ehren anstellte. Und vielleicht hat die ganze Christenheit, welche nun achtzehnhundert Jahre ihren Besitz, ihre Pracht, ihre feierlichen Lustbarkeiten auf das Elend ihrer ersten Stifter und eifrigsten Bekenner gründet, keinen heiligen Ort aufzuweisen, der auf eine so unschuldige und gefühlvolle Art verziert und verehrt wäre.

Wenn man den Berg erstiegen hat, wendet man sich um eine Felsenecke, wo man einer steilen Felswand nah gegenüber steht, an welcher die Kirche und das Kloster gleichsam festgebaut sind.

Die Außenseite der Kirche hat nichts Einladendes noch Versprechendes; man eröffnet die Türe ohne Erwartung, wird aber auf das wunderbarste überrascht, indem man hineintritt. Man befindet sich unter einer Halle, welche in der Breite der Kirche hinläuft und gegen das Schiff zu offen ist. Man sieht in derselben die gewöhnlichen Gefäße mit Weihwasser und einige Beichtstühle. Das Schiff der Kirche ist ein offner Hof, der an der rechten Seite von rauhen Felsen, auf der linken von einer Kontinuation der Halle zugeschlossen wird. Er ist mit Steinplatten etwas abhängig belegt, damit das Regenwasser ablaufen kann; ein kleiner Brunnen steht ungefähr in der Mitte.

Die Höhle selbst ist zum Chor umgebildet, ohne daß man ihr von der natürlichen rauhen Gestalt etwas genommen hätte. Einige Stufen führen hinauf: gleich steht der große Pult mit dem Chorbuche entgegen, auf beiden Seiten die Chorstühle. Alles wird von dem aus dem Hofe oder Schiff einfallenden Tageslicht erleuchtet. Tief hinten, in dem Dunkel der Höhle, steht der Hauptaltar in der Mitte.

Man hat, wie schon gesagt, an der Höhle nichts verändert; allein da die Felsen immer von Wasser träufeln, war es nötig, den Ort trocken zu halten. Man hat dieses durch bleierne Rinnen bewirkt, welche man an den Kanten der Felsen hergeführt und verschiedentlich miteinander verbunden hat.

Da sie oben breit sind und unten spitz zulaufen, auch mit einer schmutzig grünen Farbe angestrichen sind, so sieht es fast aus, als wenn die Höhle inwendig mit großen Kaktusarten bewachsen wäre. Das Wasser wird teils seitwärts, teils hinten in einen klaren Behälter geleitet, woraus es die Gläubigen schöpfen und gegen allerlei Übel gebrauchen.

Da ich diese Gegenstände genau betrachtete, trat ein Geistlicher zu mir und fragte mich: ob ich etwa ein Genueser sei und einige Messen wollte lesen lassen? Ich versetzte ihm darauf: ich sei mit einem Genueser nach Palermo gekommen, welcher morgen als an einem Festtage herauf steigen würde. Da immer einer von uns zu Hause bleiben müßte, wäre ich heute herauf gegangen, mich umzusehen. Er versetzte darauf: ich möchte mich aller Freiheit bedienen, alles wohl betrachten und meine Devotion verrichten. Besonders wies er mich an einen Altar, der links in der Höhle stand, als ein besonderes Heiligtum und verließ mich.

Ich sah durch die Öffnungen eines großen, aus Messing getriebenen Laubwerks Lampen unter dem Altar hervorschimmern, kniete ganz nahe davor hin und blickte durch die Öffnungen. Es war inwendig noch ein Gitterwerk von feinem geflochtenem Messingdraht vorgezogen, so daß man nur wie durch einen Flor den Gegenstand dahinter unterscheiden konnte.

Ein schönes Frauenzimmer erblickt' ich bei dem Schein einiger stillen Lampen.

Sie lag wie in einer Art von Entzückung, die Augen halb geschlossen, den Kopf nachlässig auf die rechte Hand gelegt, die mit vielen Ringen geschmückt war. Ich konnte das Bild nicht genug betrachten; es schien mir ganz besondere Reize zu haben. Ihr Gewand ist aus einem vergoldeten Blech getrieben, welches einen reich von Gold gewirkten Stoff gar gut nachahmt. Kopf und Hände von weißem Marmor sind, ich darf nicht sagen in einem hohen Stil, aber doch so natürlich und gefällig gearbeitet, daß man glaubt, sie müßte Atem holen und sich bewegen.

Ein kleiner Engel steht neben ihr und scheint ihr mit einem Lilienstengel Kühlung zuzuwehen.

Unterdessen waren die Geistlichen in die Höhle gekommen, hatten sich auf ihre Stühle gesetzt und sangen die Vesper.

Ich setzte mich auf eine Bank gegen dem Altar über und hörte ihnen eine Weile zu; alsdann begab ich mich wieder zum Altare, kniete nieder und suchte das schöne Bild der Heiligen noch deutlicher gewahr zu werden. Ich überließ mich ganz der reizenden Illusion der Gestalt und des Ortes.

Der Gesang der Geistlichen verklang nun in der Höhle, das Wasser rieselte in das Behältnis gleich neben dem Altare zusammen, die überhangenden Felsen des Vorhofs, des eigentlichen Schiffs der Kirche, schlossen die Szene noch mehr ein. Es war eine große Stille in dieser gleichsam wieder ausgestorbenen Wüste, eine große Reinlichkeit in einer wilden Höhle; der Flitterputz des katholischen, besonders sizilianischen Gottesdienstes, hier noch zunächst seiner natürlichen Einfalt; die Illusion, welche die Gestalt der schönen Schläferin hervorbrachte, auch einem geübten Auge noch reizend—genug, ich konnte mich nur mit Schwierigkeit von diesem Orte losreißen und kam erst in später Nacht wieder in Palermo an.

Palermo, Sonnabend, den 7. April

In dem öffentlichen Garten, unmittelbar an der Reede, brachte ich im stillen die vergnügtesten Stunden zu. Es ist der wunderbarste Ort von der Welt. Regelmäßig angelegt, scheint er uns doch feenhaft; vor nicht gar langer Zeit gepflanzt, versetzt er ins Altertum. Grüne Beeteinfassungen umschließen fremde Gewächse, Zitronenspaliere wölben sich zum niedlichen Laubengange, hohe Wände des Oleanders, geschmückt von tausend roten nelkenhaften Blüten, locken das Auge. Ganz fremde mir unbekannte Bäume, noch ohne Laub, wahrscheinlich aus wärmern Gegenden, verbreiten seltsame Zweige. Eine hinter dem flachen Raum erhöhte Bank läßt einen so wundersam verschlungenen Wachstum übersehen und lenkt den Blick zuletzt auf große Bassins, in welchen Gold- und Silberfische sich gar lieblich bewegen, bald sich unter bemooste Röhren verbergen, bald wieder scharenweis, durch einen Bissen Brot gelockt, sich versammeln. An den Pflanzen erscheint durchaus ein Grün, das wir nicht gewohnt sind, bald gelblicher bald blaulicher als bei uns. Was aber dem Ganzen die wundersamste Anmut verlieh, war ein starker Duft, der sich über alles gleichförmig verbreitete, mit so merklicher Wirkung, daß die Gegenstände, auch nur einige Schritte hintereinander entfernt, sich entschiedener hellblau voneinander absetzten, so daß ihre eigentümliche Farbe zuletzt verloren ging, oder wenigstens sehr überbläut sie sich dem Auge darstellten.

Welche wundersame Ansicht ein solcher Duft entfernteren Gegenständen, Schiffen, Vorgebirgen erteilt, ist für ein malerisches Auge merkwürdig genug, indem die Distanzen genau zu unterscheiden, ja zu messen sind; deswegen auch ein Spaziergang auf die Höhe höchst reizend ward. Man sah keine Natur mehr, sondern nur Bilder, wie sie der künstlichste Maler durch Lasieren auseinander gestuft hätte.

Aber der Eindruck jenes Wundergartens war mir zu tief geblieben; die schwärzlichen Wellen am nördlichen Horizonte, ihr Anstreben an die Buchtkrümmungen, selbst der eigene Geruch des dünstenden Meeres, das alles rief mir die Insel der seligen Phäaken in die Sinne sowie ins Gedächtnis. Ich eilte sogleich einen Homer zu kaufen, jenen Gesang mit großer Erbauung zu lesen und eine Übersetzung aus dem Stegreif Kniepen vorzutragen, der wohl verdiente, bei einem guten Glase Wein von seinen strengen heutigen Bemühungen behaglich auszuruhen.

Palermo, den 8. April, Ostersonntag

Nun aber ging die lärmige Freude über die glückliche Auferstehung des Herrn mit Tagesanbruch los. Petarden, Lauffeuer, Schläge, Schwärmer und dergleichen wurden kastenweis vor den Kirchtüren losgebrannt, indessen die Gläubigen sich zu den eröffneten Flügelpforten drängten. Glocken- und Orgelschall, Chorgesang der Prozessionen und der ihnen entgegnenden geistlichen Chöre konnten wirklich das Ohr derjenigen verwirren, die an eine so lärmende Gottesverehrung nicht gewöhnt waren.

Die frühe Messe war kaum geendigt, als zwei wohlgeputzte Laufer des Vizekönigs unsern Gasthof besuchten, in der doppelten Absicht, einmal den sämtlichen Fremden zum Feste zu gratulieren und dagegen ein Trinkgeld einzunehmen, mich sodann zur Tafel zu laden, weshalb meine Gabe etwas erhöht werden mußte.

Nachdem ich den Morgen zugebracht, die verschiedenen Kirchen zu besuchen und die Volksgesichter und Gestalten zu betrachten, fuhr ich zum Palast des Vizekönigs, welcher am obern Ende der Stadt liegt. Weil ich etwas zu früh gekommen, fand ich die großen Säle noch leer, nur ein kleiner munterer Mann ging auf mich zu, den ich sogleich für einen Malteser erkannte.

Als er vernahm, daß ich ein Deutscher sei, fragte er: ob ich ihm Nachricht von Erfurt zu geben wisse, er habe daselbst einige Zeit sehr angenehm zugebracht. Auf seine Erkundigungen nach der von Dacherödischen Familie, nach dem Coadjutor von Dalberg konnte ich ihm hinreichende Auskunft geben, worüber er sehr vergnügt nach dem übrigen Thüringen fragte. Mit bedenklichem Anteil erkundigte er sich nach Weimar. «Wie steht es denn», sagte er, «mit dem Manne, der zu meiner Zeit jung und lebhaft, daselbst Regen und schönes Wetter machte? Ich habe seinen Namen vergessen, genug aber, es ist der Verfasser des Werthers.»

Nach einer kleinen Pause, als wenn ich mich bedächte, erwiderte ich: Die Person, nach der ihr euch gefällig erkundigt, bin ich selbst! — Mit dem sichtbarsten Zeichen des Erstaunens fuhr er zurück und rief aus: «Da muß sich viel verändert haben!» — O ja! versetzte ich, zwischen Weimar und Palermo hab' ich manche Veränderung gehabt.

In dem Augenblick trat mit seinem Gefolge der Vizekönig herein und betrug sich mit anständiger Freimütigkeit, wie es einem solchen Herrn geziemt. Er enthielt sich jedoch nicht des Lächelns über den Malteser, welcher seine Verwunderung mich hier zu sehen auszudrücken fortfuhr. Bei Tafel sprach der Vizekönig, neben dem ich saß, über die Absicht meiner Reise und versicherte, daß er Befehl geben wolle, mich in Palermo alles sehen zu lassen und mich auf meinem Wege durch Sizilien auf alle Weise zu fördern.

Palermo, Montag, den 9. April

Heute den ganzen Tag beschäftigte uns der Unsinn des Prinzen Pallagonia, und auch diese Torheiten waren ganz etwas anders, als wir uns lesend und hörend vorgestellt. Denn bei der größten Wahrheitsliebe kommt derjenige, der vom Absurden Rechenschaft geben soll, immer ins Gedränge: er will einen Begriff davon überliefern, und so macht er es schon zu etwas, da es eigentlich ein Nichts ist, welches für etwas gehalten sein will. Und so muß ich noch eine andere allgemeine Reflexion vorausschicken: daß weder das Abgeschmackteste noch das Vortrefflichste ganz unmittelbar aus einem Menschen, aus einer Zeit hervorspringe, daß man vielmehr beiden mit einiger Aufmerksamkeit eine Stammtafel der Herkunft nachweisen könne.

Jener Brunnen in Palermo gehört unter die Vorfahren der Pallagonischen Raserei, nur daß diese hier, auf eignem Grund und Boden, in der größten Freiheit und Breite sich hervortut. Ich will den Verlauf des Entstehens zu entwikkeln suchen.

Wenn ein Lustschloß in diesen Gegenden mehr oder weniger in der Mitte des ganzen Besitztums liegt und man also, um zu der herrschaftlichen Wohnung zu gelangen, durch gebaute Felder, Küchengärten und dergleichen landwirtschaftliche Nützlichkeiten zu fahren hat, erweisen sie sich haushältischer als die Nordländer, die oft eine große Strecke guten Bodens zu einer Parkanlage verwenden, um mit unfruchtbarem Gesträuche dem Auge zu schmeicheln. Diese Südländer hingegen führen zwei Mauern auf, zwischen welchen man zum Schloß gelangt, ohne daß man gewahr werde, was rechts oder links vorgeht. Dieser Weg beginnt gewöhnlich mit einem großen Portal, wohl auch mit einer gewölbten Halle und endigt im Schloßhofe. Damit nun aber das Auge zwischen diesen Mauern nicht ganz unbefriedigt sei, so sind sie oben ausgebogen, mit Schnörkeln und Postamenten verziert, worauf allenfalls hie und da eine Vase steht. Die Flächen sind abgetüncht, in Felder geteilt und angestrichen. Der Schloßhof macht ein Rund von einstöckigen Häusern, wo Gesinde und Arbeitsleute wohnen; das viereckte Schloß steigt über alles empor.

Dies ist die Art der Anlage, wie sie herkömmlich gegeben ist, wie sie auch schon früher mag bestanden haben, bis der Vater des Prinzen das Schloß baute, zwar auch nicht in dem besten aber doch erträglichem Geschmack. Der jetzige Besitzer aber, ohne jene allgemeinen Grundzüge zu verlassen, erlaubt seiner Lust und Leidenschaft zu mißgestaltetem abgeschmacktem Gebilde den freisten Lauf, und man erzeigt ihm viel zu viel Ehre, wenn man ihm nur einen Funken Einbildungskraft zuschreibt.

Wir treten also in die große Halle, welche mit der Grenze des Besitztums selbst anfängt, und finden ein Achteck, sehr hoch zur Breite. Vier ungeheure Riesen, mit modernen zugeknöpften Gamaschen, tragen das Gesims, auf welchem, dem Eingang gerade gegenüber, die Heilige Dreieinigkeit schwebt.

Der Weg nach dem Schlosse zu ist breiter als gewöhnlich, die Mauer in einen fortlaufenden hohen Sockel verwandelt, auf welchem ausgezeichnete Basamente seltsame Gruppen in die Höhe tragen, indessen in dem Raum von einer zur andern mehrere Vasen aufgestellt sind. Das Widerliche dieser von den gemeinsten Steinhauern gepfuschten Mißbildungen wird noch dadurch vermehrt, daß sie aus dem losesten Muscheltuff gearbeitet sind; doch würde ein besseres Material den Unwert der Form nur desto mehr in die Augen setzen. Ich sagte vorhin Gruppen und bediente mich eines falschen, an dieser Stelle uneigentlichen Ausdrucks: denn diese Zusammenstellungen sind durch keine Art von Reflexion oder auch nur Willkür entstanden, sie sind vielmehr zusammengewürfelt. Jedesmal drei bilden den Schmuck eines solchen viereckten Postaments, indem ihre Basen so eingerichtet sind, daß sie zusammen in verschiedenen Stellungen den viereckigen Raum ausfüllen. Die vorzüglichste besteht gewöhnlich aus zwei Figuren, und ihre Base nimmt den größten vordern Teil des Piedestals ein; diese sind meistenteils Ungeheuer von tierischer und menschlicher Gestalt. Um nun den hintern Raum der Piedestalfläche auszufüllen, bedarf es noch zweier Stücke; das von mittlerer Größe stellt gewöhnlich einen Schäfer oder eine Schäferin, einen Kavalier oder eine Dame, einen tanzenden Affen oder Hund vor. Nun bleibt auf dem Piedestal noch eine Lücke: diese wird meistens durch einen Zwerg ausgefüllt, wie denn überall dieses Geschlecht bei geistlosen Scherzen eine große Rolle spielt.

Daß wir aber die Elemente der Tollheit des Prinzen Pallagonia vollständig überliefern, geben wir nachstehendes Verzeichnis. *Menschen*: Bettler, Bettlerinnen, Spanier, Spanierinnen, Mohren, Türken, Buckelige, alle Arten Verwachsene, Zwerge, Musikanten, Pulcinelle, antik kostümierte Soldaten, Götter, Göttinnen, altfranzösisch Gekleidete, Soldaten mit Patrontaschen und Gamaschen, Mythologie mit fratzenhaften Zutaten: Achill und Chiron mit Pulcinell. *Tiere*: nur Teile derselben, Pferd mit Menschenhänden, Pferdekopf auf Menschenkörper, entstellte Affen, viele Drachen und Schlangen, alle Arten von Pfoten an Figuren aller Art, Verdoppelungen, Verwechslungen der Köpfe. *Vasen*: alle Arten von Monstern und Schnörkeln, die unterwärts zu Vasenbäuchen und Untersätzen endigen.

Denke man sich nun dergleichen Figuren schockweise verfertigt und ganz ohne Sinn und Verstand entsprungen, auch ohne Wahl und Absicht zusammengestellt, denke man sich diesen Sockel, diese Piedestale und Unformen in einer unabsehbaren Reihe, so wird man das unangenehme Gefühl mit empfinden, das einen jeden überfallen muß, wenn er durch diese Spitzruten des Wahnsinns durchgejagt wird.

Wir nähern uns dem Schlosse und werden durch die Arme eines halbrunden Vorhofs empfangen; die entgegenstehende Hauptmauer, wodurch das Tor geht, ist burgartig angelegt. Hier finden wir eine ägyptische Figur eingemauert, einen Springbrunnen ohne Wasser, ein Monument, zerstreut umherliegende Vasen, Statuen vorsätzlich auf die Nase gelegt. Wir treten in den Schloßhof und finden das herkömmliche, mit kleinen Gebäuden umgebene Rund in kleineren Halbzirkeln ausgebogt, damit es ja an Mannigfaltigkeit nicht fehle.

Der Boden ist großenteils mit Gras bewachsen. Hier stehen, wie auf einem verfallenen Kirchhofe, seltsam geschnörkelte Marmorvasen vom Vater her, Zwerge und sonstige Ungestalten aus der neuern Epoche zufällig durcheinander, ohne daß sie bis jetzt einen Platz finden können; sogar tritt man vor eine Laube, vollgepfropft von alten Vasen und anderem geschnörkeltem Gestein.

Das Widersinnige einer solchen geschmacklosen Denkart zeigt sich aber im höchsten Grade darin, daß die Gesimse der kleinen Häuser durchaus schief nach einer oder der andern Seite hinhängen, so daß das Gefühl der Wasserwaage und des Perpendikels, das uns eigentlich zu Menschen macht und der Grund aller Eurhythmie ist, in uns zerrissen und gequält wird. Und so sind denn auch diese Dachreihen mit Hydern und kleinen Büsten, mit musizierenden Affenchören und ähnlichem Wahnsinn verbrämt. Drachen mit Göttern abwechselnd, ein Atlas, der statt der Himmelskugel ein Weinfaß trägt.

Gedenkt man sich aber aus allem diesem in das Schloß zu retten, welches, vom Vater erbaut, ein relativ vernünftiges äußeres Ansehen hat, so findet man nicht weit vor der

Pforte den lorbeerbekränzten Kopf eines römischen Kaisers auf einer Zwerggestalt, die auf einem Delphin sitzt.

Im Schlosse selbst nun, dessen Äußeres ein leidliches Innere erwarten läßt, fängt das Fieber des Prinzen schon wieder zu rasen an. Die Stuhlfüße sind ungleich abgesägt, so daß niemand Platz nehmen kann, und vor den sitzbaren Stühlen warnt der Kastellan, weil sie unter ihren Sammetpolstern Stacheln verbergen. Kandelaber von chinesischem Porzellan stehen in den Ecken, welche, näher betrachtet, aus einzelnen Schalen, Ober- und Untertassen und dergleichen zusammen gekittet sind. Kein Winkel wo nicht irgendeine Willkür hervorblickte. Sogar der unschätzbare Blick über die Vorgebirge ins Meer wird durch farbige Scheiben verkümmert, welche durch einen unwahren Ton die Gegend entweder verkälten oder entzünden. Eines Kabinetts muß ich noch erwähnen, welches aus alten vergoldeten, zusammengeschnittenen Rahmen aneinander getäfelt ist. Alle die hundertfältigen Schnitzmuster, alle die verschiedenen Abstufungen einer ältern oder jüngern, mehr oder weniger bestaubten und beschädigten Vergoldung bedecken hier, hart aneinander gedrängt, die sämtlichen Wände und geben den Begriff von einem zerstückelten Trödel.

Die Kapelle zu beschreiben wäre allein ein Heftchen nötig. Hier findet man den Aufschluß über den ganzen Wahnsinn, der nur in einem bigotten Geiste bis auf diesen Grad wuchern konnte. Wie manches Fratzenbild einer irregeleiteten Devotion sich hier befinden mag, geb' ich zu vermuten, das Beste jedoch will ich nicht vorenthalten. Flach an der Decke nämlich ist ein geschnitztes Kruzifix von ziemlicher Größe befestigt, nach der Natur angemalt, lackiert mit untermischter Vergoldung. Dem Gekreuzigten in den Nabel ist ein Haken eingeschraubt, eine Kette aber, die davon herabhängt, befestigt sich in den Kopf eines knieend betenden, in der Luft schwebenden Mannes, der, angemalt und lackiert wie alle übrigen Bilder der Kirche, wohl ein Sinnbild der ununterbrochenen Andacht des Besitzers darstellen soll.

Übrigens ist der Palast nicht ausgebaut: ein großer, von dem Vater bunt und reich angelegter, aber doch nicht widerlich verzierter Saal war unvollendet geblieben; wie denn der grenzenlose Wahnsinn des Besitzers mit seinen Narrheiten nicht zu Rande kommen kann.

Kniepen, dessen Künstlersinn innerhalb dieses Tollhauses zur Verzweiflung getrieben wurde, sah ich zum erstenmal ungeduldig; er trieb mich fort, da ich mir die Elemente dieser Unschöpfung einzeln zu vergegenwärtigen und zu schematisieren suchte. Gutmütig genug zeichnete er zuletzt noch eine von den Zusammenstellungen, die einzige die noch wenigstens eine Art von Bild gab. Sie stellt ein Pferdweib, auf einem Sessel sitzend, gegen einem unterwärts altmodisch gekleideten, mit Greifenkopf, Krone und großer Perücke gezierten Kavalier Karte spielend vor, und erinnert an das nach aller Tollheit noch immer höchst merkwürdige Wappen des Hauses Pallagonia: ein Satyr hält einem Weib, das einen Pferdekopf hat, einen Spiegel vor.

Palermo, Dienstag, den 10. April

Heute fuhren wir bergauf nach Monreale. Ein herrlicher Weg, welchen der Abt jenes Klosters zur Zeit eines überschwenglichen Reichtums angelegt hat; breit, bequemen Anstiegs, Bäume hie und da, besonders aber weitläufige Spring- und Röhrenbrunnen, beinah Pallagonisch verschnörkelt und verziert, desungeachtet aber Tiere und Menschen erquickend.

Das Kloster San Martino, auf der Höhe liegend, ist eine respektable Anlage. Ein Hagestolz allein, wie man am Prinzen Pallagonia sieht, hat selten etwas Vernünftiges hervorgebracht, mehrere zusammen hingegen die allergrößten Werke, wie Kirchen und Klöster zeigen. Doch wirkten die geistlichen Gesellschaften wohl nur deswegen so viel, weil sie noch mehr als irgendein Familienvater einer unbegrenzten Nachkommenschaft gewiß waren.

Die Mönche ließen uns ihre Sammlungen sehen. Von Altertümern und natürlichen Sachen verwahren sie manches Schöne. Besonders fiel uns auf eine Medaille mit dem Bilde einer jungen Göttin, das Entzücken erregen mußte. Gern hätten uns die guten Männer einen Abdruck mitgegeben, es war aber nichts bei Handen, was zu irgendeiner Art von Form tauglich gewesen wäre.

Nachdem sie uns alles vorgezeigt, nicht ohne traurige Vergleichung der vorigen und gegenwärtigen Zustände, brachten sie uns in einen angenehmen kleinen Saal, von dessen Balkon man eine liebliche Aussicht genoß; hier war für uns beide gedeckt, und es fehlte nicht an einem sehr guten Mittagessen. Nach dem aufgetragenen Dessert trat der Abt herein, begleitet von seinen ältesten Mönchen, setzte sich zu uns und blieb wohl eine halbe Stunde, in welcher Zeit wir manche Fragen zu beantworten hatten. Wir schieden aufs freundlichste. Die jüngern begleiteten uns nochmals in die Zimmer der Sammlung und zuletzt nach dem Wagen.

Wir fuhren mit ganz andern Gesinnungen nach Hause als gestern. Heute hatten wir eine große Anstalt zu bedauern, die eben zu der Zeit versinkt, indessen an der andern Seite ein abgeschmacktes Unternehmen mit frischem Wachstum hervorsteigt.

Der Weg nach San Martino geht das ältere Kalkgebirg hinauf. Man zertrümmert die Felsen und brennt Kalk daraus, der sehr weiß wird. Zum Brennen brauchen sie eine starke lange Grasart, in Bündeln getrocknet. Hier entsteht nun die Kalkara. Bis an die steilsten Höhen liegt roter Ton angeschwemmt, der hier die Dammerde vorstellt, je höher, je röter, wenig durch Vegetation geschwärzt. Ich sah in der Entfernung eine Grube fast wie Zinnober.

Das Kloster steht mitten im Kalkgebirg, das sehr quellenreich ist. Die Gebirge umher sind wohlbebaut.

Palermo, Mittwoch, den 11. April

Nachdem wir nun zwei Hauptpunkte außerhalb der Stadt betrachtet, begaben wir uns in den Palast wo der geschäftige Laufer die Zimmer und ihren Inhalt vorzeigte. Zu unserm großen Schrecken war der Saal, worin die Antiken sonst aufgestellt sind, eben in der größten Unordnung, weil man eine neue architektonische Dekoration im Werke hatte. Die Statuen waren von ihren Stellen weggenommen, mit Tüchern verhängt, mit Gerüsten verstellt, so daß wir, trotz allem guten Willen unseres Führers und einiger Bemühung der Handwerksleute, doch nur einen sehr unvollständigen Begriff davon erwerben konnten. Am meisten war mir um die zwei Widder von Erz zu tun, welche, auch nur unter diesen Umständen gesehen, den Kunstsinn höchlich erbauten. Sie sind liegend vorgestellt, die eine Pfote vorwärts, als Gegenbilder die Köpfe nach verschiedenen Seiten gekehrt; mächtige Gestalten aus der mythologischen Familie, Phrixos und Helle zu tragen würdig. Die Wolle nicht kurz und kraus, sondern lang und wellenartig herabfallend, mit großer Wahrheit und Eleganz gebildet, aus der besten griechischen Zeit. Sie sollen in dem Hafen von Syrakus gestanden haben.

Nun führte uns der Laufer außerhalb der Stadt in Katakomben, welche, mit architektonischem Sinn angelegt, keineswegs zu Grabplätzen benutzte Steinbrüche sind. In einem ziemlich verhärteten Tuff und dessen senkrecht gearbeiteter Wand sind gewölbte Öffnungen und innerhalb dieser Särge ausgegraben, mehrere übereinander, alles aus der Masse, ohne irgendeine Nachhülfe von Mauerwerk. Die oberen Särge sind kleiner und in den Räumen über den Pfeilern sind Grabstätten für Kinder angebracht.

Palermo, Donnerstag, den 12. April

Man zeigte uns heute das Medaillenkabinett des Prinzen Torremuzza. Gewissermaßen ging ich ungern hin. Ich verstehe von diesem Fach zu wenig, und ein bloß neugieriger Reisender ist wahren Kennern und Liebhabern verhaßt. Da man aber doch einmal anfangen muß, so bequemte ich mich und hatte davon viel Vergnügen und Vorteil. Welch ein

Gewinn, wenn man auch nur vorläufig übersieht, wie die alte Welt mit Städten übersäet war, deren kleinste, wo nicht eine ganze Reihe der Kunstgeschichte, wenigstens doch einige Epochen derselben uns in köstlichen Münzen hinterließ. Aus diesen Schubkasten lacht uns ein unendlicher Frühling von Blüten und Früchten der Kunst, eines in höherem Sinne geführten Lebensgewerbes und was nicht alles noch mehr hervor. Der Glanz der sizilischen Städte, jetzt verdunkelt, glänzt aus diesen geformten Metallen wieder frisch entgegen.

Leider haben wir andern in unserer Jugend nur die Familienmünzen besessen, die nichts sagen, und die Kaisermünzen, welche dasselbe Profil bis zum Überdruß wiederholen: Bilder von Herrschern, die eben nicht als Musterbilder der Menschheit zu betrachten sind. Wie traurig hat man nicht unsere Jugend auf das gestaltlose Palästina und auf das gestaltverwirrende Rom beschränkt. Sizilien und Neugriechenland läßt mich nun wieder ein frisches Leben hoffen.

Daß ich über diese Gegenstände mich in allgemeine Betrachtungen ergehe, ist ein Beweis, daß ich noch nicht viel davon verstehen gelernt habe; doch das wird sich mit dem übrigen nach und nach schon geben.

Heute am Abend ward mir noch ein Wunsch erfüllt und zwar auf eigene Weise. Ich stand in der großen Straße auf den Schrittsteinen, an jenem Laden mit dem Kaufherrn scherzend; auf einmal tritt ein Laufer, groß, wohlgekleidet, an mich heran, einen silbernen Teller rasch vorhaltend, worauf mehrere Kupferpfennige, wenige Silberstücke lagen. Da ich nicht wußte, was es heißen solle, so zuckte ich, den Kopf duckend, die Achseln, das gewöhnliche Zeichen wodurch man sich lossagt, man mag nun Antrag oder Frage nicht verstehen, oder nicht wollen. Ebenso schnell als er gekommen war er fort, und nun bemerkte ich auf der entgegengesetzten Seite der Straße seinen Kameraden in gleicher Beschäftigung.

Was das bedeute? fragte ich den Handelsmann, der mit bedenklicher Gebärde, gleichsam verstohlen, auf einen langen hagern Herrn deutete, welcher in der Straßenmitte, hofmäßig gekleidet, anständig und gelassen über den Mist einherschritt. Frisiert und gepudert, den Hut unter dem Arm, in seidenem Gewande, den Degen an der Seite, ein nettes Fußwerk mit Steinschnallen geziert: so trat der Bejahrte ernst und ruhig einher; aller Augen waren auf ihn gerichtet.

«Dies ist der Prinz Pallagonia», sagte der Händler, «welcher von Zeit zu Zeit durch die Stadt geht und für die in der Barbarei gefangenen Sklaven ein Lösegeld zusammen heischt. Zwar beträgt dieses Einsammeln niemals viel, aber der Gegenstand bleibt doch im Andenken und oft vermachen diejenigen, welche bei Lebzeiten zurückhielten, schöne Summen zu solchem Zweck. Schon viele Jahre ist der Prinz Vorsteher dieser Anstalt und hat unendlich viel Gutes gestiftet!»

Statt auf die Torheiten seines Landsitzes, rief ich aus, hätte er hierher jene großen Summen verwenden sollen. Kein Fürst in der Welt hätte mehr geleistet.

Dagegen sagte der Kaufmann: «Sind wir doch alle so! Unsere Narrheiten bezahlen wir gar gerne selbst, zu unsern Tugenden sollen andere das Geld hergeben.»

Palermo, Freitag, den 13. April

Vorgearbeitet in dem Steinreiche Siziliens hat uns Graf Borch sehr emsig, und wer nach ihm, gleichen Sinnes, die Insel besucht, wird ihm recht gern Dank zollen. Ich finde es angenehm sowie pflichtmäßig, das Andenken eines Vorgängers zu feiern. Bin ich doch nur ein Vorfahr von künftigen andern, im Leben wie auf der Reise!

Die Tätigkeit des Grafen scheint mir übrigens größer als seine Kenntnisse; er verfährt mit einem gewissen Selbstbehagen, welches dem bescheidenen Ernst zuwider ist, mit welchem man wichtige Gegenstände behandeln sollte. Indessen ist sein Heft, in Quart, ganz dem sizilianischen Steinreich gewidmet, mir von großem Vorteil, und ich konnte dadurch vorbereitet die Steinschleifer mit Nutzen besuchen, welche, früher mehr beschäftigt, zur Zeit als Kirchen und Altäre noch mit Marmor und Achaten überlegt werden mußten, das Handwerk doch noch immer forttreiben. Bei ihnen bestellte ich Muster von weichen und harten Steinen: denn so unterscheiden sie Marmor und Achate hauptsächlich deswegen, weil die Verschiedenheit des Preises sich nach diesem Unterschiede richtet. Doch wissen sie, außer diesen beiden, sich noch viel mit einem Material, einem Feuererzeugnis ihrer Kalköfen. In diesen findet sich nach dem Brande eine Art Glasfluß, welcher von der hellsten blauen Farbe zur dunkelsten, ja zur schwärzesten übergeht. Diese Klumpen werden, wie anderes Gestein, in dünne Tafeln geschnitten, nach der Höhe ihrer Farbe und Reinheit geschätzt und anstatt Lapislazuli beim Furnieren von Altären, Grabmälern und andern kirchlichen Verzierungen mit Glück angewendet.

Eine vollständige Sammlung, wie ich sie wünsche, ist nicht fertig, man wird sie mir erst nach Neapel schicken. Die Achate sind von der größten Schönheit, besonders diejenigen, in welchen unregelmäßige Flecken von gelbem oder rotem Jaspis mit weißem, gleichsam gefrornem Quarze abwechseln und dadurch die schönste Wirkung hervorbringen.

Eine genaue Nachahmung solcher Achate, auf der Rückseite dünner Glasscheiben durch Lackfarben bewirkt, ist das einzige Vernünftige, was ich aus dem Pallagonischen Unsinn jenes Tages herausfand. Solche Tafeln nehmen sich zur Dekoration schöner aus als der echte Achat, indem dieser aus vielen kleinen Stücken zusammengesetzt werden muß, bei jenen hingegen die Größe der Tafeln vom Architekten abhängt. Dieses Kunststück verdiente wohl nachgeahmt zu werden.

Italien ohne Sizilien macht gar kein Bild in der Seele: hier ist erst der Schlüssel zu allem.

Vom Klima kann man nicht Gutes genug sagen; jetzt ist's Regenzeit, aber immer unterbrochen; heute donnert und blitzt es, und alles wird mit Macht grün. Der Lein hat schon zum Teil Knoten gewonnen, der andere Teil blüht. Man glaubt in den Gründen kleine Teiche zu sehen, so schön blaugrün liegen die Leinfelder unten. Der reizenden Gegenstände sind unzählige! Und mein Geselle ist ein exzellenter Mensch, der wahre Hoffegut, so wie ich redlich den Treufreund fortspiele. Er hat schon recht schöne Konture gemacht und wird noch das Beste mitnehmen. Welche Aussicht, mit meinen Schätzen dereinst glücklich nach Hause zu kommen!

Vom Essen und Trinken hier zu Land hab' ich noch nichts gesagt, und doch ist es kein kleiner Artikel. Die Gartenfrüchte sind herrlich, besonders der Salat von Zartheit und Geschmack wie eine Milch; man begreift, warum ihn die Alten Lactuca genannt haben. Das Öl, der Wein alles sehr gut, und sie könnten noch besser sein, wenn man auf ihre Bereitung mehr Sorgfalt verwendete. Fische die besten, zartesten. Auch haben wir diese Zeit her sehr gut Rindfleisch gehabt, ob man es gleich sonst nicht loben will.

Nun vom Mittagessen ans Fenster! auf die Straße! Es ward ein Missetäter begnadigt, welches immer zu Ehren der heilbringenden Osterwoche geschieht. Eine Brüderschaft führt ihn bis unter einen zum Schein aufgebauten Galgen, dort muß er vor der Leiter eine Andacht verrichten, die Leiter küssen und wird dann wieder weggeführt. Es war ein hübscher Mensch vom Mittelstande, frisiert, einen weißen Frack, weißen Hut, alles weiß. Er trug den Hut in der Hand, und man hätte ihm hie und da nur bunte Bänder anheften dürfen, so konnte er als Schäfer auf jede Redoute gehen.

Palermo, den 13. und 14. April

Und so sollte mir denn kurz vor dem Schlusse ein sonderbares Abenteuer beschert sein, wovon ich sogleich umständliche Nachricht erteile.

Schon die ganze Zeit meines Aufenthalts hörte ich an unserm öffentlichen Tische manches über Cagliostro, dessen Herkunft und Schicksale reden. Die Palermitaner waren darin einig: daß ein gewisser Joseph Balsamo, in ihrer Stadt geboren, wegen mancherlei schlechter Streiche berüchtigt und verbannt sei. Ob aber dieser mit dem Grafen Cagliostro nur eine Person sei, darüber waren die Meinungen geteilt. Einige, die ihn ehemals gesehen hatten, wollten seine Gestalt in jenem Kupferstiche wieder finden, der bei uns bekannt genug ist und auch nach Palermo gekommen war.

Unter solchen Gesprächen berief sich einer der Gäste auf die Bemühungen, welche ein palermitanischer Rechtsgelehrter übernommen, diese Sache ins klare zu bringen. Er war durch das französische Ministerium veranlaßt worden, dem Herkommen eines Mannes nachzuspüren, welcher die Frechheit gehabt hatte, vor dem Angesichte Frankreichs, ja man darf wohl sagen der Welt, bei einem wichtigen und gefährlichen Prozesse die albernsten Märchen vorzubringen.

Es habe dieser Rechtsgelehrte, erzählte man, den Stammbaum des Joseph Balsamo aufgestellt und ein erläuterndes Memoire mit beglaubigten Beilagen nach Frankreich abgeschickt, wo man wahrscheinlich davon öffentlichen Gebrauch machen werde.

Ich äußerte den Wunsch, diesen Rechtsgelehrten, von welchem außerdem viel Gutes gesprochen wurde, kennen zu lernen, und der Erzähler erbot sich, mich bei ihm anzumelden und zu ihm zu führen.

Nach einigen Tagen gingen wir hin und fanden ihn mit seinen Klienten beschäftigt. Als er diese abgefertigt und wir das Frühstück genommen hatten, brachte er ein Manuskript hervor, welches den Stammbaum Cagliostros, die zu dessen Begründung nötigen Dokumente in Abschrift und das Konzept eines Memoire enthielt, das nach Frankreich abgegangen war.

Er legte mir den Stammbaum vor und gab mir die nötigen

Erklärungen darüber, wovon ich hier so viel anführe als zu leichterer Einsicht nötig ist.

Joseph Balsamos Urgroßvater mütterlicher Seite war Matthäus Martello. Der Geburtsname seiner Urgroßmutter ist unbekannt. Aus dieser Ehe entsprangen zwei Töchter, eine namens Maria, die an Joseph Bracconeri verheiratet und Großmutter Joseph Balsamos ward. Die andere, namens Vincenza, verheiratete sich an Joseph Cagliostro, der von einem kleinen Orte La Noara, acht Meilen von Messina, gebürtig war. Ich bemerkte hier, daß zu Messina noch zwei Glockengießer dieses Namens leben. Die Großtante war in der Folge Pate bei Joseph Balsamo; er erhielt den Taufnamen ihres Mannes und nahm endlich auswärts auch den Zunamen Cagliostro von seinem Großonkel an.

Die Eheleute Bracconeri hatten drei Kinder: Felicitas, Matthäus und Antonin.

Felicitas ward an Peter Balsamo verheiratet, den Sohn eines Bandhändlers in Palermo, Antonin Balsamo, der vermutlich von jüdischem Geschlecht abstammte. Peter Balsamo, der Vater des berüchtigten Josephs, machte Bankerott und starb in seinem fünfundvierzigsten Jahre. Seine Witwe, welche noch gegenwärtig lebt, gab ihm außer dem benannten Joseph noch eine Tochter, Johanna Joseph-Maria, welche an Johann Baptista Capitummino verheiratet wurde, der mit ihr drei Kinder zeugte und starb.

Das Memoire, welches uns der gefällige Verfasser vorlas und mir, auf mein Ersuchen, einige Tage anvertraute, war auf Taufscheine, Ehekontrakte und andere Instrumente gegründet, die mit Sorgfalt gesammelt waren. Es enthielt ungefähr die Umstände (wie ich aus einem Auszug, den ich damals gemacht, ersehe), die uns nunmehr aus den römischen Prozeßakten bekannt geworden sind: daß Joseph Balsamo anfangs Juni 1743 zu Palermo geboren, von Vincenza Martello, verheirateter Cagliostro, aus der Taufe gehoben sei, daß er in seiner Jugend das Kleid der Barmherzigen Brüder genommen, eines Ordens, der besonders Kranke verpflegt, daß er bald viel Geist und Geschick für die Medizin gezeigt, doch aber wegen seiner übeln Aufführung fortgeschickt worden, daß er in Palermo nachher den Zauberer und Schatzgräber gemacht.

Seine große Gabe, alle Hände nachzuahmen, ließ er nicht unbenutzt (so fährt das Memoire fort). Er verfälschte oder verfertigte vielmehr ein altes Dokument, wodurch das Eigentum einiger Güter in Streit geriet. Er kam in Untersuchung, ins Gefängnis, entfloh und ward ediktaliter zitiert. Er reiste durch Kalabrien nach Rom, wo er die Tochter eines Gürtlers heiratete. Von Rom kehrte er nach Neapel unter dem Namen Marchese Pellegrini zurück. Er wagte sich wieder nach Palermo, ward erkannt, gefänglich eingezogen und kam nur auf eine Weise los, die wert ist, daß ich sie umständlich erzähle.

Der Sohn eines der ersten sizilianischen Prinzen und großen Güterbesitzers, eines Mannes, der an dem neapolitanischen Hofe ansehnliche Stellen bekleidete, verband mit einem starken Körper und einer unbändigen Gemütsart allen Übermut, zu dem sich der Reiche und Große ohne Bildung berechtigt glaubt.

Donna Lorenza wußte ihn zu gewinnen, und auf ihn baute der verstellte Marchese Pellegrini seine Sicherheit. Der Prinz zeigte öffentlich, daß er dies angekommene Paar beschütze; aber in welche Wut geriet er, als Joseph Balsamo auf Anrufen der Partei, welche durch seinen Betrug Schaden gelitten, abermals ins Gefängnis gebracht wurde! Er versuchte verschiedene Mittel ihn zu befreien, und da sie ihm nicht gelingen wollten, drohte er im Vorzimmer des Präsidenten, den Advokaten der Gegenpartei aufs grimmigste zu mißhandeln, wenn er nicht sogleich die Verhaftung des Balsamo wieder aufhöbe. Als der gegenseitige Sachwalter sich weigerte, ergriff er ihn, schlug ihn, warf ihn auf die Erde, trat ihn mit Füßen und war kaum von mehreren Mißhandlungen abzuhalten, als der Präsident selbst auf den Lärm herauseilte und Frieden gebot.

Dieser, ein schwacher abhängiger Mann, wagte nicht den Beleidiger zu bestrafen; die Gegenpartei und ihr Sachwalter wurden kleinmütig, und Balsamo ward in Freiheit gesetzt, ohne daß bei den Akten sich eine Registratur über seine Loslassung befindet, weder wer sie verfügt, noch wie sie geschehen.

Bald darauf entfernte er sich von Palermo und tat verschiedene Reisen, von welchen der Verfasser nur unvollständige Nachrichten geben konnte.

Das Memoire endigte sich mit einem scharfsinnigen Beweise, daß Cagliostro und Balsamo eben dieselbe Person sei, eine These, die damals schwerer zu behaupten war, als sie es jetzt ist, da wir von dem Zusammenhang der Geschichte vollkommen unterrichtet sind.

Hätte ich nicht damals vermuten müssen, daß man in Frankreich einen öffentlichen Gebrauch von jenem Aufsatz machen würde, daß ich ihn vielleicht bei meiner Zurückkunft schon gedruckt anträfe, so wäre es mir erlaubt gewesen, eine Abschrift zu nehmen und meine Freunde und das Publikum früher von manchen interessanten Umständen zu unterrichten.

Indessen haben wir das meiste und mehr, als jenes Memoire enthalten konnte, von einer Seite her erfahren, von der sonst nur Irrtümer auszuströmen pflegten. Wer hätte geglaubt, daß Rom einmal zur Aufklärung der Welt, zur völligen Entlarvung eines Betrügers so viel beitragen sollte, als es durch die Herausgabe jenes Auszugs aus den Prozeßakten geschehen ist! Denn obgleich diese Schrift weit interessanter sein könnte und sollte, so bleibt sie doch immer ein schönes Dokument in den Händen eines jenen Vernünftigen, der es mit Verdruß ansehen mußte, daß Betrogene, Halbbetrogene und Betrüger diesen Menschen und seine Possenspiele jahrelang verehrten, sich durch die Gemeinschaft mit ihm über andere erhoben fühlten und von der Höhe ihres gläubigen Dünkels den gesunden Menschenverstand bedauerten, wo nicht geringschätzten.

Wer schwieg nicht gern während dieser Zeit? und auch nur jetzt, nachdem die ganze Sache geendigt und außer Streit gesetzt ist, kann ich es über mich gewinnen, zu Komplettierung der Akten dasjenige, was mir bekannt ist, mitzuteilen.

Als ich in dem Stammbaume so manche Personen, besonders Mutter und Schwester, noch als lebend angegeben fand, bezeigte ich dem Verfasser des Memoire meinen Wunsch, sie zu sehen und die Verwandten eines so sonderbaren Menschen kennen zu lernen. Er versetzte, daß es schwer sein werde dazu zu gelangen, indem diese Menschen, arm aber ehrbar, sehr eingezogen lebten, keine Fremden zu sehen gewohnt seien, und der argwöhnische Charakter der Nation sich aus einer solchen Erscheinung allerlei deuten werde; doch er wolle mir seinen Schreiber schicken, der bei der Familie Zutritt habe und durch den er die Nachrichten und Dokumente, woraus der Stammbaum zusammengesetzt worden, erhalten.

Den folgenden Tag erschien der Schreiber und äußerte wegen des Unternehmens einige Bedenklichkeiten. «Ich habe», sagte er, «bisher immer vermieden, diesen Leuten wieder unter die Augen zu treten: denn um ihre Ehekontrakte, Taufscheine und andere Papiere in die Hände zu bekommen und von selbigen legale Kopien machen zu können, mußte ich mich einer eigenen List bedienen. Ich nahm Gelegenheit, von einem Familienstipendio zu reden, das irgendwo vakant war, machte ihnen wahrscheinlich, daß der junge Capitummino sich dazu qualifiziere, daß man vor allen Dingen einen Stammbaum aufsetzen müsse, um zu sehen, inwiefern der Knabe Ansprüche darauf machen könne; es werde freilich nachher alles auf Negoziation ankommen, die ich übernehmen wolle, wenn man mir einen billigen Teil der zu erhaltenden Summe für meine Bemühungen verspräche. Mit Freuden willigten die guten Leute in alles; ich erhielt die nötigen Papiere, die Kopien wurden genommen, der Stammbaum ausgearbeitet, und seit der

Zeit hüte ich mich vor ihnen zu erscheinen. Noch vor einigen Wochen wurde mich die alte Capitummino gewahr, und ich wußte mich nur mit der Langsamkeit, womit hier dergleichen Sachen vorwärts gehen, zu entschuldigen.»

So sagte der Schreiber. Da ich aber von meinem Vorsatz nicht abging, wurden wir nach einiger Überlegung dahin einig, daß ich mich für einen Engländer ausgeben und der Familie Nachrichten von Cagliostro bringen sollte, der eben aus der Gefangenschaft der Bastille nach London gegangen war.

Zur gesetzten Stunde, es mochte etwa drei Uhr nach Mittag sein, machten wir uns auf den Weg. Das Haus lag in dem Winkel eines Gäßchens nicht weit von der Hauptstraße, il Cassaro genannt. Wir stiegen eine elende Treppe hinauf und kamen sogleich in die Küche. Eine Frau von mittlerer Größe, stark und breit, ohne fett zu sein, war beschäftigt das Küchengeschirr aufzuwaschen. Sie war reinlich gekleidet und schlug, als wir hinein traten, das eine Ende der Schürze hinauf, um vor uns die schmutzige Seite zu verstecken. Sie sah meinen Führer freudig an und sagte: «Signor Giovanni, bringen Sie uns gute Nachrichten? Haben Sie etwas ausgerichtet?»

Er versetzte: «In unserer Sache hat mir's noch nicht gelingen wollen; hier ist aber ein Fremder, der einen Gruß von Ihrem Bruder bringt und Ihnen erzählen kann, wie er sich gegenwärtig befindet.»

Der Gruß, den ich bringen sollte, war nicht ganz in unserer Abrede; indessen war die Einleitung einmal gemacht. — «Sie kennen meinen Bruder?» fragte sie. — Es kennt ihn ganz Europa, versetzte ich; und ich glaube, es wird Ihnen angenehm sein zu hören, daß er sich in Sicherheit und wohl befindet, da Sie bisher wegen seines Schicksals gewiß in Sorgen gewesen sind. — «Treten Sie hinein», sagte sie, «ich folge Ihnen gleich»; und ich trat mit dem Schreiber in das Zimmer.

Es war so groß und hoch, daß es bei uns für einen Saal gelten würde; es schien aber auch beinah die ganze Wohnung der Familie zu sein. Ein einziges Fenster erleuchtete die großen Wände, die einmal Farbe gehabt hatten und auf denen schwarze Heiligenbilder in goldenen Rahmen herum hingen. Zwei große Betten ohne Vorhänge standen an der einen Wand, ein braunes Schränkchen, das die Gestalt eines Schreibtisches hatte, an der andern. Alte, mit Rohr durchflochtene Stühle, deren Lehnen ehmals vergoldet gewesen, standen darneben, und die Backsteine des Fußbodens waren an vielen Stellen tief ausgetreten. Übrigens war alles reinlich, und wir näherten uns der Familie, die am andern Ende des Zimmers an dem einzigen Fenster versammelt war.

Indes mein Führer der alten Balsamo, die in der Ecke saß, die Ursache unsers Besuchs erklärte und seine Worte wegen der Taubheit der guten Alten mehrmals laut wiederholte, hatte ich Zeit, das Zimmer und die übrigen Personen zu betrachten. Ein Mädchen von ungefähr sechzehn Jahren, wohlgewachsen, deren Gesichtszüge durch die Blattern undeutlich geworden waren, stand am Fenster; neben ihr ein junger Mensch, dessen unangenehme, durch die Blattern entstellte Bildung mir auch auffiel. In einem Lehnstuhl saß oder lag vielmehr, gegen dem Fenster über, eine kranke, sehr ungestaltete Person, die mit einer Art Schlafsucht behaftet schien.

Als mein Führer sich deutlich gemacht hatte, nötigte man uns zum Sitzen. Die Alte tat einige Fragen an mich, die ich mir aber mußte dolmetschen lassen, eh ich sie beantworten konnte, da mir der sizilianische Dialekt nicht geläufig war.

Ich betrachtete indessen die alte Frau mit Vergnügen. Sie war von mittlerer Größe, aber wohlgebildet; über ihre regelmäßigen Gesichtszüge, die das Alter nicht entstellt hatte, war der Friede verbreitet, dessen gewöhnlich die Menschen genießen, die des Gehörs beraubt sind; der Ton ihrer Stimme war sanft und angenehm.

Ich beantwortete ihre Fragen, und meine Antworten mußten ihr auch wieder verdolmetscht werden.

Die Langsamkeit unserer Unterredung gab mir Gelegenheit, meine Worte abzumessen. Ich erzählte ihr, daß ihr Sohn in Frankreich losgesprochen worden und sich gegenwärtig in England befinde, wo er wohl aufgenommen sei. Ihre Freude, die sie über diese Nachrichten äußerte, war mit Ausdrücken einer herzlichen Frömmigkeit begleitet, und da sie nun etwas lauter und langsamer sprach, konnt' ich sie eher verstehen.

Indessen war ihre Tochter hereingekommen und hatte sich zu meinem Führer gesetzt, der ihr das, was ich erzählt hatte, getreulich wiederholte. Sie hatte eine reinliche Schürze vorgebunden und ihre Haare in Ordnung unter das Netz gebracht. Je mehr ich sie ansah und mit ihrer Mutter verglich, desto auffallender war mir der Unterschied beider Gestalten. Eine lebhafte gesunde Sinnlichkeit blickte aus der ganzen Bildung der Tochter hervor; sie mochte eine Frau von vierzig Jahren sein. Mit muntern blauen Augen sah sie klug umher, ohne daß ich in ihrem Blick irgendeinen Argwohn spüren konnte. Indem sie saß, versprach ihre Figur mehr Länge, als sie zeigte, wenn sie aufstand; ihre Stellung war determiniert, sie saß mit vorwärts gebogenem Körper und die Hände auf die Knie gelegt. Übrigens erinnerte mich ihre mehr stumpfe als scharfe Gesichtsbildung an das Bildnis ihres Bruders, das wir in Kupfer kennen. Sie fragte mich verschiedenes über meine Reise, über meine Absicht Sizilien zu sehen, und war überzeugt, daß ich gewiß zurückkommen und das Fest der heiligen Rosalie mit ihnen feiern würde.

Da indessen die Großmutter wieder einige Fragen an mich getan hatte und ich ihr zu antworten beschäftigt war, sprach die Tochter halblaut mit meinem Gefährten, doch so, daß ich Anlaß nehmen konnte zu fragen: wovon die Rede sei? Er sagte darauf: Frau Capitummino erzähle ihm, daß ihr Bruder ihr noch vierzehn Unzen schuldig sei; sie habe bei seiner schnellen Abreise von Palermo versetzte Sachen für ihn eingelöset; seit der Zeit aber weder etwas von ihm gehört, noch Geld, noch irgendeine Unterstützung von ihm erhalten, ob er gleich, wie sie höre, große Reichtümer besitze und einen fürstlichen Aufwand mache. Ob ich nicht über mich nehmen wolle, nach meiner Zurückkunft ihn auf eine gute Weise an die Schuld zu erinnern und eine Unterstützung für sie auszuwirken, ja ob ich nicht einen Brief mitnehmen oder allenfalls bestellen wolle? Ich erbot mich dazu. Sie fragte: wo ich wohne? Wohin sie mir den Brief zu schikken habe? Ich lehnte ab, meine Wohnung zu sagen, und erbot mich, den andern Tag gegen Abend den Brief selbst abzuholen.

Sie erzählte mir darauf ihre mißliche Lage; sie sei eine Witwe mit drei Kindern, von denen das eine Mädchen im Kloster erzogen werde; die andere sei hier gegenwärtig und ihr Sohn eben in die Lehrstunde gegangen. Außer diesen drei Kindern habe sie ihre Mutter bei sich, für deren Unterhalt sie sorgen müsse, und überdies habe sie aus christlicher Liebe die unglückliche kranke Person zu sich genommen, die ihre Last noch vergrößere; alle ihre Arbeitsamkeit reiche kaum hin, sich und den Ihrigen das Notdürftige zu verschaffen. Sie wisse zwar, daß Gott diese guten Werke nicht unbelohnt lasse, seufze aber doch sehr unter der Last, die sie schon so lange getragen habe.

Die jungen Leute mischten sich auch ins Gespräch, und die Unterhaltung wurde lebhafter. Indem ich mit den andern sprach, hört' ich, daß die Alte ihre Tochter fragte: ob ich denn auch wohl ihrer heiligen Religion zugetan sei? Ich konnte bemerken, daß die Tochter auf eine kluge Weise der Antwort auszuweichen suchte, indem sie, soviel ich verstand, der Mutter bedeutete: daß der Fremde gut für sie gesinnt zu sein schiene, und daß es sich wohl nicht schicke, jemanden sogleich über diesen Punkt zu befragen.

Da sie hörten, daß ich bald von Palermo abreisen wollte, wurden sie dringender und ersuchten mich, daß ich doch ja wiederkommen möchte; besonders rühmten sie die paradiesischen Tage des Rosalienfestes, dergleichen in der ganzen Welt nicht müsse gesehen und genossen werden.

Mein Begleiter, der schon lange Lust gehabt hatte sich zu entfernen, machte endlich der Unterredung durch seine Gebärden ein Ende, und ich versprach, den andern Tag gegen Abend wieder zu kommen und den Brief abzuholen. Mein Begleiter freute sich, daß alles so glücklich gelungen sei, und wir schieden zufrieden voneinander.

Man kann sich den Eindruck denken, den diese arme, fromme, wohlgesinnte Familie auf mich gemacht hatte. Meine Neugierde war befriedigt, aber ihr natürliches und gutes Betragen hatte einen Anteil in mir erregt, der sich durch Nachdenken noch vermehrte.

Sogleich aber entstand in mir die Sorge wegen des folgenden Tags. Es war natürlich, daß diese Erscheinung, die sie im ersten Augenblick überrascht hatte, nach meinem Abschiede manches Nachdenken bei ihnen erregen mußte. Durch den Stammbaum war mir bekannt, daß noch mehrere von der Familie lebten; es war natürlich, daß sie ihre Freunde zusammen beriefen, um sich in ihrer Gegenwart dasjenige wiederholen zu lassen, was sie tags vorher mit Verwunderung von mir gehört hatten. Meine Absicht hatte ich erreicht, und es blieb mir nur noch übrig, dieses Abenteuer auf eine schickliche Weise zu endigen. Ich begab mich daher des andern Tags gleich nach Tische allein in ihre Wohnung. Sie verwunderten sich, da ich hineintrat. Der Brief sei noch nicht fertig, sagten sie, und einige ihrer Verwandten wünschten mich auch kennen zu lernen, welche sich gegen Abend einfinden würden.

Ich versetzte: daß ich morgen früh schon abreisen müsse, daß ich noch Visiten zu machen, auch einzupacken habe und also lieber früher als gar nicht hätte kommen wollen.

Indessen trat der Sohn herein, den ich des Tags vorher nicht gesehen hatte. Er glich seiner Schwester an Wuchs und Bildung. Er brachte den Brief, den man mir mitgeben wollte, den er, wie es in jenen Gegenden gewöhnlich ist, außer dem Hause bei einem der öffentlich sitzenden Notarien hatte schreiben lassen. Der junge Mensch hatte ein stilles, trauriges und bescheidenes Wesen, erkundigte sich nach seinem Oheim, fragte nach dessen Reichtum und Ausgaben und setzte traurig hinzu: warum er seine Familie doch so ganz vergessen haben möchte? «Es wäre unser größtes Glück», fuhr er fort, «wenn er einmal hieher käme und sich unserer annehmen wollte; aber», fuhr er fort, «wie hat er Ihnen entdeckt, daß er noch Anverwandte in Palermo habe? Man sagt, daß er uns überall verleugne und sich für einen Mann von großer Geburt ausgebe.» Ich beantwortete diese Frage, welche durch die Unvorsichtigkeit meines Führers bei unserm ersten Eintritt veranlaßt worden war, auf eine Weise, die es wahrscheinlich machte, daß der Oheim, wenn er gleich gegen das Publikum Ursache habe, seine Abkunft zu verbergen, doch gegen seine Freunde und Bekannten kein Geheimnis daraus mache.

Die Schwester, welche während dieser Unterredung herbeigetreten war und durch die Gegenwart des Bruders, wahrscheinlich auch durch die Abwesenheit des gestrigen Freundes mehr Mut bekam, fing gleichfalls an, sehr artig und lebhaft zu sprechen. Sie baten sehr, sie ihrem Onkel, wenn ich ihm schriebe, zu empfehlen; ebenso sehr aber, wenn ich diese Reise durchs Königreich gemacht, wieder zu kommen und das Rosalienfest mit ihnen zu begehen.

Die Mutter stimmte mit den Kindern ein. «Mein Herr», sagte sie, «ob es sich zwar eigentlich nicht schickt, da ich eine erwachsene Tochter habe, fremde Männer in meinem Hause zu sehen, und man Ursache hat, sich sowohl vor der Gefahr als der Nachrede zu hüten, so sollen Sie uns doch immer willkommen sein, wenn Sie in diese Stadt zurückkehren.»

«O ja», versetzten die Kinder, «wir wollen den Herrn beim Feste herumführen, wir wollen ihm alles zeigen, wir wollen uns auf die Gerüste setzen, wo wir die Feierlichkeit am besten sehen können. Wie wird er sich über den großen Wagen und besonders über die prächtige Illumination freuen!»

Indessen hatte die Großmutter den Brief gelesen und wieder gelesen. Da sie hörte, daß ich Abschied nehmen wollte, stand sie auf und übergab mir das zusammengefaltete Papier. «Sagen Sie meinem Sohn», fing sie mit einer edlen Lebhaftigkeit, ja einer Art von Begeisterung an: «Sagen Sie meinem Sohn, wie glücklich mich die Nachricht gemacht hat, die Sie mir von ihm gebracht haben! Sagen Sie ihm, daß ich ihn so an mein Herz schließe» — hier streckte sie die Arme auseinander und drückte sie wieder auf ihre Brust zusammen — «daß ich täglich Gott und unsere heilige Jungfrau für ihn im Gebete anflehe, daß ich ihm und seiner Frau meinen Segen gebe, und daß ich nur wünsche, ihn vor meinem Ende noch einmal mit diesen Augen zu sehen, die so viele Tränen über ihn vergossen haben.»

Die eigne Zierlichkeit der italienischen Sprache begünstigte die Wahl und die edle Stellung dieser Worte, welche noch überdies von lebhaften Gebärden begleitet wurden, womit jene Nation über ihre Äußerungen einen unglaublichen Reiz zu verbreiten gewohnt ist.

Ich nahm nicht ohne Rührung von ihnen Abschied. Sie reichten mir alle die Hände, die Kinder geleiteten mich hinaus, und indes ich die Treppe hinunterging, sprangen sie auf den Balkon des Fensters, das aus der Küche auf die Straße ging, riefen mir nach, winkten mir Grüße zu und wiederholten: daß ich ja nicht vergessen möchte wieder zu kommen. Ich sah sie noch auf dem Balkon stehen, als ich um die Ecke herumging.

Ich brauche nicht zu sagen, daß der Anteil, den ich an dieser Familie nahm, den lebhaften Wunsch in mir erregte, ihr nützlich zu sein und ihrem Bedürfnis zu Hülfe zu kommen. Sie war nun durch mich abermals hintergangen, und ihre Hoffnungen auf eine unerwartete Hülfe waren durch die Neugierde des nördlichen Europas auf dem Wege, zum zweitenmal getäuscht zu werden.

Mein erster Vorsatz war, ihnen vor meiner Abreise jene vierzehn Unzen zuzustellen, die ihnen der Flüchtling schuldig geblieben, und durch die Vermutung, daß ich diese Summe von ihm wieder zu erhalten hoffte, mein Geschenk zu bedecken; allein als ich zu Hause meine Rechnung machte, meine Kasse und Papiere überschlug, sah ich wohl, daß in einem Lande, wo durch den Mangel von Kommunikation die Entfernung gleichsam ins Unendliche wächst, ich mich selbst in Verlegenheit setzen würde, wenn ich mir anmaßte, die Ungerechtigkeit eines frechen Menschen durch eine herzliche Gutmütigkeit zu verbessern.

Gegen Abend trat ich noch zu meinem Handelsmann und fragte ihn: wie denn das Fest morgen ablaufen werde, da eine große Prozession durch die Stadt ziehen und der Vizekönig selbst das Heiligste zu Fuß begleiten solle? Der geringste Windstoß müsse ja Gott und Menschen in die dickste Staubwolke verhüllen.

Der muntere Mann versetzte, daß man in Palermo sich gern auf ein Wunder verlasse. Schon mehrmals in ähnlichen Fällen sei ein gewaltsamer Platzregen gefallen und habe die meist abhängige Straße, wenigstens zum Teil, rein abgeschwemmt und der Prozession reinen Weg gebahnt. Auch diesmal hege man die gleiche Hoffnung nicht ohne Grund, denn der Himmel überziehe sich und verspreche Regen auf die Nacht.

Palermo, Sonntag, den 15. April

Und so geschah es denn auch! der gewaltsamste Regenguß fiel vergangene Nacht vom Himmel. Sogleich morgens eilte ich auf die Straße, um Zeuge des Wunders zu sein. Und es war wirklich seltsam genug. Der zwischen den beiderseitigen Schrittsteinen eingeschränkte Regenstrom hatte das leichteste Kehricht die abhängige Straße herunter, teils nach dem Meere, teils in die Abzüge, insofern sie nicht verstopft waren, fortgetrieben, das gröbere Geströhde wenigstens von einem Orte zum andern geschoben und dadurch wundersame reine Mäander auf das Pflaster gezeichnet. Nun waren hundert und aberhundert Menschen mit Schaufeln, Besen und Gabeln dahinterher, diese reinen Stellen zu erweitern und in Zusammenhang zu bringen, indem sie die noch übrig gebliebenen Unreinigkeiten bald auf diese bald auf jene Seite häuften. Daraus erfolgte denn, daß die Prozession, als sie begann, wirklich einen reinlichen Schlangenweg durch den Morast gebahnt sah, und sowohl die sämtliche langbekleidete Geistlichkeit als der nettfüßige Adel, den Vizekönig an der Spitze, ungehindert und unbesudelt durchschreiten konnte. Ich glaubte die Kinder Israel zu sehen, denen durch Moor und Moder von Engelshand ein trockner Pfad bereitet wurde, und veredelte mir in diesem Gleichnisse den unerträglichen Anblick, so viel andächtige und anständige Menschen durch eine Allee von feuchten Kothaufen durchbeten und durchprunken zu sehen.

Auf den Schrittsteinen hatte man nach wie vor reinlichen Wandel, im Innern der Stadt hingegen, wohin uns die Absicht, verschiedenes bis jetzt Vernachlässigtes zu sehen, gerade heute gehen hieß, war es fast unmöglich durchzukommen, obgleich auch hier das Kehren und Aufhäufen nicht versäumt war.

Diese Feierlichkeit gab uns Anlaß, die Hauptkirche zu besuchen und ihre Merkwürdigkeiten zu betrachten, auch weil wir einmal auf den Beinen waren, uns nach andern Gebäuden umzusehen; da uns denn ein maurisches, bis jetzt wohlerhaltenes Haus gar sehr ergötzte — nicht groß aber mit schönen, weiten und wohlproportionierten, harmonischen Räumen; in einem nördlichen Klima nicht eben bewohnbar, im südlichen ein höchst willkommener Aufenthalt. Die Baukundigen mögen uns davon Grund- und Aufriß überliefern.

Auch sahen wir in einem unfreundlichen Lokal verschiedene Reste antiker marmorner Statuen, die wir aber zu entziffern keine Geduld hatten.

Palermo, Montag, den 16. April

Da wir uns nun selbst mit einer nahen Abreise aus diesem Paradies bedrohen müssen, so hoffte ich, heute noch im öffentlichen Garten ein vollkommenes Labsal zu finden, mein Pensum in der Odyssee zu lesen und auf einem Spaziergang nach dem Tale, am Fuße des Rosalienbergs, den Plan der Nausikaa weiter durchzudenken und zu versuchen, ob diesem Gegenstande eine dramatische Seite abzugewinnen sei. Dies alles ist, wo nicht mit großem Glück, doch mit vielem Behagen geschehen. Ich verzeichnete den Plan, und konnte nicht unterlassen, einige Stellen, die mich besonders anzogen, zu entwerfen und auszuführen.

Palermo, Dienstag, den 17. April

Es ist ein wahres Unglück, wenn man von vielerlei Geistern verfolgt und versucht wird! Heute früh ging ich mit dem festen ruhigen Vorsatz, meine dichterischen Träume fortzusetzen, nach dem öffentlichen Garten, allein, eh ich mich's versah, erhaschte mich ein anderes Gespenst, das mir schon diese Tage nachgeschlichen. Die vielen Pflanzen, die ich sonst nur in Kübeln und Töpfen, ja die größte Zeit des Jahres nur hinter Glasfenstern zu sehen gewohnt war, stehen hier froh und frisch unter freiem Himmel und, indem sie ihre Bestimmung vollkommen erfüllen, werden sie uns deutlicher. Im Angesicht so vielerlei neuen und erneuten Gebildes fiel mir die alte Grille wieder ein: ob ich nicht unter dieser Schar die Urpflanze entdecken könnte? Eine solche muß es denn doch geben! Woran würde ich sonst erkennen, daß dieses oder jenes Gebilde eine Pflanze sei, wenn sie nicht alle nach einem Muster gebildet wären.

Ich bemühte mich zu untersuchen, worin denn die vielen abweichenden Gestalten voneinander unterschieden seien. Und ich fand sie immer mehr ähnlich als verschieden, und wollte ich meine botanische Terminologie anbringen, so ging das wohl, aber es fruchtete nicht, es machte mich unruhig, ohne daß es mir weiter half. Gestört war mein guter poetischer Vorsatz, der Garten des Alcinous war verschwunden, ein Weltgarten hatte sich aufgetan. Warum sind wir Neueren doch so zerstreut, warum gereizt zu Forderungen, die wir nicht erreichen noch erfüllen können!

Alcamo, Mittwoch, den 18. April

Beizeiten ritten wir aus Palermo. Kniep und der Vetturin hatten sich beim Ein- und Aufpacken vortrefflich erwiesen. Wir zogen langsam die herrliche Straße hinauf, die uns schon beim Besuch auf San Martino bekannt geworden, und bewunderten abermals eine der Prachtfontänen am Wege, als wir auf die mäßige Sitte dieses Landes vorbereitet wurden. Unser Reitknecht nämlich hatte ein kleines Weinfäßchen am Riemen umgehängt, wie unsere Marketenderinnen pflegen, und es schien für einige Tage genugsam Wein zu enthalten. Wir verwunderten uns daher, als er auf eine der vielen Springröhren losritt, den Pfropf eröffnete und Wasser einlaufen ließ. Wir fragten, mit wahrhaft deutschem Erstaunen, was er da vorhabe? ob das Fäßchen nicht voll Wein sei? Worauf er mit großer Gelassenheit erwiderte: er habe ein Dritteil davon leer gelassen, und weil niemand ungemischten Wein trinke, so sei es besser, man mische ihn gleich im ganzen, da vereinigten sich die Flüssigkeiten besser, und man sei ja nicht sicher überall Wasser zu finden. Indessen war das Fäßchen gefüllt, und wir mußten uns diesen altorientalischen Hochzeitsgebrauch gefallen lassen.

Als wir nun hinter Monreale auf die Höhen gelangten, sahen wir wunderschöne Gegenden, mehr im historischen als ökonomischen Stil. Wir blickten rechter Hand bis ans Meer, das zwischen den wundersamsten Vorgebirgen über baumreiche und baumlose Gestade seine schnurgerade Horizontallinie hinzog und so, entschieden ruhig, mit den wilden Kalkfelsen herrlich kontrastierte. Kniep enthielt sich nicht, deren in kleinem Format mehrere zu umreißen.

Nun sind wir in Alcamo, einem stillen reinlichen Städtchen, dessen wohleingerichteter Gasthof als eine schöne Anstalt zu rühmen ist, da man von hier aus den abseits und einsam gelegenen Tempel von Segesta bequem besuchen kann.

Alcamo, Donnerstag, den 19. April

Die gefällige Wohnung in einem ruhigen Bergstädtchen zieht uns an, und wir fassen den Entschluß, den ganzen Tag hier zuzubringen. Da mag denn vor allen Dingen von gestrigen Ereignissen die Rede sein. Schon früher leugnete ich des Prinzen Pallagonia Originalität; er hat Vorgänger gehabt und Muster gefunden. Auf dem Wege nach Monreale stehen zwei Ungeheuer an einer Fontäne und auf dem Geländer einige Vasen, völlig als wenn sie der Fürst bestellt hätte.

Hinter Monreale, wenn man den schönen Weg verläßt und ins steinichte Gebirge kommt, liegen oben auf dem Rükken Steine im Weg, die ich ihrer Schwere und Anwitterung nach für Eisenstein hielt. Alle Landesflächen sind bebaut und tragen besser oder schlechter. Der Kalkstein zeigte sich rot, die verwitterte Erde an solchen Stellen desgleichen. Diese rote tonig-kalkige Erde ist weit verbreitet, der Boden schwer, kein Sand darunter, trägt aber trefflichen Weizen. Wir fanden alte, sehr starke, aber verstümmelte Ölbäume.

Unter dem Obdach einer luftigen, an der schlechten Herberge vorgebauten Halle erquickten wir uns an einem mäßigen Imbiß. Hunde verzehrten begierig die weggeworfenen Schalen unserer Würste, ein Betteljunge vertrieb sie und speiste mit Appetit die Schalen der Äpfel, die wir verzehrten, dieser aber ward gleichfalls von einem alten Bettler verjagt. Handwerksneid ist überall zu Hause. In einer zerlumpten Toga lief der alte Bettler hin und wider, als Hausknecht oder Kellner. So hatte ich auch schon früher gesehen, daß, wenn man etwas von einem Wirte verlangt, was er gerade nicht im Hause hat, so läßt er es durch einen Bettler beim Krämer holen.

Doch sind wir gewöhnlich vor einer so unerfreulichen Bedienung bewahrt, da unser Vetturin vortrefflich ist — Stallknecht, Cicerone, Garde, Einkäufer, Koch und alles.

Auf den höheren Bergen findet sich noch immer der Ölbaum, Caruba, Fraxinus. Ihr Feldbau ist auch in drei Jahre geteilt. Bohnen, Getreide und Ruhe, wobei sie sagen: Mist tut mehr Wunder als die Heiligen. Der Weinstock wird sehr niedrig gehalten.

Die Lage von Alcamo ist herrlich auf der Höhe in einiger Entfernung vom Meerbusen, die Großheit der Gegend zog uns an. Hohe Felsen, tiefe Täler dabei, aber Weite und Mannigfaltigkeit. Hinter Monreale rückt man in ein schönes doppeltes Tal, in dessen Mitte sich noch ein Felsrücken herzieht. Die fruchtbaren Felder stehen grün und still, indes auf dem breiten Wege wildes Gebüsch und Staudenmassen, wie unsinnig, von Blüten glänzt: der Linsenbusch, ganz gelb von Schmetterlingsblumen überdeckt, kein grünes Blatt zu sehen, der Weißdorn, Strauß an Strauß, die Aloen rücken in die Höhe und deuten auf Blüten, reiche Teppiche von amarantrotem Klee, die Insektenophrys, Alpenröslein, Hyazinthen mit geschlossenen Glocken, Borraß, Allien, Asphodelen.

Das Wasser, das von Segesta herunter kommt, bringt außer Kalksteinen viele Hornsteingeschiebe, sie sind sehr fest, dunkelblau, rot, gelb, braun, von den verschiedensten Schattierungen. Auch anstehend als Gänge fand ich Horn- oder Feuersteine in Kalkfelsen, mit Sahlband von Kalk. Von solchem Geschiebe findet man ganze Hügel, ehe man nach Alcamo kommt.

Segesta, den 20. April

Der Tempel von Segesta ist nie fertig geworden, und man hat den Platz um denselben nie verglichen, man ebnete nur den Umkreis, worauf die Säulen gegründet werden sollten; denn noch jetzt stehen die Stufen an manchen Orten neun bis zehn Fuß in der Erde, und es ist kein Hügel in der Nähe, von dem Steine und Erdreich hätten herunter kommen können. Auch liegen die Steine in ihrer meist natürlichen Lage, und man findet keine Trümmer darunter.

Die Säulen stehen alle; zwei, die umgefallen waren, sind neuerdings wieder hergestellt. Inwiefern die Säulen Sockel haben sollten, ist schwer zu bestimmen und ohne Zeichnung nicht deutlich zu machen. Bald sieht es aus, als wenn die Säule auf der vierten Stufe stände, da muß man aber wieder eine Stufe zum Innern des Tempels hinab, bald ist die oberste Stufe durchschnitten, dann sieht es aus, als wenn die Säulen Basen hätten, bald sind diese Zwischenräume wieder ausgefüllt, und da haben wir wieder den ersten Fall. Der Architekt mag dies genauer bestimmen.

Die Nebenseiten haben zwölf Säulen ohne die Ecksäulen, die vordere und hintere Seite sechs, mit den Ecksäulen. Die Zapfen, an denen man die Steine transportiert, sind an den Stufen des Tempels ringsum nicht weggehauen, zum Beweis, daß der Tempel nicht fertig geworden. Am meisten zeigt davon aber der Fußboden: derselbe ist von den Seiten herein an einigen Orten durch Platten angegeben, in der Mitte aber steht noch der rohe Kalkfels höher als das Niveau des angelegten Bodens; er kann also nie geplattet gewesen sein. Auch ist keine Spur von innerer Halle. Noch weniger ist der Tempel mit Stuck überzogen gewesen, daß es aber die Absicht war, läßt sich vermuten: an den Platten der Kapitäle sind Vorsprünge, wo sich vielleicht der Stuck anschließen sollte. Das Ganze ist aus einem travertinähnlichen Kalkstein gebaut, jetzt sehr verfressen. Die Restauration von 1781 hat dem Gebäude sehr wohl getan. Der Steinschnitt, der die Teile zusammenfügt, ist einfach aber schön. Die großen besondern Steine, deren Riedesel erwähnt, konnt' ich nicht finden, sie sind vielleicht zu Restauration der Säulen verbraucht worden.

Die Lage des Tempels ist sonderbar: am höchsten Ende eines weiten langen Tales, auf einem isolierten Hügel, aber doch noch von Klippen umgeben, sieht er über viel Land in eine weite Ferne, aber nur ein Eckchen Meer. Die Gegend ruht in trauriger Fruchtbarkeit, alles bebaut und fast nirgends eine Wohnung. Auf blühenden Disteln schwärmten unzählige Schmetterlinge. Wilder Fenchel stand, acht bis neun Fuß hoch, verdorret von vorigem Jahr her so reichlich und in scheinbarer Ordnung, daß man es für die Anlage einer Baumschule hätte halten können. Der Wind sauste in den Säulen wie in einem Walde, und Raubvögel schwebten schreiend über dem Gebälke.

Die Mühseligkeit, in den unscheinbaren Trümmern eines Theaters herumzusteigen, benahm uns die Lust, die Trümmer der Stadt zu besuchen. Am Fuße des Tempels finden sich große Stücke jenes Hornsteins, und der Weg nach Alcamo ist mit unendlichen Geschieben desselben gemischt. Hiedurch kommt ein Anteil Kieselerde in den Boden, wodurch er lockerer wird. An frischem Fenchel bemerkte ich den Unterschied der unteren und oberen Blätter, und es ist doch nur immer dasselbe Organ, das sich aus der Einfachheit zur Mannigfaltigkeit entwickelt. Man jätet hier sehr fleißig, die Männer gehen wie bei einem Treibjagen das ganze Feld durch. Insekten lassen sich auch sehen. In Palermo hatte ich nur Gewürm bemerkt, Eidechsen, Blutegel, Schnecken nicht schöner gefärbt als unsere, ja nur grau.

Castelvetrano, Sonnabend, den 21. April

Von Alcamo auf Castelvetrano kommt man am Kalkgebirge her über Kieshügel. Zwischen den steilen unfruchtbaren Kalkbergen weite hüglige Täler, alles bebaut, aber fast kein Baum. Die Kieshügel voll großer Geschiebe, auf alte Meeresströmungen hindeutend; der Boden schön gemischt, leichter als bisher, wegen des Anteils von Sand. Salemi blieb uns eine Stunde rechts, hier kamen wir über Gipsfelsen, dem Kalke vorliegend, das Erdreich immer trefflicher gemischt. In der Ferne sieht man das westliche Meer. Im Vordergrund das Erdreich durchaus hüglig. Wir fanden ausgeschlagene Feigenbäume, was aber Lust und Bewunderung erregte, waren unübersehbare Blumenmassen, die sich auf dem überbreiten Wege angesiedelt hatten und in großen, bunten, aneinander stoßenden Flächen sich absonderten und wiederholten. Die schönsten Winden, Hibiscus und Malven, vielerlei Arten Klee herrschten wechselsweise, dazwischen das Allium, Galegagesträuche. Und durch diesen bunten Teppich wand man sich reitend hindurch, denen sich kreuzenden unzähligen schmalen Pfaden nachfolgend. Dazwischen weidet schönes rotbraunes Vieh, nicht groß, sehr nett gebaut, besonders zierliche Gestalt der kleinen Hörner.

Die Gebirge in Nordost stehen alle reihenweis, ein einziger Gipfel Cuniglione ragt aus der Mitte hervor. Die Kieshügel zeigen wenig Wasser, auch müssen wenig Regengüsse hier niedergehen, man findet keine Wasserrisse noch sonst Verschwemmtes.

In der Nacht begegnete mir ein eignes Abenteuer. Wir hatten uns in einem freilich nicht sehr zierlichen Lokal sehr müde auf die Betten geworfen, zu Mitternacht wach' ich auf und erblicke über mir die angenehmste Erscheinung: einen Stern so schön, als ich ihn nie glaubte gesehen zu haben. Ich erquicke mich an dem lieblichen, alles Gute weissagenden Anblick, bald aber verschwindet mein holdes Licht und läßt mich in der Finsternis allein. Bei Tagesanbruch bemerkte ich erst die Veranlassung dieses Wunders; es war eine Lücke im Dach, und einer der schönsten Sterne des Himmels war in jenem Augenblick durch meinen Meridian gegangen. Dieses natürliche Ereignis jedoch legten die Reisenden mit Sicherheit zu ihren Gunsten aus.

Sciacca, den 22. April

Der Weg hieher, mineralogisch uninteressant, geht immerfort über Kieshügel. Man gelangt ans Ufer des Meers, dort ragen mitunter Kalkfelsen hervor. Alles flache Erdreich unendlich fruchtbar, Gerste und Hafer von dem schönsten Stande; Salsola Kali gepflanzt; die Aloen haben schon höhere Fruchtstämme getrieben, als gestern und ehegestern. Die vielerlei Kleearten verließen uns nicht. Endlich kamen wir an ein Wäldchen, buschig, die höheren Bäume nur einzeln; endlich auch Pantoffelholz!

Girgenti, den 23. April, abends

Von Sciacca hieher starke Tagereise. Gleich vor genanntem Orte betrachteten wir die Bäder; ein heißer Quell dringt aus dem Felsen mit sehr starkem Schwefelgeruch, das Wasser schmeckt sehr salzig, aber nicht faul. Sollte der Schwefeldunst nicht im Augenblick des Hervorbrechens sich erzeugen? Etwas höher ist ein Brunnen, kühl, ohne Geruch. Ganz oben liegt das Kloster, wo die Schwitzbäder sind, ein starker Dampf steigt davon in die reine Luft.

Das Meer rollt hier nur Kalkgeschiebe, Quarz und Hornstein sind abgeschnitten. Ich beobachtete die kleinen Flüsse; Caltabellotta und Maccasoli bringen auch nur Kalkgeschiebe, Platani gelben Marmor und Feuersteine, die ewigen Begleiter dieses edlern Kalkgesteins. Wenige Stückchen Lava machten mich aufmerksam, allein ich vermute hier in der Gegend nichts Vulkanisches, ich denke vielmehr, es sind Trümmer von Mühlsteinen, oder zu welchem Gebrauch man solche Stücke aus der Ferne geholt hat. Bei Montallegro ist alles Gips: dichter Gips und Fraueneis, ganze Felsen vor und zwischen dem Kalk. Die wunderliche Felsenlage von Caltabellotta!

Girgenti, Dienstag, den 24. April

So ein herrlicher Frühlingsblick wie der heutige, bei aufgehender Sonne, ward uns freilich nie durchs ganze Leben. Auf dem hohen uralten Burgraume liegt das neue Girgenti, in einem Umfang, groß genug um Einwohner zu fassen. Aus unsern Fenstern erblicken wir den weiten und breiten sanften Abhang der ehemaligen Stadt, ganz von Gärten und Weinbergen bedeckt, unter deren Grün man kaum eine Spur ehemaliger großer bevölkerten Stadtquartiere vermuten dürfte. Nur gegen das mittägige Ende dieser grünenden und blühenden Fläche sieht man den Tempel der Concordia hervorragen, in Osten die wenigen Trümmer des Junotempels; die übrigen mit den genannten in grader Linie gelegenen Trümmer anderer heiliger Gebäude bemerkt das Auge nicht von oben, sondern eilt weiter südwärts nach der Strandfläche, die sich noch eine halbe Stunde bis gegen das Meer erstreckt. Versagt ward heute uns in jene so herrlich grünenden, blühenden, fruchtversprechenden Räume zwischen Zweige und Ranken hinabzubegeben, denn unser Führer, ein kleiner guter Weltgeistlicher, ersuchte uns, vor allen Dingen diesen Tag der Stadt zu widmen.

Erst ließ er uns die ganz wohlgebauten Straßen beschauen, dann führte er uns auf höhere Punkte, wo sich der Anblick durch größere Weite und Breite noch mehr verherrlichte, sodann zum Kunstgenuß in die Hauptkirche. Diese enthält einen wohlerhaltenen Sarkophag, zum Altar gerettet: Hippolyt, mit seinen Jagdgesellen und Pferden, wird von der Amme Phädras aufgehalten, die ihm ein Täfelchen zustellen will. Hier war die Hauptabsicht, schöne Jünglinge darzustellen, deswegen auch die Alte ganz klein und zwerghaft, als ein Nebenwerk, das nicht stören soll, dazwischen gebildet ist. Mich dünkt von halberhabener Arbeit nichts Herrlichers gesehen zu haben, zugleich vollkommen erhalten. Es soll mir einstweilen als ein Beispiel der anmutigsten Zeit griechischer Kunst gelten.

In frühere Epochen wurden wir zurück geführt durch Betrachtung einer köstlichen Vase von bedeutender Größe und vollkommener Erhaltung. Ferner schienen sich manche Reste der Baukunst in der neuen Kirche hie und da untergesteckt zu haben.

Da es hier keine Gasthöfe gibt, so hatte uns eine freundliche Familie Platz gemacht und einen erhöhten Alkoven an einem großen Zimmer eingeräumt. Ein grüner Vorhang trennte uns und unser Gepäck von den Hausgliedern, welche in dem großen Zimmer Nudeln fabrizierten und zwar von der feinsten, weißesten und kleinsten Sorte, davon diejenigen am teuersten bezahlt werden, die, nachdem sie erst in die Gestalt von gliedslangen Stiften gebracht sind, noch von spitzen Mädchenfingern einmal in sich selbst gedreht, eine schneckenhafte Gestalt annehmen. Wir setzten uns zu den hübschen Kindern, ließen uns die Behandlung erklären und vernahmen, daß sie aus dem besten und schwersten Weizen, Grano forte genannt, fabriziert würden. Dabei kommt viel mehr Handarbeit als Maschinen- und Formwesen vor. Und so hatten sie uns denn auch das trefflichste Nudelgericht bereitet, bedauerten jedoch, daß grade von der allervollkommensten Sorte, die außer Girgenti, ja außer ihrem Hause nicht gefertigt werden könnte, nicht einmal ein Gericht vorrätig sei. An Weiße und Zartheit schienen diese ihresgleichen nicht zu haben.

Auch den ganzen Abend wußte unser Führer die Ungeduld zu besänftigen, die uns hinabwärts trieb, indem er uns abermals auf die Höhe zu herrlichen Aussichtspunkten führte und uns dabei die Übersicht der Lage gab alle der Merkwürdigkeiten, die wir morgen in der Nähe sehen sollten.

Girgenti, Mittwoch, den 25. April

Mit Sonnenaufgang wandelten wir nun hinunter, wo sich bei jedem Schritt die Umgebung malerischer anließ. Mit dem Bewußtsein, daß es zu unserm Besten gereiche, führte uns der kleine Mann unaufhaltsam quer durch die reiche Vegetation, an tausend Einzelheiten vorüber, wovon jede das Lokal zu idyllischen Szenen darbot. Hierzu trägt die Ungleichheit des Bodens gar vieles bei, der sich wellenförmig über verborgene Ruinen hinbewegt, die um so eher mit fruchtbarer Erde überdeckt werden konnten, als die vormaligen Gebäude aus einem leichten Muscheltuff bestanden. Und so gelangten wir an das östliche Ende der Stadt, wo die Trümmer des Junotempels jährlich mehr verfallen, weil eben der lockre Stein von Luft und Witterung aufgezehrt wird. Heute sollte nur eine kursorische Beschauung angestellt werden, aber schon wählte sich Kniep die Punkte, von welchen aus er morgen zeichnen wollte.

Der Tempel steht gegenwärtig auf einem verwitterten

Felsen; von hier aus erstreckten sich die Stadtmauern gerade westwärts auf einem Kalklager hin, welches, senkrecht über dem flachen Strande, den das Meer, früher und später, nachdem es diese Felsen gebildet und ihren Fuß bespült, verlassen hatte. Teils aus den Felsen gehauen, teils aus denselben erbaut, waren die Mauern, hinter welchen die Reihe der Tempel hervorragte. Kein Wunder also, daß der untere, der aufsteigende und der höchste Teil von Girgenti zusammen von dem Meere her einen bedeutenden Anblick gewährte.

Der Tempel der Concordia hat so vielen Jahrhunderten widerstanden; seine schlanke Baukunst nähert ihn schon unserm Maßstabe des Schönen und Gefälligen, er verhält sich zu denen von Paestum wie Göttergestalt zum Riesenbilde. Ich will mich nicht beklagen, daß der neuere löbliche Vorsatz, diese Monumente zu erhalten, geschmacklos ausgeführt worden, indem man die Lücken mit blendend weißem Gips ausbesserte; dadurch steht dieses Monument auch auf gewisse Weise zertrümmert vor dem Auge; wie leicht wäre es gewesen, dem Gips die Farbe des verwitterten Steins zu geben. Sieht man freilich den so leicht sich bröckelnden Muschelkalk der Säulen und Mauern, so wundert man sich, daß er noch so lange gehalten. Aber die Erbauer, hoffend auf eine ähnliche Nachkommenschaft, hatten deshalb Vorkehrung getroffen: man findet noch Überreste eines feinen Tünchs an den Säulen, der zugleich dem Auge schmeicheln und die Dauer verbürgen sollte.

Die nächste Station ward sodann bei den Ruinen des Jupitertempels gehalten. Dieser liegt weit gestreckt, wie die Knochenmasse eines Riesengerippes, inner- und unterhalb mehrerer kleinen Besitzungen, von Zäunen durchschnitten, von höhern und niedern Pflanzen durchwachsen. Alles Gebildete ist aus diesen Schutthaufen verschwunden, außer einem ungeheueren Triglyph und einem Stück einer demselben proportionierten Halbsäule. Jenen maß ich mit ausgespannten Armen und konnte ihn nicht erklaftern, von der Kannelierung der Säule hingegen kann dies einen Begriff geben, daß ich, darin stehend, dieselbe als eine kleine Nische ausfüllte, mit beiden Schultern anstoßend. Zweiundzwanzig Männer, im Kreise nebeneinander gestellt, würden ungefähr die Peripherie einer solchen Säule bilden. Wir schieden mit dem unangenehmen Gefühle, daß hier für den Zeichner gar nichts zu tun sei.

Der Tempel des Herkules hingegen ließ noch Spuren vormaliger Symmetrie entdecken. Die zwei Säulenreihen, die den Tempel hüben und drüben begleiteten, lagen in gleicher Richtung wie auf einmal zusammen hingelegt, von Norden nach Süden; jene einen Hügel hinaufwärts, diese hinabwärts. Der Hügel mochte aus der zerfallenen Zelle entstanden sein. Die Säulen, wahrscheinlich durch das Gebälk zusammengehalten, stürzten auf einmal, vielleicht durch Sturmwut niedergestreckt, und sie liegen noch regelmäßig, in die Stücke, aus denen sie zusammengesetzt waren, zerfallen. Dieses merkwürdige Vorkommen genau zu zeichnen, spitzte Kniep schon in Gedanken seine Stifte.

Der Tempel des Äsculap, von dem schönsten Johannisbrotbaum beschattet und in ein kleines feldwirtschaftliches Haus beinahe eingemauert, bietet ein freundliches Bild.

Nun stiegen wir zum Grabmal Therons hinab und erfreuten uns der Gegenwart dieses so oft nachgebildet gesehenen Monuments, besonders da es uns zum Vorgrunde diente einer wundersamen Ansicht: denn man schaute von Westen nach Osten an dem Felslager hin, auf welchem die lückenhaften Stadtmauern, sowie durch sie und über ihnen die Reste der Tempel zu sehen waren. Unter Hackerts kunstreicher Hand ist diese Ansicht zum erfreulichen Bilde geworden; Kniep wird einen Umriß auch hier nicht fehlen lassen.

Girgenti, Donnerstag, den 26. April

Als ich erwachte, war Kniep schon bereit, mit einem Knaben, der ihm den Weg zeigen und die Pappen tragen sollte, seine zeichnerische Reise anzutreten. Ich genoß des herrlichsten Morgens am Fenster, meinen geheimen, stillen aber nicht stummen Freund an der Seite. Aus frommer Scheu habe ich bisher den Namen nicht genannt des Mentors, auf den ich von Zeit zu Zeit hinblicke und hinhorche; es ist der treffliche von Riedesel, dessen Büchlein ich wie ein Brevier oder Talisman am Busen trage. Sehr gern habe ich mich immer in solchen Wesen bespiegelt, die das besitzen, was mir abgeht, und so ist es grade hier: ruhiger Vorsatz, Sicherheit des Zwecks, reinliche schickliche Mittel, Vorbereitung und Kenntnis, inniges Verhältnis zu einem meisterhaft Belehrenden, zu Winckelmann; dies alles geht mir ab und alles übrige, was daraus entspringt. Und doch kann ich mir nicht Feind sein, daß ich das zu erschleichen, zu erstürmen, zu erlisten suche, was mir während meines Lebens auf dem gewöhnlichen Wege versagt war. Möge jener treffliche Mann in diesem Augenblick mitten in dem Weltgetümmel empfinden, wie ein dankbarer Nachfahr seine Verdienste feiert, einsam in dem einsamen Orte, der auch für ihn so viel Reize hatte, daß er sogar hier, vergessen von den Seinigen und ihrer vergessend, seine Tage zuzubringen wünschte.

Nun durchzog ich die gestrigen Wege mit meinem kleinen geistlichen Führer, die Gegenstände von mehrern Seiten betrachtend und meinen fleißigen Freund hie und da besuchend.

Auf eine schöne Anstalt der alten mächtigen Stadt machte mich mein Führer aufmerksam. In den Felsen und Gemäuermassen, welche Girgenti zum Bollwerk dienten, finden sich Gräber, wahrscheinlich den Tapfern und Guten zur Ruhestätte bestimmt. Wo konnten diese schöner, zu eigener Glorie und zu ewig lebendiger Nacheiferung, beigesetzt werden!

In dem weiten Raume zwischen den Mauern und dem Meere finden sich noch die Reste eines kleinen Tempels, als christliche Kapelle erhalten. Auch hier sind Halbsäulen mit den Quaderstücken der Mauer aufs schönste verbunden, und beides ineinander gearbeitet; höchst erfreulich dem Auge. Man glaubt genau den Punkt zu fühlen, wo die dorische Ordnung ihr vollendetes Maß erhalten hat.

Manches unscheinbare Denkmal des Altertums ward obenhin angesehen, sodann mit mehr Aufmerksamkeit die jetzige Art den Weizen unter der Erde in großen ausgemauerten Gewölben zu verwahren. Über den bürgerlichen und kirchlichen Zustand erzählte mir der gute Alte gar manches. Ich hörte von nichts, was nur einigermaßen in Aufnahme wäre. Das Gespräch schickte sich recht gut zu den unaufhaltsam verwitternden Trümmern.

Die Schichten des Muschelkalks fallen alle gegen das Meer. Wundersam von unten und hinten ausgefressene Felsbänke, deren Oberes und Vorderes sich teilweise erhalten, so daß sie wie herunterhängende Fransen aussehen. Haß auf die Franzosen, weil sie mit den Barbaresken Frieden haben, und man ihnen Schuld gibt, sie verrieten die Christen an die Ungläubigen.

Vom Meere her war ein antikes Tor in Felsen gehauen. Die noch bestehenden Mauern stufenweis auf den Felsen gegründet. Unser Cicerone hieß Don Michael Vella, Antiquar, wohnhaft bei Meister Gerio in der Nähe von Santa Maria.

Die Puffbohnen zu pflanzen verfahren sie folgendermaßen: sie machen in gehöriger Weite voneinander Löcher in die Erde, darein tun sie eine Hand voll Mist, sie erwarten Regen und dann stecken sie die Bohnen. Das Bohnenstroh verbrennen sie, mit der daraus entstehenden Asche waschen sie die Leinwand. Sie bedienen sich keiner Seife. Auch die äußern Mandelschalen verbrennen sie und bedienen sich derselben statt Soda. Erst waschen sie die Wäsche mit Wasser und dann mit solcher Lauge.

Die Folge ihres Fruchtbaus ist Bohnen, Weizen, Tumenia, das vierte Jahr lassen sie es zur Wiese liegen. Unter Bohnen werden hier die Puffbohnen verstanden. Ihr Weizen ist unendlich schön. Tumenia, deren Namen sich von bimenia oder trimenia herschreiben soll, ist eine herrliche Gabe der Ceres: es ist eine Art von Sommerkorn, das in drei Monaten reif wird. Sie säen es vom ersten Januar bis zum Juni, wo es denn immer zur bestimmten Zeit reif ist. Sie braucht nicht viel Regen, aber starke Wärme; anfangs hat sie ein sehr zartes Blatt, aber sie wächst dem Weizen nach und macht sich zuletzt sehr stark. Das Korn säen sie im Oktober und November, es reift im Juni. Die im November gesäte Gerste ist den ersten Juni reif, an der Küste schneller, in Gebirgen langsamer.

Der Lein ist schon reif. Der Akanth hat seine prächtigen Blätter entfaltet. Salsola fruticosa wächst üppig.

Auf unbebauten Hügeln wächst reichlicher Esparsett. Er wird teilweis verpachtet und bündelweis in die Stadt gebracht. Ebenso verkaufen sie bündelweis den Hafer, den sie aus dem Weizen ausjäten.

Sie machen artige Einteilungen mit Rändchen in dem Erdreich, wo sie Kohlpflanzen wollen, zum Behuf der Wässerung.

An den Feigen waren alle Blätter heraus und die Früchte hatten angesetzt. Sie werden zu Johanni reif, dann setzt der Baum noch einmal an. Die Mandeln hingen sehr voll; ein gestutzter Karubenbaum trug unendliche Schoten. Die Trauben zum Essen werden an Lauben gezogen, durch hohe Pfeiler unterstützt. Melonen legen sie im März, die im Juni reifen. In den Ruinen des Jupitertempels wachsen sie munter ohne eine Spur von Feuchtigkeit.

Der Vetturin aß mit größtem Appetit rohe Artischocken und Kohlrabi; freilich muß man gestehen, daß sie viel zärter und saftiger sind als wie bei uns. Wenn man durch Äcker kommt, so lassen die Bauern zum Beispiel junge Puffbohnen essen so viel man will.

Als ich auf schwarze feste Steine aufmerksam ward, die

einer Lava glichen, sagte mir der Antiquar, sie seien vom Ätna, auch am Hafen oder vielmehr Landungsplatz stünden solche.

Der Vögel gibt's hierzulande nicht viel: Wachteln. Die Zugvögel sind: Nachtigallen, Lerchen und Schwalben. Rinnine, kleine schwarze Vögel, die aus der Levante kommen, in Sizilien hecken und weiter gehen oder zurück. Ridene, kommen im Dezember und Januar aus Afrika, fallen auf dem Akragas nieder und dann ziehen sie sich in die Berge.

Von der Vase des Doms noch ein Wort. Auf derselben steht ein Held in völliger Rüstung, gleichsam als Ankömmling, vor einem sitzenden Alten, der durch Kranz und Szepter als König bezeichnet ist. Hinter diesem steht ein Weib, das Haupt gesenkt, die linke Hand unter dem Kinn; aufmerksam nachdenkende Stellung. Gegenüber hinter dem Helden ein Alter, gleichfalls bekränzt, er spricht mit einem spießtragenden Manne, der von der Leibwache sein mag. Der Alte scheint den Helden eingeführt zu haben und zu der Wache zu sagen: Laßt ihn nur mit dem König reden, es ist ein braver Mann.

Das Rote scheint der Grund dieser Vase, das Schwarze darauf gesetzt. Nur an dem Frauengewande scheint Rot auf Schwarz zu sitzen.

Girgenti, Freitag, den 27. April

Wenn Kniep alle Vorsätze ausführen will, muß er unablässig zeichnen, indes ich mit meinem alten kleinen Führer umherziehe. Wir spazierten gegen das Meer, von woher sich Girgenti, wie uns die Alten versichern, sehr gut ausgenommen habe. Der Blick ward in die Wellenweite gezogen, und mein Führer machte mich aufmerksam auf einen langen Wolkenstreif, der südwärts, einem Bergrücken gleich, auf der Horizontallinie aufzuliegen schien: dies sei die Andeutung der Küste von Afrika, sagte er. Mir fiel indes ein anderes Phänomen als seltsam auf; es war aus leichtem Gewölk ein schmaler Bogen, welcher, mit dem einen Fuß auf Sizilien aufstehend, sich hoch am blauen, übrigens ganz reinen Himmel hinwölbte und mit dem andern Ende in Süden auf dem Meer zu ruhen schien. Von der niedergehenden Sonne gar schön gefärbt und wenig Bewegung zeigend, war er dem Auge eine so seltsame als erfreuliche Erscheinung. Es stehe dieser Bogen, versicherte man mir, gerade in der Richtung nach Malta und möge wohl auf dieser Insel seinen andern Fuß niedergelassen haben, das Phänomen komme manchmal vor. Sonderbar genug wäre es, wenn die Anziehungskraft der beiden Inseln gegeneinander sich in der Atmosphäre auf diese Art kund täte.

Durch dieses Gespräch ward bei mir die Frage wieder rege, ob ich den Vorsatz Malta zu besuchen aufgeben sollte. Allein die schon früher überdachten Schwierigkeiten und Gefahren blieben noch immer dieselben, und wir nahmen uns vor, unsern Vetturin bis Messina zu dingen.

Dabei aber sollte wieder nach einer gewissen eigensinnigen Grille gehandelt werden. Ich hatte nämlich auf dem bisherigen Wege in Sizilien wenig kornreiche Gegenden gesehen, sodann war der Horizont überall von nahen und fernen Bergen beschränkt, so daß es der Insel ganz an Flächen zu fehlen schien und man nicht begriff, wie Ceres dieses Land so vorzüglich begünstigt haben sollte. Als ich mich darnach erkundigte, erwiderte man mir: daß ich, um dieses einzusehen, statt über Syrakus, quer durchs Land gehen müsse, wo ich denn der Weizenstriche genug antreffen würde. Wir folgten dieser Lockung Syrakus aufzugeben, indem uns nicht unbekannt war, daß von dieser herrlichen Stadt wenig mehr als der prächtige Name geblieben sei. Allenfalls war sie von Catania aus leicht zu besuchen.

Caltanissetta, Sonnabend, den 28. April

Heute können wir denn endlich sagen, daß uns ein anschaulicher Begriff geworden, wie Sizilien den Ehrennamen einer Kornkammer Italiens erlangen können. Eine Strecke, nachdem wir Girgenti verlassen, fing der fruchtbare Boden an. Es sind keine großen Flächen, aber sanft gegeneinander laufende Berg- und Hügelrücken, durchgängig mit Weizen und Gerste bestellt, die eine ununterbrochene Masse von Fruchtbarkeit dem Auge darbieten. Der diesen Pflanzen geeignete Boden wird so genutzt und so geschont, daß man nirgends einen Baum sieht, ja alle die kleinen Ortschaften und Wohnungen liegen auf Rücken der Hügel, wo eine hinstreichende Reihe Kalkfelsen den Boden ohnehin unbrauchbar macht. Dort wohnen die Weiber das ganze Jahr, mit Spinnen und Weben beschäftigt, die Männer hingegen bringen zur eigentlichen Epoche der Feldarbeit nur Sonnabend und Sonntag bei ihnen zu, die übrigen Tage bleiben sie unten und ziehen sich nachts in Rohrhütten zurück. Und so war denn unser Wunsch bis zum Überdruß erfüllt, wir hätten uns Triptolems Flügelwagen gewünscht, um dieser Einförmigkeit zu entfliehen.

Nun ritten wir bei heißem Sonnenschein durch diese wüste Fruchtbarkeit und freuten uns in dem wohlgelegenen und wohlgebauten Caltanissetta zuletzt anzukommen, wo wir jedoch abermals vergeblich um eine leidliche Herberge bemüht waren. Die Maultiere stehen in prächtig gewölbten Ställen, die Knechte schlafen auf dem Klee, der den Tieren bestimmt ist, der Fremde aber muß seine Haushaltung von vorn anfangen. Ein allenfalls zu beziehendes Zimmer muß erst gereinigt werden. Stühle und Bänke gibt es nicht, man sitzt auf niedrigen Böcken von starkem Holz, Tische sind auch nicht zu finden.

Will man jene Böcke in Bettfüße verwandeln, so geht man zum Tischler und borgt so viel Bretter als nötig sind, gegen eine gewisse Miete. Der große Juchtensack, den uns Hakkert geliehen, kam diesmal sehr zugute und ward vorläufig mit Heckerling angefüllt.

Vor allem aber mußte wegen des Essens Anstalt getroffen werden. Wir hatten unterwegs eine Henne gekauft, der

Vetturin war gegangen Reis, Salz und Spezereien anzuschaffen, weil er aber nie hier gewesen, so blieb lange unerörtert, wo denn eigentlich gekocht werden sollte, wozu in der Herberge selbst keine Gelegenheit war. Endlich bequemte sich ein ältlicher Bürger, Herd und Holz, Küchen- und Tischgeräte gegen ein Billiges herzugeben und uns, indessen gekocht würde, in der Stadt herumzuführen, endlich auf den Markt, wo die angesehensten Einwohner nach antiker Weise umhersaßen, sich unterhielten und von uns unterhalten sein wollten.

Wir mußten von Friedrich dem Zweiten erzählen, und ihre Teilnahme an diesem großen Könige war so lebhaft, daß wir seinen Tod verhehlten, um nicht durch eine so unselige Nachricht unsern Wirten verhaßt zu werden.

Geologisches, nachträglich. Von Girgenti die Muschelkalkfelsen hinab, zeigt sich ein weißliches Erdreich, das sich nachher erklärt: man findet den älteren Kalk wieder und Gips unmittelbar daran. Weite flache Täler, Fruchtbau bis an die Gipfel, oft darüber weg; älterer Kalk mit verwittertem Gips gemischt. Nun zeigt sich ein loseres, gelbliches, leicht verwitterndes neues Kalkgestein: in den geackerten Feldern kann man dessen Farbe deutlich erkennen, die oft ins Dunklere, ja ins Violette zieht. Etwas über halben Weg tritt der Gips wieder hervor. Auf demselben wächst häufig ein schön violettes, fast rosenrotes Sedum und an den Kalkfelsen ein schön gelbes Moos.

Jenes verwitterliche Kalkgestein zeigt sich öfters wieder, am stärksten gegen Caltanissetta, wo es in Lagern liegt, die einzelne Muscheln enthalten; dann zeigt sich's rötlich, beinahe wie Mennige, mit wenigem Violett, wie oben bei San Martino bemerkt worden.

Quarzgeschiebe habe ich nur etwa auf halbem Wege in einem Tälchen gefunden, das, an drei Seiten geschlossen, gegen Morgen und also gegen das Meer zu offen stand.

Links in der Ferne war der hohe Berg bei Camarata merkwürdig und ein anderer wie ein gestutzter Kegel. Die große Hälfte des Wegs kein Baum zu sehen. Die Frucht stand herrlich, obgleich nicht so hoch wie zu Girgenti und am Meeresufer, jedoch so rein als möglich; in den unabsehbaren Weizenäckern kein Unkraut. Erst sahen wir nichts als grünende Felder, dann gepflügte, an feuchtlichen Örtern ein Stückchen Wiese. Hier kommen auch Pappeln vor. Gleich hinter Girgenti fanden wir Äpfel und Birnen, übrigens an den Höhen und in der Nähe der wenigen Ortschaften etwas Feigen.

Diese dreißig Miglien, nebst allem was ich rechts und links erkennen konnte, ist älterer und neuerer Kalk, dazwischen Gips. Der Verwitterung und Verarbeitung dieser drei untereinander hat das Erdreich seine Fruchtbarkeit zu verdanken. Wenig Sand mag es enthalten, es knirscht kaum unter den Zähnen. Eine Vermutung wegen des Flusses Achates wird sich morgen bestätigen.

Die Täler haben eine schöne Form, und ob sie gleich nicht ganz flach sind, so bemerkt man doch keine Spur von Regengüssen, nur kleine Bäche, kaum merklich, rieseln hin, denn alles fließt gleich unmittelbar nach dem Meere. Wenig roter Klee ist zu sehen, die niedrige Palme verschwindet auch, so wie alle Blumen und Sträuche der südwestlichen Seite. Den Disteln ist nur erlaubt sich der Wege zu bemächtigen, alles andere gehört der Ceres an. Übrigens hat die Gegend viel Ähnliches mit deutschen hügeligen und fruchtbaren Gegenden, zum Beispiel mit der zwischen Erfurt und Gotha, besonders wenn man nach den Gleichen hinsieht. Sehr vieles mußte zusammen kommen, um Sizilien zu einem der fruchtbarsten Länder der Welt zu machen.

Man sieht wenig Pferde auf der ganzen Tour, sie pflügen mit Ochsen, und es besteht ein Verbot, keine Kühe und Kälber zu schlachten. Ziegen, Esel und Maultiere begegneten uns viele. Die Pferde sind meist Apfelschimmel mit schwarzen Füßen und Mähnen, man findet die prächtigsten Stallräume mit gemauerten Bettstellen. Das Land wird zu

Bohnen und Linsen gedüngt, die übrigen Feldfrüchte wachsen nach dieser Sömmerung. In Ähren geschoßte noch grüne Gerste, in Bündeln, roter Klee desgleichen werden dem Vorbeireitenden zu Kauf angeboten.

Auf dem Berg über Caltanissetta fand sich fester Kalkstein mit Versteinerungen: die großen Muscheln lagen unten, die kleinen obenauf. Im Pflaster des Städtchens fanden wir Kalkstein mit Pektiniten.

Hinter Caltanissetta senken sich die Hügel jäh herunter in mancherlei Täler, die ihre Wasser in den Fluß Salso ergießen. Das Erdreich ist rötlich, sehr tonig, vieles lag unbestellt, auf dem bestellten die Früchte ziemlich gut, doch mit den vorigen Gegenden verglichen, noch zurück.

Castrogiovanni, Sonntag, den 29. April

Noch größere Fruchtbarkeit und Menschenöde hatten wir heute zu bemerken. Regenwetter war eingefallen und machte den Reisezustand sehr unangenehm, da wir durch mehrere stark angeschwollene Gewässer hindurch mußten. Am Fiume Salso, wo man sich nach einer Brücke vergeblich umsieht, überraschte uns eine wunderliche Anstalt. Kräftige Männer waren bereit, wovon immer zwei und zwei das Maultier, mit Reiter und Gepäck, in die Mitte faßten und so, durch einen tiefen Stromteil hindurch, bis auf eine große Kiesfläche führten; war nun die sämtliche Gesellschaft hier beisammen, so ging es auf eben diese Weise durch den zweiten Arm des Flusses, wo die Männer denn abermals, durch Stemmen und Drängen, das Tier auf dem rechten Pfade und im Stromzug aufrecht erhielten. An dem Wasser her ist etwas Buschwerk, das sich aber landeinwärts gleich wieder verliert. Der Fiume Salso bringt Granit, einen Übergang in Gneis, brekzierten und einfarbigen Marmor.

Nun sahen wir den einzeln stehenden Bergrücken vor uns, worauf Castrogiovanni liegt und welcher der Gegend einen ernsten sonderbaren Charakter erteilt. Als wir den langen, an der Seite sich hinanziehenden Weg ritten, fanden wir den Berg aus Muschelkalk bestehend; große, nur kalzinierte Schalen wurden aufgepackt. Man sieht Castrogiovanni nicht eher, als bis man ganz oben auf den Bergrücken gelangt, denn es liegt am Felsabhang gegen Norden. Das wunderliche Städtchen selbst, der Turm, links in einiger Entfernung das Örtchen Calascibetta stehen gar ernsthaft gegeneinander. In der Plaine sah man die Bohnen in voller Blüte, wer hätte sich aber dieses Anblicks erfreuen können! Die Wege waren entsetzlich, noch schrecklicher weil sie ehemals gepflastert gewesen, und es regnete immer fort. Das alte Enna empfing uns sehr unfreundlich: ein Estrichzimmer mit Läden ohne Fenster, so daß wir entweder im Dunkeln sitzen, oder den Sprühregen, dem wir soeben entgangen waren, wieder erdulden mußten. Einige Überreste unseres Reisevorrats wurden verzehrt, die Nacht kläglich zugebracht. Wir taten ein feierliches Gelübde, nie wieder nach einem mythologischen Namen unser Wegeziel zu richten.

Montag, den 30. April

Von Castrogiovanni herab führt ein rauher unbequemer Stieg, wir mußten die Pferde führen. Die Atmosphäre vor uns tief herab mit Wolken bedeckt, wobei sich ein wunderbar Phänomen in der größten Höhe sehen ließ. Es war weiß und grau gestreift und schien etwas Körperliches zu sein; aber wie käme das Körperliche in den Himmel! Unser Führer belehrte uns, diese unsere Verwunderung gelte einer Seite des Ätna, welche durch die zerrissenen Wolken durchsehe: Schnee und Bergrücken abwechselnd bildeten die Streifen, es sei nicht einmal der höchste Gipfel.

Des alten Enna steiler Felsen lag nun hinter uns, wir zogen durch lange, lange, einsame Täler; unbebaut und unbewohnt lagen sie da, dem weidenden Vieh überlassen, das wir schön braun fanden, nicht groß, mit kleinen Hörnern, gar nett, schlank und munter wie die Hirschchen. Diese guten Geschöpfe hatten zwar Weide genug, sie war ihnen aber doch durch ungeheure Distelmassen beengt und nach und nach verkümmert. Diese Pflanzen finden hier die schönste Gelegenheit sich zu besamen und ihr Geschlecht auszubreiten, sie nehmen einen unglaublichen Raum ein, der zur Weide von ein paar großen Landgütern hinreichte. Da sie nicht perennieren, so wären sie jetzt, vor der Blüte niedergemäht, gar wohl zu vertilgen.

Indessen wir nun diese landwirtlichen Kriegsplane gegen die Disteln ernstlich durchdachten, mußten wir, zu unserer Beschämung, bemerken, daß sie doch nicht ganz unnütz seien. Auf einem einsam stehenden Gasthofe, wo wir fütterten, waren zugleich ein paar sizilianische Edelleute angekommen, welche quer durch das Land, eines Prozesses wegen, nach Palermo zogen. Mit Verwundrung sahen wir diese beiden ernsthaften Männer, mit scharfen Taschenmessern, vor einer solchen Distelgruppe stehen und die obersten Teile dieser emporstrebenden Gewächse niederhauen; sie faßten alsdann diesen stachlichen Gewinn mit spitzen Fingern, schälten den Stengel und verzehrten das Innere desselben mit Wohlgefallen. Damit beschäftigten sie sich eine lange Zeit, indessen wir uns an Wein, diesmal ungemischt, und gutem Brot erquickten. Der Vetturin bereitete uns dergleichen Stengelmark und versicherte, es sei eine gesunde kühlende Speise, sie wollte uns aber sowenig schmecken als der rohe Kohlrabi zu Segesta.

Unterwegs

In das Tal gelangt, wodurch der Fluß San Paolo sich schlängelt, fanden wir das Erdreich rötlich schwarz und verwitterlichen Kalk; viel Brache, sehr weite Felder, schönes Tal, durch das Flüßchen sehr angenehm. Der gemischte gute Lehmboden ist mitunter zwanzig Fuß tief und meistens gleich. Die Aloen hatten stark getrieben. Die Frucht stand schön, doch mitunter unrein und, gegen die Mittagseite berechnet, weit zurück. Hie und da kleine Wohnungen; kein Baum als unmittelbar unter Castrogiovanni. Am Ufer des

Flusses viel Weide, durch ungeheure Distelmassen eingeschränkt. Im Flußgeschiebe das Quarzgestein wieder, teils einfach, teils brekzienartig.

Molimenti, ein neues Örtchen, sehr klug in der Mitte schöner Felder angelegt, am Flüßchen San Paolo. Der Weizen stand in der Nähe ganz unvergleichlich, schon den zwanzigsten Mai zu schneiden. Die ganze Gegend zeigt noch keine Spur von vulkanischem Wesen, auch selbst der Fluß führt keine dergleichen Geschiebe. Der Boden gut gemischt, eher schwer als leicht, ist im ganzen kaffeebraun-violettlich anzusehen. Alle Gebirge links, die den Fluß einschließen, sind Kalk- und Sandstein, deren Abwechselung ich nicht beobachten konnte, welche jedoch, verwitternd, die große, durchaus gleiche Fruchtbarkeit des untern Tals bereitet haben.

Dienstag, den 1. Mai

Durch ein so ungleich angebautes, obwohl von der Natur zu durchgängiger Fruchtbarkeit bestimmtes Tal ritten wir einigermaßen verdrießlich herunter, weil, nach so viel ausgestandenen Unbilden, unsern malerischen Zwecken gar nichts entgegen kam. Kniep hatte eine recht bedeutende Ferne umrissen, weil aber der Mittel- und Vordergrund gar zu abscheulich war, setzte er, geschmackvoll scherzend, ein Poussinsches Vorderteil daran, welches ihm nichts kostete und das Blatt zu einem ganz hübschen Bildchen machte. Wie viel malerische Reisen mögen dergleichen Halbwahrheiten enthalten.

Unser Reitmann versprach, um unser mürrisches Wesen zu begütigen, für den Abend eine gute Herberge, brachte uns auch wirklich in einen vor wenig Jahren gebauten Gasthof, der auf diesem Wege, gerade in gehöriger Entfernung von Catania gelegen, dem Reisenden willkommen sein mußte, und wir ließen es uns, bei einer leidlichen Einrichtung, seit zwölf Tagen wieder einigermaßen bequem werden. Merkwürdig aber war uns eine Inschrift an die Wand, bleistiftlich mit schönen englischen Schriftzügen geschrieben; sie enthielt folgendes: «Reisende, wer ihr auch seid, hütet euch in Catania vor dem Wirtshause zum goldenen Löwen; es ist schlimmer, als wenn ihr Zyklopen, Sirenen und Skyllen zugleich in die Klauen fielet.» Ob wir nun schon dachten, der wohlmeinende Warner möchte die Gefahr etwas mythologisch vergrößert haben, so setzten wir uns doch fest vor, den goldenen Löwen zu vermeiden, der uns als ein so grimmiges Tier angekündigt war. Als uns daher der Maultiertreibende befragte, wo wir in Catania einkehren wollten, so versetzten wir: überall, nur nicht im Löwen! worauf er den Vorschlag tat, da vorlieb zu nehmen, wo er seine Tiere unterstelle, nur müßten wir uns daselbst auch verköstigen, wie wir es schon bisher getan. Wir waren alles zufrieden: dem Rachen des Löwen zu entgehen war unser einziger Wunsch.

Gegen Hybla maior melden sich Lavageschiebe, welche das Wasser von Norden herunter bringt. Über der Fähre findet man Kalkstein, welcher allerlei Arten Geschiebe, Hornstein, Lava und Kalk verbunden hat, dann verhärtete vulkanische Asche mit Kalktuff überzogen. Die gemischten Kieshügel dauern immer fort bis gegen Catania, bis an dieselbe und über dieselbe finden sich Lavaströme des Ätna. Einen wahrscheinlichen Krater läßt man links. (Gleich unter Molimenti rauften die Bauern den Flachs.) Wie die Natur das Bunte liebt, läßt sie hier sehen, wo sie sich an der schwarzblaugrauen Lava erlustigt; hochgelbes Moos überzieht sie, ein schön rotes Sedum wächst üppig darauf, andere schöne violette Blumen. Eine sorgsame Kultur beweist sich an den Kaktuspflanzungen und Weinranken. Nun drängen sich ungeheure Lavaflüsse heran. Motta ist ein schöner bedeutender Fels. Hier stehen die Bohnen als sehr hohe Stauden. Die Äcker sind veränderlich, bald sehr kiesig, bald besser gemischt.

Der Vetturin, der diese Frühlingsvegetation der Südostseite lange nicht gesehen haben mochte, verfiel in großes Ausrufen über die Schönheit der Frucht und fragte uns mit selbstgefälligen Patriotismus: ob es in unsern Landen auch wohl solche gäbe? Ihr ist hier alles aufgeopfert, man sieht wenig ja gar keine Bäume. Allerliebst war ein Mädchen von prächtiger schlanker Gestalt, eine ältere Bekanntschaft unseres Vetturins, die seinem Maultiere gleichlief, schwatzte und dabei mit solcher Zierlichkeit als möglich ihren Faden spann. Nun fingen gelbe Blumen zu herrschen an. Gegen Misterbianco standen die Kaktus schon wieder in Zäunen; Zäune aber, ganz von diesen wundersam gebildeten Gewächsen, werden in der Nähe von Catania immer regelmäßiger und schöner.

Catania, Mittwoch, den 2. Mai

In unserer Herberge befanden wir uns freilich sehr übel. Die Kost, wie sie der Maultierknecht bereiten konnte, war nicht die beste. Eine Henne in Reis gekocht wäre dennoch nicht zu verachten gewesen, hätte sie nicht ein unmäßiger Saffran so gelb als ungenießbar gemacht. Das unbequemste Nachtlager hätte uns beinahe genötigt, Hackerts Juchtensack wieder hervorzuholen, deshalb sprachen wir morgens zeitig mit dem freundlichen Wirte. Er bedauerte, daß er uns nicht besser versorgen könne: «Da drüben aber ist ein Haus, wo Fremde gut aufgehoben sind und alle Ursache haben zufrieden zu sein.» — Er zeigte uns ein großes Eckhaus, von welchem die uns zugekehrte Seite viel Gutes versprach. Wir eilten sogleich hinüber, fanden einen rührigen Mann, der sich als Lohnbedienter angab und, in Abwesenheit des Wirts, uns ein schönes Zimmer neben einem Saal anwies, auch zugleich versicherte, daß wir aufs billigste bedient werden sollten. Wir erkundigten uns ungesäumt hergebrachter Weise, was für Quartier, Tisch, Wein, Frühstück und sonstiges Bestimmbare zu bezahlen sei? Das war alles billig, und wir schafften eilig unsere Wenigkeiten herüber, sie in die weitläufigen vergoldeten Kommoden einzuordnen. Kniep fand zum ersten Male Gelegenheit seine Pappe auszubreiten; er ordnete seine Zeichnungen, ich mein Bemerktes. Sodann, vergnügt über die schönen Räume, traten wir auf den Balkon des Saals, der Aussicht zu genießen. Nachdem wir diese genugsam betrachtet und gelobt, kehrten wir um nach unsern Geschäften und siehe! da drohte über unserm Haupte ein großer goldener Löwe. Wir sahen einander bedenklich an, lächelten und lachten. Von nun an aber blickten wir umher, ob nicht irgendwo eins der Homerischen Schreckbilder hervorschauen möchte.

Nichts dergleichen war zu sehen, dagegen fanden wir im Saal eine hübsche junge Frau, die mit einem Kinde von etwa zwei Jahren herumtändelte, aber sogleich von dem beweglichen Halbwirt derb ausgescholten dastand: Sie solle sich hinweg verfügen! hieß es, sie habe hier nichts zu tun. — «Es ist doch hart, daß du mich fortjagst», sagte sie, «das Kind ist zu Hause nicht zu begütigen, wenn du weg bist, und die Herrn erlauben mir gewiß in deiner Gegenwart das Kleine zu beruhigen.» Der Gemahl ließ es dabei nicht bewenden, sondern suchte sie fortzuschaffen, das Kind schrie in der Türe ganz erbärmlich, und wir mußten zuletzt ernstlich verlangen, daß das hübsche Madamchen dabliebe.

Durch den Engländer gewarnt, war es keine Kunst die Komödie zu durchschauen; wir spielten die Neulinge, die Unschuldigen, er aber machte seine liebreiche Vaterschaft auf das beste gelten. Das Kind wirklich war am freundlichsten mit ihm, wahrscheinlich hatte es die angebliche Mutter unter der Türe gekneipt.

Und so war sie auch in der größten Unschuld dageblieben, als der Mann wegging, ein Empfehlungsschreiben an den Hausgeistlichen des Prinzen Biscaris zu überbringen. Sie dahlte fort, bis er zurückkam und anzeigte, der Abbé würde selbst erscheinen, uns von dem Näheren zu unterrichten.

Catania, Donnerstag, den 3. Mai

Der Abbé, der uns gestern abend schon begrüßt hatte, erschien heute zeitig und führte uns in den Palast, welcher auf einem hohen Sockel einstöckig gebaut ist, und zwar sahen wir zuerst das Museum, wo marmorne und eherne

Bilder, Vasen und alle Arten solcher Altertümer beisammenstehen. Wir hatten abermals Gelegenheit unsere Kenntnisse zu erweitern, besonders aber fesselte uns der Sturz eines Jupiters, dessen Abguß ich schon aus Tischbeins Werkstatt kannte und welcher größere Vorzüge besitzt, als wir zu beurteilen vermochten. Ein Hausgenosse gab die nötigste historische Auskunft, und nun gelangten wir in einen großen hohen Saal. Die vielen Stühle an den Wänden umher zeugten, daß große Gesellschaft sich manchmal hier versammle. Wir setzten uns, in Erwartung einer günstigen Aufnahme. Da kamen ein paar Frauenzimmer herein und gingen der Länge nach auf und ab. Sie sprachen angelegentlich miteinander. Als sie uns gewahrten, stand der Abbé auf, ich desgleichen, wir neigten uns. Ich fragte: wer sie seien? und erfuhr, die jüngere sei die Prinzessin, die ältere eine edle Catanierin. Wir hatten uns wieder gesetzt, sie gingen auf und ab, wie man auf einem Marktplatze tun würde.

Wir wurden zum Prinzen geführt, der, wie man mir schon bemerkt hatte, uns seine Münzsammlung aus besonderem Vertrauen vorwies, da wohl früher seinem Herrn Vater und auch ihm nachher bei solchem Vorzeigen manches abhanden gekommen und seine gewöhnliche Bereitwilligkeit dadurch einigermaßen vermindert worden. Hier konnte ich nun schon etwas kenntnisreicher scheinen, indem ich mich bei Betrachtung der Sammlung des Prinzen Torremuzza belehrt hatte. Ich lernte wieder und half mir an jenem dauerhaften Winckelmannischen Faden, der uns durch die verschiedenen Kunstepochen durchleitet, so ziemlich hin. Der Prinz, von diesen Dingen völlig unterrichtet, da er keine Kenner aber aufmerksame Liebhaber vor sich sah, mochte uns gern in allem wornach wir forschten belehren.

Nachdem wir diesen Betrachtungen geraume Zeit, aber doch noch immer zu wenig gewidmet, standen wir im Begriff uns zu beurlauben, als er uns zu seiner Frau Mutter führte, woselbst die übrigen kleineren Kunstwerke zu sehen waren.

Wir fanden eine ansehnliche, natürlich edle Frau, die uns

mit den Worten empfing: «Sehen Sie sich bei mir um, meine Herren, Sie finden hier alles noch wie es mein seliger Gemahl gesammelt und geordnet hat. Dies danke ich der Frömmigkeit meines Sohnes, der mich in seinen besten Zimmern nicht nur wohnen, sondern auch hier nicht das Geringste entfernen oder verrücken läßt, was sein seliger Herr Vater anschaffte und aufstellte; wodurch ich den doppelten Vorteil habe, sowohl auf die so lange Jahre her gewohnte Weise zu leben, als auch, wie von jeher, die trefflichen Fremden zu sehen und näher zu kennen, die, unsere Schätze zu betrachten, von so weiten Orten herkommen.»

Sie schloß uns darauf selbst den Glasschrank auf, worin die Arbeiten in Bernstein aufbewahrt standen. Der sizilianische unterscheidet sich von dem nordischen darin, daß er von der durchsichtigen und undurchsichtigen Wachs- und Honigfarbe durch alle Abschattungen eines gesättigten Gelbs bis zum schönsten Hyazinthrot hinansteigt. Urnen, Becher und andere Dinge waren daraus geschnitten, wozu man große bewundernswürdige Stücke des Materials mitunter voraussetzen mußte. An diesen Gegenständen, sowie an geschnittenen Muscheln, wie sie in Trapani gefertigt werden, ferner an ausgesuchten Elfenbeinarbeiten hatte die Dame ihre besondere Freude und wußte dabei manche heitere Geschichte zu erzählen. Der Fürst machte uns auf die ernsteren Gegenstände aufmerksam, und so flossen einige Stunden vergnügt und belehrend vorüber.

Indessen hatte die Fürstin vernommen, daß wir Deutsche seien, sie fragte daher nach Herrn von Riedesel, Bartels, Münter, welche sie sämtlich gekannt und ihren Charakter und Betragen gar wohl unterscheidend zu würdigen wußte. Wir trennten uns ungern von ihr, und sie schien uns ungern wegzulassen. Dieser Inselzustand hat doch immer etwas Einsames, nur durch vorübergehende Teilnahme aufgefrischt und erhalten.

Uns führte der Geistliche alsdann in das Benediktinerkloster, in die Zelle eines Bruders, dessen, bei mäßigem

Alter, trauriges und in sich zurückgezogenes Ansehn wenig frohe Unterhaltung versprach. Er war jedoch der kunstreiche Mann, der die ungeheure Orgel dieser Kirche allein zu bändigen wußte. Als er unsere Wünsche mehr erraten als vernommen, erfüllte er sie schweigend; wir begaben uns in die sehr geräumige Kirche, die er, das herrliche Instrument bearbeitend, bis in den letzten Winkel mit leisestem Hauch sowohl als gewaltsamsten Tönen durchsäuselte und durchschmetterte.

Wer den Mann nicht vorher gesehen, hätte glauben müssen, es sei ein Riese, der solche Gewalt ausübe; da wir aber seine Persönlichkeit schon kannten, bewunderten wir nur, daß er in diesem Kampf nicht schon längst aufgerieben sei.

Catania, Freitag, den 4. Mai

Bald nach Tische kam der Abbé mit einem Wagen, da er uns den entferntern Teil der Stadt zeigen sollte. Beim Einsteigen ereignete sich ein wundersamer Rangstreit. Ich war zuerst eingestiegen und hätte ihm zur linken Hand gesessen, er, einsteigend, verlangte ausdrücklich, daß ich herumrücken und ihn zu meiner Linken nehmen sollte; ich bat ihn, dergleichen Zeremonien zu unterlassen. «Verzeiht!» sagte er, «daß wir also sitzen, denn wenn ich meinen Platz zu Eurer Rechten nehme, so glaubt jedermann, daß ich mit Euch fahre, sitze ich aber zur Linken, so ist es ausgesprochen, daß Ihr mit mir fahrt, mit mir nämlich, der ich Euch im Namen des Fürsten die Stadt zeige.» Dagegen war freilich nichts einzuwenden und also geschah es.

Wir fuhren die Straßen hinaufwärts, wo die Lava, welche 1669 einen großen Teil dieser Stadt zerstörte, noch bis auf unsere Tage sichtbar blieb. Der starre Feuerstrom ward bearbeitet wie ein anderer Fels, selbst auf ihm waren Straßen vorgezeichnet und teilweise gebaut. Ich schlug ein unbezweifeltes Stück des Geschmolzenen herunter, bedenkend, daß vor meiner Abreise aus Deutschland schon der Streit über die Vulkanität der Basalte sich entzündet hatte. Und so tat ich's an mehrern Stellen, um zu mancherlei Abänderungen zu gelangen.

Wären jedoch Einheimische nicht selbst Freunde ihrer Gegend, nicht selbst bemüht, entweder eines Vorteils oder der Wissenschaft willen, das, was in ihrem Revier merkwürdig ist, zusammen zu stellen, so müßte der Reisende sich lang vergebens quälen. Schon in Neapel hatte mich der Lavenhändler sehr gefördert, hier, in einem weit höheren Sinne, der Ritter Gioeni. Ich fand in seiner reichen, sehr galant aufgestellten Sammlung die Laven des Ätna, die Basalte am Fuß desselben, verändertes Gestein, mehr oder weniger zu erkennen; alles wurde freundlichst vorgezeigt. Am meisten hatte ich Zeolithe zu bewundern, aus den schroffen, im Meere stehenden Felsen unter Aci Castello.

Als wir den Ritter um die Mittel befragten, wie man sich benehmen müsse um den Ätna zu besteigen, wollte er von einer Wagnis nach dem Gipfel, besonders in der gegenwärtigen Jahreszeit, gar nichts hören. «Überhaupt», sagte er, nachdem er uns um Verzeihung gebeten, «die hier ankommenden Fremden sehen die Sache für allzuleicht an, wir andern Nachbarn des Berges sind schon zufrieden, wenn wir ein paarmal in unserm Leben die beste Gelegenheit abgepaßt und den Gipfel erreicht haben. Brydone, der zuerst durch seine Beschreibung die Lust nach diesem Feuergipfel entzündet, ist gar nicht hinauf gekommen; Graf Borch läßt den Leser in Ungewißheit, aber auch er ist nur bis auf eine gewisse Höhe gelangt, und so könnte ich von mehrern sagen. Für jetzt erstreckt sich der Schnee noch allzuweit herunter und breitet unüberwindliche Hindernisse entgegen. Wenn Sie meinem Rate folgen mögen, so reiten Sie morgen, bei guter Zeit, bis an den Fuß des Monte Rosso, besteigen Sie diese Höhe; Sie werden von da des herrlichsten Anblicks genießen und zugleich die alte Lava bemerken, welche dort, 1669 entsprungen, unglücklicherweise sich nach der Stadt hereinwälzte. Die Aussicht ist herrlich und deutlich; man tut besser, sich das übrige erzählen zu lassen.»

Catania, Sonnabend, den 5. Mai

Folgsam dem guten Rate machten wir uns zeitig auf den Weg und erreichten, auf unsern Maultieren immer rückwärts schauend, die Region der durch die Zeit noch ungebändigten Laven. Zackige Klumpen und Tafeln starrten uns entgegen, durch welche nur ein zufälliger Pfad von den Tieren gefunden wurde. Auf der ersten bedeutenden Höhe hielten wir still. Kniep zeichnete mit großer Präzision was hinaufwärts vor uns lag: die Lavenmassen im Vorgrunde, den Doppelgipfel des Monte Rosso links, gerade über uns die Wälder von Nicolosi, aus denen der beschneite, wenig rauchende Gipfel hervorstieg. Wir rückten dem roten Berge näher, ich stieg hinauf; er ist ganz aus rotem vulkanischem Grus, Asche und Steinen zusammengehäuft. Um die Mündung hätte sich bequem herumgehen lassen, hätte nicht ein gewaltsam stürmender Morgenwind jeden Schritt unsicher gemacht; wollte ich nur einigermaßen fortkommen, so mußte ich den Mantel ablegen, nun aber war der Hut jeden Augenblick in Gefahr in den Krater getrieben zu werden und ich hinterdrein. Deshalb setzte ich mich nieder, um mich zu fassen und die Gegend zu überschauen; aber auch diese Lage half mir nichts: der Sturm kam gerade von Osten her, über das herrliche Land, das nah und fern bis ans Meer unter mir lag. Den ausgedehnten Strand von Messina bis Syrakus, mit seinen Krümmungen und Buchten, sah ich vor Augen, entweder ganz frei oder durch Felsen des Ufers nur wenig bedeckt. Als ich ganz betäubt wieder herunter kam, hatte Kniep im Schauer seine Zeit gut angewendet und mit zarten Linien auf dem Papier gesichert, was der wilde Sturm mich kaum sehen, viel weniger festhalten ließ.

In dem Rachen des goldenen Löwen wieder angelangt, fanden wir den Lohnbedienten, den wir nur mit Mühe uns zu begleiten abgehalten hatten. Er lobte, daß wir den Gipfel aufgegeben, schlug aber für morgen eine Spazierfahrt auf dem Meere, zu den Felsen von Aci, andringlich vor: das sei die schönste Lustpartie, die man von Catania aus machen könne! man nehme Trank und Speise mit, auch wohl Gerätschaften um etwas zu wärmen. Seine Frau erbiete sich dieses Geschäft zu übernehmen. Ferner erinnerte er sich des Jubels, wie Engländer wohl gar einen Kahn mit Musik zur Begleitung genommen hätten, welche Lust über alle Vorstellung sei.

Die Felsen von Aci zogen mich heftig an, ich hatte großes Verlangen mir so schöne Zeolithe herauszuschlagen, als ich bei Gioeni gesehen. Man konnte ja die Sache kurz fassen, die Begleitung der Frau ablehnen. Aber der warnende Geist des Engländers behielt die Oberhand, wir taten auf die Zeolithe Verzicht und dünkten uns nicht wenig wegen dieser Enthaltsamkeit.

Catania, Sonntag, den 6. Mai

Unser geistlicher Begleiter blieb nicht aus. Er führte uns die Reste alter Baukunst zu sehen, zu welchen der Beschauer freilich ein starkes Restaurationstalent mitbringen muß. Man zeigte die Reste von Wasserbehältern, einer Naumachie und andere dergleichen Ruinen, die aber bei der vielfachen Zerstörung der Stadt durch Laven, Erdbeben und Krieg dergestalt verschüttet und versenkt sind, daß Freude und Belehrung nur dem genausten Kenner altertümlicher Baukunst daraus entspringen kann.

Eine nochmalige Aufwartung beim Prinzen lehnte der Pater ab, und wir schieden beiderseits mit lebhaften Ausdrücken der Dankbarkeit und des Wohlwollens.

Taormina, Montag, den 7. Mai

Gott sei Dank, daß alles, was wir heute gesehen, schon genugsam beschrieben ist, mehr aber noch, daß Kniep sich vorgenommen hat, morgen den ganzen Tag oben zu zeichnen. Wenn man die Höhe der Felsenwände erstiegen hat, welche unfern des Meerstrandes in die Höhe steilen, findet man zwei Gipfel durch ein Halbrund verbunden. Was dies auch von Natur für eine Gestalt gehabt haben mag, die

Kunst hat nachgeholfen und daraus den amphitheatralischen Halbzirkel für Zuschauer gebildet; Mauern und andere Angebäude von Ziegelsteinen sich anschließend, supplierten die nötigen Gänge und Hallen. Am Fuße des stufenartigen Halbzirkels erbaute man die Szene quer vor, verband dadurch die beiden Felsen und vollendete das ungeheuerste Natur- und Kunstwerk.

Setzt man sich nun dahin, wo ehmals die obersten Zuschauer saßen, so muß man gestehen, daß wohl nie ein Publikum im Theater solche Gegenstände vor sich gehabt. Rechts zur Seite auf höheren Felsen erheben sich Kastelle, weiter unten liegt die Stadt, und obschon diese Baulichkeiten aus neueren Zeiten sind, so standen doch vor alters wohl eben dergleichen auf derselben Stelle. Nun sieht man an dem ganzen langen Gebirgsrücken des Ätna hin, links das Meerufer bis nach Catania, ja Syrakus; dann schließt der ungeheure dampfende Feuerberg das weite breite Bild, aber nicht schrecklich, denn die mildernde Atmosphäre zeigt ihn entfernter und sanfter als er ist.

Wendet man sich von diesem Anblick in die an der Rückseite der Zuschauer angebrachten Gänge, so hat man die sämtlichen Felswände links, zwischen denen und dem Meere sich der Weg nach Messina hinschlingt. Felsgruppen und Felsrücken im Meere selbst, die Küste von Kalabrien in der weitesten Ferne, nur mit Aufmerksamkeit von gelind sich erhebenden Wolken zu unterscheiden.

Wir stiegen gegen das Theater hinab, verweilten in dessen Ruinen, an welchen ein geschickter Architekt seine Restaurationsgabe wenigstens auf dem Papier versuchen sollte, unternahmen sodann, uns durch die Gärten eine Bahn nach der Stadt zu brechen. Allein hier erfuhren wir, was ein Zaun von nebeneinander gepflanzten Agaven für ein undurchdringliches Bollwerk sei: durch die verschränkten Blätter sieht man durch und glaubt auch hindurch dringen zu können, allein die kräftigen Stacheln der Blattränder sind empfindliche Hindernisse; tritt man auf ein solches kolossales Blatt, in Hoffnung es werde uns tragen, so bricht es zusammen, und anstatt hinüber ins Freie zu kommen, fallen wir einer Nachbarpflanze in die Arme. Zuletzt entwickelten wir uns doch diesem Labyrinthe, genossen weniges in der Stadt, konnten aber vor Sonnenuntergang von der Gegend nicht scheiden. Unendlich schön war es zu beobachten, wie diese in allen Punkten bedeutende Gegend nach und nach in Finsternis versank.

Unter Taormina, am Meer, Dienstag, den 8. Mai

Kniepen, mir vom Glück zugeführt, kann ich nicht genug preisen, da er mich einer Bürde entledigt, die mir unerträglich wäre, und mich meiner eigenen Natur wiedergibt. Er ist hinaufgegangen im einzelnen zu zeichnen, was wir obenhin betrachtet. Er wird seine Bleistifte manchmal spitzen, und ich sehe nicht, wie er fertig werden will. Das hätte ich nun auch alles wiedersehen können! Erst wollte ich mit hinaufgehen, dann aber reizte mich's hier zu bleiben, die Enge sucht' ich, wie der Vogel der sein Nest bauen möchte. In einem schlechten verwahrlosten Bauergarten habe ich mich auf Orangenäste gesetzt und mich in Grillen vertieft. Orangenäste worauf der Reisende sitzt, klingt etwas wunderbar, wird aber ganz natürlich, wenn man weiß, daß der Orangenbaum, seiner Natur überlassen, sich bald über der Wurzel in Zweige trennt, die mit der Zeit zu entschiedenen Ästen werden.

Und so saß ich, den Plan zu Nausikaa weiter denkend, eine dramatische Konzentration der Odyssee. Ich halte sie nicht für unmöglich, nur müßte man den Grundunterschied des Drama und der Epopöe recht ins Auge fassen.

Kniep ist herabgekommen und hat zwei ungeheure Blätter, reinlichst gezeichnet, zufrieden und vergnügt zurück gebracht. Beide wird er zum ewigen Gedächtnis an diesen herrlichen Tag für mich ausführen.

Zu vergessen ist nicht, daß wir auf dieses schöne Ufer unter dem reinsten Himmel von einem kleinen Altan herabschauten, Rosen erblickten und Nachtigallen hörten. Diese singen hier, wie man uns versichert, sechs Monate hindurch.

Aus der Erinnerung

War ich nun durch die Gegenwart und Tätigkeit eines geschickten Künstlers und durch eigne, obgleich nur einzelne und schwächere Bemühungen gewiß, daß mir von den interessantesten Gegenden und ihren Teilen feste wohlgewählte Bilder, im Umriß und nach Belieben auch ausgeführt, bleiben würden, so gab ich um so mehr einem nach und nach auflebenden Drange nach: die gegenwärtige herrliche Umgebung, das Meer, die Inseln, die Häfen, durch poetische würdige Gestalten zu beleben und mir auf und aus diesem Lokal eine Komposition zu bilden, in einem Sinne und in einem Ton, wie ich sie noch nicht hervorgebracht. Die Klarheit des Himmels, der Hauch des Meeres, die Düfte, wodurch die Gebirge mit Himmel und Meer gleichsam in ein Element aufgelöst wurden, alles dies gab Nahrung meinen Vorsätzen; und indem ich in jenem schönen öffentlichen Garten zwischen blühenden Hecken von Oleander, durch Lauben von fruchttragenden Orangen- und Zitronenbäumen wandelte und zwischen andern Bäumen und Sträuchen, die mir unbekannt waren, verweilte, fühlte ich den fremden Einfluß auf das allerangenehmste.

Ich hatte mir, überzeugt, daß es für mich keinen bessern Kommentar zur Odyssee geben könne, als eben gerade diese lebendige Umgebung, ein Exemplar verschafft und las es nach meiner Art mit unglaublichem Anteil. Doch wurde ich gar bald zu eigner Produktion angeregt, die, so seltsam sie auch im ersten Augenblicke schien, mir doch immer lieber ward und mich endlich ganz beschäftigte. Ich ergriff nämlich den Gedanken, den Gegenstand der Nausikaa als Tragödie zu behandeln.

Es ist mir selbst nicht möglich abzusehen, was ich daraus würde gemacht haben, aber ich war über den Plan bald mit mir einig. Der Hauptsinn war der: in der Nausikaa eine treffliche, von vielen umworbene Jungfrau darzustellen, die, sich keiner Neigung bewußt, alle Freier bisher ablehnend behandelt, durch einen seltsamen Fremdling aber gerührt aus ihrem Zustand heraustritt und durch eine voreilige Äußerung ihrer Neigung sich kompromittiert, was die Situation vollkommen tragisch macht. Diese einfache Fabel sollte durch den Reichtum der subordinierten Motive und besonders durch das Meer- und Inselhafte der eigentlichen Ausführung und des besondern Tons erfreulich werden.

Der erste Akt begann mit dem Ballspiel. Die unerwartete Bekanntschaft wird gemacht, und die Bedenklichkeit, den Fremden nicht selbst in die Stadt zu führen, wird schon ein Vorbote der Neigung.

Der zweite Akt exponierte das Haus des Alcinous, die Charaktere der Freier, und endigte mit Eintritt des Ulysses.

Der dritte war ganz der Bedeutsamkeit des Abenteurers gewidmet, und ich hoffte in der dialogierten Erzählung seiner Abenteuer, die von den verschiedenen Zuhörern sehr verschieden aufgenommen werden, etwas Künstliches und Erfreuliches zu leisten. Während der Erzählung erhöhen sich die Leidenschaften, und der lebhafte Anteil Nausikaas an dem Fremdling wird durch Wirkung und Gegenwirkung endlich hervorgeschlagen.

Im vierten Akte betätigt Ulysses außer der Szene seine Tapferkeit, indessen die Frauen zurückbleiben und der Neigung, der Hoffnung und allen zarten Gefühlen Raum lassen. Bei den großen Vorteilen, welche der Fremdling davon trägt, hält sich Nausikaa noch weniger zusammen und kompromittiert sich unwiderruflich mit ihren Landsleuten. Ulyß, der halb schuldig, halb unschuldig dieses alles veranlaßt, muß sich zuletzt als einen Scheidenden erklären, und es bleibt dem guten Mädchen nichts übrig, als im fünften Akte den Tod zu suchen.

Es war in dieser Komposition nichts, was ich nicht aus eignen Erfahrungen nach der Natur hätte ausmalen können. Selbst auf der Reise, selbst in Gefahr Neigungen zu erregen, die, wenn sie auch kein tragisches Ende nehmen, doch schmerzlich genug, gefährlich und schädlich werden können; selbst in dem Falle in einer so großen Entfernung von der Heimat abgelegne Gegenstände, Reiseabenteuer, Lebensvorfälle zu Unterhaltung der Gesellschaft mit lebhaften Farben auszumalen, von der Jugend für einen Halbgott, von gesetztern Personen für einen Aufschneider gehalten zu werden, manche unverdiente Gunst, manches unerwartete Hindernis zu erfahren; das alles gab mir ein solches Attachement an diesen Plan, an diesen Vorsatz, daß ich darüber meinen Aufenthalt zu Palermo, ja den größten Teil meiner übrigen sizilianischen Reise verträumte. Weshalb ich denn auch von allen Unbequemlichkeiten wenig empfand, da ich mich auf dem überklassischen Boden in einer poetischen Stimmung fühlte, in der ich das, was ich erfuhr, was ich sah, was ich bemerkte, was mir entgegen kam, alles auffassen und in einem erfreulichen Gefäß bewahren konnte.

Nach meiner löblichen oder unlöblichen Gewohnheit schrieb ich wenig oder nichts davon auf, arbeitete aber den größten Teil bis aufs letzte Detail im Geiste durch, wo es denn, durch nachfolgende Zerstreuungen zurück gedrängt, liegen geblieben, bis ich gegenwärtig nur eine flüchtige Erinnerung davon zurückrufe.

Den 8. Mai. Auf dem Wege nach Messina

Man hat hohe Kalkfelsen links. Sie werden farbiger und machen schöne Meerbusen; dann folgt eine Art Gestein, das man Tonschiefer oder Grauwacke nennen möchte. In den Bächen finden sich schon Granitgeschiebe. Die gelben Äpfel des Solanum, die roten Blüten des Oleanders machen die Landschaft lustig. Der Fiume Nisi bringt Glimmerschiefer so wie auch die folgenden Bäche.

Mittwoch, den 9. Mai

Vom Ostwinde bestürmt ritten wir zwischen dem rechter Hand wogenden Meere und den Felswänden hin, an denen wir vorgestern oben herab gesehen hatten, diesen Tag beständig mit dem Wasser im Kampfe; wir kamen über unzählige Bäche, unter welchen ein größerer, Nisi, den Ehrentitel eines Flusses führt; doch diese Gewässer, so wie das Gerölle, das sie mitbringen, waren leichter zu überwinden als das Meer, das heftig stürmte und an vielen Stellen über den Weg hinweg bis an die Felsen schlug und zurück auf die Wanderer spritzte. Herrlich war das anzusehen, und die seltsame Begebenheit ließ uns das Unbequeme übertragen.

Zugleich sollte es nicht an mineralogischer Betrachtung fehlen. Die ungeheuren Kalkfelsen, verwitternd, stürzen herunter, deren weiche Teile, durch die Bewegung der Wellen aufgerieben, die zugemischten, festeren übrig lassen, und so ist der ganze Strand mit bunten hornsteinartigen Feuersteinen überdeckt, wovon mehrere Muster aufgepackt worden.

Messina, Donnerstag, den 10. Mai

Und so gelangten wir nach Messina, bequemten uns, weil wir keine Gelegenheit kannten, die erste Nacht in dem Quartier des Vetturins zuzubringen, um uns den andern Morgen nach einem bessern Wohnort umzusehen. Dieser Entschluß gab gleich beim Eintritt den fürchterlichsten Begriff einer zerstörten Stadt; denn wir ritten eine Viertelstunde lang an Trümmern nach Trümmern vorbei, ehe wir zur Herberge kamen, die, in diesem ganzen Revier allein wieder aufgebaut, aus den Fenstern des obern Stocks nur eine zackige Ruinenwüste übersehen ließ. Außer dem Bezirk dieses Gehöftes spürte man weder Mensch noch Tier, es war nachts eine furchtbare Stille. Die Türen ließen sich weder verschließen noch verriegeln, auf menschliche Gäste war man hier so wenig eingerichtet als in ähnlichen Pferdewohnungen, und doch schliefen wir ruhig auf einer Matratze, welche der dienstfertige Vetturin dem Wirte unter dem Leibe weggeschwatzt hatte.

Freitag, den 11. Mai

Heute trennten wir uns von dem wackern Führer, ein gutes Trinkgeld belohnte seine sorgfältigen Dienste. Wir schieden freundlich, nachdem er uns vorher noch einen Lohnbedienten verschafft, der uns gleich in die beste Herberge bringen und alles Merkwürdige von Messina vorzeigen sollte. Der Wirt, um seinen Wunsch uns los zu werden schleunigst erfüllt zu sehen, half Koffer und sämtliches Gepäck auf das schnellste in eine angenehme Wohnung schaffen, näher dem belebten Teile der Stadt, das heißt, außerhalb der Stadt selbst. Damit aber verhält es sich folgendermaßen. Nach dem ungeheuren Unglück, das Messina betraf, blieb, nach zwölftausend umgekommenen Einwohnern, für die übrigen dreißigtausend keine Wohnung: die meisten Gebäude waren niedergestürzt, die zerrissenen Mauern der übrigen gaben einen unsichern Aufenthalt; man errichtete daher eiligst im Norden von Messina, auf einer großen Wiese, eine Bretterstadt, von der sich am schnellsten derjenige einen Begriff macht, der zu Meßzeiten den Römerberg zu Frankfurt, den Markt zu Leipzig durchwanderte, denn alle Kramläden und Werkstätte sind gegen die Straße geöffnet, vieles ereignet sich außerhalb. Daher sind nur wenig größere Gebäude auch nicht sonderlich gegen das Öffentliche verschlossen, indem die Bewohner manche Zeit unter freiem Himmel zubringen. So wohnen sie nun schon drei Jahre, und diese Buden-, Hütten-, ja Zeltwirtschaft hat auf den Charakter der Einwohner entschiedenen Einfluß. Das Entsetzen über jenes ungeheure Ereignis, die Furcht vor einem ähnlichen, treibt sie, der Freuden des Augenblicks mit gutmütigem Frohsinn zu genießen. Die Sorge vor neuem Unheil ward am einundzwanzigsten April, also ungefähr vor zwanzig Tagen, erneuert, ein merklicher Erdstoß erschütterte den Boden abermals. Man zeigte uns eine kleine Kirche, wo eine Masse Menschen, gerade in dem Augenblick zusammengedrängt, diese Erschütterung empfanden. Einige Personen, die darin gewesen, schienen sich von ihrem Schrekken noch nicht erholt zu haben.

Beim Aufsuchen und Betrachten dieser Gegenstände leitete uns ein freundlicher Konsul, der, unaufgefordert, vielfache Sorge für uns trug — in dieser Trümmerwüste mehr als irgendwo dankbar anzuerkennen. Zugleich auch, da er vernahm, daß wir bald abzureisen wünschten, machte er uns einem französischen Kauffahrer bekannt, der im Begriff stehe nach Neapel zu segeln. Doppelt erwünscht, da die weiße Flagge vor den Seeräubern sichert.

Eben hatten wir unserm gütigen Führer den Wunsch zu erkennen gegeben, eine der größern, obgleich auch nur einstöckigen Hütten inwendig, ihre Einrichtung und extemporierte Haushaltung zu sehen, als ein freundlicher Mann sich an uns anschloß, der sich bald als französischer Sprachmeister bezeichnete, welchem der Konsul, nach vollbrachtem Spaziergange, unsern Wunsch solch ein Gebäude zu sehen eröffnete, mit dem Ersuchen, uns bei sich einzuführen und mit den Seinigen bekannt zu machen.

Wir traten in die mit Brettern beschlagene und gedeckte Hütte. Der Eindruck war völlig wie der jener Meßbuden, wo man wilde Tiere oder sonstige Abenteuer für Geld sehen läßt: das Zimmerwerk an den Wänden wie am Dache sichtbar, ein grüner Vorhang sonderte den vordern Raum, der, nicht gedielt, tennenartig geschlagen schien. Stühle und Tische befanden sich da, nichts weiter von Hausgeräte. Erleuchtet war der Platz von oben durch zufällige Öffnungen der Bretter. Wir diskurierten eine Zeitlang und ich betrachtete mir die grüne Hülle und das drüber sichtbare innere Dachgebälke, als auf einmal, hüben und darüben des Vorhangs, ein paar allerliebste Mädchenköpfchen neugierig herausguckten, schwarzäugig, schwarzlockig, die aber, sobald sie sich bemerkt sahen, wie der Blitz verschwanden, auf Ansuchen des Konsuls jedoch, nach so viel verflossener Zeit als nötig war sich anzuziehen, auf wohlgeputzten und niedlichen Körperchen wieder hervortraten und sich mit ihren bunten Kleidern gar zierlich vor dem grünen Teppich ausnahmen. Aus ihren Fragen konnten wir wohl merken, daß sie uns für fabelhafte Wesen aus einer andern Welt hielten, in welchem liebenswürdigen Irrtum sie unsere Antworten nur mehr bestärken mußten. Auf eine heitere Weise malte der Konsul unsere märchenhafte Erscheinung aus; die Unterhaltung war sehr angenehm, schwer sich zu trennen. Vor der Tür erst fiel uns auf, daß wir die innern Räume nicht gesehen und die Hauskonstruktion über die Bewohnerinnen vergessen hatten.

Messina, Sonnabend, den 12. Mai

Der Konsul, unter andern, sagte, daß es wo nicht unumgänglich nötig doch wohl getan sei dem Gouverneur aufzuwarten, der, ein wunderlicher alter Mann, nach Laune und Vorurteil ebenso gut schaden als nutzen könne; dem Konsul werde es zu Gunsten gerechnet, wenn er bedeutende Fremde vorstelle, auch wisse der Ankömmling nie, ob er dieses Mannes auf eine oder andere Weise bedürfe. Dem Freunde zu gefallen ging ich mit.

Ins Vorzimmer tretend hörten wir drinnen ganz entsetzlichen Lärm, ein Laufer mit Pulcinellgebärden raunte dem Konsul ins Ohr: «Böser Tag! gefährliche Stunde!» Doch traten wir hinein und fanden den uralten Gouverneur, uns den Rücken zugewandt, zunächst des Fensters an einem Tische sitzen. Große Haufen vergelbter alter Briefschaften lagen vor ihm, von denen er die unbeschriebenen Blätter mit größter Gelassenheit abschnitt und seinen haushältischen Charakter dadurch zu erkennen gab. Während dieser friedlichen Beschäftigung schalt und fluchte er fürchterlich auf einen anständigen Mann los, der, seiner Kleidung nach, mit Malta verwandt sein konnte und sich mit vieler Gemütsruhe und Präzision verteidigte, wozu ihm jedoch wenig Raum blieb. Der Gescholtene und Angeschriene suchte mit Fassung einen Verdacht abzulehnen, den der Gouverneur, so schien es, auf ihn, als einen ohne Befugnis mehrmals An- und Abreisenden, mochte geworfen haben, der Mann berief sich auf seine Pässe und bekannten Verhältnisse in Neapel. Dies aber half alles nichts, der Gouverneur zerschnitt seine alten Briefschaften, sonderte das weiße Papier sorgfältig und tobte fortwährend.

Außer uns beiden standen noch etwa zwölf Personen in einem weiten Kreise, dieses Tiergefechtes Zeugen, uns wahrscheinlich den Platz an der Türe beneidend, als gute Gelegenheit, wenn der Erzürnte allenfalls den Krückenstock erheben und dreinschlagen sollte. Die Gesichtszüge des Konsuls hatten sich bei dieser Szene merklich verlängert; mich tröstete des Laufers possenhafte Nähe, der, draußen vor der Schwelle, hinter mir allerlei Faxen schnitt, mich, wenn ich manchmal umblickte, zu beruhigen, als habe das so viel nicht zu bedeuten.

Auch entwirrte sich der gräßliche Handel noch ganz gelinde, der Gouverneur schloß damit: es halte ihn zwar nichts ab, den Betretenen einzustecken und in Verwahrung zappeln zu lassen, allein es möge diesmal hingehen, er solle die paar bestimmten Tage in Messina bleiben, alsdann aber sich fortpacken und niemals wiederkehren. Ganz ruhig, ohne die Miene zu verändern, beurlaubte sich der Mann, grüßte anständig die Versammlung und uns besonders, die er durchschneiden mußte um zur Türe zu gelangen. Als der Gouverneur ihm noch etwas nachzuschelten sich ingrimmig umkehrte, erblickte er uns, faßte sich sogleich, winkte dem Konsul, und wir traten an ihn heran.

Ein Mann von sehr hohem Alter, gebückten Hauptes, unter grauen struppigen Augenbrauen schwarze tiefliegende Blicke hervorsendend; nun ein ganz anderer als kurz zuvor. Er hieß mich zu sich sitzen, fragte, in seinem Geschäft ununterbrochen fortfahrend, nach mancherlei, worüber ich ihm Bescheid gab, zuletzt fügte er hinzu: ich sei, so lange ich hier bliebe, zu seiner Tafel geladen. Der Konsul, zufrieden wie ich, ja noch zufriedener, weil er die Gefahr, der wir entronnen, besser kannte, flog die Treppe hinunter, und mir war alle Lust vergangen, dieser Löwenhöhle je wieder nah zu treten.

Messina, Sonntag, den 13. Mai

Zwar bei hellstem Sonnenschein in einer angenehmern Wohnung erwachend, fanden wir uns doch immer in dem unseligen Messina. Einzig unangenehm ist der Anblick der sogenannten Palazzata, einer sichelförmigen Reihe von wahrhaften Palästen, die, wohl in der Länge einer Viertelstunde, die Reede einschließen und bezeichnen. Alles waren steinerne vierstockige Gebäude, von welchen mehrere Vorderseiten bis aufs Hauptgesims noch völlig stehen, andere bis auf den dritten, zweiten, ersten Stock heruntergebrochen sind; so daß diese ehemalige Prachtreihe nun aufs widerlichste zahnlückig erscheint und auch durchlöchert: denn der blaue Himmel schaut beinahe durch alle Fenster. Die inneren eigentlichen Wohnungen sind sämtlich zusammengestürzt.

An diesem seltsamen Phänomen ist Ursache, daß, nach der von Reichen begonnenen architektonischen Prachtanlage, weniger begüterte Nachbarn, mit dem Scheine wetteifernd, ihre alten, aus größern und kleinern Flußgeschieben und vielem Kalk zusammengekneteten Häuser hinter neuen, aus Quaderstücken aufgeführten Vorderseiten versteckten. Jenes an sich schon unsichere Gefüge mußte, von der ungeheuern Erschütterung aufgelöst und zerbröckelt, zusammenstürzen; wie man denn unter manchen bei so großem Unglück vorgekommenen wunderbaren Rettungen auch folgendes erzählt: der Bewohner eines solchen Gebäudes sei im furchtbaren Augenblick gerade in die Mauervertiefung eines Fensters getreten, das Haus aber hinter ihm völlig zusammengestürzt, und so habe er, in der Höhe gerettet, den Augenblick seiner Befreiung aus diesem luftigen Kerker beruhigt abgewartet. Daß jene aus Mangel naher Bruchsteine so schlechte Bauart hauptsächlich Schuld an dem völligen Ruin der Stadt gewesen, zeigt die Beharrlichkeit solider Gebäude. Der Jesuiten Kollegium und Kirche, von tüchtigen Quadern aufgeführt, stehen noch unverletzt in ihrer anfänglichen Tüchtigkeit. Dem sei aber wie ihm wolle, Messinas Anblick ist äußerst verdrießlich und erinnert an die Urzeiten, wo Sikaner und Sikuler diesen unruhigen Erdboden verließen und die westliche Küste Siziliens bebauten.

Und so brachten wir unsern Morgen zu, gingen dann im Gasthof ein frugales Mahl zu verzehren. Wir saßen noch ganz vergnügt beisammen, als der Bediente des Konsuls atemlos hereinsprang und mir verkündigte: der Gouverneur lasse mich in der ganzen Stadt suchen; er habe mich zur Tafel geladen, und nun bleibe ich aus. Der Konsul lasse mich aufs inständigste bitten, auf der Stelle hinzugehen, ich möchte gespeist haben oder nicht, möchte aus Vergessenheit oder aus Vorsatz die Stunde versäumt haben. Nun fühlte ich erst den unglaublichen Leichtsinn, womit ich die Einladung des Zyklopen aus dem Sinne geschlagen, froh daß ich das erstemal entwischt. Der Bediente ließ mich nicht zaudern, seine Vorstellungen waren die dringendsten und triftigsten: der Konsul riskiere, hieß es, daß jener wütende Despot ihn und die ganze Nation auf den Kopf stelle.

Indessen ich nun Haare und Kleider zurechte putzte, faßte ich mir ein Herz und folgte mit heiterm Sinne meinem Führer, Odysseus den Patron anrufend und mir seine Vorsprache bei Pallas Athene erbittend.

In der Höhle des Löwen angelangt, ward ich vom lustigen Laufer in einen großen Speisesaal geführt, wo etwa vierzig Personen, ohne daß man einen Laut vernommen hätte, an einer länglich-runden Tafel saßen. Der Platz zur Rechten des Gouverneurs war offen, wohin mich der Laufer geleitete.

Nachdem ich den Hausherrn und die Gäste mit einer Verbeugung gegrüßt, setzte ich mich neben ihn, entschuldigte mein Außenbleiben mit der Weitläufigkeit der Stadt und dem Irrtum, in welchen mich die ungewöhnliche Stundenzahl schon mehrmals geführt. Er versetzte mit glühendem Blick: man habe sich in fremden Landen nach den jedesmaligen Gewohnheiten zu erkundigen und zu richten. Ich erwiderte, dies sei jederzeit mein Bestreben, nur hätte ich gefunden, daß bei den besten Vorsätzen man gewöhnlich die ersten Tage, wo uns ein Ort noch neu und die Verhältnisse unbekannt seien, in gewisse Fehler verfalle, welche unverzeihlich scheinen müßten, wenn man nicht die Ermüdung der

Reise, die Zerstreuung durch Gegenstände, die Sorge für ein leidliches Unterkommen, ja sogar für eine weitere Reise als Gründe der Entschuldigung möchte gelten lassen.

Er fragte darauf, wie lange ich hier zu bleiben gedächte. Ich versetzte, daß ich mir einen recht langen Aufenthalt wünsche, damit ich ihm die Dankbarkeit für die mir erwiesene Gunst durch die genaueste Befolgung seiner Befehle und Anordnungen betätigen könnte. Nach einer Pause fragte er sodann: was ich in Messina gesehen habe. Ich erzählte kürzlich meinen Morgen mit einigen Bemerkungen und fügte hinzu, daß ich am meisten bewundert die Reinlichkeit und Ordnung in den Straßen dieser zerstörten Stadt. Und wirklich war bewunderungswürdig, wie man die sämtlichen Straßen von Trümmern gereinigt, indem man den Schutt in die zerfallenen Mauerstätten selbst geworfen, die Steine dagegen an die Häuser angereiht, und dadurch die Mitte der Straßen frei, dem Handel und Wandel offen wieder übergeben. Hiebei konnte ich dem Ehrenmanne mit der Wahrheit schmeicheln, indem ich ihm versicherte, daß alle Messineser dankbar erkennten, diese Wohltat seiner Vorsorge schuldig zu sein. — «Erkennen sie es», brummte er, «haben sie doch früher genug über die Härte geschrien, mit der man sie zu ihrem Vorteile nötigen mußte.» Ich sprach von weisen Absichten der Regierung, von höhern Zwecken, die erst später eingesehen und geschätzt werden könnten, und dergleichen. Er fragte, ob ich die Jesuitenkirche gesehen habe, welches ich verneinte; worauf er mir denn zusagte, daß er mir sie wolle zeigen lassen und zwar mit allem Zubehör.

Während diesem durch wenige Pausen unterbrochenen Gespräche sah ich die übrige Gesellschaft in dem tiefsten Stillschweigen, nicht mehr sich bewegen als nötig die Bissen zum Munde zu bringen. Und so standen sie, als die Tafel aufgehoben und der Kaffee gereicht war, wie Wachspuppen rings an den Wänden. Ich ging auf den Hausgeistlichen los, der mir die Kirche zeigen sollte, ihm zum voraus für seine Bemühungen zu danken; er wich zur Seite, indem er demütig versicherte, die Befehle Ihro Exzellenz habe er ganz allein vor Augen. Ich redete darauf einen jungen nebenstehenden Fremden an, dem es auch, ob er gleich ein Franzose war, nicht ganz wohl in seiner Haut zu sein schien; denn auch er war verstummt und erstarrt wie die ganze Gesellschaft, worunter ich mehrere Gesichter sah, die der gestrigen Szene mit dem Malteserritter bedenklich beigewohnt hatten.

Der Gouverneur entfernte sich, und nach einiger Zeit sagte mir der Geistliche: es sei nun an der Stunde zu gehen. Ich folgte ihm, die übrige Gesellschaft hatte sich stille, stille verloren. Er führte mich an das Portal der Jesuitenkirche, das, nach der bekannten Architektur dieser Väter, prunkhaft und wirklich imposant in die Luft steht. Ein Schließer kam uns schon entgegen und lud zum Eintritt, der Geistliche hingegen hielt mich zurück, mit der Weisung, daß wir zuvor auf den Gouverneur zu warten hätten. Dieser fuhr auch bald heran, hielt auf dem Platze unfern der Kirche und winkte, worauf wir drei ganz nah an seinem Kutschenschlag uns vereinigten. Er gebot dem Schließer, daß er mir nicht allein die Kirche in allen ihren Teilen zeigen, sondern auch die Geschichte der Altäre und anderer Stiftungen umständlich erzählen solle; ferner habe er auch die Sakristeien aufzuschließen und mich auf alles das darin enthaltene Merkwürdige aufmerksam zu machen. Ich sei ein Mann, den er ehren wolle, der alle Ursache haben solle, in seinem Vaterlande rühmlich von Messina zu sprechen. «Versäumen Sie nicht», sagte er darauf zu mir gewandt mit einem Lächeln, insofern seine Züge dessen fähig waren, «versäumen Sie nicht, solange Sie hier sind, zur rechten Stunde an Tafel zu kommen, Sie sollen immer wohl empfangen sein.» Ich hatte kaum Zeit ihm hierauf verehrlich zu erwidern. Der Wagen bewegte sich fort.

Von diesem Augenblick an ward auch der Geistliche heiterer, wir traten in die Kirche. Der Kastellan, wie man ihn wohl in diesem entgottesdiensteten Zauberpalaste nennen dürfte, schickte sich an, die ihm scharf empfohlene Pflicht zu erfüllen, als der Konsul und Kniep in das leere Heiligtum herein stürzten, mich umarmten und eine leidenschaftliche Freude ausdrückten, mich, den sie schon in Gewahrsam geglaubt, wieder zu sehen. Sie hatten in Höllenangst gesessen, bis der gewandte Laufer, wahrscheinlich vom Konsul gut pensioniert, einen glücklichen Ausgang des Abenteuers unter hundert Possen erzählte, worauf denn ein erheiternder Frohsinn sich über die beiden ergoß, die mich sogleich aufsuchten, als die Aufmerksamkeit des Gouverneurs wegen der Kirche ihnen bekannt geworden.

Indessen standen wir vor dem Hochaltare, die Auslegung alter Kostbarkeiten vernehmend. Säulen von Lapislazuli, durch bronzene vergoldete Stäbe gleichsam kanneliert, nach florentinischer Art eingelegte Pilaster und Füllungen; die prächtigen sizilianischen Achate in Überfluß, Erz und Vergoldung sich wiederholend und alles verbindend.

Nun war es aber eine wunderbare kontrapunktische Fuge, wenn Kniep und der Konsul die Verlegenheit des Abenteuers, der Vorzeiger dagegen die Kostbarkeiten der noch wohl erhaltenen Pracht verschränkt vortrugen, beide von ihrem Gegenstand durchdrungen; wobei ich denn das doppelte Vergnügen hatte, den Wert meines glücklichen Entkommens zu fühlen und zugleich die sizilianischen Gebirgsprodukte, um die ich mir schon manche Mühe gegeben, architektonisch angewendet zu sehen.

Die genaue Kenntnis der einzelnen Teile, woraus dieser Prunk zusammengesetzt war, verhalf mir zut Entdeckung, daß der sogenannte Lapislazuli jener Säulen eigentlich nur Calcara sei, aber freilich von so schöner Farbe, als ich sie noch nicht gesehn, und herrlich zusammengefügt. Aber auch so blieben diese Säulen noch immer ehrwürdig: denn es setzt eine ungeheure Menge jenes Materials voraus, um Stücke von so schöner und gleicher Farbe aussuchen zu können, und dann ist die Bemühung des Schneidens, Schleifens und Polierens höchst bedeutend. Doch was war jenen Vätern unüberwindlich?

Der Konsul hatte indessen nicht aufgehört, mich über mein bedrohliches Schicksal aufzuklären. Der Gouverneur nämlich, mit sich selbst unzufrieden, daß ich von seinem gewaltsamen Betragen gegen den Quasi-Malteser gleich beim ersten Eintritt Zeuge gewesen, habe sich vorgenommen mich besonders zu ehren und sich darüber einen Plan festgesetzt, dieser habe durch mein Außenbleiben gleich zu Anfang der Ausführung einen Strich erlitten. Nach langem Warten sich endlich zur Tafel setzend, habe der Despot sein ungeduldiges Mißvergnügen nicht verbergen können, und die Gesellschaft sei in Furcht gestanden, entweder bei meinem Kommen oder nach aufgehobener Tafel eine Szene zu erleben.

Indessen suchte der Küster immer wieder das Wort zu erhaschen, öffnete die geheimen Räume, nach schönen Verhältnissen gebaut, anständig ja prächtig verziert, auch war darin noch manches bewegliche Kirchengeräte übrig geblieben, dem Ganzen gemäß geformt und geputzt. Von edeln Metallen sah ich nichts, sowenig als von ältern und neuern echten Kunstwerken.

Unsere italienisch-deutsche Fuge, denn Pater und Küster psalmodierten in der ersten, Kniep und Konsul in der zweiten Sprache, neigte sich zu Ende, als ein Offizier sich zu uns gesellte, den ich bei Tafel gesehen. Er gehörte zum Gefolge des Gouverneurs. Dies konnte wieder einige Besorgnis erregen, besonders da er sich erbot, mich an den Hafen zu führen, wo er mich an Punkte bringen wolle, die Fremden sonst unzugänglich seien. Meine Freunde sahen sich an, ich ließ mich jedoch nicht abhalten, allein mit ihm zu gehen. Nach einigen gleichgültigen Gesprächen, begann ich ihn zutraulich anzureden und gestand, bei Tafel gar wohl bemerkt zu haben, daß mehrere stille Beisitzer mir durch ein freundliches Zeichen zu verstehen gegeben, daß ich nicht unter weltfremden Menschen allein, sondern unter Freunden, ja Brüdern mich befinde und deshalb nichts zu besorgen habe. Ich halte für Pflicht ihm zu danken und um Erstattung gleichen Danks an die übrigen Freunde zu ersuchen. Hierauf erwiderte derselbe: daß sie mich umsomehr zu beruhigen gesucht, als sie bei Kenntnis der Gemütsart ihres Vorgesetzten für mich eigentlich nichts befürchtet hätten; denn eine Explosion wie die gegen den Malteser sei nur selten, und gerade wegen einer solchen mache sich der würdige Greis selbst Vorwürfe, hüte sich lange, lebe dann eine Weile in einer sorglosen Sicherheit seiner Pflicht, bis er denn endlich, durch einen unerwarteten Vorfall überrascht, wieder zu neuen Heftigkeiten hingerissen werde. Der wackere Freund setzte hinzu, daß ihm und seinen Genossen nichts wünschenswerter wäre, als mit mir sich genauer zu verbinden, weshalb ich die Gefälligkeit haben möchte mich näher zu bezeichnen, wozu sich heute nacht die beste Gelegenheit finden werde. Ich wich diesem Verlangen höflich aus, indem ich ihn bat mir eine Grille zu verzeihen: ich wünsche nämlich auf Reisen bloß als Mensch angesehen zu werden, könne ich als ein solcher Vertrauen erregen und Teilnahme erlangen, so sei es mir angenehm und erwünscht; in andere Verhältnisse einzugehen verböten mir mancherlei Gründe.

Überzeugen wollt' ich ihn nicht, denn ich durfte ja nicht sagen, was eigentlich mein Grund war. Merkwürdig genug aber schien mir's, wie schön und unschuldig die wohldenkenden Männer unter einem despotischen Regiment sich zu eignem und zu der Fremdlinge Schutz verbündet hatten. Ich verhehlte ihm nicht, daß ich ihre Verhältnisse zu andern deutschen Reisenden recht wohl kenne, verbreitete mich über die löblichen Zwecke, die erreicht werden sollten, und setzte ihn immer mehr in Erstaunen über meine vertrauliche Hartnäckigkeit. Er versuchte alles mögliche, mich aus meinem Inkognito hervorzuziehen, welches ihm nicht gelang, teils, weil ich einer Gefahr entronnen mich nicht zwecklos in eine andere begeben konnte, teils, weil ich gar wohl bemerkte, die Ansichten dieser wackern Insulaner seien von den meinigen so sehr verschieden, daß ihnen mein näherer Umgang weder Freude noch Trost bringen könne.

Dagegen wurden abends mit dem teilnehmenden und tätigen Konsul noch einige Stunden verbracht, der denn auch die Szene mit dem Malteser aufklärte. Es sei dieser zwar kein eigentlicher Abenteurer, aber ein unruhiger Ortwechsler. Der Gouverneur, aus einer großen Familie, wegen Ernst und Tüchtigkeit verehrt, wegen bedeutender Dienste geschätzt, stehe doch im Rufe unbegrenzten Eigenwillens, zaumloser Heftigkeit und ehernen Starrsinns. Argwöhnisch als Greis und Despot, mehr besorgt als überzeugt, daß er Feinde bei Hofe habe, hasse er solche hin und wider ziehende Figuren, die er durchaus für Spione halte. Diesmal sei ihm der Rotrock in die Quer gekommen, da er nach einer ziemlichen Pause sich wieder einmal im Zorn habe ergehen müssen, um die Leber zu befreien.

Messina und auf der See, Montag, den 13. Mai

Beide wir erwachten mit gleicher Empfindung, verdrießlich, daß wir, durch den ersten wüsten Anblick von Messina zur Ungeduld gereizt, uns entschlossen hatten, mit dem französischen Kauffahrer die Rückfahrt abzuschließen. Nach dem glücklich beendigten Abenteuer mit dem Gouverneur, bei dem Verhältnis zu wackern Männern, denen ich mich nur näher zu bezeichnen brauchte, aus dem Besuch bei meinem Banquier, der auf dem Lande in der angenehmsten Gegend wohnte, ließ sich für einen längern Aufenthalt in Messina das Angenehmste hoffen. Kniep, von ein paar hübschen Kindern wohl unterhalten, wünschte nichts mehr als die längere Dauer des sonst verhaßten Gegenwindes. Indessen war die Lage unangenehm, alles mußte gepackt bleiben und wir jeden Augenblick bereit sein zu scheiden.

So geschah denn auch dieser Aufruf gegen Mittag, wir eilten an Bord und fanden unter der am Ufer versammelten

Menge auch unsern guten Konsul, von dem wir dankbar Abschied nahmen. Der gelbe Laufer drängte sich auch herbei, seine Ergötzlichkeiten abzuholen. Dieser ward nun belohnt und beauftragt, seinem Herrn unsere Abreise zu melden und mein Außenbleiben von Tafel zu entschuldigen. — «Wer absegelt ist entschuldigt!» rief er aus, sodann mit einem seltsamen Sprung sich umkehrend war er verschwunden.

Im Schiffe selbst sah es nun anders aus als auf der neapolitanischen Korvette; doch beschäftigte uns, bei allmählicher Entfernung vom Ufer, die herrliche Ansicht des Palastzirkels, der Zitadelle, der hinter der Stadt aufsteigenden Berge. Kalabrien an der andern Seite. Nun der freie Blick in die Meerenge nord- und südwärts, bei einer ausgedehnten, an beiden Seiten schön beuferten Breite. Als wir dieses nach und nach anstaunten, ließ man uns links, in ziemlicher Ferne, einige Bewegung im Wasser, rechts aber, etwas näher, einen vom Ufer sich auszeichnenden Felsen bemerken, jene als Charybdis, diesen als Scylla. Man hat sich bei Gelegenheit beider, in der Natur so weit auseinander stehenden, von dem Dichter so nah zusammengerückten Merkwürdigkeiten über die Fabelei der Poeten beschwert und nicht bedacht, daß die Einbildungskraft aller Menschen durchaus Gegenstände, wenn sie sich solche bedeutend vorstellen will, höher als breit imaginiert und dadurch dem Bilde mehr Charakter, Ernst und Würde verschafft. Tausendmal habe ich klagen hören, daß ein durch Erzählung gekannter Gegenstand in der Gegenwart nicht mehr befriedige; die Ursache hievon ist immer dieselbe: Einbildung und Gegenwart verhalten sich wie Poesie und Prosa, jene wird die Gegenstände mächtig und steil denken, diese sich immer in die Fläche verbreiten. Landschaftsmaler des sechzehnten Jahrhunderts gegen die unsrigen gehalten, geben das auffallendste Beispiel. Eine Zeichnung von Jodocus Momper neben einem Kniepschen Kontur würde den ganzen Kontrast sichtbar machen.

Mit solchen und ähnlichen Gesprächen unterhielten wir

uns, indem selbst für Kniep die Küsten, welche zu zeichnen er schon Anstalt getroffen hatte, nicht reizend genug waren.

Mich aber befiel abermals die unangenehme Empfindung der Seekrankheit, und hier war dieser Zustand nicht wie bei der Überfahrt durch bequeme Absonderung gemildert; doch fand sich die Kajüte groß genug um mehrere Personen einzunehmen, auch an guten Matratzen war kein Mangel. Ich nahm die horizontale Stellung wieder an, in welcher mich Kniep gar vorsorglich mit rotem Wein und gutem Brot ernährte. In dieser Lage wollte mir unsere ganze sizilianische Reise in keinem angenehmen Lichte erscheinen. Wir hatten doch eigentlich nichts gesehen, als durchaus eitle Bemühungen des Menschengeschlechts sich gegen die Gewaltsamkeit der Natur, gegen die hämische Tücke der Zeit und gegen den Groll ihrer eigenen feindseligen Spaltungen zu erhalten. Die Karthager, Griechen und Römer und so viele nachfolgende Völkerschaften haben gebaut und zerstört. Selinunt liegt methodisch umgeworfen, die Tempel von Girgenti niederzulegen waren zwei Jahrtausende nicht hinreichend, Catania und Messina zu verderben wenige Stunden, wo nicht gar Augenblicke. Diese wahrhaft seekranken Betrachtungen eines auf der Woge des Lebens hin und wider Geschaukelten ließ ich nicht Herrschaft gewinnen.

Auf der See, Dienstag, den 13. Mai

Meine Hoffnung, diesmal schneller nach Neapel zu gelangen, oder von der Seekrankheit eher befreit zu sein, war nicht eingetroffen. Verschiedenemal versuchte ich, durch Kniep angeregt, auf das Verdeck zu treten, allein der Genuß eines so mannigfaltigen Schönen war mir versagt, nur einige Vorfälle ließen mich meinen Schwindel vergessen. Der ganze Himmel war mit einem weißlichen Wolkendunst umzogen, durch welchen die Sonne, ohne daß man ihr Bild hätte unterscheiden können, das Meer überleuchtete, welches die schönste Himmelsbläue zeigte, die man nur sehen kann.

Eine Schar Delphine begleitete das Schiff, schwimmend und springend blieben sie ihm immer gleich. Mich deucht, sie hatten das aus der Tiefe und Ferne ihnen als ein schwarzer Punkt erscheinende Schwimmgebäude für irgend einen Raub und willkommene Zehrung gehalten. Vom Schiff aus wenigstens behandelte man sie nicht als Geleitsmänner, sondern wie Feinde: einer ward mit dem Harpun getroffen, aber nicht herangebracht.

Der Wind blieb ungünstig, den unser Schiff, in verschiedenen Richtungen fortstreichend, nur überlisten konnte. Die Ungeduld hierüber ward vermehrt, als einige erfahrne Reisende versicherten: weder Hauptmann noch Steurer verstünden ihr Handwerk, jener möge wohl als Kaufmann, dieser als Matrose gelten, für den Wert so vieler Menschen und Güter seien sie nicht geeignet einzustehen.

Ich ersuchte diese übrigens braven Personen, ihre Besorgnisse geheim zu halten. Die Anzahl der Passagiere war groß, darunter Weiber und Kinder von verschiedenem Alter, denn alles hatte sich auf das französische Fahrzeug gedrängt, die Sicherheit der weißen Flagge vor Seeräubern, sonst nichts weiter bedenkend. Ich stellte vor, daß Mißtrauen und Sorge jeden in die peinlichste Lage versetzen würde, da bis jetzt alle in der farb- und wappenlosen Leinwand ihr Heil gesehen.

Und wirklich ist zwischen Himmel und Meer dieser weiße Zipfel als entscheidender Talisman merkwürdig genug. Wie sich Abfahrende und Zurückbleibende noch mit geschwungenen weißen Taschentüchern begrüßen und dadurch, wechselseitig, ein sonst nie zu empfindendes Gefühl der scheidenden Freundschaft und Neigung erregen, so ist hier in dieser einfachen Fahne der Ursprung geheiligt; eben als wenn einer sein Taschentuch an eine Stange befestigte, um der ganzen Welt anzukündigen, es komme ein Freund über Meer.

Mit Wein und Brot von Zeit zu Zeit erquickt, zum Verdruß des Hauptmanns, welcher verlangte, daß ich essen sollte was ich bezahlt hatte, konnte ich doch auf dem Verdeck sitzen und an mancher Unterhaltung teilnehmen. Kniep wußte mich zu erheitern, indem er nicht wie auf der Korvette über die vortreffliche Kost triumphierend meinen Neid zu erregen suchte, mich vielmehr diesmal glücklich pries, daß ich keinen Appetit habe.

Montag, den 14. Mai

Und so war der Nachmittag vorbeigegangen, ohne daß wir unsern Wünschen gemäß in den Golf von Neapel eingefahren wären. Wir wurden vielmehr immer westwärts getrieben, und das Schiff, indem es sich der Insel Capri näherte, entfernte sich immer mehr von dem Kap Minerva. Jedermann war verdrießlich und ungeduldig, wir beiden aber, die wir die Welt mit malerischen Augen betrachteten, konnten damit sehr zufrieden sein, denn bei Sonnenuntergang genossen wir des herrlichsten Anblicks, den uns die ganze Reise gewährt hatte. In dem glänzendsten Farbenschmuck lag Capo Minerva mit den daranstoßenden Gebirgen vor unsern Augen, indes die Felsen, die sich südwärts hinabziehen, schon einen blaulichen Ton angenommen hatten. Vom Kap an zog sich die ganze erleuchtete Küste bis Sorrent hin. Der Vesuv war uns sichtbar, eine ungeheure Dampfwolke über ihm aufgetürmt, von der sich ostwärts ein langer Streif weit hinzog, so daß wir den stärksten Ausbruch vermuten konnten. Links lag Capri steil in die Höhe strebend; die Formen seiner Felswände konnten wir durch den durchsichtigen bläulichen Dunst vollkommen unterscheiden. Unter einem ganz reinen wolkenlosen Himmel glänzte das ruhige, kaum bewegte Meer, das bei einer völligen Windstille endlich wie ein klarer Teich vor uns lag. Wir entzückten uns an dem Anblick, Kniep trauerte, daß alle Farbenkunst nicht hinreiche, diese Harmonie wiederzugeben, so wie der feinste englische Bleistift die geübteste Hand nicht in den Stand setzte, diese Linien nachzuziehen. Ich dagegen, überzeugt, daß ein weit geringeres Andenken, als dieser geschickte Künstler zu erhalten vermochte, in der Zukunft höchst wünschenswert sein würde, ich ermunterte ihn, Hand und Auge zum letztenmal anzustrengen; er ließ sich bereden und lieferte eine der genausten Zeichnungen, die er nachher kolorierte und ein Beispiel zurückließ, daß bildlicher Darstellung das Unmögliche möglich wird. Den Übergang vom Abend zur Nacht verfolgten wir mit ebenso begierigen Augen. Capri lag nun ganz finster vor uns, und zu unserm Erstaunen entzündete sich die vesuvische Wolke sowie auch der Wolkenstreif, je länger je mehr, und wir sahen zuletzt einen ansehnlichen Strich der Atmosphäre im Grunde unseres Bildes erleuchtet, ja wetterleuchten.

Über diese uns so willkommenen Szenen hatten wir unbemerkt gelassen, daß uns ein großes Unheil bedrohe; doch ließ uns die Bewegung unter den Passagieren nicht lange in Ungewißheit. Sie, der Meeresereignisse kundiger als wir, machten dem Schiffsherrn und seinem Steuermanne bittre Vorwürfe; daß über ihre Ungeschicklichkeit nicht allein die Meerenge verfehlt sei, sondern auch die ihnen anvertraute Personenzahl, Güter und alles umzukommen in Gefahr schwebe. Wir erkundigten uns nach der Ursache dieser Unruhe, indem wir nicht begriffen, daß bei völliger Windstille irgend ein Unheil zu befürchten sei. Aber eben diese Windstille machte jene Männer trostlos: wir befinden uns, sagten sie, schon in der Strömung, die sich um die Insel bewegt und durch einen sonderbaren Wellenschlag so langsam als unwiderstehlich nach dem schroffen Felsen hinzieht, wo uns auch nicht ein fußbreit Vorsprung oder Bucht zur Rettung gegeben ist.

Aufmerksam durch diese Reden, betrachteten wir nun unser Schicksal mit Grauen: denn obgleich die Nacht die zunehmende Gefahr nicht unterscheiden ließ, so bemerkten wir doch, daß das Schiff, schwankend und schwippend, sich den Felsen näherte, die immer finsterer vor uns standen, während über das Meer hin noch ein leichter Abendschimmer verbreitet lag. Nicht die geringste Bewegung war in der Luft zu bemerken: Schnupftücher und leichte Bänder wurden von jedem in die Höhe und ins Freie gehalten, aber keine Andeutung eines erwünschten Hauches zeigte sich. Die Menge ward immer lauter und wilder. Nicht etwa betend knieten die Weiber mit ihren Kindern auf dem Verdeck, sondern, weil der Raum zu eng war sich darauf zu bewegen, lagen sie gedrängt aneinander. Sie noch mehr als die Männer, welche besonnen auf Hülfe und Rettung dachten, schalten und tobten gegen den Kapitän. Nun ward ihm alles vorgeworfen, was man auf der ganzen Reise schweigend zu erinnern gehabt: für teures Geld einen schlechten Schiffsraum, geringe Kost, ein zwar nicht unfreundliches aber doch stummes Betragen. Er hatte niemand von seinen Handlungen Rechenschaft gegeben, ja selbst noch den letzten Abend ein hartnäckiges Stillschweigen über seine Manövres beobachtet. Nun hieß er und der Steuermann hergelaufene Krämer, die, ohne Kenntnis der Schiffkunst, sich aus bloßem Eigennutz den Besitz eines Fahrzeuges zu verschaffen gewußt und nun, durch Unfähigkeit und Ungeschicklichkeit, alle die ihnen anvertraut zugrunde richteten. Der Hauptmann schwieg und schien immer noch auf Rettung zu sinnen; mir aber, dem von Jugend auf Anarchie verdrießlicher gewesen als der Tod selbst, war es unmöglich länger zu schweigen. Ich trat vor sie hin und redete ihnen zu, mit ungefähr ebenso viel Gemütsruhe als den Vögeln von Malcesine. Ich stellte ihnen vor, daß gerade in diesem Augenblick ihr Lärmen und Schreien denen, von welchen noch allein Rettung zu hoffen sei, Ohr und Kopf verwirrten, so daß sie weder denken noch sich untereinander verständigen könnten. Was euch betrifft, rief ich aus, kehrt in euch selbst zurück und dann wendet euer brünstiges Gebet zur Mutter Gottes, auf die es ganz allein ankommt, ob sie sich bei ihrem Sohne verwenden mag, daß er für euch tue was er damals für seine Apostel getan, als auf dem stürmenden See Tiberias die Wellen schon in das Schiff schlugen, der Herr aber schlief, der jedoch, als ihn die Trost- und Hülflosen aufweckten, sogleich dem Winde zu ruhen gebot, wie er jetzt der Luft gebieten kann sich zu regen, wenn es anders sein heiliger Wille ist.

Diese Worte taten die beste Wirkung. Eine unter den Frauen, mit der ich mich schon früher über sittliche und geistliche Gegenstände unterhalten hatte, rief aus: Ah! il Barlamé! benedetto il Barlamé! und wirklich fingen sie, da sie ohnehin schon auf den Knien lagen, ihre Litaneien mit mehr als herkömmlicher Inbrunst leidenschaftlich zu beten an. Sie konnten dies mit desto größerer Beruhigung tun, als die Schiffsleute noch ein Rettungsmittel versuchten, das wenigstens in die Augen fallend war: sie ließen das Boot hinunter, das freilich nur sechs bis acht Männer fassen konnte, befestigten es durch ein langes Seil an das Schiff, welches die Matrosen durch Ruderschläge nach sich zu ziehen kräftig bemüht waren. Auch glaubte man einen Augenblick, daß sie es innerhalb der Strömung bewegten, und hoffte es bald aus derselben herausgerettet zu sehen. Ob aber gerade diese Bemühungen die Gegengewalt der Strömung vermehrt, oder wie es damit beschaffen sein mochte, so ward mit einmal an dem langen Seile das Boot und seine Mannschaft im Bogen rückwärts nach dem Schiffe geschleudert, wie die Schmitze einer Peitsche, wenn der Fuhrmann einen Zug tut. Auch diese Hoffnung ward aufgegeben! — Gebet und Klagen wechselten ab, und der Zustand wuchs um so schauerlicher, da nun oben auf den Felsen die Ziegenhirten, deren Feuer man schon längst gesehen hatte, hohl aufschrien: da unten strande das Schiff! Sie riefen einander noch viel unverständliche Töne zu, in welchen einige, mit der Sprache bekannt, zu vernehmen glaubten, als freuten sie sich auf manche Beute, die sie am andern Morgen aufzufischen gedächten. Sogar der tröstliche Zweifel, ob denn auch wirklich das Schiff dem Felsen sich so drohend nähere, war leider nur zu bald gehoben, indem die Mannschaft zu großen Stangen griff, um das Fahrzeug, wenn es zum Äußersten käme, damit von den Felsen abzuhalten, bis denn endlich auch diese brächen und alles verloren sei. Immer stärker schwankte das Schiff, die Brandung schien sich zu vermehren, und meine durch alles dieses wiederkehrende Seekrankheit drängte mir den Entschluß auf, hinunter in die Kajüte zu steigen. Ich legte mich halb betäubt auf meine Matratze, doch aber mit einer gewissen angenehmen Empfindung, die sich vom See Tiberias herzuschreiben schien: denn ganz deutlich schwebte mir das Bild aus Merians Kupferbibel vor Augen. Und so bewährt sich die Kraft aller sinnlich-sittlichen Eindrücke jedesmal am stärksten, wenn der Mensch ganz auf sich selbst zurückgewiesen ist. Wie lange ich so in halbem Schlafe gelegen, wüßte ich nicht zu sagen, aufgeweckt aber ward ich durch ein gewaltsames Getöse über mir; ich konnte deutlich vernehmen, daß es die großen Seile waren, die man auf dem Verdeck hin und wider schleppte; dies gab mir Hoffnung, daß man von den Segeln Gebrauch mache. Nach einer kleinen Weile sprang Kniep herunter und kündigte mir an, daß man gerettet sei, der gelindeste Windshauch habe sich erhoben; in dem Augenblick sei man bemüht gewesen die Segel aufzuziehen, er selbst habe nicht versäumt Hand anzulegen. Man entferne sich schon sichtbar vom Felsen, und obgleich noch nicht völlig außer der Strömung, hoffe man nun doch sie zu überwinden. Oben war alles stille; sodann kamen mehrere der Passagiere, verkündigten den glücklichen Ausgang und legten sich nieder.

Als ich früh am vierten Tage unserer Fahrt erwachte, befand ich mich frisch und gesund, so wie ich auch bei der Überfahrt zu eben dieser Epoche gewesen war; so daß ich also auf einer längern Seereise wahrscheinlich mit einer dreitägigen Unpäßlichkeit meinen Tribut würde bezahlt haben.

Vom Verdeck sah ich mit Vergnügen die Insel Capri in ziemlicher Entfernung zur Seite liegen und unser Schiff in solcher Richtung, daß wir hoffen konnten, in den Golf hineinzufahren, welches denn auch bald geschah. Nun hatten wir die Freude, nach einer ausgestandenen harten Nacht dieselben Gegenstände, die uns abends vorher entzückt hatten, in entgegengesetztem Lichte zu bewundern. Bald ließen wir jene gefährliche Felseninsel hinter uns. Hatten wir gestern die rechte Seite des Golfs von weitem bewundert, so erschienen nun auch die Kastelle und die Stadt gerade vor uns, sodann links der Posilipo und die Erdzungen, die sich bis gegen Procida und Ischia erstrecken. Alles war auf dem Verdeck, voran ein für seinen Orient sehr eingenommener griechischer Priester, der den Landesbewohnern, die ihr herrliches Vaterland mit Entzücken begrüßten, auf ihre Frage: wie sich denn Neapel zu Konstantinopel verhalte, sehr pathetisch antwortete: Anche questa è una città! — Auch dieses ist eine Stadt! — Wir langten zur rechten Zeit im Hafen an, umsummt von Menschen; es war der lebhafteste Augenblick des Tages. Kaum waren unsere Koffer und sonstigen Gerätschaften ausgeladen und standen am Ufer, als gleich zwei Lastträger sich derselben bemächtigten, und kaum hatten wir ausgesprochen, daß wir bei Moriconi logieren würden, so liefen sie mit dieser Last wie mit einer Beute davon, so daß wir ihnen durch die menschenreichen Straßen und über den bewegten Platz nicht mit den Augen folgen konnten. Kniep hatte das Portefeuille unter dem Arm, und wir hätten wenigstens die Zeichnungen gerettet, wenn jene Träger, weniger ehrlich als die neapolitanischen armen Teufel, uns um dasjenige gebracht hätten, was die Brandung verschont hatte.

NEAPEL

An Herder

Neapel, den 17. Mai 1787

Hier bin ich wieder, meine Lieben, frisch und gesund. Ich habe die Reise durch Sizilien leicht und schnell getrieben, wenn ich wiederkomme, sollt ihr beurteilen, wie ich gesehen habe. Daß ich sonst so an den Gegenständen klebte und haftete, hat mir nun eine unglaubliche Fertigkeit verschafft, alles gleichsam vom Blatt wegzuspielen, und ich finde mich recht glücklich, den großen, schönen, unvergleichbaren Gedanken von Sizilien so klar, ganz und lauter in der Seele zu haben. Nun bleibt meiner Sehnsucht kein Gegenstand mehr im Mittag, da ich auch gestern von Paestum zurückgekommen bin. Das Meer und die Inseln haben mir Genuß und Leiden gegeben, und ich kehre befriedigt zurück. Laßt mich jedes Detail bis zu meiner Wiederkehr aufsparen. Auch ist hier in Neapel kein Besinnens; diesen Ort werde ich euch nun besser schildern, als es meine ersten Briefe taten. Den ersten Juni reise ich nach Rom, wenn mich nicht eine höhere Macht hindert, und anfangs Juli denke ich von dort wieder abzugehen. Ich muß euch sobald als möglich wiedersehen, es sollen gute Tage werden. Ich habe unsäglich aufgeladen und brauche Ruhe, es wieder zu verarbeiten.

Für alles was du Liebes und Gutes an meinen Schriften tust, danke ich dir tausendmal, ich wünschte immer etwas Besseres auch dir zur Freude zu machen. Was mir auch von dir begegnen wird und wo, soll mir willkommen sein, wir sind so nah in unsern Vorstellungsarten, als es möglich ist ohne eins zu sein, und in den Hauptpunkten am nächsten.

Wenn du diese Zeit her viel aus dir selbst geschöpft hast, so hab' ich viel erworben, und ich kann einen guten Tausch hoffen.

Ich bin freilich, wie du sagst, mit meiner Vorstellung sehr ans Gegenwärtige geheftet, und je mehr ich die Welt sehe, desto weniger kann ich hoffen, daß die Menschheit je eine weise, kluge, glückliche Masse werden könne. Vielleicht ist unter den Millionen Welten eine, die sich dieses Vorzugs rühmen kann; bei der Konstitution der unsrigen bleibt mir sowenig für sie, als für Sizilien bei der seinigen zu hoffen.

In einem beiliegenden Blatte sag' ich etwas über den Weg nach Salerno und über Paestum selbst; es ist die letzte und fast möcht' ich sagen herrlichste Idee, die ich nun nordwärts vollständig mitnehme. Auch ist der mittlere Tempel, nach meiner Meinung, allem vorzuziehen, was man noch in Sizilien sieht.

Was den Homer betrifft, ist mir wie eine Decke von den Augen gefallen. Die Beschreibungen, die Gleichnisse etc. kommen uns poetisch vor und sind doch unsäglich natürlich, aber freilich mit einer Reinheit und Innigkeit gezeichnet, vor der man erschrickt. Selbst die sonderbarsten erlogenen Begebenheiten haben eine Natürlichkeit, die ich nie so gefühlt habe als in der Nähe der beschriebenen Gegenstände. Laß mich meinen Gedanken kurz so ausdrücken: sie stellten die Existenz dar, wir gewöhnlich den Effekt; sie schilderten das Fürchterliche, wir schildern fürchterlich; sie das Angenehme, wir angenehm usw. Daher kommt alles Übertriebene, alles Manierierte, alle falsche Grazie, aller Schwulst. Denn wenn man den Effekt und auf den Effekt arbeitet, so glaubt man ihn nicht fühlbar genug machen zu können. Wenn was ich sage nicht neu ist, so hab' ich es doch bei neuem Anlaß recht lebhaft gefühlt. Nun ich alle diese Küsten und Vorgebirge, Golfe und Buchten, Inseln und Erdzungen, Felsen und Sandstreifen, buschige Hügel, sanfte Weiden, fruchtbare Felder, geschmückte Gärten, gepflegte Bäume, hängende Reben, Wolkenberge und immer heitere Ebnen, Klippen und Bänke und das alles umgebende

Meer mit so vielen Abwechselungen und Mannigfaltigkeiten im Geiste gegenwärtig habe, nun ist mir erst die Odyssee ein lebendiges Wort.

Ferner muß ich dir vertrauen, daß ich dem Geheimnis der Pflanzenzeugung und Organisation ganz nahe bin, und daß es das einfachste ist, was nur gedacht werden kann. Unter diesem Himmel kann man die schönsten Beobachtungen machen. Den Hauptpunkt, wo der Keim steckt, habe ich ganz klar und zweifellos gefunden; alles übrige seh' ich auch schon im Ganzen und nur noch einige Punkte müssen bestimmter werden. Die Urpflanze wird das wunderlichste Geschöpf von der Welt, um welches mich die Natur selbst beneiden soll. Mit diesem Modell und dem Schlüssel dazu kann man alsdann noch Pflanzen ins Unendliche erfinden, die konsequent sein müssen, das heißt: die, wenn sie auch nicht existieren, doch existieren könnten und nicht etwa malerische oder dichterische Schatten und Scheine sind, sondern eine innerliche Wahrheit und Notwendigkeit haben. Dasselbe Gesetz wird sich auf alles übrige Lebendige anwenden lassen.

Den 18. Mai

Tischbein, der nach Rom wieder zurückgekehrt ist, hat, wie wir merken, hier in der Zwischenzeit so für uns gearbeitet, daß wir seine Abwesenheit nicht empfinden sollen. Er scheint seinen sämtlichen hiesigen Freunden so viel Zutrauen zu uns eingeflößt zu haben, daß sie sich alle offen, freundlich und tätig gegen uns erweisen, welches ich besonders in meiner gegenwärtigen Lage sehr bedarf, weil kein Tag vergeht, wo ich nicht jemand um irgendeine Gefälligkeit und Beistand anzurufen hätte. Soeben bin ich im Begriff, ein summarisches Verzeichnis aufzusetzen von dem, was ich noch zu sehen wünschte; da denn die Kürze der Zeit Meisterin bleiben und andeuten wird, was denn auch wirklich nachgeholt werden könne.

Den 22. Mai

Heute begegnete mir ein angenehmes Abenteuer, welches mich wohl zu einigem Nachdenken bewegen konnte und des Erzählens wert ist.

Eine Dame, die mich schon bei meinem ersten Aufenthalt vielfach begünstigt, ersuchte mich, abends punkt fünf Uhr bei ihr einzutreffen; es wolle mich ein Engländer sprechen, der mir über meinen Werther etwas zu sagen habe.

Vor einem halben Jahre würde hierauf, und wäre sie mir doppelt wert gewesen, gewiß eine abschlägliche Antwort erfolgt sein; aber daran, daß ich zusagte, konnte ich wohl merken, meine sizilianische Reise habe glücklich auf mich gewirkt, und ich versprach zu kommen.

Leider aber ist die Stadt zu groß und der Gegenstände so viel, daß ich eine Viertelstunde zu spät die Treppe hinauf stieg und eben an der verschlossenen Türe auf der Schilfmatte stand um zu klingeln, als die Türe schon aufging und ein schöner Mann in mittlern Jahren heraus trat, den ich sogleich für den Engländer erkannte. Er hatte mich kaum angesehen, als er sagte: «Sie sind der Verfasser des Werther!» Ich bekannte mich dazu und entschuldigte mich, nicht früher gekommen zu sein.

«Ich konnte nicht einen Augenblick länger warten», versetzte derselbe, «was ich Ihnen zu sagen habe ist ganz kurz und kann ebensogut hier auf der Schilfmatte geschehen. Ich will nicht wiederholen was Sie von Tausenden gehört, auch hat das Werk nicht so heftig auf mich gewirkt als auf andere; sooft ich aber daran denke, was dazu gehörte um es zu schreiben, so muß ich mich immer aufs neue verwundern.»

Ich wollte irgend etwas dankbar dagegen erwidern, als er mir ins Wort fiel und ausrief: «Ich darf keinen Augenblick länger säumen, mein Verlangen ist erfüllt, Ihnen dies selbst gesagt zu haben, leben Sie recht wohl und glücklich!» und so fuhr er die Treppe hinunter. Ich stand einige Zeit über diesen ehrenvollen Text nachdenkend und klingelte endlich. Die Dame vernahm mit Vergnügen unser Zusammentreffen, und erzählte manches Vorteilhafte von diesem seltenen und seltsamen Manne.

Freitag, den 25. Mai

Mein lockeres Prinzeßchen werde ich wohl nicht wieder sehen; sie ist wirklich nach Sorrent und hat mir die Ehre angetan, vor ihrer Abreise auf mich zu schelten, daß ich das steinichte und wüste Sizilien ihr habe vorziehen können. Einige Freunde gaben mir Auskunft über diese sonderbare Erscheinung. Aus einem guten, doch unvermögenden Hause geboren, im Kloster erzogen, entschloß sie sich, einen alten und reichen Fürsten zu heiraten, und man konnte sie um so eher dazu überreden, als die Natur sie zu einem zwar guten, aber zur Liebe völlig unfähigen Wesen gebildet hatte. In dieser reichen, aber durch Familienverhältnisse höchst beschränkten Lage suchte sie sich durch ihren Geist zu helfen und, da sie in Tun und Lassen gehindert war, wenigstens ihrem Mundwerk freies Spiel zu geben. Man versicherte mir, daß ihr eigentlichster Wandel ganz untadelig sei, daß sie sich aber fest vorgesetzt zu haben scheine, durch ein unbändiges Reden allen Verhältnissen ins Angesicht zu schlagen. Man bemerkte scherzend, daß keine Zensur ihre Diskurse, wären sie schriftlich verfaßt, könne durchgehen lassen, weil sie durchaus nichts vorbringe, als was Religion, Staat, oder Sitten verletze.

Man erzählte die wunderlichsten und artigsten Geschichten von ihr, wovon eine hier stehen mag, ob sie gleich nicht die anständigste ist.

Kurz vor dem Erdbeben, das Kalabrien betraf, war sie auf die dortigen Güter ihres Gemahls gezogen. Auch in der Nähe ihres Schlosses war eine Baracke gebaut, das heißt ein hölzernes einstöckiges Haus, unmittelbar auf den Boden aufgesetzt; übrigens tapeziert, möbliert und schicklich eingerichtet. Bei den ersten Anzeigen des Erdbebens flüchtete sie dahin. Sie saß auf dem Sofa, Knötchen knüpfend, vor sich ein Nähtischchen, gegen ihr über ein Abbé, ein alter Hausgeistlicher. Auf einmal wogte der Boden, das Gebäude sank an ihrer Seite nieder, indem die entgegengesetzte sich empor hob, der Abbé und das Tischchen wurde also auch in die Höhe gehoben. «Pfui!» rief sie, an der sinkenden Wand mit dem Kopfe gelehnt, «schickt sich das für einen so ehrwürdigen Mann? ihr gebärdet euch ja, als wenn ihr auf mich fallen wolltet. Das ist ganz gegen alle Sitte und Wohlstand.»

Indessen hatte das Haus sich wieder niedergesetzt, und sie wußte sich vor Lachen nicht zu lassen, über die närrische lüsterne Figur, die der gute Alte sollte gespielt haben, und sie schien über diesen Scherz von allen Kalamitäten, ja dem großen Verlust, der ihre Familie und so viel tausend Menschen betraf, nicht das mindeste zu empfinden. Ein wundersam glücklicher Charakter, dem noch eine Posse gelingt, indem ihn die Erde verschlingen will.

Sonnabend, den 26. Mai

Genau betrachtet, möchte man doch wohl gut heißen, daß es so viele Heilige gibt; nun kann jeder Gläubige den seinigen auslesen und, mit vollem Vertrauen, sich gerade an den wenden, der ihm eigentlich zusagt. Heute war der Tag des meinigen, den ich denn, ihm zu Ehren, nach seiner Weise und Lehre andächtig-munter beging.

Philippus Neri steht in hohem Ansehn und zugleich heiterm Andenken; man wird erbaut und erfreut, wenn man von ihm und seiner hohen Gottesfurcht vernimmt, zugleich aber hört man auch von seiner guten Laune sehr viel erzählen. Seit seinen ersten Jugendjahren fühlte er die brünstigsten Religionstriebe und im Laufe seines Lebens entwickelten sich in ihm die höchsten Gaben des religiösen Enthusiasmus: die Gabe des unwillkürlichen Gebets, der tiefen wortlosen Anbetung, die Gabe der Tränen, der Ekstase und zuletzt sogar des Aufsteigens vom Boden und Schwebens über demselben, welches vor allen für das Höchste gehalten wird.

Zu so vielen geheimnisvollen seltsamen Innerlichkeiten gesellte er den klarsten Menschenverstand, die reinste Würdigung oder vielmehr Abwürdigung der irdischen Dinge, den tätigsten Beistand, in leiblicher und geistlicher Not, seinem Nebenmenschen gewidmet. Streng beobachtete er alle Obliegenheiten, wie sie auch an Festen, Kirchebesuchen, Beten, Fasten und sonst von dem gläubigen kirchlichen Manne gefordert werden. Ebenso beschäftigte er sich mit Bildung der Jugend, mit musikalischer und rednerischer Übung derselben, indem er nicht allein geistliche sondern auch geistreiche Themata vorlegte und sonst aufregende Gespräche und Disputationen veranlaßte. Hiebei möchte denn wohl das Sonderbarste scheinen, daß er das alles aus eignem Trieb und Befugnis tat und leistete, seinen Weg viele Jahre stetig verfolgte, ohne zu irgend einem Orden oder Kongregation zu gehören, ja ohne die geistliche Weihe zu haben.

Doch bedeutender muß es auffallen, daß gerade dies zu Luthers Zeit geschah, und daß mitten in Rom ein tüchtiger, gottesfürchtiger, energischer, tätiger Mann gleichfalls den Gedanken hatte, das Geistliche, ja das Heilige mit dem Weltlichen zu verbinden, das Himmlische in das Säkulum einzuführen und dadurch ebenfalls eine Reformation vorzubereiten. Denn hier liegt doch ganz allein der Schlüssel, der die Gefängnisse des Papsttums öffnen und der freien Welt ihren Gott wiedergeben soll.

Der päpstliche Hof jedoch, der einen so bedeutenden Mann in der Nähe, im Bezirk von Rom, unter seinem Gewahrsam hatte, ließ nicht nach, bis dieser, der ohnehin ein geistliches Leben führte, schon seine Wohnung in Klöstern nahm, daselbst lehrte, ermunterte, ja sogar wo nicht einen Orden doch eine freie Versammlung zu stiften im Begriff war, endlich beredet ward, die Weihe zu nehmen und alle die Vorteile damit zu empfangen, die ihm denn doch bisher auf seinem Lebenswege ermangelt hatten.

Will man auch seine körperliche wunderbare Erhebung über den Boden, wie billig, in Zweifel ziehen, so war er doch dem Geiste nach hoch über dieser Welt erhoben und deswegen ihm nichts so sehr zuwider als Eitelkeit, Schein, Anmaßung, gegen die er auch immer, als gegen die größten Hindernisse eines wahren gottseligen Lebens, kräftig wirkte, und zwar, wie uns manche Geschichte überliefert, immer mit gutem Humor.

Er befindet sich zum Beispiel eben in der Nähe des Papstes, als diesem berichtet wird, daß in der Nähe von Rom eine Klosterfrau mit allerlei wunderlichen geistlichen Gaben sich hervortue. Die Wahrhaftigkeit dieser Erzählungen zu untersuchen erhält Neri den Auftrag. Er setzt sich sogleich zu Maultier und ist bei sehr bösem Wetter und Weg bald im Kloster. Eingeführt unterhält er sich mit der Äbtissin, die ihm von allen diesen Gnadenzeichen mit vollkommener Beistimmung genaueste Kenntnis gibt. Die geforderte Nonne tritt ein, und er, ohne sie weiter zu begrüßen, reicht ihr den kotigen Stiefel hin, mit dem Ansinnen, daß sie ihn ausziehen solle. Die heilige reinliche Jungfrau tritt erschrocken zurück und gibt ihre Entrüstung über dieses Zumuten mit heftigen Worten zu erkennen. Neri erhebt sich ganz gelassen, besteigt sein Maultier und findet sich wieder vor dem Papst, ehe dieser es nur vermuten konnte: denn wegen Prüfung solcher Geistesgaben sind katholischen Beichtvätern bedeutende Vorsichtsmaßregeln aufs genaueste vorgeschrieben, weil die Kirche zwar die Möglichkeit solcher himmlischen Begünstigungen zugibt, aber die Wirklichkeit derselben nicht ohne die genaueste Prüfung zugesteht. Dem verwunderten Papste eröffnete Neri kürzlich das Resultat: «Sie ist keine Heilige!» ruft er aus, «sie tut keine Wunder! denn die Haupteigenschaft fehlt ihr, die Demut.»

Diese Maxime kann man als leitendes Prinzip seines ganzen Lebens ansehen; denn, um nur noch eins zu erzählen: als er die Kongregation der Padri dell'Oratorio gestiftet hatte, die sich bald ein großes Ansehn erwarb und gar vielen den Wunsch einflößte Mitglied derselben zu werden, kam ein junger römischer Prinz, um Aufnahme bittend, welchem denn auch das Noviziat und die demselben angewiesene Kleidung zugestanden wurde. Da aber selbiger nach einiger Zeit um wirklichen Eintritt nachsuchte, hieß es: daß vorher noch einige Prüfungen zu bestehen seien; wozu er sich denn auch bereit erklärte. Da brachte Neri einen langen Fuchsschwanz hervor und forderte: der Prinz soll diesen sich hinten an das lange Röckchen anheften lassen und ganz ernsthaft durch alle Straßen von Rom gehen. Der junge Mann entsetzte sich, wie oben die Nonne, und äußerte: er habe sich gemeldet, nicht um Schande sondern um Ehre zu erlangen. Da meinte denn Vater Neri, dies sei von ihrem Kreise nicht zu erwarten, wo die höchste Entsagung das erste Gesetz bleibe. Worauf denn der Jüngling seinen Abschied nahm.

In einem kurzen Wahlspruch hatte Neri seine Hauptlehre verfaßt: Spernere mundum, spernere te ipsum, spernere te sperni. Und damit war freilich alles gesagt. Die beiden ersten Punkte bildet sich ein Hypochondrist wohl manchmal ein erfüllen zu können, um aber sich zum dritten zu bequemen, müßte man auf dem Wege sein ein Heiliger zu werden.

Den 27. Mai

Die sämtlichen lieben Briefe vom Ende des vorigen Monats habe ich gestern alle auf einmal von Rom her durch Graf Fries erhalten und mir mit Lesen und Wiederlesen etwas Rechts zugute getan. Das sehnlich erwartete Schächtelchen war auch dabei, und ich danke tausendmal für alles.

Nun wird es aber bald Zeit, daß ich von hier flüchte, denn indem ich mir Neapel und seine Umgebungen noch recht zu guter Letzt vergegenwärtigen, den Eindruck erneuern und über manches abschließen möchte, so reißt der Strom des Tages mich fort, und nun schließen auch vorzügliche Menschen sich an, die ich als alte und neue Bekannte unmöglich so geradezu abweisen kann. Ich fand eine liebenswürdige Dame, mit der ich vorigen Sommer in Karlsbad die angenehmsten Tage verlebt hatte. Und wie manche Stunde betrogen wir die Gegenwart in heiterster Erinnerung. Alle die Lieben und Werten kamen wieder an die Reihe, vor allem der heitere Humor unseres teuren Fürsten. Sie besaß das Gedicht noch, womit ihn bei seinem Wegritt die Mädchen von Engelhaus überraschten. Es rief die lustigen Szenen alle zurück, die witzigen Neckereien und Mystifikationen, die geistreichen Versuche, das Vergeltungsrecht aneinander auszuüben, Schnell fühlten wir uns auf deutschem Boden in der besten deutschen Gesellschaft, eingeschränkt von Felswänden, durch ein seltsames Lokal zusammen gehalten, mehr noch durch Hochachtung, Freundschaft und Neigung vereinigt. Sobald wir jedoch ans Fenster traten, rauschte der neapolitanische Strom wieder so gewaltsam an uns vorbei, daß jene friedlichen Erinnerungen nicht festzuhalten waren.

Der Bekanntschaft des Herzogs und der Herzogin von Ursel konnt' ich ebenso wenig ausweichen. Treffliche Personen von hohen Sitten, reinem Natur- und Menschensinn, entschiedener Kunstliebe, Wohlwollen für Begegnende. Eine fortgesetzte und wiederholte Unterhaltung war höchst anziehend.

Hamilton und seine Schöne setzten gegen mich ihre Freundlichkeit fort. Ich speiste bei ihnen, und gegen Abend produzierte Miß Harte auch ihre musikalischen und melischen Talente.

Auf Antrieb Freund Hackerts, der sein Wohlwollen gegen mich steigert und mir alles Merkwürdige zur Kenntnis bringen möchte, führte uns Hamilton in sein geheimes Kunst- und Gerümpelgewölbe. Da sieht es denn ganz verwirrt aus; die Produkte aller Epochen zufällig durcheinandergestellt: Büsten, Torse, Vasen, Bronze, von sizilianischen Achaten allerlei Hauszierat, sogar ein Kapellchen, Geschnitztes, Gemaltes und was er nur zufällig zusammenkaufte. In einem langen Kasten an der Erde, dessen aufgebrochenen Deckel ich neugierig beiseite schob, lagen zwei ganz herrliche Kandelaber von Bronze. Mit einem Wink machte ich Hackerten aufmerksam und lispelte ihm die Frage zu: ob diese nicht ganz denen in Portici ähnlich seien? Er winkte mir dagegen Stillschweigen; sie mochten sich freilich aus den Pompejischen Grüften seitwärts hieher verloren haben. Wegen solcher und ähnlicher glücklicher Erwerbnisse mag der Ritter diese verborgenen Schätze nur wohl seinen vertrautesten Freunden sehen lassen.

Auffallend war mir ein aufrechtstehender, an der Vorderseite offener, inwendig schwarzangestrichener Kasten, von dem prächtigsten goldenen Rahmen eingefaßt. Der Raum groß genug um eine stehende menschliche Figur aufzunehmen, und demgemäß erfuhren wir auch die Absicht. Der Kunst- und Mädchenfreund, nicht zufrieden das schöne Gebild als bewegliche Statue zu sehen, wollte sich auch an ihr als an einem bunten unnachahmbaren Gemälde ergötzen, und so hatte sie manchmal innerhalb dieses goldenen Rahmens, auf schwarzem Grund vielfarbig gekleidet, die antiken Gemälde von Pompeji und selbst neuere Meisterwerke nachgeahmt. Diese Epoche schien vorüber zu sein, auch war der Apparat schwer zu transportieren und ins rechte Licht zu setzen; uns konnte also ein solches Schauspiel nicht zuteil werden.

Hier ist der Ort, noch einer andern entschiedenen Liebhaberei der Neapolitaner überhaupt zu gedenken. Es sind die Krippchen (presepe), die man zu Weihnachten in allen Kirchen sieht, eigentlich die Anbetung der Hirten, Engel und Könige vorstellend, mehr oder weniger vollständig, reich und kostbar zusammen gruppiert. Diese Darstellung ist in dem heitern Neapel bis auf die flachen Hausdächer gestiegen; dort wird ein leichtes hüttenartiges Gerüste erbaut, mit immergrünen Bäumen und Sträuchen aufgeschmückt. Die Mutter Gottes, das Kind und die sämtlichen Umstehenden und Umschwebenden, kostbar ausgeputzt, auf welche Garderobe das Haus große Summen verwendet. Was aber das Ganze unnachahmlich verherrlicht, ist der Hintergrund, welcher den Vesuv mit seinen Umgebungen einfaßt.

Da mag man nun manchmal auch lebendige Figuren zwischen die Puppen mit eingemischt haben, und nach und nach ist eine der bedeutendsten Unterhaltungen hoher und reicher Familien geworden, zu ihrer Abendergötzung auch weltliche Bilder, sie mögen nun der Geschichte oder der Dichtkunst angehören, in ihren Palästen aufzuführen.

Darf ich mir eine Bemerkung erlauben, die freilich ein wohlbehandelter Gast nicht wagen sollte, so muß ich gestehen, daß mir unsere schöne Unterhaltende doch eigentlich als ein geistloses Wesen vorkommt, die wohl mit ihrer Gestalt bezahlen, aber durch keinen seelenvollen Ausdruck der Stimme, der Sprache sich geltend machen kann. Schon ihr Gesang ist nicht von zusagender Fülle.

Und so mag es sich auch am Ende mit jenen starren Bildern verhalten. Schöne Personen gibt's überall, tiefempfindende, zugleich mit günstigen Sprachorganen versehene viel seltener, am allerseltensten solche, wo zu allem diesen noch eine einnehmende Gestalt hinzutritt.

Auf Herders dritten Teil freu' ich mich sehr. Hebet mir ihn auf, bis ich sagen kann, wo er mir begegnen soll. Er wird gewiß den schönen Traumwunsch der Menschheit, daß es dereinst besser mit ihr werden sollte, trefflich ausgeführt haben. Auch muß ich selbst sagen, halt' ich es für wahr, daß die Humanität endlich siegen wird, nur fürcht' ich, daß zu gleicher Zeit die Welt ein großes Hospital und einer des andern humaner Krankenwärter sein werde.

Den 28. Mai

Der gute und so brauchbare Volkmann nötigt mich, von Zeit zu Zeit von seiner Meinung abzugehen. Er spricht zum Beispiel, daß dreißig- bis vierzigtausend Müßiggänger in Neapel zu finden wären, und wer spricht's ihm nicht nach! Ich vermutete zwar sehr bald nach einiger erlangter Kenntnis des südlichen Zustandes, daß dies wohl eine nordische Ansicht sein möchte, wo man jeden für einen Müßiggänger hält, der sich nicht den ganzen Tag ängstlich abmüht. Ich wendete deshalb vorzügliche Aufmerksamkeit auf das Volk, es mochte sich bewegen oder in Ruhe verharren, und konnte zwar sehr viel übelgekleidete Menschen bemerken, aber keine unbeschäftigten.

Ich fragte deswegen einige Freunde nach den unzähligen Müßiggängern, welche ich doch auch wollte kennen lernen; sie konnten mir aber solche ebensowenig zeigen, und so ging ich, weil die Untersuchung mit Betrachtung der Stadt genau zusammenhing, selbst auf die Jagd aus.

Ich fing an, mich in dem ungeheuren Gewirre mit den verschiedenen Figuren bekannt zu machen, sie nach ihrer Gestalt, Kleidung, Betragen, Beschäftigung zu beurteilen und zu klassifizieren. Ich fand diese Operation hier leichter als irgendwo, weil der Mensch sich hier mehr selbst gelassen ist und sich seinem Stande auch äußerlich gemäß bezeigt.

Ich fing meine Beobachtung bei früher Tageszeit an, und alle die Menschen, die ich hie und da still stehen oder ruhen fand, waren Leute, deren Beruf es in dem Augenblick mit sich brachte.

Die Lastträger, die an verschiedenen Plätzen ihre privilegierten Stände haben und nur erwarten, bis sich jemand ihrer bedienen will; die Kalessaren, ihre Knechte und Jungen, die bei den einspännigen Kaleschen auf den großen Plätzen stehen, ihre Pferde besorgen und einem jeden, der sie verlangt, zu Diensten sind; Schiffer, die auf dem Molo ihre Pfeife rauchen; Fischer, die an der Sonne liegen, weil vielleicht ein ungünstiger Wind weht, der ihnen auf das Meer auszufahren verbietet. Ich sah auch wohl noch manche hin und wider gehen, doch trug meist ein jeder ein Zeichen seiner Tätigkeit mit sich. Von Bettlern war keiner zu bemerken als ganz alte, völlig unfähige und krüppelhafte Menschen. Je mehr ich mich umsah, je genauer ich beobachtete, desto weniger konnt' ich, weder von der geringen, noch von der mittlern Klasse, weder am Morgen, noch den größten Teil des Tages, ja von keinem Alter und Geschlecht eigentliche Müßiggänger finden.

Ich gehe in ein näheres Detail, um das was ich behaupte glaubwürdiger und anschaulicher zu machen. Die kleinsten Kinder sind auf mancherlei Weise beschäftigt. Ein großer Teil derselben trägt Fische zum Verkauf von Santa Lucia in die Stadt; andere sieht man sehr oft in der Gegend des Arsenals, oder wo sonst etwas gezimmert wird, wobei es Späne gibt, auch am Meere, welches Reiser und kleines Holz auswirft, beschäftigt, sogar die kleinsten Stückchen in Körbchen aufzulesen. Kinder von einigen Jahren, die nur auf der Erde so hinkriechen, in Gesellschaft älterer Knaben von fünf bis sechs Jahren, befassen sich mit diesem kleinen Gewerbe. Sie gehen nachher mit den Körbchen tiefer in die Stadt und setzen sich mit ihren kleinen Holzportionen gleichsam zu Markte. Der Handwerker, der kleine Bürger kauft es ihnen ab, brennt es auf seinem Dreifuß zu Kohlen, um sich daran zu erwärmen, oder verbraucht es in seiner sparsamen Küche.

Andere Kinder tragen das Wasser der Schwefelquellen, welches besonders im Frühjahr sehr stark getrunken wird, zum Verkauf herum. Andere suchen einen kleinen Gewinn, indem sie Obst, gesponnenen Honig, Kuchen und Zuckerware einkaufen und wieder als kindische Handelsleute den übrigen Kindern anbieten und verkaufen; allenfalls, nur um ihren Teil daran umsonst zu haben. Es ist wirklich artig anzusehen, wie ein solcher Junge, dessen ganzer Kram und Gerätschaft in einem Brett und Messer besteht, eine Wassermelone, oder einen halben gebratenen Kürbis herumträgt, wie sich um ihn eine Schar Kinder versammelt, wie er sein Brett niedersetzt und die Frucht in kleine Stücke zu zerteilen anfängt. Die Käufer spannen sehr ernsthaft, ob sie auch für ihr klein Stückchen Kupfergeld genug erhalten sollen, und der kleine Handelsmann traktiert gegen die Begierigen die Sache ebenso bedächtig, damit er ja nicht um ein Stückchen betrogen werde. Ich bin überzeugt, daß man bei längerem Aufenthalt noch manche Beispiele solches kindischen Erwerbes sammeln könnte.

Eine sehr große Anzahl von Menschen, teils mittlern Alters, teils Knaben, welche meistenteils sehr schlecht gekleidet sind, beschäftigen sich, das Kehricht auf Eseln aus der Stadt zu bringen. Das nächste Feld um Neapel ist nur ein Küchengarten, und es ist eine Freude zu sehen, welche unsägliche Menge von Küchengewächsen alle Markttage herein geschafft wird, und wie die Industrie der Menschen sogleich die überflüssigen, von den Köchen verworfenen Teile wieder in die Felder bringt, um den Zirkel der Vegetation zu beschleunigen. Bei der unglaublichen Konsumtion von Gemüse machen wirklich die Strünke und Blätter von Blumenkohl, Broccoli, Artischocken, Kohl, Salat, Knoblauch einen großen Teil des neapolitanischen Kehrichts aus; diesen wird denn auch besonders nachgestrebt. Zwei große biegsame Körbe hängen auf dem Rücken eines Esels und werden nicht allein ganz voll gefüllt, sondern noch auf jeden mit besonderer Kunst ein Haufen aufgetürmt. Kein Garten kann ohne einen solchen Esel bestehen. Ein Knecht, ein Knabe, manchmal der Patron selbst, eilen des Tags so oft als möglich nach der Stadt, die ihnen zu allen Stunden eine reiche Schatzgrube ist. Wie aufmerksam diese Sammler auf den Mist der Pferde und Maultiere sind, läßt sich denken. Ungern verlassen sie die Straße, wenn es Nacht wird, und die Reichen, die nach Mitternacht aus der Oper fahren, denken wohl nicht, daß schon vor Anbruch des Tages ein emsiger Mensch sorgfältig die Spuren ihrer Pferde aufsuchen wird. Man hat mir versichert, daß ein paar solche Leute, die sich zusammen tun, sich einen Esel kaufen und einem größern Besitzer ein Stückchen Krautland abpachten, durch anhaltenden Fleiß in dem glücklichen Klima, in welchem die Vegetation niemals unterbrochen wird, es bald so weit bringen, daß sie ihr Gewerbe ansehnlich erweitern.

Ich würde zu weit aus meinem Wege gehen, wenn ich

hier von der mannigfaltigen Krämerei sprechen wollte, welche man mit Vergnügen in Neapel, wie in jedem andern großen Orte bemerkt; allein ich muß doch hier von den Herumträgern sprechen, weil sie der letztern Klasse des Volks besonders angehören. Einige gehen herum mit Fäßchen Eiswasser, Gläsern und Zitronen, um überall gleich Limonade machen zu können, einen Trank, den auch der Geringste nicht zu entbehren vermag; andere mit Kredenztellern, auf welchen Flaschen mit verschiedenen Liqueuren und Spitzgläsern in hölzernen Ringen vor dem Fallen gesichert stehen; andere tragen Körbe allerlei Backwerks, Näscherei, Zitronen und anderes Obst umher, und es scheint, als wolle jeder das große Fest des Genusses, das in Neapel alle Tage gefeiert wird, mitgenießen und vermehren.

Wie diese Art Herumträger geschäftig sind, so gibt es noch eine Menge kleiner Krämer, welche gleichfalls herumgehen und, ohne viele Umstände, auf einem Brett, in einem Schachteldeckel ihre Kleinigkeiten, oder auf Plätzen, geradezu auf flacher Erde, ihren Kram ausbieten. Da ist nicht von einzelnen Waren die Rede, die man auch in größern Läden fände, es ist der eigentliche Trödelkram. Kein Stückchen Eisen, Leder, Tuch, Leinewand, Filz usw., das nicht wieder als Trödelware zu Markte käme und das nicht wieder von einem oder dem andern gekauft würde. Noch sind viele Menschen der niedern Klasse bei Handelsleuten und Handwerkern als Beiläufer und Handlanger beschäftigt.

Es ist wahr, man tut nur wenig Schritte, ohne einem sehr übelgekleideten, ja sogar einem zerlumpten Menschen zu begegnen, aber dies ist deswegen noch kein Faulenzer, kein Tagedieb! Ja ich möchte fast das Paradoxon aufstellen, daß zu Neapel verhältnismäßig vielleicht noch die meiste Industrie in der ganz niedern Klasse zu finden sei. Freilich dürfen wir sie nicht mit einer nordischen Industrie vergleichen, die nicht allein für Tag und Stunde, sondern am guten und heitern Tage für den bösen und trüben, im Sommer für den Winter zu sorgen hat. Dadurch daß der Nordländer zur

Vorsorge, zur Einrichtung von der Natur gezwungen wird, daß die Hausfrau einsalzen und räuchern muß, um die Küche das ganze Jahr zu versorgen, daß der Mann den Holz- und Fruchtvorrat, das Futter für das Vieh nicht aus der Acht lassen darf usw., dadurch werden die schönsten Tage und Stunden dem Genuß entzogen und der Arbeit gewidmet. Mehrere Monate lang entfernt man sich gern aus der freien Luft und verwahrt sich in Häusern vor Sturm, Regen, Schnee und Kälte; unaufhaltsam folgen die Jahreszeiten aufeinander, und jeder, der nicht zugrunde gehen will, muß ein Haushälter werden. Denn es ist hier gar nicht die Frage, ob er entbehren wolle; er darf nicht entbehren wollen, er kann nicht entbehren wollen, denn er kann nicht entbehren; die Natur zwingt ihn zu schaffen, vorzuarbeiten. Gewiß haben diese Naturwirkungen, welche sich Jahrtausende gleich bleiben, den Charakter der in so manchem Betracht ehrwürdigen nordischen Nationen bestimmt. Dagegen beurteilen wir die südlichen Völker, mit welchen der Himmel so gelinde umgegangen ist, aus unserm Gesichtspunkte zu streng. Was Herr von Pauw in seinen Recherches sur les Grecs, bei Gelegenheit da er von den zynischen Philosophen spricht, zu äußern wagt, paßt völlig hierher. Man mache sich, glaubt er, von dem elenden Zustande solcher Menschen nicht den richtigsten Begriff; ihr Grundsatz alles zu entbehren sei durch ein Klima sehr begünstigt, das alles gewährt. Ein armer, uns elend scheinender Mensch könne in den dortigen Gegenden die nötigsten und nächsten Bedürfnisse nicht allein befriedigen, sondern die Welt aufs schönste genießen; und ebenso möchte ein sogenannter neapolitanischer Bettler die Stelle eines Vizekönigs in Norwegen leicht verschmähen und die Ehre ausschlagen, wenn ihm die Kaiserin von Rußland das Gouvernement von Sibirien übertragen wollte.

Gewiß würde in unsern Gegenden ein zynischer Philosoph schlecht ausdauern, da hingegen in südlichen Ländern die Natur gleichsam dazu einladet. Der zerlumpte Mensch ist dort noch nicht nackt; derjenige der weder ein eigenes Haus hat, noch zur Miete wohnt, sondern im Sommer unter den Überdächern, auf den Schwellen der Paläste und Kirchen, in den öffentlichen Hallen die Nacht zubringt und sich bei schlechtem Wetter irgendwo gegen ein geringes Schlafgeld untersteckt, ist deswegen noch nicht verstoßen und elend; ein Mensch noch nicht arm, weil er nicht für den andern Tag gesorgt hat. Wenn man nur bedenkt, was das fischreiche Meer, von dessen Produkten sich jene Menschen gesetzmäßig einige Tage der Woche nähren müssen, für eine Masse von Nahrungsmitteln anbietet; wie allerlei Obst und Gartenfrüchte zu jeder Jahreszeit in Überfluß zu haben sind; wie die Gegend, worin Neapel liegt, den Namen Terra di Lavoro (nicht das Land der Arbeit, sondern das Land des Ackerbaues) sich verdienet hat und die ganze Provinz den Ehrentitel der glücklichen Gegend (Campagna felice) schon Jahrhunderte trägt: so läßt sich wohl begreifen, wie leicht dort zu leben sein möge.

Überhaupt würde jenes Paradoxon, welches ich oben gewagt habe, zu manchen Betrachtungen Anlaß geben, wenn jemand ein ausführliches Gemälde von Neapel zu schreiben unternehmen sollte; wozu denn freilich kein geringes Talent und manches Jahr Beobachtung erforderlich sein möchte. Man würde alsdann im ganzen vielleicht bemerken, daß der sogenannte Lazzarone nicht um ein Haar untätiger ist als alle übrigen Klassen, zugleich aber auch wahrnehmen, daß alle in ihrer Art nicht arbeiten um bloß zu leben, sondern um zu genießen, und daß sie sogar bei der Arbeit des Lebens froh werden wollen. Es erklärt sich hiedruch gar manches: daß die Handwerker beinahe durchaus gegen die nordischen Länder sehr zurück sind; daß Fabriken nicht zustande kommen; daß, außer Sachwaltern und Ärzten, in Verhältnis zu der großen Masse von Menschen wenig Gelehrsamkeit angetroffen wird, so verdiente Männer sich auch im einzelnen bemühen mögen; daß kein Maler der neapolitanischen Schule jemals gründlich gewesen und groß geworden ist: daß sich die Geistlichen im Müßiggange am wohlsten sein lassen, und auch die Großen ihre Güter meist nur in sinnlichen Freuden, Pracht und Zerstreuung genießen mögen.

Ich weiß wohl, daß dies viel zu allgemein gesagt ist, und daß die Charakterzüge jeder Klasse nur erst nach einer genauern Bekanntschaft und Beobachtung rein gezogen werden können, allein im ganzen würde man doch, glaube ich, auf diese Resultate treffen.

Ich kehre wieder zu dem geringen Volke in Neapel zurück. Man bemerkt bei ihnen, wie bei frohen Kindern, denen man etwas aufträgt, daß sie zwar ihr Geschäft verrichten, aber auch zugleich einen Scherz aus dem Geschäft machen. Durchgängig ist diese Klasse von Menschen eines sehr lebhaften Geistes und zeigt einen freien richtigen Blick. Ihre Sprache soll figürlich, ihr Witz sehr lebhaft und beißend sein. Das alte Atella lag in der Gegend von Neapel, und wie ihr geliebter Pulcinell noch jene Spiele fortsetzt, so nimmt die ganz gemeine Klasse von Menschen noch jetzt Anteil an dieser Laune.

Plinius, im fünften Kapitel des dritten Buchs seiner Naturgeschichte, hält Kampanien allein einer weitläufigen Beschreibung wert. «So glücklich, anmutig, selig sind jene Gegenden», sagt er, «daß man erkennt, an diesem Ort habe die Natur sich ihres Werks erfreut. Denn diese Lebensluft, diese immer heilsame Milde des Himmels, so fruchtbare Felder, so sonnige Hügel, so unschädliche Waldungen, so schattige Haine, so nutzbare Wälder, so luftige Berge, so ausgebreitete Saaten, solch eine Fülle von Reben und Ölbäumen, so edle Wolle der Schafe, so fette Nacken der Stiere, so viel Seen, so ein Reichtum von durchwässernden Flüssen und Quellen, so viele Meere, so viele Hafen! Die Erde selbst, die ihren Schoß überall dem Handel eröffnet und, gleichsam dem Menschen nachzuhelfen begierig, ihre Arme in das Meer hinaus streckt.

Ich erwähne nicht die Fähigkeiten der Menschen, ihre

Gebräuche, ihre Kräfte und wie viele Völker sie durch Sprache und Hand überwunden haben.

Von diesem Lande fällten die Griechen, ein Volk, das sich selbst unmäßig zu rühmen pflegte, das ehrenvollste Urteil, indem sie einen Teil davon Großgriechenland nannten.»

Den 29. Mai

Eine ausgezeichnete Fröhlichkeit erblickt man überall mit dem größten teilnehmenden Vergnügen. Die vielfarbigen bunten Blumen und Früchte, mit welchen die Natur sich ziert, scheinen den Menschen einzuladen, sich und alle seine Gerätschaften mit so hohen Farben als möglich auszuputzen. Seidene Tücher und Binden, Blumen auf den Hüten schmücken einen jeden, der es einigermaßen vermag. Stühle und Kommoden in den geringsten Häusern sind auf vergoldetem Grund mit bunten Blumen geziert; sogar die einspännigen Kaleschen hochrot angestrichen, das Schnitzwerk vergoldet, die Pferde davor mit gemachten Blumen, hochroten Quasten und Rauschgold ausgeputzt. Manche haben Federbüsche, andere sogar kleine Fähnchen auf den Köpfen, die sich im Laufe nach jeder Bewegung drehen. Wir pflegen gewöhnlich die Liebhaberei zu bunten Farben barbarisch und geschmacklos zu nennen, sie kann es auch auf gewisse Weise sein und werden, allein unter einem recht heitern und blauen Himmel ist eigentlich nichts bunt, denn nichts vermag den Glanz der Sonne und ihren Widerschein im Meer zu überstrahlen. Die lebhafteste Farbe wird durch das gewaltige Licht gedämpft, und weil alle Farben, jedes Grün der Bäume und Pflanzen, das gelbe, braune, rote Erdreich in völliger Kraft auf das Auge wirken, so treten dadurch selbst die farbigen Blumen und Kleider in die allgemeine Harmonie. Die scharlachnen Westen und Röcke der Weiber von Nettuno, mit breitem Gold und Silber besetzt, die andern farbigen Nationaltrachten, die gemalten Schiffe, alles scheint sich zu beeifern, unter dem Glanze des Himmels und des Meeres einigermaßen sichtbar zu werden.

Und wie sie leben, so begraben sie auch ihre Toten; da stört kein schwarzer langsamer Zug die Harmonie der lustigen Welt.

Ich sah ein Kind zu Grabe tragen. Ein rotsammetner, großer, mit Gold breit gestickter Teppich überdeckte eine breite Bahre, darauf stand ein geschnitztes, stark vergoldetes und versilbertes Kästchen, worin das weißgekleidete Tote mit rosenfarbnen Bändern ganz überdeckt lag. Auf den vier Ecken des Kästchens waren vier Engel, ungefähr jeder zwei Fuß hoch, angebracht, welche große Blumenbüschel über das ruhende Kind hielten, und, weil sie unten nur an Drähten befestigt waren, sowie die Bahre sich bewegte, wackelten und mild belebende Blumengerüche auszustreuen schienen. Die Engel schwankten um desto heftiger, als der Zug sehr über die Straßen wegeilte und die vorangehenden Priester und die Kerzenträger mehr liefen als gingen.

Es ist keine Jahreszeit, wo man sich nicht überall von Eßwaren umgeben sähe, und der Neapolitaner freut sich nicht allein des Essens, sondern er will auch, daß die Ware zum Verkauf schön aufgeputzt sei.

Bei Santa Lucia sind die Fische nach ihren Gattungen meist in reinlichen und artigen Körben, Krebse, Austern, Scheiden, kleine Muscheln, jedes besonders aufgetischt und mit grünen Blättern unterlegt. Die Läden von getrocknetem Obst und Hülsenfrüchten sind auf das mannigfaltigste herausgeputzt. Die ausgebreiteten Pomeranzen und Zitronen von allen Sorten, mit dazwischen hervorstechendem grünem Laub, dem Auge sehr erfreulich. Aber nirgends putzen sie mehr als bei den Fleischwaren, nach welchen das Auge des Volkes besonders lüstern gerichtet ist, weil der Appetit durch periodisches Entbehren nur mehr gereizt wird.

In den Fleischbänken hängen die Teile der Ochsen, Kälber, Schöpse niemals aus, ohne daß neben dem Fett zugleich die Seite oder die Keule stark vergoldet sei. Es sind verschiedne Tage im Jahr, besonders die Weihnachtsfeiertage, als Schmausfeste berühmt; alsdann feiert man eine allgemeine Cocagna, wozu sich fünfhunderttausend Menschen das Wort gegeben haben. Dann ist aber auch die Straße Toledo und neben ihr mehrere Straßen und Plätze auf das appetitlichste verziert. Die Boutiquen, wo grüne Sachen verkauft werden, wo Rosinen, Melonen und Feigen aufgesetzt sind, erfreuen das Auge auf das allerangenehmste. Die Eßwaren hängen in Girlanden über die Straßen hinüber; große Paternoster von vergoldeten, mit roten Bändern geschnürten Würsten; welsche Hähne, welche alle eine rote Fahne unter dem Bürzel stecken haben. Man versicherte, daß deren dreißigtausend verkauft worden, ohne die zu rechnen, welche die Leute im Hause gemästet hatten. Außer diesem werden noch eine Menge Esel mit grüner Ware, Kapaunen und jungen Lämmern beladen durch die Stadt und über den Markt getrieben, und die Haufen Eier, welche man hier und da sieht, sind so groß, daß man sich ihrer niemals so viel beisammen gedacht hat. Und nicht genug, daß alles dieses verzehret wird: alle Jahre reitet ein Polizeidiener mit einem Trompeter durch die Stadt und verkündigt auf allen Plätzen und Kreuzwegen, wie viel tausend Ochsen, Kälber, Lämmer, Schweine und so weiter der Neapolitaner verzehrt habe. Das Volk höret aufmerksam zu, freut sich unmäßig über die großen Zahlen, und jeder erinnert sich des Anteils an diesem Genusse mit Vergnügen.

Was die Mehl- und Milchspeisen betrifft, welche unsere Köchinnen so mannigfaltig zu bereiten wissen, ist für jenes Volk, das sich in dergleichen Dingen gerne kurz faßt und keine wohleingerichtete Küche hat, doppelt gesorgt. Die Maccaroni, ein zarter, stark durchgearbeiteter, gekochter, in gewisse Gestalten gepreßter Teig von feinem Mehle, sind von allen Sorten überall um ein Geringes zu haben. Sie werden meistens nur im Wasser abgekocht und der geriebene Käse schmälzt und würzt zugleich die Schüssel. Fast an der

Ecke jeder großen Straße sind die Backwerkverfertiger mit ihren Pfannen voll siedenden Öls, besonders an Fasttagen, beschäftigt, Fische und Backwerk einem jeden nach seinem Verlangen sogleich zu bereiten. Diese Leute haben einen unglaublichen Abgang, und viele tausend Menschen tragen ihr Mittag- und Abendessen von da auf einem Stückchen Papier davon.

Den 30. Mai

Nachts durch die Stadt spazierend, gelangt' ich zum Molo. Dort sah ich mit einem Blick den Mond, den Schein desselben auf den Wolkensäumen, den sanft bewegten Abglanz im Meere, heller und lebhafter auf dem Saum der nächsten Welle. Und nun die Sterne des Himmels, die Lampen des Leuchtturms, das Feuer des Vesuvs, den Widerschein davon im Wasser und viele einzelne Lichter ausgesät über die Schiffe. Eine so mannigfaltige Aufgabe hätt' ich wohl von van der Neer gelöst sehen mögen.

Donnerstag, den 31. Mai

Ich hatte das römische Fronleichnamsfest und dabei besonders die nach Raffael gewirkten Teppiche so fest in den Sinn gefaßt, daß ich mich alle diese herrlichen Naturerscheinungen, ob sie schon in der Welt ihresgleichen nicht haben können, keineswegs irren ließ, sondern die Anstalten zur Reise hartnäckig fortsetzte. Ein Paß war bestellt, ein Vetturin hatte mir den Mietpfennig gegeben: denn es geschieht dort zur Sicherheit der Reisenden umgekehrt als bei uns. Kniep war beschäftigt, sein neues Quartier zu beziehen, an Raum und Lage viel besser als das vorige.

Schon früher, als diese Veränderung im Werke war, hatte mir der Freund einigemal zu bedenken gegeben: es sei doch unangenehm und gewissermaßen unanständig, wenn man in ein Haus ziehe und gar nichts mit bringe; selbst ein Bettgestell flöße den Wirtsleuten schon einigen Respekt ein. Als wir nun heute durch den unendlichen Trödel der

Kastellweitung hindurchgingen, sah ich so ein paar eiserne Gestelle, bronzeartig angestrichen, welche ich sogleich feilschte und meinem Freund als künftigen Grund zu einer ruhigen und soliden Schlafstätte verehrte. Einer der allezeit fertigen Träger brachte sie nebst den erforderlichen Brettern in das neue Quartier, welche Anstalt Kniepen so sehr freute, daß er sogleich von mir weg und hier einzuziehen gedachte, große Reißbretter, Papier und alles Nötige schnell anzuschaffen besorgt war. Einen Teil der Konturen in beiden Sizilien gezogen übergab ich ihm nach unserer Verabredung.

Den 1. Juni

Die Ankunft des Marquis Lucchesini hat meine Abreise auf einige Tage weitergeschoben; ich habe viel Freude gehabt ihn kennen zu lernen. Er scheint mir einer von denen Menschen zu sein, die einen guten moralischen Magen haben, um an dem großen Welttische immer mitgenießen zu können; anstatt daß unsereiner, wie ein wiederkäuendes Tier, sich zu Zeiten überfüllt und dann nichts weiter zu sich nehmen kann, bis er eine wiederholte Kauung und Verdauung geendigt hat. Sie gefällt mir auch recht wohl, sie ist ein wackres deutsches Wesen.

Ich gehe nun gern aus Neapel, ja ich muß fort. Diese letzten Tage überließ ich mich der Gefälligkeit Menschen zu sehen; ich habe meist interessante Personen kennen lernen und bin mit den Stunden, die ich ihnen gewidmet, sehr zufrieden, aber noch vierzehn Tage, so hätte es mich weiter und weiter und abwärts von meinem Zwecke geführt. Und dann wird man hier immer untätiger. Seit meiner Rückkunft von Paestum habe ich, außer den Schätzen von Portici, wenig gesehen, und es bleibt mir manches zurück, um dessentwillen ich nicht den Fuß aufheben mag. Aber jenes Museum ist auch das A und Ω aller Antiquitätensammlungen; da sieht man recht, was die alte Welt an freudigem Kunstsinn voraus war, wenn sie gleich in strenger Handwerksfertigkeit weit hinter uns zurück blieb.

Der Lohnbediente, welcher mir den ausgefertigten Paß zustellte, erzählte zugleich, meine Abreise bedauernd, daß eine starke Lava, aus dem Vesuv hervorgebrochen, ihren Weg nach dem Meer zu nehme; an den steileren Abhängen des Berges sei sie beinahe schon herab und könne wohl in einigen Tagen das Ufer erreichen. Nun befand ich mich in der größten Klemme. Der heutige Tag ging auf Abschiedsbesuche hin, die ich so vielen wohlwollenden und befördernden Personen schuldig war; wie es mir morgen ergehen wird, sehe ich schon. Einmal kann man sich auf seinem Wege den Menschen doch nicht völlig entziehen, was sie uns aber auch nutzen und zu genießen geben, sie reißen uns doch zuletzt von unsern ernstlichen Zwecken zur Seite hin, ohne daß wir die ihrigen fördern. Ich bin äußerst verdrießlich.

Abends

Auch meine Dankbesuche waren nicht ohne Freude und Belehrung, man zeigte mir noch manches freundlich vor, was man bisher verschoben oder versäumt. Cavaliere Venuti ließ mich sogar noch verborgene Schätze sehen. Ich betrachtete abermals mit großer Verehrung seinen obgleich verstümmelten doch unschätzbaren Ulysses. Er führte mich zum Abschied in die Porzellanfabrik, wo ich mir den Herkules möglichst einprägte und mir an den kampanischen Gefäßen die Augen noch einmal recht voll sah.

Wahrhaft gerührt und freundschaftlich Abschied nehmend vertraute er mir dann noch zuletzt, wo ihn eigentlich der Schuh drücke, und wünschte nichts mehr, als daß ich noch eine Zeitlang mit ihm verweilen könnte. Mein Bankier, bei dem ich gegen Tischzeit eintraf, ließ mich nicht los; das wäre nun alles schön und gut gewesen, hätte nicht die Lava meine Einbildungskraft an sich gezogen. Unter mancherlei Beschäftigungen, Zahlungen und Einpacken kam die Nacht heran, ich aber eilte schnell nach dem Molo.

Hier sah ich nun alle die Feuer und Lichter und ihre Widerscheine, nur bei bewegtem Meer noch schwankender;

den Vollmond in seiner ganzen Herrlichkeit neben dem Sprühfeuer des Vulkans, und nun die Lava, die neulich fehlte, auf ihrem glühenden ernsten Wege. Ich hätte noch hinaus fahren sollen, aber die Anstalten waren zu weitschichtig, ich wäre erst am Morgen dort angekommen. Den Anblick, wie ich ihn genoß, wollte ich mir durch Ungeduld nicht verderben, ich blieb auf dem Molo sitzen, bis mir, ungeachtet des Zu- und Abströmens der Menge, ihres Deutens, Erzählens, Vergleichens, Streitens, wohin die Lava strömen werde, und was dergleichen Unfug noch mehr sein mochte, die Augen zufallen wollten.

Sonnabend, den 2. Juni

Und so hätte ich auch diesen schönen Tag zwar mit vorzüglichen Personen vergnüglich und nützlich, aber doch ganz gegen meine Absichten und mit schwerem Herzen zugebracht. Sehnsuchtsvoll blickte ich nach dem Dampfe, der, den Berg herab langsam nach dem Meer ziehend, den Weg bezeichnete, welchen die Lava stündlich nahm. Auch der Abend sollte nicht frei sein. Ich hatte versprochen die Herzogin von Giovane zu besuchen, die auf dem Schlosse wohnte, wo man mich denn, viele Stufen hinauf, durch manche Gänge wandern ließ, deren oberste verengt waren durch Kisten, Schränke und alles Mißfällige eines Hofgarderobewesens. Ich fand in einem großen und hohen Zimmer, das keine sonderliche Aussicht hatte, eine wohlgestaltete junge Dame von sehr zarter und sittlicher Unterhaltung. Als einer gebornen Deutschen war ihr nicht unbekannt, wie sich unsere Literatur zu einer freieren, weit umherblickenden Humanität gebildet; Herders Bemühungen und was ihnen ähnelte schätzte sie vorzüglich, auch Garvens reiner Verstand hatte ihr aufs innigste zugesagt. Mit den deutschen Schriftstellerinnen suchte sie gleichen Schritt zu halten, und es ließ sich wohl bemerken, daß es ihr Wunsch sei, eine geübte und belobte Feder zu führen. Dahin bezogen sich ihre Gespräche und verrieten zugleich die Absicht, auf die Töchter des höchsten Standes zu wirken; ein solches Gespräch kennt keine Grenzen. Die Dämmerung war schon eingebrochen, und man hatte noch keine Kerzen gebracht. Wir gingen im Zimmer auf und ab, und sie, einer durch Läden verschlossenen Fensterseite sich nähernd, stieß einen Laden auf, und ich erblickte, was man in seinem Leben nur einmal sieht. Tat sie es absichtlich mich zu überraschen, so erreichte sie ihren Zweck vollkommen. Wir standen an einem Fenster des oberen Geschosses, der Vesuv gerade vor uns; die herabfließende Lava, deren Flamme bei längst niedergegangener Sonne schon deutlich glühte und ihren begleitenden Rauch schon zu vergolden anfing; der Berg gewaltsam tobend, über ihm eine ungeheure feststehende Dampfwolke, ihre verschiedenen Massen bei jedem Auswurf blitzartig gesondert und körperhaft erleuchtet. Von da herab bis gegen das Meer ein Streif von Gluten und glühenden Dünsten; übrigens Meer und Erde, Fels und Wachstum deutlich in der Abenddämmerung, klar friedlich, in einer zauberhaften Ruhe. Dies alles mit einem Blick zu übersehen und den hinter dem Bergrücken hervortretenden Vollmond als die Erfüllung des wunderbarsten Bildes zu schauen, mußte wohl Erstaunen erregen.

Dies alles konnte von diesem Standpunkt das Auge mit einmal fassen, und wenn es auch die einzelnen Gegenstände zu mustern nicht imstande war, so verlor es doch niemals den Eindruck des großen Ganzen. Was unser Gespräch durch dieses Schauspiel unterbrochen, so nahm es eine desto gemütlichere Wendung. Wir hatten nun einen Text vor uns, welchen Jahrtausende zu kommentieren nicht hinreichen. Je mehr die Nacht wuchs, desto mehr schien die Gegend an Klarheit zu gewinnen; der Mond leuchtete wie eine zweite Sonne; die Säulen des Rauchs, dessen Streifen und Massen durchleuchtet bis ins einzelne deutlich, ja man glaubte mit halbweg bewaffnetem Auge die glühend ausgeworfenen Felsklumpen auf der Nacht des Kegelberges zu unterscheiden. Meine Wirtin, so will ich sie nennen, weil mir nicht leicht ein köstlichers Abendmahl zubereitet war, ließ die Kerzen an die Gegenseite des Zimmers stellen, und die schöne Frau, vom Monde beleuchtet, als Vordergrund dieses unglaublichen Bildes, schien mir immer schöner zu werden, ja ihre Lieblichkeit vermehrte sich besonders dadurch, daß ich in diesem südlichen Paradiese eine sehr angenehme deutsche Mundart vernahm. Ich vergaß, wie spät es war, so daß sie mich zuletzt aufmerksam machte: sie müsse mich wiewohl ungerne entlassen, die Stunde nahe schon, wo ihre Galerien klostermäßig verschlossen würden. Und so schied ich zaudernd von der Ferne und von der Nähe, mein Geschick segnend, das mich für die widerwillige Artigkeit des Tages noch schön am Abend belohnt hatte. Unter den freien Himmel gelangt sagte ich mir vor: daß ich in der Nähe dieser größern Lava doch nur die Wiederholung jener kleinern würde gesehen haben, und daß mir ein solcher Überblick, ein solcher Abschied aus Neapel nicht anders als auf diese Weise hätte werden können. Anstatt nach Hause zu gehen richtete ich meine Schritte nach dem Molo, um das große Schauspiel mit einem andern Vordergrund zu sehen: aber ich weiß nicht, ob die Ermüdung nach einem so reichen Tage, oder ein Gefühl, daß man das letzte schöne Bild nicht verwischen müsse, mich wieder nach Moriconi zurückzog, wo ich denn auch Kniepen fand, der aus seinem neu bezognen Quartier mir einen Abendbesuch abstattete. Bei einer Flasche Wein besprachen wir unsere künftigen Verhältnisse; ich konnte ihm zusagen, daß er, sobald ich etwas von seinen Arbeiten in Deutschland vorzeigen könne, gewiß dem trefflichen Herzog Ernst von Gotha empfohlen sein und von dort Bestellungen erhalten würde. Und so schieden wir mit herzlicher Freude, mit sicherer Aussicht künftiger wechselseitig wirkender Tätigkeit.

Sonntag, den 3. Juni, Dreieinigkeitsfest

Und so fuhr ich denn durch das unendliche Leben dieser unvergleichlichen Stadt, die ich wahrscheinlich nicht wieder sehen sollte, halb betäubt hinaus; vergnügt jedoch, daß weder Reue noch Schmerz hinter mir blieb. Ich dachte an den guten Kniep und gelobte ihm auch in der Ferne meine beste Vorsorge.

An den äußersten Polizeischranken der Vorstadt störte mich einen Augenblick ein Marqueur, der mir freundlich ins Gesicht sah, aber schnell wieder hinweg sprang. Die Zollmänner waren noch nicht mit dem Vetturin fertig geworden, als aus der Kaffeebudentüre, die größte chinesische Tasse voll schwarzen Kaffee auf einem Präsentierteller tragend, Kniep heraustrat. Er nahte sich dem Wagenschlag langsam mit einem Ernst, der, von Herzen gehend, ihn sehr gut kleidete. Ich war erstaunt und gerührt, eine solche erkenntliche Aufmerksamkeit hat nicht ihresgleichen. «Sie haben», sagte er, «mir so viel Liebes und Gutes, auf mein ganzes Leben Wirksames erzeigt, daß ich Ihnen hier ein Gleichnis anbieten möchte, was ich Ihnen verdanke.»

Da ich in solchen Gelegenheiten ohnehin keine Sprache habe, so brachte ich nur sehr lakonisch vor: daß er durch seine Tätigkeit mich schon zum Schuldner gemacht, und durch Benutzung und Bearbeitung unserer gemeinsamen Schätze mich noch immer mehr verbinden werde.

Wir schieden, wie Personen selten voneinander scheiden, die sich zufällig auf kurze Zeit verbunden. Vielleicht hätte man viel mehr Dank und Vorteil vom Leben, wenn man sich wechselsweise gerade heraus spräche, was man voneinander erwartet. Ist das geleistet, so sind beide Teile zufrieden, und das Gemütliche, was das erste und letzte von allem ist, erscheint als reine Zugabe.

Unterwegs, am 4., 5. und 6. Juni

Da ich diesmal allein reise, habe ich Zeit genug, die Eindrücke der vergangenen Monate wieder hervorzurufen; es geschieht mit vielem Behagen. Und doch tritt gar oft das Lückenhafte der Bemerkungen hervor, und wenn die Reise dem, der sie vollbracht hat, in einem Flusse vorüberzuziehen scheint und in der Einbildungskraft als eine stetige Folge hervortritt, so fühlt man doch, daß eine eigentliche Mitteilung unmöglich sei. Der Erzählende muß alles einzeln hinstellen: wie soll daraus in der Seele des Dritten ein Ganzes gebildet werden?

Deshalb konnte mir nichts Tröstlicheres und Erfreulicheres begegnen als die Versicherungen eurer letzten Briefe: daß ihr euch fleißig mit Italien und Sizilien beschäftigt, Reisebeschreibungen leset und Kupferwerke betrachtet; das Zeugnis, daß dadurch meine Briefe gewinnen, ist mein höchster Trost. Hättet ihr es früher getan oder ausgesprochen, ich wäre noch eifriger gewesen als ich war. Daß treffliche Männer wie Bartels, Münter, Architekten verschiedener Nationen vor mir hergingen, die gewiß äußere Zwecke sorgfältiger verfolgten als ich, der ich nur die innerlichsten im Auge hatte, hat mich oft beruhigt, wenn ich alle meine Bemühungen für unzulänglich halten mußte.

Überhaupt wenn jeder Mensch nur als ein Supplement aller übrigen zu betrachten ist, und am nützlichsten und liebenswürdigsten erscheint, wenn er sich als einen solchen gibt: so muß dieses vorzüglich von Reiseberichten und Reisenden gültig sein. Persönlichkeit, Zwecke, Zeitverhältnisse, Gunst und Ungunst der Zufälligkeiten, alles zeigt sich bei einem jeden anders. Kenn' ich seine Vorgänger, so werd' ich auch an ihm mich freuen, mich mit ihm behelfen, seinen Nachfolger erwarten und diesem, wäre mir sogar inzwischen das Glück geworden, die Gegend selbst zu besuchen, gleichfalls freundlich begegnen.

ITALIENISCHE REISE

DRITTER TEIL

ZWEITER RÖMISCHER AUFENTHALT

VOM JUNI 1787 BIS APRIL 1788

Longa sit huic aetas, dominaeque potentia terrae
Sitque sub hac oriens occiduusque dies.

JUNI

Korrespondenz

Rom, den 8. Juni 1787

Vorgestern bin ich glücklich wieder hier angelangt, und gestern hat der feierliche Fronleichnamstag mich sogleich wieder zum Römer eingeweiht. Gern will ich gestehen, meine Abreise von Neapel machte mir einige Pein; nicht sowohl die herrliche Gegend als eine gewaltige Lava hinter mir lassend, die von dem Gipfel aus ihren Weg nach dem Meere zu nahm, die ich wohl hätte in der Nähe betrachten, deren Art und Weise, von der man so viel gelesen und erzählt hat, ich in meine Erfahrungen hätte mit aufnehmen sollen.

Heute jedoch ist meine Sehnsucht nach dieser großen Naturszene schon wieder ins gleiche gebracht; nicht sowohl das fromme Festgewirre, das bei einem imposanten Ganzen doch hie und da durch abgeschmacktes Einzelne den innern Sinn verletzt, sondern die Anschauung der Teppiche nach Raffaels Kartonen hat mich wieder in den Kreis höherer Betrachtungen zurückgeführt. Die vorzüglichsten, die ihm am gewissesten ihren Ursprung verdanken, sind zusammen ausgebreitet, andere, wahrscheinlich von Schülern, Zeit- und Kunstgenossen erfundene, schließen sich nicht unwürdig an und bedecken die grenzenlosen Räume.

Rom, den 16. Juni

Laßt mich auch wieder, meine Lieben, ein Wort zu euch reden. Mit geht es sehr wohl, ich finde mich immer mehr in mich zurück und lerne unterscheiden was mir eigen und was mir fremd ist. Ich bin fleißig und nehme von allen Seiten ein und wachse von innen heraus. Diese Tage war ich in Tivoli und habe eins der ersten Naturschauspiele gesehen. Es gehören die Wasserfälle dort mit den Ruinen und dem ganzen Komplex der Landschaft zu denen Gegenständen, deren Bekanntschaft uns im tiefsten Grund reicher macht.

Am letzten Posttage habe ich versäumt zu schreiben. In Tivoli war ich sehr müde vom Spazierengehen und vom Zeichnen in der Hitze. Ich war mit Herrn Hackert draußen, der eine unglaubliche Meisterschaft hat, die Natur abzuschreiben und der Zeichnung gleich eine Gestalt zu geben. Ich habe in diesen wenigen Tagen viel von ihm gelernt.

Weiter mag ich gar nichts sagen. Das ist wieder ein Gipfel irdischer Dinge. Ein sehr komplizierter Fall in der Gegend bringt die herrlichsten Wirkungen hervor.

Herr Hackert hat mich gelobt und getadelt und mir weiter geholfen. Er tat mir halb im Scherz halb im Ernst den Vorschlag, achtzehn Monate in Italien zu bleiben und mich nach guten Grundsätzen zu üben; nach dieser Zeit, versprach er mir, sollte ich Freude an meinen Arbeiten haben. Ich sehe auch wohl, was und wie man studieren muß, um über gewisse Schwierigkeiten hinauszukommen, unter deren Last man sonst sein ganzes Leben hinkriecht.

Noch eine Bemerkung. Jetzt fangen erst die Bäume, die Felsen, ja Rom selbst an mir lieb zu werden; bisher hab' ich sie immer nur als fremd gefühlt; dagegen freuten mich geringe Gegenstände, die mit denen Ähnlichkeit hatten, die ich in der Jugend sah. Nun muß ich auch erst hier zu Hause werden, und doch kann ich's nie so innig sein als mit jenen ersten Gegenständen des Lebens. Ich habe verschiedenes bezüglich auf Kunst und Nachahmung bei dieser Gelegenheit gedacht.

Während meiner Abwesenheit hatte Tischbein ein Gemälde von Daniele da Volterra im Kloster an der Porta del Popolo entdeckt; die Geistlichen wollten es für tausend Scudi hergeben, welche Tischbein als Künstler nicht aufzutreiben wußte. Er machte daher an Madame Angelika durch Meyer den Vorschlag, in den sie willigte, gedachte Summe auszahlte, das Bild zu sich nahm und später Tischbein die ihm kontraktmäßige Hälfte um ein Namhaftes abkaufte. Es war ein vortreffliches Bild, die Grablegung vorstellend, mit vielen Figuren. Eine von Meyer darnach sorgfältig hergestellte Zeichnung ist noch vorhanden.

Rom, den 20. Juni

Nun hab' ich hier schon wieder treffliche Kunstwerke gesehen, und mein Geist reinigt und bestimmt sich. Doch brauchte ich wenigstens noch ein Jahr allein in Rom, um nach meiner Art den Aufenthalt nutzen zu können, und ihr wißt, ich kann nichts auf andre Art. Jetzt wenn ich scheide, werde ich nur wissen, welcher Sinn mir noch nicht aufgegangen ist, und so sei es denn eine Weile genug.

Der Herkules Farnese ist fort, ich hab' ihn noch auf seinen echten Beinen gesehen, die man ihm nach so langer Zeit wieder gab. Nun begreift man nicht, wie man die ersten, von Porta, hat so lange gut finden können. Es ist nun eins der vollkommensten Werke alter Zeit. In Neapel wird der König ein Museum bauen lassen, wo alles was er von Kunstsachen besitzt, das Herkulanische Museum, die Gemälde von Pompeji, die Gemälde von Capo di Monte, die ganze Farnesische Erbschaft, vereinigt aufgestellt werden sollen. Es ist ein großes und schönes Unternehmen. Unser Landsmann Hackert ist die erste Triebfeder dieses Werks. Sogar der Toro Farnese soll nach Neapel wandern und dort auf der Promenade aufgestellt werden. Könnten sie die Carraccische Galerie aus dem Palaste mitnehmen, sie täten's auch.

Rom, den 27. Juni

Ich war mit Hackert in der Galerie Colonna, wo Poussins, Claudes, Salvator Rosas Arbeiten zusammen hängen. Er sagte mir viel Gutes und gründlich Gedachtes über diese Bilder, er hat einige davon kopiert und die andern recht aus dem Fundament studiert. Es freute mich, daß ich im allgemeinen bei den ersten Besuchen in der Galerie eben dieselbe Vorstellung gehabt hatte. Alles was er mir sagte hat meine Begriffe nicht geändert, sondern nur erweitert und bestimmt. Wenn man nun gleich wieder die Natur ansehn und wieder finden und lesen kann, was jene gefunden und mehr oder weniger nachgeahmt haben, das muß die Seele erweitern, reinigen und ihr zuletzt den höchsten anschauenden Begriff von Natur und Kunst geben. Ich will auch nicht mehr ruhen, bis mir nichts mehr Wort und Tradition, sondern lebendiger Begriff ist. Von Jugend auf war mir dieses mein Trieb und meine Plage, jetzt da das Alter kommt, will ich wenigstens das Erreichbare erreichen und das Tuliche tun, da ich so lange verdient und unverdient das Schicksal des Sisyphus und Tantalus erduldet habe.

Bleibt in der Liebe und Glauben an mich. Mit den Menschen hab' ich jetzt ein leidlich Leben und eine gute Art Offenheit, ich bin wohl und freue mich meiner Tage.

Tischbein ist sehr brav, doch fürchte ich, er wird nie in einen solchen Zustand kommen, in welchem er mit Freude und Freiheit arbeiten kann. Mündlich mehr von diesem auch wunderbaren Menschen. Mein Porträt wird glücklich, es gleicht sehr, und der Gedanke gefällt jedermann; Angelika malt mich auch, daraus wird aber nichts. Es verdrießt sie sehr, daß es nicht gleichen und werden will. Es ist immer ein hübscher Bursche, aber keine Spur von mir.

Rom, den 30. Juni

Das große Fest Sankt Peter und Paul ist endlich auch herangekommen; gestern haben wir die Erleuchtung der Kuppel und das Feuerwerk vom Kastell gesehn. Die Erleuchtung ist ein Anblick wie ein ungeheures Märchen, man traut seinen Augen nicht. Da ich neuerdings nur die Sachen und nicht, wie sonst, bei und mit den Sachen sehe was nicht da ist, so müssen mir so große Schauspiele kommen, wenn ich mich freuen soll. Ich habe auf meiner Reise etwa ein halb

Dutzend gezählt, und dieses darf allerdings unter den ersten stehn. Die schöne Form der Kolonnade, der Kirche und besonders der Kuppel, erst in einem feurigen Umrisse und, wenn die Stunde vorbei ist, in einer glühenden Masse zu sehn, ist einzig und herrlich. Wenn man bedenkt, daß das ungeheure Gebäude in diesem Augenblick nur zum Gerüste dient, so wird man wohl begreifen, daß etwas Ähnliches in der Welt nicht sein kann. Der Himmel war rein und hell, der Mond schien und dämpfte das Feuer der Lampen zum angenehmen Schein, zuletzt aber, wie alles durch die zweite Erleuchtung in Glut gesetzt wurde, ward das Licht des Mondes ausgelöscht. Das Feuerwerk ist wegen des Ortes schön, doch lange nicht verhältnismäßig zur Erleuchtung. Heute abend sehen wir beides noch einmal.

Auch das ist vorüber. Es war ein schöner klarer Himmel und der Mond voll, dadurch ward die Erleuchtung sanfter, und es sah ganz aus wie ein Märchen. Die schöne Form der Kirche und der Kuppel gleichsam in einem feurigen Aufriß zu sehen, ist ein großer und reizender Anblick.

Rom, Ende Juni

Ich habe mich in eine zu große Schule begeben, als daß ich geschwind wieder aus der Lehre gehen dürfte. Meine Kunstkenntnisse, meine kleinen Talente müssen hier ganz durchgearbeitet, ganz reif werden, sonst bring' ich wieder euch einen halben Freund zurück und das Sehnen, Bemühen, Krabbeln und Schleichen geht von neuem an. Ich würde nicht fertig werden, wenn ich euch erzählen sollte, wie mir auch wieder alles diesen Monat hier geglückt ist, ja wie mir alles auf einem Teller ist präsentiert worden, was ich nur gewünscht habe. Ich habe ein schönes Quartier, gute Hausleute. Tischbein geht nach Neapel, und ich beziehe sein Studium, einen großen kühlen Saal. Wenn ihr mein gedenkt, so denkt an mich als an einen Glücklichen, ich will oft schreiben, und so sind und bleiben wir zusammen.

Auch neue Gedanken und Einfälle hab' ich genug, ich

finde meine erste Jugend bis auf Kleinigkeiten wieder, indem ich mir selbst überlassen bin, und dann trägt mich die Höhe und Würde der Gegenstände wieder so hoch und weit als meine letzte Existenz nur reicht. Mein Auge bildet sich unglaublich, und meine Hand soll nicht ganz zurückbleiben. Es ist nur ein Rom in der Welt, und ich befinde mich hier wie der Fisch im Wasser und schwimme oben wie eine Stückkugel im Quecksilber, die in jedem andern Fluidum untergeht. Nichts trübt die Atmosphäre meiner Gedanken, als daß ich mein Glück nicht mit meinen Geliebten teilen kann. Der Himmel ist jetzt herrlich heiter, so daß Rom nur morgens und abends einigen Nebel hat. Auf den Gebirgen aber, Albano, Castello, Frascati, wo ich vergangene Woche drei Tage zubrachte, ist eine immer heitre reine Luft. Da ist eine Natur zu studieren.

Bemerkung

Indem ich nun meine Mitteilungen den damaligen Zuständen, Eindrücken und Gefühlen gemäß einrichten möchte und daher aus eigenen Briefen, welche freilich mehr als irgendeine spätere Erzählung das Eigentümliche des Augenblicks darstellen, die allgemein interessanten Stellen auszuziehen anfange, so find' ich auch Freundesbriefe mir unter der Hand, welche hiezu noch vorzüglicher dienen möchten. Deshalb ich denn solche briefliche Dokumente hie und da einzuschalten mich entschließe und hier sogleich damit beginne, von dem aus Rom scheidenden, in Neapel anlangenden Tischbein die lebhaftesten Erzählungen einzuführen. Sie gewähren den Vorteil, den Leser sogleich in jene Gegenden und in die unmittelbarsten Verhältnisse der Personen zu versetzen, besonders auch den Charakter des Künstlers aufzuklären, der so lange bedeutend gewirkt, und, wenn er auch mitunter gar wunderlich erscheinen mochte, doch immer so in seinem Bestreben als in seinem Leisten ein dankbares Erinnern verdient.

Tischbein an Goethe

Neapel, den 10. Juli 1787

Unsere Reise von Rom bis Capua war sehr glücklich und angenehm. In Albano kam Hackert zu uns; in Velletri speisten wir bei Kardinal Borgia und besahen dessen Museum, zu meinem besondern Vergnügen, weil ich manches bemerkte, das ich im ersten Mal übergangen hatte. Um drei Uhr nachmittags reisten wir wieder ab, durch die Pontinischen Sümpfe, die mir diesesmal auch viel besser gefielen als im Winter, weil die grünen Bäume und Hecken diesen großen Ebenen eine anmutige Verschiedenheit geben. Wir fanden uns kurz vor der Abenddämmerung in Mitte der Sümpfe, wo die Post wechselt. Während der Zeit aber, als die Postillons alle Beredsamkeit anwendeten uns Geld abzunötigen, fand ein mutiger Schimmelhengst Gelegenheit sich loszureißen und fortzurennen; das gab ein Schauspiel, welches uns viel Vergnügen machte. Es war ein schneeweißes schönes Pferd von prächtiger Gestalt; er zerriß die Zügel, womit er angebunden war, hackte mit den Vorderfüßen nach dem, der ihn aufhalten wollte, schlug hinten aus und machte ein solches Geschrei mit Wiehern, daß alles, aus Furcht, beiseite trat. Nun sprang er übern Graben und galoppierte über das Feld, beständig schnaubend und wiehernd. Schweif und Mähnen flatterten hoch in die Luft auf, und seine Gestalt in freier Bewegung war so schön, daß alles ausrief: o che bellezze! che bellezze! Dann lief er nah an einem andern Graben hin und wider und suchte eine schmale Stelle um überzuspringen und zu den Fohlen und Stuten zu kommen, deren viele hundert jenseits weideten. Endlich gelang es ihm hinüberzuspringen, und nun setzte er unter die Stuten, die ruhig graseten. Die erschraken vor seiner Wildheit und seinem Geschrei, liefen in langer Reihe und flohen über das flache Feld vor ihm hin; er aber immer hinterdrein, indem er aufzuspringen versuchte.

Endlich trieb er eine Stute abseits; die eilte nun auf ein

ander Feld zu einer andern zahlreichen Versammlung von Stuten. Auch diese von Schrecken ergriffen, schlugen hinüber zu dem ersten Haufen. Nun war das Feld schwarz von Pferden, wo der weiße Hengst immer drunter herumsprang, alles in Schrecken und Wildheit. Die Herde lief in langen Reihen auf dem Felde hin und her, es sauste die Luft und donnerte die Erde, wo die Kraft der schweren Pferde überhinflog. Wir sahen lange mit Vergnügen zu, wie der Trupp von so vielen Hunderten auf dem Feld herumgaloppierte, bald in einem Klump, bald geteilt, jetzt zerstreut einzeln umherlaufend, bald in langen Reihen über den Boden hinrennend.

Endlich beraubte uns die Dunkelheit der einbrechenden Nacht dieses einzigen Schauspiels, und als der klarste Mond hinter den Bergen aufstieg, verlosch das Licht unsrer angezündeten Laternen. Doch da ich mich lange an seinem sanften Schein vergnügt hatte, konnte ich mich des Schlafs nicht mehr erwehren, und mit aller Furcht vor der ungesunden Luft schlief ich länger als eine Stunde und erwachte nicht eher, bis wir zu Terracina ankamen, wo wir die Pferde wechselten.

Hier waren die Postillons sehr artig, wegen der Furcht, welche ihnen der Marchese Lucchesini eingejagt hatte; sie gaben uns die besten Pferde und Führer, weil der Weg zwischen den großen Klippen und dem Meer gefährlich ist. Hier sind schon manche Unglücke geschehen, besonders nachts, wo die Pferde leicht scheu werden. Während des Anspannens, und indessen man den Paß an die letzte römische Wache vorzeigte, ging ich zwischen den hohen Felsen und dem Meer spazieren, und erblickte den größten Effekt: der dunkle Fels vom Mond glänzend erleuchtet, der eine lebhaft flimmernde Säule in das blaue Meer warf, und bis auf die am Ufer schwankenden Wellen heranflimmerte.

Da oben, auf der Zinne des Berges, im dämmernden Blau, lagen die Trümmer von Genserichs zerfallener Burg; sie machte mich an vergangene Zeiten denken, ich fühlte des unglücklichen Konradins Sehnsucht sich zu retten, wie des Cicero und des Marius, die sich alle in dieser Gegend geängstigt hatten.

Schön war es nun fernerhin an dem Berg, zwischen den großen herabgerollten Felsenklumpen am Saume des Meers im Mondenlicht herzufahren. Deutlich beleuchtet waren die Gruppen der Olivenbäume, Palmen und Pinien bei Fondi; aber die Vorzüge der Zitronenwälder vermißte man, sie stehen nur in ihrer ganzen Pracht, wenn die Sonne auf die goldglänzenden Früchte scheint. Nun ging es über den Berg, wo die vielen Oliven- und Johannisbrotbäume stehen, und es war schon Tag geworden, als wir bei den Ruinen der antiken Stadt, wo die vielen Überbleibsel von Grabmälern sind, ankamen. Das größte darunter soll dem Cicero errichtet worden sein, eben an dem Ort, wo er ermordet worden. Es war schon einige Stunden Tag, als wir an den erfreulichen Meerbusen zu Mola di Gaeta ankamen. Die Fischer mit ihrer Beute kehrten schon wieder zurück, das machte den Strand sehr lebhaft. Einige trugen die Fische und Meerfrüchte in Körben weg, die andern bereiteten die Garne schon wieder auf einen künftigen Fang. Von da fuhren wir nach Garigliano, wo Cavaliere Venuti graben läßt. Hier verließ uns Hackert, denn er eilte nach Caserta, und wir gingen, abwärts von der Straße, herunter an das Meer, wo ein Frühstück für uns bereitet war, welches wohl für ein Mittagessen gelten konnte. Hier waren die ausgegrabenen Antiken aufgehoben, die aber jämmerlich zerschlagen sind. Unter andern schönen Sachen findet sich ein Bein von einer Statue, die dem Apoll von Belvedere nicht viel nachgeben mag. Es wär' ein Glück, wenn man das übrige dazu fände.

Wir hatten uns aus Müdigkeit etwas schlafen gelegt, und da wir wieder erwachten, fanden wir uns in Gesellschaft einer angenehmen Familie, die in dieser Gegend wohnt, und hierher gekommen war, um uns ein Mittagsmahl zu geben; welche Aufmerksamkeit wir freilich Herrn Hackert schuldig sein mochten, der sich aber schon entfernt hatte. Es stand also wieder aufs neue ein Tisch bereitet; ich aber konnte nicht essen noch sitzen bleiben, so gut auch die Gesellschaft war, sondern ging am Meer spazieren zwischen den Steinen, worunter sich sehr wunderliche befanden, besonders vieles durch Meerinsekten durchlöchert, deren einige aussahen wie ein Schwamm.

Hier begegnete mir auch etwas recht Vergnügliches: ein Ziegenhirt trieb an den Strand des Meeres; die Ziegen kamen in das Wasser und kühlten sich ab. Nun kam auch der Schweinehirt dazu, und unter der Zeit daß die beiden Herden sich in den Wellen erfrischten, setzten sich beide Hirten in den Schatten und machten Musik; der Schweinehirt auf einer Flöte, der Ziegenhirt auf dem Dudelsack. Endlich ritt ein erwachsener Knabe nackend heran und ging so tief in das Wasser, so tief daß das Pferd mit ihm schwamm. Das sah nun gar schön aus, wenn der wohlgewachsene Junge so nah ans Ufer kam, daß man seine ganze Gestalt sah, und er sodann wieder in das tiefe Meer zurückkehrte, wo man nichts weiter sah als den Kopf des schwimmenden Pferdes, ihn aber bis an die Schultern.

Um drei Uhr nachmittags fuhren wir weiter, und als wir Capua drei Meilen hinter uns gelassen hatten, es war schon eine Stunde in der Nacht, zerbrachen wir das Hinterrad unsres Wagens. Das hielt uns einige Stunden auf, um ein andres an die Stelle zu nehmen. Da aber dieses geschehen war, und wir abermals einige Meilen zurückgelegt hatten, brach die Achse. Hierüber wurden wir sehr verdrießlich; wir waren so nah bei Neapel und konnten doch unsre Freunde nicht sprechen. Endlich langten wir einige Stunden nach Mitternacht daselbst an, wo wir noch so viele Menschen auf der Straße fanden, als man in einer andern Stadt kaum um Mittag findet.

Hier hab' ich nun alle unsre Freunde gesund und wohl angetroffen, die sich alle freuten, dasselbe von Ihnen zu hören. Ich wohne bei Herrn Hackert im Hause; vorgestern war ich mit Ritter Hamilton zu Posilipo auf seinem Lusthause. Da kann man denn freilich nichts Herrlicheres auf Gottes Erdboden schauen. Nach Tische schwammen ein Dutzend Jungen in dem Meere, das war schön anzusehen. Die vielen Gruppen und Stellungen, welche sie in ihren Spielen machten! Er bezahlt sie dafür, damit er jeden Nachmittag diese Lust habe. Hamilton gefällt mir außerordentlich wohl; ich sprach vieles mit ihm, sowohl hier im Haus, als auch da wir auf dem Meer spazieren fuhren. Es freute mich außerordentlich so viel von ihm zu erfahren, und hoffe noch viel Gutes von diesem Manne. Schreiben Sie mir doch die Namen Ihrer übrigen hiesigen Freunde, damit ich auch sie kennen lernen und grüßen kann. Bald sollen Sie mehreres von hier vernehmen. Grüßen Sie alle Freunde, besonders Angelika und Reiffenstein.

NS. Ich finde es in Neapel sehr viel heißer als in Rom, nur mit dem Unterschied, daß die Luft gesünder ist und auch beständig etwas frischer Wind weht, aber die Sonne hat viel mehr Kraft; die ersten Tage war es mir fast unerträglich. Ich habe bloß von Eis- und Schneewasser gelebt.

Später, ohne Datum

Gestern hätt' ich Sie in Neapel gewünscht: einen solchen Lärmen, eine solche Volksmenge, die nur da war um Eßwaren einzukaufen, hab' ich in meinem Leben nicht gesehen, aber auch so viele dieser Eßwaren sieht man nie wieder beisammen. Von allen Sorten war die große Straße Toledo fast bedeckt. Hier bekommt man erst eine Idee von einem Volk, das in einer so glücklichen Gegend wohnt, wo die Jahrszeit täglich Früchte wachsen läßt. Denken Sie sich, daß heute 500 000 Menschen im Schmausen begriffen sind und das auf Neapolitaner Art. Gestern und heute war ich an einer Tafel, wo gefressen ist worden, daß ich erstaunt bin, ein sündiger Überfluß war da. Kniep saß auch dabei und übernahm sich so von allen den leckern Speisen zu essen, daß ich fürchtete, er platze; aber ihn rührte es nicht, und er erzählte dabei immer von dem Appetit, den er auf dem Schiff und in Sizilien gehabt habe, indessen Sie für Ihr gutes Geld, teils aus Übelbefinden, teils aus Vorsatz, gefastet und so gut als gehungert.

Heute ist schon alles aufgefressen worden, was gestern verkauft wurde, und man sagt, morgen sei die Straße wieder so voll als sie gestern war. Toledo scheint ein Theater, wo man den Überfluß zeigen will. Die Boutiquen sind alle ausgeziert mit Eßwaren, die sogar über die Straße in Girlanden hinüber hängen, die Würstchen zum Teil vergoldet und mit roten Bändern gebunden; die welschen Hahnen haben alle eine rote Fahne im Hintern stecken, deren sind gestern dreißigtausend verkauft worden, dazu rechne man die, welche die Leute im Hause fett machen. Die Zahl der Esel mit Kapaunen beladen, sowie der andern mit kleinen Pomeranzen belastet, die großen auf dem Pflaster aufgeschütteten Haufen solcher Goldfrüchte erschreckten einen. Aber am schönsten möchten doch die Boutiquen sein, wo grüne Sachen verkauft werden, und die wo Rosinentrauben, Feigen und Melonen ausgesetzt sind: alles so zierlich zur Schau geordnet, daß es Auge und Herz erfreut. Neapel ist ein Ort, wo Gott häufig seinen Segen gibt für alle Sinne.

Später, ohne Datum

Hier haben Sie eine Zeichnung von den Türken, die hier gefangen liegen. Der Herkules, wie es erst hieß, hat sie nicht genommen, sondern ein Schiff, welches die Korallenfischer begleitete. Die Türken sahen dieses christliche Fahrzeug und machten sich dran, um es wegzunehmen, aber sie fanden sich betrogen, denn die Christen waren stärker, und so wurden sie überwältigt und gefangen hierher geführt. Es waren dreißig Mann auf dem christlichen Schiffe, vierundzwanzig auf dem türkischen; sechs Türken blieben im Gefechte, einer ist verwundet; von den Christen ist kein einziger geblieben, die Madonna hat sie beschützt.

Der Schiffer hat eine große Beute gemacht; er fand sehr viel Geld und Waren, Seidenzeug und Kaffee, auch einen reichen Schmuck, welcher einer jungen Mohrin gehörte.

Es war merkwürdig, die vielen tausend Menschen zu sehen, welche Kahn an Kahn dahinfuhren, um die Gefangenen zu beschauen, besonders die Mohrin. Es fanden sich verschiedene Liebhaber, die sie kaufen wollten und viel Geld boten, aber der Kapitän will sie nicht weggeben.

Ich fuhr alle Tage hin und fand einmal den Ritter Hamilton und Miß Harte, die sehr gerührt war und weinte. Da das die Mohrin sah, fing sie auch an zu weinen; die Miß wollte sie kaufen, der Kapitän aber hartnäckig sie nicht hergeben. Jetzo sind sie nicht mehr hier; die Zeichnung besagt das Weitere.

Nachtrag: Päpstliche Teppiche

Die große Aufopferung, zu der ich mich entschloß, eine von dem Gipfel des Bergs bis beinahe ans Meer herabströmende Lava hinter mir zu lassen, ward mir durch den erreichten Zweck reichlich vergolten, durch den Anblick der Teppiche, welche, am Fronleichnamstag aufgehängt, uns an Raffael, seine Schüler, seine Zeit auf das glänzendste erinnerten.

In den Niederlanden hatte das Teppichwirken mit stehendem Zettel, Hautelisse genannt, sich schon auf den höchsten Grad erhoben. Es ist mir nicht bekannt geworden, wie sich nach und nach die Fertigung der Teppiche entwickelt und gesteigert hat. In dem zwölften Jahrhundert mag man noch die einzelnen Figuren durch Stickerei, oder auf sonst eine Weise, fertig gemacht und sodann, durch besonders gearbeitete Zwischenstücke, zusammengesetzt haben. Dergleichen finden wir noch über den Chorstühlen alter Domkirchen, und hat die Arbeit etwas Ähnliches mit den bunten Fensterscheiben, welche auch zuerst aus ganz kleinen farbigen Glasstückchen ihre Bilder zusammengesetzt haben. Bei den Teppichen vertrat Nadel und Faden das Lot und die Zinnstäbchen. Alle frühen Anfänge der Kunst und Technik sind von dieser Art; wir haben kostbare chinesische Teppiche auf gleiche Weise gefertigt vor Augen gehabt.

Wahrscheinlich durch orientalische Muster veranlaßt, hatte man in den handels- und prachtreichen Niederlanden, zu Anfang des sechzehnten Jahrhunderts, diese kunstreiche Technik schon aufs höchste getrieben; dergleichen Arbeiten gingen schon wieder nach dem Orient zurück und waren gewiß auch in Rom bekannt, wahrscheinlich nach unvollkommenen, in byzantinischem Sinne gemodelten Mustern und Zeichnungen. Der große und in manchem, besonders auch ästhetischem Sinn freie Geist Leo X. mochte nun auch, was er auf Wänden abgebildet sah, gleichmäßig frei und groß in seiner Umgebung auf Teppichen erblicken, und auf seine Veranlassung fertigte Raffael die Kartone: glücklicherweise solche Gegenstände, welche Christi Bezug zu seinen Aposteln, sodann aber die Wirkungen solcher begabten Männer nach dem Heimgange des Meisters vorstellten.

Am Fronleichnamstage nun lernte man erst die wahre Bestimmung der Teppiche kennen, hier machten sie Kolonnaden und offene Räume zu prächtigen Sälen und Wandelgängen, und zwar indem sie das Vermögen des begabtesten Mannes uns entschieden vor Augen stellen, und uns das glücklichste Beispiel geben, wo Kunst und Handwerk in beiderseitiger Vollendung sich auf ihrem höchsten Punkte lebendig begegnen.

Die Raffaelischen Kartone, wie sie bis jetzt in England verwahrt sind, bleiben noch immer die Bewunderung der Welt; einige rühren gewiß von dem Meister allein her, andere mögen nach seinen Zeichnungen, seiner Angabe, andere sogar erst nachdem er abgeschieden war, gefertigt sein. Alles bezeugte große übereintreffende Kunstbestimmung, und die Künstler aller Nationen strömten hier zusammen, um ihren Geist zu erheben und ihre Fähigkeiten zu steigern.

Dies gibt uns Veranlassung über die Tendenz der deutschen Künstler zu denken, welche Hochschätzung und Neigung gegen seine ersten Werke hinzog und wovon schon damals leise Spuren sich bemerken ließen.

Mit einem talentreichen zarten Jüngling, der im Sanften,

Anmutigen, Natürlichen verweilt, fühlt man sich in jeder Kunst näher verwandt, man wagt es zwar nicht sich mit ihm zu vergleichen, doch im stillen mit ihm zu wetteifern, von sich zu hoffen, was er geleistet hat.

Nicht mit gleichem Behagen wenden wir uns an den vollendeten Mann; denn wir ahnen die furchtbaren Bedingungen, unter welchen allein sich selbst das entschiedenste Naturell zum Letztmöglichen des Gelingens erheben kann, und, wollen wir nicht verzweifeln, so müssen wir uns zurück wenden und uns mit dem Strebenden, dem Werdenden vergleichen.

Dies ist die Ursache, warum die deutschen Künstler Neigung, Verehrung, Zutrauen zu dem Älteren, Unvollkommenen wendeten, weil sie sich daneben auch für etwas halten konnten und sich mit der Hoffnung schmeicheln durften, das in ihrer Person zu leisten, wozu dennoch eine Folge von Jahrhunderten erforderlich gewesen.

Kehren wir zu Raffaels Kartonen zurück und sprechen aus, daß sie alle männlich gedacht sind; sittlicher Ernst, ahnungsvolle Größe walten überall, und, obgleich hie und da geheimnisvoll, werden sie doch denjenigen durchaus klar, welche von dem Abschiede des Erlösers und den wundervollen Gaben, die er seinen Jüngern hinterließ, aus den heiligen Schriften genugsam unterrichtet sind.

Nehmen wir vor allen die Beschämung und Bestrafung des Ananias vor Augen, da uns denn jederzeit der kleine, dem Marc Anton nicht unbillig zugeschriebene Kupferstich, nach einer ausführlichen Zeichnung Raffaels, die Nachbildung der Kartone von Dorigny und die Vergleichung beider hinlänglichen Dienst leisten.

Wenig Kompositionen wird man dieser an die Seite setzen können; hier ist ein großer Begriff, eine in ihrer Eigentümlichkeit höchst wichtige Handlung in ihrer vollkommensten Mannigfaltigkeit auf das klarste dargestellt.

Die Apostel als fromme Gabe das Eigentum eines jeden in den allgemeinen Besitz dargebracht erwartend; die heranbringenden Gläubigen auf der einen, die empfangenden Dürftigen auf der andern Seite, und in der Mitte der Defraudierende gräßlich bestraft: eine Anordnung, deren Symmetrie aus dem Gegegebenen hervorgeht und welche wieder durch die Erfordernisse des Darzustellenden nicht sowohl verborgen als belebt wird; wie ja die unerläßliche symmetrische Proportion des menschlichen Körpers erst durch mannigfaltige Lebensbewegung eindringliches Interesse gewinnt.

Wenn nun bei Anschauung dieses Kunstwerkes der Bemerkungen kein Ende sein würde, so wollen wir hier nur noch ein wichtiges Verdienst dieser Darstellung auszeichnen. Zwei männliche Personen, welche herankommend zusammengepackte Kleidungsstücke tragen, gehören notwendig zu Ananias; aber wie will man hieraus erkennen, daß ein Teil davon zurückgeblieben und dem Gemeingut unterschlagen worden? Hier werden wir aber auf eine junge hübsche Weibsperson aufmerksam gemacht, welche mit einem heitern Gesichte aus der rechten Hand Geld in die linke zählt; und sogleich erinnern wir uns an das edle Wort: «Die Linke soll nicht wissen was die Rechte gibt», und zweifeln nicht, daß hier Saphira gemeint sei, welche das den Aposteln einzureichende Geld abzählt, um noch einiges zurückzubehalten, welches ihre heiter listige Miene anzudeuten scheint. Dieser Gedanke ist erstaunenswürdig und furchtbar, wenn man sich ihm hingibt. Vor uns der Gatte, schon verrenkt und bestraft am Boden in gräßlicher Zuckung sich windend; wenig hinterwärts, das Vorgehende nicht gewahr werdend, die Gattin; sicher arglistig sinnend die Göttlichen zu bevorteilen, ohne Ahnung, welchem Schicksal sie entgegen geht. Überhaupt steht dieses Bild als ein ewiges Problem vor uns da, welches wir immer mehr bewundern, je mehr uns dessen Auflösung möglich und klar wird. Die Vergleichung des Marc-Antonischen Kupfers, nach einer gleich großen Zeichnung Raffaels, und des größeren von Dorigny, nach dem Karton, führt uns abermals in die Tiefe der Betrachtung, mit welcher Weisheit ein solches Talent bei einer zweiten Behandlung derselben Komposition Veränderungen und Steigerungen zu bewirken gewußt hat. Bekennen wir gern, daß ein solches Studium uns zu den schönsten Freuden eines langen Lebens gedient hat.

JULI

Korrespondenz

Rom, den 5. Juli

Mein jetziges Leben sieht einem Jugendtraume völlig ähnlich, wir wollen sehen, ob ich bestimmt bin ihn zu genießen, oder zu erfahren, daß auch dieses, wie so vieles andre, nur eitel ist. Tischbein ist fort, sein Studium aufgeräumt, ausgestäubt und ausgewaschen, so daß ich nun gerne drin sein mag. Wie nötig ist's in der jetzigen Zeit ein angenehmes Zuhause zu haben. Die Hitze ist gewaltig. Morgens mit Sonnenaufgang steh' ich auf und gehe nach der Acqua acetosa, einem Sauerbrunnen, ungefähr eine halbe Stunde von dem Tor, an dem ich wohne, trinke das Wasser, das wie ein schwacher Schwalbacher schmeckt, in diesem Klima aber schon sehr wirksam ist. Gegen acht Uhr bin ich wieder zu Hause und bin fleißig auf alle Weise, wie es die Stimmung nur geben will. Ich bin recht wohl. Die Hitze schafft alles Flußartige weg und treibt was Schärfe im Körper ist nach der Haut, und es ist besser, daß ein Übel jückt, als daß es reißt und zieht. Im Zeichnen fahr' ich fort Geschmack und Hand zu bilden, ich habe Architektur angefangen ernstlicher zu treiben, es wird mir alles erstaunend leicht (das heißt der Begriff, denn die Ausübung erfordert ein Leben). Was das Beste war: ich hatte keinen Eigendünkel und keine Prätention, ich hatte nichts zu verlangen, als ich herkam. Und nun dringe ich nur drauf, daß mir nichts Name, nichts Wort bleibe. Was schön, groß, ehrwürdig gehalten wird, will ich mit eignen Augen sehn und erkennen. Ohne Nachahmung ist dies nicht möglich. Nun muß ich mich an die

Gipsköpfe setzen. (Die rechte Methode wird mir von Künstlern angedeutet. Ich halte mich zusammen was möglich ist.) Am Anfang der Woche konnt' ich's nicht absagen hier und da zu essen. Nun wollen sie mich hier und dahin haben; ich lasse es vorübergehn und bleibe in meiner Stille. Moritz, einige Landsleute im Hause, ein wackerer Schweizer sind mein gewöhnlicher Umgang. Zu Angelika und Rat Reiffenstein geh' ich auch; überall mit meiner nachdenklichen Art, und niemand ist, dem ich mich eröffnete. Lucchesini ist wieder hier, der alle Welt sieht und den man sieht wie alle Welt. Ein Mann, der sein Metier recht macht, wenn ich mich nicht sehr irre. Nächstens schreib' ich dir von einigen Personen, die ich bald zu kennen hoffe.

Egmont ist in der Arbeit, und ich hoffe er wird geraten. Wenigstens hab' ich immer unter dem Machen Symptome gehabt, die mich nicht betrogen haben. Es ist recht sonderbar, daß ich so oft bin abgehalten worden das Stück zu endigen, und daß es nun in Rom fertig werden soll. Der erste Akt ist ins reine und zur Reife, es sind ganze Szenen im Stücke, an die ich nicht zu rühren brauche.

Ich habe über allerlei Kunst so viel Gelegenheit zu denken, daß mein Wilhelm Meister recht anschwillt. Nun sollen aber die alten Sachen daraus weg; ich bin alt genug, und wenn ich noch etwas machen will, darf ich mich nicht säumen. Wie du dir leicht denken kannst, hab' ich hundert neue Dinge im Kopfe, und es kommt nicht aufs Denken, es kommt aufs Machen an; das ist ein verwünschtes Ding, die Gegenstände hinzusetzen, daß sie nun einmal so und nicht anders dastehen. Ich möchte nun recht viel von der Kunst sprechen, doch ohne die Kunstwerke was will man sagen? Ich hoffe über manche Kleinigkeit wegzurücken, drum gönnt mir meine Zeit, die ich hier so wunderbar und sonderbar zubringe, gönnt mir sie durch den Beifall eurer Liebe.

Ich muß diesmal schließen und wider Willen eine leere Seite schicken. Die Hitze des Tages war groß und gegen Abend bin ich eingeschlafen.

Rom, den 9. Juli

Ich will künftig einiges die Woche über schreiben, daß nicht die Hitze des Posttags oder ein andrer Zufall mich hindre, euch ein vernünftiges Wort zu sagen. Gestern hab' ich vieles gesehen und wieder gesehen, ich bin vielleicht in zwölf Kirchen gewesen, wo die schönsten Altarblätter sind.

Dann war ich mit Angelika bei dem Engländer Moor, einem Landschaftsmaler, dessen Bilder meist trefflich gedacht sind. Unter andern hat er eine Sündflut gemalt, das etwas Einziges ist. Anstatt daß andere ein offnes Meer genommen haben, das immer nur die Idee von einem weiten, aber nicht hohen Wasser gibt, hat er ein geschlossenes hohes Bergtal vorgestellt, in welches die immer steigenden Wasser endlich auch hereinstürzen. Man sieht an der Form der Felsen, daß der Wasserstand sich den Gipfeln nähert, und dadurch daß es hinten quervor zugeschlossen ist, die Klippen alle steil sind, macht es einen fürchterlichen Effekt. Es ist gleichsam nur grau in grau gemalt, das schmutzige aufgewühlte Wasser, der triefende Regen verbinden sich aufs innigste, das Wasser stürzt und trieft von den Felsen, als wenn die ungeheuren Massen sich auch in dem allgemeinen Elemente auflösen wollten, und die Sonne blickt, wie ein trüber Mond, durch den Wasserflor durch, ohne zu erleuchten, und doch ist es nicht Nacht. In der Mitte des Vordergrundes ist eine flache isolierte Felsenplatte, auf die sich einige hülflose Menschen retten, in dem Augenblick daß die Flut heranschwillt und sie bedecken will. Das Ganze ist unglaublich gut gedacht. Das Bild ist groß. Es kann sieben bis acht Fuß lang und fünf bis sechs Fuß hoch sein. Von den andern Bildern, einem herrlich schönen Morgen, einer trefflichen Nacht, sag' ich gar nichts.

Drei volle Tage war Fest auf Aracoeli wegen der Beatifikation zweier Heiligen aus dem Orden des heiligen Franziskus. Die Dekoration der Kirche, Musik, Illumination und Feuerwerk des Nachts zog eine große Menge Volks dahin. Das nah gelegene Kapitol war mit erleuchtet und die Feuerwerke auf dem Platz des Kapitols abgebrannt. Das Ganze zusammen machte sich sehr schön, obgleich es nur ein Nachspiel von Sankt Peter war. Die Römerinnen zeigen sich bei dieser Gelegenheit, von ihren Männern oder Freunden begleitet, des Nachts weiß gekleidet mit einem schwarzen Gürtel und sind schön und artig. Auch ist im Corso jetzt des Nachts häufiger Spaziergang und Fahrt, da man des Tags nicht aus dem Hause geht. Die Hitze ist sehr leidlich und diese Tage her immer ein kühles Windchen wehend. Ich halte mich in meinem kühlen Saale und bin still und vergnügt.

Ich bin fleißig, mein Egmont rückt sehr vor. Sonderbar ist's, daß sie eben jetzt in Brüssel die Szene spielen, wie ich sie vor zwölf Jahren aufschrieb, man wird vieles jetzt für Pasquill halten.

Rom, den 16. Juli

Es ist schon weit in der Nacht, und man merkt es nicht, denn die Straße ist voll Menschen, die singend, auf Zithern und Violinen spielend, miteinander wechselnd, auf- und abgehn. Die Nächte sind kühl und erquickend, die Tage nicht unleidlich heiß.

Gestern war ich mit Angelika in der Farnesina, wo die Fabel der Psyche gemalt ist. Wie oft und unter wie manchen Situationen hab' ich die bunten Kopien dieser Bilder in meinem Zimmer mit euch angesehn! Es fiel mir recht auf, da ich sie eben durch jene Kopien fast auswendig weiß. Dieser Saal oder vielmehr Galerie ist das Schönste was ich von Dekoration kenne, so viel auch jetzt dran verdorben und restauriert ist.

Heute war Tierhetze in dem Grabmal des August. Dieses große, inwendig leere, oben offene, ganz runde Gebäude ist jetzt zu einem Kampfplatz, zu einer Ochsenhetze eingerichtet, wie eine Art Amphitheater. Es wird vier- bis fünftausend Menschen fassen können. Das Schauspiel selbst hat mich nicht sehr erbaut.

Dienstag, den 17. Juli

war ich abends bei Albacini, dem Restaurator antiker Statuen, um einen Torso zu sehen, den sie unter den farnesischen Besitzungen, die nach Neapel gehen, gefunden haben. Es ist ein Torso eines sitzenden Apolls und hat an Schönheit vielleicht nicht seinesgleichen, wenigstens kann er unter die ersten Sachen gesetzt werden, die vom Altertum übrig sind.

Ich speiste bei Graf Fries; Abbate Casti, der mit ihm reist, rezitierte eine seiner Novellen: Der Erzbischof von Prag, die nicht sehr ehrbar, aber außerordentlich schön, in Ottave rime, geschrieben ist. Ich schätzte ihn schon als den Verfasser meines beliebten Re Teodoro in Venezia. Er hat nun einen Re Teodoro in Corsica geschrieben, wovon ich den ersten Akt gelesen habe, auch ein ganz allerliebstes Werk.

Graf Fries kauft viel und hat unter andern eine Madonna von Andrea del Sarto für sechshundert Zechinen gekauft. Im vergangenen März hatte Angelika schon vierhundertfünfzig drauf geboten, hätte auch das Ganze dafür gegeben, wenn ihr attenter Gemahl nicht etwas einzuwenden gehabt hätte. Nun reut sie's beide. Es ist ein unglaublich schön Bild, man hat keine Idee von so etwas, ohne es gesehn zu haben.

Und so kommt tagtäglich etwas Neues zum Vorschein, was, zu dem Alten und Bleibenden gesellt, ein großes Vergnügen gewährt. Mein Auge bildet sich gut aus, mit der Zeit könnte ich Kenner werden.

Tischbein beschwert sich in einem Briefe über die entsetzliche Hitze in Neapel. Hier ist sie auch stark genug. Am Dienstag soll es so heiß gewesen sein, als Fremde es nicht in Spanien und Portugal empfunden.

Egmont ist schon bis in den vierten Akt gediehen, ich hoffte er soll euch Freude machen. In drei Wochen denke ich fertig zu sein, und ich schicke ihn gleich an Herdern ab.

Gezeichnet und illuminiert wird auch fleißig. Man kann nicht aus dem Hause gehn, nicht die kleinste Promenade machen, ohne die würdigsten Gegenstände zu treffen. Meine Vorstellung, mein Gedächtnis füllt sich voll unendlich schöner Gegenstände.

Rom, den 20. Juli

Ich habe recht diese Zeit her zwei meiner Kapitalfehler, die mich mein ganzes Leben verfolgt und gepeinigt haben, entdecken können. Einer ist, daß ich nie das Handwerk einer Sache, die ich treiben wollte oder sollte, lernen mochte. Daher ist gekommen, daß ich mit so viel natürlicher Anlage so wenig gemacht und getan habe. Entweder es war durch die Kraft des Geistes gezwungen, gelang oder mißlang, wie Glück und Zufall es wollten, oder wenn ich eine Sache gut und mit Überlegung machen wollte, war ich furchtsam und konnte nicht fertig werden. Der andere nah verwandte Fehler ist: daß ich nie so viel Zeit auf eine Arbeit oder Geschäft wenden mochte, als dazu erfordert wird. Da ich die Glückseligkeit genieße, sehr viel in kurzer Zeit denken und kombinieren zu können, so ist mir eine schrittweise Ausführung nojos und unerträglich. Nun dächt' ich, wäre Zeit und Stunde da sich zu korrigieren. Ich bin im Land der Künste, laßt uns das Fach durcharbeiten, damit wir für unser übriges Leben Ruh und Freude haben und an was anders gehen können.

Rom ist ein herrlicher Ort dazu. Nicht allein die Gegenstände aller Art sind hier, sondern auch Menschen aller Art, denen es Ernst ist, die auf den rechten Wegen gehen, mit denen man sich unterhaltend gar bequem und schleunig weiter bringen kann. Gott sei Dank, ich fange an von andern lernen und annehmen zu können.

Und so befinde ich mich an Leib und Seele wohler als jemals! Möchtet ihr es an meinen Produktionen sehen und meine Abwesenheit preisen. Durch das, was ich mache und denke, häng' ich mit euch zusammen, übrigens bin ich freilich sehr allein und muß meine Gespräche modifizieren. Doch das ist hier leichter als irgendwo, weil man mit jedem etwas Interessantes zu reden hat.

Mengs sagt irgendwo vom Apoll von Belvedere, daß eine

Statue, die zu gleich großem Stil mehr Wahrheit des Fleisches gesellte, das Größte wäre, was der Mensch sich denken könne. Und durch jenen Torso eines Apolls, oder Bacchus, dessen ich schon gedacht, scheint sein Wunsch, seine Prophezeiung erfüllt zu sein. Mein Auge ist nicht genug gebildet, um in einer so delikaten Materie zu entscheiden; aber ich bin selbst geneigt, diesen Rest für das Schönste zu halten, was ich je gesehn habe. Leider ist es nicht allein nur Torso, sondern auch die Epiderm ist an vielen Orten weggewaschen, er muß unter einer Traufe gestanden haben.

Sonntags, den 22. Juli

aß ich bei Angelika, es ist nun schon hergebracht, daß ich ihr Sonntagsgast bin. Vorher fuhren wir nach dem Palast Barberini, den trefflichen Leonardo da Vinci und die Geliebte des Raffael, von ihm selbst gemalt, zu sehen. Mit Angelika ist es gar angenehm Gemälde zu betrachten, da ihr Auge sehr gebildet und ihre mechanische Kunstkenntnis so groß ist. Dabei ist sie sehr für alles Schöne, Wahre, Zarte empfindlich und unglaublich bescheiden.

Nachmittags war ich beim Chevalier d'Agincourt, einem reichen Franzosen, der seine Zeit und sein Geld anwendet, eine Geschichte der Kunst von ihrem Verfall bis zur Auflebung zu schreiben. Die Sammlungen, die er gemacht hat, sind höchst interessant. Man sieht, wie der Menschengeist während der trüben und dunkeln Zeit immer geschäftig war. Wenn das Werk zusammenkömmt, wird es sehr merkwürdig sein.

Jetzt habe ich etwas vor, daran ich viel lerne; ich habe eine Landschaft erfunden und gezeichnet, die ein geschickter Künstler, Dies, in meiner Gegenwart koloriert; dadurch gewöhnt sich Auge und Geist immer mehr an Farbe und Harmonie. Überhaupt geht es gut fort, ich treibe nur, wie immer, zuviel. Meine größte Freude ist, daß mein Auge sich an sichern Formen bildet und sich an Gestalt und Verhältnis leicht gewöhnt, und dabei mein alt Gefühl für Haltung und

Ganzes recht lebhaft wiederkehrt. Auf Übung käme nun alles an.

Montag, den 23. Juli

bestieg ich abends die Trajanische Säule, um des unschätzbaren Anblicks zu genießen. Von dort oben herab, bei untergehender Sonne, nimmt sich das Colosseum ganz herrlich aus, das Kapitol ganz nahe, der Palatin dahinter, die Stadt, die sich anschließt. Ich ging erst spät und langsam durch die Straßen zurück. Ein merkwürdiger Gegenstand ist der Platz von Monte Cavallo mit dem Obelisk.

Dienstag, den 24. Juli

Nach der Villa Patrizzi, um die Sonne untergehen zu sehen, der frischen Luft zu genießen, meinen Geist recht mit dem Bilde der großen Stadt anzufüllen, durch die langen Linien meinen Gesichtskreis auszuweiten und zu vereinfachen, durch die vielen schönen und mannigfaltigen Gegenstände zu bereichern. Diesen Abend sah ich den Platz der Antoninischen Säule, den Palast Chigi vom Mond erleuchtet, und die Säule, von Alter schwarz, vor dem helleren Nachthimmel, mit einem weißen glänzenden Piedestal. Und wieviel andere unzählige schöne einzelne Gegenstände trifft man auf so einer Promenade an. Aber wieviel dazu gehört sich nur einen geringen Teil von allem diesem zuzueignen! Es gehört ein Menschenleben dazu, ja das Leben vieler Menschen, die immer stufenweis voneinander lernen.

Mittwoch, den 25. Juli

Ich war mit dem Grafen Fries, die Gemmensammlung des Prinzen von Piombino zu sehen.

Freitag, den 27sten

Übrigens helfen mir alle Künstler, alt und jung, um mein Talentchen zuzustutzen und zu erweitern. In der Perspektiv und Baukunst bin ich vorgerückt, auch in der Komposition der Landschaft. An den lebendigen Kreaturen hängt's noch, da ist ein Abgrund, doch wäre mit Ernst und Applikation hier auch weiter zu kommen.

Ich weiß nicht, ob ich ein Wort von dem Konzert sage, das ich zu Ende voriger Woche gab. Ich lud diejenigen Personen dazu, die mir hier manches Vergnügen verschafft haben, und ließ durch die Sänger der komischen Oper die besten Stücke der letzten Intermezzen aufführen. Jedermann war vergnügt und zufrieden.

Nun ist mein Saal schön aufgeräumt und aufgeputzt; es lebt sich bei der großen Wärme aufs angenehmste darin. Wir haben einen trüben, einen Regentag, ein Donnerwetter, nun einige heitere nicht sehr heiße Tage gehabt.

Sonntag, den 29. Juli

war ich mit Angelika in dem Palast Rondanini. Ihr werdet euch aus meinen ersten römischen Briefen einer Meduse erinnern, die mir damals schon so sehr einleuchtete, jetzt nun aber mir die größte Freude gibt. Nur einen Begriff zu haben, daß so etwas in der Welt ist, daß so etwas zu machen möglich war, macht einen zum doppelten Menschen. Wie gern sagt' ich etwas drüber, wenn nicht alles, was man über so ein Werk sagen kann, leerer Windhauch wäre. Die Kunst ist deshalb da, daß man sie sehe, nicht davon spreche, als höchstens in ihrer Gegenwart. Wie schäme ich mich alles Kunstgeschwätzes, in das ich ehmals einstimmte. Wenn es möglich ist einen guten Gipsabguß von dieser Meduse zu haben, so bring' ich ihn mit, doch sie müßte neu geformt werden. Es sind einige hier zu Kaufe, die ich nicht möchte, denn sie verderben mehr die Idee, als daß sie uns den Begriff gäben und erhielten. Besonders ist der Mund unaussprechlich und unnachahmlich groß.

Montag, den 30sten

blieb ich den ganzen Tag zu Hause und war fleißig. Egmont ruckt zum Ende, der vierte Akt ist so gut wie fertig. Sobald er abgeschrieben ist, schick' ich ihn mit der reitenden Post. Welche Freude wird mir's sein, von euch zu hören, daß ihr dieser Produktion einigen Beifall gebt. Ich fühle mich recht jung wieder, da ich das Stück schreibe; möchte es auch auf den Leser einen frischen Eindruck machen. Abends war ein kleiner Ball in dem Garten hinter dem Hause, wozu wir auch eingeladen wurden. Ungeachtet jetzt keine Jahrszeit des Tanzes ist, so war man doch ganz lustig. Die italienischen Mäuschen haben ihre Eigentümlichkeiten, vor zehn Jahren hätten einige passieren können, nun ist diese Ader vertrocknet, und es gab mir diese kleine Feierlichkeit kaum so viel Interesse, um sie bis ans Ende auszuhalten. Die Mondnächte sind ganz unglaublich schön; der Aufgang, eh' sich der Mond durch die Dünste heraufgearbeitet hat, ganz gelb und warm, come il sole d'Inghilterra, die übrige Nacht klar und freundlich. Ein kühler Wind und alles fängt an zu leben. Bis gegen Morgen sind immer Partien auf der Straße, die singen und spielen, man hört manchmal Duette, so schön und schöner als in einer Oper oder Konzert.

Dienstag, den 31. Juli

wurden einige Mondscheine aufs Papier gebracht, dann sonst allerlei gute Kunst getrieben. Abends ging ich mit einem Landsmann spazieren, und wir stritten über den Vorzug von Michelangelo und Raffael; ich hielt die Partie des ersten, er des andern, und wir schlossen zuletzt mit einem gemeinschaftlichen Lob auf Leonardo da Vinci. Wie glücklich bin ich, daß nun alle diese Namen aufhören Namen zu sein, und lebendige Begriffe des Wertes dieser trefflichen Menschen nach und nach vollständig werden.

Nachts in die komische Oper. Ein neues Intermezz, L'Impresario in angustie, ist ganz vortrefflich und wird uns manche Nacht unterhalten, so heiß es auch im Schauspiele sein mag. Ein Quintett, da der Poeta sein Stück vorliest, der Impresar und die prima donna auf der einen Seite ihm Beifall geben, der Komponist und die seconda donna auf der andern ihn tadeln, worüber sie zuletzt in einen allgemeinen Streit geraten, ist gar glücklich. Die als Frauenzimmer verkleideten Kastraten machen ihre Rollen immer besser und gefallen immer mehr. Wirklich für eine kleine Sommertruppe, die sich nur so zusammen gefunden hat, ist sie recht artig. Sie spielen mit einer großen Natürlichkeit und gutem Humor. Von der Hitze stehen die armen Teufel erbärmlich aus.

Bericht Juli

Um Nachstehendes, welches ich nunmehr einzuführen gedenke, schicklicherweise vorzubereiten, halte für nötig, einige Stellen aus dem vorigen Bande, welche dort, im Lauf der Ereignisse, der Aufmerksamkeit möchten entgangen sein, hier einzuschalten und die mir so wichtige Angelegenheit den Freunden der Naturwissenschaft dadurch abermals zu empfehlen.

Palermo, Dienstag, den 17. April 1787

Es ist ein wahres Unglück, wenn man von vielerlei Geistern verfolgt und versucht wird! Heute früh ging ich mit dem festen ruhigen Vorsatz, meine dichterischen Träume fortzusetzen, nach dem öffentlichen Garten, allein, eh' ich mich's versah, erhaschte mich ein anderes Gespenst, das mir schon diese Tage nachgeschlichen. Die vielen Pflanzen, die ich sonst nur in Kübeln und Töpfen, ja die größte Zeit des Jahres nur hinter Glasfenstern zu sehen gewohnt war, stehen hier froh und frisch unter freiem Himmel, und, indem sie ihre Bestimmung vollkommen erfüllen, werden sie uns deutlicher. Im Angesicht so vielerlei neuen und erneuten Gebildes fiel mir die alte Grille wieder ein: ob ich nicht unter dieser Schar die Urpflanze entdecken könnte? Eine solche muß es denn doch geben! Woran würde ich sonst erkennen, daß dieses oder jenes Gebilde eine Pflanze sei, wenn sie nicht alle nach einem Muster gebildet wären?

Ich bemühte mich zu untersuchen, worin denn die vielen abweichenden Gestalten voneinander unterschieden seien. Und ich fand sie immer mehr ähnlich als verschieden, und wollte ich meine botanische Terminologie anbringen, so ging das wohl, aber es fruchtete nicht, es machte mich unruhig, ohne daß es mir weiter half. Gestört war mein guter poetischer Vorsatz, der Garten des Alkinous war verschwunden, ein Weltgarten hatte sich aufgetan. Warum sind wir Neueren doch so zerstreut, warum gereizt zu Forderungen, die wir nicht erreichen noch erfüllen können!

Neapel, den 17. Mai 1787

Ferner muß ich dir vertrauen, daß ich dem Geheimnis der Pflanzenzeugung und Organisation ganz nahe bin, und daß es das Einfachste ist was nur gedacht werden kann. Unter diesem Himmel kann man die schönsten Beobachtungen machen. Den Hauptpunkt, wo der Keim steckt, habe ich ganz klar und zweifellos gefunden, alles übrige seh' ich auch schon im Ganzen, und nur noch einige Punkte müssen bestimmter werden. Die Urpflanze wird das wunderlichste Geschöpf von der Welt, um welches mich die Natur selbst beneiden soll. Mit diesem Modell und dem Schlüssel dazu kann man alsdann noch Pflanzen ins Unendliche erfinden, die konsequent sein müssen, das heißt: die, wenn sie auch nicht existieren, doch existieren könnten und nicht etwa malerische oder dichterische Schatten und Scheine sind, sondern eine innerliche Wahrheit und Notwendigkeit haben. Dasselbe Gesetz wird sich auf alles übrige Lebendige anwenden lassen.

So viel aber sei hier, ferneres Verständnis vorzubereiten, kürzlich ausgesprochen: Es war mir nämlich aufgegangen, daß in demjenigen Organ der Pflanze, welches wir als Blatt gewöhnlich anzusprechen pflegen, der wahre Proteus verborgen liege, der sich in allen Gestaltungen verstecken und offenbaren könne. Vorwärts und rückwärts ist die Pflanze immer nur Blatt, mit dem künftigen Keime so unzertrennlich vereint, daß man eins ohne das andere nicht denken darf. Einen solchen Begriff zu fassen, zu ertragen, ihn in der Natur aufzufinden ist eine Aufgabe, die uns in einen peinlich süßen Zustand versetzt.

Störende Naturbetrachtungen

Wer an sich erfahren hat, was ein reichhaltiger Gedanke heißen will, er sei nun aus uns selbst entsprungen, oder von andern mitgeteilt und eingeimpft, wird gestehen, was dadurch für eine leidenschaftliche Bewegung in unserm Geiste hervorgebracht werde, wie wir uns begeistert fühlen, indem wir alles dasjenige in Gesamtheit vorausahnen, was in der Folge sich mehr und mehr entwickeln, wozu das Entwickelte weiter führen soll. Dieses bedenkend wird man mir zugestehen, daß ich von einem solchen Gewahrwerden wie von einer Leidenschaft eingenommen und getrieben worden, und, wo nicht ausschließlich, doch durch alles übrige Leben hindurch mich damit beschäftigen müssen.

So sehr nun auch diese Neigung mich innerlichst ergriffen hatte, so war doch an kein geregeltes Studium nach meiner Rückkehr in Rom zu denken; Poesie, Kunst und Altertum, jedes forderte mich gewissermaßen ganz, und ich habe in meinem Leben nicht leicht operosere, mühsamer beschäftigte Tage zugebracht. Männern vom Fach wird es vielleicht gar zu naiv vorkommen, wenn ich erzähle, wie ich tagtäglich, in einem jeden Garten, auf Spaziergängen, kleinen Lustfahrten, mich der neben mir bemerkten Pflanzen bemächtigte. Besonders bei der eintretenden Samenreife war es mir wichtig zu beobachten, wie manche davon an das Tageslicht hervortraten. So wendete ich meine Aufmerksamkeit auf das Keimen des während seines Wachstums unförmlichen Cactus opuntia, und sah mit Vergnügen, daß er ganz unschuldig dikotyledonisch sich in zwei zarten Blättchen enthüllte, sodann aber bei fernerem Wuchse sich die künftige Unform entwickelte.

Auch mit Samenkapseln begegnete mir etwas Auffallendes; ich hatte derselben mehrere von Acanthus mollis nach Hause getragen und in einem offenen Kästchen niedergelegt; nun geschah es in einer Nacht, daß ich ein Knistern hörte und bald darauf das Umherspringen an Decke und Wände wie von kleinen Körpern. Ich erklärte mir's nicht gleich, fand aber nachher meine Schoten aufgesprungen und die Samen umher zerstreut. Die Trockne des Zimmers hatte die Reife bis zu solcher Elastizität in wenigen Tagen vollendet.

Unter den vielen Samen, die ich auf diese Weise beobachtete, muß ich einiger noch erwähnen, weil sie zu meinem Andenken kürzer oder länger in dem alten Rom fortwuchsen. Pinienkerne gingen gar merkwürdig auf, sie huben sich wie in einem Ei eingeschlossen empor, warfen aber diese Haube bald ab und zeigten in einem Kranze von grünen Nadeln schon die Anfänge ihrer künftigen Bestimmung.

Galt das Bisherige der Fortpflanzung durch Samen, so ward ich auf die Fortpflanzung durch Augen nicht weniger aufmerksam gemacht, und zwar durch Rat Reiffenstein, der auf allen Spaziergängen, hier und dort einen Zweig abreißend, bis zur Pedanterie behauptete: in die Erde gesteckt müsse jeder sogleich fortwachsen. Zum entscheidenden Beweis zeigte er dergleichen Stecklinge gar wohl angeschlagen in seinem Garten. Und wie bedeutend ist nicht in der Folgezeit eine solche allgemein versuchte Vermehrung für die botanische Gärtnerei geworden, die ich ihm wohl zu erleben gewünscht hätte.

Am auffallendsten war mir jedoch ein strauchartig in die Höhe gewachsener Nelkenstock. Man kennt die gewaltige Lebens- und Vermehrungskraft dieser Pflanze; Auge ist über Auge an ihren Zweigen gedrängt, Knoten in Knoten hineingetrichtert; dieses wird nun hier durch Dauer gesteigert und die Augen aus unerforschlicher Enge zur höchst möglichen Entwickelung getrieben, so daß selbst die vollendete Blume wieder vier vollendete Blumen aus ihrem Busen hervorbrachte.

Zu Aufbewahrung dieser Wundergestalt kein Mittel vor mir sehend, unternahm ich es sie genau zu zeichnen, wobei ich immer zu mehrerer Einsicht in den Grundbegriff der Metamorphose gelangte. Allein die Zerstreuung durch so vielerlei Obliegenheiten ward nur desto zudringlicher, und mein Aufenthalt in Rom, dessen Ende ich voraussah, immer peinlicher und belasteter.

Nachdem ich mich nun so geraume Zeit ganz im stillen gehalten und von aller höheren zerstreuenden Gesellschaft fern geblieben, begingen wir einen Fehler, der die Aufmerksamkeit des ganzen Quartiers, nicht weniger der nach neuen und seltsamen Vorfällen sich umschauenden Sozietät auf uns richtete. Die Sache verhielt sich aber also: Angelika kam nie ins Theater, wir untersuchten nicht aus welcher Ursache; aber da wir als leidenschaftliche Bühnenfreunde in ihrer Gegenwart die Anmut und Gewandtheit der Sänger, sowie die Wirksamkeit der Musik unseres Cimarosa nicht genugsam zu rühmen wußten und nichts sehnlicher wünschten, als sie solcher Genüsse teilhaftig zu machen, so ergab sich eins aus dem andern, daß nämlich unsere jungen Leute, besonders Bury, der mit den Sängern und Musikverwandten in dem besten Vernehmen stand, es dahin brachte, daß diese sich in heiterer Gesinnung erboten, auch vor uns, ihren leidenschaftlichen Freunden und entschieden Beifall Gebenden, gelegentlich einmal in unserm Saale Musik machen und singen zu wollen. Dergleichen Vorhaben, öfters besprochen, vorgeschlagen und verzögert, gelangte doch endlich nach dem Wunsche der jüngern Teilnehmer zur fröhlichen Wirklichkeit. Konzertmeister Kranz, ein geübter Violinist, in Herzoglich Weimarischen Diensten, der sich in Italien auszubilden Urlaub hatte, gab zuletzt durch seine unvermutete Ankunft eine baldige Entscheidung. Sein Talent legte sich auf die Waage der Musiklustigen, und wir sahen uns in den Fall versetzt, Madam Angelika, ihren Gemahl, Hofrat Reiffenstein, die Herren Jenkins, Volpato, und wem wir sonst eine Artigkeit schuldig waren, zu einem anständigen Feste einladen zu können. Juden und Tapezier hatten den Saal geschmückt, der nächste Kaffeewirt die Erfrischungen übernommen, und so ward ein glänzendes Konzert aufgeführt in der schönsten Sommernacht, wo sich große Massen von Menschen unter den offenen Fenstern versammelten und, als wären sie im Theater gegenwärtig, die Gesänge gehörig beklatschten.

Ja was das Auffallendste war, ein großer mit einem Orchester von Musikfreunden besetzter Gesellschaftswagen, der soeben durch die nächtliche Stadt seine Lustrunde zu machen beliebte, hielt unter unsern Fenstern stille, und nachdem er den obern Bemühungen lebhaften Beifall geschenkt hatte, ließ sich eine wackre Baßstimme vernehmen, die eine der beliebtesten Arien eben der Oper, welche wir stückweise vortrugen, von allen Instrumenten begleitet, hinzugesellte. Wir erwiderten den vollsten Beifall, das Volk klatschte mit drein, und jedermann versicherte, an so mancher Nachtlust, niemals aber an einer so vollkommenen, zufällig gelungenen teilgenommen zu haben.

Auf einmal nun zog unsere zwar anständige aber doch stille Wohnung dem Palast Rondanini gegenüber die Aufmerksamkeit des Corso auf sich. Ein reicher Mylordo, hieß es, müsse da eingezogen sein, niemand aber wußte ihn unter den bekannten Persönlichkeiten zu finden und zu entziffern. Freilich, hätte ein dergleichen Fest sollen mit barem Gelde geleistet werden, so würde dasjenige, was hier von Künstlern Künstlern zu Liebe geschah und mit mäßigem Aufwand zur Ausführung zu bringen war, bedeutende Kosten verursacht haben. Wir setzten nun zwar unser voriges stilles Leben fort, konnten aber das Vorurteil von Reichtum und vornehmer Geburt nicht mehr von uns ablehnen.

Zu einer lebhaftern Geselligkeit gab die Ankunft des Grafen Fries jedoch neuen Anlaß. Er hatte den Abbate Casti bei sich, welcher durch Vorlesung seiner damals noch ungedruckten galanten Erzählungen große Lust erregte; sein heiterer freier Vortrag schien jene geistreichen, übermäßig genialen Darstellungen vollkommen ins Leben zu bringen. Wir bedauerten nur, daß ein so gut gesinnter reicher Kunstliebhaber nicht immer von den zuverlässigsten Menschen bedient werde. Der Ankauf eines untergeschobenen geschnittenen Steines machte viel Reden und Verdruß. Er konnte sich indessen über den Ankauf einer schönen Statue gar wohl erfreuen, die einen Paris, nach der Auslegung anderer einen Mithras, vorstellte. Das Gegenbild steht jetzt im Museo Pio-Clementino, beide waren zusammen in einer Sandgrube gefunden worden. Doch waren es nicht die Unterhändler in Kunstgeschäften allein, die ihm auflauerten, er hatte manches Abenteuer zu bestehen; und da er sich überhaupt in der heißen Jahrszeit nicht zu schonen wußte, so konnt' es nicht fehlen, daß er von mancherlei Übeln angefallen wurde, welche die letzten Tage seines Aufenthalts verbitterten. Mir aber war es um so schmerzlicher, als ich seiner Gefälligkeit gar manches schuldig geworden; wie ich denn auch die treffliche Gemmensammlung des Prinzen von Piombino mit ihm zu betrachten günstige Gelegenheit fand.

Beim Grafen Fries fanden sich, außer den Kunsthändlern, auch wohl der Art Literatoren, wie sie hier in Abbétracht herumwandern. Mit diesen war kein angenehmes Gespräch. Kaum hatte man von nationaler Dichtung zu sprechen angefangen und sich über ein- und andern Punkt zu belehren gesucht, so mußte man unmittelbar, und ohne weiteres, die Frage vernehmen: ob man Ariost oder Tasso, welchen von beiden man für den größten Dichter halte? Antwortete man: Gott und der Natur sei zu danken, daß sie zwei solche vorzügliche Männer einer Nation gegönnt, deren jeder uns, nach Zeit und Umständen, nach Lagen und Empfindungen, die herrlichsten Augenblicke verliehen, uns beruhigt und entzückt — dies vernünftige Wort ließ niemand gelten. Nun wurde derjenige, für den man sich entschieden hatte, hoch und höher gehoben, der andere tief und tiefer dagegen herabgesetzt. Die ersten Male sucht' ich die Verteidigung des Herabgesetzten zu übernehmen und seine Vorzüge geltend zu machen; dies aber verfing nicht, man hatte Partei ergriffen und blieb auf seinem Sinne. Da nun eben dasselbe immerfort und fort sich wiederholte, und es mir zu ernst war, um dialektisch über dergleichen Gegenstände zu kontroversieren, so vermied ich ein solches Gespräch, besonders da ich merkte, daß es nur Phrasen waren, die man, ohne eigentliches Interesse an dem Gegenstande zu finden, aussprach und behauptete.

Viel schlimmer aber war es, wenn Dante zur Sprache kam. Ein junger Mann von Stande und Geist und wirklichem Anteil an jenem außerordentlichen Manne nahm meinen Beifall und meine Billigung nicht zum besten auf, indem er ganz unbewunden versicherte: jeder Ausländer müsse Verzicht tun auf das Verständnis eines so außerordentlichen Geistes, dem ja selbst die Italiener nicht in allem folgen könnten. Nach einigen Hin- und Widerreden verdroß es mich denn doch zuletzt, und ich sagte: ich müsse bekennen, daß ich geneigt sei seinen Äußerungen Beifall zu geben; denn ich habe nie begreifen können, wie man sich mit diesen Gedichten beschäftigen möge. Mir komme die Hölle ganz abscheulich vor, das Fegefeuer zweideutig und das Paradies langweilig; womit er sehr zufrieden war, indem er daraus ein Argument für seine Behauptung zog: dies eben beweise, daß ich nicht die Tiefe und Höhe dieser Gedichte zum Verständnis bringen könne. Wir schieden als die besten Freunde; er versprach mir sogar einige schwere Stellen, über die er lange nachgedacht und über deren Sinn er endlich mit sich einig geworden sei, mitzuteilen und zu erklären.

Leider war die Unterhaltung mit Künstlern und Kunstfreunden nicht erbaulicher. Man verzieh jedoch endlich andern den Fehler, den man an sich bekennen mußte. Bald war es Raffael, bald Michelangelo, dem man den Vorzug gab, woraus denn am Schluß nur hervorging: der Mensch sei ein so beschränktes Wesen, daß, wenn sein Geist sich auch dem Großen geöffnet habe, er doch niemals die Großheiten verschiedener Art ebenmäßig zu würdigen und anzuerkennen Fähigkeit erlange.

Wenn wir Tischbeins Gegenwart und Einfluß vermißten, so hielt er uns dagegen durch sehr lebendige Briefe möglichst schadlos. Außer manchen geistreich aufgefaßten wunderlichen Vorfällen und genialen Ansichten erfuhren wir das Nähere durch Zeichnung und Skizze von einem Gemälde, mit welchem er sich daselbst hervortat. In halben Figuren sah man darauf Oresten, wie er am Opferaltar von Iphigenien erkannt wird, und die ihn bisher verfolgenden Furien soeben entweichen. Iphigenie war das wohlgetroffene Bildnis der Lady Hamilton, welche damals auf dem höchsten Gipfel der Schönheit und des Ansehens glänzte. Auch eine der Furien war durch die Ähnlichkeit mit ihr veredelt, wie sie denn überhaupt als Typus für alle Heroinen, Musen und Halbgöttinnen gelten mußte. Ein Künstler, der dergleichen vermochte, war in dem bedeutenden geselligen Kreise eines Ritter Hamilton sehr wohl aufgenommen.

AUGUST

Korrespondenz

Den 1. August 1787

Den ganzen Tag fleißig und still wegen der Hitze. Meine beste Freude bei der großen Wärme ist die Überzeugung, daß ihr auch einen guten Sommer in Deutschland haben werdet. Hier das Heu einführen zu sehen ist die größte Lust, da es in dieser Zeit gar nicht regnet und so der Feldbau nach Willkür behandelt werden kann, wenn sie nur Feldbau hätten.

Abends ward in der Tiber gebadet, in wohlangelegten sichern Badhäuschen; dann auf Trinità de' Monti spaziert und frische Luft im Mondschein genossen. Die Mondscheine sind hier, wie man sich sie denkt oder fabelt.

Der vierte Akt von Egmont ist fertig, im nächsten Brief hoff' ich dir den Schluß des Stückes anzukündigen.

Den 11. August

Ich bleibe noch bis künftige Ostern in Italien. Ich kann jetzt nicht aus der Lehre laufen. Wenn ich aushalte, komme ich gewiß so weit, daß ich meinen Freunden mit mir Freude machen kann. Ihr sollt immer Briefe von mir haben, meine Schriften kommen nach und nach, so habt ihr den Begriff von mir als eines abwesend Lebenden, da ihr mich so oft als einen gegenwärtig Toten bedauert habt.

Egmont ist fertig und wird zu Ende dieses Monats abgehen können. Alsdann erwarte ich mit Schmerzen euer Urteil.

Kein Tag vergeht, daß ich nicht in Kenntnis und Ausübung der Kunst zunehme. Wie eine Flasche sich leicht füllt, die man oben offen unter das Wasser stößt, so kann man hier leicht sich ausfüllen, wenn man empfänglich und bereitet ist; es drängt das Kunstelement von allen Seiten zu.

Den guten Sommer, den ihr habt, konnte ich hier voraussagen. Wir haben ganz gleichen reinen Himmel und am hohen Tag entsetzliche Hitze, der ich in meinem kühlen Saale ziemlich entgehe. September und Oktober will ich auf dem Lande zubringen und nach der Natur zeichnen. Vielleicht geh' ich wieder nach Neapel, um Hackerts Unterricht zu genießen. Er hat mich in vierzehn Tagen, die ich mit ihm auf dem Lande war, weiter gebracht, als ich in Jahren für mich würde vorgerückt sein. Noch schicke ich dir nichts und halte ein Dutzend kleine Skizzchen zurück, um dir auf einmal etwas Gutes zu senden.

Diese Woche ist still und fleißig hingegangen. Besonders hab' ich in der Perspektiv manches gelernt. Verschaffelt, ein Sohn des Mannheimer Direktors, hat diese Lehre recht durchgedacht und teilt mir seine Kunststücke mit. Auch sind einige Mondscheine aufs Brett gekommen und ausgetuscht worden, nebst einigen anderen Ideen, die fast zu toll sind, als daß man sie mitteilen sollte.

Ich habe der Herzogin einen langen Brief geschrieben und ihr geraten, die Reise nach Italien noch ein Jahr zu verschieben. Geht sie im Oktober, so kommt sie gerade zur Zeit in dies schöne Land, wenn sich das Wetter umkehrt, und sie hat einen bösen Spaß. Folgt sie mir in diesem und andrem, so kann sie Freude haben, wenn das Glück gut ist. Ich gönne ihr herzlich diese Reise.

Es ist sowohl für mich als für andere gesorgt, und die Zukunft wollen wir geruhig erwarten. Niemand kann sich umprägen und niemand seinem Schicksale entgehn. Aus eben diesem Briefe wirst du meinen Plan sehn und ihn hoffentlich billigen. Ich wiederhole hier nichts.

Ich werde oft schreiben und den Winter durch immer im Geiste unter euch sein. Tasso kommt nach dem neuen Jahre.

Faust soll auf seinem Mantel als Kurier meine Ankunft melden. Ich habe alsdann eine Hauptepoche zurückgelegt, rein geendigt, und kann wieder anfangen und eingreifen, wo es nötig ist. Ich fühle mir einen leichtern Sinn und bin fast ein andrer Mensch als vorm Jahr.

Ich lebe in Reichtum und Überfluß alles dessen was mir eigens lieb und wert ist, und habe erst diese paar Monate meine Zeit hier recht genossen. Denn es legt sich nun auseinander, und die Kunst wird mir wie eine zweite Natur, die gleich der Minerva aus dem Haupte Jupiters, so aus dem Haupte der größten Menschen geboren worden. Davon sollt ihr in der Folge tagelang, wohl jahrelang unterhalten werden.

Ich wünsche euch allen einen guten September. Am Ende Augusts, wo alle unsre Geburtstage zusammentreffen, will ich eurer fleißig gedenken. Wie die Hitze abnimmt, geh' ich aufs Land, dort zu zeichnen, indes tu' ich, was in der Stube zu tun ist, und muß oft pausieren. Abends besonders muß man sich vor Verkältung in acht nehmen.

Rom, den 18. August

Diese Woche hab' ich einigermaßen von meiner nordischen Geschäftigkeit nachlassen müssen, die ersten Tage waren gar zu heiß. Ich habe also nicht so viel getan als ich wünschte. Nun haben wir seit zwei Tagen die schönste Tramontane und eine gar freie Luft. September und Oktober müssen ein paar himmlische Monate werden.

Gestern fuhr ich vor Sonnenaufgang nach Acqua acetosa; es ist wirklich zum Närrischwerden, wenn man die Klarheit, die Mannigfaltigkeit, duftige Durchsichtigkeit und himmlische Färbung der Landschaft, besonders der Fernen ansieht.

Moritz studiert jetzt die Antiquitäten und wird sie zum Gebrauch der Jugend und zum Gebrauch eines jeden Denkenden vermenschlichen und von allem Büchermoder und Schulstaub reinigen. Er hat eine gar glückliche richtige Art die Sachen anzusehn, ich hoffe, daß er sich auch Zeit nehmen wird gründlich zu sein. Wir gehen des Abends spazieren, und er erzählt mir, welchen Teil er des Tags durchgedacht, was er in den Autoren gelesen, und so füllt sich auch diese Lücke aus, die ich bei meinen übrigen Beschäftigungen lassen müßte und nur spät und mit Mühe nachholen könnte. Ich sehe indes Gebäude, Straßen, Gegend, Monumente an, und wenn ich abends nach Hause komme, wird ein Bild, das mir besonders aufgefallen, unterm Plaudern aufs Papier gescherzt. Ich lege dir eine solche Skizze von gestern abend bei. Es ist die ungefähre Idee, wenn man von hinten das Kapitol heraufkommt.

Mit der guten Angelika war ich sonntags die Gemälde des Prinzen Aldobrandini, besonders einen trefflichen Leonardo da Vinci zu sehen. Sie ist nicht glücklich wie sie es zu sein verdiente, bei dem wirklich großen Talent und bei dem Vermögen, das sich täglich mehrt. Sie ist müde auf den Kauf zu malen, und doch findet ihr alter Gatte es gar zu schön, daß so schweres Geld für oft leichte Arbeit einkommt. Sie möchte nun sich selbst zur Freude, mit mehr Muße, Sorgfalt und Studium arbeiten und könnte es. Sie haben keine Kinder, können ihre Interessen nicht verzehren und sie verdient täglich auch mit mäßiger Arbeit noch genug hinzu. Das ist nun aber nicht und wird nicht. Sie spricht sehr aufrichtig mit mir, ich hab' ihr meine Meinung gesagt, hab' ihr meinen Rat gegeben, und muntre sie auf, wenn ich bei ihr bin. Man rede von Mangel und Unglück, wenn die, welche genug besitzen, es nicht brauchen und genießen können! Sie hat ein unglaubliches und als Weib wirklich ungeheures Talent. Man muß sehen und schätzen was sie macht, nicht das was sie zurückläßt. Wie vieler Künstler Arbeiten halten Stich, wenn man rechnen will, was fehlt.

Und so, meine Lieben, wird mir Rom, das römische Wesen, Kunst und Künstler immer bekannter, und ich sehe die Verhältnisse ein, sie werden mir nah und natürlich, durchs Mitleben und Hin- und Herwandeln. Jeder bloße Besuch gibt falsche Begriffe. Sie möchten mich auch hier aus meiner

Stille und Ordnung bringen und in die Welt ziehen, ich wahre mich so gut ich kann. Verspreche, verzögre, weiche aus, verspreche wieder und spiele den Italiener mit den Italienern. Der Kardinal-Staatssekretär Buoncompagni hat mir es gar zu nahe legen lassen, ich werde aber ausweichen, bis ich halb September aufs Land gehe. Ich scheue mich vor den Herren und Damen wie vor einer bösen Krankheit, es wird mir schon weh, wenn ich sie fahren sehe.

Rom, den 23. August

Euren lieben Brief Nr. 24 erhielt ich vorgestern eben als ich nach dem Vatikan ging, und habe ihn unterwegs und in der Sixtinischen Kapelle aber und abermals gelesen, so oft ich ausruhte von dem Sehen und Aufmerken. Ich kann euch nicht ausdrücken, wie sehr ich euch zu mir gewünscht habe, damit ihr nur einen Begriff hättet, was ein einziger und ganzer Mensch machen und ausrichten kann; ohne die Sixtinische Kapelle gesehen zu haben kann man sich keinen anschauenden Begriff machen, was ein Mensch vermag. Man hört und liest von viel großen und braven Leuten, aber hier hat man es noch ganz lebendig über dem Haupte, vor den Augen. Ich habe mich viel mit euch unterhalten und wollte, es stünde alles auf dem Blatte. Ihr wollt von mir wissen! Wie vieles könnt' ich sagen! denn ich bin wirklich umgeboren und erneuert und ausgefüllt. Ich fühle, daß sich die Summe meiner Kräfte zusammenschließt, und hoffe noch etwas zu tun. Über Landschaft und Architektur habe ich diese Zeit her ernstlich nachgedacht, auch einiges versucht und sehe nun wo es damit hinaus will, auch wie weit es zu bringen wäre.

Nun hat mich zuletzt das A und O aller uns bekannten Dinge, die menschliche Figur, angefaßt, und ich sie, und ich sage: Herr, ich lasse dich nicht, du segnest mich denn, und sollt' ich mich lahm ringen. Mit dem Zeichnen geht es gar nicht, und ich habe also mich zum Modellieren entschlossen und das scheint rücken zu wollen. Wenigstens bin ich auf einen Gedanken gekommen, der mir vieles erleichtert. Es wäre zu weitläufig es zu detaillieren, und es ist besser zu tun als zu reden. Genug, es läuft darauf hinaus: daß mich nun mein hartnäckig Studium der Natur, meine Sorgfalt, mit der ich in der komparierenden Anatomie zu Werke gegangen bin, nunmehr in den Stand setzen, in der Natur und den Antiken manches im Ganzen zu sehen, was den Künstlern im einzelnen aufzusuchen schwer wird, und das sie, wenn sie es endlich erlangen, nur für sich besitzen und andern nicht mitteilen können.

Ich habe alle meine physiognomischen Kunststückchen, die ich aus Pik auf den Propheten in den Winkel geworfen, wieder hervorgesucht, und sie kommen mir gut zu passe. Ein Herkuleskopf ist angefangen; wenn dieser glückt, wollen wir weiter gehen.

So entfernt bin ich jetzt von der Welt und allen weltlichen Dingen, es kommt mir recht wunderbar vor, wenn ich eine Zeitung lese. Die Gestalt dieser Welt vergeht, ich möchte mich nur mit dem beschäftigen, was bleibende Verhältnisse sind, und so nach der Lehre des *** meinem Geiste erst die Ewigkeit verschaffen.

Gestern sah ich bei Ch. v. Worthley, der eine Reise nach Griechenland, Ägypten und so weiter gemacht hat, viele Zeichnungen. Was mich am meisten interessierte, waren Zeichnungen nach Basreliefs, welche im Fries des Tempels der Minerva zu Athen sind, Arbeiten des Phidias. Man kann sich nichts Schöneres denken als die wenigen einfachen Figuren. Übrigens war wenig Reizendes an den vielen gezeichneten Gegenständen; die Gegenden waren nicht glücklich, die Architektur besser.

Lebe wohl für heute. Es wird meine Büste gemacht, und das hat mir drei Morgen dieser Woche gekostet.

Den 28. August

Mir ist diese Tage manches Gute begegnet, und heute zum Feste kam mir Herders Büchlein voll würdiger Gottesgedanken. Es war mir tröstlich und erquicklich, sie in diesem Babel, der Mutter so vieles Betrugs und Irrtums, so rein und schön zu lesen, und zu denken, daß doch jetzt die Zeit ist, wo sich solche Gesinnungen, solche Denkarten verbreiten können und dürfen. Ich werde das Büchlein in meiner Einsamkeit noch oft lesen und beherzigen, auch Anmerkungen dazu machen, welche Anlaß zu künftigen Unterredungen geben können.

Ich habe diese Tage immer weiter um mich gegriffen in Betrachtung der Kunst, und übersehe nun fast das ganze Pensum, das mir zu absolvieren bleibt; und wenn es absolviert ist, ist noch nichts getan. Vielleicht gibt's andern Anlaß, dasjenige leichter und besser zu tun, wozu Talent und Geschick bestimmt.

Die französische Akademie hat ihre Arbeiten ausgestellt, es sind interessante Sachen drunter. Pindar, der die Götter um ein glückliches Ende bittet, fällt in die Arme eines Knaben, den er sehr liebt, und stirbt. Es ist viel Verdienst in dem Bilde. Ein Architekt hat eine gar artige Idee ausgeführt, er hat das jetzige Rom von einer Seite gezeichnet, wo es sich mit allen seinen Teilen gut ausnimmt. Dann hat er auf einem andern Blatte das alte Rom vorgestellt, als wenn man es aus demselben Standpunkt sähe. Die Orte, wo die alten Monumente gestanden, weiß man, ihre Form auch meistens, von vielen stehen noch die Ruinen. Nun hat er alles Neue weggetan und das Alte wieder hergestellt, wie es etwa zu Zeiten Diocletians ausgesehen haben mag: und mit ebensoviel Geschmack als Studium, und allerliebst gefärbt.

Was ich tun kann, tu' ich, und häufe so viel von allen diesen Begriffen und Talenten auf mich, als ich schleppen kann, und bringe auf diese Weise doch das Reellste mit.

Hab' ich dir schon gesagt, daß Trippel meine Büste arbeitet? Der Fürst von Waldeck hat sie bei ihm bestellt. Er ist schon meist fertig, und es macht ein gutes Ganze. Sie ist in einem sehr soliden Stil gearbeitet. Wenn das Modell fertig ist, wird er eine Gipsform darüber machen, und dann gleich den Marmor anfangen, welchen er dann zuletzt nach dem Leben auszuarbeiten wünscht, denn was sich in dieser Materie tun läßt, kann man in keiner andern erreichen.

Angelika malt jetzt ein Bild, das sehr glücken wird: die Mutter der Gracchen, wie sie einer Freundin, welche ihre Juwelen auskramte, ihre Kinder als die besten Schätze zeigt. Es ist eine natürliche und sehr glückliche Komposition.

Wie schön ist es zu säen, damit geerntet werde! Ich habe hier durchaus verschwiegen, daß heute mein Geburtstag sei, und dachte beim Aufstehen: sollte mir denn von Hause nichts zur Feier kommen? Und siehe, da wird mir euer Paket gebracht, das mich unsäglich erfreut. Gleich setzte ich mich hin es zu lesen und bin nun zu Ende und schreibe gleich meinen herzlichsten Dank nieder.

Nun möchte ich denn erst bei euch sein, da sollte es an ein Gespräch gehen, zu Ausführung einiger angedeuteten Punkte. Genug, das wird uns auch werden, und ich danke herzlich, daß eine Säule gesetzt ist, von welcher an wir nun unsre Meilen zählen können. Ich wandle starken Schrittes in den Gefilden der Natur und Kunst herum und werde dir mit Freuden von da aus entgegen kommen.

Ich habe es heute, nach Empfang deines Briefes, noch einmal durchgedacht und muß darauf beharren: mein Kunststudium, mein Autorwesen, alles fordert noch diese Zeit. In der Kunst muß ich es so weit bringen, daß alles anschauende Kenntnis werde, nichts Tradition und Name bleibe, und ich zwinge es in diesem halben Jahre, auch ist es nirgends als in Rom zu zwingen. Meine Sächelchen (denn sie kommen mir sehr im Deminutiv vor) muß ich wenigstens mit Sammlung und Freudigkeit enden.

Dann zieht mich alles nach dem Vaterlande zurück. Und wenn ich auch ein isoliertes privates Leben führen sollte, habe ich so viel nachzuholen und zu vereinigen, daß ich für zehn Jahre keine Ruhe sehe.

In der Naturgeschichte bring' ich dir Sachen mit, die du nicht erwartest. Ich glaube dem Wie der Organisation sehr nahe zu rücken. Du sollst diese Manifestationen (nicht Fulgurationen) unsres Gottes mit Freuden beschauen und mich belehren, wer in der alten und neuen Zeit dasselbe gefunden, gedacht, es von eben der Seite oder aus einem wenig abweichenden Standpunkte betrachtet.

Bericht August

Zu Anfang dieses Monats reifte bei mir der Vorsatz, noch den nächsten Winter in Rom zu bleiben; Gefühl und Einsicht, daß ich aus diesem Zustande noch völlig unreif mich entfernen, auch daß ich nirgends solchen Raum und solche Ruhe für den Abschluß meiner Werke finden würde, bestimmten mich endlich; und nun, als ich solches nach Hause gemeldet hatte, begann ein Zeitraum neuer Art.

Die große Hitze, welche sich nach und nach steigerte und einer allzuraschen Tätigkeit Ziel und Maß gab, machte solche Räume angenehm und wünschenswert, wo man seine Zeit nützlich in Ruh und Kühlung zubringen konnte. Die Sixtinische Kapelle gab hiezu die schönste Gelegenheit. Gerade zu dieser Zeit hatte Michelangelo aufs neue die Verehrung der Künstler gewonnen; neben seinen übrigen großen Eigenschaften sollt' er sogar auch im Kolorit nicht übertroffen worden sein, und es wurde Mode, zu streiten, ob er oder Raffael mehr Genie gehabt. Die Transfiguration des letzteren wurde mitunter sehr strenge getadelt und die Disputa das beste seiner Werke genannt; wodurch sich denn schon die später aufgekommene Vorliebe für Werke der alten Schule ankündigte, welche der stille Beobachter nur für ein Symptom halber und unfreier Talente betrachten und sich niemals damit befreunden konnte.

Es ist so schwer, ein großes Talent zu fassen, geschweige denn zwei zugleich. Wir erleichtern uns dieses durch Parteilichkeit; deshalb denn die Schätzung von Künstlern und Schriftstellern immer schwankt, und einer oder der andere immer ausschließlich den Tag beherrscht. Mich konnten dergleichen Streitigkeiten nicht irre machen, da ich sie auf sich beruhen ließ, und mich mit unmittelbarer Betrachtung alles Werten und Würdigen beschäftigte. Diese Vorliebe für den großen Florentiner teilte sich von den Künstlern gar bald auch den Liebhabern mit, da denn auch gerade zu jener Zeit Bury und Lips Aquarellkopien in der Sixtinischen Kapelle für Grafen Fries zu fertigen hatten. Der Kustode ward gut bezahlt, er ließ uns durch die Hintertür neben dem Altar hinein, und wir hauseten darin nach Belieben. Es fehlte nicht an einiger Nahrung, und ich erinnere mich, ermüdet von großer Tageshitze, auf dem päpstlichen Stuhle einem Mittagsschlaf nachgegeben zu haben.

Sorgfältige Durchzeichnungen der unteren Köpfe und Figuren des Altarbildes, die man mit der Leiter erreichen konnte, wurden gefertigt, erst mit weißer Kreide auf schwarze Florrahmen, dann mit Rötel auf große Papierbogen durchgezeichnet.

Ebnermaßen ward denn auch, indem man sich nach dem Ältern hinwendete, Leonardo da Vinci berühmt, dessen hochgeschätztes Bild, Christus unter den Pharisäern, in der Galerie Aldobrandini ich mit Angelika besuchte. Es war herkömmlich geworden, daß sie Sonntag um Mittag mit ihrem Gemahl und Rat Reiffenstein bei mir vorfuhr, und wir sodann mit möglichster Gemütsruhe uns durch eine Backofenhitze in irgendeine Sammlung begaben, dort einige Stunden verweilten, und sodann zu einer wohlbesetzten Mittagstafel bei ihr einkehrten. Es war vorzüglich belehrend mit diesen drei Personen, deren eine jede in ihrer Art theoretisch, praktisch, ästhetisch und technisch gebildet war, sich in Gegenwart so bedeutender Kunstwerke zu besprechen.

Ritter Worthley, der aus Griechenland zurückgekommen war, ließ uns wohlwollend seine mitgebrachten Zeichnungen sehen, unter welchen die Nachbildungen der Arbeiten des Phidias im Fronton der Akropolis einen entschiedenen und unauslöschlichen Eindruck in mir zurückließen, der um desto stärker war, als ich, durch die mächtigen Gestalten des

Michelangelo veranlaßt, dem menschlichen Körper mehr als bisher Aufmerksamkeit und Studium zugewendet hatte.

Eine bedeutende Epoche jedoch in dem regsamen Kunstleben machte die Ausstellung der französischen Akademie zu Ende des Monats. Durch Davids Horatier hatte sich das Übergewicht auf die Seite der Franzosen hingeneigt. Tischbein wurde dadurch veranlaßt, seinen Hektor, der den Paris in Gegenwart der Helena auffordert, lebensgroß anzufangen. Durch Drouais, Gagneraux, Desmarais, Gauffier, Saint-Ours erhält sich nunmehr der Ruhm der Franzosen, und Boguet erwirbt als Landschaftsmaler im Sinne Poussins einen guten Namen.

Indessen hatte Moritz sich um die alte Mythologie bemüht; er war nach Rom gekommen, um nach früherer Art durch eine Reisebeschreibung sich die Mittel einer Reise zu verschaffen. Ein Buchhändler hatte ihm Vorschuß geleistet; aber bei seinem Aufenthalt in Rom wurde er bald gewahr, daß ein leichtes loses Tagebuch nicht ungestraft verfaßt werden könne. Durch tagtägliche Gespräche, durch Anschauen so vieler wichtiger Kunstwerke regte sich in ihm der Gedanke, eine Götterlehre der Alten in rein menschlichem Sinne zu schreiben, und solche mit belehrenden Umrissen nach geschnittenen Steinen künftig herauszugeben. Er arbeitete fleißig daran, und unser Verein ermangelte nicht, sich mit demselben einwirkend darüber zu unterhalten.

Eine höchst angenehme belehrende Unterhaltung, mit meinen Wünschen und Zwecken unmittelbar zusammentreffend, knüpfte ich mit dem Bildhauer Trippel in seiner Werkstatt an, als er meine Büste modellierte, welche er für den Fürsten von Waldeck in Marmor ausarbeiten sollte. Gerade zum Studium der menschlichen Gestalt, und um über ihre Proportionen als Kanon und als abweichender Charakter aufgeklärt zu werden, war nicht wohl unter andern Bedingungen zu kommen. Dieser Augenblick ward auch doppelt interessant, dadurch daß Trippel von einem Apollokopf Kenntnis erhielt, der sich in der Sammlung des Palasts Giustiniani bisher unbeachtet befunden hatte. Er hielt denselben für eins der edelsten Kunstwerke, und hegte Hoffnung ihn zu kaufen, welches jedoch nicht gelang. Diese Antike ist seitdem berühmt geworden und später an Herrn von Pourtalès nach Neuchâtel gekommen.

Aber wie derjenige, der sich einmal zur See wagt, durch Wind und Wetter bestimmt wird seinen Lauf bald dahin bald dorthin zu nehmen, so erging es auch mir. Verschaffelt eröffnete einen Kurs der Perspektive, wo wir uns des Abends versammelten und eine zahlreiche Gesellschaft auf seine Lehren horchte und sie unmittelbar ausübte. Das Vorzüglichste war dabei, daß man gerade das Hinreichende und nicht zu viel lernte.

Aus dieser kontemplativ tätigen, geschäftigen Ruhe hätte man mich gerne herausgerissen. Das unglückliche Konzert war in Rom, wo das Hin- und Widerreden des Tags wie an kleinen Orten herkömmlich ist, vielfach besprochen; man war auf mich und meine schriftstellerischen Arbeiten aufmerksam geworden; ich hatte die Iphigenie und sonstiges unter Freunden vorgelesen, worüber man sich gleichfalls besprach. Kardinal Buoncompagni verlangte mich zu sehen, ich aber hielt fest in meiner wohlbekannten Einsiedelei, und ich konnte dies um so eher, als Rat Reiffenstein fest und eigensinnig behauptete: da ich mich durch ihn nicht habe präsentieren lassen, so könne es kein anderer tun. Dies gereichte mir sehr zum Vorteil, und ich benutzte immer sein Ansehn, um mich in einmal gewählter und ausgesprochener Abgeschiedenheit zu erhalten.

SEPTEMBER

Korrespondenz

Den 1. September 1787

Heute kann ich sagen ist Egmont fertig geworden; ich habe diese Zeit her immer noch hier und da daran gearbeitet. Ich schicke ihn über Zürich, denn ich wünsche, daß Kayser Zwischenakte dazu und was sonst von Musik nötig ist komponieren möge. Dann wünsch' ich euch Freude daran.

Meine Kunststudien gehen sehr vorwärts, mein Prinzip paßt überall und schließt mir alles auf. Alles was Künstler nur einzeln mühsam zusammensuchen müssen, liegt nun zusammen offen und frei vor mir. Ich sehe jetzt, wieviel ich nicht weiß, und der Weg ist offen alles zu wissen und zu begreifen.

Moritzen hat Herders Gotteslehre sehr wohl getan, er zählt gewiß Epoche seines Lebens davon, er hat sein Gemüt dahin geneigt und war durch meinen Umgang vorbereitet, er schlug gleich wie wohl getrocknet Holz in lichte Flammen.

Rom, den 3. September

Heute ist es jährig, daß ich mich aus Karlsbad entfernte. Welch ein Jahr! und welch eine sonderbare Epoche für mich dieser Tag, des Herzogs Geburtstag und ein Geburtstag für mich zu einem neuen Leben. Wie ich dieses Jahr genutzt, kann ich jetzt weder mir noch andern berechnen; ich hoffe, es wird die Zeit kommen, die schöne Stunde, da ich mit euch alles werde summieren können.

Jetzt gehn hier erst meine Studien an, und ich hätte Rom gar nicht gesehen, wenn ich früher weggegangen wäre. Man denkt sich gar nicht, was hier zu sehen und zu lernen ist; auswärts kann man keinen Begriff davon haben.

Ich bin wieder in die ägyptischen Sachen gekommen. Diese Tage war ich einigemal bei dem großen Obelisk, der noch zerbrochen zwischen Schutt und Kot in einem Hofe liegt. Es war der Obelisk des Sesostris, in Rom zu Ehren des Augusts aufgerichtet, und stand als Zeiger der großen Sonnenuhr, die auf dem Boden des Campus Martius gezeichnet war. Dieses älteste und herrlichste vieler Monumente liegt nun da zerbrochen, einige Seiten (wahrscheinlich durchs Feuer) verunstaltet. Und doch liegt es noch da, und die unzerstörten Seiten sind noch frisch, wie gestern gemacht und von der schönsten Arbeit (in ihrer Art). Ich lasse jetzt eine Sphinx der Spitze und die Gesichter von Sphinxen, Menschen, Vögeln abformen und in Gips gießen. Diese unschätzbaren Sachen muß man besitzen, besonders da man sagt, der Papst wolle ihn aufrichten lassen, da man denn die Hieroglyphen nicht mehr erreichen kann. So will ich es auch mit den besten hetrurischen Sachen tun usw. Nun modelliere ich nach diesen Bildungen in Ton, um mir alles recht eigen zu machen.

Den 5. September

Ich muß an einem Morgen schreiben, der ein festlicher Morgen für mich wird. Denn heute ist Egmont eigentlich recht völlig fertig geworden. Der Titel und die Personen sind geschrieben, und einige Lücken, die ich gelassen hatte, ausgefüllt worden, nun freu' ich mich schon zum voraus auf die Stunde, in welcher ihr ihn erhalten und lesen werdet. Es sollen auch einige Zeichnungen beigelegt werden.

Den 6. September

Ich hatte mir vorgenommen euch recht viel zu schreiben und auf den letzten Brief allerlei zu sagen, nun bin ich unterbrochen worden, und morgen geh' ich nach Frascati. Dieser Brief muß Sonnabends fort, und nun sag' ich nur noch zum

Abschied wenige Worte. Wahrscheinlich habt ihr jetzt auch schönes Wetter, wie wir es unter diesem freieren Himmel genießen. Ich habe immer neue Gedanken, und da die Gegenstände um mich tausendfach sind, so wecken sie mich bald zu dieser bald zu jener Idee. Von vielen Wegen rückt alles gleichsam auf einen Punkt zusammen, ja ich kann sagen, daß ich nun Licht sehe, wo es mit mir und meinen Fähigkeiten hinaus will; so alt muß man werden, um nur einen leidlichen Begriff von seinem Zustande zu haben. Es sind also die Schwaben nicht allein, die vierzig Jahre brauchen, um klug zu werden.

Ich höre, daß Herder nicht wohl ist und bin darüber in Sorge, ich hoffe bald bessere Nachrichten zu vernehmen.

Mir geht es immer an Leib und Seele gut, und fast kann ich hoffen radikaliter kuriert zu werden; alles geht mir leicht von der Hand, und manchmal kommt ein Hauch der Jugendzeit mich anzuwehen. Egmont geht mit diesem Brief ab, wird aber später kommen, weil ich ihn auf die fahrende Post gebe. Recht neugierig und verlangend bin ich, was ihr dazu sagen werdet.

Vielleicht wäre gut mit dem Druck bald anzufangen. Es würde mich freuen, wenn das Stück so frisch ins Publikum käme. Seht wie ihr das einrichtet, ich will mit dem Rest des Bandes nicht zurückbleiben.

Der Gott leistet mir die beste Gesellschaft. Moritz ist dadurch wirklich aufgebaut worden, es fehlte gleichsam nur an diesem Werke, das nun als Schlußstein seine Gedanken schließt, die immer auseinander fallen wollten. Es wird recht brav. Mich hat er aufgemuntert in natürlichen Dingen weiter vorzudringen, wo ich denn besonders in der Botanik auf ein ἓν καὶ πᾶν gekommen bin, das mich in Erstaunen setzt; wie weit es um sich greift, kann ich selbst noch nicht sehn.

Mein Prinzip, die Kunstwerke zu erklären und das auf einmal aufzuschließen, woran Künstler und Kenner sich schon seit der Wiederherstellung der Kunst zersuchen und zerstudieren, find' ich bei jeder Anwendung richtiger. Eigentlich ist's auch ein kolumbisches Ei. Ohne zu sagen, daß ich einen solchen Kapitalschlüssel besitze, sprech' ich nun die Teile zweckmäßig mit den Künstlern durch und sehe wie weit sie gekommen sind, was sie haben und wo es widerstößt. Die Türe hab' ich offen und stehe auf der Schwelle und werde leider mich von da aus nur im Tempel umsehen können und wieder scheiden.

So viel ist gewiß, die alten Künstler haben eben so große Kenntnis der Natur und eben einen so sichern Begriff von dem, was sich vorstellen läßt, und wie es vorgestellt werden muß, gehabt, als Homer. Leider ist die Anzahl der Kunstwerke der ersten Klasse gar zu klein. Wenn man aber auch diese sieht, so hat man nichts zu wünschen als sie recht zu erkennen und dann in Friede hinzufahren. Diese hohen Kunstwerke sind zugleich als die höchsten Naturwerke von Menschen nach wahren und natürlichen Gesetzen hervorgebracht worden. Alles Willkürliche, Eingebildete fällt zusammen, da ist die Notwendigkeit, da ist Gott.

In einigen Tagen werde ich die Arbeiten eines geschickten Architekten sehen, der selbst in Palmyra war und die Gegenstände mit großem Verstand und Geschmack gezeichnet hat. Ich gebe gleich Nachricht davon und erwarte mit Verlangen eure Gedanken über diese wichtigen Ruinen.

Freut euch mit mir, daß ich glücklich bin, ja ich kann wohl sagen, ich war es nie in dem Maße: mit der größten Ruhe und Reinheit eine eingeborne Leidenschaft befriedigen zu können und von einem anhaltenden Vergnügen einen dauernden Nutzen sich versprechen zu dürfen, ist wohl nichts Geringes. Könnte ich meinen Geliebten nur etwas von meinem Genuß und meiner Empfindung mitteilen.

Ich hoffe, die trüben Wolken am politischen Himmel sollen sich zerstreuen. Unsre modernen Kriege machen viele unglücklich indessen sie dauern, und niemand glücklich wenn sie vorbei sind.

Den 12. September

Es bleibt wohl dabei, meine Lieben, daß ich ein Mensch bin, der von der Mühe lebt. Diese Tage her habe ich wieder mehr gearbeitet als genossen. Nun geht die Woche zu Ende, und ihr sollt ein Blatt haben.

Es ist ein Leid, daß die Aloe in Belvedere eben das Jahr meiner Abwesenheit wählt um zu blühen. In Sizilien war ich zu früh, hier blüht dies Jahr nur eine, nicht groß, und sie steht so hoch, daß man nicht dazu kann. Es ist allerdings ein indianisch Gewächs auch in diesen Gegenden nicht recht zu Hause.

Des Engländers Beschreibungen machen mir wenig Freude. Die Geistlichen müssen sich in England sehr in acht nehmen, dagegen haben sie auch das übrige Publikum in der Flucht. Der freie Engländer muß in sittlichen Schriften sehr eingeschränkt einhergehn.

Die Schwanzmenschen wundern mich nicht, nach der Beschreibung ist es etwas sehr Natürliches. Es stehen weit wunderbarere Sachen täglich vor unsern Augen, die wir nicht achten, weil sie nicht so nah mit uns verwandt sind.

Daß B. wie mehr Menschen, die kein Gefühl echter Gottesverehrung während ihres Lebens gehabt haben, in ihrem Alter fromm werden, wie man's heißt, ist auch recht gut, wenn man nur sich nicht mit ihnen erbauen soll.

Einige Tage war ich in Frascati mit Rat Reiffenstein, Angelica kam Sonntags uns abzuholen. Es ist ein Paradies.

Erwin und Elmire ist zur Hälfte schon umgeschrieben. Ich habe gesucht, dem Stückchen mehr Interesse und Leben zu verschaffen und habe den äußerst platten Dialog ganz weggeschmissen. Es ist Schülerarbeit oder vielmehr Sudelei. Die artigen Gesänge, worauf sich alles dreht, bleiben alle, wie natürlich.

Die Künste werden auch fortgetrieben, daß es saust und braust.

Meine Büste ist sehr gut geraten; jedermann ist damit zufrieden. Gewiß ist sie in einem schönen und edlen Stil gearbeitet, und ich habe nichts dagegen, daß die Idee, als hätte ich so ausgesehen, in der Welt bleibt. Sie wird nun gleich in Marmor angefangen und zuletzt auch in den Marmor nach der Natur gearbeitet. Der Transport ist so lästig, sonst schickte ich gleich einen Abguß; vielleicht einmal mit einem Schiffstransport, denn einige Kisten werd' ich doch zuletzt zusammenpacken.

Ist denn Kranz noch nicht angekommen, dem ich eine Schachtel für die Kinder mitgab?

Sie haben jetzt wieder eine gar graziose Operette auf dem Theater in Valle, nachdem zwei jämmerlich verunglückt waren. Die Leute spielen mit viel Lust, und es harmoniert alles zusammen. Nun wird es bald aufs Land gehen. Es hat einigemal geregnet, das Wetter ist abgekühlt, und die Gegend macht sich wieder grün.

Von der großen Eruption des Ätna werden euch die Zeitungen gesagt haben oder sagen.

Den 15. September

Nun hab' ich auch Trencks Leben gelesen. Es ist interessant genug, und lassen sich Reflexionen genug darüber machen.

Mein nächster Brief wird meine Bekanntschaft mit einem merkwürdigen Reisenden erzählen, die ich morgen machen soll.

Freuet euch übrigens meines hiesigen Aufenthalts. Rom ist mir nun ganz familiär, und ich habe fast nichts mehr drin, was mich überspannte. Die Gegenstände haben mich nach und nach zu sich hinauf gehoben. Ich genieße immer reiner, immer mit mehr Kenntnis, das gute Glück wird immer weiter helfen.

Hier liegt ein Blatt bei, das ich abgeschrieben den Freunden mitzuteilen bitte. Auch darum ist der Aufenthalt in Rom so interessant, weil es ein Mittelpunkt ist, nach dem sich so vieles hinzieht. Die Sachen des Cassas sind außerordentlich schön. Ich habe ihm manches in Gedanken gestohlen, das ich euch mitbringen will.

Ich bin immer fleißig. Nun hab' ich ein Köpfchen nach Gips gezeichnet, um zu sehen ob mein Principium Stich hält. Ich finde, es paßt vollkommen und erleichtert erstaunend das Machen. Man wollte nicht glauben, daß ich's gemacht habe, und doch ist es noch nichts. Ich sehe nun wohl, wie weit sich's mit Applikation bringen ließe.

Montag geht es wieder nach Frascati. Ich will sorgen, daß doch heute über acht Tage ein Brief abgehen kann. Dann werd' ich wohl nach Albano gehen. Es wird recht fleißig nach der Natur gezeichnet werden. Ich mag nun von gar nichts mehr wissen als etwas hervorzubringen und meinen Sinn recht zu üben. Ich liege an dieser Krankheit von Jugend auf krank, und gebe Gott, daß sie sich einmal auflöse.

Den 22. September

Gestern war eine Prozession, wo sie das Blut des heiligen Franziskus herumtrugen; ich spekulierte auf Köpfe und Gesichter, indes die Reihen von Ordensgeistlichen vorbeizogen.

Ich habe mir eine Sammlung von zweihundert der besten Antiken-Gemmen-Abdrücke angeschafft. Es ist das Schönste, was man von alter Arbeit hat, und zum Teil sind sie auch wegen der artigen Gedanken gewählt. Man kann von Rom nichts Kostbareres mitnehmen, besonders da die Abdrücke so außerordentlich schön und scharf sind.

Wie manches Gute werd' ich mitbringen, wenn ich mit meinem Schiffchen zurückkehre, doch vor allem ein fröhliches Herz, fähiger das Glück, was mir Liebe und Freundschaft zudenkt, zu genießen. Nur muß ich nichts wieder unternehmen, was außer dem Kreise meiner Fähigkeit liegt, wo ich mich nur abarbeite und nichts fruchte.

Noch ein Blatt, meine Lieben, muß ich euch mit dieser Post eilig schicken. Heute war mir ein sehr merkwürdiger Tag. Briefe von vielen Freunden, von der Herzoginmutter, Nachricht von meinem gefeierten Geburtsfeste und endlich meine Schriften.

Es ist mir wirklich sonderbar zumute, daß diese vier zarten Bändchen, die Resultate eines halben Lebens, mich in Rom aufsuchen. Ich kann wohl sagen: es ist kein Buchstabe drin, der nicht gelebt, empfunden, genossen, gelitten, gedacht wäre, und sie sprechen mich nun alle desto lebhafter an. Meine Sorge und Hoffnung ist, daß die vier folgenden nicht hinter diesen bleiben. Ich danke euch für alles was ihr an diesen Blättern getan habt, und wünsche euch auch Freude bringen zu können. Sorgt auch für die folgenden mit treuen Herzen.

Ihr vexiert mich über die Provinzen, und ich gestehe, der Ausdruck ist sehr uneigentlich. Da kann man aber sehen, wie man sich in Rom angewöhnt, alles grandios zu denken. Wirklich schein' ich mich zu nationalisieren, denn man gibt den Römern Schuld, daß sie nur von cose grosse wissen und reden mögen.

Ich bin immer fleißig und halte mich nun an die menschliche Figur. O wie weit und lang ist die Kunst und wie unendlich wird die Welt, wenn man sich nur einmal recht ans Endliche halten mag.

Dienstag, den 25. geh' ich nach Frascati und werde auch dort mühen und arbeiten. Es fängt nun an zu gehen. Wenn es nur einmal recht ginge.

Mir ist aufgefallen, daß in einer großen Stadt, in einem weiten Kreis auch der Ärmste, der Geringste sich empfindet, und an einem kleinen Orte der Beste, der Reichste sich nicht fühlen, nicht Atem schöpfen kann.

Frascati, den 28. September

Ich bin hier sehr glücklich, es wird den ganzen Tag bis in die Nacht gezeichnet, gemalt, getuscht, geklebt, Handwerk und Kunst recht ex professo getrieben. Rat Reiffenstein, mein Wirt, leistet Gesellschaft, und wir sind munter und lustig. Abends werden die Villen im Mondschein besucht, und sogar im Dunkeln die frappantesten Motive nachgezeichnet. Einige haben wir aufgejagt, die ich nur einmal auszuführen wünsche. Nun hoff' ich, daß auch die Zeit des Vollendens kommen wird. Die Vollendung liegt nur zu weit, wenn man weit sieht.

Gestern fuhren wir nach Albano und wieder zurück; auch auf diesem Wege sind viele Vögel im Fluge geschossen worden. Hier wo man recht in der Fülle sitzt, kann man sich was zugute tun, auch brenne ich recht vor Leidenschaft mir alles zuzueignen, und ich fühle, daß sich mein Geschmack reinigt nach dem Maße wie meine Seele mehr Gegenstände faßt. Wenn ich nur statt all des Redens einmal etwas Gutes schicken könnte. Einige Kleinigkeiten gehen mit einem Landsmann an euch ab.

Wahrscheinlich hab' ich die Freude, Kaysern in Rom zu sehen. So wird sich denn auch noch die Musik zu mir gesellen, um den Reihen zu schließen, den die Künste um mich ziehen, gleichsam als wollten sie mich verhindern nach meinen Freunden zu sehen. Und doch darf ich kaum das Kapitel berühren, wie sehr allein ich mich oft fühle, und welche Sehnsucht mich ergreift bei euch zu sein. Ich lebe doch nur im Grunde im Taumel weg, will und kann nicht weiter denken.

Mit Moritz hab' ich recht gute Stunden, und habe angefangen ihm mein Pflanzensystem zu erklären, und jedesmal in seiner Gegenwart aufzuschreiben, wie weit wir gekommen sind. Auf diese Art konnt' ich allein etwas von meinen Gedanken zu Papier bringen. Wie faßlich aber das Abstrakteste von dieser Vorstellungsart wird, wenn es mit der rechten Methode vorgetragen wird und eine vorbereitete Seele findet, seh' ich an meinem neuen Schüler. Er hat eine große Freude daran, und ruckt immer selbst mit Schlüssen vorwärts. Doch auf alle Fälle ist's schwer zu schreiben, und unmöglich aus dem bloßen Lesen zu begreifen, wenn auch alles noch so eigentlich und scharf geschrieben wäre.

So lebe ich denn glücklich, weil ich in dem bin, was meines Vaters ist. Grüßt alle, die mir's gönnen und mir direkt oder indirekt helfen, mich fördern und erhalten.

Bericht September

Der dritte September war mir heute doppelt und dreifach merkwürdig, um ihn zu feiern. Es war der Geburtstag meines Fürsten, welcher eine treue Neigung mit so mannigfaltigem Guten zu erwidern wußte; es war der Jahrestag meiner Hegire von Karlsbad, und noch durfte ich nicht zurückschauen, was ein so bedeutend durchlebter, völlig fremder Zustand auf mich gewirkt, mir gebracht und verliehen; wie mir auch nicht Raum zu vielem Nachdenken übrig blieb.

Rom hat den eignen großen Vorzug, daß es als Mittelpunkt künstlerischer Tätigkeit anzusehen ist. Gebildete Reisende sprechen ein, sie sind ihrem kürzeren oder längeren Aufenthalte hier gar vieles schuldig; sie ziehen weiter, wirken und sammeln, und wenn sie bereichert nach Hause kommen, so rechnen sie sich's zur Ehre und Freude, das Erworbene auszulegen und ein Opfer der Dankbarkeit ihren entfernten und gegenwärtigen Lehrern darzubringen.

Ein französischer Architekt, mit Namen Cassas, kam von seiner Reise in den Orient zurück; er hatte die wichtigsten alten Monumente, besonders die noch nicht herausgegebenen gemessen, auch die Gegenden, wie sie anzuschauen sind, gezeichnet, nicht weniger alte zerfallene und zerstörte Zustände bildlich wieder hergestellt und einen Teil seiner Zeichnungen, von großer Präzision und Geschmack, mit der Feder umrissen und, mit Aquarellfarben belebt, dem Auge dargestellt.

1. Das Serail von Konstantinopel von der Seeseite mit einem Teil der Stadt und der Sophienmoschee. Auf der reizendsten Spitze von Europa ist der Wohnort des Großherrn so lustig angebaut, als man es nur denken kann. Hohe und immer respektierte Bäume stehen in großen, meist verbundenen Gruppen hintereinander, darunter sieht man nicht etwa große Mauern und Paläste, sondern Häuschen, Gitterwerke, Gänge, Kiosken, ausgespannte Teppiche, so häuslich, klein und freundlich durcheinander gemischt, daß es eine Lust ist. Da die Zeichnung mit Farben ausgeführt ist, macht

es einen gar freundlichen Effekt. Eine schöne Strecke Meer bespült die so bebaute Küste. Gegenüber liegt Asien, und man sieht in die Meerenge, die nach den Dardanellen führt. Die Zeichnung ist bei sieben Fuß lang und drei bis vier hoch.

2. Generalaussicht der Ruinen von Palmyra, in derselben Größe.

Er zeigte uns vorher einen Grundriß der Stadt, wie er ihn aus den Trümmern herausgesucht.

Eine Kolonnade, auf eine italienische Meile lang, ging vom Tore durch die Stadt bis zum Sonnentempel, nicht in ganz gerader Linie, sie macht in der Mitte ein sanftes Knie. Die Kolonnade war von vier Säulenreihen, die Säule zehn Diameter hoch. Man sieht nicht, daß sie oben bedeckt gewesen; er glaubt, es sei durch Teppiche geschehen. Auf der großen Zeichnung erscheint ein Teil der Kolonnade noch aufrecht stehend im Vordergrunde. Eine Karawane, die eben quer durchzieht, ist mit vielem Glück angebracht. Im Hintergrunde steht der Sonnentempel, und auf der rechten Seite zieht sich eine große Fläche hin, auf welcher einige Janitscharen in Karriere forteilen. Das sonderbarste Phänomen ist: eine blaue Linie wie eine Meereslinie schließt das Bild. Er erklärte es uns, daß der Horizont der Wüste, der in der Ferne blau werden muß, so völlig wie das Meer den Gesichtskreis schließt, daß es ebenso in der Natur das Auge trügt, wie es uns im Bilde anfangs getrogen, da wir doch wußten, daß Palmyra vom Meer entfernt genug sei.

3. Gräber von Palmyra.

4. Restauration des Sonnentempels zu Baalbeck, auch eine Landschaft mit den Ruinen, wie sie stehen.

5. Die große Moschee zu Jerusalem auf den Grund des Salomonischen Tempels gebaut.

6. Ruinen eines kleinen Tempels in Phönizien.

7. Gegend am Fuße des Bergs Libanon, anmutig wie man sich denken mag. Ein Pinienwäldchen, ein Wasser, daran Hängeweiden und Gräber drunter, der Berg in der Entfernung.

8. Türkische Gräber. Jeder Grabstein trägt den Haupt-

schmuck des Verstorbenen, und da sich die Türken durch den Kopfschmuck unterscheiden, so sieht man gleich die Würde des Begrabenen. Auf den Gräbern der Jungfrauen werden Blumen mit großer Sorgfalt erzogen.

9. Ägyptische Pyramide mit dem großen Sphinxkopfe. Er sei, sagt Cassas, in einen Kalkfelsen gehauen, und weil derselbe Sprünge gehabt und Ungleichheiten, habe man den Koloß mit Stuck überzogen und gemalt, wie man noch in den Falten des Kopfschmuckes bemerke. Eine Gesichtspartie ist etwa zehn Schuh hoch. Auf der Unterlippe hat er bequem spazieren können.

10. Eine Pyramide, nach einigen Urkunden, Anlässen und Mutmaßungen restauriert. Sie hat von vier Seiten vorspringende Hallen mit danebenstehenden Obelisken; nach den Hallen gehen Gänge hin mit Sphinxen besetzt, wie sich solche noch in Oberägypten befinden. Es ist diese Zeichnung die ungeheuerste Architekturidee, die ich zeitlebens gesehen, und ich glaube nicht, daß man weiter kann.

Abends, nachdem wir alle diese schönen Sachen mit behaglicher Muße betrachtet, gingen wir in die Gärten auf dem Palatin, wodurch die Räume zwischen den Ruinen der Kaiserpaläste urbar und anmutig gemacht worden. Dort auf einem freien Gesellschaftsplatze, wo man unter herrlichen Bäumen die Fragmente verzierter Kapitäler, glatter und kannelierter Säulen, zerstückte Basreliefe und was noch der Art im weiten Kreise umhergelegt hatte, wie man sonsten Tische, Stühle und Bänke zu heiterer Versammlung im Freien anzubringen pflegt—dort genossen wir der reizenden Zeit nach Herzenslust, und als wir die mannigfaltigste Aussicht mit frisch gewaschenen und gebildeten Augen bei Sonnenuntergang überschauten, mußten wir gestehen, daß dieses Bild auf alle die andern, die man uns heute gezeigt, noch recht gut anzusehen sei. In demselbigen Geschmack von Cassas gezeichnet und gefärbt, würde es überall Entzücken erregen. Und so wird uns durch künstlerische Arbeiten nach und nach das Auge so gestimmt, daß wir für die Gegenwart der Natur immer empfänglicher und für die Schönheiten, die sie darbietet, immer offener werden.

Nun aber mußte des nächsten Tages uns zu scherzhaften Unterhaltungen dienen, daß gerade das, was wir bei dem Künstler Großes und Grenzenloses gesehen, uns in eine niedrige unwürdige Enge zu begeben veranlassen sollte. Die herrlichen ägyptischen Denkmale erinnerten uns an den mächtigen Obelisk, der auf dem Marsfelde durch August errichtet, als Sonnenweiser diente, nunmehr aber in Stücken, umzäunt von einem Bretterverschlag, in einem schmutzigen Winkel auf den kühnen Architekten wartete, der ihn aufzuerstehen berufen möchte. (NB. Jetzt ist er auf dem Platz Montecitorio wieder aufgerichtet und dient, wie zur Römerzeit, abermals als Sonnenweiser.) Er ist aus dem echtesten ägyptischen Granit gehauen, überall mit zierlichen naiven Figuren, obgleich in dem bekannten Stil, übersäet. Merkwürdig war es, als wir neben der sonst in die Luft gerichteten Spitze standen, auf den Zuschärfungen derselben Sphinx nach Sphinxen auf das zierlichste abgebildet zu sehen, früher keinem menschlichen Auge, sondern nur den Strahlen der Sonne erreichbar. Hier tritt der Fall ein, daß das Gottesdienstliche der Kunst nicht auf einen Effekt berechnet ist, den es auf den menschlichen Anblick machen soll. Wir machten Anstalt diese heiligen Bilder abgießen zu lassen, um das bequem nah vor Augen zu sehen, was sonst gegen die Wolkenregion hinaufgerichtet war.

In dem widerwärtigen Raume, worin wir uns mit dem würdigsten Werke befanden, konnten wir uns nicht entbrechen, Rom als ein Quodlibet anzusehen, aber als ein einziges in seiner Art: denn auch in diesem Sinne hat diese ungeheure Lokalität die größten Vorzüge. Hier brachte der Zufall nichts hervor, er zerstörte nur; alles auf den Füßen Stehende ist herrlich, alles Zertrümmerte ist ehrwürdig, die Unform der Ruinen deutet auf uralte Regelmäßigkeit, welche sich in neuen großen Formen der Kirchen und Paläste wieder hervortat.

Jene bald gefertigten Abgüsse brachten in Erinnerung, daß in der großen Dehnischen Pastensammlung, wovon die Abdrücke im ganzen und teilweise verkäuflich waren, auch einiges Ägyptische zu sehen sei; und wie sich denn eins aus dem andern ergibt, so wählte ich aus gedachter Sammlung die vorzüglichsten und bestellte solche bei den Inhabern. Solche Abdrücke sind der größte Schatz und ein Fundament, das der in seinen Mitteln beschränkte Liebhaber zu künftigem großen mannigfaltigen Vorteil bei sich niederlegen kann.

Die vier ersten Bände meiner Schriften, bei Göschen, waren angekommen und das Prachtexemplar sogleich in die Hände Angelikas gegeben, die daran ihre Muttersprache aufs neue zu beloben Ursach zu finden glaubte.

Ich aber durfte den Betrachtungen nicht nachhängen, die sich mir bei dem Rückblick auf meine früheren Tätigkeiten lebhaft aufdrangen. Ich wußte nicht, wie weit der eingeschlagene Weg mich führen würde, ich konnte nicht einsehen, inwiefern jenes frühere Bestreben gelingen und wiefern der Erfolg dieses Sehnens und Wandelns die aufgewendete Mühe belohnen würde.

Aber es blieb mir auch weder Zeit noch Raum rückwärts zu schauen und zu denken. Die überorganische Natur, deren Bilden und Umbilden mir gleichsam eingeimpften Ideen erlaubten keinen Stillstand, und indem mir Nachdenkendem eine Folge nach der andern sich entwickelte, so bedurfte ich, zu eigner Ausbildung, täglich und stündlich irgendeiner Art von Mitteilung. Ich versuchte es mit Moritz und trug ihm, so viel ich vermochte, die Metamorphose der Pflanzen vor; und er, ein seltsames Gefäß, das immer leer und inhaltsbedürftig nach Gegenständen lechzte, die er sich aneignen könnte, griff redlich mit ein, dergestalt wenigstens, daß ich meine Vorträge fortzusetzen Mut behielt.

Hier aber kam uns ein merkwürdiges Buch, ich will nicht fragen, ob zustatten, aber doch zu bedeutender Anregung: Herders Werk, das, unter einem lakonischen Titel, über Gott und göttliche Dinge die verschiedenen Ansichten, in

Gesprächsform, vorzutragen bemüht war. Mich versetzte diese Mitteilung in jene Zeiten, wo ich an der Seite des trefflichen Freundes über diese Angelegenheiten mich mündlich zu unterhalten oft veranlaßt war. Wundersam jedoch kontrastierte dieser in den höchsten frommen Betrachtungen versierende Band mit der Verehrung, zu der uns das Fest eines besondern Heiligen aufrief.

Am 21. September ward das Andenken des heiligen Franziskus gefeiert und sein Blut in langgedehnter Prozession von Mönchen und Gläubigen in der Stadt umhergetragen. Aufmerksam ward ich bei dem Vorbeiziehen so vieler Mönche, deren einfache Kleidung das Auge nur auf die Betrachtung des Kopfes hinzog. Es war mir auffallend, daß eigentlich Haar und Bart dazu gehören, um sich von dem männlichen Individuum einen Begriff zu machen. Erst mit Aufmerksamkeit, dann mit Erstaunen musterte ich die vor mir vorüberziehende Reihe, und war wirklich entzückt, zu sehen, daß ein Gesicht, von Haar und Bart in einen Rahmen eingefaßt, sich ganz anders ausnahm als das bartlose Volk umher. Und ich konnte nun wohl finden, daß dergleichen Gesichter, in Gemälden dargestellt, einen ganz unnennbaren Reiz auf den Beschauer ausüben mußten.

Hofrat Reiffenstein, welcher sein Amt, Fremde zu führen und zu unterhalten, gehörig ausstudiert hatte, konnte freilich im Laufe seines Geschäfts nur allzubald gewahr werden, daß Personen, welche wenig mehr nach Rom bringen als Lust zu sehen und sich zu zerstreuen, mitunter an der grimmigsten Langeweile zu leiden haben, indem ihnen die gewohnte Ausfüllung müßiger Stunden in einem fremden Lande durchaus zu fehlen pflegt. Auch war dem praktischen Menschenkenner gar wohl bekannt, wie sehr ein bloßes Beschauen ermüde, und wie nötig es sei, seine Freunde durch irgend eine Selbsttätigkeit zu unterhalten und zu beruhigen. Zwei Gegenstände hatte er sich deshalb ausersehn, worauf er ihre Geschäftigkeit zu richten pflegte: die Wachsmalerei und die Pastenfabrikation. Jene Kunst, eine Wachsseife zum

Bindemittel der Farben anzuwenden, war erst vor kurzem wieder in den Gang gekommen, und da es in der Kunstwelt hauptsächlich darum zu tun ist, die Künstler auf irgendeine Weise zu beschäftigen, so gibt eine neue Art, das Gewohnte zu tun, immer wieder frische Aufmerksamkeit und lebhaften Anlaß, etwas, was man auf die alte Weise zu unternehmen nicht Lust hätte, in einer neuen zu versuchen.

Das kühne Unternehmen, für die Kaiserin Katharine die Raffaelschen Logen in einer Kopie zu verwirklichen und die Wiederholung sämtlicher Architektur mit der Fülle ihrer Zieraten in Petersburg möglich zu machen, ward durch diese neue Technik begünstigt, ja wäre vielleicht ohne dieselbe nicht auszuführen gewesen. Man ließ dieselben Felder, Wandteile, Sockel, Pilaster, Kapitäler, Gesimse aus den stärksten Bohlen und Klötzen eines dauerhaften Kastanienholzes verfertigen, überzog sie mit Leinwand, welche grundiert sodann der Enkaustik zur sichern Unterlage diente. Dieses Werk, womit sich besonders Unterberger, nach Anleitung Reiffensteins, mehrere Jahre beschäftigt hatte, mit großer Gewissenhaftigkeit ausgeführt, war schon abgegangen, als ich ankam, und es konnte mir nur was von jenem großen Unternehmen übrig blieb bekannt und anschaulich werden.

Nun aber war durch eine solche Ausführung die Enkaustik zu hohen Ehren gelangt; Fremde von einigem Talent sollten praktisch damit bekannt werden; zugerichtete Farbengarnituren waren um leichten Preis zu haben; man kochte die Seife selbst, genug, man hatte immer etwas zu tun und zu kramen, wo sich nur ein müßiger loser Augenblick zeigte. Auch mittlere Künstler wurden als Lehrende und Nachhelfende beschäftigt, und ich habe wohl einigemal Fremde gesehen, welche ihre römischen enkaustischen Arbeiten höchst behaglich, als selbstverfertigt, einpackten und mit zurück ins Vaterland nahmen.

Die andere Beschäftigung, Pasten zu fabrizieren, war mehr für Männer geeignet. Ein großes altes Küchengewölbe im Reiffensteinischen Quartier gab dazu die beste Gelegenheit. Hier hatte man mehr als nötigen Raum zu einem solchen Geschäft. Die refraktäre, in Feuer unschmelzbare Masse wurde aufs zarteste pulverisiert und durchgesiebt, der daraus geknetete Teig in Pasten eingedruckt, sorgfältig getrocknet und sodann, mit einem eisernen Ring umgeben, in die Glut gebracht, ferner die geschmolzene Glasmasse darauf gedruckt, wodurch doch immer ein kleines Kunstwerk zum Vorschein kam, das einen jeden freuen mußte, der es seinen eignen Fingern zu verdanken hatte.

Hofrat Reiffenstein, welcher mich zwar willig und geschäftig in diese Tätigkeiten eingeführt hatte, merkte gar bald, daß mir eine fortgesetzte Beschäftigung der Art nicht zusagte, daß mein eigentlicher Trieb war, durch Nachbildung von Natur- und Kunstgegenständen Hand und Augen möglichst zu steigern. Auch war die große Hitze kaum vorübergegangen, als er mich schon, in Gesellschaft von einigen Künstlern, nach Frascati führte, wo man in einem wohl eingerichteten Privathause Unterkommen und das nächste Bedürfnis fand, und nun, den ganzen Tag im Freien, sich abends gern um einen großen Ahorntisch versammelte. Georg Schütz, ein Frankfurter, geschickt, ohne eminentes Talent, eher einem gewissen anständigen Behagen als anhaltender künstlerischer Tätigkeit ergeben, weswegen ihn die Römer auch il Barone nannten, begleitete mich auf meinen Wanderungen und ward mir vielfach nützlich. Wenn man bedenkt, daß Jahrhunderte hier im höchsten Sinne architektonisch gewaltet, daß auf übrig gebliebenen mächtigen Substruktionen die künstlerischen Gedanken vorzüglicher Geister sich hervorgehoben und den Augen dargestellt, so wird man begreifen, wie sich Geist und Aug' entzücken müssen, wenn man unter jeder Beleuchtung diese vielfachen horizontalen und tausend vertikalen Linien unterbrochen und geschmückt wie eine stumme Musik mit den Augen auffaßt, und wie alles, was klein und beschränkt in uns ist, nicht ohne Schmerz erregt und ausgetrieben wird. Besonders ist die Fülle der Mondscheinbilder über alle Begriffe, wo das einzeln Unterhaltende, vielleicht störend zu Nennende durchaus zurücktritt und nur die großen Massen von Licht und Schatten ungeheuer anmutige, symmetrisch harmonische Riesenkörper dem Auge entgegentragen. Dagegen fehlte es denn auch abends nicht an unterrichtender, oft aber auch neckischer Unterhaltung.

So darf man nicht verschweigen, daß junge Künstler, die Eigenheiten des wackern Reiffensteins, die man Schwachheiten zu nennen pflegt, kennend und bemerkend, darüber sich oft im stillen scherzhaft und spottend unterhielten. Nun war eines Abends der Apoll von Belvedere als eine unversiegbare Quelle künstlerischer Unterhaltung wieder zum Gespräch gelangt, und bei der Bemerkung, daß die Ohren an diesem trefflichen Kopfe doch nicht sonderlich gearbeitet seien, kam die Rede ganz natürlich auf die Würde und Schönheit dieses Organs, die Schwierigkeit ein schönes in der Natur zu finden und es künstlerisch ebenmäßig nachzubilden. Da nun Schütz wegen seiner hübschen Ohren bekannt war, ersuchte ich ihn, mir bei der Lampe zu sitzen, bis ich das vorzüglich gut gebildete, es war ohne Frage das rechte, sorgfältig abgezeichnet hätte. Nun kam er mit seiner starren Modellstellung gerade dem Rat Reiffenstein gegenüber zu sitzen, von welchem er die Augen nicht abwenden konnte noch durfte. Jener fing nun an, seine wiederholt angepriesenen Lehren vorzutragen: man müßte sich nämlich nicht gleich unmittelbar an das Beste wenden, sondern erst bei den Carraccis anfangen, und zwar in der Farnesischen Galerie, dann zum Raffael übergehen und zuletzt den Apoll von Belvedere so oft zeichnen, bis man ihn auswendig kenne, da denn nicht viel Weiteres zu wünschen und zu hoffen sein würde.

Der gute Schütz ward von einem solchen innerlichen Anfall von Lachen ergriffen, den er äußerlich kaum zu bergen wußte, welche Pein sich immer vermehrte, je länger ich ihn in ruhiger Stellung zu halten trachtete. So kann sich der Lehrer, der Wohltäter immer wegen seines individuellen, unbillig aufgenommenen Zustandes einer spöttischen Undankbarkeit erwarten.

Eine herrliche, obgleich nicht unerwartete Aussicht ward uns aus den Fenstern der Villa des Fürsten Aldobrandini, der, gerade auf dem Lande gegenwärtig, uns freundlich einlud und uns in Gesellschaft seiner geistlichen und weltlichen Hausgenossen an einer gut besetzten Tafel festlich bewirtete. Es läßt sich denken, daß man das Schloß dergestalt angelegt hat, die Herrlichkeit der Hügel und des flachen Landes mit einem Blick übersehen zu können. Man spricht viel von Lusthäusern, aber man müßte von hier aus umherblicken, um sich zu überzeugen, daß nicht leicht ein Haus lustiger gelegen sein könne.

Hier aber finde ich mich gedrängt, eine Betrachtung einzufügen, deren ernste Bedeutung ich wohl empfehlen darf. Sie gibt Licht über das Vorgetragene und verbreitet's über das Folgende; auch wird mancher gute, sich heranbildende Geist Anlaß daher zur Selbstprüfung gewinnen.

Lebhaft vordringende Geister begnügen sich nicht mit dem Genusse, sie verlangen Kenntnis. Diese treibt sie zur Selbsttätigkeit, und wie es ihr nun auch gelingen möge, so fühlt man zuletzt, daß man nichts richtig beurteilt, als was man selbst hervorbringen kann. Doch hierüber kommt der Mensch nicht leicht ins klare, und daraus entstehen gewisse falsche Bestrebungen, welche um desto ängstlicher werden, je redlicher und reiner die Absicht ist. Indes fingen mir in dieser Zeit an Zweifel und Vermutungen aufzusteigen, die mich mitten in diesen angenehmen Zuständen beunruhigten; denn ich mußte bald empfinden, daß der eigentliche Wunsch und die Absicht meines Hierseins schwerlich erfüllt werden dürfte.

Nunmehr aber, nach Verlauf einiger vergnügter Tage, kehrten wir nach Rom zurück, wo wir durch eine neue, höchst anmutige Oper im hellen vollgedrängten Saal für die vermißte Himmelsfreiheit entschädigt werden sollten. Die deutsche Künstlerbank, eine der vordersten im Parterre, war wie sonst dicht besetzt, und auch diesmal fehlte es nicht an Beifallklatschen und Rufen, um sowohl wegen der gegenwärtigen als vergangenen Genüsse unsre Schuldigkeit abzutragen. Ja wir hatten es erreicht, daß wir durch ein künstliches, erst leiseres, dann stärkeres, zuletzt gebietendes Zittirufen jederzeit mit dem Ritornell einer eintretenden beliebten Arie, oder sonst gefälligen Partie, das ganze laut schwätzende Publikum zum Schweigen brachten, weshalb uns denn unsere Freunde von oben die Artigkeit erwiesen, die interessantesten Exhibitionen nach unsrer Seite zu richten.

OKTOBER

Korrespondenz

Frascati, den 2. Oktober 1787

Ich muß beizeiten ein Blättchen anfangen, wenn ihr es zur rechten Zeit erhalten sollt. Eigentlich hab' ich viel und nicht viel zu sagen. Es wird immerfort gezeichnet, und ich denke dabei im stillen an meine Freunde. Diese Tage empfand ich wieder viel Sehnsucht nach Hause, vielleicht eben weil es mir hier so wohl geht und ich doch fühle, daß mir mein Liebstes fehlt.

Ich bin in einer recht wunderlichen Lage, und will mich eben zusammen nehmen, jeden Tag nutzen, tun was zu tun ist, und so diesen Winter durch arbeiten.

Ihr glaubt nicht, wie nützlich, aber auch wie schwer es mir war, dieses ganze Jahr absolut unter fremden Menschen zu leben, besonders da Tischbein — dies sei unter uns gesagt—nicht so einschlug, wie ich hoffte. Es ist ein wirklich guter Mensch, aber er ist nicht so rein, so natürlich, so offen wie seine Briefe. Seinen Charakter kann ich nur mündlich schildern, um ihm nicht unrecht zu tun, und was will eine Schilderung heißen, die man so macht. Das Leben eines Menschen ist sein Charakter. Nun hab' ich Hoffnung Kaysern zu besitzen, dieser wird mir zu großer Freude sein. Gebe der Himmel, daß sich nichts dazwischen stelle!

Meine erste Angelegenheit ist und bleibt: daß ich es im Zeichnen zu einem gewissen Grade bringe, wo man mit Leichtigkeit etwas macht, und nicht wieder zurücklernt, noch so lange still steht, wie ich wohl leider die schönste Zeit des Lebens versäumt habe. Doch muß man sich selbst entschuldigen. Zeichnen um zu zeichnen wäre wie reden um zu reden. Wenn ich nichts auszudrücken habe, wenn mich nichts anreizt, wenn ich würdige Gegenstände erst mühsam aufsuchen muß, ja mit allem Suchen sie kaum finde, wo soll da der Nachahmungstrieb herkommen? In diesen Gegenden muß man zum Künstler werden, so dringt sich alles auf, man wird voller und voller und gezwungen etwas zu machen. Nach meiner Anlage und meiner Kenntnis des Weges bin ich überzeugt, daß ich hier in einigen Jahren sehr weit kommen müßte.

Ihr verlangt, meine Lieben, daß ich von mir selbst schreibe, und seht, wie ich's tue; wenn wir wieder zusammen kommen, sollt ihr gar manches hören. Ich habe Gelegenheit gehabt über mich selbst und andre, über Welt und Geschichte viel nachzudenken, wovon ich manches Gute, wenn gleich nicht Neue, auf meine Art mitteilen werde. Zuletzt wird alles im Wilhelm gefaßt und geschlossen.

Moritz ist bisher mein liebster Gesellschafter geblieben, ob ich gleich bei ihm fürchtete und fast noch fürchte, er möchte aus meinem Umgange nur klüger und weder richtiger, besser noch glücklicher werden, eine Sorge, die mich immer zurückhält ganz offen zu sein.

Auch im allgemeinen mit mehreren Menschen zu leben geht mir ganz gut. Ich sehe eines jeden Gemütsart und Handelsweise. Der eine spielt sein Spiel, der andre nicht, dieser wird vorwärts kommen, jener schwerlich. Einer sammelt, einer zerstreut. Einem genügt alles, dem andern nichts. Der hat Talent und übt's nicht, jener hat keins und ist fleißig, und so weiter. Das alles sehe ich, und mich mitten drin; es vergnügt mich und gibt mir, da ich keinen Teil an den Menschen, nichts an ihnen zu verantworten habe, keinen bösen Humor. Nur alsdann, meine Lieben, wenn jeder nach seiner Weise handelt und zuletzt noch prätendiert, daß ein Ganzes werden, sein und bleiben solle, es zunächst von mir prätendiert, dann bleibt einem nichts übrig als zu scheiden oder toll zu werden.

Albano, den 5. Oktober

Ich will sehen, daß ich diesen Brief noch zur morgenden Post nach Rom schaffe, daß ich auf diesem Blatt nur den tausendsten Teil sage von dem was ich zu sagen habe.

Eure Blätter hab' ich zu gleicher Zeit mit den Zerstreuten, besser Gesammelten Blättern, den Ideen und den vier Saffianbänden erhalten, gestern, als ich im Begriff war, von Frascati abzufahren. Es ist mir nun ein Schatz auf die ganze Villeggiatur.

Persepolis habe ich gestern Nacht gelesen. Es freut mich unendlich, und ich kann nichts dazu setzen, indem jene Art und Kunst nicht herüber gekommen ist. Ich will nun die angeführten Bücher auf irgendeiner Bibliothek sehen und euch aufs neue danken. Fahret fort, ich bitte euch, oder fahret fort, weil ihr müßt, beleuchtet alles mit eurem Lichte.

Die Ideen, die Gedichte sind noch nicht berührt. Meine Schriften mögen nun gehen, ich will treulich fortfahren. Die vier Kupfer zu den letzten Bänden sollen hier werden.

Mit den Genannten war unser Verhältnis nur ein gutmütiger Waffenstillstand von beiden Seiten, ich habe das wohl gewußt, nur was werden kann, kann werden. Es wird immer weitere Entfernung und endlich, wenn's recht gut geht, leise, lose Trennung werden. Der eine ist ein Narr, der voller Einfaltsprätentionen steckt. ‚Meine Mutter hat Gänse' singt sich mit bequemerer Naivetät als ein: ‚Allein Gott in der Höh' sei Ehr'. Er ist einmal auch ein—: ‚Sie lassen sich das Heu und Stroh, das Heu und Stroh nicht irren', und so weiter. Bleibt von diesem Volke! der erste Undank ist besser als der letzte. Der andere denkt, er komme aus einem fremden Lande zu den Seinigen, und er kommt zu Menschen, die sich selbst suchen, ohne es gestehn zu wollen. Er wird sich fremd finden und vielleicht nicht wissen warum. Ich müßte mich sehr irren oder die Großmut des Alcibiades ist ein Taschenspielerstreich des Züricher Propheten, der klug genug und gewandt genug ist, große und kleine Kugeln mit unglaublicher Behendigkeit einander zu substituieren, durcheinander zu mischen, um das Wahre und Falsche nach seinem theologischen Dichtergemüt gelten und verschwinden zu machen. Hole oder erhalte ihn der Teufel, der ein Freund der Lügen, Dämonologie, Ahnungen, Sehnsuchten, und so weiter ist von Anfang!

Und ich muß ein neues Blatt nehmen und bitten, daß ihr lest wie ich schreibe, mit dem Geiste mehr als den Augen, wie ich mit der Seele mehr als den Händen.

Fahre du fort, lieber Bruder, zu sinnen, zu finden, zu vereinigen, zu dichten, zu schreiben ohne dich um andre zu bekümmern. Man muß schreiben wie man lebt, erst um sein selbst willen, und dann existiert man auch für verwandte Wesen.

Plato wollte keinen in *ἀγεωμέτρητον* seiner Schule leiden; wäre ich imstande eine zu machen, ich litte keinen, der sich nicht irgend ein Naturstudium ernst und eigentlich gewählt. Neulich fand ich in einer leidig apostolisch-kapuzinermäßigen Deklamation des Züricher Propheten die unsinnigen Worte: Alles was Leben hat, lebt durch etwas außer sich. Oder so ungefähr klang's. Das kann nun so ein Heidenbekehrer hinschreiben, und bei der Revision zupft ihn der Genius nicht beim Ärmel. Nicht die ersten simpelsten Naturwahrheiten haben sie gefaßt, und möchten doch gar zu gern auf den Stühlen um den Thron sitzen, wo andre Leute hingehören oder keiner hingehört. Laßt das alles gut sein, wie ich auch tue, der ich es freilich jetzt leichter habe.

Ich mag von meinem Leben keine Beschreibung machen, es sieht gar zu lustig aus. Vor allem beschäftigt mich das Landschaftszeichnen, wozu dieser Himmel und diese Erde vorzüglich einlädt. Sogar hab' ich einige Idyllen gefunden. Was werd' ich nicht noch alles machen. Das seh' ich wohl, unsereiner muß nur immer neue Gegenstände um sich haben, dann ist er geborgen.

Lebt wohl und vergnügt, und wenn es euch weh werden will, so fühlt nur recht, daß ihr beisammen seid und was ihr einander seid, indes ich durch eignen Willen exiliert, mit Vorsatz irrend, zweckmäßig unklug, überall fremd und überall zu Hause, mein Leben mehr laufen lasse als führe und auf alle Fälle nicht weiß, wo es hinaus will.

Lebt wohl, empfehlt mich der Frau Herzogin. Ich habe mit Rat Reiffenstein in Frascati ihren ganzen Aufenthalt projektiert. Wenn alles gelingt, so ist's ein Meisterstück. Wir sind jetzt in Negotiation wegen einer Villa begriffen, welche gewissermaßen sequestriert ist und also vermietet wird, anstatt daß die andern entweder besetzt sind oder von den großen Familien nur aus Gefälligkeit abgetreten würden, dagegen man in Obligationen und Relationen gerät. Ich schreibe, sobald nur etwas Gewisseres zu sagen ist. In Rom ist auch ein schönes freiliegendes Quartier mit einem Garten für sie bereit. Und so wünscht' ich, daß sie sich überall zu Hause fände, denn sonst genießt sie nichts; die Zeit verstreicht, das Geld ist ausgegeben, und man sieht sich um wie nach einem Vogel, der einem aus der Hand entwischt ist. Wenn ich ihr alles einrichten kann, daß ihr Fuß an keinen Stein stoße, so will ich es tun.

Nun kann ich nicht weiter, wenn gleich noch Raum da ist. Lebt wohl und verzeiht die Eilfertigkeit dieser Zeilen.

Castel Gandolfo, den 8. Oktober, eigentlich den 12ten, denn diese Woche ist hingegangen, ohne daß ich zum Schreiben kommen konnte. Also geht dieses Blättchen nur eilig nach Rom, daß es noch zu euch gelange.

Wir leben hier wie man in Bädern lebt, nur mache ich mich des Morgens beiseite, um zu zeichnen, dann muß man den ganzen Tag der Gesellschaft sein, welches mir denn auch ganz recht ist für diese kurze Zeit; ich sehe doch auch einmal Menschen ohne großen Zeitverlust und viele auf einmal.

Angelika ist auch hier und wohnt in der Nähe, dann sind einige muntere Mädchen, einige Frauen, Herr von Maron, Schwager von Mengs, mit der seinigen, teils im Hause, teils in der Nachbarschaft; die Gesellschaft ist lustig und es gibt immer was zu lachen. Abends geht man in die Komödie, wo Pulcinell die Hauptperson ist, und trägt sich dann einen Tag mit den bonmots des vergangnen Abends. Tout comme chez nous — nur unter einem heitern köstlichen Himmel. Heute hat sich ein Wind erhoben, der mich zu Hause hält. Wenn man mich außer mir selbst herausbringen könnte, müßten es diese Tage tun, aber ich falle immer wieder in mich zurück, und meine ganze Neigung ist auf die Kunst gerichtet. Jeden Tag geht mir ein neues Licht auf, und es scheint als wenn ich wenigstens würde sehen lernen.

Erwin und Elmire ist so gut als fertig; es kommt auf ein paar schreibselige Morgen an; gedacht ist alles.

Herder hat mich aufgefordert, Forstern auf seine Reise um die Welt auch Fragen und Mutmaßungen mitzugeben. Ich weiß nicht, wo ich Zeit und Sammlung hernehmen soll, wenn ich es auch von Herzen gerne täte. Wir wollen sehen.

Ihr habt wohl schon kalte trübe Tage, wir hoffen noch einen ganzen Monat zum Spazierengehn. Wie sehr mich Herders Ideen freuen, kann ich nicht sagen. Da ich keinen Messias zu erwarten habe, so ist mir dies das liebste Evangelium. Grüßt alles, ich bin in Gedanken immer mit euch, und liebt mich.

Den letzten Posttag, meine Lieben, habt ihr keinen Brief erhalten, die Bewegung in Castello war zuletzt gar zu arg, und ich wollte doch auch zeichnen. Es war wie bei uns im Bade, und da ich in einem Hause wohnte, das immer Zuspruch hat, so mußte ich mich drein geben. Bei dieser Gelegenheit habe ich mehr Italiener gesehen als bisher in einem Jahre, und bin auch mit dieser Erfahrung zufrieden.

Eine Mailänderin interessierte mich die acht Tage ihres Bleibens, sie zeichnete sich durch ihre Natürlichkeit, ihren Gemeinsinn, ihre gute Art sehr vorteilhaft vor den Römerinnen aus. Angelika war, wie sie immer ist, verständig, gut, gefällig, zuvorkommend. Man muß ihr Freund sein, man kann viel von ihr lernen, besonders arbeiten, denn es ist unglaublich, was sie alles endigt.

Diese letzten Tage war das Wetter kühl, und ich bin recht vergnügt wieder in Rom zu sein.

Gestern abend, als ich zu Bette ging, fühlt' ich recht das Vergnügen hier zu sein. Es war mir, als wenn ich mich auf einen recht breiten sichern Grund niederlegte.

Über seinen Gott möcht' ich gern mit Herdern sprechen. Zu bemerken ist mir ein Hauptpunkt: man nimmt dieses Büchlein, wie andre, für Speise, da es eigentlich die Schüssel ist. Wer nichts hinein zu legen hat, findet sie leer. Laßt mich ein wenig weiter allegorisieren, und Herder wird meine Allegorie am besten erklären. Mit Hebel und Walzen kann man schon ziemliche Lasten fortbringen; die Stücke des Obelisks zu bewegen, brauchen sie Erdwinden, Flaschenzüge und so weiter. Je größer die Last oder je feiner der Zweck (wie zum Exempel bei einer Uhr), desto zusammengesetzter, desto künstlicher wird der Mechanismus sein, und doch im Innern die größte Einheit haben. So sind alle Hypothesen oder vielmehr alle Prinzipien. — Wer nicht viel zu bewegen hat, greift zum Hebel und verschmäht meinen Flaschenzug, was will der Steinhauer mit einer Schraube ohne Ende? Wenn L[avater] seine ganze Kraft anwendet, um ein Märchen wahr zu machen, wenn J[acobi] sich abarbeitet, eine hohle Kindergehirnempfindung zu vergöttern, wenn C[laudius] aus einem Fußboten ein Evangelist werden möchte, so ist offenbar, daß sie alles, was die Tiefen der Natur näher aufschließt, verabscheuen müssen. Würde der eine ungestraft sagen: Alles was lebt, lebt durch etwas außer sich? Würde der andere sich der Verwirrung der Begriffe, der Verwechslung der Worte von Wissen und Glauben, von Überlieferung und Erfahrung nicht schämen? Würde der dritte nicht um ein paar Bänke tiefer hinunter müssen, wenn sie nicht mit aller Gewalt die Stühle um den Thron des Lamms aufzustellen bemüht wären; wenn sie nicht sich sorgfältig hüteten den festen Boden der Natur zu betreten, wo jeder nur ist was er ist, wo wir alle gleiche Ansprüche haben?

Halte man dagegen ein Buch wie den dritten Teil der

Ideen, sehe erst was es ist, und frage sodann, ob der Autor es hätte schreiben können, ohne jenen Begriff von Gott zu haben? Nimmermehr; denn eben das Echte, Große, Innerliche was es hat, hat es in, aus und durch jenen Begriff von Gott und der Welt.

Wenn es also irgendwo fehlt, so mangelt's nicht an der Ware, sondern an Käufern, nicht an der Maschine, sondern an denen, die sie zu brauchen wissen. Ich habe immer mit stillem Lächeln zugesehen, wenn sie mich in metaphysischen Gesprächen nicht für voll ansahen; da ich aber ein Künstler bin, so kann mir's gleich sein. Mir könnte vielmehr dran gelegen sein, daß das Principium verborgen bliebe, aus dem und durch das ich arbeite. Ich lasse einem jeden seinen Hebel und bediene mich der Schraube ohne Ende schon lange, und nun mit noch mehr Freude und Bequemlichkeit.

An Herder Castel Gandolfo, den 12. Oktober

Nur ein flüchtig Wort, und zuerst den lebhaftesten Dank für die Ideen! Sie sind mir als das liebenswerteste Evangelium gekommen, und die interessantesten Studien meines Lebens laufen alle da zusammen. Woran man sich so lange geplackt hat, wird einem nun so vollständig vorgeführt. Wie viel Lust zu allem Guten hast du mir durch dieses Buch gegeben und erneut! Noch bin ich erst in der Hälfte. Ich bitte dich, laß mir sobald als möglich die Stelle aus Camper, die du pag. 159 anführst, ganz ausschreiben, damit ich sehe, welche Regeln des griechischen Künstlerideals er ausgefunden hat. Ich erinnere mich nur an den Gang seiner Demonstration des Profils aus dem Kupfer. Schreibe mir dazu und exzerpiere mir sonst was du mir nützlich dünkst, daß ich das Ultimum wisse, wie weit man in dieser Spekulation gekommen ist; denn ich bin immer das neugeborne Kind. Hat Lavaters Physiognomik etwas Kluges darüber? Deinem Aufruf wegen Forsters will ich gerne gehorchen, wenn ich gleich noch nicht recht sehe, wie es möglich ist; denn ich kann keine einzelnen Fragen tun, ich muß meine Hypothesen völlig auseinander setzen und vortragen. Du weißt, wie sauer mir das schriftlich wird. Schreibe mir nur den letzten Termin, wann es fertig sein, und wohin es geschickt werden soll. Ich sitze jetzt im Rohre und kann vor Pfeifenschneiden nicht zum Pfeifen kommen. Wenn ich es unternehme, muß ich zum Diktieren mich wenden; denn eigentlich seh' ich es als einen Wink an. Es scheint, ich soll von allen Seiten mein Haus bestellen und meine Bücher schließen.

Was mir am schwersten sein wird, ist: daß ich absolut alles aus dem Kopfe nehmen muß, ich habe doch kein Blättchen meiner Kollektaneen, keine Zeichnung, nichts hab' ich bei mir, und alle neusten Bücher fehlen hier ganz und gar.

Noch vierzehn Tage bleib' ich wohl in Castello und treibe ein Badeleben. Morgens zeichne ich, dann gibt's Menschen auf Menschen. Es ist mir lieb, daß ich sie beisammen sehe, einzeln wäre es eine große Sekkatur. Angelika ist hier und hilft alles übertragen.

Der Papst soll Nachricht haben, Amsterdam sei von den Preußen eingenommen. Die nächsten Zeitungen werden uns Gewißheit bringen. Das wäre die erste Expedition, wo sich unser Jahrhundert in seiner ganzen Größe zeigt. Das heiß' ich eine sodezza! Ohne Schwertstreich, mit ein paar Bomben, und niemand der sich der Sache weiter annimmt! Lebt wohl. Ich bin ein Kind des Friedens, und will Friede halten für und für, mit der ganzen Welt, da ich ihn einmal mit mir selbst geschlossen habe.

Rom, den 27. Oktober

Ich bin in diesem Zauberkreise wieder angelangt, und befinde mich gleich wieder wie bezaubert, zufrieden, stille hinarbeitend, vergessend alles was außer mir ist, und die Gestalten meiner Freunde besuchen mich friedlich und freundlich. Diese ersten Tage hab' ich mit Briefschreiben zugebracht, habe die Zeichnungen, die ich auf dem Lande gemacht, ein wenig gemustert, die nächste Woche soll es an neue Arbeit gehn. Es ist zu schmeichelhaft, als daß ich es sagen dürfte, was mir Angelika für Hoffnungen über mein Landschaftszeichnen, unter gewissen Bedingungen, gibt. Ich will wenigstens fortfahren, um mich dem zu nähern, was ich wohl nie erreiche.

Ich erwarte mit Verlangen Nachricht, daß Egmont angelangt und wie ihr ihn aufgenommen. Ich habe doch schon geschrieben, daß Kayser herkommt? Ich erwarte ihn in einigen Tagen, mit der nun vollendeten Partitur unsrer Scapinereien. Du kannst denken, was das für ein Fest sein wird! Sogleich wird Hand an eine neue Oper gelegt, und Claudine mit Erwin, in seiner Gegenwart, mit seinem Beirat verbessert.

Herders Ideen hab' ich nun durchgelesen und habe mich des Buches außerordentlich gefreut. Der Schluß ist herrlich, wahr und erquicklich, und er wird, wie das Buch selbst, erst mit der Zeit und vielleicht unter fremdem Namen den Menschen wohltun. Je mehr diese Vorstellungsart gewinnt, je glücklicher wird der nachdenkliche Mensch werden. Auch habe ich dieses Jahr unter fremden Menschen acht gegeben und gefunden, daß alle wirklich klugen Menschen, mehr oder weniger, zärter oder gröber, darauf kommen und bestehen: daß der Moment alles ist, und daß nur der Vorzug eines vernünftigen Menschen darin bestehe: sich so zu betragen, daß sein Leben, insofern es von ihm abhängt, die möglichste Masse von vernünftigen glücklichen Momenten enthalte.

Ich müßte wieder ein Buch schreiben, wenn ich sagen sollte, was ich bei dem und jenem Buch gedacht habe. Ich lese jetzt wieder Stellen, so wie ich sie aufschlage, um mich an jeder Seite zu ergötzen, denn es ist durchaus köstlich gedacht und geschrieben.

Besonders schön find' ich das griechische Zeitalter; daß ich am römischen, wenn ich mich so ausdrücken darf, etwas Körperlichkeit vermisse, kann man vielleicht denken, ohne daß ich es sage. Es ist auch natürlich. Gegenwärtig ruht in meinem Gemüt die Masse des was der Staat war, an und für sich; mir ist er, wie Vaterland, etwas Ausschließendes. Und ihr müßtet im Verhältnis mit dem ungeheuern Weltganzen den Wert dieser einzelnen Existenz bestimmen, wo denn freilich vieles zusammenschrumpfte und in Rauch aufgehn mag.

So bleibt mir das Colosseum immer imposant, wenn ich gleich denke, zu welcher Zeit es gebaut worden, und daß das Volk, welches diesen ungeheuren Kreis ausfüllte, nicht mehr das altrömische Volk war.

Ein Buch über Malerei und Bildhauerkunst in Rom ist auch zu uns gekommen. Es ist ein deutsches Produkt, und, was schlimmer ist, eines deutschen Kavaliers. Es scheint ein junger Mann zu sein, der Energie hat, aber voller Prätention steckt, der sich Mühe gegeben hat herumzulaufen, zu notieren, zu hören, zu horchen, zu lesen. Er hat gewußt dem Werke einen Anschein von Ganzheit zu geben, es ist darin viel Wahres und Gutes, gleich darneben Falsches und Albernes, Gedachtes und Nachgeschwätztes, Longueurs und Echappaden. Wer es auch in der Entfernung durchsieht, wird bald merken, welch monstroses Mittelding zwischen Kompilation und eigen gedachtem Werk dieses voluminose Opus geworden sei.

Die Ankunft Egmonts erfreut und beruhigt mich, und ich verlange auf ein Wort darüber, das nun wohl unterwegs ist. Das Saffianexemplar ist angelangt, ich hab' es der Angelika gegeben. Mit Kaysers Oper wollen wir es klüger machen, als man uns geraten hat; euer Vorschlag ist sehr gut, wenn Kayser kommt, sollt ihr mehr hören.

Die Rezension ist recht im Stil des Alten, zu viel und zu wenig. Mir ist jetzt nur dran gelegen zu machen, seitdem ich sehe, wie sich am Gemachten, wenn es auch nicht das Vollkommenste ist, Jahrtausende rezensieren, das heißt, etwas von seinem Dasein hererzählen läßt.

Jedermann verwundert sich, wie ich ohne Tribut durchgekommen bin; man weiß aber auch nicht, wie ich mich betragen habe. Unser Oktober war nicht der schönste, ob wir gleich himmlische Tage gehabt haben.

Es geht mit mir jetzt eine neue Epoche an. Mein Gemüt ist nun durch das viele Sehen und Erkennen so ausgeweitet, daß ich mich auf irgendeine Arbeit beschränken muß. Die Individualität eines Menschen ist ein wunderlich Ding, die meine hab' ich jetzt recht kennen lernen, da ich einerseits dieses Jahr bloß von mir selbst abgehangen habe, und von der andern Seite mit völlig fremden Menschen umzugehen hatte.

Bericht Oktober

Zu Anfang dieses Monats bei mildem, durchaus heiterem herrlichem Wetter genossen wir eine förmliche Villeggiatur in Castel Gandolfo, wodurch wir uns denn in die Mitte dieser unvergleichlichen Gegend eingeweiht und eingebürgert sahen. Herr Jenkins, der wohlhabende englische Kunsthändler, bewohnte daselbst ein sehr stattliches Gebäude, den ehemaligen Wohnsitz des Jesuitengenerals, wo es einer Anzahl von Freunden weder an Zimmern zu bequemer Wohnung, noch an Sälen zu heiterem Beisammensein, noch an Bogengängen zu munterem Lustwandeln fehlte.

Man kann sich von einem solchen Herbstaufenthalte den besten Begriff machen, wenn man sich ihn wie den Aufenthalt an einem Badorte gedenkt. Personen ohne den mindesten Bezug aufeinander werden durch Zufall augenblicklich in die unmittelbarste Nähe versetzt. Frühstück und Mittagessen, Spaziergänge, Lustpartien, ernst- und scherzhafte Unterhaltung bewirken schnell Bekanntschaft und Vertraulichkeit; da es denn ein Wunder wäre, wenn, besonders hier, wo nicht einmal Krankheit und Kur eine Art von Diversion macht, hier im vollkommensten Müßiggange, sich nicht die entschiedensten Wahlverwandtschaften zunächst hervortun sollten. Hofrat Reiffenstein hatte für gut befunden, und zwar mit Recht, daß wir zeitig hinausgehen sollten, um zu unseren Spaziergängen und sonstigen artistischen Wanderungen ins Gebirg die nötige Zeit zu finden, ehe noch der Schwall der Gesellschaft sich herandrängte und uns zur Teilnahme an gemeinschaftlicher Unterhaltung aufforderte. Wir waren die ersten und versäumten nicht, uns in der Gegend, nach Anleitung des erfahrenen Führers, zweckmäßig umzusehen, und ernteten davon die schönsten Genüsse und Belehrungen.

Nach einiger Zeit sah ich eine gar hübsche römische Nachbarin, nicht weit von uns im Corso wohnend, mit ihrer Mutter heraufkommen. Sie hatten beide, seit meiner Mylordschaft, meine Begrüßungen freundlicher als sonst erwidert, doch hatte ich sie nicht angesprochen, ob ich gleich an ihnen, wenn sie abends vor der Tür saßen, öfters nah genug vorbei ging; denn ich war dem Gelübde, mich durch dergleichen Verhältnisse von meinem Hauptzwecke nicht abhalten zu lassen, vollkommen treu geblieben. Nun aber fanden wir uns auf einmal wie völlig alte Bekannte; jenes Konzert gab Stoff genug zur ersten Unterhaltung, und es ist wohl nichts angenehmer als eine Römerin der Art, die sich in natürlichem Gespräch heiter gehen läßt, und ein lebhaftes, auf die reine Wirklichkeit gerichtetes Aufmerken, eine Teilnahme, mit anmutigem Bezug auf sich selbst, in der wohlklingenden römischen Sprache schnell, doch deutlich vorträgt; und zwar in einer edlen Mundart, die auch die mittlere Klasse über sich selbst erhebt, und dem Allernatürlichsten, ja dem Gemeinen einen gewissen Adel verleiht. Diese Eigenschaften und Eigenheiten waren mir zwar bekannt, aber ich hatte sie noch nie in einer so einschmeichelnden Folge vernommen.

Zu gleicher Zeit stellten sie mich einer jungen Mailänderin vor, die sie mitgebracht hatten, der Schwester eines Kommis von Herrn Jenkins, eines jungen Mannes, der wegen Fertigkeit und Redlichkeit bei seinem Prinzipal in großer Gunst stand. Sie schienen genau miteinander verbunden und Freundinnen zu sein.

Diese beiden Schönen, denn schön durfte man sie wirklich nennen, standen in einem nicht schroffen aber doch entschiedenen Gegensatz; dunkelbraune Haare die Römerin, hellbraune die Mailänderin; jene braun von Gesichtsfarbe, diese klar, von zarter Haut; diese zugleich mit fast blauen

Augen, jene mit braunen; die Römerin einigermaßen ernst, zurückhaltend, die Mailänderin von einem offnen, nicht sowohl ansprechenden als gleichsam anfragenden Wesen. Ich saß bei einer Art Lottospiel zwischen beiden Frauenzimmern und hatte mit der Römerin Kasse zusammen gemacht; im Laufe des Spiels fügte es sich nun, daß ich auch mit der Mailänderin mein Glück versuchte durch Wetten oder sonst. Genug, es entstand auch auf dieser Seite eine Art von Partnerschaft, wobei ich in meiner Unschuld nicht gleich bemerkte, daß ein solches geteiltes Interesse nicht gefiel, bis endlich nach aufgehobener Partie die Mutter, mich abseits findend, zwar höflich, aber mit wahrhaftem Matronenernst dem werten Fremden versicherte: daß, da er einmal mit ihrer Tochter in solche Teilnahme gekommen sei, es sich nicht wohl zieme, mit einer andern gleiche Verbindlichkeiten einzugehen; man halte es in einer Villeggiatur für Sitte, daß Personen, die sich einmal auf einen gewissen Grad verbunden, dabei in der Gesellschaft verharrten und eine unschuldig anmutige Wechselgefälligkeit durchführten. Ich entschuldigte mich aufs beste, jedoch mit der Wendung, daß es einem Fremden nicht wohl möglich sei, dergleichen Verpflichtungen anzuerkennen, indem es in unsern Landen herkömmlich sei, daß man den sämtlichen Damen der Gesellschaft, einer wie der andern, mit und nach der andern, sich dienstlich und höflich erweise, und daß dieses hier um desto mehr gelten werde, da von zwei so eng verbundenen Freundinnen die Rede sei.

Aber leider! indessen ich mich so auszureden suchte, empfand ich auf die wundersamste Weise, daß meine Neigung für die Mailänderin sich schon entschieden hatte, blitzschnell und eindringlich genug, wie es einem müßigen Herzen zu gehen pflegt, das in selbstgefälligem ruhigem Zutrauen nichts befürchtet, nichts wünscht, und das nun auf einmal dem Wünschenswertesten unmittelbar nahe kommt. Übersieht man doch in solchem Augenblicke die Gefahr nicht, die uns unter diesen schmeichelhaften Zügen bedroht.

Den nächsten Morgen fanden wir uns drei allein, und da vermehrte sich denn das Übergewicht auf die Seite der Mailänderin. Sie hatte den großen Vorzug vor ihrer Freundin, daß in ihren Äußerungen etwas Strebsames zu bemerken war. Sie beklagte sich nicht über vernachlässigte, aber allzu ängstliche Erziehung: «Man lehrt uns nicht schreiben», sagte sie, «weil man fürchtet, wir würden die Feder zu Liebesbriefen benutzen; man würde uns nicht lesen lassen, wenn wir uns nicht mit dem Gebetbuch beschäftigen müßten; uns in fremden Sprachen zu unterrichten, daran wird niemand denken; ich gäbe alles darum Englisch zu können. Herrn Jenkins mit meinem Bruder, Madame Angelika, Herrn Zucchi, die Herren Volpato und Camuccini hör' ich oft sich untereinander Englisch unterhalten, mit einem Gefühl, das dem Neid ähnlich ist: und die ellenlangen Zeitungen da liegen vor mir auf dem Tische, es stehen Nachrichten darin aus der ganzen Welt, wie ich sehe, und ich weiß nicht, was sie bringen.»

Es ist desto mehr schade, versetzte ich, da das Englische sich so leicht lernen läßt; Sie müßten es in kurzer Zeit fassen und begreifen. Machen wir gleich einen Versuch, fuhr ich fort, indem ich eins der grenzenlosen englischen Blätter aufhob, die häufig umherlagen.

Ich blickte schnell hinein und fand einen Artikel: daß ein Frauenzimmer ins Wasser gefallen, glücklich aber gerettet und den Ihrigen wiedergegeben worden. Es fanden sich Umstände bei dem Falle, die ihn verwickelt und interessant machten, es blieb zweifelhaft, ob sie sich ins Wasser gestürzt, um den Tod zu suchen, sowie auch, welcher von ihren Verehrern, der Begünstigte oder Verschmähte, sich zu ihrer Rettung gewagt. Ich wies ihr die Stelle hin und bat sie aufmerksam darauf zu schauen. Darauf übersetzt' ich ihr erst alle Substantiva und examinierte sie, ob sie auch ihre Bedeutung wohl behalten. Gar bald überschaute sie die Stellung dieser Haupt- und Grundworte und machte sich mit dem Platz bekannt, den sie im Perioden eingenommen hatten. Ich ging darauf zu den einwirkenden, bewegenden, bestimmenden Worten über und machte nunmehr, wie diese das Ganze belebten, auf das heiterste bemerklich, und katechisierte sie so lange, bis sie mir endlich, unaufgefordert, die ganze Stelle, als stünde sie italienisch auf dem Papiere, vorlas, welches sie nicht ohne Bewegung ihres zierlichen Wesens leisten konnte. Ich habe nicht leicht eine so herzlich-geistige Freude gesehen, als sie ausdrückte, indem sie mir für den Einblick in dieses neue Feld einen allerliebsten Dank aussprach. Sie konnte sich kaum fassen, indem sie die Möglichkeit gewahrte, die Erfüllung ihres sehnlichsten Wunsches so nahe und schon versuchsweise erreicht zu sehen.

Die Gesellschaft hatte sich vermehrt, auch Angelika war angekommen; an einer großen gedeckten Tafel hatte man ihr mich rechter Hand gesetzt, meine Schülerin stand an der entgegengesetzten Seite des Tisches und besann sich keinen Augenblick, als die übrigen sich um die Tafelplätze komplimentierten, um den Tisch herumzugehen und sich neben mir nieder zu lassen. Meine ernste Nachbarin schien dies mit einiger Verwunderung zu bemerken, und es bedurfte nicht des Blicks einer klugen Frau, um zu gewahren, daß hier was vorgegangen sein müsse und daß ein zeither bis zur trockenen Unhöflichkeit von den Frauen sich entfernender Freund wohl selbst sich endlich zahm und gefangen überrascht gesehen habe.

Ich hielt zwar äußerlich noch ziemlich gut stand, eine innere Bewegung aber gab sich wohl eher kund durch eine gewisse Verlegenheit, in der ich mein Gespräch zwischen den Nachbarinnen teilte, indem ich die ältere zarte, diesmal schweigsame Freundin belebend zu unterhalten, und jene, die sich immer noch in der fremden Sprache zu ergehen schien und sich in dem Zustande befand desjenigen, der mit einemmal, von dem erwünscht aufgehenden Lichte geblendet, sich nicht gleich in der Umgebung zu finden weiß, durch eine freundlich ruhige, eher ablehnende Teilnahme zu beschwichtigen suchte.

Dieser aufgeregte Zustand jedoch hatte sogleich die Epoche einer merkwürdigen Umwälzung zu erleben. Gegen Abend die jungen Frauenzimmer aufsuchend, fand ich die älteren Frauen in einem Pavillon, wo die herrlichste der Aussichten sich darbot; ich schweifte mit meinem Blick in die Runde, aber es ging vor meinen Augen etwas anders vor als das Landschaftlich-Malerische; es hatte sich ein Ton über die Gegend gezogen, der weder dem Untergang der Sonne noch den Lüften des Abends allein zuzuschreiben war. Die glühende Beleuchtung der hohen Stellen, die kühlende blaue Beschattung der Tiefe schien herrlicher als jemals in Öl oder Aquarell; ich konnte nicht genug hinsehen, doch fühlte ich, daß ich den Platz zu verlassen Lust hatte, um in teilnehmender kleiner Gesellschaft dem letzten Blick der Sonne zu huldigen.

Doch hatte ich leider der Einladung der Mutter und Nachbarinnen nicht absagen können mich bei ihnen niederzulassen, besonders da sie mir an dem Fenster der schönsten Aussicht Raum gemacht hatten. Als ich auf ihre Reden merkte, konnt' ich vernehmen, daß von Ausstattung die Rede sei, einem immer wiederkehrenden und nie zu erschöpfenden Gegenstande. Die Erfordernisse aller Art wurden gemustert, Zahl und Beschaffenheit der verschiedenen Gaben, Grundgeschenke der Familie, vielfache Beiträge von Freunden und Freundinnen, teilweise noch ein Geheimnis, und was nicht alles in genauer Hererzählung die schöne Zeit hinnahm, mußte von mir geduldig angehört werden, weil die Damen mich zu einem späteren Spaziergang festgenommen hatten.

Endlich gelangte denn das Gespräch zu den Verdiensten des Bräutigams, man schilderte ihn günstig genug, wollte sich aber seine Mängel nicht verbergen, in getroster Hoffnung, daß diese zu mildern und zu bessern die Anmut, der Verstand, die Liebenswürdigkeit seiner Braut im künftigen Ehstande hinreichen werde.

Ungeduldig zuletzt, als eben die Sonne sich in das entfernte Meer niedersenkte und einen unschätzbaren Blick durch die langen Schatten und die zwar gedämpften doch mächtigen Streiflichter gewährte, fragt' ich auf das bescheidenste: wer denn aber die Braut sei? Mit Verwunderung erwiderte man mir: ob ich denn das allgemein Bekannte nicht wisse; und nun erst fiel es ihnen ein, daß ich kein Hausgenosse sondern ein Fremder sei.

Hier ist es freilich nun nicht nötig auszusprechen, welch Entsetzen mich ergriff, als ich vernahm, es sei eben die kurz erst so liebgewonnene Schülerin. Die Sonne ging unter, und ich wußte mich unter irgendeinem Vorwand von der Gesellschaft loszumachen, die, ohne es zu wissen, mich auf eine so grausame Weise belehrt hatte.

Daß Neigungen, denen man eine Zeitlang unvorsichtig nachgegeben, endlich aus dem Traume geweckt, in die schmerzlichsten Zustände sich umwandeln, ist herkömmlich und bekannt, aber vielleicht interessiert dieser Fall durch das Seltsame, daß ein lebhaftes wechselseitiges Wohlwollen in dem Augenblicke des Keimens zerstört wird, und damit die Vorahnung alles des Glücks, das ein solches Gefühl sich in künftiger Entwickelung unbegrenzt vorspiegelt. Ich kam spät nach Hause, und des andern Morgens früh machte ich, meine Mappe unter dem Arm, einen weiteren Weg, mit der Entschuldigung nicht zur Tafel zu kommen.

Ich hatte Jahre und Erfahrungen hinreichend, um mich, obwohl schmerzhaft, doch auf der Stelle zusammen zu nehmen. Es wäre wunderbar genug, rief ich aus, wenn ein wertherähnliches Schicksal dich in Rom aufgesucht hätte, um dir so bedeutende, bisher wohlbewahrte Zustände zu verderben.

Ich wendete mich abermals rasch zu der inzwischen vernachlässigten landschaftlichen Natur und suchte sie so treu als möglich nachzubilden, mehr aber gelang mir, sie besser zu sehen. Das wenige Technische, was ich besaß, reichte kaum zu dem unscheinbarsten Umriß hin, aber die Fülle der Körperlichkeit, die uns jene Gegend in Felsen und Bäumen, Auf- und Abstiegen, stillen Seen, belebten Bächen entgegen bringt, war meinem Auge beinahe fühlbarer als sonst, und ich konnte dem Schmerz nicht feind werden, der mir den innern und äußern Sinn in dem Grade zu schärfen geeignet war.

Von nun an aber hab' ich mich kurz zu fassen; die Menge von Besuchenden füllte das Haus und die Häuser der Nachbarschaft, man konnte sich ohne Affektation vermeiden, und eine wohlempfundene Höflichkeit, zu der uns eine solche Neigung stimmt, ist in der Gesellschaft überall gut aufgenommen. Mein Betragen gefiel, und ich hatte keine Unannehmlichkeit, keinen Zwist außer ein einziges Mal mit dem Wirt, Herrn Jenkins. Ich hatte nämlich, von einer weiten Berg- und Waldtour, die appetitlichsten Pilze mitgebracht und sie dem Koch übergeben, der, über eine zwar seltene, aber in jenen Gegenden sehr berühmte Speise höchst vergnügt, sie aufs schmackhafteste zubereitet auf die Tafel gab. Sie schmeckten jedermann ganz herrlich, nur, als zu meinen Ehren verraten wurde, daß ich sie aus der Wildnis mitgebracht, ergrimmte unser englischer Wirt, obgleich nur im verborgenen, darüber, daß ein Fremder eine Speise zum Gastmahl beigetragen habe, von welcher der Hausherr nichts wisse, die er nicht befohlen und angeordnet; es zieme sich nicht wohl, jemanden an seiner eignen Tafel zu überraschen, Speisen aufzusetzen, von denen er nicht Rechenschaft geben könne. Dies alles mußte mir Rat Reiffenstein nach Tafel diplomatisch eröffnen, wogegen ich, der ich an ganz anderm Weh, als das sich von Schwämmen herleiten kann, innerlichst zu dulden hatte, bescheidentlich erwiderte: ich hätte vorausgesetzt, der Koch würde das dem Herrn melden, und versicherte: wenn mir wieder dergleichen Edulien unterwegs in die Hände kämen, solche unserm trefflichen Wirte selbst zur Prüfung und Genehmigung vorzulegen. Denn wenn man billig sein will, muß man gestehen, sein Verdruß entsprang daher, daß diese überhaupt zweideutige Speise ohne gehörige Untersuchung auf die Tafel gekommen war. Der Koch freilich hatte mir versichert, und brachte auch dem Herrn ins Gedächtnis, daß dergleichen, zwar nicht oft, aber doch immer, als besondere Rarität, mit großem Beifall in dieser Jahrszeit vorgesetzt worden.

Dieses kulinarische Abenteuer gab mir Anlaß, in stillem Humor zu bedenken, daß ich selbst, von einem ganz eignen Gifte angesteckt, in Verdacht gekommen sei, durch gleiche Unvorsichtigkeit eine ganze Gesellschaft zu vergiften.

Es war leicht meinen gefaßten Vorsatz fortzuführen. Ich suchte sogleich den englischen Studien auszuweichen, indem ich mich morgens entfernte und meiner heimlich geliebten Schülerin niemals anders als im Zusammentritt von mehrern Personen zu nähern wußte.

Gar bald legte sich auch dieses Verhältnis in meinem so viel beschäftigten Gemüte wieder zurechte und zwar auf eine sehr anmutige Weise; denn indem ich sie als Braut, als künftige Gattin ansah, erhob sie sich vor meinen Augen aus dem trivialen Mädchenzustande, und indem ich ihr nun eben dieselbe Neigung, aber in einem höhern uneigennützigen Begriff zuwendete, so war ich, als einer der ohnehin nicht mehr einem leichtsinnigen Jüngling glich, gar bald gegen sie in dem freundlichsten Behagen. Mein Dienst, wenn man eine freie Aufmerksamkeit so nennen darf, bezeichnete sich durchaus ohne Zudringlichkeit und beim Begegnen eher mit einer Art von Ehrfurcht. Sie aber, welche nun auch wohl wußte, daß ihr Verhältnis mir bekannt geworden, konnte mit meinem Benehmen vollkommen zufrieden sein. Die übrige Welt aber, weil ich mich mit jedermann unterhielt, merkte nichts oder hatte kein Arges daran, und so gingen Tage und Stunden einen ruhigen behaglichen Gang.

Von der mannigfaltigsten Unterhaltung wäre viel zu sagen. Genug, es war auch ein Theater daselbst, wo der von uns so oft im Karneval beklatschte Pulcinell, welcher die übrige Zeit sein Schusterhandwerk trieb und auch übrigens hier als ein anständiger kleiner Bürger erschien, uns mit seinen pantomimisch-mimisch-lakonischen Absurditäten aufs beste zu vergnügen und uns in die so höchst behagliche Nullität des Daseins zu versetzen wußte.

Briefe von Haus hatten mich indessen bemerken lassen, daß meine nach Italien so lang projektierte, immer verschobene und endlich so rasch unternommene Reise bei den Zurückgelassenen einige Unruhe und Ungeduld erregt, ja sogar den Wunsch mir nachzufolgen und das gleiche Glück zu genießen, von dem meine heitern, auch wohl unterrichtenden Briefe den günstigsten Begriff gaben. Freilich in dem geistreichen und kunstliebenden Kreise unserer Herzogin Amalie war es herkömmlich, daß Italien jederzeit als das neue Jerusalem wahrer Gebildeten betrachtet wurde und ein lebhaftes Streben dahin, wie es nur Mignon ausdrücken konnte, sich immer in Herz und Sinn erhielt. Der Damm war endlich gebrochen, und es ergab sich nach und nach ganz deutlich, daß Herzogin Amalie mit ihrer Umgebung von einer, Herder und der jüngere Dalberg von der andern Seite über die Alpen zu gehen ernstliche Anstalt machten. Mein Rat war, sie möchten den Winter vorübergehen lassen, in der mittleren Jahrszeit bis Rom gelangen, und sodann weiter nach und nach alles des Guten genießen, was die Umgegend der alten Weltstadt usw., der untere Teil von Italien darbieten könnte.

Dieser mein Rat, redlich und sachgemäß wie er war, bezog sich denn doch auch auf meinen eigenen Vorteil. Merkwürdige Tage meines Lebens hatte ich bisher in dem fremdesten Zustande mit ganz fremden Menschen gelebt und mich eigentlich wieder frisch des humanen Zustands erfreut, dessen ich in zwar zufälligen aber doch natürlichen Bezügen seit langer Zeit erst wieder gewahr wurde, da ein geschlossener heimatlicher Kreis, ein Leben unter völlig bekannten und verwandten Personen uns am Ende in die wunderlichste Lage versetzt. Hier ist es, wo durch ein wechselseitiges Dulden und Tragen, Teilnehmen und Entbehren ein gewisses Mittelgefühl von Resignation entsteht, daß Schmerz und Freude, Verdruß und Behagen sich in herkömmlicher Gewohnheit wechselseitig vernichten. Es erzeugt sich gleichsam eine Mittelzahl, die den Charakter der einzelnen Ergebnisse durchaus aufhebt, so daß man zuletzt, im Streben nach Bequemlichkeit, weder dem Schmerz noch der Freude sich mit freier Seele hingeben kann.

Ergriffen von diesen Gefühlen und Ahnungen fühlte ich mich ganz entschieden, die Ankunft der Freunde in Italien nicht abzuwarten. Denn daß meine Art die Dinge zu sehen nicht sogleich die ihrige sein würde, konnte ich um so deutlicher wissen, als ich mich selbst seit einem Jahre jenen kimmerischen Vorstellungen und Denkweisen des Nordens zu entziehen gesucht, und unter einem himmelblauen Gewölbe mich freier umzuschauen und zu atmen gewöhnt hatte. In der mittlern Zeit waren mir aus Deutschland kommende Reisende immerfort höchst beschwerlich; sie suchten das auf, was sie vergessen sollten, und konnten das, was sie schon lange gewünscht hatten, nicht erkennen, wenn es ihnen vor Augen lag. Ich selbst fand es noch immer mühsam genug, durch Denken und Tun mich auf dem Wege zu erhalten, den ich als den rechten anzuerkennen mich entschieden hatte.

Fremde Deutsche konnt' ich vermeiden, so nah verbundene, verehrte, geliebte Personen aber hätten mich durch eigenes Irren und Halbgewahrwerden, ja selbst durch Eingehen in meine Denkweise gestört und gehindert. Der nordische Reisende glaubt, er komme nach Rom, um ein Supplement seines Daseins zu finden, auszufüllen was ihm fehlt; allein er wird erst nach und nach mit großer Unbehaglichkeit gewahr, daß er ganz den Sinn ändern und von vorn anfangen müsse.

So deutlich nun auch ein solches Verhältnis mir erschien, so erhielt ich mich doch über Tag und Stunde weislich im Ungewissen und fuhr unablässig fort in der sorgfältigsten Benutzung der Zeit. Unabhängiges Nachdenken, Anhören von andern, Beschauen künstlerischen Bestrebens, eigene praktische Versuche wechselten unaufhörlich oder griffen vielmehr wechselseitig ineinander ein.

Hiebei förderte mich besonders die Teilnahme Heinrich

Meyers von Zürich, dessen Unterhaltung mir, obgleich seltener, günstig zustatten kam, indem er als ein fleißiger und gegen sich selbst strenger Künstler die Zeit besser anzuwenden wußte als der Kreis von jüngeren, die einen ernsten Fortschritt in Begriffen und Technik mit einem raschen lustigen Leben leichtmütig zu verbinden glaubten.

NOVEMBER

Korrespondenz

Rom, den 3. November 1787

Kayser ist angekommen, und ich habe drüber die ganze Woche nicht geschrieben. Er ist erst am Klavierstimmen, und nach und nach wird die Oper vorgetragen werden. Es macht seine Gegenwart wieder eine sonderbare anschließende Epoche, und ich sehe, man soll seinen Weg nur ruhig fortgehn, die Tage bringen das Beste wie das Schlimmste.

Die Aufnahme meines Egmont macht mich glücklich, und ich hoffe, es soll beim Wiederlesen nicht verlieren, denn ich weiß was ich hineingearbeitet habe, und daß sich das nicht auf einmal herauslesen läßt. Das was ihr daran lobt, habe ich machen wollen; wenn ihr sagt, daß es gemacht ist, so habe ich meinen Endzweck erreicht. Es war eine unsäglich schwere Aufgabe, die ich ohne eine ungemessene Freiheit des Lebens und des Gemüts nie zustande gebracht hätte. Man denke, was das sagen will: ein Werk vornehmen, was zwölf Jahre früher geschrieben ist, es vollenden ohne es umzuschreiben. Die besondern Umstände der Zeit haben mir die Arbeit erschwert und erleichtert. Nun liegen noch so zwei Steine vor mir: Faust und Tasso. Da die barmherzigen Götter mir die Strafe des Sisyphus auf die Zukunft erlassen zu haben scheinen, hoffe ich auch diese Klumpen den Berg hinauf zu bringen. Bin ich einmal damit oben, dann soll es aufs neue angehn, und ich will mein möglichstes tun euren Beifall zu verdienen, da ihr mir eure Liebe ohne mein Verdienst schenkt und erhaltet.

Was du von Klärchen sagst, verstehe ich nicht ganz, und

erwarte deinen nächsten Brief. Ich sehe wohl, daß dir eine Nuance zwischen der Dirne und der Göttin zu fehlen scheint. Da ich aber ihr Verhältnis zu Egmont so ausschließlich gehalten habe; da ich ihre Liebe mehr in den Begriff der Vollkommenheit des Geliebten, ihr Entzücken mehr in den Genuß des Unbegreiflichen, daß dieser Mann ihr gehört, als in die Sinnlichkeit setze; da ich sie als Heldin auftreten lasse; da sie im innigsten Gefühl der Ewigkeit der Liebe ihrem Geliebten nachgeht, und endlich vor seiner Seele durch einen verklärenden Traum verherrlicht wird: so weiß ich nicht, wo ich die Zwischennuance hinsetzen soll, ob ich gleich gestehe, daß aus Notdurft des dramatischen Pappen- und Lattenwerks die Schattierungen, die ich oben hererzähle, vielleicht zu abgesetzt und unverbunden, oder vielmehr durch zu leise Andeutungen verbunden sind; vielleicht hilft ein zweites Lesen, vielleicht sagt mir dein folgender Brief etwas Näheres.

Angelika hat ein Titelkupfer zum Egmont gezeichnet, Lips gestochen, das wenigstens in Deutschland nicht gezeichnet, nicht gestochen worden wäre.

Leider muß ich jetzt die bildende Kunst ganz zurücksetzen, denn sonst werde ich mit meinen dramatischen Sachen nicht fertig, die auch eine eigne Sammlung und ruhige Bearbeitung fordern, wenn etwas daraus werden soll. Claudine ist nun in der Arbeit, wird sozusagen ganz neu ausgeführt, und die alte Spreu meiner Existenz herausgeschwungen.

Rom, den 10. November

Kayser ist nun da, und es ist ein dreifach Leben, da die Musik sich anschließt. Es ist ein trefflich guter Mann und paßt zu uns, die wir wirklich ein Naturleben führen, wie es nur irgend auf dem Erdboden möglich ist. Tischbein kommt von Neapel zurück, und da muß beider Quartier und alles verändert werden, doch bei unsern guten Naturen wird alles in acht Tagen wieder im Gleis sein.

Ich habe der Herzoginmutter den Vorschlag getan, sie soll

mir erlauben, die Summe von zweihundert Zechinen nach und nach für sie in verschiedenen kleinen Kunstwerken auszugeben. Unterstütze diesen Vorschlag, wie du ihn in meinem Briefe findest, ich brauche das Geld nicht gleich, nicht auf einmal. Es ist dieses ein wichtiger Punkt, dessen ganzen Umfang du ohne große Entwicklung empfinden wirst, und du würdest die Notwendigkeit und Nützlichkeit meines Rats und Erbietens noch mehr erkennen, wenn du die Verhältnisse hier wüßtest, die vor mir liegen wie meine Hand. Ich bereite ihr durch Kleinigkeiten großes Vergnügen, und wenn sie die Sachen, die ich nach und nach machen lassen, hier findet, so stille ich die Begierde zu besitzen, die bei jedem Ankömmling, er sei wer er wolle, entsteht, und welche sie nur mit einer schmerzlichen Resignation unterdrücken, oder mit Kosten und Schaden befriedigen könnte. Es ließen sich davon noch Blätter vollschreiben.

Daß mein Egmont Beifall erhält, freut mich herzlich. Kein Stück hab' ich mit mehr Freiheit des Gemüts und mit mehr Gewissenhaftigkeit vollbracht als dieses; doch fällt es schwer, wenn man schon anderes gemacht hat, dem Leser genug zu tun, er verlangt immer etwas, wie das vorige war.

Rom, den 24. November

Du fragst in deinem letzten Brief wegen der Farbe der Landschaft dieser Gegenden. Darauf kann ich dir sagen: daß sie bei heitern Tagen, besonders des Herbstes, so farbig ist, daß sie in jeder Nachbildung bunt scheinen muß. Ich hoffe dir in einiger Zeit einige Zeichnungen zu schicken, die ein Deutscher macht, der jetzt in Neapel ist; die Wasserfarben bleiben so weit unter dem Glanz der Natur, und doch werdet ihr glauben, es sei unmöglich. Das Schönste dabei ist, daß die lebhaften Farben, in geringer Entfernung schon, durch den Luftton gemildert werden, und daß die Gegensätze von kalten und warmen Tönen (wie man sie nennt) so sichtbar dastehn. Die blauen klaren Schatten stechen so reizend von allem erleuchteten Grünen, Gelblichen, Rötlichen, Bräunlichen ab, und verbinden sich mit der bläulich duftigen Ferne. Es ist ein Glanz, und zugleich eine Harmonie, eine Abstufung im ganzen, wovon man nordwärts gar keinen Begriff hat. Bei euch ist alles entweder hart oder trüb, bunt oder eintönig. Wenigstens erinnere ich mich selten einzelne Effekte gesehen zu haben, die mir einen Vorschmack von dem gaben, was jetzt täglich und stündlich vor mir steht. Vielleicht fände ich jetzt, da mein Auge geübter ist, auch nordwärts mehr Schönheiten.

Übrigens kann ich wohl sagen, daß ich nun fast die rechten geraden Wege zu allen bildenden Künsten vor mir sehe und erkenne, aber auch nun ihre Weiten und Fernen desto klarer ermesse. Ich bin schon zu alt, um von jetzt an mehr zu tun als zu pfuschen; wie es andre treiben, seh' ich auch, finde manchen auf dem guten Pfade, keinen mit großen Schritten. Es ist also auch damit wie mit Glück und Weisheit, davon uns die Urbilder nur vorschweben, deren Kleidsaum wir höchstens berühren.

Kaysers Ankunft, und bis wir uns ein wenig mit ihm in häusliche Ordnung setzten, hatte mich einigermaßen zurückgebracht, meine Arbeiten stockten. Jetzt geht es wieder und meine Opern sind nahe fertig zu sein. Er ist sehr brav, verständig, ordentlich, gesetzt, in seiner Kunst so fest und sicher, als man sein kann, einer von denen Menschen, durch deren Nähe man gesunder wird. Dabei hat er eine Herzensgüte, einen richtigen Lebens- und Gesellschaftsblick, wodurch sein übrigens strenger Charakter biegsamer wird, und sein Umgang eine eigene Grazie gewinnt.

Bericht November

Nun aber bei dem stillen Gedanken an ein allmähliches Loslösen ward ein neues Anknüpfen durch die Ankunft eines wackeren früheren Freundes vorbereitet, des Christoph Kayser, eines geborenen Frankfurters, der zu gleicher Zeit mit Klingern und uns andern herangekommen war. Dieser, von Natur mit eigentümlichem musikalischem Talente begabt, hatte schon vor Jahren, indem er Scherz, List und Rache zu komponieren unternahm, auch eine zu Egmont passende Musik zu liefern begonnen. Ich hatte ihm von Rom aus gemeldet, das Stück sei abgegangen und eine Kopie in meinen Händen geblieben. Statt weitläufiger Korrespondenz darüber ward rätlich gefunden, er solle selbst unverzüglich herankommen; da er denn auch nicht säumend mit dem Kurier durch Italien hindurchflog, sehr bald bei uns eintraf und in den Künstlerkreis, der sein Hauptquartier im Corso, Rondanini gegenüber, aufgeschlagen hatte, sich freundlich aufgenommen sah.

Hier aber zeigte sich gar bald, statt des so nötigen Sammelns und Einens, neue Zerstreuung und Zeitsplitterung.

Vorerst gingen mehrere Tage hin bis ein Klavier beigeschafft, probiert, gestimmt und nach des eigensinnigen Künstlers Willen und Wollen zurecht gerückt war, wobei denn immer noch etwas zu wünschen und zu fordern übrig blieb. Indessen belohnte sich baldigst der Aufwand von Mühe und Versäumnis durch die Leistungen eines sehr gewandten, seiner Zeit völlig gemäßen, die damaligen schwierigsten Werke leicht vortragenden Talentes. Und damit der musikalische Geschichtskenner sogleich wisse, wovon die Rede sei, bemerke ich, daß zu jener Zeit Schubart für unerreichbar gehalten, sodann auch, daß als Probe eines geübten Klavierspielers die Ausführung von Variationen geachtet wurde, wo ein einfaches Thema, auf die künstlichste Weise durchgeführt, endlich durch sein natürliches Wiedererscheinen den Hörer zu Atem kommen ließ.

Die Symphonie zu Egmont brachte er mit, und so belebte sich von dieser Seite mein ferneres Bestreben, welches gegenwärtig mehr als jemals, aus Notwendigkeit und Liebhaberei, gegen das musikalische Theater gerichtet war.

Erwin und Elmire sowie Claudine von Villa Bella sollten nun auch nach Deutschland abgesendet werden; ich hatte mich aber durch die Bearbeitung Egmonts in meinen Forderungen gegen mich selbst dergestalt gesteigert, daß ich nicht über mich gewinnen konnte sie in ihrer ersten Form dahin zu geben. Gar manches Lyrische, das sie enthalten, war mir lieb und wert; es zeugte von vielen zwar töricht aber doch glücklich verlebten Stunden, wie von Schmerz und Kummer, welchen die Jugend in ihrer unberatenen Lebhaftigkeit ausgesetzt bleibt. Der prosaische Dialog dagegen erinnerte zu sehr an jene französischen Operetten, denen wir zwar ein freundliches Andenken zu gönnen haben, indem sie zuerst ein heiteres singbares Wesen auf unser Theater herüber brachten, die mir aber jetzt nicht mehr genügen wollten, als einem eingebürgerten Italiener, der den melodischen Gesang durch einen rezitierenden und deklamatorischen wenigstens wollte verknüpft sehen.

In diesem Sinne wird man nunmehr beide Opern bearbeitet finden; ihre Kompositionen haben hie und da Freude gemacht, und so sind sie auf dem dramatischen Strom auch zu ihrer Zeit mit vorüber geschwommen.

Gewöhnlich schilt man auf die italienischen Texte, und das zwar in solchen Phrasen, wie einer dem andern nachsagen kann, ohne was dabei zu denken; sie sind freilich leicht und heiter, aber sie machen nicht mehr Forderungen an den Komponisten und an den Sänger, als inwieweit beide sich hinzugeben Lust haben. Ohne hierüber weitläufig zu sein, erinnere ich an den Text der Heimlichen Heirat; man kennt den Verfasser nicht, aber es war einer der geschicktesten, die in diesem Fache gearbeitet haben, wer er auch mag gewesen sein. In diesem Sinne zu handeln, in gleicher Freiheit nach bestimmten Zwecken zu wirken, war meine Absicht, und ich wüßte selbst nicht zu sagen, inwiefern ich mich meinem Ziel genähert habe.

Leider aber war ich mit Freund Kayser seit geraumer Zeit schon in einem Unternehmen befangen, das nach und nach immer bedenklicher und weniger ausführbar schien.

Man vergegenwärtige sich jene sehr unschuldige Zeit des deutschen Opernwesens, wo noch ein einfaches Intermezzo, wie die Serva Padrona von Pergolese, Eingang und Beifall fand. Damals nun produzierte sich ein deutscher Buffo namens Berger, mit einer hübschen, stattlichen, gewandten Frau, welche in deutschen Städten und Ortschaften, mit geringer Verkleidung und schwacher Musik, im Zimmer, mancherlei heitere aufregende Vorstellungen gaben, die denn freilich immer auf Betrug und Beschämung eines alten verliebten Gecken auslaufen mochten.

Ich hatte mir zu ihnen eine dritte mittlere, leicht zu besetzende Stimme gedacht, und so war denn schon vor Jahren das Singspiel Scherz, List und Rache entstanden, das ich an Kaysern nach Zürich schickte, welcher aber, als ein ernster gewissenhafter Mann, das Werk zu redlich angriff und zu ausführlich behandelte. Ich selbst war ja schon über das Maß des Intermezzo hinausgegangen, und das kleinlich scheinende Sujet hatte sich in so viel Singstücke entfaltet, daß selbst bei einer vorübergehenden sparsamen Musik drei Personen kaum mit der Darstellung wären zu Ende gekommen. Nun hatte Kayser die Arien ausführlich nach altem Schnitt behandelt, und man darf sagen, stellenweise glücklich genug, wie nicht ohne Anmut des Ganzen.

Allein wie und wo sollte das zur Erscheinung kommen? Unglücklicherweise litt es, nach frühern Mäßigkeitsprinzipien, an einer Stimmenmagerkeit; es stieg nicht weiter als bis zum Terzett, und man hätte zuletzt die Theriaksbüchsen des Doktors gern beleben mögen, um ein Chor zu gewinnen. Alles unser Bemühen daher, uns im Einfachen und Beschränkten abzuschließen, ging verloren, als Mozart auftrat. Die Entführung aus dem Serail schlug alles nieder, und es ist auf dem Theater von unserm so sorgsam gearbeiteten Stück niemals die Rede gewesen.

Die Gegenwart unseres Kaysers erhöhte und erweiterte nun die Liebe zur Musik, die sich bisher nur auf theatralische Exhibitionen eingeschränkt hatte. Er war sorgfältig, die Kirchenfeste zu bemerken, und wir fanden uns dadurch veranlaßt, auch die an solchen Tagen aufgeführten solennen Musiken mit anzuhören. Wir fanden sie freilich schon sehr weltlich mit vollständigstem Orchester, obgleich der Gesang noch immer vorwaltete. Ich erinnere mich, an einem Cäcilientage zum erstenmal eine Bravourarie mit eingreifendem Chor gehört zu haben, sie tat auf mich eine außerordentliche Wirkung, wie sie solche auch noch immer, wenn dergleichen in den Opern vorkommt, auf das Publikum ausübt.

Nächst diesem hatte Kayser noch eine Tugend, daß er nämlich, weil ihm sehr um alte Musik zu tun war, ihm auch die Geschichte der Tonkunst ernstlich zu erforschen oblag, sich in Bibliotheken umsah; wie denn sein treuer Fleiß besonders in der Minerva gute Aufnahme und Fördernis gefunden hatte. Dabei aber hatte sein Bücherforschen den Erfolg, daß er uns auf die ältern Kupferwerke des sechzehnten Jahrhunderts aufmerksam machte und zum Beispiel das Speculum romanae magnificentiae, die Architekturen von Lomazzo, nicht weniger die späteren Admiranda Romae und was sonst noch dergleichen sein mochte, in Erinnerung zu bringen nicht unterließ. Diese Bücher- und Blättersammlungen, zu denen wir andere denn auch wallfahrteten, haben besonders einen großen Wert, wenn man sie in guten Abdrükken vor sich sieht: sie vergegenwärtigen jene frühere Zeit, wo das Altertum mit Ernst und Scheu betrachtet, und die Überbleibsel in tüchtigem Charakter ausgedrückt wurden. So näherte man sich zum Beispiel den Kolossen, wie sie noch auf dem alten Fleck im Garten Colonna standen; die Halbruine des Septizoniums Severi gab noch den ungefähren Begriff von diesem verschwundenen Gebäude; die Peterskirche ohne Fassade, das große Mittel ohne Kuppel, der alte Vatikan, in dessen Hof noch Turniere gehalten werden konnten, alles zog in die alte Zeit zurück, und ließ zugleich aufs deutlichste bemerken, was die zwei folgenden Jahrhunderte für Veränderungen hervorgerufen, und, ungeachtet bedeutender Hindernisse, das Zerstörte herzustellen, das Versäumte nachzuholen getrachtet.

Heinrich Meyer von Zürich, dessen ich schon oft zu gedenken Ursach hatte, so zurückgezogen er lebte, so fleißig er war, fehlte doch nicht leicht, wo etwas Bedeutendes zu schauen, zu erfahren, zu lernen war; denn auch die übrigen suchten und wünschten ihn, indem er sich in Gesellschaft so bescheiden als lehrreich erwies. Er ging den sichern, von Winckelmann und Mengs eröffneten Pfad ruhig fort, und weil er in der Seydelmannischen Manier antike Büsten mit Sepia gar löblich darzustellen wußte, so fand niemand mehr Gelegenheit als er, die zarten Abstufungen der frühern und spätern Kunst zu prüfen und kennen zu lernen.

Als wir nun einen von allen Fremden, Künstlern, Kennern und Laien gleich gewünschten Besuch bei Fackelschein dem Museum, sowohl des Vatikans als auch des Kapitols, abzustatten Anstalt machten, so gesellte er sich uns zu; und ich finde unter meinen Papieren einen seiner Aufsätze, wodurch ein solcher genußreicher Umgang durch die herrlichsten Reste der Kunst, welcher meistenteils wie ein entzückender, nach und nach verlöschender Traum vor der Seele schwebt, auch in seinen vorteilhaften Einwirkungen auf Kenntnis und Einsicht eine bleibende Bedeutung erhält.

«Der Gebrauch, die großen römischen Museen, zum Beispiel das Museo Pio-Clementino im Vatikan, das Kapitolinische und anderes beim Licht von Wachsfackeln zu besehen, scheinet in den achtziger Jahren des vorigen Jahrhunderts noch ziemlich neu gewesen zu sein, indessen ist mir nicht bekannt, wann er eigentlich seinen Anfang genommen.

Vorteile der Fackelbeleuchtung: Jedes Stück wird nur einzeln, abgeschlossen von allen übrigen betrachtet, und die Aufmerksamkeit des Beschauers bleibt lediglich auf dasselbe gerichtet; dann erscheinen in dem gewaltigen wirksamen Fackellicht alle zarten Nuancen der Arbeit weit deutlicher, alle störenden Widerscheine (zumal bei glänzend polierten Statuen beschwerlich) hören auf, die Schatten werden entschiedener, die beleuchteten Teile treten heller hervor. Ein Hauptvorteil aber ist unstreitig der, daß ungünstig aufgestellte Stücke hierdurch das ihnen gebührende Recht erhalten. So konnte man zum Beispiel den Laokoon, in der Nische wo er stand, nur bei Fackellicht recht sehen, weil kein unmittelbares Licht auf ihn fiel, sondern bloß sein Widerschein aus dem kleinen, runden, mit einer Säulenhalle umgebenen Hof des Belvedere; dasselbe war der Fall mit dem Apollo und dem sogenannten Antinous (Merkur). Noch nötiger war Fackelbeleuchtung, um den Nil wie auch den Meleager zu sehen und ihre Verdienste schätzen zu können. Keiner andern Antike ist Fackelbeleuchtung so vorteilhaft als dem sogenannten Phokion, weil man nur dann, nicht aber bei gewöhnlichem Licht, indem er ungünstig aufgestellt ist, die wundersam zart durch das einfache Gewand durchscheinenden Teile des Körpers wahrnehmen kann. Schön nimmt sich auch der vortreffliche Sturz eines sitzenden Bacchus aus, ebenso das obere Teil einer Bacchusstatue mit schönem Kopf, und die Halbfigur eines Triton, vor allen aber das Wunder der Kunst, der nie genug zu preisende berühmte Torso.

Die Denkmale im Kapitolinischen Museum sind zwar überhaupt weniger wichtig als die im Museo Pio-Clementino, doch gibt es einige von großer Bedeutung, und man tut wohl, um sich von ihren Verdiensten gehörig zu unterrichten, solche bei Fackelbeleuchtung zu sehen. Der sogenannte Pyrrhus, vortrefflich gearbeitet, steht auf der Treppe und erhält gar kein Tageslicht; auf der Galerie vor den Säulen steht eine schöne halbe Figur, die für eine bekleidete Venus gehalten wird, welche von drei Seiten schwaches Licht erhält. Die nackte Venus, die schönste Statue dieser Art in Rom, erscheint bei Tageslicht nicht zu ihrem Vorteil, da sie in einem Eckzimmer aufgestellt ist, und die sogenannte schön bekleidete Juno steht an der Wand zwischen Fenstern, wo sie bloß ein wenig Streiflicht erhält; auch der so berühmte Ariadnekopf im Miszellaneenzimmer wird, außer bei Fackellicht, nicht in seiner ganzen Herrlichkeit gesehen. Und so sind noch mehrere Stücke dieses Museums ungünstig aufgestellt, so daß Fackelbeleuchtung durchaus notwendig wird, wenn man solche recht sehen und nach Verdiensten schätzen soll.

Wie übrigens so vieles, was geschieht um die Mode mit zu machen, zum Mißbrauch wird, so ist es auch mit der Fackelbeleuchtung. Sie kann nur in dem Falle Gewinn bringen, wenn verstanden wird, wozu sie nütze ist. Monumente zu sehen, die, wie vorhin von einigen berichtet worden, bloß verkümmertes Tageslicht erhalten, ist sie notwendig, indem alsdann Höhen und Tiefen und Übergang der Teile ineinander richtiger erkannt werden. Vornehmlich aber wird sie Werken aus der allerbesten Zeit der Kunst günstig sein (wenn nämlich der, welcher die Fackel führt, und der Beschauer wissen, worauf es ankömmt); sie wird die Massen derselben besser zeigen und die zartesten Nüancen der Arbeit hervorheben. Werke des alten Kunststils hingegen, die vom mächtigen, und selbst die vom hohen, haben nicht viel zu gewinnen, wenn sie anders sonst in hellem Lichte stehen. Denn da die Künstler damals noch des Lichts und Schattens nicht kundig waren, wie sollten sie für ihre Arbeiten auf Licht und Schatten gerechnet haben? So ist es auch mit spät gearbeiteten Werken, als die Künstler anfingen, nachlässiger zu werden, der Geschmack schon so weit gesunken war, daß auf Licht und Schatten in plastischen Werken nicht weiter geachtet, die Lehre von den Massen vergessen war. Wozu sollte Fackelbeleuchtung an Monumenten dieser Art dienen?»

Bei einer so feierlichen Gelegenheit ist es der Erinnerung gemäß, auch Herrn Hirts zu gedenken, der unserem Verein auf mehr als eine Weise nützlich und förderlich gewesen. Im Fürstenbergischen 1759 geboren, fand er nach zurückgelegten Studien der alten Schriftsteller einen unwiderstehlichen Trieb, sich nach Rom zu verfügen. Er war einige Jahre früher daselbst angekommen als ich und hatte sich auf die ernstlichste Weise mit alten und neuern Bau- und Bildwerken jeder Art bekannt gemacht und sich zu einem unterrichtenden Führer von wißbegierigen Fremden geeignet. Auch mir erwies er diese Gefälligkeit mit aufopfernder Teilnahme.

Sein Hauptstudium war die Baukunst, ohne daß er den klassischen Lokalitäten und so viel andern Merkwürdigkeiten seine Beachtung entzogen hätte. Seine theoretischen Ansichten über Kunst gaben in dem streit- und parteisüchtigen Rom vielfältige Gelegenheit zu lebhaften Diskussionen. Aus der Verschiedenheit der Ansichten kommen, besonders dort wo immer und überall von Kunst die Rede ist, gar mannigfaltig Hin- und Widerreden, wodurch der Geist in der Nähe so bedeutender Gegenstände lebhaftest angeregt und gefördert wird. Unsres Hirts Maxime ruhte auf Ableitung griechischer und römischer Architektur von der ältesten notwendigsten Holzkonstruktion, worauf er denn Lob und Tadel der neuern Ausführung gründete, und sich dabei der Geschichte und Beispiele geschickt zu bedienen wußte. Andere behaupteten dagegen, daß in der Baukunst wie in jeder andern geschmackvolle Fiktionen stattfänden, auf welche der Baukünstler niemals Verzicht tun dürfe, indem er sich in den mannigfaltigsten Fällen, die ihm vorkommen, bald auf diese, bald auf jene Weise zu helfen habe und von der strengen Regel abzuweichen genötigt sei.

In Absicht auf Schönheit geriet er auch oft mit andern Künstlern in Diskrepanz, indem er den Grund derselben ins Charakteristische legte, da ihm denn insofern diejenigen beipflichteten, welche sich überzeugt hielten, daß freilich der Charakter jedem Kunstwerk zum Grunde liegen müsse, die Behandlung aber dem Schönheitssinne und dem Geschmack anempfohlen sei, welche einen jeden Charakter in seiner Angemessenheit sowohl als in seiner Anmut darzustellen haben.

Weil aber die Kunst im Tun und nicht im Reden besteht, man aber dennoch immerfort mehr reden als tun wird, so begreift man leicht, daß dergleichen Unterhaltungen damals grenzenlos waren, wie sie es bis in die neusten Zeiten geblieben sind.

Wenn die differierenden Meinungen der Künstler zu gar mancherlei Unannehmlichkeiten, ja Entfernungen untereinander Gelegenheit gaben, so traf es sich auch wohl, obgleich selten, daß heitere Vorfälle sich bei solcher Gelegenheit ereigneten. Nachstehendes mag davon ein Beispiel sein.

Eine Anzahl Künstler hatten den Nachmittag im Vatikan zugebracht und gingen spät, um nicht den langen Weg durch die Stadt zu ihrem Quartier zu nehmen, zu dem Tor an der Kolonnade hinaus, an den Weinbergen her bis an die Tiber. Sie hatten sich unterwegs gestritten, kamen streitend ans Ufer und setzten auf der Überfahrt die Unterhaltung lebhaft fort. Nun wären sie, bei Ripetta aussteigend, in den Fall gekommen sich zu trennen und die von beiden Seiten noch überflüssig vorhandenen Argumente in der Geburt erstickt zu sehen. Sie wurden also einig, beisammenzubleiben und wieder hinüber und herüber zu fahren und auf der schwankenden Fähre ihrer Dialektik den ferneren Lauf zu lassen. Einmal aber fand sich diese Bewegung nicht hinreichend; sie waren einmal im Zuge und verlangten von dem Fährmann mehrmalige Wiederholung. Dieser auch ließ es sich wohl gefallen, indem ein jedesmaliges Herüber und Hinüber ihm von der Person einen Bajocco eintrug, einen ansehnlichen Gewinn, den er so spät nicht mehr zu erwarten hatte. Deshalb erfüllte er ganz stillschweigend ihr Verlangen; und da ihn sein Söhnchen mit Verwunderung fragte: Was wollen sie denn damit? antwortet' er ganz ruhig: Ich weiß nicht, aber sie sind toll.

Ungefähr in dieser Zeit erhielt ich in einem Paket von Hause nachstehenden Brief:

Monsieur, je ne suis pas étonné que vous ayez de mauvais lecteurs; tant de gens aiment mieux parler que sentir, mais il faut les plaindre et se féliciter de ne pas leur ressembler. — Oui, Monsieur, je vous dois la meilleure action de ma vie, par conséquent la racine de plusieurs autres et pour moi votre livre est bon. Si j'avais le bonheur d'habiter le même pays que vous, j'irais vous embrasser et vous dire mon secret, mais malheureusement j'en habite un où personne ne croirait au motif qui vient de me déterminer à cette démarche. Soyez satisfait, Monsieur, d'avoir pu, à 300 lieues de votre demeure, ramener le cœur d'un jeune homme à l'honnêteté et à la vertu, toute une famille va être tranquille et mon cœur jouit d'une bonne action. Si j'avais des talents, des lumières ou un rang qui me fit influer sur le sort des hommes, je vous dirais mon nom, mais je ne suis rien et je sais ce que je ne voudrais être. Je souhaite, Monsieur, que vous soyez jeune, que vous ayez le goût d'écrire, que vous soyez l'époux d'une Charlotte qui n'avait point vu de Werther, et vous serez le plus heureux des hommes, car je crois que vous aimez la vertu.

DEZEMBER

Korrespondenz

Rom, den 1. Dezember 1787

So viel versichre ich dir: ich bin über die wichtigsten Punkte mehr als gewiß, und obgleich die Erkenntnis sich ins Unendliche erweitern könnte, so hab' ich doch vom Endlich-Unendlichen einen sichern, ja klaren und mitteilbaren Begriff.

Ich habe noch die wunderlichsten Sachen vor und halte mein Erkenntnisvermögen zurück, daß nur meine tätige Kraft einigermaßen fortkomme. Denn da sind herrliche Sachen und so begreiflich wie die Flachhand, wenn man sie nur gefaßt hat.

Rom, den 7. Dezember

Diese Woche ist mit Zeichnen zugebracht worden, da es mit der Dichtung nicht fort wollte, man muß sehen und suchen alle Epochen zu nutzen. Unsre Hausakademie geht immer fort, und wir sind bemüht den alten Anganthyr aus dem Schlafe zu wecken; die Perspektiv beschäftigt uns des Abends, und ich suche immer dabei einige Teile des menschlichen Körpers besser und sichrer zeichnen zu lernen. Es ist nur alles Gründliche gar zu schwer und verlangt große Applikation in der Ausübung.

Angelika ist gar lieb und gut, sie macht mich auf alle Weise zu ihrem Schuldner. Den Sonntag bringen wir zusammen zu, und in der Woche sehe ich sie abends einmal. Sie arbeitet so viel und so gut, daß man gar keinen Begriff hat, wie's möglich ist, und glaubt doch immer, sie mache nichts.

Rom, den 8. Dezember

Wie sehr es mich ergötzt, daß dir mein Liedchen gefallen hat, glaubst du nicht, wie sehr es mich freut einen Laut hervorzubringen, der in deine Stimmung trifft. Eben das wünscht' ich Egmonten, von dem du so wenig sagst und eher daß dir daran etwas weh als wohl tut. O wir wissen genug, daß wir eine so große Komposition schwer ganz rein stimmen können, es hat doch im Grunde niemand einen rechten Begriff von der Schwierigkeit der Kunst als der Künstler selbst.

Es ist weit mehr Positives, das heißt Lehrbares und Überlieferbares in der Kunst, als man gewöhnlich glaubt; und der mechanischen Vorteile, wodurch man die geistigsten Effekte (versteht sich immer mit Geist) hervorbringen kann, sind sehr viele. Wenn man diese kleinen Kunstgriffe weiß, ist vieles ein Spiel, was nach Wunder was aussieht, und nirgends glaub' ich, daß man mehr lernen kann, in Hohem und Niedrem, als in Rom.

Rom, den 15. Dezember

Ich schreibe dir späte um nur etwas zu schreiben. Diese Woche hab' ich sehr vergnügt zugebracht. Es wollte die vorige Woche nicht gehen, weder mit einer noch andrer Arbeit, und da es am Montage so schön Wetter war und meine Kenntnis des Himmels mich gute Tage hoffen ließ, machte ich mich mit Kaysern und meinem zweiten Fritz auf die Beine und durchging von Dienstag bis heute abend die Plätze, die ich schon kannte, und verschiedene Seiten, die ich noch nicht kannte.

Dienstag abend erreichten wir Frascati, Mittwoch besuchten wir die schönsten Villen und besonders den köstlichen Antinous auf Mondragone. Donnerstag gingen wir von Frascati auf Monte Cavo über Rocca di Papa, wovon du einmal Zeichnungen haben sollst, denn Worte und Beschreibungen sind nichts; dann nach Albano herunter. Freitag schied Kayser von uns, dem es nicht ganz wohl war, und ich ging mit Fritz dem zweiten auf Ariccia, Genzano, am See von Nemi her wieder auf Albano zurück. Heute sind wir auf Castel Gandolfo und Marino gegangen, und von da nach Rom zurück. Das Wetter hat uns unglaublich begünstigt, es war fast das schönste Wetter des ganzen Jahrs. Außer den immer grünen Bäumen haben noch einige Eichen ihr Laub, auch junge Kastanien noch das Laub, wenngleich gelb. Es sind Töne in der Landschaft von der größten Schönheit, und die herrlichen großen Formen im nächtlichen Dunkel! Ich habe große Freude gehabt, die ich dir in der Ferne mitteile. Ich war sehr vergnügt und wohl.

Rom, den 21. Dezember

Daß ich zeichne und die Kunst studiere, hilft dem Dichtungsvermögen auf, statt es zu hindern, denn schreiben muß man nur wenig, zeichnen viel. Dir wünsche ich nur den Begriff der bildenden Kunst mitteilen zu können, den ich jetzt habe; so subordiniert er auch noch ist, so erfreulich, weil er wahr ist und immer weiter deutet. Der Verstand und die Konsequenz der großen Meister ist unglaublich. Wenn ich bei meiner Ankunft in Italien wie neu geboren war, so fange ich jetzt an, wie neu erzogen zu sein.

Was ich bisher geschickt habe, sind nur leichtsinnige Versuche. Mit Thurneisen schicke ich eine Rolle, worauf das Beste fremde Sachen sind, die dich erfreuen werden.

Rom, den 25. Dezember

Diesmal ist Christus unter Donner und Blitzen geboren worden, wir hatten gerade um Mitternacht ein starkes Wetter.

Der Glanz der größten Kunstwerke blendet mich nicht mehr, ich wandle nun im Anschauen, in der wahren unterscheidenden Erkenntnis. Wie viel ich hierin einem stillen, einsam-fleißigen Schweizer, namens Meyer, schuldig bin, kann ich nicht sagen. Er hat mir zuerst die Augen über das Detail, über die Eigenschaften der einzelnen Formen aufgeschlossen, hat mich in das eigentliche Machen initiiert. Er ist in wenigem genügsam und bescheiden. Er genießt die Kunstwerke eigentlich mehr als die großen Besitzer, die sie nicht verstehen, mehr als andere Künstler, die zu ängstlich von der Nachahmungsbegierde des Unerreichbaren getrieben werden. Er hat eine himmlische Klarheit der Begriffe und eine englische Güte des Herzens. Er spricht niemals mit mir, ohne daß ich alles aufschreiben möchte was er sagt, so bestimmt, richtig, die einzige wahre Linie beschreibend sind seine Worte. Sein Unterricht gibt mir, was mir kein Mensch geben konnte, und seine Entfernung wird mir unersetzlich bleiben. In seiner Nähe, in einer Reihe von Zeit hoffe ich noch auf einen Grad im Zeichnen zu kommen, den ich mir jetzt selbst kaum denken darf. Alles was ich in Deutschland lernte, vornahm, dachte, verhält sich zu seiner Leitung wie Baumrinde zum Kern der Frucht. Ich habe keine Worte, die stille wache Seligkeit auszudrücken, mit der ich nun die Kunstwerke zu betrachten anfange; mein Geist ist erweitert genug, um sie zu fassen, und bildet sich immer mehr aus, um sie eigentlich schätzen zu können.

Es sind wieder Fremde hier, mit denen ich manchmal eine Galerie sehe; sie kommen mir wie Wespen in meinem Zimmer vor, die gegen die Fenster fahren und die helle Scheibe für Luft halten, dann wieder abprallen und an den Wänden summen.

In den schweigenden zurücktretenden Zustand mag ich einen Feind nicht wünschen. Und wie sonst für krank und borniert gehalten zu werden, geziemt mir weniger als jemals. Denke also, mein Lieber, tue, wirke das Beste für mich und erhalte mir mein Leben, das sonst ohne jemanden zu nutzen zugrunde geht. Ja ich muß sagen, ich bin dieses Jahr moralisch sehr verwöhnt worden. Ganz abgeschnitten von aller Welt, hab' ich eine Zeitlang allein gestanden. Nun hat sich wieder ein enger Kreis um mich gezogen, die alle gut sind, alle auf dem rechten Wege, und das ist nur das Kennzeichen, daß sie es bei mir aushalten können, mich mögen, Freude in meiner Gegenwart finden, je mehr sie denkend und handelnd auf dem rechten Wege sind. Denn ich bin unbarmherzig, unduldsam gegen alle, die auf ihrem Wege schlendern oder irren und doch für Boten und Reisende gehalten werden wollen. Mit Scherz und Spott treib' ich's so lang, bis sie ihr Leben ändern oder sich von mir scheiden. Hier, versteht sich, ist nur von guten graden Menschen die Rede, Halb- und Schiefköpfe werden gleich ohne Umstände mit der Wanne gesondert. Zwei Menschen danken mir schon ihre Sinnes- und Lebensänderung, ja dreie, und werden sie mir zeitlebens danken. Da, auf dem Punkte der Wirkung meines Wesens, fühl' ich die Gesundheit meiner Natur und ihre Ausbreitung; meine Füße werden nur krank in engen Schuhen, und ich sehe nichts, wenn man mich vor eine Mauer stellt.

Bericht Dezember

Der Monat Dezember war mit heiterem, ziemlich gleichem Wetter eingetreten, wodurch ein Gedanke rege ward, der einer guten frohen Gesellschaft viel angenehme Tage verschaffen sollte. Man sagte nämlich: stellen wir uns vor, wir kämen soeben in Rom an und müßten als eilige Fremde geschwind von den vorzüglichsten Gegenständen uns unterrichten. Beginnen wir einen Umgang in diesem Sinne, damit das schon Bekannte möchte in Geist und Sinn wieder neu werden.

Die Ausführung des Gedankens ward alsobald begonnen und mit einiger Stetigkeit so ziemlich durchgesetzt; leider daß von manchem Guten, welches bei dieser Gelegenheit bemerkt und gedacht worden, nur wenig übrig geblieben. Briefe, Notizen, Zeichnungen und Entwürfe mangeln von dieser Epoche fast gänzlich, einiges werde jedoch hievon kürzlich mitgeteilt.

Unterhalb Roms, eine Strecke nicht weit von der Tiber, liegt eine mäßig große Kirche, zu den drei Brünnlein genannt; diese sind, so erzählt man, bei Enthauptung des heiligen Paulus durch sein Blut hervorgerufen worden und quillen noch bis auf den heutigen Tag.

Ohnehin ist die Kirche niedrig gelegen, und da vermehren denn freilich die in ihrem Innern hervordringenden Röhrbrunnen eine dunstige Feuchtigkeit. Das Innere steht wenig geschmückt und beinahe verlassen, nur für einen seltenen Gottesdienst, reinlich, wenngleich moderhaft gehegt und besorgt. Was ihr aber zur größten Zierde dient, sind Christus und seine Apostel, die Reihe her an den Pfeilern des Schiffs, nach Zeichnungen Raffaels farbig in Lebensgröße gemalt. Dieser außerordentliche Geist hat jene frommen Männer, die er sonst am rechten Orte in versammelter Schar als übereinstimmend gekleidet vorgeführt, hier, da jeder einzelne abgesondert auftritt, jeden auch mit besonderer Auszeichnung abgebildet, nicht als wenn er im Gefolge des Herrn sich befände, sondern als wenn er, nach der Heimfahrt desselben, auf seine eignen Füße gestellt, nunmehr seinem Charakter gemäß das Leben durchzuwirken und auszudulden habe.

Um uns aber von den Vorzügen dieser Bilder auch in der Ferne zu belehren, sind uns Nachbildungen der Originalzeichnungen von der treuen Hand Marc Antons übrig geblieben, welche uns öfters Gelegenheit und Anlaß gaben, unser Gedächtnis aufzufrischen und unsere Bemerkungen niederzuschreiben. Wir fügen den Auszug eines Aufsatzes bei, der in dem Jahre 1789 in den Deutschen Merkur aufgenommen worden.

Die Aufgabe, einen verklärten Lehrer mit seinen zwölf ersten und vornehmsten Schülern, welche ganz an seinen Worten und an seinem Dasein hingen und größtenteils ihren einfachen Wandel mit einem Märtyrertode krönten, gebührend vorzustellen, hat er mit einer solchen Einfalt, Mannigfaltigkeit, Herzlichkeit und mit so einem reichen Kunstverständnis gelöst, daß wir diese Blätter für eins der schönsten Monumente seines glücklichen Daseins halten können.

Was uns von ihrem Charakter, Stande, Beschäftigung,

Wandel und Tode in Schriften oder durch Traditionen übriggeblieben, hat er auf das zarteste benutzt und dadurch eine Reihe von Gestalten hervorgebracht, welche, ohne einander zu gleichen, eine innere Beziehung aufeinander haben. Wir wollen sie einzeln durchgehen, um unsre Leser auf die interessante Sammlung aufmerksam zu machen.

Petrus. Er hat ihn gerad von vorne gestellt und ihm eine feste gedrungene Gestalt gegeben. Die Extremitäten sind bei dieser, wie bei einigen andern Figuren, ein wenig groß gehalten, wodurch die Figur etwas kürzer scheint. Der Hals ist kurz, und die kurzen Haare sind unter allen dreizehn Figuren am stärksten gekraust. Die Hauptfalten des Gewandes laufen in der Mitte des Körpers zusammen, das Gesicht sieht man, wie die übrige Gestalt, ganz von vorn. Die Figur ist in sich fest zusammengenommen und steht da wie ein Pfeiler, der eine Last zu tragen imstande ist.

Paulus ist auch stehend abgebildet, aber abgewendet, wie einer der gehen will und nochmals zurücksieht; der Mantel ist aufgezogen und über den Arm, in welchem er das Buch hält, geschlagen; die Füße sind frei, es hindert sie nichts am Fortschreiten; Haare und Bart bewegen sich wie Flammen, und ein schwärmerischer Geist glüht auf dem Gesichte.

Johannes. Ein edler Jüngling, mit langen, angenehmen, nur am Ende krausen Haaren. Er scheint zufrieden, ruhig, die Zeugnisse der Religion, das Buch und den Kelch, zu besitzen und vorzuzeigen. Es ist ein sehr glücklicher Kunstgriff, daß der Adler, indem er die Flügel hebt, das Gewand sogleich mit in die Höhe nimmt, und durch dieses Mittel die schön angelegten Falten in die vollkommenste Lage gesetzt werden.

Matthäus. Ein wohlhabender, behaglicher, auf seinem Dasein beruhender Mann. Die allzu große Ruhe und Bequemlichkeit ist durch einen ernsthaften, beinahe scheuen Blick ins Gleichgewicht gebracht; die Falten, die über den Leib geschlagen sind, und der Geldbeutel geben einen unbeschreiblichen Begriff von behaglicher Harmonie.

Thomas ist eine der schönsten, in der größten Einfalt ausdurckvollsten Figuren. Er steht in seinen Mantel zusammengenommen, der auf beiden Seiten fast symmetrische Falten wirft, die aber durch ganz leise Veränderungen einander völlig unähnlich gemacht worden sind. Stiller, ruhiger, bescheidner kann wohl kaum eine Gestalt gebildet werden. Die Wendung des Kopfes, der Ernst, der beinahe traurige Blick, die Feinheit des Mundes harmonieren auf das schönste mit dem ruhigen Ganzen. Die Haare allein sind in Bewegung, ein unter einer sanften Außenseite bewegtes Gemüt anzuzeigen.

Jacobus major. Eine sanfte, eingehüllte, vorbeiwandelnde Pilgrimsgestalt.

Philippus. Man lege diesen zwischen die beiden vorhergehenden und betrachte den Faltenwurf aller drei nebeneinander, und es wird auffallen, wie reich, groß, breit die Falten dieser Gestalt gegen jene gehalten sind. So reich und vornehm sein Gewand ist, so sicher steht er, so fest hält er das Kreuz, so scharf sieht er darauf, und das Ganze scheint eine innere Größe, Ruhe und Festigkeit anzudeuten.

Andreas umarmt und liebkoset sein Kreuz mehr, als er es trägt; die einfachen Falten des Mantels sind mit großem Verstande geworfen.

Taddäus. Ein Jüngling, der, wie es die Mönche auf der Reise zu tun pflegen, sein langes Überkleid in die Höhe nimmt, daß es ihn nicht im Gehen hindere. Aus dieser einfachen Handlung entstehen sehr schöne Falten. Er trägt die Partisane, das Zeichen seines Märtyrertodes, als einen Wanderstab in der Hand.

Matthias. Ein munterer Alter, in einem durch höchst verstandene Falten vermannigfaltigten einfachen Kleide, lehnt sich auf einen Spieß, sein Mantel fällt hinterwärts herunter.

Simon. Die Falten des Mantels sowohl als des übrigen Gewandes, womit diese mehr von hinten als von der Seite zu sehende Figur bekleidet ist, gehören mit unter die schönsten der ganzen Sammlung, wie überhaupt in der Stellung, in der Miene, in dem Haarwuchse eine unbeschreibliche Harmonie zu bewundern ist.

Bartholomäus steht in seinen Mantel wild und mit großer Kunst kunstlos eingewickelt; seine Stellung, seine Haare, die Art, wie er das Messer hält, möchte uns fast auf die Gedanken bringen, er sei eher bereit, jemanden die Haut abzuziehen, als eine solche Operation zu dulden.

Christus zuletzt wird wohl niemanden befriedigen, der die Wundergestalt eines Gottmenschen hier suchen möchte. Er tritt einfach und still hervor, um das Volk zu segnen. Von dem Gewand, das von unten herauf gezogen ist, in schönen Falten das Knie sehen läßt und wider dem Leibe ruht, wird man mit Recht behaupten, daß es sich keinen Augenblick so erhalten könne, sondern gleich herunter fallen müsse. Wahrscheinlich hat Raffael supponiert, die Figur habe mit der rechten Hand das Gewand heraufgezogen und angehalten und lasse es in dem Augenblicke, in dem sie den Arm zum Segnen aufhebt, los, so daß es eben niederfallen muß. Es wäre dieses ein Beispiel von dem schönen Kunstmittel, die kurz vorhergegangene Handlung durch den überbleibenden Zustand der Falten anzudeuten.

Von diesem kleinen bescheidenen Kirchlein ist jedoch nicht weit zu dem größeren, dem hohen Apostel gewidmeten Denkmal: es ist die Kirche Sankt Paul vor den Mauern genannt, ein aus alten herrlichen Resten groß und kunstreich zusammengestelltes Monument. Der Eintritt in diese Kirche verleiht einen erhabenen Eindruck, die mächtigsten Säulenreihen tragen hohe gemalte Wände, welche oben durch das verschränkte Zimmerwerk des Dachs geschlossen, zwar jetzt unserm verwöhnten Auge einen scheunenartigen Anblick geben, obschon das Ganze, wäre die Kontignation an festlichen Tagen mit Teppichen überspannt, von unglaublicher Wirkung sein müßte. Mancher wundersame Rest kolossaler, höchst verzierter Architektur an Kapitälen findet sich hier anständig aufbewahrt, aus den Ruinen von dem ehemals nahe gelegenen, jetzo fast ganz verschwundenen Palast des Caracalla entnommen und gerettet.

Die Rennbahn sodann, die von diesem Kaiser noch jetzt den Namen führt, gibt uns, wenn schon großenteils verfallen, doch noch einen Begriff eines solchen immensen Raumes. Stellte sich der Zeichner an den linken Flügel der zum Wettlauf Ausfahrenden, so hätte er rechts in der Höhe, über den zertrümmerten Sitzen der Zuschauer, das Grab der Cäcilia Metella mit dessen neueren Umgebungen, von wo aus die Linie der ehemaligen Sitze ins Grenzenlose hinausläuft und in der Ferne bedeutende Villen und Lusthäuser sich sehen lassen. Kehrt das Auge zurück, so kann es gerade vor sich die Ruinen der Spina noch gar wohl verfolgen, und derjenige, dem architektonische Phantasie gegeben ist, kann sich den Übermut jener Tage einigermaßen vergegenwärtigen. Der Gegenstand in Trümmern, wie er jetzt vor unsern Augen liegt, würde auf jeden Fall, wenn ein geistreicher und kenntnisgewandter Künstler es unternehmen wollte, immer noch ein angenehmes Bild geben, das freilich um das Doppelte länger als hoch sein müßte.

Die Pyramide des Cestius ward für diesmal mit den Augen von außen begrüßt, und die Trümmer der Antoninischen oder Caracallischen Bäder, von denen uns Piranesi so manches Effektreiche vorgefabelt, konnten auch dem malerisch gewöhnten Auge in der Gegenwart kaum einige Zufriedenheit geben. Doch sollte bei dieser Gelegenheit die Erinnerung an Hermann von Schwanefeld [Swanevelt] lebendig werden, welcher mit seiner zarten, das reinste Natur- und Kunstgefühl ausdrückenden Nadel diese Vergangenheiten zu beleben, ja sie zu den anmutigsten Trägern des lebendig Gegenwärtigen umzuschaffen wußte.

Auf dem Platze vor Sankt Peter in Montorio begrüßten wir den Wasserschwall der Acqua Paola, welcher durch eines Triumphbogens Pforten und Tore, in fünf Strömen, ein großes verhältnismäßiges Becken bis an den Rand füllt. Durch einen von Paul V. wiederhergestellten Aquädukt macht diese Stromfülle einen Weg von fünfundzwanzig Miglien hinter dem See Bracciano her, durch ein wunderliches, von abwechselnden Höhen gebotenes Zickzack, bis an diesen Ort, versieht die Bedürfnisse verschiedener Mühlen und Fabriken, um sich zugleich in Trastevere zu verbreiten.

Hier nun rühmten Freunde der Baukunst den glücklichen Gedanken, diesen Wassern einen offen schaubaren triumphierenden Eintritt verschafft zu haben. Man wird durch Säulen und Bogen, durch Gesims und Attiken an jene Prachttore erinnert, wodurch ehmals kriegerische Überwinder einzutreten pflegten; hier tritt der friedlichste Ernährer mit gleicher Kraft und Gewalt ein und empfängt für die Mühen seines weiten Laufes sogleich Dank und Bewunderung. Auch sagen uns die Inschriften, daß Vorsehung und Wohltätigkeit eines Papstes aus dem Hause Borghese hier gleichsam einen ewigen, ununterbrochenen, stattlichen Einzug halten.

Ein kurz vorher eingetroffener Ankömmling aus Norwegen fand jedoch, man würde besser getan haben rohe Felsen hier aufzutürmen, um diesen Fluten einen natürlicheren Eintritt ans Tageslicht zu verschaffen. Man entgegnete ihm, daß dies kein Natur-, sondern ein Kunstwasser sei, dessen Ankunft man auf eine gleichartige Weise zu schmücken gar wohl berechtigt gewesen wäre.

Doch hierüber vereinigte man sich ebensowenig als über das herrliche Bild des Transfiguration, welches man in dem zunächst gelegenen Kloster gleich darauf anzustaunen Gelegenheit fand. Da war denn des Redens viel; der stillere Teil jedoch ärgerte sich, den alten Tadel von doppelter Handlung wiederholt zu sehen. Es ist aber nicht anders in der Welt, als daß eine wertlose Münze neben einer gehaltigen auch immer eine gewisse Art von Kurs behält, besonders da, wo man in der Kürze aus einem Handel zu scheiden und ohne viel Überlegung und Zaudern gewisse Differenzen auszugleichen gedenkt. Wundersam bleibt es indes immer, daß man an der großen Einheit einer solchen Konzeption jemals hat mäkeln dürfen. In Abwesenheit des Herren stellen trostlose Eltern einen besessenen Knaben den Jüngern des Heiligen dar; sie mögen schon Versuche gemacht haben, den

Geist zu bannen; man hat sogar ein Buch aufgeschlagen, um zu forschen, ob nicht etwa eine überlieferte Formel gegen dieses Übel wirksam könne gefunden werden; aber vergebens. In diesem Augenblick erscheint der einzig Kräftige und zwar verklärt, anerkannt von seinen großen Vorfahren, eilig deutet man hinauf nach solcher Vision, als der einzigen Quelle des Heils. Wie will man nun das Obere und Untere trennen? Beides ist eins: unten das Leidende, Bedürftige, oben das Wirksame, Hülfreiche, beides aufeinander sich beziehend, ineinander einwirkend. Läßt sich denn, um den Sinn auf eine andere Weise auszusprechen, ein ideeller Bezug aufs Wirkliche von diesem lostrennen?

Die Gleichgesinnten bestärkten sich auch diesmal in ihrer Überzeugung; Raffael, sagten sie zueinander, zeichnete sich eben durch die Richtigkeit des Denkens aus, und der gottbegabte Mann, den man eben hieran durchaus erkennt, soll in der Blüte seines Lebens falsch gedacht, falsch gehandelt haben? Nein! er hat, wie die Natur, jederzeit recht, und gerade da am gründlichsten, wo wir sie am wenigsten begreifen.

Eine Verabredung wie die unsrige, einen flüchtigen Überblick von Rom sich in guter vereinigter Gesellschaft zu verschaffen, konnte nicht ganz, wie es wohl der Vorsatz gewesen, in völliger Abgesondertheit durchgeführt werden; ein und der andere fehlte, vielleicht zufällig abgehalten, wieder andere schlossen sich an, auf ihrem Wege dieses oder jenes Sehenswürdige zu betrachten. Dabei hielt jedoch der Kern zusammen und wußte bald aufzunehmen, bald abzusondern, bald zurück zu bleiben, bald vorzueilen. Gelegentlich hatte man freilich gar wunderliche Äußerungen zu vernehmen. Es gibt eine gewisse Art von empirischem Urteil, welches seit längerer Zeit zumal durch englische und französische Reisende besonders in den Gang gekommen; man spricht sein augenblickliches unvorbereitetes Urteil aus, ohne nur irgend zu bedenken, daß jeder Künstler auf gar vielfache

Weise bedingt ist, durch sein besonderes Talent, durch Vorgänger und Meister, durch Ort und Zeit, durch Gönner und Besteller. Nichts von allem dem, welches freilich zu einer reinen Würderung nötig wäre, kommt in Betrachtung, und so entsteht daraus ein gräßliches Gemisch von Lob und Tadel, von Bejahen und Verneinen, wodurch jeder eigentümliche Wert der fraglichen Gegenstände ganz eigentlich aufgehoben wird.

Unser guter Volkmann, sonst so aufmerksam und als Führer nützlich genug, scheint sich durchaus an jene fremden Urteiler gehalten zu haben, deswegen denn seine eigenen Schätzungen gar wunderlich hervortreten. Kann man sich zum Beispiel unglücklicher ausdrücken, als er sich in der Kirche Maria della Pace vernehmen läßt?

«Über der ersten Kapelle hat Raffael einige Sibyllen gemalt, die sehr gelitten haben. Die Zeichnung ist richtig, aber die Zusammensetzung schwach, welches vermutlich dem unbequemen Platz beigemessen werden muß. Die zwote Kapelle ist nach des Michelangelo Zeichnungen mit Arabesken geziert, die hoch geschätzt werden, aber nicht simpel genug sind. Unter der Kuppel bemerkt man drei Gemälde, das erste stellt die Heimsuchung der Maria von Carl Maratti vor, ist frostig gemalt, aber gut angeordnet; das andere die Geburt der Maria vom Cavalier Vanni, in der Manier des Pietro da Cortona, und das dritte den Tod der Maria von Maria Morandi. Die Anordnung ist etwas verwirrt, und fällt ins Rohe. Am Gewölbe über dem Chor hat Albani mit einem schwachen Kolorit die Himmelfahrt der Maria abgebildet. Die von ihm herrührenden Malereien an den Pfeilern unter der Kuppel sind besser geraten. Den Hof des zu dieser Kirche gehörigen Klosters hat Bramante angegeben.»

Dergleichen unzulängliche schwankende Urteile verwirren durchaus den Beschauer, der ein solches Buch zum Leitfaden erwählt. Manches ist denn aber auch ganz falsch, zum Beispiel was hier von den Sibyllen gesagt ist. Raffael war niemals von dem Raume geniert, den ihm die Architektur darbot, vielmehr gehört zu der Großheit und Eleganz seines Genies, daß er jeden Raum auf das zierlichste zu füllen und zu schmücken wußte, wie er augenfällig in der Farnesine dargetan hat. Selbst die herrlichen Bilder der Messe von Bolsena, der Befreiung des gefangenen Petrus, des Parnasses, wären ohne die wunderliche Beschränkung des Raumes nicht so unschätzbar geistreich zu denken. Ebenso ist auch hier in den Sibyllen die verheimlichte Symmetrie, worauf bei der Komposition alles ankommt, auf eine höchst geniale Weise obwaltend; denn wie in dem Organismus der Natur, so tut sich auch in der Kunst innerhalb der genausten Schranke die Vollkommenheit der Lebensäußerung kund.

Wie dem aber auch sei, so mag einem jeden die Art und Weise Kunstwerke aufzunehmen völlig überlassen bleiben. Mir ward bei diesem Umgang das Gefühl, der Begriff, die Anschauung dessen, was man im höchsten Sinne die Gegenwart des klassischen Bodens nennen dürfte. Ich nenne dies die sinnlich geistige Überzeugung, daß hier das Große war, ist und sein wird. Daß das Größte und Herrlichste vergehe, liegt in der Natur der Zeit und der gegeneinander unbedingt wirkenden sittlichen und physischen Elemente. Wir konnten in allgemeinster Betrachtung nicht traurig an dem Zerstörten vorüber gehen, vielmehr hatten wir uns zu freuen, daß so viel erhalten, so viel wieder hergestellt war, prächtiger und übermäßiger, als es je gestanden.

Die Peterskirche ist gewiß so groß gedacht, und wohl größer und kühner als einer der alten Tempel, und nicht allein was zweitausend Jahre vernichten sollten lag vor unsern Augen, sondern zugleich was eine gesteigerte Bildung wieder hervorzubringen vermochte.

Selbst das Schwanken des Kunstgeschmackes, das Bestreben zum einfachen Großen, das Wiederkehren zum vervielfachten Kleineren, alles deutete auf Leben und Bewegung; Kunst- und Menschengeschichte standen synchronistisch vor unseren Augen.

Es darf uns nicht niederschlagen, wenn sich uns die Bemerkung aufdringt, das Große sei vergänglich; vielmehr wenn wir finden, das Vergangene sei groß gewesen, muß es uns aufmuntern selbst etwas von Bedeutung zu leisten, daß fortan unsre Nachfolger, und wär' es auch schon in Trümmer zerfallen, zu edler Tätigkeit aufrege, woran es unsre Vorvordern niemals haben ermangeln lassen.

Diese höchst belehrenden und geisterhebenden Anschauungen wurden, ich darf nicht sagen gestört und unterbrochen, aber doch mit einem schmerzlichen Gefühl durchflochten, das mich überall hin begleitete; ich erfuhr nämlich, daß der Bräutigam jener artigen Mailänderin, unter ich weiß nicht welchem Vorwande, sein Wort zurückgenommen und sich von seiner Versprochenen losgesagt habe. Wenn ich mich nun einerseits glücklich pries, meiner Neigung nicht nachgehangen und mich sehr bald von dem lieben Kinde zurückgezogen zu haben, wie denn auch nach genauster Erkundigung unter den Vorwänden jener Villeggiatur auch nicht im mindesten gedacht worden, so war es mir doch höchst empfindlich, das artige Bild, das mich bisher so heiter und freundlich begleitet hatte, nunmehr getrübt und entstellt zu sehen; denn ich vernahm sogleich: das liebe Kind sei aus Schrecken und Entsetzen über dieses Ereignis in ein gewaltsames Fieber verfallen, welches für ihr Leben fürchten lasse. Indem ich mich nun tagtäglich, und die erste Zeit zweimal erkundigen ließ, hatte ich die Pein, daß meine Einbildungskraft sich etwas Unmögliches hervorzubringen bemüht war, jene heitern, dem offnen frohen Tag allein gehörigen Züge, diesen Ausdruck unbefangenen, still vorschreitenden Lebens nunmehr durch Tränen getrübt, durch Krankheit entstellt und eine so frische Jugend durch inneres und äußeres Leiden so frühzeitig blaß und schmächtig zu denken.

In solcher Stimmung war freilich ein so großes Gegengewicht, als eine Reihenfolge des Bedeutendsten, das teils dem Auge durch sein Dasein, teils der Einbildungskraft durch nie verschollene Würde genug zu tun gab, höchst ersehnt und nichts natürlicher, als das meiste davon mit inniger Trauer anzublicken.

Waren die alten Monumente nach so vielen Jahrhunderten meistens zu unförmlichen Massen zerfallen, so mußte man bei neueren aufrecht stehenden Prachtgebäuden gleichermaßen den Verfall so vieler Familien in der späteren Zeit bedauern, ja selbst das noch frisch im Leben Erhaltene schien an einem heimlichen Wurm zu kranken; denn wie wollte sich das Irdische ohne eigentlich physische Kraft durch sittliche und religiose Stützen allein in unsern Tagen aufrecht erhalten? Und wie einem heiteren Sinn auch die Ruine wieder zu beleben, gleich einer frischen unsterblichen Vegetation, verfallene Mauern und zerstreute Blöcke wieder mit Leben auszustatten gelingt, so entkleidet ein trauriger Sinn das lebendige Dasein von seinem schönsten Schmuck und möchte es uns gern als ein nacktes Gerippe aufdringen.

Auch zu einer Gebirgsreise, die wir noch vor Winters in heiterer Gesellschaft zu vollbringen gedachten, konnt' ich mich nicht entschließen, bis ich, einer erfolgten Besserung gewiß und durch sorgfältige Anstalten gesichert, Nachricht von ihrer Genesung auch an denen Orten erhalten sollte, wo ich sie, so munter als liebenswürdig, in den schönsten Herbsttagen kennen gelernt hatte.

Schon die ersten Briefe aus Weimar über Egmont enthielten einige Ausstellungen über dieses und jenes; hiebei erneute sich die alte Bemerkung, daß der unpoetische, in seinem bürgerlichen Behagen bequeme Kunstfreund gewöhnlich da einen Anstoß nimmt, wo der Dichter ein Problem aufzulösen, zu beschönigen oder zu verstecken gesucht hat. Alles soll, so will es der behagliche Leser, im natürlichen Gange fortgehen; aber auch das Ungewöhnliche kann natürlich sein, scheint es aber demjenigen nicht, der auf seinen eigenen Ansichten verharrt. Ein Brief dieses Inhalts war angekommen, ich nahm ihn und ging in die Villa

Borghese; da mußt' ich denn lesen, daß einige Szenen für zu lang gehalten würden. Ich dachte nach, hätte sie aber auch jetzt nicht zu verkürzen gewußt, indem so wichtige Motive zu entwickeln waren. Was aber am meisten den Freundinnen tadelnswert schien, was das lakonische Vermächtnis, womit Egmont sein Klärchen an Ferdinand empfiehlt.

Ein Auszug aus meinem damaligen Antwortschreiben wird über meine Gesinnungen und Zustände den besten Aufschluß geben.

«Wie sehr wünscht' ich nun auch euren Wunsch erfüllen und dem Vermächtnis Egmonts einige Modifikation geben zu können! Ich eilte an einem herrlichen Morgen mit eurem Briefe gleich in die Villa Borghese, dachte zwei Stunden den Gang des Stücks, die Charaktere, die Verhältnisse durch und konnte nichts finden, das ich abzukürzen hätte. Wie gern möcht' ich euch alle meine Überlegungen, mein pro und contra schreiben, sie würden ein Buch Papier füllen und eine Dissertation über die Ökonomie meines Stücks enthalten. Sonntags kam ich zu Angelika und legte ihr die Frage vor. Sie hat das Stück studiert und besitzt eine Abschrift davon. Möchtest du doch gegenwärtig gewesen sein, wie weiblich zart sie alles auseinander legte, und es darauf hinausging: daß das, was ihr noch mündlich von dem Helden erklärt wünschtet, in der Erscheinung implicite enthalten sei. Angelika sagte: da die Erscheinung nur vorstelle, was in dem Gemüte des schlafenden Helden vorgehe, so könne er mit keinen Worten stärker ausdrücken, wie sehr er sie liebe und schätze, als es dieser Traum tue, der das liebenswürdige Geschöpf nicht zu ihm herauf, sondern über ihn hinauf hebe. Ja es wolle ihr wohl gefallen, daß der, welcher durch sein ganzes Leben gleichsam wachend geträumt, Leben und Liebe mehr als geschätzt, oder vielmehr nur durch den Genuß geschätzt, daß dieser zuletzt noch gleichsam träumend wache, und uns still gesagt werde, wie tief die Geliebte in seinem Herzen wohne, und welche vornehme und hohe Stelle sie darin einnehme. — Es kamen noch mehr Betrachtungen dazu, daß in der Szene mit Ferdinand Klärchens nur auf eine subordinierte Weise gedacht werden konnte, um das Interesse des Abschieds von dem jungen Freunde nicht zu schmälern, der ohnehin in diesem Augenblicke nichts zu hören noch zu erkennen imstande war.»

Moritz als Etymolog

Schon längst hat ein weiser Mann das wahre Wort ausgesprochen: Der Mensch, dessen Kräfte zu dem Notwendigen und Nützlichen nicht hinreichen, mag sich gern mit dem Unnötigen und Unnützen beschäftigen! Vielleicht möchte nachstehendes von manchem auf diese Weise beurteilt werden.

Unser Geselle Moritz ließ nicht ab, jetzt, in dem Kreise der höchsten Kunst und schönsten Natur, über die Innerlichkeiten des Menschen, seine Anlagen und Entwickelungen fortwährend zu sinnen und zu spinnen; deshalb er denn auch sich mit dem Allgemeinen der Sprache vorzüglich beschäftigte.

Zu jener Zeit war in Gefolg der Herderischen Preisschrift Über den Ursprung der Sprache und in Gemäßheit der damaligen allgemeinen Denkweise die Vorstellung herrschend: das Menschengeschlecht habe sich nicht von einem Paare aus dem hohen Orient herab über die ganze Erde verbreitet, sondern zu einer gewissen merkwürdig produktiven Zeit des Erdballs sei, nachdem die Natur die verschiedenartigsten Tiere stufenweis hervorzubringen versucht, da und dort, in mancher günstigen Lage die Menschenart mehr oder weniger vollendet hervorgetreten. Ganz im innerlichsten Bezug auf seine Organe sowohl als seine Geistesfähigkeiten sei nun dem Menschen die Sprache angeboren. Hier bedürfe es keiner übernatürlichen Anleitung, sowenig als einer Überlieferung. Und in diesem Sinne gebe es eine allgemeine Sprache, welche zu manifestieren ein jeder autochthonische Stamm versucht habe. Die Verwandtschaft aller

Sprachen liege in der Übereinstimmung der Idee, wonach die schaffende Kraft das menschliche Geschlecht und seinen Organismus gebildet. Daher komme denn, daß teils aus innerem Grundtriebe, teils durch äußere Veranlassung die sehr beschränkte Vokal- und Konsonantenzahl zum Ausdruck von Gefühlen und Vorstellungen richtig oder unrichtig angewendet worden; da es denn natürlich, ja notwendig sei, daß die verschiedensten Autochthonen teils zusammengetroffen, teils voneinander abgewichen und sich diese oder jene Sprache in der Folge entweder verschlimmert oder verbessert habe. Was von den Stammworten gelte, gelte denn auch von den Ableitungen, wodurch die Bezüge der einzelnen Begriffe und Vorstellungen ausgedrückt und bestimmter bezeichnet werden. Dies möchte denn gut sein und als ein Unerforschliches, nie mit Gewißheit zu Bestimmendes auf sich beruhen.

Hierüber find' ich in meinen Papieren folgendes Nähere:

«Mir ist es angenehm, daß sich Moritz aus seiner brütenden Trägheit, aus dem Unmut und Zweifel an sich selbst zu einer Art von Tätigkeit wendet, denn da wird er allerliebst. Seine Grillenfängereien haben alsdann eine wahre Unterlage und seine Träumereien Zweck und Sinn. Jetzt beschäftigt ihn eine Idee, in welche ich auch eingegangen bin, und die uns sehr unterhält. Es ist schwer sie mitzuteilen, weil es gleich toll klingt. Doch will ich's versuchen:

Er hat ein Verstands- und Empfindungsalphabet erfunden, wodurch er zeigt, daß die Buchstaben nicht willkürlich, sondern in der menschlichen Natur gegründet sind und alle gewissen Regionen des innern Sinnes angehören, welchen sie denn auch, ausgesprochen ausdrücken. Nun lassen sich nach diesem Alphabete die Sprachen beurteilen, und da findet sich, daß alle Völker versucht haben sich dem innern Sinn gemäß auszudrücken, alle sind aber durch Willkür und Zufall vom rechten Wege abgeleitet worden. Demzufolge suchen wir in den Sprachen die Worte auf, die am glücklichsten getroffen sind, bald hat's die eine, bald die andre;

dann verändern wir die Worte bis sie uns recht dünken, machen neue und so weiter. Ja wenn wir recht spielen wollen, machen wir Namen für Menschen, untersuchen, ob diesem oder jenem sein Name gehöre und so weiter.

Das etymologische Spiel beschäftigt schon so viele Menschen, und so gibt es auch uns auf diese heitere Weise viel zu tun. Sobald wir zusammenkommen, wird es wie ein Schachspiel vorgenommen und hunderterlei Kombinationen werden versucht, so daß wer uns zufällig behorchte uns für wahnsinnig halten müßte. Auch möchte ich es nur den allernächsten Freunden vertrauen. Genug, es ist das witzigste Spiel von der Welt und übt den Sprachsinn unglaublich.»

Philipp Neri, der humoristische Heilige

Philipp Neri, in Florenz geboren 1515, erscheint von Kindheit auf als ein folgsamer sittlicher Knabe von kräftigen Anlagen. Sein Bildnis als eines solchen ist glücklicherweise aufbewahrt in des Fidanza Teste Scelte Tom. V Bl. 31. Man wüßte sich keinen tüchtigern, gesündern, geradsinnigeren Knaben zu denken. Als Abkömmling einer edlen Familie wird er in allem Guten und Wissenswerten der Zeit gemäß unterrichtet und endlich, um seine Studien zu vollenden, man meldet nicht in welchem Alter, nach Rom gesandt. Hier entwickelt er sich zum vollkommnen Jüngling; sein schönes Antlitz, seine reichen Locken zeichnen ihn aus; er ist anziehend und ablehnend zugleich, Anmut und Würde begleiten ihn überall.

Hier, zur traurigsten Zeit, wenige Jahre nach der grausamen Plünderung der Stadt, ergibt er sich, nach Vorgang und Beispiel vieler Edlen, ganz den Übungen der Frömmigkeit, und sein Enthusiasmus steigert sich mit den Kräften einer frischen Jugend. Unablässiges Besuchen der Kirchen, besonders der sieben Hauptkirchen, brünstiges Beten zu Herannötigung der Hülfe, fleißiges Beichten und Genuß des Abendmahls, Flehen und Ringen nach geistigen Gütern.

In solch einem enthusiastischen Momente wirft er sich einst auf die Stufen des Altars und zerbricht ein paar Rippen, welche, schlecht geheilt, ihm lebenslängliches Herzklopfen verursachen und die Steigerung seiner Gefühle veranlassen.

Um ihn versammeln sich junge Männer zu tätiger Sittlichkeit und Frömmigkeit, sie erweisen sich unermüdet die Armen zu versorgen, die Kranken zu pflegen, und scheinen ihre Studien hintanzusetzen. Wahrscheinlich bedienen sie sich der Zuschüsse von Haus zu wohltätigen Zwecken, genug, sie geben und helfen immer und behalten nichts für sich, ja er lehnt nachher ausdrücklich alle Beihülfe von den Seinigen ab, um dasjenige, was Wohltätigkeit ihnen zuweiset, an Bedürftige zu wenden und selbst zu darben.

Dergleichen fromme Handlungen waren jedoch zu herzlich und lebhaft, als daß man nicht hätte suchen sollen, sich zugleich auf eine geistliche und gefühlvolle Weise über die wichtigsten Gegenstände zu unterhalten. Die kleine Gesellschaft besaß noch kein eigenes Lokal, sie erbat sich's bald in diesem, bald in jenem Kloster, wo dergleichen leere Räume wohl zu finden sein mochten. Nach einem kurzen stillen Gebet ward ein Text der heiligen Schrift verlesen, worüber ein und der andere sich, auslegend oder anwendend, in einer kurzen Rede vernehmen ließ. Man besprach sich auch wohl hierüber, alles in bezug auf unmittelbare Tätigkeit; dialektische und spitzfindige Behandlung war durchaus verboten. Die übrige Tageszeit ward immerfort einer aufmerksamen Versorgung der Kranken, dem Dienst in Hospitälern, dem Beistande der Armen und Notleidenden gewidmet.

Da bei diesen Verhältnissen keine Beschränkung vorwaltete und man ebensogut kommen als gehen konnte, so vermehrte sich die Zahl der Teilnehmenden ungemein, so wie sich denn auch jene Versammlung ernster und umgreifender beschäftigte. Auch aus den Leben der Heiligen ward vorgelesen, Kirchenväter und Kirchengeschichte stellenweise zu Rate gezogen, worauf denn vier der Teilnehmenden, jeder eine halbe Stunde zu sprechen das Recht und Pflicht hatten.

Diese fromme tagtägliche, ja familiär-praktische Behandlung der höchsten Seelenangelegenheiten erregte immer mehr Aufmerksamkeit, nicht allein unter einzelnen, sondern sogar unter ganzen Körperschaften. Man verlegte die Versammlungen in die Kreuzgänge und Räume dieser und jener Kirche, der Zudrang vermehrte sich, besonders zeigte sich der Orden der Dominikaner dieser Art sich zu erbauen sehr geneigt, und schloß sich zahlreich an die sich immer mehr ausbildende Schar an, welche durch die Kraft und den hohen Sinn ihres Anführers sich durchaus gleich und, wenn auch geprüft durch mancherlei Widerwärtigkeiten, auf demselben Pfade fortschreitend finden ließ.

Da nun aber nach dem hohen Sinne des trefflichen Vorgesetzten alle Spekulation verbannt, jede geregelte Tätigkeit aber aufs Leben gerichtet war, und das Leben sich ohne Heiterkeit nicht denken läßt, so wußte der Mann auch hierin den unschuldigen Bedürfnissen und Wünschen der Seinigen entgegen zu kommen. Bei eintretendem Frühling führte er sie nach Sant' Onofrio, welches hoch und breit gelegen, in solchen Tagen die angenehmste Örtlichkeit anbot. Hier, wo bei der jungen Jahrszeit alles jung erscheinen sollte, trat, nach stillen Gebeten, ein hübscher Knabe hervor, rezitierte eine auswendig gelernte Predigt, Gebete folgten, und ein Chor besonders eingeladener Sänger ließ sich erfreulich und eindringlich zum Schlusse hören, welches um so bedeutender war, als die Musik damals weder ausgebreitet noch ausgebildet gefunden ward und hier vielleicht zum erstenmal ein religioser Gesang in freier Luft sich mitteilte.

Immer auf diese Weise fortwirkend vermehrte sich die Kongregation und wuchs, so wie an Personenzahl, so an Bedeutung. Die Florentiner nötigten gleichsam ihren Landsmann, das von ihnen abhängige Kloster San Girolamo zu beziehen, wo denn die Anstalt sich immer mehr ausdehnte und auf gleiche Weise fortwirkte, bis ihnen endlich der Papst in der Nähe des Platzes Navona ein Kloster als eigentümlich anwies, welches, von Grund aus neu gebaut, eine gute Anzahl frommer Genossen aufnehmen konnte. Hier blieb es jedoch bei der früheren Einrichtung, Gotteswort, das will sagen heilig edle Gesinnungen dem gemeinen Verstande sowie dem gemeinen Alltagsleben anzunähern und eigen zu machen. Man versammelte sich nach wie vor, betete, vernahm einen Text, hörte darüber sprechen, betete und ward zuletzt durch Musik ergötzt, und was damals öfter ja täglich geschah, geschieht jetzt noch sonntags, und gewiß wird jeder Reisende, der nähere Kenntnis von dem heiligen Stifter genommen, sich künftighin diesen unschuldigen Funktionen beiwohnend vorzüglich erbauen, wenn er dasjenige, was wir vorgetragen haben und zunächst mitteilen, in Gemüt und Gedanke vorüber walten läßt.

Hier sind wir nun in dem Falle in Erinnerung zu bringen, daß diese ganze Anstalt noch immer ans Weltliche grenzte. Wie denn nur wenige unter ihnen sich dem eigentlichen Priesterstande gewidmet hatten und nur so viel geweihte Geistliche unter ihnen gefunden wurden als nötig, Beichte zu sitzen und das Meßopfer zu verrichten. Und so war denn auch Philipp Neri selbst sechsunddreißig Jahre alt geworden, ohne sich zum Priestertum zu melden, denn er fand sich, wie es scheint, in seinem gegenwärtigen Zustande frei und weit mehr sich selbst überlassen als er sich, mit kirchlichen Banden gefesselt, als Glied der großen Hierarchie, zwar hochgeehrt aber doch beschränkt, gefühlt hätte.

Allein von oben her ließ man es dabei nicht bewenden, sein Beichtvater machte es ihm zur Gewissenssache, die Weihe zu nehmen und in den Priesterstand zu treten. Und so geschah es auch; nun hatte die Kirche klüglich einen Mann in ihren Kreis eingeschlossen, der unabhängigen Geistes bisher auf einen Zustand losging, worin das Heilige mit dem Weltlichen, das Tugendsame mit dem Alltäglichen sich vereinigen und vertragen sollte. Diese Veränderung aber, der Übergang zur Priesterschaft, scheint auf sein äußeres Benehmen nicht im mindesten eingewirkt zu haben.

Er übt nur noch strenger als bisher jede Entäußerung, und lebt in einem schlechten Klösterchen mit andern kümmerlich zusammen. So gibt er die bei großer Teurung ihm verehrten Brote einem andern Bedürftigern und setzt seinen Dienst gegen Unglückliche immer fort.

Aber auf sein Inneres hat das Priestertum einen merkwürdig steigernden Einfluß. Die Verpflichtung zum Meßopfer versetzt ihn in einen Enthusiasmus, in eine Ekstase, wo man den bisher so natürlichen Mann gänzlich verliert. Er weiß kaum, wohin er schreitet, er taumelt auf dem Wege und vor dem Altare. Hebt er die Hostie in die Höhe, so kann er die Arme nicht wieder herunterbringen; es scheint, als zöge ihn eine unsichtbare Kraft empor. Beim Eingießen des Weins zittert und schaudert er. Und wenn er nach vollendeter Wandlung dieser geheimnisvollen Gaben genießen soll, erzeigt er sich auf eine wunderliche, nicht auszusprechende schwelgerische Weise. Vor Leidenschaft beißt er in den Kelch, indes er ahnungsvoll das Blut zu schlürfen glaubt des kurz vorher gleichfalls gierig verschlungenen Leibes. Ist aber dieser Taumel vorüber, so finden wir zwar immer einen leidenschaftlich-wundersamen, aber immer höchst verständig-praktischen Mann.

Ein solcher Jüngling, ein solcher Mann, so lebhaft und seltsam wirkend, mußte den Menschen wunderlich und mitunter gerade durch seine Tugenden beschwerlich und widerwärtig vorkommen. Wahrscheinlich ist ihm dieses in dem Laufe seines früheren Lebens oft begegnet; nachdem er aber zum Priester geweiht ist und sich so eng und kümmerlich, gleichsam als Gast in einem armseligen Kloster behilft, treten Widersacher auf, die ihn mit Spott und Hohn unablässig verfolgen.

Doch wir gehen weiter und sagen, er sei ein höchst ausgezeichneter Mensch gewesen, der aber das einem jeden dieser Art angeborne Herrische zu beherrschen und in Entsagung, Entbehrung, Wohltätigkeit, Demut und Schmach den Glanz seines Daseins zu verhüllen trachtete. Der Gedanke, vor der Welt als töricht zu erscheinen und dadurch in Gott und göttliche Dinge sich erst recht zu versenken und zu üben, war sein andauerndes Bestreben, wodurch er sich und sodann auch seine Schüler ausschließlich zu erziehen unternahm. Die Maxime des heiligen Bernhard:

Spernere mundum,
Spernere neminem,
Spernere se ipsum,
Spernere se sperni,

schien ihn ganz durchdrungen zu haben, ja vielmehr aus ihm frisch wieder entwickelt zu sein.

Ähnliche Absichten, ähnliche Zustände nötigen den Menschen in gleichen Maximen sich aufzuerbauen. Man kann gewiß sein, daß die erhabensten, innerlich stolzesten Menschen sich zu jenen Grundsätzen allein bequemen, indem sie das Widerwärtige einer dem Guten und Großen immer widerstrebenden Welt vorauszukosten und den bittern Kelch der Erfahrung, eh' er ihnen noch angeboten ist, bis auf den Grund zu leeren sich entschließen. Grenzenlos und in ununterbrochener Reihe machen jene Geschichtchen, wie er seine Schüler geprüft, deren viele bis auf uns gekommen sind, jeden lebenslustigen Menschen, der sie vernimmt, wirklich ungeduldig, so wie diese Gebote demjenigen, der ihnen gehorchen sollte, höchst schmerzlich und nahezu unerträglich fallen mußten. Deswegen denn auch nicht alle eine solche Feuerprobe bestanden.

Eh' wir aber uns auf dergleichen wunderbare und dem Leser gewissermaßen unwillkommne Erzählungen einlassen, wenden wir uns lieber noch einmal zu jenen großen Vorzügen, welche die Zeitgenossen ihm zugestehen und höchlich rühmen. Er habe, sagen sie, Kenntnisse und Bildung mehr von Natur als durch Unterricht und Erziehung erhalten; alles was andere mühsam erwerben, sei ihm gleichsam eingegossen gewesen. Ferner habe er die große Gabe zu eigen gehabt, Geister zu unterscheiden, Eigenschaften und Fähigkeiten der Menschen zu würdigen und zu schätzen; zugleich habe er mit dem größten Scharfsinn die weltlichen Dinge durchdrungen, auf einen Grad, daß man ihm den Geist der Wahrsagung zuschreiben müssen. Auch ward ihm eine entschiedene Anziehungsgabe, welche auszudrükken die Italiener sich des schönen Wortes attrattiva bedienen, kräftig verliehen, die sich nicht allein auf Menschen erstreckte, sondern auch auf Tiere. Als Beispiel wird erzählt, daß der Hund eines Freundes sich ihm angeschlossen und durchaus gefolgt sei, auch bei dem ersten Besitzer, der ihn lebhaft zurückgewünscht und durch mancherlei Mittel ihn wieder zu gewinnen getrachtet, auf keine Weise verbleiben wollen, sondern sich immer zu dem anziehenden Manne zurück begeben, sich niemals von ihm getrennt, vielmehr zuletzt nach mehreren Jahren in dem Schlafzimmer seines erwählten Herrn das Leben geendet habe. Dieses Geschöpf veranlaßt uns nun auf jene Prüfungen, zu denen es selbst Gelegenheit gegeben, zurückzukommen. Es ist bekannt, daß Hundeführen, Hundetragen im Mittelalter überhaupt, und wahrscheinlich auch in Rom höchst schimpflich gewesen. In dieser Rücksicht pflegte der fromme Mann jenes Tier an einer Kette durch die Stadt zu führen, auch mußten seine Schüler dasselbe auf den Armen durch die Straßen tragen und sich auf diese Weise dem Gelächter und Spott der Menge preisgeben.

Auch mutete er seinen Schülern und Genossen andere unwürdige Äußerlichkeiten zu. Einem jungen römischen Fürsten, welcher der Ehre, für ein Ordensglied zu gelten, mitgenießen wollte, wurde angesonnen, er solle mit einem hinten angehefteten Fuchsschwanze durch Rom spazieren, und als er dies zu leisten sich weigerte, die Aufnahme in den Orden versagt. Einen andern schickte er ohne Überkleid, und wieder einen mit zerrissnen Ärmeln durch die Stadt. Dieses letztern erbarmte sich ein Edelmann und bot ihm ein Paar neue Ärmel an, die der Jüngling ausschlug, nachher aber, auf Befehl des Meisters, dankbar abholen und tragen mußte. Beim Bau der neuen Kirche nötigte er die Seinen, gleich Taglöhnern die Materialien herbeizuschaffen und sie den Arbeitern zur Hand zu langen.

Gleichermaßen wußte er auch jedes geistige Behagen, das der Mensch an sich empfinden mochte, zu stören und zu vernichten. Wenn die Predigt eines jungen Mannes wohl zu gelingen und der Redner sich darin selbst zu gefallen schien, unterbrach er ihn in der Mitte des Worts, um an seiner Stelle weiter zu sprechen, befahl auch wohl weniger fähigen Schülern ungesäumt hinaufzutreten und zu beginnen, welche denn, so unerwartet angeregt, sich aus dem Stegreife besser als je zu erweisen das Glück hatten.

Man versetzte sich in die zweite Hälfte des sechzehnten Jahrhunderts und den wüsten Zustand, in welchem Rom unter verschiedenen Päpsten wie ein aufgeregtes Element erschien, und man wird eher begreifen, daß ein solches Verfahren wirksam und mächtig sein mußte, indem es durch Neigung und Furcht, durch Ergebenheit und Gehorsam dem innersten Wollen des Menschen die große Gewalt verlieh, trotz allem Äußern sich zu erhalten, um allem was sich ereignen konnte zu widerstehen, da es befähigt, selbst dem Vernünftigen und Verständigen, dem Herkömmlichen und Schicklichen unbedingt zu entsagen.

Eine merkwürdige, obgleich schon bekannte Prüfungsgeschichte wird man hier wegen ihrer besondern Anmut nicht ungern wiederholt finden. Dem heiligen Vater war angekündigt, in einem Kloster auf dem Lande tue sich eine wunderwirkende Nonne hervor. Unser Mann erhält den Auftrag, eine für die Kirche so wichtige Angelegenheit näher zu untersuchen; er setzt sich auf sein Maultier, das Befohlene zu verrichten, kommt aber schneller zurück, als der heilige Vater es erwartet. Der Verwunderung seines geistlichen Gebieters begegnet Neri mit folgenden Worten: «Heiligster Vater, diese tut keine Wunder, denn es fehlt ihr an der ersten christlichen Tugend, der Demut; ich komme durch schlimmen Weg und Wetter übel zugerichtet im Kloster an, ich lasse sie, in eurem Namen, vor mich fordern, sie erscheint, und ich reiche ihr statt des Grußes den Stiefel hin, mit der Andeutung, sie solle mir ihn ausziehen. Entsetzt fährt sie zurück, und mit Schelten und Zorn erwidert sie mein Ansinnen; für was ich sie halte! ruft sie aus, die Magd des Herrn sei sie, aber nicht eines jeden, der daher komme, um knechtische Dienste von ihr zu verlangen. Ich erhub mich gelassen, setzte mich wieder auf mein Tier, stehe wieder vor euch, und ich bin überzeugt, ihr werdet keine weitere Prüfung nötig finden.» Lächelnd beließ es auch der Papst dabei, und wahrscheinlich ward ihr das fernere Wundertun untersagt.

Wenn er aber sich dergleichen Prüfungen gegen andere erlaubte, so mußte er solche von Männern erdulden, welche, gleichen Sinnes, den nämlichen Weg der Selbstverleugnung einschlugen. Ein Bettelmönch, der aber auch schon im Geruch der Heiligkeit stand, begegnet ihm in der gangbarsten Straße und bietet ihm einen Schluck aus der Weinflasche, die er vorsorglich mit sich führt. Philipp Neri bedenkt sich nicht einen Augenblick und setzt die langhalsige Korbflasche, den Kopf zurückbiegend, dreist an den Mund, indes das Volk laut lacht und spottet, daß zwei fromme Männer sich dergestalt zutrinken.

Philipp Neri, den es ungeachtet seiner Frömmigkeit und Ergebung einigermaßen durfte verdrossen haben, sagte darauf: «Ihr habt mich geprüft, nun ist die Reihe an mir», und drückte zugleich sein vierecktes Barett auf den Kahlkopf, welcher nun gleichfalls ausgelacht wurde, ganz ruhig fort ging und sagte: «Wenn mir's einer vom Kopfe nimmt, so mögt ihr's haben.» Neri nahm es ihm ab, und sie schieden.

Freilich dergleichen zu wagen und dennoch die größten sittlichen Wirkungen hervor zu bringen, bedurfte es eines Mannes wie Philipp Neri, dessen Handlungen gar oft als Wunder anzusehen waren. Als Beichtiger machte er sich furchtbar und daher des größten Zutrauens würdig; er entdeckte seinen Beichtkindern Sünden, die sie verschwiegen,

Mängel, die sie nicht beachtet hatten; sein brünstiges ekstatisches Gebet setzte seine Umgebungen als übernatürlich in Erstaunen, in einen Zustand, in welchem die Menschen wohl auch durch ihre Sinne zu erfahren glauben, was ihnen die Einbildungskraft, angeregt durchs Gefühl, vorbilden mochte. Wozu denn noch kommt, daß das Wunderbare, ja das Unmögliche, erzählt und wieder erzählt, endlich vollkommen die Stelle des Wirklichen, des Alltäglichen einnimmt. Hierher gehört, daß man ihn nicht allein verschiedentlich während des Meßopfers vor dem Altare wollte emporgehoben gesehen haben, sondern daß sich auch Zeugnisse fanden, man habe ihn, knieend um das Leben eines gefährlichst Kranken betend, dergestalt von der Erde emporgehoben erblickt, daß er mit dem Haupte beinahe die Decke des Zimmers berührt.

Bei einem solchen durchaus dem Gefühl und der Einbildungskraft gewidmeten Zustande war es ganz natürlich, daß die Einmischung auch widerwärtiger Dämonen nicht ganz auszubleiben schien.

Oben zwischen dem verfallenen Gemäuer der Antoninischen Bäder sieht wohl einmal der fromme Mann, in äffischer Ungestalt, ein widerwärtiges Wesen herumhupfen, das aber, auf sein Geheiß, alsogleich zwischen Trümmern und Spalten verschwindet. Bedeutender jedoch als diese Einzelnheit ist, wie er gegen seine Schüler verfährt, die ihn von seligen Erscheinungen, womit sie von der Mutter Gottes und andern Heiligen beglückt worden, mit Entzücken benachrichtigen. Er, wohl wissend, daß aus dergleichen Einbildungen ein geistlicher Dünkel, der schlimmste und hartnäckigste von allen, gewöhnlich entspringe, versichert sie deshalb, daß hinter dieser himmlischen Klarheit und Schönheit gewiß eine teuflische häßliche Finsternis verborgen liege. Dieses zu erproben gebietet er ihnen: bei der Wiederkehr einer so holdseligen Jungfrau ihr gerade ins Gesicht zu speien; sie gehorchen, und der Erfolg bewährt sich, indem auf der Stelle eine Teufelslarve hervortritt.

Der große Mann mag dieses mit Bewußtsein oder, was wahrscheinlicher ist, aus tiefem Instinkt geboten haben; genug, er war sicher, daß jenes Bild, welches eine phantastische Liebe und Sehnsucht hervorgerufen hatte, nun, durch das entgegenwirkende Wagnis von Haß und Verachtung, unmittelbar in eine Fratze sich verwandeln würde.

Ihn berechtigten jedoch zu einer so seltsamen Pädagogik die außerordentlichsten, zwischen den höchst geistigen und höchst körperlichen schwebend erscheinenden Naturgaben: Gefühl einer sich nahenden, noch ungesehenen Person, Ahnung entfernter Begebenheiten, Bewußtsein der Gedanken eines vor ihm Stehenden, Nötigung anderer zu seinen Gedanken.

Diese und dergleichen Gaben sind unter mehreren Menschen ausgeteilt, mancher kann sich derselben ein und das andere Mal rühmen, aber die ununterbrochene Gegenwart solcher Fähigkeiten, die in jedem Falle bereite Ausübung einer so staunenswürdigen Wirksamkeit, dies ist vielleicht nur in einem Jahrhundert zu denken, wo zusammengehaltene unzersplitterte Geistes- und Körperkräfte sich mit erstaunenswürdiger Energie hervortun konnten.

Betrachten wir aber eine solche nach unabhängigem grenzenlosen, geistigen Wirken sich hinsehnende und hingetriebene Natur, wie sie durch die streng umfassenden römisch-kirchlichen Bande sich wieder zusammengehalten fühlen muß.

Die Wirkungen des heiligen Xaverius unter den abgöttischen Heiden mögen freilich damals in Rom großes Aufsehn gemacht haben. Dadurch aufgeregt fühlten Neri und einige seiner Freunde sich gleichfalls nach dem sogenannten Indien gezogen und wünschten mit päpstlicher Erlaubnis sich dorthin zu verfügen. Allein der wahrscheinlich von oben her wohl instruierte Beichtvater redete ihnen ab und gab zu bedenken, daß für gottselige, auf Besserung des Nächsten, auf Ausbreitung der Religion gerichtete Männer in Rom selbst ein genugsames Indien zu finden und ein würdiger

Schauplatz für deren Tätigkeit offen sei. Man verkündigte ihnen, daß der großen Stadt selbst zunächst ein großes Unheil bevorstehen möchte, indem die drei Brunnen vor dem Tore Sankt Sebastian trüb und blutig seit einiger Zeit geflossen, welches als eine untrügliche Andeutung zu betrachten sei.

Mag also der würdige Neri und seine Gesellen, hiedurch beschwichtigt, innerhalb Roms ein wohltätiges wunderwirkendes Leben fortgesetzt haben, so viel ist gewiß, daß er von Jahr zu Jahr an Vertrauen und Achtung bei Großen und Kleinen, Alten und Jungen zugenommen.

Bedenke man nun die wundersame Komplikation der menschlichen Natur, in welcher sich die stärksten Gegensätze vereinigen, Materielles und Geistiges, Gewöhnliches und Unmögliches, Widerwärtiges und Entzückendes, Beschränktes und Grenzenloses, dergleichen aufzuführen man noch ein langes Register fortsetzen könnte; bedenke man einen solchen Widerstreit, wenn er in einem vorzüglichen Menschen sich ereignet und zutage tritt, wie er durch das Unbegreifliche, was sich aufdringt, den Verstand irre macht, die Einbildungskraft losbindet, den Glauben überflügelt, den Aberglauben berechtigt und dadurch den natürlichen Zustand mit dem unnatürlichsten in unmittelbare Berührung, ja zur Vereinigung bringt; gehe man mit diesen Betrachtungen an das weitläufig überlieferte Leben unseres Mannes, so wird es uns faßlich scheinen, was ein solcher, der beinahe ein ganzes Jahrhundert auf einem so großen Schauplatze in einem ungeheuern Elemente ununterbrochen und unablässig gewirkt, für einen Einfluß müsse erlangt haben. Die hohe Meinung von ihm ging so weit, daß man nicht allein von seinem gesunden kräftigen Wirken Nutzen, Heil und seliges Gefühl sich zueignete, sondern daß sogar seine Krankheiten das Vertrauen vermehrten, indem man sie als Zeichen seines innigsten Verhältnisses zu Gott und dem Göttlichsten anzusehen sich bewogen fand. Hier begreifen wir nun, wie er schon lebend der Würde eines Heiligen entgegen ging, und sein Tod nur bekräftigen konnte, was ihm von den Zeitgenossen zugedacht und zugestanden war.

Deshalb auch, als man bald nach seinem Verscheiden, welches von noch mehr Wundern als sein Leben begleitet war, an Papst Clemens VIII. die Frage brachte: ob man mit der Untersuchung, dem sogenannten Prozeß, welcher einer Seligsprechung vorausgeht, den Anfang machen dürfe, dieser die Antwort erteilte: «Ich habe ihn immer für einen Heiligen gehalten und kann daher nichts dagegen einwenden, wenn ihn die Kirche im allgemeinen den Gläubigen als solchen erklären und vorstellen wird.»

Nun aber dürfte es auch der Aufmerksamkeit wert gehalten werden, daß er in der langen Reihe von Jahren, die ihm zu wirken gegönnt wurden, fünfzehn Päpste erlebt, indem er unter Leo X. geboren, unter Clemens VIII. seine Tage beschloß; daher er denn auch eine unabhängige Stellung gegen den Papst selbst zu behaupten sich anmaßte, und als Glied der Kirche sich zwar ihren allgemeinen Anordnungen durchaus gleichstellte, aber im einzelnen sich nicht gebunden, ja sogar gebietrisch gegen das Oberhaupt der Kirche bewies. Nun läßt es sich denn auch erklären, daß er die Kardinalswürde durchaus abschlug und in seiner Chiesa nuova, gleich einem widerspenstigen Ritter in einer alten Burg, sich gegen den obersten Schutzherrn unartig zu betragen herausnahm.

Der Charakter jener Verhältnisse jedoch, wie sie sich am Ende des sechzehnten Jahrhunderts aus den früheren roheren Zeiten seltsam genug gestaltet erhielten, kann durch nichts deutlicher vor Augen gestellt, eindringlicher dem Geiste dargebracht werden als durch ein Memorial, welches Neri kurz vor seinem Tode an den neuen Papst Clemens VIII. ergehen ließ, worauf eine gleich wunderliche Resolution erfolgte.

Wir sehen hieraus das auf eine andere Weise nicht zu schildernde Verhältnis eines bald achtzigjährigen, dem Rang eines Heiligen entgegengehenden Mannes zu einem bedeutenden, tüchtigen, während seiner mehrjährigen Regierung höchst achtbaren souveränen Oberhaupte der römisch-katholischen Kirche.

Memorial des Philipp Neri an Clemens VIII.

Heiligster Vater! Und was für eine Person bin ich denn, daß die Kardinäle mich zu besuchen kommen, und besonders gestern abend die Kardinäle von Florenz und Cusano? Und weil ich ein bißchen Manna in Blättern nötig hatte, so ließ mir gedachter Kardinal von Florenz zwei Unzen von San Spirito holen, indem der Herr Kardinal in jenes Hospital eine große Quantität geschickt hatte. Er blieb auch bis zwei Stunden in die Nacht und sagte so viel Gutes von Euer Heiligkeit, viel mehr als mir billig schien: denn da Sie Papst sind, so sollten Sie die Demut selber sein. Christus kam um sieben Uhr in der Nacht, sich mir einzuverleiben, und Euer Heiligkeit könnte auch wohl einmal in unsre Kirche kommen. Christus ist Mensch und Gott und besucht mich gar manchmal. Euer Heiligkeit ist nur ein bloßer Mensch, geboren von einem heiligen und rechtschaffenen Mann, jener aber von Gott Vater. Die Mutter von Euer Heiligkeit ist Signora Agnesina, eine sehr gottesfürchtige Dame; aber jenes die Jungfrau aller Jungfrauen. Was hätte ich nicht alles zu sagen, wenn ich meiner Galle freien Lauf lassen wollte. Ich befehle Euer Heiligkeit, daß Sie meinen Willen tun, wegen eines Mädchens, das ich nach Torre de' specchi schaffen will. Sie ist die Tochter von Claudio Neri, dem Euer Heiligkeit versprochen hat, daß Sie seine Kinder beschützen will; und da erinnere ich Sie, daß es hübsch ist, wenn ein Papst sein Wort hält. Deswegen übergeben Sie mir gedachtes Geschäft und so, daß ich mich im Notfall Ihres Namens bedienen könne; um so mehr, da ich den Willen des Mädchens weiß und gewiß bin, daß sie durch göttliche Eingebung bewegt wird, und mit der größten Demut, die ich schuldig bin, küsse ich die heiligsten Füße.

Eigenhändige Resolution des Papsts, unter das Memorial geschrieben

Der Papst sagt, daß dieser Aufsatz in seinem ersten Teil etwas vom Geiste der Eitelkeit enthält, indem Er dadurch erfahren soll, daß die Kardinäle Dieselben so oft besuchen; wenn uns nicht etwa dadurch angedeutet werden soll, daß diese Herren geistlich gesinnt sind; welches man recht gut weiß. Daß Er nicht gekommen ist Dieselben zu sehen, darauf sagt Er: Daß es Euer Ehrwürden nicht verdienen, da Sie das Kardinalat nicht haben annehmen wollen, das Ihnen so oft angetragen worden. Was den Befehl betrifft, so ist Er zufrieden, daß Dieselben mit Ihrer gewöhnlichen Befehlshaberei denen guten Müttern einen tüchtigen Filz geben, die es Denenselben nicht nach Ihrem Sinne machen. Nun befiehlt Er Denselben aber, daß Sie sich wahren und nicht Beichte sitzen, ohne seine Erlaubnis. Kommt aber unser Herr Dieselben besuchen, so bitten Sie für uns und für die dringendsten Notdurften der Christenheit.

JANUAR

Korrespondenz

Rom, den 5. Januar 1788

Verzeiht, wenn ich heute nur wenig schreibe. Dieses Jahr ist mit Ernst und Fleiß angefangen worden, und ich kann mich kaum umsehen.

Nach einem Stillstand von einigen Wochen, in denen ich mich leidend verhielt, habe ich wieder die schönsten, ich darf wohl sagen Offenbarungen. Es ist mir erlaubt, Blicke in das Wesen der Dinge und ihre Verhältnisse zu werfen, die mir einen Abgrund von Reichtum eröffnen. Diese Wirkungen entstehen in meinem Gemüte, weil ich immer lerne, und zwar von andern lerne. Wenn man sich selbst lehrt, ist die arbeitende und verarbeitende Kraft eins, und die Vorschritte müssen kleiner und langsamer werden.

Das Studium des menschlichen Körpers hat mich nun ganz. Alles andre verschwindet dagegen. Es ist mir damit durch mein ganzes Leben, auch jetzt wieder sonderbar gegangen. Darüber ist nicht zu reden; was ich noch machen werde, muß die Zeit lehren.

Die Opern unterhalten mich nicht, nur das innig und ewig Wahre kann mich nun erfreuen.

Es spitzt sich bis gegen Ostern eine Epoche zu, das fühl' ich; was werden wird, weiß ich nicht.

Rom, den 10. Januar

Erwin und Elmire kommt mit diesem Brief, möge dir das Stückchen auch Vergnügen machen. Doch kann eine Operette, wenn sie gut ist, niemals im Lesen genug tun; es muß die Musik erst dazu kommen, um den ganzen Begriff auszudrücken, den der Dichter sich vorstellte. Claudine kommt bald nach. Beide Stücke sind mehr gearbeitet, als man ihnen ansieht, weil ich erst recht mit Kaysern die Gestalt des Singspiels studiert habe.

Am menschlichen Körper wird fleißig fortgezeichnet, wie abends in der Perspektivstunde. Ich bereite mich zu meiner Auflösung, damit ich mich ihr getrosten Mutes hingebe, wenn die Himmlischen sie auf Ostern beschlossen haben. Es geschehe, was gut ist.

Das Interesse an der menschlichen Gestalt hebt nun alles andre auf. Ich fühlte es wohl und wendete mich immer davon weg, wie man sich von der blendenden Sonne wegwendet, auch ist alles vergebens, was man außer Rom darüber studieren will. Ohne einen Faden, den man nur hier spinnen lernt, kann man sich aus diesem Labyrinthe nicht herausfinden. Leider wird mein Faden nicht lang genug, indessen hilft er mir doch durch die ersten Gänge.

Wenn es mit Fertigung meiner Schriften unter gleichen Konstellationen fortgeht, so muß ich mich im Laufe dieses Jahres in eine Prinzessin verlieben, um den Tasso, ich muß mich dem Teufel ergeben, um den Faust schreiben zu können, ob ich mir gleich zu beiden wenig Lust fühle. Denn bisher ist's so gegangen. Um mir selbst meinen Egmont interessant zu machen, fing der Römische Kaiser mit den Brabantern Händel an, und um meinen Opern einen Grad von Vollkommenheit zu geben, kam der Züricher Kayser nach Rom. Das heißt doch ein vornehmer Römer, wie Herder sagt, und ich finde es recht lustig, eine Endursache der Handlungen und Begebenheiten zu werden, welche gar nicht auf mich gerichtet sind. Das darf man Glück nennen. Also die Prinzessin und den Teufel wollen wir in Geduld abwarten.

Hier kommt aus Rom abermals ein Pröbchen deutscher Art und Kunst, Erwin und Elmire. Es ward eher fertig als Claudine, doch wünsch' ich nicht, daß es zuerst gedruckt werde.

Du wirst bald sehen, daß alles aufs Bedürfnis der lyrischen Bühne gerechnet ist, das ich erst hier zu studieren Gelegenheit hatte: alle Personen in einer gewissen Folge, in einem gewissen Maß zu beschäftigen, daß jeder Sänger Ruhpunkte genug habe usw. Es sind hundert Dinge zu beobachten, welchen der Italiener allen Sinn des Gedichts aufopfert, ich wünsche, daß es mir gelungen sein möge, jene musikalisch-theatralischen Erfordernisse durch ein Stückchen zu befriedigen, das nicht ganz unsinnig ist. Ich hatte noch die Rücksicht, daß sich beide Operetten doch auch müssen lesen lassen, daß sie ihrem Nachbar Egmont keine Schande machten. Ein italienisch Opernbüchelchen liest kein Mensch, als am Abend der Vorstellung, und es in einen Band mit einem Trauerspiel zu bringen, würde hier zu Lande für ebenso unmöglich gehalten werden, als daß man Deutsch singen könne.

Bei Erwin muß ich noch bemerken, daß du das trochäische Silbenmaß, besonders im zweiten Akt, öfter finden wirst; es ist nicht Zufall oder Gewohnheit, sondern aus italienischen Beispielen genommen. Dieses Silbenmaß ist zur Musik vorzüglich glücklich, und der Komponist kann es durch mehrere Takt- und Bewegungsarten dergestalt variieren, daß es der Zuhörer nie wieder erkennt. Wie überhaupt die Italiener auf glatte einfache Silbenmaße und Rhythmen ausschließlich halten.

Der junge Camper ist ein Strudelkopf, der viel weiß, leicht begreift und über die Sachen hinfährt.

Glück zum vierten Teil der Ideen. Der dritte ist uns ein heilig Buch, das ich verschlossen halte, erst jetzt hat es Moritz zu lesen gekriegt, der sich glücklich preist, daß er in dieser Epoche der Erziehung des Menschengeschlechts lebt. Er hat das Buch recht gut gefühlt und war über das Ende ganz außer sich.

Wenn ich dich nur einmal für alle das Gute auf dem Kapitol bewirten könnte! Es ist einer meiner angelegensten Wünsche.

Meine titanischen Ideen waren nur Luftgestalten, die einer ernsteren Epoche vorspukten. Ich bin nun recht im

Studio der Menschengestalt, welche das non plus ultra alles menschlichen Wissens und Tuns ist. Meine fleißige Vorbereitung im Studio der ganzen Natur, besonders die Osteologie, hilft mir starke Schritte machen. Jetzt seh' ich, jetzt genieß' ich erst das Höchste, was uns vom Altertum übrig blieb, die Statuen. Ja, ich sehe wohl ein, daß man ein ganzes Leben studieren kann und am Ende doch noch ausrufen möchte: Jetzt seh' ich, jetzt genieß' ich erst.

Ich raffe alles mögliche zusammen, um Ostern eine gewisse Epoche, wohin mein Auge nun reicht, zu schließen, damit ich Rom nicht mit entschiedenem Widerwillen verlasse, und hoffe in Deutschland einige Studien bequem und gründlich fortsetzen zu können, obgleich langsam genug. Hier trägt einen der Strom fort, sobald man nur das Schifflein bestiegen hat.

Bericht Januar

Cupido, loser eigensinniger Knabe,
Du batst mich um Quartier auf einige Stunden!
Wie viele Tag' und Nächte bist du geblieben,
Und bist nun herrisch und Meister im Hause geworden.

Von meinem breiten Lager bin ich vertrieben,
Nun sitz' ich an der Erde Nächte gequälet,
Dein Mutwill' schüret Flamm' auf Flamme des Herdes,
Verbrennet den Vorrat des Winters und senget mich Armen

Du hast mir mein Gerät verstellt und verschoben,
Ich such' und bin wie blind und irre geworden.
Du lärmst so ungeschickt, ich fürchte das Seelchen
Entflieht, um dir zu entfliehn, und räumet die Hütte.

Wenn man vorstehendes Liedchen nicht in buchstäblichem Sinne nehmen, nicht jenen Dämon, den man gewöhnlich Amor nennt, dabei denken, sondern eine Versammlung tätiger Geister sich vorstellen will, die das Innerste des Menschen ansprechen, auffordern, hin und wider ziehen und durch geteiltes Interesse verwirren, so wird man auf eine symbolische Weise an dem Zustande teilnehmen, in dem ich mich befand, und welchen die Auszüge aus Briefen und die bisherigen Erzählungen genugsam darstellen. Man wird zugestehen, daß eine große Anstrengung gefordert ward, sich gegen so vieles aufrecht zu erhalten, in Tätigkeit nicht zu ermüden und im Aufnehmen nicht lässig zu werden.

Aufnahme in die Gesellschaft der Arkadier

Schon zu Ende des vorigen Jahrs ward ich mit einem Antrage bestürmt, den ich auch als Folge jenes unseligen Konzertes ansah, durch welches wir unser Inkognito leichtsinnigerweise enthüllt hatten. Es konnte jedoch andere Anlässe haben, daß man von mehreren Seiten her mich zu bestimmen suchte, mich in die Arcadia als einen namhaften Schäfer aufnehmen zu lassen. Lange widerstand ich, mußte jedoch zuletzt den Freunden, die hierein etwas Besonderes zu setzen schienen, endlich nachgeben.

Im allgemeinen ist bekannt, was unter dieser Arkadischen Gesellschaft verstanden wird; doch ist es wohl nicht unangenehm, etwas darüber zu vernehmen.

Während dem Laufe des siebzehnten Jahrhunderts mag die italienische Poesie sich auf mancherlei Weise verschlimmert haben; denn gegen Ende dieses Zeitraums werfen ihr gebildete wohlgesinnte Männer vor: sie habe den Gehalt, was man damals innere Schönheit nannte, völlig versäumt; auch sei sie in Absicht auf die Form, die äußere Schönheit, durchaus zu tadeln, denn sie habe mit barbarischen Ausdrücken, unleidlich harten Versen, fehlerhaften Figuren und Tropen, besonders mit fortlaufenden und ungemessenen Hyperbeln, Metonymien und Metaphern, auch ganz und gar das Anmutige und Süße verscherzt, welches man am Äußern zu schätzen sich erfreue.

Jene auf solchen Irrwegen Befangenen jedoch schalten, wie es zu gehen pflegt, das Echte und Fürtreffliche, damit ihre Mißbräuche fernerhin unangetastet gelten möchten. Welches denn doch zuletzt von gebildeten und verständigen Menschen nicht mehr erduldet werden konnte, dergestalt daß im Jahr 1690 eine Anzahl umsichtiger und kräftiger Männer zusammentrat und einen andern Weg einzuschlagen sich beredete.

Damit aber ihre Zusammenkünfte nicht Aufsehn machen und Gegenwirkung veranlassen möchten, so wendeten sie sich ins Freie, in ländliche Gartenumgebungen, deren ja Rom selbst in seinen Mauern genugsame bezirkt und einschließt. Hiedurch ward ihnen zugleich der Gewinn, sich der Natur zu nähern und in frischer Luft den uranfänglichen Geist der Dichtkunst zu ahnen. Dort, an zufälligen Plätzen, lagerten sie sich auf dem Rasen, setzten sich auf architektonische Trümmer und Steinblöcke, wo sogar anwesende Kardinäle nur durch ein weicheres Kissen geehrt werden konnten. Hier besprachen sie sich untereinander von ihren Überzeugungen, Grundsätzen, Vorhaben; hier lassen sie Gedichte, in welchen man den Sinn des höheren Altertums, der edlen toskanischen Schule wieder ins Leben zu führen trachtete. Da rief denn einer in Entzücken aus: Hier ist unser Arkadien! Dies veranlaßte den Namen der Gesellschaft sowie das Idyllische ihrer Einrichtung. Keine Protektion eines großen und einflußreichen Mannes sollte sie schützen; sie wollten kein Oberhaupt, keinen Präsidenten zugeben. Ein Kustos sollte die arkadischen Räume öffnen und schließen, und in den notwendigsten Fällen ihm ein Rat von zu wählenden Ältesten zur Seite stehn.

Hier ist der Name Crescimbeni ehrwürdig, welcher gar wohl als Mitstifter angesehen werden kann und als erster Kustos sein Amt mehrere Jahre treulich verrichtet, indem er über einen bessern reinern Geschmack Wache hält und das Barbarische immer mehr zu verdrängen weiß.

Seine Dialogen über die Poesia volgare, welches nicht

etwa Volkspoesie zu übersetzen ist, sondern Poesie, wie sie einer Nation wohl ansteht, wenn sie durch entschiedene wahre Talente ausgeübt, nicht aber durch Grillen und Eigenheiten einzelner Wirrköpfe entstellt wird, seine Dialogen, worin er die bessere Lehre vorträgt, sind offenbar eine Frucht arkadischer Unterhaltungen und höchst wichtig in Vergleich mit unserm neuen ästhetischen Bestreben. Auch die von ihm herausgegebenen Gedichte der Arkadia verdienen in diesem Sinne alle Aufmerksamkeit; wir erlauben uns dabei nur folgende Bemerkung:

Zwar hatten die werten Schäfer, im Freien auf grünem Rasen sich lagernd, der Natur hiedurch näher zu kommen gedacht, in welchem Falle wohl Liebe und Leidenschaft ein menschlich Herz zu überschleichen pflegt; nun aber bestand die Gesellschaft aus geistlichen Herren und sonstigen würdigen Personen, die sich mit dem Amor jener römischen Triumvirn nicht einlassen durften, den sie deshalb ausdrücklich beseitigten. Hier also blieb nichts übrig, da dem Dichter die Liebe ganz unentbehrlich ist, als sich zu jener überirdischen und gewissermaßen platonischen Sehnsucht hinzuwenden, nicht weniger ins Allegorische sich einzulassen, wodurch denn ihre Gedichte einen ganz ehrsamen eigentümlichen Charakter erhalten, da sie ohnehin ihren großen Vorgängern Dante und Petrarca hierin auf dem Fuße folgen konnten.

Diese Gesellschaft bestand, wie ich nach Rom gelangte, soeben hundert Jahr, und hatte sich, ihrer äußern Form nach, durch mancherlei Orts- und Gesinnungswechsel immer mit Anstand, wenn auch nicht in großem Ansehn erhalten; und man ließ nicht leicht einigermaßen bedeutende Fremde in Rom verweilen, ohne dieselben zur Aufnahme anzulocken, um so mehr, als der Hüter dieser poetischen Ländereien bloß dadurch sich bei einem mäßigen Einkommen erhalten konnte.

Die Funktion selbst aber ging folgendermaßen vor sich: In den Vorzimmern eines anständigen Gebäudes ward ich einem bedeutenden geistlichen Herrn vorgestellt, und er mir bekannt gemacht als derjenige, der mich einführen, meinen Bürgen gleichsam oder Paten vorstellen sollte. Wir traten in einen großen, bereits ziemlich belebten Saal und setzten uns in die erste Reihe von Stühlen, gerade in die Mitte, einem aufgerichteten Katheder gegenüber. Es traten immer mehr Zuhörer heran; an meine leergebliebene Rechte fand sich ein stattlicher ältlicher Mann, den ich nach seiner Bekleidung und der Ehrfurcht, die man ihm erwies, für einen Kardinal zu halten hatte.

Der Kustode, vom Katheder herab, hielt eine allgemein einleitende Rede, rief mehrere Personen auf, welche sich teils in Versen, teils in Prosa hören ließen. Nachdem dieses eine gute Zeit gewährt, begann jener eine Rede, deren Inhalt und Ausführung ich übergehe, indem sie im ganzen mit dem Diplom zusammentraf, welches ich erhielt und hier nachzubringen gedenke. Hierauf wurde ich denn förmlich für einen der Ihrigen erklärt und unter großem Händeklatschen aufgenommen und anerkannt.

Mein sogenannter Pate und ich waren indessen aufgestanden und hatten uns mit vielen Verbeugungen bedankt. Er aber hielt eine wohlgedachte, nicht allzulange, sehr schickliche Rede, worauf abermals ein allgemeiner Beifall sich hören ließ, nach dessen Verschallen ich Gelegenheit hatte, den einzelnen zu danken und mich ihnen zu empfehlen. Das Diplom, welches ich den andern Tag erhielt, folgt hier im Original und ist, da es in jeder andern Sprache seine Eigentümlichkeit verlöre, nicht übersetzt worden. Indessen suchte ich den Kustode mit seinem neuen Hutgenossen auf das beste zufrieden zu stellen.

C. U. C.

Nivildo Amarinzio Custode Generale d' Arcadia

Trovandosi per avventura a beare le sponde del Tebbro uno di quei Genj di prim' Ordine, ch' oggi fioriscono nella

Germania qual' è l' Inclito ed Erudito Signor de Goethe Consigliere attuale di Stato di Sua Altezza Serenissima il Duca di Sassonia Weimar, ed avendo celato fra noi con filosofica moderazione la chiarezza della sua Nascità, de' suoi Ministerj, e della virtù sua, non ha potuto ascondere la luce, che hanno sparso le sue dottissime produzioni tanto in Prosa ch' in Poesia per cui si è reso celebre a tutto il Mondo Letterario. Quindi essendosi compiaciuto il suddetto rinomato Signor de Goethe d' intervenire in una delle pubbliche nostre Accademie, appena Egli comparve, come un nuovo astro di cielo straniero tra le nostre selve, ed in una delle nostre Geniali Adunanze, che gli Arcadi in gran numero convocati co' segni del più sincero giubilo ed applauso vollero distinguerlo come Autore di tante celebrate opere, con annoverarlo a viva voce tra i più illustri membri della loro Pastoral Società sotto il Nome di Megalio, e vollero altresi assegnare al Medesimo il possesso delle Campagne Melpomenie sacre alla Tragica Musa dichiarandolo con ciò Pastore Arcade di Numero. Nel tempo stesso il Ceto Universale commise al Custode Generale di registrare l'Atto pubblico e solenne di si applaudita annoverazione tra i fasti d'Arcadia, e di presentare al Chiarissimo Novello Compastore Megalio Melpomenio il presente Diploma in segno dell'altissima stima, che fa la nostra Pastorale Letteraria Repubblica de' chiari e nobili ingegni a perpetua memoria. Dato dalla Capanna del Serbatojo dentro il Bosco Parrasio alla Neomenia di Posideone Olimpiade DCXLI. Anno II. dalla Ristorazione d'Arcadia Olimpiade XXIV. Anno IV. Giorno lieto per General Chiamata.

NIVILDO AMARINZIO CUSTODE GENERALE

Das Siegel hat in einem Kranze, halb Lorbeer, halb Pinien, in der Mitte eine Pansflöte, darunter Gli Arcadi.	CORIMBO MELICRONIO FLORIMONTE EGIRÉO	Sotto-Custodi

DAS RÖMISCHE KARNEVAL

Indem wir eine Beschreibung des Römischen Karnevals unternehmen, müssen wir den Einwurf befürchten: daß eine solche Feierlichkeit eigentlich nicht beschrieben werden könne. Eine so große lebendige Masse sinnlicher Gegenstände sollte sich unmittelbar vor dem Auge bewegen und von einem jeden nach seiner Art angeschaut und gefaßt werden.

Noch bedenklicher wird diese Einwendung, wenn wir selbst gestehen müssen: daß das römische Karneval einem fremden Zuschauer, der es zum erstenmal sieht und nur sehen will und kann, weder einen ganzen noch einen erfreulichen Eindruck gebe, weder das Auge sonderlich ergötze, noch das Gemüt befriedige.

Die lange und schmale Straße, in welcher sich unzählige Menschen hin und wider wälzen, ist nicht zu übersehen; kaum unterscheidet man etwas in dem Bezirk des Getümmels, den das Auge fassen kann. Die Bewegung ist einförmig, der Lärm betäubend, das Ende der Tage unbefriedigend. Allein diese Bedenklichkeiten sind bald gehoben, wenn wir uns näher erklären; und vorzüglich wird die Frage sein: ob uns die Beschreibung selbst rechtfertigt?

Das Römische Karneval ist ein Fest, das dem Volke eigentlich nicht gegeben wird, sondern das sich das Volk selbst gibt.

Der Staat macht wenig Anstalten, wenig Aufwand dazu. Der Kreis der Freuden bewegt sich von selbst, und die Polizei regiert ihn nur mit gelinder Hand.

Hier ist nicht ein Fest, das wir die vielen geistlichen Feste Roms die Augen der Zuschauer blendete; hier ist kein

Feuerwerk, das von dem Castello di Sant Angelo einen einzigen überraschenden Anblick gewährte; hier ist keine Erleuchtung der Peterskirche und Kuppel, welche so viel Fremde aus allen Landen herbeilockt und befriedigt; hier ist keine glänzende Prozession, bei deren Annäherung das Volk beten und staunen soll; hier wird vielmehr nur ein Zeichen gegeben, daß jeder so töricht und toll sein dürfe, als er wolle, und daß außer Schlägen und Messerstichen fast alles erlaubt sei.

Der Unterschied zwischen Hohen und Niedern scheint einen Augenblick aufgehoben: alles nähert sich einander, jeder nimmt was ihm begegnet leicht auf, und die wechselseitige Frechheit und Freiheit wird durch eine allgemeine gute Laune im Gleichgewicht erhalten.

In diesen Tagen freuet sich der Römer noch zu unsern Zeiten, daß die Geburt Christi das Fest der Saturnalien und seiner Privilegien wohl um einige Wochen verschieben, aber nicht aufheben konnte.

Wir werden uns bemühen, die Freuden und den Taumel dieser Tage vor die Einbildungskraft unserer Leser zu bringen. Auch schmeicheln wir uns, solchen Personen zu dienen, welche dem Römischen Karneval selbst einmal beigewohnt und sich nun mit einer lebhaften Erinnerung jener Zeiten vergnügen mögen; nicht weniger solchen, welchen jene Reise noch bevorsteht und denen diese wenigen Blätter Übersicht und Genuß einer überdrängten und vorbeirauschenden Freude verschaffen können.

Der Corso

Das Römische Karneval versammelt sich in dem Corso. Diese Straße beschränkt und bestimmt die öffentliche Feierlichkeit dieser Tage. An jedem andern Platz würde es ein ander Fest sein; und wir haben daher vor allen Dingen den Corso zu beschreiben.

Er führt den Namen, wie mehrere lange Straßen italienischer Städte, von dem Wettrennen der Pferde, womit zu Rom sich jeder Karnevalsabend schließt, und womit an andern Orten andere Feierlichkeiten, als das Fest eines Schutzpatrons, ein Kirchweihfest geendigt werden.

Die Straße geht von der Piazza del Popolo schnurgerade bis an den venezianischen Palast. Sie ist ungefähr viertehalbtausend Schritte lang und von hohen, meistenteils prächtigen Gebäuden eingefaßt. Ihre Breite ist gegen ihre Länge und gegen die Höhe der Gebäude nicht verhältnismäßig. An beiden Seiten nehmen Pflastererhöhungen für die Fußgänger ungefähr sechs bis acht Fuß weg. In der Mitte bleibt für die Wagen an den meisten Orten nur der Raum von zwölf bis vierzehn Schritten, und man sieht also leicht, daß höchstens drei Fuhrwerke sich in dieser Breite nebeneinander bewegen können.

Der Obelisk auf der Piazza del Popolo ist im Karneval die unterste Grenze dieser Straße; der venezianische Palast die obere.

Spazierfahrt im Corso

Schon alle Sonn- und Festtage eines Jahres ist der römische Corso belebt. Die vornehmern und reichern Römer fahren hier eine oder anderthalb Stunden vor Nacht in einer sehr zahlreichen Reihe spazieren; die Wagen kommen vom venezianischen Palast herunter, halten sich an der linken Seite, fahren, wenn es schön Wetter ist, an dem Obelisk vorbei, zum Tore hinaus und auf den Flaminischen Weg, manchmal bis Ponte molle.

Die früher oder später Umkehrenden halten sich an die andere Seite; so ziehen die beiden Wagenreihen in der besten Ordnung aneinander hin.

Die Gesandten haben das Recht, zwischen beiden Reihen auf und nieder zu fahren. Dem Prätendenten, der sich unter dem Namen eines Herzogs von Albanien in Rom aufhielt, war es gleichfalls zugestanden.

Sobald die Nacht eingeläutet wird, ist diese Ordnung

unterbrochen; jeder wendet, wo es ihm beliebt, und sucht seinen nächsten Weg, oft zur Unbequemlichkeit vieler andern Equipagen, welche in dem engen Raum dadurch gehindert und aufgehalten werden.

Diese Abendspazierfahrt, welche in allen großen italienischen Städten brillant ist und in jeder kleinen Stadt, wäre es auch nur mit einigen Kutschen, nachgeahmt wird, lockt viele Fußgänger in den Corso; jedermann kommt, um zu sehen oder gesehen zu werden.

Das Karneval ist, wie wir bald bemerken können, eigentlich nur eine Fortsetzung oder vielmehr der Gipfel jener gewöhnlichen sonn- und festtägigen Freuden; es ist nichts Neues, nichts Fremdes, nichts Einziges, sondern es schließt sich nur an die römische Lebensweise ganz natürlich an.

Klima, geistliche Kleidungen

Ebensowenig fremd wird es uns scheinen, wenn wir nun bald eine Menge Masken in freier Luft sehen, da wir so manche Lebensszene unter dem heitern frohen Himmel das ganze Jahr durch zu erblicken gewohnt sind.

Bei einem jeden Feste bilden ausgehängte Teppiche, gestreute Blumen, übergespannte Tücher die Straßen gleichsam zu großen Sälen und Galerien um.

Keine Leiche wird ohne vermummte Begleitung der Brüderschaften zu Grabe gebracht; die vielen Mönchskleidungen gewöhnen das Auge an fremde und sonderbare Gestalten; es scheint das ganze Jahr Karneval zu sein, und die Abbaten in schwarzer Kleidung scheinen unter den übrigen geistlichen Masken die edlern Tabarros vorzustellen.

Erste Zeit

Schon von dem neuen Jahre an sind die Schauspielhäuser eröffnet, und das Karneval hat seinen Anfang genommen. Man sieht hie und da in den Logen eine Schöne, welche als

Offizier ihre Epauletten mit größter Selbstzufriedenheit dem Volke zeigt. Die Spazierfahrt im Corso wird zahlreicher; doch die allgemeine Erwartung ist auf die letzten acht Tage gerichtet.

Vorbereitungen auf die letzten Tage

Mancherlei Vorbereitungen verkündigen dem Publikum diese paradiesischen Stunden.

Der Corso, eine von den wenigen Straßen in Rom, welche das ganze Jahr rein gehalten werden, wird nun sorgfältiger gekehrt und gereiniget. Man ist beschäftigt, das schöne, aus kleinen, viereckig zugehauenen, ziemlich gleichen Basaltstücken zusammengesetzte Pflaster, wo es nur einigermaßen abzuweichen scheint, auszuheben und die Basaltkeile wieder neu instand zu setzen.

Außer diesem zeigen sich auch lebendige Vorboten. Jeder Karnevalsabend schließt sich, wie wir schon erwähnt haben, mit einem Wettrennen. Die Pferde, welche man zu diesem Endzweck unterhält, sind meistenteils klein und werden, wegen fremder Herkunft der besten unter ihnen, Barberi genannt.

Ein solches Pferdchen wird mit einer Decke von weißer Leinwand, welche am Kopf, Hals und Leib genau anschließt und auf den Nähten mit bunten Bändern besetzt ist, vor dem Obelisk an die Stelle gebracht, wo es in der Folge auslaufen soll. Man gewöhnt es, den Kopf gegen den Corso gerichtet, eine Zeitlang still zu stehen, führt es alsdann sachte die Straße hin und gibt ihm oben am venezianischen Palast ein wenig Hafer, damit es ein Interesse empfinde, seine Bahn desto geschwinder zu durchlaufen.

Da diese Übung mit den meisten Pferden, deren oft fünfzehn bis zwanzig an der Zahl sind, wiederholt, und eine solche Promenade immer von einer Anzahl lustig schreiender Knaben begleitet wird, so gibt es schon einen Vorschmack von einem größern Lärm und Jubel, der bald folgen soll.

Ehemals nährten die ersten römischen Häuser dergleichen Pferde in ihren Marställen; man schätzte sich es zur Ehre, wenn ein solches den Preis davon tragen konnte. Es wurden Wetten angestellt, und der Sieg durch ein Gastmahl verherrlicht.

In den letzten Zeiten hingegen hat diese Liebhaberei sehr abgenommen, und der Wunsch, durch seine Pferde Ruhm zu erlangen, ist in die mittlere, ja in die unterste Klasse des Volks herabgestiegen.

Aus jenen Zeiten mag sich noch die Gewohnheit herschreiben, daß der Trupp Reiter, welcher, von Trompetern begleitet, in diesen Tagen die Preise in ganz Rom herumzeigt, in die Häuser der Vornehmen hineinreitet und nach einem geblasenen Trompeterstückchen ein Trinkgeld empfängt.

Der Preis bestehet aus einem etwa drittehalb Ellen langen und nicht gar eine Elle breiten Stück Gold- oder Silberstoff, das an einer bunten Stange wie eine Flagge befestigt schwebt, und an dessen unterm Ende das Bild einiger rennender Pferde quer eingewirkt ist.

Es wird dieser Preis Palio genannt, und so viel Tage das Karneval dauert, so viele solcher Quasi-Standarten werden von dem erst erwähnten Zug durch die Straßen von Rom aufgezeigt.

Inzwischen fängt auch der Corso an, seine Gestalt zu verändern; der Obelisk wird nun die Grenze der Straße. Vor demselben wird ein Gerüste mit vielen Sitzreihen übereinander aufgeschlagen, welches gerade in den Corso hineinsieht. Vor dem Gerüste werden die Schranken errichtet, zwischen welche man künftig die Pferde zum Ablaufen bringen soll.

An beiden Seiten werden ferner große Gerüste gebaut, welche sich an die ersten Häuser des Corso anschließen und auf diese Weise die Straße in den Platz herein verlängern. An beiden Seiten der Schranken stehen kleine, erhöhte und bedeckte Bogen für die Personen, welche das Ablaufen der Pferde regulieren sollen.

Den Corso hinauf sieht man vor manchen Häusern ebenfalls Gerüste aufgerichtet. Die Plätze von San Carlo und der Antoninischen Säule werden durch Schranken von der Straße abgesondert, und alles bezeichnet genug, daß die ganze Feierlichkeit sich in dem langen und schmalen Corso einschränken solle und werde.

Zuletzt wird die Straße in der Mitte mit Puzzolane bestreut, damit die wettrennenden Pferde auf dem glatten Pflaster nicht so leicht ausgleiten mögen.

Signal der vollkommnen Karnevalsfreiheit

So findet die Erwartung sich jeden Tag genährt und beschäftigt, bis endlich eine Glocke vom Kapitol, bald nach Mittage, das Zeichen gibt, es sei erlaubt, unter freiem Himmel töricht zu sein.

In diesem Augenblick legt der ernsthafte Römer, der sich das ganze Jahr sorgfältig vor jedem Fehltritt hütet, seinen Ernst und seine Bedächtigkeit auf einmal ab.

Die Pflasterer, die bis zum letzten Augenblicke gekläppert haben, packen ihr Werkzeug auf und machen der Arbeit scherzend ein Ende. Alle Balkone, alle Fenster werden nach und nach mit Teppichen behängt, auf den Pflastererhöhungen zu beiden Seiten der Straße werden Stühle herausgesetzt, die geringern Hausbewohner, alle Kinder sind auf der Straße, die nun aufhört eine Straße zu sein; sie gleicht vielmehr einem großen Festsaal, einer ungeheuren ausgeschmückten Galerie.

Denn wie alle Fenster mit Teppichen behängt sind, so stehen auch alle Gerüste mit alten gewirkten Tapeten beschlagen; die vielen Stühle vermehren den Begriff von Zimmer, und der freundliche Himmel erinnert selten, daß man ohne Dach sei.

So scheint die Straße nach und nach immer wohnbarer. Indem man aus dem Hause tritt, glaubt man nicht im Freien und unter Fremden, sondern in einem Saale unter Bekannten zu sein.

Wache

Indessen daß der Corso immer belebter wird, und unter den vielen Personen, die in ihren gewöhnlichen Kleidern spazieren, sich hier und da ein Pulcinell zeigt, hat sich das Militär vor der Porta del Popolo versammelt. Es zieht, angeführt von dem General zu Pferde, in guter Ordnung und neuer Montur mit klingendem Spiel den Corso herauf und besetzt sogleich alle Eingänge in denselben, errichtet ein paar Wachen auf den Hauptplätzen und übernimmt die Sorge für die Ordnung der ganzen Anstalt.

Die Verleiher der Stühle und Gerüste rufen nun emsig den Vorbeigehenden an: Luoghi! Luoghi, Padroni! Luoghi!

Masken

Nun fangen die Masken an sich zu vermehren. Junge Männer, geputzt in Festtagskleidern der Weiber aus der untersten Klasse, mit entblößtem Busen und frecher Selbstgenügsamkeit, lassen sich meist zuerst sehen. Sie liebkosen die ihnen begegnenden Männer, tun gemein und vertraut mit den Weibern als mit ihresgleichen, treiben sonst, was ihnen Laune, Witz oder Unart eingeben.

Wir erinnern uns unter andern eines jungen Menschen, der die Rolle einer leidenschaftlichen, zanksüchtigen und auf keine Weise zu beruhigenden Frau vortrefflich spielte und so sich den ganzen Corso hinab zankte, jedem etwas anhängte, indes seine Begleiter sich alle Mühe zu geben schienen, ihn zu besänftigen.

Hier kommt ein Pulcinell gelaufen, dem ein großes Horn an bunten Schnüren um die Hüften gaukelt. Durch eine geringe Bewegung, indem er sich mit den Weibern unterhält, weiß er die Gestalt des alten Gottes der Gärten in dem heiligen Rom kecklich nachzuahmen, und seine Leichtfertigkeit erregt mehr Lust als Unwillen. Hier kommt ein anderer seinesgleichen, der, bescheidner und zufriedner, seine schöne Hälfte mit sich bringt.

Da die Frauen ebensoviel Lust haben, sich in Mannskleidern zu zeigen, als die Männer sich in Frauenskleidern sehen zu lassen, so haben sie die beliebte Tracht des Pulcinells sich anzupassen nicht verfehlt, und man muß bekennen, daß es ihnen gelingt, in dieser Zwittergestalt oft höchst reizend zu sein.

Mit schnellen Schritten, deklamierend, wie vor Gericht, drängt sich ein Advokat durch die Menge; er schreit an die Fenster hinauf, packt maskierte und unmaskierte Spaziergänger an, droht einem jeden mit einem Prozeß, macht bald jenem eine lange Geschichtserzählung von lächerlichen Verbrechen, die er begangen haben soll, bald diesem eine genaue Spezifikation seiner Schulden. Die Frauen schilt er wegen ihrer Cicisbeen, die Mädchen wegen ihrer Liebhaber; er beruft sich auf ein Buch, das er bei sich führt, produziert Dokumente, und das alles mit einer durchdringenden Stimme und geläufigen Zunge. Er sucht jedermann zu beschämen und konfus zu machen. Wenn man denkt, er höre auf, so fängt er erst recht an; denkt man, er gehe weg, so kehrt er um; auf den einen geht er gerade los und spricht ihn nicht an, er packt einen andern, der schon vorbei ist; kommt nun gar ein Mitbruder ihm entgegen, so erreicht die Tollheit ihren höchsten Grad.

Aber lange können sie die Aufmerksamkeit des Publikums nicht auf sich ziehen; der tollste Eindruck wird gleich von Menge und Mannigfaltigkeit wieder verschlungen.

Besonders machen die Quacqueri zwar nicht so viel Lärm, doch ebensoviel Aufsehen als die Advokaten. Die Maske der Quacqueri scheint so allgemein geworden zu sein durch die Leichtigkeit, auf dem Trödel altfränkische Kleidungsstücke finden zu können.

Die Haupterfordernisse dieser Maske sind: daß die Kleidung zwar altfränkisch, aber wohlerhalten und von edlem Stoff sei. Man sieht sie selten anders als mit Samt oder Seide bekleidet, sie tragen brokatene oder gestickte Westen, und der Natur nach muß der Quacquero dickleibig sein;

seine Gesichtsmaske ist ganz, mit Pausbacken und kleinen Augen; seine Perücke hat wunderliche Zöpfchen; sein Hut ist klein und meistens bordiert.

Man siehet, daß sich diese Figur sehr dem Buffo caricato der komischen Oper nähert, und wie dieser meistenteils einen läppischen, verliebten, betrogenen Toren vorstellt, so zeigen sich auch diese als abgeschmackte Stutzer. Sie hüpfen mit großer Leichtigkeit auf den Zehen hin und her, führen große schwarze Ringe ohne Glas statt der Lorgnetten, womit sie in alle Wagen hineingucken, nach allen Fenstern hinaufblicken. Sie machen gewöhnlich einen steifen tiefen Bückling, und ihre Freude, besonders wenn sie sich einander begegnen, geben sie dadurch zu erkennen, daß sie mit gleichen Füßen mehrmals gerade in die Höhe hüpfen und einen hellen, durchdringenden, unartikulierten Laut von sich geben, der mit den Konsonanten brr verbunden ist.

Oft geben sie sich durch diesen Ton das Zeichen, und die nächsten erwidern das Signal, so daß in kurzer Zeit dieses Geschrille den ganzen Corso hin und wider läuft.

Mutwillige Knaben blasen indes in große gewundne Muscheln und beleidigen das Ohr mit unerträglichen Tönen.

Man sieht bald, daß bei der Enge des Raums, bei der Ähnlichkeit so vieler Maskenkleidungen (denn es mögen immer einige hundert Pulcinelle und gegen hundert Quacqueri im Corso auf und nieder laufen) wenige die Absicht haben können, Aufsehn zu erregen oder bemerkt zu werden. Auch müssen diese früh genug im Corso erscheinen. Vielmehr geht ein jeder nur aus, sich zu vergnügen, seine Tollheit auszulassen und der Freiheit dieser Tage auf das beste zu genießen.

Besonders suchen und wissen die Mädchen und Frauen sich in dieser Zeit nach ihrer Art lustig zu machen. Jede sucht nur aus dem Hause zu kommen, sich, auf welche Art es sei, zu vermummen, und weil die wenigsten in dem Fall sind, viel Geld aufwenden zu können, so sind sie erfinderisch genug, allerlei Arten auszudenken, wie sie sich mehr verstecken als zieren.

Sehr leicht sind die Masken von Bettlern und Bettlerinnen zu schaffen; schöne Haare werden vorzüglich erfordert, dann eine ganz weiße Gesichtsmaske, ein irdenes Töpfchen an einem farbigen Bande, ein Stab und ein Hut in der Hand. Sie treten mit demütiger Gebärde unter die Fenster und vor jeden hin und empfangen statt Almosen Zuckerwerk, Nüsse, und was man ihnen sonst Artiges geben mag.

Andere machen sich es noch bequemer, hüllen sich in Pelze oder erscheinen in einer artigen Haustracht nur mit Gesichtsmasken. Sie gehen meistenteils ohne Männer und führen als Off- und Defensivwaffe ein Besenchen aus der Blüte eines Rohrs gebunden, womit sie teils die Überlästigen abwehren, teils auch, mutwillig genug, Bekannten und Unbekannten, die ihnen ohne Masken entgegen kommen, im Gesicht herumfahren.

Wenn einer, auf den sie es gemünzt haben, zwischen vier oder fünf solcher Mädchen hineinkommt, weiß er sich nicht zu retten. Das Gedränge hindert ihn zu fliehen, und wo er sich hinwendet, fühlt er die Besenchen unter der Nase. Sich ernstlich gegen diese oder andere Neckereien zu wehren, würde sehr gefährlich sein, weil die Masken unverletzlich sind, und jede Wache ihnen beizustehen beordert ist.

Ebenso müssen die gewöhnlichen Kleidungen aller Stände als Masken dienen. Stallknechte mit ihren großen Bürsten kommen, einem jeden, wenn es ihnen beliebt, den Rücken auszukehren. Vetturine bieten ihre Dienste mit ihrer gewöhnlichen Zudringlichkeit an. Zierlicher sind die Masken der Landmädchen, Fraskatanerinnen, Fischer, Neapolitaner Schiffer, neapolitanischer Sbirren und Griechen.

Manchmal wird eine Maske vom Theater nachgeahmt. Einige machen sich's sehr bequem, indem sie sich in Teppiche oder Leintücher hüllen, die sie über dem Kopfe zusammen binden.

Die weiße Gestalt pflegt gewöhnlich andern in den Weg zu treten und vor ihnen zu hüpfen, und glaubt auf diese Weise ein Gespenst vorzustellen. Einige zeichnen sich durch sonderbare Zusammensetzungen aus, und der Tabarro wird immer für die edelste Maske gehalten, weil sie sich gar nicht auszeichnet.

Witzige und satirische Masken sind sehr selten, weil diese schon Endzweck haben und bemerkt sein wollen. Doch sah man einen Pulcinell als Hahnrei. Die Hörner waren beweglich, er konnte sie wie eine Schnecke heraus- und hineinziehen. Wenn er unter ein Fenster vor Neuverheiratete trat und ein Horn nur wenig sehen ließ, oder vor einem andern beide Hörner recht lang streckte, und die an den obern Spitzen befestigten Schellen recht wacker klingelten, entstand auf Augenblicke eine heitere Aufmerksamkeit des Publikums und manchmal ein großes Gelächter.

Ein Zauberer mischt sich unter die Menge, läßt das Volk ein Buch mit Zahlen sehn und erinnert es an seine Leidenschaft zum Lottospiel.

Mit zwei Gesichtern steckt einer im Gedränge: man weiß nicht, welches sein Vorderteil, welches sein Hinterteil ist, ob er kommt, ob er geht.

Der Fremde muß sich auch gefallen lassen, in diesen Tagen verspottet zu werden. Die langen Kleider der Nordländer, die großen Knöpfe, die wunderlichen runden Hüte fallen den Römern auf, und so wird ihnen der Fremde eine Maske.

Weil die fremden Maler, besonders die, welche Landschaften und Gebäude studieren, in Rom überall öffentlich sitzen und zeichnen, so werden sie auch unter der Karnevalsmenge emsig vorgestellt und zeigen sich mit großen Portefeuillen, langen Surtouts und kolossalischen Reißfedern sehr geschäftig.

Die deutschen Bäckerknechte zeichnen sich in Rom gar oft betrunken aus, und sie werden auch mit einer Flasche Wein in ihrer eigentlichen oder auch etwas verzierten Tracht taumelnd vorgestellt.

Wir erinnern uns einer einzigen anzüglichen Maske.

Es sollte ein Obelisk vor der Kirche Trinità de' Monti

aufgerichtet werden. Das Publikum war nicht sehr damit zufrieden, teils weil der Platz eng ist, teils weil man dem kleinen Obelisk, um ihn in eine gewisse Höhe zu bringen, ein sehr hohes Piedestal unterbauen mußte. Es nahm daher einer den Anlaß, ein großes weißes Piedestal als Mütze zu tragen, auf welchem oben ein ganz kleiner rötlicher Obelisk befestigt war. An dem Piedestal standen große Buchstaben, deren Sinn vielleicht nur wenige errieten.

Kutschen

Indessen die Masken sich vermehren, fahren die Kutschen nach und nach in den Corso hinein, in derselben Ordnung, wie wir sie oben beschrieben haben, als von der sonn- und festtägigen Spazierfahrt die Rede war, nur mit dem Unterschied, daß gegenwärtig die Fuhrwerke, welche vom venezianischen Palast an der linken Seite herunterfahren, da, wo die Straße des Corso aufhört, wenden und sogleich an der andern Seite wieder herauffahren.

Wir haben schon oben angezeigt, daß die Straße, wenn man die Erhöhungen für die Fußgänger abrechnet, an den meisten Orten wenig über drei Wagenbreiten hat.

Die Seitenerhöhungen sind alle mit Gerüsten versperrt, mit Stühlen besetzt, und viele Zuschauer haben schon ihre Plätze eingenommen. An Gerüsten und Stühlen geht ganz nahe eine Wagenreihe hinunter und an der andern Seite hinauf. Die Fußgänger sind in eine Breite von höchstens acht Fuß zwischen den beiden Reihen eingeschlossen; jeder drängt sich hin- und herwärts, so gut er kann, und von allen Fenstern und Balkonen sieht wieder eine gedrängte Menge auf das Gedränge herunter.

In den ersten Tagen sieht man meist nur die gewöhnlichen Equipagen; denn jeder verspart auf die folgenden, was er Zierliches oder Prächtiges allenfalls aufführen will. Gegen Ende des Karnevals kommen mehr offene Wagen zum Vorschein, deren einige sechs Sitze haben: zwei Damen sitzen erhöht gegen einander über, so daß man ihre ganze

Gestalt sehen kann, vier Herren nehmen die vier übrigen Sitze der Winkel ein, Kutscher und Bediente sind maskiert, die Pferde mit Flor und Blumen geputzt.

Oft steht ein schöner, weißer, mit rosenfarbnen Bändern gezierter Pudel dem Kutscher zwischen den Füßen, an dem Geschirre klingen Schellen, und die Aufmerksamkeit des Publikums wird einige Augenblicke auf diesen Aufzug geheftet.

Man kann leicht denken, daß nur schöne Frauen sich so vor dem ganzen Volke zu erhöhen wagen, und daß nur die Schönste ohne Gesichtsmaske sich sehen läßt. Wo sich denn aber auch der Wagen nähert, der gewöhnlich langsam genug fahren muß, sind alle Augen darauf gerichtet, und sie hat die Freude von manchen Seiten zu hören: O quanto è bella!

Ehemals sollen diese Prachtwagen weit häufiger und kostbarer, auch durch mythologische und allegorische Vorstellungen interessanter gewesen sein; neuerdings aber scheinen die Vornehmern, es sei nun aus welchem Grunde es wolle, verloren in dem Ganzen, das Vergnügen, das sie noch bei dieser Feierlichkeit finden, mehr genießen, als sich vor andern auszeichnen zu wollen.

Je weiter das Karneval vorrückt, desto lustiger sehen die Equipagen aus.

Selbst ernsthafte Personen, welche unmaskiert in den Wagen sitzen, erlauben ihren Kutschern und Bedienten sich zu maskieren. Die Kutscher wählen meistenteils die Frauentracht, und in den letzten Tagen scheinen nur Weiber die Pferde zu regieren. Sie sind oft anständig, ja reizend gekleidet; dagegen macht denn auch ein breiter häßlicher Kerl, in völlig neumodischem Putz, mit hoher Frisur und Federn, eine große Karikatur; und wie jene Schönheiten ihr Lob zu hören hatten, so muß er sich gefallen lassen, daß ihm einer unter die Nase tritt und ihm zuruft: O fratello mio, che brutta puttana sei!

Gewöhnlich erzeigt der Kutscher einer oder einem paar seiner Freundinnen den Dienst, wenn er sie im Gedränge antrifft, sie auf den Bock zu heben. Diese sitzen denn gewöhnlich in Mannstracht an seiner Seite, und oft gaukeln dann die niedlichen Pulcinellbeinchen mit kleinen Füßchen und hohen Absätzen den Vorübergehenden um die Köpfe.

Ebenso machen es die Bedienten und nehmen ihre Freunde und Freundinnen hinten auf den Wagen, und es fehlt nichts, als daß sie sich noch, wie auf die englischen Landkutschen, oben auf den Kasten setzten.

Die Herrschaften selbst scheinen es gerne zu sehen, wenn ihre Wagen recht bepackt sind; alles ist in diesen Tagen vergönnt und schicklich.

Gedränge

Man werfe nun einen Blick über die lange und schmale Straße, wo von allen Balkonen und aus allen Fenstern, über lang herabhängende bunte Teppiche, gedrängte Zuschauer auf die mit Zuschauern angefüllten Gerüste, auf die langen Reihen besetzter Stühle an beiden Seiten der Straße herunter schauen. Zwei Reihen Kutschen bewegen sich langsam in dem mittlern Raum, und der Platz, den allenfalls eine dritte Kutsche einnehmen könnte, ist ganz mit Menschen ausgefüllt, welche nicht hin und wider gehen, sondern sich hin und wider schieben. Da die Kutschen, so lang als es nur möglich ist, sich immer ein wenig voneinander abhalten, um nicht bei jeder Stockung gleich aufeinander zu fahren, so wagen sich viele der Fußgänger, um nur einigermaßen Luft zu schöpfen, aus dem Gedränge der Mitte zwischen die Räder des vorausfahrenden und die Deichsel und Pferde des nachfahrenden Wagens, und je größer die Gefahr und Beschwerlichkeit der Fußgänger wird, desto mehr scheint ihre Laune und Kühnheit zu steigen.

Da die meisten Fußgänger, welche zwischen den beiden Kutschenreihen sich bewegen, um ihre Glieder und Kleidungen zu schonen, die Räder und Achsen sorgfältig vermeiden, so lassen sie gewöhnlich mehr Platz zwischen sich und den Wagen, als nötig ist; wer nun mit der langsamen

Masse sich fortzubewegen nicht länger ausstehen mag und Mut hat, zwischen den Rädern und Fußgängern, zwischen der Gefahr und dem, der sich davor fürchtet, durchzuschlüpfen, der kann in kurzer Zeit einen großen Weg zurücklegen, bis er sich wieder durch ein anderes Hindernis aufgehalten sieht.

Schon gegenwärtig scheint unsere Erzählung außer den Grenzen des Glaubwürdigen zu schreiten, und wir würden kaum wagen fortzufahren, wenn nicht so viele, die dem Römischen Karneval beigewohnt, bezeugen könnten, daß wir uns genau an der Wahrheit gehalten, und wenn es nicht ein Fest wäre, das sich jährlich wiederholt und das von manchem, mit diesem Buche in der Hand, künftig betrachtet werden wird.

Denn was werden unsere Leser sagen, wenn wir ihnen erklären, alles bisher Erzählte sei nur gleichsam der erste Grad des Gedränges, des Getümmels, des Lärmens und der Ausgelassenheit.

Zug des Gouverneurs und Senators

Indem die Kutschen sachte vorwärts rücken und, wenn es eine Stockung gibt, stille halten, werden die Fußgänger auf mancherlei Weise geplagt.

Einzeln reitet die Garde des Papstes durch das Gedränge hin und wider, um die zufälligen Unordnungen und Stokkungen der Wagen ins Geleis zu bringen, und indem einer den Kutschpferden ausweicht, fühlt er, ehe er sich's versieht, den Kopf eines Reitpferdes im Nacken; allein es folgt eine größere Unbequemlichkeit.

Der Gouverneur fährt in einem großen Staatswagen mit einem Gefolge von mehreren Kutschen durch die Mitte zwischen den beiden Reihen der übrigen Wagen durch. Die Garde des Papstes und die vorausgehenden Bedienten warnen und machen Platz, und dieser Zug nimmt für den Augenblick die ganze Breite ein, die kurz vorher den Fußgängern noch übrig blieb. Sie drängen sich, so gut sie können, zwischen die übrigen Wagen hinein, und auf eine oder die andere Weise beiseite. Und wie das Wasser, wenn ein Schiff durchfährt, sich nur einen Augenblick trennt und hinter dem Steuerruder gleich wieder zusammenstürzt, so strömt auch die Masse der Masken und der übrigen Fußgänger hinter dem Zuge gleich wieder in eins zusammen. Nicht lange, so stört eine neue Bewegung die gedrängte Gesellschaft.

Der Senator rückt mit einem ähnlichen Zuge heran; sein großer Staatswagen und die Wagen seines Gefolges schwimmen wie auf den Köpfen der erdrückten Menge, und wenn jeder Einheimische und Fremde von der Liebenswürdigkeit des gegenwärtigen Senators, des Prinzen Rezzonico, eingenommen und bezaubert wird, so ist vielleicht dieses der einzige Fall, wo eine Masse von Menschen sich glücklich preist, wenn er sich entfernt.

Wenn diese beiden Züge der ersten Gerichts- und Polizeiherren von Rom, nur um das Karneval feierlich zu eröffnen, den ersten Tag durch den Corso gedrungen waren, fuhr der Herzog von Albanien täglich, zu großer Unbequemlichkeit der Menge, gleichfalls diesen Weg und erinnerte zur Zeit der allgemeinen Mummerei die alte Beherrscherin der Könige an das Fastnachtsspiel seiner königlichen Prätentionen.

Die Gesandten, welche das gleiche Recht haben, bedienen sich dessen sparsam und mit einer humanen Diskretion.

Schöne Welt am Palast Ruspoli

Aber nicht allein durch diese Züge wird die Zirkulation des Corso unterbrochen und gehindert; am Palast Ruspoli und in dessen Nähe, wo die Straße um nichts breiter wird, sind die Pflasterwege an beiden Seiten mehr erhöht. Dort nimmt die schöne Welt ihren Platz ,und alle Stühle sind bald besetzt oder besprochen. Die schönsten Frauenzimmer der Mittelklasse, reizend maskiert, umgeben von ihren Freunden, zeigen sich dort dem vorübergehenden neugierigen Auge. Jeder, der in die Gegend kommt, verweilt, um die angenehmen Reihen zu durchschauen; jeder ist neugierig, unter den vielen männlichen Gestalten, die dort zu sitzen scheinen, die weiblichen herauszusuchen und vielleicht in einem niedlichen Offizier den Gegenstand seiner Sehnsucht zu entdecken. Hier an diesem Flecke stockt die Bewegung zuerst, denn die Kutschen verweilen so lange sie können in dieser Gegend, und wenn man zuletzt halten soll, will man doch lieber in dieser angenehmen Gesellschaft bleiben.

Konfetti

Wenn unsere Beschreibung bisher nur den Begriff von einem engen, ja beinahe ängstlichen Zustande gegeben hat, so wird sie einen noch sonderbarern Eindruck machen, wenn wir ferner erzählen, wie diese gedrängte Lustbarkeit durch eine Art von kleinem, meist scherzhaftem, oft aber nur allzu ernstlichem Kriege in Bewegung gesetzt wird.

Wahrscheinlich hat einmal zufällig eine Schöne ihren vorbeigehenden guten Freund, um sich ihm unter der Menge und Maske bemerklich zu machen, mit verzuckerten Körnern angeworfen, da denn nichts natürlicher ist, als daß der Getroffene sich umkehre und die lose Freundin entdecke; dieses ist nun ein allgemeiner Gebrauch, und man sieht oft nach einem Wurfe ein Paar freundliche Gesichter sich einander begegnen. Allein man ist teils zu haushälterisch, um wirkliches Zuckerwerk zu verschwenden, teils hat der Mißbrauch desselben einen größern und wohlfeilern Vorrat nötig gemacht.

Es ist nun ein eignes Gewerbe, Gipszeltlein, durch den Trichter gemacht, die den Schein von Dragéen haben, in großen Körben zum Verkauf mitten durch die Menge zu tragen.

Niemand ist vor einem Angriff sicher; jedermann ist im Verteidigungsstande, und so entsteht aus Mutwillen oder Notwendigkeit bald hier bald da ein Zweikampf, ein Scharmützel oder eine Schlacht. Fußgänger, Kutschenfahrer, Zuschauer aus Fenstern, von Gerüsten oder Stühlen greifen einander wechselsweise an und verteidigen sich wechselsweise.

Die Damen haben vergoldete und versilberte Körbchen voll dieser Körner, und die Begleiter wissen ihre Schönen sehr wacker zu verteidigen. Mit niedergelassenen Kutschenfenstern erwartet man den Angriff, man scherzt mit seinen Freunden und wehrt sich hartnäckig gegen Unbekannte.

Nirgends aber wird dieser Streit ernstlicher und allgemeiner als in der Gegend des Palasts Ruspoli. Alle Masken, die sich dort niedergelassen haben, sind mit Körbchen, Säckchen, zusammengebundnen Schnupftüchern versehen. Sie greifen öfter an, als sie angegriffen werden; keine Kutsche fährt ungestraft vorbei, ohne daß ihr nicht wenigstens einige Masken etwas anhängen. Kein Fußgänger ist vor ihnen sicher; besonders wenn sich ein Abbate im schwarzen Rocke sehen läßt, werfen alle von allen Seiten auf ihn, und weil Gips und Kreide, wohin sie treffen, abfärben, so sieht ein solcher bald über und über weiß und grau punktiert aus. Oft aber werden die Händel sehr ernsthaft und allgemein, und man sieht mit Erstaunen, wie Eifersucht und persönlicher Haß sich freien Lauf lassen.

Unbemerkt schleicht sich eine vermummte Figur heran und trifft mit einer Handvoll Konfetti eine der ersten Schönheiten so heftig und so gerade, daß die Gesichtsmaske widerschallt, und ihr schöner Hals verletzt wird. Ihre Begleiter zu beiden Seiten werden heftig aufgereizt, aus ihren Körbchen und Säckchen stürmen sie gewaltig auf den Angreifenden los; er ist aber so gut vermummt, zu stark geharnischt, als daß er ihre widerholten Würfe empfinden sollte. Je sicherer er ist, desto heftiger setzt er seinen Angriff fort; die Verteidiger decken das Frauenzimmer mit den Tabarros zu, und weil der Angreifende in der Heftigkeit des Streits auch die Nachbarn verletzt und überhaupt durch seine Grobheit und Ungestüm jedermann beleidigt, so nehmen die Umhersitzenden teil an diesem Streit, sparen ihre Gipskörner nicht und haben meistenteils auf solche Fälle eine etwas größere Munition, ungefähr wie verzuckerte Mandeln, in Reserve, wodurch der Angreifende zuletzt so zugedeckt und von allen Seiten her überfallen wird, daß ihm nichts als die Retraite übrig bleibt, besonders wenn er sich verschossen haben sollte.

Gewöhnlich hat einer, der auf ein solches Abenteuer ausgeht, einen Sekundanten bei sich, der ihm Munition zusteckt, inzwischen daß die Männer, welche mit solchen Gipskonfetti handeln, während des Streits mit ihren Körben geschäftig sind und einem jeden, so viel Pfund er verlangt, eilig zuwiegen.

Wir haben selbst einen solchen Streit in der Nähe gesehn, wo zuletzt die Streitenden, aus Mangel an Munition, sich die vergoldeten Körbchen an die Köpfe warfen und sich durch die Warnungen der Wachen, welche selbst heftig mit getroffen wurden, nicht abhalten ließen.

Gewiß würde mancher solche Handel mit Messerstichen sich endigen, wenn nicht die an mehreren Ecken aufgezogenen Korden, die bekannten Strafwerkzeuge italienischer Polizei, jeden mitten in der Lustbarkeit erinnerten, daß es in diesem Augenblicke sehr gefährlich sei, sich gefährlicher Waffen zu bedienen.

Unzählig sind diese Händel und die meisten mehr lustig als ernsthaft.

So kommt zum Exempel ein offner Wagen voll Pulcinellen gegen Ruspoli heran. Er nimmt sich vor, indem er bei den Zuschauern vorbeifährt, alle nacheinander zu treffen; allein unglücklicherweise ist das Gedränge zu groß, und er bleibt in der Mitte stecken. Die ganze Gesellschaft wird auf einmal eines Sinnes, und von allen Seiten hagelt es auf den Wagen los. Die Pulcinelle verschießen ihre Munition und bleiben eine gute Weile dem kreuzenden Feuer von allen Seiten ausgesetzt, so daß der Wagen am Ende ganz wie mit Schnee und Schlossen bedeckt, unter einem allgemeinen Gelächter und von Tönen des Mißbilligens begleitet, sich langsam entfernt.

Dialog am obern Ende des Corso

Indessen in dem Mittelpunkte des Corso diese lebhaften und heftigen Spiele einen großen Teil der schönen Welt beschäftigen, findet ein anderer Teil des Publikums an dem obern Ende des Corso eine andere Art von Unterhaltung.

Unweit der französischen Akademie tritt in spanischer Tracht, mit Federhut, Degen und großen Handschuhen, unversehens mitten aus den von einem Gerüste zuschauenden Masken der sogenannte Capitano des italienischen Theaters auf und fängt an, seine großen Taten zu Land und Wasser in emphatischem Ton zu erzählen. Es währt nicht lange, so erhebt sich gegen ihm über ein Pulcinell, bringt Zweifel und Einwendungen vor, und indem er ihm alles zuzugeben scheint, macht er die Großsprecherei jenes Helden durch Wortspiele und eingeschobene Plattheiten lächerlich.

Auch hier bleibt jeder Vorbeigehende stehen und hört dem lebhaften Wortwechsel zu.

Pulcinellenkönig

Ein neuer Aufzug vermehret oft das Gedränge. Ein Dutzend Pulcinelle tun sich zusammen, erwählen einen König, krönen ihn, geben ihm ein Szepter in die Hand, begleiten ihn mit Musik und führen ihn unter lautem Geschrei auf einem verzierten Wägelchen den Corso herauf. Alle Pulcinelle springen herbei, wie der Zug vorwärts geht, vermehren das Gefolge und machen sich mit Geschrei und Schwenken der Hüte Platz.

Alsdann bemerkt man erst, wie jeder diese allgemeine Maske zu vermannigfaltigen sucht.

Der eine trägt eine Perücke, der andere eine Weiberhaube zu seinem schwarzen Gesicht, der dritte hat statt der Mütze einen Käfig auf dem Kopfe, in welchem ein Paar Vögel, als Abbate und Dame gekleidet, auf den Stängelchen hin und wider hüpfen.

Nebenstraßen

Das entsetzliche Gedränge, das wir unsern Lesern so viel als möglich zu vergegenwärtigen gesucht haben, zwingt natürlicherweise eine Menge Masken aus dem Corso hinaus in die benachbarten Straßen. Da gehen verliebte Paare ruhiger und vertrauter zusammen, da finden lustige Gesellen Platz, allerlei tolle Schauspiele vorzustellen.

Eine Gesellschaft Männer in der Sonntagstracht des gemeinen Volkes, in kurzen Wämsern mit goldbesetzten Westen darunter, die Haare in ein lang herunter hängendes Netz gebunden, gehen mit jungen Leuten, die sich als Weiber verkleidet haben, hin und wider spazieren. Eine von den Frauen scheint hochschwanger zu sein, sie gehen friedlich auf und nieder. Auf einmal entzweien sich die Männer, es entstehet ein lebhafter Wortwechsel, die Frauen mischen sich hinein, der Handel wird immer ärger, endlich ziehen die Streitenden große Messer von versilberter Pappe und fallen einander an. Die Weiber halten sie mit gräßlichem Geschrei auseinander, man zieht den einen da-, den andern dorthin, die Umstehenden nehmen teil, als wenn es ernst wäre, man sucht jede Partei zu besänftigen.

Indessen befindet sich die hochschwangere Frau durch den Schrecken übel; es wird ein Stuhl herbei gebracht, die übrigen Weiber stehen ihr bei, sie gebärdet sich jämmerlich, und ehe man sich's versieht, bringt sie zu großer Erlustigung der Umstehenden irgendeine unförmliche Gestalt zur Welt. Das Stück ist aus, und die Truppe zieht weiter, um dasselbe oder ein ähnliches Stück an einem andern Platze vorzustellen.

So spielt der Römer, dem die Mordgeschichten immer vor der Seele schweben, gern bei jedem Anlaß mit den Ideen von Ammazziren. Sogar die Kinder haben ein Spiel, das sie Chiesa nennen, welches mit unserm Frischauf in allen Ecken übereinkommt, eigentlich aber einen Mörder vorstellt, der sich auf die Stufe einer Kirche geflüchtet hat; die übrigen stellen die Sbirren vor und suchen ihn auf allerlei Weise zu fangen, ohne jedoch den Schutzort betreten zu dürfen.

So geht es denn in den Seitenstraßen, besonders der Strada Babuino und auf dem Spanischen Platze, ganz lustig zu.

Auch kommen die Quacqueri zu Scharen, um ihre Galanterien freier anzubringen.

Sie haben ein Manöver, welches jeden zu lachen macht. Sie kommen zu zwölf Mann hoch, ganz strack auf den Zehen, mit kleinen und schnellen Schritten anmarschiert, formieren eine sehr gerade Fronte; auf einmal, wenn sie auf einen Platz kommen, bilden sie, mit rechts oder links um, eine Kolonne und trippeln nun hintereinander weg. Auf einmal wird, mit rechts um, die Fronte wieder hergestellt, und so geht's eine Straße hinein; dann ehe man sich's versieht, wieder links um: die Kolonne ist wie an einem Spieß zu einer Haustüre hineingeschoben, und die Toren sind verschwunden.

Abend

Nun geht es nach dem Abend zu, und alles drängt sich immer mehr in den Corso hinein. Die Bewegung der Kutschen stockt schon lange, ja es kann geschehen, daß zwei Stunden vor Nacht schon kein Wagen mehr von der Stelle kann.

Die Garde des Papstes und die Wachen zu Fuß sind nun beschäftigt, alle Wagen, so weit es möglich, von der Mitte ab und in eine ganz gerade Reihe zu bringen, und es gibt bei der Menge hier mancherlei Unordnung und Verdruß. Da wird gehuft, geschoben, gehoben, und indem einer huft, müssen alle hinter ihm auch zurückweichen, bis einer zuletzt so in die Klemme kommt, daß er mit seinen Pferden in die Mitte hineinlenken muß. Alsdann geht das Schelten der Garde, das Fluchen und Drohen der Wache an.

Vergebens, daß der unglückliche Kutscher die augenscheinliche Unmöglichkeit dartut; es wird auf ihn hineingescholten und gedroht, und entweder es muß sich wieder fügen, oder wenn ein Nebengäßchen in der Nähe ist, muß er ohne Verschulden aus der Reihe hinaus. Gewöhnlich sind die Nebengäßchen auch mit haltenden Kutschen besetzt, die zu spät kamen und, weil der Umgang der Wagen schon ins Stocken geraten war, nicht mehr einrücken konnten.

Vorbereitung zum Wettrennen

Der Augenblick des Wettrennens der Pferde nähert sich nun immer mehr, und auf diesen Augenblick ist das Interesse so vieler tausend Menschen gespannt.

Die Verleiher der Stühle, die Unternehmer der Gerüste vermehren nun ihr anbietendes Geschrei: Luoghi! Luoghi avanti! Luoghi nobili! Luoghi, Padroni! Es ist darum zu tun, daß ihnen wenigstens in diesen letzten Augenblicken, auch gegen ein geringeres Geld, alle Plätze besetzt werden.

Und glücklich, daß hier und da noch Platz zu finden ist; denn der General reitet nunmehr mit einem Teil der Garde den Corso zwischen den beiden Reihen Kutschen herunter und verdrängt die Fußgänger von dem einzigen Raum, der ihnen noch übrig blieb. Jeder sucht alsdann noch einen Stuhl, einen Platz auf einem Gerüste, auf einer Kutsche, zwischen den Wagen oder bei Bekannten an einem Fenster zu finden, die denn nun alle von Zuschauern über und über strotzen.

Indessen ist der Platz vor dem Obelisk ganz vom Volke gereiniget worden und gewährt vielleicht einen der schönsten Anblicke, welche in der gegenwärtigen Welt gesehen werden können.

Die drei mit Teppichen behängten Fassaden der oben beschriebenen Gerüste schließen den Platz ein. Viele tausend Köpfe schauen übereinander hervor und geben das Bild eines alten Amphitheaters oder Zirkus. Über dem mittelsten Gerüste steigt die ganze Länge des Obelisken in die Luft; denn das Gerüste bedeckt nur sein Piedestal, und man bemerkt nun erst seine ungeheure Höhe, da er der Maßstab einer so großen Menschenmasse wird.

Der freie Platz läßt dem Auge eine schöne Ruhe, und man sieht die leeren Schranken mit dem vorgespannten Seile voller Erwartung.

Nun kommt der General den Corso herab, zum Zeichen daß er gereiniget ist, und hinter ihm erlaubt die Wache niemanden, aus der Reihe der Kutschen hervorzutreten. Er nimmt auf einer der Logen Platz.

Abrennen

Nun werden die Pferde nach geloseter Ordnung von geputzten Stallknechten in die Schranken hinter das Seil geführt. Sie haben kein Zeug noch sonst eine Bedeckung auf dem Leibe. Man heftet ihnen hier und da Stachelkugeln mit Schnüren an den Leib und bedeckt die Stelle, wo sie spornen sollen, bis zum Augenblicke mit Leder, auch klebt man ihnen große Blätter Rauschgold an.

Sie sind meist schon wild und ungeduldig, wenn sie in die Schranken gebracht werden, und die Reitknechte brauchen alle Gewalt und Geschicklichkeit, um sie zurück zu halten.

Die Begierde, den Lauf anzufangen, macht sie unbändig, die Gegenwart so vieler Menschen macht sie scheu. Sie hauen oft in die benachbarte Schranke hinüber, oft über das Seil, und diese Bewegung und Unordnung vermehrt jeden Augenblick das Interesse der Erwartung.

Die Stallknechte sind im höchsten Grade gespannt und aufmerksam, weil in dem Augenblicke des Abrennens die Geschicklichkeit des Loslassenden, sowie zufällige Umstände, zum Vorteile des einen oder des andern Pferdes entscheiden können.

Endlich fällt das Seil, und die Pferde rennen los.

Auf dem freien Platze suchen sie noch einander den Vorsprung abzugewinnen, aber wenn sie einmal in den engen Raum zwischen die beiden Reihen Kutschen hinein kommen, wird meist aller Wetteifer vergebens.

Ein paar sind gewöhnlich voraus, die alle Kräfte anstrengen. Ungeachtet der gestreuten Puzzolane gibt das Pflaster Feuer, die Mähnen fliegen, das Rauschgold rauscht, und kaum daß man sie erblickt, sind sie vorbei. Die übrige Herde hindert sich untereinander, indem sie sich drängt und treibt;

spät kommt manchmal noch eins nachgesprengt, und die zerrissenen Stücke Rauschgold flattern einzeln auf der verlassenen Spur. Bald sind die Pferde allem Nachschauen verschwunden, das Volk drängt zu und füllt die Laufbahn wieder aus.

Schon warten andere Stallknechte am venezianischen Palaste auf die Ankunft der Pferde. Man weiß sie in einem eingeschlossenen Bezirk auf gute Art zu fangen und fest zu halten. Dem Sieger wird der Preis zuerkannt.

So endigt sich diese Feierlichkeit mit einem gewaltsamen, blitzschnellen, augenblicklichen Eindruck, auf den so viele tausend Menschen eine ganze Weile gespannt waren, und wenige können sich Rechenschaft geben, warum sie den Moment erwarteten, und warum sie sich daran ergötzten.

Nach der Folge unserer Beschreibung sieht man leicht ein, daß dieses Spiel den Tieren und Menschen gefährlich werden könne. Wir wollen nur einige Fälle anführen: Bei dem engen Raume zwischen den Wagen darf nur ein Hinterrad ein wenig herauswärts stehen, und zufälligerweise hinter diesem Wagen ein etwas breiterer Raum sein. Ein Pferd, das mit den andern gedrängt herbeieilt, sucht den erweiterten Raum zu nutzen, springt vor und trifft gerade auf das herausstehende Rad.

Wir haben selbst einen Fall gesehen, wo ein Pferd von einem solchen Schock niederstürzte, drei der folgenden über das erste hinausfielen, sich überschlugen, und die letzten glücklich über die gefallenen weg sprangen und ihre Reise fortsetzten.

Oft bleibt ein solches Pferd auf der Stelle tot, und mehrmals haben Zuschauer, unter solchen Umständen, ihr Leben eingebüßt. Ebenso kann ein großes Unheil entstehen, wenn die Pferde umkehren.

Es ist vorgekommen, daß boshafte neidische Menschen einem Pferde, das einen großen Vorsprung hatte, mit dem Mantel in die Augen schlugen und es dadurch umzukehren und an die Seite zu rennen zwangen. Noch schlimmer ist es, wenn die Pferde auf dem venezianischen Platze nicht glücklich aufgefangen werden; sie kehren alsdann unaufhaltsam zurück, und weil die Laufbahn vom Volke schon wieder ausgefüllt ist, richten sie manches Unheil an, das man entweder nicht erfährt oder nicht achtet.

Aufgehobne Ordnung

Gewöhnlich laufen die Pferde mit einbrechender Nacht erst ab. Sobald sie oben bei dem venezianischen Palast angelangt sind, werden kleine Mörser gelöst; dieses Zeichen wird in der Mitte des Corso wiederholt und in der Gegend des Obelisken das letztemal gegeben.

In diesem Augenblicke verläßt die Wache ihren Posten, die Ordnung der Kutschenreihen wird nicht länger gehalten, und gewiß ist dieses selbst für den Zuschauer, der ruhig an seinem Fenster steht, ein ängstlicher und verdrießlicher Zeitpunkt, und es ist wert, daß man einige Bemerkungen darüber mache.

Wir haben schon oben gesehen, daß die Epoche der einbrechenden Nacht, welche so vieles in Italien entscheidet, auch die gewöhnlichen sonn- und festtägigen Spazierfahrten auflöset. Dort sind keine Wachen und keine Garden, es ist ein altes Herkommen, eine allgemeine Konvention, daß man in gebührender Ordnung auf und ab fahre; aber sobald Ave Maria geläutet wird, läßt sich niemand sein Recht nehmen, umzukehren, wann und wie er will. Da nun die Umfahrt im Karneval in derselben Straße und nach ähnlichen Gesetzen geschieht, obgleich hier die Menge und andere Umstände einen großen Unterschied machen, so will sich doch niemand sein Recht nehmen lassen, mit einbrechender Nacht aus der Ordnung zu lenken.

Wenn wir nun auf das ungeheure Gedränge in dem Corso zurückblicken, und die für einen Augenblick nur gereinigte Rennbahn gleich wieder mit Volk überschwemmt sehen, so scheinet uns Vernunft und Billigkeit das Gesetz einzugeben, daß eine jede Equipage nur suchen solle, in ihrer Ordnung das nächste ihr bequeme Gäßchen zu erreichen und so nach Hause zu eilen.

Allein es lenken, gleich nach abgeschossenen Signalen, einige Wagen in die Mitte hinein, hemmen und verwirren das Fußvolk, und weil in dem engen Mittelraume es einem einfällt hinunter, dem andern hinauf zu fahren, so können beide nicht von der Stelle und hindern oft die Vernünftigern, die in der Reihe geblieben sind, auch vom Platz zu kommen.

Wenn nun gar ein zurückkehrendes Pferd auf einen solchen Knoten trifft, so vermehrt sich Gefahr, Unheil und Verdruß von allen Seiten.

Nacht

Und doch entwickelt sich diese Verwirrung, zwar später, aber meistens glücklich. Die Nacht ist eingetreten, und ein jedes wünscht sich zu einiger Ruhe Glück.

Theater

Alle Gesichtsmasken sind von dem Augenblick an abgelegt, und ein großer Teil des Publikums eilt nach dem Theater. Nur in den Logen sieht man allenfalls noch Tabarros und Damen in Maskenkleidern; das ganze Parterre zeigt sich wieder in bürgerlicher Tracht.

Die Theater Aliberti und Argentina geben ernsthafte Opern mit eingeschobenen Balletten; Valle und Capranica Komödien und Tragödien mit komischen Opern als Intermezzo; Pace ahmt ihnen, wiewohl unvollkommen, nach, und so gibt es, bis zum Puppenspiel und zur Seiltänzerbude herunter, noch manche subordinierte Schauspiele.

Das große Theater Tordenone, das einmal abbrannte, und, da man es wieder aufgebauet hatte, gleich zusammenstürzte, unterhält nun leider das Volk nicht mehr mit seinen Haupt- und Staatsaktionen und andern wunderbaren Vorstellungen.

Die Leidenschaft der Römer für das Theater ist groß und

war ehemals in der Karnevalszeit noch heftiger, weil sie in dieser einzigen Epoche befriedigt werden konnte. Gegenwärtig ist wenigstens ein Schauspielhaus auch im Sommer und Herbst offen, und das Publikum kann seine Lust den größten Teil des Jahres durch einigermaßen befriedigen.

Es würde uns hier zu sehr von unserm Zwecke abführen, wenn wir uns in eine umständliche Beschreibung der Theater, und was die römischen allenfalls Besonderes haben möchten, hier einlassen wollten. Unsre Leser erinnern sich, daß an andern Orten von diesem Gegenstande gehandelt worden.

Festine

Gleichfalls werden wir von den sogenannten Festinen wenig zu erzählen haben; es sind dieses große maskierte Bälle, welche in dem schön erleuchteten Theater Aliberti einigemal gegeben werden.

Auch hier werden Tabarros sowohl von den Herren als Damen für die anständigste Maske gehalten, und der ganze Saal ist mit schwarzen Figuren angefüllt; wenige bunte Charaktermasken mischen sich drunter.

Desto größer ist die Neugierde, wenn sich einige edle Gestalten zeigen, die, wiewohl seltener, aus den verschiedenen Kunstepochen ihre Masken erwählen und verschiedene Statuen, welche sich in Rom befinden, meisterlich nachahmen.

So zeigen sich hier ägyptische Gottheiten, Priesterinnen, Bacchus und Ariadne, die tragische Muse, die Muse der Geschichte, eine Stadt, Vestalinnen, ein Konsul, mehr oder weniger gut und nach dem Kostüm ausgeführt.

Tanz

Die Tänze bei diesen Festen werden gewöhnlich in langen Reihen, nach Art der englischen, getanzt; nur unterscheiden sie sich dadurch, daß sie in ihren wenigen Touren meistenteils etwas Charakteristisches pantomimisch ausdrücken; zum Beispiel, es entzweien und versöhnen sich zwei Liebende, sie scheiden und finden sich wieder.

Die Römer sind durch die pantomimischen Ballette an stark gezeichnete Gestikulation gewöhnt; sie lieben auch in ihren gesellschaftlichen Tänzen einen Ausdruck, der uns übertrieben und affektiert scheinen würde. Niemand wagt leicht zu tanzen, als wer es kunstmäßig gelernt hat; besonders wird der Menuett ganz eigentlich als ein Kunstwerk betrachtet, und nur von wenigen Paaren gleichsam aufgeführt. Ein solches Paar wird dann von der übrigen Gesellschaft in einen Kreis eingeschlossen, bewundert und am Ende applaudiert.

Morgen

Wenn die galante Welt sich auf diese Weise bis an den Morgen erlustiget, so ist man bei anbrechendem Tage schon wieder in dem Corso beschäftiget, denselben zu reinigen und in Ordnung zu bringen. Besonders sorgt man, daß die Puzzolane in der Mitte der Straße gleich und reinlich ausgebreitet werde.

Nicht lange, so bringen die Stallknechte das Rennpferd, das sich gestern am schlechtesten gehalten, vor den Obelisk. Man setzt einen kleinen Knaben darauf, und ein anderer Reiter, mit einer Peitsche, treibt es vor sich her, so daß es alle seine Kräfte anstrengt, um seine Bahn so geschwind als möglich zurückzulegen.

Ungefähr zwei Uhr nachmittag, nach dem gegebenen Glockenzeichen, beginnt jeden Tag der schon beschriebene Zirkel des Festes. Die Spaziergänger finden sich ein, die Wache zieht auf, Balkone, Fenster, Gerüste werden mit Teppichen behängt, die Masken vermehren sich und treiben ihre Torheiten, die Kutschen fahren auf und nieder, und die Straße ist mehr oder weniger gedrängt, je nachdem die Witterung oder andere Umstände günstig oder ungünstig ihren Einfluß zeigen. Gegen das Ende des Karnevals vermehren sich, wie natürlich, die Zuschauer, die Masken, die Wagen, der Putz und der Lärm. Nichts aber reicht an das Gedränge, an die Ausschweifungen des letzten Tages und Abends.

Letzter Tag

Meist halten die Kutschenreihen schon zwei Stunden vor Nacht stille, kein Wagen kann mehr von der Stelle, keiner aus den Seitengassen mehr herein rücken. Die Gerüste und Stühle sind früher besetzt, obgleich die Plätze teurer gehalten werden; jeder sucht aufs baldigste unterzukommen, und man erwartet das Ablaufen der Pferde mit mehrerer Sehnsucht als jemals.

Endlich rauscht auch dieser Augenblick vorbei, die Zeichen werden gegeben, daß das Fest geendigt sei; allein weder Wagen, noch Masken, noch Zuschauer weichen aus der Stelle.

Alles ist ruhig, alles still, indem die Dämmerung sachte zunimmt.

Moccoli

Kaum wird es in der engen und hohen Straße düster, so siehet man hie und da Lichter erscheinen, an den Fenstern, auf den Gerüsten sich bewegen und in kurzer Zeit die Zirkulation des Feuers dergestalt sich verbreiten, daß die ganze Straße von brennenden Wachskerzen erleuchtet ist.

Die Balkone sind mit durchscheinenden Papierlaternen verziert, jeder hält seine Kerze zum Fenster heraus, alle Gerüste sind erhellt, und es sieht sich gar artig in die Kutschen hinein, an deren Decken oft kleine kristallne Armleuchter die Gesellschaft erhellen; indessen in einem andern Wagen die Damen mit bunten Kerzen in den Händen zur Betrachtung ihrer Schönheit gleichsam einzuladen scheinen.

Die Bedienten bekleben den Rand des Kutschendeckels mit Kerzchen, offne Wagen mit bunten Papierlaternen zeigen sich, unter den Fußgängern erscheinen manche mit hohen Lichterpyramiden auf den Köpfen, andere haben ihr Licht auf zusammengebundene Rohre gesteckt und erreichen mit einer solchen Rute oft die Höhe von zwei, drei Stockwerken.

Nun wird es für einen jeden Pflicht, ein angezündetes Kerzchen in der Hand zu tragen, und die Favoritverwünschung der Römer Sia ammazzato hört man von allen Ecken und Enden wiederholen.

Sia ammazzato chi non porta moccolo! Ermordet werde, der kein Lichtstümpfchen trägt! ruft einer dem andern zu, indem er ihm das Licht auszublasen sucht. Anzünden und ausblasen und ein unbändiges Geschrei: Sia ammazzato, bringt nun bald Leben und Bewegung und wechselseitiges Interesse unter die ungeheure Menge.

Ohne Unterschied, ob man Bekannte oder Unbekannte vor sich habe, sucht man nur immer das nächste Licht auszublasen oder das seinige wieder anzuzünden und bei dieser Gelegenheit das Licht des Anzündenden auszulöschen. Und je stärker das Gebrüll Sia ammazzato von allen Enden widerhallt, desto mehr verliert das Wort von seinem fürchterlichen Sinn, desto mehr vergißt man, daß man in Rom sei, wo diese Verwünschung, um einer Kleinigkeit willen, in kurzem an einem und dem andern erfüllt werden kann.

Die Bedeutung des Ausdrucks verliert sich nach und nach gänzlich. Und wie wir in andern Sprachen oft Flüche und unanständige Worte zum Zeichen der Bewunderung und Freude gebrauchen hören, so wird Sia ammazzato diesen Abend zum Losungswort, zum Freudengeschrei, zum Refrain aller Scherze, Neckereien und Komplimente.

So hören wir spotten: Sia ammazzato il Signore Abbate che fa l'amore. Oder einen vorbeigehenden guten Freund anrufen: Sia ammazzato il Signore Filippo. Oder Schmeichelei und Kompliment damit verbinden: Sia ammazzata la bella Principessa! Sia ammazzata la Signora Angelica, la prima pittrice del secolo.

Alle diese Phrasen werden heftig und schnell mit einem langen haltenden Ton auf der vorletzten oder drittletzten Silbe ausgerufen. Unter diesem unaufhörlichen Geschrei geht das Ausblasen und Anzünden der Kerzen immer fort. Man begegne jemanden im Haus, auf der Treppe, es sei eine Gesellschaft im Zimmer beisammen, aus einem Fenster ans benachbarte, überall sucht man über den andern zu gewinnen und ihm das Licht auszulöschen.

Alle Stände und Alter toben gegeneinander, man steigt auf die Tritte der Kutschen, kein Hängeleuchter, kaum die Laternen sind sicher, der Knabe löscht dem Vater das Licht aus und hört nicht auf zu schreien: Sia ammazzato il Signore Padre! Vergebens, daß ihm der Alte diese Unanständigkeit verweist: der Knabe behauptet die Freiheit dieses Abends und verwünscht nur seinen Vater desto ärger. Wie nun an beiden Enden des Corso sich bald das Getümmel verliert, desto unbändiger häuft sich's nach der Mitte zu, und dort entsteht ein Gedränge, das alle Begriffe übersteigt, ja das selbst die lebhafteste Erinnerungskraft sich nicht wieder vergegenwärtigen kann.

Niemand vermag sich mehr von dem Platze, wo er steht oder sitzt, zu rühren; die Wärme so vieler Menschen, so vieler Lichter, der Dampf so vieler immer wieder ausgeblasenen Kerzen, das Geschrei so vieler Menschen, die nur um desto heftiger brüllen, je weniger sie ein Glied rühren können, machen zuletzt selbst den gesundesten Sinn schwindeln; es scheint unmöglich, daß nicht manches Unglück geschehen, daß die Kutschpferde nicht wild, nicht manche gequetscht, gedrückt oder sonst beschädigt werden sollten.

Und doch, weil sich endlich jeder weniger oder mehr hinweg sehnt, jeder ein Gäßchen, an das er gelangen kann, einschlägt, oder auf dem nächsten Platze freie Luft und Erholung sucht, löst sich diese Masse auch auf, schmilzt von den Enden nach der Mitte zu, und dieses Fest allgemeiner Freiheit und Losgebundenheit, dieses moderne Saturnal endigt sich mit einer allgemeinen Betäubung.

Das Volk eilt nun, sich bei einem wohlbereiteten Schmause an dem bald verbotenen Fleische bis Mitternacht zu ergötzen, die feinere Welt nach den Schauspielhäusern, um dort von den sehr abgekürzten Theaterstücken Abschied zu nehmen, und auch diesen Freuden macht die herannahende Mitternachtsstunde ein Ende.

Aschermittwoch

So ist denn ein ausschweifendes Fest wie ein Traum, wie ein Märchen vorüber, und es bleibt dem Teilnehmer vielleicht weniger davon in der Seele zurück als unsern Lesern, vor deren Einbildungskraft und Verstand wir das Ganze in seinem Zusammenhange gebracht haben.

Wenn uns während des Laufs dieser Torheiten der rohe Pulcinell ungebührlich an die Freuden der Liebe erinnert, denen wir unser Dasein zu danken haben, wenn eine Baubo auf öffentlichem Platze die Geheimnisse der Gebärerin entweiht, wenn so viele nächtlich angezündete Kerzen uns an die letzte Feierlichkeit erinnern, so werden wir mitten unter dem Unsinne auf die wichtigsten Szenen unsers Lebens aufmerksam gemacht.

Noch mehr erinnert uns die schmale, lange, gedrängt volle Straße an die Wege des Weltlebens, wo jeder Zuschauer und Teilnehmer mit freiem Gesicht oder unter der Maske, vom Balkon oder vom Gerüste nur einen geringen Raum vor und neben sich übersieht, in der Kutsche oder zu Fuße nur Schritt vor Schritt vorwärts kommt, mehr geschoben wird, als geht, mehr aufgehalten wird, als willig stille steht, nur eifriger dahin zu gelangen sucht, wo es besser und froher zugeht, und dann auch da wieder in die Enge kommt und zuletzt verdrängt wird.

Dürfen wir fortfahren ernsthafter zu sprechen, als es der Gegenstand zu erlauben scheint, so bemerken wir: daß die lebhaftesten und höchsten Vergnügen, wie die vorbeifliegenden Pferde, nur einen Augenblick uns erscheinen, uns rühren, und kaum eine Spur in der Seele zurücklassen, daß Freiheit und Gleichheit nur in dem Taumel des Wahnsinns genossen werden können, und daß die größte Lust nur dann am höchsten reizt, wenn sie sich ganz nahe an die Gefahr drängt und lüstern ängstlich-süße Empfindungen in ihrer Nähe genießet.

Und so hätten wir, ohne selbst daran zu denken, auch unser Karneval mit einer Aschermittwochsbetrachtung geschlossen, wodurch wir keinen unsrer Leser traurig zu machen fürchten. Vielmehr wünschen wir, daß jeder mit uns, da das Leben im ganzen, wie das Römische Karneval, unübersehlich, ungenießbar, ja bedenklich bleibt, durch diese unbekümmerte Maskengesellschaft an die Wichtigkeit jedes augenblicklichen, oft geringscheinenden Lebensgenusses erinnert werden möge.

FEBRUAR

Korrespondenz

Rom, den 1. Februar 1788

Wie froh will ich sein, wenn die Narren künftigen Dienstag abend zur Ruhe gebracht werden. Es ist eine entsetzliche Sekkatur, andere toll zu sehen, wenn man nicht selbst angesteckt ist.

So viel als möglich war, habe ich meine Studien fortgesetzt, auch ist Claudine gerückt, und wenn nicht alle Genii ihre Hülfe versagen, so geht heute über acht Tage der dritte Akt an Herdern ab, und so wäre ich den fünften Band los. Dann geht eine neue Not an, worin mir niemand raten noch helfen kann. Tasso muß umgearbeitet werden, was da steht, ist zu nichts zu brauchen, ich kann weder so endigen noch alles wegwerfen. Solche Mühe hat Gott den Menschen gegeben!

Der sechste Band enthält wahrscheinlich Tasso, Lila, Jery und Bätely, alles um- und ausgearbeitet, daß man es nicht mehr kennen soll.

Zugleich habe ich meine kleinen Gedichte durchgesehen und an den achten Band gedacht, den ich vielleicht vor dem siebenten herausgebe. Es ist ein wunderlich Ding so ein summa summarum seines Lebens zu ziehen. Wie wenig Spur bleibt doch von einer Existenz zurück!

Hier sekkieren sie mich mit den Übersetzungen meines Werthers und zeigen mir sie und fragen, welches die beste sei, und ob auch alles wahr sei! Das ist nun ein Unheil, was mich bis nach Indien verfolgen würde.

Rom, den 6. Februar

Hier ist der dritte Akt Claudinens; ich wünsche, daß er dir nur die Hälfte so wohl gefallen möge, als ich vergnügt bin, ihn geendigt zu haben. Da ich nun die Bedürfnisse des lyrischen Theaters genauer kenne, habe ich gesucht, durch manche Aufopferungen dem Komponisten und Akteur entgegen zu arbeiten. Das Zeug, worauf gestickt werden soll, muß weite Fäden haben, und zu einer komischen Oper muß es absolut wie Marli gewoben sein. Doch hab' ich bei dieser, wie bei Erwin, auch fürs Lesen gesorgt. Genug, ich habe getan was ich konnte.

Ich bin recht still und rein und, wie ich euch schon versichert habe, jedem Ruf bereit und ergeben. Zur bildenden Kunst bin ich zu alt, ob ich also ein bißchen mehr oder weniger pfusche, ist eins. Mein Durst ist gestillt, auf dem rechten Wege bin ich der Betrachtung und des Studiums, mein Genuß ist friedlich und genügsam. Zu dem allen gebt mir euren Segen. Ich habe nichts Näheres nun, als meine drei letzten Teile zu endigen. Dann soll's an Wilhelm und so weiter.

Rom, den 9. Februar

Die Narren haben noch Montag und Dienstag was rechts gelärmt. Besonders Dienstag abends, wo die Raserei mit den Moccoli in völligem Flor war. Mittwochs dankte man Gott und der Kirche für die Fasten. Auf kein Festin (so nennen sie die Redouten) bin ich gekommen, ich bin fleißig, was nur mein Kopf halten will. Da der fünfte Band absolviert ist, will ich nur einige Kunststudien durcharbeiten, dann gleich an den sechsten gehn. Ich habe diese Tage das Buch Leonardos da Vinci über die Malerei gelesen und begreife jetzt, warum ich nie etwas darin habe begreifen können.

O wie finde ich die Zuschauer so glücklich! die dünken sich so klug, sie finden sich was rechts. So auch die Liebhaber, die Kenner. Du glaubst nicht, was das ein behägliches Volk, indes der gute Künstler immer kleinlaut bleibt. Ich habe aber auch neuerdings einen Ekel jemanden urteilen zu hören, der nicht selbst arbeitet, daß ich es nicht ausdrücken kann. Wie der Tabaksdampf macht mich eine solche Rede auf der Stelle unbehäglich.

Angelika hat sich das Vergnügen gemacht und zwei Gemälde gekauft. Eins von Tizian, das andere von Paris Bordone. Beide um einen hohen Preis. Da sie so reich ist, daß sie ihre Renten nicht verzehrt, und jährlich mehr dazu verdient, so ist es lobenswürdig, daß sie etwas anschafft, das ihr Freude macht, und solche Sachen, die ihren Kunsteifer erhöhen. Gleich sobald sie die Bilder im Hause hatte, fing sie an, in einer neuen Manier zu malen, um zu versuchen, wie man gewisse Vorteile jener Meister sich eigen machen könne. Sie ist unermüdet, nicht allein zu arbeiten, sondern auch zu studieren. Mit ihr ist's eine große Freude Kunstsachen zu sehen.

Kayser geht auch als ein wackrer Künstler zu Werke. Seine Musik zu Egmont avanciert stark. Noch habe ich nicht alles gehört. Mir scheint jedes dem Endzweck sehr angemessen.

Er wird auch: Cupido kleiner loser... komponieren. Ich schicke dir's gleich, damit es oft zu meinem Andenken gesungen werde. Es ist auch mein Leibliedchen.

Der Kopf ist mir wüste vom vielen Schreiben, Treiben und Denken. Ich werde nicht klüger, fordere zu viel von mir und lege mir zu viel auf.

Rom, den 16. Februar

Mit dem preußischen Kurier erhielt ich vor einiger Zeit einen Brief von unserm Herzog, der so freundlich, lieb, gut und erfreulich war, als ich nicht leicht einen erhalten. Da er ohne Rückhalt schreiben konnte, so beschrieb er mir die ganze politische Lage, die seinige und so weiter. Über mich selbst erklärte er sich auf das liebreichste.

Rom, den 22. Februar

Wir haben diese Woche einen Fall gehabt, der das ganze Chor der Künstler in Betrübnis setzt. Ein Franzose namens

Drouais, ein junger Mensch von etwa fünfundzwanzig Jahren, einziger Sohn einer zärtlichen Mutter, reich und schön gebildet, der unter allen studierenden Künstlern für den hoffnungsvollsten gehalten ward, ist an den Blattern gestorben. Es ist eine allgemeine Trauer und Bestürzung. Ich habe, in seinem verlassenen Studio, die lebensgroße Figur eines Philoktets gesehen, welcher mit einem Flügel eines erlegten Raubvogels den Schmerz seiner Wunde wehend kühlt. Ein schön gedachtes Bild, das in der Ausführung viel Verdienste hat, aber nicht fertig geworden.

Ich bin fleißig und vergnügt, und erwarte so die Zukunft. Täglich wird mir's deutlicher, daß ich eigentlich zur Dichtkunst geboren bin, und daß ich die nächsten zehen Jahre, die ich höchstens noch arbeiten darf, dieses Talent exkolieren und noch etwas Gutes machen sollte, da mir das Feuer der Jugend manches ohne großes Studium gelingen ließ. Von meinem längern Aufenthalt in Rom werde ich den Vorteil haben, daß ich auf das Ausüben der bildenden Kunst Verzicht tue.

Angelika macht mir das Kompliment: daß sie wenige in Rom kenne, die besser in der Kunst sähen als ich. Ich weiß recht gut, wo und was ich noch nicht sehe, und fühle wohl, daß ich immer zunehme, und was zu tun wäre, um immer weiter zu sehn. Genug, ich habe schon jetzt meinen Wunsch erreicht: in einer Sache, zu der ich mich leidenschaftlich getragen fühle, nicht mehr blind zu tappen.

Ein Gedicht: Amor als Landschaftsmaler schick' ich dir ehstens und wünsche ihm gut Glück. Meine kleinen Gedichte hab' ich gesucht in eine gewisse Ordnung zu bringen, sie nehmen sich wunderlich aus. Die Gedichte auf Hans Sachs und Auf Miedings Tod schließen den achten Band, und so meine Schriften für diesmal. Wenn sie mich indessen bei der Pyramide zur Ruhe bringen, so können diese beiden Gedichte statt Personalien und Parentation gelten.

Morgen frühe ist päpstliche Kapelle, und die famosen alten Musiken fangen an, die nachher in der Karwoche auf den höchsten Grad des Interesse steigen. Ich will nun jeden Sonntag frühe hin, um mit dem Stil bekannt zu werden. Kayser, der diese Sachen eigentlich studiert, wird mir den Sinn wohl darüber aufschließen. Wir erwarten mit jeder Post ein gedrucktes Exemplar der Gründonnerstagsmusik von Zürich, wo sie Kayser zurück ließ. Sie wird alsdann erst am Klavier gespielt, und dann in der Kapelle gehört.

Bericht Februar

Wenn man einmal zum Künstler geboren ist und gar mancher Gegenstand der Kunstanschauung zusagt, so kam diese mir auch mitten unter dem Gewühl der Fastnachtstorheiten und Absurditäten zugunsten. Es war das zweite Mal, daß ich das Karneval sah, und es mußte mir bald auffallen, daß dieses Volksfest, wie ein anderes wiederkehrendes Leben und Weben, seinen entschiedenen Verlauf hatte.

Dadurch ward ich nun mit dem Getümmel versöhnt, ich sah es an als ein anderes bedeutendes Naturerzeugnis und Nationalereignis; ich interessierte mich dafür in diesem Sinne, bemerkte genau den Gang der Torheiten und wie das alles doch in einer gewissen Form und Schicklichkeit ablief. Hierauf notierte ich mir die einzelnen Vorkommnisse der Reihe nach, welche Vorarbeit ich später zu dem soeben eingeschalteten Aufsatz benutzte, bat auch zugleich unsern Hausgenossen, Georg Schütz, die einzelnen Masken flüchtig zu zeichnen und zu kolorieren, welches er mit seiner gewohnten Gefälligkeit durchführte.

Diese Zeichnungen wurden nachher durch Melchior Kraus von Frankfurt am Main, Direktor des freien Zeicheninstituts zu Weimar, in Quarto radiert und nach den Originalen illuminiert, zur ersten Ausgabe bei Unger, welche sich selten macht.

Zu vorgemeldeten Zwecken mußte man sich denn mehr, als sonst geschehen wäre, unter die verkappte Menge hinunter drängen, welche denn trotz aller künstlerischen Ansicht oft einen widerwärtigen unheimlichen Eindruck machte. Der Geist, an die würdigen Gegenstände gewöhnt, mit denen man das ganze Jahr in Rom sich beschäftigte, schien immer einmal gewahr zu werden, daß er nicht recht an seinem Platze sei.

Aber für den innern bessern Sinn sollte doch das Erquicklichste bereitet sein. Auf dem venezianischen Platz, wo manche Kutschen, eh sie sich den bewegten Reihen wieder anschließen, die Vorbeiwallenden sich zu beschauen pflegen, sah ich den Wagen der Madame Angelika und trat an den Schlag, sie zu begrüßen. Sie hatte sich kaum freundlich zu mir herausgeneigt, als sie sich zurückbog, um die neben ihr sitzende, wieder genesene Mailänderin mir sehen zu lassen. Ich fand sie nicht verändert: denn wie sollte sich eine gesunde Jugend nicht schnell wieder herstellen; ja ihre Augen schienen frischer und glänzender mich anzusehen, mit einer Freudigkeit, die mich bis ins Innerste durchdrang. So blieben wir eine Zeitlang ohne Sprache, als Madame Angelika das Wort nahm und, indessen jene sich vorbog, zu mir sagte: «Ich muß nur den Dolmetscher machen, denn ich sehe, meine junge Freundin kommt nicht dazu auszusprechen, was sie so lange gewünscht, sich vorgesetzt und mir öfters wiederholt hat, wie sehr sie Ihnen verpflichtet ist für den Anteil, den Sie an ihrer Krankheit, ihrem Schicksal genommen. Das erste, was ihr beim Wiedereintritt in das Leben tröstlich geworden, heilsam und wiederherstellend auf sie gewirkt, sei die Teilnahme ihrer Freunde und besonders die Ihrige gewesen, sie habe sich auf einmal wieder aus der tiefsten Einsamkeit unter so vielen guten Menschen in dem schönsten Kreise gefunden.»

«Das ist alles wahr», sagte jene, indem sie über die Freundin her mir die Hand reichte, die ich wohl mit der meinigen, aber nicht mit meinen Lippen berühren konnte.

Mit stiller Zufriedenheit entfernt' ich mich wieder in das Gedräng der Toren, mit dem zartesten Gefühl von Dankbarkeit gegen Angelika, die sich des guten Mädchens, gleich nach dem Unfalle, tröstend anzunehmen gewußt und, was in Rom selten ist, ein bisher fremdes Frauenzimmer in ihren edlen Kreis aufgenommen hatte, welches mich um so mehr rührte, als ich mir schmeicheln durfte, mein Anteil an dem guten Kinde habe hierauf nicht wenig eingewirkt.

Der Senator von Rom, Graf Rezzonico, war schon früher, aus Deutschland zurückkehrend, mich zu besuchen gekommen. Er hatte eine innige Freundschaft mit Herrn und Frau von Diede errichtet und brachte mir angelegentliche Grüße von diesen werten Gönnern und Freunden; aber ich lehnte, wie herkömmlich, ein näheres Verhältnis ab, sollte aber doch endlich unausweichlich in diesen Kreis gezogen werden.

Jene genannten Freunde, Herr und Frau von Diede, machten ihrem werten Lebensgenossen einen Gegenbesuch, und ich konnte mich um so weniger entbrechen, mancherlei Art von Einladungen anzunehmen, als die Dame, wegen des Flügelspiels berühmt, in einem Konzerte auf der kapitolinischen Wohnung des Senators sich hören zu lassen willig war, und man unsern Genossen Kayser, dessen Geschicklichkeit ruchtbar geworden, zu einer Teilnahme an jenen Exhibitionen schmeichelhaft eingeladen hatte. Die unvergleichliche Aussicht bei Sonnenuntergang aus den Zimmern des Senators nach dem Colosseum zu mit allem dem, was sich von den andern Seiten anschließt, verlieh freilich unserm Künstlerblick das herrlichste Schauspiel, dem man sich aber nicht hingeben durfte, um es gegen die Gesellschaft an Achtung und Artigkeit nicht fehlen zu lassen. Frau von Diede spielte sodann, sehr große Vorzüge entwickelnd, ein bedeutendes Konzert, und man bot bald darauf unserm Freunde den Platz an, dessen er sich denn auch ganz würdig zu machen schien, wenn man dem Lobe trauen darf, das er einerntete. Abwechselnd ging es eine Weile fort, auch wurde von einer Dame eine Lieblingsarie vorgetragen, endlich aber, als die Reihe wieder an Kaysern kam, legte er ein anmutiges

Thema zum Grunde und variierte solches auf die mannigfaltigste Weise.

Alles war gut vonstatten gegangen, als der Senator mir im Gespräch manches Freundliche sagte, doch aber nicht bergen konnte und mit jener weichen venezianischen Art halb bedauernd versicherte: er sei eigentlich von solchen Variationen kein Freund, werde hingegen von den ausdrucksvollen Adagios seiner Dame jederzeit ganz entzückt.

Nun will ich gerade nicht behaupten, daß mir jene sehnsüchtigen Töne, die man im Adagio und Largo hinzuziehen pflegt, jemals seien zuwider gewesen, doch aber liebt' ich in der Musik immer mehr das Aufregende, da unsere eigenen Gefühle, unser Nachdenken über Verlust und Mißlingen uns nur allzuoft herabzuziehen und zu überwältigen drohen.

Unserm Senator dagegen konnt' ich keineswegs verargen, ja ich mußte ihm aufs freundlichste gönnen, daß er solchen Tönen gern sein Ohr lieh, die ihn vergewisserten, er bewirte in dem herrlichsten Aufenthalte der Welt eine so sehr geliebte und hochverehrte Freundin.

Für uns andere, besonders deutsche Zuhörer, blieb es ein unschätzbarer Genuß, in dem Augenblicke, wo wir eine treffliche, längst gekannte verehrte Dame, in den zartesten Tönen sich auf dem Flügel ergehend, vernahmen, zugleich hinab vom Fenster in die einzigste Gegend von der Welt zu schauen und in dem Abendglanz der Sonne, mit weniger Wendung des Hauptes, das große Bild zu überblicken, das sich, linker Hand vom Bogen des Septimius Severus, das Campo Vaccino entlang bis zum Minerven- und Friedenstempel erstreckte, um dahinter das Colosseum hervorschauen zu lassen, in dessen Gefolge man dann das Auge rechts wendend, an den Bogen des Titus vorbeigleitend in dem Labyrinthe der Palatinischen Trümmer und ihrer durch Gartenkultur und wilde Vegetation geschmückten Einöde sich zu verwirren und zu verweilen hatte.

(Eine im Jahre 1824 von Fries und Thürmer gezeichnete und gestochene nordwestliche Übersicht von Rom, genommen von dem Turme des Kapitols, bitten wir hiernächst zu überschauen; sie ist einige Stockwerke höher und nach den neueren Ausgrabungen gefaßt, aber im Abendlichte und Beschattung, wie wir sie damals gesehen, wobei denn freilich die glühende Farbe mit ihren schattig-blauen Gegensätzen und allem dem Zauber, der daraus entspringt, hinzuzudenken wäre.)

Sodann hatten wir in diesen Stunden als Glück zu schätzen, das herrlichste Bild, welches Mengs vielleicht je gemalt hat, das Porträt Clemens XIII. Rezzonico, der unsern Gönner, den Senator, als Nepoten an diesen Posten gesetzt, mit Ruhe zu beschauen, von dessen Wert ich zum Schluß eine Stelle aus dem Tagebuch unseres Freundes anführe:

«Unter den von Mengs gemalten Bildnissen, da wo seine Kunst sich am tüchtigsten bewährte, ist das Bildnis des Papstes Rezzonico. Der Künstler hat in diesem Werk die Venezianer im Kolorit und in der Behandlung nachgeahmt und sich eines glücklichen Erfolgs zu erfreuen; der Ton des Kolorits ist wahr und warm, und der Ausdruck des Gesichtes belebt und geistreich; der Vorhang von Goldstoff, auf dem sich der Kopf und das übrige der Figur schön abheben, gilt für ein gewagtes Kunststück in der Malerei, gelang aber vortrefflich, indem das Bild dadurch ein reiches harmonisches, unser Auge angenehm rührendes Ansehn erhält.»

MÄRZ

Korrespondenz

Rom, den 1. März 1788

Sonntags gingen wir in die Sixtinische Kapelle, wo der Papst mit den Kardinälen der Messe beiwohnte. Da die letzteren wegen der Fastenzeit nicht rot sondern violett gekleidet waren, gab es ein neues Schauspiel. Einige Tage vorher hatte ich Gemälde von Albrecht Dürer gesehen und freute mich nun so etwas im Leben anzutreffen. Das Ganze zusammen war einzig groß und doch simpel, und ich wundere mich nicht, wenn Fremde, die eben in der Karwoche, wo alles zusammentrifft, hereinkommen, sich kaum fassen können. Die Kapelle selbst kenne ich recht gut, ich habe vorigen Sommer drin zu Mittag gegessen und auf des Papstes Thron Mittagsruhe gehalten und kann die Gemälde fast auswendig, und doch, wenn alles beisammen ist, was zur Funktion gehört, so ist es wieder was anders, und man findet sich kaum wieder.

Es ward ein altes Motett, von einem Spanier Morales komponiert, gesungen, und wir hatten den Vorschmack von dem was nun kommen wird. Kayser ist auch der Meinung, daß man diese Musik nur hier hören kann und sollte, teils weil nirgends Sänger ohne Orgel und Instrument auf einen solchen Gesang geübt sein können, teils weil er zum antiken Inventario der päpstlichen Kapelle und zu dem Ensemble der Michelangelos, des Jüngsten Gerichts, der Propheten und Biblischen Geschichte einzig passe. Kayser wird dereinst über alles dieses bestimmte Rechnung ablegen. Er ist ein großer Verehrer der alten Musik und studiert sehr fleißig alles was dazu gehört.

So haben wir eine merkwürdige Sammlung Psalmen im Hause; sie sind in italienische Verse gebracht und von einem venezianischen Nobile, Benedetto Marcello, zu Anfang dieses Jahrhunderts in Musik gesetzt. Er hat bei vielen die Intonation der Juden, teils der spanischen, teils der deutschen, als Motiv angenommen, zu andern hat er alte griechische Melodien zugrunde gelegt und sie mit großem Verstand, Kunstkenntnis und Mäßigkeit ausgeführt. Sie sind teils als Solo, Duett, Chor gesetzt und unglaublich original, ob man gleich sich erst einen Sinn dazu machen muß. Kayser schätzt sie sehr und wird einige daraus abschreiben. Vielleicht kann man einmal das ganze Werk haben, das Venedig 1724 gedruckt ist und die ersten fünfzig Psalmen enthält. Herder soll doch aufstellen, er sieht vielleicht in einem Katalogus dies interessante Werk.

Ich habe den Mut gehabt, meine drei letzten Bände auf einmal zu überdenken, und ich weiß nun genau, was ich machen will; gebe nun der Himmel Stimmung und Glück es zu machen.

Es war eine reichhaltige Woche, die mir in der Erinnerung wie ein Monat vorkommt.

Zuerst ward der Plan zu Faust gemacht, und ich hoffe, diese Operation soll mir geglückt sein. Natürlich ist es ein ander Ding, das Stück jetzt oder vor fünfzehn Jahren ausschreiben, ich denke, es soll nichts dabei verlieren, besonders da ich jetzt glaube den Faden wieder gefunden zu haben. Auch was den Ton des Ganzen betrifft, bin ich getröstet; ich habe schon eine neue Szene ausgeführt, und wenn ich das Papier räuchre, so dächt' ich, sollte sie mir niemand aus den alten herausfinden. Da ich durch die lange Ruhe und Abgeschiedenheit ganz auf das Niveau meiner eignen Existenz zurückgebracht bin, so ist es merkwürdig, wie sehr ich mir gleiche und wie wenig mein Innres durch Jahre und Begebenheiten gelitten hat. Das alte Manuskript macht mir manchmal zu denken, wenn ich es vor mir sehe. Es ist noch das erste, ja in den Hauptszenen gleich so ohne Konzept hingeschrieben, nun ist es so gelb von der Zeit, so vergriffen (die Lagen waren nie geheftet), so mürbe und an den Rändern zerstoßen, daß es wirklich wie das Fragment eines alten Kodex aussieht, so daß ich, wie ich damals in eine frühere Welt mich mit Sinnen und Ahnden versetzte, mich jetzt in eine selbst gelebte Vorzeit wieder versetzen muß.

Auch ist der Plan von Tasso in Ordnung und die vermischten Gedichte zum letzten Bande meist ins reine geschrieben. Des Künstlers Erdewallen soll neu ausgeführt und dessen Apotheose hinzugetan werden. Zu diesen Jugendeinfällen habe ich nun erst die Studien gemacht, und alles Detail ist mir nun recht lebendig. Ich freue mich auch darauf und habe die beste Hoffnung zu den drei letzten Bänden, ich sehe sie im ganzen schon vor mir stehen und wünsche mir nur Muße und Gemütsruhe, um nun Schritt vor Schritt das Gedachte auszuführen.

Zur Stellung der verschiedenen kleinen Gedichte habe ich mir deine Sammlungen der Zerstreuten Blätter zum Muster dienen lassen und hoffe zur Verbindung so disparater Dinge gute Mittel gefunden zu haben, wie auch eine Art, die allzu individuellen und momentanen Stücke einigermaßen genießbar zu machen.

Nach diesen Betrachtungen ist die neue Ausgabe von Mengsens Schriften ins Haus gekommen, ein Buch, das mir jetzt unendlich interessant ist, weil ich die sinnlichen Begriffe besitze, die notwendig vorausgehen müssen, um nur eine Zeile des Werks recht zu verstehen. Es ist in allem Sinne ein trefflich Buch, man liest keine Seite ohne entschiedenen Nutzen. Auch seinen Fragmenten über die Schönheit, welche manchem so dunkel scheinen, habe ich glückliche Erleuchtungen zu danken.

Ferner habe ich allerlei Spekulationen über Farben gemacht, welche mir sehr anliegen, weil das der Teil ist, von dem ich bisher am wenigsten begriff. Ich sehe, daß ich mit einiger Übung und anhaltendem Nachdenken auch diesen schönen Genuß der Weltoberfläche mir werde zueignen können.

Ich war einen Morgen in der Galerie Borghese, welche ich in einem Jahr nicht gesehen hatte, und fand zu meiner Freude, daß ich sie mit viel verständigern Augen sah. Es sind unsägliche Kunstschätze in dem Besitz des Fürsten.

Rom, den 7. März

Eine gute, reiche und stille Woche ist wieder vorbei. Sonntags versäumten wir die päpstliche Kapelle, dagegen sah ich mit Angelika ein sehr schönes Gemälde, das billig für Correggio gehalten wird.

Ich sah die Sammlung der Akademie San Luca, wo Raffaels Schädel ist. Diese Reliquie scheint mir ungezweifelt. Ein trefflicher Knochenbau, in welchem eine schöne Seele bequem spazieren konnte. Der Herzog verlangt einen Abguß davon, den ich wahrscheinlich werde verschaffen können. Das Bild, das von ihm gemalt ist und in gleichem Saale hängt, ist seiner wert.

Auch habe ich das Kapitol wieder gesehen und einige andere Sachen, die mir zurückblieben, vorzüglich Cavaceppis Haus, das ich immer versäumt hatte zu sehen. Unter vielen köstlichen Sachen haben mich vorzüglich ergötzt zwei Abgüsse der Köpfe von den Kolossalstatuen auf dem Monte Cavallo. Man kann sie bei Cavaceppi in der Nähe in ihrer ganzen Größe und Schönheit sehn. Leider daß der beste durch Zeit und Witterung fast einen Strohhalm dick der glatten Oberfläche des Gesichts verloren hat und in der Nähe wie von Pocken übel zugerichtet aussieht.

Heute waren die Exequien des Kardinal Visconti in der Kirche San Carlo. Da die päpstliche Kapelle zum Hochamt sang, gingen wir hin, die Ohren auf morgen recht auszuwaschen. Es ward ein Requiem gesungen zu zwei Sopranen, das Seltsamste was man hören kann. NB. Auch dabei war weder Orgel noch andere Musik.

Welch ein leidig Instrument die Orgel sei, ist mir gestern abend in dem Chor von Sankt Peter recht aufgefallen, man begleitete damit den Gesang bei der Vesper; es verbindet sich so gar nicht mit der Menschenstimme und ist so gewaltig. Wie reizend dagegen in der Sixtinischen Kapelle, wo die Stimmen allein sind.

Das Wetter ist seit einigen Tagen trübe und gelind. Der Mandelbaum hat größtenteils verblüht und grünt jetzt, nur wenige Blüten sind auf den Gipfeln noch zu sehen. Nun folgt der Pfirsichbaum, der mit seiner schönen Farbe die Gärten ziert. Viburnum Tinus blüht auf allen Ruinen, die Attigbüsche in den Hecken sind alle ausgeschlagen und andere, die ich nicht kenne. Die Mauern und Dächer werden nun grüner, auf einigen zeigen sich Blumen. In meinem neuen Kabinett, wohin ich zog, weil wir Tischbein von Neapel erwarten, habe ich eine mannigfaltige Aussicht in unzählige Gärtchen und auf die hinteren Galerien vieler Häuser. Es ist gar zu lustig.

Ich habe angefangen ein wenig zu modellieren. Was den Erkenntnispunkt betrifft, gehe ich sehr rein und sicher fort, in Anwendung der tätigen Kraft bin ich ein wenig konfus. So geht es mir wie allen meinen Brüdern.

Rom, den 14. März

Die nächste Woche ist hier nichts zu denken noch zu tun, man muß dem Schwall der Feierlichkeiten folgen. Nach Ostern werde ich noch einiges sehen was mir zurückblieb, meinen Faden ablösen, meine Rechnung machen, meinen Bündel packen und mit Kaysern davon ziehn. Wenn alles geht, wie ich wünsche und vorhabe, bin ich Ende Aprils in Florenz. Inzwischen hört ihr noch von mir.

Sonderbar war es, daß ich auf äußere Veranlassung verschiedene Maßregeln nehmen mußte, welche mich in neue Verhältnisse setzten, wodurch mein Aufenthalt in Rom immer schöner, nützlicher und glücklicher ward. Ja ich kann sagen, daß ich die höchste Zufriedenheit meines Lebens in diesen letzten acht Wochen genossen habe, und nun wenigstens einen äußersten Punkt kenne, nach welchem ich das Thermometer meiner Existenz künftig abmessen kann.

Diese Woche hat sich, ungeachtet des üblen Wetters, gut gehalten. Sonntags hörten wir in der Sixtinischen Kapelle ein Motett von Palestrina. Dienstag wollte uns das Glück, daß man zu Ehren einer Fremden verschiedene Teile der Karwochsmusik in einem Saale sang. Wir hörten sie also mit größter Bequemlichkeit und konnten uns, da wir sie so oft am Klavier durchsangen, einen vorläufigen Begriff davon machen. Es ist ein unglaublich großes simples Kunstwerk, dessen immer erneuerte Darstellung sich wohl nirgends als an diesem Orte und unter diesen Umständen erhalten konnte. Bei näherer Betrachtung fallen freilich mancherlei Handwerksburschentraditionen, welche die Sache wunderbar und unerhört machen, weg, mit allem dem bleibt es etwas Außerordentliches und ist ein ganz neuer Begriff. Kayser wird dereinst Rechenschaft davon ablegen können. Er wird die Vergünstigung erhalten, eine Probe in der Kapelle anzuhören, wozu sonst niemand gelassen wird.

Ferner habe ich diese Woche einen Fuß modelliert, nach vorgängigem Studio der Knochen und Muskeln, und werde von meinem Meister gelobt. Wer den ganzen Körper so durchgearbeitet hätte, wäre um ein gutes Teil klüger; versteht sich in Rom, mit allen Hülfsmitteln und dem mannigfaltigen Rat der Verständigen. Ich habe einen Skelettfuß, eine schöne auf die Natur gegossene Anatomie, ein halb Dutzend der schönsten antiken Füße, einige schlechte, jene zur Nachahmung, diese zur Warnung, und die Natur kann ich auch zu Rate ziehen, in jeder Villa, in die ich trete, finde ich Gelegenheit nach diesen Teilen zu sehen, Gemälde zeigen mir, was Maler gedacht und gemacht haben. Drei, vier Künstler kommen täglich auf mein Zimmer, deren Rat und Anmerkung ich nutze, unter welchen jedoch, genau besehen, Heinrich Meyers Rat und Nachhülfe mich am meisten fördert. Wenn mit diesem Winde, auf diesem Elemente ein

Schiff nicht von der Stelle käme, so müßte es keine Segel oder einen wahnsinnigen Steuermann haben. Bei der allgemeinen Übersicht der Kunst, die ich mir gemacht habe, war es mir sehr notwendig nun mit Aufmerksamkeit und Fleiß an einzelne Teile zu gehn. Es ist angenehm auch im Unendlichen vorwärts zu kommen.

Ich fahre fort überall herum zu gehen und vernachlässigte Gegenstände zu betrachten. So war ich gestern zum erstenmal in Raffaels Villa, wo er, an der Seite seiner Geliebten, den Genuß des Lebens aller Kunst und allem Ruhm vorzog. Es ist ein heilig Monument. Der Fürst Doria hat sie acquiriert und scheint sie behandeln zu wollen, wie sie es verdient. Raffael hat seine Geliebte achtundzwanzigmal auf die Wand porträtiert in allerlei Arten von Kleidern und Kostüme; selbst in den historischen Kompositionen gleichen ihr die Weiber. Die Lage des Hauses ist sehr schön. Es wird sich artiger davon erzählen lassen, als sich's schreibt. Man muß das ganze Detail bemerken.

Dann ging ich in die Villa Albani und sah mich nur im allgemeinen darin um. Es war ein herrlicher Tag. Heute nacht hat es sehr geregnet, jetzt scheint die Sonne wieder, und vor meinem Fenster ist ein Paradies. Der Mandelbaum ist ganz grün, die Pfirsichblüten fangen schon an abzufallen, und die Zitronenblüten brechen auf dem Gipfel des Baumes auf.

Mein Abschied von hier betrübt drei Personen innigst. Sie werden nie wieder finden, was sie an mir gehabt haben, ich verlasse sie mit Schmerzen. In Rom hab' ich mich selbst zuerst gefunden, ich bin zuerst übereinstimmend mit mir selbst glücklich und vernünftig geworden, und als einen solchen haben mich diese dreie in verschiedenem Sinne und Grade gekannt, besessen und genossen.

Rom, den 22. März

Heute geh' ich nicht nach Sankt Peter und will ein Blättchen schreiben. Nun ist auch die heilige Woche mit ihren Wundern und Beschwerden vorüber, morgen nehmen wir noch eine Benediktion auf uns, und dann wendet sich das Gemüt ganz zu einem andern Leben.

Ich habe durch Gunst und Mühe guter Freunde alles gesehen und gehört, besonders ist die Fußwaschung und die Speisung der Pilger nur durch großes Drängen und Drükken zu erkaufen.

Die Kapellmusik ist undenkbar schön. Besonders das Miserere von Allegri und die sogenannten Improperien, die Vorwürfe, welche der gekreuzigte Gott seinem Volke macht. Sie werden Karfreitags frühe gesungen. Der Augenblick, wenn der aller seiner Pracht entkleidete Papst vom Thron steigt, um das Kreuz anzubeten, und alles übrige an seiner Stelle bleibt, jedermann still ist, und das Chor anfängt: Populus meus, quid feci tibi? ist eine der schönsten unter allen merkwürdigen Funktionen. Das soll nun alles mündlich ausgeführt werden, und was von Musik transportabel ist, bringt Kayser mit. Ich habe nach meinem Wunsch alles, was an den Funktionen genießbar war, genossen und über das übrige meine stillen Betrachtungen angestellt. Effekt, wie man zu sagen pflegt, hat nichts auf mich gemacht, nichts hat mir eigentlich imponiert, aber bewundert hab' ich alles, denn das muß man ihnen nachsagen, daß sie die christlichen Überlieferungen vollkommen durchgearbeitet haben. Bei den päpstlichen Funktionen, besonders in der Sixtinischen Kapelle, geschieht alles, was am katholischen Gottesdienste sonst unerfreulich erscheint, mit großem Geschmack und vollkommner Würde. Es kann aber auch nur da geschehen, wo seit Jahrhunderten alle Künste zu Gebote standen.

Das einzelne davon würde jetzt nicht zu erzählen sein. Hätte ich nicht in der Zwischenzeit auf jene Veranlassung wieder stille gehalten und an ein längeres Bleiben geglaubt, so könnt' ich nächste Woche fort. Doch auch das gereicht mir zum Besten. Ich habe diese Zeit wieder viel studiert, und die Epoche, auf die ich hoffte, hat sich geschlossen und geründet. Es ist zwar immer eine sonderbare Empfindung, eine Bahn, auf der man mit starken Schritten fortgeht, auf einmal zu verlassen, doch muß man sich darein finden und nicht viel Wesens machen. In jeder großen Trennung liegt ein Keim von Wahnsinn, man muß sich hüten, ihn nachdenklich auszubrüten und zu pflegen.

Schöne Zeichnungen habe ich von Neapel erhalten, von Kniep, dem Maler, der mich nach Sizilien begleitet hat. Es sind schöne liebliche Früchte meiner Reise und für euch die angenehmsten; denn was man einem vor die Augen bringen kann, gibt man ihm am sichersten. Einige drunter sind, dem Ton der Farbe nach, ganz köstlich geraten, und ihr werdet kaum glauben, daß jene Welt so schön ist.

So viel kann ich sagen, daß ich in Rom immer glücklicher geworden bin, daß noch mit jedem Tage mein Vergnügen wächst; und wenn es traurig scheinen möchte, daß ich eben scheiden soll, da ich am meisten verdiente zu bleiben, so ist es doch wieder eine große Beunruhigung, daß ich so lang habe bleiben können, um auf den Punkt zu gelangen.

Soeben steht der Herr Christus mit entsetzlichem Lärm auf. Das Kastell feuert ab, alle Glocken läuten, und an allen Ecken und Enden hört man Petarden, Schwärmer und Lauffeuer. Um elf Uhr morgens.

Bericht März

Es ist uns erinnerlich, wie Philippus Neri den Besuch der sieben Hauptkirchen Roms sich öfters zur Pflicht gemacht und dadurch von der Inbrunst seiner Andacht einen deutlichen Beweis gegeben. Hier nun aber ist zu bemerken, daß eine Wallfahrt zu gedachten Kirchen von jedem Pilger, der zum Jubiläum herankommt, notwendig gefordert wird und wirklich wegen der weitentfernten Lage dieser Stationen, insofern der Weg an einem Tage zurückgelegt werden soll, einer abermaligen anstrengenden Reise wohl gleich zu achten ist.

Jene sieben Kirchen aber sind: Sankt Peter, Santa Maria

Maggiore, San Lorenzo außer den Mauern, San Sebastiano, San Giovanni im Lateran, Santa Croce in Jerusalem, San Paolo vor den Mauern.

Einen solchen Umgang nun vollführen auch einheimische fromme Seelen in der Karwoche, besonders am Karfreitag. Da man aber zu dem geistlichen Vorteil, welchen die Seelen durch den damit verknüpften Ablaß erwerben und genießen, noch einen leiblichen Genuß hinzugetan, so wird in solcher Hinsicht Ziel und Zweck noch reizender.

Wer nämlich nach vollbrachter Wallfahrt mit gehörigen Zeugnissen zum Tore von San Paolo endlich wieder hereintritt, erhält daselbst ein Billett, um an einem frommen Volksfeste in der Villa Mattei an bestimmten Tagen teilnehmen zu können. Dort erhalten die Eingelassenen eine Kollation von Brot, Wein, etwas Käse oder Eiern; die Genießenden sind dabei im Garten umher gelagert, vornehmlich in dem kleinen daselbst befindlichen Amphitheater. Gegenüber, in dem Kasino der Villa, findet sich die höhere Gesellschaft zusammen; Kardinäle, Prälaten, Fürsten und Herren, um sich an dem Anblick zu ergötzen und somit auch ihren Teil an der Spende, von der Familie Mattei gestiftet, hinzunehmen.

Wir sahen eine Prozession von etwa zehn- bis zwölfjährigen Knaben herankommen, nicht im geistlichen Gewand, sondern wie es etwa Handwerkslehrlingen am Festtage zu erscheinen geziemen möchte, in Kleidern gleicher Farbe, gleichen Schnitts, paarweise, es konnten ihrer vierzig sein. Sie sangen und sprachen ihre Litaneien fromm vor sich hin und wandelten still und züchtig.

Ein alter Mann von kräftigem handwerksmäßigem Ansehn ging an ihnen her und schien das Ganze zu ordnen und zu leiten. Auffallend war es, die vorüberziehende wohlgekleidete Reihe durch ein halb Dutzend bettelhafte, barfuß und zerlumpt einhergehende Kinder geschlossen zu sehen, welche jedoch in gleicher Zucht und Sitte dahin wandelten.

Erkundigung deshalb gab uns zu vernehmen: Dieser Mann, ein Schuster von Profession und kinderlos, habe sich früher bewogen gefühlt, einen armen Knaben auf- und in die Lehre zu nehmen, mit Beistand von Wohlwollenden ihn zu kleiden und weiter zu bringen. Durch ein solches gegebenes Beispiel sei es ihm gelungen, andere Meister zu gleicher Aufnahme von Kindern zu bewegen, die er ebenfalls zu befördern alsdann besorgt gewesen. Auf diese Weise habe sich ein kleines Häuflein gesammelt, welches er zu gottesfürchtigen Handlungen, um den schädlichen Müßiggang an Sonn- und Feiertagen zu verhüten, ununterbrochen angehalten, ja sogar den Besuch der weit auseinander liegenden Hauptkirchen an einem Tage von ihnen gefordert. Auf diese Weise nun sei diese fromme Anstalt immer gewachsen; er verrichte seine verdienstlichen Wanderungen nach wie vor, und weil sich zu einer so augenfällig nutzbaren Anstalt immer mehr hinzudrängen als aufgenommen werden könnten, so bediene er sich des Mittels, um die allgemeine Wohltätigkeit zu erregen, daß er die noch zu versorgenden, zu bekleidenden Kinder seinem Zuge anschließe, da es ihm denn jedesmal gelinge, zur Versorgung eines und des andern hinreichende Spende zu erhalten.

Während wir uns hievon unterrichteten, war einer der älteren und bekleideten Knaben auch in unsere Nähe gekommen, bot uns einen Teller und verlangte mit gutgesetzten Worten für die Nackten und Sohlenlosen bescheiden eine Gabe. Er empfing sie nicht nur von uns gerührten Fremden reichlich, sondern auch von den anstehenden sonst pfennigkargen Römern und Römerinnen, die einer mäßigen Spende mit viel Worten segnender Anerkennung jenes Verdienstes noch ein frommes Gewicht beizufügen nicht unterließen.

Man wollte wissen, daß der fromme Kindervater jedesmal seine Pupillen an jener Spende teilnehmen lasse, nachdem sie sich durch vorhergegangene Wanderung erbaut, wobei es denn niemals an leidlicher Einnahme zu seinem edlen Zwecke fehlen kann.

Über die bildende Nachahmung des Schönen

Von Karl Philipp Moritz. Braunschweig 1788

Unter diesem Titel ward ein Heft von kaum vier Bogen gedruckt, wozu Moritz das Manuskript nach Deutschland geschickt hatte, um seinen Verleger über den Vorschuß einer Reisebeschreibung nach Italien einigermaßen zu beschwichtigen. Freilich war eine solche nicht so leicht als die einer abenteuerlichen Fußwanderung durch England niederzuschreiben.

Gedachtes Heft aber darf ich nicht unerwähnt lassen; es war aus unsern Unterhaltungen hervorgegangen, welche Moritz nach seiner Art benutzt und ausgebildet. Wie es nun damit auch sei, so kann es geschichtlich einiges Interesse haben, um daraus zu ersehen, was für Gedanken sich in jener Zeit vor uns auftaten, welche späterhin entwickelt, geprüft, angewendet und verbreitet mit der Denkweise des Jahrhunderts glücklich genug zusammentrafen.

Einige Blätter aus der Mitte des Vortrags mögen hier eingeschaltet stehen, vielleicht nimmt man hievon Veranlassung, das Ganze wieder abzudrucken.

«Der Horizont der tätigen Kraft aber muß bei dem bildenden Genie so weit, wie die Natur selber, sein: das heißt, die Organisation muß so fein gewebt sein und so unendlich viele Berührungspunkte der allumströmenden Natur darbieten, daß gleichsam die äußersten Enden von allen Verhältnissen der Natur im großen, hier im kleinen sich nebeneinander stellend, Raum genug haben, um sich einander nicht verdrängen zu dürfen.

Wenn nun eine Organisation von diesem feinern Gewebe, bei ihrer völligen Entwicklung, auf einmal in der dunklen Ahndung ihrer tätigen Kraft ein Ganzes faßt, das weder in ihr Auge noch in ihr Ohr, weder in ihre Einbildungskraft noch in ihre Gedanken kam, so muß notwendig eine Unruhe, ein Mißverhältnis zwischen den sich wägenden Kräften so lange entstehen, bis sie wieder in ihr Gleichgewicht kommen.

Bei einer Seele, deren bloß tätige Kraft schon das edle große Ganze der Natur in dunkler Ahndung faßt, kann die deutlich erkennende Denkkraft, die noch lebhafter darstellende Einbildungskraft und der am hellsten spiegelnde äußre Sinn mit der Betrachtung des einzelnen im Zusammenhange der Natur sich nicht mehr begnügen.

Alle die in der tätigen Kraft bloß dunkel geahndeten Verhältnisse jenes großen Ganzen müssen notwendig auf irgendeine Weise entweder sichtbar, hörbar oder doch der Einbildungskraft faßbar werden: und um dies zu werden, muß die Tatkraft, worin sie schlummern, sie nach sich selber, aus sich selber bilden. Sie muß alle jene Verhältnisse des großen Ganzen und in ihnen das höchste Schöne, wie an den Spitzen seiner Strahlen, in einen Brennpunkt fassen. Aus diesem Brennpunkte muß sich, nach des Auges gemessener Weite, ein zartes und doch getreues Bild des höchsten Schönen ründen, das die vollkommensten Verhältnisse des großen Ganzen der Natur, ebenso wahr und richtig wie sie selbst, in seinen kleinen Umfang faßt.

Weil nun aber dieser Abdruck des höchsten Schönen notwendig an etwas haften muß, so wählt die bildende Kraft, durch ihre Individualität bestimmt, irgendeinen sichtbaren, hörbaren oder doch der Einbildungskraft faßbaren Gegenstand, auf den sie den Abglanz des höchsten Schönen im verjüngenden Maßstabe überträgt. Und weil dieser Gegenstand wiederum, wenn er wirklich, was er darstellt, wäre, mit dem Zusammenhange der Natur, die außer sich selber kein wirklich eigenmächtiges Ganze duldet, nicht ferner bestehen könnte, so führet uns dies auf den Punkt, wo wir schon einmal waren: daß jedesmal das innre Wesen erst in die Erscheinung sich verwandeln müsse, ehe es, durch die Kunst, zu einem für sich bestehenden Ganzen gebildet werden und ungehindert die Verhältnisse des großen Ganzen der Natur in ihrem völligen Umfange spiegeln kann.

Da nun aber jene großen Verhältnisse, in deren völligem Umfange eben das Schöne liegt, nicht mehr unter das Gebiet der Denkkraft fallen, so kann auch der lebendige Begriff von der bildenden Nachahmung des Schönen nur im Gefühl der tätigen Kraft, die es hervorbringt, im ersten Augenblick der Entstehung stattfinden, wo das Werk, als schon vollendet, durch alle Grade seines allmählichen Werdens, in dunkler Ahndung, auf einmal vor die Seele tritt und in diesem Moment der ersten Erzeugung gleichsam vor seinem wirklichen Dasein da ist; wodurch alsdann auch jener unnennbare Reiz entsteht, welcher das schaffende Genie zur immerwährenden Bildung treibt.

Durch unser Nachdenken über die bildende Nachahmung des Schönen, mit dem reinen Genuß der schönen Kunstwerke selbst vereint, kann zwar etwas jenem lebendigen Begriff näher Kommendes in uns entstehn, das den Genuß der schönen Kunstwerke uns erhöht. Allein da unser höchster Genuß des Schönen dennoch sein Werden aus unsrer eignen Kraft unmöglich mit in sich fassen kann, so bleibt der einzige höchste Genuß desselben immer dem schaffenden Genie, das es hervorbringt, selber, und das Schöne hat daher seinen höchsten Zweck in seiner Entstehung, in seinem Werden schon erreicht; unser Nachgenuß desselben ist nur eine Folge seines Daseins, und das bildende Genie ist daher im großen Plane der Natur, zuerst um sein selbst, und dann erst um unsertwillen da; weil es nun einmal außer ihm noch Wesen gibt, die selbst nicht schaffen und bilden, aber doch das Gebildete, wenn es einmal hervorgebracht ist, mit ihrer Einbildungskraft umfassen können.

Die Natur des Schönen besteht ja eben darin, daß sein innres Wesen außer den Grenzen der Denkkraft, in seiner Entstehung, in seinem eignen Werden liegt. Eben darum, weil die Denkkraft beim Schönen nicht mehr fragen kann, warum es schön sei, ist es schön. Denn es mangelt ja der Denkkraft völlig an einem Vergleichungspunkte, wornach sie das Schöne beurteilen und betrachten könnte. Was gibt es noch für einen Vergleichungspunkt für das echte Schöne, als mit dem Inbegriff aller harmonischen Verhältnisse des großen Ganzen der Natur, die keine Denkkraft umfassen kann? Alles einzelne, hin und her in der Natur zerstreute Schöne ist ja nur insofern schön, als sich dieser Inbegriff aller Verhältnisse jenes großen Ganzen mehr oder weniger darin offenbart. Es kann also nie zum Vergleichungspunkte für das Schöne der bildenden Künste, ebensowenig als der wahren Nachahmung des Schönen zum Vorbilde dienen; weil das höchste Schöne im einzelnen der Natur immer noch nicht schön genug für die stolze Nachahmung der großen und majestätischen Verhältnisse des allumfassenden Ganzen der Natur ist. Das Schöne kann daher nicht erkannt, es muß hervorgebracht, oder empfunden werden.

Denn weil in gänzlicher Ermanglung eines Vergleichungspunktes einmal das Schöne kein Gegenstand der Denkkraft ist, so würden wir, insofern wir es nicht selbst hervorbringen können, auch seines Genusses ganz entbehren müssen, indem wir uns nie an etwas halten könnten, dem das Schöne näher käme als das Minderschöne, wenn nicht etwas die Stelle der hervorbringenden Kraft in uns ersetzte, das ihr so nahe wie möglich kömmt, ohne doch sie selbst zu sein: dies ist nun, was wir Geschmack oder Empfindungsfähigkeit für das Schöne nennen, die, wenn sie in ihren Grenzen bleibt, den Mangel des höhern Genusses bei der Hervorbringung des Schönen durch die ungestörte Ruhe der stillen Betrachtung ersetzen kann.

Wenn nämlich das Organ nicht fein genug gewebt ist, um dem einströmenden Ganzen der Natur so viele Berührungspunkte darzubieten, als nötig sind, um alle ihre großen Verhältnisse vollständig im kleinen abzuspiegeln, und uns noch ein Punkt zum völligen Schluß des Zirkels fehlt, so können wir statt der Bildungskraft nur Empfindungsfähigkeit für das Schöne haben: jeder Versuch, es außer uns wieder darzustellen, würde uns mißlingen, und uns desto unzufriedner mit uns selber machen, je näher unser Empfindungsvermögen für das Schöne an das uns mangelnde Bildungsvermögen grenzt.

Weil nämlich das Wesen des Schönen eben in seiner Vollendung in sich selbst besteht, so schadet ihm der letzte fehlende Punkt so viel als tausend, denn er verrückt alle übrigen Punkte aus der Stelle, in welche sie gehören. Und ist dieser Vollendungspunkt einmal verfehlt, so verlohnt ein Werk der Kunst nicht der Mühe des Anfangs und der Zeit seines Werdens; es fällt unter das Schlechte bis zum Unnützen herab, und sein Dasein muß notwendig durch die Vergessenheit, worin es sinkt, sich wieder aufheben.

Ebenso schadet auch dem in das feinere Gewebe der Organisation gepflanzten Bildungsvermögen der letzte zu seiner Vollständigkeit fehlende Punkt so viel als tausend. Der höchste Wert, den es als Empfindungsvermögen haben könnte, kömmt bei ihm, als Bildungskraft, ebensowenig wie der geringste in Betrachtung. Auf dem Punkte, wo das Empfindungsvermögen seine Grenzen überschreitet, muß es notwendig unter sich selber sinken, sich aufheben und vernichten.

Je vollkommner das Empfindungsvermögen für eine gewisse Gattung des Schönen ist, um desto mehr ist es in Gefahr sich zu täuschen, sich selbst für Bildungskraft zu nehmen und auf die Weise durch tausend mißlungne Versuche seinen Frieden mit sich selbst zu stören.

Es blickt zum Beispiel beim Genuß des Schönen in irgendeinem Werke der Kunst zugleich durch das Werden desselben in die bildende Kraft, die es schuf, hindurch; und ahndet dunkel den höhern Grad des Genusses eben dieses Schönen, im Gefühl dieser Kraft, die mächtig genug war, es aus sich selbst hervorzubringen.

Um sich nun diesen höhern Grad des Genusses, welchen sie an einem Werke, das einmal schon da ist, unmöglich haben kann, auch zu verschaffen, strebt die einmal zu lebhaft gerührte Empfindung vergebens etwas Ähnliches aus sich selbst hervorzubringen, haßt ihr eignes Werk, verwirft es, und verleidet sich zugleich den Genuß alle des Schönen, das außer ihr schon da ist, und woran sie nun eben deswegen, weil es ohne ihr Zutun da ist, keine Freude findet.

Ihr einziger Wunsch und Streben ist, des ihr versagten, höhern Genusses, den sie nur dunkel ahndet, teilhaftig zu werden: in einem schönen Werke, das ihr sein Dasein dankt, mit dem Bewußtsein von eigner Bildungskraft, sich selbst zu spiegeln.

Allein sie wird ihres Wunsches ewig nicht gewährt, weil Eigennutz ihn erzeugte, und das Schöne sich nur um sein selbst willen von der Hand des Künstlers greifen und willig und folgsam von ihm sich bilden läßt.

Wo sich nun in den schaffenwollenden Bildungstrieb sogleich die Vorstellung vom Genuß des Schönen mischt, den es, wenn es vollendet ist, gewähren soll; und wo diese Vorstellung der erste und stärkste Antrieb unsrer Tatkraft wird, die sich zu dem, was sie beginnt, nicht in und durch sich selbst gedrungen fühlt, da ist der Bildungstrieb gewiß nicht rein: der Brennpunkt oder Vollendungspunkt des Schönen fällt in die Wirkung über das Werk hinaus; die Strahlen gehen auseinander; das Werk kann sich nicht in sich selber runden.

Dem höchsten Genuß des aus sich selbst hervorgebrachten Schönen sich so nah zu dünken, und doch darauf Verzicht zu tun, scheint freilich ein harter Kampf, der dennoch äußerst leicht wird, wenn wir aus diesem Bildungstriebe, den wir uns einmal zu besitzen schmeicheln, um doch sein Wesen zu veredeln, jede Spur des Eigennutzes, die wir noch finden, tilgen, und jede Vorstellung des Genusses, den uns das Schöne, das wir hervorbringen wollen, wenn es nun da sein wird, durch das Gefühl unsrer eignen Kraft, gewähren soll, soviel wie möglich zu verbannen suchen, so daß, wenn wir auch mit dem letzten Atemzuge es erst vollenden könnten, es dennoch zu vollenden strebten.

Behält alsdann das Schöne, das wir ahnden, bloß an und für sich selbst, in seiner Hervorbringung, noch Reiz genug unsre Tatkraft zu bewegen, so dürfen wir getrost unserm Bildungstriebe folgen, weil er echt und rein ist.

Verliert sich aber, mit der gänzlichen Hinwegdenkung des Genusses und der Wirkung, auch der Reiz, so bedarf es ja keines Kampfes weiter, der Frieden in uns ist hergestellt, und das nun wieder in seine Rechte getretne Empfindungsvermögen eröffnet sich, zum Lohne für sein bescheidnes Zurücktreten in seine Grenzen, dem reinsten Genuß des Schönen, der mit der Natur seines Wesens bestehen kann.

Freilich kann nun der Punkt, wo Bildungs- und Empfindungskraft sich schneidet, so äußerst leicht verfehlt und überschritten werden, daß es gar nicht zu verwundern ist, wenn immer tausend falsche angemaßte Abdrücke des höchsten Schönen, gegen einen echten, durch den falschen Bildungstrieb in den Werken der Kunst entstehen.

Denn da die echte Bildungskraft, sogleich bei der ersten Entstehung ihres Werks, auch schon den ersten, höchsten Genuß desselben, als ihren sichern Lohn, in sich selber trägt, und sich nur dadurch von dem falschen Bildungstriebe unterscheidet, daß sie den allerersten Moment ihres Anstoßes durch sich selber, und nicht durch die Ahndung des Genusses von ihrem Werke, erhält; und weil in diesem Moment der Leidenschaft die Denkkraft selbst kein richtiges Urteil fällen kann, so ist es fast unmöglich, ohne eine Anzahl mißlungner Versuche, dieser Selbsttäuschung zu entkommen.

Und selbst auch diese mißlungnen Versuche sind noch nicht immer ein Beweis von Mangel an Bildungskraft, weil diese selbst da, wo sie echt ist, oft eine ganz falsche Richtung nimmt, indem sie vor ihre Einbildungskraft stellen will, was vor ihr Auge, oder vor ihr Auge, was vor ihr Ohr gehört.

Eben weil die Natur die inwohnende Bildungskraft nicht immer zur völligen Reife und Entwicklung kommen oder sie einen falschen Weg einschlagen läßt, auf dem sie sich nie entwickeln kann, so bleibt das echte Schöne selten.

Und weil sie auch aus dem angemaßten Bildungstriebe das Gemeine und Schlechte ungehindert entstehen läßt, so unterscheidet sich eben dadurch das echte Schöne und Edle, durch seinen seltnen Wert, vom Schlechten und Gemeinen.

In dem Empfindungsvermögen bleibt also stets die Lücke, welche nur durch das Resultat der Bildungskraft sich ausfüllt. Bildungskraft und Empfindungsfähigkeit verhalten sich zueinander wie Mann und Weib. Denn auch die Bildungskraft ist bei der ersten Entstehung ihres Werks, im Moment des höchsten Genusses, zugleich Empfindungsfähigkeit, und erzeugt, wie die Natur, den Abdruck ihres Wesens aus sich selber.

Empfindungsvermögen sowohl als Bildungskraft sind also in dem feinern Gewebe der Organisation gegründet, insofern dieselbe in allen ihren Berührungspunkten von den Verhältnissen des großen Ganzen der Natur ein vollständiger oder doch fast vollständiger Abdruck ist.

Empfindungskraft sowohl als Bildungskraft umfassen mehr als Denkkraft, und die tätige Kraft, worin sich beide gründen, faßt zugleich auch alles was die Denkkraft faßt, weil sie von allen Begriffen, die wir je haben können, die ersten Anlässe, stets sie aus sich herausspinnend, in sich trägt.

Insofern nun diese tätige Kraft alles, was nicht unter das Gebiet der Denkkraft fällt, hervordringend in sich faßt, heißet sie Bildungskraft: und insofern sie das, was außer den Grenzen der Denkkraft liegt, der Hervorbringung sich entgegenneigend in sich begreift, heißt sie Empfindungskraft.

Bildungskraft kann nicht ohne Empfindung und tätige Kraft, die bloß tätige Kraft hingegen kann ohne eigentliche Empfindungs- und Bildungskraft, wovon sie nur die Grundlage ist, für sich allein stattfinden.

Insofern nun diese bloß tätige Kraft ebenfalls in dem feinern Gewebe der Organisation sich gründet, darf das Organ nur überhaupt in allen seinen Berührungspunkten ein Abdruck der Verhältnisse des großen Ganzen sein; ohne daß eben der Grad der Vollständigkeit erfordert würde, welche die Empfindungs- und Bildungskraft voraussetzt.

Von den Verhältnissen des großen Ganzen, das uns umgibt, treffen nämlich immer so viele in allen Berührungspunkten unsres Organs zusammen, daß wir dies große Ganze dunkel in uns fühlen, ohne es doch selbst zu sein. Die in unser Wesen hineingesponnenen Verhältnisse jenes Ganzen streben, sich nach allen Seiten wieder auszudehnen; das Organ wünscht, sich nach allen Seiten bis ins Unendliche fortzusetzen. Es will das umgebende Ganze nicht nur in sich spiegeln, sondern, soweit es kann, selbst dies umgebende Ganze sein.

Daher ergreift jede höhere Organisation, ihrer Natur nach, die ihr untergeordnete und trägt sie in ihr Wesen über. Die Pflanze den unorganisierten Stoff durch bloßes Werden und Wachsen; das Tier die Pflanzen durch Werden, Wachsen und Genuß; der Mensch verwandelt nicht nur Tier und Pflanze durch Werden, Wachsen und Genuß in sein innres Wesen, sondern faßt zugleich alles, was seiner Organisation sich unterordnet, durch die unter allen am hellsten geschliffne, spiegelnde Oberfläche seines Wesens, in den Umfang seines Daseins auf und stellt es, wenn sein Organ sich bildend in sich selbst vollendet, verschönert außer sich wieder dar.

Wo nicht, so muß er das, was um ihn her ist, durch Zerstörung in den Umfang seines wirklichen Daseins ziehn und verheerend um sich greifen, so weit er kann, da einmal die reine unschuldige Beschauung seinen Durst nach ausgedehntem wirklichen Dasein nicht ersetzen kann.»

APRIL

Korrespondenz

Rom, den 10. April 1788

Noch bin ich in Rom mit dem Leibe, nicht mit der Seele. Sobald der Entschluß fest war abzugehen, hatte ich auch kein Interesse mehr, und ich wäre lieber schon vierzehn Tage fort. Eigentlich bleibe ich noch um Kaysers willen und um Burys willen. Ersterer muß noch einige Studien absolvieren, die er nur hier in Rom machen kann, noch einige Musikalien sammeln; der andere muß noch die Zeichnung zu einem Gemälde, nach meiner Erfindung, ins reine bringen, dabei er meines Rats bedarf.

Doch hab' ich den 21. oder 22. April zur Abreise festgesetzt.

Rom, den 11. April

Die Tage vergehn, und ich kann nichts mehr tun. Kaum mag ich noch etwas sehen; mein ehrlicher Meyer steht mir noch bei, und ich genieße noch zuletzt seines unterrichtenden Umgangs. Hätte ich Kaysern nicht bei mir, so hätte ich jenen mitgebracht. Wenn wir ihn nur ein Jahr gehabt hätten, so wären wir weit genug gekommen. Besonders hätte er bald über alle Skrupel im Köpfezeichnen hinausgeholfen.

Ich war mit meinem guten Meyer diesen Morgen in der französischen Akademie, wo die Abgüsse der besten Statuen des Altertums beisammen stehn. Wie könnt' ich ausdrücken, was ich hier, wie zum Abschied, empfand? In solcher Gegenwart wird man mehr als man ist; man fühlt, das Würdigste, womit man sich beschäftigen sollte, sei die menschliche Gestalt, die man hier in aller mannigfaltigen Herrlichkeit gewahr wird. Doch wer fühlt bei einem solchen Anblick nicht alsobald, wie unzulänglich er sei; selbst vorbereitet steht man wie vernichtet. Hatte ich doch Proportion, Anatomie, Regelmäßigkeit der Bewegung mir einigermaßen zu verdeutlichen gesucht, hier aber fiel mir nur zu sehr auf, daß die Form zuletzt alles einschließe, der Glieder Zweckmäßigkeit, Verhältnis, Charakter und Schönheit.

Rom, den 14. April

Die Verwirrung kann wohl nicht größer werden! Indem ich nicht abließ an jenem Fuß fort zu modellieren, ging mir auf, daß ich nunmehr Tasso unmittelbar angreifen müßte, zu dem sich denn auch meine Gedanken hinwendeten, ein willkommener Gefährte zur bevorstehenden Reise. Dazwischen wird eingepackt, und man sieht in solchem Augenblicke erst, was man alles um sich versammelt und zusammengeschleppt hat.

Bericht April

Meine Korrespondenz der letzten Wochen bietet wenig Bedeutendes; meine Lage war zu verwickelt zwischen Kunst und Freundschaft, zwischen Besitz und Bestreben, zwischen einer gewohnten Gegenwart und einer wieder neu anzugewöhnenden Zukunft. In diesen Zuständen konnten meine Briefe wenig enthalten; die Freude, meine alten geprüften Freunde wieder zu sehen, war nur mäßig ausgesprochen, der Schmerz des Loslösens dagegen kaum verheimlicht. Ich fasse daher in gegenwärtigen nachträglichen Bericht manches zusammen und nehme nur das auf, was aus jener Zeit mir, teils durch andere Papiere und Denkmale bewahrt, teils in der Erinnerung wieder hervorzurufen ist.

Tischbein verweilte noch immer in Neapel, ob er schon seine Zurückkunft im Frühling wiederholt angekündigt hatte. Es war sonst mit ihm gut leben, nur ein gewisser Tick ward auf die Länge beschwerlich. Er ließ nämlich alles was er zu tun vorhatte in einer Art Unbestimmtheit, wodurch er oft, ohne eigentlich bösen Willen, andere zu Schaden und Unlust brachte. So erging es mir nun auch in diesem Falle; ich mußte, wenn er zurückkehrte, um uns alle bequem logiert zu sehen, das Quartier verändern, und da die obere Etage unsers Hauses eben leer ward, säumte ich nicht sie zu mieten und sie zu beziehen, damit er bei seiner Ankunft in der untern alles bereit fände.

Die oberen Räume waren den unteren gleich, die hintere Seite jedoch hatte den Vorteil einer allerliebsten Aussicht über den Hausgarten und die Gärten der Nachbarschaft, welche, da unser Haus ein Eckhaus war, sich nach allen Seiten ausdehnte.

Hier sah man nun die verschiedensten Gärten regelmäßig durch Mauern getrennt, in unendlicher Mannigfaltigkeit gehalten und bepflanzt; dieses grünende und blühende Paradies zu verherrlichen trat überall die einfach edle Baukunst hervor: Gartensäle, Balkone, Terrassen, auch auf den höhern Hinterhäuschen eine offne Loge, dazwischen alle Baum- und Pflanzenarten der Gegend.

In unserm Hausgarten versorgte ein alter Weltgeistlicher eine Anzahl wohlgehaltener Zitronenbäume, von mäßiger Höhe, in verzierten Vasen von gebrannter Erde, welche im Sommer der freien Luft genossen, im Winter jedoch im Gartensaale verwahrt standen. Nach vollkommen geprüfter Reife wurden die Früchte sorgfältig abgenommen, jede einzeln in weiches Papier gewickelt, so zusammengepackt und versendet. Sie sind wegen besonderer Vorzüge im Handel beliebt. Eine solche Orangerie wird als ein kleines Kapital in bürgerlichen Familien betrachtet, wovon man alle Jahre die gewissen Interessen zieht.

Dieselbigen Fenster, aus welchen man so viel Anmut beim klarsten Himmel ungestört betrachtete, gaben auch ein vortreffliches Licht zu Beschauung malerischer Kunstwerke.

Soeben hatte Kniep verschiedene Aquarellzeichnungen, ausgeführt nach Umrissen, die er auf unsrer Reise durch Sizilien sorgfältig zog, verabredetermaßen eingesendet, die nunmehr bei dem günstigsten Licht allen Teilnehmenden zu Freude und Bewunderung gereichten. Klarheit und luftige Haltung ist vielleicht in dieser Art keinem besser gelungen als ihm, der sich mit Neigung gerade hierauf geworfen hatte. Die Ansicht dieser Blätter bezauberte wirklich, denn man glaubte die Feuchte des Meers, die blauen Schatten der Felsen, die gelbrötlichen Töne der Gebirge, das Verschweben der Ferne in dem glanzreichsten Himmel wieder zu sehen, wieder zu empfinden. Aber nicht allein diese Blätter erschienen in solchem Grade günstig, jedes Gemälde, auf dieselbe Staffelei, an denselben Ort gestellt, erschien wirksamer und auffallender; ich erinnere mich, daß einigemal, als ich ins Zimmer trat, mir ein solches Bild wie zauberisch entgegen wirkte.

Das Geheimnis einer günstigen oder ungünstigen, direkten oder indirekten atmosphärischen Beleuchtung war damals noch nicht entdeckt, sie selbst aber durchaus gefühlt, angestaunt und als nur zufällig und unerklärbar betrachtet.

Diese neue Wohnung gab nun Gelegenheit, eine Anzahl von Gipsabgüssen, die sich nach und nach um uns gesammelt hatten, in freundlicher Ordnung und gutem Lichte aufzustellen, und man genoß jetzt erst eines höchst würdigen Besitzes. Wenn man, wie in Rom der Fall ist, sich immerfort in Gegenwart plastischer Kunstwerke der Alten befindet, so fühlt man sich, wie in Gegenwart der Natur, vor einem Unendlichen, Unerforschlichen. Der Eindruck des Erhabenen, des Schönen, so wohltätig er auch sein mag, beunruhigt uns, wir wünschen unsre Gefühle, unsre Anschauung in Worte zu fassen: dazu müßten wir aber erst erkennen, einsehen, begreifen; wir fangen an zu sondern, zu unterscheiden, zu ordnen, und auch dieses finden wir, wo nicht unmöglich doch höchst schwierig, und so kehren wir endlich zu einer schauenden und genießenden Bewunderung zurück.

Überhaupt aber ist dies die entschiedenste Wirkung aller Kunstwerke, daß sie uns in den Zustand der Zeit und der Individuen versetzen, die sie hervorbrachten. Umgeben von antiken Statuen empfindet man sich in einem bewegten Naturleben, man wird die Mannigfaltigkeit der Menschengestaltung gewahr und durchaus auf den Menschen in seinem reinsten Zustande zurückgeführt, wodurch denn der Beschauer selbst lebendig und rein menschlich wird. Selbst die Bekleidung, der Natur angemessen, die Gestalt gewissermaßen noch hervorhebend, tut im allgemeinen Sinne wohl. Kann man dergleichen Umgebung in Rom tagtäglich genießen, so wird man zugleich habsüchtig darnach; man verlangt solche Gebilde neben sich aufzustellen, und gute Gipsabgüsse, als die eigentlichsten Faksimiles, geben hiezu die beste Gelegenheit. Wenn man des Morgens die Augen aufschlägt, fühlt man sich von dem Vortrefflichsten gerührt; alles unser Denken und Sinnen ist von solchen Gestalten begleitet, und es wird dadurch unmöglich, in Barbarei zurückzufallen.

Den ersten Platz bei uns behauptete Juno Ludovisi, um desto höher geschätzt und verehrt, als man das Original nur selten, nur zufällig zu sehen bekam und man es für ein Glück achten mußte, sie immerwährend vor Augen zu haben; denn keiner unsrer Zeitgenossen, der zum erstenmal vor sie hintritt, darf behaupten, diesem Anblick gewachsen zu sein.

Noch einige kleinere Junonen standen zur Vergleichung neben ihr, vorzüglich Büsten Jupiters und, um anderes zu übergehen, ein guter alter Abguß der Medusa Rondanini; ein wundersames Werk, das, den Zwiespalt zwischen Tod und Leben, zwischen Schmerz und Wollust ausdrückend, einen unnennbaren Reiz wie irgendein anderes Problem über uns ausübt.

Doch erwähn' ich noch eines Herkules Anax, so kräftig

und groß, als verständig und mild; sodann eines allerliebsten Merkur, deren beider Originale sich jetzt in England befinden.

Halberhobene Arbeiten, Abgüsse von manchen schönen Werken gebrannter Erde, auch die ägyptischen, von dem Gipfel des großen Obelisk genommen, und was nicht sonst an Fragmenten, worunter einige marmorne waren, standen wohl eingereiht umher.

Ich spreche von diesen Schätzen, welche nur wenige Wochen in die neue Wohnung gereiht standen, wie einer, der sein Testament überdenkt, den ihn umgebenden Besitz mit Fassung, aber doch gerührt ansehen wird. Die Umständlichkeit, die Bemühung und Kosten und eine gewisse Unbehüflichkeit in solchen Dingen hielten mich ab, das Vorzüglichste sogleich nach Deutschland zu bestimmen. Juno Ludovisi war der edlen Angelika zugedacht, weniges andere den nächsten Künstlern, manches gehörte noch zu den Tischbeinischen Besitzungen, anderes sollte unangetastet bleiben und von Bury, der das Quartier nach mir bezog, nach seiner Weise benutzt werden.

Indem ich dieses niederschreibe, werden meine Gedanken in die frühsten Zeiten hingeführt und die Gelegenheiten hervorgerufen, die mich anfänglich mit solchen Gegenständen bekannt machten, meinen Anteil erregten, bei einem völlig ungenügenden Denken einen überschwenglichen Enthusiasmus hervorriefen und die grenzenlose Sehnsucht nach Italien zur Folge hatten.

In meiner frühsten Jugend ward ich nichts Plastisches in meiner Vaterstadt gewahr; in Leipzig machte zuerst der gleichsam tanzend auftretende, die Zymbeln schlagende Faun einen tiefen Eindruck, so daß ich mir den Abguß noch jetzt in seiner Individualität und Umgebung denken kann. Nach einer langen Pause ward ich auf einmal in das volle Meer gestürzt, als ich mich von der Mannheimer Sammlung, in dem von oben wohlbeleuchteten Saale, plötzlich umgeben sah.

Nachher fanden sich Gipsgießer in Frankfurt ein, sie hatten sich mit manchen Originalabgüssen über die Alpen begeben, welche sie sodann abformten und die Originale für einen leidlichen Preis abließen. So erhielt ich einen ziemlich guten Laokoonskopf, Niobes Töchter, ein Köpfchen, später für eine Sappho angesprochen, und noch sonst einiges. Diese edlen Gestalten waren eine Art von heimlichem Gegengift, wenn das Schwache, Falsche, Manierierte über mich zu gewinnen drohte. Eigentlich aber empfand ich immer innerliche Schmerzen eines unbefriedigten, sich aufs Unbekannte beziehenden, oft gedämpften und immer wieder auflebenden Verlangens. Groß war der Schmerz daher, als ich, aus Rom scheidend, von dem Besitz des endlich Erlangten, sehnlichst Gehofften mich lostrennen sollte.

Die Gesetzlichkeit der Pflanzenorganisation, die ich in Sizilien gewahr worden, beschäftigte mich zwischen allem durch, wie es Neigungen zu tun pflegen, die sich unsres Innern bemächtigen und sich zugleich unsern Fähigkeiten angemessen erzeigen. Ich besuchte den botanischen Garten, welcher, wenn man will, in seinem veralteten Zustande geringen Reiz ausübte, auf mich aber doch, dem vieles was er dort vorfand neu und unerwartet schien, einen günstigen Einfluß hatte. Ich nahm daher Gelegenheit, manche seltenere Pflanzen um mich zu versammeln und meine Betrachtungen darüber fortzusetzen, sowie die von mir aus Samen und Kernen erzogenen fernerhin pflegend zu beobachten.

In diese letzten besonders wollten bei meiner Abreise mehrere Freunde sich teilen. Ich pflanzte den schon einigermaßen erwachsenen Piniensprößling, Vorbildchen eines künftigen Baumes, bei Angelika in den Hausgarten, wo er durch manche Jahre zu einer ansehnlichen Höhe gedieh, wovon mir teilnehmende Reisende, zu wechselseitigem Vergnügen, wie auch von meinem Andenken an jenem Platze, gar manches zu erzählen wußten. Leider fand der nach dem Ableben jener unschätzbaren Freundin eintretende neue Besitzer es unpassend, auf seinen Blumenbeeten ganz unörtlich Pinien hervorwachsen zu sehen. Späterhin fanden wohlwollende, darnach forschende Reisende die Stelle leer und hier wenigstens die Spur eines anmutigen Daseins ausgelöscht.

Glücklicher waren einige Dattelpflanzen, die ich aus Kernen gezogen hatte. Wie ich denn überhaupt die merkwürdige Entwicklung derselben, durch Aufopferung mehrerer Exemplare, von Zeit zu Zeit beobachtete; die überbliebenen, frisch aufgeschossenen, übergab ich einem römischen Freunde, der sie in einen Garten der Sixtinischen Straße pflanzte, wo sie noch am Leben sind, und zwar bis zur Manneshöhe herangewachsen, wie ein erhabener Reisender mir zu versichern die Gnade hatte. Mögen sie den Besitzern nicht unbequem werden und fernerhin zu meinem Andenken grünen, wachsen und gedeihen.

Auf dem Verzeichnisse, was vor der Abreise von Rom allenfalls nachzuholen sein möchte, fanden sich zuletzt sehr disparate Gegenstände, die Cloaca Massima und die Katakomben bei San Sebastian. Die erste erhöhte wohl noch den kolossalen Begriff, wozu uns Piranesi vorbereitet hatte; der Besuch des zweiten Lokals geriet jedoch nicht zum besten, denn die ersten Schritte in diese dumpfigen Räume erregten mir alsobald ein solches Mißbehagen, daß ich sogleich wieder ans Tageslicht hervorstieg und dort, im Freien, in einer ohnehin unbekannten fernen Gegend der Stadt die Rückkunft der übrigen Gesellschaft abwartete, welche, gefaßter als ich, die dortigen Zustände getrost beschauen mochte.

In dem großen Werke: Roma sotterranea, di Antonio Bosio, Romano, belehrt' ich mich lange Zeit nachher umständlich von allem dem was ich dort gesehen, oder auch wohl nicht gesehen hätte, und glaubte mich dadurch hinlänglich entschädigt.

Eine andere Wallfahrt wurde dagegen mit mehr Nutzen und Folge unternommen: es war zu der Akademie Santa Luca, dem Schädel Raffaels unsre Verehrung zu bezeigen, welcher dort als ein Heiligtum aufbewahrt wird, seitdem er aus dem Grabe dieses außerordentlichen Mannes, das man bei einer baulichen Angelegenheit eröffnet hatte, daselbst entfernt und hierher gebracht worden.

Ein wahrhaft wundersamer Anblick! Eine so schön als nur denkbar zusammengefaßte und abgerundete Schale, ohne eine Spur von jenen Erhöhungen, Beulen und Bukkeln, welche, später an andern Schädeln bemerkt, in der Gallischen Lehre zu so mannigfaltiger Bedeutung geworden sind. Ich konnte mich von dem Anblick nicht losreißen und bemerkte beim Weggehen, wie bedeutend es für Natur- und Kunstfreunde sein müßte, einen Abguß davon zu haben, wenn es irgend möglich wäre. Hofrat Reiffenstein, dieser einflußreiche Freund, gab mir Hoffnung und erfüllte sie nach einiger Zeit, indem er mir wirklich einen solchen Abguß nach Deutschland sendete, dessen Anblick mich noch oft zu den mannigfaltigsten Betrachtungen aufruft.

Das liebenswürdige Bild von des Künstlers Hand, Sankt Lukas, dem die Mutter Gottes erscheint, damit er sie in ihrer vollen göttlichen Hoheit und Anmut wahr und natürlich darstellen möge, gewährte den heitersten Anblick. Raffael selbst, noch jung, steht in einiger Entfernung und sieht dem Evangelisten bei der Arbeit zu. Anmutiger kann man wohl nicht einen Beruf, zu dem man sich entschieden hingezogen fühlt, ausdrücken und bekennen.

Pietro da Cortona war ehmals der Besitzer dieses Werks und hat solches der Akademie vermacht. Es ist freilich an manchen Stellen beschädigt und restauriert, aber doch immer ein Gemälde von bedeutendem Wert.

In diesen Tagen jedoch ward ich durch eine ganz eigene Versuchung geprüft, die meine Reise zu verhindern und mich in Rom aufs neue zu fesseln drohte. Es kam nämlich von Neapel Herr Antonio Rega, Künstler und ebenfalls Kunsthändler, zu Freund Meyer, ihm vertraulich ankündigend: er sei mit einem Schiffe hier angekommen, welches draußen an Ripa grande liege, wohin er ihn mitzugehen hiedurch einlade, denn er habe auf demselben eine bedeutende antike Statue, jene Tänzerin oder Muse, welche in Neapel im Hofe des Palasts Caraffa Colombrano nebst andern in einer Nische seit undenklichen Jahren gestanden und durchaus für ein gutes Werk gehalten worden sei. Er wünsche diese zu verkaufen, aber in der Stille, und frage deshalb an: ob nicht etwa Herr Meyer selbst oder einer seiner vertrauten Freunde sich zu diesem Handel entschließen könnte? Er biete das edle Kunstwerk zu einem auf alle Fälle höchst mäßigen Preise von dreihundert Zechinen, welche Forderung sich ohne Frage erhöhen möchte, wenn man nicht in Betracht der Verkäufer und des Käufers mit Vorsicht zu verfahren Ursache hätte.

Mir ward die Sache sogleich mitgeteilt und wir eilten selbdritte zu dem von unsrer Wohnung ziemlich entfernten Landungsplatz. Rega hub sogleich ein Brett von der Kiste, die auf dem Verdeck stand, und wir sahen ein allerliebstes Köpfchen, das noch nie vom Rumpfe getrennt gewesen, unter freien Haarlocken hervorblickend, und nach und nach aufgedeckt eine lieblich bewegte Gestalt, im anständigsten Gewande, übrigens wenig versehrt und die eine Hand vollkommen gut erhalten.

Sogleich erinnerten wir uns recht gut, sie an Ort und Stelle gesehen zu haben, ohne zu ahnen, daß sie uns je so nah kommen könnte.

Hier nun fiel uns ein, und wem hätte es nicht einfallen sollen: gewiß, sagten wir, wenn man ein ganzes Jahr mit bedeutenden Kosten gegraben hätte und zuletzt auf einen solchen Schatz gestoßen wäre, man hätte sich höchst glücklich gefunden. Wir konnten uns kaum von der Betrachtung losreißen, denn ein so reines wohlerhaltenes Altertum in einem leicht zu restaurierenden Zustande kam uns wohl niemals zu Gesicht. Doch schieden wir zuletzt mit Vorsatz und Zusage, baldigste Antwort vernehmen zu lassen.

Wir waren beiderseits in einem wahrhaften Kampf begriffen, es schien uns in mancher Betrachtung unrätlich diesen Ankauf zu machen; wir entschlossen uns daher, den Fall der guten Frau Angelika zu melden, als wohl vermögend zum Ankauf und durch ihre Verbindung zu Restauration und sonstigen Vorkommenheiten hinlänglich geeignet. Meyer übernahm die Meldung, wie früher die wegen des Bildes von Daniel von Volterra, und wir hofften deshalb das beste Gelingen. Allein die umsichtige Frau, mehr aber noch der ökonomische Gemahl lehnten das Geschäft ab, indem sie wohl auf Malereien bedeutende Summen verwendeten, sich aber auf Statuen einzulassen keineswegs den Entschluß fassen könnten.

Nach dieser ablehnenden Antwort wurden wir nun wieder zu neuer Überlegung aufgeregt; die Gunst des Glückes schien ganz eigen; Meyer betrachtete den Schatz noch einmal und überzeugte sich, daß das Bildwerk nach seinen Gesamtzeichen wohl als griechische Arbeit anzuerkennen sei, und zwar geraume Zeit vor Augustus hinauf, vielleicht bis an Hiero II. geordnet werden könnte.

Den Kredit hatte ich wohl, dieses bedeutende Kunstwerk anzuschaffen, Rega schien sogar auf Stückzahlung eingehen zu wollen, und es war ein Augenblick, wo wir uns schon im Besitz des Bildnisses und solches in unserm großen Saal wohlbeleuchtet aufgestellt zu sehen glaubten.

Wie aber denn doch zwischen einer leidenschaftlichen Liebesneigung und einem abzuschließenden Heiratskontrakt noch manche Gedanken sich einzudringen pflegen, so war es auch hier, und wir durften ohne Rat und Zustimmung unsrer edlen Kunstverwandten, des Herrn Zucchi und seiner wohlmeinenden Gattin, eine solche Verbindung nicht unternehmen, denn eine Verbindung war es im ideell-pygmalionischen Sinne, und ich leugne nicht, daß der Gedanke, dieses Wesen zu besitzen, bei mir tiefe Wurzel gefaßt hatte. Ja, als ein Beweis, wie sehr ich mir hierin schmeichelte, mag das Bekenntnis gelten, daß ich dieses Ereignis als einen Wink höherer Dämonen ansah, die mich in Rom festzuhalten und alle Gründe, die mich zum Entschluß der Abreise vermocht, auf das tätigste niederzuschlagen gedächten.

Glücklicherweise waren wir schon in den Jahren, wo die Vernunft dem Verstand in solchen Fällen zu Hülfe zu kommen pflegt, und so mußte denn Kunstneigung, Besitzeslust und was ihnen sonst beistand, Dialektik und Aberglaube, vor den guten Gesinnungen weichen, welche die edle Freundin Angelika mit Sinn und Wohlwollen an uns zu wenden die Geneigtheit hatte. Bei ihren Vorstellungen traten daher aufs klarste die sämtlichen Schwierigkeiten und Bedenklichkeiten an den Tag, die sich einem solchen Unternehmen entgegen stellten. Ruhige, bisher den Kunst- und Altertumsstudien sich widmende Männer griffen auf einmal in den Kunsthandel ein und erregten die Eifersucht der zu solchem Geschäft herkömmlich Berechtigten. Die Schwierigkeiten der Restauration seien mannigfaltig, und es frage sich, inwiefern man dabei werde billig und redlich bedient werden. Wenn ferner bei der Absendung auch alles in möglichster Ordnung gehe, so könnten doch wegen der Erlaubnis der Ausfuhr eines solchen Kunstwerkes am Schluß noch Hindernisse entstehen und was alsdann noch wegen der Überfahrt und des Anlandens und Ankommens zu Hause alles noch für Widerwärtigkeiten zu befürchten seien. Über solche Betrachtungen, hieß es, gehe der Handelsmann hinaus, sowohl Mühe als Gefahr setze sich in einem großen Ganzen ins Gleichgewicht, dagegen sei ein einzelnes Unternehmen dieser Art auf jede Weise bedenklich.

Durch solche Vorstellungen wurde denn nach und nach Begierde, Wunsch und Vorsatz gemildert, geschwächt, doch niemals ganz ausgelöscht, besonders da sie endlich zu großen Ehren gelangte; denn sie steht gegenwärtig im Museo Pio-Clementino in einem kleinen angebauten aber mit dem Museum in Verbindung stehenden Kabinett, wo im Fußboden die wunderschönen Mosaiken von Masken und Laubgewinden eingesetzt sind. Die übrige Gesellschaft von Statuen in jenem Kabinett besteht erstens aus der auf der Ferse sitzenden Venus, an deren Base der Name des Bupalus eingegraben steht; zweitens ein sehr schöner kleiner Ganymedes; drittens die schöne Satue eines Jünglings, dem, ich weiß nicht ob mit Recht, der Name Adonis beigelegt wird; viertens ein Faun aus Rosso Antico; fünftens der ruhig stehende Discobolus.

Visconti hat im dritten, gedachten Museum gewidmeten Bande dieses Denkmal beschrieben, nach seiner Weise erklärt und auf der dreißigsten Tafel abbilden lassen; da denn jeder Kunstfreund mit uns bedauern kann, daß es uns nicht gelungen, sie nach Deutschland zu schaffen und sie irgendeiner vaterländischen großen Sammlung hinzuzugesellen.

Man wird es natürlich finden, daß ich bei meinen Abschiedsbesuchen jene anmutige Mailänderin nicht vergaß. Ich hatte die Zeit her von ihr manches Vergnügliche gehört: wie sie mit Angelika immer vertrauter geworden und sich in der höhern Gesellschaft, wohin sie dadurch gelangt, gar gut zu benehmen wisse. Auch konnte ich die Vermutung nähren und den Wunsch, daß ein wohlhabender junger Mann, welcher mit Zucchis im besten Vernehmen stand, gegen ihre Anmut nicht unempfindlich und ernstere Absichten durchzuführen nicht abgeneigt sei.

Nun fand ich sie im reinlichen Morgenkleide, wie ich sie zuerst in Castel Gandolfo gesehen; sie empfing mich mit offner Anmut und drückte, mit natürlicher Zierlichkeit, den wiederholten Dank für meine Teilnahme gar liebenswürdig aus. «Ich werd' es nie vergessen», sagte sie, «daß ich, aus Verwirrung mich wieder erholend, unter den anfragenden geliebten und verehrten Namen auch den eurigen nennen hörte; ich forschte mehrmals, ob es denn auch wahr sei? Ihr setztet eure Erkundigungen durch mehrere Wochen fort, bis endlich mein Bruder euch besuchend für uns beide danken konnte. Ich weiß nicht, ob er's ausgerichtet hat, wie ich's ihm auftrug, ich wäre gern mitgegangen, wenn sich's geziemte.» Sie fragte nach dem Weg, den ich nehmen wollte, und als ich ihr meinen Reiseplan vorerzählte, versetzte sie: «Ihr seid glücklich so reich zu sein, daß ihr euch dies nicht zu versagen braucht; wir andern müssen uns in die Stelle finden, welche Gott und seine Heiligen uns angewiesen. Schon lange seh' ich vor meinem Fenster Schiffe kommen und abgehen, ausladen und einladen; das ist unterhaltend, und ich denke manchmal, woher und wohin das alles?» Die Fenster gingen gerade auf die Treppen von Ripetta, die Bewegung war eben sehr lebhaft.

Sie sprach von ihrem Bruder mit Zärtlichkeit, freute sich seine Haushaltung ordentlich zu führen, ihm möglich zu machen, daß er, bei mäßiger Besoldung, noch immer etwas zurück in einem vorteilhaften Handel anlegen könne; genug, sie ließ mich zunächst mit ihren Zuständen durchaus vertraut werden. Ich freute mich ihrer Gesprächigkeit; denn eigentlich macht' ich eine gar wunderliche Figur, indem ich schnell alle Momente unsres zarten Verhältnisses, vom ersten Augenblick an bis zum letzten, mir wieder vorzurollen gedrängt war. Nun trat der Bruder herein, und der Abschied schloß sich in freundlicher mäßiger Prosa.

Als ich vor die Türe kam, fand ich meinen Wagen ohne den Kutscher, den ein geschäftiger Knabe zu holen lief. Sie sah heraus zum Fenster des Entresols, den sie in einem stattlichen Gebäude bewohnten; es war nicht gar hoch, man hätte geglaubt, sich die Hand reichen zu können.

«Man will mich nicht von euch wegführen, seht ihr», rief ich aus, «man weiß, so scheint es, daß ich ungern von euch scheide.»

Was sie darauf erwiderte, was ich versetzte, den Gang des anmutigsten Gespräches, das, von allen Fesseln frei, das Innere zweier sich nur halbbewußt Liebenden offenbarte, will ich nicht entweihen durch Wiederholung und Erzählung; es war ein wunderbares, zufällig eingeleitetes, durch innern Drang abgenötigtes lakonisches Schlußbekenntnis der unschuldigsten und zartesten wechselseitigen Gewogenheit, das mir auch deshalb nie aus Sinn und Seele gekommen ist.

Auf eine besonders feierliche Weise sollte jedoch mein Abschied aus Rom vorbereitet werden; drei Nächte vorher stand der volle Mond am klarsten Himmel, und ein Zauber, der sich dadurch über die ungeheure Stadt verbreitet, so oft empfunden, ward nun aufs eindringlichste fühlbar. Die großen Lichtmassen, klar, wie von einem milden Tage beleuchtet, mit ihren Gegensätzen von tiefen Schatten, durch Reflexe manchmal erhellt, zur Ahnung des einzelnen, setzen uns in einen Zustand wie von einer andern einfachern größern Welt.

Nach zerstreuenden, mitunter peinlich zugebrachten Tagen, macht' ich den Umgang mit wenigen Freunden einmal ganz allein. Nachdem ich den langen Corso, wohl zum letztenmal, durchwandert hatte, bestieg ich das Kapitol, das wie ein Feenpalast in der Wüste dastand. Die Statue Marc Aurels rief den Kommandeur in Don Juan zur Erinnerung und gab dem Wanderer zu verstehen, daß er etwas Ungewöhnliches unternehme. Dessenungeachtet ging ich die hintere Treppe hinab. Ganz finster, finstern Schatten werfend, stand mir der Triumphbogen des Septimius Severus entgegen; in der Einsamkeit der Via Sacra erschienen die sonst so bekannten Gegenstände fremdartig und geisterhaft. Als ich aber den erhabenen Resten des Colosseums mich näherte und in dessen verschlossenes Innere durchs Gitter hineinsah, darf ich nicht leugnen, daß mich ein Schauer überfiel und meine Rückkehr beschleunigte.

Alles Massenhafte macht einen eignen Eindruck zugleich als erhaben und faßlich, und in solchen Umgängen zog ich gleichsam ein unübersehbares summa summarum meines ganzen Aufenthaltes. Dieses in aufgeregter Seele tief und groß empfunden, erregte eine Stimmung, die ich heroisch-elegisch nennen darf, woraus sich in poetischer Form eine Elegie zusammenbilden wollte.

Und wie sollte mir gerade in solchen Augenblicken Ovids Elegie nicht ins Gedächtnis zurückkehren, der, auch verbannt, in einer Mondnacht Rom verlassen sollte. Cum repeto noctem! seine Rückerinnerung, weit hinten am Schwarzen Meere, im trauer- und jammervollen Zustande, kam mir nicht aus dem Sinn, ich wiederholte das Gedicht, das mir teilweise genau im Gedächtnis hervorstieg, aber mich wirklich an eigner Produktion irre werden ließ und hinderte; die auch, später unternommen, niemals zustande kommen konnte.

Wandelt von jener Nacht mir das traurige Bild vor die Seele,
Welche die letzte für mich ward in der römischen Stadt,
Wiederhol' ich die Nacht, wo des Teuren soviel mir zurückblieb,
Gleitet vom Auge mir noch jetzt eine Träne herab.
Und schon ruhten bereits die Stimmen der Menschen und Hunde,
Luna sie lenkt' in der Höh' nächtliches Rossegespann.
Zu ihr schaut' ich hinan, sah dann kapitolische Tempel,
Welchen umsonst so nah unsere Laren gegrenzt.

Cum subit illius tristissima noctis imago,
Quae mihi supremum tempus in Urbe fuit;
Cum repeto noctem, qua tot mihi cara reliqui;
Labitur ex oculis nunc quoque gutta meis.
Iamque quiescebant voces hominumque canumque:
Lunaque nocturnos alta regebat equos.
Hanc ego suspiciens, et ab hac Capitolia cernens,
Quae nostro frustra iuncta fuere Lari.

SCHWEIZER REISEN

TAGEBUCH

[REISETAGEBUCH NACH DER SCHWEIZ]

den 15. Junius 1775. Donnerstags morgen aufm Zürichersee.

Ohne Wein kan's uns auf Erden
Nimmer wie dreyhundert werden
Ohne Wein u. ohne Weiber
Hohl der Teufel unsre Leiber.
[*Wozu sind wohl Apollos*] Affen
[*Als wie zu bouts rimés*] geschaffen
[*Sie halten oft gleich einer*] Laus
[*In Clios Haar und Pomade*] Schmaus.

Ich saug an meiner Nabelschnur
Nun Nahrung aus der Welt.
Und herrlich rings ist die Natur
Die mich am Busen hält.
Die Welle wieget unsern Kahn
Im Rudertackt hinauf
Und Berge Wolcken angethan
Entgegnen unserm Lauf.

Aug mein Aug was sinckst du nieder
Goldne Träume kommt ihr wieder
Weg du Traum so Gold du bist
Hier auch Lieb und Leben ist.
Auf der Welle blincken
Tausend schwebende Sterne
Liebe Nebel trincken
Rings die türmende Ferne
Morgenwind umflügelt
Die beschattete Bucht
Und im See bespiegelt
Sich die reifende Frucht

Vom Berge in die See
Vid. das Privat Archiv des Dichters
Lit. L.

Wenn ich liebe Lili dich nicht liebte
Welche Wonne gäb mir dieser Blick
Und doch wenn ich Lili dich nicht liebt
Wär! Was Wär mein Glück.

d. 16. Abends ¾ auf 8 dem Schwizer hocken gegenüber. den ersten nahen schnee. Schnee gegen über. Awfull. Tiefe Tanne im Thal.

Nachts zehn in Schweiz. Müd und munter vom Berg ab springen voll Dursts u. lachens. Gejauchtzt bis zwölf.

d. 17. Morgens der Hocken vor dem Fenster. Wolcken dran auf.

Um 1 Uhr N. M. v. Schwiz weg nach dem Rigi.

2 Uhr aufm Lauerzer See. Hoher herrlicher Sonnenschein. Für lauter Wollust sah gar nichts (Zwey Maidle fuhren uns) Insel ehmalige Wohnung des Zwingherrn. Jezt ein Waldbruder / ausgestiegen Lauerz verlohrnes Halstuch gefunden Rigi bestiegen ½8 bey der Mutter Gottes zum Schnee. 3 Wirthsh. 5 Cap im Closter. im Ochsen.

18. Sontags früh gezeichnet die Capellen vom Ochsen aus. um zwölf nach dem kalten Bad oder 3 schwestern Brunn dann die Höhe ½3 Uhr in Wolcken und Nebel rings die Herlichkeit der Welt.

8 Uhr wieder zurück. vor der Ochsen Thüre gebackner Fisch u. Eier. / das Klocken gebimmel des Wasserfalls Rauschen der Brunnröhre Plätschern Waldhorn.

19. früh ½7 aufwärts dann hinab an vier Waldstätter See. Auf dem See von Izenach nach Gersau zu Mittag im Wirthsh. am See. gegen zwey dem Grüdli über wo die 3 Tellen schwuren drauf an der Tellen Platte wo Tell aussprang. Drauf 3 Uhr in Flüely wo er eingeschifft ward. 4 Uhr in Aldorf wo er den Apfel abschoss.

20 $\frac{1}{2}$7 nach dem Steeg. Fische gebachen geschmackt gebadet im Schnee Wasser. 3 Uhr fort. berg auf. Schnee Laue. Saumross. Schneehölen. Steeg. Grose Fichten. Abgrund. $\frac{1}{2}$8. in Wasen. Strahlen.

21. halb 7. aufwärts. allmächtig schröcklich.

Geschten. gezeichnet. Noth und Müh und schweis. Teufelsbrücke u. der Teufel. Schwizen u. Matten u. Sinkken biss ans Urner Loch hinaus u. belebung im Thal. an der Matte trefflicher Käss. Sauwohl u Projeckte.

ab 35 Min auf 4. Schnee nackter Fels u Moos u Sturmwind u Wolcken. Das Gerausch des Wasserfalls der Saumrosse Klingeln. Öde wie im Thale des Todts—mit Gebeinen besäet Nebel See.

eine Stunde aus dem Liviner Thal ins Urseler. Das mag das Drachen Thal genannt werden— Einer der herlichsten Wasserfälle der gantzen Gegend

D. U V. D. G. v. B. s—st. D.

Speranza—dass die Hunde ein Küssen finden die hier verlohren sind

am Steeg
Waldstieg auf Wasen
Teufelstein
Felsweg geht an auf
Geschener Alp
Teufelsbrücke
Urner Loch
Liebliche Thal
Drachen Thal
Wüste pp schnee
Capelle

Und dem entgegnenden Priester wird sich ihr Antlitz erheitern
doch mir stehen fest die hohen Gebeine so stehn sie
Nur dem säulgebeineten Engel in Pathmos erscheinung.

Wie ich dir s biete so habs.

Dass es der Erde so sauwohl und so weh ist zugleich.

Es ist kein sichrer Mittel die Welt für Narren zu halten als sich albern zu stellen

Und die ewig verderbliche Liebe

Ein Tag wie die ewigen Götter sich selbst erwählt zu gehen

Wenn meine Gedancken Federn wären und den Weeg ab Pergamente von Engeln auf und ab gerollt.

dass

Unmittelbaarer Ausdruck von der Natur

um sein selbst willen

[MERKWORTE FÜR ZEICHNUNGEN]

Das nächste hel und deutlich Alp
Schnee im Vordergrund und weise Runsen
Tannen auf dem Rücken ab
Berge gegen über mit Tannen reihen
deutlich in der Sonne schwarz die Tannen
Seen grün u. duncklich
Zwischen allem Wolcken
Über allem Wolcken
Der Abstich des Trüben und klaren
Das Trübe hell das klare schwarz fest bestimmt
NB NB die Contraste die Waldbewachsenen finsteren Gipfel des Berges die Wolcke licht die sich drauf aufhebt
Der See heller als der Nebel hoch
duncklер ab
Das Buschig Gehauene der Berge

Das bröckliche Absincken des Rasen durch Schnee und Gewässer. An den Tag kommen Felsen zusammen gebacken von Fluss steinen

Fichten die Wurzelfassen und stürzen von den Felsen wenn der Rasen nicht mehr halten kann

Meist kleine Fichten halbwüchsige viel gestürzte starcke.

Das streifigte der bewachsnen Felsen vom Ablaufen des Wassers.

Die Entdeckung des festen Felsen vom gesunckenen Rasen

Oben Fichten tiefer ab Buchen, Ahorn, tiefer Nusbäume.

Münster, den 3. Oktober, Sonntag abends

Von Basel erhalten Sie ein Paket, das die Geschichte unsrer bisherigen Reise enthält, indessen wir unsern Zug durch die Schweiz nun ernstlich fortsetzen. Auf dem Wege nach Biel ritten wir das schöne Birstal herauf und kamen endlich an den engen Paß der hierher führt.

Durch den Rücken einer hohen und breiten Gebirgskette hat die Birs, ein mäßiger Fluß, sich einen Weg von uralters gesucht. Das Bedürfnis mag nachher durch ihre Schluchten ängstlich nachgeklettert sein. Die Römer erweiterten schon den Weg, und nun ist er sehr bequem durchgeführt. Das über Felsstücke rauschende Wasser und der Weg gehen nebeneinander hin und machen an den meisten Orten die ganze Breite des Passes, der auf beiden Seiten von Felsen beschlossen ist, die ein gemächlich aufgehobenes Auge fassen kann. Hinterwärts heben Gebirge sanft ihre Rücken, deren Gipfel uns vom Nebel bedeckt waren.

Bald steigen aneinander hängende Wände senkrecht auf, bald streichen gewaltige Lagen schief nach dem Fluß und dem Weg ein, breite Massen sind aufeinander gelegt, und gleich daneben stehen scharfe Klippen abgesetzt. Große Klüfte spalten sich aufwärts, und Platten von Mauerstärke haben sich von dem übrigen Gesteine losgetrennt. Einzelne Felsstücke sind herunter gestürzt, andere hängen noch über und lassen nach ihrer Lage fürchten, daß sie dereinst gleichfalls herein kommen werden.

Bald rund, bald spitz, bald bewachsen, bald nackt, sind die Firsten der Felsen, wo oft noch oben drüber ein einzelner Kopf kahl und kühn herüber sieht, und an Wänden und in der Tiefe schmiegen sich ausgewitterte Klüfte hinein.

Mir machte der Zug durch diese Enge eine große ruhige Empfindung. Das Erhabene gibt der Seele die schöne Ruhe, sie wird ganz dadurch ausgefüllt, fühlt sich so groß als sie sein kann. Wie herrlich ist ein solches reines Gefühl, wenn es bis gegen den Rand steigt ohne überzulaufen. Mein Auge und meine Seele konnten die Gegenstände fassen, und da ich rein war, diese Empfindung nirgends falsch widerstieß, so wirkten sie was sie sollten. Vergleicht man solch ein Gefühl mit jenem, wenn wir uns mühselig im Kleinen umtreiben, alles aufbieten, diesem so viel als möglich zu borgen und aufzuflicken, und unserm Geist durch seine eigne Kreatur Freude und Futter zu bereiten; so sieht man erst, wie ein armseliger Behelf es ist.

Ein junger Mann, den wir von Basel mitnahmen, sagte: es sei ihm lange nicht wie das erste Mal, und gab der Neuheit die Ehre. Ich möchte aber sagen: wenn wir einen solchen Gegenstand zum ersten Mal erblicken, so weitet sich die ungewohnte Seele erst aus, und es macht dies ein schmerzlich Vergnügen, eine Überfülle, die die Seele bewegt und uns wollüstige Tränen ablockt. Durch diese Operation wird die Seele in sich größer, ohne es zu wissen, und ist jener ersten Empfindung nicht mehr fähig. Der Mensch glaubt verloren zu haben, er hat aber gewonnen. Was er an Wollust verliert, gewinnt er an innerm Wachstum. Hätte mich nur das Schicksal in irgend einer großen Gegend heißen wohnen, ich wollte mit jedem Morgen Nahrung der Großheit aus ihr saugen, wie aus einem lieblichen Tal Geduld und Stille.

Am Ende der Schlucht stieg ich ab und kehrte einen Teil allein zurück. Ich entwickelte mir noch ein tiefes Gefühl, durch welches das Vergnügen auf einen hohen Grad für den aufmerksamen Geist vermehrt wird. Man ahnet im Dunkeln die Entstehung und das Leben dieser seltsamen Gestalten. Es mag geschehen sein wie und wann es wolle, so haben sich diese Massen, nach der Schwere und Ähnlichkeit ihrer Teile, groß und einfach zusammen gesetzt. Was für Revolutionen sie nachher bewegt, getrennt, gespalten haben, so sind auch diese doch nur einzelne Erschütterungen gewesen, und selbst der Gedanke einer so ungeheuren Bewegung gibt ein hohes Gefühl von ewiger Festigkeit. Die Zeit hat auch, gebunden an die ewigen Gesetze, bald mehr bald weniger auf sie gewirkt.

Sie scheinen innerlich von gelblicher Farbe zu sein; allein das Wetter und die Luft verändern die Oberfläche in Graublau, daß nur hier und da in Streifen und in frischen Spalten die erste Farbe sichtbar ist. Langsam verwittert der Stein selbst und rundet sich an den Ecken ab, weichere Flecken werden weggezehrt, und so gibt's gar zierlich ausgeschweifte Höhlen und Löcher, die, wann sie mit scharfen Kanten und Spitzen zusammentreffen, sich seltsam zeichnen. Die Vegetation behauptet ihr Recht; auf jedem Vorsprung, Fläche und Spalt fassen Fichten Wurzel, Moos und Kräuter säumen die Felsen. Man fühlt tief, hier ist nichts Willkürliches, hier wirkt ein alles langsam bewegendes ewiges Gesetz, und nur von Menschenhand ist der bequeme Weg, über den man durch diese seltsamen Gegenden durchschleicht.

Genf, den 27. Oktober

Die große Bergkette, die von Basel bis Genf Schweiz und Frankreich scheidet, wird, wie Ihnen bekannt ist, der Jura genannt. Die größten Höhen davon ziehen sich über Lausanne bis ungefähr über Rolle und Nyon. Auf diesem höchsten Rücken ist ein merkwürdiges Tal von der Natur eingegraben—ich möchte sagen eingeschwemmt, da auf allen diesen Kalkhöhen die Wirkungen der uralten Gewässer sichtbar sind—das la Vallée de Joux genannt wird, welcher Name, da Joux in der Landsprache einen Felsen oder Berg bedeutet, deutsch das Bergtal hieße. Eh' ich zur Beschreibung unsrer Reise fortgehe, will ich mit wenigem die Lage desselben geographisch angeben. Seine Länge streicht, wie das Gebirg selbst, ziemlich von Mittag gegen Mitternacht, und wird an jener Seite von den sept Moncels, an dieser von der Dent de Vaulion, welche nach der Dôle der höchste Gipfel des Jura ist, begrenzt und hat, nach der Sage des Landes, neun kleine, nach unsrer ungefähren Reiserechnung aber sechs starke Stunden. Der Berg, der es die Länge hin an der Morgenseite begrenzt und auch von dem flachen Land herauf sichtbar ist, heißt Le Noirmont. Gegen Abend streicht der Risoux hin und verliert sich allmählich gegen die Franche-Comté. Frankreich und Bern teilen sich ziemlich gleich in dieses Tal, so daß jenes die obere schlechte Hälfte und dieses die untere bessere besitzt, welche letztere eigentlich La Vallée du Lac de Joux genannt wird. Ganz oben in dem Tal, gegen den Fuß der sept Moncels, liegt der Lac des Rousses, der keinen sichtlichen einzelnen Ursprung hat, sondern sich aus quelligem Boden und den überall auslaufenden Brunnen sammelt. Aus demselben fließt die Orbe, durchstreicht das ganze französische und einen großen Teil des Berner Gebiets, bis sie wieder unten gegen die Dent de Vaulion sich zum Lac de Joux bildet, der seitwärts in einen kleinen See abfällt, woraus das Wasser endlich sich unter der Erde verlieret. Die Breite des Tals ist verschieden, oben beim Lac des Rousses etwa eine halbe Stunde, alsdann verengert sich's und läuft wieder unten auseinander, wo etwa die größte Breite anderthalb Stunden wird. So viel zum bessern Verständnis des Folgenden, wobei ich Sie einen Blick auf die Karte zu tun bitte, ob ich sie gleich alle, was diese Gegend betrifft, unrichtig gefunden habe.

Den 24. Oktober ritten wir, in Begleitung eines Hauptmanns und Oberforstmeisters dieser Gegenden, erstlich Mont hinan, einen kleinen zerstreuten Ort, der eigentlicher eine Kette von Reb- und Landhäusern genannt werden könnte. Das Wetter war sehr hell; wir hatten, wenn wir uns umkehrten, die Aussicht auf den Genfersee, die Savoyer und Walliser Gebirge, konnten Lausanne erkennen und durch einen leichten Nebel auch die Gegend von Genf. Der Montblanc, der über alle Gebirge des Faucigny ragt, kam immer mehr hervor. Die Sonne ging klar unter, es war so ein großer Anblick, daß ein menschlich Auge nicht dazu hinreicht. Der fast volle Mond kam herauf und wir immer höher. Durch Fichtenwälder stiegen wir weiter den Jura hinan, und sahen den See in Duft und den Widerschein des Mondes darin. Es wurde immer heller. Der Weg ist eine wohlgemachte Chaussee, nur angelegt um das Holz aus dem Gebirg bequemer in das Land herunter zu bringen. Wir waren wohl drei Stunden gestiegen, als es hinterwärts sachte wieder hinabzugehen anfing. Wir glaubten unter uns einen großen See zu erblicken, indem ein tiefer Nebel das ganze Tal, was wir übersehen konnten, ausfüllte. Wir kamen ihm endlich näher, sahen einen weißen Bogen, den der Mond darin bildete, und wurden bald ganz vom Nebel eingewickelt. Die Begleitung des Hauptmanns verschaffte uns Quartier in einem Hause, wo man sonst nicht Fremde aufzunehmen pflegt. Es unterschied sich in der innern Bauart von gewöhnlichen Gebäuden in nichts, als daß der große Raum mitten inne zugleich Küche, Versammlungsplatz, Vorsaal ist, und man von da in die Zimmer gleicher Erde und auch die Treppe hinauf geht. Auf der einen Seite war an dem Boden auf steinernen Platten das Feuer angezündet, davon ein weiter Schornstein, mit Brettern dauerhaft und sauber ausgeschlagen, den Rauch aufnahm. In der Ecke waren die Türen zu den Backöfen, der ganze Fußboden übrigens gedielet, bis auf ein kleines Eckchen am Fenster um den Spülstein, das gepflastert war, übrigens rings herum, auch in der Höhe über den Balken, eine Menge Hausrat und Gerätschaften in schöner Ordnung angebracht, alles nicht unreinlich gehalten.

Den 25. morgens war helles kaltes Wetter, die Wiesen bereift, hier und da zogen leichte Nebel: wir konnten den untern Teil des Tals ziemlich übersehen, unser Haus lag am Fuß des östlichen Noirmont. Gegen achte ritten wir ab, und um der Sonne gleich zu genießen, an der Abendseite hin. Der Teil des Tals, an dem wir hinritten, besteht in abgeteilten Wiesen, die gegen den See zu etwas sumpfichter werden. Die Orbe fließt in der Mitte durch. Die Einwohner haben sich teils in einzelnen Häusern an der Seite angebaut, teils sind sie in Dörfern näher zusammengerückt, die einfache Namen von ihrer Lage führen. Das erste, wodurch wir kamen, war Le Sentier. Wir sahen von weitem die Dent de Vaulion über einem Nebel, der auf dem See stand, hervorblicken. Das Tal ward breiter, wir kamen hinter einem Felsgrat, der uns den See verdeckte, durch ein ander Dorf, Le Lieu genannt, die Nebel stiegen und fielen wechselsweise vor der Sonne. Hier nahebei ist ein kleiner See, der keinen Zu- und Abfluß zu haben scheint. Das Wetter klärte sich völlig auf und wir kamen gegen den Fuß der Dent de Vaulion und trafen hier ans nördliche Ende des großen Sees, der, indem er sich westwärts wendet, in den kleinen durch einen Damm unter einer Brücke weg seinen Ausfluß hat. Das Dorf drüben heißt Le Pont. Die Lage des kleinen Sees ist wie in einem eigenen kleinen Tal, was man niedlich sagen kann. An dem westlichen Ende ist eine merkwürdige Mühle in einer Felskluft angebracht, die ehemals der kleine See ausfüllte. Nunmehr ist er abgedämmt und die Mühle in die Tiefe gebaut. Das Wasser läuft durch Schleusen auf die Räder, es stürzt sich von da in Felsritzen, wo es eingeschluckt wird und erst eine Stunde von da im Vallorbe hervor kommt, wo es wieder den Namen des Orbeflusses führet. Diese Abzüge (entonnoirs) müssen rein gehalten werden, sonst würde das Wasser steigen, die Kluft wieder ausfüllen und über die Mühle weg gehen, wie es schon mehr geschehen ist. Sie waren stark in der Arbeit begriffen, den morschen Kalkfelsen teils wegzuschaffen, teils zu befestigen. Wir ritten zurück über die Brücke nach Pont, nahmen einen Wegweiser auf La Dent. Im Aufsteigen sahen wir nunmehr den großen See völlig hinter uns. Ostwärts ist der Noirmont seine Grenze, hinter dem der kahle Gipfel der Dôle hervorkommt, westwärts hält ihn der Felsrücken, der gegen den See ganz nackt ist, zusammen. Die Sonne schien heiß, es war zwischen elf und Mittag. Nach und nach übersahen wir das ganze Tal, konnten in der Ferne den Lac des Rousses erkennen, und weiter her bis zu unsern Füßen die Gegend durch die wir gekommen waren, und den Weg der uns rückwärts noch überblieb. Im Aufsteigen wurde von der großen Strecke Landes und den Herrschaften, die man oben unterscheiden könnte, gesprochen, und in solchen Gedanken betraten wir den Gipfel; allein uns war ein ander Schauspiel zubereitet. Nur die hohen Gebirgsketten waren unter einem klaren und heitern Himmel sichtbar, alle niederen Gegenden mit einem weißen wolkigen Nebelmeer überdeckt, das sich von Genf bis nordwärts an den Horizont erstreckte und in der Sonne glänzte. Daraus stieg ostwärts die ganze reine Reihe aller Schnee- und Eisgebirge, ohne Unterschied von Namen der Völker und Fürsten, die sie zu besitzen glauben, nur einem großen Herrn und dem Blick der Sonne unterworfen, der sie schön rötete. Der Montblanc gegen uns über schien der höchste, die Eisgebirge des Wallis und des Oberlandes folgten, zuletzt schlossen niedere Berge des Kantons Bern. Gegen Abend war an einem Platze das Nebelmeer unbegrenzt, zur Linken in der weitsten Ferne zeigten sich sodann die Gebirge von Solothurn, näher die von Neuchâtel, gleich vor uns einige niedere Gipfel des Jura, unter uns lagen einige Häuser von Vaulion, dahin die Dent gehört und daher sie den Namen hat. Gegen Abend schließt die Franche-Comté mit flachstreichenden waldigen Bergen den ganzen Horizont, wovon ein einziger ganz in der Ferne gegen Nordwest sich unterschied. Grad ab war ein schöner Anblick. Hier ist die Spitze, die diesem Gipfel den Namen eines Zahns gibt. Er geht steil und eher etwas einwärts hinunter, in der Tiefe schließt ein kleines Fichtental an mit schönen Grasplätzen, gleich drüber liegt das Tal, Vallorbe genannt, wo man die Orbe aus dem Felsen kommen sieht und rückwärts zum kleinen See ihren unterirdischen Lauf in Gedanken verfolgen kann. Das Städtchen Vallorbe liegt auch in diesem Tal. Ungern schieden wir. Einige Stunden längeren Aufenthalts, indem der Nebel um diese Zeit sich zu zerstreuen pflegt, hätten uns das tiefere Land mit dem

See entdecken lassen; so aber mußte, damit der Genuß vollkommen werde, noch etwas zu wünschen übrig bleiben. Abwärts hatten wir unser ganzes Tal in aller Klarheit vor uns, stiegen bei Pont zu Pferde, ritten an der Ostseite den See hinauf, kamen durch L'Abbaye de Joux, welches jetzt ein Dorf ist, ehemals aber ein Sitz der Geistlichen war, denen das ganze Tal zugehörte. Gegen viere langten wir in unserm Wirtshaus an, und fanden ein Essen, wovon uns die Wirtin versicherte, daß es um Mittag gut gewesen sei, aber auch übergar trefflich schmeckte.

Daß ich noch einiges, wie man mir es erzählt, hinzufüge. Wie ich eben erwähnte, soll ehedem das Tal Mönchen gehört haben, die es dann wieder vereinzelt, und zu Zeiten der Reformation mit den übrigen ausgetrieben worden. Jetzt gehört es zum Kanton Bern, und sind die Gebirge umher die Holzkammer von dem Pays de Vaud. Die meisten Hölzer sind Privatbesitzungen, werden unter Aufsicht geschlagen und so ins Land gefahren. Auch werden hier die Dauben zu fichtenen Fässern geschnitten, Eimer, Bottiche und allerlei hölzerne Gefäße verfertiget. Die Leute sind gut gebildet und gesittet. Neben dem Holzverkauf treiben sie die Viehzucht; sie haben kleines Vieh und machen gute Käse. Sie sind geschäftig, und ein Erdschollen ist ihnen viel wert. Wir fanden einen, der die wenige aus einem Gräbchen aufgeworfene Erde mit Pferd und Karren in einige Vertiefungen eben der Wiese führte. Die Steine legen sie sorgfältig zusammen und bringen sie auf kleine Haufen. Es sind viele Steinschleifer hier, die für Genfer und andere Kaufleute arbeiten, mit welchem Erwerb sich auch die Frauen und Kinder beschäftigen. Die Häuser sind dauerhaft und sauber gebaut, die Form und Einrichtung nach dem Bedürfnis der Gegend und der Bewohner; vor jedem Hause läuft ein Brunnen, und durchaus spürt man Fleiß, Rührigkeit und Wohlstand. Über alles aber muß man die schönen Wege preisen, für die, in diesen entfernten Gegenden, der Stand Bern wie durch den ganzen übrigen Kanton sorgt. Es geht eine Chaussee um das ganze Tal herum, nicht übermäßig breit, aber wohl unterhalten, so daß die Einwohner mit der größten Bequemlichkeit ihr Gewerbe treiben, mit kleinen Pferden und leichten Wagen fortkommen können. Die Luft ist sehr rein und gesund.

Den 26. ward beim Frühstück überlegt, welchen Weg man zurücknehmen wolle. Da wir hörten daß die Dôle, der höchste Gipfel des Jura, nicht weit von dem obern Ende des Tals liege, da das Wetter sich auf das herrlichste anließ und wir hoffen konnten, was uns gestern noch gefehlt, heute vom Glück alles zu erlangen; so wurde dahin zu gehen beschlossen. Wir packten einem Boten Käse, Butter, Brot und Wein auf, und ritten gegen achte ab. Unser Weg ging nun durch den obern Teil des Tals in dem Schatten des Noirmont hin. Es war sehr kalt, hatte gereift und gefroren; wir hatten noch eine Stunde im Bernischen zu reiten, wo man eben die Chaussee zu Ende zu bringen beschäftigt ist. Durch einen kleinen Fichtenwald rückten wir ins französische Gebiet ein. Hier verändert sich der Schauplatz sehr. Was wir zuerst bemerkten, waren die schlechten Wege. Der Boden ist sehr steinicht, überall liegen sehr große Haufen zusammen gelesen; wieder ist er eines Teils sehr morastig und quellig; die Waldungen umher sind sehr ruinieret; den Häusern und Einwohnern sieht man ich will nicht sagen Mangel, aber doch bald ein sehr enges Bedürfnis an. Sie gehören fast als Leibeigne an die Canonici von St. Claude, sie sind an die Erde gebunden, viele Abgaben liegen auf ihnen (sujets à la main morte et au droit de la suite), wovon mündlich ein mehreres, wie auch von dem neusten Edikt des Königs, wodurch das droit de la suite aufgehoben wird, die Eigentümer und Besitzer aber eingeladen werden, gegen ein gewisses Geld der main morte zu entsagen. Doch ist auch dieser Teil des Tals sehr angebaut. Sie nähren sich mühsam und lieben doch ihr Vaterland sehr, stehlen gelegentlich den Bernern Holz und verkaufen's wieder ins Land. Der erste Sprengel heißt Le Bois d'Amont, durch den wir in das Kirchspiel Les Rousses kamen, wo wir den kleinen Lac des

Rousses und les sept Moncels, sieben kleine, verschieden gestaltete und verbundene Hügel, die mittägige Grenze des Tals, vor uns sahen. Wir kamen bald auf die neue Straße, die aus dem Pays de Vaud nach Paris führt; wir folgten ihr eine Weile abwärts, und waren nunmehr von unserm Tale geschieden; der kahle Gipfel der Dôle lag vor uns, wir stiegen ab, unsre Pferde zogen auf der Straße voraus nach Saint-Cergue, und wir stiegen die Dôle hinan. Es war gegen Mittag, die Sonne schien heiß, aber es wechselte ein kühler Mittagswind. Wenn wir, auszuruhen, uns umsahen, hatten wir les sept Moncels hinter uns, wir sahen noch einen Teil des Lac des Rousses und um ihn die zerstreuten Häuser des Kirchspiels, der Noirmont deckte uns das übrige ganze Tal, höher sahen wir wieder ungefähr die gestrige Aussicht in die Franche-Comté und näher bei uns, gegen Mittag, die letzten Berge und Täler des Jura. Sorgfältig hüteten wir uns, nicht durch einen Bug der Hügel uns nach der Gegend umzusehen, um derentwillen wir eigentlich herauf stiegen. Ich war in einiger Sorge wegen des Nebels, doch zog ich aus der Gestalt des obern Himmels einige gute Vorbedeutungen. Wir betraten endlich den obern Gipfel und sahen mit größtem Vergnügen uns heute gegönnt, was uns gestern versagt war. Das ganze Pays de Vaud und de Gex lag wie eine Flurkarte unter uns, alle Besitzungen mit grünen Zäunen abgeschnitten, wie die Beete eines Parterres. Wir waren so hoch, daß die Höhen und Vertiefungen des vordern Landes gar nicht erschienen. Dörfer, Städtchen, Landhäuser, Weinberge, und höher herauf, wo Wald und Alpen angehen, Sennhütten, meistens weiß und hell angestrichen, leuchteten gegen die Sonne. Vom Genfersee hatte sich der Nebel schon zurückgezogen, wir sahen den nächsten Teil an der diesseitigen Küste deutlich; den sogenannten kleinen See, wo sich der große verenget und gegen Genf zugeht, dem wir gegenüber waren, überblickten wir ganz, und gegenüber klärte sich das Land auf, das ihn einschließt. Vor allem aber behauptete der Anblick über die Eis- und Schneeberge seine

Rechte. Wir setzten uns vor der kühlen Luft in Schutz hinter Felsen, ließen uns von der Sonne bescheinen, das Essen und Trinken schmeckte trefflich. Wir sahen dem Nebel zu, der sich nach und nach verzog, jeder entdeckte etwas, oder glaubte etwas zu entdecken. Wir sahen nach und nach Lausanne mit allen Gartenhäusern umher, Vevey und das Schloß von Chillon ganz deutlich, das Gebirg das uns den Eingang vom Wallis verdeckte, bis in den See, von da, an der Savoyer Küste, Evian-les-Bains, Ripaille, Thonon-les-Bains, Dörfchen und Häuschen zwischen inne; Genf kam endlich rechts auch aus dem Nebel, aber weiter gegen Mittag, gegen den Mont Crédo und Mont-Vuache, wo das Fort l'Ecluse inne liegt, zog er sich gar nicht weg. Wendeten wir uns wieder links, so lag das ganze Land von Lausanne bis Solothurn in leichtem Duft. Die nähern Berge und Höhen, auch alles, was weiße Häuser hatte, konnten wir erkennen; man zeigte uns das Schloß Champvent blinken, das vom Neuenburgersee links liegt, woraus wir seine Lage mutmaßen, ihn aber in dem blauen Duft nicht erkennen konnten. Es sind keine Worte für die Größe und Schöne dieses Anblicks, man ist sich im Augenblick selbst kaum bewußt, daß man sieht, man ruft sich nur gern die Namen und alten Gestalten der bekannten Städte und Orte zurück, und freut sich in einer taumelnden Erkenntnis, daß das eben die weißen Punkte sind, die man vor sich hat.

Und immer wieder zog die Reihe der glänzenden Eisgebirge das Aug' und die Seele an sich. Die Sonne wendete sich mehr gegen Abend und erleuchtete ihre größern Flächen gegen uns zu. Schon was vom See auf für schwarze Felsrücken, Zähne, Türme und Mauern in vielfachen Reihen vor ihnen aufsteigen! Wilde, ungeheure, undurchdringliche Vorhöfe bilden! Wenn sie dann erst selbst in der Reinheit und Klarheit in der freien Luft mannigfaltig da liegen; man gibt da gern jede Prätension ans Unendliche auf, da man nicht einmal mit dem Endlichen im Anschauen und Gedanken fertig werden kann.

Vor uns sahen wir ein fruchtbares bewohntes Land; der Boden worauf wir standen, ein hohes kahles Gebirge, trägt noch Gras, Futter für Tiere, von denen der Mensch Nutzen zieht. Das kann sich der einbildische Herr der Welt noch zueignen; aber jene sind wie eine heilige Reihe von Jungfrauen, die der Geist des Himmels in unzugänglichen Gegenden, vor unsern Augen, für sich allein in ewiger Reinheit aufbewahrt. Wir blieben und reizten einander wechselsweise, Städte, Berge und Gegenden, bald mit bloßem Auge, bald mit dem Teleskop, zu entdecken, und gingen nicht eher abwärts, als bis die Sonne, im Weichen, den Nebel seinen Abendhauch über den See breiten ließ. Wir kamen mit Sonnenuntergang auf die Ruinen des Fort de St. Cergue. Auch näher am Tal, waren unsre Augen nur auf die Eisgebirge gegenüber gerichtet. Die letzten, links im Oberland, schienen in einen leichten Feuerdampf aufzuschmelzen; die nächsten standen noch mit wohl bestimmten roten Seiten gegen uns, nach und nach wurden jene weiß, grün, graulich. Es sah fast ängstlich aus. Wie ein gewaltiger Körper von außen gegen das Herz zu abstirbt, so erblaßten alle langsam gegen den Montblanc zu, dessen weiter Busen noch immer rot herüber glänzte und auch zuletzt uns noch einen rötlichen Schein zu behalten schien, wie man den Tod des Geliebten nicht gleich bekennen, und den Augenblick, wo der Puls zu schlagen aufhört, nicht abschneiden will. Auch nun gingen wir ungern weg. Die Pferde fanden wir in St. Cergue, und daß nichts fehle, stieg der Mond auf und leuchtete uns nach Nyon, indes unterweges unsere gespannten Sinnen sich wieder lieblich falten konnten, wieder freundlich wurden, um mit frischer Lust aus den Fenstern des Wirtshauses den breitschwimmenden Widerglanz des Mondes im ganz reinen See genießen zu können.

Hier und da auf der ganzen Reise ward soviel von der Merkwürdigkeit der Savoyer Eisgebirge gesprochen, und wie wir nach Genf kamen, hörten wir, es werde immer mehr Mode dieselben zu sehen, daß der Graf eine sonderliche Lust kriegte, unsern Weg dahin zu leiten, von Genf aus über Cluses und Sallanches ins Tal Chamonix zu gehen, die Wunder zu betrachten, dann über Valorcine und Trient nach Martigny ins Wallis zu fallen. Dieser Weg, den die meisten Reisenden nehmen, schien wegen der Jahrszeit etwas bedenklich. Der Herr de Saussure wurde deswegen auf seinem Landgute besucht und um Rat gefragt. Er versicherte, daß man ohne Bedenken den Weg machen könne: es liege auf den mittlern Bergen noch kein Schnee, und wenn wir in der Folge aufs Wetter und auf den guten Rat der Landleute achten wollten, der niemals fehlschlage, so könnten wir mit aller Sicherheit diese Reise unternehmen. Hier ist die Abschrift eines sehr eiligen Tageregisters.

Cluses in Savoyen, den 3. November, abends gegen zehn

Heute beim Abscheiden von Genf teilte sich die Gesellschaft; der Graf, mit mir und einem Jäger, zog nach Savoyen zu; Freund W. mit den Pferden durchs Pays de Vaud ins Wallis. Wir in einem leichten Kabriolett mit vier Rädern, fuhren erst, Hubern auf seinem Landgute zu besuchen, den Mann, dem Geist, Imagination, Nachahmungsbegierde zu allen Gliedern heraus will, einen der wenigen ganzen Menschen, die wir angetroffen haben. Er setzte uns auf den Weg, und wir fuhren sodann, die hohen Schneegebirge, an die wir wollten, vor Augen, weiter. Vom Genfersee laufen die vordern Bergketten gegeneinander, bis da, wo Bonneville, zwischen der Môle, einem ansehnlichen Berge, und der Arve inne liegt. Da aßen wir zu Mittag. Hinter der Stadt schließt sich das Tal an, obgleich noch sehr breit, die Arve fließt sachte durch, die Mittagseite ist sehr angebaut und durchaus der Boden benutzt. Wir hatten seit früh etwas Regen, wenigstens auf die Nacht, befürchtet, aber die Wolken verließen nach und nach die Berge und teilten sich in Schäfchen, die uns schon mehr ein gutes Zeichen gewesen. Die

Luft war so warm, wie Anfang Septembers und die Gegend sehr schön, noch viele Bäume grün, die meisten braungelb, wenige ganz kahl, die Saat hochgrün, die Berge im Abendrot rosenfarb ins Violette, und diese Farben auf großen, schönen, gefälligen Formen der Landschaft. Wir schwatzten viel Gutes. Gegen fünfe kamen wir nach Cluses, wo das Tal sich schließet und nur einen Ausgang läßt, wo die Arve aus dem Gebirge kommt und wir morgen hineingehen. Wir stiegen auf einen Berg und sahen unter uns die Stadt an einen Fels gegenüber mit der einen Seite angelehnt, die andere mehr in die Fläche des Tals hingebaut, das wir mit vergnügten Blicken durchliefen, und auf abgestürzten Granitstücken sitzend, die Ankunft der Nacht, mit ruhigen und mannigfaltigen Gesprächen, erwarteten. Gegen sieben, als wir hinabstiegen, war es noch nicht kühler, als es im Sommer um neun Uhr zu sein pflegt. In einem schlechten Wirtshaus, bei muntern und willigen Leuten, an deren Patois man sich erlustigt, erschlafen wir nun den morgenden Tag, vor dessen Anbruch wir schon unsern Stab weiter setzen wollen.

Sallanches, den 4. November, mittags

Bis ein schlechtes Mittagessen von sehr willigen Händen wird bereitet sein, versuche ich das Merkwürdigste von heute früh aufzuschreiben. Mit Tagesanbruch gingen wir zu Fuße von Cluses ab, den Weg nach Balme. Angenehm frisch war's im Tal, das letzte Mondviertel ging vor der Sonne hell auf und erfreute uns, weil man es selten so zu sehen gewohnt ist. Leichte, einzelne Nebel stiegen aus den Felsritzen aufwärts, als wenn die Morgenluft junge Geister aufweckte, die Lust fühlten, ihre Brust der Sonne entgegen zu tragen und sie an ihren Blicken zu vergülden. Der obere Himmel war ganz rein, nur wenige durchleuchtete Wolkenstreifen zogen quer darüber hin. Balme ist ein elendes Dorf, unfern vom Weg, wo sich eine Felsschlucht wendet. Wir verlangten von den Leuten, daß sie uns zur Höhle führen sollten, von der der Ort seinen Ruf hat. Da sahen sich die Leute untereinander an und sagten einer zum andern: Nimm du die Leiter, ich will den Strick nehmen, kommt ihr Herrn nur mit! Diese wunderbare Einladung schreckte uns nicht ab, ihnen zu folgen. Zuerst ging der Stieg durch abgestürzte Kalkfelsenstücke hinauf, die durch die Zeit vor die steile Felswand aufgestufet worden und mit Hasel- und Buchenbüschen durchwachsen sind. Auf ihnen kommt man endlich an die Schicht der Felswand, wo man mühselig und leidig, auf der Leiter und Felsstufen, mit Hülfe übergebogener Nußbaumäste und daran befestigter Stricke, hinauf klettern muß; dann steht man fröhlich in einem Portal das in den Felsen eingewittert ist, übersieht das Tal und das Dorf unter sich. Wir bereiteten uns zum Eingang in die Höhle, zündeten Lichter an und luden eine Pistole, die wir losschießen wollten. Die Höhle ist ein langer Gang, meist ebenen Bodens, auf einer Schicht, bald zu einem bald zu zwei Menschen breit, bald über Mannshöhe, dann wieder zum Bücken und auch zum Durchkriechen. Gegen die Mitte steigt eine Kluft aufwärts und bildet einen spitzigen Dom. In einer Ecke schiebt eine Kluft abwärts, wo wir immer gelassen siebzehn bis neunzehn gezählt haben, eh' ein Stein, mit verschiedentlich widerschallenden Sprüngen, endlich in die Tiefe kam. An den Wänden sintert ein Tropfstein, doch ist sie an den wenigsten Orten feucht, auch bilden sich lange nicht die reichen wunderbaren Figuren, wie in der Baumannshöhle. Wir drangen so weit vor, als es die Wasser zuließen, schossen im Herausgehen die Pistole los, davon die Höhle mit einem starken dumpfen Klang erschüttert wurde und um uns wie eine Glocke summte. Wir brauchten eine starke Viertelstunde wieder heraus zu gehen, machten uns die Felsen wieder hinunter, fanden unsern Wagen und fuhren weiter. Wir sahen einen schönen Wasserfall auf Staubbachs Art; er war weder sehr hoch noch sehr reich, doch sehr interessant, weil die Felsen um ihn wie eine runde Nische bilden, in der er herabstürzt, und weil die Kalkschichten an ihm, in sich selbst umgeschlagen, neue und ungewohnte Formen bilden. Bei hohem Sonnenschein kamen wir hier an, nicht hungrig genug, das Mittagessen, das aus einem aufgewärmten Fisch, Kuhfleisch und hartem Brot bestehet, gut zu finden. Von hier geht weiter ins Gebirg kein Fuhrweg für eine so stattliche Reisekutsche, wie wir haben; diese geht nach Genf zurück und ich nehme Abschied von Ihnen, um den Weg weiter fortzusetzen. Ein Maulesel mit dem Gepäck wird uns auf dem Fuße folgen.

Chamonix, den 4. November, abends gegen neun

Nur daß ich mit diesem Blatt Ihnen um so viel näher rücken kann, nehme ich die Feder; sonst wäre es besser meine Geister ruhen zu lassen. Wir ließen Sallanches in einem schönen offnen Tale hinter uns, der Himmel hatte sich während unsrer Mittagsrast mit weißen Schäfchen überzogen, von denen ich hier eine besondere Anmerkung machen muß. Wir haben sie so schön und noch schöner an einem heitern Tag von den Berner Eisbergen aufsteigen sehen. Auch hier schien es uns wieder so, als wenn die Sonne die leisesten Ausdünstungen von den höchsten Schneegebirgen gegen sich aufzöge, und diese ganz feinen Dünste von einer leichten Luft, wie eine Schaumwolle, durch die Atmosphäre gekämmt würden. Ich erinnere mich nie in den höchsten Sommertagen, bei uns, wo dergleichen Lufterscheinungen auch vorkommen, etwas so Durchsichtiges, Leichtgewobenes gesehen zu haben. Schon sahen wir die Schneegebirge, von denen sie aufsteigen, vor uns, das Tal fing an zu stocken, die Arve schoß aus einer Felskluft hervor, wir mußten einen Berg hinan und wanden uns, die Schneegebirge rechts vor uns, immer höher. Abwechselnde Berge, alte Fichtenwälder zeigten sich uns rechts, teils in der Tiefe, teils in gleicher Höhe mit uns. Links über uns waren die Gipfel des Bergs kahl und spitzig. Wir fühlten, daß wir einem stärkern und mächtigern Satz von Bergen immer näher rückten. Wir kamen über ein breites trocknes Bett von Kieseln und Steinen, das die Wasserfluten die Länge des Berges hinab zerreißen und wieder füllen; von da in ein sehr angenehmes, rundgeschlossenes, flaches Tal, worin das Dörfchen Servoz liegt. Von da geht der Weg um einige sehr bunte Felsen, wieder gegen die Arve. Wenn man über sie weg ist, steigt man einen Berg hinan, die Massen werden hier immer größer, die Natur hat hier mit sachter Hand das Ungeheure zu bereiten angefangen. Es wurde dunkler, wir kamen dem Tale Chamonix näher und endlich darein. Nur die großen Massen waren uns sichtbar. Die Sterne gingen nacheinander auf und wir bemerkten über den Gipfeln der Berge, rechts vor uns, ein Licht, das wir nicht erklären konnten. Hell, ohne Glanz wie die Milchstraße, doch dichter, fast wie die Plejaden, nur größer, unterhielt es lange unsere Aufmerksamkeit, bis es endlich, da wir unsern Standpunkt änderten, wie eine Pyramide, von einem innern geheimnisvollen Lichte durchzogen, das dem Schein eines Johanniswurms am besten verglichen werden kann, über den Gipfeln aller Berge hervorragte und uns gewiß machte, daß es der Gipfel des Montblanc war. Es war die Schönheit dieses Anblicks ganz außerordentlich; denn, da er mit den Sternen, die um ihn herumstanden, zwar nicht in gleich raschem Licht, doch in einer breitern zusammenhängendern Masse leuchtete, so schien er den Augen zu einer höhern Sphäre zu gehören und man hatte Müh', in Gedanken seine Wurzeln wieder an die Erde zu befestigen. Vor ihm sahen wir eine Reihe von Schneegebirgen dämmernder auf den Rükken von schwarzen Fichtenbergen liegen und ungeheure Gletscher zwischen den schwarzen Wäldern herunter ins Tal steigen.

Meine Beschreibung fängt an unordentlich und ängstlich zu werden; auch brauchte es eigentlich immer zwei Menschen, einen der's sähe und einen der's beschriebe.

Wir sind hier in dem mittelsten Dorfe des Tals, Le Prieuré genannt, wohl logiert, in einem Hause, das eine Witwe, den vielen Fremden zu Ehren, vor einigen Jahren erbauen ließ. Wir sitzen am Kamin und lassen uns den Muskatellerwein, aus der Vallée d'Aoste, besser schmecken, als die Fastenspeisen, die uns aufgetischt werden.

Den 5. November abends

Es ist immer eine Resolution, als wie wenn man ins kalte Wasser soll, ehe ich die Feder nehmen mag, zu schreiben. Hier hätt' ich nun gerade Lust, Sie auf die Beschreibung der Savoyischen Eisgebirge, die Bourrit, ein passionierter Kletterer, herausgegeben hat, zu verweisen.

Erfrischt durch einige Gläser guten Weins und den Gedanken, daß diese Blätter eher als die Reisenden und Bourrits Buch bei Ihnen ankommen werden, will ich mein möglichstes tun. Das Tal Chamonix, in dem wir uns befinden, liegt sehr hoch in den Gebirgen, ist etwa sechs bis sieben Stunden lang und gehet ziemlich von Mittag gegen Mitternacht. Der Charakter, der mir es vor andern auszeichnet, ist, daß es in seiner Mitte fast gar keine Fläche hat, sondern das Erdreich, wie eine Mulde, sich gleich von der Arve aus gegen die höchsten Gebirge anschmiegt. Der Montblanc und die Gebirge die von ihm herabsteigen, die Eismassen, die diese ungeheuren Klüfte ausfüllen, machen die östliche Wand aus, an der die ganze Länge des Tals hin sieben Gletscher, einer größer als der andere, herunter kommen. Unsere Führer, die wir gedingt hatten, das Eismeer zu sehen, kamen beizeiten. Der eine ist ein rüstiger junger Bursche, der andre ein schon älterer und sich klugdünkender, der mit allen gelehrten Fremden Verkehr gehabt hat, von der Beschaffenheit der Eisberge sehr wohl unterrichtet und ein sehr tüchtiger Mann. Er versicherte uns, daß seit achtundzwanzig Jahren—so lange führ' er Fremde auf die Gebirge—er zum erstenmal so spät im Jahr, nach Allerheiligen, jemand hinauf bringe; und doch sollten wir alles ebensogut wie im August sehen. Wir stiegen, mit Speise und Wein gerüstet, den Montenvers hinan, wo uns der Anblick des Eismeers überraschen sollte. Ich würde es, um die Backen nicht so voll zu nehmen, eigentlich das Eistal oder den Eisstrom nennen: denn die ungeheuren Massen von Eis dringen aus einem tiefen Tal, von oben anzusehen, in ziemlicher Ebne hervor. Gerad hinten endigt ein spitzer Berg, von dessen beiden Seiten Eiswogen in den Hauptstrom hereinstarren. Es lag noch nicht der mindeste Schnee auf der zackigen Fläche und die blauen Spalten glänzten gar schön hervor. Das Wetter fing nach und nach an sich zu überziehen, und ich sah wogige graue Wolken, die Schnee anzudeuten schienen, wie ich sie niemals gesehn. In der Gegend wo wir standen, ist die kleine von Steinen zusammen gelegte Hütte für das Bedürfnis der Reisenden, zum Scherz das Schloß von Montenvers genannt. Monsieur Blaire, ein Engländer, der sich zu Genf aufhält, hat eine geräumigere an einem schicklichern Ort, etwas weiter hinauf, erbauen lassen, wo man am Feuer sitzend, zu einem Fenster hinaus, das ganze Eistal übersehen kann. Die Gipfel der Felsen gegenüber und auch in die Tiefe des Tals hin sind sehr spitzig ausgezackt. Es kommt daher, weil sie aus einer Gesteinsart zusammen gesetzt sind, deren Wände fast ganz perpendikular in die Erde einschießen. Wittert eine leichter aus, so bleibt die andere spitz in die Luft stehen. Solche Zacken werden Nadeln genennet und die Aiguille du Dru ist eine solche hohe merkwürdige Spitze, gerade dem Montenvers gegenüber. Wir wollten nunmehr auch das Eismeer betreten und diese ungeheuren Massen auf ihnen selbst beschauen. Wir stiegen den Berg hinunter und machten einige hundert Schritte auf den wogigen Kristallklippen herum. Es ist ein ganz trefflicher Anblick, wenn man, auf dem Eise selbst stehend, den oberwärts sich herabdrängenden und durch seltsame Spalten geschiedenen Massen entgegen sieht. Doch wollt' es uns nicht länger auf diesem schlüpfrigen Boden gefallen, wir waren weder mit Fußeisen, noch mit beschlagenen Schuhen gerüstet; vielmehr hatten sich unsere Absätze durch den langen Marsch abgerundet und geglättet. Wir machten uns also wieder zu den Hütten hinauf und nach einigem Ausruhen zur Abreise fertig. Wir stiegen den Berg hinab und kamen an den Ort, wo der Eisstrom stufenweis bis hinunter ins Tal dringt, und traten in die Höhle in der er sein Wasser ausgießt. Sie ist weit, tief, von dem schönsten Blau, und es steht sich sicherer im Grund als vorn an der Mündung, weil an ihr sich immer große Stücke Eis schmelzend ablösen. Wir nahmen unsern Weg nach dem Wirtshause zu, bei der Wohnung zweier Blondins vorbei: Kinder von zwölf bis vierzehn Jahren, die sehr weiße Haut, weiße, doch schroffe Haare, rote und bewegliche Augen wie die Kaninchen haben. Die tiefe Nacht, die im Tale liegt, lädt mich zeitig zu Bette, und ich habe kaum noch so viel Munterkeit Ihnen zu sagen, daß wir einen jungen zahmen Steinbock gesehen haben, der sich unter den Ziegen ausnimmt, wie der natürliche Sohn eines großen Herrn, dessen Erziehung in der Stille einer bürgerlichen Familie aufgetragen ist. Von unsern Diskursen geht's nicht an, daß ich etwas außer der Reihe mitteile. An Graniten, Gneisen, Lärchen- und Zirbelbäumen finden Sie auch keine große Erbauung; doch sollen Sie ehestens merkwürdige Früchte von unserm Botanisieren zu sehen kriegen. Ich bilde mir ein, sehr schlaftrunken zu sein und kann nicht eine Zeile weiter schreiben.

Chamonix, den 6. November früh

Zufrieden mit dem, was uns die Jahrszeit hier zu sehen erlaubte, sind wir reisefertig, noch heute ins Wallis durchzudringen. Das ganze Tal ist über und über bis an die Hälfte der Berge mit Nebel bedeckt, und wir müssen erwarten, was Sonne und Wind zu unserm Vorteil tun werden. Unser Führer schlägt uns einen Weg über den Col de Balme vor: Ein hoher Berg, der an der nördlichen Seite des Tals gegen Wallis zu liegt, auf dem wir, wenn wir glücklich sind, das Tal Chamonix, mit seinen meisten Merkwürdigkeiten, noch auf einmal von der Höhe übersehen können. Indem ich dieses schreibe, geschieht an dem Himmel eine herrliche Erscheinung: Die Nebel, die sich bewegen und sich an einigen Orten brechen, lassen wie durch Tagelöcher den blauen Himmel sehen und zugleich die Gipfel der Berge, die oben, über unsrer Dunstdecke, von der Morgensonne beschienen werden. Auch ohne die Hoffnung eines schönen Tags ist dieser Anblick dem Aug' eine rechte Weide. Erst jetzo hat man einiges Maß für die Höhe der Berge. Erst in einer ziemlichen Höhe vom Tal auf streichen die Nebel an dem Berg hin, hohe Wolken steigen von da auf, und alsdann sieht man noch über ihnen die Gipfel der Berge in der Verklärung schimmern. Es wird Zeit! Ich nehme zugleich von diesem geliebten Tal und von Ihnen Abschied.

Martigny im Wallis, den 6. November, abends

Glücklich sind wir herüber gekommen und so wäre auch dieses Abenteuer bestanden. Die Freude über unser gutes Schicksal wird mir noch eine halbe Stunde die Feder lebendig erhalten.

Unser Gepäck auf ein Maultier geladen, zogen wir heute früh gegen neune von Prieuré aus. Die Wolken wechselten, daß die Gipfel der Berge bald erschienen, bald verschwanden, bald die Sonne streifweis ins Tal dringen konnte, bald die Gegend wieder verdeckt wurde. Wir gingen das Tal hinauf, den Ausguß des Eistals vorbei, ferner den Glacier d'Argentière hin, den höchsten von allen, dessen oberster Gipfel uns aber von Wolken bedeckt war. In der Gegend wurde Rat gehalten, ob wir den Stieg über den Col de Balme unternehmen und den Weg über Valorcine verlassen wollten. Der Anschein war nicht der vorteilhafteste; doch da hier nichts zu verlieren und viel zu gewinnen war, traten wir unsern Weg keck gegen die dunkle Nebel- und Wolkenregion an. Als wir gegen den Glacier du Tour kamen, rissen sich die Wolken auseinander, und wir sahen auch diesen schönen Gletscher in völligem Lichte. Wir setzten uns nieder, tranken eine Flasche Wein aus und aßen etwas weniges. Wir stiegen nunmehr immer den Quellen der Arve auf rauhern Matten und schlecht berasten Flecken entgegen und kamen dem Nebelkreis immer näher, bis er uns endlich völlig aufnahm. Wir stiegen eine Weile geduldig fort, als es auf einmal, indem wir aufschritten, wieder über unsern Häuptern helle zu werden anfing. Kurze Zeit dauerte es, so traten wir aus den Wolken heraus, sahen sie in ihrer ganzen Last unter uns auf dem Tale liegen, und konnten die Berge, die es rechts und links einschließen, außer dem Gipfel des Montblanc, der mit Wolken bedeckt war, sehen, deuten und mit Namen nennen. Wir sahen einige Gletscher von ihren Höhen bis zu der Wolkentiefe herabsteigen, von andern sahen wir nur die Plätze, indem uns die Eismassen durch die Bergschrunden verdeckt wurden. Über die ganze Wolkenfläche sahen wir, außerhalb dem mittägigen Ende des Tales, ferne Berge im Sonnenschein. Was soll ich Ihnen die Namen von den Gipfeln, Spitzen, Nadeln, Eis- und Schneemassen vorerzählen, die Ihnen doch kein Bild, weder vom Ganzen noch vom Einzelnen, in die Seele bringen. Merkwürdiger ist's, wie die Geister der Luft sich unter uns zu streiten schienen. Kaum hatten wir eine Weile gestanden und uns an der großen Aussicht ergötzt, so schien eine feindselige Gärung in dem Nebel zu entstehen, der auf einmal aufwärts strich, und uns aufs neue einzuwickeln drohte. Wir stiegen stärker den Berg hinan, ihm nochmals zu entgehn, allein er überflügelte uns und hüllte uns ein. Wir stiegen immer frisch aufwärts, und bald kam uns ein Gegenwind vom Berge selbst zu Hülfe, der durch den Sattel, der zwei Gipfel verbindet, hereinstrich und den Nebel wieder ins Tal zurücktrieb. Dieser wundersame Streit wiederholte sich öfter, und wir langten endlich glücklich auf dem Col de Balme an. Es war ein seltsamer, eigener Anblick. Der höchste Himmel über den Gipfeln der Berge war überzogen, unter uns sahen wir durch den manchmal zerrissenen Nebel ins ganze Tal

Chamonix, und zwischen diesen beiden Wolkenschichten waren die Gipfel der Berge alle sichtbar. Auf der Ostseite waren wir von schroffen Gebirgen eingeschlossen, auf der Abendseite sahen wir in ungeheure Täler, wo doch auf einigen Matten sich menschliche Wohnungen zeigten. Vorwärts lag uns das Wallistal, wo man mit einem Blick bis Martigny und weiter hinein mannigfaltig übereinander geschlungene Berge sehen konnte. Auf allen Seiten von Gebirgen umschlossen, die sich weiter gegen den Horizont immer zu vermehren und aufzutürmen schienen, so standen wir auf der Grenze von Savoyen und Wallis. Einige Contrebandiers kamen mit Mauleseln den Berg herauf und erschraken vor uns, da sie an dem Platz jetzo niemand vermuteten. Sie taten einen Schuß, als ob sie sagen wollten: damit ihr seht, daß sie geladen sind, und einer ging voraus, um uns zu rekognoszieren. Da er unsern Führer erkannte und unsere harmlosen Figuren sah, rückten die andern auch näher, und wir zogen mit wechselseitigen Glückwünschen aneinander vorbei. Der Wind ging scharf und es fing ein wenig an zu schneien. Nunmehr ging es einen sehr rauhen und wilden Stieg abwärts, durch einen alten Fichtenwald, der sich auf Felsplatten von Gneis eingewurzelt hatte. Vom Wind übereinander gerissen verfaulten hier die Stämme mit ihren Wurzeln, und die zugleich losgebrochenen Felsen lagen schroff durcheinander. Endlich kamen wir ins Tal, wo der Trientfluß aus einem Gletscher entspringt, ließen das Dörfchen Trient ganz nahe rechts liegen und folgten dem Tale durch einen ziemlich unbequemen Weg, bis wir endlich gegen sechse hier in Martigny auf flachem Wallisboden angekommen sind, wo wir uns zu weitern Unternehmungen ausruhen wollen.

Martigny, den 6. November, abends

Wie unsre Reise ununterbrochen fortgeht, knüpft sich auch ein Blatt meiner Unterhaltung mit Ihnen ans andre, und kaum hab' ich das Ende unserer Savoyer Wanderungen gefaltet und beiseite gelegt, nehm' ich schon wieder ein andres Papier, um Sie mit dem bekannt zu machen, was wir zunächst vorhaben.

Zu Nacht sind wir in ein Land getreten, nach welchem unsre Neugier schon lange gespannt ist. Noch haben wir nichts als die Gipfel der Berge, die das Tal von beiden Seiten einschließen, in der Abenddämmerung gesehen. Wir sind im Wirtshause untergekrochen, sehen zum Fenster hinaus die Wolken wechseln, es ist uns so heimlich und so wohl, daß wir ein Dach haben, als Kindern, die sich aus Stühlen, Tischblättern und Teppichen eine Hütte am Ofen machen und sich darin bereden, es regne und schneie draußen, um angenehme eingebildete Schauer in ihren kleinen Seelen in Bewegung zu bringen. So sind wir in der Herbstnacht in einem fremden unbekannten Lande. Aus der Karte wissen wir, daß wir in dem Winkel eines Ellenbogens sitzen, von wo aus der kleinere Teil des Wallis, ungefähr von Mittag gegen Mitternacht, die Rhone hinunter sich an den Genfersee anschließt, der andere aber und längste, von Abend gegen Morgen, die Rhone hinauf bis an ihren Ursprung, die Furka, streicht. Das Wallis selbst zu durchreisen macht uns eine angenehme Aussicht; nur wie wir oben hinaus kommen werden, erregt einige Sorge. Zuvörderst ist festgesetzt, daß wir, um den untern Teil zu sehen, morgen bis St.-Maurice gehen, wo der Freund, der mit den Pferden durch das Pays de Vaud gegangen, eingetroffen sein wird. Morgen abend gedenken wir wieder hier zu sein, und übermorgen soll es das Land hinauf. Wenn es nach dem Rat des Herrn de Saussure geht, so machen wir den Weg bis an die Furka zu Pferde, sodann wieder bis Brig zurück über den Simplonberg, wo bei jeder Witterung eine gute Passage ist, über Domodossola, den Lago Maggiore, über Bellinzona, und dann den Gotthard hinauf. Der Weg soll gut und durchaus für Pferde praktikabel sein. Am liebsten gingen wir über die Furka auf den Gotthard, der Kürze wegen und weil der Schwanz durch die italienischen Provinzen von Anfang an nicht in unserm Plane war; allein, wo mit den Pferden hin? die sich nicht über die Furka schleppen lassen, wo vielleicht gar schon Fußgängern der Weg durch Schnee versperrt ist. Wir sind darüber ganz ruhig und hoffen von Augenblick zu Augenblick wie bisher von den Umständen selbst guten Rat zu nehmen. Merkwürdig ist in diesem Wirtshause eine Magd, die bei einer großen Dummheit alle Manieren einer sich empfindsam zierenden deutschen Fräulein hat. Es gab ein großes Gelächter, als wir uns die müden Füße mit rotem Wein und Kleien, auf Anraten unsers Führers, badeten und sie von dieser annehmlichen Dirne abtrocknen ließen.

Nach Tische

Am Essen haben wir uns nicht sehr erholt und hoffen, daß der Schlaf besser schmecken soll.

Den 7. Saint-Maurice, gegen Mittag

Unter Weges ist es meine Art die schönen Gegenden zu genießen, daß ich mir meine abwesenden Freunde wechselsweise herbeirufe und mich mit ihnen über die herrlichen Gegenstände unterhalte. Komm' ich in ein Wirtshaus, so ist ausruhen, mich rückerinnern und an Sie schreiben eins, wenn schon manchmal die allzusehr ausgespannte Seele lieber in sich selbst zusammenfiele und mit einem halben Schlaf sich erholte. Heute früh gingen wir in der Dämmerung von Martigny weg; ein frischer Nordwind ward mit dem Tage lebendig, wir kamen an einem alten Schlosse vorbei, das auf der Ecke steht, wo die beiden Arme des Wallis ein Y machen. Das Tal ist eng und wird auf beiden Seiten von mannigfaltigen Bergen beschlossen, die wieder zusammen von eigenem, erhaben lieblichem Charakter sind. Wir kamen dahin, wo der Trientstrom um enge und gerade Felsenwände herum in das Tal dringt, daß man zweifelhaft ist, ob er nicht unter den Felsen hervor komme. Gleich dabei steht die alte, vorm Jahr durch den Fluß beschädigte Brücke, unweit welcher ungeheure Felsstücke vor kurzer Zeit vom Gebirge herab die Landstraße verschüttet haben. Diese Gruppe zusammen würde ein außerordentlich schönes Bild machen. Nicht weit davon hat man eine neue hölzerne Brücke gebaut und ein ander Stück Landstraße eingeleitet. Wir wußten, daß wir uns dem berühmten Wasserfall der Pissevache näherten, und wünschten einen Sonnenblick, wozu uns die wechselnden Wolken einige Hoffnung machten. An dem Wege betrachteten wir die vielen Granit- und Gneisstücke, die bei ihrer Verschiedenheit doch alle eines Ursprungs zu sein schienen. Endlich traten wir vor den Wasserfall, der seinen Ruhm vor vielen andern verdient. In ziemlicher Höhe schießt aus einer engen Felskluft ein starker Bach flammend herunter in ein Becken, wo er in Staub und Schaum sich weit und breit im Wind herumtreibt. Die Sonne trat hervor und machte den Anblick doppelt lebendig. Unten im Wasserstaube hat man einen Regenbogen hin und wieder, wie man geht, ganz nahe vor sich. Tritt man weiter hinauf, so sieht man noch eine schönere Erscheinung. Die luftigen schäumenden Wellen des obern Strahls, wenn sie gischend und flüchtig die Linien berühren, wo in unsern Augen der Regenbogen entstehet, färben sich flammend, ohne daß die aneinanderhängende Gestalt eines Bogens erschiene; und so ist an dem Platze immer eine wechselnde feurige Bewegung. Wir kletterten dran herum, setzten uns dabei nieder und wünschten ganze Tage und gute Stunden des Lebens dabei zubringen zu können. Auch hier wieder, wie so oft auf dieser Reise, fühlten wir, daß große Gegenstände im Vorübergehen gar nicht empfunden und genossen werden können. Wir kamen in ein Dorf, wo lustige Soldaten waren, und tranken daselbst neuen Wein, den man uns gestern auch schon vorgesetzt hatte. Er sieht aus wie Seifenwasser, doch mag ich ihn lieber trinken als ihren sauren jährigen und zweijährigen. Wenn man durstig ist, bekommt alles wohl. Wir sahen St.-Maurice von weitem, wie es just an einem

Platze liegt, wo das Tal sich zu einem Passe zusammendrückt Links über der Stadt sahen wir an einer Felsenwand eine kleine Kirche mit einer Einsiedelei angeflickt, wo wir noch hinaufzusteigen denken. Hier im Wirtshaus fanden wir ein Billett vom Freunde, der zu Bex, drei Viertelstunden von hier, geblieben ist. Wir haben ihm einen Boten geschickt. Der Graf ist spazieren gegangen, vorwärts die Gegend noch zu sehen; ich will einen Bissen essen und alsdann auch nach der berühmten Brücke und dem Paß zu gehn.

Nach eins

Ich bin wieder zurück von dem Fleckchen, wo man tagelang sitzen, zeichnen, herumschleichen, und ohne müde zu werden sich mit sich selbst unterhalten könnte. Wenn ich jemanden einen Weg ins Wallis raten sollte, so wär' es dieser vom Genfersee die Rhone herauf. Ich bin auf dem Weg nach Bex zu über die große Brücke gegangen, wo man gleich ins Berner Gebiet eintritt. Die Rhone fließt dort hinunter und das Tal wird nach dem See zu etwas weiter. Wie ich mich umkehrte, sah ich die Felsen sich bei St.-Maurice zusammen drücken, und über die Rhone, die unten durchrauscht, in einem hohen Bogen eine schmale leichte Brücke kühn hinüber gesprengt. Die mannigfaltigen Erker und Türme einer Burg schließen drüben gleich an, und mit einem einzigen Tore ist der Eingang ins Wallis gesperrt. Ich ging über die Brücke nach St.-Maurice zurück, suchte noch vorher einen Gesichtspunkt, den ich bei Hubern gezeichnet gesehn habe und auch ungefähr fand.

Der Graf ist wieder gekommen, er war den Pferden entgegengegangen und hat sich auf seinem Braunen voraus gemacht. Er sagt, die Brücke sei so schön und leicht gebaut, daß es aussehe, als wenn ein Pferd flüchtig über einen Graben setzt. Der Freund kommt auch an, zufrieden von seiner Reise. Er hat den Weg am Genfersee her bis Bex in wenigen Tagen zurück gelegt, und es ist eine allgemeine Freude sich wieder zu sehen.

Martigny, gegen neun

Wir sind tief in die Nacht geritten, und der Herweg hat uns länger geschienen als der Hinweg, wo wir von einem Gegenstand zu dem andern gelockt worden sind. Auch habe ich aller Beschreibungen und Reflexionen für heute herzlich satt, doch will ich zwei schöne noch geschwind in der Erinnerung festsetzen. An der Pissevache, kamen wir in tiefer Dämmerung wieder vorbei. Die Berge, das Tal und selbst der Himmel waren dunkel und dämmernd. Graulich und mit stillem Rauschen sah man den herabschießenden Strom von allen andern Gegenständen sich unterscheiden, man bemerkte fast gar keine Bewegung. Es war immer dunkler geworden. Auf einmal sahen wir den Gipfel einer sehr hohen Klippe, völlig wie geschmolzen Erz im Ofen, glühen und roten Dampf davon aufsteigen. Dieses sonderbare Phänomen wirkte die Abendsonne, die den Schnee und den davon aufsteigenden Nebel erleuchtete.

Sion, den 8. November, nach drei Uhr

Wir haben heute früh einen Fehlritt getan und uns wenigstens um drei Stunden versäumet. Wir ritten vor Tag von Martigny weg, um beizeiten in Sion zu sein. Das Wetter war außerordentlich schön, nur daß die Sonne, wegen ihres niedern Standes, von den Bergen gehindert war, den Weg, den wir ritten, zu bescheinen; und der Anblick des wunderschönen Wallistals machte manchen guten und muntern Gedanken rege. Wir waren schon drei Stunden die Landstraße hinan, die Rhone uns linker Hand, geritten; wir sahen Sion vor uns liegen und freuten uns auf das bald zu veranstaltende Mittagessen, als wir die Brücke, die wir zu passieren hatten, abgetragen fanden. Es blieb uns, nach Angabe der Leute, die dabei beschäftigt waren, nichts übrig, als entweder einen kleinen Fußpfad, der an den Felsen hinging, zu wählen, oder eine Stunde wieder zurückzureiten und alsdann über einige andere Brücken der Rhone zu gehen. Wir wählten das letzte und ließen uns von keinem üblen Humor anfechten, sondern schrieben diesen Unfall wieder auf Rechnung eines guten Geistes, der uns bei der schönsten Tagszeit durch ein so interessantes Land spazieren führen wollte. Die Rhone macht überhaupt in diesem engen Lande böse Händel. Wir mußten, um zu den andern Brücken zu kommen, über anderthalb Stunden durch die sandigen Flecke reiten, die sie durch Überschwemmungen sehr oft zu verändern pflegt, und die nur zu Erlen und Weidengebüschen zu benutzen sind. Endlich kamen wir an die Brücken, die sehr bös, schwankend, lang und von falschen Klüppeln zusammen gesetzt sind. Wir mußten einzeln unsere Pferde, nicht ohne Sorge, darüber führen. Nun ging es an der linken Seite des Wallis wieder nach Sion zu. Der Weg an sich war meistenteils schlecht und steinig. doch zeigte uns jeder Schritt eine Landschaft, die eines Gemäldes wert gewesen wäre. Besonders führte er uns auf ein Schloß hinauf, wo herunter sich eine der schönsten Aussichten zeigte, die ich auf dem ganzen Wege gesehen habe. Die nächsten Berge schossen auf beiden Seiten mit ihren Lagen in die Erde ein, und verjüngten durch ihre Gestalt die Gegend gleichsam perspektivisch. Die ganze Breite des Wallis von Berg zu Berg lag bequem anzusehen unter uns; die Rhone kam, mit ihren mannigfaltigen Krümmen und Buschwerken, bei Dörfern, Wiesen und angebauten Hügeln vorbeigeflossen; in der Entfernung sah man die Burg von Sion und die verschiedenen Hügel, die sich dahinter zu erheben anfingen; die letzte Gegend ward wie mit einem Amphitheaterbogen durch eine Reihe von Schneegebirgen geschlossen, die wie das übrige Ganze von der hohen Mittagssonne erleuchtet standen. So unangenehm und steinig der Weg war, den wir zu reiten hatten, so erfreulich fanden wir die noch ziemlich grünen Reblauben, die ihn bedeckten. Die Einwohner, denen jedes Fleckchen Erdreich kostbar ist, pflanzen ihre Weinstöcke gleich an ihre Mauern, die ihre Güter von dem Wege scheiden; sie wachsen zu außerordentlicher Dicke und werden vermittelst Pfählen und Latten über den Weg gezogen, so daß er fast eine aneinanderhangende Laube bildet. In dem untern Teil war meistens Wiesewachs, doch fanden wir auch, da wir uns Sion näherten, einigen Feldbau. Gegen diese Stadt zu wird die Gegend durch wechselnde Hügel außerordentlich mannigfaltig, und man wünschte eine längere Zeit des Aufenthalts genießen zu können. Doch unterbricht die Häßlichkeit der Städte und der Menschen die angenehmen Empfindungen, welche die Landschaft erregt, gar sehr. Die scheußlichen Kröpfe haben mich ganz und gar üblen Humors gemacht. Unsern Pferden dürfen wir wohl heute nichts mehr zumuten, und denken deswegen zu Fuße nach Sierre zu gehen. Hier in Sion ist das Wirtshaus abscheulich, und die Stadt hat ein widriges, schwarzes Ansehn.

Sierre, den 8. November nachts

Da wir bei einbrechendem Abend erst von Sion weggegangen, sind wir bei Nacht unter einem hellen Sternhimmel hier angekommen. Wir haben einige schöne Aussichten darüber verloren, merk' ich wohl. Besonders wünschten wir das Schloß Tourbillon, das bei Sion liegt, erstiegen zu haben; es muß von da aus eine ganz ungemein schöne Aussicht sein. Ein Bote, den wir mitnahmen, brachte uns glücklich durch einige böse Flecke, wo das Wasser ausgetreten war. Bald erreichten wir die Höhe und hatten die Rhone immer rechts unter uns. Mit verschiedenen astronomischen Gesprächen verkürzten wir den Weg, und sind bei guten Leuten, die ihr Bestes tun werden uns zu bewirten, eingekehret. Wenn man zurück denkt, kommt einem so ein durchlebter Tag, wegen der mancherlei Gegenstände, fast wie eine Woche vor. Es fängt mir an recht leid zu tun, daß ich nicht Zeit und Geschick habe, die merkwürdigsten Gegenden auch nur linienweise zu zeichnen; es ist immer besser für einen Abwesenden als alle Beschreibungen.

Sierre, den 9ten

Noch ehe wir aufbrechen, kann ich Ihnen einen guten Morgen bieten. Der Graf wird mit mir links ins Gebirg nach dem Leukerbad zu gehen, der Freund indessen die Pferde hier erwarten und uns morgen in Leuk wieder antreffen.

Leukerbad, den 9., am Fuß des Gemmiberges

In einem kleinen bretternen Haus, wo wir von sehr braven Leuten gar freundlich aufgenommen worden, sitzen wir in einer schmalen und niedrigen Stube, und ich will sehen, wieviel von unserer heutigen sehr interessanten Tour durch Worte mitzuteilen ist. Von Sierre stiegen wir heute früh drei Stunden lang einen Berg herauf, nachdem wir vorher große Verwüstungen der Bergwasser unterwegs angetroffen hatten. Es reißt ein solcher schnell entstehender Strom auf Stunden weit alles zusammen, überführt mit Steinen und Kies Felder, Wiesen und Gärten, die denn nach und nach kümmerlich, wenn es allenfalls noch möglich ist, von den Leuten wieder hergestellt und nach ein paar Generationen vielleicht wieder verschüttet werden. Wir hatten einen grauen Tag mit abwechselnden Sonnenblicken. Es ist nicht zu beschreiben, wie mannigfaltig auch hier das Wallis wieder wird; mit jedem Augenblick biegt und verändert sich die Landschaft. Es scheint alles sehr nah beisammen zu liegen, und man ist doch durch große Schluchten und Berge getrennt. Wir hatten bisher noch meist das offene Wallistal rechts neben uns gehabt, als sich auf einmal ein schöner Anblick ins Gebirg vor uns auftat.

Ich muß, um anschaulicher zu machen was ich beschreiben will, etwas von der geographischen Lage der Gegend, wo wir uns befinden, sagen. Wir waren nun schon drei Stunden aufwärts in das ungeheure Gebirg gestiegen, das Wallis von Bern trennet. Es ist eben der Stock von Bergen, der in einem fort vom Genfersee bis auf den Gotthard läuft, und auf dem sich in dem Berner Gebiet die großen Eis- und Schneemassen eingenistet haben. Hier sind oben und unten relative Worte des Augenblicks. Ich sage, unter mir auf einer Fläche liegt ein Dorf, und eben diese Fläche liegt vielleicht wieder an einem Abgrund, der viel höher ist als mein Verhältnis zu ihr.

Wir sahen, als wir um eine Ecke herumkamen und bei einem Heiligenstock ausruhten, unter uns am Ende einer schönen grünen Matte, die an einem ungeheuren Felsschlund herging, das Dorf Inden mit einer weißen Kirche ganz am Hange des Felsens in der Mitte von der Landschaft liegen. Über der Schlucht drüben gingen wieder Matten und Tannenwälder aufwärts, gleich hinter dem Dorfe stieg eine große Kluft von Felsen in die Höhe, die Berge von der linken Seite schlossen sich bis zu uns an, die von der rechten setzten auch ihre Rücken weiter fort, so daß das Dörfchen mit seiner weißen Kirche gleichsam wie im Brennpunkt von so viel zusammenlaufenden Felsen und Klüften dastand. Der Weg nach Inden ist in die steile Felswand gehauen, die dieses Amphitheater von der linken Seite, im Hingehen gerechnet, einschließt. Es ist dieses kein gefährlicher aber doch sehr fürchterlich aussehender Weg. Er geht auf den Lagen einer schroffen Felswand hinunter, an der rechten Seite mit einer geringen Planke von dem Abgrunde gesondert. Ein Kerl, der mit einem Maulesel neben uns hinab stieg, faßte sein Tier, wenn es an gefährliche Stellen kam, beim Schweife, um ihm einige Hülfe zu geben, wenn es gar zu steil vor sich hinunter in den Felsen hinein mußte. Endlich kamen wir in Inden an, und da unser Bote wohl bekannt war, so fiel es uns leicht, von einer willigen Frau ein gut Glas roten Wein und Brot zu erhalten, da sie eigentlich in dieser Gegend keine Wirtshäuser haben. Nun ging es die hohe Schlucht hinter Inden hinauf, wo wir denn bald den so schrecklich beschriebenen Gemmiberg vor uns sahen, und das Leukerbad an seinem Fuß, zwischen andern hohen, unwegsamen und mit Schnee bedeckten Gebirgen, gleichsam wie in einer hohlen

Hand liegen fanden. Es war gegen drei als wir ankamen; unser Führer schaffte uns bald Quartier. Es ist zwar kein Gasthof hier, aber alle Leute sind so ziemlich, wegen der vielen Badegäste, die hieher kommen, eingerichtet. Unsere Wirtin liegt seit gestern in den Wochen, und ihr Mann macht mit einer alten Mutter und der Magd ganz artig die Ehre des Hauses. Wir bestellten etwas zu essen und ließen uns die warmen Quellen zeigen, die an verschiedenen Orten sehr stark aus der Erde hervorkommen und reinlich eingefaßt sind. Außer dem Dorfe, gegen das Gebirg zu, sollen noch einige stärkere sein. Es hat dieses Wasser nicht den mindesten schwefelichten Geruch, setzt, wo es quillt und wo es durchfließt nicht den mindesten Ocker noch sonst irgend etwas Mineralisches oder Irdisches an, sondern läßt wie ein anderes reines Wasser keine Spur zurück. Es ist, wenn es aus der Erde kommt, sehr heiß und wegen seiner guten Kräfte berühmt. Wir hatten noch Zeit zu einem Spaziergang gegen den Fuß des Gemmi, der uns ganz nah zu liegen schien. Ich muß hier wieder bemerken, was schon so oft vorgekommen, daß, wenn man mit Gebirgen umschlossen ist, einem alle Gegenstände so außerordentlich nahe scheinen. Wir hatten eine starke Stunde über herunter gestürzte Felsstücke und dazwischen geschwemmten Kies hinauf zu steigen, bis wir uns an dem Fuß des ungeheuren Gemmibergs, wo der Weg an steilen Klippen aufwärts gehet, befanden. Es ist dies der Übergang ins Berner Gebiet, wo alle Kranken sich müssen in Sänften herunter tragen lassen. Hieß uns die Jahrszeit nicht eilen, so würde wahrscheinlicherweise morgen ein Versuch gemacht werden, diesen so merkwürdigen Berg zu besteigen: so aber werden wir uns mit der bloßen Ansicht für diesmal begnügen müssen. Wie wir zurückgingen, sahen wir dem Gebräude der Wolken zu, das in der jetzigen Jahrszeit in diesen Gegenden äußerst interessant ist. Über das schöne Wetter haben wir bisher ganz vergessen, daß wir im November leben; es ist auch, wie man uns im Bernischen voraussagte, hier der Herbst sehr gefällig. Die frühen Abende und Schnee verkündende Wolken erinnern uns aber doch manchmal, daß wir tief in der Jahrszeit sind. Das wunderbare Wehen, das sie heute abend verführten, war außerordentlich schön. Als wir vom Fuße des Gemmiberges zurückkamen, sahen wir, aus der Schlucht von Inden herauf, leichte Nebelwolken sich mit großer Schnelligkeit bewegen. Sie wechselten bald rückwärts bald vorwärts, und kamen endlich aufsteigend dem Leukerbad so nah, daß wir wohl sahen, wir wußten unsere Schritte verdoppeln, um bei hereinbrechender Nacht nicht in Wolken eingewickelt zu werden. Wir kamen auch glücklich zu Hause an, und während ich dieses hinschreibe, legen sich wirklich die Wolken ganz ernstlich in einen kleinen artigen Schnee auseinander. Es ist dieser der erste, den wir haben, und, wenn wir auf unsere gestrige warme Reise von Martigny nach Sion, auf die noch ziemlich belaubten Rebengeländer zurückdenken, eine sehr schnelle Abwechslung. Ich bin in die Türe getreten, ich habe dem Wesen der Wolken eine Weile zugesehen, das über alle Beschreibung schön ist. Eigentlich ist es noch nicht Nacht, aber sie verhüllen abwechselnd den Himmel und machen dunkel. Aus den tiefen Felsschluchten steigen sie herauf, bis sie an die höchsten Gipfel der Berge reichen; von diesen angezogen, scheinen sie sich zu verdicken und von der Kälte gepackt in Gestalt des Schnees niederzufallen. Es ist eine unaussprechliche Einsamkeit hier oben, in so großer Höhe doch noch wie in einem Brunnen zu sein, wo man nur vorwärts durch die Abgründe einen Fußpfad hinaus vermutet. Die Wolken, die sich hier in diesem Sacke stoßen, die ungeheuren Felsen bald zudecken und in eine undurchdringliche öde Dämmerung verschlingen, bald Teile davon wieder als Gespenster sehen lassen, geben dem Zustand ein trauriges Leben. Man ist voller Ahnung bei diesen Wirkungen der Natur. Die Wolken, eine dem Menschen von Jugend auf so merkwürdige Lufterscheinung, ist man in dem platten Lande doch nur als etwas Fremdes, Überirdisches anzusehen gewohnt. Man betrachtet sie nur als Gäste, als Streichvögel, die, unter einem andern Himmel geboren, von dieser oder jener Gegend bei uns augenblicklich vorbeigezogen kommen; als prächtige Teppiche, womit die Götter ihre Herrlichkeit vor unsern Augen verschließen. Hier aber ist man von ihnen selbst wie sie sich erzeugen eingehüllt, und die ewige innerliche Kraft der Natur fühlt man sich ahnungsvoll durch jede Nerve bewegen.

Auf die Nebel, die bei uns eben diese Wirkungen hervorbringen, gibt man weniger acht; auch weil sie uns weniger vors Auge gedrängt sind, ist ihre Wirtschaft schwerer zu beobachten. Bei allen diesen Gegenständen wünscht man nur länger sich verweilen und an solchen Orten mehrere Tage zubringen zu können; ja ist man ein Liebhaber von dergleichen Betrachtungen, so wird der Wunsch immer lebhafter, wenn man bedenkt, daß jede Jahrszeit, Tagszeit und Witterung neue Erscheinungen, die man gar nicht erwartet, hervorbringen muß. Und wie in jedem Menschen, auch selbst dem gemeinen, sonderbare Spuren übrig bleiben, wenn er bei großen ungewöhnlichen Handlungen etwa einmal gegenwärtig gewesen ist; wie er sich von diesem einen Flecke gleichsam größer fühlt, unermüdlich eben dasselbe erzählend wiederholt, und so, auf jene Weise, einen Schatz für sein ganzes Leben gewonnen hat: so ist es auch dem Menschen, der solche große Gegenstände der Natur gesehen und mit ihnen vertraut geworden ist. Er hat, wenn er diese Eindrücke zu bewahren, sie mit andern Empfindungen und Gedanken, die in ihm entstehen, zu verbinden weiß, gewiß einen Vorrat von Gewürz, womit er den unschmackhaften Teil des Lebens verbessern und seinem ganzen Wesen einen durchziehenden guten Geschmack geben kann.

Ich bemerke, daß ich in meinem Schreiben der Menschen wenig erwähne; sie sind auch unter diesen großen Gegenständen der Natur, besonders im Vorbeigehen, minder merkwürdig. Ich zweifle nicht, daß man bei längerm Aufenthalt gar interessante und gute Leute finden würde. Eins glaub' ich überall zu bemerken: je weiter man von der Landstraße und dem größern Gewerbe der Menschen abkommt, je mehr in den Gebirgen die Menschen beschränkt, abgeschnitten und auf die allerersten Bedürfnisse des Lebens zurückgewiesen sind, je mehr sie sich von einem einfachen, langsamen, unveränderlichen Erwerbe nähren; desto besser, willfähriger, freundlicher, uneigennütziger, gastfreier bei ihrer Armut hab' ich sie gefunden.

Leukerbad, den 10. November

Wir machen uns bei Licht zurechte, um mit Tagesanbruch wieder hinunter zu gehen. Diese Nacht habe ich ziemlich unruhig zugebracht. Ich lag kaum im Bette, so kam mir vor als wenn ich über und über mit einer Nesselsucht befallen wäre; doch merkte ich bald, daß es ein großes Heer hüpfender Insekten war, die den neuen Ankömmling blutdürstig überfielen. Diese Tiere erzeugen sich in den hölzernen Häusern in großer Menge. Die Nacht ward mir sehr lang und ich war zufrieden, als man uns den Morgen Licht brachte.

Leuk, gegen 10 Uhr

Wir haben nicht viel Zeit, doch will ich, eh' wir hier weggehen, die merkwürdige Trennung unserer Gesellschaft melden, die hier vorgegangen ist, und was sie veranlaßt hat. Wir gingen mit Tagesanbruch heute von Leukerbad aus, und hatten im frischen Schnee einen schlüpfrigen Weg über die Matten zu machen. Wir kamen bald nach Inden, wo wir dann den steilen Weg, den wir gestern herunter kamen, zur Rechten über uns ließen, und auf der Matte nach der Schlucht, die uns nunmehr links lag, hinabstiegen. Es ist diese wild und mit Bäumen verwachsen, doch geht ein ganz leidlicher Weg hinunter. Durch diese Felsklüfte hat das Wasser, das vom Leukerbad kommt, seine Abflüsse ins Wallistal. Wir sahen in der Höhe an der Seite des Felsens, den wir gestern herunter gekommen waren, eine

Wasserleitung gar künstlich eingehauen, wodurch ein Bach erst daran her, dann durch eine Höhle, aus dem Gebirge in das benachbarte Dorf geleitet wird. Wir mußten nunmehr wieder einen Hügel hinauf und sahen dann bald das offene Wallis und die garstige Stadt Leuk unter uns liegen. Es sind diese Städtchen meist an die Berge angeflickt, die Dächer mit groben gerißnen Schindeln unzierlich gedeckt, die durch die Jahrszeit ganz schwarz gefault und vermoost sind. Wie man auch nur hinein tritt, so ekelt's einem, denn es ist überall unsauber; Mangel und ängstlicher Erwerb dieser privilegierten und freien Bewohner kommt überall zum Vorschein. Wir fanden den Freund, der die schlimme Nachricht brachte, daß es nunmehr mit den Pferden sehr beschwerlich weiter zu gehen anfinge. Die Ställe werden kleiner und enger, weil sie nur auf Maulesel und Saumrosse eingerichtet sind; der Haber fängt auch an sehr selten zu werden, ja man sagt, daß weiterhin ins Gebirg gar keiner mehr anzutreffen sei. Ein Beschluß war bald gefaßt: der Freund sollte mit den Pferden das Wallis wieder hinunter über Bex, Vevey, Lausanne, Freiburg und Bern auf Luzern gehen, der Graf und ich wollten unsern Weg das Wallis hinauf fortsetzen, versuchen, wo wir auf den Gotthard hinauf dringen könnten, alsdann durch den Kanton Uri über den Vierwaldstättersee gleichfalls in Luzern eintreffen. Man findet in dieser Gegend überall Maultiere, die auf solchen Wegen immer besser sind als Pferde, und zu Fuße zu gehen ist am Ende doch immer das Angenehmste. Wir haben unsere Sachen getrennet. Der Freund ist fort, unser Mantelsack wird auf ein Maultier das wir gemietet haben gepackt, und so wollen wir aufbrechen und unsern Weg zu Fuße nach Brig nehmen. Am Himmel sieht es bunt aus, doch ich denke, das gute Glück, das uns bisher begleitet und uns so weit gelockt hat, soll uns auf dem Platze nicht verlassen, wo wir es am nötigsten brauchen.

Brig, den 10. abends

Von unserm heutigen Weg kann ich wenig erzählen, ausgenommen, wenn Sie mit einer weitläufigen Wettergeschichte sich wollen unterhalten lassen. Wir gingen in Gesellschaft eines schwäbischen Metzgerknechtes, der sich hierher verloren, in Leuk Kondition gefunden hatte und eine Art von Hanswurst machte, unser Gepäck auf ein Maultier geladen, das sein Herr vor sich hertrieb, gegen elf von Leuk ab. Hinter uns, so weit wir ins Wallistal hineinsehen konnten, lag es mit dicken Schneewolken bedeckt, die das Land herauf gezogen kamen. Es war wirklich ein trüber Anblick und ich befürchtete in der Stille, daß, ob es gleich so hell vor uns aufwärts war als wie im Lande Gosen, uns doch die Wolken bald einholen, und wir vielleicht im Grunde des Wallis an beiden Seiten von Bergen eingeschlossen, von Wolken zugedeckt und in einer Nacht eingeschneit sein könnten. So flüsterte die Sorge, die sich meistenteils des einen Ohrs bemeistert. Auf der andern Seite sprach der gute Mut mit weit zuverlässigerer Stimme, verwies mir meinen Unglauben, hielt mir das Vergangene vor und machte mich auch auf die gegenwärtigen Lufterscheinungen aufmerksam. Wir gingen dem schönen Wetter immer entgegen; die Rhone hinauf war alles heiter, und so stark der Abendwind das Gewölk hinter uns hertrieb, so konnte es uns doch niemals erreichen. Die Ursache war diese: In das Wallistal gehen, wie ich schon so oft gesagt, sehr viele Schluchten des benachbarten Gebirges aus und ergießen sich wie kleine Bäche in den großen Strom, wie denn auch alle ihre Gewässer in der Rhone zusammen laufen. Aus jeder solcher Öffnung streicht ein Zugwind, der sich in den innern Tälern und Krümmungen erzeugt. Wie nun der Hauptzug der Wolken das Tal herauf an so eine Schlucht kommt, so läßt die Zugluft die Wolken nicht vorbei, sondern kämpft mit ihnen und dem Winde der sie trägt, hält sie auf und macht ihnen wohl stundenlang den Weg streitig. Diesem Kampf sahen wir oft zu, und wenn wir glaubten, von ihnen überzogen zu werden, so fanden sie wieder ein solches Hindernis, und wenn wir eine Stunde gegangen waren, konnten sie noch kaum vom Fleck. Gegen Abend ward der Himmel außerordentlich schön. Als wir uns Brig näherten, trafen die Wolken fast zu gleicher Zeit mit uns ein; doch mußten sie, weil die Sonne untergegangen war und ihnen nunmehr ein packender Morgenwind entgegen kam, stille stehen, und machten von einem Berge zum andern einen großen halben Mond über das Tal. Sie waren von der kalten Luft zur Konsistenz gebracht und hatten, da wo sich ihr Saum gegen den blauen Himmel zeichnete, schöne leichte und muntere Formen. Man sah daß sie Schnee enthielten, doch scheint uns die frische Luft zu verheißen, daß diese Nacht nicht viel fallen soll. Wir haben ein ganz artiges Wirtshaus und, was uns zu großem Vergnügen dient, in einer geräumigen Stube ein Kamin angetroffen; wir sitzen am Feuer und machen Ratschläge wegen unserer weiteren Reise. Hier in Brig geht die gewöhnliche Straße über den Simplon nach Italien; wenn wir also unsern Gedanken, über die Furka auf den Gotthard zu gehen, aufgeben wollten, so gingen wir mit gemieteten Pferden und Maultieren auf Domodossola, Mergozzo, führen den Lago Maggiore hinaufwärts, dann auf Bellinzona und so weiter den Gotthard hinauf, über Airolo zu den Kapuzinern. Dieser Weg ist den ganzen Winter über gebahnt und mit Pferden bequem zu machen, doch scheint er unserer Vorstellung, da er in unserm Plane nicht war und uns fünf Tage später als unsern Freund nach Luzern führen würde, nicht reizend. Wir wünschen vielmehr das Wallis bis an sein oberes Ende zu sehen, dahin wir morgen abend kommen werden; und wenn das Glück gut ist, so sitzen wir übermorgen um diese Zeit in Realp in dem Urserntal, welches auf dem Gotthard nahe bei dessen höchstem Gipfel ist. Sollten wir nicht über die Furka kommen, so bleibt uns immer der Weg hierher unverschlossen, und wir werden alsdann das aus Not ergreifen, was wir aus Wahl nicht gerne tun.

Sie können sich vorstellen, daß ich hier schon wieder die Leute examiniert habe, ob sie glauben, daß die Passage über die Furka offen ist; denn das ist der Gedanke mit dem ich aufstehe, schlafen gehe, mit dem ich den ganzen Tag über beschäftigt bin. Bisher war es einem Marsch zu vergleichen, den man gegen einen Feind richtet, und nun ist's, als wenn man sich dem Flecke nähert, wo er sich verschanzt hat und man sich mit ihm herumschlagen muß. Außer unserm Maultier sind zwei Pferde auf morgen früh bestellt.

Münster, den 11. abends 6 Uhr

Wieder einen glücklichen und angenehmen Tag zurückgelegt! Heute früh als wir von Brig bei guter Tagszeit ausritten, sagte uns der Wirt noch auf den Weg: Wenn der Berg, so nennen sie hier die Furka, gar zu grimmig wäre, so möchten wir wieder zurückkehren und einen andern Weg suchen. Mit unsern zwei Pferden und einem Maulesel kamen wir nun bald über angenehme Matten, wo das Tal so eng wird, daß es kaum einige Büchsenschüsse breit ist. Es hat daselbst eine schöne Weide, worauf große Bäume stehen, und Felsstücke, die sich von benachbarten Bergen abgelöst haben, zerstreut liegen. Das Tal wird immer enger, man wird genötiget an den Bergen seitwärts hinaufzusteigen, und hat nunmehr die Rhone in einer schroffen Schlucht immer rechts unter sich. In der Höhe aber breitet sich das Land wieder recht schön aus, auf mannigfaltig gebogenen Hügeln sind schöne nahrhafte Matten, liegen hübsche Örter, die mit ihren dunkelbraunen hölzernen Häusern gar wunderlich unter dem Schnee hervorgucken. Wir gingen viel zu Fuß und taten's uns einander wechselseitig zu Gefallen. Denn ob man gleich auf den Pferden sicher ist, so sieht es doch immer gefährlich aus, wenn ein anderer, auf so schmalen Pfaden, von so einem schwachen Tiere getragen, an einem schroffen Abgrund, vor einem herreitet. Weil nun kein Vieh auf der Weide sein kann, indem die Menschen alle in den Häusern stecken, so sieht eine solche Gegend sehr einsam aus, und der Gedanke, daß man immer enger und enger zwischen ungeheuren Gebirgen eingeschlossen wird, gibt der Imagination graue und unangenehme Bilder, die einen, der nicht recht fest im Sattel säße, gar leicht herabwerfen könnten. Der Mensch ist niemals ganz Herr von sich selbst. Da er die Zukunft nicht weiß, da ihm sogar der nächste Augenblick verborgen ist; so hat er oft, wenn er etwas Ungemeines vornimmt, mit unwillkürlichen Empfindungen, Ahnungen, traumartigen Vorstellungen zu kämpfen, über die man kurz hinterdrein wohl lachen kann, die aber oft in dem Augenblicke der Entscheidung höchst beschwerlich sind. In unserm Mittagsquartier begegnete uns was Angenehmes. Wir traten bei einer Frau ein, in deren Hause es ganz rechtlich aussah. Ihre Stube war nach hiesiger Landesart ausgetäfelt, die Betten mit Schnitzwerk gezieret, die Schränke, Tische und was sonst von kleinen Repositorien an den Wänden und in den Ecken befestigt war, hatte artige Zieraten von Drechsler- und Schnitzwerk. An den Porträts, die in der Stube hingen, konnte man bald sehen, daß mehrere aus dieser Familie sich dem geistlichen Stand gewidmet hatten. Wir bemerkten auch eine Sammlung wohl eingebundener Bücher über der Tür, die wir für eine Stiftung eines dieser Herren hielten. Wir nahmen die Legenden der Heiligen herunter und lasen drin, während das Essen für uns zubereitet wurde. Die Wirtin fragte uns einmal als sie in die Stube trat, ob wir auch die Geschichte des heiligen Alexis gelesen hätten? Wir sagten nein, nahmen aber weiter keine Notiz davon und jeder las in seinem Kapitel fort. Als wir uns zu Tische gesetzt hatten, stellte sie sich zu uns und fing wieder von dem heiligen Alexis an zu reden. Wir fragten, ob es ihr Patron oder der Patron ihres Hauses sei, welches sie verneinte, dabei aber versicherte, daß dieser heilige Mann so viel aus Liebe zu Gott ausgestanden habe, daß ihr seine Geschichte erbärmlicher vorkomme, als viele der übrigen. Da sie sah, daß wir gar nicht unterrichtet waren, fing sie an uns zu erzählen: Es sei der heilige Alexis der Sohn vornehmer, reicher und gottesfürchtiger Eltern in Rom gewesen, sei ihnen, die den Armen außerordentlich viel Gutes getan, in Ausübung guter Werke mit Vergnügen gefolgt; doch habe ihm dieses noch nicht genug getan, sondern er habe sich in der Stille Gott ganz und gar geweiht, und Christo eine ewige Keuschheit angelobet. Als ihn in der Folge seine Eltern an eine schöne und treffliche Jungfrau verheiraten wollen, habe er zwar sich ihrem Willen nicht widersetzt, die Trauung sei vollzogen worden; er habe sich aber, anstatt sich zu der Braut in die Kammer zu begeben, auf ein Schiff das er bereit gefunden gesetzt, und sei damit nach Asien übergefahren. Er habe daselbst die Gestalt eines schlechten Bettlers angezogen und sei dergestalt unkenntlich geworden, daß ihn auch die Knechte seines Vaters, die man ihm nachgeschickt, nicht erkannt hätten. Er habe sich daselbst an der Türe der Hauptkirche gewöhnlich aufgehalten, dem Gottesdienst beigewohnt und sich von geringem Almosen der Gläubigen genährt. Nach drei oder vier Jahren seien verschiedene Wunder geschehen, die ein besonderes Wohlgefallen Gottes angezeigt. Der Bischof habe in der Kirche eine Stimme gehört, daß er den frömmsten Mann, dessen Gebet vor Gott am angenehmsten sei, in die Kirche rufen und an seiner Seite den Dienst verrichten sollte. Da dieser hierauf nicht gewußt wer gemeint sei, habe ihm die Stimme den Bettler angezeigt, den er denn auch zu großem Erstaunen des Volks hereingeholt. Der heilige Alexis, betroffen daß die Aufmerksamkeit der Leute auf ihn rege geworden, habe sich in der Stille davon und auf ein Schiff gemacht, willens weiter sich in die Fremde zu begeben. Durch Sturm aber und andere Umstände sei er genötiget worden, in Italien zu landen. Der heilige Mann habe hierin einen Wink Gottes gesehen und sich gefreut eine Gelegenheit zu finden, wo er die Selbstverleugnung im höchsten Grade zeigen konnte. Er sei daher geradezu auf seine Vaterstadt losgegangen, habe sich als ein armer Bettler vor seiner Eltern Haustür gestellt, diese, ihn auch dafür haltend, haben ihn nach ihrer frommen Wohltätigkeit gut aufgenommen, und einem Bedienten aufgetragen, ihn mit Quartier im Schloß und den nötigen Speisen zu versehen. Dieser Bediente, verdrießlich über die Mühe und unwillig über seiner Herrschaft Wohltätigkeit, habe diesen anscheinenden Bettler in ein schlechtes Loch unter der Treppe gewiesen, und ihm daselbst geringes und sparsames Essen gleich einem Hunde vorgeworfen. Der heilige Mann, anstatt sich dadurch irre machen zu lassen, habe darüber erst Gott recht in seinem Herzen gelobt, und nicht allein dieses, was er so leicht ändern können, mit gelassenem Gemüte getragen, sondern auch die andaurende Betrübnis der Eltern und seiner Gemahlin über die Abwesenheit ihres so geliebten Alexis mit unglaublicher und übermenschlicher Standhaftigkeit ausgehalten. Denn seine vielgeliebten Eltern und seine schöne Gemahlin hat er des Tags wohl hundertmal seinen Namen ausrufen hören, sich nach ihm sehnen und über seine Abwesenheit ein kummervolles Leben verzehren sehen. An dieser Stelle konnte sich die Frau der Tränen nicht mehr enthalten und ihre beiden Mädchen, die sich während der Erzählung an ihren Rock gehängt, sahen unverwandt an der Mutter hinauf. Ich weiß mir keinen erbärmlichern Zustand vorzustellen, sagte sie, und keine größere Marter, als was dieser heilige Mann bei den Seinigen und aus freiem Willen ausgestanden hat. Aber Gott hat ihm seine Beständigkeit aufs herrlichste vergolten, und bei seinem Tode die größten Zeichen der Gnade vor den Augen der Gläubigen gegeben. Denn als dieser heilige Mann, nachdem er einige Jahre in diesem Zustande gelebt, täglich mit größter Inbrunst dem Gottesdienst beigewohnet, so ist er endlich krank geworden ohne daß jemand sonderlich auf ihn acht gegeben. Als darnach an einem Morgen der Papst, in Gegenwart des Kaisers und des ganzen Adels, selbst hohes Amt gehalten, haben auf einmal die Glocken der ganzen Stadt Rom wie zu einem vornehmen Totengeläute zu läuten angefangen; wie nun jedermänniglich darüber erstaunt, so ist dem Papste eine Offenbarung geschehen, daß dieses Wunder den Tod des heiligsten Mannes in der ganzen Stadt anzeige, der in dem Hause des Patricii ** soeben verschieden sei. Der Vater des Alexis fiel auf Befragen selbst auf den Bettler. Er ging nach Hause und fand ihn unter der Treppe wirklich tot. In den zusammengefalteten Händen hatte der heilige Mann ein Papier stecken, welches ihm der Alte, wiewohl vergebens, herauszuziehen suchte. Er brachte diese Nachricht dem Kaiser und Papst in die Kirche zurück, die alsdann mit dem Hofe und der Klerisei sich aufmachten, um selbst den heiligen Leichnam zu besuchen. Als sie angelangt, nahm der Heilige Vater ohne Mühe das Papier dem Leichnam aus den Händen, überreichte es dem Kaiser, der es sogleich von seinem Kanzler vorlesen ließ. Es enthielte dieses Papier die bisherige Geschichte dieses Heiligen. Da hätte man nun erst den übergroßen Jammer der Eltern und der Gemahlin sehen sollen, die ihren teuren Sohn und Gatten so nahe bei sich gehabt und ihm nichts zugute tun können, und nunmehr erst erfuhren wie übel er behandelt worden. Sie fielen über den Körper her, klagten so wehmütig, daß niemand von allen Umstehenden sich des Weinens enthalten konnte. Auch waren unter der Menge Volks, die sich nach und nach zudrängte, viele Kranke die zu dem heiligen Körper gelassen und durch dessen Berührung gesund wurden. Die Erzählerin versicherte nochmals, indem sie ihre Augen trocknete, daß sie keine erbärmlichere Geschichte niemals gehört habe; und mir kam selbst ein so großes Verlangen zu weinen an, daß ich große Mühe hatte es zu verbergen und zu unterdrücken. Nach dem Essen suchte ich im Pater Cochem die Legende selbst auf, und fand, daß die gute Frau den ganzen reinen menschlichen Faden der Geschichte behalten und alle abgeschmackten Anwendungen dieses Schriftstellers rein vergessen hatte.

Wir gehen fleißig ins Fenster und sehen uns nach der Witterung um, denn wir sind jetzt sehr im Fall, Winde und Wolken anzubeten. Die frühe Nacht und die allgemeine Stille ist das Element, worin das Schreiben recht gut gedeiht, und ich bin überzeugt, wenn ich mich nur einige Monate an so einem Orte inne halten könnte und müßte, so würden alle meine angefangenen Dramen eins nach dem andern aus Not fertig. Wir haben schon verschiedene Leute vorgehabt und sie nach dem Übergange über die Furka gefragt, aber auch hier können wir nichts Bestimmtes erfahren, ob der Berg gleich nur zwei Stunden entfernt ist. Wir müssen uns also darüber beruhigen, und morgen mit Anbruch des Tages selbst rekognoszieren und sehen, wie sich unser Schicksal entscheidet. So gefaßt ich auch sonst bin, so muß ich gestehen, daß mir's höchst verdrießlich wäre, wenn wir zurückgeschlagen würden. Glückt es, so sind wir morgen abend in Realp auf dem Gotthard und übermorgen zu Mittage auf dem Gipfel des Bergs bei den Kapuzinern; mißlingt's, so haben wir nur zwei Wege zur Retirade offen, wovon keiner sonderlich besser ist als der andere. Durchs ganze Wallis zurück und den bekannten Weg über Bern auf Luzern; oder auf Brig zurück und erst durch einen großen Umweg auf den Gotthard! Ich glaube, ich habe Ihnen das in diesen wenigen Blättern schon dreimal gesagt. Freilich ist es für uns von der größten Wichtigkeit. Der Ausgang wird entscheiden, ob unser Mut und Zutrauen, daß es gehen müsse, oder die Klugheit einiger Personen, die uns diesen Weg mit Gewalt widerraten wollen, recht behalten wird. So viel ist gewiß, daß beide, Klugheit und Mut, das Glück über sich erkennen müssen. Nachdem wir vorher nochmals das Wetter examiniert, die Luft kalt, den Himmel heiter und ohne Disposition zu Schnee gesehen haben, legen wir uns ruhig zu Bette.

Münster, den 12. November, früh 6 Uhr

Wir sind schon fertig und alles ist eingepackt, um mit Tagesanbruch von hier wegzugehen. Wir haben zwei Stunden bis Oberwald, und von da rechnet man gewöhnlich sechs Stunden auf Realp. Unser Maultier geht mit dem Gepäck nach, so weit wir es bringen können.

Realp, den 12. November, abends

Mit einbrechender Nacht sind wir hier angekommen. Es ist überstanden und der Knoten, der uns den Weg verstrickte, entzwei geschnitten. Eh' ich Ihnen sage, wo wir eingekehrt sind, eh' ich Ihnen das Wesen unserer Gastfreunde beschreibe, lassen Sie mich mit Vergnügen den Weg in Gedanken zurück machen, den wir mit Sorgen vor uns liegen sahen und den wir glücklich, doch nicht ohne Beschwerde, zurückgelegt haben. Um sieben gingen wir von Münster weg und sahen das beschneite Amphitheater der hohen Gebirge vor uns zugeschlossen, hielten den Berg, der hinten quer vorsteht, für die Furka; allein wir irrten uns, wie wir nachmals erfuhren; sie war durch Berge, die uns links lagen, und durch hohe Wolken bedeckt. Der Morgenwind blies stark und schlug sich mit einigen Schneewolken herum, und jagte abwechselnd leichte Gestöber an den Bergen und durch das Tal. Desto stärker trieben aber die Windweben an dem Boden hin und machten uns etlichemal den Weg verfehlen, ob wir gleich, auf beiden Seiten von Bergen eingeschlossen, Oberwald am Ende doch finden mußten. Nach neune trafen wir daselbst an und sprachen in einem Wirtshaus ein, wo sich die Leute nicht wenig wunderten, solche Gestalten in dieser Jahrszeit erscheinen zu sehen. Wir fragten, ob der Weg über die Furka noch gangbar wäre? Sie antworteten, daß ihre Leute den größten Teil des Winters drüber gingen; ob wir aber hinüber kommen würden, das wüßten sie nicht. Wir schickten sogleich nach solchen Führern; es kam ein untersetzter starker Mann, dessen Gestalt ein gutes Zutrauen gab, dem wir unsern Antrag taten: Wenn er den Weg für uns noch praktikabel hielte, so sollt' er's sagen, noch einen oder mehr Kameraden zu sich nehmen und mit uns kommen. Nach einigem Bedenken sagte er's zu, ging weg, um sich fertig zu machen und den andern mitzubringen. Wir zahlten indessen unserm Mauleseltreiber seinen Lohn, den wir mit seinem Tiere nunmehr nicht weiter brauchen konnten, aßen ein weniges Käs und Brot, tranken ein Glas roten Wein und waren sehr lustig und wohlgemut, als unser Führer wieder kam und noch einen größer und stärker aussehenden Mann, der die Stärke und Tapferkeit eines Rosses zu haben schien, hinter sich hatte. Einer hockte den Mantelsack auf den Rücken, und nun ging der Zug zu fünfen zum Dorfe hinaus, da wir denn in kurzer Zeit den Fuß des Berges, der uns links lag, erreichten und allmählich in die Höhe zu steigen anfingen. Zuerst hatten wir noch einen betretenen Fußpfad, der von einer benachbarten Alpe herunterging, bald aber verlor sich dieser und wir mußten im Schnee den Berg hinaufsteigen. Unsere Führer wanden sich durch die Felsen, um die sich der bekannte Fußpfad schlingt, sehr geschickt herum, obgleich alles überein zugeschneit war. Noch ging der Weg durch einen Fichtenwald, wir hatten die Rhone in einem engen unfruchtbaren Tal unter uns. Nach einer kleinen Weile mußten wir selbst hinab in dieses Tal, kamen über einen kleinen Steg und sahen nunmehr den Rhonegletscher vor uns. Es ist der ungeheuerste, den wir so ganz übersehen haben. Er nimmt den Sattel eines Berges in sehr großer Breite ein, steigt ununterbrochen herunter bis da wo unten im Tal die Rhone aus ihm herausfließt. An diesem Ausflusse hat er, wie die Leute erzählen, verschiedene Jahre her abgenommen; das will aber gegen die übrige ungeheure Masse gar nichts sagen. Obgleich alles voll Schnee lag, so waren doch die schroffen Eisklippen, wo der Wind so leicht keinen Schnee haften läßt, mit ihren vitriolblauen Spalten sichtbar, und man konnte deutlich sehen, wo der Gletscher aufhört und der beschneite Felsen anhebt. Wir gingen ganz nahe daran hin, er lag uns linker Hand. Bald kamen wir wieder auf einen leichten Steg über ein kleines Bergwasser, das in einem muldenförmigen unfruchtbaren Tal nach der Rhone zu floß. Vom Gletscher aber rechts und links und vorwärts sieht man nun keinen Baum mehr, alles ist öde und wüste. Keine schroffen und überstehenden Felsen, nur lang gedehnte Täler, sacht geschwungene Berge, die nun gar im alles vergleichenden Schnee die einfachen ununterbrochenen Flächen uns entgegen wiesen. Wir stiegen nunmehr links den Berg hinan und sanken in tiefen Schnee. Einer von unsern Führern mußte voran und brach, indem er herzhaft durchschritt, die Bahn, in der wir folgten. Es war ein seltsamer Anblick, wenn man einen Moment seine Aufmerksamkeit von dem Wege ab und auf sich selbst und die Gesellschaft wendete: in der ödesten Gegend der Welt, und in einer ungeheuren einförmigen schneebedeckten Gebirgswüste, wo man rückwärts und vorwärts auf drei Stunden keine lebendige Seele weiß, wo man auf beiden Seiten die weiten Tiefen verschlungener Gebirge hat, eine Reihe Menschen zu sehen, deren einer in des andern tiefe Fußtapfen tritt, und wo in der ganzen glatt überzogenen Weite nichts in die Augen fällt, als die Furche die man gezogen hat. Die Tiefen, aus denen man herkommt, liegen grau und endlos in Nebel hinter einem. Die Wolken wechseln über die blasse Sonne, breitflockiger Schnee stiebt in der Tiefe und zieht über alles einen ewig beweglichen Flor. Ich bin überzeugt, daß einer, über den auf diesem Weg seine Einbildungskraft nur einigermaßen Herr würde, hier ohne anscheinende Gefahr vor Angst und Furcht vergehen müßte. Eigentlich ist auch hier keine Gefahr des Sturzes, sondern nur die Lawinen, wenn der Schnee stärker wird als er jetzt ist, und durch seine Last zu rollen anfängt, sind gefährlich. Doch erzählten uns unsere Führer, daß sie den ganzen Winter durch drüber gingen, um Ziegenfelle aus dem Wallis auf den Gotthard zu tragen, womit ein starker Handel getrieben wird. Sie gehen alsdann, um die Lawinen zu vermeiden, nicht da wo wir gingen, den Berg allmählich hinauf, sondern bleiben eine Weile unten im breitern Tal, und steigen alsdann den steilen Berg gerade hinauf. Der Weg ist da sicherer, aber auch viel unbequemer. Nach viertehalb Stunden Marsch kamen wir auf dem Sattel der Furka an, beim Kreuz wo sich Wallis und Uri scheiden. Auch hier ward uns der doppelte Gipfel der Furka, woher sie ihren

Namen hat, nicht sichtbar. Wir hofften nunmehr einen bequemern Hinabstieg, allein unsere Führer verkündigten uns einen noch tiefern Schnee, den wir auch bald fanden. Unser Zug ging wie vorher hintereinander fort, und der vorderste, der die Bahn brach, saß oft bis über den Gürtel darin. Die Geschicklichkeit der Leute, und die Leichtigkeit womit sie die Sache traktierten, erhielt auch unsern guten Mut; und ich muß sagen, daß ich für meine Person so glücklich gewesen bin, den Weg ohne große Mühseligkeit zu überstehen, ob ich gleich damit nicht sagen will, daß es ein Spaziergang sei. Der Jäger Hermann versicherte, daß er auf dem Thüringer Walde auch schon so tiefen Schnee gehabt habe, doch ließ er sich am Ende verlauten, die Furka sei ein S[chindlude]r. Es kam ein Lämmergeier mit unglaublicher Schnelle über uns hergeflogen; er war das einzige Lebende was wir in diesen Wüsten antrafen, und in der Ferne sahen wir die Berge des Urserntals im Sonnenschein. Unsere Führer wollten in einer verlassenen, steinernen und zugeschneiten Hirtenhütte einkehren und etwas essen, allein wir trieben sie fort um in der Kälte nicht stillezustehen. Hier schlingen sich wieder andere Täler ein, und endlich hatten wir den offenen Anblick ins Urserntal. Wir gingen schärfer und, nach viertehalb Stunden Wegs vom Kreuz an, sahen wir die zerstreuten Dächer von Realp. Wir hatten unsere Führer schon verschiedentlich gefragt, was für ein Wirtshaus und besonders was für Wein wir in Realp zu erwarten hätten. Die Hoffnung, die sie uns gaben, war nicht sonderlich, doch versicherten sie, daß die Kapuziner daselbst, die zwar nicht, wie die auf dem Gotthard, ein Hospitium hätten, dennoch manchmal Fremde aufzunehmen pflegten. Bei diesen würden wir einen guten roten Wein und besseres Essen als im Wirtshaus finden. Wir schickten einen deswegen voraus, daß er die Patres disponieren und uns Quartier machen sollte. Wir säumten nicht ihm nachzugehen und kamen bald nach ihm an, da uns denn ein großer ansehnlicher Pater an der Tür empfing. Er hieß uns mit großer Freundlichkeit eintreten und bat noch auf der Schwelle, daß wir mit ihnen vorlieb nehmen möchten, da sie eigentlich, besonders in jetziger Jahrszeit, nicht eingerichtet wären, solche Gäste zu empfangen. Er führte uns sogleich in eine warme Stube und war sehr geschäftig, uns, indem wir unsere Stiefeln auszogen und Wäsche wechselten, zu bedienen. Er bat uns einmal über das andre, wir möchten ja völlig tun, als ob wir zu Hause wären. Wegen des Essens müßten wir, sagte er, in Geduld stehen, indem sie in ihrer langen Fasten begriffen wären, die bis Weihnachten dauert. Wir versicherten ihm, daß eine warme Stube, ein Stück Brot und ein Glas Wein, unter gegenwärtigen Umständen, alle unsere Wünsche erfülle. Er reichte uns das Verlangte, und wir hatten uns kaum ein wenig erholt, als er uns ihre Umstände und ihr Verhältnis hier auf diesem öden Flecke zu erzählen anfing. Wir haben, sagte er, kein Hospitium, wie die Patres auf dem Gotthard; wir sind hier Pfarrherrn und unser drei: ich habe das Predigtamt auf mir, der zweite Pater die Schullehre und der Bruder die Haushaltung. Er fuhr fort zu erzählen, wie beschwerlich ihre Geschäfte seien, am Ende eines einsamen, von aller Welt abgesonderten Tales zu liegen, und für sehr geringe Einkünfte viele Arbeit zu tun. Es sei sonst diese, wie die übrigen dergleichen Stellen, von einem Weltgeistlichen versehen worden, der aber, als einstens eine Schneelawine einen Teil des Dorfs bedeckt, sich mit der Monstranz geflüchtet; da man ihn denn abgesetzt und sie, denen man mehr Resignation zutraue, an dessen Stelle eingeführt habe. Ich habe mich, um dieses zu schreiben, in eine obere Stube begeben, die durch ein Loch von unten auf geheizt wird. Es kommt die Nachricht, daß das Essen fertig ist, die, ob wir gleich schon einiges vorgearbeitet haben, sehr willkommen klingt.

Nach neun

Die Patres, Herren, Knechte und Träger haben alle zusammen an einem Tische gegessen; nur der Frater, der die Küche besorgte, war erst ganz gegen Ende der Tafel sichtbar. Er hatte aus Eiern, Milch und Mehl gar mannigfaltige Speisen zusammengebracht, die wir uns eine nach der andern sehr wohl schmecken ließen. Die Träger, die eine große Freude hatten, von unserer glücklich vollbrachten Expedition zu reden, lobten unsre seltene Geschicklichkeit im Gehen, und versicherten, daß sie es nicht mit einem jeden unternehmen würden. Sie gestanden uns nun, daß heute früh als sie aufgefordert wurden, erst einer gegangen sei, uns zu rekognoszieren, um zu sehen, ob wir wohl die Miene hätten, mit ihnen fortzukommen; denn sie hüteten sich sehr, alte oder schwache Leute in dieser Jahrszeit zu begleiten, weil es ihre Pflicht sei, denjenigen, dem sie einmal zugesagt ihn hinüberzubringen, im Fall er matt oder krank würde, zu tragen und selbst wenn er stürbe, nicht liegen zu lassen, außer wenn sie in augenscheinliche Gefahr ihres eigenen Lebens kämen. Es war nunmehr durch dieses Geständnis die Schleuse der Erzählung aufgezogen, und nun brachte einer nach dem andern Geschichten von beschwerlichen oder verunglückten Bergwanderungen hervor, worin die Leute hier gleichsam wie in einem Elemente leben, so daß sie mit der größten Gelassenheit Unglücksfälle erzählen, denen sie täglich selbst unterworfen sind. Der eine brachte eine Geschichte vor, wie er auf dem Kandersteg, um über den Gemmi zu gehen, mit noch einem Kameraden, der denn auch immer mit Vor- und Zunamen genannt wird, in tiefem Schnee, eine arme Familie angetroffen, die Mutter sterbend, den Knaben halb tot, und den Vater in einer Gleichgültigkeit, die dem Wahnsinne ähnlich gewesen. Er habe die Frau aufgehockt, sein Kamerade den Sohn, und so haben sie den Vater, der nicht vom Flecke gewollt, vor sich hergetrieben. Beim Absteigen vom Gemmi sei die Frau ihm auf dem Rücken gestorben, und er habe sie noch tot bis hinunter ins Leukerbad gebracht. Auf Befragen, was es für Leute gewesen seien, und wie sie in dieser Jahrszeit auf die Gebirge gekommen, sagte er: es seien arme Leute aus dem Kanton Bern gewesen, die, von Mangel getrieben, sich in unschicklicher Jahrszeit auf den Weg gemacht, um Verwandte im Wallis oder den italienischen Provinzen aufzusuchen, und seien von der Witterung übereilt worden. Sie erzählten ferner Geschichten, die ihnen begegnen, wenn sie winters Ziegenfelle über die Furka tragen, wo sie aber immer gesellschaftsweise zusammen gingen. Der Pater machte dazwischen viele Entschuldigungen wegen seines Essens, und wir verdoppelten unsere Versicherungen, daß wir nicht mehr wünschten, und erfuhren, da er das Gespräch auf sich und seinen Zustand lenkte, daß er noch nicht sehr lange an diesem Platze sei. Er fing an vom Predigtamte zu sprechen und von dem Geschick, das ein Prediger haben müsse; er verglich ihn mit einem Kaufmann, der seine Ware wohl herauszustreichen und durch einen gefälligen Vortrag den Leuten angenehm zu machen habe. Er setzte nach Tisch die Unterredung fort, und indem er aufgestanden die linke Hand auf den Tisch stemmte, mit der rechten seine Worte begleitete, und von der Rede selbst rednerisch redete, so schien er in dem Augenblick uns überzeugen zu wollen, daß er selbst der geschickte Kaufmann sei. Wir gaben ihm Beifall, und er kam von dem Vortrage auf die Sache selbst. Er lobte die katholische Religion. Eine Regel des Glaubens müssen wir haben, sagte er: und daß diese so fest und unveränderlich als möglich sei, ist ihr größter Vorzug. Die Schrift haben wir zum Fundamente unsers Glaubens, allein dies ist nicht hinreichend. Dem gemeinen Manne dürfen wir sie nicht in die Hände geben; denn so heilig sie ist und von dem Geiste Gottes auf allen Blättern zeugt, so kann doch der irdisch gesinnte Mensch dieses nicht begreifen, sondern findet überall leicht Verwirrung und Anstoß. Was soll ein Laie Gutes aus den schändlichen Geschichten, die darin vorkommen, und die doch zu Stärkung des Glaubens für geprüfte und erfahrne Kinder Gottes von dem Heiligen Geiste aufgezeichnet worden, was soll ein gemeiner Mann daraus Gutes ziehen, der die Sachen nicht in ihrem Zusammenhange betrachtet? Wie soll er sich aus den hier und da anscheinenden Widersprüchen, aus der Unordnung der Bücher, aus der mannigfaltigen Schreibart herauswickeln, da es den Gelehrten selbst so schwer wird, und die Gläubigen über so viele Stellen ihre Vernunft gefangen nehmen müssen? Was sollen wir also lehren? Eine auf die Schrift gegründete mit der besten Schriftauslegung bewiesene Regel! Und wer soll die Schrift auslegen? wer soll diese Regel festsetzen? Etwa ich oder ein anderer einzelner Mensch? Mitnichten! Jeder hängt die Sache auf eine andere Art zusammen, stellt sie sich nach seinem Konzepte vor. Das würde ebenso viele Lehren als Köpfe geben, und unsägliche Verwirrungen hervorbringen, wie es auch schon getan hat. Nein, es bleibt der allerheiligsten Kirche allein, die Schrift auszulegen und die Regel zu bestimmen, wornach wir unsere Seelenführung einzurichten haben. Und wer ist diese Kirche? Es ist nicht etwa ein oder das andere Oberhaupt, ein oder das andere Glied derselben, nein! es sind die heiligsten, gelehrtesten, erfahrensten Männer aller Zeiten, die sich zusammen vereiniget haben, nach und nach, unter dem Beistand des Heiligen Geistes, dieses übereinstimmende große und allgemeine Gebäude aufzuführen; die auf den großen Versammlungen ihre Gedanken einander mitgeteilet, sich wechselseitig erbaut, die Irrtümer verbannt und eine Sicherheit, eine Gewißheit unserer allerheiligsten Religion gegeben, deren sich keine andre rühmen kann; ihr einen Grund gegraben und eine Brustwehr aufgeführet, die die Hölle selbst nicht überwältigen kann. Ebenso ist es auch mit dem Texte der Heiligen Schrift. Wir haben die Vulgata, wir haben eine approbierte Übersetzung der Vulgata, und zu jedem Spruche eine Auslegung, welche von der Kirche gebilliget ist. Daher kommt die Übereinstimmung, die einen jeden erstaunen muß. Ob Sie mich hier reden hören an diesem entfernten Winkel der Welt, oder in der größten Hauptstadt in einem entferntesten Lande, den ungeschicktesten oder den fähigsten; alle werden eine Sprache führen, ein katholischer Christ wird immer dasselbige hören, überall auf dieselbige Weise unterrichtet und erbauet werden: und das ist's was die Gewißheit unsers Glaubens macht, was uns die süße Zufriedenheit und Versicherung gibt, in der wir einer mit dem andern fest verbunden leben, und in der Gewißheit, uns glücklicher wieder zu finden, voneinander scheiden können. Er hatte diese Rede, wie im Diskurs, eins auf das andre, folgen lassen, mehr in dem innern behaglichen Gefühl, daß er sich uns von einer vorteilhaften Seite zeige, als mit dem Ton einer bigotten Belehrungssucht. Er wechselte teils mit den Händen dabei ab, schob sie einmal in die Kuttenärmel zusammen, ließ sie über dem Bauch ruhen, bald holte er mit gutem Anstand seine Dose aus der Kapuze und warf sie nach dem Gebrauch wieder hinein. Wir hörten ihm aufmerksam zu, und er schien mit unserer Art, seine Sachen aufzunehmen, sehr vergnügt zu sein. Wie sehr würde er sich gewundert haben, wenn ihm ein Geist im Augenblicke offenbaret hätte, daß er seine Peroration an einen Nachkommen Friedrichs des Weisen richte.

Den 13. November, oben auf dem Gipfel des Gotthards bei den Kapuzinern. Morgens um zehn

Endlich sind wir auf dem Gipfel unserer Reise glücklich angelangt! Hier, ist's beschlossen, wollen wir stille stehen und uns wieder nach dem Vaterlande zuwenden. Ich komme mir sehr wunderbar hier oben vor; wo ich mich vor vier Jahren mit ganz andern Sorgen, Gesinnungen, Planen und Hoffnungen, in einer andern Jahrszeit, einige Tage aufhielt, und mein künftiges Schicksal unvorahnend, durch ein ich weiß nicht was bewegt, Italien den Rücken zukehrte und meiner jetzigen Bestimmung unwissend entgegen ging. Ich erkannte das Haus nicht wieder. Vor einiger Zeit ist es durch eine Schneelawine stark beschädigt worden; die Patres haben die Gelegenheit ergriffen, und eine Beisteuer im Lande eingesammelt, um ihre Wohnung zu erweitern und bequemer zu machen. Beide Patres, die hier oben wohnen, sind nicht zu Hause, doch, wie ich höre, noch eben dieselben die ich vor vier Jahren antraf. Pater Seraphim, der schon dreizehn Jahre auf diesem Posten aushält, ist gegenwärtig in Mailand, den andern erwarten sie noch heute von Airolo herauf. In dieser reinen Luft ist eine ganz grimmige Kälte. Sobald wir gegessen haben, will ich weiter fortfahren, denn vor die Türe, merk' ich schon, werden wir nicht viel kommen.

Nach Tische

Es wird immer kälter, man mag gar nicht von dem Ofen weg. Ja es ist die größte Lust sich oben drauf zu setzen, welches in diesen Gegenden, wo die Öfen von steinernen Platten zusammengesetzt sind, gar wohl angeht. Zuvörderst also wollen wir an den Abschied von Realp und unsern Weg hieher.

Noch gestern abend, ehe wir zu Bette gingen, führte uns der Pater in sein Schlafzimmer, wo alles auf einen sehr kleinen Platz zusammengestellt war. Sein Bett, das aus einem Strohsack und einer wollenen Decke bestand, schien uns, die wir uns an ein gleiches Lager gewöhnt, nichts Verdienstliches zu haben. Er zeigte uns alles mit großem Vergnügen und innerer Zufriedenheit, seinen Bücherschrank und andere Dinge. Wir lobten ihm alles und schieden sehr zufrieden voneinander, um zu Bette zu gehen. Bei der Einrichtung des Zimmers hatte man, um zwei Betten an eine Wand anzubringen, beide kleiner als gehörig gemacht. Diese Unbequemlichkeit hielt mich vom Schlaf ab, bis ich mir durch zusammengestellte Stühle zu helfen suchte. Erst heute früh bei hellem Tage erwachten wir wieder und gingen hinunter, da wir denn durchaus vergnügte und freundliche Gesichter antrafen. Unsere Führer, im Begriff den lieblichen gestrigen Weg wieder zurück zu machen, schienen es als Epoche anzusehn und als Geschichte, mit der sie sich in der Folge gegen andere Fremde was zugute tun könnten; und da sie gut bezahlt wurden, schien bei ihnen der Begriff von Abenteuer vollkommen zu werden. Wir nahmen noch ein starkes Frühstück zu uns und schieden. Unser Weg ging nunmehr durchs

Urserntal, das merkwürdig ist, weil es in so großer Höhe schöne Matten und Viehzucht hat. Es werden hier Käse gemacht, denen ich einen besondern Vorzug gebe. Hier wachsen keine Bäume; Büsche von Salweiden fassen den Bach ein, und an den Gebirgen flechten sich kleine Sträucher durcheinander. Mir ist's unter allen Gegenden, die ich kenne, die liebste und interessanteste; es sei nun daß alte Erinnerungen sie wert machen, oder daß mir das Gefühl von so viel zusammengeketteten Wundern der Natur ein heimliches und unnennbares Vergnügen erregt. Ich setze zum voraus, die ganze Gegend, durch die ich Sie führe, ist mit Schnee bedeckt, Fels und Matte und Weg sind alle überein verschneit. Der Himmel war ganz klar ohne irgend eine Wolke, das Blau viel tiefer als man es in dem platten Lande gewohnt ist, die Rücken der Berge, die sich weiß davon abschnitten, teils hell im Sonnenlicht, teils blaulich im Schatten. In anderthalb Stunden waren wir in Hospenthal; ein Örtchen das noch im Urserntal am Weg auf den Gotthard liegt. Hier betrat ich zum erstenmal wieder die Bahn meiner vorigen Reise. Wir kehrten ein, bestellten uns auf morgen ein Mittagessen und stiegen den Berg hinauf. Ein großer Zug von Mauleseln machte mit seinen Glocken die ganze Gegend lebendig. Es ist ein Ton, der alle Bergerinnerungen rege macht. Der größte Teil war schon vor uns aufgestiegen, und hatte den glatten Weg mit den scharfen Eisen schon ziemlich aufgehauen. Wir fanden auch einige Wegeknechte, die bestellt sind, das Glatteis mit Erde zu überfahren, um den Weg praktikabel zu erhalten. Der Wunsch, den ich in vorigen Zeiten getan hatte, diese Gegend einmal im Schnee zu sehen, ist mir nun auch gewährt. Der Weg geht an der, über Felsen sich immer hinabstürzenden, Reuß hinauf, und die Wasserfälle bilden hier die schönsten Formen. Wir verweilten lange bei der Schönheit des einen, der über schwarze Felsen in ziemlicher Breite herunterkam. Hier und da hatten sich, in den Ritzen und auf den Flächen, Eismassen angesetzt, und das Wasser schien über schwarz und weiß gesprengten Marmor herzulaufen. Das Eis blinkte wie Kristalladern und Strahlen in der Sonne, und das Wasser lief rein und frisch dazwischen hinunter. Auf den Gebirgen ist keine beschwerlichere Reisegesellschaft als Maultiere. Sie halten einen ungleichen Schritt, indem sie, durch einen sonderbaren Instinkt, unten an einem steilen Orte erst stehen bleiben, dann denselben schnell hinauf schreiten und oben wieder ausruhen. Sie halten auch auf geraden Flächen, die hier und da vorkommen, manchmal inne, bis sie durch den Treiber, oder durch die nachfolgenden Tiere vom Platze bewegt werden. Und so, indem man einen gleichen Schritt hält, drängt man sich an ihnen auf dem schmalen Wege vorbei, und gewinnt über solche ganze Reihen den Vorteil. Steht man still, um etwas zu betrachten, so kommen sie einem wieder zuvor, und man ist von dem betäubenden Laut ihrer Klingeln und von ihrer breit auf die Seite stehenden Bürde beschwert. So langten wir endlich auf dem Gipfel des Berges an, den Sie sich wie einen kahlen Scheitel, mit einer Krone umgeben, denken müssen. Man ist hier auf einer Fläche, ringsum wieder von Gipfeln umgeben, und die Aussicht wird in der Nähe und Ferne von kahlen und auch meistens mit Schnee bedeckten Rippen und Klippen eingeschränkt.

Man kann sich kaum erwärmen, besonders da sie nur mit Reisig heizen können, und auch dieses sparen müssen, weil sie es fast drei Stunden herauf zu schleppen haben, und oberwärts, wie gesagt, fast gar kein Holz wächst. Der Pater ist von Airolo heraufgekommen, so erfroren, daß er bei seiner Ankunft kein Wort hervorbringen konnte. Ob sie gleich hier oben sich bequemer als die übrigen vom Orden tragen dürfen, so ist es doch immer ein Anzug, der für dieses Klima nicht gemacht ist. Er war von Airolo herauf den sehr glatten Weg gegen den Wind gestiegen; der Bart war ihm eingefroren, und es währte eine ganze Weile, bis er sich besinnen konnte. Wir unterhielten uns von der Beschwerlichkeit dieses Aufenthalts; er erzählte, wie es ihnen das Jahr über zu gehen pflege, ihre Bemühungen und häuslichen Umstände.

Er sprach nichts als Italienisch, und wir fanden hier Gelegenheit, von den Übungen, die wir uns das Frühjahr in dieser Sprache gegeben, Gebrauch zu machen. Gegen Abend traten wir einen Augenblick vor die Haustüre heraus, um uns vom Pater denjenigen Gipfel zeigen zu lassen, den man für den höchsten des Gotthards hält; wir konnten aber kaum einige Minuten dauern, so durchdringend und angreifend kalt ist es. Wir bleiben also wohl für diesmal in dem Hause eingeschlossen, bis wir morgen fortgehen, und haben Zeit genug das Merkwürdige dieser Gegend in Gedanken zu durchreisen.

Aus einer kleinen geographischen Beschreibung werden Sie sehen, wie merkwürdig der Punkt ist, auf dem wir uns jetzt befinden. Der Gotthard ist zwar nicht das höchste Gebirg der Schweiz, und in Savoyen übertrifft ihn der Montblanc an Höhe um sehr vieles; doch behauptet er den Rang eines königlichen Gebirges über alle andere, weil die größten Gebirgsketten bei ihm zusammenlaufen und sich an ihn lehnen. Ja, wenn ich mich nicht irre, so hat mir Herr Wyttenbach zu Bern, der von dem höchsten Gipfel die Spitzen der übrigen Gebirge gesehen, erzählt, daß sich diese alle gleichsam gegen ihn zu neigen schienen. Die Gebirge von Schwyz und Unterwalden, gekettet an die von Uri, steigen von Mitternacht, von Morgen die Gebirge des Graubündner Landes, von Mittag die der italienischen Vogteien herauf, und von Abend drängt sich durch die Furka das doppelte Gebirg, welches Wallis einschließt, an ihn heran. Nicht weit vom Hause hier sind zwei kleine Seen, davon der eine den Tessin durch Schluchten und Täler nach Italien, der andere gleicherweise die Reuß nach dem Vierwaldstättersee ausgießt. Nicht fern von hier entspringt der Rhein und läuft gegen Morgen, und wenn man alsdann die Rhone dazunimmt, die an einem Fuß der Furka entspringt, und nach Abend durch das Wallis läuft; so befindet man sich hier auf einem Kreuzpunkte, von dem aus Gebirge und Flüsse in alle vier Himmelsgegenden auslaufen.

REISE IN DIE SCHWEIZ 1797

Aus dem Nachlaß bearbeitet von Johann Peter Eckermann

—

EINLEITENDES

Aus Briefen, wenige Zeit vor der Abreise an Meyer nach Florenz und Stäfa geschrieben

Weimar, den 28. April 1797

Bisher habe ich immer, wenn ich ungeduldig werden wollte, Sie, mein wertester Freund, mir zum Muster vorgestellt; denn Ihre Lage, obgleich mitten unter den herrlichsten Kunstwerken, gewährte Ihnen doch keine Mitteilung und gemeinschaftlichen Genuß, wodurch alles, was unser ist, doch erst zum Leben kommt; dagegen ich, obgleich abgeschnitten von dem so sehr gewünschten Anschauen der bildenden Künste, doch in einem fortdauernden Austausch der Ideen lebte, und in vielen Sachen, die mich interessierten, weiter kam.

Nun aber gesteh' ich Ihnen gern, daß meine Unruhe und mein Unmut auf einen hohen Grad zunimmt, da nicht allein alle Wege nach Italien für den Augenblick versperrt, sondern auch die Aussichten auf die nächste Zeit äußerst schlimm sind.

In Wien hat man alle Fremden ausgeboten; Graf Frieß, mit dem ich früher zu reisen hoffte, geht selbst erst im September zurück; der Weg von da auf Triest ist für jetzt auch versperrt und für die Zukunft wie die übrigen verheert und unangenehm. In dem obern Italien selbst, wie muß es da nicht aussehen! wenn außer den kriegführenden Heeren auch noch zwei Parteien gegeneinander kämpfen. Und selbst nach einem Frieden, wie unsicher und zerrüttet muß es eine lange Zeit in einem Lande bleiben, wo keine Polizei ist noch sein wird! Einige Personen, die jetzt über Mailand heraus sind, können nicht genug erzählen, wie gequält und gehindert man überall wegen der Pässe ist, wie man aufgehalten und herumgeschleppt wird, und was man sonst für Not des Fortkommens und übrigen Lebens zu erdulden hat.

Sie können leicht denken, daß unter diesen Umständen mich alles, was einigen Anteil an mir nimmt, von einer Reise abmahnt; und ob ich gleich recht gut weiß, daß man bei allen einigermaßen gewagten Unternehmungen auf die Negativen nicht achten soll, so ist doch der Fall von der Art, daß man selbst durch einiges Nachdenken das Unrätliche einer solchen Expedition sehr leicht einsehen kann.

Dieses alles zusammen drängt mir beinahe den Entschluß ab: diesen Sommer, und vielleicht das ganze Jahr, an eine solche Reise nicht weiter zu denken. Ich schreibe Ihnen dieses sogleich, um auf alle Fälle mich noch mit Ihnen darüber schriftlich unterhalten zu können. Denn was ich Ihnen raten soll, weiß ich wahrlich nicht. So sehr Sie mir auf allen Seiten fehlen, und so sehr ich durch Ihre Abwesenheit von allem Genuß der bildenden Kunst getrennt bin, so möchte ich doch Sie nicht gern so bald von der Nahrung Ihres Talentes, die Sie künftig in Deutschland wieder ganz vermissen werden, getrennt wissen. Wenn mein Plan durch die äußern Umstände zum Scheitern gebracht wird, so wünschte ich doch den Ihrigen vollendet zu sehen.

Ich habe mir wieder eine eigne Welt gemacht, und das große Interesse, das ich an der epischen Dichtung gefaßt habe, wird mich schon eine Zeitlang hinhalten. Mein Gedicht Hermann und Dorothea ist fertig; es besteht aus zweitausend Hexametern und ist in neun Gesängen geteilt, und ich sehe darin wenigstens einen Teil meiner Wünsche erfüllt. Meine hiesigen und benachbarten Freunde sind wohl damit zufrieden, und es kommt hauptsächlich nun darauf an: ob es auch vor Ihnen die Probe aushält. Denn die höchste Instanz, von der es gerichtet werden kann, ist die, vor welche der Menschenmaler seine Kompositionen bringt, und es wird die Frage sein, ob Sie unter dem modernen Kostüm die wahren echten Menschenproportionen und Gliederformen anerkennen werden.

Der Gegenstand selbst ist äußerst glücklich, ein Sujet, wie man es in seinem Leben nicht zweimal findet; wie denn überhaupt die Gegenstände zu wahren Kunstwerken seltner gefunden werden, als man denkt, deswegen auch die Alten beständig sich nur in einem gewissen Kreis bewegen.

In der Lage, in der ich mich befinde, habe ich mir zugeschworen, an nichts mehr teil zu nehmen als an dem, was ich so in meiner Gewalt habe wie ein Gedicht; wo man weiß, daß man zuletzt nur sich zu tadeln oder zu loben hat; an einem Werke, an dem man, wenn der Plan einmal gut ist, nicht das Schicksal des Penelopeischen Schleiers erlebt. Denn leider in allen übrigen irdischen Dingen lösen einem die Menschen gewöhnlich wieder auf, was man mit großer Sorgfalt gewoben hat, und das Leben gleicht jener beschwerlichen Art zu wallfahrten, wo man drei Schritte vor und zwei zurück tun muß. Kommen Sie zurück, so wünschte ich, Sie könnten sich auf jene Weise zuschwören, daß Sie nur innerhalb einer bestimmten Fläche, ja ich möchte wohl sagen, innerhalb eines Rahmens, wo Sie ganz Herr und Meister sind, Ihre Kunst ausüben wollen. Zwar ist, ich gestehe es, ein solcher Entschluß sehr illiberal und nur Verzweiflung kann einen dazu bringen; es ist aber doch immer besser, ein für allemal zu entsagen, als immer einmal einen um den andern Tag rasend zu werden.

Vorstehendes war schon vor einigen Tagen geschrieben, nicht im besten Humor, als auf einmal die Friedensnachricht von Frankfurt kam. Wir erwarten zwar noch die Bestätigung, und von den Bedingungen und Umständen ist uns noch nichts bekannt; ich will aber diesen Brief nicht aufhalten, damit Sie doch wieder etwas von mir vernehmen und Eingeschlossenes, das man mir an Sie gegeben hat, nicht liegen bleibe. Leben Sie wohl und lassen Sie mich bald wieder von sich hören. In weniger Zeit muß sich nun vieles aufklären, und ich hoffe, der Wunsch, uns in Italien zuerst wieder zu sehen, soll uns doch noch endlich gewährt werden.

Weimar, am 8. Mai 1797

Am 28. April schrieb ich Ihnen einen Brief voll übler Laune; die Friedensnachrichten, die in dem Augenblick dazu kamen, rektifizierten den Inhalt. Seit der Zeit habe ich mir vorgesetzt, so sicher als ein Mensch sich etwas vorsetzen kann:

Daß ich anfangs Juli nach Frankfurt abreise, um mit meiner Mutter noch mancherlei zu arrangieren, und daß ich alsdann, von da aus, nach Italien gehen will, um Sie aufzusuchen.

Ich darf Sie also wohl bitten, in jenen Gegenden zu verweilen und, wenn Sie nicht tätig sein können, inzwischen zu vegetieren. Sollten Sie aber Ihrer Gesundheit wegen nach der Schweiz zurück gehen wollen, so schreiben Sie mir, wo ich Sie treffe. Ich kann rechnen, daß Sie diesen Brief Ende Mais erhalten; antworten Sie mir aber nur unter dem Einschluß von Frau Rat Goethe nach Frankfurt am Main, so finde ich Ihren Brief gewiß, und werde mich darnach richten. In der Zwischenzeit erfahren wir die Verhältnisse des obern Italiens und sehen uns mit Zufriedenheit, wo es auch sei, wieder. Ich wiederhole nur kürzlich, daß es mir ganz gleich ist, in welche Gegend ich mich von Frankfurt aus hinbewege, wenn ich nur erfahre, wo ich Sie am nächsten treffen kann. Leben Sie recht wohl! Mir geht alles recht gut, so daß ich nach dem erklärten Frieden hoffen kann, Sie auch auf einem befriedigten, obgleich sehr zerrütteten Boden wieder zu sehen.

Jena, den 6. Juni 1797

Ihren Brief vom 13. Mai habe ich gestern erhalten, woraus ich sehe, daß die Posten zwar noch nicht mit der alten Schnelligkeit, doch aber wieder ihren Gang gehen, und das macht mir Mut, Ihnen gleich wieder zu schreiben.

Seitdem ich die Nachricht erhielt, daß Sie sich nicht wohl befinden, bin ich unruhiger als jemals; denn ich kenne Ihre

Natur, die sich kaum anders als in der vaterländischen Luft wieder herstellt. Sie haben indessen noch zwei Briefe von mir erhalten, einen vom 28. April und einen vom 8. Mai; möchten Sie doch auf den letzten diejenige Entschließung ergriffen haben, die zu Ihrem Besten dient. Ihre Antwort, die ich nach dem jetzigen Lauf der Posten in Frankfurt gewiß finden kann, wird meine Wege leiten. Selbst mit vielem Vergnügen würde ich Sie in Ihrem Vaterland aufsuchen und an dem Zürcher See einige Zeit mit Ihnen verleben. Möge doch das Gute, das Ihnen aus unserm freundschaftlichen Verhältnis entspringen kann, Sie einigermaßen schadlos halten für die Leiden, die Sie in der Zwischenzeit ausgestanden haben und die auch auf mich, in der Ferne, den unangenehmsten Einfluß hatten; denn noch niemals bin ich von einer solchen Ungewißheit hin und her gezerrt worden; noch niemals haben meine Pläne und Entschließungen so von Woche zu Woche variiert. Ich ward des besten Lebensgenusses unter Freunden und nahe Verbundnen nicht froh, indes ich Sie einsam wußte und mir einen Weg nach dem andern abgeschnitten sah.

Nun mag denn Ihr nächster Brief entscheiden, und ich will mich darein finden und ergeben, was er auch ausspricht. Wo wir auch zusammenkommen, wird es eine unendliche Freude sein. Die Ausbildung, die uns indessen geworden ist, wird sich durch Mitteilung auf das schönste vermehren.

Schiller lebt in seinem neuen Garten recht heiter und tätig; er hat zu seinem Wallenstein sehr große Vorarbeiten gemacht. Wenn die alten Dichter ganz bekannte Mythen, und noch dazu teilweise, in ihren Dramen vortrugen, so hat ein neuerer Dichter, wie die Sachen stehen, immer den Nachteil, daß er erst die Exposition, die doch eigentlich nicht allein aufs Faktum, sondern auf die ganze Breite der Existenz und auf Stimmung geht, mit vortragen muß. Schiller hat deswegen einen sehr guten Gedanken gehabt, daß er ein kleines Stück, die Wallensteiner, als Exposition vorausschickt, wo die Masse der Armee, gleichsam wie das Chor der Alten, sich mit Gewalt und Gewicht darstellt, weil am Ende des Hauptstückes doch alles darauf ankommt: daß die Masse nicht mehr bei ihm bleibt, sobald er die Formel des Diensts verändert. Es ist in einer viel pesantern und also für die Kunst bedeutendern Manier die Geschichte von Dumouriez.

Höchst verlangend bin ich auch, Ihre Ideen über das Darstellbare und Darzustellende zu vernehmen. Alles Glück eines Kunstwerks beruht auf dem prägnanten Stoffe, den es darzustellen unternimmt. Nun ist der ewige Irrtum, daß man bald etwas Bedeutendes, bald etwas Hübsches, Gutes und Gott weiß was alles, sich unterschiebt, wenn man doch einmal was machen will und muß.

Wir haben auch in diesen Tagen Gelegenheit gehabt manches abzuhandeln über das, was in irgendeiner prosodischen Form geht und nicht geht. Es ist wirklich beinahe magisch, daß etwas, was in dem einen Silbenmaße noch ganz gut und charakteristisch ist, in einem andern leer und unerträglich scheint. Doch ebenso magisch sind ja die abwechselnden Tänze auf einer Redoute, wo Stimmung, Bewegung und alles durch das Nachfolgende gleich aufgehoben wird.

Da nun meine ganze Operation von Ihrer Antwort auf meinen Brief vom 8. Mai abhängt, so will ich nicht wieder schreiben, als bis ich diese erhalten habe, und Ihnen nachher gleich antworten, wo ich bin und wie ich gehe. Sollten Sie auch auf diesen noch irgend etwas zu vermelden haben, so schicken Sie es nur auf Frankfurt an meine Mutter, wo ich schon das Weitere besorgen will.

Weimar, den 7. Juli 1797

Sein Sie mir bestens auf vaterländischem Grund und Boden gegrüßt! Ihr Brief vom 26. Juni, den ich heut erhalte, hat mir eine große Last vom Herzen gewälzt. Zwar konnt' ich hoffen, daß Sie auf meinen Brief vom 8. Mai gleich zurückkehren würden; allein bei meiner Liebe zu Ihnen, bei meiner Sorge für Ihre Gesundheit, bei dem Gefühl des Wertes, den ich auf unser einziges Verhältnis lege, war mir die

Lage der Sache äußerst schmerzlich, und mein durch die Lähmung unsers Plans ohnehin schon sehr gekränktes Gemüt ward nun durch die Nachricht von Ihrem Zustande noch mehr angegriffen. Ich machte mir Vorwürfe, daß ich, trotz der Umstände, nicht früher gegangen sei, Sie aufzusuchen; ich stellte mir Ihr einsames Verhältnis und Ihre Empfindungen recht lebhaft vor und arbeitete ohne Trieb und Behaglichkeit, bloß um mich zu zerstreuen. Nun geht eine neue Epoche an, in welcher alles eine bessere Gestalt gewinnen wird. Aus unserm eigentlichen Unternehmen mag nun werden was will, sorgen Sie einzig für Ihre Gesundheit und ordnen Sie das Gesammelte nach Lust und Belieben. Alles, was Sie tun, ist gut, denn alles hat einen Bezug auf ein Ganzes.

Ihr Brief hat mich noch in Weimar getroffen, wohin mir meine Mutter ihn schickte. Der Herzog ist schon einige Monate abwesend, er will mich vor meiner Abreise noch über manches sprechen und ich erwarte ihn. Indessen habe ich alles geordnet und bin so los und ledig als jemals. Ich gehe sodann nach Frankfurt mit den Meinigen, um sie meiner Mutter vorzustellen, und nach einem kurzen Aufenthalte sende ich jene zurück und komme Sie am schönen See zu treffen. Welch eine angenehme Empfindung ist es mir, Sie bis auf jenen glücklichen Augenblick wohl aufgehoben und in einem verbesserten Zustande zu wissen!

Schreiben Sie mir nach dem Empfang dieses nur nach Frankfurt. Von mir erhalten Sie nun alle acht Tage Nachricht. Zum Willkomm auf deutschem Grund und Boden sende ich Ihnen etwas über die Hälfte meines neuen Gedichts. Möge Ihnen die Aura, die Ihnen daraus entgegenweht, angenehm und erquicklich sein. Weiter sage ich nichts. Da wir nun glücklicherweise wieder so viel näher gebracht worden, so sind nun unsere ersten Schritte bestimmt; und sind wir nur einmal erst wieder zusammen, so wollen wir fest aneinander halten und unsere Wege weiter zusammen fortführen. Leben Sie tausendmal wohl!

Weimar, den 14. Juli 1797

Seitdem ich Sie wieder in Ihr Vaterland gerettet weiß, sind meine Gedanken nun hauptsächlich darauf gerichtet: daß wir wechselseitig mit demjenigen bekannt werden, was jeder bisher einzeln für sich getan hat. Sie haben durch Anschauung und Betrachtung ein unendliches Feld kennen gelernt, und ich habe indessen von meiner Seite, durch Nachdenken und Gespräch über Theorie und Methode, mich weiter auszubilden nicht versäumt, so daß wir nun entweder unmittelbar mit unsern Arbeiten zusammentreffen, oder uns wenigstens sehr leicht werden erklären und vereinigen können.

Ich schicke Ihnen hier einen Aufsatz, worin, nach einigem Allgemeinen, über Laokoon gehandelt ist. Die Veranlassung zu diesem Aufsatze sage ich hernach. Schiller ist mit der Methode und dem Sinn desselben zufrieden; es ist nun die Frage: ob Sie mit dem Stoff einig sind? Ob Sie glauben, daß ich das Kunstwerk richtig gefaßt und den eigentlichen Lebenspunkt des Dargestellten wahrhaft angegeben habe? Auf alle Fälle können wir uns künftig vereinigen: teils dieses Kunstwerk, teils andere in einer gewissen Folge dergestalt zu behandeln, daß wir, nach unserm ältern Schema, eine vollständige Entwickelung von der ersten poetischen Konzeption des Werks bis auf die letzte mechanische Ausführung zu liefern suchen und dadurch uns und andern mannigfaltig nutzen.

Hofrat Hirt ist hier, der in Berlin eine Existenz nach seinen Wünschen hat und sich auch bei uns ganz behaglich befindet. Seine Gegenwart hat uns sehr angenehm unterhalten, indem er bei der großen Masse von Erfahrung, die ihm zu Gebote steht, beinah alles in Anregung bringt, was in der Kunst interessant ist, und dadurch einen Zirkel von Freunden derselben, selbst durch Widerspruch, belebt. Er kommunizierte uns einen kleinen Aufsatz über Laokoon, den Sie vielleicht schon früher kennen und der das Verdienst hat, daß er den Kunstwerken auch das Charakteristische und Leidenschaftliche als Stoff vindiziert, welches durch den Mißverstand des Begriffs von Schönheit und göttlicher Ruhe allzusehr verdrängt worden war. Schillern, der auch seit einigen Tagen hier ist, hatte von dieser Seite gedachter Aufsatz besonders gefallen, indem er selbst jetzt über Tragödie denkt und arbeitet, wo eben diese Punkte zur Sprache kommen. Um mich nun eben hierüber am freisten und vollständigsten zu erklären und zu weiteren Gesprächen Gelegenheit zu geben, sowie auch besonders in Rücksicht unserer nächsten gemeinschaftlichen Arbeiten, schrieb ich die Blätter, die ich Ihnen nun zur Prüfung überschicke.

Sorgen Sie vor allen Dingen für Ihre Gesundheit in der vaterländischen Luft und strengen sich, besonders durch Schreiben, ja nicht an. Disponieren Sie sich Ihr Schema im ganzen und rangieren Sie die Schätze Ihrer Kollektaneen und Ihres Gedächtnisses; warten Sie alsdann bis wir wieder zusammenkommen, da Sie die Bequemlichkeit des Diktierens haben werden, indem ich einen Schreiber mitbringe, wodurch das Mechanische der Arbeit, welches für eine nicht ganz gesunde Person drückend ist, sehr erleichtert, ja gewissermaßen weggehoben wird.

Unser Herzog scheint sich auf seiner Reise zu gefallen, denn er läßt uns eine Woche nach der andern warten. Doch beunruhigt mich seine verspätete Ankunft, die ich erwarten muß, gegenwärtig nicht, indem ich Sie in Sicherheit weiß. Ich hoffe, Sie haben meinen Brief vom siebten mit dem Anfange des Gedichtes richtig erhalten, und ich will es nunmehr so einrichten, daß ich alle Wochen etwas an Sie absende. Schreiben Sie mir, wenn es auch nur wenig ist, unter der Adresse meiner Mutter nach Frankfurt. Ich hoffe Ihnen bald meine Abreise von hier und meine Ankunft dort melden zu können und wünsche, daß Sie sich recht bald erholen möchten und daß ich die Freude habe, Sie, wo nicht völlig hergestellt, doch in einem recht leidlichen Zustande wieder zu finden. Leben Sie recht wohl, wertester Freund! Wie freue ich mich auf den Augenblick, in welchem ich Sie wiedersehen werde, um durch ein vereintes Leben uns für die bisherige Vereinzelung entschädigt zu sehen!

Schiller und die Hausfreunde grüßen, alles freut sich Ihrer Nähe und Besserung.

Heut über acht Tage will ich verschiedne Gedichte beilegen. Wir haben uns vereinigt, in den diesjährigen Almanach mehrere Balladen zu geben und uns bei dieser Arbeit über Stoff und Behandlung dieser Dichtungsart selbst aufzuklären; ich hoffe, es sollen sich gute Resultate zeigen.

Humboldts werden nun auch von Dresden nach Wien abgehen. Gerning, der noch immerfort bei jedem Anlaß Verse macht, ist über Regensburg eben dahin abgegangen. Beide Partien denken von jener Seite nach Italien vorzurücken; die Folge wird lehren, wie weit sie kommen.

Die Herzogin Mutter ist nach Kissingen. Wieland lebt in Osmanstedt mit dem notdürftigen Selbstbetruge. Fräulein von Imhof entwickelt ein recht schönes poetisches Talent, sie hat einige allerliebste Sachen zum Almanach gegeben. Wir erwarten in diesen Tagen den jungen Stein von Breslau, der sich im Weltwesen recht schön ausbildet. Und so hätten Sie denn auch einige Nachricht von dem Personal, das einen Teil des Weimarischen Kreises ausmacht. Bei Ihrer jetzt größeren Nähe scheint es mir, als ob man Ihnen auch hiervon etwas sagen könne und müsse. Knebel ist nach Bayreuth gegangen; er macht Miene in jenen Gegenden zu bleiben, nur fürchte ich, er wird nichts mehr am alten Platze finden; besonders ist Nürnberg, das er liebt, in dem jetzigen Augenblick ein trauriger Aufenthalt. Nochmals ein herzliches Lebewohl.

Weimar, den 21. Juli 1797

Hier ist, mein werter Freund, die dritte wöchentliche Sendung, mit der ich Ihnen zugleich ankündigen kann: daß mein Koffer mit dem Postwagen heute früh nach Frankfurt abgegangen und daß also schon ein Teil von mir nach Ihnen zu in Bewegung ist; der Körper wird nun auch wohl bald dem Geiste und den Kleidern nachfolgen.

Diesmal schicke ich Ihnen, damit Sie doch ja auch recht nordisch empfangen werden, ein paar Balladen, bei denen ich wohl nicht zu sagen brauche, daß die erste von Schillern, die zweite von mir ist. Sie werden daraus sehen, daß wir, indem wir Ton und Stimmung dieser Dichtart beizubehalten suchen, die Stoffe würdiger und mannigfaltiger zu wählen besorgt sind; nächstens erhalten Sie noch mehr dergleichen.

Die Note von Böttiger über die zusammenschnürenden Schlangen ist meiner Hypothese über Laokoon sehr günstig; er hatte, als er sie schrieb, meine Abhandlung nicht gelesen.

Schiller war diese acht Tage bei mir, ziemlich gesund und sehr munter und tätig; Ihrer ist, ich darf wohl sagen, in jeder Stunde gedacht worden.

Unsere Freundin Amelie hat sich auch in der Dichtkunst wundersam ausgebildet und sehr artige Sachen gemacht, die mit einiger Nachhülfe recht gut erscheinen werden. Man merkt ihren Produktionen sehr deutlich die solidern Einsichten in eine andere Kunst an, und wenn sie in beiden fortfährt, so kann sie auf einen bedeutenden Grad gelangen.

Heute nicht mehr. Nur noch den herzlichen Wunsch, daß Ihre Gesundheit sich immer mehr verbessern möge! Schikken Sie Ihre Briefe nur an meine Mutter.

FRANKFURT

Den 8. August 1797

Zum erstenmal habe ich die Reise aus Thüringen nach dem Mainstrome durchaus bei Tage mit Ruhe und Bewußtsein gemacht, und das deutliche Bild der verschiedenen Gegenden, ihrer Charaktere und Übergänge war mir sehr lebhaft und angenehm. In der Nähe von Erfurt war mir der Kessel merkwürdig, worin diese Stadt liegt. Er scheint sich in der Urzeit gebildet zu haben, da noch Ebbe und Flut hinreichte, und die Unstrut durch die Gera heraufwirkte.

Der Moment, wegen der heranreifenden Feldfrüchte, war sehr bedeutend. In Thüringen stand alles zum schönsten, im Fuldaischen fanden wir die Mandeln auf dem Felde und zwischen Hanau und Frankfurt nur noch die Stoppeln; vom Wein verspricht man sich nicht viel, das Obst ist gut geraten.

Wir waren von Weimar bis hier vier Tage unterwegs und haben von der heißen Jahreszeit wenig oder gar nicht gelitten. Die Gewitter kühlten nachts und morgens die Atmosphäre aus, wir fuhren sehr früh, die heißesten Stunden des Tages fütterten wir, und wenn denn auch einige Stunden des Wegs bei warmer Tageszeit zurückgelegt wurden, so ist doch meist auf den Höhen und in den Tälern, wo Bäche fließen, ein Luftzug.

So bin ich denn vergnügt und gesund am 3. in Frankfurt angekommen und überlege in einer ruhigen und heiteren Wohnung nun erst: was es heiße in meinen Jahren in die Welt zu gehen. In früherer Zeit imponieren und verwirren uns die Gegenstände mehr, weil wir sie nicht beurteilen noch zusammenfassen können, aber wir werden doch mit ihnen leichter fertig, weil wir nur aufnehmen, was in unserm Wege liegt, und rechts und links wenig achten. Später kennen wir die Dinge mehr, es interessiert uns deren eine größere Anzahl und wir würden uns gar übel befinden, wenn uns nicht Gemütsruhe und Methode in diesen Fällen zu Hülfe käme. Ich will nun alles, was mir in diesen Tagen vorgekommen, so gut als möglich ist, zurecht stellen, an Frankfurt selbst als einer vielumfassenden Stadt meine Schemata probieren und mich dann zu einer weiteren Reise vorbereiten.

Sehr merkwürdig ist mir aufgefallen, wie es eigentlich mit dem Publikum einer großen Stadt beschaffen ist. Es lebt in einem ständigen Taumel von Erwerben und Verzehren, und das, was wir Stimmung nennen, läßt sich weder hervorbringen noch mitteilen; alle Vergnügungen, selbst das Theater, sollen nur zerstreuen, und die große Neigung des lesenden Publikums zu Journalen und Romanen entstehen eben daher, weil jene immer und diese meist Zerstreuung in die Zerstreuung bringen.

Ich glaube sogar eine Art von Scheu gegen poetische Produktionen, oder wenigstens insofern sie poetisch sind, bemerkt zu haben, die mir aus eben diesen Ursachen ganz natürlich vorkommen. Die Poesie verlangt, ja gebietet Sammlung, sie isoliert den Menschen wider seinen Willen, sie drängt sich wiederholt auf und ist in der breiten Welt (um nicht zu sagen in der großen) so unbequem wie eine treue Liebhaberin.

Ich gewöhne mich nun, alles wie mir die Gegenstände vorkommen und was ich über sie denke aufzuschreiben, ohne die genauste Beobachtung und das reifste Urteil von mir zu fordern oder auch an einen künftigen Gebrauch zu denken. Wenn man den Weg einmal ganz zurückgelegt hat, so kann man mit besserer Übersicht das Vorrätige immer wieder als Stoff gebrauchen.

Das Theater habe ich einigemal besucht und zu dessen Beurteilung mir auch einen methodischen Entwurf gemacht; indem ich ihn nun nach und nach auszufüllen suche, so ist mir erst recht aufgefallen: daß man eigentlich nur von fremden Ländern, wo man mit niemand in Verhältnis steht, eine leidliche Reisebeschreibung machen könnte. Über den Ort, wo man gewöhnlich sich aufhält, wird niemand wagen etwas zu schreiben, es müßte denn von bloßer Aufzählung der vorhandenen Gegenstände die Rede sein: ebenso geht es mit allem was uns noch einigermaßen nah ist; man fühlt erst, daß es eine Impietät wäre, wenn man auch sein gerechtestes, mäßigstes Urteil über die Dinge öffentlich aussprechen wollte. Diese Betrachtungen führen auf artige Resultate und zeigen mir den Weg, der zu gehen ist. So vergleiche ich zum Beispiel jetzt das hiesige Theater mit dem weimarischen; habe ich noch das Stuttgarter gesehen, so läßt sich vielleicht über die drei etwas Allgemeines sagen, das bedeutend ist und das sich auch allenfalls öffentlich produzieren läßt.

In Frankfurt ist alles tätig und lebhaft, und das vielfache Unglück scheint nur einen allgemeinen Leichtsinn bewirkt zu haben. Die Millionen Kriegskontribution, die man im vorigen Jahre den vorgedrungenen Franzosen hingeben mußte, sind so wie die Not jener Augenblicke vergessen, und jedermann findet es äußerst unbequem, daß er nun zu den Interessen und Abzahlungen auch das Seinige beitragen soll. Ein jeder beklagt sich über die äußerste Teuerung und fährt doch fort, Geld auszugeben und den Luxus zu vermehren, über den er sich beschwert. Doch habe ich auch schon einige wunderliche und unerwartete Ausnahmen bemerken können.

Gestern abend entstand auf einmal ein lebhafter Friedensruf, inwiefern er gegründet sei, muß sich bald zeigen.

Ich habe mich in diesen wenigen Tagen schon viel umgesehen, bin die Stadt umfahren und umgangen; außen und innen entsteht ein Gebäude nach dem andern, und der bessere und größere Geschmack läßt sich bemerken, obgleich auch hier mancher Rückschritt geschieht. Gestern war ich im Schweitzerischen Hause, das auch inwendig viel Gutes enthält, besonders hat mir die Art der Fenster sehr wohl gefallen; ich werde ein kleines Modell davon an die Schloßbaukommission schicken.

Das hiesige Theater hat gute Subjekte, ist aber im ganzen für eine so große Anstalt viel zu schwach besetzt; die Lükken, welche bei Ankunft der Franzosen entstanden, sind noch nicht wieder ausgefüllt. Auf den Sonntag wird Palmira gegeben, worauf ich sehr neugierig bin.

Ich lege eine Rezension einiger italienischen Zeitungsblätter bei, die mich interessiert haben, weil sie einen Blick in jene Zustände tun lassen.

Italienische Zeitungen

Es liegen verschiedene italienische Zeitungen vor mir, über deren Charakter und Inhalt ich einiges zu sagen gedenke.

Die auswärtigen Nachrichten sämtlich sind aus fremden Zeitungen übersetzt, ich bemerke also nur das Eigne der inländischen.

L'Osservatore Triestino No. 58. 21. Juli 1797. Ein sehr gut geschriebener Brief über die Besitznehmung von Cherso vom 10. Juli. Dann einiges von Zara. Die Anhänge sind wie unsere Beilagen und Wochenblätter.

Gazzetta Universale No. 58. 22. Juli 1797. Florenz. Ein nachdrückliches Gesetz wegen Meldung des Ankommens, Bleibens und Abgehens der Fremden, im Florentinischen publiziert.

Notizie Universali No. 60. 28. Juli 1797. Roveredo. Ein Artikel aus Österreich macht auf die große bewaffnete Stärke des Kaisers aufmerksam.

Il Corriere Milanese No. 59. 24. Juli 1797. Die italienischen Angelegenheiten werden im republikanischen Sinne, aber mit großer Mäßigung, Feinheit und rhetorischer Stellung vorgetragen; es fällt einem dabei der Leydener Luzac ein.

In einer Buchhändlernachricht ist ein Werk: Memorie Storiche del Professore Gio. Battista Rottondo, nativo di Monza, nel Milanese, scritte da lui medesimo, angekündigt. Wahrscheinlich eine romanhafte Komposition, durch welche man, soviel sich aus der Anzeige erraten läßt, den Revolutionisten in Italien Mäßigkeit raten will.

Giornale Degli Uomini Liberi. Bergamo. 18. Juli 1797. No. 5. Lebhaft demokratisch, welches sich in der Bergamaskenmanier sehr lustig ausnimmt; denn wer lacht nicht, wenn er liest: Non si deve defraudare il Popolo Sovrano Bergamasco di dargli notizia etc.

Für den Platz aber und für die Absicht scheint das Blatt sehr zweckmäßig zu sein, indem es hauptsächlich die Angelegenheiten der Stadt und des Bezirks behandelt.

No. 6. Die Aufhebung eines Klosters durch die Mehrheit der Mönchsstimmen wird begehrt, die aristokratische Partei verlangt unanimità.

Die Sprachwendungen haben etwas Originales und der ganze Ausdruck ist lebhaft, treu, naiv, so daß man den Harlekin im besten Sinne zu hören glaubt.

Il Patriota Bergamasco No. 17. 18. Juli 1797. Ein Kompliment an die Bergamasker, daß ihre Nationalgarden bei dem großen Föderationsfest sich so ganz besonders ausgenommen haben: I Segni da esse manifestati di patriotismo e di giocondità attrassero la comune meraviglia, e loro meritarono il vanto de' più energici republicani. Wenn man diese Stelle gehörig übersetzt, so wünschte man die Bergamasker bei dieser Gelegenheit mit ihrer giocondità gesehen zu haben.

Den Nachrichten aus dem Kirchenstaat sucht man durch Worte, die Schwabacher gedruckt sind, eine komische Tournure zu geben.

Ein Brief des Buonaparte an den Astronomen Cagnoli in Verona, der bei den Unruhen viel gelitten und verloren hatte, soll den Gemütern Beruhigung einflößen, da dem Manne Ersatz und Sicherheit versprochen wird.

No. 18 ist sehr merkwürdig; der Patriot beklagt sich, daß nach der Revolution noch keine Revolution sei und daß gerade alles noch seinen alten aristokratischen Gang gehen wolle. Natürlicherweise hat, wie überall, die liebe Gewohnheit nach den ersten lebhaften Bewegungen wieder ihr Recht behauptet und alles sucht sich wieder auf die Füße zu stellen; worüber sich denn der gute Patriot gar sehr beklagt.

Den 9. August 1797

Das allgemeine Gespräch und Interesse ist heute die Feier des morgenden Tages, die in Wetzlar begangen werden soll; man erzählt Wunderdinge davon. Zwanzig Generale sollen derselben beiwohnen, von allen Regimentern sollen Truppen dazu gesammelt werden, militärische Evolutionen sollen geschehen; Gerüste sind aufgerichtet und was dergleichen mehr ist. Indessen fürchten die Einwohner bei dieser Gelegenheit böse Szenen; mehrere haben sich entfernt; man will heute abend schon kanonieren gehört haben.

Bei alledem lebt man hier in vollkommener Sicherheit und jeder treibt sein Handwerk, eben als wenn nichts gewesen wäre; man hält den Frieden für gewiß und schmeichelt sich, daß der Kongreß hier sein werde, ob man gleich nicht weiß, wo man die Gesandten unterbringen will. Wenn alles ruhig bleibt, so wird die nächste Messe über die Maßen voll und glänzend werden; es sind schon viele Quartiere bestellt, und die Gastwirte und andere Einwohner setzen unerhörte Preise auf ihre Zimmer.

Was mich betrifft, so sehe ich nur immer mehr ein, daß jeder nur sein Handwerk ernsthaft treiben und das übrige alles lustig nehmen soll. Ein paar Verse, die ich zu machen habe, interessieren mich mehr als viel wichtigere Dinge, auf die mir kein Einfluß gestattet ist, und wenn ein jeder das gleiche tut, so wird es in der Stadt und im Hause wohl stehen. Die wenigen Tage, die ich hier bin, hat mich die Betrachtung so mancher Gegenstände schon sehr vergnügt und unterhalten, und ich habe für die nächste Zeit noch genug vor mir.

Ich will hernach unsern guten Meyer, der am Zürcher See angekommen ist, aufsuchen und, ehe ich meinen Rückweg antrete, noch irgendeine kleine Tour mit ihm machen. Nach Italien habe ich keine Lust, ich mag die Raupen und Chrysaliden der Freiheit nicht beobachten; weit lieber möchte ich die ausgekrochenen französischen Schmetterlinge sehen.

Gestern war ich bei Herrn von Schwarzkopf, der mit seiner jungen Frau auf einem Bethmannischen Gute wohnt; es liegt sehr angenehm eine starke halbe Stunde von der Stadt vor dem Eschenheimer Tore auf einer sanften Anhöhe, von der man vorwärts die Stadt und den ganzen Grund, worin sie liegt, und hinterwärts den Niddagrund bis an das Gebirg übersieht. Das Gut gehörte ehemals der Familie der von Riese und ist wegen der Steinbrüche bekannt, die sich in dem Bezirk desselben befinden. Der ganze Hügel besteht aus Basalt, und der Feldbau wird in einem Erdreiche getrieben, das aus Verwitterung dieser Gebirgsart sich gebildet hat; es ist auf der Höhe ein wenig steinig, aber Früchte und Obstbäume gedeihen vortrefflich. Bethmanns haben viel dazu gekauft und meine Mutter hat ihnen ein schönes Baumstück, das unmittelbar daran stößt, abgelassen. Die Fruchtbarkeit des herrlichen Grundes um Frankfurt und die Mannigfaltigkeit seiner Erzeugnisse erregt Erstaunen, und an den neuen Zäunen, Staketen und Lusthäusern, die sich weit um die Stadt umher verbreiten, sieht man, wieviel wohlhabende Leute in der letzten Zeit nach größern und kleinern Stücken eines fruchtbaren Bodens gegriffen haben. Das große Feld, worauf nur Gemüse gebaut wird, gewährt in der jetzigen Jahreszeit einen sehr angenehmen und mannigfaltigen Anblick. Überhaupt ist die Lage, wie ich sie an einem schönen Morgen vom Turme wieder gesehen, ganz herrlich und zu einem heitern und sinnlichen Genusse ausgestattet, deswegen sich die Menschen auch so zeitig hier angesiedelt und ausgebreitet haben. Merkwürdig war mir die frühe städtische Kultur, da ich gestern las, daß schon 1474 befohlen ward, die Schindeldächer wegzutun, nachdem schon früher die Strohdächer abgeschafft waren. Es läßt sich denken, wie ein solches Beispiel in dreihundert Jahren auf die ganze Gegend gewirkt haben müsse.

Den 14. August 1797

Gestern sah ich die Oper Palmira, die im ganzen genommen sehr gut und anständig gegeben ward. Ich habe aber dabei vorzüglich die Freude gehabt, einen Teil ganz vollkommen zu sehen, nämlich die Dekorationen. Sie sind von einem Mailänder Fuentes, der sich gegenwärtig hier befindet.

Bei der Theaterarchitektur ist die große Schwierigkeit, daß man die Grundsätze der echten Baukunst einsehen und von ihnen doch wieder zweckmäßig abweichen soll. Die Baukunst im höhern Sinne soll ein ernstes, hohes, festes Dasein ausdrücken, sie kann sich, ohne schwach zu werden, kaum aufs Anmutige einlassen; aber auf dem Theater soll alles eine anmutige Erscheinung sein. Die theatralische Baukunst muß leicht, geputzt, mannigfaltig sein, und sie soll doch zugleich das Prächtige, Hohe, Edle darstellen. Die Dekorationen sollen überhaupt, besonders die Hintergründe, Tableaux machen. Der Dekorateur muß noch einen Schritt weiter als der Landschaftsmaler tun, der auch die Architektur nach seinem Bedürfnis zu modifizieren weiß.

Die Dekorationen zu Palmira geben Beispiele, woraus man die Lehre der Theatermalerei abstrahieren könnte. Es sind sechs Dekorationen, die aufeinander in zwei Akten folgen, ohne daß eine wieder kommt; sie sind mit sehr kluger Abwechselung und Gradation erfunden. Man sieht ihnen an, daß der Meister alle Moyens der ernsthaften Baukunst kennt; selbst da, wo er baut wie man nicht bauen soll und würde, behält doch alles den Schein der Möglichkeit bei, und alle seine Konstruktionen gründen sich auf den Begriff dessen, was im Wirklichen gefordert wird. Seine Zierarten sind sehr reich, aber mit reinem Geschmack angebracht und verteilt; diesen sieht man die große Stukkaturschule an, die sich in Mailand befindet, und die man aus den Kupferstichwerken des Albertolli kann kennen lernen. Alle Proportionen gehen ins Schlanke, alle Figuren, Statuen, Basreliefs, gemalte Zuschauer gleichfalls; aber die übermäßige Länge und die gewaltsamen Gebärden mancher Figuren sind nicht Manier, sondern die Notwendigkeit und der Geschmack haben sie so gefordert. Das Kolorit ist untadelhaft und die Art zu malen äußerst frei und bestimmt. Alle die perspektivischen Kunststücke, alle die Reize der nach Direktionspunkten gerichteten Massen zeigen sich in diesen Werken; die Teile sind völlig deutlich und klar ohne hart zu sein, und das Ganze hat die lobenswürdigste Haltung. Man sieht die Studien einer großen Schule und die Überlieferungen mehrerer Menschenleben in dem unendlichen Detail, und man darf wohl sagen, daß diese Kunst hier auf dem höchsten Grade steht;

nur schade daß der Mann so kränklich ist, daß man an seinem Leben verzweifelt. Ich will sehen, daß ich das, was ich hier nur flüchtig hingeworfen habe, besser zusammenstelle und ausführe.

Erste Dekoration

Auf niedrigen, nicht zu starken, altdorischen, blauen Säulen und ihren weißen Kapitellen ruht ein weißes einfaches Gesims, dessen mittlerer Teil der höchste ist, es könnte auch für einen eigens proportionierten Architrav gelten; von diesem geht ein Tonnengewölb über das ganze Theater, das wegen seiner ungeheuern Höhe und Breite einen herrlichen Effekt macht. Da das Tonnengewölbe von den Kulissen nicht herüberlaufen kann, so scheint es oben durch blaue Vorhänge verdeckt, auf dem Hintergrunde aber erscheint es in seiner Vollkommenheit. Gleich wo das Gewölbe auf dem Gesimse ruht, sind Basreliefs angebracht. Das übrige ist mit einfachen Steinen gewölbt. Das Tonnengewölbe läuft auf ein Kreisgebäude aus, das sich wieder im Kreuze an Tonnengewölbe anschließt, wie die Art der neuern Kirchen ist; nur trägt diese Rundung auf ihrem Kranze keine Kuppel, sondern eine Galerie, über die man hinaus einen gestirnten Himmel sieht.

Frankfurter Theater
Schilderung der Personen. Rollen

Frauen

Demoiselle Woralek. Frauenzimmerliche Mittelgröße, wohlgebaut, etwas stark von Gliedern, jung, natürliche Bewegungen, mit den Armen gewisse Gesten, die nicht übel wären, wenn sie nicht immer wieder kämen; ein zusammengefaßtes Gesicht, lebhafte schwarze Augen; ein lächelndes Verziehen des Mundes verstellt sie oft; eine schöne und gut ausgebildete Stimme, im Dialog zu schnell; daher sie die meisten Stellen überhudelt.

Rollen: Erste Liebhaberin in der Oper: Konstanze, Pamina, die Müllerin.

Demoiselle Boudet, Weibliche Mittelgestalt; gutes lebhaftes Betragen, rasche Gebärden. Gewisse natürliche Rollen spielt sie gut, nur drücken ihre Mienen und Gesten zu oft Härte, Kälte, Stolz und Verachtung aus, wodurch sie unangenehm wird. Sie spricht deutlich und ist überhaupt eine energische Natur.

Rollen: Muntere, naive: Margarete in den Hagestolzen, einen Savoyarden.

Madame Aschenbrenner. Nicht gar groß, sonst gut gebaut; ein artiges Gesicht, schwarze Augen. In ihrer Deklamation und Gebärden hat sie das weinerlich Angespannte, was man sonst für pathetisch hielt. Sie tanzt gut; es hat aber diese Kunst keine günstige Wirkung auf sie gemacht, indem sie in Gang und Gebärden manieriert ist.

Rollen: Affektuose sentimentale Liebhaberinnen, singt auch ein wenig. Kora in der Sonnenjungfrau, Ophelia in Hamlet.

Madame Bulla. Mittelgröße, etwas größer als Madame Aschenbrenner, gute Gesichtsbildung; ihre Aktion ein wenig zu ruhig, der Ton ihrer Stimme ein wenig zu hell und scharf.

Rollen: Edle Mütter, Frauen von Stande, heitere humoristische Rollen: Elvira in Rollas Tod, die Frau in dem Ehepaar aus der Provinz, Fräulein von Sachau in der Entführung.

Madame Bötticher. Etwas über Mittelgröße, wohlgebaut, mäßig stark, angenehme Bildung; sieht für ihre Karikaturrollen etwas zu gut aus.

Rollen: Karikaturen und was sich denen nähert: Oberhofmeisterin in Elise von Valberg, Frau Schmalheim, Frau Griesgram.

Madame Heinemann. Lang und schmal, ein chiffonniertes Gesicht, nicht angenehm und nicht unleidlich.

Rollen: Zweite Liebhaberinnen in der Oper, ältere Rollen: Diana, Königin der Nacht.

Madame Roland. Rollen: Königinnen, tragische Frauen: Hamlets Mutter, Fedorowna in den Strelitzen.

Demoiselle Bulla. Anfängerin.

Madame Demmer. Abgehend.

Madame Urspruch. Junge Mädchen; nicht übel gestaltet, aber in Sprache und Aktion ganz Null.

Madame Schmidt. Gemeine Frauen: Sekretär Schmidtin, Wirtin im Schwarzen Mann.

Männer

Prandt. Wohlgebaut, nicht angenehm gebildet, lebhafte schwarze Augen, die er zu sehr rollt; sonore tiefe Stimme, gute Bewegungen.

Rollen: Helden. Würdige Alte: Rolla, Zar, Seekapitän im Bruderzwist, Molay in den Tempelherren.

Schröder. Mittelgröße, wohlgestaltet, gute jugendliche Gesichtsbildung, lebhafte Bewegungen; singt Bariton, im Dialog tiefe, etwas schnarrende, heftige, rauhe Stimme.

Rollen: Erste Liebhaber in der Oper: Don Juan, Deserteur. Figurierende Rollen im Schauspiel: Fürst in Dienstpflicht, Philipp der Schöne in den Tempelherren.

Lux. Gedrängte gut gebildete Mittelgestalt; weiß seine Kleidung und Gebärden nach den Rollen zu motivieren, hat einen guten, doch nicht recht vollklingenden Baß; spielt zu sehr nach dem Souffleur.

Rollen: Erster Buffo in der Oper. Im Schauspiel ähnliche Rollen: den Bedienten des Kapitäns im Bruderzwist, den Amtmann in der Aussteuer.

Schlegel. Wohlgebaut, hat aber bei aller Beweglichkeit etwas Steifes. An der Bewegung seiner Beine sieht man, daß er ein Tänzer ist; singt als zweiter Baß noch gut genug. Es mag ihm an Geschmack und Gefühl fehlen, drum übertreibt er leicht.

Rollen: Zweite Buffos, auch zum Beispiel Knicker, sodann Sarastro und den Geist in Don Juan.

Demmer. Gut gebaut, oberwärts etwas dicklicht, vorstehendes Gesicht, blond und blaue Augen; hat was Meckerndes in der Stimme und einen leidlichen Humor.

Rollen: Erste Liebhaber in der Oper: Tamino, Infant. Karikaturrollen: Stöpsel in Armut und Edelsinn, Posert im Spieler.

Schmidt. Hager, alt, schwächlich, übertreibt; man bemerkt an ihm weder Naturell noch Geschmack.

Rollen: Schwache, verliebte, humoristische Alte: von Sachau in der Entführung, Brandchen im Räuschchen.

Dupré. Ziemliche Größe, hager aber gut gebildet, starke Gesichtszüge; im ganzen steif.

Rollen: Launige Rollen, Halbkarikaturen, Bösewichter. Kerkermeister in Deserteur, Noffodei in den Tempelherren.

Stentzsch. Jugendlich wohlgebildet. Figur und Wesen sind nicht durchgearbeitet, Sprache und Gebärden haben keinen Fluß; im ganzen ist er nicht unangenehm, aber er läßt den Zuschauer völlig kalt.

Rollen: Erste Liebhaber, junge Helden: Ludwig der Springer, Hamlet, Bruder des Mädchens von Marienburg.

Amberg. Bedientenrollen, singt wenig. Plumper, Bedienter in der Entführung, Knappe in der Sonnenjungfrau.

Urspruch. Junge Leute, Liebhaber. Null.

Engelhardt. Ganz prosaisches Subjekt.

Rollen: Pfarrer in den Jägern, seine einzige leidliche Rolle. Als König im Hamlet ausgepocht.

Zuccarini. Geringes Subjekt.

Rollen: Bediente, Vertraute.

Hartig. Nebenrollen. Singt allenfalls.

Woralek. Singt. Hat nur um der Tochter willen Rollen.

Grüner, von dessen Händeln mit der Königsberger Schauspieldirektion im dritten Stück des zweiten Bandes des Hamburger Theaterjournals von 1797 viel erzählt wird, spielte hier einige Gastrollen. Er hat Gewandtheit auf dem Theater und eine leichte Kultur, ist aber nicht mehr jung und hat kein günstiges Gesicht. Seine Sprache ist äußerst preußisch und auch sein Spiel (ich sah ihn als Sichel) hat eine gewisse anmaßliche Gewandtheit; seine Stimme ist von keiner Bedeutung.

Frankfurt, den 15. August 1797

Über den eigentlichen Zustand eines aufmerksamen Reisenden habe ich eigne Erfahrungen gemacht und eingesehen, worin sehr oft der Fehler der Reisebeschreibungen liegt. Man mag sich stellen wie man will, so sieht man auf der Reise die Sache nur von einer Seite und übereilt sich im Urteil; dagegen sieht man aber auch die Sache von dieser Seite lebhaft, und das Urteil ist im gewissen Sinne richtig. Ich habe mir daher Akten gemacht, worin ich alle Arten von öffentlichen Papieren, die mir jetzt begegnen: Zeitungen, Wochenblätter, Predigtauszüge, Verordnungen, Komödienzettel, Preiskurrente einheften lasse und sodann auch sowohl das, was ich sehe und bemerke, als auch mein augenblickliches Urteil einschalte. Ich spreche nachher von diesen Dingen in Gesellschaft und bringe meine Meinung vor, da ich denn bald sehe, inwiefern ich gut unterrichtet bin, und inwiefern mein Urteil mit dem Urteil wohlunterrichteter Menschen übereintrifft. Sodann nehme ich die neue Erfahrung und Belehrung auch wieder zu den Akten, und so gibt es Materialien, die mir künftig als Geschichte des Äußern und Innern interessant genug bleiben müssen. Wenn ich bei meinen Vorkenntnissen und meiner Geistesgeübtheit Lust behalte, dieses Handwerk eine Weile fortzusetzen, so kann ich eine große Masse zusammenbringen.

Ein paar poetische Stoffe bin ich schon gewahr geworden, die ich in einem feinen Herzen aufbewahren werde, und dann kann man niemals im ersten Augenblick wissen, was sich aus der rohen Erfahrung in der Folgezeit noch als wahrer Gehalt aussondert.

Bei dem allem leugne ich nicht, daß mich mehrmals eine Sehnsucht nach dem Saalgrunde wieder angewandelt, und würde ich heute dahin versetzt, so würde ich gleich, ohne irgend einen Rückblick, etwa meinen Faust oder sonst ein poetisches Werk anfangen können.

Hier möchte ich mich nun an ein großes Stadtleben wieder gewöhnen, mich gewöhnen nicht nur zu reisen, sondern auch auf der Reise zu leben; wenn mir nur dieses vom Schicksal nicht ganz versagt ist, denn ich fühle recht gut, daß meine Natur nur nach Sammlung und Stimmung strebt und an allem keinen Genuß hat, was diese hindert. Hätte ich nicht an meinem Hermann und Dorothea ein Beispiel, daß die modernen Gegenstände, in einem gewissen Sinne genommen, sich zum Epischen bequemten, so möchte ich von aller dieser empirischen Breite nichts mehr wissen.

Auf dem Theater, so wie ich auch wieder hier sehe, wäre in dem gegenwärtigen Augenblick manches zu tun, aber man müßte es leicht nehmen und in der Gozzischen Manier traktieren; doch es ist in keinem Sinne der Mühe wert.

Meyer hat unsere Balladen sehr gut aufgenommen. Ich habe nun, weil ich von Weimar aus nach Stäfa wöchentlich Briefe an ihn schrieb, schon mehrere Briefe von ihm hier erhalten; es ist eine reine und treu fortschreitende Natur, unschätzbar in jedem Sinne. Ich will nur eilen, ihn wieder persönlich habhaft zu werden, und ihn dann nicht wieder von mir lassen.

Frankfurt, den 18. August 1797

Ich besuchte gestern den Theatermaler, dessen Werke mich so sehr entzückt hatten, und fand einen kleinen, wohlgebildeten, stillen, verständigen und bescheidnen Mann. Er ist in Mailand geboren, heißt Fuentes, und als ich ihm seine Arbeiten lobte, sagte er mir: er sei aus der Schule des Gonzaga, dem er, was er zu machen verstehe, zu danken habe. Er ließ mir die Zeichnungen zu jenen Dekorationen sehen, die, wie man erwarten kann, sehr sicher und charakteristisch mit wenigen Federzügen gemacht und auf denen die Massen mit Tusche leicht angegeben sind. Er zeigte mir noch verschiedne Entwürfe zu Dekorationen, die zunächst gemalt werden sollen, worunter einer zu einem gemeinen Zimmer mir besonders wohlgedacht schien. Er ließ mich auch die Veränderungen bemerken, die zwischen den Zeichnungen und den ausgeführten Dekorationen zu Palmira sich fanden. Es ist eine Freude, einen Künstler zu sehen, der seiner Sache so gewiß ist, seine Kunst so genau kennt, so gut weiß, was sie leisten und was sie wirken kann. Er entschuldigte verschiednes, das er an seinen Arbeiten selbst nicht billigte, durch die Forderungen des Poeten und des Schauspielers, die nicht immer mit den Gesetzen der guten Dekoration in Einstimmung zu bringen seien.

Bei Gelegenheit der Farbengebung, da bemerkt wurde, daß das Violette bei Nacht grau aussehe, sagte er: daß er deshalb das Violette, um ein gewisses leuchtendes und durchsichtiges Grau hervorzubringen, anwende. Ferner, wie viel auf die Beleuchtung der Dekorationen ankomme.

Es ward bemerkt, welch eine große Praktik nötig sei, um mit Sicherheit einer studierten Manier die Farben aufzusetzen, und es kam nicht ohne Lächeln zur Sprache, daß es Menschen gebe, die von einem Studio, wodurch man zur Gewißheit gelangt, so wenig Begriff haben, daß sie die schnelle und leichte Methode des Meisters für nichts achten, vielmehr denjenigen rühmen, der sich bei der Arbeit besinnt und ändert und korrigiert. Man sieht die Freiheit des Meisters für Willkür und zufällige Arbeit an.

Wenn man Frankfurt durchwandert und die öffentlichen Anstalten sieht, so drängt sich einem der Gedanke auf: daß die Stadt in frühern Zeiten von Menschen müsse regiert gewesen sein, die keinen liberalen Begriff von öffentlicher Verwaltung, keine Lust an Einrichtung zu besserer Bequemlichkeit des bürgerlichen Lebens gehabt, sondern die vielmehr nur so notdürftig hinregierten und alles gehen ließen wie es konnte. Deshalb hat man bei dieser Betrachtung alle Ursache billig zu sein. Denn wenn man bedenkt, was das heißen will, bis nur die nächsten Bedürfnisse einer Bürgergemeine, die sich in trüben Zeiten zufällig zusammen findet, nach und nach befriedigt, bis für ihre Sicherheit gesorgt, und bis ihr nur das Leben, indem sie sich zusammen findet und vermehrt, möglich und leidlich gemacht wird, so sieht man, daß die Vorgesetzten zu tun genug haben, um nur von einem Tag zum andern mit Rat und Wirkung auszulangen. Mißstände, wie das Überbauen der Häuser, die krummen Anlagen der Straßen, wo jeder nur sein Plätzchen und seine Bequemlichkeit im Auge hat, fallen in einem dunkeln gewerbvollen Zustande nicht auf, und den düstern Zustand der Gemüter kann man an den düstern Kirchen und an den dunkeln und traurigen Klöstern jener Zeit am besten erkennen. Das Gewerb ist so ängstlich und emsig, daß es sich nicht nahe genug aneinander drängen kann; der Krämer liebt die engen Straßen, als wenn er den Käufer mit Händen greifen wollte. So sind alle die alten Städte, außer welche gänzlich umgeschaffen worden.

Es fragt sich, was die Feuersbrunst 1711 für Einfluß auf die neuere Gestalt dieser Stadt gehabt hat.

Die großen, alten, öffentlichen Gebäude sind Werke der Geistlichkeit und zeugen von ihrem Einfluß und erhöhterem Sinn. Der Dom mit seinem Turm ist ein großes Unternehmen; die übrigen Klöster, in Absicht auf den Raum, den sie einschließen, sowohl als in Absicht auf ihre Gebäude, sind bedeutende Werke und Besitztümer. Alles dieses ist durch den Geist einer dunkeln Frömmigkeit und Wohltätigkeit zusammengebracht und errichtet. Die Höfe und ehmaligen Burgen der Adeligen nehmen auch einen großen Raum ein, und man sieht in denen Gegenden, wo diese geistlichen und weltlichen Besitzungen stehen, wie sie anfangs gleichsam als Inseln dalagen und die Bürger sich nur notdürftig dran herumbauten.

Die Fleischbänke sind das Häßlichste, was vielleicht dieser Art sich in der Welt befindet; sie sind auf keine Weise zu verbessern, weil der Fleischer seine Waren, so wie ein anderer Krämer, unten im Hause hat. Diese Häuser stehen auf einem

Klumpen beisammen und sind mehr durch Gänge als durch Gäßchen getrennt.

Der Markt ist klein und muß sich durch die benachbarten Straßen bis auf den Römerberg ausdehnen. Verlegung desselben auf den Hirschgraben zur Meßzeit.

Das Rathaus scheint früher ein großes Kaufhaus und Warenlager gewesen zu sein, wie es auch noch in seinen Gewölben für die Messe einen dunkeln und dem Verkäufer fehlerhafter Waren günstigen Ort gewährt.

Die Häuser baute man in frühern Zeiten, um Raum zu gewinnen, in jedem Stockwerk über. Doch sind die Straßen im ganzen gut angelegt, welches aber wohl dem Zufall zuzuschreiben ist; denn sie gehn entweder mit dem Flusse parallel, oder es sind Straßen, welche diese durchkreuzen und nach dem Lande zu gehen. Um das Ganze lief halbmondförmig ein Wall und Graben, der nachher ausgefüllt wurde; doch auch in der neuen Stadt ist nichts Regelmäßiges und aufeinander Passendes. Die Zeil geht krumm, nach der Richtung des alten Grabens, und die großen Plätze der neuen Stadt ist man nur dem Unwerte des Raums zu jener Zeit schuldig. Die Festungswerke hat die Notwendigkeit hervorgebracht, und man kann fast sagen, daß die Mainbrücke das einzig schöne und einer so großen Stadt würdige Monument aus der frühern Zeit sei; auch ist die Hauptwache anständig gebaut und gut gelegen.

Es würde interessant sein, die Darstellung der verschiedenen Epochen der Aufklärung, Aufsicht und Wirksamkeit in Absicht solcher öffentlichen Anstalten zu versuchen; die Geschichte der Wasserleitungen, Kloaken, des Pflasters mehr auseinander zu setzen und auf die Zeit und die vorzüglichen Menschen, welche gewirkt, aufmerksam zu sein.

Schon früher wurde festgesetzt, daß jemand, der ein neues Haus baut, nur in dem ersten Stock überbauen dürfe. Schon durch diesen Schritt war viel gewonnen. Mehrere schöne Häuser entstanden; das Auge gewöhnte sich nach und nach ans Senkrechte, und nunmehr sind viele hölzerne Häuser auch senkrecht aufgebaut. Was man aber den Gebäuden bis auf den neuesten Zeitpunkt und überhaupt manchem andern ansieht, ist: daß die Stadt niemals einen Verkehr mit Italien gehabt hat. Alles, was Gutes dieser Art sich findet, ist aus Frankreich hergenommen.

Eine Hauptepoche macht denn nun zuletzt das Schweitzerische Haus auf der Zeil, das in einem echten, soliden und großen italienischen Geschmack gebaut ist und vielleicht lange das einzige bleiben wird. Denn obgleich noch einige von dieser Art sind gebaut worden, so hatten doch die Baumeister nicht Talent genug mit dem ersten zu wetteifern, sondern sie verfielen, indem sie nur nicht eben dasselbe machen wollten, auf falsche Wege, und wenn es so fortgeht, so ist der Geschmack, nachdem ein einziges Haus nach richtigen Grundsätzen aufgestellt worden, schon wieder im Sinken.

Die beiden neuen reformierten Bethäuser sind in einem mittlern, nicht so strengen und ernsten, aber doch richtigen und heitern Geschmack gebaut und bis auf wenige Mißgriffe in Nebendingen durchaus lobenswert.

Die neuerbaute lutherische Hauptkirche gibt leider viel zu denken. Sie ist als Gebäude nicht verwerflich, ob sie gleich im allermodernsten Sinne gebaut ist; allein da kein Platz in der Stadt weder wirklich noch denkbar ist, auf dem sie eigentlich stehen könnte und sollte, so hat man wohl den größten Fehler begangen, daß man zu einem solchen Platz eine solche Form wählte. Sie stickt, da man rings herum wohl schwerlich viel wird abbrechen lassen, zwischen Gebäuden, die ihrer Natur und Kostbarkeit wegen unbeweglich sind, und will doch von allen Seiten gesehen sein; man sollte sie in großer Entfernung umgehen können. Sie fordert einen großen Raum um sich her und sie steht an einem Orte, wo der Raum äußerst kostbar ist. Um sie her ist das größte Gedräng und Bewegung der Messe, und es ist nicht daran gedacht, wie auch irgend nur ein Laden stattfinden könnte. Man wird also wenigstens in der Meßzeit hölzerne Buden an sie hinanschieben müssen, die vielleicht mit der Zeit unbeweglich werden, wie man an der Katharinenkirche noch sieht und ehemals um den Münster von Straßburg sah.

Nirgends wäre vielleicht ein schönerer Fall gewesen, in welchem man die Alten höchst zweckmäßig nachgeahmt hätte, die, wenn sie einen Tempel mitten in ein lebhaftes Quartier setzen wollten, das Heiligtum durch eine Mauer vom Gemeinen absonderten, dem Gebäude einen würdigen Vorhof gaben und es nur von dieser Seite sehen ließen. Ein solcher Vorhof wäre hier möglich gewesen, dessen Raum für die Kutschen, dessen Arkaden zur Bequemlichkeit der Fußgänger und zugleich, im Fall der Messe, zum Ort des schönsten Verkehrs gedient hätte. Es wäre ein philanthropisches Unternehmen, das freilich in diesem Falle von keinem Nutzen mehr sein könnte, vielleicht aber bei künftigen Unternehmungen wirken würde, wenn man noch selbst jetzt hinterdrein Plane und Risse von dem, was hätte geschehen sollen, darlegte. Denn da eine öffentliche Anstalt so viel Tadel ertragen muß, wie man es nicht hätte machen sollen, so ist es wenigstens billiger, wenn man zu zeigen übernimmt, wie man es anders hätte machen sollen. Doch ist vielleicht überhaupt keine Zeit mehr, Kirchen sowie Paläste zu bauen, wenigstens würde ich in beiden Fällen immer raten, die Gemeinden in anständige Bethäuser und die großen Familien in bequeme und heitere Stadt- und Landhäuser zu teilen, und beides geschieht ja in unsern Tagen schon gewissermaßen von selbst.

Was die Bürgerhäuser betrifft, so würde ich doch überhaupt raten, der italienischen Manier nicht weiter zu folgen und selbst mit steinernen Gebäuden sparsamer zu sein. Häuser, deren erstes Stock von Steinen, das übrige von Holz ist, wie mehrere jetzt sehr anständig gebaut sind, halte ich in jedem Sinn für Frankfurt für die schicklichsten; sie sind überhaupt trockner, die Zimmer werden größer und luftiger. Der Frankfurter, wie überhaupt der Nordländer, liebt viele Fenster und heitere Stuben, die bei einer Fassade im höhern Geschmack nicht stattfinden können. Dann ist auch zu bedenken, daß ein steinernes, einem Palast ähnliches, kostbares

Haus nicht so leicht seinen Besitzer verändert als ein anderes, das für mehr als einen Bewohner eingerichtet ist. Der Frankfurter, bei dem alles Ware ist, sollte sein Haus niemals anders als Ware betrachten. Ich würde daher vielmehr raten, auf die innere Einrichtung aufmerksam zu sein, und hierin die Leipziger Bauart nachzuahmen, wo in einem Hause mehrere Familien wohnen können, ohne in dem mindesten Verhältnis zusammen zu stehen. Es ist aber sonderbar! Noch jetzt baut der Mann, der bestimmt zum Vermieten baut, in Absicht auf Anlegung der Treppen, der offenen Vorsäle und so weiter noch ebenso als jener, der vor Zeiten sein Haus, um es allein zu bewohnen, einrichtete; so muß zum Beispiel der Mietmann eines Stockwerks, wenn er ausgeht, davor sorgen, daß ein Halbdutzend Türen verschlossen sind. So mächtig ist die Gewohnheit und so selten das Urteil.

Die verschiedenen Epochen, in denen öffentliche heitere Anstalten, zum Beispiel die Allee um die Stadt angelegt ward, und wie der öffentliche Geist mit dem Privatgeist sich verband, wodurch ganz allein ein echtes städtisches Wesen hervorgebracht wird, wäre näher zu betrachten: die Erbauung des Schauspielhauses, die Pflastrung des Platzes vor demselben, die Ausfüllung der Pferdeschwemme auf dem Roßmarkt, und vor allem das unschätzbare Unternehmen der neuen Straße an der Brücke, welches denen, die es angaben, anfingen, beförderten und, gebe der Himmel! in seinem völligen Umfange ausführen werden, zur bleibenden Ehre gereichen wird.

In früheren Zeiten das Abtragen der alten Pforten nicht zu vergessen.

Über die Judengasse, das Aufbauen des abgebrannten Teils und allenfalls ihre Erweiterung nach dem Graben zu wäre zu denken und darüber auch allenfalls ein Gedanke zu äußern.

Eines ist zwar nicht auffallend, jedoch einem aufmerksamen Beobachter nicht verborgen, daß alles, was öffentliche Anstalt ist, in diesem Augenblick still steht, dagegen sich die einzelnen unglaublich rühren und ihre Geschäfte fördern.

Leider deutet diese Erscheinung auf ein Verhältnis, das nicht mit Augen gesehen werden kann, auf die Sorge und Enge, in welcher sich die Vorsteher des gemeinen Wesens befinden, wie die durch den Krieg ihnen aufgewälzte Schuldenlast getragen und mit der Zeit vermindert werden soll; indes der einzelne sich wenig um dieses allgemeine Übel bekümmert und nur seinen Privatvorteil lebhaft zu fördern bemüht ist.

Die Hauptursache von denen in früherer Zeit vernachlässigten öffentlichen Anstalten ist wohl eben im Sinne der Unabhängigkeit der einzelnen Gilden, Handwerke und dann weiter in fortdauernden Streitigkeiten und Anmaßungen der Klöster, Familien, Stiftungen und so weiter zu suchen, ja in denen von einer gewissen Seite lobenswürdigen Widerstrebungen der Bürgerschaft. Dadurch ward aber der Rat, er mochte sich betragen wie er wollte, immer gehindert, und indem man über Befugnisse stritt, konnte ein gewisser liberalerer Sinn des allgemein Vorteilhaften nicht stattfinden.

Es wäre vielleicht eine für die gegenwärtige Zeit interessante Untersuchung, darzustellen, wie das Volk den Regenten, die nicht ganz absolut regiert, von jeher das Leben und das Regiment sauer gemacht. Es wäre dieses keinesweges eine aristokratische Schrift, denn eben jetzt leiden alle Vorsteher der Republiken an eben diesen Hindernissen.

Ich habe in diesen Tagen darüber nachgedacht, wie spät sich ein Zug von Liberalität und Übersicht eben über das städtische Wesen in Frankfurt manifestieren konnte.

Was wäre nicht eine Straße, die vom Liebenfrauenberg auf die Zeil durchgegangen wäre, für eine Wohltat fürs Publikum gewesen! Eine Sache, die in früheren Zeiten mit sehr geringen Kosten, ja mit Vorteil abzutun war.

Frankfurt, den 19. August 1797

Die französische Revolution und ihre Wirkung sieht man hier viel näher und unmittelbarer, weil sie so große und wichtige Folgen auch für diese Stadt gehabt hat, und weil man mit der Nation in so vielfacher Verbindung steht. Bei uns sieht man Paris immer nur in einer Ferne, daß es wie ein blauer Berg aussieht, an dem das Auge wenig erkennt, dafür aber auch Imagination und Leidenschaft desto wirksamer sein kann. Hier unterscheidet man schon die einzelnen Teile und Lokalfarben.

Von dem großen Spiel, das die Zeit her hier gespielt worden, hört man überall reden. Es gehört diese Seuche mit unter die Begleiter des Krieges, denn sie verbreitet sich am gewaltsamsten zu den Zeiten, wenn großes Glück und Unglück auf der allgemeinen Waageschale liegt, wenn die Glücksgüter ungewiß werden, wenn der Gang der öffentlichen Angelegenheiten schnellen Gewinst und Verlust auch für Partikuliers erwarten läßt. Es ist fast in allen Wirtshäusern gespielt worden, außer im Roten Hause. Die eine Bank hat für einen Monat, nur fürs Zimmer, siebzig Karolin bezahlt. Einige Bankiers haben Frühstück und Abendessen aufs anständigste für die Pointeurs auftragen lassen. Jetzt da man nach und nach von seiten des Rats diesem Übel zu steuern sucht, so denken die Liebhaber auf andere Auswege. Auf dem Sandhofe, auf deutschherrischem Grund und Boden, hat man eine kostbare Anstalt einer neuen Wirtschaft errichtet, die gestern mit hundertdreißig Kuverts eröffnet worden. Die Meubles sind aus der Herzoglich Zweibrückischen Auktion, so wie alles überhaupt sehr elegant sein soll. Dabei ist alles zuletzt aufs Spielen angesehen.

Das Hauptinteresse sollte eigentlich gegenwärtig für die Frankfurter die Wiederbezahlung ihrer Kriegsschulden und die einstweilige Verinteressierung derselben sein; da aber die Gefahr vorbei ist, haben wenige Lust tätig mitzuwirken. Der Rat ist hierüber in einer unangenehmen Lage: er und der wackere Teil der Bürger, der sein bares Geld, sein Silbergeschirr, seine Münzkabinette und was sonst noch des edlen Metalls vorrätig war, freiwillig hingab, hat nicht allein damals hierdurch und durch die persönlichen Leiden der weggeführten Geisel die Stadt und den egoistischen flüchtigen

Teil der Reichen vertreten und gerettet; sondern ist auch gutmütig genug gewesen, für die nicht Schutzverwandten, als die Stifter, Klöster, deutschen Orden und so weiter, die Kontributionen in der Masse mitzuerlegen. Da es nun zum Ersatz kommen soll, so existiert weder ein Fuß, wornach, noch ein Mittel, wodurch man eine so große Summe, als zu dem Interesse- und dem Amortisationsfonds nötig ist, beibringen könnte. Der bisherige Schatzungsfuß ist schon für den ordinären Zustand völlig unpassend, geschweige für einen außerordentlichen Fall; jede Art von neuer Abgabe drückt irgend wohin, und unter den hundert und mehr Menschen, die mitzusprechen haben, findet sich immer ein und der andere, der die Last von seiner Seite wegwälzen will. Die Vorschläge des Rats sind an das bürgerliche Kollegium gegangen; ich fürchte aber sehr, daß man nicht einig werden wird, und daß, wenn man einig wäre, der Reichshofrat doch wieder anders sentieren würde. Indessen bettelt man von Gutwilligen Beiträge, die künftig berechnet werden und, wenn man bei erfolgender Repartition zuviel gegeben hat, verinteressiert werden sollen, einstweilen zusammen, weil die Interessen doch bezahlt werden müssen. Ich wünsche, daß ich mich irre, aber ich fürchte, daß diese Angelegenheit so leicht nicht in Ordnung kommen wird.

Für einen Reisenden geziemt sich ein skeptischer Realism; was noch idealistisch an mir ist, wird in einem Schatullchen, wohlverschlossen, mitgeführt wie jenes undinische Pygmäenweibchen. Sie werden also von dieser Seite Geduld mit mir haben. Wahrscheinlich werde ich jenes Reisegeschichtchen auf der Reise zusammenschreiben können. Übrigens will ich erst ein paar Monate abwarten. Denn obgleich in der Empirie fast alles einzeln unangenehm auf mich wirkt, so tut doch das Ganze sehr wohl, wenn man endlich zum Bewußtsein seiner eigenen Besonnenheit kommt.

Ich denke etwa in acht Tagen weiter zu gehen und mich bei dem herrlichen Wetter, das sich nun bald in den echten mäßigen Zustand des Nachsommers setzen wird, durch die schöne Bergstraße, das wohlbebaute gute Schwaben nach der Schweiz zu begeben, um auch einen Teil dieses einzigen Landes mir wieder zu vergegenwärtigen.

Es liegen drei Bataillons des Regiments Manfredini hier, unter denen sich, wie man an mancherlei Symptomen bemerken kann, sehr viel Rekruten befinden. Die Leute sind fast durchaus von einerlei Größe, eine kleine aber derbe und wohlgebaute Art. Verwundersam ist die Gleichheit der Größe, aber noch mehr die Ähnlichkeit der Gesichter; es sind, soviel ich weiß, Böhmen. Sie haben meist langgeschlitzte kleine Augen, die etwas nach der ganzen Physiognomie zurück, aber nicht tief liegen, enggefaßte Stirnen, kurze Nasen, die doch keine Stumpfnasen sind, mit breiten, scharf eingeschnittnen Nasenflügeln; die Oberwange ist etwas stark und nach der Seite stehend, der Mund lang, die Mittellinie fast ganz gerad, die Lippen flach, bei vielen hat der Mund einen verständig ruhigen Ausdruck; die Hinterköpfe scheinen klein, wenigstens macht das kleine und enge Kaskett das Ansehen. Sie sind knapp und gut gekleidet, ein lebendiger grüner Busch von allerlei täglich frischem Laub auf dem Kaskette macht ein gutes Ansehen, wenn sie beisammen sind. Sie machen die Handgriffe, soweit ich sie auf der Parade gesehen, rasch und gut; am Deployieren und Marschieren allein spürt man mitunter das Rekrutenhafte. Übrigens sind sie sowohl einzeln als im ganzen ruhig und gesetzt.

Die Franzosen dagegen, die manchmal einzeln in der Stadt erscheinen, sind gerade das Gegenteil. Wenn die Kleidung von jenen bloß aus dem Notwendigen und Nützlichen zusammengesetzt ist, so sind diese reichlich, überflüssig, ja beinah wunderlich und seltsam gekleidet. Lange blaue Beinkleider sitzen knapp am Fuße, an deren Seite unzählige Knöpfe auf roten Streifen sich zeigen; die Weste ist verschieden; der blaue lange Rock hat einen weißen artigen Vorstoß; der große Hut, der in der Quere aufgesetzt wird, ist mit sehr langen Litzen aufgeheftet und entweder mit dem dreifarbigen

Büschel oder mit einem brennend roten Federbusch geziert; ihr Gang und Betragen sind sehr sicher und freimütig, doch durchaus ernsthaft und gefaßt, wie es sich in einer fremden, noch nicht ganz befreundeten Stadt geziemt. Unter denen, die ich sah, waren keine kleinen, und eher große als mittelgroße.

Frankfurt, den 20. August 1797

Die hiesige Stadt mit ihrer Beweglichkeit und den Schauspielen verschiedener Art, die sich täglich erneuern, sowie die mannigfaltige Gesellschaft geben eine gar gute und angenehme Unterhaltung; ein jeder hat zu erzählen, wie es ihm in jenen gefährlichen und kritischen Tagen ergangen, wobei denn manche lustige und abenteuerliche Geschichten vorkommen. Am liebsten aber höre ich diejenigen Personen sprechen, die ihrer Geschäfte und Verhältnisse wegen vielen der Hauptpersonen des gegenwärtigen Kriegsdramas näher gekommen, auch besonders mit den Franzosen mancherlei zu schaffen gehabt, und das Betragen dieses sonderbaren Volkes von mehr als einer Seite kennen gelernt haben. Einige Details und Resultate verdienen aufgezeichnet zu werden.

Der Franzos ist nicht einen Augenblick still, er geht, schwätzt, springt, pfeift, singt und macht durchaus einen solchen Lärm, daß man in einer Stadt oder in einem Dorfe immer eine größere Anzahl zu sehen glaubt, als sich drin befinden; anstatt daß der Österreicher still, ruhig und ohne Äußerung irgendeiner Leidenschaft gerade vor sich hinlebt. Wenn man ihre Sprache nicht versteht, werden sie unwillig, sie scheinen diese Forderung an die ganze Welt zu machen; sie erlauben sich alsdann manches, um sich selbst ihre Bedürfnisse zu verschaffen; weiß man aber mit ihnen zu reden und sie zu behandeln, so zeigen sie sich sogleich als bons enfants und setzen sehr selten Unart oder Brutalität fort. Dagegen erzählt man von ihnen manches Erpressungsgeschichtchen unter allerlei Vorwänden, wovon verschiedene lustig genug sind. So sollen sie an einem Ort, wo Kavallerie gelegen, beim Abzuge verlangt haben, daß man ihnen den Mist bezahle. Als man sich dessen geweigert, setzten sie so viel Wagen in Requisition als nötig waren, um diesen Mist nach Frankreich zu führen; da man sich denn natürlich entschloß, lieber ihr erstes Verlangen zu befriedigen. An einigen andern Orten behauptet man: der abreisende General lasse sich jederzeit bestehlen, um wegen Ersatz des Verlustes noch zuletzt von dem Orte eine Auflage fordern zu können. Bei einer Mahlzeit sind ihre Forderungen so bestimmt und umständlich, daß sogar die Zahnstocher nicht vergessen werden. Besonders ist jetzt der gemeine Mann, obgleich er genährt wird, sehr aufs Geld begierig, weil er keins erhält, und er sucht daher auch von seiner Seite etwas mit Fasson zu erpressen und zu erschleichen. So hält zum Exempel auf dem Wege nach den Bädern jeder ausgestellte Posten die Reisenden an, untersucht die Pässe und ersinnt alle erdenklichen Schwierigkeiten, die man durch ein kleines Trinkgeld gar leicht hebt; man kommt aber auch, wenn man nur Zeit verlieren und sich mit ihnen herum disputieren will, endlich ohne Geld durch. Als Einquartierung in der Stadt haben sie sowohl das erste als zweite Mal gutes Lob, dagegen waren ihre Requisitionen unendlich und oft lächerlich, da sie wie Kinder oder wahre Naturmenschen alles was sie sahen zu haben wünschten.

In den Kanzleien ihrer Generale wird die große Ordnung und Tätigkeit gerühmt, so auch der Gemeingeist ihrer Soldaten und die lebhafte Richtung aller nach einem Zweck. Ihre Generale, obgleich meist junge Leute, sind ernsthaft und verschlossen, gebieterisch gegen ihre Untergebenen und in manchen Fällen heftig und grob gegen Landsleute und Fremde. Sie haben den Duell für abgeschafft erklärt, weil eine Probe der Tapferkeit bei Leuten, die so oft Gelegenheit hätten sie abzulegen, auf eine solche Weise nicht nötig sei. In Wiesbaden forderte ein trierischer Offizier einen französischen General heraus, dieser ließ ihn sogleich arretieren und über die Grenze bringen.

Aus diesen wenigen Zügen läßt sich doch gleich übersehen, daß in Armeen von dieser Art eine ganz eigene Energie und eine sonderbare Kraft wirken müsse, und daß eine solche Nation in mehr als einem Sinne furchtbar sei.

Die Stadt kann von Glück sagen, daß sie nicht wieder in ihre Hände gekommen ist, weil sonst der Requisitionen, ungeachtet des Friedens, kein Ende gewesen wäre. Die Dörfer, in denen sie liegen, werden alle ruiniert, jede Gemeinde ist verschuldet und in den Wochenblättern stehen mehrere, welche Kapitalien suchen; dadurch ist auch die Teuerung in der Stadt sehr groß. Ich werde ehestens eine Liste der verschiedenen Preise überschicken. Ein Hase zum Beispiel kostet zwei Gulden und ist doch für dieses Geld nicht einmal zu haben.

Frankfurt, den 23. August 1797

Noch etwas von den Franzosen und ihrem Betragen

Als bei Custines Einfall der General Neuwinger die Tore von Sachsenhausen besetzen ließ, hatten die Truppen kaum ihre Tornister abgelegt, als sie sogleich ihre Angeln hervorrafften und die Fische aus dem Stadtgraben herausfischten.

In den Ortschaften, die sie noch jetzt besetzen, findet man unter den Offizieren sehr verständige, mäßige und gesittete Leute, die Gemeinen aber haben nicht einen Augenblick Ruh und fechten besonders sehr viel in den Scheunen. Sie haben bei ihren Kompanien und Regimentern Fechtmeister, und es kam vor kurzem darüber, welcher der beste Fechtmeister sei, unter seinen Schülern zu großen Mißhelligkeiten. Es scheint im kleinen wie im großen: wenn der Franzose Ruhe nach außen hat, so ist der häusliche Krieg unvermeidlich.

VON FRANKFURT NACH HEIDELBERG

Den 25. August 1797

Früh nach sieben Uhr von Frankfurt ab. Auf dem Sachsenhäuser Berge vieler und wohlgehaltner Weinbau, nebliges, bedecktes, angenehmes Wetter. Die Chaussee mit Kalkstein ausgebessert. Hinter der Warte Wald. Der Klettrer, der mit dem Strick und zwei Eisen an den Schuhen auf die starken und hohen Buchen stieg. Welsches Dorf. Totesliegendes an der Chaussee aus den Hügeln bei Langen. Sprendlingen. Basalt in Pflaster und auf der Chaussee bis Langen, muß sehr häufig in dieser flach erhobnen Gegend brechen wie drüben bei Frankfurt; sandiges, fettes, flaches Land, viel Feldbau, aber mager. Ich sah seit Neapel zum erstenmal wieder die Kinder auf der Straße die Pferdeexkremente in Körbchen sammeln. Um zehn Uhr in Langen. Der Boden wird etwas besser. Aus Darmstadt um zwölfeinhalb, nachdem wir in einer Viertelstunde expediert worden waren. Auf der Chaussee finden sich nun Steine des Grundgebirgs: Syenite, Porphyre, Tonschiefer und andere Steinarten in dieser Epoche. Darmstadt hat eine artige Lage vor dem Gebirg und ist wahrscheinlich durch die Fortsetzung des Wegs aus der Bergstraße nach Frankfurt in frühern Zeiten entstanden. Eberstadt, Fechenbach, halbe Stationen. In dieser Gegend liegen sandige Hügel, gleichsam alte Dünen, gegen den Rhein vor, und hinterwärts gegen das Gebirg ist eine kleine Vertiefung, wo sehr schöner Feldbau getrieben wird. Bis Zwingenberg bleibt der Melibokus sichtbar, und das schöne wohlgebaute Tal dauert. Die Weinberge fangen an, sich über die Hügel bis an das Gebirge auszubreiten. Bensheim. Heppenheim. Man ist mit der Ernte in dieser Gegend wohl zufrieden. Zwei schöne Ochsen, die ich beim Postmeister sahe, hatte er im Frühjahr vor dreiundzwanzig Karolin gekauft. Jetzt würden sie vor achtzehn zu haben sein. Die Kühe sind im Preise nicht gefallen. Um fünfeinhalb erst von Heppenheim wegen Pferdemangel. Hemsbach. Die Birnbäume hingen unglaublich voll. Beim Purpurlicht des Abends waren die Schatten besonders auf dem grünen Grase wundersam smaragdgrün. Man passiert zum erstenmal wieder ein Wasser von einiger Bedeutung, die Weschnitz, die bei Gewittern sehr stark anschwillt. Weinheims schöne Lage und Schlösser. In Heidelberg abends neuneinhalb, eingekehrt in den Drei Königen; der Goldne Hecht, der vorgezogen wird, war besetzt.

Man lobt hier die Ernte besonders, sie soll besonders im Spelz beinah doppelt ausgefallen sein.

Heidelberg, den 26. August 1797

Ich sah Heidelberg an einem völlig klaren Morgen, der durch eine angenehme Luft zugleich kühl und erquicklich war. Die Stadt in ihrer Lage und mit ihrer ganzen Umgebung hat, man darf sagen, etwas Ideales, das man sich erst recht deutlich machen kann, wenn man mit der Landschaftsmalerei bekannt ist, und wenn man weiß, was denkende Künstler aus der Natur genommen und in die Natur hineingelegt haben. Ich ging in Erinnerung früherer Zeiten über die schöne Brücke und am rechten Ufer des Neckars hinauf. Etwas weiter oben, wenn man zurücksieht, sieht man die Stadt und die ganze Lage in ihrem schönsten Verhältnisse. Sie ist in der Länge auf einen schmalen Raum zwischen den Bergen und dem Flusse gebauet, das obere Tor schließt sich unmittelbar an die Felsen an, an deren Fuß die Landstraße nach Neckargemünd nur die nötige Breite hat. Über dem Tore steht das alte verfallne Schloß in seinen großen und ernsten Halbruinen. Den Weg hinauf bezeichnet, durch Bäume und Büsche blickend, eine Straße kleiner Häuser, die einen sehr angenehmen Anblick gewährt, indem man die Verbindung des alten Schlosses und der Stadt bewohnt und belebt sieht. Darunter zeigt sich die Masse einer wohlgebauten Kirche und so weiter, die Stadt mit ihren Häusern und Türmen, über die sich ein völlig bewachsner Berg erhebt, höher als der Schloßberg, indem er in großen Partien den roten Felsen, aus dem er besteht, sehen läßt. Wirft man den Blick auf den Fluß hinaufwärts, so sieht man eine große Fläche davon zu Gunsten einer Mühle, die gleich unter dem untern Tore liegt, zu einer schönen Fläche gestemmt, indessen der übrige Strom über abgerundete Granitbänke in dieser Jahrszeit seicht dahin und nach der Brücke zu fließt, welche, im echten guten Sinne gebaut, dem Ganzen eine edle Würde verleiht, besonders in den Augen desjenigen, der sich noch der alten hölzernen Brücke erinnert. Die Statue des Kurfürsten, die hier mit doppeltem Rechte steht, sowie die Statue der Minerva von der andern Seite, wünscht man um einen Bogen weiter nach der Mitte zu, wo sie am Anfang der horizontalen Brücke, um so viel höher, sich viel besser und freier in der Luft zeigen würden. Allein bei näherer Betrachtung der Konstruktion möchte sich finden, daß die starken Pfeiler, auf welchen die Statuen stehen, hier zur Festigkeit der Brücke nötig sind; da denn die Schönheit wie billig der Notwendigkeit weichen mußte.

Der Granit, der an dem Wege heraussteht, machte mir mit seinen Feldspatkristallen einen angenehmen Eindruck. Wenn man diese Steinarten an so ganz entfernten Orten gekannt hat und wiederfindet, so machen sie einen angenehmen Eindruck des stillen und großen Verhältnisses der Grundlagen unserer bewohnten Welt gegeneinander. Daß der Granit noch so ganz kurz an einer großen Plaine hervorspringt und spätere Gebirgsarten im Rücken hat, ist ein Fall, der mehr vorkommt; besonders ist der vom Roßtrapp merkwürdig. Zwischen dem Brocken und zwischen diesen ungeheuern Granitfelsen, die so weit vorliegen, finden sich verschiedene Arten Porphyre, Kieselschiefer und so weiter. Doch ich kehre vom rauhen Harz in diese heitere Gegend gern und geschwind zurück und sehe durch diese Granitfelsen eine schöne Straße geebnet; ich sehe hohe Mauern aufgeführt, um das Erdreich der untersten Weinberge zusammen zu halten, die sich auf dieser rechten Seite des Flusses den Berg hinauf, gegen die Sonne gekehrt, verbreiten.

Ich ging in die Stadt zurück, eine Freundin zu besuchen, und sodann zum Obertore hinaus. Hier hat die Lage und Gegend keinen malerischen, aber einen sehr natürlich schönen Anblick. Gegenüber sieht man nun die hohen gut gebauten Weinberge, an deren Mauer man erst hingehen muß, in ihrer ganzen Ausdehnung. Die kleinen Häuser darin machen mit ihren Lauben sehr artige Partien, und es sind einige, die als die schönsten malerischen Studien gelten könnten. Die Sonne machte Licht und Schatten sowie die Farben deutlich, wenige Wolken stiegen auf.

Die Brücke zeigt sich von hier aus in einer Schönheit, wie vielleicht keine Brücke der Welt; durch die Bogen sieht man den Neckar nach den flachen Rheingegenden fließen, und über ihr die lichtblauen Gebirge jenseit des Rheins in der Ferne. An der rechten Seite schließt ein bewachsner Fels mit rötlichen Seiten, der sich mit der Region der Weinberge verbindet, die Aussicht.

Gegen Abend ging ich mit Demoiselle Delph nach der Plaine zu, erst an den Weinbergen hin, dann auf die große Chaussee herunter bis dahin, wo man Rohrbach sehen kann. Hier wird die Lage von Heidelberg doppelt interessant, da man die wohlgebauten Weinberge im Rücken, die herrliche fruchtbare Plaine bis gegen den Rhein und dann die überrheinischen blauen Gebirge in ihrer ganzen Reihe vor sich sieht. Abends besuchten wir Frau von Cathcart und ihre Tochter, zwei sehr gebildete und würdige Personen, die im Elsaß und Zweibrücken großen Verlust erlitten. Sie empfahl mir ihren Sohn, der gegenwärtig in Jena studiert.

An der Table d'hôte waren gute Bemerkungen zu machen; eine Gesellschaft österreichischer Offiziere, teils von der Armee, teils von der Verpflegung, gewöhnliche Gäste, unterhielten sich heiter und in ihren verschiedenen Verhältnissen des Alters und der Grade ganz artig.

Sie lasen in einem Briefe, worin einem neuen Eskadronchef von einem humoristischen Kameraden und Untergebenen zu seiner neuen Stelle Glück gewünscht wird; unter andern sehr leidlichen Bonmots war mir das eindrücklichste: «Offiziers und Gemeine gratulieren sich, endlich aus den Klauen der Demoiselle Rosine erlöst zu sein.» Andere brachten gelegentlich Eigenheiten und Unerträglichkeiten der Proprietärs zur Sprache aus eigner Erfahrung. Einer fand grüne Schabracken mit roten Borten bei seiner Eskadron und fand diese Farben ganz abscheulich und befahl in Gefolg dieses Geschmacksurteils sogleich, daß man rote Schabracken mit grünen Borten anschaffen solle. Ebenso befahl er auch, daß die Offiziers Hals- und Hosenschnallen völlig überein tragen sollten, und daß der Oberst alle Monate genau darnach zu sehen habe.

Überhaupt fand ich, daß sie sämtlich sehr geschickt und mitunter mit Geist und Verwegenheit, mit mehr oder weniger Geschmack, die richtige und komische Seite der Sachen auffanden; doch zuletzt war das Sonderbare, daß ein einziges vernünftiges Wort die ganze Gesellschaft aus der Fassung brachte. Einer erzählte nämlich von dem Einschlagen eines Gewitters und sagte bezüglich auf den alten Aberglauben, daß so ein Haus eben immer abbrenne. Einer von den Freunden, der, wie ich wohl nachher merkte, ein wenig in Naturwissenschaften gepfuscht haben mochte, versetzte sogleich: «Ja, wenn es nicht gelöscht wird!» woran er zwar ganz recht hatte, allein zugleich zu vielem Hin- und Widerreden Anlaß gab, bei dem der ganze Diskurs in Konfusion geriet, unangenehm wurde und zuletzt sich in ein allgemeines Stillschweigen verlor.

Unter andern skizzierten sie auch einen Charakter, der wohl irgendswo zu brauchen wäre: ein schweigender, allenfalls trocken humoristischer Mensch, der aber, wenn er erzählt und schwört, gewiß eine Lüge sagt, sie aber ohne Zweifel selbst glaubt.

Geschichten vom General W. und seinem Sohne, der im Elsaß zuerst zu plündern und zu vexieren anfing. Überhaupt von der seltsamen Konstitution der Armee: ein Wunsch des Gemeinen nach Krieg, des Offiziers nach Frieden.

VON HEIDELBERG ÜBER HEILBRONN UND LUDWIGSBURG NACH STUTTGART

Sinsheim, den 27. August 1797

Aus Heidelberg um sechs Uhr an einem kühlen und heitern Morgen. Der Weg geht am linken Ufer hinaus zwischen Granitfelsen und Nußbäumen. Drüben liegt ein Stift und Spital sehr anmutig. Rechts am Wege stehen kleine Häuser mit ihren Besitzungen, die sich den Berg hinauf erstrecken. Über dem Wasser, am Ende der Weinbergshöhe, die sich von Heidelberg heraufzieht, liegt Ziegelhausen. Es legen sich neue Gebirge und Täler an; man fährt durch Schlierbach. Über dem Wasser sieht man Sandsteinfelsen in horizontalen Lagen, diesseits am linken Ufer Frucht- und Weinbau. Man fährt an Sandsteinfelsen vorbei; es zeigt sich über dem Wasser eine schöne, sanft ablaufende, wohlgebaute Erdspitze, um die der Neckar herumkommt. Der Blick auf Neckargemünd ist sehr schön, die Gegend erweitert sich und ist fruchtbar.

Neckargemünd ist eine artige reinliche Stadt. Das obere Tor ist neu und gut gebauet, ein scheinbarer Fallgatter schließt den obern Halbzirkel. Man hat hier den Neckar verlassen; man findet Maulbeerbäume, dann neben einer geraden Chaussee durch ein sanftes, nicht breites Tal an beiden Seiten Feld-, Obst- und Gartenbau; die gleichen Höhen sind an beiden Seiten mit Wald bedeckt; man sieht kein Wasser. Der Wald verliert sich, die Höhen werden mannigfaltiger; man sieht nur Fruchtbau, die Gegend sieht einer thüringischen ähnlich.

Wiesenbach, sauberes Dorf, alles mit Ziegeln gedeckt. Die Männer tragen blaue Röcke und mit gewirkten Blumen gezierte weiße Westen. Hier fließt wenig Wasser. Der Hafer war eben geschnitten und das Feld fast leer. Der Boden ist lehmig, der Weg geht bergauf, man sieht wenig Bäume, die Wege sind leidlich repariert.

Mauer, liegt freundlich; eine artige Pappelallee führt vom Dorfe zu einem Lusthause. Die Weiber haben eine katholische, nicht unangenehme Bildung; die Männer sind höflich, keine Spur von Roheit; man bemerkt eher eine sittliche Stille. Runkelrüben und Hanf standen allein noch auf den Feldern. Hinter dem Ort findet man eine Allee von Kirschbäumen an der Chaussee, die durch feuchte Wiesen erhöht durchgeht; sie wird mit Kalkstein gebessert.

Meckesheim liegt artig an einem Kalksteinhügel, der mit Wein bebaut ist; es hat Wiesen und Feldbau vor sich.

Zutzenhausen, auf Lehmhügeln; guter Fruchtbau an der rechten Seite, links Wiesen und anmutige waldige Hügel.

Hoffenheim; von da geht eine schöne alte Pappelallee bis Sinsheim, wo wir ein Viertel nach zehn ankamen.

Sinsheim. In den Drei Königen eingekehrt. Hat das Ansehen eines nach der Landsrat heitern Landstädtchens. Das gut angelegte Pflaster nach dem Kriege nicht repariert. Ich bemerkte eine Anstalt, die ich in dem sehr reinlichen Neckargemünd auch schon, doch in einem sehr viel geringern Grade, gesehen hatte, daß Mist und Gassenkot mehr oder weniger an die Häuser angedrückt war. Der Hauptweg in der Mitte, die Gossen an beiden Seiten und die Pflasterwege vor den Häusern blieben dadurch ziemlich rein. Der Bürger, der gelegentlich seinen Mist und Kot auf die Felder schaffen will, ist nicht durch eine allzu ängstliche Polizei gequält, und wenn er den Unrat sich häufen läßt, so muß er ihn unter seinen Fenstern dulden; das Publikum aber ist auf der Straße wenig oder nicht inkommodiert.

Sinsheim hat schöne Wiesen und Felder, viel Kleebau, und alles ist Stallfütterung. Sie haben auch von der Viehseuche viel gelitten, in der Nachbarschaft grassiert sie noch. Die Gemeine hat das Recht, zusammen tausend Schafe zu halten, es ist verpachtet mit einer Anzahl Wiesen, diese zu überwintern. Sie werden auf Stoppeln und Brache getrieben. Wenn das Grummet von den Wiesen ist, kommt erst das Rindvieh drauf; die Schafe nicht eher als bis es gefroren hat, und betreiben sie bis Georgentag. Es ist eine Administration hier, welche die ehemaligen Kirchgüter verwaltet, an denen Katholiken und Lutheraner in gewissen Proportionen teil nehmen. Eine Klafter Holz, sechs Fuß breit, sechs Fuß hoch, und die Scheite vier Fuß lang, kostet bis ans Haus achtzehn Gulden, das Pfund Butter kostet gegenwärtig dreißig Kreuzer, in Heidelberg achtundvierzig Kreuzer.

Um zwei Uhr von Sinsheim ab. Draußen links liegt ein ansehnliches Kloster; eine alte schöne Pappelallee begleitet die Straße. Vorwärts und weiter rechts sieht man an einem schönen Wiesengrund Rohrbach und Steinsfurt liegen, durch welche man nachher durchkommt. Die Pappeln dauern fort; wo sie auf der Höhe aufhören, fangen Kirschbäume an, die aber traurig stehen. Der Feldbau ist auf den Höhen und auf den sanften Gründen wie bisher; der Weg steigt sanft aufwärts. Die Kirschbäume zeigen sich schöner gewachsen. Flözkalk in schmalen, horizontalen, sehr zerklüfteten Schichten. Über der Höhe gehen die Pappeln wieder an.

Kirchardt. Der Weg geht wieder auf- und absteigend. Der horizontale Kalk dauert fort. Gerade Chausseen und schöner Fruchtbau bis

Fürfeld. Geringer Landort. Weiter dauern die Fruchtbäume fort. Auf dieser ganzen Fahrt sieht man wenig oder gar kein Wasser. Man erblickt nun die Berge des Neckartals.

Kirchhausen liegt zwischen anmutigen Garten- und Baumanlagen; dahinter ist eine schöne Aussicht nach den Gebirgen des Neckars; man kommt durch ein artiges Wäldchen und durch eine Pappelallee bis

Frankenbach. Die Kieshügel an der Chaussee erleichtern sehr die Erhaltung derselben. Schöne Pappelallee bis Heilbronn, die hie und da wahrscheinlich vom Fuhrwerk im Kriege gelitten hat und deren baldige Rekrutierung nach dem Frieden jeder Reisende zum Vergnügen seiner Nachfolger wünschen muß. Überhaupt sind von Heidelberg hierher die Chausseen meist mit mehr oder weniger Sorgfalt gebessert.

Heilbronn, den 27. August 1797

Abends um sechs Uhr angekommen. In der Sonne abgestiegen. Ein schöner Gasthof und bequem, wenn er fertig sein wird. Man ist stark im Bauen begriffen.

Heilbronn, den 28. August 1797

Wenn man sich einen günstigen Begriff von Heilbronn machen will, so muß man um die Stadt gehen. Die Mauern und Gräben sind ein wichtiges Denkmal der vorigen Zeit. Die Gräben sind sehr tief und fast bis herauf gemauert, die Mauern hoch und aus Quaderstücken gut gefugt und in den neuern Zeiten genau verstrichen. Die Steine waren als Rustika gehauen, doch jetzt sind die Vorsprünge meistens verwittert. Das geringe Bedürfnis der alten Defension kann man hier recht sehen. Hier ist bloß auf Tiefe und Höhe gerechnet, die freilich kein Mensch leicht übersteigen wird; aber die Mauer geht in geraden Linien und die Türme springen nicht einmal vor, so daß kein Teil der Mauer von der Seite verteidigt ist. Man sieht recht, daß man das Sturmlaufen bei der Anlage dieses großen Werks für unmöglich gehalten hat, denn jede Schießscharte verteidigt eigentlich geradeaus nur sich selbst. Die Türme sind viereckt und hoch, unten an der Mauer her geht ein gleichfalls gemauerter bedeckter Weg. Die Türme an den Toren springen vor, und es sind daselbst die nötigen Außenwerke angebracht; nirgends ist ein Versuch einer Befestigung nach neuer Art sichtbar. Unterhalb des bedeckten Wegs und an dessen Stelle sind an einigen Orten Baumschulen und andere Pflanzungen angelegt.

Eine schöne Allee führt um den größten Teil des Grabens. Sie besteht aus Linden und Kastanien, die als Gewölbe gehauen und gezogen sind; die Gärten stoßen gleich daran in größern und kleinern Besitzungen.

Die Stadt ist ihrer glücklichen Lage, ihrer schönen und fruchtbaren Gegend nach auf Garten-, Frucht- und Weinbau gegründet, und man sieht, wie sie zu einer gewissen Zeit der Unruhe sich entschließen mußte, die sämtlichen Bewohner, sowohl die gewerbetreibenden als ackerbauenden, in ihre Mauern einzuschließen. Da sie ziemlich auf der Plaine liegt, sind ihre Straßen nicht ängstlich, aber meist alt mit überhängenden Giebeln. Auf die Straße gehen große hölzerne Rinnen, die das Wasser über die Seitenwege, welche an den Häusern her meistens erhöht gepflastert sind, hinweg führen. Die Hauptstraßen sind meistens rein, aber die kleinern, besonders nach den Mauern zu, scheinen hauptsächlich von Gärtnern und Ackerleuten bewohnt zu sein. Die Straße dient jedem kleinen Hausbesitzer zum Misthof; Ställe und Scheunen, alles ist dort, jedoch nur klein und von jedem einzelnen Besitzer zusammengedrungen. Ein einziges großes steinernes Gebäude bemerkte ich zu Aufbewahrung der Frucht, das einen reichen Besitzer ankündigte. Man bemerkt nicht wie an andern Orten verschiedene Epochen der Bauart, besonders keine Ämulation, die solche Epochen mit sich führen. Ein einziges Gebäude zeichnet sich aus, das durch die Bildsäule des Äskulaps und durch die Basreliefs von zwei Einhörnern sich als Apotheke ankündigt. Noch einige neue steinerne, aber ganz schlichte Häuser finden sich auch; das übrige ist alles auf alten Schlag, nur wird sich das Gasthaus zur Sonne durch einen Sprung, wenn es fertig ist, auszeichnen. Es ist ganz von Stein und im guten, wenn schon nicht im besten Geschmack, ohngefähr wie das Sarasinische auf dem Kornmarkt zu Frankfurt. Das Untergeschoß hat recht wohnbare Mezzaninen, darüber folgen noch zwei Geschosse. Die innere Einrichtung, so weit sie fertig ist, ist geschmackvoll, mit französischem Papier sehr artig ausgeziert.

Was öffentliche Gemeindeanstalten betrifft, so scheint man in einer sehr frühen Zeit mit Mäßigkeit darauf bedacht gewesen zu sein. Die alten Kirchen sind nicht groß, von außen einfach und ohne Zierat. Der Markt mäßig, das Rathaus nicht groß, aber schicklich. Die Fleischbänke, ein uraltes, ringsum frei auf Säulen stehendes, mit einer hölzernen Decke bedecktes Gebäude. Sie sind wenigstens viel löblicher als die Frankfurter, scheinen aber für die gegenwärtige Zeit zu klein, oder aus sonst einer Ursache verlassen. Ich fand wenig Fleischer darin; hingegen haben die Metzger an ihren in der Stadt zerstreuten Häusern ihre Ware aufgelegt und ausgehängt; ein böser und unreinlicher Mißbrauch. Das weiße Brot ist hier sehr schön. Manns- und Frauenspersonen gehen ordentlich, aber nicht sehr modisch gekleidet. Keine Beschreibung noch Plan von Heilbronn konnte ich erhalten.

Was ich aus dem Erzählten und andern Symptomen durch das bloße Anschauen schließen kann, ist, daß die Stadt durch den Grund und Boden, den sie besitzt, mehr als durch etwas anders wohlhabend ist; daß die Glücksgüter ziemlich gleich ausgeteilt sind; daß jeder still in seinem einzelnen vor sich hinlebt, ohne gerade viel auf seine Umgebungen und aufs Äußere verwenden zu wollen; daß die Stadt übrigens eine gute Gewerbsnahrung aber keinen ansehnlichen Handel hat; daß sie auf gemeine bürgerliche Gleichheit fundiert ist; daß weder Geistlichkeit noch Edelleute in frühern Zeiten großen Fuß in der Stadt hatten; daß das öffentliche Wesen in frühern Zeiten reich und mächtig war, und daß es bis jetzt noch an einer guten mäßigen Verwaltung nicht fehlen mag. Daß der neuerbaute Gasthof auf einmal über alle Stufen der Architektur wegsprang, mag ein Zeugnis sein, wieviel diese Bürgerklasse in diesen Zeiten gewonnen hat.

Die Menschen sind durchaus höflich und zeigen in ihrem Betragen eine gute, natürliche, stille, bürgerliche Denkart. Es werden keine Juden hier gelitten.

Der Neckar ist oberhalb und unterhalb der Stadt zum Behufe verschiedener Mühlen durch Wehre gedämmt; die Schiffahrt von unten herauf geht also nur bis hierher, wo ausgeladen werden muß; man lädt oberhalb wieder ein und kann bis Cannstatt fahren. Diese Schiffe tragen bei hohem Wasser ungefähr achthundert Zentner, auch wird hier viel ausgeladen und weiter ins Land hinein zur Achse transportiert.

Vor dem Tor steht ein großes Gebäude, das ehemals ein Waisenhaus war; die Waisen sind aber gegenwärtig nach den bekannten Beispielen auf Dörfer verteilt.

Das Wirtshausgebäude ist von einem Zweibrücker Baumeister, der sich in Paris aufgehalten, gebaut, und von ihm sowohl das Ganze als das Einzelne angegeben. Daß die Handwerker ihn nicht völlig sekundierten, sieht man am Einzelnen.

An den Fensterscheiben fand ich eine Sonderbarkeit. Es sind länglich viereckte Tafeln, die in der Quere stehen und unten eingebogen sind, so daß man von dem Fenster und dem Rahmen etwas abnehmen mußte. Der Hausherr sagte mir nur, daß der Glaser sich nach den Tafeln habe richten müssen; er glaubt, daß sie sich, wenn sie noch biegsam sind, so werfen. Ich kann auch nichts Zweckmäßiges darin finden. Übrigens ist es Lohrer Glas.

An der Wirtstafel speiste außer der Hausfamilie noch der Oberamtmann von Möckmühl und seine Frauenzimmer.

Die Mägde sind meist schöne, stark und fein gebildete Mädchen und geben einen Begriff von der Bildung des Landvolks; sie gehen aber meistenteils schmutzig, weil sie mit zu dem Feldbau der Familien gebraucht werden.

Abends um sechs Uhr fuhr ich mit dem Bruder des Wirtes auf den Wartenberg. Es ist, weil Heilbronn in der Tiefe liegt, eigentlich die Warte und anstatt eines Hauptturms für dasselbe. Die eigentliche Einrichtung oben aber ist eine Glocke, wodurch den Ackerleuten und besonders Weingärtnern ihre Feierstunde angekündigt wird. Er liegt ohngefähr eine halbe Stunde von der Stadt auf einer mit buschigem Holz oben bewachsenen Höhe, an deren Fuß Weinberge sich hinunterziehen. Vorwärts des Turms ist ein artiges Gebäude mit einem großen Saale und einigen Nebenzimmern, wo die Woche einigemal getanzt wird. Wir fanden eben die Sonne als eine blutrote Scheibe in einem wahren Sciroccoduft rechts von Wimpfen untergehen. Der Neckar schlängelt sich sanft durch die Gegend, die von beiden Seiten des Flusses sanft aufsteigt. Heilbronn liegt am Flusse, und das Erdreich erhöht sich nach und nach bis gegen die Hügel in Norden und Nordosten. Alles was man übersieht ist fruchtbar; das Nächste sind Weinberge, und die Stadt selbst liegt in einer großen grünen Masse von Gärten. Es gibt den Anblick von einem ruhigen, breiten, hinreichenden Genuß. Es sollen zwölftausend Morgen Weinberge um die Stadt liegen; die Gärten sind sehr teuer, so daß wohl fünfzehnhundert Gulden für einen Morgen gegeben werden.

Ich hatte sehr schönes Vieh gesehen und fragte darnach. Man sagte mir, daß vor dem Krieg dreitausend Stück Rindvieh in der Stadt gewesen, die man aber aus Sorge vor der Viehseuche nach und nach abgeschafft und erst wieder beischaffen werde; eine Kuh könne immer zwölf bis achtzehn Karolin kosten und wert sein; viele halten sie auf Stallfütterung; geringe Leute haben Gelegenheit sie auf die Weide zu schicken, wozu die Gemeinde schöne Wiesen besitzt.

Ich fragte nach dem Bauwesen. Der Stadtrat hat es vor dem Krieg sehr zu befördern gesucht; besonders wird der Bürgermeister gerühmt, der schöne Kenntnisse besessen und sich dieses Teils sehr angenommen. Vor dem Kriege hat man von seiten der Stadt demjenigen, der nach Vorschrift von Stein baute, die Steine umsonst angefahren und ihm leicht verzinslichen Vorschuß gegeben. Was diese Vorsorge gefruchtet und warum sich die Baulust nicht mehr, als es von Anfang den Fremden scheint, ausgebreitet, verdient eine nähere Untersuchung.

Die Obrigkeit besteht aus lauter Protestanten und Studierten. Sie scheint sehr gut Haus zu halten, denn sie hat die bisherigen Kriegslasten ohne Aufborgung oder neue Auflagen bestritten. Einer Kontribution der Franzosen ist sie glücklich entgangen. Sie war auf hundertundvierzigtausend Gulden angesetzt, die auch schon parat lagen. Jetzt werden alle Vorspanne, welche die Österreicher verlangen, aus dem Ärario bezahlt und die Bürger verdienen dabei. Das beste Zeichen einer guten Wirtschaft ist, daß die Stadt fortfährt Grundstücke zu kaufen, besonders von fremden Besitzern in der Nachbarschaft. Hätten die Reichsstädte in früherer Zeit diesen großen Grundsatz von den Klöstern gelernt, so hätten sie sich noch sehr erweitern und zum Teil manchen Verdruß ersparen können, wenn sie fremde Besitzer mitunter in ihr Territorium einkaufen ließen.

Die Stadt hat eine Schneidemühle mit dem Rechte, allein Bauholz und Bretter zu verkaufen. Diese Befugnisse sind auf dreißig Jahre verpachtet. Der Einwohner kann zwar von einem vorbeifahrenden Flößer auch kaufen, muß aber dem Monopolisten einen Batzen vom Gulden abgeben, so wie der Flößer ihm auch eine Abgabe zahlen muß. Da nun der Pachter, indem er Holz im großen kauft und selbst flößt, das Holz so wohlfeil als der Flößer geben kann, so kann er sich einen guten Vorteil machen. Dagegen wird er, wenn er es zu hoch treiben wollte, wieder durch die Konkurrenz des Flößers balanciert. Unter diesen Umständen scheint also nicht, wie ich anfangs glaubte, diese Art von bedingtem Alleinhandel dem Bauen hinderlich zu sein.

Was die Abgaben betrifft, so sollen die Grundstücke sehr gering, das bare Vermögen hingegen und die Kapitalien hoch belegt sein.

Oben bei Erzählung von der Warte habe ich einer artigen alten Einrichtung zu erwähnen vergessen. Oben auf dem Turm steht ein hohler, mit Kupferblech beschlagner, großer Knopf, der zwölf bis sechzehn Personen zur Not fassen könnte. Diesen konnte man ehemals mannshoch in die Höhe winden und ebenso wieder unmittelbar auf das Dach herablassen. Solang der Knopf in der Höhe stand, mußten die Arbeiter ihr Tagewerk verrichten; sobald er niedergelassen ward, war Mittagsruhe oder Feierabend. Seiner Größe nach konnte man ihn überall erkennen, und dieses dauernde sichtbare Zeichen ist sichrer als das Zeichen der Glocke, das doch verhört werden kann. Schade daß dieses Denkmal alter Sinnlichkeit außer Gebrauch gekommen ist.

In dem Hinfahren sah ich auch Weinsberg liegen, nach dem man wohl, wie Bürger tut, fragen muß, da es sehr zwischen Hügel hineingedrückt ist, am Fuße des Berges, auf dem das durch Frauentreue berühmte, jetzt zerstörte Schloß gelegen ist, dessen Ruinen ich denn auch, wie billig ist, begrüßt habe. Auch hier ist man mit der Ernte sehr zufrieden. Sie kam, wie überall, sehr lebhaft hintereinander, so daß die Sommerfrüchte mit den Winterfrüchten zugleich reif wurden. Der Feldbau ist auch hier in drei Jahresabteilungen eingeteilt, obgleich kein Feld brach liegt, sondern ihr drittes ist das Haferfeld. So wird's im ganzen gebaut, obgleich jeder noch außerdem, insofern er es mit der Düngung zwingen kann, seinen Boden in der Zwischenzeit benutzt, wie zum Beispiel mit Sommerrüben.

Ludwigsburg, den 29. August 1797

Von Heilbronn gegen fünf Uhr, vor Sonnenaufgang fort. Man kommt erst durch schöne Gärtnerei, verläßt dann die Allee und kommt auf die alte Ludwigsburger Straße. Nebel bezeichneten den Gang des Neckars. Böckingen lag rechts im Nebel des Neckartales, links Feldbau auf der Fläche. Man kommt durch Sontheim, das deutschherrisch ist. Bis Ludwigsburg ist Ebene und eine immer abwechselnde Fruchtbarkeit, bald Wein-, bald Feldbau. Man fährt quer durch den obern Teil eines artigen Wiesentals, in und an dem weiter unten Schloß und Dorf Talheim liegt. Man findet den horizontalen Kalkstein wieder.

Lauffen. Eine artige Lage, teils auf der Höhe, teils am Wasser. Hier sind die Weinberge wieder häufig, man kommt über das Wasser, der Boden ist sehr gut, sie hatten nach der Ernte noch türkisch Korn gesäet, das grün abgehauen und verfüttert wird. Man fährt durch eine schöne Allee von Obstbäumen. Man sieht den Neckar wieder, kommt durch Kirchheim, genannt am Neckar. Die Chaussee ist durchaus gut, der Feldbau fährt fort. Links im Rücken der Neckar. Der Fluß geht zwischen engern Hügeln durch, läßt aber hie und da schöne flache Rücken an den ausspringenden Winkeln zum Frucht- und Weinbau. Bei Walheim Weinberge. Bei Besigheim fließen die Enz und der Neckar zusammen. Horizontale Kalkfelsen, mit Mauerwerk artig zu Terrassen verbunden und mit Wein bepflanzt. Ein runder hoher Turm auch mit Rustika gebauet. Übelgebautes, schmutziges Landstädtchen. Brücke über die Enz. Halb sieben Uhr daselbst refrächiert. Bietigheim, abermals Weinbau, Brücke über die Enz, man macht durchaus Grummet. Horizontale mächtige Kalklager, schöne Allee von Fruchtbäumen, ferne und nahe Wäldchen, durch Alleen verbunden. Man sieht den Asperg und bald Ludwigsburg.

Ludwigsburg

Das bekannte geräumige Schloß sehr wohnbar, aber sowohl das alte als das neue in verhältnismäßig bösem Geschmack ausgeziert und möbliert. Im neuen gefielen mir die egalen Parketts von eichnem Holze, die sich sehr gut gehalten hatten. Wahrscheinlich waren sie nicht gerissen, weil die Etage an den Garten stößt und nur wenig über ihn erhoben ist; gegen den Hof aber ist sie um den ganzen Unterstock erhoben, diese Zimmer können also nicht so ganz vollkommen trocken sein. Auf einer Galerie waren alte schlichte Gemälde von venezianischen Lustbarkeiten, darunter war auch die berühmte Brückenschlacht von Pisa. Diese Bilder, besonders das eine, ob es gleich gar kein Kunstverdienst hat, ist auch sehr merkwürdig, weil man sieht, wie der unsinnigste Streich zum Spaß der ganzen Welt gereicht, die alle Balkone füllt und mit Zujauchzen, Schnupftuchwinken und sonstigem Anteil lebhaft ergötzt ist. Das Bild ist nicht übel, zwar nach Art der Dutzendbilder fabrikmäßig, aber doch charakteristisch gemalt.

Das große Operntheater ist ein merkwürdiges Gebäude, aus Holz und leichten Brettern zusammengeschlagen, Zeuge von dem Geiste des Erbauers, der viel und hohe Gäste würdig und bequem unterhalten wollte. Das Theater ist achtzehn Schritte breit, auch ungeheuer hoch, indem das Haus vier Logen enthält. In seiner möglichen Länge hält es sechsundsiebzig Schritt. Das Proszenium ist sehr groß sowie auch das Orchester, so daß beide zusammen sich gleichfalls in der Mitte des Saales befinden, das Parterre dagegen ist sehr klein, man konnte überall sehr gut sehen und höchst wahrscheinlich auch sehr gut hören. Gegenwärtig ist es seit der Anwesenheit des Großfürsten zu einem Tanzsaale eingerichtet.

Der Tag war sehr heiß und ich verweilte bis gegen Abend.

Von Ludwigsburg um fünf Uhr abgefahren. Herrliche Allee, vom Schloßweg an der langen Straße des Orts hin. Jede Seite der Allee vor dem Ort ist mit einer doppelten Reihe Bäume besetzt; links sieht man die Neckargebirge. Man kommt nach Kornwestheim; von da sind Fruchtbäume an die Chaussee gesetzt, sie liegt anfangs vertieft, und die Aussicht hat wenig Abwechslung. Man sieht die Solitude in der Ferne. Herrlicher Fruchtbau, man kommt über manche Hügel; man sieht einen Kalksteinbruch, zum Behuf der Chaussee, ganz nahe dabei.

Man fährt hinab nach Zuffenhausen, rechts liegt Feuerbach in einem schönen Wiesengrunde. Ein Bauer, der eine Querpfeife auf dem Jahrmarkt gekauft hatte, spielte darauf im Nachhausegehen; fast das einzige Zeichen von Fröhlichkeit, das uns auf dem Wege begegnet war. Nach Sonnenuntergang sah man Stuttgart. Seine Lage, in einem Kreise von sanften Gebirgen, machte in dieser Tageszeit einen ernsten Eindruck.

STUTTGART

Den 30. August 1797

Ich machte meine erste gewöhnliche Tour früh um sechs Uhr allein und rekognoszierte die Stadt mit ihren Umgebungen. Eine Seite hat eine Befestigung nach der Heilbronner Art, nur nicht so stattlich; die Gräben sind auch in Weinberge und Gartenpflanzungen verwandelt. Bald nachher findet man die schönsten Alleen von mehreren Baumreihen und ganz beschattete Plätze. Zwischen diesen und einer Art von Vorstadt liegt eine schöne Wiese. Durch die Vorstadt kommt man bald auf den Platz vor das Schloß, vielmehr vor die Schlösser. Der Platz ist seit der Anwesenheit des Großfürsten schön planiert, und die teils auf Rasen, in großen regelmäßigen Partien, teils als Alleen gepflanzten Kastanienbäume sind sehr gut gediehen. Das Schloß selbst ist von dem Geschmack der Hälfte dieses Jahrhunderts, das Ganze aber anständig, frei und breit. Das alte Schloß wäre jetzt kaum zu einer Theaterdekoration gut. Die alte Stadt gleicht Frankfurt in ihren alten Teilen; sie liegt in der Tiefe nach dem kleinen Wasser zu. Die neue Stadt ist in entschiedenen Richtungen meist gradlinicht und rechtwinklicht gebaut, nach einer allgemeinen Anlage ohne Ängstlichkeit in der Ausführung. Man sieht Häuser mit mehr oder weniger Überhängen, ganz perpendikulär, von verschiedner Art und Größe; man sieht, daß die Anlage nach einem allgemeinen Gesetz und doch nach einer gewissen bürgerlichen Willkür gemacht wird.

Nachdem ich mich umgekleidet, besuchte ich nach zehn Uhr Herrn Handelsmann Rapp und fand an ihm einen wohlunterrichteten verständigen Kunstfreund. Er zeigte mir eine schöne Landschaft von Both, er selbst zeichnet als Liebhaber landschaftliche Gegenstände recht glücklich.

Wir besuchten Professor Dannecker in seinem Studio im Schlosse, und fanden bei ihm einen Hektor, der den Paris schilt, ein etwas über Lebensgröße in Gips ausgeführtes Modell, sowie auch eine ruhende nackte weibliche Figur im Charakter der sehnsuchtsvollen Sappho, in Gips fertig und in Marmor angefangen; desgleichen eine kleine trauernd sitzende Figur zu einem Zimmermonument. Ich sah ferner bei ihm das Gipsmodell eines Kopfes vom gegenwärtigen Herzog, der besonders in Marmor sehr gut gelungen sein soll, sowie auch seine eigne Büste, die ohne Übertreibung geistreich und lebhaft ist. Was mich aber besonders frappierte, war der Originalausguß von Schillers Büste, der eine solche Wahrheit und Ausführlichkeit hat, daß er wirklich Erstaunen erregt. Ich sah noch kleine Modelle bei ihm, recht artig gedacht und angegeben, nur leidet er daran, woran wir Modernen alle leiden, an der Wahl des Gegenstandes. Diese Materie, die wir bisher so oft und zuletzt wieder Gelegenheit bei der Abhandlung über den Laokoon besprochen haben, erscheint mir immer in ihrer höhern Wichtigkeit. Wann werden wir armen Künstler dieser letzten Zeiten uns zu diesem Hauptbegriff erheben können!

Auch sah ich eine Vase bei ihm aus graugestreiftem Alabaster von Isopi, von dem uns Wolzogen so viel erzählte. Es geht aber über alle Beschreibung, und niemand kann sich ohne Anschauung einen Begriff von dieser Vollkommenheit der Arbeit machen. Der Stein, was seine Farbe betrifft, ist nicht günstig, aber seiner Materie nach desto mehr. Da er sich leichter behandeln läßt als der Marmor, so werden hier Dinge möglich, wozu sich der Marmor nicht darbieten würde. Wenn Cellini, wie sich glauben läßt, seine Blätter und Zieraten in Gold und Silber gedacht und vollendet hat, so kann man ihm nicht übel nehmen, wenn er selbst mit Entzücken von seiner Arbeit spricht.

Man fängt an, den Teil des Schlosses, der unter Herzog Karl, eben als er geendigt war, abbrannte, wieder auszubauen, und man ist eben mit den Gesimsen und Decken beschäftigt. Isopi modelliert die Teile, die alsdann von andern Stukkatoren ausgegossen und eingesetzt werden. Seine Verzierungen sind sehr geistreich und geschmackvoll; er hat eine besondere Liebhaberei zu Vögeln, die er sehr gut modelliert und mit andern Zieraten angenehm zusammenstellt. Die Komposition des Ganzen hat etwas Originelles und Leichtes.

In Herrn Professor Scheffauers Werkstatt fand ich eine schlafende Venus mit einem Amor, der sie aufdeckt, von weißem Marmor, wohl gearbeitet und gelegt; nur wollte der Arm, den sie rückwärts unter den Kopf gebracht hatte, gerade an der Stelle der Hauptansicht keine gute Wirkung tun.

Einige Basreliefs antiken Inhalts, ferner die Modelle zu dem Monument, welches die Gemahlin des jetzigen Herzogs auf die durch Gebete des Volks und der Familie wieder erlangte Genesung des Fürsten aufrichten läßt. Der Obelisk steht schon auf dem Schloßplatze, mit den Gipsmodellen geziert.

In Abwesenheit des Professor Hetsch ließ uns seine Gattin seinen Arbeitssaal sehen; sein Familienbild in ganzen lebensgroßen Figuren hat viel Verdienst, besonders ist seine eigene höchst wahr und natürlich. Es ist in Rom gemalt. Seine Porträte sind sehr gut und lebhaft und sollen sehr ähnlich sein. Er hat ein historisches Bild vor, aus der Messiade, da Maria sich mit Porzia, der Frau des Pilatus, von der Glückseligkeit des ewigen Lebens unterhält und sie davon überzeugt. Was läßt sich über die Wahl eines solchen Gegenstandes sagen? und was kann ein schönes Gesicht ausdrücken, das die Entzückung des Himmels vorausfühlen soll? Überdies hat er zu dem Kopf der Porzia zwei Studien nach der Natur gemacht, das eine nach einer Römerin, einer geist- und gefühlvollen herrlichen Brünette, und das andere nach einer blonden, guten, weichen Deutschen. Der Ausdruck von beiden Gesichtern ist, wie sich's versteht, nichts weniger als überirdisch, und wenn so ein Bild auch gemacht werden könnte, so dürften keine individuellen Züge darin erscheinen. Indessen möchte man den Kopf der Römerin immer vor Augen haben. Es hat mich so ein erzdeutscher Einfall ganz verdrießlich gemacht. Daß doch der gute bildende Künstler mit dem Poeten wetteifern will, da er doch eigentlich durch das, was er allein machen kann und zu machen hätte, den Dichter zur Verzweiflung bringen könnte!

Professor Müllern fand ich an dem Graffischen Porträt, das Graff selbst gemalt hat. Der Kopf ist ganz vortrefflich, das künstlerische Auge hat den höchsten Glanz; nur will mir die Stellung, da er über einen Stuhlrücken sich herüberlehnt, nicht gefallen, um so weniger da dieser Rücken durchbrochen ist und das Bild also unten durchlöchert erscheint. Das Kupfer ist übrigens auf dem Wege gleichfalls sehr vollkommen zu werden. Sodann ist er an «Auch einem Tod eines Generals» beschäftigt, und zwar eines amerikanischen, eines jungen Mannes, der bei Bunkershill blieb. Das Gemälde ist von einem Amerikaner Trumbull und hat die Vorzüge des Künstlers und Fehler des Liebhabers. Die Vorzüge sind: sehr charakteristische und vortrefflich tokkierte Porträtgesichter; die Fehler: Disproportionen der Körper untereinander und ihrer Teile. Komponiert ist es, verhältnismäßig zum Gegenstande, recht gut, und für ein Bild, auf dem so viele rote Uniformen erscheinen müssen, ganz verständig gefärbt; doch macht es im ersten Augenblick immer eine grelle Wirkung, bis man sich mit ihm wegen seiner Verdienste versöhnt. Das Kupfer tut im ganzen sehr gut und ist in seinen Teilen vortrefflich gestochen. Ich sah auch das bewundernswürdige Kupfer des letzten Königs von Frankreich, in einem vorzüglichen Abdruck aufgestellt.

Gegen Abend besuchten wir Herrn Konsistorialrat Ruoff, welcher eine treffliche Sammlung von Zeichnungen und Kupfern besitzt, wovon ein Teil zur Freude und Bequemlichkeit der Liebhaber unter Glas aufgehängt ist. Sodann gingen wir in Rapps Garten, und ich hatte abermals das Vergnügen, mich an den verständigen und wohlgefühlten Urteilen dieses Mannes über manche Gegenstände der Kunst, sowie über Danneckers Lebhaftigkeit zu erfreuen.

Stuttgart, den 31. August 1797

Über das, was ich gestern gesehen, wären noch manche Bemerkungen zu machen. Besonders traurig für die Baukunst war die Betrachtung: was Herzog Karl bei seinem Streben nach einer gewissen Größe hätte hinstellen können, wenn ihm der wahre Sinn dieser Kunst aufgegangen und er so glücklich gewesen wäre, tüchtige Künstler zu seinen Anlagen zu finden. Allein man sieht wohl, er hatte nur eine gewisse vornehme Prachtrichtung, ohne Geschmack, und in seiner frühern Zeit war die Baukunst in Frankreich, woher er seine Muster nahm, selbst verfallen. Ich bin gegenwärtig voll Verlangen Hohenheim zu sehen.

Nach allem diesem muß ich noch sagen: daß ich unterwegs auf ein poetisches Genre gefallen bin, in welchem wir künftig mehr machen müssen. Es sind Gespräche in Liedern. Wir haben in einer gewissen ältern deutschen Zeit ähnliche, recht artige Sachen, und es läßt sich in dieser Form manches sagen, man muß nur erst hineinkommen und dieser Art ihr Eigentümliches abgewinnen. Ich habe so ein Gespräch zwischen einem Knaben, der in eine Müllerin verliebt ist, und dem Mühlbach angefangen, und hoffe es bald zu überschikken. Das poetisch-tropisch Allegorische wird durch diese Wendung lebendig, und besonders auf der Reise, wo einen so viel Gegenstände ansprechen, ist es ein recht gutes Genre.

Auch bei dieser Gelegenheit ist merkwürdig zu betrachten, was für Gegenstände sich zu dieser besondern Behandlungsart bequemen. Ich kann Ihnen nicht sagen, um meine obigen Klagelieder zu wiederholen, wie sehr mich jetzt, besonders um der Bildhauer willen, die Mißgriffe im Gegenstand beunruhigen; denn diese Künstler büßen offenbar den Fehler und den Unbegriff der Zeit am schwersten. Sobald ich mit Meyern zusammenkomme und seine Überlegungen, die er mir angekündigt, nutzen kann, will ich gleich mich daran machen und wenigstens die Hauptmomente zusammenschreiben.

Über das theatralisch Komische habe ich auch verschiednemal zu denken Gelegenheit gehabt; das Resultat ist: daß man es nur in einer großen, mehr oder weniger rohen Menschenmasse gewahr werden kann, und daß wir leider ein Kapitel dieser Art, womit wir poetisch wuchern könnten, bei uns gar nicht finden.

Übrigens hat man vom Kriege hier viel gelitten und leidet immer fort. Wenn die Franzosen dem Lande fünf Millionen abnahmen, so sollen die Kaiserlichen nun schon an sechzehn Millionen verzehrt haben. Dagegen erstaunt man denn freilich als Fremder über die ungeheure Fruchtbarkeit dieses Landes und begreift die Möglichkeit, solche Lasten zu tragen.

Cotta hat mich freundlich eingeladen, in Tübingen bei ihm zu logieren; ich habe es mit Dank angenommen, da ich bisher, besonders bei dem heißen Wetter, in den Wirtshäusern mehr als auf dem Wege gelitten.

Ich habe nun auch die Vasen von Isopi gesehen, von welchen Wolzogen auch nicht zu viel erzählt hat. Der Einfall, den Henkel und die Schnauze der Kanne durch Tiere vorzustellen, ist sehr artig und sehr gut angebracht, besonders an der einen, da der Kranich, der aus dem Gefäße trinkt, den Henkel, und der betrübte Fuchs die Schnauze macht. Die Arbeit aber in Feinheit und Zierlichkeit geht über alle Begriffe. Er verlangt für die beiden großen und noch drei oder vier kleinere fünfhundert Dukaten. Man muß bei der Arbeit immer an Cellini denken, und so auch bei dem Menschen. Obgleich Isopi keine Spur von jener Roheit hat, so ist er doch ein ebenso fürchterlich passionierter Italiener. Die Art wie er die Franzosen haßt und wie er sie schildert, ist einzig; so wie er überhaupt eine höchst interessante Natur ist.

Als die Franzosen nach Stuttgart kamen, fürchtete man eine Plünderung. Er hatte seine Vasen wohl eingepackt im Danneckerischen Hause stehen. Heimlich kauft er sich ein Paar Taschenpistolen, Pulver und Blei und trägt die Gewehre geladen mit sich herum, und da man in der ersten Nacht unvorsichtigerweise einige Franzosen ins Haus läßt, die, nach der gewöhnlichen Marodeursmanier, zu trinken forderten, sich aber nachher ziemlich unartig bezeigten, stand er immer dabei und hatte die Hände in der Tasche, und nach einigen Tagen kam es heraus, daß er entschlossen gewesen, dem ersten, der sich seinem Zimmer und dem Kasten genähert hätte, eine Kugel durch den Leib zu jagen und neben seinen Arbeiten zu sterben.

Den 31. Nachmittag war ich beim Mechanikus Tiedemann, einem unschätzbaren Arbeiter, der sich selbst gebildet hat. Mehrere Gesellen arbeiten unter ihm, und er ist eigentlich nur beschäftigt seineFerngläser zusammenzusetzen;

eine Bemühung, die wegen der Zusammensetzung der Objektivgläser viel Zeit erfordert, indem diese, wie man weiß, wenngleich das Verhältnis, wornach das Flint- und Crownglas geschliffen werden muß, zwar wohl im ganzen angeben, doch aber die Gläser, die eigentlich zusammen gehören, jedesmal durch die Erfahrung zusammensuchen muß. Ein Perspektiv, dessen erstes Rohr ohngefähr achtzehn Zoll lang ist und durch das man auf sechshundert Fuß eine Schrift, die ohngefähr einen Zoll hoch ist, sehr deutlich lesen, ja auf einer weißen Tafel kleine Punkte recht deutlich unterscheiden kann, verkauft er für siebeneinhalb Karolin.

Wir besuchten Herrn Obristleutnant Wing, der recht gute Gemälde besitzt. Eins von Franz Floris, mehrere Frauen mit Säuglingen beschäftigt, ein besonders in einzelnen Teilen sehr gutes Bild. Von Hetsch: Achill von dem man die Briseis wegführt. Es würde vorzüglicher sein, wenn die Figur des Achills nicht in der Ecke zu sehr allein säße. Überhaupt haben die Hetschischen Bilder, soviel ich ihrer gesehen, bei ihren übrigen Verdiensten und bei glücklichen Aperçus, immer etwas, daß man sie noch einmal durchgearbeitet wünscht. Eine Landschaft mit Räubern, die für Rubens gegeben wird, die ich ihm aber, ob sie gleich in ihrer natürlichen Behandlungsart fürtrefflich ist, nicht zuschreiben würde. Einige andere, mehr oder weniger kleine, ausgeführte Bilder von Rubens.

Gleichfalls besuchten wir Herrn Professor Harper, der ein geborner Landschaftsmaler ist. Die Begebenheiten und Bewegungen der Natur, indem sie Gegenden zusammensetzt, sind ihm sehr gegenwärtig, so daß er mit vielem Geschmack landschaftliche Gemälde hervorbringt. Freilich sind es alles nur imaginierte Bilder, und seine Farbe ist hart und roh, allein er malt aus Grundsätzen auf diese Weise, indem er behauptet, daß sie mit der Zeit Ton und Harmonie erhalten; wie denn auch einige dreißig- bis vierzigjährige Bilder von ihm zu beweisen scheinen. Er ist ein gar guter, allgemein beliebter, wohlerhaltener Mann in den Sechzigen und wird von hier bald nach Berlin abgehen.

Wir sahen die Aloe, die in einem herrschaftlichen Garten seit drei Monaten der Blüte sich nähert. Der Stengel ist jetzt dreiundzwanzig Fuß hoch, die Knospen sind noch geschlossen und brauchen allenfalls noch vierzehn Tage zur völligen Entwicklung. So ist auch zufällig, indem man sie in ein engeres Gefäß gesetzt, zu dieser Blüte genötigt worden.

Hierauf ein wenig spazieren und dann in das Schauspiel. Ich habe nicht leicht ein Ganzes gesehen, das sich so sehr dem Marionettentheater nähert als dieses. Eine Steifheit, eine Kälte, eine Geschmacklosigkeit, ein Ungeschick die Meubles auf dem Theater zu stellen, ein Mangel an richtiger Sprache und Deklamation in jeder Art Ausdruck irgendeines Gefühls oder höhern Gedankens, daß man sich eben zwanzig Jahre und länger zurück versetzt fühlt. Und was am merkwürdigsten ist, kein einziger, der auch nur sich irgend zu seinem Vorteil auszeichnete; sie passen alle auf das beste zusammen. Ein paar junge wohlgewachsene Leute sind dabei, die weder übel sprechen noch agieren, und doch wüßte ich nicht zu sagen, ob von einem irgend für die Zukunft was zu hoffen wäre. Es ward Don Carlos von Schiller gegeben. Der Entrepreneur Miholé wird abgehen und ein neuer antreten, der aber die Obliegenheit hat, sowohl Schauspieler und Tänzer, die sich von dem alten Theater des Herzogs Karl herschreiben und auf zeitlebens pensioniert sind, beizubehalten. Da er nun zugleich seinen Vorteil sucht und sich durch Abschaffung untauglicher Subjekte nicht Luft machen kann, so ist nicht zu denken, daß dieses Theater leicht verbessert werden könnte. Doch wird es besucht, getadelt, gelobt und ertragen. – Italienisches Sprichwort: Geld ist das zweite Blut des Menschen.

Den 1. September war ich mit Herrn Professor Dannecker in Hohenheim. Gleich vor dem Tore begegneten wir Österreichern, die ins Lager zogen. Gaisburg liegt rechts der Straße in einem schön bebauten und waldigen Grunde. Wenn man höher kommt, sieht man Stuttgart sehr zu seinem Vorteil in dem schönen Grunde liegen.

Hohenheim selbst, der Garten sowohl als das Schloß, ist eine merkwürdige Erscheinung. Der ganze Garten ist mit kleinen und größern Gebäuden übersäet, die mehr oder weniger teils einen engen, teils einen Repräsentationsgeist verraten. Die wenigsten von diesen Gebäuden sind auch nur für den kürzesten Aufenthalt angenehm oder brauchbar. Sie stecken in der Erde, indem man den allgemeinen Fehler derer, die an Berge bauen, durchaus begangen hat, indem man den vordern oder untern Sockel zuerst bestimmt, dann das Gebäude hinten in den Berg zu stecken kommt, anstatt daß, wenn man nicht planieren will noch kann, man den hintern Sockel zuerst bestimmen muß, der vordere mag alsdann so hoch werden als er will.

Da alle diese Anlagen teils im Gartenkalender, teils in einem eignen Werke beschrieben sind, so sind sie weiter nicht zu rezensieren; doch wäre künftig, bei einer Abhandlung über die Gärten überhaupt, dieser in seiner Art als Beispiel aufzustellen. Bei diesen vielen kleinen Partien ist merkwürdig, daß fast keine darunter ist, die nicht ein jeder wohlhabende Partikulier ebenso gut und besser haben könnte. Nur machen viele kleine Dinge zusammen leider kein großes. Der Wassermangel, dem man durch gepflasterte schmale Bachbetten und durch kleine Bassins und Teiche abhelfen wollen, gibt dem Ganzen ein kümmerliches Ansehen, besonders da auch die Pappeln nur ärmlich dastehen. Schöne gemalte Fensterscheiben an einigen Orten, eine starke Sammlung Majolika ist für den Liebhaber dieser Art von Kunstwerken interessant. Ich erinnerte mich dabei verschiedner Bemerkungen, die ich über Glasmalerei gemacht hatte, und nahm mir vor, sie nunmehr zusammenzustellen und nach und nach zu komplettieren; denn da wir alle Glasfritten so gut und besser als die Alten machen können, so käme es bloß auf uns an, wenn wir nur genau den übrigen Mechanism beobachteten, in Scherz und Ernst ähnliche Bilder hervorzubringen.

Außer einigen Bemerkungen in diesem Fache fand ich nichts Wissens- und Nachahmungswertes in diesem Garten.

Eine einzige altgotisch gebaute, aber auch kleine und in der Erde steckende Kapelle wird jetzt von Thouret, der sich lange in Paris und Rom aufgehalten und die Dekoration studiert hat, mit sehr vielem Geschmack ausgeführt; nur schade, daß alles bald wieder beschlagen und vermodern muß, und der Aufenthalt, wie die übrigen, feucht und ungenießbar ist.

Das Schloß, das mit seinen Nebengebäuden ein ausgebreitetes Werk darstellt, gewährt den gleichgültigsten Anblick von der Welt, so wie auch sämtliche Gebäude ganz weiß angestrichen sind. Man kann beim äußern Anblick der Gebäude sagen, daß sie in gar keinem Geschmack gebaut sind, indem sie nicht die geringste Empfindung weder der Neigung noch des Widerwillens im ganzen erregen. Eher ist das völlig Charakterlose einer bloßen, beinah nur handwerksmäßigen Bauart auffallend.

Der Haupteingang ist zu breit gegen seine Höhe, wie überhaupt das ganze Stock zu niedrig ist. Die Treppen sind gut angelegt, die Stufen jedoch gegen ihre geringe Höhe zu schmal. Der Hauptsaal, leider mit Marmor dekoriert, ist ein Beispiel einer bis zum Unsinn ungeschickten Architektur. In den Zimmern sind mitunter angenehme Verzierungen, die aber doch einen unsichern und umherschweifenden Geschmack verraten. Einige sind Nachzeichnungen, die aus Paris gesendet worden, in denen mehr Harmonie ist. Ein artiger Einfall von kleinen seidnen Vorhängen, die mit Fransen verbrämt und in ungleichen Wolken aufgezogen von den Gesimsen herunterhängen, ist artig und verdient mit Geschmack nachgeahmt zu werden. Die Stukkaturarbeit ist meistens höchst schlecht.

Da ein Teil des Schlosses noch nicht ausgebaut ist, so läßt sich hoffen, daß durch ein paar geschickte Leute, die gegenwärtig hier sind, die Dekoration sehr gewinnen werde. Ein Saal, der auch schon wieder auf dem Wege war, in schlechtem Geschmack verziert zu werden, ist wieder abgeschlagen worden und wird nach einer Zeichnung von Thouret durch Isopi ausgeführt.

Die Gipsarbeit des Isopi und seiner Untergebnen zu sehen, ist höchst merkwürdig, besonders wie die freistehenden Blätter der Rosen und die Vertiefungen der hohlen Kronen ausgearbeitet und aus Teilen zusammengesetzt werden, wodurch sehr schöne und durch Schatten wirksame Vertiefungen entstehen. Auch war mir sehr merkwürdig, wie er Dinge, die nicht gegossen werden können, zum Beispiel die Verzierungen einer ovalen Einfassung, deren Linien alle nach einem Mittelpunkte gehen sollen, durch einen jungen Knaben sehr geschickt ausschneiden ließ. Die Leute arbeiten außer mit kleinen Federmessern, Flach- und Hohlmeißeln, auch mit großen Nägeln, die sie sich selbst unten zuschleifen und oben mit einem Läppchen, um sie bequemer anzufassen, umwickeln. Von den größern Rosen bringt ein geschickter Arbeiter nur eine den Tag zustande, sie arbeiten seit Isopis Direktion mit großem Vergnügen, weil sie sehen, wie sehr sie in ihrer Arbeit zunehmen. Isopi macht, wie sich's versteht, die Modelle, die alsdann geformt und ausgegossen werden. Das Charakteristische von Isopis Arbeit scheint mir zu sein, daß er, wie oben gedacht, hauptsächlich auf die Vertiefungen denkt. So werden zum Beispiel die Eier in dem bekannten architektonischen Zierat besonders gegossen und in die Vertiefungen eingesetzt.

Ein Hauptfehler der alten Deckendekorationen ist, daß sie gleichsam für sich allein stehen und mit dem Untern nicht rein korrespondieren, weil alles so hastig und zufällig gearbeitet worden, das nun bei Thouret und Isopi nicht mehr vorkommen kann. Hier ward ich auch durch die Ausführung in einem Gedanken bestärkt, daß man bei Säulendekorationen, die in Zimmern angebracht werden, nur den Architrav und nicht das ganze Gebälke anbringen dürfe. Die Ordnung wird dadurch höher und das Ganze leichter und ist dem Begriff der Konstruktion gemäß.

Isopi will niemals eine Corniche unmittelbar an der Decke haben; es soll immer noch eine leichte Wölbung vorhergehen, wie der Geschmack des Architekten nach der Länge und Breite des Zimmers, als das Verhältnis, in dem sie gesehen wird, bestimmen soll.

Die rote Damastfarbe sah ich nirgends als in kleinen Kabinetten, wo sie nur in schmalen Panneaus oder sonst unterbrochen vorkam. Die größern Zimmer waren alle mit sanften Farben dekoriert, und zwar so, daß das Seidenzeug heller gefärbtes Laub als der Grund hatte. Die Parketts sind sämtlich von Eichenholz, unabwechselnd wie die in Ludwigsburg, aber sehr gut gearbeitet.

Auf dem Hause steht eine Kuppel, die aber nur eine Treppe enthält, um auf den obern Altan zu kommen.

Im Garten ist ein Häuschen, von den drei Kuppeln genannt, auch merkwürdig, das inwendig ganz flache Decken hat, so daß die Kuppeln eigentlich nur Dekorationen nach außen sind.

Ich fand die Amaryllis belladonna blühen, sowie in dem eisernen Hause manche schöne auswärtige Pflanze.

Artig nahm sich zu Fußdecken kleiner Kabinette ein bunter Flanell aus.

In den untern Zimmern des Schlosses ist eine Gemäldesammlung, worunter sich manches Gute befindet. Ein Frauenbild von Holbein, besonders aber eine alte Mutter, die mit Einfädelung der Nadel beschäftigt ist, indes die Tochter sehr emsig näht; ein Liebhaber, der bei ihr steht, scheint ihr im Augenblick seine Wünsche zu offenbaren. Halbe Figuren, fast Lebensgröße; ist fürtrefflich gedacht, komponiert und gemalt.

Einiges über Glasmalerei

Stuttgart, den 2. September 1797

Bei der Glasmalerei ist zweierlei zu beachten:

1. Das Clairobscur, 2. die Farbengebung.

Das Clairobscur ist an der vordern Seite, das heißt nach dem Gebäude zu, eingeschmolzen; es mögen nun mit dem Pinsel die Umrisse aufgetragen, oder Licht und Schatten in breiten Flächen angegeben sein. Das zweite geschah dergestalt, daß man die Platte mit dem ganzen chemischen Grunde überdeckte und mit einer Nadel die Lichter herausriß; es ist also, wenn man will, eine Art schwarzer Kunst, oder besser: es ward gearbeitet, wie man auf dunklem Grunde die Lichter aufhöht. Dieses geschah mit der größten Feinheit und Akkuratesse. Ob sie nun diesen Grund zuerst einschmolzen und hernach die Farben auf die andere Seite brachten und nochmals einschmolzen, oder ob alles zugleich geschah, weiß ich noch nicht.

Es gibt, in Absicht auf Färbung, auf Glas gemalte und aus Glas zusammengesetzte Bilder.

Die ersten haben nur gewisse Farben: Gelb bis ins Gelbrote, Blau, Violett und Grün kommen darauf vor, aber niemals ein Purpur. Wahrscheinlich braucht der Goldkalk ein stärkeres Feuer, um in Fluß zu geraten, als die übrigen, und konnte daher nicht mit jenen zugleich eingeschmolzen werden.

War also Zeichnung und Clairobscur eines Bildes fertig, so wurden auf der Rückseite die Farben aufgetragen und eingeschmolzen. Merkwürdig ist die gelbe Farbe, die sie durch ein trübes Mittel, nach dem bekannten optischen Gesetz, hervorbrachten; der Teil der Scheibe, welcher inwendig herrlich gelb aussieht, sieht von außen schmutzig hellblau, das ins Grünliche oder Violette spielt, aus.

Einige Bemerkungen über einzelne Farben:

Wenn sie Schwarz vorstellen wollten, so ließen sie den chemischen Grund auf dem Glase unberührt. Weil derselbe aber doch noch durchscheinend und braun gewesen wäre, so bedeckten sie ihn hinten mit irgendeinem undurchsichtigen Schmelzwerk, wodurch das Schwarze ganz vollkommen erscheint.

Ein Zeugnis von der mehreren Unschmelzbarkeit des roten Glases zeigen so viele Fälle, daß es nur in einzelnen Stükken eingesetzt ist. Ferner der artige Fall, daß ein weißer Steinbock auf rotem Grunde erscheinen sollte: man schmolz also zuerst einen purpurnen Überzug auf weißes Glas, so daß die ganze Tafel schön purpurn erschien, dann brannte man die Figur nach Zeichnung und Schattierung auf die weiße Seite ein und schliff zuletzt von der Hinterseite die rote Lage des Glases weg, soweit sie die Figur des Steinbocks bedeckte, wodurch dieser blendend weiß auf dem farbigen Grund erscheint.

Soblad ich wieder eine Anzahl solcher Scheiben antreffe, werde ich meine Bemerkungen komplettieren und arrangieren.

Den zweiten September besuchte ich die Bibliothek, die ein ungeheures hölzernes Gebäude, das ehemals ein Kaufhaus war, einnimmt. Es steht am gewerbreichsten Teile der Stadt, zwar rings herum frei, läßt aber doch immer vor ein Unglück durch Feuer gesorgt sein. Die Sammlung zum Kunst-, Antiquitäten- und Naturfach ist besonders schön, sowie auch die Sammlung der Dichter und des statutarischen Rechtes von Deutschland. Bibliothekarien sind: Petersen und Hofrat Schott.

Vorher besuchten wir den Professor Thouret, bei dem ich verschiedne gute Sachen sah. Eine Allegorie auf die Wiedergenesung des Herzogs ist ihm besonders wohl gelungen. Diese sowohl als eine Allegorie auf die französische Republik, sowie Elektra mit Orest und Pylades, zeugen von seiner Einsicht in die einfachen symmetrischen und kontrastierenden Kompositionen, sowie die Risse zu einem fürstlichen Grabe und zu einem Stadttor sein solides Studium der Architektur. Ich werde nach diesem und nach der Zeichnung, die ich in Hohenheim von ihm gesehen, raten, daß man bei Dekorierung unseres Schlosses auch sein Gutachten einhole.

Nach Tische ging ich zu dem preußischen Gesandten von Madeweiß, der mich mit seiner Gemahlin sehr freundlich empfing. Ich fand daselbst die Gräfin Königseck, Herrn und Frau von Varchimont und einen Herrn von Wimpfen. Man zeigte mir ein paar fürtreffliche Gemälde, die dem Legationsrat Abel gehören. Eine Schlacht von Wouvermann. Die Kavallerie hat schon einen Teil der Infanterie überritten und ist im Begriff, ein zweites Glied, das eben abfeuert, anzugreifen. Ein Trompeter, auf seinem hagern Schimmel, sprengt rückwärts, um Sukkurs herbei zu blasen.

Das andere Bild ist ein Claude von Mittelgröße und besonderer Schönheit, ein Sonnenuntergang, den er auch selbst radiert hat. Es ist fast keine Vegetation auf dem Bilde, sondern nur Architektur, Schiffe, Meer und Himmel.

Abends bei Herrn Kapellmeister Zumsteeg, wo ich verschiedne gute Musik hörte. Er hat die Colma, nach meiner Übersetzung, als Kantate, doch nur mit Begleitung des Klaviers übersetzt, sie tut sehr gute Wirkung und wird vielleicht auf das Theater zu arrangieren sein, worüber ich nach meiner Rückkunft denken muß. Wenn man Fingaln und seine Helden sich in der Halle versammeln ließe, Minona, die sänge, und Ossian, der sie auf der Harfe akkompagnierte, vorstellte, und das Pianoforte auf dem Theater versteckte, so müßte die Aufführung nicht ohne Effekt sein.

Den dritten September fuhren wir ins kaiserliche Lager. Wir kamen durch Berg, worauf die Hauptattacke von Moreau gerichtet war; dann auf Cannstatt; Münster sahen wir im Grunde liegen. Wir kamen durch Schmiden und fingen an das Lager zu übersehen. Der linke Flügel lehnt sich an Mühlhausen, alsdann zieht es sich über Aldingen bis gegen Hochberg. In Neckarrems wurden wir vom Hauptmann Jakardowsky vom Generalstabe gut aufgenommen, der uns erst früh das Lager überhaupt von dem Berge bei Hochberg zeigte, und gegen Abend an der ganzen Fronte bis gegen Mühlhausen hinführte. Wir nahmen den Weg nach Kornwestheim, da wir denn auf die Ludwigsburger Chaussee kamen und so nach der Stadt zurückfuhren.

Abends bei Dannecker.

Im Lager mögen etwa fünfundzwanzigtausend Mann stehen, das Hauptquartier des Erzherzogs wird in Hochberg sein.

Der Pfarrer in Neckarrems heißt Zeller, der Oberamtmann von Cannstatt Seyffer und ist ein Bruder des Professors in Göttingen.

Stuttgart, den 4. September 1797

Nachdem ich früh verschiedenes zu Papiere gebracht und einige Briefe besorgt hatte, ging ich mit Herrn Professor Danneckerspazieren und ich beredete hauptsächlich mit ihm meine Absichten, wie Isopi und Thouret auch für unsere weimarischen Verhältnisse zu nutzen sein möchten. Zu Mittag speiste ich an der Table d'hôte, wo sich ein junger Herr von Lieven, der sich hier bei der russischen Gesandtschaft befindet, als ein Sohn eines alten akademischen Freundes mir zu erkennen gab.

Hernach besuchte ich Herrn Beiling, dessen Frau sehr schön Klavier spielte. Er ist ein sehr passionierter Liebhaber der Musik, besonders des Gesanges.

Aus den brillanten Zeiten des Herzog Karls, wo Jomelli die Oper dirigierte, hat sich der Eindruck und die Liebe zur italienischen Musik bei ältern Personen hier noch lebhaft erhalten. Man sieht, wie sehr sich etwas im Publico erhält, das einmal solid gepflanzt ist. Leider dienen die Zeitumstände den Obern zu einer Art von Rechtfertigung, daß man die Künste, die mit wenigem hier zu erhalten und zu beleben wären, nach und nach ganz sinken und verklingen läßt.

Von da zu Frau Legationsrat Abel, wo ich die beiden schönen Bilder, die ich bei Herrn von Madeweiß gesehen, nochmals wiederfand. Außer diesen war noch eine fürtreffliche und wohlerhaltene Landschaft von Nikolaus Poussin, und noch ein andrer Claude aus einer frühern Zeit, aber unendlich lieblich. Nach einem Spaziergang auf die Weinbergshöhen, wo man Stuttgart in seinem Umfange und seinen verschiednen Teilen liegen sahe, gingen wir ins Theater.

Stuttgart hat eigentlich drei Regionen und Charaktere; unten sieht es einer Landstadt, in der Mitte einer Handelsstadt und oben einer Hof- und wohlhabenden Partikulierstadt ähnlich.

Den 4. September 1797

Man gab Ludwig den Springer. Madame Spalding, eine gute Figur, aber kalt und steif. Pauli, trocken und steif.

Vinzens, eine gute rundliche Jugendfigur, braves Theaterbetragen, eine volle, deutliche, tiefe Stimme, im ganzen ein wenig roh, wird aber immer zu zweiten Rollen ein brauchbares und auf dem Theater leidliches Subjekt bleiben.

Gley, nicht übel gewachsen, aber, wie die meisten seiner Kollegen, kalt und ohne eigentliche Energie oder Anmut.

Das Ballett, diesmal ein bloßes Divertissement, war aber ganz heiter und artig. Madame Pauli, erst kurz verheiratet, eine sehr hübsche und anmutige Tänzerin.

Die Stuttgarter sind überhaupt mit ihrem Theater nicht übel zufrieden, ob man gleich auch hier und da darauf schilt.

Merkwürdig war mir's, daß das Publikum, wenn es beisammen ist, es mag sein wie es will, durch sein Schweigen und Beifall ein richtiges Gefühl verrät; sowohl im heutigen Stücke als neulich im Carlos, wurden die Schauspieler fast nie, einigemal aber das Stück applaudiert; kaum aber trat die Tänzerin mit ihren wirklich reizenden Bewegungen auf, so war der Beifall gleich da.

Den 5. September 1797

Früh im großen Theater. Ich sah daselbst verschiedene Dekorationen, welche sich noch von Colomba herschreiben. Sie müssen sich auf dem Theater sehr gut ausnehmen, denn es ist alles sehr faßlich und in großen Partien ausgeteilt und gemalt. Die Frankfurter Dekorationen haben aber doch darin den Vorzug, daß ihnen eine solidere Baukunst zum Grunde liegt und daß sie reicher sind, ohne überladen zu sein; da hingegen die hiesigen in einem gewissen Sinne leer genannt werden können, ob sie gleich wegen der Größe des Theaters und wegen ihrer eignen Grandiosität sehr guten Effekt tun müssen.

Professor Heideloff besorgt gegenwärtig die Theatermalerei. – Maschine, um das Parterre in die Höhe zu heben.

Bei Herrn Meyer, der verschiedene gute Gemälde hat. Er zeigte mir Blumen- und Fruchtstücke von einem gewissen Wolfermann, der erst mit naturhistorischen Arbeiten angefangen, sich aber darauf nach de Heem und Huysum gebildet und sowohl in Wasser- als Ölfarbe Früchte und Insekten außerordentlich gut macht. Da er arm ist und sich hier kaum erhält, so würde er leicht zu haben sein und bei künftigen Dekorationen fürtrefflich dienen, die Früchte, Insekten, Gefäße und was sonst noch der Art vorkäme, zu malen und andern den rechten Weg zu zeigen. Auch könnte man ihn zu der neuen Marmormalerei brauchen, wenn ihn Professor Thourent darin unterrichten wollte.

Ich sah bei dem Hoftapezierer Stühle von Mahagoniholz gearbeitet; sie waren mit schwarzem gestreiftem Seidenzeug überzogen, das Pekin satiné heißt und eine sehr gute Wirkung tut. Besonders artig nehmen sich daran hochrote seidne Litzen aus, mit denen die Kanten der Kissen bezeichnet sind.

Einige Bemerkungen aus dem Naturalienkabinett

Der mittlere spitzige Zahn, welcher zugleich der größte ist, im obern Kamelkiefer, ist wohl eigentlich der Eckzahn, der davorstehende ein Schneidezahn.

Es findet sich auch daselbst das Stück eines Ochsenschädels mit so ungeheuern Hornkernen als die sind, welche wir in Mellingen gefunden, das hiesige ist aus dem Württembergischen.

Die fossilen Elefantenknochen, die sich bei Cannstatt finden, sind gleichfalls merkwürdig.

Eine obere Kinnlade des Monodon hat nur einen Zahn, den andern hat das Tier in früher Jugend verloren, und man sieht die Alveole zum Teil ausgebrochen, zum Teil verwachsen und verkümmert. Die ganze Seite ist viel schwächer als die gegenüberstehende.

Auch zeigte man mir einen Fötus, den eine Frau sechsundvierzig Jahre bei sich getragen. Das Präparat ist ganz ledertrocken und man kann das ziemlich große Kind recht gut in der aufgeschnittnen, starken, lederartigen, eiförmigen Umgebung erkennen.

Nachmittags war ich bei Regierungsrat Frommann, der mir einige schöne eigne, sowie andere, Legationsrat Abel gehörige Gemälde vorzeigte. Unter den letzten zeichnete sich besonders ein Faun aus, der eine am Baum gebundene Nymphe peitscht. Dieselbe Idee ist in den Scherzi d'amore von Carracci vorgestellt, und mag dieses Bild, das fürtrefflich gemalt ist, wohl von Ludwig sein. Auch dieser Liebhaber hat manches aus den französischen Auktionen für einen sehr billigen Preis erhalten.

Abends bei Rapp. Vorlesung des Hermann.

Den 6. September 1797

Früh besuchte mich Herr Professor Thouret, mit dem ich über die architektonischen Dekorationen sprach. Dazu kam Professor Heideloff, der leider sehr an den Augen leidet, ferner ein Oberlieutenant von Koudelka, von den Österreichern, ein wohlgebildeter junger Mann, ein großer Liebhaber der Musik. Darauf ging ich mit Thouret, sein Modell zum Ovalsaal in Stuttgart zu sehen, das im ganzen gut gedacht ist; nur wäre die Frage: ob man den Übergang von den langen perpendikularen Banden, der mir zu arm scheint, nicht reicher und anmutiger machen könnte. Ich ging alsdann mit ihm, Scheffhauer und einem württembergischen Offizier, der ganz artig malt, das Schloß zu besehen, wo ich nichts Nachahmungswertes fand, vielmehr unzählige Beispiele dessen, was man vermeiden soll. Die Marmore, besonders aber die Alabaster (Kalkspäte) des Landes nehmen sich sehr gut aus, sind aber nicht zur glücklichsten Dekoration verwendet. Übrigens sind die Zimmer, man möchte sagen, gemein vornehm; so zum Beispiel auf einem gemein angestrichnen weißen Gipsgrunde viele vergoldete Architektur, so auch die Türen bei ihren schnörkelhaften Vergoldungen mit Leimfarbe angestrichen, die Guibalischen Plafonds nach der bekannten Art. Übrigens in den Wohnzimmern des jetzigen Herzogs eine halbe Figur, die auf Guercin hindeutet. Einige Landschaften aus Biermanns früherer Zeit; ein gutes Bild von Hetsch, die Mutter der Gracchen im Gegensatz mit der eitlen Römerin vorstellend.

In den Wohnzimmern bleiben die Fußdecken das ganze Jahr liegen, nur daß sie von Zeit zu Zeit ausgestaubt werden.

Darauf an die Table d'hôte, alsdann mit Dannecker zu Rapp, wo ich das merkwürdige osteologische Präparat fand. Abends in die Komödie, wo die Due Litiganti von Sarti gegeben wurden.

Pathologisches Präparat

Ein Frauenzimmer, deren Geschwister schon an Knochenkrankheiten gelitten hatten, empfand in früherer Jugend einen heftigen Schmerz, wenn die obere Kinnlade unter dem linken Auge berührt wurde. Dieser erstreckte sich nach und nach hinabwärts bis in die Hälfte des Gaumens; es entstand daselbst ein Geschwür, in welchem man etwas Hartes fühlen konnte. Sie lebte neunzehn Jahre und starb an der Auszehrung. Der Teil des Schädels, den man, nachdem sie anatomiert, zurückbehalten, zeigt folgende Merkwürdigkeiten: Die linke Hälfte des Ossis intermaxillaris enthält zwei gute Schneidezähne; der Eckzahn fehlt, und aus der kleinen Alveole sieht man, daß er bald nach der zweiten Zahnung ausgefallen sein müsse; dann folgt ein Backzahn, dann eine kleine Lücke, jedoch ohne Alveole, sondern mit dem scharfen Rand; dann ein starker Backzahn, darauf noch ein nicht ganz ausgebildeter sogenannter Weisheitszahn. Betrachtet man nun die Nasenhöhle des Präparats, so findet man die große Merkwürdigkeit: es sitzt nämlich ein Zahn unter dem Augenrande mit seiner Wurzel an einer kleinen, runden, faltigen Knochenmasse fest; er erstreckt sich in seiner Lage schief herab nach hinten zu, und hat den Gaumenteil der obern Maxille gleich hinter den Canalibus incisivis gleichsam durchbohrt, oder vielmehr es ist durch die widernatürliche Berührung der Teil kariös geworden, und eine Öffnung, die größer als seine Krone, findet sich ausgefressen. Die Krone steht nur wenig von der Gaumenfläche vor.

Der Zahn ist nicht völlig wie andere Backzähne gebildet, seine Wurzel ist einfach und lang und seine Krone nicht völlig breit. Es scheint nach allem diesem ein gesunder Zahn mit lebhaftem Wachstume zu sein, dem aber der Weg nach seinem rechten Platze durch ein ungleiches und schnelleres Wachstum der Nachbarzähne versperrt worden, so daß er sich hinterwärts entwickelt und das Unglück angerichtet hat. Wahrscheinlich ist es der fehlende Backzahn, von dessen Alveole keine Spur zu sehen ist. Im Anfang glaubte ich fast, es sei der Eckzahn.

Wenn man diesen Fall hätte vermuten können, so bin ich überzeugt, daß diese Person leicht zu operieren und der Zahn herauszuziehen gewesen wäre; ob man aber, bei ihrer übrigen unglücklichen Konstitution, ihr das Leben dadurch gefristet hätte, ist fast zu zweifeln.

Schade, daß man nur das interessante Stück ausgeschnitten und nicht die andere Hälfte der Maxille, ja den ganzen Schädel verwahrt hat, damit man den Knochenbau noch an denen Teilen, welche keine auffallende Unregelmäßigkeit zeigen, hätte beobachten können.

Aufführung der Due Litiganti

Äußerst schwach und unbedeutend. Brand, gar nichts. Demoiselle Bambus, unangenehme Nullität. Madame Kaufmann, kleine hagere Figur, steife Bewegung, angenehme, gebildete aber schwache Stimme. Demoiselle Färber, nichts. Krebs, angenehmer Tenor, ohne Ausdruck und Aktion. Reuter, unbedeutend. Weberling, eine gewisse Art von drolligem Humor, den man leiden mag, aber auch weiter nichts.

Ich habe mehrere, die das Theater öfters sehen, darüber sprechen hören, und da kommt es denn meist auf eine gewisse Toleranz hinaus, die aus der Notwendigkeit entspringt, diese Leute zu sehen, da denn doch jeder in einer gewissen Rolle sich die Gunst des Publikums zu verschaffen weiß.

Übrigens hat das Theater so eine seltsame Konstitution, daß eine Verbesserung desselben unmöglich wird.

Stuttgart, den 6. September 1797

Ich ging mit Herrn Professor Thouret die verschiedenen Dekorationen durch, die bei Verzierungen eines Schlosses vorkommen können, und bemerke hiervon folgendes.

Das erste, worin wir übereinkamen, war, daß man sich, um eine Reihe von Zimmern zu dekorieren, vor allen Dingen über das Ganze bestimmen solle, man möge es nun einem einzelnen Künstler übertragen oder aus den Vorschlägen mehrerer nach eignem Geschmacke für die verschiednen Zimmer eine Wahl anstellen. Da ohnehin ein solches Unternehmen jederzeit großes Geld koste, so sei der Hauptpunkt, daß man stufenweise verfahre, das Kostbare nicht am unrechten Platz anbringe, und sich nicht selbst nötige, mehr als man sich vorgesetzt zu tun.

So sei zum Beispiel bei dem Appartement unserer Herzogin, dessen Lage ich ihm bezeichnete, es hauptsächlich darum zu tun, aus dem Anständigen eines Vorsaals in das Würdigere der Vorzimmer, in das Prächtigere des Audienzzimmers überzugehen; das Rundell des Eckes und das darauf folgende Zimmer heiter und doch prächtig zu einer innern Konversation anzulegen; von da ins Stille und Angenehme der Wohn- und Schlafzimmer überzugehen und die daran stoßenden Kabinette und Bibliothek mannigfaltig, zierlich und mit Anstand vergnüglich zu machen.

Wir sprachen über die Möglichkeit, sowohl durch das anzuwendende Material als durch die zu bestimmenden Formen einem jeden dieser Zimmer einen eignen Charakter und dem Ganzen eine Folge durch Übergänge und Kontraste zu geben. Er erbot sich, wenn man ihm die Risse und Maße der Zimmer schickte, einen ersten Vorschlag dieser Art zu tun, den man zur Grundlage bei der künftigen Arbeit brauchen könnte.

Decken und Gesimse sind das erste, an deren Bestimmung und Fertigung man zu denken hat, allein diese hängen von der Dekoration des Zimmers sowohl in Proportionen als Ornamenten ab.

Die Gesimse oder den Übergang von der Wand zur Decke kann man auf zweierlei Art machen: einmal, daß man ein mehr oder weniger vorspringendes Gesims in die Ecke anbringt und die Decke unmittelbar darauf ruhen läßt, oder daß man durch eine größere oder kleinere Hohlkehle die Wand und Decke sanft verbindet. Jene Art würde in ihrer größern Einfachheit sich wohl für die Vorzimmer schicken und, wenn man Glieder und Teile mehr zusammensetzt, auch wohl den prächtigen Zimmern gemäß sein. Doch haben die Hohlkehlen immer etwas Heiteres und sind mannigfaltiger Verzierung fähig. Isopi will selbst über dem architektonischen Gesims noch jederzeit eine Hohlkehle haben, um dem Ganzen mehr Freiheit und Ansehen zu geben. Eine Meinung, die sich noch prüfen läßt.

Gesimse und Decken stehen in einer beständigen Korrelation; die Einfalt des einen bestimmt die Einfalt des andern, und so teilen sie einander auch ihre mannigfaltigen Charaktere mit. Stuck, Vergoldung und Malerei können miteinander hier wetteifern und sich steigern. Wir haben hiervon in dem Römischen Hause schon sehr schöne Beispiele.

Was die Wände selbst betrifft, so leiden sie die mannigfaltigsten Veränderungen. Eine sauber abgetünchte Wand, auf welcher die angebrachte Stukkatur durch einen leichten Ton abgesetzt wird, gibt für Vorsäle die angenehmste und heiterste Verzierung.

Sehr wichtig aber ist für Dekoration die Kenntnis, Granit, Porphyr und Marmor auf verschiedene Weise nachzuahmen.

Die bekannte Art des sogenannten Gipsmarmors tut zwar, nach dem natürlichen Stein, den schönsten und herrlichsten Effekt, allein sie ist sehr kostbar, und die Arbeit geht langsam; hingegen bedient man sich in Italien außerdem noch dreier andrer Arten, welche nach dem verschiednen Gebrauch und Würde der Zimmer anzuwenden sind, und alle drei sehr guten Effekt machen.

Die erste wird auf nassen Kalk gemalt und hinterdrein vom Maurer verglichen und von dem Maler wieder übergangen, so daß beide immer zusammen arbeiten; sie können auf diese Weise des Tages sechs Quadratschuh fertig machen. Der neue Saal von Hohenheim wird auf diese Weise dekoriert, und man könnte daselbst im Frühjahr schon die Resultate sehen.

Die zweite ist, was die Italiener Scajola nennen, eine Art von nassem Mosaik. Der Pilaster oder die Füllung, die auf diese Art bearbeitet werden soll, wird mit einem einfärbigen beliebigen Gipsgrunde angelegt. Wenn er trocken ist, sticht der Künstler, der freilich darin Praktik haben muß, mit Eisen die Adern, oder was man für Zufälligkeiten anbringen will, heraus und füllt und streicht die entstandnen Vertiefungen mit einer andern Farbe wieder aus, wozu er sich kleiner Spateln bedient. Wenn diese wieder trocken ist, übergeht er es abermals, und das so lange, bis der Effekt erreicht ist, da dann zuletzt das Ganze abgeschliffen wird. Man kann durch diese Art weit mehr als durch das Mischen des Marmors die Natur erreichen, und es soll bei gehöriger Praktik um einen großen Teil geschwinder gehen.

Die dritte Art ist für Vorsäle und Zimmer, die man leicht behandeln will; sie soll sich aber auch sehr gut ausnehmen. Der Marmor wird nämlich mit Leimfarbe auf die abgetünchte Wand gemalt und mit einem Spiritusfirnis überstrichen.

Alle drei Arten offeriert Herr Thouret durch Beschreibung, noch lieber aber durch persönliche Anleitung mitzuteilen. Er widerrät das Malen des Marmors mit Öl auf die abgetünchte Wand, weil die Arbeit eine unangenehme, der Natur widersprechende Bräune nach und nach erhält.

Der Gebrauch der Seide zur Verzierung der Wände ist auch wohl zu überlegen. Ganze Wände damit zu überziehen hat immer etwas Eintöniges, man müßte ihnen denn nach Größe und Verhältnis der Zimmer starke Bordüren geben und auf die großen Räume wenigstens einige würdige Gemälde anbringen. Übrigens aber sind die kleinern seidnen Abteilungen, mit Stukkatur und Marmor verbunden, immer das Angenehmste und Reichste, wie wir das Beispiel auch im Römischen Hause sehen.

Da die Spiegel nunmehr jederzeit als ein Teil der Architektur angesehen, in die Wand eingelassen und niemals in mehr oder weniger barbarischen Rahmen aufgehängt werden, so fallen die Rahmen dazu meist in das Feld des Stukkaturers, wenigstens hat der Bildschnitzer nicht viel daran zu tun. Dagegen ist zu wünschen, daß das Schnitzwerk an den Türen, die im ganzen einerlei Form haben können, nach Verhältnis angebracht werde; wie sie denn überhaupt nur immer Holzfarbe sein sollten, um so mehr da man durch Furnierung verschiedener Hölzer, Schnitzwerk, Bronze, Vergoldung ihre Mannigfaltigkeit sehr hoch treiben kann, und eine weiße Tür immer etwas Albernes hat.

Statt des kostbaren Schnitzwerks lassen sich auch bei Tapetenleisten die von Karton ausgedruckten vergoldeten Zieraten sehr gut brauchen.

Wegen der Lambris hielt man dafür, daß bei hohen Zimmern allenfalls die Höhe der Fensterbrüstung beibehalten werden könne, sonst aber sähe ein niedriger sockelartiger Lambris immer besser aus, indem er die Wand niemals gedruckt erscheinen lasse.

Wegen den Fußböden kamen auch sehr gute Vorschläge zur Sprache, die nächstens im weitern Umfang zu Papiere zu bringen sind.

Einer von den Hauptfehlern bei der Dekoration der Zimmer, der auch bei der frühern Konstruktion der Gebäude begangen wird, ist, daß man die Massen, die man haben kann oder hat, trennt und zerschneidet, wodurch das Große selbst kleinlich wird. Wenn man zum Beispiel in einem Saal eine Säulenordnung, die nur einen Teil der Höhe einnimmt, anbringt und über derselben gleichsam noch eine Attike bis an die Decke macht. Dieser Fall ist noch in dem ausgebrannten Schlosse zu Stuttgart zu sehen. Oder wenn man die Lambris verhältnismäßig zu hoch macht, oder die Gesimse oder Friesen oben zu breit. Durch solche Operationen kann man ein solches Zimmer niedrig erscheinen machen, wie durch die umgekehrte richtige Behandlung ein niedriges hoch erscheint. Diesem Fehler sind alle diejenigen ausgesetzt, welche nur immer mannigfaltige Verzierungen denken, ohne die Hauptbegriffe der Massen, der Einheit und der Proportionen vor den Augen zu haben.

VON STUTTGART NACH TÜBINGEN

Tübingen, den 7. September 1797

Früh fünfeinhalb von Stuttgart. Stieg nach Hohenheim. Weinbau fährt fort. Sandstein. Auf der Höhe schöne Allee von Obstbäumen. Weite Aussicht nach den Neckarbergen. Fruchtbau. Auf und ab durch Fruchtbau und Wald in der Nähe. Echterdingen, ein wohlgebaut heiter Dorf. Pappelallee. Wald, Wiesen, Trift. Der Weg geht auf und ab, quer durch die Täler, welche das Wasser nach dem Neckar zuschicken. Über Waldenbuch, das im Tale liegt, eine schöne Aussicht auf eine fruchtbare, doch hügelige und rauhere Gegend, mit mehrern Dörfern, Feldbau, Wiesen und Wald. Waldenbuch, artig zwischen Hügeln gelegner Ort, sehr gemischte Kultur, Wiesen, Feld, Weinberge, Wald. Ein herrschaftlich Schloß, Wohnung des Oberforstmeisters. Wir kamen um achteinhalb an. Ähnliche Kultur bis Dettenhausen, doch rauher und ohne Weinberg. Weiber und Kinder brachen in Gesellschaften Flachs in der Gegend. Weiterhin wird etwas flacher. Trift, einzelne Eichbäume. Schöne Ansicht der nunmehr nähern Neckarberge; Blick ins mannigfaltige Neckartal. Lustnau, gemischte Kultur, Wiese, Wald, Trift, Garten, Weinberg. Man sieht das Tübinger Schloß und Tübingen, eine anmutige Aue führt bis hinein. Bei Herrn Cotta eingekehrt. Bekanntschaft mit Herrn Apotheker Dr. Gmelin. Gegen Abend mit beiden ausspaziert, die Gegend zu sehen. Erst das Ammertal, dann aus dem Garten des letzten auch zugleich das Neckartal. Ein Rücken eines Sandsteingebirges, das aber schön bebaut ist, trennt beide Täler; auf einem kleinen Einschnitt dieses Rückens liegt Tübingen wie in einem Sattel und macht Face gegen beide Täler. Oberhalb liegt das Schloß, unterhalb ist der Berg durchgraben, um die Ammer auf die Mühlen und durch einen Teil der Stadt zu leiten. Der größte Teil des Wassers ist zu diesem Behuf weit über der Stadt in einen Graben gefaßt; das übrige Wasser, im ordentlichen Bette, sowie die Gewitterwasser, laufen noch eine weite Strecke, bis sie sich mit dem Neckar vereinigen. Die Existenz der Stadt gründet sich auf die Akademie und die großen Stiftungen, der Boden umher liefert den geringsten Teil ihrer Bedürfnisse. Die Stadt an sich selbst hat drei verschiedne Charaktere; der Abhang nach der Morgenseite, gegen den Neckar zu, zeigt die großen Schul-, Kloster- und Seminariengebäude; die mittlere Stadt sieht einer alten, zufällig zusammengebauten Gewerbstadt ähnlich; der Abhang gegen Abend, nach der Ammer zu, sowie der untere flache Teil der Stadt wird von Gärten und Feldleuten bewohnt und ist äußerst schlecht und bloß notdürftig gebauet, und die Straßen sind von dem vielen Mist äußerst unsauber.

TÜBINGEN

Den 8. September

Mittags lernte ich die Herren Plouquet, die beiden Gmelin und Schott kennen. In dem Plouquetischen Garten, der auf der unter der Stadt wieder aufsteigenden Berghöhe liegt, ist die Aussicht sehr angenehm; man sieht in beide Täler, indem man die Stadt vor sich hat. An der Gegenseite des Nekkartals zeigen sich die höhern Berge nach der Donau zu, in einer ernsthaften Reihe.

Den 9. September

Früh diktiert.

Zu Tische waren gegenwärtig: Kielmeyer, Professor. Zahn, Herrn Cottas Associé. Zahn, Pfarrer zu Schafhausen, zwischen Stuttgart und Calw. Hasenmeyer, Bankier. Weber, Sekretär.

Gegen Abend mit Herrn Cotta auf dem Schlosse, welches eine sehr schöne Aussicht hat. In den Zimmern finden sich sowohl an Decken als an Wänden und Fenstern artige Beispiele der alten Verzierungsmanier, oder vielmehr jener Art, die Teile des innern Ausbaus nach gewissen Bedürfnissen oder Begriffen zu bestimmen. Da man denn doch bei einem Baumeister manchmal solche Angabe fordert, so wird er hier verschiedne Studien, die, mit Geschmack gebraucht, gute Wirkung tun würden, machen können.

Abends die kleine Kantische Schrift gegen Schlosser, sowie den Gartenkalender und die württembergische kleine Geographie durchgelesen und angesehen.

Den 10. September

Früh mit Professor Kielmeyer, der mich besuchte, verschiedenes über Anatomie und Physiologie organischer Naturen. Sein Programm zum Behuf seiner Vorlesungen wird ehestens gedruckt werden. Er trug mir verschiedene Gedanken vor, wie er die Gesetze der organischen Natur an allgemeine physische Gesetze anzuknüpfen geneigt ist, zum Beispiel der Polarität, der wechselseitigen Stimmung und Korrelation der Extreme, der Ausdehnungskraft expansibler Flüssigkeiten.

Er zeigte mir meisterhafte naturhistorische und anatomische Zeichnungen, die nur des leichtern Verständnisses halber in

Briefe eingezeichnet waren, von George Cuvier von Mömpelgard (Monbéliard), der gegenwärtig Professor der komparierten Anatomie am Nationalinstitut in Paris ist. Wir sprachen verschiednes über seine Studien, Lebensweise und Arbeiten. Er scheint durch seine Gemütsart und seine Lage nicht der völligen Freiheit zu genießen, die einem Mann von seinen Talenten zu wünschen wäre.

NB. Blanks zoologische Bibliothek.

Über die Idee, daß die höhern organischen Naturen in ihrer Entwicklung einige Stufen vorwärts machen, auf denen die andern hinter ihnen zurückbleiben. Über die wichtige Betrachtung der Häutung, der Anastomosen, des Systems der blinden Därme, der simultanen und sukzessiven Entwicklung.

Den 11. September

Diktiert an verschiedenen Aufsätzen, nach Weimar bestimmt. In der Kirche, Besichtigung der farbigen Fenster im Chor. Aufsatz darüber. Mittags Professor Schnurrer, nach Tische Visiten bei den Herren, die ich hier im Hause hatte kennen lernen, sowie bei Professor Majer. Abends die Nachricht von der erklärten Fehde des Direktoriums mit dem Rate der Fünfhundert. Regnichter Tag.

An den Herzog von Weimar Den 11. September 1797

Vom 25. August an, da ich von Frankfurt abreiste, habe ich langsam meinen Weg hierher genommen. Ich bin nur bei Tage gereist und habe nun, vom schönen Wetter begünstigt, einen deutlichen Begriff von den Gegenden, die ich durchwandert, ihren Lagen, Verhältnissen, Ansichten und Fruchtbarkeit. Durch die Gelassenheit, womit ich meinen Weg mache, lerne ich, freilich etwas spät, noch reisen. Es gibt eine Methode, durch die man überhaupt in einer gewissen Zeit die Verhältnisse eines Ortes und einer Gegend und die Existenz einzelner vorzüglicher Menschen gewahr werden kann.

Ich sage gewahr werden, weil der Reisende kaum mehr von sich fordern darf; es ist schon genug, wenn er einen saubern Umriß nach der Natur machen lernt und allenfalls die großen Partien von Licht und Schatten anzulegen weiß; an das Ausführen muß er nicht denken.

Der Genuß der schönen Stunden, die mich durch die Bergstraße führten, ward durch die sehr ausgefahrnen Wege einigermaßen unterbrochen. Heidelberg und seine Gegend betrachtete ich in zwei völlig heitern Tagen mit Verwunderung und ich darf wohl sagen mit Erstaunen. Die Ansichten nähern sich von mehreren Seiten dem Ideal, das der Landschaftsmaler aus mehrern glücklichen Naturlagen sich in seiner schaffenden Phantasie zusammenbildet. Der Weg von da nach Heilbronn ist teils fürs Auge sehr reizend, teils durch den Anblick von Fruchtbarkeit vergnüglich.

Heilbronn hat mich sehr interessiert, sowohl wegen seiner offnen, fruchtbaren, wohlgebauten Lage, als auch wegen des Wohlstandes der Bürger und der guten Administration ihrer Vorgesetzten. Ich hätte gewünscht, diesen kleinen Kreis näher kennen zu lernen.

Von da nach Stuttgart wird man von der Einförmigkeit einer glücklichen Kultur beinah trunken und ermüdet. In Ludwigsburg besah ich das einsame Schloß und bewunderte die herrlichen Alleenpflanzungen, die sich durch die Hauptstraßen des ganzen Ortes erstrecken.

In Stuttgart blieb ich neun Tage. Es liegt in seinem ernsthaften wohlgebauten Tal sehr anmutig, und seine Umgebungen, sowohl nach den Höhen, als nach dem Neckar zu, sind auf mannigfaltige Weise charakteristisch.

Es ist sehr interessant zu beobachten, auf welchem Punkt die Künste gegenwärtig in Stuttgart stehen. Herzog Karl, dem man bei seinen Unternehmungen eine gewisse Großheit nicht absprechen kann, wirkte doch nur zu Befriedigung seiner augenblicklichen Leidenschaften und zur Realisierung abwechselnder Phantasien. Indem er aber auf Schein, Repräsentation, Effekt arbeitete, so bedurfte er besonders der

Künstler, und indem er nur den niedern Zweck im Auge hatte, mußte er doch die höheren befördern.

In früherer Zeit begünstigte er das lyrische Schauspiel und die großen Feste; er suchte sich die Meister zu verschaffen, um diese Erscheinungen in größter Vollkommenheit darzustellen. Diese Epoche ging vorbei, allein es blieb eine Anzahl von Liebhabern zurück und zur Vollständigkeit seiner Akademie gehörte auch der Unterricht in Musik, Gesang, Schauspiel und Tanzkunst. Das alles erhält sich noch, aber nicht als ein lebendiges, fortschreitendes, sondern als ein stillstehendes und abnehmendes Institut.

Musik kann sich am längsten erhalten. Dieses Talent kann mit Glück bis in ein höheres Alter geübt werden; auch ist es, was einzelne Instrumente betrifft, allgemeiner, und von jungen Leuten erreichbar. Das Theater dagegen ist viel schnellern Abwechslungen unterworfen, und es ist gewissermaßen ein Unglück, wenn das Personal einer besondern Bühne sich lange nebeneinander erhält; ein gewisser Ton und Schlendrian pflanzt sich leicht fort, so wie man zum Beispiel dem Stuttgarter Theater an einer gewissen Steifheit und Trockenheit seinen akademischen Ursprung gar leicht abmerken kann. Wird, wie gesagt, ein Theater nicht oft genug durch neue Subjekte angefrischt, so muß es allen Reiz verlieren. Singstimmen dauern nur eine gewisse Zeit; die Jugend, die zu gewissen Rollen erforderlich ist, geht vorüber, und so hat ein Publikum nur eine Art von kümmerlicher Freude durch Gewohnheit und hergebrachte Nachsicht. Dies ist gegenwärtig der Fall in Stuttgart und wird es lange bleiben, weil eine wunderliche Konstitution der Theateraufsicht jede Verbesserung sehr schwierig macht.

Miholé ist abgegangen und nun ist ein anderer Entrepreneur angestellt, der die Beiträge des Hofes und Publikums einnimmt, und darüber, sowie über die Ausgaben, Rechnung ablegt. Sollte ein Schaden entstehen, so muß er ihn allein tragen; sein Vorteil hingegen darf nur bis zu einer bestimmten Summe steigen, was darüber gewonnen wird, muß er mit der Herzoglichen Theaterdirektion teilen. Man sieht, wie sehr durch eine solche Einrichtung alles, was zu einer Verbesserung des Theaters geschehen könnte, paralysiert wird. Ein Teil der ältern Akteurs darf nicht abgedankt werden.

Das Ballett verhält sich überhaupt ungefähr wie die Musik. Figuranten dauern lange, wie Instrumentalisten, und sind nicht schwer zu ersetzen; so können auch Tänzer und Tänzerinnen in einem höhern Alter noch reizend sein, unterdessen findet sich immer wieder ein junger Nachwuchs. Dieses ist auch der Stuttgarter Fall. Das Ballett geht überhaupt seinen alten Gang, und sie haben eine junge, sehr reizende Tänzerin, der nur eine gewisse Mannigfaltigkeit der Bewegungen, und mehr Charakteristisches in ihrem Tun und Lassen fehlt, um sehr interessant zu sein. Ich habe nur einige Divertissements gesehen.

Unter den Partikuliers hat sich viel Liebe zur Musik erhalten, und es ist manche Familie, die sich im stillen mit Klavier und Gesang sehr gut unterhält. Alle sprechen mit Entzücken von jenen brillanten Zeiten, in denen sich ihr Geschmack zuerst gebildet, und verabscheuen deutsche Musik und Gesang.

Bildhauer und Maler schickte der Herzog, wenn sie gewissermaßen vorbereitet waren, nach Paris und Rom. Es haben sich vorzügliche Männer gebildet, die zum Teil hier sind, zum Teil sich noch auswärts befinden. Auch unter Liebhaber hat sich die Lust des Zeichnens, Malens und Bossierens verbreitet; mehr oder weniger bedeutsame Sammlungen von Gemälden und Kupferstichen sind entstanden, die ihren Besitzern eine angenehme Unterhaltung, sowie eine geistreiche Kommunikation mit andern Freunden gewähren.

Sehr auffallend ist es, daß der Herzog gerade die Kunst, die er am meisten brauchte, die Baukunst, nicht auf eben die Weise in jungen Leuten beförderte und sich die so nötigen Organe bildete; denn es ist mir keiner bekannt, der auf Baukunst gereist wäre. Wahrscheinlich begnügte er sich mit Subjekten, die er um sich hatte und gewohnt war, und mochte durch sie seine eigenen Ideen gern mehr oder weniger ausgeführt sehen. Dafür kann man aber auch bei allem, was in Ludwigsburg, Stuttgart und Hohenheim geschehen ist, nur das Material, das Geld, die Zeit, sowie die verlorne Kraft und Gelegenheit, was Gutes zu machen, bedauern. Ein Saal, der jetzt in der Arbeit ist, verspricht endlich einmal geschmackvoll verziert zu werden. Isopi, ein trefflicher Ornamentist, den der Herzog kurz vor seinem Tode von Rom verschrieb, führt die Arbeit nach Zeichnungen von Thouret aus. Dieses ist ein junger lebhafter Maler, der sich aber mit viel Lust auf Architektur gelegt hat.

Das Kupferstechen steht wirklich hier auf einem hohen Punkte; Professor Müller ist einer der ersten Künstler in dieser Art und hat eine ausgebreitete Schule, die, indem er nur große Arbeiten unternimmt, die geringern buchhändlerischen Bedürfnisse, unter seiner Aufsicht befriedigt. Professor Leybold, sein Schüler, arbeitet gleichfalls nur an größern Platten und würde an einem andern Orte, in Absicht der Wirkung auf eine Schule, das bald leisten, was Professor Müller hier tut.

Übersieht man nun mit einem Blicke alle diese erwähnten Zweige der Kunst und andere, die sich noch weiter verbreiten, so überzeugt man sich leicht, daß nur bei einer so langen Regierung, durch eine eigene Richtung eines Fürsten diese Ernte gepflanzt und ausgesäet werden konnte; ja man kann wohl sagen: daß die spätern und bessern Früchte jetzo erst zu reifen anfangen. Wie schade ist es daher, daß man gegenwärtig nicht einsieht, welch ein großes Kapitel man daran besitzt, mit wie mäßigen Kosten es zu erhalten und weit höher zu treiben sei. Aber es scheint niemand einzusehen, welchen hohen Grad von Wirkung die Künste in Verbindung mit den Wissenschaften, Handwerk und Gewerbe in einem Staate hervorbringen. Die Einschränkungen, die der Augenblick gebietet, hat man von dieser Seite angefangen und dadurch mehrere gute Leute mißmutig und zum Auswandern geneigt gemacht.

Vielleicht nutzt man an andern Orten diese Epoche und eignet sich, um einen leidlichen Preis, einen Teil der Kultur zu, die hier durch Zeit, Umstände und große Kosten sich entwickelt hat.

Eigentliche wissenschaftliche Richtung bemerkt man in Stuttgart wenig; sie scheint mit der Karls-Akademie wo nicht verschwunden, doch sehr vereinzelt worden zu sein.

Den preußischen Gesandten Madeweiß besuchte ich, und sah bei ihm ein paar sehr schöne Bilder, die dem Legationsrat Abel, der gegenwärtig in Paris ist, gehören. Die Sammlung dieses Mannes, der für sich und seine Freunde sehr schätzbare Gemälde aus dem französischen Schiffbruch zu retten gewußt hat, ist aus Furcht vor den Franzosen in den Häusern seiner Freunde zerstreut, wo ich sie nach und nach aufgesucht habe.

Den sehr korpulenten Erbprinzen sah ich in der Komödie; eine schwarze Binde, in der er den vor kurzem auf der Jagd gebrochnen Arm trug, vermehrte noch sein Volumen. Die Erbprinzeß ist wohlgebaut und hat ein verständiges gefälliges Ansehen, ihr Betragen, sowohl nach innen als auch außen, muß, wie ich aus den Resultaten bemerken konnte, äußerst klug und den Umständen gemäß sein. Der regierende Herzog scheint, nach dem Schlagflusse, der ihn im Juni des vorigen Jahres traf, nur noch so leidlich hinzuleben. Die Wogen des Landtags haben sich gelegt, und man erwartet nun, was aus der Infusion sich nach und nach präzipitieren wird.

Ich machte in guter Gesellschaft den Weg nach Cannstatt und Neckarrems, um das Lager von den ungefähr fünfundzwanzigtausend Mann Österreichern zu sehen, das zwischen Hochberg und Mühlhausen steht und den Neckar im Rücken hat; es geht darin, wie natürlich, alles sauber und ordentlich zu.

Darauf sah ich auch Hohenheim mit Aufmerksamkeit, indem ich einen ganzen Tag dazu anwendete. Das mit seinen Seitengebäuden äußerst weitläufige Schloß und der mit unzähligen Ausgeburten einer unruhigen und kleinlichen Phantasie übersäete Garten gewähren, selbst im einzelnen, wenig

Befriedigendes; nur hier und da findet man etwas, das, besser behandelt, eine gute Wirkung hervorgebracht haben würde.

Einen tätigen Handelsmann, gefälligen Wirt und wohl unterrichteten Kunstfreund, der viel Talent in eignen Arbeiten zeigt und den Namen Rapp führt, fand ich in Stuttgart und bin ihm manchen Genuß und Belehrung schuldig geworden. Professor Dannecker ist, als Künstler und Mensch, eine herrliche Natur und würde in einem reichern Kunstelemente noch mehr leisten als hier, wo er zu viel aus sich selbst nehmen muß.

So ging ich denn endlich von Stuttgart ab, durch eine zwar noch fruchtbare, doch um vieles rauhere Gegend, und bin nun am Fuße der höhern Berge angelangt, welche schon verkündigen was weiterhin bevorsteht. Ich habe hier schon den größten Teil von Professoren kennen gelernt und mich auch in der schönen Gegend umgesehen, die einen doppelten Charakter hat, da Tübingen auf einem Bergrücken, zwischen zwei Tälern liegt, in deren einem der Neckar, in dem andern die Ammer fließt.

Wie auslöschlich die Züge der Gegenstände im Gedächtnis seien, bemerkte ich hier mit Verwunderung, indem mir doch auch keine Spur vom Bilde Tübingens geblieben ist, das wir doch auch, auf jener sonderbaren und angenehmen ritterlichen Expedition, vor so viel Jahren berührten.

Die Akademie ist hier sehr schwach, ob sie gleich verdienstvolle Leute besitzt und ein ungeheures Geld auf die verschiedenen Anstalten verwendet wird; allein die alte Form widerspricht jedem fortschreitenden Leben, die Wirkungen greifen nicht ineinander, und über der Sorge, wie die verschiedenen Einrichtungen im alten Geleise zu erhalten seien, kann nicht zur Betrachtung kommen, was man ehemals dadurch bewirkte und jetzt auf andere Weise bewirken könnte und sollte. Der Hauptsinn einer Verfassung wie die württembergische bleibt nur immer: die Mittel zum Zwecke recht fest und gewiß zu halten, und eben deswegen kann der Zweck, der selbst beweglich ist, nicht wohl erreicht werden.

Über Glasmalerei (Fortsetzung)

In dem Chor der Tübinger Kirche befinden sich bunte Fenster, welche ich beobachtete und folgende Bemerkungen machte:

Den Grund betreffend. Derselbe ist bräunlich, scheint gleich aufgetragen zu sein und in einem trocknen Zustande mit Nadeln ausgerissen. Bei den hohen Lichtern ist der Grund scharf weggenommen, die übrige Haltung aber mit kleinen Strichlein hervorgebracht, wie man auf einem dunklen Grund mit Kreide höhen würde. Auf diese Weise ist die Haltung hervorgebracht, und das Bild ist auf der Seite, die nach innen gekehrt ist. Der Grund ist rauh und unschmelzbar und muß durch ein großes Feuer in das Glas gebrannt sein; die feinsten Nadelzüge stehen in ihrer völligen Schärfe da; es konnte damit auf weißen und allen andern Gläsern operiert werden. Hier sind Vögel und Tierarten auf gelbem Grunde mit unglaublicher Geschicklichkeit radiert. Sowohl die Umrisse als die tiefsten Schatten scheinen mit dem Pinsel gemacht zu sein, so daß der erste Grund doch gleichsam schon als eine starke Mitteltinte anzusehen ist.

Die Färbung betreffend. Man kann hierüber bei den Tübinger Scheiben wenig lernen, weil sie äußerst zusammengesetzt sind. Sie haben zwar sehr gelitten und sind mitunter höchst ungeschickt geflickt; aber man sieht doch, daß sie gleich von Anfang aus sehr kleinen Stücken zusammengesetzt waren, zum Beispiel selbst die einzelnen Teile eines Harnisches, der doch völlig einfärbig ist.

Wenn hier auf einem Glas zwei, ja drei Farben vorkommen, so ist es durch das Ausschleifen geleistet. Es sieht sehr gut aus, wenn eine weiße Stickerei auf einem farbigen Kleide ausgeschliffen ist. Dieses Ausschleifen ist vorzüglich bei Wappen gebraucht. Die weiße Wäsche neben den Gewändern so auszuschleifen, würde einen sehr guten Effekt tun. Durch dieses Mittel können zum Beispiel viererlei Farben auf einmal dargestellt werden, ja mehrere. Eine Purpurschicht wird auf ein weißes Glas geschmolzen, das Schwarze wird auf den Purpur gemalt, das übrige wird herausgeschliffen, und man kann auf der Rückseite des Weißen wieder Farben anbringen, welche man will. Sehr dünner Purpur tut einen herrlichen Effekt und würde bei dem geschmackvollsten Kolorit seinen Platz gehörig einnehmen. Ebenso könnte Gelb auf Purpur geschmolzen und eine Farbe ausgeschliffen werden.

Das Schwarze habe ich hier auf der innern Seite sehr dicht aufgemalt gesehen. Es sind auf diese Weise teils die schwarzen Teile der Wappen, teils große Zieraten auf farbige Scheiben aufgetragen.

Zu Holz, Stein und anderem Nebenwesen gibt es sehr artige Töne, die aus dem Grünen, Roten, Gelben und Violetten ins Braune spielen. Man müßte damit, bei geschmackvollerer Malerei, seine Gründe sehr sanft halten können.

Die Fleischfarbe ist nun freilich am wenigsten gut, sie steigt vom Gelben bis zum Rotgelben; ja ich habe an Nebenfiguren ein violettlich Braun bemerkt. Wollte man überhaupt wieder etwas in dieser Art versuchen, so müßte man sich einen gewissen Stil machen und nach den mechanischen Möglichkeiten die Arbeiten behandeln.

Die Hauptfarben sind alle da, und zwar in ihrer höchsten Energie und Sattheit.

Ein Dunkelblau ist fürtrefflich. Ein Hellblau scheint neuer. Eine Art von Stahlblau, vielleicht von hinten durch eine graue Schmelzfarbe hervorgebracht. Gelb, vom Hellsten bis ins Orange, ja Ziegelrot. Smaragdgrün, Gelbgrün. Violett, und zwar ein blauliches und ein rötliches, beides sehr schön. Purpur in allen Tönen, des hellen und dunklen, von der größten Herrlichkeit.

Diese Hauptfarben können, wie schon oben gesagt, wenn man wollte, getötet werden, und man müßte nicht allein diese lebhafte und heftige, sondern auch eine angenehme Harmonie hervorbringen können.

[Nachträglich] *In der Bibliothek zu Einsiedeln* konnte ich bemerken, daß das farbige Glas in dem Falle des doppelten

Glases nicht weggeschliffen, sondern mit dem Diamant weggekratzt war.

In Zug, Wirtshaus zum Ochsen, wo sich schöne, eigentlich gemalte Scheiben befinden, bemerkte ich eine Farbe, die sich dem Purpur näherte, eigentlich aber nur eine Granat- oder Hyazinthfarbe war. Man sah daraus, daß sie alles versucht hatten, um den Purpur in diesen Fällen zu ersetzen.

Den 12. September

Früh Expedition nach Weimar. Machten mir Professor Plouquet und Majer den Besuch. Mittags Professor Abel. Regnichter Tag. Nach Tische auf der Bibliothek, fand den Antonius de Dominis, sodann zu Professor Schnurrer. Abends bei Professor Majer, wo gegenwärtig waren:

Herr und Frau Geheimer Legationsrat Kaufmann, wegen des Erzherzogs hier,

Herr Kammerherr von der Lühe } wegen des
Herr von Reuschach } Hofgerichts

Herr Oberlieutenant . . . . . blessiert.

War eine bestimmtere Nachricht von den Veränderungen in Paris vom 4. September angekommen.

Den 13. September

Früh die Souvenirs de Mon voyage à Paris von Meister hinausgelesen. Auszug aus dem Antonius de Dominis, dann mit Professor Schnurrer im Seminario. Zu Mittag Herr Zahn. Nach Tische kamen Hofrat Gmelin und Professor Tafinger, auch Dr. Gmelin. Ich ging den Erzherzog ankommen zu sehen, der im Collegio Illustri abstieg. Graf Bellegarde war bei ihm. Mit Herrn Cotta nachher spazieren an dem Mühlbache im Ammertale hinauf, dann über die Weinbergshöhen und wieder zurück.

Den 14. September

Früh den Auszug des de Dominis geendigt. Ordnung gemacht. Zu Geheime Rat von Seckendorf. Professor Kielmeyer traf ich nicht an. Mittag speiste Sekretär Weber mit.

Nach Tische kamen Professor Majer und Gmelin. Sodann ging ich mit Herrn Cotta zu Professor Storr, der uns sein Naturalienkabinett, welches im Institute steht, sehen ließ. Er hat durch den Ankauf des Pasquaytischen Kabinetts in Frankfurt vor ongefähr sechzehn Jahren eine große Akquisition gemacht und ist besonders an Madreporen, Milleporen, Muscheln und andern Seeprodukten reich. Auf seiner Schweizerreise hat er schöne Mineralien gesammelt und durch seine Konnexionen in Norden, besonders mit Spengler in Kopenhagen, der auch Pasquay viel geschafft hatte, wichtig vermehrt. Das Mineralienkabinett steht in einem Türmchen des Gebäudes und nicht so gut als der übrige zoologische Teil.

An Schiller Tübingen, den 14. September 1797

Seit dem 4. September, an dem ich meinen letzten Brief abschickte, ist es mir durchaus recht gut gegangen. Ich blieb in Stuttgart noch drei Tage, in denen ich noch manche Personen kennen lernte und manches Interessante beobachtete. Als ich bemerken konnte, daß mein Verhältnis zu Rapp und Dannecker im Wachsen war, und beide manchen Grundsatz, an dem mir theoretisch so viel gelegen ist, aufzufassen nicht abgeneigt waren, auch von ihrer Seite sie mir manches Gute, Angenehme und Brauchbare mitteilten, so entschloß ich mich ihnen den Hermann vorzulesen, das ich denn auch in einem Abend vollbrachte. Ich hatte alle Ursache mich des Effekts zu erfreuen, den er hervorbrachte, und es sind uns allen diese Stunden fruchtbar geworden.

Nun bin ich seit dem siebenten in Tübingen, dessen Umgebungen ich die ersten Tage, bei schönem Wetter, mit Vergnügen betrachtete, und nun eine traurige Regenzeit durch geselligen Umgang um ihren Einfluß betrüge. Bei Cotta habe ich ein heiteres Zimmer, und, zwischen der alten Kirche und dem akademischen Gebäude, einen freundlichen, obgleich schmalen Ausblick ins Neckartal. Indessen bereite ich mich zur Abreise, und meinen nächsten Brief erhalten Sie von Stäfa. Meyer ist sehr wohl und erwartet mich mit Verlangen. Es läßt sich gar nicht berechnen, was beiden unsere Zusammenkuft sein und werden kann.

Je näher ich Cotta kennen lerne, desto besser gefällt er mir. Für einen Mann von strebender Denkart und unternehmender Handelsweise hat er so viel Mäßiges, Sanftes und Gefaßtes, so viel Klarheit und Beharrlichkeit, daß er mir eine seltene Erscheinung ist. Ich habe mehrere von den hiesigen Professoren kennen lernen, in ihren Fächern, Denkungsart und Lebensweise sehr schätzbare Männer, die sich alle in ihrer Lage gut zu befinden scheinen, ohne daß sie gerade einer bewegten akademischen Zirkulation nötig hätten. Die großen Stiftungen scheinen den großen Gebäuden gleich, in die sie eingeschlossen sind; sie stehen wie ruhige Kolossen auf sich selbst gegründet und bringen keine lebhafte Tätigkeit hervor, die sie zu ihrer Erhaltung nicht bedürfen.

Sonderbar hat mich hier eine kleine Schrift von Kant überrascht, die Sie gewiß auch kennen werden: Verkündigung des nahen Abschlusses eines Traktats zum ewigen Frieden in der Philosophie; ein sehr schätzbares Produkt seiner bekannten Denkart, das so wie alles was von ihm kommt, die herrlichsten Stellen enthält, aber auch in Komposition und Stil Kantischer als Kantisch ist. Mir macht es großes Vergnügen, daß ihn die vornehmen Philosophen und die Prediger des Vorurteils so ärgern konnten, daß er sich mit aller Gewalt gegen sie stemmt. Indessen tut er doch, wie mir scheint, Schlossern unrecht, daß er ihn einer Unredlichkeit, wenigstens indirekt, beschuldigen will. Wenn Schlosser fehlt, so ist es wohl darin, daß er seiner innern Überzeugung eine Realität nach außen zuschreibt, und kraft seines Charakters und seiner Denkweise zuschreiben muß; und wer ist in Theorie und Praxis ganz frei von dieser Anmaßung? Zum Schlusse lasse ich Ihnen noch einen kleinen Scherz abschreiben; machen Sie aber noch keinen Gebrauch davon. Es folgen auf diese Introduktion noch drei Lieder in deutscher, französischer und spanischer Art, die zusammen einen kleinen Roman ausmachen.

DER EDELKNABE UND DIE MÜLLERIN

Altenglisch

EDELKNABE. *Wohin? Wohin?*
Schöne Müllerin!
Wie heißt du?

MÜLLERIN. *Liese.*

EDELKNABE. *Wohin denn? wohin*
Mit dem Rechen in der Hand?

MÜLLERIN. *Auf des Vaters Land,*
Auf des Vaters Wiese!

EDELKNABE. *Und gehst so allein?*

MÜLLERIN. *Das Heu soll herein,*
Das bedeutet der Rechen;
Und im Garten daran
Fangen die Birn zu reifen an,
Die will ich brechen.

EDELKNABE. *Ist nicht eine stille Laube dabei?*

MÜLLERIN. *Sogar ihrer zwei*
An beiden Ecken.

EDELKNABE. *Ich komme dir nach,*
Und am heißen Mittag
Wollen wir uns drein verstecken.
Nicht wahr? im grünen vertraulichen Haus—

MÜLLERIN. *Das gäbe Geschichten.*

EDELKNABE. *Ruhst du in meinen Armen aus?*

MÜLLERIN. *Mit nichten!*
Denn wer die artige Müllerin küßt,
Auf der Stelle verraten ist.

Euer schönes dunkles Kleid
Tät mir leid
So weiß zu färben.
Gleich und gleich! so allein ist's recht!
Darauf will ich leben und sterben.
Ich liebe mir den Müllerknecht;
An dem ist nichts zu verderben.

Den 15. September

Früh Absendung nach Weimar. Überlegung, ob nicht die Lieder von der Müllerin zu einer Operette Anlaß geben könnten. Promenade ins Neckartal. Mittags Professor Majer. Verschiednes über die thüringischen, Kielischen, württembergischen Verhältnisse. Nach Tische Spittlers Nebeninstruktion gelesen, dann auf den Turm, die Gegend noch einmal zu übersehen.

Gelegentlich durchzudenken und aufzusetzen.

1. Schema von einer vollständigen, doch im Personal eingeschränkten Kunstakademie.
2. Schema von Kunst und Handwerk, bezüglich auf die innere Dekoration eines Schlosses.
3. Über das Darzustellende oder über die Gegenstände, welche die verschiednen Künste bearbeiten können und sollen.
4. Über die Behandlung der verschiednen Gegenstände durch die verschiednen Künste, je nachdem die Mittel und Zwecke dieser letzten verschieden sind.
5. Von der sinnlichen Stellung oder Zusammenstellung der Teile.
6. Von den verschiednen Darstellungen bezüglich auf ihren tiefern Gehalt und Wirkung.

Nackte Darstellungen.
Repräsentative.
Symbolische.
Allegorische.

VON TÜBINGEN NACH SCHAFFHAUSEN

Den 16. September 1797

Früh vier Uhr aus Tübingen. Im Grunde der Steinlach, welche rechts blieb. Dußlingen im Grunde, auf den Höhen Feldbau. Durch ein Ende von Dußlingen geht die Chaussee, links Nehren, rechts Ofterdingen, in einiger Entfernung links höhere, mit Wald bewachsne Berge, mehr Wiesewachs. Links ein altes Schloß, Wiesen und Weide. Sobald man aus dem Württembergischen kommt, schlechter Weg, links auf dem ganzen Wege hat man Berge, an deren Fuß sich ein Tal bildet, in welchem die Steinlach hinfließt. Hechingen zum Teil im Grunde, ein Teil der Stadt mit dem Schlosse auf der Anhöhe. Links weiter unten zwischen Wiesen und Feldern ein Kloster, hinter dem Zwischenraume Hohenzollern auf dem Berge, die Ansicht bei der Einfahrt in Hechingen sehr schön. Auf der Brücke seit langer Zeit der erste heilige Nepomuk; war aber auch wegen der schlechten Wege nötig. Ich kam um siebeneinhalb Uhr an. Sehr schöne Kirche. Betrachtung über die Klarheit der Pfaffen und ihren eignen Angelegenheiten und die Dumpfheit, die sie verbreiten. Beinahe könnte man's von Philosophen umgekehrt sagen, die einzige richtige Wirkung des Verbreitungsgewerbes.

Von Hechingen hinaus schöne Gärten und Baumstücke, schöne Pappelanlagen, abhängige Wiesen und freundliches Tal. Nach dem Schloß Hohenzollern zu schöne weite Aussicht. Die Berge links gehen immer fort so wie das Tal zu ihren Füßen. Wessingen. Auf der Chaussee, wie auch schon eine Weile vorher, sehr dichter, inwendig blauer Kalkstein mit splittrig muschligem Bruche, fast wie der Feuerstein. Steinhofen. Eine hübsche Kirche auf der Höhe. Hier und in einigen Dörfern vorher war bei den Dorfbrunnen eine Art von Herd eingerichtet, auf dem das Wasser zum Waschen auf der Stelle heiß gemacht wird. Der Feldbau ist überhaupt der einer rauheren Gegend, man sah noch viel Kartoffeln,

Hanf, Wiesen und Triften. Engstlatt zwischen angenehmen Hügeln im Grunde, seitwärts Berge.

Balingen. Gleichfalls eine schöne Gegend; links in einiger Entfernung hohe waldige Berge, bis an deren steilern Fuß sich fruchtbare Hügel hinauf erstrecken. Angekommen um zehn Uhr. Der Ort liegt zwischen fruchtbaren, mehr oder weniger steilen, zum Teil mit Holz bewachsnen Hügeln und hat in einiger Entfernung gegen Südost hohe holzbewachsne Berge. Die Eyach fließt durch schöne Wiesen. Diese erst beschriebne Gegend sah ich auf einem Spaziergange hinter Balingen. Hohenzollern ist rückwärts noch sichtbar. Die Eyach läuft über Kalkfelsen, unter denen große Bänke von Versteinerungen sind. Der Ort selbst wäre nicht übel, er ist fast nur eine lange und breite Straße, das Wasser läuft durch, und stehen hin und wieder gute Brunnen; aber die Nachbarn haben ihre Misthaufen in der Mitte der Straße am Bach, in den alle Jauche läuft und woraus doch gewaschen und zu manchen Bedürfnissen unmittelbar geschöpft wird. An beiden Seiten an den Häusern bleibt ein notdürftiger Platz zum Fahren und Gehen. Beim Regenwetter muß es abscheulich sein. Überdies legen die Leute, wegen Mangel an Raum hinter den Häusern, ihren Vorrat von Brennholz gleichfalls auf die Straße und das Schlimmste ist, daß nach Beschaffenheit der Umstände fast durch keine Anstalt dem Übel zu helfen wäre. Endingen. Man behält die Berge noch immer links. Erzingen. Feldbau. Dotternhausen. Bis dahin schöne schwarze Felder, scheinen aber feucht und quellig. Hinter dem Ort kommt man dem Berge näher. Schömberg. Starker Stieg, den vor einigen Jahren ein Postwagen hinunter rutschte. Der Ort ist schmutzig und voller Mist; er ist wie Balingen als Städtchen enge gebaut und in Mauern gezwängt und wird von Güterbesitzern bewohnt, die nun keine Höfe haben. Man findet auf der Höhe wieder eine ziemliche Fläche, wo Acker und Weide ist; man schafft den Hafer hier erst hinein. Man kommt immer höher, es zeigen sich Fichten, große flache Weidplätze, dazwischen Feldbau. Man kommt an einen einzelnen Hof. Das Terrain fällt gegen Mittag, die Wasser fließen aber noch immer nach dem Neckar zu; es kommen mehr Fichtenwäldchen. Wellendingen. Wir hielten um drei Uhr an. Muschelkalkbänke mit Versteinerungen, starker Stieg gegen Frittlingen. Boden und Kultur wird etwas besser, eine fruchtbare, mehr oder weniger sanfte Tiefe. Links liegt Aldingen. Roter Ton, darunter Sandstein von dem weißen mit der Porzellanerde. Kultur auch der undankbarsten Felder, Bergrücken und ehemalige Triften. Man kommt auf eine schöne Fläche und fühlt, daß man hoch ist. Man wendet sich durch Aldingen; es ist ein heiterer, weitläufig gebauter Ort; links Gebirg. Höhen, worauf ein Schlößchen liegt. Hofen, Spaichingen, Balgheim. Man hat die höchste Höhe erreicht.

Rietheim. Die Wasser fallen der Donau zu. Wurmlingen. Man fährt durch ein enges Tal hinabwärts. Es ward Nacht achteinhalb in Tuttlingen.

Den 17. September 1797

Von Tuttlingen um sieben Uhr. Der Nebel war sehr stark; ich ging noch vorher, die Donau zu sehen. Sie scheint schon breit, weil sie durch ein großes Wehr gedämmt ist. Die Brükke ist von Holz und, ohne bedeckt zu sein, mit Verstand auf die Dauer konstruiert; die Tragewerke liegen in den Lehnen, und die Lehnen sind mit Brettern verschlagen und mit Schindeln gedeckt. Hinter Tuttlingen geht es gleich anhaltend bergauf. Kalkstein mit Versteinerungen. Gute und wohlfeile Art einer Lehne am Wege: viereckt längliche Löcher in starke Hölzer eingeschnitten, lange dünne Stämme getrennt und durchgeschoben; wo sich zwei einander mit dem obern und untern Ende berühren, werden sie verkeilt.

Der Nebel sank in das Donautal, das wie ein großer See, wie eine überschneite Fläche aussah, indem die Masse ganz horizontal und mit fast unmerklichen Erhöhungen niedersank. Oben war der Himmel völlig rein.

Überhaupt muß man alle württembergische Anstalten von Chausseen und Brücken durchaus loben.

Man steigt so hoch, daß man mit dem Rücken der sämtlichen Kalkgebirge, zwischen denen man bisher durchfuhr, beinah gleich zu sein scheint. Die Donau kommt von Abend her geflossen, man sieht weit in ihr Tal hinauf, und wie es von beiden Seiten eingeschlossen ist, so begreift man, wie ihr Wasser weder südwärts nach dem Rhein, noch nordwärts nach dem Neckar fallen könne. Man sieht auch ganz hinten im Grunde des Donautals die Berge quer vorliegen, die sich an der rechten Seite des Rheins bei Freiburg hinziehen und den Fall der Wasser nach Abend gegen den Rhein zu verhindern.

Die neue Saat des Dinkels stand schon sehr schön; man säet hier früh, weil es auf den Höhen zeitig einwintert.

Es tut sich die Aussicht auf, links nach dem Bodensee und nach den Bergen von Graubünden, vorwärts nach Hohentwiel, Thayngen und dem Fürstenbergischen. Man hat das Donautal nunmehr rechts und sieht jenseits desselben die Schlucht, durch die man herunter gekommen; man erkennt sie leicht an dem Schlößchen, das über Aldingen liegt.

Die Straße wendet sich gegen Abend. Nachdem man lange kein Dorf gesehen, sieht man in einem breiten fruchtbaren Tal, dessen Wasser nach dem kleinern Bodensee zufallen, Haltingen liegen, einen Ort, zu dem man sich denn auch südwärts wieder hinunter wendet. Die Ansicht ist sehr interessant und vorschweizerisch. Hinten charakteristische, mit Wald bewachsne Berge, an deren sanftern Abhängen Fruchtbau sich zeigt; dann im Mittelgrunde lange, über Hügel und Täler sich erstreckende Waldungen, zunächst wieder wohlgebautes Feld.

Hier, so wie schon drüben über der Donau, viele abgerundete Geschiebe, aber alles Kalk, wie die Felsen selbst. Man denkt sich, wie durch die ehemaligen Brandungen, Meerströme und Strudel die losgewordnen Teile der Gebirge an ihrem Fuße abgerundet worden.

Hinter Haltingen guter Boden, anfangs stark mit Steinen gemischt, nachher weniger und dann meist rein. Einiges schien Neubruch und war es auch, denn die Äcker bleiben neun Jahre als Wiese liegen und werden dann wieder andere neun Jahre benutzt. Einige Steinbrüche zum Behuf der Chaussee zeigen, daß der Kalkfels nicht tief unter der fruchtbaren Erde liegt.

Man kommt durch gemischte Waldungen über Hügel und Täler, es geht einen starken Stieg hinunter und angenehme Waldtäler setzen fort.

Wir fanden eine Pflanze, bei der, außer ihrer Gestalt, merkwürdig ist, daß viele Insekten aller Art sich in ihren Samenkapseln nähren. Attich mit reifen Früchten zeigte sich auch. Ein Holzschlag. Kohlenmeiler. Gentianen. Das waldige Tal geht neben einem Wiesengrunde angenehm fort; Schneidemühlen, einiger Fruchtbau. Astrantia. Epilobium. Gentianen in ganzen Massen. Kampaneln dazwischen. Antirrhinum. Frage, ob die Gentianen und andern Blumen nicht auch schon im Frühjahr geblüht haben.

Kleines, ziemlich steiles ehemaliges Waldamphitheater, auf dem die Stöcke der abgehauenen Bäume noch stehen, zum Kartoffelfelde mühsam umgearbeitet. Das Tal verbreitert sich, und alle Lehden sind womöglich zum Feldbau umgearbeitet.

Man nähert sich Engen. Ein charakteristischer, obgleich ganz bewachsner Berg mit einem alten Schlosse zeigt sich rechts; ein kleiner Ort, der unmittelbar vor Engen liegt, ist den 8. Oktober 1796 von den Franzosen zum Teil abgebrannt worden. Das Städtchen selbst liegt auf einem Hügel, gedachtem Berg gegenüber. Wir kamen um elf Uhr an und rasteten.

Von Morgen her gesehen gibt Engen ein artig topographisches Bild, wie es unter dem bedeutenden Berge auf einem Hügel sich ins Tal verliert. Die Bürger des Orts taten auf dem Rückzuge, in Verbindung mit den Kaiserlichen, den Franzosen Abbruch; diese letztern, als sie doch die Oberhand behielten, verbrannten mehrere Häuser vor der Stadt und bedrohten die Stadt selbst mit einem gleichen Schicksal. Ich sah daselbst eine sehr gut gekleidete kaiserliche Garnison, in der Nähe ein starkes aufgefahrnes Proviantfuhrwesen und erbärmlich gekleidete Kranke.

Um zwölf Uhr fuhren wir ab. Vor der Stadt erschien wieder Weinbau. Schon oben bei dem Städtchen hatte ich die ersten Geschiebe des Gesteins von Quarz und Hornblende gefunden. Nußbäume zeigen sich wieder, schöne Wiesen und Baumstücke. Links ein artig Dorf an einer Höhe hinter einer flachen Wiese. Es öffnet sich eine schöne fruchtbare Fläche im Tal, die höhern Felsen scheinen nunmehr eine andere Steinart zu sein, um die sich der Kalkstein herumlegt. Viele weiße Rüben werden gebaut. Man kommt nach Welschingen, einem leidlichen Ort. Man steigt wieder stark bis gegen Weiterdingen. Es finden sich hier viel Geschiebe von farbigem Quarz mit weißen Adern, roter Jaspis, Hornblende in Quarz.

Man übersieht nunmehr von Engen das schöne Tal rückwärts. In den fruchtbaren Feldern liegen weitläufige Dörfer, und jener steile Berg zeigt sich nun in seiner Würde an der linken Seite.

Vorwärts liegt Hohentwiel, hinten die Graubündner Berge im Dunste am Horizonte kaum bemerklich.

Man kommt durch Weiterdingen. Links ein sehr schönes Wiesental, über demselben Weinbau. Auf eben der Seite liegt Hohentwiel; man ist nunmehr mit dieser Festung in gleicher Linie und sieht die große Kette der Schweizer Gebirge vor sich.

Hilzingen liegt in einem weiten Tale zwischen fruchtbaren Hügeln, Feldbau, Wiesewachs und Weinberg umher.

Die Pässe wurden daselbst von einem österreichischen Wachtmeister unterzeichnet, und der Amtschreiber stellte einen Kautionsschein aus, daß die Pferde wiederkommen würden.

Man steigt lange und sieht immer das Tal von Hilzingen hinter und neben sich, sowie Hohentwiel.

Sie nennen hier zu Lande einen Hemmschuh nicht ungeschickt einen Schleiftrog.

Ebringen. Nun geht es weiter über verschiedne fruchtbare Hügel; die höhern Berge sind mit Wald und Büschen besetzt. Viel Weinbau am Fuße eines Kalkfelsens; meist blaue Trauben, hingen sehr voll. Thayngen, der erste schweizerische Ort, guter Wein. Müller, Gastwirt zum Adler.

Herblingen. Starker Weinbau. Fruchtfeld. Wald links.

Kalkstein, mit einem muschligen Bruche, fast feuersteinartig.

Vor Schaffhausen alles umzäunt, die Besitzungen immer abgeteilt und gesichert, alles scheint Gartenrecht zu haben und hat es auch. Die Stadt selbst liegt in der Tiefe, ein schmaler angenehmer Wiesengrund zieht sich hinab, man fährt rechts und hat auf derselben Hand Gartenhäuser und Weinberge neben sich. Links ist der Abhang mehr oder weniger steil. Bei einem großen Hause, das unten steht, geht man durch eine Brücke zum Dach hinein. Höchst anmutige Abwechslung von großen und kleinen Gärten und Höfen. Man sieht das Schloß vor sich. Die Gartenhäuser vermehren sich und werden ansehnlicher. Nach der Stadt zu steigen die Weinberge weit hinauf; links wird der Abhang nach dem kleinen Tale zu sanfter.

SCHAFFHAUSEN UND DER RHEINFALL

In der menschlichen Natur liegt ein heftiges Verlangen, zu allem, was wir sehen, Worte zu finden, und fast noch lebhafter ist die Begierde, dasjenige mit Augen zu sehen, was wir beschreiben hören. Zu beidem wird in der neuern Zeit besonders der Engländer und der Deutsche hingezogen. Jeder bildende Künstler ist uns willkommen, der uns eine Gegend vor Augen stellt, der die handelnden Personen eines Romans oder eines Gedichts, so gut oder schlecht als er es vermag, sichtlich vor uns handeln läßt. Ebenso willkommen ist aber auch der Dichter oder Redner, der durch Beschreibung in eine Gegend uns versetzt, er mag nun unsere Erinnerung wieder beleben, oder unsere Phantasie aufregen; ja wir erfreuen uns sogar, mit dem Buch in der Hand eine wohlbeschriebene Gegend zu durchlaufen; unserer Bequemlichkeit wird nachgeholfen, unsere Aufmerksamkeit wird erregt, und wir vollbringen unsere Reise in Begleitung eines unterhaltenden und unterrichtenden Gesellschafters.

Kein Wunder also, daß in einer Zeit, da so viel geschrieben wird, auch so manche Schrift dieser Art erscheint; kein Wunder, daß Künstler und Dilettanten in einem Fache sich üben, dem das Publikum geneigt ist.

Als eine solche Übung setzen wir die Beschreibung des Wasserfalls von Schaffhausen hierher, ohne ihn von den kleinen Bemerkungen eines Tagebuchs zu trennen. Jenes Naturphänomen wird noch oft genug gemalt und beschrieben werden, es wird jeden Beschauer in Erstaunen setzen, manchen zu einem Versuch reizen, seine Anschauung, seine Empfindung mitzuteilen, und von keinem fixiert, noch weniger erschöpft werden.

Schaffhausen, den 17. September, abends

Im Gasthof zur Krone. Gutes Zimmer, Kupfer, Geschichte der traurigen Epoche Ludwigs XVI. Betrachtung dabei weiter auszuführen.

An der Table d'hôte Emigranten: Dame, Gräfin, Condéische Offiziere, Pfaffen. Oberst Landolt.

Bemerkung eines gewissen stieren Blicks der Schweizer, besonders der Zürcher.

Den 18. September, früh

Um sechseinhalb Uhr ausgefahren. Grüne Wasserfarbe, Ursache derselben.

Nebel, der die Höhen einnahm; die Tiefe war klar, man sah das Schloß Laufen halb im Nebel. Der Dampf des Rheinfalls, den man recht gut unterscheiden konnte, vermischte sich mit dem Nebel und stieg mit ihm auf.

Gedanke an Ossian. Liebe zum Nebel bei heftigen innern Empfindungen.

Uhwiesen, ein Dorf. Weinberge, unten Feld.

Oben klärte sich der Himmel langsam auf, die Nebel lagen noch auf den Höhen.

Laufen. Man steigt hinab und steht auf Kalkfelsen.

Teile der sinnlichen Erscheinung des Rheinfalls, vom hölzernen Vorbau gesehen. Felsen, in der Mitte stehende, von dem höhern Wasser ausgeschliffne, gegen die das Wasser herabschießt. Ihr Widerstand, einer oben und der andere unten, werden völlig überströmt. Schnelle Wellen, Flocken, Gischt im Sturz, Gischt unten im Kessel, siedende Strudel im Kessel.

Der Vers legitimiert sich:

Es wallet und siedet und brauset und zischt.

Wenn die strömenden Stellen grün aussehen, so erscheint der nächste Gischt leise purpur gefärbt.

Unten strömen die Wellen schäumend ab, schlagen hüben und drüben ans Ufer, die Bewegung verklingt weiter hinab, und das Wasser zeigt im Fortfließen seine grüne Farbe wieder.

Erregte Ideen

Gewalt des Sturzes. Unerschöpfbarkeit als wie ein Unnachlassen der Kraft. Zerstörung, Bleiben, Dauern, Bewegung, unmittelbare Ruhe nach dem Fall.

Beschränkung durch Mühlen drüben, durch einen Vorbau hüben. Ja es war möglich, die schönste Ansicht dieses herrlichen Naturphänomens wirklich zu verschließen.

Umgebung. Weinberge, Feld, Wäldchen.

Bisher war Nebel, zu besonderm Glücke und Bemerkung des Details; die Sonne trat hervor und beleuchtete auf das schönste schief von der Hinterseite das Ganze. Das Sonnenlicht teilte nun die Massen ab, bezeichnete alles Vor- und Zurückstehende, verkörperte die ungeheure Bewegung. Das Streben der Ströme gegeneinander schien gewaltsam zu werden, weil man ihre Richtungen und Abteilungen deutlicher sah. Stark spritzende Massen aus der Tiefe zeichneten sich beleuchtet nun vor dem feinern Dunste aus, ein halber Regenbogen erschien im Dunste.

Bei längerer Betrachtung scheint die Bewegung zuzunehmen. Das dauernde Ungeheure muß uns immer wachsend erscheinen; das Vollkommene muß uns erst stimmen und uns nach und nach zu sich hinaufheben. So erscheinen uns schöne Personen immer schöner, verständige verständiger.

Das Meer gebiert ein Meer. Wenn man sich die Quellen des Ozeans dichten wollte, so müßte man sie so darstellen.

Nach einiger Beruhigung verfolgt man den Strom in Gedanken bis zu seinem Ursprung und begleitet ihn wieder hinab.

Beim Hinabsteigen nach dem flächern Ufer Gedanken an die neumodische Parksucht.

Der Natur nachzuhelfen, wenn man schöne Motive hat, ist in jeder Gegend lobenswürdig; aber wie bedenklich es sei, gewisse Imaginationen realisieren zu wollen, da die größten Phänomene der Natur selbst hinter der Idee zurückbleiben.

Ich fuhr über. Der Rheinfall von vorn, wo er faßlich ist, bleibt noch herrlich, man kann ihn auch schon schön nennen. Man sieht schon mehr den stufenweisen Fall und die Mannigfaltigkeit in seiner Breite; man kann die verschiednen Wirkungen vergleichen, vom Unbändigsten rechts bis zum nützlich Verwendeten links.

Über dem Sturz die schöne Felswand, an der man das Hergleiten des Stromes ahnden kann; rechts das Schloß Laufen. Ich stand so, daß das Schlößchen Wörth und der Damm, der von ihm ausgeht, den linken Vordergrund machten. Auch auf dieser Seite sind Kalkfelsen, und wahrscheinlich sind auch die Felsen in der Mitte des Sturzes Kalk.

Schlößchen Wörth

Ich ging hinein, um ein Glas Wein zu trinken.

Alter Eindruck bei Erblickung des Mannes.

Ich sah Trippels Bild an der Wand und fragte, ob er etwa zur Verwandtschaft gehörte. Der Hausherr, der Geltzer heißt, war mit Trippel durch Mütter Geschwisterkind. Er hat das Schlößchen mit dem Lachsfang, Zoll, Weinberg, Holz und so weiter von seinen Voreltern her im Besitz, doch als Schupflehn, wie sie es heißen. Er muß nämlich dem Kloster, oder dessen jetzigen Sukzessoren, die Zolleinkünfte berechnen, zwei Drittel des gefangenen Lachses einliefern, auf die Waldung Aufsicht führen und daraus nur zu seiner Notdurft schlagen und nehmen; die Nutzung des Weinberges und der Felder gehört ihm zu und, er gibt jährlich überhaupt nur dreißig Taler ab. Und so ist er eine Art von Lehenmann und zugleich Verwalter. Das Lehn heißt Schupflehn deswegen, weil man ihn, wenn er seine Pflichten nicht erfüllt, aus dem Lehn herausschieben oder schuppen kann. Er zeigte mir seinen Lehnbrief von Anno 1762, der alle Bedingungen mit großer Einfalt und Klarheit enthält. Ein solches Lehn geht auf die Söhne über, wie der gegenwärtige Besitzer die ältern Briefe auch noch aufbewahrt. Allein im Briefe selbst steht nichts davon, obwohl von einem Regreß an die Erben darin die Rede ist.

Um zehn Uhr fuhr ich bei schönem Sonnenschein wieder hinüber. Der Rhein war noch immer seitwärts von hinten erleuchtet, schöne Licht- und Schattenmassen zeigten sich sowohl auf dem Laufenschen Felsen als von den Felsen in der Mitte.

Ich trat wieder auf die Bühne an den Sturz heran, und ich fühlte, daß der vorige Eindruck schon verwischt war; es schien gewaltsamer als vorher zu stürmen. Wie schnell sich doch die Nerve wieder in ihren alten Zustand herstellt. Der Regenbogen erschien in seiner größten Schönheit; er stand mit seinem ruhigen Fuß in dem ungeheuern Gischt und Schaum, der, indem er ihn gewaltsam zu zerstören droht, ihn jeden Augenblick neu hervorbringen muß.

Beobachtungen und Betrachtungen

Sicherheit neben der entsetzlichen Gewalt.

Durch das Rücken der Sonne noch größere Massen von Licht und Schatten.

Da nun kein Nebel ist, scheint der Gischt gewaltiger, wenn er über den reinen Himmel und die reine Erde hinauffährt.

Die dunkle grüne Farbe des abströmenden Flusses ist auch auffallender.

Wir fuhren zurück

Wenn man nun den Fluß nach dem Falle hinabgleiten sieht, so ist er ruhig, seicht und unbedeutend. Alle Kräfte, die sich gelassen sukzessiv einer ungeheuern Wirkung nähern, sind ebenso anzusehen. Mir fielen die Kolonnen ein, wenn sie auf dem Marsche sind.

Man sieht nun links über die bebaute Gegend und Weinhügel, mit Dörfern und Höfen belebt und mit Häusern wie besäet. Ein wenig vorwärts Hohentwiel und, wenn ich nicht irre, die vorstehenden Felsen bei Engen und weiter herwärts. Rechts die hohen Gebirge der Schweiz in weiter Ferne hinter den mannigfaltigsten Mittelgründen. Auch bemerkt man hinterwärts gar wohl an der Gestalt der Berge den Weg, den der Rhein nimmt.

In dem Dorf Uhwiesen fand ich in der Zimmerarbeit Nachahmung der Mauerarbeit. Was sollen wir zu dieser Erscheinung sagen, da das Gegenteil der Grund aller Schönheit unserer Baukunst ist!

Auch sah ich wieder Mangold und nahm mir vor, Samen davon mitzunehmen und künftigen Sommer unsern Wieland zu traktieren.

Ich wurde abermals dran erinnert, wie das Sentimentale das Ideal auf einen einzelnen Fall anwendet, und deswegen meistens schief ist.

Schaffhausen lag mit seiner Dächermasse links im Tale.

Schaffhäuser Brücke schön gezimmert, höchste Reinlichkeit. In der Mitte einige Sitze, hinter denen die Öffnungen mit Glasfenstern zugeschlossen sind, damit man nicht im Zuge sitze.

Unterm Tore des Wirtshauses fand ich ein paar Franzosen wieder, die ich auch am Rheinfall gesehen hatte. Der eine war wohl damit zufrieden, der andere aber sagte: C'est assez joli, mais pas si joli que l'on me l'avait dit. Ich möchte die Ideen des Mannes und seinen Maßstab kennen.

Bei Tische saß ich neben einem Manne, der aus Italien kam und ein Mädchen von ohngefähr vierzehn Jahren, eine Engländerin, namens Dillon, deren Mutter, eine geborne d'Alston, in Padua gestorben war, nach England zurückführte. Er konnte von der Teurung in Italien nicht genug sagen. Ein Pfund Brot kostet zwanzig französische Sous und ein paar Tauben einen kleinen Taler.

Makkaronische Uniform französischer edlen Kavalleristen. Fürchterliches Zeichen der drei schwarzen Lilien auf der weißen Binde am Arm.

eodem

Um drei Uhr fuhr ich wieder nach dem Rheinfall. Mir fiel die Art wieder auf, an den Häusern Erker und Fensterchen zu haben. Sogar haben sie ein besonderes Geschick solche Guckscharten durch die Mauern zu bohren und sich eine Aussicht, die niemand erwartet, zu verschaffen.

Wie nun dieses die Lust anzeigt, unbemerkt zu sehen und zu beobachten, so zeugen dagegen die vielen Bänke an den Häusern, welche an den vornehmern geschnitzt, aufgeschlagen und zugeschlossen sind, von einer zutraulichen Art nachbarlichen Zusammenseins, wenigstens voriger Zeit.

Viele Häuser haben bezeichnende Inschriften; auch wohl manche selbst ein Zeichen, ohne grade ein Wirtshaus zu sein.

Ich fuhr am rechten Rheinufer hin; rechts sind schöne Weinberge und Gärten, der Fluß strömt über Felsbänke mit mehr oder weniger Rauschen.

Man fährt weiter hinauf. Schaffhausen liegt nun in der Tiefe; man sieht die Mühlen, die vor der Stadt den Fluß herabwärts liegen. Die Stadt selbst liegt wie eine Brücke zwischen Deutschland und der Schweiz. Sie ist wahrscheinlich durch die Hemmung der Schiffahrt durch den Rheinfall in dieser Gegend entstanden. Ich habe in derselben nichts Geschmackvolles und nichts Abgeschmacktes bemerkt, weder an Häusern, Gärten, Menschen und Betragen.

Der Kalkstein, an dem man vorbei fährt, ist sehr klüftig, so wie auch der drüben bei Laufen. Das wunderbarste Phänomen beim Rheinfall sind mir daher die Felsen, welche sich in dessen Mitte so lange erhalten, da sie doch wahrscheinlich von derselben Gebirgsart sind.

Da sich der Fluß wendet, so kommen nun die Weinberge an das entgegengesetzte Ufer, und man fährt diesseits zwischen Wiesen und Baumstücken durch. Dann erscheinen drüben steile Felsen und hüben die schönste Kultur.

Bei der Abendsonne sah ich noch den Rheinfall von oben und hinten, die Mühlen rechts, unter mir das Schloß Laufen, im Angesicht eine große, herrliche aber faßliche, in allen Teilen interessante aber begreifliche Naturszene: man sieht den Fluß heranströmen und rauschen, und sieht wie er fällt.

Man geht durch die Mühlen durch in der kleinen Bucht. Bei den in der Höhe hervorstehenden mancherlei Gebäuden wird selbst der kleine Abfall eines Mühlwassers interessant, und die letzten diesseitigen Ströme des Rheinfalls schießen aus grünen Büschen hervor. Wir gingen weiter um das Schlößchen Wörth herum. Der Sturz war zu seinem Vorteil und Nachteil von der Abendsonne grade beleuchtet; das Grün der tieferen Strömungen war lebhaft, wie heute früh, der Purpur aber des Schaumes und Staubes viel lebhafter.

Wir fuhren näher an ihn heran; es ist ein herrlicher Anblick, aber man fühlt wohl, daß man keinen Kampf mit diesem Ungeheuer bestehen kann.

Wir bestiegen wieder das kleine Gerüste, und es war eben wieder, als wenn man das Schauspiel zum erstenmal sähe. In dem ungeheuern Gewühle war das Farbenspiel herrlich. Von dem großen überströmten Felsen schien sich der Regenbogen immerfort herabzuwälzen, indem er in dem Dunst des herunterstürzenden Schaumes entstand. Die untergehende Sonne färbt einen Teil der beweglichen Massen gelb, die tiefen Strömungen erschienen grün und aller Schaum und

Dunst war licht und purpur gefärbt; auf allen Tiefen und Höhen erwartete man die Entwicklung eines neuen Regenbogens. Herrlicher war das Farbenspiel in dem Augenblick der sinkenden Sonne, aber auch alle Bewegung schien schneller, wilder und sprühender zu werden. Leichte Windstöße kräuseln lebhafter die Säume des stürzenden Schaumes, Dunst schien mit Dunst gewaltsamer zu kämpfen, und indem die ungeheure Erscheinung immer sich selbst gleich blieb, fürchtete der Zuschauer dem Übermaß zu unterliegen und erwartete als Mensch jeden Augenblick eine Katastrophe.

Im Zurückgehen legitimierte sich bei mir Denfeld, ein Schwede, durch einen Brief von Kosegarten. Er ist auf einer sogenannten genialischen Fußreise begriffen.

VON SCHAFFHAUSEN NACH STÄFA

Den 19. September

Früh sechseinhalb Uhr aus Schaffhausen. Berg und Täler klar, der Morgenhimmel leicht gewölkt, im Abend dichtere Wolken.

Wir fuhren einen Teil des gestrigen Wegs. Der Baum und der Efeu Anlaß zur Elegie

Man sah die ganze Bergreihe der Schweiz mit ihren Schneegebirgen; schönes Fruchtfeld, bewachsne Berge rechts und links.

Jestetten mit fruchtbarer Umgebung. Hanf und Klee, Erdäpfel, Rüben, Bohnen, Möhren, Weinbau machten das Feld noch lebendig. Das frisch umgerissene Erdreich sah sehr sauber aus. Nußbäume. Nach verschiednen Hügeln und Tälern schöne fruchtbare Fläche gegen den Rhein zu, hinten mit herrlichen Vorbergen.

Rafz. Brot den Pferden. Viel Hanf, zum erstenmal seit langer Zeit Flachs.

Hinab nach Eglisau über die Brücke, Reinlichkeit und Zierlichkeit derselben. Ein paar Mädchen von zwölf bis vierzehn Jahren saßen am Zoll in einem artigen Kabinette und nahmen das Weggeld ein. Die jüngere nahm das Geld und überreichte den Zettel, indes die ältere Buch hielt. Schöne fruchtbare Fläche zwischen waldbewachsnen Bergen. Vorwärts Plaine, Eichenwald, gerade Straße hindurch.

Bülach um elf Uhr. Glasfenster. Nichts Neues als das schon Bekannte. Das Ausschleifen auch bei andern Farben als der Purpur. Eine sehr lichte eigentliche Purpurfarbe, die ins Violettliche fällt. Ich habe nämlich ein Stück Glas zu Hause. Auf die farbige Scheibe hinten eine andere Farbe zur Mischung gebracht, als Gelb und Blau, wodurch ein Grün entsteht; besonders nimmt sich das Gelbe auf dem erstgedachten lichten Purpur sehr schön aus. Übrigens haben sie oft auf eine sehr wunderbare und unnötig scheinende Weise zusammengesetzt; doch findet man bei näherer Betrachtung die Ursache. Auch sind sie oft und schlimm genug repariert. Sie sind sämtlich von 1570, aber an der starken Stellung der gerüsteten Männer, an der Gewalt der heraldischen Tiere, an den tüchtigen Körpern der Zieraten, an der Lebhaftigkeit der Farben, sieht man den Kerngeist ihrer Zeiten, wie wacker jene Künstler waren, und wie derbständig und bürgerlich vornehm sie sich ihre Zeitgenossen und die Welt dachten. Eine Scheibe mit dem doppelten Wappen der Stadt Schaffhausen, über dem der kaiserliche Adler in einem Schilde steht, ist fürtrefflich gemacht, und an der Krone ist der herrlichen Zieraten kein Ende.

Von Bülach, wo es kühl und anmutig gewesen, um halb zwei ab. Die Flachs- und Hanfbrechen sind hier wieder anders als in Schwaben und bei uns.

Betrachtung, daß der Mensch die Rede eigentlich für die höchste Handlung hält, so wie man vieles tun darf, was man nicht sagen soll. Die Gegend hat im ganzen nichts sonderlich Charakteristisches, links fruchtbare Plaine, vorwärts die Gebirge; der Boden ist fruchtbar und gut gearbeitet, war an verschiedenen Orten sehr kiesig und mit unzähligen Geschieben übersäet. – Kloten.

Gegen sechs Uhr nach Zürich bei sehr schönem Wetter. Brief an Herrn Meyer abgeschickt. Zu Frau Schultheß. Bei Herrn Ott im Schwert eingekehrt. Abends bei der Table d'hôte mit Herrn Landvogt Imthurn von Schaffhausen, der vom Syndikate aus Lugano zurückkehrte, und einem andern Zürcher Herrn, der gleichfalls aus Italien kam. Beide erzählten wenig Gutes von den gegenwärtigen Umständen daselbst.

Den 20. September

Ging ich bei schönem Wetter oberhalb der Stadt an den See. Auf dem Rückweg sah ich die Geistlichen von und zu dem Verbrecher hinüber und herüber fahren. Dann brachte ich den Morgen unter den hohen Linden auf dem ehemaligen Burgplatze zu.

Wenn nach gehaltenem Blutgerichte die gewöhnliche Elfuhrglocke geläutet wird, so ist es ein Zeichen, daß der Verbrecher begnadigt ist; hält aber die Glocke inne, so ist das Todesurteil gesprochen, und sie gibt um halb zwölfe das Zeichen zu seiner Hinausführung. Diesmal ward er begnadigt. Es war ein falscher Münzer, der schon vorher wegen Diebstählen gebrandmarkt worden war.

Mittags bei Tische lernte ich Herrn Hauptmann Bürkli kennen. Das Wetter war sehr trüb, dem ohngeachtet ging ich nach Tische ein wenig über die neuen Anlagen nach dem Schonehof spazieren. Auf dem Rückweg begegnete ich den Kranich. Gegen vier Uhr kam Meyer; es fiel ein starker Regen. Abends bei Tische fand ich Herrn Hofrat Müller von Wien.

Den 21. September

Fuhren wir gegen acht Uhr ab. Der Tag war heiter. Wir kehrten bei Herrn Escher auf seinem Gute bei Herrliberg zu Mittage ein und kamen abends nach Stäfa.

STÄFA

Den 22. September

Einen trüben Tag brachten wir mit Betrachtung der von Herrn Meyer verfertigten und angeschafften Kunstwerke zu, so wie wir auch einander verschiedne Ideen und Aufsätze mitteilten. Abends machten wir noch einen großen Spaziergang den Ort hinaufwärts.

Sonnabend den 23. September

Früh Herrn Meyers mitgebrachte Arbeiten nochmals durchgesehen. Bekanntschaft mit Maler Diogg und mit Bannerherr Zwicki von Glarus. Abends auf den Berg zu dem sogenannten Philosophen, die Anlagen seiner Kultivation zu sehen.

Sonntags den 24. September

Gespräch über die vorhabende rhetorische Reisebeschreibung. Wechselseitige Teilnahme. Über die Notwendigkeit, die Terminologie zuerst festzusetzen, wornach man Kunstwerke beschreiben und beurteilen will. Zu Mittag kamen Herr Horner und Escher der Sohn von Zürich. Abends fuhren wir auf die Ufenau und kamen mit einbrechender Nacht zurück.

Montag den 25. September

Früh Briefe nach Hause.

An Herrn Geheimerat Voigt Stäfa, den 25. September 1797

Sie erhalten hiebei, wertester Freund, eine kurze Nachricht, wie es mir seit Tübingen ergangen, welche ich dem Herzog mitzuteilen und mich auf das beste dabei zu empfehlen bitte.

Etwa übermorgen denke ich mit Professor Meyer eine kleine Gebirgsreise anzutreten. Man kann sich nicht verwehren, wenn man so nahe ist, sich auch wieder unter diese ungeheuren Naturphänomene zu begeben. Die mineralogische und geognostische Liebhaberei ist auch erleichtert, seitdem so manche Schweizer sich mit diesem Studium abgegeben und durch ihre Reisen, die sie so leicht wiederholen können, den Fremden den Vorteil verschafft haben, sich leichter zu orientieren. Die Aufsätze eines Herrn Escher von Zürich haben mir eine geschwinde Übersicht gegeben dessen, was ich auf meiner kleinen vorgenommenen Tour zu erwarten habe. Das Neueste in diesem Fache ist ein biegsamer Stein, nach der Beschreibung jenem Danzischen ähnlich, wovon ich etwas mitzubringen hoffe.

Die öffentlichen Angelegenheiten sehen in diesem Lande wunderlich aus. Da ein Teil der ganzen Masse schon völlig demokratisch regiert wird, so haben die Untertanen der mehr oder weniger aristokratischen Kantone an ihren Nachbarn schon ein Beispiel dessen, was jetzt der allgemeine Wunsch des Volks ist; an vielen Orten herrscht Unzufriedenheit, die sich hie und da in kleinen Unruhen zeigt. Über alles dies kommt in dem gegenwärtigen Augenblicke noch eine Sorge und Furcht vor den Franzosen. Man will behaupten, daß mehrere Schweizer bei der letzten Unternehmung gegen die Republik Partei gemacht und sich mit in der sogenannten Verschwörung befunden haben, und man erwartet nunmehr, daß die Franzosen sich deshalb an die einzelnen, vielleicht gar ans Ganze halten möchten. Die Lage ist äußerst gefährlich, und es übersieht niemand, was daraus entstehen kann.

Bei diesen selbst für die ruhige Schweiz so wunderbaren Aussichten werde ich um desto eher meinen Rückweg baldmöglichst antreten, und geschwinder, als ich hergegangen bin, wieder in jene Gegenden zurückkehren, wo ich mir eine ruhigere Zeit unter geprüften Freunden versprechen kann.

Später

Soeben erhalte ich Ihr wertes Schreiben vom 11. September und werde Ihnen dadurch abermals so wie in der Gegenwart, auch in der Abwesenheit unendlich viel schuldig. Daß ich meinen August wieder gesund und froh bei Ihnen denken kann, wie Sie die Güte haben seine Reiseerinnerungen rege zu machen und ihm so zu einer weitern Ausbildung zu verhelfen, ist mir unschätzbar, und diese Vorstellung wird mich auf meiner kleinen Reise in die rauhen Gebirge begleiten.

Schon in Frankfurt schrieb ich auf einen erhaltenen Brief von Böckmann ein Blatt, wodurch ich Sie bat, das bewußte Kästchen der Überbringerin, welches Fräulein Staff sein würde, zu übergeben, und wodurch ich sogleich jenen bei mir zu Hause aufgehobenen Archivschein amortisiere, und vergaß, so oft ich an Sie schrieb, davon den schuldigen Avis zu geben. Ich danke, daß Sie mir ein Wort davon sagen; wahrscheinlich ist dieses Depositum nun schon in Karlsruhe glücklich angelangt. Dem Herzog bezeigen Sie mein Beileid und zugleich meinen Glückwunsch, daß der Unfall noch in Grenzen geblieben. Viel Glück zu allen Unternehmungen und Geduld mit dem Bergbau als dem ungezogensten Kinde in der Geschäftsfamilie!

AMYNTAS

Elegie

Nikias, trefflicher Mann, du Arzt des Leibs und der Seele!
Krank! ich bin es fürwahr; aber dein Mittel ist hart.
Ach! die Kraft schon schwand mir dahin dem Rate zu folgen,
Ja, und es scheinet der Freund schon mir ein Gegner zu sein.
Widerlegen kann ich dich nicht, ich sage mir alles,
Sage das härtere Wort, das du verschweigest, mir auch.
Aber, ach! das Wasser entstürzt der Steile des Felsens
Rasch, und die Welle des Bachs halten Gesänge nicht auf.
Rast nicht unaufhaltsam der Sturm? und wälzet die Sonne
Sich, von dem Gipfel des Tags, nicht in die Wellen hinab?
Und so spricht mir rings die Natur: auch du bist, Amyntas,
Unter das strenge Gesetz ehrner Gewalten gebeugt.
Runzle die Stirne nicht tiefer, mein Freund! und höre gefällig,
Was mich gestern ein Baum, dort an dem Bache, gelehrt.
Wenig Äpfel trägt er mir nur, der sonst so beladne;
Sieh, der Efeu ist schuld, der ihn gewaltig umgibt.

Und ich faßte das Messer, das krummgebogene, scharfe,
Trennte schneidend und riß Ranke nach Ranken herab;
Aber ich schauderte gleich, als, tief erseufzend und kläglich,
Aus den Wipfeln zu mir, lispelnd, die Klage sich goß:
O! verletze mich nicht, den treuen Gartengenossen!
Dem du als Knabe schon früh manche Genüsse verdankt.
O, verletze mich nicht! du reißest mit diesem Geflechte,
Das du gewaltig zerstörst, grausam das Leben mir aus.
Hab' ich nicht selbst sie genährt und sanft sie herauf mir erzogen?
Ist, wie mein eigenes Laub, mir nicht das ihre verwandt?
Soll ich nicht lieben die Pflanze? die, meiner einzig bedürftig,
Still, mit begieriger Kraft, mir um die Seite sich schlingt?
Tausend Ranken wurzelten an, mit tausend und tausend
Fasern, senket sie, fest, mir in das Leben sich ein.
Nahrung nimmt sie von mir, was ich bedürfte, genießt sie,
Und so saugt sie das Mark, sauget die Seele mir aus.
Nur vergebens nähr' ich mich noch; die gewaltige Wurzel
Sendet lebendigen Saft, ach! nur zur Hälfte hinauf.
Denn der gefährliche Gast, der geliebte, maßet behende
Unterweges die Kraft herbstlicher Früchte sich an.
Nichts gelangt zur Krone hinauf; die äußersten Wipfel
Dorren, es dorret der Ast über dem Bache schon hin.
Ja, die Verräterin ist's! sie schmeichelt mir Leben und Güter,
Schmeichelt die strebende Kraft, schmeichelt die Hoffnung mir ab.
Sie nur fühl' ich, nur sie, die umschlingende, freue der Fesseln,
Freue des töteneden Schmucks fremder Umlaubung mich nur.
Halte das Messer zurück! o Nikias! schone den Armen,
Der sich in liebender Lust willig gezwungen verzehrt!
Süß ist jede Verschwendung; o laß mich der schönsten genießen!
Wer sich der Liebe vertraut, hält er sein Leben zu Rat?

An Schiller Stäfa, den 25. September 1797

Ihren erfreulichen Brief vom 7. September habe ich vorgestern hier erhalten. Da er länger ausblieb, als ich hoffte, so mußte ich befürchten, daß Ihr Übel sich vermehrt habe, wie ich denn nun auch aus Ihrem Briefe leider erfahre. Möchten Sie doch in Ihrer Stille einer so guten Gesundheit genießen als ich bei meiner Bewegung! Ein Blatt, das beiliegt, sagt Ihnen, wie es mir seit Tübingen ergangen ist. Meyer, den ich nun zu unserer wechselseitigen Freude wiedergefunden habe, befindet sich so wohl als jemals, und wir haben schon was Ehrliches zusammen durchgeschwätzt; er kommt mit trefflichen Kunstschätzen und mit Schätzen einer sehr genauen Beobachtung wieder zurück. Wir wollen nun überlegen, in was für Formen wir einen Teil brauchen und zu welchen Absichten wir den andern aufheben wollen.

Nun soll es in einigen Tagen nach dem Vierwaldstätter See gehen. Die großen Naturszenen, die ihn umgeben, muß ich mir, da wir so nahe sind, wieder zum Anschauen bringen, denn die Rubrik dieser ungeheuren Felsen darf mir unter meinen Reisekapiteln nicht fehlen. Ich habe schon ein paar tüchtige Aktenfaszikel gesammelt, in die alles, was ich erfahren habe, oder was mir sonst vorgekommen ist, sich eingeschrieben und eingeheftet befindet, bis jetzt noch der bunteste Stoff von der Welt, aus der ich auch nicht einmal, wie ich früher hoffte, etwas für die Horen herausheben könnte.

Ich hoffe, diese Reisesammlung noch um vieles zu vermehren, und kann mich dabei an so mancherlei Gegenständen prüfen. Man genießt doch zuletzt, wenn man fühlt, daß man so manches subsumieren kann, die Früchte der großen und anfangs unfruchtbar scheinenden Arbeiten, mit denen man sich in seinem Leben geplagt hat.

Da Italien durch seine früheren Unruhen, und Frankreich durch seine neusten, den Fremden mehr oder weniger versperrt ist, so werden wir wohl vom Gipfel der Alpen wieder zurück dem Falle des Wassers folgen und den Rhein hinab uns wieder gegen Norden bewegen, ehe die schlimme Witterung einfällt. Wahrscheinlich werden wir diesen Winter am Fuße des Fuchsturms vergnügt zusammen wohnen; ja ich vermute sogar, daß Humboldt uns Gesellschaft leisten wird.

Die sämtliche Karawane hat, wie mir sein Brief sagt, den ich in Zürich fand, die Reise nach Italien gleichfalls aufgegeben; sie werden sämtlich nach der Schweiz kommen. Der jüngere hat die Absicht, sich in diesem für ihn in mehreren Rücksichten so interessanten Lande umzusehen, und der ältere wird wahrscheinlich eine Reise nach Frankreich, die er projektiert hatte, unter den jetzigen Umständen aufgeben müssen. Sie gehen den 1. Oktober von Wien ab; vielleicht erwarte ich sie noch in diesen Gegenden.

Aus meinen frühern Briefen werden Sie gesehen haben, daß es mir in Stuttgart ganz wohl und behaglich war. Ihrer ist viel und von vielen und immer aufs beste gedacht worden. Für uns beide, glaub' ich, war es ein Vorteil, daß wir später und gebildeter zusammentrafen.

Sagen Sie mir doch in dem nächsten Briefe, wie Sie sich auf künftigen Winter einzurichten gedenken? Ob Ihr Plan auf den Garten, das Griesbachische Haus oder Weimar gerichtet ist. Ich wünsche Ihnen die behaglichste Stelle, damit Sie nicht bei Ihren andern Übeln auch noch mit der Witterung zu kämpfen haben.

Wenn Sie mir nach Empfang dieses Briefes sogleich schreiben, so haben Sie die Güte den Brief unmittelbar nach Zürich mit dem bloßen Beisatz bei Herrn Rittmeister Ott zum Schwert zu adressieren. Ich kann rechnen, daß Gegenwärtiges acht Tage läuft, daß eine Antwort ungefähr ebenso lange gehen kann, und ich werde ungefähr in der Hälfte Oktobers von meiner Bergreise in Zürich anlangen.

Für die Nachricht, daß mein Kleiner wieder hergestellt ist, danke ich Ihnen um so mehr, als ich keine direkte Nachricht schon seit einiger Zeit erhalten hatte, und die Briefe aus meinem Hause irgendwo stocken müssen. Diese Sorge allein hat mir manchmal einen trüben Augenblick gemacht, indem sich sonst alles gut und glücklich schickte. Leben Sie recht wohl, grüßen Sie Ihre liebe Frau und erfreuen Sie sich der letzten schönen Herbsttage mit den Ihrigen, indes ich meine Wanderung in die hohen Gebirge anstelle; meine Korrespondenz wird nun eine kleine Pause machen, bis ich wieder hier angelangt sein werde.

Bald hätte ich vergessen. Ihnen zu sagen, daß der Vers: «Es wallet und siedet und brauset und zischt» sich bei dem Rheinfall trefflich legitimiert hat. Es war mir sehr merkwürdig, wie er die Hauptmomente dieser ungeheuren Erscheinung in sich begreift. Ich habe auf der Stelle das Phänomen in seinen Teilen und im ganzen, wie es sich darstellt, zu fassen gesucht, und die Betrachtungen, die man dabei macht, sowie die Ideen, die es erregt, abgesondert bemerkt. Sie werden dereinst sehen, wie sich jene wenigen dichterischen Zeilen gleichsam wie ein Faden durch dieses Labyrinth durchschlingen.

Soeben erhalte ich auch die Bogen J und K des Almanachs durch Cotta und hoffe nun, auf meiner Rückkunft aus den Bergen und Seen wieder Briefe von Ihnen zu finden. Meyer wird selbst ein paar Worte schreiben; ich habe die größte Freude, daß er so wohl und heiter ist; möge ich doch auch dasselbe von Ihnen erfahren!

Herrliche Stoffe zu Idyllen und Elegien, und wie die verwandten Dichtarten alle heißen mögen, habe ich schon wieder aufgefunden, auch einiges schon wirklich gemacht; so wie ich überhaupt noch niemals mit solcher Bequemlichkeit die fremden Gegenstände aufgefaßt und zugleich wieder etwas produziert habe. Leben Sie recht wohl und lassen Sie uns theoretisch und praktisch immer so fortfahren.

DER JUNGGESELL UND DER MÜHLBACH

GESELL. *Wo willst du klares Bächlein hin,*
So munter?
Du eilst mit frohem leichtem Sinn
Hinunter;
Was suchst du eilig in dem Tal?
So höre doch und sprich einmal!

BACH. *Ich war ein Bächlein, Junggesell,*
Sie haben
Mich so gefaßt, damit ich schnell
Im Graben
Zur Mühle dort hinunter soll,
Und immer bin ich rasch und voll.

GESELL. *Du eilest mit gelassnem Mut*
Zur Mühle,
Und weißt nicht, was ich junges Blut
Hier fühle.
Es blickt die schöne Müllerin
Wohl freundlich manchmal nach dir hin?

BACH. *Sie öffnet früh beim Morgenlicht*
Den Laden,
Und kommt, ihr liebes Angesicht
Zu baden;
Ihr Busen ist so voll und weiß,
Es wird mir gleich zum Dampfen heiß.

GESELL. *Kann sie im Wasser Liebesglut*
Entzünden;
Wie soll man Ruh mit Fleisch und Blut
Wohl finden?
Wenn man sie einmal nur gesehn,
Ach immer muß man nach ihr gehn.

BACH. *Dann stürz' ich auf die Räder mich*
Mit Brausen,
Und alle Schaufeln drehen sich
Im Sausen.
Seitdem das schöne Mädchen schafft,
Hat auch das Wasser beßre Kraft.

GESELL. *Du Armer, fühlst du nicht den Schmerz*
Wie andre?
Sie lacht dich an und sagt im Scherz:

Nun wandre!
Sie hielte dich wohl selbst zurück
Mit einem süßen Liebesblick?

BACH. *Mir wird so schwer, so schwer vom Ort*
Zu fließen;
Ich krümme mich nur sachte fort
Durch Wiesen;
Und käm' es erst auf mich nur an,
Der Weg wär' bald zurück getan.

GESELL. *Geselle meiner Liebesqual,*
Ich scheide;
Du murmelst mir vielleicht einmal
Zur Freude.
Geh, sag' ihr gleich, und sag' ihr oft,
Was still der Knabe wünscht und hofft.

VON STÄFA AUF DEN GOTTHARD UND ZURÜCK

Donnerstag den 28. September 1797

Um acht Uhr von Stäfa, zu Schiffe. Glanz der Wolken über dem Ende des Sees, Sonnenblick auf Richterswil und den nächsten Höhen. Nebel und Wolken über dem untern Teile nach Zürich zu. In der Mitte des Sees ist die Aussicht hinaufwärts sehr schön, man sieht Stäfa, Rapperswil, die Berge von Glarus, die übereinander greifenden Vorgebirge, hinter und zwischen denen der Walensee liegt, die Ufenau auf der Wasserfläche, dann den Teil des Ufers mit seinen Bergen zum Kanton Schwyz gehörig (der Buchberg) und so weiter herab bis Richterswil. Dieser Ort liegt sehr artig. Gleich hinter ihm steigen fruchtbare Höhen auf. Ehe man landet, sieht der obere Teil des Sees sehr weit und groß aus. Hintergrund und Seiten, wie sie schon beschrieben sind, machen sich sehr mannigfaltig. In drei Viertelstunden fuhren wir hinüber.

Der Ort ist hübsch gebauet, sehr große Wirtshäuser, ein neues mit Bädern. Eine freundliche Reede, die Schiffahrt ist lebhaft; die Produkte aus dem Kanton Schwyz werden hierher geschafft und weiter transportiert, indem Schwyz selbst keinen Hafen hat und einen anzulegen von Zürich verhindert wird.

Auch hat der Ort durch die Pilger, die nach Einsiedeln wallfahrten, viel Zugang. Diesen Sommer war eine große Anzahl durchgegangen; sehr viel aus Schwaben, wahrscheinlich wegen Gelübde in der Kriegsgefahr.

Wir gingen Richterswil hinauf und fanden mehrere neue Häuser. Am Wege fanden wir die grauen und roten Platten und andere entschiedene Brekzien zum Gebrauche hingeschafft. Die grauen Platten haben in ihren Abwechslungen viel Ähnlichkeit mit der Harzer grauen Wacke, indem sie bald porphyr-, bald brekzienartig erscheinen.

Wir stiegen höher. Schöne Seeansicht. Feld- und Obstbau fährt fort, mehr Wiesen treten ein. Auf der Höhe, in einer flachen Vertiefung, die ehemals voll Wasser gestanden haben mag, guter Torf. Immer schöne reinliche Häuser zwischen den Besitzungen. Man sieht nun mittagswärts in ein hinteres, gleichfalls fruchtbares Tal. Hohe Nußbäume.

Windstürme, die an dieser Seite anschlagen und wieder gegen Stäfa zurückprallen. Wir verließen die gepflasterte Fahrstraße. Der Fußpfad führt an einer Reihe von zehn Eichen vorbei; Triftplatz, herrliche Aussicht nach dem See und ringsum in die fruchtbaren Täler, in Süden ein hoher, mit Wald bewachsner Berg.

Nun wird es schon etwas rauher; Trift, Binsen, Farnkraut, doch schöne Kirschbäume. Die graue Wacke scheint die Hügel zu bilden. Ausgestochne Torfflächen. Man sieht, wie durch Binsen, Heide und dergleichen sie wieder nach und nach sich ausfüllen und anwachsen können. Der Weg, den man in der Mitte gelassen, zeugt von der Güte des ehemaligen Torfes. Wir fanden einen schönen Mandelstein als Stufe. Wiesen, Frucht und Kartoffelbau, Man wechselt so mit Benutzung des Bodens um. Hüttensee, nicht groß; er hat gute Fische und Krebse, liegt rechter Hand. Steht man darüber, so sieht das Gebirge, das man überstiegen hat, wie eine Erdenge zwischen diesem und dem Zürcher See aus.

Um zehneinhalb kamen wir in Hütten an. **, Landrichter. Bär, Medicus und Chirurgus.

Man sprach von der jährlichen Ausführung der Kühe nach Italien; man kann etwa dreitausend rechnen, höchstens fünfjährige, das Stück von zehn zu sechzehn Louisdor. Gegenwärtig fürchtet man ein Verbot, da in Italien eine Seuche sich zeigen soll. Es ward auch von der Weinausfuhre gesprochen, die gegenwärtig sehr stark nach Schwaben ist; es haben sich schon Käufer zu dem diesjährigen Wein am Stock gemeldet.

Um zwei Uhr ab. Es war ein schöner Moment. Von der Höhe den Hütten- und Zürcher See, mit dem jenseitigen Ufer des letztern, zunächst die mannigfaltigen, mit Wäldern, Frucht, Obstbau und Wiesen geschmückten Höhen und Täler zu sehen. Bis nach der Stadt zu war alles klar, so wie hinaufwärts gegen Stäfa, Rapperswil, bis in die Gebirge von Toggenburg.

Herr Pfarrer Beyel von Hütten begleitete uns. Als wir schöne Stechpalmen bemerkten, sagte er, daß er auf dem Berge rechts einen starken Stamm, wie ein Mannsschenkel, etwa zwölf Fuß hoch, gefunden habe.

Wir kamen an den Grenzstein zwischen Schwyz und Zürich. Man sagt, die Schwyzer haben den Aberglauben, wenn sie mit dem Stocke an die Seite des Zürcher Wappens schlagen, daß es der ganze Kanton Zürich übel fühle.

Man sieht rückwärts die ganze Reihe des Albis, sowie, nach den freien Ämtern zu, die niedern Gebirgsreihen, an denen die Reuß hinfließt; der Anblick ist jenen Gegenden sehr günstig.

Auf dem Weg scheint das Gebirg grobe Brekzie zu sein und die Kalkfelsen, die hie und da aus dem Grase heraussehen, herabgestürzt. Man sieht Uznach liegen, und die Aussicht nach dem obern Teil des Sees wird immer schöner. Rechts des Fußsteiges ist eine Art von natürlichem Wall, hinter dem die Sihl herfließt. Dem ersten Anblicke nach sollte es an einigen Stellen nicht große Mühe und Kosten erfordern, den Hügel mit einem Stollen zu durchfahren und so viel Wasser, als man wollte, zu Wässerung und Werken in die unterhalb liegende Gegend zu leiten; ein Unternehmen, das freilich in einem demokratischen Kantone und bei der Komplikation der Grundstücke, die es betreffen würde, nicht denkbar ist.

Man wendet sich nach Schindellegi hinein; die Aussicht verbirgt sich, man kommt über die Sihl, über eine hölzerne Brükke. Man kommt in ein wildes Tal, dessen Seiten mit Fichten bewachsen sind; der reißende steinige Sihlfluß bleibt links.

Die Felsen sind ein feinerer Sandstein, der in gröbere Brekzie übergeht. Man ist gleich in einer andern Welt. Man erhebt sich rechts auf kahlen Triften über das Sihltal. Man kommt an einem Brunnen vorbei, der wegen seiner Frische berühmt ist. Triften, ferne Alphütten auf ziemlich sanften Höhen.

Man kommt auf die Chaussee, die von Wollerau heraufgeht, auf welcher die Waren von Schwyz über Steinen und Rothenthurm nach Richterswil und nach Bäch gebracht werden; sie ist hier flach und gut.

Man naht sich wieder der Sihl. Rechts über dem Wege zeigen sich Flußgeschiebe in großer Höhe; links fand sich ein schwarzes Quarzgestein von der größten Festigkeit, mit Schwefelkies durchsetzt, in großen Wacken. Man verläßt die Straße und wendet sich links. Brücke über die Biber. Starker Stieg; die Gegend bleibt sich ähnlich. Um fünf Uhr sahen wir Einsiedeln, kamen gegen sechs Uhr an und logierten Zum Pfauen gegen der Kirche über.

Freitag den 29. September als am Michaelstage

Wir besahen des Morgens die Kirche. Unsinnige Verzierung des Chors. Der Schatz wird nur zum Teil gezeigt, unter dem Vorwande, daß man nach einem Diebstahle die besten Sachen beiseite gebracht habe.

In der Bibliothek stehen schöne bunte Glasscheiben in Rahmen an den Fenstern herum.

Im Naturalienkabinett ist ein kleiner wilder Schweinskopf und einige andere Teile des Tiers in Sandstein, bei Uznach gefunden, merkwürdig. Ingleichen schöne Adularien, ein Granat mit natürlichen Facetten von Mittelgröße.

In dem Kupferstichkabinett, unter der Bibliothek, hängen einige der besten Kupferstiche von Martin Schongauer.

Der Bibliothekarius führte uns nicht selbst herum. Sein Klostername war Michael, und er hatte also das Recht, am Tage seines Patrons ein feierliches Hochamt zu lesen. Wir wohnten einem Teil desselben bei, nicht sehr erbaut von der Musik.

Um elf Uhr von Einsiedeln ab. Ein Nebel überzog den Himmel und die Gipfel der Berge; nur ein wenig blauer Himmel sah durch. Da wir kein Kyanometer bei uns hatten, schätzten wir die Erscheinung nach Ultramarin. Die gegenwärtige ward nur für die Ultramarinasche gehalten. Wir gingen das Dorf und moorige Tal hinauf; ein Fußpfad von Kieseln ist streckenweise nicht übel, ja in der Nachbarschaft von Sägemühlen mit Sägespänen bestreut. Nonnenkloster rechts, sieht wie ein Gut aus; das Gebäude ist ohne Mauer. Wir erinnerten uns der Murate in Florenz.

So gingen wir im Tale der Alp, am rechten Ufer derselben, auf einem leidlichen Fußwege hin, kamen über das Bette des Flusses. Sie bringt meist Kalk, wenig Sandstein, einige Stücke sehr festen und serpentinartigen Gesteines. Bet- und Bettelzölle. Empfundne Reisen. Schiefriger Quarz. Das Alptal erschien auch darum traurig, weil kein Vieh zu sehen war, das noch auf den höhern Alpen weidet. Schneidemühle mit schönem Bretter- und Bohlenvorrat; eine Kirche und Wirtshaus scheinen sich daran kristallisiert zu haben. Diese kleine Gruppe von Gebäuden heißt selbst Alpthal.

Nun steigt man rechts auf einem steilen Weg in die Höher über Kalkfelstrümmern, Platten und Fichtenstämmen. Erste,

Gießbach; über denselben rauher Stieg. Schlucht nennen sie hier Tobel. Holzverschwendung. Alte, stehende, ganz kahle Stämme. Knüppelstieg, rauhester Stieg. Ruheplatz beim Kapellchen. Böses Augurium, daß uns noch ein starker Stieg bevorstehe. Wir kamen nun wirklich in den Nebel. Wüste Schlucht und Gießbach, daneben einige Trift und leidlicher Pfad. Rötliches Tongestein. Graues schiefriges Tongestein, mit ganz feinen Pflanzenabdrücken.

Wir hatten nun die Höhe des Schwyzer Hackens erstiegen, allein alle Aussicht war durch nahe und ferne Nebel gehindert. Sie zogen auf die seltsamste Weise in der Tiefe und an den Höhen hin. Unten über dem Tale von Schwyz schwebte ein weißer wolkenartiger; ein graulicher ließ den gegenüberstehenden Berg halb durchsehen, ein anderer drang zu unserer linken Seite von den Mythen herunter und bedeckte sie völlig.

Wir kehrten in einem einzelnen Hause ein. Als wir nach der Weite des Weges fragten, sagte man uns, daß wir wohl anderthalb Stunden brauchen würden. Wir aber, fuhr der Mann fort, knebeln ihn wohl in einer Stunde hinunter. Wir hatten Ursache uns dieses Ausdrucks zu erinnern, denn der Stieg war abscheulich, über schlüpfrige feuchte Matten. Man kommt über eine Brücke und findet einen bedeckten Ruheplatz. Dann ist der Weg gepflastert, aber nicht unterhalten.

Wir traten nun wieder aus der Nebelregion heraus, sahen den Lowerzer See, die Berge, die ihn einschließen, den schönen Raum, in welchem die Häuser von Schwyz liegen, und das angenehme Tal nach Brunnen hin.

Die Berggipfel waren alle mit vielfachen Wolken und Nebeln bedeckt, so daß ihre Massen selten durchblickten und meist nur geahndet werden konnten. Ein seltsamer Schein in den Wolken und Nebeln zeigte den Untergang der Sonne an. Diese Hüllen lagen so gehäuft übereinander, daß man bei einbrechender Nacht nicht glaubte, daß es wieder Tag werden könne.

Sonnabend den 30. September

Schwyz. Schöner Anblick des völlig grünen mit hohen zerstreuten Fruchtbäumen und weißen Häusern übersäten Landes, die steilen dunklen Felsen dahinter, an denen die Wolken sinkend hinstrichen. Die Mythen und übrigen Berge waren klar, der Himmel blickte an verschiedenen Orten blau durch; einige Wolken waren von der Sonne erleuchtet. Man sieht einen Streif des Vierwaldstätter Sees, beschneite Gebirge jenseits; der Eingang ins Muotatal aus dem Tal von Schwyz erscheint links. Die Heiterkeit der Nebel war ein Vorbote der Sonne. Unaussprechliche Anmut, sobald nur einzelne Sonnenblicke hier- und dahin streifen. Kein Besitztum ist mit einer Mauer eingeschlossen; man übersieht alle Wiesen und Baumstücke. Die Nußbäume sind besonders mächtig.

Betrachtung über die Lage des ganzen Kantons, bezüglich auf politische Verhältnisse.

Sie rechnen hier nach Münzgulden, die Karolin zu dreizehn Gulden.

Um ein Viertel auf neun gingen wir bei heiterm Sonnenschein ab, herrlicher Rückblick auf die ernsten Mythen. Von unten lagen sie im leichten Nebel und Rauchdunste des Ortes, am Gipfel zogen leichte Wolken hin.

Erst gepflasterter Weg, dann ein schöner gleicher Fußpfad. Hölzerne Brücke über die Muota, flache große Weide mit Nußbäumen, rechts Kartoffel- und Kohlbau. Hübsche Mädchen mit der Mutter, auf den Knieen, Kartoffeln ausmachend. Granitblöcke in den Mauern; schöne, fortdauernde, eingeschlossene Fläche; kleiner vorliegender Hügel schließt das Tal nach dem See zu, von beiden Seiten fruchtbarer Abhang nach der Muota zu. Kirche von Brunnen auf Kalk und schiefrigem Ton. Das Tal verbreitet sich rechts. Die Wiesen sind wegen der Tiefe schon saurer. Wir sahen Kühe, zu ihrer Reise über den Gotthard beschlagen. Bei einer Sägemühle ist ein schöner Rückblick.

Wir kamen nach Brunnen und an den See in einem schönen Moment; wir schifften uns ein. Nackte Kalkflöze, die nach Mittag und nach Mitternacht einfallen und sich gleichsam über einen Kern, auf dem sie ruhen, hinlegen. Die großen Flöze teilen sich wieder in kleinere, die sehr zerklüftet sind, so daß der Felsen an einigen Orten wie aufgemauert erscheint. Der Teil des Sees nach Stans zu verschwindet. Freiheits-Grütli. Grüne des Sees, steile Ufer, Kleinheit der Schiffe gegen die ungeheuern Felsmassen. Schwer mit Käse beladnes Schiff. Waldbewachsne Abhänge, wenige Matten, wolkenumhüllte Gipfel, Sonnenblicke, gestaltlose Großheit der Natur. Abermals nord- und südwärts fallende Flöze, gegen dem Grütli über. Links steile Felsen, Konfusion der Flöze hüben und drüben, die selbst in ihren Abweichungen korrespondieren. Kleine Kirche, links Sisikon. Tal hineinwärts, erst gelinde ansteigende, dann steile Matten. Angenehmer Anblick der Nutzbarkeit zwischen dem Rauhsten; die Seelinie macht das Ganze so ruhig. Schwanken der Bergbilder im See. Gegen Platten ist eine schöne Stelle, erst kahler Fels und Steinrutsche, dann anmutige, nicht allzusteile Matten mit schönen Bäumen und Büschen umgeben. Felsen bis auf ihre höchsten Gipfel bewachsen.

Es begegneten uns Schiffe, welche Vieh transportiert hatten. Wir stiegen aus in Tellskapelle. Wenn man die gegenüberstehenden Felsen aus der Kapelle gleichsam als ein geschloßnes Bild sieht, so geben sie gleich einen andern Anblick. Freitag nach Himmelfahrt wird da gepredigt, die Zuhörer sitzen in Schiffen. Man fährt abermals an einer Felsenecke vorbei und blickt nun ins Urner Tal. Nach einem ungeheuern steilen Felsen folgen niedere Matten. Man sieht Flüelen, schönste Alpe herwärts von demselben; hinterwärts sieht man ins flache Tal, von steilen Gebirgen umgeben.

Wir gingen gegen Altdorf. Hinter Flüelen schöne Wiesen, rastende Kühe, Plattenweg, Kieselbrekzie mit Löchern, ingleichen eine feinere; man findet eine in die andere übergehend. Schwalbenversammlung auf den Weiden.

Altdorf. Wir logierten in dem Schwarzen Löwen. Artige Türschlösser, die man von außen aufstößt und von innen aufzieht. Kastagnettenrhythmus der Kinder mit Holzschuhen. Der Ort selbst mit seinen Umgebungen erscheint im Gegensatz von Schwyz; er ist schon stadtmäßiger, und alle Gärten sind mit Mauern umgeben. Ein italienisches Wesen scheint durch, auch in der Bauart. So sind auch die untern Fenster vergittert; die starke Passage scheint solche Vorsicht notwendig zu machen. Hübsche Art, das kurze Grummet in Netzen einzufassen. Ton der großen Glocke der läutenden Kühe. Schellen der Maultiere.

Sonntag den 1. Oktober

Altdorf. Regenwolken, Nebel, Schnee auf den nächsten Gipfeln. Kühe wurden durchgetrieben. Die Leute tragen kleine hölzerne Gefäße, die Tiere einige Melkstühle; denn die Leute nähren sich unterwegs von der Milch.

Der Wirt zum Schwarzen Löwen heißt Franz Maria Arnold.

Höflicher Abschied. Schein wechselseitiger Zufriedenheit. Weltgleichnis.

Halb neune gingen wir ab. Schöne Matten rechts und links. Nebelwesen. Man weiß nicht, ob sie steigen, sinken, sich erzeugen oder verzehren, wegziehen oder sich herabstürzen. Herrliche Felswände, Kalk.

Breite klare Quelle, Sonne, blauer Himmel durchblickend, an den Bergen Wolkengebilde. Kindergeschrei aus der Höhle. Steile Kalkfelsen links bis auf die Wiese herab, wie vorher bis auf die Oberfläche des Sees. Rückwärts und niedrig erschien ein fast horizontales Stück eines sehr breiten Regenbogens. Das Zickzack der Felslager erscheint wieder. An die Reuß. Granitgeschiebe. Artig bemalte saubere Kirche mit einem Jagdwunder, ohngefähr wie des heiligen Hubertus.

Rastende Kühe auf der Weide. Sechzehn Stück kosten ohngefähr einen Louisdor des Tags.

Zusammengestürzte Massen Gneis. Man geht von der Straße ab und kommt auf einen meist angenehmen bequemen Fußpfad bis Amsteg.

Bisher hatte das Tal meist gleiche Weite; nun schließt ein Felsstock die eine Hälfte ab; er besteht aus einem sehr quarzhaften Glimmerschiefer.

Nachmittag war das Wetter völlig schön. Gleich hinter dem Orte kommt das Wasser aus dem Maderaner Tal; man sieht einen Pilger- und Mineralogenweg den Berg hinaufgehen.

Wir traten unsern Weg nach dem Gotthard an. Schiefricht Talkgestein. Etwas höher schöner Rückblick nach Amsteg. Eigentümlicher Charakter der Gegend; der Einblick hinaufwärts verkündigt das Ungeheure. Um halb viere war die Sonne schon hinter dem Berge. Erster Wasserfall, zweiter schönerer. Grünlich Gestein mit viel Glimmer, Granit; schöner Wasserfall, etwas Baumtrocknis. Herrlicher Blick auf die Reuß, an einer alten Fichte und einem großen Felsen vorbei. Immer Granit, mit Talk gemischtes Quarzgestein. Prächtiger Rückblick in die hinabstürzende Reuß. Die Felsmassen werden immer ganzer, ungeheurer. Echo. Sehr schlechter Weg, flacheres Bette der Reuß. Brücke. Zweite Brücke. Nacht. Von der Höhe Rückblick in die Tiefe; die Lichter in den Häusern und Sägemühlen nahmen sich, in der ungeheuern nächtlichen Schlucht, gar vertraulich aus. Die Herrlichkeit des Herrn nach der neusten Exegese. Wassen.

Alte Wirtin; ihre Familiengeschichte, so wie ihre Geduldslehre.

Montag den 2. Oktober

Wassen. Früh sechs Uhr war es klar in der Nähe, Nebel an den Höhen, bald Anzeichen des blauen Himmels und der durchdringenden Sonne.

Um sieben Uhr ab, die Nebel zerteilten sich, Schatten der Berggipfel in den Wolken. Karge Vegetation, horizontale Wolkensoffitten; unter Wassen grüne Matten mit Granitblöcken und geringen Fichtengruppen. Schöner mannigfaltiger Wasserfall, erst kleine Absätze, dann ein großer, dann teilt sich das Wasser in die Breite, sammelt sich wieder in der Mitte und trennt sich wieder, bis es endlich zusammen in die Reuß stürzt. Brücke; Wasserfall über Felsen, die noch ganz scharfkantig sind; schöne Austeilung des Wassers darüber. Man ist eigentlich in der Region der Wasserfälle. Betrachtung, daß der Vierwaldstätter See auch darum einen sehr ruhigen Eindruck macht, weil kein Wasser in denselben hineinstürzt.

Alles sieht fast grau umher aus von zerstreutem Granit, verwittertem Holz und grau gewordnen Häusern; man sieht noch etwas Kartoffelbau und kleine Gärtchen. Granitwände unzerstörlich scheinend. Verwitterter Granit. Brücke. Die Steine derselben, die Felsen, besonders die, welche das Wasser bei hohem Strome bespült, hellgrau; Nebel, gleichsam als Gehänge über das Tal hin, Sonne an den Gipfeln, rechts die Berge durch die leichten Nebel, die sich an ihnen hinziehen, noch erleuchtend. Pflanzen werden immer dürftiger; man kommt noch vor einem ansehnlichen Wasserfall vorbei, an den Höhen sieht man durch den Nebel lange Wasserstreifen sich herunterbewegen. Granitfelsen wie aufgebaute Pyramiden, ganz glatte Wände der losen Felsstücke, Obeliskenform. Vorwärts steiles Amphitheater der Schneeberge im Sonnenlichte.

Nach acht Uhr waren wir in Göschenen. Starker Stieg; Maultierzug; man hatte kaum den Weg, der durch einen großen Sturz von Granitblöcken versperrt gewesen war, wieder aufgeräumt durch Sprengen und Wegschaffen derselben. Die holzschleppenden Weiber begegneten uns. Sie erhalten oben im Urserental sechs Groschen für die Last, das Holz kostet sie drei Groschen bei Göschenen; die andere Hälfte ist ihr Tragelohn. Sturz der Reuß in großen Partien. Brücke. Inschrift in Granit dabei: Schricker, wahrscheinlich der Vorgesetzte beim Brückenbau. Das Tal Urseren baut den Weg fast bis Göschenen. Sonderbare Aussichten in die Tiefe rückwärts; Kühe und Holzträgerinnen steigen herauf, Nebel zugleich mit. Granitwände; die trocknen Stellen sehen grau, die feuchten violett aus. Zum erstenmal beschien heut die Sonne unsern Weg und die durch ungeheure Granitblöcke schäumende Reuß. Aufgeräumte, vor kurzem verschüttete Straße. Die Nebel zogen schnell die Schlucht herauf und verhüllten die Sonne. Harter Stieg. Vogelbeerbaum mit den schönsten Früchten. Wir ließen die Kühe an uns vorbei. Die Fichten verschwinden ganz. Teufelsbrücke. Rechts ungeheure Wand, Sturz des Wassers. Stieg, Sonne, Nebel, starker Stieg, Wandsteile der ungeheuern Felsen, Enge der Schlucht. Drei große Raben kamen geflogen. Die Nebel schlugen sich nieder; die Sonne war hell. Urner Loch, Urserental, ganz heiter, die flache grüne Wiese. Die Urserner Kirche, Hospenthal mit seinem alten Turme, völlig wie vor alters. Der Schnee ging nicht ganz bis an die Wiese herab. Weidendes Vieh; die Berge hinter Realp waren völlig beschneit, unten vom grünen vorstehenden Abhang, oben vom blauen Himmel begrenzt. Schon war alle Mühe vergessen, der Appetit stellte sich ein. Glimmerschiefer zeigte sich an allen Seiten, Jade in einer Mauer. Schlitten mit Käsen durch den Schmutz fahrend. Bächlein zur Wässerung, übermäßige Düngung der Matten. Granit mit viel Feldspat, aber noch immer sich zum Blättrigen neigend. Brücke über die Reuß. Hospenthal, zum Goldnen Löwen oder der Post eingekehrt.

Dienstag den 3. Oktober

Um halb neue von Hospenthal aufwärts. Glimmerschiefer mit vielem und schönem Quarz. Den ersten Schnee neben uns. Schöner, breiter, gleichförmiger Wasserfall, Glimmerschieferplatten stürzen gegen den Berg ein, über die denn das Wasser hinüberströmen muß. Schöne Sonne. Kahles leeres Tal, abhängige abgewitterte Seiten. Ultramarin zu dreißig Scudi. Ungeheuere, ganz glatte Wände des blättrigen Granites. Große Massen, Platten und Blöcke desselben Gesteines. Wasserfall. Ganz heiterer Himmel. Wir nahten uns nun nach und nach dem Gipfel. Moor, Glimmersand, Schnee. Alles quillt um einen herum. Seen.

Ich fand den Pater Lorenz noch so munter und gutes Mutes als vor zwanzig Jahren. Seine verständigen und mäßigen Urteile über die gegenwärtigen Verhältnisse in Mailand. Stammbuch eingeführt seit einigen Jahren. Jost Has, ein junger Mensch von Luzern, künftig zum Postboten bestimmt, acht Monate beim Pater wohnhaft. Mineralienhandel der Köchin, große Menge Adularien. Erzählung, wo sie solche hernimmt. Mineralogische Moden: erst fragte man nach Quarzkristallen, dann nach Feldspäten, darauf nach Adularien und jetzt nach roten Schörlen (Titanit).

Nach Tische gingen wir wieder herunter und waren so leicht und bald in Hospenthal, daß wir uns verwunderten und der Bergluft diese Wirkung zuschrieben.

Nach der Observation eines gewissen Johnston, die in des Kapuziners Buch eingeschrieben ist, soll das Kloster 46° 33′ 45″ nördlicher Breite liegen.

Im Heruntergehen bemerkten wir eigens zackige Gipfel hinter Realp, die daher entstehen, wenn die obersten Enden einiger Granitwände verwittern, die andern aber stehen bleiben. Das Wetter war ganz klar. Aus der Reußschlucht, von der Teufelsbrücke herauf, quollen starke Nebel, die sich aber gleich an den Berg anlegten.

Mittwoch den 4. Oktober

Um halb neun von Hospenthal ab. Völlig klarer Himmel ohne eine Spur von Wolken; es war frisch, ein wenig Reif war gefallen. Über Urseren, wo die Sonne hinschien, zog ein horizontaler leichter Duft. In Urseren besuchten wir die Kabinette des Landammann Nagers und Dr. Halters. Von ihren Kabinetten siehe ein mehreres Fol. . . . Auch ist ein Spezereihändler, Carl Andreas Christen, daselbst, der mit Mineralien handelt; wollte man an sie schreiben, so müßte man nicht versäumen Urseren Andermatt auf die Adresse zu setzen.

Wir kehrten in den Drei Königen ein, aßen zu Mittag, der Wirt heißt Meyer.

Als wir wieder gegen die Teufelsbrücke kamen, stiegen feuchte Nebel uns entgegen, vermischten sich mit dem Wasserstaub, so daß man nicht wußte, woher sie kamen und wohin sie gingen. Gleichheit der Steinart. Das Ungeheuere läßt keine Mannigfaltigkeit zu. Schnee, der die Vögel in die Schlingen jagt. Maultierzug. Ton des Kühhornes. Mist für ein Rittergut auf dem Wege zerstreut und verderbt. Bei Göschenen ein schöner Sonnenblick das Seitental herein; Nebel und Wolken vermehrten sich an den Gipfeln, unter Wassen hingen sie schon soffittenmäßig. Wir kehrten wieder am Zoll ein. Fünf Franzosen des Nachts.

Donnerstag den 5. Oktober

Früh um sieben Uhr von Wassen ab. Oben war der Nebel schon verteilt, wir kamen wieder in denselben hinab. Sonderbarer Anblick der Gebirge in Nebel als ganz flacher Massen. Resoluter Wasserfall. Allgemeine Klage, daß die Bauern so geldgierig wären. Ähnlichkeit der Weiber. Reise als Halbroman zu schreiben. Scherz über so viele halbe Genres. Wir kamen wieder in die Region der Nußbäume, und nahmen in Amsteg im Gasthof zum Stern wieder etwas zu uns und gingen nachher den Fußweg gegen Altdorf. Wasser- und Brotgelübde der geizigen Wirtin. Grüne Farbe des Wassers mit dem Grünen des durchscheinenden Talkes verglichen. Orangenfarbe des abgehauenen Erlenstocks. Schwaches Brett am Stieg, das gebrochen war, inzwischen wir abwesend gewesen.

Anmutige Gegend an der Reuß. Naiver Ausspruch: es ist gut, aber es gefällt mir nicht. Gneis. Zickzack wie des Kalkes, nur im großen. Es ist ein Fehler bei Fußreisen, daß man nicht oft genug rückwärts sieht, wodurch man die schönsten Aussichten verliert.

Wir kamen wieder zur Kirche an der Jagdmatt; Jäger und Hunde knieen vor dem Hirsch, der eine Veronika zwischen dem Geweihe hat. Die Kirche war offen und geputzt, niemand weit und breit, der darauf acht gehabt hätte. Begriff von geistlicher und weltlicher Polizei. Der Glimmerschiefer geht noch weit ins Tal hinunter auf beiden Seiten. Der Charakter des Gebirgs zeigt zugleich an, wo der Kalk anfängt. Beschneite höhere Gebirge in der Nähe. Frage, ob das Schneeniveau dieser Berge mit dem Urserner dasselbe sei? Über Verkürzung des Wegs und Verbreiterung der Plätze in Gedanken. Geschichte des Jägers, der einen Mann statt der Gemse erschoß. Zur Strafe war ihm verboten, zehn Jahre kein Gewehr zu führen. Gemsen kommen noch öfters vor, es ward eben eine ausgehauen. Murmeltiere, noch im Felle, die an der Luft trockneten, hatten wir in Hospenthal gesehen. Kleine Vögel werden unzählig in Schlingen gefangen. In Altdorf verzehrten wir ein gutes und wohlbereitetes Berghuhn.

Freitag den 6. Oktober

Wolken auf den Bergen in Klippenform. Unter verschiedenen theoretischen Gesprächen gingen wir von Altdorf zeitig ab und kamen zum See. Um neun Uhr ab. Leichtes Gebäude der Schiffe, es hält eins nur drei Jahre. Die größten Stürme erregt der Föhnwind, der im Frühjahr, besonders aber im Herbst über die Berge von Mittag kommt; es entstehen große Wellen und Wirbel. Die Bagage der Reisenden wird auf den Vorderteil der Schiffe gelegt, so wie man sich überhaupt mehr vorwärts setzt. Kleiner Fußtritt des Steuermanns. Es ward von Gemsen und Lauinen gesprochen. Wir kamen dem Axenberg näher; ungeheuere Felswand und Halbbucht, dann folgte eine zweite, etwas tiefere, dann die Platten. Das Steuerruder ist, wie die andern, nur mit einem leichten Ringe von Schlingholz befestigt. Die Beleuchtung war schön, die Kapelle lag im Schatten, die Kronalp [Fronalp] im Lichten; sie wird wegen der Krone von Flözen auf ihrer Höhe so genannt. Matten, Wald, Abhang und Steile. Alles Menschenwerk, wie auch alle Vegetation, erscheint klein gegen die ungeheuren Felsmassen und Höhe.

Wir fuhren nun quer über den See nach der linken Landspitze zu; die Schwyzer Mythenberge erscheinen wieder. Ein Reiher flog auf. Wir kamen am Rütli vorbei. Kurz vor der Ecke sind Flöze wie Mauerwerk und Türme. Den See hinauf war's trübe und die Sonne stach. Gegen Brunnen über die Ecke anmutig überhangende Bäume. Man sah die Mythen in völliger Breite, Brunnen, einen Teil der Landbucht von Schwyz, die schönen, nicht allzusteilen Matten der Schwyzer rechts am See. Wir hielten uns an der linken Seite. Ein Wirtshaus steht in Fels und Waldgebüsch am See. Wir nahmen Piemonteser Soldaten und Luzerner Frauen ein. Man sah Beckenried von weitem, Pilatusberg in Wolken. Es entstand ein Gegenwind, wir kamen an der Grenze von Uri und Unterwalden vorbei, die sehr leicht gezeichnet ist.

Hier ist der Anblick vorwärts mannigfaltig, groß und interessant: das linke Ufer ist waldig und schön bewachsen, man sieht Beckenried an einem fruchtbaren Abhange eines Berges liegen, dessen steiler Gipfel nach und nach, sanft, bis in die Mitte des Bildes abläuft; hinter diesen schönbewachsnen Strichen ahndet man die Fläche von Stans. Der wolkenbedeckte Pilatus blickt hervor; alsdann sieht man den Bergrücken, der, teils fruchtbar, teils mit Holz bewachsen, Unterwalden nordwärts gegen den Luzerner See begrenzt. Rechts liegt Gersau, und bald sieht man die Enge, durch die der See seine Wendung nordwestwärts nimmt.

Eine beliebte Äpfelsorte wird in dieser Gegend Breitacher genannt; die Italiener nennen sie Melaruzzi.

Näher Beckenried sahen wir die Seiten des Rigi in den Wolken, der Gipfel war klar. In der Entfernung vom See sahen wir Weggis, einen Ort, der durch einen langsam vorschiebenden Kiesboden, nicht etwa durch einen Felsensturz, vor kurzer Zeit von der Stelle geschoben wurde. Das Schieben des Erdreichs, wobei alles zu Grunde ging, was sich auf der Oberfläche befand, dauerte vierzehn Tage, so daß die Leute ihre Häuser abtragen und das Holz wegschaffen konnten. Ein Haus wurde dergestalt herumgedreht, daß es jetzt nach einer andern Seite hinsieht. Man fängt wieder an zu bauen. Man sieht nun Beckenried näher. Die Gegend bleibt ohngefähr, wie sie oben beschrieben worden, nur daß die Proportionen und Distanzen sich verändern.

Wir langten nun um halb ein Uhr an und gingen den Fußpfad nach Stans. Es ist der angenehmste Weg, den man sich denken kann. Er geht unmittelbar am See hin, und steigt sanft in die Höhe durch grüne Matten, hohe Nuß- und andere Fruchtbäume und reinliche Häuser, die an dem sanften Abhang liegen, dessen oben gedacht ist. Wir kamen über eine breite Steinrutsche, die durch einen Gießbach heruntergeschoben worden; es hat diese Naturwirkung schon so viel gutes Terrain weggenommen und wird noch mehr wegnehmen. Die Landleute haben ein fremdes Ansehen; sie sind wohlgebildet aber blaß; der feuchte Boden setzt sie Skrofel und Hautkrankheiten aus. Der See macht nun hier einen Busen gegen ein niedriges Land zu, dieses ist nordwärts durch die Mittagsseite eines sanft abhängenden Berges begrenzt, welcher sehr gut bebaut ist. Die Bäume hingen voll Obst, die Nüsse wurden abgeschlagen. Die Bucht endigt sich mit flachen sumpfigen Wiesen. Wir kamen durch Buochs, wobei ein Landungsplatz für diese Seite ist. Landleute mit Hanf beschäftigt. Schön gepflasterter Weg über eine Höhe, zwischen Matten, auf welchen Kühe schwelgten. Dergleichen Matten werden im Frühjahr abgeätzt, und wenn das Heu gemacht ist, wachsen sie abermals stark genug, daß die Kühe bis auf den Winter hinreichende Nahrung finden. Man kommt durch ein schmales Tal zwischen eingezäunten Matten und endlich auf die schöne, völlig ebene Fläche, worauf Stans, nicht zu nahe von hohen Bergen umgeben, liegt. Wir traten im Gasthof zur Krone ein, welcher der Kirche gegenüber auf einem hübschen Platze liegt. In der Mitte steht ein Brunnen, auf den der alte Winkelried mit den Speeren im Arm gestellt ist. Niklaus von der Flüe hing in der Stube. Auf gemalten Fensterscheiben waren über verschiedenen Wappen die Hauptmomente der Schweizer Chronik aufgezeichnet. Wir lasen in einem Buche: Kleiner Versuch einer besondern Geschichte des Freistaats Unterwalden. Luzern 1789. In der Dedikation der sonderbare Titel: Helvetisch großmächtige.

Heilige, Helden, Staatsleute und Frauen aus der Geschichte des Landes.

Sonnabend den 7. Oktober

Stans. Früh Nebel; doch der Schein der Morgensonne hie und da auf den Berggipfeln. Gegen acht Uhr ab. Flache Matten zwischen Bergen; man glaubt zu sehen, wie der ehemals höhere See hier hereingewirkt und das Erdreich zubereitet. Gegen Stansstad wird es sumpfiger. Am Landungsplatze selbst ist rings herum die Ansicht gar angenehm wegen den mannigfaltigen Bergen, Buchten und Armen des Sees, die man sieht oder ahndet. Schöne Sand- oder graue Wackenplatten lagen am See, hierher aus dem Luzernischen transportiert. Die Mädchen haben auf den kleinen Strohhüten vier Schleifen, wechselweise rot und grün. Wir fuhren ab, es war etwas neblig.

In der Mitte des Kreuzes, das der See bildet, ist der Anblick höchst interessant, der Charakter der Ufer variiert nach allen Seiten. Luzern liegt in seiner Bucht, umgeben von sanften fruchtbaren Höhen, welche sich rechts an dem Ufer des Arms, der nach Küßnacht hineinreicht, erstrecken. Blickt man nordwärts nach Küßnacht, so liegt rechts ein artiges Vorgebirge, von mannigfaltiger Gestalt, das gut bewachsen und bebaut ist. Ostwärts ist das Wasser zwischen steilen und dunkelbewachsnen Wänden eingefaßt, und die Spitze von Gersau scheint nur einen geringen Durchgang in den obern Teil des Sees zu lassen. Südwärts sieht man nun den berühmten Wartturm von Stansstad, den kleinen Ort auf seiner Fläche, umgeben von den mannigfaltigsten Gebirgen und Vorgebirgen, hinter denen südwestwärts der Pilatus hervorsieht.

Wir sahen uns überall nach dem Raynalschen Monument um, aber vergebens; man wies uns den Felsen, wo es gestanden hatte. Durch die Zuleitung des goldnen Knopfs auf der Spitze ward es vom Gewitter getroffen, beschädigt und abgetragen.

Wir fuhren an dem artigen Vorgebirge vorbei; es besteht aus sehr neuen Kalk- und Tonflözen. In Stans, sowie in Uri, ziehen sie Birn an den Häusern; wir hatten einige vom erstern Ort mitgenommen, die von einem unglaublichen Trieb des Saftes aufgeschwollen waren, so daß die Epiderm in Höckern aufgetrieben ist, ja sogar der Stiel saftige Exantheme an sich hatte.

Küßnacht. Gasthof zum Engel. Nach Tische gingen wir ab und fanden einen sanften, in die Höhe steigenden, angenehmen Weg; gesprengte Granitblöcke lagen an der Seite, man hatte sie von einer Matte, die man reinigte, herüber an die Straße geschafft. Wahrscheinlich liegen sie dort als ungeheure Geschiebe. Die Steinart ist die des Gotthards, nur weniger blättrig. Man erreicht die Höhe der kleinen Erdzunge, welche den Vierwaldstätter und den Zuger See trennt. Kapelle zum Andenken von Geßlers Tod. Man sieht nun rückwärts von oben herunter eine anmutig gebaute, aufsteigende Bucht vom Luzerner See herauf. Wir fanden einige Kastanienbäume, sehr schön bestandne Matten und Baumstücke, deren hohes Gras und Kraut von den Kühen mehr zertreten als gefressen ward. Wir erblickten den Zuger See, eigner Charakter desselben, sanft abhängende Berge. Arth liegt rechts im Winkel. Besondere Bauart der kleinen Schiffe; sie sind nur aus zwei Stücken zusammengesetzt und gleichen also völlig einem großen ausgehöhlten Baumstamm; die Bänke stehen durchaus quer und passen sauber in die Fugen; an den Seiten sind noch Bretter aufgesetzt, an denen die Ruder angebracht sind. Man fährt sehr schnell damit. Die Ruder sind klein und der Takt viel geschwinder. Links wird ein Sandstein gebrochen. Man fährt nun um die Ecke; der See nimmt nordwärts einen sehr heitern Charakter an, indem er, nur von Hügeln umgeben, die Berge des untern Landes in der Ferne zeigt. Im Grunde beim Ausfluß sieht man Cham, über den ein ferner flacher Berg hervorragt. Rechts besteht das Ufer aus Tonflözen, über denen sich ein mit artigen Gruppen bewachsner Berg hervorhebt. Dann erscheint eine angenehme Fläche am See, mit fruchtbaren Höhen begrenzt, ein weitläufiges Dorf Oberwil darin erbauet. Man sieht wieder etwas Weinbau. Man kommt nach Zug. Eingekehrt im Ochsen. Der Ort ist reinlich und alt, aber gut gebauet, liegt an einer Anhöhe, ist der Stapelort von den Gütern, die nach Zürich gehen und daher kommen. Er liefert den kleinen Kantonen Töpferware, weil diesen aller Ton zu dem Endzweck mangelt. Es sind auch verschiedene Feuerhandwerke daselbst in guter Nahrung.

Schöne gemalte Scheiben im Wirtshaus.

Sonntag den 8. Oktober

Um acht Uhr aus Zug. Angenehmes fruchtbares Tal; hinaufwärts etwas Fruchtbau, hie und da in den Tiefen und Flächen Moorland. Halbbedeckter Tag.

Baar. Fläche umher, Mannigfaltigkeit. Gute Wiesen, Baumstücke, nasse Wiesen, Weiden, Erlen. Auf den besten Wiesen wächst viel Leontodon. Der Ort ist artig gebaut, eine geräumige Gasse und dann zerstreute Häuser zwischen Wiesen und Gärten. Man findet dahinter eine große Gemeinweide mit Obstbäumen. Man kommt an einen Bach und steigt aufwärts. Ilex aquifolium, das wir auf den Mittelbergen gefunden. Artiges Buschholz, Knüppelstieg dadurch. Auf der Höhe Fruchtbau, etwas magrer, doch gemischter Boden. Man sieht rückwärts einen Teil des Zuger Sees. Weiterhin wird der Boden sumpfig; man findet keine Häuser mehr. Der Fahrweg ist abscheulich. Saures Gras und niedres Röhrich wird zum Streuen gehauen.

Man kommt über die Sihlbrücke. Der Aufstieg gegenüber im Zürcher Gebiet ist steil, aber der Weg gut. Endlich gelangt man wieder zur Aussicht des Zürcher Sees, den man rechts hat, links das nördliche Ende des Zuger Sees. Man steigt hinab, große Mannigfaltigkeit nach dem See zu, schöner

Torf. Klausen, ein kleiner Ort. Der letzte Teil des Weges sit ein abscheulich unterhaltenes Pflaster. Horgen. Dieser Stapelort der Waren, die von Zürich und Zug kommen. Wir aßen im Löwen, schöne Aussicht des Gasthauses. Wir fuhren bei einem warmen Abend in zwei Stunden nach Stäfa.

STÄFA

Lage desselben am See, fast eine Stunde lang. Häuser durch die Besitzungen getrennt. Kultur im höchsten Grade. Einige Landbuchten vom See herein mit fruchtbarem Erdreich gegen die Hügel, die Hügel selbst fruchtbar. Beschreibung der Aussicht vom Balkon meines Zimmers. Links die Straße durchs Ort, an der andern Seite derselben mit Mauer erhöhter Weingarten und Brunnen, weiter in eine artige Hecke eingezäunte Besitztümer, Feld mit gelben Rüben, ein größeres mit weißen Rüben; keimende neue Saat, bestellte Flecke, umgegrabene Flecke, schwarzer Boden, Rübenfeld. Häuser zwischen Baumstücken am Fuße der Hügel, Wiesenflecken, Weinberge den Hügel hinauf, oberwärts neue Anlagen geteilter Gemeingüter und besser benutzter Privatgüter. Ostwärts Kirchenhügel, mit Wein, Feldbau, Fruchtbäumen, Häusern und der Kirche. Im Hintergrund kahle Berge um den Walensee. Rechte Seite der Straße. Hausgarten, Weingarten des Nachbars, Haus des Nachbars, das die Aussicht unterbricht, weiter rechts südwärts hinter dem Hausgarten und Weingarten des Nachbars gegen Mittag und Südwest ununterbrochene Wiesen, dicht mit Fruchtbäumen besetzt, bis an den See hinunter. Die Fläche des Sees und das jenseitige Ufer, heitere Ortschaften daran hingezogen und bis an die steilern Höhen die Abhänge soviel als möglich genutzt. Wenn man mit dem Perspektiv die Flächen durchläuft, so ist es eine unendliche Welt, die man übersieht. Im Süden zeigen sich die Gipfel der Berge bei Einsiedeln und Schwyz, jetzt schon stark beschneit, da die ganze untere Landschaft noch vollkommen grün ist, und kaum einige Bäume durch rot' und braune Tinten das Alter des Jahres verkündigen. Was man sonst von Ökonomen wünschen hört, das sieht man hier vor Augen, den höchsten Grad von Kultur, mit einer gewissen mäßigen Wohlhabenheit. Man kann wohl sagen: es ist keine Hütte hier am Ort, alles Häuser und meist große Gebäude, die aber anzeigen, daß ein Landwirt darinnen wohnt.

Montag den 9. Oktober

Früh am Tagebuch diktiert. Die Schweizer Chronik wegen der Tellischen Geschichte. Mit Meyer über die Behandlung derselben; über Behandlung überhaupt bei Gelegenheit der Schillerschen Briefe.

Dienstag den 10. Oktober

Abschrift des Tagebuchs. Verzeichnis der Mineralien und Einpacken derselben. Tschudis Chronik. Zeichnung Tells mit dem Knaben. Niobe, Vorlesung.

Mittwoch, den 11. Oktober

Abschrift des Tagebuchs fortgesetzt. Friese des Giulio Romano. Andrea del Sarto. Vorlesung. Einpacken der Steine.

Donnerstag den 12. Oktober

Abschrift des Tagebuches fortgesetzt. Ferneres Einpacken und Vorlesung der florentinischen Kunstgeschichte.

Freitag den 13. Oktober

Diktiert den Entwurf zu einer Abhandlung über die Gegenstände der bildenden Kunst. Vorlesung wie gestern.

Sonnabend den 14. Oktober

Brief an Schiller. Vorlesung wie gestern.

An Schiller Stäfa, den 14. Oktober 1797

An einem sehr regnichten Morgen bleibe ich, werter Freund, in meinem Bett liegen, um mich mit Ihnen zu unterhalten und Ihnen Nachricht von unserm Zustande zu geben, damit Sie, wie bisher, uns mit Ihrem Geiste begleiten, und uns von Zeit zu Zeit mit Ihren Briefen erfreuen mögen.

Aus den Gebirgen sind wir glücklich zurückgekehrt. Der Instinkt, der mich zu dieser Ausflucht trieb, war sehr zusammengesetzt und undeutlich. Ich erinnerte mich des Effekts, den diese Gegenstände vor zwanzig Jahren auf mich gemacht; der Eindruck war im ganzen geblieben, die Teile waren erloschen, und ich fühlte ein wundersames Verlangen, jene Erfahrungen zu wiederholen und zu rektifizieren. Ich war ein anderer Mensch geworden, und also mußten mir die Gegenstände auch anders erscheinen. Meyers Wohlbefinden und die Überzeugung, daß kleine gemeinschaftliche Abenteuer, so wie sie neue Bekanntschaften schneller knüpfen, auch den alten günstig sind, wenn sie nach einigem Zwischenraum wieder erneut werden sollen, entschieden uns völlig, und wir reisten mit dem besten Wetter ab, das uns auch auf das vorteilhafteste elf Tage begleitete. In der Beilage bezeichne ich wenigstens den Weg, den wir gemacht haben; ein vollständiges, obgleich aphoristisches Tagebuch teile ich in der Folge mit, indessen wird Ihre liebe Frau, die einen Teil der Gegenden kennt, vielleicht eins oder das andere aus der Erinnerung hinzufügen.

Bei unserer Zurückkunft fand ich Ihre beiden lieben Briefe mit den Beilagen, die sich unmittelbar an die Unterhaltung anschlossen, welche wir auf dem Wege sehr eifrig geführt hatten, indem die Materie von den vorzustellenden Gegenständen, von der Behandlung derselben durch die verschiedenen Künste oft von uns in ruhigen Stunden vorgenommen worden. Vielleicht zeigt Ihnen eine kleine Abhandlung bald, daß wir völlig Ihrer Meinung sind; am meisten aber wird mich's freuen, wenn Sie Meyers Beschreibungen und

Beurteilungen so vieler Kunstwerke hören und lesen. Man erfährt wieder bei dieser Gelegenheit, daß eine vollständige Erfahrung die Theorie in sich enthalten muß. Um desto sicherer sind wir, daß wir uns in einer Mitte begegnen, da wir von so vielen Seiten auf die Sache losgehen.

Wenn ich Ihnen nun von meinem Zustande sprechen soll, so kann ich sagen, daß ich bisher mit meiner Reise alle Ursache habe zufrieden zu sein. Bei der Leichtigkeit, die Gegenstände aufzunehmen, bin ich reich geworden, ohne beladen zu sein; der Stoff inkommodiert mich nicht, weil ich ihn gleich zu ordnen oder zu verarbeiten weiß, und ich fühle mehr Freiheit als jemals, mannigfaltige Formen zu wählen, um das Verarbeitete für mich oder andere darzustellen. Von dem unfruchtbaren Gipfel des Gotthards bis zu den herrlichen Kunstwerken, welche Meyer mitgebracht hat, führt uns ein labyrinthischer Spazierweg durch eine verwickelte Reihe von interessanten Gegenständen, welche dieses sonderbare Land enthält. Sich durch unmittelbares Anschauen die naturhistorischen, geographischen, ökonomischen und politischen Verhältnisse zu vergegenwärtigen, und sich dann durch eine alte Chronik die vergangnen Zeiten näher zu bringen, auch sonst manchen Aufsatz der arbeitsamen Schweizer zu nutzen, gibt, besonders bei der Umschriebenheit der helvetischen Existenz, eine sehr angenehme Unterhaltung; und die Übersicht sowohl des Ganzen als die Einsicht ins Einzelne wird besonders dadurch sehr beschleunigt, daß Meyer hier zu Hause ist, mit seinem richtigen und scharfen Blick schon so lange die Verhältnisse kennt und sie in einem treuen Gedächtnisse bewahrt. So haben wir in kurzer Zeit mehr zusammengebracht, als ich mir vorstellen konnte, und es ist nur schade, daß wir um einen Monat dem Winter zu nahe sind; noch eine Tour von vier Wochen müßte uns mit diesem sonderbaren Lande sehr weit bekannt machen.

Was werden Sie nun aber sagen, wenn ich Ihnen vertraue, daß, zwischen allen diesen prosaischen Stoffen, sich auch ein poetischer hervorgetan hat, der mir viel Zutrauen einflößt?

Ich bin fast überzeugt, daß die Fabel von Tell sich werde episch behandeln lassen, und es würde dabei, wenn es mir, wie ich vorhabe, gelingt, der sonderbare Fall eintreten, daß das Märchen durch die Poesie erst zu seiner vollkommenen Wahrheit gelangte, anstatt daß man sonst, um etwas zu leisten, die Geschichte zur Fabel machen muß. Doch darüber künftig mehr. Das beschränkte, höchst bedeutende Lokal, worauf die Begebenheit spielt, habe ich mir wieder recht genau vergegenwärtigt, so wie ich die Charaktere, Sitten und Gebräuche der Menschen in diesen Gegenden, so gut als in der kurzen Zeit möglich, beobachtet habe, und es kommt nun auf gut Glück an, ob aus diesem Unternehmen etwas werden kann.

Nun aber entsteht eine Frage, die uns doch von Zeit zu Zeit zweifelhaft ist: wo wir uns hinwenden sollen, um sowohl Meyers Kollektaneen als meinen eigenen alten und neuen Vorrat aufs bequemste und baldigste zu verarbeiten. Leider sind hier am Ort die Quartiere nicht auf den Winter eingerichtet, sonst leugne ich nicht, daß ich recht geneigt gewesen wäre hier zu bleiben, da uns denn die völlige Einsamkeit nicht wenig gefördert haben würde. Dazu kommt, daß es der geschickteste Platz gewesen wäre, um abzuwarten, ob Italien oder Frankreich aufs künftige Frühjahr den Reisenden wieder anlockt oder einläßt. In Zürich selbst kann ich mir keine Existenz denken, und wir werden uns wohl nunmehr sachte wieder nach Frankfurt begeben.

Überhaupt aber bin ich auf einer Idee, zu deren Ausführung mir nur noch ein wenig Gewohnheit mangelt; es würde nämlich nicht schwer werden, sich so einzurichten, daß man auf der Reise selbst mit Sammlung und Zufriedenheit arbeiten könnte. Denn wenn sie zu gewissen Zeiten zerstreut, so führt sie uns zu andern desto schneller auf uns selbst zurück; der Mangel an äußern Verhältnissen und Verbindungen, ja die Langeweile, ist demjenigen günstig, der manches zu verarbeiten hat. Die Reise gleicht einem Spiel; es ist immer Gewinn und Verlust dabei, und meist von der unerwarteten

Seite; man empfängt mehr oder weniger, als man hofft, man kann ungestraft eine Weile hinschlendern, und dann ist man wieder genötigt, sich einen Augenblick zusammenzunehmen. Für Naturen wie die meine, die sich gerne festsetzen und die Dinge festhalten, ist eine Reise unschätzbar; sie belebt, berichtigt, belehrt und bildet.

Ich bin auch jetzt überzeugt, daß man recht gut nach Italien gehen könnte: denn alles setzt sich in der Welt nach einem Erdbeben, Brand und Überschwemmung so geschwind als möglich in seine alte Lage, und ich würde persönlich die Reise ohne Bedenken unternehmen, wenn mich nicht andere Betrachtungen abhielten. Vielleicht sehen wir uns also sehr bald wieder, und die Hoffnung mit Ihnen das Erbeutete zu teilen und zu einer immer größern theoretischen und praktischen Vereinigung zu gelangen, ist eine der schönsten, die mich nach Hause lockt. Wir wollen sehen, was wir noch alles unterwegs mitnehmen können. So hat Basel wegen der Nähe von Frankreich einen besondern Reiz für mich; auch sind schöne Kunstwerke, sowohl ältere als ausgewanderte, daselbst befindlich.

Sonntag den 15. Oktober

Über die Motive und die übrigen Teile der bildenden Kunst. Vorlesung wie gestern. Abends Friese des Giulio Romano detailliert. (Wir kamen diese Tage wegen des Regenwetters nicht nach Hause.)

Montag den 16. Oktober

Sehr schönes Wetter. Früh einiges diktiert, beizeiten gegessen. Nach Tische nach Herrliberg zu Herrn Escher.

An Herrn Geheimerat Voigt Stäfa, den 17. Oktober 1797

Wir sind von unserer Reise auf den Gotthard glücklich zurückgekommen. Das Wetter hat uns sehr begünstigt, und ein ziemlich umständliches Tagebuch wird künftig zu mancherlei Unterhaltung Gelegenheit geben. Jetzt ist man hier am See in der Weinlese begriffen, die um desto mehr die Menschen erfreut, als der Wein im hohen Preis ist und stark ausgeführt wird.

Seit einigen Tagen sind die Nachrichten vom Rhein her beunruhigend, und die Franzosen scheinen selbst an den Schweizern Händel zu suchen; sollte der Krieg wieder angehen, so ist ein ungeheures Unheil zu befürchten.

Indessen wünschte ich Ihnen nur einen Blick von dem kleinen Balkon meines Zimmers in die äußerst kultivierten Besitzungen dieses Ortes, den daran stoßenden See und die jenseitigen Ufer mit den heiteren Ortschaften, die sich daran hinziehen.

In acht Tagen wird sich's entscheiden, was wir wegen unserer Rückreise zu beschließen haben, da die ganze Welt ringsum sich wieder zu verwirren drohet. Am Ende bleibt uns wohl nur der Weg, den Wieland vor einem Jahre nahm. Wer hätte denken sollen, daß man in der Schweiz nochmals in Gefahr käme, von Deutschland abgeschnitten zu werden!

Daß wir auf unserer Reise brav Steine geklopft haben, können Sie leicht denken, und ich habe deren fast mehr, als billig ist, aufgepackt. Wie soll man sich aber enthalten, wenn man zwischen mehreren Zentnern von Adularien mitten inne sitzt! Unter mehreren bekannten Dingen bringe ich auch einige seltene und vorzüglich schöne Sachen mit. Ich wünschte, schon läge alles ausgepackt vor Ihnen und ich genösse Ihre Unterhaltung wieder. Doch die Zeit wird auch kommen, und wir wollen ihr ruhig entgegengehn. Leben Sie indes mit den werten Ihrigen, denen ich mich bestens empfehle, recht wohl. Meyer empfiehlt sich zum besten.

Dienstag den 17. Oktober

Früh Briefe diktiert. Kam die Aldobrandinische Hochzeit an.

An den Herzog von Weimar Stäfa, den 17. Oktober 1797

Kaum sind wir aus der unglaublichen Ruhe, in welcher die kleinen Kantone hinter ihren Felsen versenkt liegen, zurückgekehrt, als uns vom Rhein und aus Italien her das Kriegsgeschrei nach- und entgegenschallt. Bis dieser Brief Sie erreicht, wird manches entschieden sein; ich spreche nur ein Wort vom gegenwärtig Nächsten.

Die Franzosen haben an Bern einen Botschafter geschickt mit dem Begehren: man solle den englischen Gesandten sogleich aus dem Lande weisen. Sie geben zur Ursache an: «Man sehe nicht ein, was er gegenwärtig in der Schweiz zu tun habe, als der Republik innere und äußere Feinde zu machen und aufzureizen.» Die Berner haben geantwortet: «Es hänge nicht von ihnen ab, indem der Gesandte an die sämtlichen Kantone akkreditiert sei.» Der französische Abgeordnete ist deshalb nach Zürich gekommen. Das weitere steht zu erwarten. Mir will es scheinen, als suchten die Franzosen Händel mit den Schweizern. Die Überbliebenen im Direktorium sind ihre Freunde nicht; in Barthélemy ist ihr Schutzpatron verbannt. Ein verständiger Mann, der von Paris kommt und die letzten Szenen miterlebt hat, behauptet, daß es nicht sowohl der royalistischen als der friedliebenden Partei gegolten habe.

Unsere elftägige Reise, auf der wir die Kantone Schwyz, Uri, Unterwalden und Zug durchstrichen, ist sehr vom Wetter begünstigt worden. Der Pater Lorenz ist noch so munter, als wir ihn vor so viel Jahren kannten. Tausendmal, ja beständig habe ich mich der Zeit erinnert, da wir diesen Weg zusammen machten. Ich habe viel Freude gehabt, diese Gegenstände wieder zu sehen und mich in mehr als einem Sinne an ihnen zu prüfen. Meine mehrere Kenntnis der Mineralogie war ein sehr angenehmes Hülfsmittel der Unterhaltung. Die Kultur dieser Gegenden, die Benutzung der Produkte gewährt einen sehr angenehmen Anblick. Es war eben die Zeit des Bellenzer Marktes und die Straße des Gotthards war mit Zügen sehr schönen Viehes belebt. Es mögen diesmal wohl an viertausend Stück, deren jedes hier im Lande zehn bis fünfzehn Louisdor gilt, hinübergetrieben worden sein. Die Kosten des Transports aufs Stück sind ungefähr fünf Laubtaler; geht es gut, so gewinnt man aufs Stück zwei Louisdor gegen den Einkaufspreis und also, die Kosten abgezogen, drei Laubtaler. Man denke, welche ungeheure Summe also in diesen Tagen ins Land kommt. Ebenso hat der Wein auch großen Zug nach Schwaben, und die Käse sind sehr gesucht, so daß ein undenkliches Geld einfließt.

Ich lege eine kleine Schilderung, eine Aussicht von meinem Balkon bei. Die Kultur ist um den Züricher See wiklich auf dem höchsten Punkt, und der Augenblick der Weinlese macht alles sehr lebhaft.

Meyer empfiehlt sich zu Gnaden, er ist fleißig mit dem Pinsel und der Feder gewesen. Der letzte Kasten von Rom, der die Aldobrandinische Hochzeit enthielt, ist eben über Triest, Villach und Konstanz angekommen. Nun sind alle unsere Schätze beisammen, und wir können nun auch von dieser Seite beruhigt und erfreut unsern Weg antreten. In einigen Tagen gedenken wir nach Zürich zu gehen und erwarten, was uns die Kriegs- oder Friedensgöttin für einen Weg nach Hause zeigen wird, wo wir Sie gesund und vergnügt anzutreffen hoffen. Empfehlen Sie mich Ihrer Frau Gemahlin zu Gnaden und erhalten mir Ihre geneigten Gesinnungen.

An Herrn Cotta in Tübingen Stäfa, den 17. Oktober 1797

Wir sind von unserer Fuß- und Wasserreise glücklich wieder in Stäfa angelangt und werden in wenigen Tagen nach Zürich gehen. Dürfte ich Sie bitten, alles was von nun an bei Ihnen anlangt, bei sich liegen zu lassen, bis ich es entweder selbst abhole oder einen Ort, wohin es gesendet werden könnte, bezeichnen kann. Das Kriegsfeuer, das sich überall wieder zu entzünden scheint, setzt einen Reisenden in eine sehr zweifelhafte Lage. Ich habe indessen von der kurzen Zeit den möglichsten Gebrauch gemacht. Von den Winterszenen des Gotthards, die nur noch durch Mineralogie belebt werden können, durch die auf mancherlei Weise fruchtbaren, genutzten, und in ihren Einwohnern emsigen Gegenden von Unterwalden, Zug und Zürich, wo uns nun besonders die Weinlese umgibt, haben wir uns in ein Museum zurückgezogen, das durch die von Meyer aus Italien mitgebrachten eigenen Arbeiten und sonstige Akquisitionen gebildet wird, und sind also von dem Formlosesten zu dem Geformtesten übergegangen. Besonders wichtig ist die Kopie des antiken Gemäldes, der sogenannten Aldobrandinischen Hochzeit, die im eigentlichsten Sinne mit Kritik gemacht ist, um darzustellen, was das Bild zu seiner Zeit gewesen sein kann, und was an dem jetzigen, nach so mancherlei Schicksalen, noch übrig ist. Er hat dazu einen ausführlichen Kommentar geschrieben, der alles enthält, was noch über die Vergleichung des alten und leider so oft restaurierten Bildes, seiner gegenwärtigen Kopie und einer ältern Kopie von Poussin, nach der die Kupferstiche gemacht sind, zu sagen ist. Das Bild selbst, von einem geschickten Meister zu Titus Zeiten mit Leichtigkeit und Leichtsinn auf die Wand gemalt, nunmehr, so viel es möglich war, nachgebildet und wieder hergestellt vor sich zu sehen, sich daran erfreuen und sich über seine Tugenden und Mängel besprechen zu können, ist eine sehr reizende und belehrende Unterhaltung. Das Bild ist acht Fuß lang, dreieinhalb Fuß hoch und die Figuren sind nicht gar zwei Fuß Leipziger Maß; die Kopie ist in allem, sowohl in der Größe als den Farben, den Tugenden und den Fehlern, dem Original möglichst gleich gehalten. Ich hoffe, daß Sie dereinst, wenn es bei mir aufgestellt sein wird, das Vergnügen, es zu beschauen, mit uns teilen werden. Leben Sie recht wohl und gedenken mein.

EUPHROSYNE

Auch von des höchsten Gebirgs beeisten zackigen Gipfeln
Schwindet Purpur und Glanz scheidender Sonne hinweg.
Lange verhüllt schon Nacht das Tal und die Pfade des Wandrers,
Der, am tosenden Strom, auf zu der Hütte sich sehnt,
Zu dem Ziele des Tags, der stillen hirtlichen Wohnung;
Und der göttliche Schlaf eilet gefällig voraus,
Dieser holde Geselle des Reisenden. Daß er auch heute,
Segnend, kränze das Haupt mir mit dem heiligen Mohn!
Aber was leuchtet mir dort vom Felsen glänzend herüber,
Und erhellet den Duft schäumender Ströme so hold?
Strahlt die Sonne vielleicht durch heimliche Spalten und Klüfte?
Denn kein irdischer Glanz ist es, der wandelnde, dort.
Näher wälzt sich die Wolke, sie glüht. Ich staune dem Wunder!
Wird der rosige Strahl nicht ein bewegtes Gebild?
Welche Göttin nahet sich mir? und welche der Musen
Suchet den treuen Freund, selbst in dem grausen Geklüft?
Schöne Göttin! enthülle dich mir, und täusche, verschwindend,
Nicht den begeisterten Sinn, nicht das gerührte Gemüt.
Nenne, wenn du es darfst vor einem Sterblichen, deinen
Göttlichen Namen; wo nicht: rege bedeutend mich auf,
Daß ich fühle, welche du seist von den ewigen Töchtern
Zeus, und der Dichter sogleich preise dich würdig im Lied.
«Kennst du mich, Guter, nicht mehr? Und käme diese Gestalt dir,
Die du doch sonst geliebt, schon als ein fremdes Gebild?
Zwar der Erde gehör' ich nicht mehr und trauernd entschwang sich
Schon der schaudernde Geist jugendlich frohem Genuß;
Aber ich hoffte mein Bild noch fest in des Freudes Erinnrung
Eingeschrieben, und noch schön durch die Liebe verklärt.
Ja, schon sagt mir gerührt dein Blick, mir sagt es die Träne:
Euphrosyne, sie ist noch von dem Freunde gekannt.
Sieh, die Scheidende zieht durch Wald und grauses Gebirge,
Sucht den wandernden Mann, ach! in der Ferne noch auf;
Sucht den Lehrer, den Freund, den Vater, blicket noch einmal
Nach dem leichten Gerüst irdischer Freuden zurück.

Laß mich der Tage gedenken, da mich, das Kind, du dem Spiele
Jener täuschenden Kunst reizender Musen geweiht.
Laß mich der Stunde gedenken, und jedes kleineren Umstands.
Ach, wer ruft nicht so gern Unwiederbringliches an!
Jenes süße Gedränge der leichtesten irdischen Tage,
Ach, wer schätzt ihn genug, diesen vereilenden Wert!
Klein erscheinet es nun, doch ach! nicht kleinlich dem Herzen;
Macht die Liebe, die Kunst jegliches Kleine doch groß!
Denkst du der Stunde noch wohl, wie, auf dem Brettergerüste,
Du mich der höheren Kunst ernstere Stufen geführt?
Knabe schien ich, ein rührendes Kind, du nanntest mich Arthur,
Und belebtest in mir britisches Dichtergebild,
Drohtest mit grimmiger Glut den armen Augen und wandtest
Selbst den tränenden Blick, innig getäuscht, hinweg.
Ach! da warst du so hold und schütztest ein trauriges Leben,
Das die verwegene Flucht endlich dem Knaben entriß.
Freundlich faßtest du mich, den Zerschmetterten, trugst mich von dannen,
Und ich heuchelte lang', dir an dem Busen, den Tod.
Endlich schlug die Augen ich auf, und sah dich, in ernste,
Stille Betrachtung versenkt, über den Liebling geneigt.
Kindlich strebt' ich empor, und küßte die Hände dir dankbar,
Reichte zum reinen Kuß dir den gefälligen Mund.
Fragte: warum, mein Vater, so ernst? und hab' ich gefehlet,
O! so zeige mir an, wie mir das Beßre gelingt.
Keine Mühe verdrießt mich bei dir, und alles und jedes
Wiederhol' ich so gern, wenn du mich leitest und lehrst.
Aber du faßtest mich stark und drücktest mich fester im Arme,
Und es schauderte mir tief in dem Busen das Herz.
Nein! mein liebliches Kind, so riefst du, alles und jedes,
Wie du es heute gezeigt, zeig' es auch morgen der Stadt.
Rühre sie alle, wie mich du gerührt, und es fließen, zum Beifall,
Dir von dem trockensten Aug' herrliche Tränen herab.
Aber am tiefsten trafst du doch mich, den Freund, der im Arm dich
Hält, den selber der Schein früherer Leiche geschreckt.
Ach, Natur, wie sicher und groß in allem erscheinst du!
Himmel und Erde befolgt ewiges, festes Gesetz;

Jahre folgen auf Jahre, dem Frühlinge reichet der Sommer,
Und dem reichlichen Herbst traulich der Winter die Hand.
Felsen stehen gegründet, es stürzt sich das ewige Wasser
Aus der bewölkten Kluft, schäumend und brausend hinab.
Fichten grünen so fort, und selbst die entlaubten Gebüsche
Hegen, im Winter schon, heimliche Knospen am Zweig.
Alles entsteht und vergeht nach Gesetz; doch über des Menschen
Leben, dem köstlichen Schatz, herrschet ein schwankendes Los.
Nicht dem blühenden nickt der willig scheidende Vater,
Seinem trefflichen Sohn, freundlich vom Rande der Gruft;
Nicht der Jüngere schließt dem Älteren immer das Auge,
Das sich willig gesenkt, kräftig dem Schwächeren zu.
Öfter, ach! verkehrt das Geschick die Ordnung der Tage;
Hülflos klaget ein Greis Kinder und Enkel umsonst,
Steht ein beschädigter Stamm, dem rings zerschmetterte Zweige
Um die Seiten umher strömende Schlossen gestreckt.
Und so, liebliches Kind, durchdrang mich die tiefe Betrachtung,
Als du zur Leiche verstellt über die Arme mir hingst;
Aber freudig seh' ich dich mir, in dem Glanze der Jugend,
Vielgeliebtes Geschöpf wieder am Herzen belebt.
Springe fröhlich dahin, verstellter Knabe! das Mädchen
Wächst zur Freude der Welt, mir zum Entzücken heran.
Immer strebe so fort, und deine natürlichen Gaben
Bilde, bei jeglichem Schritt steigenden Lebens, die Kunst.
Sei mir lange zur Lust, und eh' mein Auge sich schließet,
Wünsch' ich dein schönes Talent glücklich vollendet zu sehn. —
Also sprachst du, und nie vergaß ich der wichtigen Stunde!
Deutend entwickelt' ich mich an dem erhabenen Wort.
O wie sprach ich so gerne zum Volk die rührenden Reden
Die du, voller Gehalt, kindlichen Lippen vertraut!
O wie bildet' ich mich an deinen Augen, und suchte
Dich im tiefen Gedräng staunender Hörer heraus!
Doch dort wirst du nun sein und stehn, und nimmer bewegt sich
Euphrosyne hervor, dir zu erheitern den Blick.
Du vernimmst sie nicht mehr, die Töne des wachsenden Zöglings,
Die du zu liebendem Schmerz frühe, so frühe! gestimmt.

Andere kommen und gehn; es werden dir andre gefallen,
Selbst dem großen Talent drängt sich ein größeres nach.
Aber du, vergesse mich nicht! Wenn eine dir jemals
Sich im verworrnen Geschäft heiter entgegen bewegt,
Deinem Winke sich fügt, an deinem Lächeln sich freuet,
Und am Platze sich nur, den du bestimmtest, gefällt;
Wenn sie Mühe nicht spart noch Fleiß, wenn tätig der Kräfte,
Selbst bis zur Pforte des Grabs, freudiges Opfer sie bringt;
Guter! dann gedenkest du mein, und rufest auch spät noch:
Euphrosyne, sie ist wieder erstanden vor mir!
Vieles sagt' ich noch gern; doch ach! die Scheidende weilt nicht,
Wie sie wollte; mich führt streng ein gebietender Gott.
Lebe wohl! schon zieht mich's dahin in schwankendem Eilen.
Einen Wunsch nur vernimm, freundlich gewähre mir ihn:
Laß nicht ungerühmt mich zu den Schatten hinabgehn!
Nur die Muse gewährt einiges Leben dem Tod.
Denn gestaltlos schweben umher in Persephoneias
Reiche, massenweis', Schatten vom Namen getrennt;
Wen der Dichter aber gerühmt, der wandelt, gestaltet,
Einzeln, gesellet dem Chor aller Heroen sich zu.
Freudig tret' ich einher, von deinem Liede verkündet,
Und der Göttin Blick weilet gefällig auf mir.
Mild empfängt sie mich dann, und nennt mich; es winken die hohen
Göttlichen Frauen mich an, immer die nächsten am Thron.
Penelopeia redet zu mir, die treuste der Weiber,
Auch Evadne, gelehnt auf den geliebten Gemahl.
Jüngere nahen sich dann, zu früh herunter Gesandte,
Und beklagen mit mir unser gemeines Geschick.
Wenn Antigone kommt, die schwesterlichste der Seelen,
Und Polyxena, trüb noch von dem bräutlichen Tod,
Seh' ich als Schwestern sie an und trete würdig zu ihnen;
Denn der tragischen Kunst holde Geschöpfe sind sie.
Bildete doch ein Dichter auch mich, und seine Gesänge,
Ja, sie vollenden an mir, was mir das Leben versagt.»
Also sprach sie, und noch bewegte der liebliche Mund sich
Weiter zu reden; allein schwirrend versagte der Ton.

Denn aus dem Purpurgewölk, dem schwebenden, immer bewegten,
Trat der herrliche Gott Hermes gelassen hervor,
Mild erhob er den Stab und deutete; wallend verschlangen
Wachsende Wolken, im Zug, beide Gestalten vor mir.
Tiefer liegt die Nacht um mich her; die stürzenden Wasser
Brausen gewaltiger nun neben dem schlüpfrigen Pfad.
Unbezwingliche Trauer befällt mich, entkräftender Jammer,
Und ein moosiger Fels stützet den Sinkenden nur.
Wehmut reißt durch die Saiten der Brust; die nächtlichen Tränen
Fließen, und über dem Wald kündet der Morgen sich an.

Mittwoch den 18. Oktober

Eingepackt. Kam zu Mittag der junge Escher. Wir gingen spazieren und beschauten uns noch die Kultur des Ortes. Abends den Anfang von Tschudis Chronik gelesen.

Donnerstag den 19. Oktober

Mit Einpacken beschäftigt. Verschiedene Spaziergänge.

Freitag den 20. Oktober

Absicht zu verreisen durch Gegenwind gehindert.

Sonnabend den 21. Oktober

Früh zehn Uhr von Stäfa ab. Mittags zu Herrliberg bei Herrn Hauptmann Escher.

Sonntag den 22. Oktober

Früh Herrn Eschers Kabinett, das sehr schöne Suiten des Schweizergebirges enthält.

ZÜRICH

Montag den 23. Oktober

Bei Professor Fäsi und Hauptmann Bürkli; dann zu Chorherr Rahn, dessen Kabinett kostbare Stücke der Schweizer Mineralien enthält. Nach Tische zu Chorherr Hottinger und Dr. Lavater. Abends bei Frau Schultheß.

Dienstag den 24. Oktober

Früh Briefe. Dann das Bild von Füßli im Rathause; darauf in die Kunsthandlung. Nach Tische zu Mako, sodann zu Herrn Antistes Heß.

An Herrn Geheimerat Voigt Zürich, den 25. Oktober 1797

Ihre werten Briefe vom 22. September bis den 6. Oktober haben mich in Zürich aufs freundlichste empfangen, als wir von den obern Gegenden des Züricher Sees in die Stadt kamen. Die Heiterkeit, womit Sie mich von den mancherlei Zuständen und Vorfällen, die Ihnen nahe sind, unterrichten, vermehrt den Mut und die Lust, auch wieder bald zurückzukehren. Wir gedenken noch Basel zu sehen und alsdann über Schaffhausen, Tübingen und wahrscheinlich über Anspach und Nürnberg unsere Rückreise zu nehmen. Die Herbsttage haben hier noch viel angenehme Stunden, und wir hoffen, daß uns auch auf dem Wege die Jahreszeit günstig sein soll.

Nun einiges kürzlich über den Inhalt Ihrer gefälligen Briefe.

Dauthe ist ein verdienstvoller Mann; wie er sich aus den Dekorationen des Schlosses ziehen wird, wollen wir abwarten. Ich zweifle, daß er die Mannigfaltigkeit der Motive habe, die nötig sind, um einen so großen Raum mit Glück zu dekorieren. Ich würde hierzu unter der gehörigen Aufsicht und der regulierenden Einwirkung eher Personen wählen, die erst ganz frisch Rom und Paris gesehen und sich daselbst einen Reichtum der Mittel und einen Geschmack der Zusammensetzung erworben haben. Indessen bin ich für meinen Teil zufrieden, wenn nur jemand die Sache in Teilen angibt und im ganzen dirigiert; denn auf- oder abgenommen ist alles am Ende ganz einerlei, was gemacht wird. Wenn man einen rechten Park sehen will, so muß man nur vier Wochen in der Schweiz umherziehen, und wenn man Gebäude liebt, so muß man nach Rom gehen. Was wir in Deutschland, ja aller Orten, der Natur aufdringen und der Kunst abgewinnen wollen, sind alles vergebliche Bemühungen.

Verzeihen Sie mir diese gleichsam hypochondrischen Reflexionen; ich freue mich Ihres guten Humors, der aus Ihren freundschaftlichen Briefen hervorleuchtet, um desto mehr als ich immer selbst vielleicht allzusehr zum Ernste geneigt bin.

Wegen des Apothekers will ich mich in Tübingen erkundigen, wo ich einen sehr braven Mann in dieser Kunst habe kennen lernen. Heute kommen uns von Basel wieder Friedenshoffnungen; es bleibt uns nichts übrig, als daß wir abwarten.

Lassen Sie sich unser Theater einigermaßen empfohlen sein. Ich freue mich, wenn der Almanach Ihnen etwas Angenehmes gebracht hat. Sowohl dieser als der Viewegsche sollte schon aufgewartet haben, wenn meine Bestellungen alle wären richtig besorgt worden. Leben Sie recht wohl! Es ist eine der angenehmsten Hoffnungen, der ich entgegen sehe, Sie noch vor Ende des nächsten Monats zu umarmen.

An Böttiger Zürich, den 25. Oktober 1797

Es war unserm Meyer und mir ein angenehmer Empfang in Zürich, auch einen Brief von Ihnen vorzufinden; denn besonders seitdem die Aldobrandinische Hochzeit dem weit und breit gewaltigen Buonaparte glücklich entronnen und vor wenigen Tagen in Stäfa angelangt war, so konnte der Wunsch nicht außen bleiben, dieses dem Moder und den Franzosen entrissene Bild schon in Weimar aufgestellt und auch von Ihnen beleuchtet zu sehen. Es wird, sorgfältig eingepackt, auf der Reise mitgeführt, weil wir diesen Schatz fremden Händen und neuen Zufällen nicht aussetzen mögen.

Seitdem ich mit Meyer wieder zusammen bin, haben wir viel theoretisiert und praktisiert, und wenn wir diesen Winter unsern Vorsatz ausführen und ein Epitome unserer Reise und Nichtreise zusammen schreiben, so wollen wir abwarten, was unsere Verlagsverwandte für einen Wert auf unsere Arbeit legen; es soll keiner von der Konkurrenz ausgeschlossen sein. Unsere Absicht ist, ein paar allgemein lesbare Oktavbände zusammenzustellen und im dritten dasjenige als Noten und Beilagen nachzubringen, was vielleicht nur ein spezielleres Interesse erregen könnte. Davon soll denn bei unserer nächsten Zurückkunft weiter gehandelt werden um desto ausführlicher, als wir uns Ihre Beihülfe zu erbitten haben.

Das gute Zeugnis, das Sie unserm Theater geben, hat mich sehr beruhigt, denn ich leugne nicht, daß der Tod der Becker mir sehr schmerzlich gewesen. Sie war mir in mehr als einem Sinne lieb. Wenn sich manchmal in mir die abgestorbene Lust, fürs Theater zu arbeiten, wieder regte, so hatte ich sie gewiß vor Augen, und meine Mädchen und Frauen bildeten sich nach ihr und ihren Eigenschaften. Es kann größere Talente geben, aber kein für mich anmutigeres. Die Nachricht von ihrem Tode hatte ich lange erwartet; sie überraschte mich in den formlosen Gebirgen. Liebende haben Tränen und Dichter Rhythmen zur Ehre der Toten; ich wünschte, daß mir etwas zu ihrem Andenken gelungen sein möchte.

Über die Genauigkeit, mit welcher Meyer die Kunstschätze der alten und mittlern Zeit rezensiert hat, werden Sie erstaunen und sich erfreuen, wie eine Kunstgeschichte aus diesen Trümmern gleichsam wie ein Phönix aus einem Aschenhaufen aufsteigt. Wie wichtig ein solcher neuer Pausanias sei, fällt erst in die Augen, wenn man recht deutlich anschaut, wie die Kunstwerke durch Zeit und offenbare oder geheime Ereignisse zerstreut und zerstört werden. Wie manche Unterhaltung soll uns dies und alles, was damit verwandt ist, diesen Winter geben! Gegenwärtig wollen wir nur noch von Basel in das nicht gelobte Land hinübersehen und dann wahrscheinlich über Schaffhausen und durch Schwaben unsern Rückweg antreten.

Leben Sie recht wohl und gedenken unserer!

Das Exemplar des Vasenheftes soll von Frankfurt wieder zurückkommen. Den neuen Musenalmanach habe ich noch nicht gesehen; da ihm das Gewürz der Bosheit und Verwegenheit mangelt, so fürchte ich, daß er sich mit seinem vorjährigen Bruder nicht werde messen können.

Nochmals ein Lebewohl und die besten Grüße an Freund Wieland, dessen freundliche wohlbehaltene Tochter ich gestern mit Freuden gesehen habe; das Enkelchen schlief, sonst könnte ich von dem auch einige Nachricht geben.

An Schiller Zürich, den 25. Oktober 1797

Ehe ich von Zürich abgehe, nur einige Worte, denn ich bin sehr zerstreut und werde es wohl noch eine Weile bleiben. Wir gedenken auf Basel, von da auf Schaffhausen, Tübingen und so weiter zu gehen; wahrscheinlich treffe ich am letzten Orte wieder etwas von Ihnen an. Keinen Musenalmanach, keinen Hermann habe ich noch gesehen, alles das und mehreres wird mir denn wohl in Deutschland begegnen.

Wäre die Jahreszeit nicht so weit, so sähe ich mich wohl noch gern einen Monat in der Schweiz um, mich von den Verhältnissen im ganzen zu unterrichten. Es ist wunderbar, wie alte Verfassungen, die bloß auf Sein und Erhalten gegründet sind, sich in Zeiten ausnehmen, wo alles zum Werden und Verändern strebt. Ich sage heute weiter nichts als ein herzliches Lebewohl. Von Tübingen hören Sie mehr von mir.

Wir hatten kaum in diesen Tagen unser Schema über die zuläßlichen Gegenstände der bildenden Kunst mit großem Nachdenken entworfen, als uns eine ganz besondere Erfahrung in die Quere kam. Ihnen ist die Zudringlichkeit des Vulkans gegen Minerva bekannt, wodurch Erichthonius produziert wurde. Haben Sie Gelegenheit, so lesen Sie diese Fabel ja in der ältern Ausgabe des Hederich nach, und denken dabei: daß Raffael daher Gelegenheit zu einer der angenehmsten Kompositionen genommen hat. Was soll denn nun dem glücklichen Genie geraten oder geboten sein?

Später

Ich habe vorhin über einen Fall gescherzt, der uns unvermutet überrascht und erfreut hat; er schien unsere theoretischen Bemühungen umzustoßen und hat sie aufs neue bestärkt, indem er uns nötigte, die Deduktion unserer Grundsätze gleichsam umzukehren. Ich drücke mich also hierüber nochmals so aus:

Wir können einen jeden Gegenstand der Erfahrung als einen Stoff ansehen, dessen sich die Kunst bemächtigen kann, und da es bei derselben hauptsächlich auf die Behandlung ankommt, so können wir die Stoffe beinahe als gleichgültig ansehen; nun ist aber bei näherer Betrachtung nicht zu leugnen, daß die einen sich der Behandlung bequemer darbieten als die andern, und daß, wenn gewisse Gegenstände durch die Kunst leicht zu überwinden sind, andere dagegen unüberwindlich scheinen. Ob es für das Genie einen wirklich unüberwindlichen Stoff gebe, kann man nicht entscheiden; aber die Erfahrung lehrt uns, daß in solchen Fällen die größten Meister wohl angenehme und lobenswürdige Bilder gemacht, die aber keineswegs in dem Sinne vollkommen sind, als die, bei welchen der Stoff sie begünstigte. Denn es muß sich die Kunst ja fast schon erschöpfen, um einem ungünstigen Gegenstande dasjenige zu geben, was ein günstiger schon mit sich bringt. Bei den echten Meistern wird man immer bemerken, daß sie da, wo sie völlig freie Hand hatten, jederzeit günstige Gegenstände wählten und sie mit glücklichem Geiste ausführten. Gaben ihnen Religions- oder andere Verhältnisse andere Aufgaben, so suchten sie sich zwar so gut als möglich herauszuziehen, es wird aber immer einem solchen Stück etwas an der höchsten Vollkommenheit, das heißt an innerer Selbständigkeit und Bestimmtheit fehlen. Wunderbar ist es, daß die neuern, und besonders die neusten Künstler sich immer die unüberwindlichen Stoffe aussuchen und auch nicht einmal die Schwierigkeiten ahnen, mit denen zu kämpfen wäre; und ich glaube daher, es wäre schon viel für die Kunst getan, wenn man den Begriff der Gegenstände, die sich selbst darbieten, und anderer, die der Darstellung widerstreben, recht anschaulich und allgemein machen könnte.

Äußerst merkwürdig ist mir bei dieser Gelegenheit, daß

auch hier alles auf die Erörterung der Frage ankäme, welche die Philosophen so sehr beschäftigt: inwiefern wir nämlich einen Gegenstand, der uns durch die Erfahrung gegeben wird, als einen Gegenstand an sich ansehen dürfen, oder ihn als unser Werk und Eigentum ansehen müssen. Denn wenn man der Sache recht genau nachgeht, so sieht man, daß nicht allein die Gegenstände der Kunst, sondern schon die Gegenstände zur Kunst eine gewisse Idealität an sich haben; denn indem sie bezüglich auf Kunst betrachtet werden, so werden sie durch den menschlichen Geist schon auf der Stelle verändert. Wenn ich nicht irre, so behauptet der kritische Idealismus so etwas von aller Empirie, und es wird nur die Frage sein, wie wir in unserm Falle, in welchem wir, wo nicht eine Erschaffung, doch eine Metamorphose der Gegenstände annehmen, uns so deutlich ausdrücken, daß wir allgemein verständlich sein können, und daß wir auf eine geschickte Weise den Unterschied zwischen Gegenstand und Behandlung, welche beide so sehr zusammenfließen, schicklich bezeichnen können.

Mittwoch am 25. Oktober

Meist mit Vorbereitungen zur Abreise von Zürich beschäftigt.

HEIMFAHRT

Donnerstag den 26. Oktober

Früh acht Uhr aus Zürich. Um elf Uhr in Bülach. Wir fanden den Weinstock in dieser Gegend niedergelegt, welches am Zürcher See nicht geschieht. Um zwölf Uhr in Eglisau. Gasthof zum Hirsch. Aussicht auf den Rhein. Ab um halb zwei. Dunkler Streif zwischen den Regenbogen sehr sichtbar. Mistsotte auf die Saat gegossen. Vom Wege herab nach dem Rheinfall gegangen. Dämmrung; böser Fußweg nach Schaffhausen.

Freitag den 27. Oktober

Die drei Basaltfelsen: Hohentwiel, Hohenkrähen und der dritte bei Engen. Gegen Mittag in Engen. Geschichte des Bauers, der sein schlechtes Häuschen anmalen ließ und darüber immer Einquartierung bekam. Abends in Tuttlingen.

Sonnabend den 28. Oktober

Bis Balingen.

Sonntag den 29. Oktober

Bis Tübingen.

Montag den 30. Oktober, Dienstag den 31. Oktober

Blieb man daselbst.

An Schiller Tübingen, den 30. Oktober 1797

Wir haben die Tour auf Basel aufgegeben und sind gerade auf Tübingen gegangen. Die Jahreszeit, Wetter und Weg sind nun nicht mehr einladend, und da wir einmal nicht in der Fernebleiben wollen, so können wir uns nun nach Hause wenden; welchen Weg wir nehmen, ist noch unentschieden.

Viel Glück zum Wallenstein! Ich wünsche, daß, wenn wir kommen, ein Teil schon sichtbar sein möge. Meyer grüßt bestens. Möchten wir Sie mit den Ihrigen recht gesund finden. Auf der Hälfte des Wegs, von Frankfurt oder Nürnberg, hören Sie noch einmal von uns.

Humboldt hat von München geschrieben: er geht nach Basel. Nochmals Lebewohl und Hoffnung baldigen Wiedersehens.

Mittwoch den 1. November

Des Morgens sechs Uhr von Tübingen über Echterdingen, aßen daselbst zu Mittag im Hirsch und kamen nach Stuttgart abends; logierten im Schwarzen Adler.

Donnerstag den 2. November

Früh fünf Uhr von Stuttgart nach Cannstatt, über den Neckar; nach Fellbach und Waiblingen. Bei Cannstatt große Anzahl Mehlfässer und Wägen, desgleichen auch bei Waiblingen. Allee von Fruchtbäumen, schöner Feldbau. Durch Endersbach und Heppach. Die Rems fließt durch. Frucht- und Weinbau. Geradstetten, Hebsack, Winterbach. Schorndorf. Feldbau auf schöner Fläche, Wiesen und Weinbau. Saat- und Brachfelder wechseln sehr mannigfaltig. Plüderhausen. Feldbau geht fort bis Lorch. Nahe dabei liegt ein Kloster auf einem sanft aufsteigenden kleinen Berge. Man kommt über die Grenze des württembergischen Landes. Gmünd, eine freie Reichsstadt an der Rems, mit grünen Matten und Gärten umgeben. Die Stadt hat zwei Wälle, in der Vorstadt Mist. Sehr altgebaute Häuser. Logierten in der Post.

Freitag den 3. November

Früh sechs Uhr aus Gmünd. Große Wagenburg und Geschütz vor der Stadt. Hussenhofen. Tal, auf beiden Seiten mit Wald eingeschlossen. Das Tal wird flächer, man kommt nach Böbingen, über Mögglingen nach Aalen. Schöne Mädchen. Uhr mit einem Tobaksraucher, Chaussee mit Schlakken. Hoher Ofen. Wasseralfingen links. Stieg fruchtbar Land auf beiden Seiten. Leidensgeschichte. Ort in der Tiefe. Gelber weicher Kalkstein an der Chaussee. Fruchtbare Höhen fahren fort, einzelne Eichen, Fichtenwald. Man kommt nach Buch, über eine Höhe nach Schwabsberg, man sieht Ellwangen vor sich auf der Höhe. Die Jagst fließt unten im Tal. Fichtenwald.

Sonnabend den 4. November

Von Ellwangen. Der Weg geht nach dem Schloß hinauf, dann auf der fruchtbaren Höhe fort, gegenüber sieht man die Wallfahrt Schönenberg liegen. So lange die Höhe dauert, fruchtbarer Boden von rotem Ton mit Sand vermischt. Böser Knüppelstieg. Man kommt nach Ellenberg. Der Weg führt in eine Tiefe durch Tannenwald. Der Boden ist meist roter Sand. Einige Fischteiche mit Wald umgeben. Saatfelder, zerstreute Häuser. Dinkelsbühl. Fruchtbare Lage. Die Stadt hat zwei Wälle, ist alt aber reinlich, man sieht wenig Garten. Guter Fruchtbau. Sandiger Weg. Rechts in einiger Entfernung Ober-Cömmet. Durch Fichtenwald nach Matzmannsdorf und Burk. Königshofen. Bechhofen. Großenried.

Sonntag den 5. November

Von Großenried des Morgens um sechs. Feldbau, kleine Waldpartien. Durch Leidendorf. Gutes Feld, Wald mit einer Mauer umgeben. Durch Breitenbrunn. Rechts Merkendorf, hinter einem Tannenwäldchen. Eschenbach. In einem Tale herunter. Viel Hopfenbau. Einige Mühlen. Durch Ismannsdorf zu einem Stieg herauf, durch Tannenwald, Kiesel und Dendriten. Nach Windsbach. Der Ort hat reinliche Häuser und ist leidlich gepflastert. Über Moosbach, Rudersdorf. Die Aurach fließt dran vorbei. Feldstücke mit Tabak bepflanzt. Durch Hoch nach Schwabach. Die Stadt liegt in einem ganz flachen fruchtbaren Tale, die innere Stadt ist alt, hat aber hie und da schöne neue Häuser, besonders sind vor den Toren viel und meist von Stein bis unters Dach aufgeführt. Logierten im Lamm.

Im stillen Busch den Bach hinab
Treibt Amor seine Spiele.
Und immer leise: dip, dip, dap,
So schleicht er nach der Mühle.
Es macht die Mühle: klapp, rap rap;
So geht es stille dip, dip, dap
Was ich im Herzen fühle.

Da saß sie wie ein Täubchen
Und rückte sich am Häubchen

Und wendete sich ab;
Ich glaube gar sie lachte.
Und meine Kleider machte
Die Alte gleich zum Bündel.
Wie nur so viel Gesindel
Im Hause sich verbarg!
Es lärmten die Verwandten,
Und zwei verfluchte Tanten
Die machten's teuflisch arg.

Montag den 6. November

Von Schwabach guter Weg über Reichendorf, durch Eibach und Schweinau. Nach Nürnberg des Morgens zehn Uhr. Logis: Rote Hahn.

An Schiller Nürnberg, den 10. November 1797

Wir haben zu unserer besondern Freude Knebeln hier angetroffen und werden daher etwas länger, als wir gedachten, verweilen. Die Stadt bietet mancherlei Interessantes an, alte Kunstwerke, mechanische Arbeiten, so wie sich auch über politische Verhältnisse manche Betrachtungen machen lassen. Ich sage Ihnen daher nur ein Wort des Grußes und sende ein Gedicht. Es ist das vierte zu Ehren der schönen Müllerin. Das dritte ist noch nicht fertig; es wird den Titel haben Verrat und die Geschichte erzählen, da der junge Mann in der Mühle übel empfangen wird.

Wir haben in dem freundlichen Zirkel der Kreisgesandten bereits einige frohe Tage verlebt und gedenken erst den fünfzehnten von hier abzugehen. Wir werden den geraden Weg über Erlangen, Bamberg und Kronach nehmen, und so hoffe ich denn in wenig Tagen das Vergnügen zu haben, Sie wieder zu umarmen und über hundert Dinge Ihre Gedanken zu erfragen.

KAMPAGNE IN FRANKREICH 1792

Auch ich in der Champagne!

BELAGERUNG VON MAINZ

KAMPAGNE IN FRANKREICH 1792

Den 23. August 1792

Gleich nach meiner Ankunft in Mainz besuchte ich Herrn von Stein den älteren, Königlich Preußischen Kammerherrn und Oberforstmeister, der eine Art Residentenstelle daselbst versah und sich im Haß gegen alles Revolutionäre gewaltsam auszeichnete. Er schilderte mir mit flüchtigen Zügen die bisherigen Fortschritte der verbündeten Heere, und versah mich mit einem Auszug des topographischen Atlas von Deutschland, welchen Jäger zu Frankfurt, unter dem Titel: Kriegstheater veranstaltet.

Mittags bei ihm zur Tafel fand ich mehrere französische Frauenzimmer, die ich mit Aufmerksamkeit zu betrachten Ursache hatte; die eine (man sagte, es sei die Geliebte des Herzogs von Orléans) eine stattliche Frau, stolzen Betragens und schon von gewissen Jahren, mit rabenschwarzen Augen, Augenbraunen und Haar; übrigens im Gespräch mit Schicklichkeit freundlich. Eine Tochter, die Mutter jugendlich darstellend, sprach kein Wort. Desto munterer und reizender zeigte sich die Fürstin Monaco, entschiedene Freundin des Prinzen von Condé, die Zierde von Chantilly in guten Tagen. Anmutiger war nichts zu sehen als diese schlanke Blondine; jung, heiter, possenhaft; kein Mann, auf den sie's anlegte, hätte sich verwahren können. Ich beobachtete sie mit freiem Gemüt und wunderte mich Philinen, die ich hier nicht zu finden glaubte, so frisch und munter ihr Wesen treibend mir abermals begegnen zu sehen. Sie schien weder so gespannt noch aufgeregt, als die übrige Gesellschaft, die denn freilich in Hoffnung, Sorgen und Beängstigung lebte. In diesen Tagen waren die Alliierten in Frankreich eingebrochen. Ob sich Longwy sogleich ergeben, ob es widerstehen werde, ob auch republikanisch-französische Truppen sich zu den Alliierten gesellen und jedermann, wie es versprochen worden, sich für die gute Sache erklären und die Fortschritte erleichtern werde, das alles schwebte gerade in diesem Augenblicke in Zweifel. Kuriere wurden erwartet; die letzten hatten nur das langsame Vorschreiten der Armee und die Hindernisse grundloser Wege gemeldet. Der gepreßte Wunsch dieser Personen ward nur noch bänglicher, als sie nicht verbergen konnten, daß sie die schnellste Rückkehr ins Vaterland wünschen mußten, um von den Assignaten, der Erfindung ihrer Feinde, Vorteil ziehen, wohlfeiler und bequemer leben zu können.

Sodann verbracht' ich mit Sömmerings, Huber, Forsters und andern Freunden zwei muntere Abende: hier fühlt' ich mich schon wieder in vaterländischer Luft. Meist schon frühere Bekannte, Studiengenossen, in dem benachbarten Frankfurt wie zu Hause (Sömmerings Gattin war eine Frankfurterin), sämtlich mit meiner Mutter vertraut, ihre genialen Eigenheiten schätzend, manches ihrer glücklichen Worte wiederholend, meine große Ähnlichkeit mit ihr in heiterem Betragen und lebhaften Reden mehr als einmal beteuernd, was gab es da nicht für Anlässe, Anklänge, in einem natürlichen, angebornen und angewöhnten Vertrauen! Die Freiheit eines wohlwollenden Scherzes auf dem Boden der Wissenschaft und Einsicht verlieh die heiterste Stimmung. Von politischen Dingen war die Rede nicht, man fühlte, daß man sich wechselseitig zu schonen habe: denn wenn sie republikanische Gesinnungen nicht ganz verleugneten, so eilte ich offenbar mit einer Armee zu ziehen, die eben diesen Gesinnungen und ihrer Wirkung ein entscheidendes Ende machen sollte.

Zwischen Mainz und Bingen erlebt' ich eine Szene, die mir den Sinn des Tages alsobald weiter aufschloß. Unser leichtes Fuhrwerk erreichte schnell einen vierspännigen schwerbepackten Wagen: der ausgefahrene Hohlweg aufwärts am Berge her nötigte uns auszusteigen, und da fragten wir denn die ebenfalls abgestiegenen Schwäger, wer vor uns dahin fahre? Der Postillon jenes Wagens erwiderte darauf mit Schimpfen und Fluchen, daß es Französinnen seien, die mit ihrem Papiergeld durchzukommen glaubten, die er aber gewiß noch umwerfen wolle, wenn sich einigermaßen Gelegenheit fände. Wir verwiesen ihm seine gehässige Leidenschaft, ohne ihn im mindesten zu bessern. Bei sehr langsamer Fahrt trat ich hervor an den Schlag der Dame und redete sie freundlich an, worauf sich ein junges, schönes, aber von ängstlichen Zügen beschattetes Gesicht einigermaßen erheiterte.

Sie vertraute sogleich, daß sie dem Gemahl nach Trier folge und von da bald möglichst nach Frankreich zu gelangen wünsche. Da ich ihr nun diesen Schritt als sehr voreilig schilderte, gestand sie, daß außer der Hoffnung ihren Gemahl wieder zu finden, die Notwendigkeit wieder von Papier zu leben, sie hiezu bewege. Ferner zeigte sie ein solches Zutrauen zu den verbündeten Streitkräften der Preußen, Österreicher und Emigrierten, daß man, wär' auch Zeit und Ort nicht hinderlich gewesen, sie schwerlich zurückgehalten hätte.

Unter diesen Gesprächen fand sich ein sonderbarer Anstoß; über den Hohlweg, worin wir befangen waren, hatte man eine hölzerne Rinne geführt, die das nötige Wasser einer jenseits stehenden oberschlächtigen Mühle zubrachte. Man hätte denken sollen, die Höhe des Gestells wäre doch wenigstens auf einen Heuwagen berechnet gewesen. Wie dem aber auch sei, das Fuhrwerk war so unmäßig obenauf bepackt, Kistchen und Schachteln pyramidalisch übereinander getürmt, daß die Rinne dem weiteren Fortkommen ein unüberwindliches Hindernis entgegensetzte.

Hier ging nun erst das Fluchen und Schelten der Postillone los, die sich um so viele Zeit aufgehalten sahen; wir aber erboten uns freundlich, halfen abpacken und an der andern Seite des träufelnden Schlagbaums wieder aufpacken. Die junge, gute, nach und nach entschüchterte Frau wußte nicht wie sie sich dankbar genug benehmen sollte; zugleich aber wuchs ihre Hoffnung auf uns immer mehr und mehr.

Sie schrieb den Namen ihres Mannes und bat inständig, da wir doch früher als sie nach Trier kommen müßten, ob wir nicht am Tore den Aufenthalt des Gatten schriftlich niederzulegen geneigt wären? Bei dem besten Willen verzweifelten wir an dem Erfolg wegen Größe der Stadt, sie aber ließ nicht von ihrer Hoffnung.

In Trier angelangt, fanden wir die Stadt von Truppen überlegt, von allerlei Fuhrwerk überfahren, nirgends ein Unterkommen; die Wagen hielten auf den Plätzen, die Menschen irrten auf den Straßen, das Quartieramt, von allen Seiten bestürmt, wußte kaum Rat zu schaffen. Ein solches Gewirre jedoch ist wie eine Art Lotterie, der Glückliche zieht irgend einen Gewinn, und so begegnete mir Lieutenant von Fritsch von des Herzogs Regiment und brachte mich, nach freundlichstem Begrüßen, zu einem Kanonikus, dessen großes Haus und weitläuftiges Gehöfte mich und meine kompendiöse Equipage freundlich und bequemlich aufnahm, wo ich denn sogleich einer genugsamen Erholung pflegte. Gedachter junge militärische Freund, von Kindheit auf mir bekannt und empfohlen, war mit einem kleinen Kommando in Trier zu verweilen beordert, um für die zurückgelassenen Kranken zu sorgen, die nachziehenden Maroden, verspätete Bagagewagen und dergleichen aufzunehmen und sie weiter zu befördern; wobei denn auch mir seine Gegenwart zugute kam, ob er gleich nicht gern im Rücken der Armee verweilte, wo für ihn, als einen jungen strebenden Mann, wenig Glück zu hoffen war.

Mein Diener hatte kaum das Notwendigste ausgepackt, als er sich in der Stadt umzusehen Urlaub erbat; spät kam er wieder und des andern Morgens trieb eine gleiche Unruhe ihn aus dem Hause. Mir war dies seltsame Benehmen unerklärlich, bis das Rätsel sich löste: die schönen Französinnen hatten ihn nicht ohne Anteil gelassen, er spürte sorgfältig und hatte das Glück, sie auf dem großen Platz mitten unter hundert Wagen haltend, an der Schachtelpyramide zu erkennen, ohne jedoch ihren Gemahl aufgefunden zu haben.

Auf dem Wege von Trier nach Luxemburg erfreute mich bald das Monument in der Nähe von Igel. Da mir bekannt war, wie glücklich die Alten ihre Gebäude und Denkmäler zu setzen wußten, warf ich in Gedanken sogleich die sämtlichen Dorfhütten weg und nun stand es an dem würdigsten Platze. Die Mosel fließt unmittelbar vorbei, mit welcher sich gegenüber ein ansehnliches Wasser, die Saar, verbindet; die Krümmung der Gewässer, das Auf- und Absteigen des Erdreichs, eine üppige Vegetation geben der Stelle Lieblichkeit und Würde.

Das Monument selbst könnte man einen architektonisch-plastisch verzierten Obelisk nennen. Er steigt in verschiedenen, künstlerisch übereinander gestellten Stockwerken in die Höhe, bis er sich zuletzt in einer Spitze endigt, die mit Schuppen ziegelartig verziert ist und mit Kugel, Schlange und Adler in der Luft sich abschloß.

Möge irgendein Ingenieur, welchen die gegenwärtigen Kriegsläufte in diese Gegend führen und vielleicht eine Zeitlang festhalten, sich die Mühe nicht verdrießen lassen, das Denkmal auszumessen, und, insofern er Zeichner ist, auch die Figuren der vier Seiten wie sie noch kenntlich sind, uns überliefern und erhalten.

Wie viel traurige bildlose Obelisken sah ich nicht zu meiner Zeit errichten, ohne daß irgend jemand an jenes Monument gedacht hätte. Es ist freilich schon aus einer spätern Zeit, aber man sieht immer noch die Lust und Liebe, seine persönliche Gegenwart mit aller Umgebung und den Zeugnissen von Tätigkeit sinnlich auf die Nachwelt zu bringen. Hier stehen Eltern und Kinder gegeneinander, man schmaust im Familienkreise; aber damit der Beschauer auch wisse woher die Wohlhäbigkeit komme, ziehen beladene Saumrosse einher, Gewerb und Handel wird auf mancherlei Weise vorgestellt. Denn eigentlich sind es Kriegskommissarien die sich und den ihrigen dies Monument errichteten, zum Zeugnis, daß damals wie jetzt an solcher Stelle genugsamer Wohl stand zu erringen sei.

Man hatte diesen ganzen Spitzbau aus tüchtigen Sandquadern roh übereinander getürmt und alsdann, wie aus einem Felsen, die architektonisch-plastischen Gebilde herausgehauen. Die so manchem Jahrhunderte widerstehende Dauer dieses Monuments mag sich wohl aus einer so gründlichen Anlage herschreiben.

Diesen angenehmen und fruchtbaren Gedanken konnte ich mich nicht lange hingeben: denn ganz nahe dabei, in Grevenmacher, war mir das modernste Schauspiel bereitet. Hier fand ich das Korps Emigrierter, das aus lauter Edelleuten, meist Ludwigsrittern, bestand. Sie hatten weder Diener noch Reitknechte, sondern besorgten sich selbst und ihr Pferd. Gar manchen hab' ich zur Tränke führen, vor der Schmiede halten sehen. Was aber den sonderbarsten Kontrast mit diesem demütigen Beginnen hervorrief, war ein großer mit Kutschen und Reisewagen aller Art überladener Wiesenraum. Sie waren mit Frau und Liebchen, Kindern und Verwandten zu gleicher Zeit eingerückt, als wenn sie den innern Widerspruch ihres gegenwärtigen Zustandes recht wollten zur Schau tragen.

Da ich einige Stunden hier unter freiem Himmel auf Postpferde warten mußte, konnt' ich noch eine andere Bemerkung machen. Ich saß vor dem Fenster des Posthauses, unfern von der Stelle wo das Kästchen stand, in dessen Einschnitt man die unfrankierten Briefe zu werfen pflegt. Einen ähnlichen Zudrang hab' ich nie gesehn; zu hunderten wurden sie in die Ritze gesenkt. Das grenzenlose Bestreben wie man mit Leib, Seel' und Geist in sein Vaterland durch die Lücke des durchbrochenen Dammes wieder einzuströmen begehre, war nicht lebhafter und aufdringlicher vorzubilden.

Vor langer Weile und aus Lust Geheimnisse zu entwikkeln oder zu supplieren, dacht' ich mir, was in dieser Briefmenge wohl enthalten sein möchte. Da glaubt' ich denn eine Liebende zu spüren, die mit Leidenschaft und Schmerz die Qual des Entbehrens in solcher Trennung heftigst ausdrückte;

einen Freund der von dem Freunde in der äußersten Not einiges Geld verlangte; ausgetriebene Frauen, mit Kindern und Dienstanhang, deren Kasse bis auf wenige Geldstücke zusammengeschmolzen war; feurige Anhänger der Prinzen, die das Beste hoffend sich einander Lust und Mut zusprachen; andere die schon das Unheil in der Ferne witterten und sich über den bevorstehenden Verlust ihrer Güter jammervoll beschwerten—und ich denke nicht ungeschickt geraten zu haben.

Über manches klärte der Postmeister mich auf, der, um meine Ungeduld nach Pferden zu beschwichtigen, mich vorsätzlich zu unterhalten suchte. Er zeigte mir verschiedene Briefe mit Stempeln, aus entfernten Gegenden, die nun den Vorgerückten und Vorrückenden nachirren sollten. Frankreich sei an allen seinen Grenzen mit solchen Unglücklichen umlagert, von Antwerpen bis Nizza; dagegen stünden ebenso die französischen Heere zur Verteidigung und zum Ausfall bereit. Er sagte manches Bedenkliche; ihm schien der Zustand der Dinge wenigstens sehr zweifelhaft.

Da ich mich nicht so wütend erwies wie andere, die nach Frankreich hineinstürmten, hielt er mich bald für einen Republikaner und zeigte mehr Vertrauen; er ließ mich die Unbilden bedenken, welche die Preußen von Wetter und Weg über Koblenz und Trier erlitten, und machte eine schauderhafte Beschreibung wie ich das Lager in der Gegend von Longwy finden würde; von allem war er gut unterrichtet und schien nicht abgeneigt andere zu unterrichten; zuletzt suchte er mich aufmerksam zu machen, wie die Preußen beim Einmarsch ruhige und schuldlose Dörfer geplündert, es sei nun durch die Truppen geschehen, oder durch Packknechte und Nachzügler; zum Scheine habe man's bestraft, aber die Menschen im Innersten gegen sich aufgebracht.

Da mußte mir denn jener General des Dreißigjährigen Kriegs einfallen, welcher, als man sich über das feindselige Betragen seiner Truppe in Freundes Land höchlich beschwerte, die Antwort gab: ich kann meine Armee nicht im

Sack transportieren. Überhaupt aber konnte ich bemerken, daß unser Rücken nicht sehr gesichert sei.

Longwy, dessen Eroberung mir schon unterwegs triumphierend verkündigt war, ließ ich auf meiner Fahrt rechts in einiger Ferne und gelangte den 27. August nachmittags gegen das Lager von Praucourt. Auf einer Fläche geschlagen war es zu übersehen, aber dort anzulangen nicht ohne Schwierigkeit. Ein feuchter aufgewühlter Boden war Pferden und Wagen hinderlich, daneben fiel es auf, daß man weder Wachen noch Posten noch irgend jemand antraf, der sich nach den Pässen erkundigt, und bei dem man dagegen wieder einige Erkundigung hätte einziehen können. Wir fuhren durch eine Zeltwüste, denn alles hatte sich verkrochen, um vor dem schrecklichen Wetter kümmerlichen Schutz zu finden. Nur mit Mühe erforschten wir von einigen die Gegend, wo wir das Herzogliche Weimarische Regiment finden könnten, erreichten endlich die Stelle, sahen bekannte Gesichter und wurden von Leidensgenossen gar freundlich aufgenommen. Kämmerier Wagner und sein schwarzer Pudel waren die ersten Begrüßenden; beide erkannten einen vieljährigen Lebensgesellen, der abermals eine bedenkliche Epoche mit durchkämpfen sollte. Zugleich erfuhr ich einen unangenehmen Vorfall. Des Fürsten Leibpferd, der Amarant, war gestern nach einem gräßlichen Schrei niedergestürzt und tot geblieben.

Nun mußte ich von der Situation des Lagers noch viel Schlimmeres gewahren und vernehmen als der Postmeister mir vorausgesagt. Man denke sich's auf einer Ebene am Fuße eines sanft aufsteigenden Hügels, in welchem ein von alters her gezogener Graben Wasser von Feldern und Wiesen abhalten sollte; dieser aber wurde so schnell als möglich Behälter alles Unrats, aller Abwürflinge, der Abzug stockte, gewaltige Regengüsse durchbrachen nachts den Damm und führten das widerwärtigste Unheil unter die Zelte. Da ward nun, was die Fleischer an Eingeweiden, Knochen und sonst beiseite geschafft, in die ohnehin feuchten und ängstlichen Schlafstellen getragen.

Mir sollte gleichfalls ein Zelt eingeräumt werden, ich zog aber vor mich des Tags über bei Freunden und Bekannten aufzuhalten und nachts in dem großen Schlafwagen der Ruhe zu pflegen, dessen Bequemlichkeit von früheren Zeiten her mir schon bekannt war. Seltsam mußte man es jedoch finden, wie er, obgleich nur etwa dreißig Schritte von den Zelten entfernt, doch dergestalt unzugänglich blieb, daß ich mich abend mußte hinein, und morgens wieder heraustragen lassen.

Am 28. August

So wunderlich tagte mir diesmal mein Geburtsfest. Wir setzten uns zu Pferde und ritten in die eroberte Festung; das wohlgebaute und befestigte Städtchen liegt auf einer Anhöhe. Meine Absicht war große wollene Decken zu kaufen und wir verfügten uns sogleich in einen Kramladen, wo wir Mutter und Töchter hübsch und anmutig fanden. Wir feilschten nicht viel und zahlten gut und waren so artig als es Deutschen ohne Tournure nur möglich ist.

Die Schicksale des Hauses während des Bombardements waren höchst wunderbar. Mehrere Granaten hintereinander fielen in das Familienzimmer, man flüchtete, die Mutter riß ein Kind aus der Wiege und floh, und in dem Augenblick schlug noch eine Granate gerade durch die Kissen wo der Knabe gelegen hatte. Zum Glück war keine der Granaten gesprungen, sie hatten die Möbel zerschlagen, am Getäfel gesengt und so war alles ohne weiteren Schaden vorübergegangen, in den Laden war keine Kugel gekommen.

Daß der Patriotismus derer von Longwy nicht allzu kräftig sein mochte, sah man daraus, daß die Bürgerschaft den Kommandanten sehr bald genötigt hatte, die Festung zu übergeben; auch hatten wir kaum einen Schritt aus dem Laden getan, als der innere Zwiespalt der Bürger sich uns genugsam verdeutlichte. Königisch Gesinnte, und also unsere Freunde, welche die schnelle Übergabe bewirkt, bedauerten, daß wir in dieses Warengewölbe zufällig gekommen und dem schlimmsten aller Jakobiner, der mit seiner ganzen Familie nichts tauge, so viel schönes Geld zu lösen gegeben. Gleichermaßen warnte man uns vor einem splendiden Gasthofe, und zwar so bedenklich als wenn den Speisen daselbst nicht ganz zu trauen sein möchte; zugleich deutete man auf einen geringeren, als zuverlässig, wo wir uns denn auch freundlich aufgenommen und leidlich bewirtet sahen.

Nun saßen wir alte Kriegs- und Garnisonskameraden traulich und froh wieder neben- und gegeneinander; es waren die Offiziere des Regiments, vereint mit des Herzogs Hof-, Haus- und Kanzleigenossen; man unterhielt sich von dem Nächstvergangenen: wie bedeutend und bewegt es anfangs Mai in Aschersleben gewesen, als die Regimenter sich marschfertig zu halten Ordre bekommen, der Herzog von Braunschweig und mehrere hohe Personen daselbst Besuch abgestattet, wobei des Marquis von Bouillé als eines bedeutenden und in die Operationen kräftig eingreifenden Fremden zu erwähnen nicht vergessen wurde. Sobald dem horchenden Gastwirt dieser Name zu Ohren kam, erkundigte er sich eifrigst, ob wir den Herren kennten. Die meisten durften es bejahen, wobei er denn viel Respekt bewies und große Hoffnung auf die Mitwirkung dieses würdigen tätigen Mannes aussprach, ja es wollte scheinen, als wenn wir von diesem Augenblicke an besser bedient würden.

Wie wir nun alle hier Versammelten uns mit Leib und Seele einem Fürsten angehörig bekannten, der seit mehreren Regierungsjahren so große Vorzüge entwickelt und nunmehr auch im Kriegshandwerk, dem er von Jugend auf zugetan gewesen, das er seit geraumer Zeit getrieben, sich bewähren sollte, so ward auf sein Wohl und seiner Angehörigen nach guter deutscher Weise angestoßen und getrunken; besonders aber auf des Prinzen Bernhards Wohl, bei welchem kurz vor dem Ausmarsch Obristwachtmeister von Weyhrach als Abgeordneter des Regiments Gevatter gestanden hatte.

Nun wußte jeder von dem Marsche selbst gar manches zu erzählen, wie man den Harz links lassend an Goslar vorbei nach Northeim durch Göttingen gekommen; da hörte man denn von trefflichen und schlechten Quartieren, bäurisch-unfreundlichen, gebildet-mißmutigen, hypochondrisch-gefälligen Wirten, von Nonnenklöstern und mancherlei Abwechslung des Weges und Wetters. Alsdann war man am östlichen Rand Westfalens her bis Koblenz gezogen, hatte mancher hübschen Frau zu gedenken, von seltsamen Geistlichen, unvermutet begegnenden Freunden, zerbrochenen Rädern, umgeworfenen Wagen buntscheckigen Bericht zu erstatten.

Von Koblenz aus beklagte man sich über bergige Gegenden, beschwerliche Wege und mancherlei Mangel, und rückte sodann, nachdem man sich im Vergangenen kaum zerstreut, dem Wirklichen immer näher; der Einmarsch nach Frankreich in dem schrecklichsten Wetter ward als höchst unerfreulich und als würdiges Vorspiel beschrieben des Zustandes, den wir nach dem Lager zurückkehrend voraussehen konnten. Jedoch in solcher Gesellschaft ermutigt sich einer am andern, und ich besonders beruhigte mich beim Anblick der köstlichen wollenen Decken, welche der Reitknecht aufgebunden hatte.

Im Lager fand ich abends in dem großen Zelte die beste Gesellschaft; sie war dort beisammen geblieben, weil man keinen Fuß heraussetzen konnte; alles war gutes Muts und voller Zuversicht. Die schnelle Übergabe von Longwy bestätigte die Zusage der Emigrierten, man werde überall mit offenen Armen aufgenommen sein, und es schien sich dem großen Vorhaben nichts als die Witterung entgegen zu setzen. Haß und Verachtung des revolutionären Frankreichs, durch die Manifeste des Herzogs von Braunschweig ausgesprochen, zeigten sich ohne Ausnahme bei Preußen, Österreichern und Emigrierten.

Freilich durfte man nur das wahrhaft bekannt Gewordene erzählen, so ging daraus hervor, daß ein Volk auf solchen Grad veruneinigt nicht einmal in Parteien gespalten, sondern im Innersten zerrüttet, in lauter Einzelnheiten getrennt, dem hohen Einheitssinne der edel Verbündeten nicht widerstehen könne.

Auch hatte man schon von Kriegstaten zu erzählen; gleich nach dem Eintritt in Frankreich stießen beim Rekognoszieren fünf Eskadronen Husaren von Wolfrat auf tausend Chasseurs, die von Sedan her unser Vorrücken beobachten sollten. Die Unsrigen, wohl geführt, griffen an, und da die Gegenseitigen sich tapfer wehrten, auch keinen Pardon annehmen wollten, gab es ein greulich Gemetzel, worin wir siegten, Gefangene machten, Pferde, Karabiner und Säbel erbeuteten, durch welches Vorspiel der kriegerische Geist erhöht, Hoffnung und Zutrauen fester gegründet wurden.

Am neunundzwanzigsten August geschah der Aufbruch aus diesen halberstarrten Erd- und Wasserwogen, langsam und nicht ohne Beschwerde: denn wie sollte man Zelte und Gepäck, Monturen und sonstiges nur einigermaßen reinlich halten, da sich keine trockene Stelle fand, wo man irgend etwas hätte zurechtlegen und ausbreiten können.

Die Aufmerksamkeit jedoch, welche die höchsten Heerführer diesem Abmarsch zuwendeten, gab uns frisches Vertrauen. Auf das strengste war alles Fuhrwerk ohne Ausnahme hinter die Kolonne beordert, nur jeder Regimentschef berechtigt eine Chaise vor seinem Zug hergehen zu lassen; da ich denn das Glück hatte im leichten offenen Wägelchen die Hauptarmee für diesmal anzuführen. Beide Häupter, der König sowohl als der Herzog von Braunschweig, mit ihrem Gefolge hatten sich da postiert, wo alles an ihnen vorbei mußte. Ich sah sie von weitem und als wir heran kamen, ritten Ihro Majestät an mein Wäglein heran und fragten in Ihro lakonischen Art: wem das Fuhrwerk gehöre? Ich antwortete laut: Herzog von Weimar! und wir zogen vorwärts. Nicht leicht ist jemand von einem vornehmern Visitator angehalten worden.

Weiterhin jedoch fanden wir den Weg hie und da etwas besser. In einer wunderlichen Gegend, wo Hügel und Tal miteinander abwechselten, gab es besonders für die zu Pferde noch trockene Räume genug um sich behaglich vorwärts bewegen zu können. Ich warf mich auf das meine und so ging es freier und lustiger fort; das Regiment hatte den Vortritt bei der Armee, wir konnten also immer voraus sein und der lästigen Bewegung des Ganzen völlig entgehen.

Der Marsch verließ die Hauptstraße, wir kamen über Arrancy, worauf uns denn Châtillon l'Abbaye, als erstes Kennzeichen der Revolution, ein verkauftes Kirchengut, in halb abgebrochenen und zerstörten Mauern zur Seite liegen blieb.

Nun aber sahen wir über Hügel und Tal des Königs Majestät sich eilig zu Pferde bewegend, wie den Kern eines Kometen von einem langen schweifartigen Gefolge begleitet. Kaum war jedoch dieses Phänomen mit Blitzesschnelle vor uns vorbei geschwunden, als ein zweites von einer andern Seite den Hügel krönte oder das Tal erfüllte. Es war der Herzog von Braunschweig, der Elemente gleicher Art an und nach sich zog. Wir nun, obgleich mehr zum Beobachten als zum Beurteilen geneigt, konnten doch der Betrachtung nicht ausweichen, welche von beiden Gewalten denn eigentlich die obere sei? Welche wohl im zweifelhaften Falle zu entscheiden habe? Unbeantwortete Fragen die uns nur Zweifel und Bedenklichkeiten zurückließen.

Was nun aber hiebei noch ernsteren Stoff zum Nachdenken gab, war, daß man beide Heerführer so ganz frank und frei in ein Land hineinreiten sah wo nicht unwahrscheinlich in jedem Gebüsch ein aufgeregter Todfeind lauern konnte. Doch mußten wir gestehen, daß gerade das kühne persönliche Hingeben von jeher den Sieg errang und die Herrschaft behauptete.

Bei wolkigem Himmel schien die Sonne sehr heiß; das Fuhrwerk in grundlosem Boden fand ein schweres Fortkommen. Zerbrochene Räder an Wagen und Kanonen machten gar manchen Aufenthalt, hie und da ermattete Füseliere die sich schon nicht mehr fortschleppen konnten.

Man hörte die Kanonade bei Thionville und wünschte jener Seite guten Erfolg.

Abends erquickten wir uns im Lager bei Pillon. Eine liebliche Waldwiese nahm uns auf, der Schatten erfrischte schon, zum Küchfeuer war Gestrüpp genug bereit, ein Bach floß vorbei und bildete zwei klare Bassins, die beide sogleich von Menschen und Tieren sollten getrübt werden. Das eine gab ich frei, verteidigte das andere mit Heftigkeit und ließ es sogleich mit Pfählen und Stricken umziehen. Ohne Lärm gegen die Zudringlichen ging es nicht ab. Da fragte einer von unsern Reitern den andern, die eben ganz gelassen an ihrem Zeuge putzten: wer ist denn der, der sich so mausig macht? Ich weiß nicht, versetzte der andere, aber er hat recht.

Also kamen nun Preußen und Österreicher und ein Teil von Frankreich auf französischem Boden ihr Kriegshandwerk zu treiben. In wessen Macht und Gewalt taten sie das? Sie konnten es in eigenem Namen tun, der Krieg war ihnen zum Teil erklärt, ihr Bund war kein Geheimnis; aber nun ward noch ein Vorwand erfunden. Sie traten auf im Namen Ludwigs XVI., sie requirierten nicht, aber sie borgten gewaltsam. Man hatte Bons drucken lassen, die der Kommandierende unterzeichnete, derjenige aber, der sie in Händen hatte, nach Befund beliebig ausfüllte, Ludwig XVI. sollte bezahlen. Vielleicht hat nach dem Manifest nichts so sehr das Volk gegen das Königstum aufgehetzt als diese Behandlungsart. Ich war selbst bei einer solchen Szene gegenwärtig, deren ich mich als höchst tragisch erinnere. Mehrere Schäfer mochten ihre Herden vereinigt haben, um sie in Wäldern oder sonst abgelegenen Orten sicher zu verbergen, von tätigen Patrouillen aber aufgegriffen und zur Armee geführt, sahen sie sich zuerst wohl und freundlich empfangen. Man fragte nach den verschiedenen Besitzern, man sonderte und zählte die einzelnen Herden. Sorge und Furcht, doch mit einiger Hoffnung, schwebte auf den Gesichtern der tüchtigen Männer. Als sich aber dieses Verfahren dahin auflöste, daß man die Herden unter Regimenter und Kompanien verteilte, den Besitzern hingegen, ganz höflich, auf Ludwig XVI. gestellte Papiere überreichte, indessen ihre wolligen Zöglinge von den ungeduldigen fleischlustigen Soldaten vor ihren Füßen ermordet wurden; so gesteh' ich wohl, es ist mir nicht leicht eine grausamere Szene und ein tieferer männlicher Schmerz in allen seinen Abstufungen jemals vor Augen und zur Seele gekommen. Die griechischen Tragödien allein haben so einfach tief Ergreifendes.

Den 30. August

Vom heutigen Tag der uns gegen Verdun bringen sollte, versprachen wir uns Abenteuer, und sie blieben nicht aus. Der auf- und abwärtsgehende Weg war schon besser getrocknet, das Fuhrwerk zog ungehinderter dahin, die Reiter bewegten sich leichter und vergnüglich.

Es hatte sich eine muntere Gesellschaft zusammengefunden, die wohl beritten so weit vorging, bis sie einen Zug Husaren antraf, der den eigentlichen Vortrab der Hauptarmee machte. Der Rittmeister, ein gesetzter Mann schon über die mittlern Jahre, schien unsere Ankunft nicht gerne zu sehen. Die strengste Aufmerksamkeit war ihm empfohlen, alles sollte mit Vorsicht geschehen, jede unangenehme Zufälligkeit klüglich beseitigt werden. Er hatte seine Leute kunstmäßig verteilt, sie ruckten einzeln vor in gewissen Entfernungen, und alles begab sich in der größten Ordnung und Ruhe. Menschenleer war die Gegend, die äußerste Einsamkeit ahnungsvoll. So waren wir Hügel auf Hügel ab über Mangiennes, Damvillers, Wawrille und Ormont gekommen, als auf einer Höhe, die eine schöne Aussicht gewährte, rechts in den Weinbergen ein Schuß fiel, worauf die Husaren sogleich zufuhren, die nächste Umgebung zu untersuchen. Sie brachten auch wirklich einen schwarzhaarigen bärtigen Mann herbei, der ziemlich wild aussah und bei dem man ein schlechtes Terzerol gefunden hatte. Er sagte trotzig, daß er die Vögel aus seinem Weinberg verscheuche und niemand etwas zuleide tue. Der Rittmeister schien, bei stiller Überlegung, diesen Fall mit seinen gemessenen Ordres zusammen zu halten und entließ den bedrohten Gefangenen mit einigen Hieben, die der Kerl so eilig mit auf den Weg nahm, daß man ihm seinen Hut mit großem Lustgeschrei nachwarf, den er aber aufzunehmen keinen Beruf empfand.

Der Zug ging weiter, wir unterhielten uns über die Vorkommenheiten und über manches was zu erwarten sein möchte. Nun ist zu bemerken, daß unsre kleine Gesellschaft, wie sie sich den Husaren aufgedrungen hatte, zufällig zusammen gekommen, aus den verschiedensten Elementen bestand; meistens waren es gradsinnige, jeder nach seiner Weise dem Augenblick gewidmete Menschen. Einen jedoch muß ich besonders auszeichnen, einen ernsten, sehr achtbaren Mann, von der Art wie sie zu jener Zeit unter den preußischen Kriegsleuten öfter vorkamen, mehr ästhetisch als philosophisch gebildet, ernst mit einem gewissen hypochondrischen Zuge, still in sich gekehrt und zum Wohltun mit zarter Leidenschaft aufgelegt.

Als wir so weiter vor uns hinrückten, trafen wir auf eine so seltsame als angenehme Erscheinung, die eine allgemeine Teilnahme erregte. Zwei Husaren brachten ein einspänniges zweirädriges Wägelchen den Berg herauf, und als wir uns erkundigten, was unter der übergespannten Leinwand wohl befindlich sein möchte, so fand sich ein Knabe von etwa zwölf Jahren, der das Pferd lenkte, und ein wunderschönes Mädchen oder Weibchen, das sich aus der Ecke hervorbeugte um die vielen Reiter anzusehen, die ihren zweirädrigen Schirm umzingelten. Niemand blieb ohne Teilnahme, aber die eigentlich tätige Wirkung für die Schöne mußten wir unserm empfindenden Freund überlassen, der von dem Augenblick an als er das bedürftige Fuhrwerk näher betrachtet, sich zur Rettung unaufhaltsam hingedrängt fühlte. Wir traten in den Hintergrund, er aber fragte genau nach allen Umständen, und es fand sich, daß die junge Person in Samogneux wohnhaft, dem bevorstehenden Bedrängnis seitwärts zu entfernteren Freunden auszuweichen willens, sich eben der Gefahr in den Rachen geflüchtet habe; wie in solchen ängstlichen Fällen der Mensch wähnt, es sei überall besser als da wo er ist. Einstimmig ward ihr nun auf das freundlichste begreiflich gemacht, daß sie zurückkehren müsse. Auch unser Anführer, der Rittmeister, der zuerst eine Spionerei hier wittern wollte, ließ sich endlich durch die herzliche Rhetorik des sittlichen Mannes überreden; der sie denn auch, zwei Husaren an der Seite, bis an ihren Wohnort einigermaßen getröstet zurückbrachte, woselbst sie uns, die wir in bester Ordnung und Mannszucht bald nachher durchzogen, auf einem Mäuerchen unter den Ihrigen stehend, freundlich und, weil das erste Abenteuer so gut gelungen war, hoffnungsvoll begrüßte.

Es gibt dergleichen Pausen mitten in den Kriegszügen, wo man durch augenblickliche Mannszucht sich Kredit zu verschaffen sucht und eine Art von gesetzlichem Frieden mitten in der Verwirrung beordert. Diese Momente sind köstlich für Bürger und Bauern und für jeden, dem das dauernde Kriegsunheil noch nicht allen Glauben an Menschlichkeit geraubt hat.

Ein Lager diesseits Verdun wird aufgeschlagen und man zählt auf einige Tage Rast.

Den einunddreißigsten morgens war ich im Schlafwagen, gewiß der trockensten, wärmsten und erfreulichsten Lagerstätte, halb erwacht, als ich etwas an den Ledervorhängen rauschen hörte und bei Eröffnung derselben den Herzog von Weimar erblickte, der mir einen unerwarteten Fremden vorstellte. Ich erkannte sogleich den abenteuerlichen Grothaus, der, seine Parteigängerrolle auch hier zu spielen nicht abgeneigt, angelangt war um den bedenklichen Auftrag der Aufforderung Verduns zu übernehmen. In Gefolg dessen war er gekommen unsern fürstlichen Anführer um einen Stabstrompeter zu ersuchen, welcher, einer solchen besondern Auszeichnung sich erfreuend, alsobald zu dem Geschäft beordert wurde. Wir begrüßten uns, alter Wunderlichkeiten eingedenk, auf das heiterste und Grothaus eilte zu seinem Geschäft; worüber denn, als es vollbracht war, gar mancher Scherz getrieben wurde. Man erzählte sich wie er, den Trompeter voraus, den Husaren hinterdrein, die Fahrstraße hinabgeritten, die Verduner aber als Sansculotten, das Völkerrecht nicht kennend oder verachtend, auf ihn kanoniert, wie er ein weißes Schnupftuch an die Trompete befestigt und immer heftiger zu blasen befohlen; wie er von einem Kommando eingeholt, und mit verbundenen Augen allein in die Festung geführt, alldort schöne Reden gehalten, aber nichts bewirkt und was dergleichen mehr war, wodurch man denn, nach Weltart, den geleisteten Dienst zu verkleinern und dem Unternehmenden die Ehre zu verkümmern wußte.

Als nun die Festung, wie natürlich, auf die erste Forderung sich zu ergeben abgeschlagen, mußte man mit Anstalten zum Bombardement vorschreiten. Der Tag ging hin, indessen besorgt' ich noch ein kleines Geschäft, dessen gute Folgen sich mir bis auf den heutigen Tag erstrecken. In Mainz hatte mich Herr von Stein mit dem Jägerischen Atlas versorgt, welcher den gegenwärtigen, hoffentlich auch den nächstkünftigen Kriegsschauplatz in mehreren Blättern darstellte. Ich nahm das eine hervor, das achtundvierzigste, in dessen Bezirk ich bei Longwy hereingetreten war, und da unter des Herzogs Leuten sich gerade ein Boßler befand, so ward es zerschnitten und aufgezogen und dient mir noch zur Wiedererinnerung jener für die Welt und mich so bedeutenden Tage.

Nach solchen Vorbereitungen zum künftigen Nutzen und augenblicklicher Bequemlichkeit sah ich mich um auf der Wiese wo wir lagerten, und von wo sich die Zelte bis auf die Hügel erstreckten. Auf dem großen grünen ausgebreiteten Teppich zog ein wunderliches Schauspiel meine Aufmerksamkeit an sich: eine Anzahl Soldaten hatten sich in einen Kreis gesetzt und hantierten etwas innerhalb desselben. Bei näherer Untersuchung fand ich sie um einen trichterförmigen Erdfall gelagert, der von dem reinsten Quellwasser gefüllt oben etwa dreißig Fuß im Durchmesser haben konnte. Nun waren es unzählige kleine Fischchen nach denen die Kriegsleute angelten, wozu sie das Gerät neben ihrem übrigen

Gepäcke mitgebracht hatten. Das Wasser war das klarste von der Welt und die Jagd lustig genug anzusehen. Ich hatte jedoch nicht lange diesem Spiele zugeschaut, als ich bemerkte, daß die Fischlein indem sie sich bewegten verschiedene Farben spielten. Im ersten Augenblick hielt ich diese Erscheinung für Wechselfarben der beweglichen Körperchen, doch bald eröffnete sich mir eine willkommene Aufklärung. Eine Scherbe Steingut war in den Trichter gefallen, welche mir aus der Tiefe herauf die schönsten prismatischen Farben gewährte. Heller als der Grund, dem Auge entgegen gehoben, zeigte sie an dem von mir abstehenden Rande die Blau- und Violettfarbe, an dem mir zugekehrten Rande dagegen die rote und gelbe. Als ich mich darauf um die Quelle ringsum bewegte, folgte mir, wie natürlich bei einem solchen subjektiven Versuche, das Phänomen und die Farben erschienen, bezüglich auf mich, immer dieselbigen.

Leidenschaftlich ohnehin mit diesen Gegenständen beschäftigt, machte mir's die größte Freude dasjenige hier unter freiem Himmel so frisch und natürlich zu sehen, weshalb sich die Lehrer der Physik schon fast hundert Jahre mit ihren Schülern in eine dunkle Kammer einzusperren pflegten. Ich verschaffte mir noch einige Scherbenstücke, die ich hinein warf, und konnte gar wohl bemerken, daß die Erscheinung unter der Oberfläche des Wassers sehr bald anfing, beim Hinabsinken immer zunahm, und zuletzt ein kleiner weißer Körper, ganz überfärbt in Gestalt eines Flämmchens am Boden anlangte. Dabei erinnerte ich mich daß Agricola schon dieser Erscheinung gedacht und sie unter die feurigen Phänomene zu rechnen sich bewogen gesehn.

Nach Tische ritten wir auf den Hügel der unseren Zelten die Ansicht von Verdun verbarg: wir fanden die Lage der Stadt, als einer solchen, sehr angenehm von Wiesen, Gärten umgeben in einer heitern Fläche, von der Maas in mehreren Ästen durchströmt, zwischen näheren und ferneren Hügeln; als Festung freilich einem Bombardement von allen Seiten ausgesetzt. Der Nachmittag ging hin mit Errichtung der

Batterien, da die Stadt sich zu ergeben geweigert hatte. Mit guten Ferngläsern beschauten wir indessen die Stadt und konnten ganz genau erkennen was auf dem gegen uns gekehrten Wall vorging, mancherlei Volk das sich hin und her bewegte, und besonders an einem Fleck sehr tätig zu sein schien.

Um Mitternacht fing das Bombardement an, sowohl von der Batterie auf unserm rechten Ufer, als von einer andern auf dem linken, welche näher gelegen und mit Brandraketen spielend, die stärkste Wirkung hervorbrachte. Diese geschwänzten Feuermeteore mußte man denn ganz gelassen durch die Luft fahren und bald darauf ein Stadtquartier in Flammen sehen. Unsere Ferngläser, dorthin gerichtet, gestatteten uns auch dieses Unheil im einzelnen zu betrachten; wir konnten die Menschen erkennen, die sich oben auf den Mauern dem Brande Einhalt zu tun eifrig bemühten, wir konnten die freistehenden, zusammenstürzenden Gesparre bemerken und unterscheiden. Dieses alles geschah in Gesellschaft von Bekannten und Unbekannten, wobei es unsägliche, oft widersprechende Bemerkungen gab und gar verschiedene Gesinnungen geäußert wurden. Ich war in eine Batterie getreten, die eben gewaltsam arbeitete, allein der fürchterlich dröhnende Klang abgefeuerter Haubitzen fiel meinem friedlichen Ohr unerträglich, ich mußte mich bald entfernen. Da traf ich auf den Fürsten Reuß den XI., der mir immer ein freundlicher gnädiger Herr gewesen. Wir gingen hinter Weinbergsmauern hin und her, durch sie geschützt vor den Kugeln, welche herauszusenden die Belagerten nicht faul waren. Nach mancherlei politischen Gesprächen, die uns denn freilich nur in ein Labyrinth von Hoffnungen und Sorgen verwickelten, fragte mich der Fürst: womit ich mich gegenwärtig beschäftige, und war sehr verwundert als ich, anstatt von Tragödien und Romanen zu vermelden, aufgeregt durch die heutige Refraktionserscheinung, von der Farbenlehre mit großer Lebhaftigkeit zu sprechen begann. Denn es ging mir mit diesen Entwickelungen natürlicher Phänomene wie mit

Gedichten, ich machte sie nicht, sondern sie machten mich. Das einmal erregte Interesse behauptet sein Recht, die Produktion ging ihren Gang, ohne sich durch Kanonenkugeln und Feuerballen im mindesten stören zu lassen. Der Fürst verlangte daß ich ihm faßlich machen sollte, wie ich in dieses Feld geraten. Hier gereichte mir nun der heutige Fall zu besonderem Nutzen und Frommen.

Bei einem solchen Manne bedurft' es nicht vieler Worte um ihn zu überzeugen, daß ein Naturfreund, der sein Leben gewöhnlich im Freien, es sei nun im Garten, auf der Jagd, reisend oder durch Feldzüge durchführt, Gelegenheit und Muße genug finde die Natur im großen zu betrachten und sich mit den Phänomenen aller Art bekannt zu machen. Nun bieten aber atmosphärische Luft, Dünste, Regen, Wasser und Erde uns immerfort abwechselnde Farbenerscheinungen, und zwar unter so verschiedenen Bedingungen und Umständen, daß man wünschen müsse solche bestimmter kennen zu lernen, sie zu sondern, unter gewisse Rubriken zu bringen, ihre nähere und fernere Verwandtschaft auszuforschen. Hiedurch gewinne man nun in jedem Fach neue Ansichten, unterschieden von der Lehre der Schule und von gedruckten Überlieferungen. Unsere Altväter hätten, begabt mit großer Sinnlichkeit, vortrefflich gesehen, jedoch ihre Beobachtungen nicht fort- noch durchgesetzt, am wenigsten sei ihnen gelungen die Phänomene wohl zu ordnen und unter die rechten Rubriken zu bringen.

Dergleichen ward abgehandelt, als wir den feuchten Rasen hin- und hergingen; ich setzte, aufgeregt durch Fragen und Einreden, meine Lehre fort, als die Kälte des einbrechenden Morgens uns an ein Biwak der Österreicher trieb, welches die ganze Nacht unterhalten, einen ungeheuern wohltätigen Kohlenkreis darbot. Eingenommen von meiner Sache mit der ich mich erst seit zwei Jahren beschäftigte, und die also noch in einer frischen unreifen Gährung begriffen war, hätte ich kaum wissen können, ob der Fürst mir auch zugehört, wenn er nicht einsichtige Worte dazwischen gesprochen und zum Schluß meinen Vortrag wieder aufgenommen und beifällige Aufmunterung gegönnt hätte.

Wie ich denn immer bemerkt habe, daß mit Geschäfts- und Weltleuten, die sich gar vielerlei aus dem Stegreife müssen vortragen lassen und deshalb immer auf ihrer Hut sind, um nicht hintergangen zu werden, viel besser auch in wissenschaftlichen Dingen zu handeln ist, weil sie den Geist frei halten und dem Referenten aufpassen, ohne weiteres Interesse, als eigene Aufklärungen; da Gelehrte hingegen gewöhnlich nichts hören, als was sie gelernt und gelehrt haben und worüber sie mit ihresgleichen übereingekommen sind. An die Stelle des Gegenstandes setzt sich ein Wortkredo, bei welchem denn so gut zu verharren ist als bei irgend einem andern.

Der Morgen war frisch aber trocken, wir gingen, teils gebraten teils erstarrt, wieder auf und ab und sahen an den Weinbergsmauern sich auf einmal etwas regen. Es war ein Pikett Jäger, das die Nacht da zugebracht hatte, nun aber Büchse und Tornister wieder aufnahm, hinab in die niedergebrannten Vorstädte zog, um von da aus die Wälle zu beunruhigen. Einem wahrscheinlichen Tod entgegen gehend sangen sie sehr libertine Lieder, in dieser Lage vielleicht verzeihbar.

Kaum verließen sie die Stätte, als ich auf der Mauer, an der sie geruht, ein sehr auffallendes geologisches Phänomen zu bemerken glaubte; ich sah auf dem von Kalkstein errichteten weißen Mäuerchen ein Gesims von hellgrünen Steinen, völlig von der Farbe des Jaspis, und war höchlich betroffen, wie mitten in diesen Kalkflözen eine so merkwürdige Steinart in solcher Menge sich sollte gefunden haben. Auf die eigenste Weise ward ich jedoch entzaubert als ich, auf das Gespenst losgehend, sogleich bemerkte, daß es das Innere von verschimmeltem Brot sei, das, den Jägern ungenießbar, mit gutem Humor ausgeschnitten und zu Verzierung der Mauer ausgebreitet worden.

Hier gab es nun sogleich Gelegenheit von der, seitdem wir in Feindesland eingetreten, immer wieder zur Sprache kommenden Vergiftung zu reden; welche freilich ein kriegendes Heer mit panischem Schrecken erfüllt, indem nicht allein jede vom Wirt angebotene Speise, sondern auch das selbstgebackene Brot verdächtig wird, dessen innerer, schnell sich entwickelnder Schimmel ganz natürlichen Ursachen zuzuschreiben ist.

Es war den ersten September früh um acht Uhr als das Bombardement aufhörte, ob man gleich noch immerfort Kugeln hinüber und herüber wechselte. Besonders hatten die Belagerten einen Vierundzwanzigpfünder gegen uns gekehrt, dessen sparsame Schüsse sie mehr zum Scherz als Ernst verwendeten.

Auf der freien Höhe zur Seite der Weinberge, grad im Angesichte dieses gröbsten Geschützes, waren zwei Husaren zu Pferd aufgestellt, um Stadt und Zwischenraum aufmerksam zu beobachten. Diese blieben die Zeit ihrer Postierung über unangefochten. Weil aber bei der Ablösung sich nicht allein die Zahl der Mannschaft vermehrte, sondern auch manche Zuschauer grad in diesem Augenblick herbeiliefen und ein tüchtiger Klump Menschen zusammen kam, so hielten jene ihre Ladung bereit. Ich stand in diesem Augenblick mit dem Rücken dem ungefähr hundert Schritt entfernten Husaren- und Volkstrupp zugekehrt, mich mit einem Freund besprechend, als auf einmal der grimmige, pfeifend schmetternde Ton hinter mir hersauste, so daß ich mich auf dem Absatz herumdrehte, ohne sagen zu können ob der Ton, die bewegte Luft, eine innere, psychische, sittliche Anregung dieses Umkehren hervorgebracht. Ich sah die Kugel, weit hinter der auseinander gestobenen Menge, noch durch einige Zäune ricochetieren. Mit großem Geschrei lief man ihr nach als sie aufgehört hatte furchtbar zu sein; niemand war getroffen, und die Glücklichen, die sich dieser runden Eisenmasse bemächtigt, trugen sie im Triumph umher.

Gegen Mittag wurde die Stadt zum zweitenmal aufgefordert und erbat sich vierundzwanzig Stunden Bedenkzeit. Dies nutzten auch wir uns etwas bequemer einzurichten, um zu proviantieren, die Gegend umher zu bereiten, wobei ich denn nicht unterließ mehrmals zu der unterrichtenden Quelle zurückzukehren, wo ich meine Beobachtungen ruhiger und besonnener anstellen konnte; denn das Wasser war rein ausgefischt und hatte sich vollkommen klar und ruhig gesetzt, um das Spiel der niedersinkenden Flämmchen nach Lust zu wiederholen, und ich befand mich in der angenehmsten Gemütsstimmung. Einige Unglücksfälle versetzten jedoch uns wieder bald in Kriegszustand. Ein Offizier von der Artillerie suchte sein Pferd zu tränken; der Wassermangel in der Gegend war allgemein, meine Quelle an der er vorbeiritt, lag nicht flach genug, er begab sich nach der nahe fließenden Maas, wo er an einem abhängigen Ufer versank; das Pferd hatte sich gerettet, ihn trug man tot vorbei.

Kurz darauf sah und hörte man eine starke Explosion im österreichischen Lager, an dem Hügel zu dem wir hinaufsehen konnten; Knall und Dampf wiederholte sich einigemal. Bei einer Bombenfüllung war, durch Unvorsichtigkeit, Feuer entstanden, das höchste Gefahr drohte; es teilte sich schon gefüllten Bomben mit und man hatte zu fürchten, der ganze Vorrat möchte in die Luft gehen. Bald aber war die Sorge gestillt durch rühmliche Tat kaiserlicher Soldaten, welche, die bedrohende Gefahr verachtend, Pulver und gefüllte Bomben aus dem Zeltraum eilig hinaustrugen.

So ging auch dieser Tag hin; am andern Morgen ergab sich die Stadt und ward in Besitz genommen; sogleich aber sollte uns ein republikanischer Charakterzug begegnen. Der Kommandant Beaurepaire, bedrängt von der bedrängten Bürgerschaft, die bei fortdauerndem Bombardement ihre ganze Stadt verbrannt und zerstört sah, konnte die Übergabe nicht länger verweigern; als er aber auf dem Rathaus in voller Sitzung seine Zustimmung gegeben hatte, zog er ein Pistol hervor und erschoß sich, um abermals ein Beispiel höchster patriotischer Aufopferung darzustellen.

Nach dieser so schnellen Eroberung von Verdun zweifelte niemand mehr, daß wir bald darüber hinausgelangen und in Châlons und Epernay uns von den bisherigen Leiden an gutem Weine bestens erholen sollten. Ich ließ daher ungesäumt die Jägerischen Karten welche den Weg nach Paris bezeichneten, zerschneiden und sorgfältig aufziehen, auch auf die Rückseite weißes Papier kleben, wie ich es schon bei der ersten getan, um kurze Tagesbemerkungen flüchtig aufzuzeichnen.

Den 3. September

Früh hatte sich eine Gesellschaft zusammen gefunden nach der Stadt zu reiten, an die ich mich anschloß. Wir fanden gleich beim Eintritt große frühere Anstalten, die auf einen längeren Widerstand hindeuteten; das Straßenpflaster war in der Mitte durchaus aufgehoben und gegen die Häuser angehäuft, das feuchte Wetter machte deshalb das Umherwandeln nicht erfreulich. Wir besuchten aber sogleich die namentlich gerühmten Läden, wo der beste Liqueur aller Art zu haben war. Wir probierten ihn durch und versorgten uns mit mancherlei Sorten. Unter andern war einer namens Baume humain, welcher weniger süß aber stärker, ganz besonders erquickte. Auch die Dragéen, überzuckerte kleine Gewürzkörner, in saubern zylindrischen Deuten wurden nicht abgewiesen. Bei so vielem Guten gedachte man nun der lieben Zurückgelassenen, denen dergleichen am friedlichen Ufer der Ilm gar wohl behagen möchte. Kistchen wurden gepackt; gefällige wohlwollende Kuriere, das bisherige Kriegsglück in Deutschland zu melden beauftragt, waren geneigt sich mit einigem Gepäck dieser Art zu belasten, wodurch sich denn die Freundinnen zu Hause in höchster Beruhigung überzeugen mochten, daß wir in einem Lande wallfahrteten, wo Geist und Süßigkeiten niemals ausgehen dürfen.

Als wir nun darauf die teilweis verletzte und verwüstete Stadt beschauten, waren wir veranlaßt die Bemerkung zu wiederholen: daß bei solchem Unglück, welches der Mensch dem Menschen bereitet, wie bei dem was die Natur uns zuschickt, einzelne Fälle vorkommen, die auf eine Schickung, eine günstige Vorsehung hinzudeuten scheinen. Der untere Stock eines Eckhauses auf dem Markte ließ einen von vielen Fenstern wohl erleuchteten Fayenceladen sehen; man machte uns aufmerksam, daß eine Bombe von dem Platz aufschlagend an den schwachen steinernen Türpfosten des Ladens gefahren, von demselben aber wieder abgewiesen, andere Richtung genommen habe. Der Türpfosten war wirklich beschädigt, aber er hatte die Pflicht eines guten Vorfechters getan: die Glanzfülle des oberflächlichen Porzellans stand in widerspiegelnder Herrlichkeit hinter den wasserhellen wohlgeputzten Fenstern.

Mittags am Wirtstische wurden wir mit guten Schöpsenkeulen und Wein von Bar traktiert, den man, weil er nicht verfahren werden kann, im Lande selbst aufsuchen und genießen muß. Nun ist aber an solchen Tischen Sitte, daß man wohl Löffel, jedoch weder Messer noch Gabel erhält, die man daher mitbringen muß. Von dieser Landesart unterrichtet, hatten wir schon solche Bestecke angeschafft, die man dort flach und zierlich gearbeitet zu kaufen findet. Muntere resolute Mädchen warteten auf, nach derselben Art und Weise, wie sie vor einigen Tagen ihrer Garnison noch aufgewartet hatten.

Bei der Besitznehmung von Verdun ereignete sich jedoch ein Fall, der, obgleich nur einzeln, großes Aufsehen erregte und allgemeine Teilnahme heranrief. Die Preußen zogen ein, und es fiel aus der französischen Volksmasse ein Flintenschuß, der niemand verletzte, dessen Wagestück aber ein französischer Grenadier nicht verleugnen konnte noch wollte. Auf der Hauptwache, wohin er gebracht wurde, hab' ich ihn selbst gesehn: es war ein sehr schöner, wohlgebildeter junger Mann, festen Blicks und ruhigen Betragens. Bis sein Schickal entschieden wäre, hielt man ihn läßlich. Zunächst an der Wache war eine Brücke, unter der ein Arm der Maas durchzog; er setzte sich aufs Mäuerchen, blieb eine Zeitlang ruhig, dann überschlug er sich rückwärts in die Tiefe und ward nur tot aus dem Wasser herausgebracht.

Diese zweite heroische, ahnungsvolle Tat erregte leidenschaftlichen Haß bei den frisch Eingewanderten, und ich hörte sonst verständige Personen behaupten, man möchte weder diesem noch dem Kommandanten ein ehrlich Begräbnis gestatten. Freilich hatte man sich andere Gesinnungen versprochen, und noch sah man nicht die geringste Bewegung unter den fränkischen Truppen, zu uns überzugehen.

Größere Heiterkeit verbreitete jedoch die Erzählung, wie der König in Verdun aufgenommen worden; vierzehn der schönsten, wohlerzogensten Frauenzimmer hatten Ihro Majestät mit angenehmen Reden, Blumen und Früchten bewillkommt. Seine Vertrautesten jedoch rieten ihm ab, vom Genuß Vergiftung befürchtend; aber der großmütige Monarch verfehlte nicht diese wünschenswerten Gaben mit galanter Wendung anzunehmen und sie zutraulich zu kosten. Diese reizenden Kinder schienen auch unseren jungen Offizieren einiges Vertrauen eingeflößt zu haben; gewiß diejenigen, die das Glück gehabt dem Ball beizuwohnen, konnten nicht genug von Liebenswürdigkeit, Anmut und gutem Betragen sprechen und rühmen.

Aber auch für solidere Genüsse war gesorgt: denn wie man gehofft und vermutet hatte, fanden sich die besten und reichlichsten Vorräte in der Festung, und man eilte, vielleicht nur zu sehr, sich daran zu erholen. Ich konnte gar wohl bemerken, daß man mit geräuchertem Speck und Fleisch mit Reis und Linsen und andern guten und notwendigen Dingen nicht haushältisch genug verfahre, welches in unserer Lage bedenklich schien. Lustig dagegen war die Art, wie ein Zeughaus, oder Waffensammlung aller Art, ganz gelassen geplündert ward. In ein Kloster hatte man allerlei Gewehre, mehr alte als neue, und mancherlei seltsame Dinge gebracht, womit der Mensch, der sich zu wehren Lust hat, den Gegner abhält oder wohl gar erlegt.

Mit jener sanften Plünderung aber verhielt es sich folgendermaßen: als, nach eingenommener Stadt, die hohen Militärpersonen sich von den Vorräten aller Art zu überzeugen gedachten, begaben sie sich ebenfalls in diese Waffensammlung, und indem sie solche für das allgemeine Kriegsbedürfnis in Anspruch nahmen, fanden sie manches Besondere, welches dem einzelnen zu besitzen nicht unangenehm wäre, und niemand war leicht mit Musterung dieser Waffen beschäftigt, der nicht auch für sich etwas herausgemustert hätte. Dies ging nun durch alle Grade durch, bis dieser Schatz zuletzt beinahe ganz ins Freie fiel. Nun gab jedermann der angestellten Wache ein kleines Trinkgeld, um sich diese Sammlung zu besehen, und nahm dabei etwas mit heraus was ihm anstehen mochte. Mein Diener erbeutete auf diese Weise einen flachen hohen Stock, der, mit Bindfaden stark und geschickt umwunden, dem ersten Anblick nach nichts weiter erwarten ließ; seine Schwere aber deutete auf einen gefährlichen Inhalt, auch enthielt er eine sehr breite, wohl vier Fuß lange, Degenklinge, womit eine kräftige Faust Wunder getan hätte.

So zwischen Ordnung und Unordnung, zwischen Erhalten und Verderben, zwischen Rauben und Bezahlen lebte man immer hin, und dies mag es wohl sein, was den Krieg für das Gemüt eigentlich verderblich macht. Man spielt den Kühnen, Zerstörenden, dann wieder den Sanften, Belebenden; man gewöhnt sich an Phrasen, mitten in dem verzweifeltsten Zustand Hoffnung zu erregen und zu beleben; hierdurch entsteht nun eine Art von Heuchelei, die einen besondern Charakter hat, und sich von der pfäffischen, höfischen, oder wie sie sonst heißen mögen, ganz eigen unterscheidet.

Einer merkwürdigen Person aber muß ich noch gedenken, die ich, zwar nur in der Entfernung, hinter Gefängnisgittern gesehen: es war der Postmeister von Sainte-Menehould, der sich, ungeschickterweise, von den Preußen hatte fangen lassen. Er scheute keineswegs die Blicke der Neugierigen, und schien bei seinem ungewissen Schicksal ganz ruhig. Die Emigrierten behaupteten er habe tausend Tode verdient, und hetzten deshalb an den obersten Behörden, denen aber zum Ruhme zu rechnen ist, daß sie in diesem wie in andern Fällen, sich mit geziemender hoher Ruhe und anständigem Gleichmut betragen.

Am 4. September

Die viele Gesellschaft die ab- und zuging belebte unsere Zelte den ganzen Tag; man hörte vieles erzählen, vieles bereden und beurteilen, die Lage der Dinge tat sich deutlicher auf als bisher. Alle waren einig, daß man so schnell als möglich nach Paris vordringen müsse. Die Festungen Montmédy und Sedan hatte man unerobert sich zur Seite gelassen, und schien von der in dortiger Gegend stehenden Armee wenig zu befürchten.

Lafayette, auf welchem das Vertrauen des Kriegsvolks beruhte, war genötigt gewesen aus der Sache zu scheiden; er sah sich gedrängt zum Feinde überzugehen und ward als Feind behandelt. Dumouriez, wenn er auch sonst als Minister Einsicht in Militärangelegenheiten bewiesen hatte, war durch keinen Feldzug berühmt, und aus der Kanzlei zum Oberbefehl der Armee befördert, schien er auch nur jene Inkonsequenz und Verlegenheit des Augenblicks zu beweisen. Von der andern Seite verlauteten die traurigen Vorfälle von der Hälfte des Augusts aus Paris, wo dem Braunschweigischen Manifest zum Trutze der König gefangen genommen, abgesetzt und als Missetäter behandelt wurde. Was aber für die nächsten Kriegsoperationen höchst bedenklich sei, ward am umständlichsten besprochen.

Der waldbewachsene Gebirgsriegel, welcher die Aire von Süden nach Norden an ihm herzufließen nötigt, Forêt d'Argonne genannt, lag unmittelbar vor uns und hielt unsere Bewegung auf. Man sprach viel von den Isletten, dem bedeutenden Paß zwischen Verdun und Sainte-Menehould. Warum er nicht besetzt werde, besetzt worden sei, darüber konnte man sich nicht vereinigen. Die Emigrierten sollten ihn einen Augenblick überrumpelt haben ohne ihn halten zu können. Die abziehende Besatzung von Longwy hatte sich, so viel wußte man, dorthin gezogen; auch Dumouriez schickte, während wir uns auf dem Marsch nach Verdun und mit dem Bombardement der Stadt beschäftigten, Truppen querüber durchs Land, um diesen Posten zu verstärken und den rechten Flügel seiner Position hinter Grandpré zu decken, und so den Preußen, Österreichern und Emigrierten ein zweites Thermopylä entgegen zu stellen.

Man gestand sich einander die höchst ungünstige Lage, und mußte sich in die Anstalten fügen, wornach die Armee, welche unaufhaltsam gerade vorwärts hätte dringen sollen, die Aire hinabziehen sollte, um sich an den verschanzten Bergschluchten auf gut Glück zu versuchen; wobei noch für höchst vorteilhaft galt, daß Clermont den Franzosen entrissen und von Hessen besetzt sei, welche, gegen die Isletten operierend, sie wo nicht wegnehmen doch beunruhigen konnten.

Den 6. September

In diesem Sinne ward nunmehr das Lager verändert und kam hinter Verdun zu stehen; das Hauptquartier des Königs, Glorieux, des Herzogs von Braunschweig, Regret genannt, gab zu wunderlichen Betrachtungen Anlaß. An den ersten Ort gelangt' ich selbst durch einen verdrießlichen Zufall. Des Herzogs von Weimar Regiment sollte bei Jardin Fontaine zu stehen kommen, nahe an der Stadt und der Maas; zum Tore fuhren wir glücklich heraus, indem wir uns in den Wagenzug eines unbekannten Regiments einschwärzten, und von ihm fortschleppen ließen, obgleich zu bemerken war, daß man sich zu weit entferne; auch hätten wir nicht einmal bei dem schmalen Wege aus der Reihe weichen können, ohne uns in den Gräben unwiederbringlich zu verfahren. Wir schauten rechts und links ohne zu entdecken, wir fragten ebenso und erhielten keinen Bescheid; denn alle waren fremd wie wir und aufs verdrießlichste von dem Zustand angegriffen. Endlich auf eine sanfte Höhe gelangt sah ich links unten in einem Tal, das zu guter Jahrszeit ganz angenehm sein mochte, einen hübschen Ort mit bedeutenden Schloßgebäuden, wohin glücklicherweise ein sanfter grüner Rain uns bequem hinunter zu bringen versprach. Ich ließ um so eher aus der schrecklichen Fahrleise hinabwärts ausbiegen, als ich unten Offiziere und Reitknechte hin und widersprengen, Packwagen und Chaisen aufgefahren sah; ich vermutete eins der Hauptquartiere und so fand sich's: es war Glorieux, der Aufenthalt des Königs. Aber auch da war mein Fragen: wo Jardin Fontaine liege? ganz umsonst. Endlich begegnete ich wie einem Himmelsboten Herrn von Alvensleben, der sich mir früher freundlich erwiesen hatte, dieser gab mir denn Bescheid, ich solle den von allem Fuhrwerk freien Dorfweg im Tale bis nach der Stadt verfolgen, vor derselben aber links durchzudringen suchen, und ich würde Jardin Fontaine gar bald entdecken.

Beides gelang mir, und ich fand auch unsere Zelte aufgeschlagen, aber im schrecklichsten Zustande; man sah sich in grundlosen Kot versenkt, die verfaulten Schlingen der Zelttücher zerrissen eine nach der andern, und die Leinwand schlug dem über Kopf und Schulter zusammen, der darunter sein Heil zu suchen gedachte. Eine Zeitlang hatte man's ertragen, doch fiel zuletzt der Entschluß dahin aus, das Örtchen selbst zu beziehen. Wir fanden in einem wohl eingerichteten Haus und Hof einen guten neckischen Mann als Besitzer, der ehmals Koch in Deutschland gewesen war: mit Munterkeit nahm er uns auf, im Erdgeschoß fanden sich schöne heitere Zimmer, gutes Kamin und was sonst nur erquicklich sein konnte.

Das Gefolge des Herzogs von Weimar ward aus der fürstlichen Küche versorgt, unser Wirt verlangte jedoch dringend, ich solle nur ein einzigesmal von seiner Kunst etwas kosten. Er bereitete mir auch wirklich ein höchst wohlschmeckendes Gastmahl, das mir aber sehr übel bekam, so daß ich wohl auch an Gift hätte denken können, wenn mir nicht noch zeitig genug der Knoblauch eingefallen wäre, durch welchen jene Schüsseln erst recht schmackhaft geworden, der auf mich aber, selbst in der geringsten Dosis, höchst gewaltsame Wirkung auszuüben pflegte. Das Übel war bald vorbei und ich hielt mich nach wie vor desto lieber an die deutsche Küche, so lange sie auch nur das mindeste leisten konnte.

Als es zum Abschied ging, überreichte der gutgelaunte Wirt meinem Diener einen vorher versprochenen Brief nach Paris an eine Schwester, die er besonders empfehlen wolle; fügte jedoch nach einigen Hin- und Widerreden gutmütig hinzu: du wirst wohl nicht hinkommen.

Den 11. September

Wir wurden also, nach einigen Tagen gütlicher Pflege, wieder in das schrecklichste Wetter hinausgestoßen; unser Weg ging auf dem Gebirgsrücken hin, der die Gewässer der Maas und Aire scheidend, beide nach Norden zu fließen nötigt. Unter großen Leiden gelangten wir nach Malancourt, wo wir leere Keller und Küchen wirtlos fanden und schon zufrieden waren, unter Dach, auf trockener Bank, eine spärliche mitgebrachte Nahrung zu genießen. Die Einrichtung der Wohnungen selbst gefiel mir, sie zeugte von einem stillen häuslichen Behagen, alles war einfach naturgemäß, dem unmittelbarsten Bedürfnis genügend. Dies hatten wir gestört, dies zerstörten wir; denn aus der Nachbarschaft erscholl ein Angstruf gegen Plünderer, worauf wir denn hinzueilend, nicht ohne Gefahr dem Unfug für den Augenblick steuerten. Auffallend genug dabei war, daß die armen unbekleideten Verbrecher, denen wir Mäntel und Hemden entrissen, uns der härtesten Grausamkeit anklagten, daß wir ihnen nicht vergönnen wollten auf Kosten der Feinde ihre Blöße zu decken.

Aber noch einen eigneren Vorwurf sollten wir erleben. In unser erstes Quartier zurückgekehrt fanden wir einen vornehmen, uns sonst schon bekannten Emigrierten. Er ward freundlich begrüßt und verschmähte nicht frugale Bissen, allein man konnte ihm eine innere Bewegung anmerken, er hatte etwas auf dem Herzen, dem er durch Ausrufungen Luft zu machen suchte. Als wir nun, früherer Bekanntschaft gemäß, einiges Vertrauen in ihm zu erwecken suchten, so beschrie er die Grausamkeit, welche der König von Preußen an den französischen Prinzen ausübte. Erstaunt, fast bestürzt verlangten wir nähere Erklärung. Da erfuhren wir nun: der König habe, beim Ausmarsch von Glorieux, unerachtet des schrecklichsten Regens, keinen Überrock angezogen, keinen Mantel umgenommen, da denn die königlichen Prinzen ebenfalls sich dergleichen wetterabwehrende Gewande hätten versagen müssen; unser Marquis aber habe diese allerhöchsten Personen, leicht gekleidet, durch und durch genäßt, träufelnd von abfließender Feuchte, nicht ohne das größte Bejammern anschauen können, ja er hätte, wenn es nütze gewesen wäre, sein Leben daran gewendet sie in einem trockenen Wagen dahin ziehen zu sehen, sie, auf denen Hoffnung und Glück des ganzen Vaterlandes beruhe, die an eine ganz andere Lebensweise gewöhnt seien.

Wir hatten freilich darauf nichts zu erwidern, denn ihm konnte die Betrachtung nicht tröstlich werden, daß der Krieg, als ein Vortod, alle Menschen gleich mache, allen Besitz aufhebe und selbst die höchste Persönlichkeit mit Pein und Gefahr bedrohe.

Den 12. September

Den andern Morgen aber entschloß ich mich, in Betracht so hoher Beispiele, meine leichte und doch mit vier requirierten Pferden bespannte Chaise unter dem Schutz des zuverlässigen Kämmerier Wagner zu lassen, welchem die Equipage und das so nötige bare Geld nachzubringen aufgetragen war. Ich schwang mich, mit einigen guten Gesellen, zu Pferde und so begaben wir uns auf den Marsch nach Landres. Wir fanden auf Mitte Wegs Wellen und Reisig eines abgeschlagenen Birkenhölzchens, deren innere Trockenheit die äußere Feuchte bald überwand, und uns lohe Flamme und Kohlen, zur Erwärmung wie zum Kochen genugsam, sehr schnell zum besten gab. Aber die schöne Anstalt einer

Regimentstafel war schon gestört, Tische, Stühle und Bänke sah man nicht nachkommen, man behalf sich stehend, vielleicht angelehnt, so gut es gehen wollte. Doch war das Lager gegen Abend glücklich erreicht; so kampierten wir unfern Landres, gerade Grandpré gegenüber, wußten aber gar wohl, wie stark und vorteilhaft der Paß besetzt sei. Es regnete unaufhörlich, nicht ohne Windstoß, die Zeltdecke gewährte wenig Schutz.

Glückselig aber der, dem eine höhere Leidenschaft den Busen füllte; die Farbenerscheinung der Quelle hatte mich dieser Tage her nicht einen Augenblick verlassen, ich überdachte sie hin und wieder, um sie zu bequemen Versuchen zu erheben. Da diktierte ich an Vogel, der sich auch hier als treuen Kanzleigefährten erwies, ins gebrochene Konzept und zeichnete nachher die Figuren darneben. Diese Papiere besitz' ich noch mit allen Merkmalen des Regenwetters, und als Zeugnis eines treuen Forschens auf eingeschlagenem bedenklichem Pfad. Den Vorteil aber hat der Weg zum Wahren, daß man sich unsicherer Schritte, eines Umwegs, ja eines Fehltritts noch immer gern erinnert.

Das Wetter verschlimmerte sich und ward in der Nacht so arg, daß man es für das höchste Glück schätzen mußte sie unter der Decke des Regimentswagens zuzubringen. Wie schrecklich war da der Zustand, wenn man bedachte, daß man im Angesicht des Feindes gelagert sei, und befürchten mußte, daß er aus seinen Berg- und Waldverschanzungen irgendwo hervorzubrechen Lust haben könne.

Vom 13. bis zum 17. September

traf der Kämmerier Wagner, den Pudel mit eingeschlossen, bei guter Zeit mit aller Equipage bei uns ein; er hatte eine schreckliche Nacht verlebt, war nach tausend andern Hindernissen im Finstern von der Armee abgekommen, verführt durch schlaf- und weintrunkene Knechte eines Generals, denen er nachfuhr. Sie gelangten in ein Dorf, und vermuteten die Franzosen ganz nahe. Von allerlei Alarm geängstigt, verlassen von Pferden, die aus der Schwemme nicht zurückkehrten, wußte er sich denn doch so zu richten und zu schicken, daß er von dem unseligen Dorfe loskam und wir uns zuletzt mit allem mobilen Hab und Gut wieder zusammenfanden.

Endlich gab es eine Art von erschütternder Bewegung und zugleich von Hoffnung, man hörte auf unserm rechten Flügel stark kanonieren und sagte sich: General Clerfait sei aus den Niederlanden angekommen und habe die Franzosen auf ihrer linken Flanke angegriffen. Alles war äußerst gespannt den Erfolg zu vernehmen.

Ich ritt nach dem Hauptquartier, um näher zu erfahren, was die Kanonade bedeute und was eigentlich zu erwarten sei? Man wußte daselbst noch nichts genau, als daß General Clerfait mit den Franzosen handgemein sein müsse. Ich traf auf den Major von Weyhrach, der sich, aus Ungeduld und langer Weile, soeben zu Pferde setzte und an die Vorposten reiten wollte; ich begleitete ihn, und wir gelangten bald auf eine Höhe, wo man sich weit genug umsehen konnte. Wir trafen auf einen Husarenposten und sprachen mit dem Offizier, einem jungen hübschen Manne. Die Kanonade war weit über Grandpré hinaus, und er hatte Ordre nicht vorwärts zu gehen, um nicht ohne Not eine Bewegung zu verursachen. Wir hatten uns nicht lange besprochen, als Prinz Louis Ferdinand mit einigem Gefolge ankam, nach kurzer Begrüßung und Hin- und Widerreden von dem Offizier verlangte, daß er vorwärts gehen solle. Dieser tat dringliche Vorstellungen, worauf der Prinz aber nicht achtete, sondern vorwärts ritt, dem wir denn alle folgen mußten. Wir waren nicht weit gekommen, als ein französischer Jäger sich von ferne sehen ließ, an uns bis auf Büchsenschußweite heransprengte, und sodann umkehrend ebenso schnell wieder verschwand. Ihm folgte der zweite, dann der dritte, welche ebenfalls wieder verschwanden. Der vierte aber, wahrscheinlich der erste, schoß die Büchse ganz ernstlich auf uns ab, man konnte die Kugel deutlich pfeifen hören. Der Prinz ließ sich nicht irren und jene trieben auch ihr Handwerk, so daß mehrere Schüsse fielen, indem wir unsern Weg verfolgten. Ich hatte den Offizier manchmal angesehen, der zwischen seiner Pflicht und zwischen dem Respekt vor einem königlichen Prinzen in der größten Verlegenheit schwankte. Er glaubte wohl in meinen Blicken etwas Teilnehmendes zu lesen, ritt auf mich zu und sagte: «Wenn Sie irgend etwas auf den Prinzen vermögen, so ersuchen Sie ihn zurückzugehen, er setzt mich der größten Verantwortung aus; ich habe den strengsten Befehl meinen angewiesenen Posten nicht zu verlassen, und es ist nichts vernünftiger, als daß wir den Feind nicht reizen, der hinter Grandpré in einer festen Stellung gelagert ist. Kehrt der Prinz nicht um, so ist in kurzem die ganze Vorpostenkette alarmiert, man weiß im Hauptquartier nicht was es heißen soll, der erste Verdruß ergeht über mich ganz ohne meine Schuld». Ich ritt an den Prinzen heran und sagte: «Man erzeigt mir soeben die Ehre mir einigen Einfluß auf Ihro Hoheit zuzutrauen, deshalb ich um geneigtes Gehör bitte». Ich brachte ihm darauf die Sache mit Klarheit vor, welches kaum nötig gewesen wäre, denn er sah selbst alles vor sich und war freundlich genug mit einigen guten Worten sogleich umzukehren, worauf denn auch die Jäger verschwanden und zu schießen aufhörten. Der Offizier dankte mir aufs verbindlichste, und man sieht hieraus daß ein Vermittler überall willkommen ist.

Nach und nach klärte sich's auf. Die Stellung Dumouriez bei Grandpré war höchst fest und vorteilhaft; daß er auf seinem rechten Flügel nicht anzugreifen sei, wußte man wohl; auf seiner Linken waren zwei bedeutende Pässe: La Croix aux Bois und Le Chêne Populeux, beide wohl verhauen und für unzugänglich gehalten; allein der letzte war einem Offizier anvertraut, einem dergleichen Auftrag nicht gewachsenen oder nachlässigen. Die Österreicher griffen an: bei der ersten Attacke blieb Prinz von Ligne, der Sohn, sodann aber gelang es, man überwältigte den Posten, und der große Plan Dumouriez war zerstört: er mußte seine Stellung verlassen und sich die Aisne hinaufwärts ziehen, und preußische Husaren konnten durch den Paß dringen und jenseits des Argonner Waldes nachsetzen. Sie verbreiteten einen solchen panischen Schrecken über das französische Heer, daß zehntausend Mann vor fünfhundert flohen und nur mit Mühe konnten zum Stehen gebracht und wieder gesammelt werden; wobei sich das Regiment Chamborant besonders hervortat und den Unsrigen ein weiteres Vordringen verwehrte, welche, ohnehin nur gewissermaßen auf Rekognoszieren ausgeschickt, siegreich mit Freuden zurückkehrten und nicht leugneten einige Wagen gute Beute gemacht zu haben. In das unmittelbar Brauchbare, Geld und Kleidung, hatten sie sich geteilt, mir aber als einem Kanzleimann kamen die Papiere zugut, worunter ich einige ältere Befehle Lafayettes und mehrere höchst sauber geschriebene Listen fand. Was mich aber am meisten überraschte war ein ziemlich neuer Moniteur. Dieser Druck, dieses Format, mit dem man seit einigen Jahren ununterbrochen bekannt gewesen und die man nun seit mehreren Wochen nicht gesehen, begrüßten mich auf eine etwas unfreundliche Weise, indem ein lakonischer Artikel vom dritten September mir drohend zurief: Les Prussiens pourront venir à Paris, mais ils n'en sortiront pas. Also hielt man denn doch in Paris für möglich, wir könnten hingelangen; daß wir wieder zurückkehrten, dafür mochten die oberen Gewalten sorgen.

Die schreckliche Lage, in der man sich zwischen Erde und Himmel befand, war einigermaßen erleichtert, als man die Armee zurücken und eine Abteilung der Avantgarde nach der andern vorwärts ziehen sah. Endlich kam die Reihe auch an uns, wir gelangten über Hügel, durch Täler, Weinberge vorbei, an denen man sich auch wohl erquickte. Man kam sodann zu aufgehellter Stunde in eine freiere Gegend und sah in einem freundlichen Tal der Aire das Schloß von Grandpré auf einer Höhe sehr wohl gelegen, eben an dem Punkte wo genannter Fluß sich westwärts zwischen die Hügel drängt, um auf der Gegenseite des Gebirgs sich mit der

Aisne zu verbinden, deren Gewässer immer dem Sonnenuntergang zu durch Vermittlung der Oise endlich in die Seine gelangen; woraus denn ersichtlich, daß der Gebirgsrücken, der uns von der Maas trennte, zwar nicht von bedeutender Höhe, doch von entschiedenem Einfluß auf den Wasserlauf, uns in eine andere Flußregion zu nötigen geeignet war.

Auf diesem Zuge gelangte ich zufällig in das Gefolge des Königs, dann des Herzogs von Braunschweig; ich unterhielt mich mit Fürst Reuß und andern diplomatisch-militärischen Bekannten. Diese Reitermassen machten zu der angenehmen Landschaft eine reiche Staffage, man hätte einen van der Meulen gewünscht, um solchen Zug zu verewigen; alles war heiter, munter, voller Zuversicht und heldenhaft. Einige Dörfer brannten zwar vor uns auf, allein der Rauch tut in einem Kriegsbilde auch nicht übel. Man hatte, so hieß es, aus den Häusern auf den Vortrab geschossen und dieser, nach Kriegsrecht, sogleich die Selbstrache geübt. Es ward getadelt, war aber nicht zu ändern; dagegen nahm man die Weinberge in Schutz, von denen sich die Besitzer doch keine große Lese versprechen durften, und so ging es zwischen freund- und feindseligem Betragen immer vorwärts.

Wir gelangten, Grandpré hinter uns lassend, an und über die Aisne und lagerten bei Vaux les Mouron; hier waren wir nun in der verrufenen Champagne, es sah aber so übel noch nicht aus. Über dem Wasser an der Sonnenseite erstreckten sich wohlgehaltene Weinberge, und wo man Dörfer und Scheunen visitierte, fanden sich Nahrungsmittel genug für Menschen und Tiere, nur leider der Weizen nicht ausgedroschen, noch weniger genugsame Mühlen; Öfen zum Backen waren auch selten, und so fing es wirklich an sich einem tantalischen Zustande zu nähern.

Am 18. September

Dergleichen Betrachtungen anzustellen, versammelte sich eine große Gesellschaft, die überhaupt wo es Halt gab, sich immer mit einigem Zutrauen, besonders beim Nachmittagskaffee, zusammenfügte; sie bestand aus wunderlichen Elementen, Deutschen und Franzosen, Kriegern und Diplomaten, alles bedeutende Personen, erfahren, klug, geistreich, aufgeregt durch die Wichtigkeit des Augenblicks, Männer sämtlich von Wert und Würde, aber doch eigentlich nicht in den innern Rat gezogen, und also desto mehr bemüht auszusinnen was beschlossen sein, was geschehen könnte.

Dumouriez als er den Paß von Grandpré nicht länger halten konnte, hatte sich die Aisne hinaufgezogen, und da ihm der Rücken durch die Isletten gesichert war, sich auf die Höhen von Sainte-Menehould, die Fronte gegen Frankreich, gestellt. Wir waren durch den engen Paß hereingedrungen, hatten uneroberte Festen, Sedan, Montmédy, Stenay im Rükken und an der Seite, die uns jede Zufuhr nach Belieben erschweren konnten. Wir betraten beim schlimmsten Wetter ein seltsames Land, dessen undankbarer Kalkboden nur kümmerlich ausgestreute Ortschaften ernähren konnte.

Freilich lag Reims, Châlons und ihre gesegneten Umgebungen nicht fern, man konnte hoffen sich vorwärts zu erholen; die Gesellschaft überzeugte sich daher beinahe einstimmig, daß man auf Reims marschieren und sich Châlons bemächtigen müsse; Dumouriez könne sich in seiner vorteilhaften Stellung alsdann nicht ruhig verhalten, eine Schlacht wäre unvermeidlich wo es auch sei, man glaubte sie schon gewonnen zu haben.

Den 19. September

Manches Bedenken gab es daher, als wir den neunzehnten beordert wurden auf Massiges unsern Zug zu richten, die Aisne aufwärts zu verfolgen und dieses Wasser sowohl als das Waldgebirg, näher oder ferner, linker Hand zu behalten.

Nun erholte man sich unterwegs von solchen nachdenklichen Betrachtungen, indem man mancherlei Zufälligkeiten und Ereignissen eine heitere Teilnahme schenkte; ein wundersames Phänomen zog meine ganze Aufmerksamkeit auf sich. Man hatte, um mehrere Kolonnen nebeneinander fortzuschieben, die eine querfeldein, über flache Hügel geführt, zuletzt aber, als man wieder ins Tal sollte, einen steilen Abhang gefunden; dieser ward nun alsbald, so gut es gehen wollte, abgeböscht, doch blieb er immer noch schroff genug. Nun trat eben zu Mittag ein Sonnenblick hervor und spiegelte sich in allen Gewehren. Ich hielt auf einer Höhe und sah jenen blinkenden Waffenfluß glänzend heranziehen; überraschend aber war es als die Kolonne an den steilen Abhang gelangte, wo sich die bisher geschlossenen Glieder sprungweise trennten und jeder einzelne, so gut er konnte, in die Tiefe zu gelangen suchte. Diese Unordnung gab völlig den Begriff eines Wasserfalls, eine Unzahl durcheinander hin- und wiederblinkender Bajonette bezeichneten die lebhafteste Bewegung. Und als nun unten am Fluß sich alles wieder gleich in Reih und Glied ordnete und sowie oben angekommen, nun wieder im Tale fortzogen, ward die Vorstellung eines Flusses immer lebhafter; auch war diese Erscheinung um so angenehmer, als ihre lange Dauer fort und fort durch Sonnenblicke begünstigt wurde, deren Wert man in solchen zweifelhaften Stunden nach langer Entbehrung erst recht schätzen lernte.

Nachmittag gelangten wir endlich nach Massiges, nur noch wenige Stunden vom Feind, das Lager war abgesteckt und wir bezogen den für uns bestimmten Raum. Schon waren Pfähle geschlagen, die Pferde dran gebunden, Feuer angezündet und der Küchenwagen tat sich auf. Ganz unerwartet kam daher das Gerücht, das Lager solle nicht statt haben, denn es sei die Nachricht angekommen, das französische Heer ziehe sich von Sainte-Menehould auf Châlons, der König wolle sie nicht entwischen lassen und habe daher Befehl zum Aufbruch gegeben. Ich suchte an der rechten Schmiede hierüber Gewißheit und vernahm das was ich schon gehört hatte, nur mit dem Zusatze: auf diese unsichere und unwahrscheinliche Nachricht sei der Herzog von Weimar und der General Heymann, mit eben den Husaren welche die Unruhe erregt, vorgegangen. Nach einiger Zeit kamen diese Generale zurück und versicherten: es sei nicht die geringste Bewegung zu bemerken, auch mußten jene Patrouillen gestehen, daß sie das Gemeldete mehr geschlossen als gesehen hätten.

Die Anregung aber war einmal gegeben, und der Befehl lautete: die Armee solle vorrücken, jedoch ohne das mindeste Gepäck, alles Fuhrwerk sollte bis Maisons Champagne zurückkehren, dort eine Wagenburg bilden und den, wie man voraussetzte, glücklichen Ausgang einer Schlacht abwarten.

Nicht einen Augenblick zweifelhaft was zu tun sei, überließ ich Wagen, Gepäck und Pferde meinem entschlossenen sorgfältigen Bedienten und setzte mich mit den Kriegsgenossen alsobald zu Pferde. Es war schon früher mehrmals zur Sprache gekommen, daß wer sich in einen Kriegszug einlasse, durchaus bei den regulierten Truppen, welche Abteilung es auch sei an die er sich angeschlossen, fest bleiben und keine Gefahr scheuen solle: denn was uns auch da betreffe sei immer ehrenvoll; dahingegen bei der Bagage, beim Troß oder sonst zu verweilen, zugleich gefährlich und schmählich. Und so hatte ich auch mit den Offizieren des Regiments abgeredet, daß ich mich immer an sie und womöglich an die Leibschwadron anschließen wolle, weil ja dadurch ein so schönes und gutes Verhältnis nur immer besser befestigt werden könne.

Der Weg war das kleine Wasser, die Tourbe, hinauf vorgezeichnet, durch das traurigste Tal von der Welt, zwischen niedrigen Hügeln, ohne Baum und Busch; es war befohlen und eingeschärft, in aller Stille zu marschieren, als wenn wir den Feind überfallen wollten, der doch in seiner Stellung das Heranrücken einer Masse von fünfzigtausend Mann wohl mochte erfahren haben. Die Nacht brach ein, weder Mond noch Sterne leuchteten am Himmel, es pfiff ein wüster Wind, die stille Bewegung einer so großen Menschenreihe in tiefer Finsternis war ein höchst Eigenes.

Indem man neben der Kolonne herritt, begegnete man mehreren bekannten Offizieren, die hin- und widersprengten, um die Bewegung des Marsches bald zu beschleunigen, bald zu retardieren. Man besprach sich, man hielt stille, man versammelte sich. So hatte sich ein Kreis von vielleicht zwölf Bekannten und Unbekannten zusammen gefunden, man fragte, klagte, wunderte sich, schalt und räsonnierte: das gestörte Mittagsessen konnte man dem Heerführer nicht verzeihen. Ein munterer Gast wünschte sich Bratwurst und Brot, ein anderer sprang gleich mit seinen Wünschen zum Rehbraten und Sardellensalat; da das alles aber unentgeltlich geschah, fehlte es auch nicht an Pasteten und sonstigen Leckerbissen, nicht an den köstlichsten Weinen, und ein so vollkommenes Gastmahl war beisammen, daß endlich einer, dessen Appetit übermäßig rege geworden, die ganze Gesellschaft verwünschte und die Pein einer aufgeregten Einbildungskraft im Gegensatze des größten Mangels ganz unerträglich schalt. Man verlor sich auseinander und der einzelne war nicht besser dran als alle zusammen.

Den 19. September nachts

So gelangten wir bis Somme Tourbe, wo man halt machte; der König war in einem Gasthofe abgetreten, vor dessen Türe der Herzog von Braunschweig, in einer Art Laube, Hauptquartier und Kanzlei errichtete. Der Platz war groß, es brannten mehrere Feuer, durch große Bündel Weinpfähle gar lebhaft unterhalten. Der Fürst Feldmarschall tadelte einigemal persönlich, daß man die Flamme allzustark auflodern lasse; wir besprachen uns darüber, und niemand wollte glauben, daß unsere Nähe den Franzosen ein Geheimnis geblieben sei.

Ich war zu spät angekommen und mochte mich in der Nähe umsehen wie ich wollte, alles war schon, wo nicht verzehrt, doch in Besitz genommen. Indem ich so umher forschte, gaben mir die Emigrierten ein kluges Küchenschauspiel; sie saßen um einen großen, runden, flachen, abglimmenden Aschenhaufen in den sich mancher Weinstab knisternd mochte aufgelöst haben; klüglich und schnell hatten sie sich aller Eier des Dorfes bemächtigt, und es sah wirklich appetitlich aus, wie die Eier in dem Aschenhaufen nebeneinander aufrecht standen und eins nach dem andern zu rechter Zeit schlurfbar herausgehoben wurde. Ich kannte niemand von den edlen Küchengesellen, unbekannt mocht' ich sie nicht ansprechen; als mir aber soeben ein lieber Bekannter begegnete, der so gut wie ich an Hunger und Durst litt, fiel mir eine Kriegslist ein, nach einer Bemerkung die ich auf meiner kurzen militärischen Laufbahn anzustellen Gelegenheit gehabt. Ich hatte nämlich bemerkt, daß man beim Fouragieren um die Dörfer und in denselben tölpisch geradezu verfahre; die ersten Andringenden fielen ein, nahmen weg, verdarben, zerstörten, die folgenden fanden immer weniger und was verloren ging kam niemand zugute. Ich hatte schon gedacht, daß man bei dieser Gelegenheit strategisch verfahren, und wenn die Menge von vornen hereindringe, sich von der Gegenseite nach einigem Bedürfnis umsehen müsse. Dies konnte nun hier kaum der Fall sein, denn alles war überschwemmt, aber das Dorf zog sich sehr in die Länge und zwar seitwärts der Straße wo wir hereingekommen. Ich forderte meinen Freund auf, die lange Gasse mit hinunter zu gehen. Aus dem vorletzten Hause kam ein Soldat fluchend heraus, daß schon alles aufgezehrt und nirgends nichts mehr zu haben sei. Wir sahen durch die Fenster, da saßen ein paar Jäger ganz ruhig; wir gingen hinein, um wenigstens auf einer Bank unter Dach zu sitzen, wir begrüßten sie als Kameraden, und klagten freilich über den allgemeinen Mangel. Nach einigem Hin- und Widerreden verlangten sie wir sollten ihnen Verschwiegenheit geloben, worauf wir die Hand gaben. Nun eröffneten sie uns, daß sie in dem Hause einen schönen wohlbestellten Keller gefunden: dessen Eingang sie zwar selbst sekretiert, uns jedoch von dem Vorrat einen Anteil nicht versagen wollten. Einer zog einen Schlüssel hervor und nach verschiedenen weggeräumten Hindernissen fand sich eine Kellertür zu eröffnen. Hinabgestiegen fanden wir nun mehrere, etwa zweieimrige Fässer auf dem Lager, was uns aber mehr interessierte, verschiedene Abteilungen in Sand gelegter gefüllter Flaschen, wo der gutmütige Kamerad, der sie schon durchprobiert hatte, an die beste Sorte wies. Ich nahm zwischen die ausgespreizten Finger jeder Hand zwei Flaschen, zog sie unter den Mantel, mein Freund desgleichen, und so schritten wir, in Hoffnung baldiger Erquickung, die Straße wieder hinaufwärts.

Unmittelbar am großen Wachfeuer gewahrte ich eine schwere starke Egge, setzte mich darauf und schob unter dem Mantel meine Flaschen zwischen die Zacken herein. Nach einiger Zeit bracht' ich eine Flasche hervor, wegen der mich meine Nachbarn beriefen, denen ich sogleich den Mitgenuß anbot. Sie taten gute Züge, der letzte bescheiden, da er wohl merkte er lasse mir nur wenig zurück; ich verbarg die Flasche neben mir und brachte bald darauf die zweite hervor, trank den Freunden zu, die sich's abermals wohl schmecken ließen, anfangs das Wunder nicht bemerkten, bei der dritten Flasche jedoch laut über den Hexenmeister aufschrieen; und es war, in dieser traurigen Lage, ein auf alle Weise willkommener Scherz.

Unter den vielen Personen, deren Gestalt und Gesicht im Kreise vom Feuer erleuchtet war, erblickt' ich einen ältlichen Mann, den ich zu kennen glaubte. Nach Erkundigung und Annäherung war er nicht wenig verwundert mich hier zu sehen. Es war Marquis von Bombelles, dem ich vor zwei Jahren in Venedig, der Herzogin Amalie folgend, aufgewartet hatte, wo er als französischer Gesandter residierend sich höchst angelegen sein ließ, dieser trefflichen Fürstin den dortigen Aufenthalt so angenehm als möglich zu machen. Wechselseitiger Verwunderungsausruf, Freude des Wiedersehens und Erinnerung erheiterten diesen ernsten Augenblick. Zur Sprache kam seine prächtige Wohnung am großen Kanal, es ward gerühmt, wie wir daselbst in Gondeln anfahrend, ehrenvoll empfangen und freundlich bewirtet worden; wie er durch kleine Feste, gerade im Geschmack und Sinn dieser, Natur und Kunst, Heiterkeit und Anstand in Verbindung liebenden Dame, sie und die Ihrigen auf vielfache Weise erfreute, auch sie durch seinen Einfluß manches andere, für Fremde sonst verschlossene Gute genießen lassen.

Wie sehr war ich aber verwundert, da ich ihn, den ich durch eine wahrhafte Lobrede zu ergötzen gedachte, mit Wehmut ausrufen hörte: «Schweigen wir von diesen Dingen, jene Zeit liegt nur gar zu weit hinter mir, und schon damals als ich meine edlen Gäste mit scheinbarer Heiterkeit unterhielt, nagte mir der Wurm am Herzen, ich sah die Folgen voraus dessen was in meinem Vaterlande vorging. Ich bewunderte Ihre Sorglosigkeit, in der Sie die auch Ihnen bevorstehende Gefahr nicht ahneten; ich bereitete mich im stillen zu Veränderung meines Zustandes. Bald nachher mußt' ich meinen ehrenvollen Posten und das werte Venedig verlassen und eine Irrfahrt antreten, die mich endlich auch hierher geführet hat.»

Das Geheimnisvolle, das man diesem offenbaren Heranzuge von Zeit zu Zeit hatte geben wollen, ließ uns vermuten, man werde noch in dieser Nacht aufbrechen und vorwärts gehen; allein schon dämmerte der Tag und mit demselben strich ein Sprühregen daher; es war schon völlig hell als wir uns in Bewegung setzten. Da des Herzogs von Weimar Regiment den Vortrab hatte, gab man der Leibschwadron, als der vordersten der ganzen Kolonne, Husaren mit, die den Weg unserer Bestimmung kennen sollten. Nun ging es, mitunter im scharfen Trab, über Felder und Hügel ohne Busch und Baum; nur in der Entfernung links sah man die Argonner Waldgegend; der Sprühregen schlug uns heftiger ins Gesicht; bald aber erblickten wir eine Pappelallee, die sehr schön gewachsen und wohl unterhalten unsere Richtung quer durchschnitt. Es war die Chaussee von Châlons auf Sainte-Menehould, der Weg von Paris nach Deutschland; man führte uns drüber weg und ins Graue hinein.

Schon früher hatten wir den Feind vor der waldichten Gegend gelagert und aufmarschiert gesehen, nicht weniger ließ sich bemerken, daß neue Truppen ankamen; es war Kellermann, der sich soeben mit Dumouriez vereinigte, um dessen linken Flügel zu bilden. Die Unsrigen brannten vor Begierde auf die Franzosen loszugehen, Offiziere wie Gemeine hegten den glühenden Wunsch, der Feldherr möge in diesem Augenblicke angreifen; auch unser heftiges Vordringen schien darauf hinzudeuten. Aber Kellermann hatte sich zu vorteilhaft gestellt und nun begann die Kanonade von der man viel erzählt, deren augenblickliche Gewaltsamkeit jedoch man nicht beschreiben, nicht einmal in der Einbildungskraft zurückrufen kann.

Schon lag die Chaussee weit hinter uns, wir stürmten immerfort gegen Westen zu, als auf einmal ein Adjutant gesprengt kam, der uns zurück beorderte, man hatte uns zu weit geführt, und nun erhielten wir den Befehl, wieder über die Chaussee zurückzukehren und unmittelbar an ihre linke Seite den rechten Flügel zu lehnen. Es geschah, und so machten wir Fronte gegen das Vorwerk La Lune, welches auf der Höhe etwa eine Viertelstunde vor uns an der Chaussee zu sehen war. Unser Befehlshaber kam uns entgegen; er hatte soeben eine halbe reitende Batterie hinaufgebracht, wir erhielten Ordre im Schutz derselben vorwärts zu gehen, und fanden unterwegs einen alten Schirrmeister, ausgestreckt, als das erste Opfer des Tags, auf dem Acker liegen. Wir ritten ganz getrost weiter, wir sahen das Vorwerk näher, die dabei aufgestellte Batterie feuerte tüchtig.

Bald aber fanden wir uns in einer seltsamen Lage, Kanonenkugeln flogen wild auf uns ein, ohne daß wir begriffen wo sie herkommen konnten; wir avancierten ja hinter einer befreundeten Batterie und das feindliche Geschütz auf den entgegengesetzten Hügeln war viel zu weit entfernt, als daß es uns hätte erreichen sollen. Ich hielt seitwärts vor der Fronte, und hatte den wunderbarsten Anblick; die Kugeln schlugen dutzendweise vor der Eskadron nieder, zum Glück nicht ricochetierend, in den weichen Boden hineingewühlt; Kot aber und Schmutz bespritzte Mann und Roß; die schwarzen Pferde, von tüchtigen Reitern möglichst zusammengehalten, schnauften und tosten; die ganze Masse war, ohne sich zu trennen oder zu verwirren, in flutender Bewegung. Ein sonderbarer Anblick erinnerte mich an andere Zeiten. In dem ersten Gliede der Eskadron schwankte die Standarte in den Händen eines schönen Knaben hin und wieder; er hielt sie fest, ward aber vom aufgeregten Pferde widerwärtig geschaukelt; sein anmutiges Gesicht brachte mir, seltsam genug aber natürlich, in diesem schauerlichen Augenblick, die noch anmutigere Mutter vor die Augen, und ich mußte an die ihr zur Seite verbrachten friedlichen Momente gedenken.

Endlich kam der Befehl, zurück und hinab zu gehen; es geschah von den sämtlichen Kavallerieregimentern mit großer Ordnung und Gelassenheit, nur ein einziges Pferd von Lottum ward getötet, da wir übrigen, besonders auf dem äußersten rechten Flügel, eigentlich alle hätten umkommen müssen.

Nachdem wir uns denn aus dem unbegreiflichen Feuer zurückgezogen, von Überraschung und Erstaunen uns erholt hatten, löste sich das Rätsel; wir fanden die halbe Batterie, unter deren Schutz wir vorwärts zu gehen geglaubt, ganz unten in einer Vertiefung, dergleichen das Terrain zufällig in dieser Gegend gar manche bildete. Sie war von oben vertrieben worden, und an der andern Seite der Chaussee in einer Schlucht heruntergegangen, so daß wir ihren Rückzug nicht bemerken konnten, feindliches Geschütz trat an die Stelle, und was uns hätte bewahren sollen, wäre beinahe verderblich geworden. Auf unseren Tadel lachten die Bursche nur und versicherten scherzend: hier unten im Schauer sei es doch besser.

Wenn man aber nachher mit Augen sah, wie eine solche reitende Batterie sich durch die schreckbaren schlammigen Hügel qualvoll durchzerren mußte, so hatte man abermals den bedenklichen Zustand zu überlegen, in den wir uns eingelassen hatten.

Indessen dauerte die Kanonade immer fort: Kellermann hatte einen gefährlichen Posten bei der Mühle von Valmy, dem eigentlich das Feuern galt; dort ging ein Pulverwagen in die Luft und man freute sich des Unheils, das er unter den Feinden angerichtet haben mochte. Und so blieb alles eigentlich nur Zuschauer und Zuhörer, was im Feuer stand und nicht. Wir hielten auf der Chaussee von Châlons an einem Wegweiser der nach Paris deutete.

Diese Hauptstadt also hatten wir im Rücken, das französische Heer aber zwischen uns und dem Vaterland. Stärkere Riegel waren vielleicht nie vorgeschoben, demjenigen höchst apprehensiv, der eine genaue Karte des Kriegstheaters nun seit vier Wochen unablässig studierte.

Doch das augenblickliche Bedürfnis behauptet sein Recht selbst gegen das nächstkünftige. Unsere Husaren hatten mehrere Brotkarren, die von Châlons nach der Armee gehen sollten, glücklich aufgefangen und brachten sie den Hochweg daher. Wie es uns nun fremd vorkommen mußte zwischen Paris und Sainte-Menehould postiert zu sein, so konnten die zu Châlons des Feindes Armee keineswegs auf dem Wege zu der ihrigen vermuten. Gegen einiges Trinkgeld ließen die Husaren von dem Brot etwas ab; es war das schönste weiße; der Franzos erschrickt vor jeder schwarzen Krume. Ich teilte mehr als einen Laib unter die zunächst Angehörigen, mit der Bedingung mir für die folgenden Tage einen Anteil daran zu verwahren. Auch noch zu einer andern Vorsicht fand ich Gelegenheit; ein Jäger aus dem Gefolge hatte gleichfalls diesen Husaren eine tüchtige wollene Decke abgehandelt, ich bot ihm die Übereinkunft an, mir sie auf drei Nächte, jede Nacht für acht Groschen, zu überlassen, wogegen er sie am Tage verwahren sollte. Er hielt dieses Bedingnis für sehr vorteilhaft; die Decke hatte ihm einen Gulden gekostet und nach kurzer Zeit erhielt er sie mit Profit ja wieder. Ich aber konnte auch zufrieden sein; meine köstlichen wollenen Hüllen von Longwy waren mit der Bagage zurückgeblieben und nun hatte ich doch bei allem Mangel von Dach und Fach außer meinem Mantel noch einen zweiten Schutz gewonnen.

Alles dieses ging unter anhaltender Begleitung des Kanonendonners vor. Von jeder Seite wurden an diesem Tage zehntausend Schüsse verschwendet, wobei auf unserer Seite nur zwölfhundert Mann und auch diese ganz unnütz fielen. Von der ungeheuren Erschütterung klärte sich der Himmel auf: denn man schoß mit Kanonen völlig als wär'es Pelotonfeuer, zwar ungleich, bald abnehmend bald zunehmend. Nachmittags ein Uhr, nach einiger Pause, war es am gewaltsamsten, die Erde bebte im ganz eigentlichsten Sinne und doch sah man in den Stellungen nicht die mindeste Veränderung. Niemand wußte was daraus werden sollte.

Ich hatte so viel vom Kanonenfieber gehört und wünschte zu wissen wie es eigentlich damit beschaffen sei. Langeweile und ein Geist den jede Gefahr zur Kühnheit, ja zur Verwegenheit aufruft, verleitete mich ganz gelassen nach dem Vorwerk la Lune hinaufzureiten. Dieses war wieder von den Unsrigen besetzt, gewährte jedoch einen gar wilden Anblick. Die zerschossenen Dächer, die herumgestreuten Weizenbündel, die darauf hie und da ausgestreckten tödlich Verwundeten und dazwischen noch manchmal eine Kanonenkugel, die sich herüberverirrend in den Überresten der Ziegeldächer klapperte.

Ganz allein, mir selbst gelassen, ritt ich links auf den Höhen weg und konnte deutlich die glückliche Stellung der Franzosen überschauen; sie standen amphitheatralisch in größter Ruh und Sicherheit, Kellermann jedoch auf dem linken Flügel eher zu erreichen.

Mir begegnete gute Gesellschaft, es waren bekannte Offiziere vom Generalstabe und vom Regiment, höchst verwundert mich hier zu finden. Sie wollten mich wieder mit sich zurücknehmen, ich sprach ihnen aber von besondern Absichten und sie überließen mich ohne weiteres meinem bekannten wunderlichen Eigensinn.

Ich war nun vollkommen in die Region gelangt wo die Kugeln herüber spielten; der Ton ist wundersam genug, als wär' er zusammengesetzt aus dem Brummen des Kreisels, dem Butteln des Wassers und dem Pfeifen eines Vogels. Sie waren weniger gefährlich wegen des feuchten Erdbodens; wo eine hinschlug blieb sie stecken, und so ward mein törichter Versuchsritt wenigstens vor der Gefahr des Ricochetierens gesichert.

Unter diesen Umständen konnt' ich jedoch bald bemerken, daß etwas Ungewöhnliches in mir vorgehe; ich achtete genau darauf und doch würde sich die Empfindung nur gleichnisweise mitteilen lassen. Es schien als wäre man an einem sehr heißen Orte, und zugleich von derselben Hitze völlig durchdrungen, so daß man sich mit demselben Element, in welchem man sich befindet, vollkommen gleich fühlt. Die Augen verlieren nichts an ihrer Stärke, noch Deutlichkeit: aber es ist doch als wenn die Welt einen gewissen braunrötlichen Ton hätte, der den Zustand sowie die Gegenstände noch apprehensiver macht. Von Bewegung des Blutes habe ich nichts bemerken können, sondern mir schien vielmehr alles in jener Glut verschlungen zu sein. Hieraus erhellet nun in welchem Sinne man diesen Zustand ein Fieber nennen könne. Bemerkenswert bleibt es indessen, daß jenes gräßlich Bängliche nur durch die Ohren zu uns gebracht wird; denn der Kanonendonner, das Heulen, Pfeifen, Schmettern der Kugeln durch die Luft ist doch eigentlich Ursache an diesen Empfindungen.

Als ich zurückgeritten und völlig in Sicherheit war, fand ich bemerkenswert, daß alle jene Glut sogleich erloschen und nicht das mindeste von einer fieberhaften Bewegung übrig geblieben sei. Es gehört übrigens dieser Zustand unter die am wenigsten wünschenswerten; wie ich denn auch unter meinen lieben und edlen Kriegskameraden kaum einen gefunden habe der einen eigentlich leidenschaftlichen Trieb hiernach geäußert hätte.

So war der Tag hingegangen; unbeweglich standen die Franzosen, Kellermann hatte auch einen bequemern Platz genommen; unsere Leute zog man aus dem Feuer zurück, und es war eben, als wenn nichts gewesen wäre. Die größte Bestürzung verbreitete sich über die Armee. Noch am Morgen hatte man nicht anders gedacht als die sämtlichen Franzosen anzuspießen und aufzuspeisen, ja mich selbst hatte das unbedingte Vertrauen auf ein solches Heer, auf den Herzog von Braunschweig, zur Teilnahme an dieser gefährlichen Expedition gelockt; nun aber ging jeder vor sich hin, man sah sich nicht an, oder wenn es geschah so war es um zu fluchen, oder zu verwünschen. Wir hatten, eben als es Nacht werden wollte, zufällig einen Kreis geschlossen, in dessen Mitte nicht einmal wie gewöhnlich ein Feuer konnte angezündet werden, die meisten schwiegen, einige sprachen, und es fehlte doch eigentlich einem jeden Besinnung und Urteil. Endlich rief man mich auf, was ich dazu denke, denn ich hatte die Schar gewöhnlich mit kurzen Sprüchen erheitert und erquickt; diesmal sagte ich: «Von hier und heute geht eine neue Epoche der Weltgeschichte aus, und ihr könnt sagen, ihr seid dabei gewesen.»

In diesen Augenblicken wo niemand nichts zu essen hatte, reklamierte ich einen Bissen Brot von dem heute früh erworbenen, auch war von dem gestern reichlich verspendeten Weine noch der Inhalt eines Branntweinfläschchens übrig geblieben, und ich mußte daher auf die gestern am Feuer so kühn gespielte Rolle des willkommenen Wundertäters völlig Verzicht tun.

Die Kanonade hatte kaum aufgehört, als Regen und Sturm schon wieder eindrangen und einen Zustand unter freiem Himmel, auf zähem Lehmboden höchst unerfreulich machten. Und doch kam, nach so langem Wachen, Gemüts- und Leibesbewegung, der Schlaf sich anmeldend als die Nacht hereindüsterte. Wir hatten uns hinter einer Erhöhung die den schneidenden Wind abhielt, notdürftig gelagert, als es jemanden einfiel, man solle sich für diese Nacht in die Erde graben und mit dem Mantel zudecken. Hiezu machte man gleich Anstalt und es wurden mehrere Gräber ausgehauen, wozu die reitende Artillerie Gerätschaften hergab. Der Herzog von Weimar selbst verschmähte nicht eine solche voreilige Bestattung.

Hier verlangt' ich nun gegen Erlegung von acht Groschen die bewußte Decke, wickelte mich darein und breitete den Mantel noch oben drüber, ohne von dessen Feuchtigkeit viel zu empfinden. Ulyß kann unter seinem auf ähnliche Weise erworbenen Mantel nicht mit mehr Behaglichkeit und Selbstgenügen geruht haben.

Alle diese Bereitungen waren wider den Willen des Obersten geschehen, welcher uns bemerken machte, daß auf einem Hügel gegenüber hinter einem Busche die Franzosen eine Batterie stehen hatten, mit der sie uns im Ernste begraben und nach Belieben vernichten konnten. Allein wir mochten den windstillen Ort und unsere weislich ersonnene Bequemlichkeit nicht aufgeben, und es war dies nicht das letztemal, wo ich bemerkte, daß man, um der Unbequemlichkeit auszuweichen, die Gefahr nicht scheue.

Den 21. September

waren die wechselseitigen Grüße der Erwachenden keineswegs heiter und froh, denn man ward sich in einer beschämenden, hoffnungslosen Lage gewahr. Am Rand eines ungeheuren Amphitheaters fanden wir uns aufgestellt, wo jenseits auf Höhen, deren Fuß durch Flüsse, Teiche, Bäche, Moräste gesichert war, der Feind einen kaum übersehbaren Halbzirkel bildete. Diesseits standen wir völlig wie gestern, um zehntausend Kanonenkugeln leichter, aber ebenso wenig situiert zum Angriff; man blickte in eine weit ausgebreitete Arena hinunter, wo sich zwischen Dorfhütten und Gärten die beiderseitigen Husaren herumtrieben und mit Spiegelgefecht bald vor- bald rückwärts, eine Stunde nach der andern, die Aufmerksamkeit der Zuschauer zu fesseln wußten. Aber aus all dem Hin- und Hersprengen, dem Hin- und Widerpuffen ergab sich zuletzt kein Resultat, als daß einer der Unsrigen, der sich zu kühn zwischen die Hecken gewagt hatte, umzingelt und, da er sich keineswegs ergeben wollte, erschossen wurde.

Dies war das einzige Opfer der Waffen an diesem Tage; aber die eingerissene Krankheit machte den unbequemen, drückenden, hülflosen Zustand trauriger und fürchterlicher.

So schlaglustig und -fertig man gestern auch gewesen, gestand man doch, daß ein Waffenstillstand wünschenswert sei, da selbst der Mutigste, Leidenschaftlichste, nach weniger Überlegung, sagen mußte: ein Angriff würde das verwegenste Unternehmen von der Welt sein. Noch schwankten die Meinungen den Tag über, wo man ehrenthalben dieselbe Stellung behauptete, wie beim Augenblick der Kanonade; gegen Abend jedoch veränderte man sie einigermaßen, zuletzt war das Hauptquartier nach Hans gelegt und die Bagage herbei gekommen. Nun hatten wir zu vernehmen die Angst, die Gefahr, den nahen Untergang unserer Dienerschaft und Habseligkeiten.

Das Waldgebirg Argonne, von Sainte-Menehould bis Grandpré, war von Franzosen besetzt; von dort aus führten ihre Husaren den kühnsten mutwilligsten kleinen Krieg. Wir hatten gestern vernommen, daß ein Sekretär des Herzogs von Braunschweig und einige andere Personen der fürstlichen Umgebung zwischen der Armee und der Wagenburg waren gefangen worden. Diese verdiente aber keineswegs den Namen einer Burg, denn sie war schlecht aufgestellt, nicht geschlossen, nicht genugsam eskortiert. Nun beängstete sie ein blinder Lärm nach dem andern und zugleich die Kanonade in geringer Entfernung. Späterhin trug man sich mit der Fabel oder Wahrheit: die französischen Truppen seien schon den Gebirgswald herab, auf dem Wege gewesen sich der sämtlichen Equipage zu bemächtigen; da gab sich denn der von ihnen gefangene und wieder losgelassene Läufer des General Kalckreuth ein großes Ansehn, indem er versicherte: er habe durch glückliche Lügen von starker Bedeckung, von reitenden Batterien und dergleichen einen feindlichen Anfall abgewendet. Wohl möglich! Wer hat nicht in solchen bedeutenden Augenblicken zu tun, oder getan.

Nun waren die Zelte da, Wagen und Pferde; aber Nahrung für kein Lebendiges. Mitten im Regen ermangelten wir sogar des Wassers und einige Teiche waren schon durch eingesunkene Pferde verunreinigt; das alles zusammen bildete den schrecklichsten Zustand. Ich wußte nicht, was es heißen sollte, als ich meinen treuen Zögling, Diener und Gefährten Paul Gœtze von dem Leder des Reisewagens das zusammengeflossene Regenwasser sehr emsig schöpfen sah; er bekannte, daß es zur Schokolade bestimmt sei, davon er glücklicherweise einen Vorrat mitgebracht hatte; ja was mehr ist, ich habe aus den Fußtapfen der Pferde schöpfen sehen, um einen unerträglichen Durst zu stillen. Man kaufte das Brot von alten Soldaten, die, an Entbehrung gewöhnt, etwas zusammen sparten, um sich am Branntwein zu erquicken, wenn derselbe wieder zu haben wäre.

Am 22. September

hörte man, die Generale Mannstein und Heymann seien nach Dampierre, in das Hauptquartier von Kellermann, wo sich auch Dumouriez einfinden sollte. Es war von Auswechseln der Gefangenen, von Versorgung der Kranken und Blessierten zum Schein die Rede; im ganzen hoffte man aber mitten im Unglück eine Umkehr der Dinge zu bewirken. Seit dem zehnten August war der König von Frankreich gefangen, grenzenlose Mordtaten waren im September geschehen. Man wußte, daß Dumouriez für den König und die Konstitution gesinnt gewesen, er mußte also, seines eignen Heils, seiner Sicherheit willen, die gegenwärtigen Zustände bekämpfen, und eine große Begebenheit wäre es geworden, wenn er sich mit den Alliierten alliiert und so auf Paris losgegangen wäre.

Seit der Ankunft der Equipage fand sich die Umgebung des Herzogs von Weimar um vieles gebessert, denn man mußte dem Kämmerier, dem Koch und andern Hausbeamten das

Zeugnis geben, daß sie niemals ohne Vorrat gewesen und selbst in dem größten Mangel immer für etwas warme Speise gesorgt. Hierdurch erquickt ritt ich umher mich mit der Gegend nur einigermaßen bekannt zu machen, ganz ohne Frucht; diese flachen Hügel hatten keinen Charakter, kein Gegenstand zeichnete sich vor andern aus. Mich doch zu orientieren forscht' ich nach der langen und hochaufgewachsenen Pappelallee, die gestern so auffallend gewesen war, und da ich sie nicht entdecken konnte, glaubt' ich mich weit verirrt, allein bei näherer Aufmerksamkeit fand ich, daß sie niedergehauen, weggeschleppt und wohl schon verbrannt sei.

An den Stellen wo die Kanonade hingewirkt, erblickte man großen Jammer: die Menschen lagen unbegraben, und die schwer verwundeten Tiere konnten nicht ersterben. Ich sah ein Pferd das sich in seinen eigenen, aus dem verwundeten Leibe herausgefallenen Eingeweiden mit den Vorderfüßen verfangen hatte und so unselig dahin hinkte.

Im Nachhausereiten traf ich den Prinzen Louis Ferdinand, im freien Felde, auf einem hölzernen Stuhle sitzen, den man aus einem untern Dorfe heraufgeschafft; zugleich schleppten einige seiner Leute einen schweren verschlossenen Küchschrank herbei, sie versicherten es klappere darin, sie hofften einen guten Fang getan zu haben. Man erbrach ihn begierig, fand aber nur ein stark beleibtes Kochbuch und nun, indessen der gespaltene Schrank im Feuer aufloderte, las man die köstlichsten Küchenrezepte vor, und so ward abermals Hunger und Begierde durch eine aufgeregte Einbildungskraft bis zur Verzweiflung gesteigert.

Den 24. September

Erheitert einigermaßen wurde das schlimmste Wetter von der Welt durch die Nachricht, daß ein Stillstand geschlossen sei und daß man also wenigstens die Aussicht habe, mit einiger Gemütsruhe leiden und darben zu können; aber auch dieses gedieh nur zum halben Trost, da man bald vernahm, es sei eigentlich nur eine Übereinkunft, daß die Vorposten

Friede halten sollten, wobei nicht unbenommen bleibe die Kriegsoperationen außer dieser Berührung nach Gutdünken fortzusetzen. Dieses war eigentlich zu Gunsten der Franzosen bedingt, welche rings umher ihre Stellung verändern und uns besser einschließen konnten, wir aber in der Mitte mußten still halten und in unserem stockenden Zustand verweilen. Die Vorposten aber ergriffen diese Erlaubnis mit Vergnügen; zuerst kamen sie überein, daß, welchem von beiden Teilen Wind und Wetter ins Gesicht schlage, der solle das Recht haben sich umzukehren und, in seinen Mantel gewikkelt, von dem Gegenteil nichts befürchten. Es kam weiter; die Franzosen hatten immer noch etwas Weniges zur Nahrung, indes den Deutschen alles abging; jene teilten daher einiges mit und man ward immer kameradlicher. Endlich wurden sogar, mit Freundlichkeit, von französischer Seite Druckblätter ausgeteilt, wodurch den guten Deutschen das Heil der Freiheit und Gleichheit in zwei Sprachen verkündigt war; die Franzosen ahmten das Manifest des Herzogs von Braunschweig in umgekehrtem Sinne nach, entboten guten Willen und Gastfreundschaft, und ob sich schon bei ihnen mehr Volk als sie von oben herein regieren konnten auf die Beine gemacht hatte, so geschah dieser Aufruf, wenigstens in diesem Augenblick, mehr um den Gegenteil zu schwächen, als sich selbst zu stärken.

Als Leidensgenossen bedauerte ich auch in dieser Zeit zwei hübsche Knaben von vierzehn bis fünfzehn Jahren. Sie hatten, als Requirierte, mit vier schwachen Pferden meine leichte Chaise bis hierher kaum durchgeschleppt, und litten still, mehr für ihre Tiere als für sich, doch war ihnen sowenig als uns allen zu helfen. Da sie um meinetwillen jedes Unheil ausstanden, fühlte ich mich zu irgend einer Pietät gedrungen und wollte jenes erhandelte Kommisbrot redlich mit ihnen teilen; allein sie lehnten es ab und versicherten, dergleichen könnten sie nicht essen, und als ich fragte, was sie denn gewöhnlich genössen? versetzten sie: du bon pain, de la bonne soupe, de la bonne viande, de la bonne bière. Da nun bei ihnen alles gut und bei uns alles schlimm war, verzieh ich ihnen gern, daß sie mit Zurücklassung ihrer Pferde sich bald darauf davon machten. Sie hatten übrigens manches Unheil ausgestanden, ich glaube aber, daß eigentlich das dargebotene Kommisbrot sie zu dem letzten entscheidenden Schritt, als ein furchtbares Gespenst, bewogen habe. Weiß und schwarz Brot ist eigentlich das Schibolet, das Feldgeschrei zwischen Deutschen und Franzosen.

Eine Bemerkung darf ich hier nicht unberührt lassen: wir kamen freilich zur ungünstigsten Jahrszeit in ein von der Natur nicht gesegnetes Land, das aber denn doch seine wenigen, arbeitsamen, ordnungsliebenden, genügsamen Einwohner allenfalls ernährt. Reichere und vornehmere Gegenden mögen eine solche freilich geringschätzig behandeln; ich aber habe keineswegs Ungeziefer und Bettelherbergen dort getroffen. Von Mauerwerk gebaut, mit Ziegeln gedeckt sind die Häuser und überall hinreichende Tätigkeit. Auch ist die eigentlich schlimme Landstrecke höchstens vier bis sechs Stunden breit und hat, sowohl an dem Argonner Waldgebirge her, als gegen Reims und Châlons zu, schon wieder günstigere Gelegenheit. Kinder, die man in dem ersten besten Dorfe aufgegriffen hatte, sprachen mit Zufriedenheit von ihrer Nahrung, und ich durfte mich nur des Kellers zu Somme Tourbe und des weißen Brotes, das uns ganz frisch von Châlons her in die Hände gefallen war, erinnern, so schien es doch, als ob in Friedenszeiten hier nicht gerade Hunger und Ungeziefer zu Hause sein müsse.

Den 25. September

Daß während des Stillstandes die Franzosen von ihrer Seite tätig sein würden, konnte man vermuten und erfahren. Sie suchten die verlorne Kommunikation mit Châlons wieder herzustellen und die Emigrierten in unserm Rücken zu verdrängen, oder vielmehr an uns heranzudrängen; doch augenblicklich ward für uns das Schädlichste, daß sie, sowohl vom Argonner Waldgebirge, als von Sedan und Montmédy her, uns die Zufuhr erschweren, wo nicht völlig vernichten konnten.

Den 26. September

Da man mich als auf mancherlei aufmerksam kannte, so brachte man alles was irgend sonderbar scheinen mochte herbei; unter andern legte man mir eine Kanonenkugel vor, ungefähr vierpfündig zu achten, doch war das Wunderliche daran sie auf ihrer ganzen Oberfläche in kristallisierten Pyramiden endigen zu sehen. Kugeln waren jenes Tags genug verschossen worden, daß sich eine gar wohl hierüber konnte verloren haben. Ich erdachte mir allerlei Hypothesen, wie das Metall beim Gusse, oder nachher, sich zu dieser Gestalt bestimmt hätte; durch einen Zufall ward ich hierüber aufgeklärt. Nach einer kurzen Abwesenheit wieder in mein Zelt zurückkehrend fragte ich nach der Kugel, sie wollte sich nicht finden. Als ich darauf bestand, beichtete man: sie sei, nachdem man allerlei an ihr probiert, zersprungen. Ich forderte die Stücke und fand, zu meiner großen Verwunderung, eine Kristallisation die von der Mitte ausgehend sich strahlig gegen die Oberfläche erweiterte. Es war Schwefelkies, der sich in einer freien Lage ringsum mußte gebildet haben. Diese Entdeckung führte weiter, dergleichen Schwefelkiese fanden sich mehr, obschon kleiner in Kugel- und Nierenform, auch in andern weniger regelmäßigen Gestalten, durchaus aber darin gleich, daß sie nirgends angesessen hatten und daß ihre Kristallisation sich immer auf eine gewisse Mitte bezog; auch waren sie nicht abgerundet, sondern völlig frisch und deutlich kristallinisch abgeschlossen. Sollten sie sich wohl in dem Boden selbst erzeugt haben, und findet man dergleichen mehr auf Ackerfeldern?

Aber ich nicht allein war auf die Mineralien der Gegend aufmerksam; die schöne Kreide die sich überall vorfand, schien durchaus von einigem Wert. Es ist wahr, der Soldat durfte nur ein Kochloch aufhauen, so traf er auf die klarste weiße Kreide, die er zu seinem blanken und glatten Putz sonst so nötig hatte. Da ging wirklich ein Armeebefehl aus: der Soldat solle sich mit dieser, hier umsonst zu habenden, notwendigen Ware soviel als möglich versehen. Dies gab nun freilich zu einigem Spott Gelegenheit; mitten in den furchtbarsten Kot versenkt, sollte man sich mit Reinlichkeits- und Putzmitteln beladen; wo man nach Brot seufzte, sich mit Staub zufrieden stellen. Auch stutzten die Offiziere nicht wenig, als sie im Hauptquartier übel angelassen wurden, weil sie nicht so reinlich, so zierlich wie auf der Parade zu Berlin oder Potsdam erschienen. Die Oberen konnten nicht helfen, so sollten sie, meinte man, auch nicht schelten.

Den 27. September

Eine etwas wunderliche Vorsichtsmaßregel dem dringenden Hunger zu begegnen, ward gleichfalls bei der Armee publiziert: man solle die vorhandenen Gerstengarben so gut als möglich ausklopfen, die gewonnenen Körner in heißem Wasser so lange sieden bis sie aufplatzen, und durch diese Speise die Befriedigung des Hungers versuchen.

Unserer nächsten Umgebung war jedoch eine bessere Beihülfe zugedacht. Man sah in der Ferne zwei Wagen festgefahren, denen man, weil sie Proviant und andere Bedürfnisse geladen hatten, gern zu Hülfe kam. Stallmeister von Seebach schickte sogleich Pferde dorthin, man brachte sie los, führte sie aber auch sogleich des Herzogs Regiment zu; sie protestierten dagegen, als zur österreichischen Armee bestimmt, wohin auch wirklich ihre Pässe lauteten. Allein man hatte sich einmal ihrer angenommen; um den Zudrang zu verhüten und sie zugleich festzuhalten, gab man ihnen Wache, und da sie auch von uns bezahlt erhielten was sie forderten, so mußten sie auch bei uns ihre eigentliche Bestimmung finden.

Eilig drängten sich zuallererst die Haushofmeister, Köche und ihre Gehülfen herbei, nahmen von der Butter in Fäßchen, von Schinken und andern guten Dingen Besitz. Der Zulauf vermehrte sich, die größere Menge schrie nach Tabak, der denn auch um teuren Preis häufig ausgegeben wurde. Die Wagen aber waren so umringt, daß sich zuletzt niemand mehr nähern konnte, deswegen mich unsere Leute und Reiter anriefen und auf das dringendste baten ihnen zu diesem notwendigsten aller Bedürfnisse zu verhelfen.

Ich ließ mir durch Soldaten Platz machen und erstieg sogleich, um mich nicht im Gedränge zu verwirren, den nächsten Wagen; dort bepackte ich mich für gutes Geld mit Tabak, was nur meine Taschen fassen wollten, und ward, als ich wieder herab und spendend ins Freie gelangte, für den größten Wohltäter gepriesen, der sich jemals der leidenden Menschheit erbarmt hatte. Auch Branntwein war angelangt, man versah sich damit und bezahlte die Bouteille gern mit einem Laubtaler.

Sowohl im Hauptquartier selbst, wohin man zuweilen gelangte, als bei allen denen die von dort herkamen, erkundigte man sich nach der Lage der Dinge; sie konnte nicht bedenklicher sein. Von dem Unheil das in Paris vorgegangen, verlautete immer mehr und mehr, und was man anfangs für Fabeln gehalten, erschien zuletzt als Wahrheit überschwänglich furchtbar. König und Familie waren gefangen, die Absetzung dessen schon zur Sprache gekommen, der Haß des Königtums überhaupt gewann immer mehr Breite, ja schon konnte man erwarten, daß gegen den unglücklichen Monarchen ein Prozeß würde eingeleitet werden. Unsere unmittelbaren kriegerischen Gegner hatten sich eine Kommunikation mit Châlons wieder eröffnet; dort befand sich Luckner, der die von Paris anströmenden Freiwilligen zu Kriegshaufen bilden sollte; aber diese, in den gräßlichen ersten Septembertagen, durch die reißendfließenden Blutströme, aus der Hauptstadt ausgewandert, brachten Lust zum Morden und Rauben mehr als zu einem rechtlichen Kriege mit. Nach dem Beispiel des Pariser Greuelvolks ersahen sie sich willkürliche Schlachtopfer, um ihnen, wie sich's fände, Autorität, Besitz, oder wohl gar das Leben zu rauben. Man durfte sie nur undiszipliniert loslassen, so machten sie uns den Garaus.

Die Emigrierten waren an uns herangedrückt worden, und man erzählte noch von gar manchem Unheil, das im Rücken und von der Seite bedrohte. In der Gegend von Reims sollten sich zwanzigtausend Bauern zusammengerottet haben, mit Feldgerät und wildergriffenen Naturwaffen versehen; die Sorge war groß, auch diese möchten auf uns losbrechen.

Von solchen Dingen ward am Abend in des Herzogs Zelt in Gegenwart von bedeutenden Kriegsobristen gesprochen; jeder brachte seine Nachricht, seine Vermutung, seine Sorge als Beitrag in diesen ratlosen Rat, denn es schien durchaus nur ein Wunder uns retten zu können. Ich aber dachte in diesem Augenblick, daß wir gewöhnlich in mißlichen Zuständen uns gern mit hohen Personen vergleichen, besonders mit solchen, denen es noch schlimmer gegangen; da fühlt' ich mich getrieben, wo nicht zur Erheiterung doch zur Ableitung, aus der Geschichte Ludwigs des Heiligen die drangvollsten Begebenheiten zu erzählen. Der König, auf seinem Kreuzzuge, will zuerst den Sultan von Ägypten demütigen, denn von diesem hängt gegenwärtig das Gelobte Land ab. Damiette fällt ohne Belagerung den Christen in die Hände. Angefeuert von seinem Bruder Graf Artois unternimmt der König einen Zug das rechte Nilufer hinauf, nach Babylon-Kairo. Es glückt einen Graben auszufüllen, der Wasser vom Nil empfängt. Die Armee zieht hinüber. Aber nun findet sie sich geklemmt zwischen dem Nil, dessen Haupt- und Nebenkanälen; dagegen die Sarazenen auf beiden Ufern des Flusses glücklich postiert sind. Über die größeren Wasserleitungen zu setzen wird schwierig. Man baut Blockhäuser gegen die Blockhäuser der Feinde; diese aber haben den Vorteil des Griechischen Feuers. Sie beschädigen damit die hölzernen Bollwerke, Bauten und Menschen. Was hilft den Christen ihre entschiedene Schlachtordnung, immerfort von den Sarazenen gereizt, geneckt, angegriffen, teilweise in Scharmützel verwickelt! Einzelne Wagnisse, Faustkämpfe, sind bedeutend, herzerhebend, aber die Helden, der König selbst wird abgeschnitten. Zwar brechen die Tapfersten durch, aber die Verwirrung wächst. Der Graf von Artois ist in Gefahr, zu dessen Rettung wagt der König alles. Der Bruder ist schon tot, das Unheil steigt aufs äußerste. An diesem heißen Tage kommt alles darauf an, eine Brücke über ein Seitenwasser zu verteidigen, um die Sarazenen vom Rücken des Hauptgefechtes abzuhalten. Den wenigen da postierten Kriegsleuten wird auf alle Weise zugesetzt, mit Geschütz von den Soldaten, mit Steinen und Kot durch Troßbuben. Mitten in diesem Unheil spricht der Graf von Soissons zum Ritter Joinville scherzend: Senéchal, laßt das Hundepack bellen und blöken; bei Gottesthron! (so pflegte er zu schwören) von diesem Tage sprechen wir noch im Zimmer vor den Damen.

Man lächelte, nahm das Omen gut auf, besprach sich über mögliche Fälle, besonders hob man die Ursachen hervor, warum die Franzosen uns eher schonen als verderben müßten: der lange ungetrübte Stillstand, das bisherige zurückhaltende Betragen gaben einige Hoffnung. Diese zu beleben wagte ich noch einen historischen Vortrag und erinnerte mit Vorzeigung der Spezialkarten, daß zwei Meilen von uns nach Westen das berüchtigte Teufelsfeld gelegen sei, bis wohin Attila König der Hunnen mit seinen ungeheuren Heereshaufen, im Jahr 451, gelangte, dort aber von den burgundischen Fürsten unter Beistand des römischen Feldherrn Aetius geschlagen worden; daß, hätten sie ihren Sieg verfolgt, er in Person und mit allen seinen Leuten umgekommen und vertilgt worden wäre. Der römische General aber, der die Burgunderfürsten nicht von aller Furcht vor diesem gewaltigen Feind zu befreien gedachte, weil er sie alsdann sogleich gegen die Römer gewendet gesehen hätte, beredete einen nach dem andern nach Hause zu ziehen; und so entkam denn auch der Hunnenkönig mit den Überresten eines unzählbaren Volkes.

In eben dem Augenblick ward die Nachricht gebracht, der erwartete Brottransport von Grandpré sei angekommen; auch dies belebte doppelt und dreifach die Geister; man schied getrösteter voneinander, und ich konnte dem Herzog bis gegen Morgen in einem unterhaltenden französischen Buche vorlesen, das auf die wunderlichste Weise in meine Hände gekommen. Bei den verwegenen frevelhaften Scherzen, welche mitten in dem bedrängtesten Zustand noch Lachen erregten, erinnerte ich mich der leichtfertigen Jäger vor Verdun, welche Schelmlieder singend in den Tod gingen. Freilich wenn man dessen Bitterkeit vertreiben will, muß man es mit den Mitteln so genau nicht nehmen.

Den 28. September

Das Brot war angekommen, nicht ohne Mühseligkeit und Verlust; auf den schlimmsten Wegen von Grandpré, wo die Bäckerei lag, bis zu uns heran waren mehrere Wagen stecken geblieben, andere dem Feind in die Hände gefallen und selbst ein Teil des Transportes ungenießbar: denn im wässerigen, zu schnell gebackenen Brote trennte sich Krume von Rinde, und in den Zwischenräumen erzeugte sich Schimmel. Abermals in Angst vor Gift brachte man mir dergleichen Laibe, diesmal in ihren innern Hohlungen hoch pomeranzenfarbig anzusehen, auf Arsenik und Schwefel hindeutend, wie jenes vor Verdun auf Grünspan. War es aber auch nicht vergiftet, so erregte doch der Anblick Abscheu und Ekel, getäuschte Befriedigung schärfte den Hunger; Krankheit, Elend, Mißmut lagen schwer auf einer so großen Masse guter Menschen.

In solchen Bedrängnissen wurden wir noch gar durch eine unglaubliche Nachricht überrascht und betrübt, es hieß: der Herzog von Braunschweig habe sein früheres Manifest an Dumouriez geschickt, welcher darüber ganz verwundert und entrüstet sogleich den Stillstand aufgekündigt und den Anfang der Feindseligkeiten befohlen habe. So groß das

Unheil war, in welchem wir staken und noch größeres bevorsahen, konnten wir doch nicht unterlassen zu scherzen und zu spotten, wir sagten: da sähe man, was für Unheil die Autorschaft nach sich ziehe! Jeder Dichter und sonstige Schriftsteller trage gern seine Arbeiten einem jeden vor, ohne daß er frage, ob es die rechte Zeit und Stunde sei, nun ergehe es dem Herzog von Braunschweig ebenso, der die Freuden der Autorschaft genießend sein unglückliches Manifest ganz zur unrechten Zeit wieder produziere.

Wir erwarteten nun die Vorposten abermals puffen zu hören, man schaute sich nach allen Hügeln um, ob nicht irgendein Feind erscheinen möchte, aber es war alles so still und ruhig als wäre nichts vorgegangen. Indessen lebte man in der peinlichsten Ungewißheit und Unsicherheit, denn jeder sah wohl ein, daß wir strategisch verloren waren, wenn es dem Feind im mindesten einfallen sollte uns zu beunruhigen und zu drängen. Doch deutete schon manches in dieser Ungewißheit auf Übereinkunft und mildere Gesinnung; so hatte man zum Beispiel den Postmeister von Sainte-Menehould gegen die am zwanzigsten, zwischen der Wagenburg und Armee, weggefangenen Personen der königlichen Suite frei und ledig gegeben.

Den 29. September

Gegen Abend setzte sich, der erteilten Ordre gemäß, die Equipage in Bewegung; unter Geleit Regiments Herzog von Braunschweig sollte sie voran gehen, um Mitternacht die Armee folgen. Alles regte sich, aber mißmutig und langsam; denn selbst der beste Wille gleitete auf dem durchweichten Boden und versank, eh' er sich's versah. Auch diese Stunden gingen vorüber: Zeit und Stunde rennt durch den rauhsten Tag!

Es war Nacht geworden, auch diese sollte man schlaflos zubringen, der Himmel war nicht ungünstig, der Vollmond leuchtete, aber hatte nichts zu beleuchten. Zelte waren verschwunden, Gepäck, Wagen und Pferde alles hinweg und unsere kleine Gesellschaft besonders in einer seltsamen Lage. An dem bestimmten Orte, wo wir uns befanden, sollten die Pferde uns aufsuchen, sie waren ausgeblieben. Soweit wir bei falbem Licht umhersahen, schien alles öd und leer; wir horchten vergebens, weder Gestalt noch Ton war zu vernehmen. Unsere Zweifel wogten hin und her; wir wollten den bezeichneten Platz lieber nicht verlassen, als die Unsrigen in gleiche Verlegenheit setzen und sie gänzlich verfehlen. Doch war es grauerlich, in Feindesland, nach solchen Ereignissen vereinzelt, aufgegeben, wo nicht zu sein doch für den Augenblick zu scheinen. Wir paßten auf, ob nicht vielleicht eine feindliche Demonstration vorkomme, aber es rührte und regte sich weder Günstiges noch Ungünstiges.

Wir trugen nach und nach alles hinterlassene Zeltstroh in der Umgegend zusammen und verbrannten es, nicht ohne Sorgen. Gelockt durch die Flamme, zog sich eine alte Marketenderin zu uns heran; sie mochte sich beim Rückweg in den fernen Orten nicht ohne Tätigkeit verspätet haben, denn sie trug ziemliche Bündel unter den Armen. Nach Gruß und Erwärmung hob sie zuvörderst Friedrich den Großen in den Himmel und pries den Siebenjährigen Krieg, dem sie als Kind wollte beigewohnt haben; schalt grimmig auf die gegenwärtigen Fürsten und Heerführer, die so große Mannschaft in ein Land brächten, wo die Marketenderin ihr Handwerk nicht treiben könne, worauf es denn doch eigentlich abgesehen sei. Man konnte sich an ihrer Art die Sachen zu betrachten gar wohl erlustigen und sich für einen Augenblick zerstreuen, doch waren uns endlich die Pferde höchst willkommen; da wir denn auch mit dem Regimente Weimar den ahnungsvollen Rückzug antraten.

Vorsichtsmaßregeln, bedeutende Befehle ließen fürchten, daß die Feinde unserm Abmarsch nicht gelassen zusehen würden. Mit Bangigkeit hatte man noch am Tage das sämtliche Fuhrwerk, am bänglichsten aber die Artillerie, in den durchweichten Boden einschneidend, sich stockend bewegen sehen; was mochte nun zu Nacht alles vorfallen? Mit

Bedauern sah man gestürzte, geborstene Bagagewagen im Bachwasser liegen, mit Bejammern ließ man zurückbleibende Kranke hülflos. Wo man sich auch umsah, einigermaßen vertraut mit der Gegend, gestand man, hier sei gar keine Rettung, sobald es dem Feinde, den wir links, rechts und im Rücken wußten, belieben möchte uns anzugreifen; da dies aber in den ersten Stunden nicht geschah, so stellte sich das hoffnungsbedürftige Gemüt schnell wieder her und der Menschengeist, der allem was geschieht Verstand und Vernunft unterlegen möchte, sagte sich getrost, die Verhandlungen zwischen den Hauptquartieren Hans und Sainte-Menehould seien glücklich und zu unsern Gunsten abgeschlossen worden. Von Stunde zu Stunde vermehrte sich der Glaube; und als ich halt machen, die sämtlichen Wagen über dem Dorfe Saint-Jean ordnungsgemäß auffahren sah, war ich schon völlig gewiß, wir würden nach Hause gelangen und in guter Gesellschaft (devant les Dames) von unseren ausgestandenen Qualen sprechen und erzählen dürfen. Auch diesmal teilt' ich Freunden und Bekannten meine Überzeugung mit und wir ertrugen die gegenwärtige Not schon mit Heiterkeit.

Kein Lager ward bezogen, aber die Unsrigen schlugen ein großes Zelt auf, inwendig und auswendig umher die reichsten herrlichsten Weizengarben zur Schlafstätte gebreitet. Der Mond schien hell durch die beruhigte Luft, nur ein sanfter Zug leichter Wolken war bemerklich, die ganze Umgebung sichtbar und deutlich, fast wie am Tage. Beschienen waren die schlafenden Menschen, die Pferde vom Futterbedürfnis wach gehalten, darunter viele weiße, die das Licht kräftig wiedergaben; weiße Wagenbedeckungen, selbst die zur Nachtruhe gewidmeten weißen Garben, alles verbreitete Helle und Heiterkeit über diese bedeutende Szene. Fürwahr der größte Maler hätte sich glücklich geschätzt, einem solchen Bilde gewachsen zu sein.

Erst spät legt' ich mich ins Zelt und hoffte des tiefsten Schlafes zu genießen; aber die Natur hat manches Unbequeme zwischen ihre schönsten Gaben ausgestreut, und so gehört zu den ungeselligsten Unarten des Menschen, daß er schlafend, eben wenn er selbst am tiefsten ruht, den Gesellen durch unbändiges Schnarchen wach zu halten pflegt. Kopf an Kopf, ich innerhalb, er außerhalb des Zeltes, lag ich mit einem Manne, der mir durch ein gräßlich Stöhnen die so nötige Ruhe unwiederbringlich verkümmerte. Ich löste den Strang vom Zeltpflock, um meinen Widersacher kennen zu lernen; es war ein braver tüchtiger Mann von der Dienerschaft, er lag vom Mond beschienen in so tiefem Schlaf, als wenn er Endymion selbst gewesen wäre. Die Unmöglichkeit in solcher Nachbarschaft Ruhe zu erlangen, regte den schalkischen Geist in mir auf; ich nahm eine Weizenähre und ließ die schwankende Last über Stirn und Nase des Schlafenden schweben. In seiner tiefen Ruhe gestört, fuhr er mit der Hand mehrmals übers Gesicht, und sobald er wieder in Schlaf versank wiederholt' ich mein Spiel, ohne daß er hätte begreifen mögen, woher in dieser Jahrszeit eine Bremse kommen könne. Endlich bracht' ich es dahin, daß er völlig ermuntert aufzustehen beschloß. Indessen war auch mir alle Schlaflust vergangen, ich trat vor das Zelt und bewunderte in dem wenig veränderten Bilde die unendliche Ruhe am Rande der größten, immer noch denkbaren Gefahr; und wie in solchen Augenblicken Angst und Hoffnung, Kümmernis und Beruhigung wechselweise auf und ab gaukeln, so erschrak ich wieder, bedenkend, daß, wenn der Feind uns in diesem Augenblick überfallen wollte, weder eine Radspeiche noch ein Menschengebein davon kommen würde.

Der anbrechende Tag wirkte sodann wieder zerstreuend, denn da zeigte sich manches Wunderliche. Zwei alte Marketenderinnen hatten mehrere seidene Weiberröcke buntscheckig um Hüfte und Brust übereinander gebunden, den obersten aber um den Hals und oben darüber noch ein Halbmäntelchen. In diesem Ornat stolzierten sie gar komisch einher und behaupteten, durch Kauf und Tausch sich diese Maskerade gewonnen zu haben.

Den 30. September

So früh sich auch mit Tages Anbruch das sämtliche Fuhrwerk in Bewegung setzte, so legten wir doch nur einen kurzen Weg zurück, denn schon um neun Uhr hielten wir zwischen Laval und Wargemoulin. Menschen und Tiere suchten sich zu erquicken, kein Lager ward aufgeschlagen. Nun kam auch die Armee heran und postierte sich auf einer Anhöhe; durchaus herrschte die größte Stille und Ordnung. Zwar konnte man an verschiedenen Vorsichtsmaßregeln gar wohl bemerken, daß noch nicht alle Gefahr überstanden sei; man rekognoszierte, man unterhielt sich heimlich mit unbekannten Personen, man rüstete sich zum abermaligen Aufbruch.

Den 1. Oktober

Der Herzog von Weimar führte die Avantgarde und deckte zugleich den Rückzug der Bagage. Ordnung und Stille herrschten diese Nacht und man beruhigte sich in dieser Ruhe, als um zwölf Uhr aufzubrechen befohlen ward. Nun ging aber aus allem hervor, daß dieser Marsch nicht ganz sicher sei, wegen Streifpartien, welche vom Argonner Wald herunter zu befürchten waren. Denn wäre auch mit Dumouriez und den höchsten Gewalten Übereinkunft getroffen gewesen, welches nicht einmal als ganz gewiß angenommen werden konnte, so gehorchte doch damals nicht leicht jemand dem andern, und die Mannschaft im Waldgebirge durfte sich nur für selbständig erklären, einen Versuch machen zu unserm Verderben, welches niemand damals hätte mißbilligen dürfen.

Auch der heutige Marsch ging nicht weit; es war die Absicht, Equipage und Armee zusammen sollten auch gleichen Schritt mit den Österreichern und Emigrierten halten, die, uns zur linken Seite, parallel gleichfalls auf dem Rückzug begriffen waren.

Gegen acht Uhr hielten wir schon, bald nachdem wir Rouvroy hinter uns gelassen hatten; einige Zelte wurden aufgeschlagen, der Tag war schön und die Ruhe nicht gestört.

Und so will ich denn hier auch noch anführen, daß ich in diesem Elend das neckische Gelübde getan: man solle, wenn ich uns erlöst und mich wieder zu Hause sähe, von mir niemals wieder einen Klagelaut vernehmen über den meine freiere Zimmeraussicht beschränkenden Nachbargiebel, den ich vielmehr jetzt recht sehnlich zu erblicken wünsche; ferner wollt' ich mich über Mißbehagen und Langeweile im deutschen Theater nie wieder beklagen, wo man doch immer Gott danken könne unter Dach zu sein, was auch auf der Bühne vorgehe. Und so gelobt' ich noch ein drittes, das mir aber entfallen ist.

Es war noch immer genug, daß jeder für sich selbst in dem Grade sorgte, und Roß und Wagen, Mann und Pferd nach ihren Abteilungen regelmäßig zusammenblieben, und so auch wir, sobald stille gehalten oder ein Lager aufgeschlagen ward, immer wieder gedeckte Tafeln und Bänke und Stühle fanden. Doch wollte uns bedünken, daß wir gar zu schmal abgefunden würden, ob wir uns gleich bei dem bekannten allgemeinen Mangel bescheiden darein ergaben.

Indessen schenkte mir das Glück Gelegenheit einem bessern Gastmahl beizuwohnen. Es war zeitig Nacht geworden, jedermann hatte sich sogleich auf die zubereitete Streue gelegt, auch ich war eingeschlafen, doch weckte mich ein lebhafter angenehmer Traum: denn mir schien als röch' ich, als genöß' ich die besten Bissen, und als ich darüber aufwachte, mich aufrichtete, war mein Zelt voll des herrlichsten Geruchs gebratenen und versengten Schweinefettes, der mich sehr lüstern machte. Unmittelbar an der Natur mußte es uns verziehen sein den Schweinehirten für göttlich und Schweinebraten für unschätzbar zu halten. Ich stand auf und erblickte in ziemlicher Ferne ein Feuer, glücklicherweise ober dem Winde: von daher kam mir die Fülle des guten Dunstes. Unbedenklich ging ich dem Scheine nach und fand die sämtliche Dienerschaft um ein großes, bald zu Kohlen verbranntes Feuer beschäftigt, den Rücken des Schweins schon beinahe gar, das übrige zerstückt, zum Einpacken bereit, einen jeden aber tätig und handreichend, um die Würste bald zu vollenden. Unfern des Feuers lagen ein paar große Baumstämme; nach Begrüßung der Gesellschaft setzt' ich mich darauf, und ohne ein Wort zu sagen, sah ich einer solchen Tätigkeit mit Vergnügen zu. Teils wollten mir die guten Leute wohl, teils konnten sie den unerwarteten Gast schicklicherweise nicht ausschließen, und wirklich, da es zum Austeilen kam, reichten sie mir ein kostbares Stück; auch war Brot zu haben und ein Schluck Branntwein dazu; es fehlte eben an keinem Guten.

Nicht weniger ward mir ein tüchtiges Stück Wurst gereicht, als wir uns noch bei Nacht und Nebel zu Pferde setzten; ich steckte es in meine Pistolenhalfter und so war mir die Begünstigung des Nachtwindes gut zustatten gekommen.

Den 2. Oktober

Wenn man sich auch mit einigem Essen und Trinken gestärkt und den Geist durch sittliche Trostgründe beschwichtigt hatte, so wechselten doch immer Hoffnung und Sorge, Verdruß und Scham in der schwankenden Seele; man freute sich noch am Leben zu sein, unter solchen Bedingungen zu leben verwünschte man. Nachts um zwei Uhr brachen wir auf, zogen mit Vorsicht an einem Walde vorbei, kamen bei Vaux über die Stelle unseres vor kurzem verlassenen Lagers und bald an die Aisne. Hier fanden wir zwei Brücken geschlagen, die uns aufs rechte Ufer hinüber leiteten. Da verweilten wir nun zwischen beiden, die wir zugleich übersehen konnten, auf einem Sand- und Weidenwerder, das lebhafteste Küchenfeuer sogleich besorgend. Die zartesten Linsen die ich jemals genossen, lange, rote, schmackhafte Kartoffeln waren bald bereitet. Als aber zuletzt jene, von den österreichischen Fuhrleuten aufgebrachten, bisher streng verheimlichten Schinken gar geworden, konnte man sich genugsam wieder herstellen.

Die Equipage war schon herüber; aber bald eröffnete sich ein so prächtiger als trauriger Anblick. Die Armee zog über die Brücken, Fußvolk und Artillerie, die Reiterei durch eine Furt, alle Gesichter düster, jeder Mund verschlossen, eine gräßliche Empfindung mitteilend. Kamen Regimenter heran unter denen man Bekannte, Befreundete wußte, so eilte man hin, man umarmte, man besprach sich, aber unter welchen Fragen, welchem Jammer, welcher Beschämung, nicht ohne Tränen.

Indessen freuten wir uns so marketenderhaft eingerichtet zu sein, um Hohe wie Niedere erquicken zu können. Erst war die Trommel eines allda postierten Piketts die Tafel, dann holte man aus benachbarten Orten Stühle, Tische und machte sich's und den verschiedenartigsten Gästen so bequem als möglich. Der Kronprinz und Prinz Louis ließen sich die Linsen schmecken, mancher General der von weitem den Rauch sah, zog sich darnach. Freilich, wie auch unser Vorrat sein mochte, was sollte das unter so viele? Man mußte zum zweiten- und drittenmale ansetzen, und unsere Reserve verminderte sich.

Wie nun unser Fürst gern alles mitteilte, so hielten's auch seine Leute, und es wäre schwer einzeln zu erzählen, wieviel der unglücklichen vorbeiziehenden einzelnen Kranken durch Kämmerier und Koch erquickt wurden.

So ging es nun den ganzen Tag, und so ward mir der Rückzug nicht etwa nur durch Beispiel und Gleichnis, nein, in seiner völligen Wirklichkeit dargestellt und der Schmerz durch jede neue Uniform erneuert und vervielfältigt. Ein so grauenvolles Schauspiel sollte denn auch seiner würdig schließen; der König und sein Generalstab ritt von weitem her, hielt an der Brücke eine Zeitlang stille, als wenn er sich's noch einmal übersehen und überdenken wollte; zog dann aber am Ende den Weg aller der Seinen. Ebenso erschien der Herzog von Braunschweig an der andern Brücke, zauderte und ritt herüber.

Die Nacht brach ein, windig aber trocken, und ward auf dem traurigen Weidenkies meist schlaflos zugebracht.

Den 3. Oktober

Morgens um sechs Uhr verließen wir diesen Platz, zogen über eine Anhöhe nach Grandpré zu und trafen daselbst die Armee gelagert. Dort gab es neues Übel und neue Sorgen; das Schloß war zum Krankenhaus umgebildet und schon mit mehrern hundert Unglücklichen belegt, denen man nicht helfen, sie nicht erquicken konnte. Man zog mit Scheu vorüber und mußte sie der Menschlichkeit des Feindes überlassen.

Hier überfiel uns abermals ein grimmiger Regen und lähmte jede Bewegung.

Den 4. Oktober

Die Schwierigkeit vom Platze zu kommen wuchs mehr und mehr; um den unfahrbaren Hauptwegen zu entgehen suchte man sich Bahn über Feld. Der Acker, von rötlicher Farbe, noch zäher als der bisherige Kreideboden, hinderte jede Bewegung. Die vier kleinen Pferde konnten meine Halbchaise kaum erziehen, ich dachte sie wenigstens um das Gewicht meiner Person zu erleichtern. Die Reitpferde waren nicht zu erblicken; der große Küchwagen, mit sechs tüchtigen bespannt kam an mir vorbei. Ich bestieg ihn; von Viktualien war er nicht ganz leer, die Küchmagd aber stak sehr verdrießlich in der Ecke. Ich überließ mich meinen Studien. Den dritten Band von Fischers physikalischem Lexikon hatte ich aus dem Koffer genommen; in solchen Fällen ist ein Wörterbuch die willkommenste Begleitung, wo jeden Augenblick eine Unterbrechung vorfällt, und dann gewährt es wieder die beste Zerstreuung, indem es uns von einem zum andern führt.

Man hatte sich auf den zähen, hie und da quelligen roten Tonfeldern notgedrungen unvorsichtig eingelassen; in einer solchen Falge mußte zuletzt auch dem tüchtigen Küchengespann die Kraft ausgehen. Ich schien mir in meinem Wagen wie eine Parodie von Pharao im Roten Meere, denn auch um mich her wollten Reiter und Fußvolk in gleicher Farbe gleicherweise versinken. Sehnsüchtig schaut' ich nach allen umgebenden Hügelhöhen, da erblickt' ich endlich die Reitpferde, darunter den mir bestimmten Schimmel; ich winkte sie mit Heftigkeit herbei, und nachdem ich meine Physik der armen krankverdrießlichen Küchmagd übergeben und ihrer Sorgfalt empfohlen, schwang ich mich aufs Pferd, mit dem festen Vorsatz mich sobald nicht wieder auf eine Fahrt einzulassen. Hier ging es nun freilich selbständiger, aber nicht besser, noch schneller.

Grandpré, das nun als ein Ort der Pest und des Todes geschildert war, ließen wir gern hinter uns. Mehrere befreundete Kriegsgenossen trafen zusammen und traten im Kreise, hinter sich am Zügel die Pferde haltend, um ein Feuer. Sie sagen, dies sei das einzige Mal gewesen, wo ich ein verdrießlich Gesicht gemacht und sie weder durch Ernst gestärkt, noch durch Scherz erheitert habe.

Der Weg, den das Heer eingeschlagen hatte, führte gegen Buzancy, weil man oberhalb Dun über die Maas gehen wollte. Wir schlugen unser Lager unmittelbar bei Sivry, in dessen Umgegend wir noch nicht alles verzehrt fanden. Der Soldat stürzte in die ersten Gärten und verdarb was andere hätten genießen können. Ich ermunterte unseren Koch und seine Leute zu einer strategischen Fouragierung, wir zogen ums ganze Dorf und fanden noch völlig unangetastete Gärten und eine reiche unbestrittene Ernte. Hier war von Kohl und Zwiebeln, von Wurzeln und andern guten Vegetabilien die Fülle; wir nahmen deshalb nicht mehr als wir brauchten, mit Bescheidenheit und Schonung. Der Garten war nicht groß, aber sauber gehalten, und ehe wir zu dem Zaun wieder hinauskrochen, stellt' ich Betrachtungen an, wie es zugehe, daß in einem Hausgarten doch auch keine Spur von einer Türe ins anstoßende Gebäude zu entdecken sei. Als wir mit Küchenbeute wohl beschwert wieder zurückkamen, hörten wir großen Lärm vor dem Regimente. Einem Reiter war sein, vor zwanzig Tagen etwa, in dieser Gegend requiriertes Pferd davon gelaufen, es hatte den Pfahl, an dem es gebunden gewesen, mit fortgenommen, der Kavallerist wurde sehr übel angesehen, bedroht und befehligt das Pferd wieder zu schaffen.

Da es beschlossen war den fünften in der Gegend zu rasten, so wurden wir in Sivry einquartiert und fanden, nach so viel Unbilden, die Häuslichkeit gar erfreulich, und konnten den französisch ländlichen, idyllisch homerischen Zustand zu unserer Unterhaltung und Zerstreuung abermals genauer bemerken. Man trat nicht unmittelbar von der Straße in das Haus, sondern fand sich erst in einem kleinen, offenen, viereckigen Raum, wie die Türe selbst das Quadrat angab; von da gelangte man, durch die eigentliche Haustüre in ein geräumiges, hohes, dem Familienleben bestimmtes Zimmer; es war mit Ziegelsteinen gepflastert, links, an der langen Wand, ein Feuerherd, unmittelbar an Mauer und Erde; die Esse die den Rauch abzog schwebte darüber. Nach Begrüßung der Wirtsleute zog man sich gern dahin, wo man eine entschieden bleibende Rangordnung für die Umsitzenden gewahrte. Rechts am Feuer stand ein hohes Klappkästchen, das auch zum Stuhl diente; es enthielt das Salz, welches, in Vorrat angeschafft, an einem trocknen Platze verwahrt werden mußte. Hier war der Ehrensitz, der sogleich dem vornehmsten Fremden angewiesen wurde; auf mehrere hölzerne Stühle setzten sich die übrigen Ankömmlinge mit den Hausgenossen. Die landsittliche Kochvorrichtung, pot au feu, konnt' ich hier zum erstenmal genau betrachten. Ein großer eiserner Kessel hing an einem Haken, den man durch Verzahnungen erhöhen und erniedrigen konnte, über dem Feuer; darin befand sich schon ein gutes Stück Rindfleisch mit Wasser und Salz, zugleich aber auch mit weißen und gelben Rüben, Porrée, Kraut, und andern vegetabilischen Ingredienzien.

Indessen wir uns freundlich mit den guten Menschen besprachen, bemerkt' ich erst, wie architektonisch klug Anrichte, Gossenstein, Topf- und Tellerbretter angebracht seien. Diese nahmen sämtlich den länglichen Raum ein, den jenes Viereck des offenen Vorhauses inwendig zur Seite ließ. Nett und alles der Ordnung gemäß war das Geräte zusammengestellt; eine Magd, oder Schwester des Hauses, besorgte alles aufs zierlichste. Die Hausfrau saß am Feuer, ein Knabe stand an ihren Knien, zwei Töchterchen drängten sich an sie heran. Der Tisch war gedeckt, ein großer irdener Napf aufgestellt, schönes weißes Brot in Scheibchen hineingeschnitten, die heiße Brühe drüber gegossen und guter Appetit empfohlen. Hier hätten jene Knaben, die mein Kommißbrot verschmähten, mich auf das Muster von bon pain und bonne soupe verweisen können. Hierauf folgte das zu gleicher Zeit gargewordene Zugemüse, sowie das Fleisch, und jedermann hätte sich an dieser einfachen Kochkunst begnügen können.

Wir fragten teilnehmend nach ihren Zuständen; sie hatten schon das vorigemal, als wir so lange bei Landres gestanden, sehr viel gelitten und fürchteten, kaum hergestellt, von einer feindlichen zurückziehenden Armee nunmehr den völligen Untergang. Wir bezeigten uns teilnehmend und freundlich, trösteten sie, daß es nicht lange dauern werde, da wir, außer der Arrieregarde, die letzten seien, und gaben ihnen Rat und Regel, wie sie sich gegen Nachzügler zu verhalten hätten. Bei immer wechselnden Sturm und Regengüssen brachten wir den Tag meist unter Dach und am Feuer zu; das Vergangene in Gedanken zurückrufend, das Nächstbevorstehende nicht ohne Sorge bedenkend. Seit Grandpré hatte ich weder Wagen noch Koffer noch Bedienten wieder gesehen, Hoffnung und Sorge wechselten deshalb augenblicklich ab. Die Nacht war herangekommen, die Kinder sollten zu Bette gehen; sie näherten sich Vater und Mutter ehrfurchtsvoll, verneigten sich, küßten ihnen die Hand und sagten bon soir Papa, bon soir Maman, mit wünschenswerter Anmut. Bald darauf erfuhren wir, daß der

Prinz von Braunschweig in unserer Nachbarschaft gefährlich krank liege und erkundigten uns nach ihm. Besuch lehnte man ab und versicherte zugleich, daß es mit ihm viel besser geworden, so daß er morgen früh unverzüglich aufzubrechen gedenke.

Kaum hatten wir uns vor dem schrecklichen Regen wieder ans Kamin geflüchtet, als ein junger Mann hereintrat, den wir als den jüngeren Bruder unseres Wirts wegen entschiedener Ähnlichkeit erkennen mußten; und so erklärte sich's auch. In die Tracht des französischen Landvolks gekleidet, einen starken Stab in der Hand, trat er auf, ein schöner junger Mann. Sehr ernst, ja verdrießlich wild saß er bei uns am Feuer ohne zu sprechen; doch hatte er sich kaum erwärmt, als er mit seinem Bruder auf und ab, sodann in das nächste Zimmer trat. Sie sprachen sehr lebhaft und vertraulich zusammen. Er ging in den grimmigen Regen hinaus, ohne daß ihn unsere Wirtsleute zu halten suchten.

Aber auch wir wurden durch ein Angst- und Zetergeschrei in die stürmische Nacht hinausgerufen. Unsere Soldaten hatten, unter dem Vorwand Fourage auf den Böden zu suchen, zu plündern angefangen und zwar ganz ungeschickterweise, indem sie einem Weber sein Werkzeug wegnahmen, eigentlich für sie ganz unbrauchbar. Mit Ernst und einigen guten Worten brachten wir die Sache wieder ins gleiche; denn es waren nur wenige die sich solcher Tat unterfingen. Wie leicht konnte das ansteckend werden und alles drunter und drüber gehn.

Da sich mehrere Personen zusammen gefunden hatten, so trat ein weimarischer Husar zu mir, seines Handwerks ein Fleischer, und vertraute, daß er in einem benachbarten Haus ein gemästetes Schwein entdeckt habe, er feilsche darum, könne es aber von dem Besitzer nicht erhalten, wir möchten mit Ernst dazu tun: denn es würde in den nächsten Tagen an allem fehlen. Es war wunderbar genug, daß wir, die soeben der Plünderung Einhalt getan, zu einem ähnlichen Unternehmen aufgefordert werden sollten. Indessen, da der Hunger kein Gesetz anerkennt, gingen wir mit dem Husar in das bezeichnete Haus, fanden gleichfalls ein großes Kaminfeuer, begrüßten die Leute und setzten uns zu ihnen. Es hatte sich noch ein anderer weimarischer Husar namens Liseur zu uns gefunden, dessen Gewandtheit wir die Sache vertrauten. Er begann in geläufigem Französisch von den Tugenden regulierter Truppen zu sprechen, und rühmte die Personen, welche nur für bares Geld die notwendigsten Viktualien anzuschaffen verlangten; dahingegen schalt er die Nachzügler, Packknechte und Marketender, die mit Ungestüm und Gewalt auch die letzte Klaue sich zuzueignen gewohnt seien. Er wolle daher einem jeden den wohlmeinenden Rat geben auf den Verkauf zu sinnen, weil Geld noch immer leichter zu verbergen sei als Tiere, die man wohl auswittere. Seine Argumente jedoch schienen keinen großen Eindruck zu machen, als seine Unterhaltung seltsam genug unterbrochen wurde.

An der fest verschlossenen Haustüre entstand auf einmal ein heftiges Pochen, man achtete nicht darauf, weil man keine Lust hatte noch mehr Gäste einzulassen; es pochte fort, die kläglichste Stimme rief dazwischen, eine Weiberstimme, die auf gut Deutsch flehentlich um Eröffnung der Türe bat. Endlich erweicht schloß man auf, es drang eine alte Marketenderin herein, etwas in ein Tuch gewickelt auf dem Arme tragend; hinter ihr eine junge Person, nicht häßlich, aber blaß und entkräftet, sie hielt sich kaum auf den Füßen. Mit wenigen, aber rüstigen Worten erklärte die Alte den Zustand, indem sie ein nacktes Kind vorwies, von dem jene Frau auf der Flucht entbunden worden. Dadurch versäumt waren sie, mißhandelt von Bauern, in dieser Nacht endlich an unsere Pforte gekommen. Die Mutter hatte, weil ihr die Milch verschwunden, dem Kinde, seitdem es Atem holte, noch keine Nahrung reichen können. Jetzt forderte die Alte mit Ungestüm Mehl, Milch, Tiegel, auch Leinwand das Kind hineinzuwickeln. Da sie kein Französisch konnte, mußten wir in ihrem Namen fordern, aber ihr herrisches Wesen, ihre Heftigkeit gab unsern Reden genug pantomimisches Gewicht und Nachdruck: man konnte das Verlangte nicht geschwind genug herbeischaffen und das Herbeigeschaffte war ihr nicht gut genug. Dagegen war es sehenswert, wie behend sie verfuhr. Uns hatte sie bald vom Feuer verdrängt, der beste Sitz war sogleich für die Wöchnerin eingenommen, sie aber machte sich auf ihrem Schemel so breit, als wenn sie im Hause allein wäre. In einem Nu war das Kind gereinigt und gewikkelt, der Brei gekocht; sie fütterte das kleine Geschöpf, dann die Mutter, an sich selbst dachte sie kaum. Nun verlangte sie frische Kleider für die Wöchnerin, indes die alten trockneten. Wir betrachteten sie mit Verwunderung; sie verstand sich aufs Requirieren.

Der Regen ließ nach, wir suchten unser voriges Quartier und kurz darauf brachten die Husaren das Schwein. Wir zahlten ein Billiges; nun sollte es geschlachtet werden, es geschah, und als im Nebenzimmer am Tragbalken ein Kloben eingeschraubt zu sehen war, hing das Schwein sogleich dort um kunstmäßig zerstückt und bereitet zu werden.

Daß unsere Hausleute bei dieser Gelegenheit sich nicht verdrießlich, vielmehr behülflich und zutätig erwiesen, schien uns einigermaßen wunderbar, da sie wohl Ursache gehabt hätten unser Betragen roh und rücksichtslos zu finden. In demselbigen Zimmer, wo wir die Operation vornahmen, lagen die Kinder in reinlichen Betten, und aufgeweckt durch unser Getöse, schauten sie artig furchtsam unter den Decken hervor. Nahe an einem großen zweischläfrigen Ehebett, mit grünem Rasch sorgfältig umschlossen, hing das Schwein, so daß die Vorhänge einen malerischen Hintergrund zu dem erleuchteten Körper machten. Es war ein Nachtstück ohnegleichen. Aber solchen Betrachtungen konnten sich die Einwohner nicht hingeben; wir merkten vielmehr, daß sie jenem Hause, dem man das Schwein abgewonnen, nicht sonderlich befreundet seien und also eine gewisse Schadenfreude hierbei obwalte. Früher hatten wir auch gutmütig einiges von Fleisch und Wurst versprochen, das alles kam der Funktion zustatten, die in wenigen Stunden vollendet sein sollte. Unser

Husar aber bewies sich in seinem Fache so tätig und behend wie die Zigeunerin drüben in dem ihrigen, und wir freuten uns schon auf die guten Würste und Braten, die uns von dieser Halbbeute zuteil werden sollten. In Erwartung dessen legten wir uns in der Schmiedewerkstatt unseres Wirtes auf die schönsten Weizengarben und schliefen geruhig bis an den Tag. Indessen hatte unser Husar sein Geschäft im Innern des Hauses vollendet, ein Frühstück fand sich bereit und das übrige war schon eingepackt, nachdem vorher den Wirtsleuten gleichfalls ihr Teil gespendet worden, nicht ohne Verdruß unserer Leute, welche behaupteten: bei diesem Volk sei Gutmütigkeit übel angewendet, sie hätten gewiß noch Fleisch und andere gute Dinge verborgen, die wir auszuwittern noch nicht recht gelernt hätten.

Als ich mich in dem innern Zimmer umsah, fand ich zuletzt eine Türe verriegelt, die ihrer Stellung nach in einen Garten gehen mußte. Durch ein kleines Fenster an der Seite konnt' ich bemerken, daß ich nicht irre geschlossen hatte; der Garten lag etwas höher als das Haus, und ich erkannt' ihn ganz deutlich für denselben, wo wir uns früh mit Küchenwaren versehen hatten. Die Türe war verrammelt und von außen so geschickt verschüttet und bedeckt, daß ich nun wohl begriff, warum ich sie heute früh vergebens gesucht hatte. Und so stand es in den Sternen geschrieben, daß wir, ungeachtet aller Vorsicht, doch in das Haus gelangen sollten.

Den 6. Oktober früh

Bei solchen Umgebungen darf man sich nicht einen Augenblick Ruhe, nicht das kürzeste Verharren irgendeines Zustandes erwarten. Mit Tagesanbruch war der ganze Ort auf einmal in großer Bewegung; die Geschichte des entflohenen Pferdes kam wieder zur Sprache. Der geängstigte Reiter, der es herbeischaffen, oder Strafe leiden und zu Fuße gehen sollte, war auf den nächsten Dörfern herumgerannt, wo man ihm denn, um die Plackerei selbst los zu werden, zuletzt versicherte: es müsse in Sivry stecken; dort habe man vor so viel Wochen einen Rappen ausgehoben, wie er ihn beschreibe, unmittelbar vor Sivry habe nun das Pferd sich losgemacht, und was sonst noch die Wahrscheinlichkeit vermehren mochte. Nun kam er begleitet von einem ernsten Unteroffizier der, durch Bedrohung des ganzen Ortes, endlich die Auflösung des Rätsels fand. Das Pferd war wirklich hinein nach Sivry zu seinem vorigen Herrn gelaufen, die Freude den vermißten Haus- und Stallgenossen wieder zu sehen, sagen sie, sei in der Familie grenzenlos gewesen, allgemein die Teilnahme der Nachbarn. Künstlich genug hatte man das Pferd auf einen Oberboden gebracht und hinter Heu versteckt; jedermann bewahrte das Geheimnis. Nun aber ward es, unter Klagen und Jammern, wieder hervorgezogen und Betrübnis ergriff die ganze Gemeinde, als der Reiter sich darauf schwang und dem Wachtmeister folgte. Niemand gedachte weder eigener Lasten noch des keineswegs aufgeklärten allgemeinen Geschickes: das Pferd, und der zum zweitenmal getäuschte Besitzer waren der Gegenstand der zusammengelaufenen Menge.

Eine augenblickliche Hoffnung tat sich hervor; der Kronprinz von Preußen kam geritten, und indem er sich erkundigen wollte, was die Menge zusammengebracht, wendeten sich die guten Leute an ihn mit Flehen, er möge ihnen das Pferd wieder zurückgeben. Es stand nicht in seiner Macht, denn die Kriegsläufte sind mächtiger als die Könige, er ließ sie trostlos, indem er sich stillschweigend entfernte.

Nun besprachen wir wiederholt mit unsern guten Hausleuten das Manöver gegen die Nachzügler, denn schon spukte das Geschmeiß hin und wieder. Wir rieten: Mann und Frau, Magd und Geselle sollten in der Türe innerhalb des kleinen Vorraums sich halten und allenfalls ein Stück Brot, einen Schluck Wein, wenn es gefordert würde, auswendig reichen, den eindringenden Ungestüm aber standhaft abwehren. Mit Gewalt erstürmten dergleichen Leute nicht leicht ein Haus, einmal eingelassen aber werde man ihrer nicht wieder

Herr. Die guten Menschen baten uns noch länger zu bleiben, allein wir hatten an uns selber zu denken; das Regiment des Herzogs war schon vorwärts und der Kronprinz abgeritten; dies war genug unsern Abschied zu bestimmen.

Wie klüglich dies gewesen, wurde uns noch deutlicher, als wir, bei der Kolonne angelangt, zu hören hatten, daß der Vortrab der französischen Prinzen gestern, als er eben den Paß Le Chêne Populeux und die Aisne hinter sich gelassen, zwischen Les Grandes et Petites Armoises von Bauern angegriffen worden; einem Offizier solle das Pferd unterm Leib getötet, dem Bedienten des Kommandierenden eine Kugel durch den Hut gegangen sein. Nun fiel mir's aufs Herz, daß in vergangener Nacht, als der bärbeißige Schwager ins Haus trat, ich einer solchen Ahnung mich nicht erwehren konnte.

Aus der gefährlichsten Klemme waren wir nun heraus, unser Rückzug jedoch noch immer beschwerlich und bedenklich; der Transport unseres Haushaltes von Tag zu Tage lästiger, denn freilich führten wir ein komplettes Mobiliar mit uns; außer dem Küchengerät noch Tisch und Bänke, Kisten, Kasten und Stühle, ja ein paar Blechofen. Wie wollte man die mehreren Wagen fortbringen, da der Pferde täglich weniger wurden; einige fielen, die überbliebenen zeigten sich kraftlos. Es blieb nichts übrig als einen Wagen stehen zu lassen, um die andern fortzubringen. Nun ward geratschlagt, was wohl das Entbehrlichste sei, und so mußte man einen mit allerlei Gerät wohlbepackten Wagen im Stiche lassen, um nicht alles zu entbehren. Diese Operation wiederholte sich einigemal, unser Zug ward um vieles kompendioser, und doch wurden wir aufs neue an eine solche Reduktion gemahnt, da wir uns an den niedrigen Ufern der Maas mit größter Unbequemlichkeit fortschleppten.

Was mich aber in diesen Stunden am meisten druckte und besorgt machte, war, daß ich meinen Wagen schon einige Tage vermißte. Nun konnt' ich mir's nicht anders denken, als mein sonst so resoluter Diener sei in Verlegenheit geraten, habe seine Pferde verloren und andere zu requirieren nicht vermocht. Da sah ich denn in trauriger Einbildungskraft meine werte böhmische Halbchaise, ein Geschenk meines Fürsten, die mich schon so weit in der Welt herumgetragen, im Kot versunken, vielleicht auch über Bord geworfen und somit, wie ich da zu Pferde saß, trug ich nun alles bei mir. Der Koffer mit Kleidungsstücken, Manuskripten jeder Art und manches durch Gewohnheit sonst noch werte Besitztum, alles schien mir verloren und schon in die Welt zerstreut.

Was war aus der Brieftasche mit Geld und bedeutenden Papieren geworden, aus sonstigen Kleinigkeiten die man an sich herumsteckt? Hatte ich das alles nun recht umständlich und peinlich durchgedacht, so stellte sich der Geist aus dem unerträglichen Zustande bald wieder her. Das Vertrauen auf meinen Diener fing wieder an zu wachsen und wie ich vorher umständlich den Verlust gedacht, so dacht' ich nunmehr alles durch seine Tätigkeit erhalten, und freute mich dessen, als läg' es mir schon vor Augen.

Den 7. Oktober

Als wir eben auf dem linken Ufer der Maas aufwärts zogen, um an die Stelle zu gelangen, wo wir übersetzen und die gebahnte Hauptstraße jenseits erreichen sollten, gerade auf dem sumpfigsten Wiesenfleck, hieß es: der Herzog von Braunschweig komme hinter uns her. Wir hielten an und begrüßten ihn ehrerbietig; er hielt auch ganz nahe vor uns stille und sagte zu mir: «Es tut mir zwar leid, daß ich Sie in dieser unangenehmen Lage sehe, jedoch darf es mir in dem Sinne erwünscht sein, daß ich einen einsichtigen glaubwürdigen Mann mehr weiß, der bezeugen kann, daß wir nicht vom Feinde, sondern von den Elementen überwunden worden.»

Er hatte mich in dem Hauptquartier zu Hans vorbeigehend gesehen, und wußte überhaupt, daß ich bei dem ganzen traurigen Zug gegenwärtig gewesen. Ich antwortete ihm etwas Schickliches und bedauerte noch zuletzt, daß er, nach so viel Leiden und Anstrengung, noch durch die Krankheit seines fürstlichen Sohnes sei in Sorgen gesetzt worden: woran wir vorige Nacht in Sivry großen Anteil empfunden. Er nahm es wohl auf, denn dieser Prinz war sein Liebling, zeigte sodann auf ihn, der in der Nähe hielt, wir verneigten uns auch vor ihm. Der Herzog wünschte uns allen Geduld und Ausdauer, und ich ihm dagegen eine ungestörte Gesundheit, weil ihm sonst nichts abgehe uns und die gute Sache zu retten. Er hatte mich eigentlich niemals geliebt, das mußte ich mir gefallen lassen, er gab es zu erkennen, das konnt' ich ihm verzeihen; nun aber war das Unglück eine milde Vermittlerin geworden, die uns auf eine teilnehmende Weise zusammenbrachte.

Den 7. und 8. Oktober

Wir hatten über die Maas gesetzt und den Weg eingeschlagen, der aus den Niederlanden nach Verdun führt; das Wetter war furchtbarer als je, wir lagerten bei Consenvoye. Die Unbequemlichkeit, ja das Unheil stiegen aufs höchste, die Zelte durchnäßt, sonst kein Schirm, kein Obdach; man wußte nicht, wohin man sich wenden sollte; noch immer fehlte mein Wagen und ich entbehrte das Notwendigste. Konnte man sich auch unter einem Zelte bergen, so war doch an keine Ruhestelle zu denken. Wie sehnte man sich nicht nach Stroh, ja nach irgendeinem Brettstück, und zuletzt blieb doch nichts übrig, als sich auf den kalten feuchten Boden niederzulegen.

Nun hatte ich aber schon in vorigen gleichen Fällen mir ein praktisches Hülfsmittel ersonnen, wie solche Not zu überdauern sei; ich stand nämlich so lange auf den Füßen, bis die Kniee zusammen brachen, dann setzt' ich mich auf einen Feldstuhl, wo ich hartnäckig verweilte, bis ich niederzusinken glaubte, da denn jede Stelle, wo man sich horizontal ausstrecken konnte, höchst willkommen war. Wie also Hunger das beste Gewürz bleibt, so wird Müdigkeit der herrlichste Schlaftrunk sein.

Zwei Tage und zwei Nächte hatten wir auf diese Weise verlebt, als der traurige Zustand einiger Kranken auch Gesunden zugute kommen sollte. Des Herzogs Kammerdiener war von dem allgemeinen Übel befallen, einen Junker vom Regiment hatte der Fürst aus dem Lazarett von Grandpré gerettet; nun beschloß er die beiden in das etwa zwei Meilen entfernte Verdun zu schicken. Kämmerier Wagner wurde ihnen zur Pflege mitgegeben und ich säumte nicht, auf gnädigste vorsorgliche Anmahnung, den vierten Platz einzunehmen. Mit Empfehlungsschreiben an den Kommandanten wurden wir entlassen, und als beim Einsitzen der Pudel nicht zurückbleiben durfte, so ward aus dem sonst so beliebten Schlafwagen ein halbes Lazarett und etwas Menagerieartiges.

Zur Eskorte, zum Quartier- und Proviantmeister erhielten wir jenen Husaren, der, namens Liseur, aus Luxemburg gebürtig, der Gegend kundig, Geschick, Gewandtheit und Kühnheit eines Freibeuters vereinigte; mit Behagen ritt er vorauf und machte dem mit sechs starken Schimmeln bespannten Wagen und sich selbst ein gutes Ansehen.

Zwischen ansteckende Kranke gepackt wußt' ich von keiner Apprehension. Der Mensch, wenn er sich getreu bleibt, findet zu jedem Zustande eine hülfreiche Maxime; mir stellte sich, sobald die Gefahr groß ward, der blindeste Fatalismus zur Hand, und ich habe bemerkt, daß Menschen, die ein durchaus gefährlich Metier treiben, sich durch denselben Glauben gestählt und gestärkt fühlen. Die mahometanische Religion gibt hievon den besten Beweis.

Den 9. Oktober

Unsere traurige Lazarettfahrt zog nun langsam dahin und gab zu ernsten Betrachtungen Anlaß, da wir in dieselbe Heerstraße fielen, auf der wir mit so viel Mut und Hoffnung ins Land eingetreten waren. Hier berührten wir nun wieder dieselbe Gegend, wo der erste Schuß aus den Weinbergen fiel, denselben Hochweg, wo uns die hübsche Frau in die Hände lief und zurückgeführt worden; kamen an dem Mäuerchen vorbei, von wo sie uns mit den Ihrigen freundlich und zur Hoffnung aufgeregt begrüßte. Wie sah das alles jetzt anders aus! und wie doppelt unerfreulich erschienen die Folgen eines fruchtlosen Feldzugs durch den trüben Schleier eines anhaltenden Regenwetters!

Doch mitten in diesen Trübnissen sollte mir gerade das Erwünschteste begegnen. Wir holten ein Fuhrwerk ein, das mit vier kleinen unansehnlichen Pferden vor uns herzog; hier aber gab es einen Lust- und Erkennungsauftritt, denn es war mein Wagen, mein Diener. – Paul! rief ich aus, Teufelsjunge, bist du's! Wie kommst du hieher? – Der Koffer stand geruhig aufgepackt an seiner alten Stelle; welch erfreulicher Anblick! und als ich mich nach Portefeuille und anderem hastig erkundigte, sprangen zwei Freunde aus dem Wagen, geheimer Sekretär Weyland und Hauptmann Vent. Das war eine gar frohe Szene des Wiederfindens, und ich erfuhr nun, wie es bisher zugegangen.

Seit der Flucht jener Bauernknaben hatte mein Diener die vier Pferde durchzubringen gewußt, und sich nicht allein von Hans bis Grandpré sondern auch von da, als er mir aus den Augen gekommen, über die Aisne geschleppt und immer so fort verlangt, begehrt, fouragiert, requiriert, bis wir zuletzt glücklich wieder zusammentrafen und nun, alle vereint und höchst vergnügt, nach Verdun zogen, wo wir genugsame Ruhe und Erquickung zu finden hofften. Hiezu hatte denn auch der Husar weislich und klüglich die besten Voranstalten getroffen; er war voraus in die Stadt geritten und hatte sich, bei der Fülle des Dranges, gar bald überzeugt, daß hier ordnungsgemäß durch Wirksamkeit und guten Willen eines Quartieramts nichts zu hoffen sei; glücklicherweise aber sah er in dem Hof eines schönen Hauses Anstalten zu einer herannahenden Abreise, er sprengte zurück, bedeutete uns, wie wir fahren sollten, und eilte nun, sobald jene Partei heraus war, das Hoftor zu besetzen, dessen Schließen zu verhindern und uns gar erwünscht zu empfangen. Wir fuhren ein, wir stiegen aus, unter Protestation einer alten Haushälterin, welche, soeben von einer Einquartierung befreit, keine neue, besonders ohne Billet aufzunehmen Lust empfand. Indessen waren die Pferde schon ausgespannt und im Stalle, wir aber hatten uns in die oberen Zimmer geteilt; der Hausherr, ältlich, Edelmann, Ludwigsritter, ließ es geschehen; weder er noch Familie wollten von Gästen weiter wissen, am wenigsten diesmal von Preußen auf dem Rückzuge.

Den 10. Oktober

Ein Knabe, der uns in der verwilderten Stadt herumführte, fragte mit Bedeutung: ob wir denn von den unvergleichlichen Verduner Pastetchen noch nicht gekostet hätten? Er führte uns darauf zu dem berühmtesten Meister dieser Art. Wir traten in einen weiten Hausraum, in welchem große und kleine Öfen ringsherum angebracht waren, zugleich auch in der Mitte Tisch und Bänke zum frischen Genuß des augenblicklich Gebacknen. Der Künstler trat vor, sprach aber seine Verzweiflung höchst lebhaft aus, daß es ihm nicht möglich sei uns zu bedienen, da es ganz und gar an Butter fehle. Er zeigte die schönsten Vorräte des feinsten Weizenmehls; aber wozu nützten ihm diese ohne Milch und Butter! Er rühmte sein Talent, den Beifall der Einwohner, der Durchreisenden, und bejammerte nur, daß er gerade jetzt, wo er sich vor solchen Fremden zu zeigen und seinen Ruf auszubreiten Gelegenheit finde, gerade des Notwendigsten ermangeln müßte. Er beschwor uns daher Butter herbeizuschaffen, und gab zu verstehen, wenn wir nur ein wenig Ernst zeigen wollten, so sollte sich dergleichen schon irgendwo finden. Doch ließ er sich für den Augenblick zufrieden stellen, als wir versprachen bei längerem Aufenthalt von Jardin Fontaine dergleichen herbeizuholen.

Unsern jungen Führer, der uns weiter durch die Stadt begleitete und sich eben sowohl auf hübsche Kinder als auf Pastetchen zu verstehen schien, befragten wir nach einem wunderschönen Frauenzimmer, das sich eben aus dem Fenster eines wohlgebauten Hauses herausbog. Ja, rief er, nachdem er ihren Namen genannt, das hübsche Köpfchen mag sich fest auf den Schultern halten, es ist auch eine von denen, die dem König von Preußen Blumen und Früchte überreicht haben. Ihr Haus und Familie dachten schon, sie wären wieder obendrauf, das Blatt aber hat sich gewendet, jetzt tausch' ich nicht mit ihr. Er sprach hierüber mit besonderer Gelassenheit, als wäre es ganz naturgemäß und könne und werde nicht anders sein.

Mein Diener war von Jardin Fontaine zurückgekommen, wohin er, unsern alten Wirt zu begrüßen und den Brief an die Schwester zu Paris wiederzubringen, gegangen war. Der neckische Mann empfing ihn gutmütig genug, bewirtete ihn aufs beste und lud die Herrschaft ein, die er gleichfalls zu traktieren versprach.

So wohl sollt' es uns aber nicht werden; denn kaum hatten wir den Kessel übers Feuer gehängt, mit herkömmlichen Ingredienzien und Zeremonien, als eine Ordonnanz hereintrat und im Namen des Kommandanten Herrn von Courbière freundlich andeutete, wir möchten uns einrichten morgen früh um acht Uhr aus Verdun zu fahren. Höchst betroffen, daß wir Dach, Fach und Herd, ohne uns nur einigermaßen herstellen zu können, eiligst verlassen und uns wieder in die wüste schmutzige Welt hinausgestoßen sehen sollten, beriefen wir uns auf die Krankheit des Junkers und Kammerdieners, worauf er denn meinte, wir sollten diese baldmöglichst fortzubringen suchen, weil in der Nacht die Lazarette geleert und nur die völlig intransportablen Kranken zurückgelassen würden. Uns überfiel Schrecken und Entsetzen, denn bisher zweifelte niemand, daß von seiten der Alliierten man Verdun und Longwy erhalten, wo nicht gar noch einige Festungen erobern und sichere Winterquartiere bereiten müsse. Von diesen Hoffnungen konnten wir nicht auf einmal Abschied nehmen; daher schien es uns, man wolle nur die Festung von den unzähligen Kranken und dem unglaublichen Troß befreien, um sie alsdann mit der notwendigen Garnison besetzen zu können. Kämmerier Wagner jedoch, der das Schreiben des Herzogs dem Kommandanten überbracht hatte, glaubte das Allerbedenklichste in diesen Maßregeln zu sehen. Was es aber auch im ganzen für einen Ausgang nähme, mußten wir uns diesmal in unser Schicksal ergeben und speisten geruhig den einfachen Topf in verschiedenen Absätzen und Trachten, als eine andere Ordonnanz abermals hereintrat und uns beschied, wir möchten ja ohne Zaudern und Aufenthalt morgen früh um drei Uhr aus Verdun zu kommen suchen. Kämmerier Wagner, der den Inhalt jenes Briefs an den Kommandanten zu wissen glaubte, sah hierin ein entschiedenes Bekenntnis, daß die Festung den Franzosen sogleich wieder würde übergeben werden. Dabei gedachten wir der Drohung des Knaben, gedachten der schönen geputzten Frauenzimmer, der Früchte und Blumen, und betrübten uns zum erstenmal recht herzlich und gründlich über eine so entschieden mißlungene große Unternehmung.

Ob ich schon unter dem diplomatischen Korps echte und verehrungswürdige Freunde gefunden, so konnt' ich doch, so oft ich sie mitten unter diesen großen Bewegungen fand, mich gewisser neckischer Einfälle nicht enthalten; sie kamen mir vor wie Schauspieldirektoren, welche die Stücke wählen, Rollen austeilen und in unscheinbarer Gestalt einhergehen, indessen die Truppe, so gut sie kann, aufs beste herausgestutzt das Resultat ihrer Bemühungen dem Glück und der Laune des Publikums überlassen muß.

Baron Breteuil wohnte gegen uns über; seit der Halsbandgeschichte war er mir nicht aus den Gedanken gekommen. Sein Haß gegen den Kardinal von Rohan verleitete ihn zu der furchtbarsten Übereilung; die durch jenen Prozeß entstandene Erschütterung ergriff die Grundfesten des Staates, vernichtete die Achtung gegen die Königin und gegen die obern Stände überhaupt: denn leider alles, was zur Sprache kam, machte nur das greuliche Verderben deutlich, worin der Hof und die Vornehmeren befangen lagen.

Diesmal glaubte man, er habe den auffallenden Vergleich gestiftet, der uns zum Rückzug verpflichtete, zu dessen Entschuldigung man höchst günstige Bedingungen voraussetzte; man versicherte, König, Königin und Familie sollten frei gegeben und sonst noch manches Wünschenswerte erfüllt werden. Die Frage aber, wie diese großen diplomatischen Vorteile mit allem übrigen, was uns doch auch bekannt war, übereinstimmen sollten, ließ einen Zweifel nach dem andern aufkeimen.

Die Zimmer, die wir bewohnten, waren anständig möbliert; mir fiel ein Wandschrank auf, durch dessen Glastüren ich viele regelmäßig beschnittene gleiche Hefte in Quart erblickte. Zu meiner Verwunderung ersah ich daraus, daß unser Wirt als einer der Notablen im Jahre 1787 zu Paris gewesen; in diesen Heften war seine Instruktion abgedruckt. Die Mäßigkeit der damaligen Forderungen, die Bescheidenheit, womit sie abgefaßt, kontrastierten völlig mit den gegenwärtigen Zuständen von Gewaltsamkeit, Übermut und Verzweiflung. Ich las diese Blätter mit wahrhafter Rührung und nahm einige Exemplare zu mir.

Den 11. Oktober

Ohne die Nacht geschlafen zu haben, waren wir früh um drei Uhr eben im Begriff unsern gegen das Hoftor gerichteten Wagen zu besteigen, als wir ein unüberwindliches Hindernis gewahr wurden; denn es zog schon eine ununterbrochene Kolonne Krankenwagen, zwischen den zur Seite aufgehäuften Pflastersteinen, durch die zum Sumpf gefahrene Stadt. Als wir nun so standen abzuwarten was erreicht werden könnte, drängte sich unser Wirt, der Ludwigsritter, ohne zu grüßen an uns vorbei. Unsere Verwunderung über sein frühes und unfreundliches Erscheinen ward aber bald in Mitleid verkehrt, denn sein Bedienter, hinter ihm drein, trug ein Bündelchen auf dem Stocke, und so ward es nur allzu deutlich, daß er, nachdem er vier Wochen vorher Haus und Hof wieder gesehen hatte, es nun abermals, wie wir unsere Eroberungen, verlassen mußte.

Sodann ward aber meine Aufmerksamkeit auf die bessern Pferde vor meiner Chaise gelenkt; da gestand denn die liebe Dienerschaft: daß sie die bisherigen schwachen, unbrauchbaren, gegen Zucker und Kaffee, vertauscht, sogleich aber in Requisition anderer glücklich gewesen sei. Die Tätigkeit des gewandten Liseurs war hiebei nicht zu verkennen; auch durch ihn kamen wir diesmal vom Flecke, denn er sprengte in eine Lücke der Wagenreihe und hielt das folgende Gespann so lange zurück, bis wir sechs- und vierspännig eingeschaltet waren; da ich mich denn frischer Luft in meinem leichten Wägelchen abermals erfreuen konnte.

Nun bewegten wir uns mit Leichenschritt, aber bewegten uns doch; der Tag brach an, wir befanden uns vor der Stadt in dem größtmöglichen Gewirr und Gewimmel. Alle Arten von Wagen, wenig Reiter, unzählige Fußgänger durchkreuzten sich auf dem großen Platze vor dem Tor. Wir zogen mit unserer Kolonne rechts gegen Etain, auf einem beschränkten Fahrweg mit Gräben zu beiden Seiten. Die Selbsterhaltung in einem so ungeheuren Drange kannte schon kein Mitleiden, keine Rücksicht mehr; nicht weit vor uns fiel ein Pferd vor einem Rüstwagen, man schnitt die Stränge entzwei und ließ es liegen. Als nun aber die drei übrigen die Last nicht weiter bringen konnten, schnitt man auch sie los, warf das schwerbepackte Fuhrwerk in den Graben und mit dem geringsten Aufhalte fuhren wir weiter und zugleich über das Pferd weg das sich eben erholen wollte, und ich sah ganz deutlich wie dessen Gebeine unter den Rädern knirschten und schlotterten.

Reiter und Fußgänger suchten sich von der schmalen unwegsamen Fahrstraße auf die Wiesen zu retten; aber auch diese waren zugrunde geregnet, von ausgetretenen Gräben überschwemmt, die Verbindung der Fußpfade überall unterbrochen. Vier ansehnliche, schöne, sauber gekleidete französische Soldaten wateten eine Zeitlang neben unseren Wagen her, durchaus nett und reinlich, und wußten so gut hin und her zu treten, daß ihr Fußwerk nur bis an die Knorren von der schmutzigen Wallfahrt zeugte, welche die guten Leute bestanden.

Daß man unter solchen Umständen in Gräben, auf Wiesen, Feldern und Angern tote Pferde genug erblickte, war natürliche Folge des Zustands; bald aber fand man sie auch abgedeckt, die fleischigen Teile sogar ausgeschnitten; trauriges Zeichen des allgemeinen Mangels!

So zogen wir fort, jeden Augenblick in Gefahr, bei der geringsten eigenen Stockung selbst über Bord geworfen zu werden; unter welchen Umständen freilich die Sorgfalt unseres Geleitsmanns nicht genug zu rühmen und zu preisen war. Dieselbe betätigte sich denn auch zu Etain, wo wir gegen Mittag anlangten und in dem schönen wohlgebauten Städtchen, durch Straßen und auf Plätzen ein sinneverwirrendes Gewimmel um und neben uns erblickten; die Masse wogte hin und her, und indem alles vorwärts drang ward jeder dem andern hinderlich. Unvermutet ließ unser Führer die Wagen vor einem wohlgebauten Hause des Marktes halten, wir traten ein, Hausherr und Frau begrüßten uns in ehrerbietiger Entfernung.

Man führte uns in ein getäfeltes Zimmer auf gleicher Erde, wo im schwarz-marmornen Kamin behägliches Feuer brannte. In dem großen Spiegel darüber beschauten wir uns ungern, denn ich hatte noch immer nicht die Entschließung gefaßt meine langen Haare kurz schneiden zu lassen, die jetzt wie ein verworrener Hanfrocken umherquollen; der Bart strauchig vermehrte das wilde Ansehen unserer Gegenwart.

Nun aber konnten wir, aus den niedrigen Fenstern den ganzen Markt überschauend, unmittelbar das grenzenlose Getümmel beinahe mit Händen greifen. Aller Art Fußgänger, Uniformierte, Marode, gesunde aber trauernde Bürgerliche, Weiber und Kinder drängten und quetschten sich zwischen Fuhrwerk aller Gestalt; Rüst- und Leiterwagen, Ein- und Mehrspänner, hunderterlei eigenes und requiriertes Gepferde, weichend, anstoßend, hinderte sich rechts und links. Auch Hornvieh zog damit weg, wahrscheinlich geforderte weggenommene Herden. Reiter sah man wenig, auffallend aber waren die eleganten Wagen der Emigrierten, vielfarbig lackiert, verguldet und versilbert, die ich wohl schon in Grevenmacher mochte bewundert haben. Die größte Not entstand aber da, wo die den Markt füllende Menge in eine zwar gerade und wohlgebaute, doch verhältnismäßig viel zu enge Straße ihren Weg einschlagen sollte. Ich habe in meinem Leben nichts Ähnliches gesehen; vergleichen aber ließ sich der Anblick mit einem erst über Wiesen und Anger ausgetretenen Strome, der sich nun wieder durch enge Brükkenbogen durchdrängen und im beschränkten Bette weiter fließen soll.

Die lange, aus unsern Fenstern übersehbare Straße hinab schwoll unaufhaltsam die seltsamste Woge; ein hoher zweisitziger Reisewagen ragte über der Flut empor. Er ließ uns an die schönen Französinnen denken, sie waren es aber nicht, sondern Graf Haugwitz, den ich mit einiger Schadenfreude Schritt vor Schritt dahin wackeln sah.

Ein gutes Essen war uns bereitet, die köstlichste Schöpsenkeule besonders willkommen; an gutem Wein und Brot fehlte es nicht, und so waren wir neben dem größten Getümmel in der schönsten Beruhigung: wie man auch wohl der stürmenden See, am Fuße eines Leuchtturms, auf dem Steindamm sitzend, der wilden Wellenbewegung zusieht und dort und da ein Schiff ihrer Willkür preisgegeben. Aber uns erwartete in diesem gastlichen Hause eine wahrhaft herzergreifende Familienszene.

Der Sohn, ein schöner junger Mann, hatte schon einige Zeit, hingerissen von den allgemeinen Gesinnungen, in Paris unter den Nationalgruppen gedient und sich dort hervorgetan. Als nun aber die Preußen eingedrungen, die Emigrierten mit der stolzen Hoffnung eines gewissen Sieges herangelangt waren, verlangten die nun auch zuversichtlichen

Eltern dringend und wieder dringend, der Sohn solle seine dortige Lage, die er nunmehr verabscheuen müsse, eiligst aufgeben, zurückkehren und diesseits für die gute Sache fechten. Der Sohn, wider Willen, aus Pietät, kommt zurück, eben in dem Moment da Preußen, Österreicher und Emigrierte retirieren; er eilt verzweiflungsvoll durch das Gedränge zu seinem Vaterhause. Was soll er nun anfangen? und wie sollen sie ihn empfangen? Freude ihn wieder zu sehen, Schmerz ihn in dem Augenblick wieder zu verlieren, Verwirrung ob Haus und Hof in diesem Sturm werde zu erhalten sein. Als junger Mann dem neuen Systeme günstig kehrt er genötigt zu einer Partei zurück, die er verabscheut, und eben als er sich in dies Schicksal ergibt, sieht er diese Partei zu Grunde gehen. Aus Paris entwichen, weiß er sich schon in das Sünden- und Todesregister geschrieben; und nun im Augenblick soll er aus seinem Vaterlande verbannt, aus seines Vaters Hause gestoßen werden. Die Eltern, die sich gern an ihm letzen möchten, müssen ihn selbst wegtreiben, und er, in Schmerzenswonne des Wiedersehens, weiß nicht wie er sich losreißen soll; die Umarmungen sind Vorwürfe und das Scheiden, das vor unsern Augen geschieht, schrecklich.

Unmittelbar vor unserer Stubentüre ereignete sich das alles auf der Hausflur. Kaum war es still geworden und die Eltern hatten sich weinend entfernt, als eine Szene, fast noch wunderbarer, auffallender, uns selbst ansprach, ja in Verlegenheit setzte und, obgleich herzergreifend genug, uns doch zuletzt ein Lächeln abnötigte. Einige Bauersleute, Männer, Frauen und Kinder drangen in unsere Zimmer und warfen sich heulend und schreiend mir zu Füßen. Mit der vollen Beredsamkeit des Schmerzes und des Jammers klagten sie, daß man ihr schönes Rindvieh wegtreibe, sie schienen Pächter eines ansehnlichen Gutes; ich solle nur zum Fenster hinaussehen, eben triebe man sie vorbei, es hätten Preußen sich derselben bemächtigt; ich solle befehlen, solle Hülfe schaffen. Hierauf trat ich, um mich zu besinnen, ans Fenster, der leichtfertige Husar stellte sich hinter mich und sagte: Verzeihen Sie! ich habe Sie für den Schwager des Königs von Preußen ausgegeben, um gute Aufnahme und Bewirtung zu finden. Die Bauern hätten freilich nicht hereinkommen sollen; aber mit einem guten Wort weisen Sie die Leute an mich und scheinen überzeugt von meinen Vorschlägen.

Was war zu tun? überrascht und unwillig nahm ich mich zusammen und schien über die Umstände nachzudenken. Wird doch, sagt' ich zu mir selbst, List und Verschlagenheit im Kriege gerühmt! Wer sich durch Schelme bedienen läßt, kommt in Gefahr von ihnen irre geführt zu werden. Ein Skandal, unnütz und beschämend, ist hier zu vermeiden. Und wie der Arzt in verzweifelten Fällen wohl noch ein Hoffnungsrezept verschreibt, entließ ich die guten Menschen mehr pantomimisch als mit Worten; dann sagt' ich mir zu meiner Beruhigung: hatte doch bei Sivry der echte Thronfolger den bedrängten Leuten ihr Pferd nicht zusprechen können, so dürfte sich der untergeschobene Schwager des Königs wohl verzeihen, wenn er die Hülfsbedürftigen mit irgendeiner klugen eingeflüsterten Wendung abzulehnen suchte.

Wir aber gelangten in finsterer Nacht nach Spincourt; alle Fenster waren helle, zum Zeichen, daß alle Zimmer besetzt seien. An jeder Haustüre ward protestiert, von den Einwohnern die keine neuen Gäste, von den Einquartierten die keine Genossen aufnehmen wollten. Ohne viel Umstände aber drang unser Husar ins Haus, und als er einige französische Soldaten in der Halle am Feuer fand, ersuchte er sie zudringlich, vornehmen Herren, die er geleite, einen Platz am Kamin einzuräumen. Wir traten zugleich herein, sie waren freundlich und rückten zusammen, setzten sich aber bald wieder in die wunderliche Positur ihre aufgehobenen Füße gegen das Feuer zu strecken. Sie liefen auch wohl einmal im Saale hin und wieder und kehrten bald in ihre vorige Lage zurück, und nun konnt' ich bemerken, daß es ihr eigentliches Geschäft sei den untern Teil ihrer Gamaschen zu trocknen.

Gar bald aber erschienen sie mir als bekannt; es waren eben dieselbigen, die heute früh neben unserm Wagen im Schlamme so zierlich einhertraten. Nun früher als wir angelangt hatten sie schon am Brunnen die untersten Teile gewaschen und gebürstet, trockneten sie nunmehr, um morgen früh neuem Schmutz und Unrat galant entgegen zu gehen. Ein musterhaftes Betragen, an das man sich in manchen Fällen des Lebens wohl wieder zu erinnern hat. Auch dacht' ich dabei meiner lieben Kriegskameraden, die den Befehl zur Reinlichkeit murrend aufgenommen hatten.

Doch uns dergestalt untergebracht zu haben, war dem klugen dienstfertigen Liseur nicht genug; die Fiktion des Mittags, die sich so glücklich erwiesen hatte, ward kühnlich wiederholt, die hohe Generalsperson, der Schwager des Königs, wirkte mächtig und vertrieb eine ganze Masse guter Emigrierten aus einem Zimmer mit zwei Betten. Zwei Offiziere von Köhler nahmen wir dagegen in demselben Raum auf, ich aber begab mich vor die Haustüre, zu dem alten erprobten Schlafwagen, dessen Deichsel, diesmal nach Deutschland gekehrt, mir ganz eigene Gedanken hervorrief, die jedoch durch ein schnelles Einschlummern gar bald abgeschnitten wurden.

Den 12. Oktober

Der heutige Weg erschien noch trauriger als der gestrige; ermattete Pferde waren öfter gefallen und lagen mit umgestürzten Wagen häufiger neben der Hochstraße auf den Wiesen. Aus den geborstenen Decken der Rüstwagen fielen gar niedliche Mantelsäcke, einem Emigriertenkorps gehörig, hervor; das bunte zierliche Ansehn dieses herrenlosen aufgegebenen Gutes lockte die Besitzlust der Vorbeiwandernden, und mancher bepackte sich mit einer Last, die er zunächst auch wieder abwerfen sollte. Daraus mag denn wohl die Rede entstanden sein, auf dem Rückzuge seien Emigrierte von Preußen geplündert worden.

Von ähnlichen Vorfällen erzählte man auch manches Scherzhafte; ein schwer beladener Emigrantenwagen war ebenermaßen an einer Anhöhe stecken geblieben und verlassen worden. Nachfolgende Truppen untersuchten den Inhalt, finden Kästchen von mäßiger Größe, auffallend schwer, belästigen sich gemeinschaftlich damit und schleppen sie mit unsäglicher Mühe auf die nächste Höhe. Hier wollen sie nun in die Beute und in die Last sich teilen; aber welch ein Anblick! Aus jedem zerschlagenen Kasten fällt eine Unzahl Kartenspiele hervor, und die Goldlustigen trösten sich im wechselseitigen Spott durch Lachen und Possen.

Wir aber zogen durch Longuyon nach Longwy; und hier muß man, indem die Bilder bedeutender Freudenszenen aus dem Gedächtnis verschwinden, sich glücklich schätzen, daß auch widerwärtige Greuelbilder sich vor der Einbildungskraft abstumpfen. Was soll ich also wiederholen, daß die Wege nicht besser wurden, daß man nach wie vor, zwischen umgestürzten Wagen, abgedeckte und frisch ausgeschnittene Pferde aber- und abermals rechts und links verabscheute. Von Büschen schlecht bedeckte, geplünderte und ausgezogene Menschen konnte man oft genug bemerken, und endlich lagen auch die vor dem offenen Blick neben der Straße.

Uns sollte jedoch auf einem Seitenwege abermals Erquickung und Erholung werden, dagegen aber auch traurige Betrachtungen über den Zustand des wohlhabenden gutmütigen Bürgers in schrecklichem, diesmal ganz unerwartetem Kriegsunheil.

Den 13. Oktober

Unser Führer wollte nicht freventlich seine braven wohlhabenden Verwandten in dieser Gegend gerühmt haben; er ließ uns deshalb einen Umweg machen über Arlon, wo wir in einem schönen Städtchen, bei ansehnlichen und wackern Leuten, in einem wohlgebauten und gut eingerichteten Hause, von ihm angemeldet, gar freundlich aufgenommen wurden. Die guten Personen freuten sich selbst ihres Vettern, glaubten gewisse Besserung und nächste Beförderung schon in dem Auftrage zu sehn, daß er uns, mit zwei Wagen, so viel Pferden und, wie er ihnen glauben gemacht hatte, mit vielem Geld und Kostbarkeiten, aus dem gefährlichsten Gewirre herauszuführen beehrt worden. Auch wir konnten seiner bisherigen Leitung das beste Zeugnis geben und, ob wir gleich an die Bekehrung dieses verlorenen Sohnes nicht sonderlich glauben konnten, so waren wir ihm doch diesmal so viel schuldig geworden, daß wir auch seinem künftigen Betragen einiges Zutrauen nicht ganz verweigern durften. Der Schelm verfehlte nicht mit schmeichelhaftem Wesen das Seinige zu tun und erhielt wirklich, in der Stille, von den braven Leuten ein artiges Geschenk in Gold. Wir erquickten uns dagegen an gutem kaltem Frühstück und dem trefflichsten Wein und beantworteten die Fragen der freilich auch sehr erstaunten wackern Leute, wegen der wahrscheinlichen nächsten Zukunft, so schonend als möglich.

Vor dem Hause hatten wir ein paar sonderbare Wagen bemerkt, länger und teilweise höher als gewöhnliche Rüstwagen, auch an der Seite mit wunderlichen Ansätzen geformt; mit rege gewordener Neugier fragte ich nach diesem seltsamen Fuhrwerke, man antwortete mir zutraulich, aber mit Vorsicht: es sei darin die Assignatenfabrik der Emigrierten enthalten, und bemerkte dabei was für ein grenzenloses Unglück dadurch über die Gegend gebracht worden. Denn, da man sich seit einiger Zeit der echten Assignate kaum erwehren könne, so habe man nun auch, seit dem Einmarsch der Alliierten, diese falschen in Umlauf gezwungen. Aufmerksame Handelsleute hätten dagegen sogleich, ihrer Sicherheit willen, diese verdächtige Papierware nach Paris zu senden und sich von dorther offizielle Erklärung ihrer Falschheit zu verschaffen gewußt; dies verwirre aber Handel und Wandel ins Unendliche; denn da man bei den echten Assignaten sich nur zum Teil gefährdet finde, bei den falschen aber gewiß gleich um das Ganze betrogen sei, auch beim ersten Anblick niemand sie zu unterscheiden vermöge, so wisse kein Mensch mehr was er geben und was er empfangen solle, dies verbreite schon bis Luxemburg und Trier solche Ungewißheit, Mißtrauen und Bangigkeit, daß nunmehr von allen Seiten das Elend nicht größer werden könne.

Bei allen solchen schon erlittenen und noch zu fürchtenden Unbilden zeigten sich diese Personen in bürgerlicher Würde, Freundlichkeit und gutem Benehmen zu unserer Verwunderung, wovon uns in den französischen ernsten Dramen alter und neuer Zeit ein Abglanz herübergekommen ist. Von einem solchen Zustande können wir uns in eigner vaterländischer Wirklichkeit und ihrer Nachbildung keinen Begriff machen. Die Petite Ville mag lächerlich sein, die Deutschen Kleinstädter sind dagegen absurd.

Den 14. Oktober

Sehr angenehm überrascht fuhren wir von Arlon nach Luxemburg auf der besten Kunststraße, und wurden in diese sonst so wichtige und wohlverwahrte Festung eingelassen wie in jedes Dorf, in jeden Flecken. Ohne irgend angehalten oder befragt zu werden, sahen wir uns nach und nach innerhalb der Außenwerke, der Wälle, Gräben, Zugbrücken, Mauern und Tore, unserm Führer, der Mutter und Vater hier zu finden vorgab, das Weitere vertrauend. Überdrängt war die Stadt von Blessierten und Kranken, von tätigen Menschen, die sich selbst, Pferde und Fuhrwerk wieder herzustellen trachteten.

Unsere Gesellschaft, die sich bisher zusammengehalten hatte, mußte sich trennen; mir verschaffte der gewandte Quartiermeister ein hübsches Zimmer, das aus dem engsten Höfchen, wie aus einer Feueresse, doch bei sehr hohen Fenstern genugsames Licht erhielt. Hier wußte er mich mit meinem Gepäck und sonst gar wohl einzurichten und für alle Bedürfnisse zu sorgen; er gab mir den Begriff von den Haus- und Mietleuten des Gebäudes und versicherte: daß ich gegen eine kleine Gabe sobald nicht ausgetrieben und wohl behandelt werden sollte.

Hier konnt' ich nun zum erstenmal den Koffer wieder aufschließen und mich meiner Reisehabseligkeiten, des Geldes, der Manuskripte wieder versichern. Das Konvolut zur Farbenlehre bracht' ich zuerst in Ordnung, immer meine frühste Maxime vor Augen: die Erfahrung zu erweitern und die Methode zu reinigen. Ein Kriegs- und Reisetagebuch mocht' ich gar nicht anrühren. Der unglückliche Verlauf der Unternehmung, der noch Schlimmeres befürchten ließ, gab immer neuen Anlaß zum Wiederkäuen des Verdrusses und zu neuem Aufregen der Sorge. Meine stille, von jedem Geräusch abgeschlossene Wohnung gewährte mir wie eine Klosterzelle vollkommenen Raum zu den ruhigsten Betrachtungen, dagegen ich mich, sobald ich nur den Fuß vor die Haustüre hinaussetzte, in dem lebendigsten Kriegsgetümmel befand und nach Lust das wunderlichste Lokal durchwandeln konnte, das vielleicht in der Welt zu finden ist.

Den 15. Oktober

Wer Luxemburg nicht gesehen hat, wird sich keine Vorstellung von diesem an- und übereinander gefügten Kriegsgebäude machen. Die Einbildungskraft verwirrt sich, wenn man die seltsame Mannigfaltigkeit wieder hervorrufen will, mit der sich das Auge des hin- und hergehenden Wanderers kaum befreunden konnte. Plan und Grundriß vor sich zu nehmen wird nötig sein, Nachstehendes nur einigermaßen verständlich zu finden.

Ein Bach, Petrus genannt, erst allein, dann verbunden mit dem entgegenkommenden Fluß, die Elze, schlingt sich mäanderartig zwischen Felsen durch und um sie herum, bald im natürlichen Lauf, bald durch Kunst genötigt. Auf dem linken Ufer liegt hoch und flach die alte Stadt; sie, mit ihren Festungswerken nach dem offenen Lande zu, ist andern befestigten Städten ähnlich. Als man nun für die Sicherheit derselben nach Westen Sorge getragen, sah man wohl ein, daß man sich auch gegen die Tiefe, wo das Wasser fließt, zu verwahren habe; bei zunehmender Kriegskunst war auch das nicht hinreichend, man mußte, auf dem rechten Ufer des Gewässers, nach Süden, Osten und Norden, auf ein- und ausspringenden Winkeln unregelmäßiger Felspartien neue Schanzen vorschieben, nötig immer eine zur Beschützung der andern. Hieraus entstand nun eine Verkettung unübersehbarer Bastionen, Redouten, halber Monde, und solches Zangen- und Krakelwerk als nur die Verteidigungskunst im seltsamsten Falle zu leisten vermochte.

Nichts kann deshalb einen wunderlichern Anblick gewähren als das mitten durch dies alles am Flusse sich hinabziehende enge Tal, dessen wenige Flächen, dessen sanft oder steil aufsteigende Höhen zu Gärten angelegt, in Terrassen abgestuft und mit Lusthäusern belebt sind; von wo aus man auf die steilsten Felsen, auf hochgetürmte Mauern rechts und links hinaufschaut. Hier findet sich so viel Größe mit Anmut, so viel Ernst mit Lieblichkeit verbunden, daß wohl zu wünschen wäre, Poussin hätte sein herrliches Talent in solchen Räumen betätigt.

Nun besaßen die Eltern unseres lockeren Führers in dem Pfaffental einen artigen abhängigen Garten, dessen Genuß sie mir gern und freundlich überließen. Kirche und Kloster, nicht weit entfernt, rechtfertigte den Namen dieses Elysiums, und in dieser geistlichen Nachbarschaft schien auch den weltlichen Bewohnern Ruh und Friede verheißen, ob sie gleich mit jedem Blick in die Höhe an Krieg, Gewalt und Verderben erinnert wurden.

Jetzt nun aber aus der Stadt, wo das unselige Kriegsnachspiel mit Lazaretten, abgerissenen Soldaten, zerstückten Waffen, herzustellenden Achsen, Rädern und Lafetten, zugleich mit sonstigen Trümmern aller Art aufgeführt wurde, in eine solche Stille zu flüchten war höchst wohltätig; aus den Straßen zu entweichen, wo Wagner, Schmiede und andre Gewerke ihr Wesen öffentlich unermüdet und geräuschvoll treiben, und sich in das Gärtchen im geistlichen Tale zu verbergen war höchst behaglich. Hier fand ein Ruhe- und Sammlungsbedürftiger das willkommenste Asyl.

Den 16. Oktober

Die allen Begriff übersteigende Mannigfaltigkeit der auf- und aneinander getürmten, gefügten Kriegsgebäude, die bei jedem Schritt vor- oder rückwärts, auf- oder abwärts ein anderes Bild zeigten, riefen die Lust hervor wenigstens etwas davon aufs Papier zu bringen. Freilich mußte diese Neigung auch wieder einmal sich regen, da seit so viel Wochen mir kaum ein Gegenstand vor die Augen gekommen, der sie geweckt hätte. Unter andern fiel es sonderbar auf, daß so manche gegeneinander über stehende Felsen, Mauern und Verteidigungswerke in der Höhe durch Zugbrücken, Galerien und gewisse wunderliche Vorrichtungen verbunden waren. Irgend jemand vom Metier hätte dieses alles mit Kunstaugen angesehen und sich mit Soldatenblick der sichern Einrichtung erfreut; ich aber konnte nur den malerischen Effekt ihr abgewinnen und hätte gar zu gern, wäre nicht alles Zeichnen an und in den Festungen höchlich verpönt, meine Nachbildungskräfte hier in Übung gesetzt.

Den 19. Oktober

Nachdem ich nun also mehrere Tage in diesen Labyrinthen, wo Naturfels und Kriegsgebäu wetteifernd seltsam steile Schluchten gegeneinander aufgetürmt und daneben Pflanzenwachstum, Baumzucht und Lustgebüsch nicht ausgeschlossen, mich sinnend und denkend einsam genug herumgewunden hatte, fing ich an nach Hause kommend die Bilder, wie sie sich der Einbildungskraft nach und nach einprägten, aufs Papier zu bringen, unvollkommen zwar, doch hinreichend das Andenken eines höchst seltsamen Zustandes einigermaßen festzuhalten.

Den 20. Oktober

Ich hatte Zeit gewonnen das kurz Vergangene zu überdenken, aber je mehr man dachte je verworrener und unsicherer ward alles vor dem Blicke. Auch sah ich, daß wohl das Notwendigste sein möchte, sich auf das unmittelbar Bevorstehende zu bereiten. Die wenigen Meilen bis Trier mußten zurückgelegt werden; aber was mochte dort zu finden sein, da nun die Herren selbst mit andern Flüchtlingen sich nachdrängten.

Als das Schmerzlichste jedoch was einen jeden, mehr oder weniger resigniert wie er war, mit einer Art von Furienwut ergriff, empfand man die Kunde, die sich nicht verbergen ließ, daß unsere höchsten Heerführer mit den vermaledeiten, durch das Manifest dem Untergang gewidmeten, durch die schrecklichsten Taten abscheulich dargestellten Aufrührern doch übereinkommen, ihnen die Festungen übergeben mußten, um nur sich und den Ihrigen eine mögliche Rückkehr zu gewinnen. Ich habe von den Unsrigen gesehen, für welche der Wahnsinn zu fürchten war.

Den 22. Oktober

Auf dem Wege nach Trier fand sich bei Grevenmacher nichts mehr von jener galanten Wagenburg; öde, wüst und zerfahren lagen die Anger und die weit und breiten Spuren deuteten auf jenes vorübergegangene flüchtige Dasein. Am Posthaus fuhr ich diesmal mit requirierten Pferden ganz im stillen vorbei, das Briefkästchen stand noch auf seinem Platze, kein Gedränge war umher; man konnte sich der wunderlichsten Gedanken nicht erwehren.

Doch ein herrlicher Sonnenblick belebte soeben die Gegend, als mir das Monument von Igel, wie der Leuchtturm einem nächtlich Schiffenden, entgegen glänzte.

Vielleicht war die Macht des Altertums nie so gefühlt worden als an diesem Kontrast: ein Monument, zwar auch kriegerischer Zeiten, aber doch glücklicher siegreicher Tage und eines dauernden Wohlbefindens rühriger Menschen in dieser Gegend.

Obgleich in später Zeit unter den Antoninen erbaut, behält es immer noch von trefflicher Kunst so viel Eigenschaften übrig, daß es uns im ganzen anmutig ernst zuspricht und aus seinen, obgleich sehr beschädigten Teilen das Gefühl eines fröhlich tätigen Daseins mitteilt. Es hielt mich lange fest; ich notierte manches, ungern scheidend, da ich mich nur desto unbehaglicher in meinem erbärmlichen Zustande fühlte.

Doch auch jetzt wechselte schnell wieder eine freudige Aussicht in der Seele, die bald darauf zur Wirklichkeit gelangte.

Den 23. Oktober

Wir brachten unserm Freunde Lieutenant von Fritsch, den wir auf seinem Posten widerwillig zurückgelassen, die erwünschte Nachricht, daß er den Militär-Verdienstorden erhalten habe, mit Recht, wegen einer braven Tat, und mit Glück, ohne an unserm Jammer teilgenommen zu haben. Die Sache verhielt sich aber also.

Die Franzosen, weil sie uns weit genug ins Land vorgedrungen, uns in bedeutender Entfernung, in großer Not wußten, versuchten im Rücken einen unvermuteten Streich; sie näherten sich Trier in bedeutender Anzahl, sogar mit Kanonen. Lieutenant von Fritsch erfährt es, und mit weniger Mannschaft geht er dem Feinde entgegen, der über die Wachsamkeit stutzend, mehr anrückende Truppen befürchtend, nach kurzem Gefecht sich bis Merzig zurückzieht und nicht wieder erscheint. Dem Freunde war das Pferd blessiert, durch dieselbe Kugel sein Stiefel gestreift, dagegen er aber auch als Sieger zurückkehrend aufs beste empfangen wird. Der Magistrat, die Bürgerschaft erzeigen ihm alle mögliche Aufmerksamkeit; auch die Frauenzimmer, die ihn bisher als einen hübschen jungen Mann gekannt, erfreuen sich nun doppelt an ihm als einem Helden.

Sogleich berichtet er seinem Chef den Vorfall, der wie billig dem Könige vorgetragen wird, worauf denn der blaue Kreuzstern erfolgt. Die Glückseligkeit des braven Jünglings, dessen lebhafteste Freude mitzufühlen, war ein ungemeiner Genuß; ihn hatte das Glück, das uns vermied, in unserm Rücken aufgesucht und er sah sich für den militärischen Gehorsam belohnt, der ihn an einer untätigen Lage zu fesseln schien.

Den 24. Oktober

Der Freund hatte mir bei jenem Kanonikus abermals Quartier verschafft. Auch ich war von der allgemeinen Krankheit nicht ganz frei geblieben und bedurfte daher einiger Arznei und Schonung.

In diesen ruhigen Stunden nahm ich sogleich die kurzen Bemerkungen vor, die ich bei dem Monument zu Igel aufgezeichnet hatte.

Soll man den allgemeinsten Eindruck aussprechen, so ist hier Leben dem Tod, Gegenwart der Zukunft entgegengestellt und beide untereinander im ästhetischen Sinne aufgehoben. Dies war die herrliche Art und Weise der Alten, die sich noch lange genug in der Kunstwelt erhielt.

Die Höhe des Monuments kann siebzig Fuß betragen, es steigt in mehreren architektonischen Abteilungen obeliskenartig hinauf; erst der Grund, auf diesem ein Sockel, sodann die Hauptmasse, darüber eine Attike, sodann ein Fronton und zuletzt eine wundersam sich aufschlingende Spitze, wo sich die Reste einer Kugel und eines Adlers zeigen. Jede dieser Abteilungen ist, mit den Gliedern aus denen sie besteht, durchaus mit Bildern und Zieraten geschmückt.

Diese Eigenschaft deutet denn freilich auf spätere Zeiten: denn dergleichen tritt ein, sobald sich die reine Proportion im ganzen verliert, wie denn auch hier daran manches zu erinnern sein möchte.

Dessen ungeachtet muß man anerkennen, daß dieses Werk auf eine erst kurz vergangene höhere Kunst gegründet ist. So waltet denn auch über das Ganze der antike Sinn, in dem das wirkliche Leben dargestellt wird, allegorisch gewürzt durch mythologische Andeutungen. In dem Hauptfelde Mann und Frau von kolossaler Bildung sich die Hände reichend, durch eine dritte verloschene Figur als einer segnenden verbunden. Sie stehen zwischen zwei sehr verzierten, mit übereinander gestellten tanzenden Kindern geschmückten Pilastern.

Alle Flächen sodann deuten auf die glücklichsten Familienverhältnisse, übereindenkende und wirkende Verwandte, redliches genußreiches Zusammenleben darstellend.

Aber eigentlich waltet überall die Tätigkeit vor; ich getraue mir jedoch nicht alles zu erklären. In einem Felde scheinen sich Geschäft-überlegende Handelsleute versammelt zu haben; offenbar aber sind beladene Schiffe, Delphine als Verzierung, Transport auf Saumrossen, Ankunft von Waren und deren Beschauen, und was sonst noch Menschliches und Natürliches mehr vorkommen dürfte.

Sodann aber auch im Zodiak ein rennendes Pferd, das vielleicht vormals Wagen und Lenker hinter sich zog, in Friesen, sodann sonstigen Räumen und Giebelfeldern Bacchus, Faunen, Sol und Luna, und was sonst noch Wunderbares Knopf und Giebel verzieren und verziert haben mag.

Das Ganze ist höchst erfreulich und man könnte, auf der Stufe wo heutzutag Bau- und Bildkunst stehen, in diesem Sinne ein herrliches Denkmal den würdigsten Menschen, ihren Lebensgenüssen und Verdiensten gar wohl errichten. Und so war es mir denn recht erwünscht, mit solchen Betrachtungen beschäftigt, den Geburtstag unserer verehrten Herzogin Amalie im stillen zu feiern, ihr Leben, ihr edles Wirken und Wohltun umständlich zurück zu rufen; woraus sich denn ganz natürlich die Aufregung ergab, ihr in Gedanken einen gleichen Obelisk zu widmen, und die sämtlichen Räume mit ihren individuellen Schicksalen und Tugenden charakteristisch zu verzieren.

Trier den 25. Oktober

Die mir nunmehr gegönnte Ruh und Bequemlichkeit benutzte ich nun ferner manches zu ordnen und aufzubewahren, was ich in den wildesten Zeiten bearbeitet hatte. Ich rekapitulierte und redigierte meine chromatischen Akten, zeichnete mehrere Figuren zu den Farbentafeln, die ich oft genug veränderte, um das was ich darstellen und behaupten wollte, immer anschaulicher zu machen. Hierauf dacht' ich denn auch meinen dritten Teil von Fischers physikalischem Lexikon wieder zu erlangen. Auf Erkundigung und Nachforschen fand ich endlich die Küchmagd im Lazarett, das man mit ziemlicher Sorgfalt in einem Kloster errichtet hatte. Sie litt an der allgemeinen Krankheit, doch waren die Räume luftig und reinlich, sie erkannte mich, konnte aber nicht reden, nahm den Band unter dem Haupte hervor und übergab mir ihn so reinlich und wohl erhalten als ich ihn überliefert hatte, und ich hoffe die Sorgfalt, der ich sie empfahl, wird ihr zugute gekommen sein.

Ein junger Schullehrer, der mich besuchte und mir verschiedene der neusten Journale mitteilte, gab Gelegenheit zu erfreulichen Unterhaltungen. Er verwunderte sich, wie so viel andere, daß ich von Poesie nichts wissen wolle, dagegen auf Naturbetrachtungen mich mit ganzer Kraft zu werfen schien. Er war in der Kantischen Philosophie unterrichtet, und ich konnte ihm daher auf den Weg deuten den ich eingeschlagen hatte. Wenn Kant in seiner Kritik der Urteilskraft der ästhetischen Urteilskraft die teleologische zur Seite stellt, so ergibt sich daraus daß er andeuten wolle: ein Kunstwerk solle wie ein Naturwerk, ein Naturwerk wie ein Kunstwerk behandelt und der Wert eines jeden aus sich selbst entwickelt, an sich selbst betrachtet werden. Über solche Dinge konnte ich sehr beredt sein und glaube dem guten jungen Mann einigermaßen genutzt zu haben. Es ist wundersam, wie eine jede Zeit Wahrheit und Irrtum aus dem kurz Vergangenen, ja dem längst Vergangenen mit sich trägt und schleppt, muntere Geister jedoch sich auf neuer Bahn bewegen, wo sie sich's denn freilich gefallen lassen meist allein zu gehen oder einen Gesellen auf eine kurze Strecke mit sich fortzuziehen.

Trier den 26. Oktober

Nun durfte man aber aus solchen ruhigen Umgebungen nicht heraustreten, ohne sich wie im Mittelalter zu finden, wo Klostermauern und der tollste unregelmäßigste Kriegszustand miteinander immerfort kontrastierten. Besonders jammerten einheimische Bürger sowie zurückkehrende Emigrierte über das schreckliche Unheil, was durch die falschen Assignaten über Stadt und Land gekommen war. Schon hatten Handelshäuser gewußt dergleichen nach Paris zu bringen und von dort die Falschheit, völlige Ungültigkeit, die höchste Gefahr vernommen sich mit dergleichen nur irgend abzugeben. Daß die echten gleichfalls dadurch in Mißkredit gerieten, daß man bei völliger Umkehrung der Dinge auch wohl die Vernichtung aller dieser Papiere zu fürchten habe, fiel jedermann auf. Dieses ungeheure Übel nun gesellte sich zu den übrigen, so daß es vor der Einbildungskraft und dem Gefühl ganz grenzenlos erschien; ein verzweiflungsvoller Zustand, demjenigen ähnlich, wenn man eine Stadt vor sich niederbrennen sieht.

Trier den 28. Oktober

Die Wirtstafel, an der man übrigens ganz wohl versorgt war, gab auch ein sinneverwirrendes Schauspiel; Militärs und Angestellte, aller Art Uniform, Farben und Trachten, im stillen mißmutig, auch wohl in Äußerungen heftig, aber alle wie in einer gemeinsamen Hölle zusammengefaßt.

Daselbst begegnete mir ein wahrhaft rührendes Ereignis; ein alter Husarenoffizier, mittler Größe, grauen Bartes und Haares und funkelnden Auges, kam nach Tisch auf mich zu, ergriff mich bei der Hand und fragte: ob ich denn das alles auch mit ausgestanden habe? Ich konnte ihm einiges von Valmy und Hans erzählen, woraus er sich denn gar wohl das übrige nachbilden konnte. Hierauf fing er mit Enthusiasmus und warmem Anteil zu sprechen an, Worte die ich nachzuschreiben kaum wage, des Inhalts: es sei schon unverantwortlich, daß man sie, deren Metier und Schuldigkeit es bleibe dergleichen Zustände zu erdulden und ihr Leben dabei zuzusetzen, in solche Not geführt, die vielleicht kaum jemals erhört worden; daß aber auch ich (er drückte seine gute Meinung über meine Persönlichkeit und meine Arbeiten aus) das hätte mit erdulden sollen, darüber wollt' er sich nicht zufrieden geben. Ich stellte ihm die Sache von der heitern Seite vor, von der Seite, mit meinem Fürsten, dem ich nicht ganz unnütz gewesen, mit so vielen wackern Kriegsmännern zu eigner Prüfung diese wenigen Wochen her geduldet zu haben; allein er blieb bei seiner Rede, indessen ein Zivilist zu uns trat und dagegen erwiderte: man sei mir Dank schuldig, daß ich das alles mit ansehen wollen, indem man sich nun gar wohl von meiner geschickten Feder Darstellung und Aufklärung erwarten könne. Der alte Degen wollte davon auch nichts wissen und rief: Glaubt es nicht, er ist viel zu klug! was er schreiben dürfte mag er nicht schreiben, und was er schreiben möchte wird er nicht schreiben.

Übrigens mochte man kaum hie und da hinhorchen, der Verdruß war grenzenlos. Und wie es schon eine verdrießliche Empfindung erregt, wenn glückliche Menschen nicht ablassen, uns ihr Behagen vorzurechnen, so ist es noch viel unausstehlicher, wenn uns ein Unheil, das wir selbst aus dem Sinne schlagen möchten, immer wiederkäuend vorgetragen wird. Von den Franzosen, die man haßte, aus dem Lande gedrängt zu sein, genötigt mit ihnen zu unterhandeln, mit den Männern des zehnten Augusts sich zu befreunden, das alles war für Geist und Gemüt so hart, als bisher die körperliche Duldung gewesen. Man schonte der obersten Leitung nicht, und das Vertrauen, das man dem berühmten Feldherrn so lange Jahre gegönnt hatte, schien für immer verloren.

Trier den 29. Oktober

Als man sich nun auf deutschem Grund und Boden wiederfand und aus der ungeheuersten Verwirrung zu entwikkeln hoffen durfte, traf uns die Nachricht von Custinens verwegenen und glücklichen Unternehmungen. Das große Magazin zu Speyer war in seine Hände geraten, er hatte darauf gewußt eine Übergabe von Mainz zu bewirken. Diese

Schritte schienen die grenzenlosesten Übel nach sich zu ziehen, sie deuteten auf einen außerordentlichen, so kühnen als folgerechten Geist, und da mußte denn schon alles verloren sein. Nichts fand man wahrscheinlicher und natürlicher als daß auch schon Koblenz von den Franken besetzt sei, und wie sollten wir unsern Rückweg antreten! Frankfurt gab man in Gedanken gleichfalls auf; Hanau und Aschaffenburg an einer, Kassel an der andern Seite sah man bedroht und was nicht alles zu fürchten! Vom unseligen Neutralitätssystem die nächsten Fürsten paralysiert, desto lebendig tätiger die von revolutionären Gesinnungen ergriffene Masse. Sollte man, wie Mainz bearbeitet worden, nicht auch die Gegend und die nächst anstoßenden Provinzen zu Gesinnungen vorbereiten und die schon entwickelten schleunig benutzen? Das alles mußte zum Gedanken, zur Sprache kommen.

Öfters hört' ich wiederholen: sollten die Franzosen wohl ohne große Überlegung und Umsicht, ohne starke Heeresmacht solche bedeutende Schritte getan haben? Custinens Handlungen schienen so kühn als vorsichtig; man dachte sich ihn, seine Gehülfen, seine Obern als weise, kräftige, konsequente Männer. Die Not war groß und sinneverwirrend unter allen bisher erduldeten Leiden und Sorgen ohne Frage die größte.

Mitten in diesem Unheil und Tumulte fand mich ein verspäteter Brief meiner Mutter, ein Blatt das an jugendlich ruhige, städtisch häusliche Verhältnisse gar wundersam erinnerte. Mein Oheim Schöff Textor war gestorben, dessen nahe Verwandtschaft mich von der ehrenhaft wirksamen Stelle eines Frankfurter Ratsherrn bei seinen Lebzeiten ausschloß, worauf man, herkömmlich löblicher Sitte gemäß, meiner sogleich gedachte, der ich unter den Frankfurter Graduierten ziemlich weit vorgerückt war.

Meine Mutter hatte den Auftrag erhalten bei mir anzufragen: ob ich die Stelle eines Ratsherrn annehmen würde, wenn mir, unter die Losenden gewählt, die goldene Kugel zufiele? Vielleicht konnte eine solche Anfrage in keinem seltsamern Augenblicke anlangen als in dem gegenwärtigen; ich war betroffen, in mich selbst zurück gewiesen; tausend Bilder stiegen vor mir auf und ließen mich nicht zu Gedanken kommen. Wie aber ein Kranker oder Gefangener sich wohl im Augenblicke an einem erzählten Märchen zerstreut, so war auch ich in andere Sphären und Jahre versetzt.

Ich befand mich in meines Großvaters Garten, wo die reich mit Pfirsichen gesegneten Spaliere des Enkels Appetit gar lüstern ansprachen und nur die angedrohte Verweisung aus diesem Paradiese, nur die Hoffnung die reifste rotbäkkigste Frucht aus des wohltätigen Ahnherrn eigner Hand zu erhalten, solche Begierde bis zum endlichen Termin einigermaßen beschwichtigen konnte. Sodann erblickt' ich den ehrwürdigen Altvater um seine Rosen beschäftigt, wie er gegen die Dornen mit altertümlichen Handschuhen, als Tribut überreicht von zollbefreiten Städten, sich vorsichtig verwahrte, dem edlen Laertes gleich, nur nicht wie dieser sehnsüchtig und kummervoll. Dann erblickt' ich ihn im Ornat als Schultheiß, mit der goldenen Kette, auf dem Thronsessel unter des Kaisers Bildnis, sodann leider im halben Bewußtsein einige Jahre auf dem Krankenstuhle, und endlich im Sarge.

Bei meiner letzten Durchreise durch Frankfurt hatte ich meinen Oheim im Besitz des Hauses, Hofes und Gartens gefunden, der als wackrer Sohn, dem Vater gleich, die höheren Stufen freistädtischer Verfassung erstieg. Hier im traulichen Familienkreis, in dem unveränderten altbekannten Lokal, riefen sich jene Knabenerinnerungen lebhaft hervor und traten mir nun neukräftig vor die Augen. Sodann gesellten sich zu ihnen andere jugendliche Vorstellungen, die ich nicht verschweigen darf. Welcher reichstädtische Bürger wird leugnen, daß er, früher oder später, den Ratsherrn, Schöff und Burgemeister im Auge gehabt und, seinem Talent gemäß, nach diesen, vielleicht auch nach minderen Stellen emsig und vorsichtig gestrebt: denn der süße

Gedanke, an irgendeinem Regimente teil zu nehmen, erwacht gar bald in der Brust eines jeden Republikaners, lebhafter und stolzer schon in der Seele des Knaben.

Diesen freundlichen Kinderträumen konnt' ich mich jedoch nicht lange hingeben, nur allzuschnell aufgeschreckt besah ich mir die ahnungsvolle Lokalität die mich umfaßte, die traurigen Umgebungen die mich beengten, und zugleich die Aussicht nach der Vaterstadt getrübt, ja verfinstert. Mainz in französischen Händen, Frankfurt bedroht, wo nicht schon eingenommen, der Weg dorthin versperrt, und innerhalb jener Mauern, Straßen, Plätze, Wohnungen Jugendfreunde, Blutverwandte vielleicht schon von demselben Unglück ergriffen, daran ich Longwy und Verdun so grausam hatte leiden sehen; wer hätte gewagt sich in solchen Zustand zu stürzen!

Aber auch in der glücklichsten Zeit jenes ehrwürdigen Staatskörpers wäre mir nicht möglich gewesen auf diesen Antrag einzugehen; die Gründe waren nicht schwer auszusprechen. Seit zwölf Jahren genoß ich eines seltenen Glückes, des Vertrauens wie der Nachsicht des Herzogs von Weimar. Dieser von der Natur höchst begünstigte, glücklich ausgebildete Fürst ließ sich meine wohlgemeinten, oft unzulänglichen Dienste gefallen und gab mir Gelegenheit mich zu entwickeln, welches unter keiner andern vaterländischen Bedingung möglich gewesen wäre; meine Dankbarkeit war ohne Grenzen, so wie die Anhänglichkeit an die hohen Frauen Gemahlin und Mutter, an die heranwachsende Familie, an ein Land, dem ich doch auch manches geleistet hatte. Und mußte ich nicht zugleich jenes Zirkels neuerworbener höchstgebildeter Freunde gedenken, auch so manches andern häuslich Lieben und Guten, was sich aus meinen treubeharrlichen Zuständen entwickelt hatte. Diese bei solcher Gelegenheit abermals erregten Bilder und Gefühle erheiterten mich auf einmal in dem betrübtesten Augenblick: denn man ist schon halb gerettet, wenn man, aus traurigster Lage im fremden Land, einen hoffnungsvollen Blick in die gesicherte Heimat zu tun aufgeregt wird; so genießen wir diesseits auf Erden was uns jenseits der Sphären zugesagt ist.

In solchem Sinne begann ich den Brief an meine Mutter, und wenn sich diese Beweggründe zunächst auf mein Gefühl, auf persönliches Behagen, individuellen Vorteil zu beziehen schienen, so hatt' ich noch andere hinzuzufügen, die auch das Wohl meiner Vaterstadt berücksichtigten und meine dortigen Gönner überzeugen konnten. Denn wie sollt' ich mich in dem ganz eigentümlichen Kreise tätig wirksam erzeigen, wozu man vielleicht mehr als zu jedem andern treulich herangebildet sein muß? Ich hatte mich seit so viel Jahren zu Geschäften meinen Fähigkeiten angemessen gewöhnt, und zwar solchen, die zu städtischen Bedürfnissen und Zwecken kaum verlangt werden möchten. Ja ich durfte hinzufügen: daß wenn eigentlich nur Bürger in den Rat aufgenommen werden sollten, ich nunmehr jenem Zustand so entfremdet sei, um mich völlig als einen Auswärtigen zu betrachten.

Dieses alles gab ich meiner Mutter dankbar zu erkennen, welche sich auch wohl nichts anderes erwartete. Freilich mag dieser Brief spät genug zu ihr gelangt sein.

Mein junger Freund, mit dem ich gar manche angenehme wissenschaftliche und literarische Unterhaltung genoß, war auch im Geschichtlichen der Stadt und Umgebung gar wohl erfahren. Unsere Spaziergänge bei leidlichem Wetter waren deshalb immer belehrend und ich konnte mir das Allgemeinste merken.

Die Stadt an sich hat einen auffallenden Charakter, sie behauptet mehr geistliche Gebäude zu besitzen als irgendeine andere von gleichem Umfang und möchte ihr dieser Ruhm wohl kaum zu leugnen sein; denn sie ist innerhalb der Mauern von Kirchen, Kapellen, Klöstern, Konventen, Kollegien, Ritter- und Brüdergebäuden belastet, ja erdrückt; außerhalb von Abteien, Stiftern, Kartausen blockiert, ja belagert.

Dieses zeugt denn von einem weiten geistlichen Wirkungskreis, welchen der Erzbischof sonst von hier aus beherrschte, denn seine Diözes war auf Metz, Toul und Verdun ausgedehnt. Auch dem weltlichen Regiment fehlt es nicht an schönen Besitztümern, wie denn der Kurfürst von Trier auf beiden Seiten der Mosel ein herrliches Land beherrscht, und so fehlt es auch Trier nicht an Palästen, welche beweisen, daß zu verschiedener Zeit von hier aus die Herrschaft sich weit und breit erstreckte.

Der Ursprung der Stadt verliert sich in die Fabelzeit; das erfreuliche Lokal mag früh genug Anbauende hierher gelockt haben. Die Trevirer waren ins Römische Reich eingeschlossen, erst Heiden dann Christen, von Normannen und von Franken überwältigt, und zuletzt ward das schöne Land dem Römisch-Deutschen Reiche einverleibt.

Ich wünschte wohl die Stadt in guter Jahreszeit, an friedlichen Tagen zu sehen, ihre Bürger näher kennen zu lernen, welche von jeher den Ruf haben freundlich und fröhlich zu sein. Von erster Eigenschaft finden sich in diesem Augenblicke wohl noch Spuren, von der zweiten kaum; und wie sollte Fröhlichkeit sich in einem so widerwärtigen Zustande erhalten!

Freilich wer in die Annalen der Stadt zurücksieht, findet wiederholte Nachricht von Kriegsunheil, das diese Gegend betroffen, da das Moseltal, ja der Fluß selbst dergleichen Züge begünstigt. Attila sogar aus dem fernsten Osten hat mit seinem unzählbaren Heere Vor- und Rückzug, wie wir, durch diese Flußregionen genommen. Was erduldeten die Einwohner nicht im Dreißigjährigen Kriege, bis zu Ende des siebzehnten Jahrhunderts, indem sich der Fürst an Frankreich als den nachbarlichsten Alliierten angeschlossen hatte, und darüber in langwierige österreichische Gefangenschaft geriet. Auch an inneren Kriegen erkrankte die Stadt mehr als einmal, wie es überall in bischöflichen Städten sich ereignen mußte, wo der Bürger mit geistlich-weltlicher Obergewalt sich nicht immer vertragen konnte.

Mein Führer, indem er mich geschichtlich unterrichtete, machte mich auf Gebäude der verschiedensten Zeit aufmerksam, wovon das meiste kurios, und daher wohl merkwürdig schien, weniges aber dem Geschmacksurteil erfreulich zusagte, wie vorher an dem Monumente zu Igel gerühmt werden konnte.

Die Reste des römischen Amphitheaters fand ich respektabel; da aber das Gebäude über sich selbst zusammengestürzt und wahrscheinlich mehrere Jahrhunderte als Steinbruch behandelt war, ließ sich nichts entziffern. Bewundernswert jedoch war noch immer, wie die Alten, ihrer Weisheit gemäß, große Zwecke mit mäßigen Mitteln hervorzubringen suchten, und die Naturgelegenheit eines Tals zwischen zwei Hügeln zu nutzen gewußt, wo die Gestalt des Bodens an Exkavation und Substruktion dem Baumeister vieles glücklich ersparte. Wenn man nun von den ersten Höhen des Martisberges, wo diese Ruine gelegen, etwas weiter aufsteigt, so sieht man über alle Reliquien der Heiligen, über Dome, Dächer und Schirme nach dem Apolloberg hinüber, und so behaupten beide Götter, den Merkur zur Seite, ihres Namens Gedächtnis; die Bilder waren zu beseitigen, der Genius nicht.

Zur Betrachtung der Baukunst früherer Mittelzeit bietet Trier merkwürdige Monumente: ich habe von solchen Dingen wenige Kenntnis, und sie sprechen nicht zum gebildeten Sinn. Mich wollte der Anblick bei einiger Teilnahme verwirren; manches davon ist verschüttet, zerstückt, zu anderm Gebrauche gewidmet.

Über die große Brücke, auch noch im Altertum gegründet, führte man mich im heitersten Momente; hier nun sieht man deutlich, wie die Stadt auf einer, mit ausspringendem Winkel nach dem Fluß zudrängenden Fläche, welche denselben gegen das linke Ufer hinweist, erbaut ist. Nun überschaut man vom Fuße des Apolloberges Fluß, Brücke, Mühlen, Stadt und Gegend, da sich denn die noch nicht ganz entlaubten Weinberge sowohl zu unsern Füßen als auf den ersten Höhen des Martisberges gegenüber gar freundlich ausnahmen, anschaulich machten, in welcher gesegneten

Gegend man sich befinde, und ein Gefühl von Wohlfahrt und Behagen erweckten, welches über den Weinländern in der Luft zu schweben scheint. Die besten Sorten Moselwein, die uns nun zuteil wurden, schienen nach diesem Überblick einen angenehmern Geschmack zu haben.

Unser fürstlicher Heerführer kam an und nahm Quartier im Kloster Sankt Maximin. Diese reichen und sonst überglücklichen Menschen hatten denn freilich schon eine gute Zeit her große Unruhe erduldet; die Brüder des Königs waren dort einquartiert gewesen und nachher war es nicht wieder leer geworden. Eine solche Anstalt, aus Ruh und Friede entsprungen, auf Ruh und Frieden berechnet, nahm sich freilich unter diesen Umständen wunderlich aus, da, man mochte noch so schonend verfahren, ein gewaltiger Gegensatz des Ritter- und Mönchtums sich hervortat. Der Herzog wußte jedoch hier wie überall, selbst als ungebetener Gast, durch Freigebigkeit und freundliches Betragen, sich und die Seinigen angenehm zu machen.

Mich aber sollte auch hier der böse Kriegsdämon wieder verfolgen. Unser guter Obrist von Gotsch war gleichfalls im Kloster einquartiert; ich fand ihn zur Nacht seinen Sohn bewachend und besorgend, welcher an der unglücklichen Krankheit gleichfalls hart darnieder lag. Hier mußt' ich nun wieder die Litanei und Verwünschung unseres Feldzugs aus dem Munde eines alten Soldaten und Vaters vernehmen, der die sämtlichen Fehler mit Leidenschaft zu rügen berechtigt war, die er als Soldat einsah, und als Vater verfluchte. Auch die Isletten kamen wieder zur Sprache, und es mußte wirklich ein jeder, der sich diesen unseligen Punkt deutlich machte, durchaus verzweifeln.

Ich erfreute mich der Gelegenheit die Abtei zu sehen, und fand ein weitläufiges, wahrhaft fürstliches Gebäude; die Zimmer von bedeutender Größe und Höhe, und die Fußboden getäfelt, Sammet und damastne Tapeten, Stukkatur, Verguldung und Schnitzwerk nicht gespart, und was man sonst in solchen Palästen zu sehen gewohnt ist, alles doppelt und dreifach in großen Spiegeln wiederholt.

Auch ward den einquartierten Personen ganz wohl dahier; die Pferde jedoch konnten nicht sämtlich untergebracht werden, sie mußten unter freiem Himmel aushalten ohne Lagerstätte, Raufen und Tröge. Unglücklicherweise waren die Futtersäcke gefault, und so mußte der Hafer von der Erde aufgeschnopert werden.

Wenn aber die Stallungen unbedeutend waren, so fand man die Keller desto geräumiger. Noch über die eigenen Weinberge genoß das Kloster die Einnahme von vielen Zehnten. Freilich mochte in den letzten Monaten gar manches Stückfaß geleert worden sein, es lagen deren viele auf dem Hofe.

Den 30. Oktober

gab unser Fürst große Tafel; drei der vornehmsten geistlichen Herren waren eingeladen, sie hatten köstliches Tischzeug, sehr schönes Porzellanservice hergegeben; von Silber war wenig zu sehen, Schätze und Kostbarkeiten lagen in Ehrenbreitstein. Die Speisen von den fürstlichen Köchen schmackhaft zubereitet; Wein, der uns früher hatte nach Frankreich folgen sollen, von Luxemburg zurückkehrend ward hier genossen; was aber am meisten Lob und Preis verdiente war das kostbarste weiße Brot, das an den Gegensatz des Kommißbrotes bei Hans erinnerte.

Ich hatte mich, als ich nach Trierischer Geschichte in diesen Tagen forschte, notwendig auch um die Abtei Sankt Maximin bekümmern müssen: ich konnte daher mit meinem geistlichen Nachbar ein ganz auslangendes geschichtliches Gespräch führen. Das hohe Alter des Stifts ward vorausgesetzt; dann gedachte man seiner mannigfaltig wechselnden Schicksale, der nahen Lage des Stifts an der Stadt, beiden Teilen gleich gefährlich; wie es denn im Jahre 1674 niedergebrannt und völlig verwüstet wurde. Von dem Wiederaufbau und der allmählichen Herstellung in den gegenwärtigen Zustand ließ ich mich auch unterrichten. Dazu konnte man viel Gutes sagen und die Anstalt preisen, welches der geistliche Herr auch gern vernahm; von den letzten Zeiten aber wollte er nichts Rühmliches wissen: die französischen Prinzen waren da lange im Quartier gelegen, und man hatte von manchem Unfug, Übermut und Verschwendung zu hören.

Bei Abwechselung des Gesprächs daher ging ich wieder ins Geschichtliche zurück; als ich aber der frühern Zeit erwähnte, wo das Stift sich dem Erzbischof gleich gesetzt und der Abt Reichsstand des Römisch-Deutschen Reichs gewesen, wich er lächelnd aus, als wenn er eine solche Erinnerung in der neusten Zeit für verfänglich halte.

Die Sorge des Herzogs für sein Regiment ward nun tätig und klar; denn als die Kranken zu Wagen fortzubringen unmöglich war, so ließ der Fürst ein Schiff mieten um sie bequem nach Koblenz zu transportieren.

Nun aber kamen andere auf eine eigene Weise preßhafte Kriegsmänner an. Auf dem Rückzuge hatte man gar bald bemerkt, daß die Kanonen nicht fortzubringen seien; die Artilleriepferde kamen um, eines nach dem andern, wenig Vorspann war zu finden; die Pferde, auf dem Hinzug requiriert, beim Herzug geflüchtet, fehlten überall, man griff zu der letzten Maßregel: von jedem Regiment mußte eine starke Anzahl Reiter absitzen und zu Fuße wandern, damit das Geschütz gerettet werde. In ihren steifen Stiefeln, die zuletzt nicht mehr durchhalten wollten, litten diese braven Menschen bei dem schrecklichen Wege unendlich; aber auch ihnen erheiterte sich die Zeit, denn es ward Anstalt getroffen, daß auch sie zu Wasser nach Koblenz fahren konnten.

November

Mein Fürst hatte mir aufgetragen dem Marquis Lucchesini aufzuwarten, eine Abschiedsempfehlung auszusprechen und mich nach einigem zu erkundigen. Bei später Abendzeit, nicht ohne einige Schwierigkeiten, ward ich bei diesem, mir früher nicht ungewogenen bedeutenden Manne eingelassen. Die Anmut und Freundlichkeit mit der er mich empfing war wohltätig; nicht so die Beantwortung meiner Fragen und Erfüllung meiner Wünsche; er entließ mich, wie er mich aufgenommen hatte, ohne mich im mindesten zu fördern, und man wird mir zutrauen, daß ich darauf vorbereitet gewesen.

Als ich nun die Abfahrt jener kranken und ermüdeten Reiter eifrig betreiben sah, ergriff mich gleichfalls das Gefühl, es sei wohl am besten getan einen Ausweg auf dem Wasser zu suchen. Sehr ungern ließ ich meine Chaise zurück, die man mir aber nach Koblenz nachzusenden versprach, und mietete ein einmänniges Boot, wo mir denn beim Einschiffen meine sämtlichen Habseligkeiten, gleichsam vorgezählt, einen sehr angenehmen Eindruck machten, indem ich sie mehr als einmal verloren glaubte oder zu verlieren fürchtete. Zu dieser Fahrt gesellte sich ein preußischer Offizier, den ich als alten Bekannten aufnahm, dessen ich mich als Pagen gar wohl erinnerte und dem seine Hofzeit noch gar deutlich vorschwebte; wie er mir denn gewöhnlich den Kaffee wollte präsentiert haben.

Das Wetter war leidlich, die Fahrt ruhig und man erkannte die Anmut dieser Wohltat um so mehr, je mühseliger auf dem Landwege, der sich dem Flusse hie und da näherte, die Kolonnen dahinzogen, oder auch wohl von Zeit zu Zeit stockend verweilten. Schon in Trier hatte man geklagt, daß bei so eiligem Rückmarsch die größte Schwierigkeit sei Quartier zu finden, indem gar oft die einem Regiment angewiesenen Ortschaften schon besetzt gefunden worden, wodurch große Not und Verwirrung entstehe.

Die Uferansichten der Mosel waren längs dieser Fahrt höchst mannigfaltig; denn obgleich das Wasser eigensinnig seinen Hauptlauf von Südwest nach Nordost richtet, so wird es doch, da es ein schikanöses gebirgisches Terrain durchstreift, von beiden Seiten durch vorspringende Winkel bald rechts bald links gedrängt, so daß es nur im weitläufigen Schlangengange fortwandeln kann. Deswegen ist denn aber auch ein tüchtiger Fährmeister höchst nötig; der unsere bewies Kraft und Gewandtheit, indem er bald hier einen vorgeschobenen Kies zu vermeiden, sogleich aber dort den an steiler Felswand herflutenden Strom zu schnellerer Fahrt kühn zu benutzen wußte. Die vielen Ortschaften zu beiden Seiten gaben den muntersten Anblick, der Weinbau, überall sorgfältig gepflegt, ließ auf ein heiteres Volk schließen, das keine Mühe schont den köstlichen Saft zu erzielen. Jeder sonnige Hügel war benutzt, bald aber bewunderten wir schroffe Felsen am Strom, auf deren schmalen vorragenden Kanten, wie auf zufälligen Naturterrassen, der Weinstock zum allerbesten gedieh.

Wir landeten bei einem artigen Wirtshause, wo uns eine alte Wirtin wohl empfing, manches erduldete Ungemach beklagte, den Emigrierten aber besonders alles Böse gönnte. Sie habe, sagte sie, an ihrem Wirtstische gar oft mit Grauen gesehen, wie diese gottesvergessenen Menschen das liebe Brot kugel- und brockenweise sich an den Kopf geworfen, so daß sie und ihre Mägde es nachher mit Tränen zusammengekehrt.

Und so ging es mit gutem Glück und Mut immer weiter hinab bis zur Dämmerung, da wir uns denn aber in das mäandrische Flußgewinde, wie es sich gegen die Höhen von Montroyal herandrängt, verschlungen sahen. Nun überfiel uns die Nacht, bevor wir Trarbach erreichen oder auch nur gewahren konnten. Es ward stockfinster; eingeengt wußten wir uns zwischen mehr oder weniger steilem Ufer, als ein Sturm, bisher schon ruckweise verkündigt, gewaltsam anhaltend hereinbrach; bald schwoll der Strom im Gegenwinde, bald wechselten abprallende Windstöße niederstürzend mit wütendem Sausen; eine Welle nach der andern schlug über den Kahn, wir fühlten uns durchnäßt. Der Schiffmeister barg nicht seine Verlegenheit; die Not schien immer größer, je länger sie dauerte, und der Drang war aufs höchste gestiegen, als der wackere Mann versicherte, er wisse weder wo er sei noch wohin er steuern solle.

Unser Begleiter verstummte, ich war still in mir gefaßt, wir schwebten in der tiefsten Finsternis, nur manchmal wollte mir scheinen, daß Massen über mir doch noch etwas dunkler als der verfinsterte Himmel sich dem Auge bemerklich machten; dies gewährte jedoch wenig Trost und Hoffnung, zwischen Land und Fels eingeschlossen zu sein drang sich immer ängstlicher auf. Und so wurden wir im Stockfinstern lange hin- und hergeworfen, bis sich endlich in der Ferne ein Licht und damit auch Hoffnung auftat. Nun ward nach Möglichkeit drauf los gesteuert und gerudert, wobei sich Paul nach Kräften tätig erwies.

Endlich stiegen wir in Trarbach glücklich ans Land, wo man uns in einem leidlichen Gasthofe Henne mit Reis alsobald anbot. Ein angesehener Kaufmann aber, die Landung von Fremden in so tiefer stürmischer Nacht vernehmend, nötigte uns in sein Haus, wo wir bei hellem Kerzenschein, in wohlgeschmückten Zimmern, englische schwarze Kunstblätter in Rahm und Glas gar zierlich aufgehangen mit Freude, ja mit Rührung, gegen die kurz vorher erduldeten finsteren Gefährlichkeiten, begrüßend erblickten. Herr und Frau, noch junge Leute, beeiferten sich uns gütlich zu tun; wir genossen des köstlichsten Moselweins, an dem sich mein Gefährte, der eine Wiederherstellung freilich am nötigsten haben mochte, besonders erquickte.

Paul gestand, daß er schon Rock und Stiefel ausgezogen, um, wenn wir scheitern sollten, uns durch Schwimmen zu erretten; wobei er sich denn freilich nur allein möchte durchgebracht haben.

Kaum hatten wir uns getrocknet und geletzt, als es in mir schon wieder zu treiben anfing und ich fortzueilen begehrte. Der freundliche Wirt wollte uns nicht entlassen, sondern verlangte vielmehr, wir sollten den morgenden Tag noch zugeben, versprach auch von einer benachbarten Höhe die weiteste schönste Aussicht über ein bedeutend Gelände und manches andere was uns zur Erquickung und Zerstreuung hätte dienen können. Aber es ist wunderbar: wie sich der Mensch an ruhige Zustände gewöhnt und in denselben verharren mag so gibt es auch eine Gewöhnung zum Unruhigen; es war in mir die Nötigung zu einem rollenden Forteilen, der ich nicht gebieten konnte.

Als wir daher fortzueilen im Begriff standen, nötigte uns der wackere Mann noch zwei Matratzen auf, damit wir im Schiff wenigstens einige Bequemlichkeit hätten: die Frau gab solche nicht gerne her, welches ihr, da der Barchent neu und schön, gar nicht zu verdenken war. Und so ereignet sich's oft in Einquartierungsfällen, daß bald der eine bald der andere Gatte dem aufgedrungenen Gast mehr oder weniger wohl will.

Bis Koblenz schwammen wir ruhig hinunter und ich erinnere mich nur deutlich, daß ich am Ende der Fahrt das schönste Naturbild gesehen, was mir vielleicht zu Augen gekommen. Als wir gegen die Moselbrücke zufuhren, stand uns dieses schwarze mächtige Bauwerk kräftig entgegen; durch die Bogenöffnungen aber schauten die stattlichen Gebäude des Tals, über der Brückenlinie sodann das Schloß Ehrenbreitstein im blauen Dufte durch und hervor. Rechts bildete die Stadt, an die Brücke sich anschließend, einen tüchtigen Vorgrund; dieses Bild gab einen herrlichen aber nur augenblicklichen Genuß, denn wir landeten und schickten sogleich gewissenhaft die Matratzen unversehrt an das von den wakkern Trarbachern uns bezeichnete Handelshaus.

Dem Herzog von Weimar war ein schönes Quartier eingeräumt, worin auch ich ein gutes Unterkommen fand; die Armee rückte nach und nach heran: die Dienerschaft des fürstlichen Generals traf ein und konnte nicht genug von den Unbilden erzählen, die sie erleiden müssen. Wir segneten uns die Wasserfahrt eingeschlagen zu haben, und die glücklich überstandene Windsbraut schien nur ein geringes Übel gegen eine stockende und überall gehinderte Landfahrt.

Der Fürst selbst war angekommen; um den König versammelten sich viele Generale; ich aber, in einsamen Spaziergängen den Rhein hin, wiederholte mir die wunderlichen Ereignisse der vergangenen Wochen.

Ein französischer General, Lafayette, Haupt einer großen Partei, vor kurzem der Abgott seiner Nation, des vollkommensten Vertrauens der Soldaten genießend, lehnt sich gegen die Obergewalt auf, die allein nach Gefangennehmung des Königs das Reich repräsentiert; er entflieht, seine Armee, nicht stärker als dreiundzwanzigtausend Mann, bleibt ohne General und Oberoffiziere, desorganisiert, bestürzt.

Zur selbigen Zeit betritt ein mächtiger König, mit einem achtzigtausend Mann starken verbündeten Heere, den Boden von Frankreich, zwei befestigte Städte, nach geringem Zaudern, ergeben sich.

Nun erscheint ein wenig bekannter General, Dumouriez; ohne jemals einen Oberbefehl geführt zu haben, nimmt er, gewandt und klug, eine sehr starke Stellung; sie wird durchbrochen und doch erreicht er eine zweite, wird auch daselbst eingeschlossen und zwar so daß der Feind sich zwischen ihn und Paris stellt.

Aber sonderbar verwickelte Zustände werden durch anhaltendes Regenwetter herbeigeführt; das furchtbare alliierte Heer, nicht weiter als sechs Stunden von Châlons, und zehn von Reims, sieht sich abgehalten diese beiden Orte zu gewinnen, bequemt sich zum Rückzug, räumt die zwei eroberten Plätze, verliert über ein Drittel seiner Mannschaft und davon höchstens zweitausend durch die Waffen, und sieht sich nun wieder am Rheine. Alle diese Begegnisse, die an das Wunderbare grenzen, ereignen sich in weniger als sechs Wochen, und Frankreich ist aus der größten Gefahr gerettet, deren seine Jahrbücher jemals gedenken.

Vergegenwärtige man sich nun die vielen tausend Teilnehmer an solchem Mißgeschick, denen das grimmige Leibes- und Seelenleiden einiges Recht zur Klage zu geben schien, so wird man sich leicht vorstellen, daß nicht alles im stillen abgetan ward, und so sehr man sich auch vorzusehen gedachte, doch aus einem vollen Herzen der Mund zu Zeiten überging.

Und so begegnete denn auch mir, daß ich an großer Tafel neben einem alten trefflichen General saß und vom Vergangenen zu sprechen mich nicht ganz enthielt, worauf er mir, zwar freundlich, aber mit gewisser Bestimmtheit antwortete: Erzeigen Sie mir morgen früh die Ehre mich zu besuchen, da wir uns hierüber freundlich und aufrichtig besprechen wollen. Ich schien es anzunehmen, blieb aber aus und gelobte mir innerlich, das gewohnte Stillschweigen sobald nicht wieder zu brechen.

Auf der Wasserfahrt sowie auch in Koblenz hatte ich manche Bemerkung gemacht zum Vorteil meiner chromatischen Studien; besonders war mir über die epoptischen Farben ein neues Licht aufgegangen, und ich konnte immer mehr hoffen, die physischen Erscheinungen in sich zu verknüpfen, und sie von andern abzusondern, mit denen sie in entfernterer Verwandtschaft zu stehen schienen.

Auch kam mir des treuen Kämmerier Wagner Tagebuch zu Ergänzung des meinigen gar wohl zustatten, das ich in den letzten Tagen ganz und gar vernachlässigt hatte.

Des Herzogs Regiment war herangekommen, und kantonierte in den Dörfern gegen Neuwied über. Hier bewies der Fürst die väterlichste Sorgfalt für seine Untergebenen; jeder einzelne durfte seine Not klagen, und soviel nur möglich ward abgestellt und nachgeholfen. Lieutenant von Flotow, in der Stadt auf Kommando stehend, und dem Wohltäter am nächsten, erwies sich tätig und hülfreich. Dem Hauptbedürfnis an Schuhen und Stiefeln wurde dadurch abgeholfen, daß man Leder kaufte, und die im Regimente sich findenden Schuster unter den Meistern der Stadt arbeiten ließ. Auch für Reinlichkeit und Zierde war gesorgt, gelbe Kreide angeschafft, die Kolletts gesäubert und gefärbt, und unsere Reiter trabten wieder ganz schmuck einher.

Meine Studien jedoch sowohl als die heitere Unterhaltung mit den Kanzlei- und Hausgenossen wurden gar sehr belebt durch den Ehrenwein, welcher von trefflicher Moselsorte unserem Fürsten vom Stadtrate gereicht ward, und welchen wir, da der Fürst meist auswärts speiste, zu genießen die Erlaubnis hatten. Als wir Gelegenheit fanden, einem von den

Gebern darüber ein Kompliment zu machen, und dankbar anerkannten, daß sie sich bei solcher Gelegenheit, um unsertwillen, mancher guten Flasche berauben wollen, vernahmen wir die Erwiderung: daß sie uns dies und noch viel mehr gönnten, und nur die Fässer bedauerten, welche sie an die Emigrierten wenden müssen, welche zwar viel Geld, aber auch viel Unheil über die Stadt gebracht, ja den Zustand derselben völlig umgekehrt; besonders aber wollte man ihr Betragen gegen den Fürsten nicht rühmen, an dessen Stelle sie sich gewissermaßen gesetzt, und gegen seinen Willen kühnlich Unverantwortliches unternommen.

In der letzten Unheil drohenden Zeit war er auch nach Regensburg abgereist, und ich schlich, zu schöner heiterer Mittagsstunde, an sein Schloß hin, das auf dem linken Rheinufer, etwas oberhalb der Stadt, wunderschön, seitdem ich diese Gegend nicht betreten, aus der Erde gewachsen war. Es stand einsam, und als die allerneuste, wenn auch nicht architektonische doch politische Ruine da, und ich hatte nicht den Mut, mir von dem umherwandelnden Schloßvogt den Eingang zu gewinnen. Wie schön war die nähere und weitere Umgebung, wie angebaut und gartenreich der Raum zwischen Schloß und Stadt, die Aussicht den Rhein stromauf ruhig und besänftigend, gegen Stadt und Festung aber prächtig und aufregend.

In der Absicht, mich übersetzen zu lassen, ging ich zur fliegenden Brücke, ward aber aufgehalten, oder hielt mich vielmehr selbst auf, in Beschauung eines österreichischen Wagentransportes, welcher nach und nach übergesetzt wurde. Hier ereignete sich ein Streit zwischen einem preußischen und österreichischen Unteroffizier, welcher den Charakter beider Nationen klar ins Licht setzte.

Vom Österreicher, der hier postiert war, um die möglich schnelle Überfahrt der Wagenkolonne zu beaufsichtigen, aller Verwirrung vorzubeugen, und deshalb kein anderes Fuhrwerk dazwischen zu lassen, verlangte der Preuße heftig eine Ausnahme für sein Wägelchen, auf welchem Frau und Kind mit einigen Habseligkeiten gepackt waren. Mit großer Gelassenheit versagte der Österreicher die Forderung, auf die Ordre sich berufend, die ihm dergleichen ausdrücklich verbiete; der Preuße ward heftiger, der Österreicher womöglich gelassener; er litt keine Lücke in der ihm empfohlenen Kolonne, und der andere fand sich einzudrängen keinen Raum. Endlich schlug der Zudringliche an seinen Säbel, und forderte den Widerstehenden heraus; mit Drohen und Schimpfen wollte er seinen Gegner ins nächste Gäßchen bewegen, um die Sache daselbst auszumachen; der höchst ruhige verständige Mann aber, der die Rechte seines Postens gar wohl kannte, rührte sich nicht, und hielt Ordnung nach wie vor.

Ich wünschte diese Szene wohl von einem Charakterzeichner aufgefaßt: denn wie im Betragen so auch in Gestalt unterschieden sich beide; der Gelassene war stämmig und stark, der Wütende, denn zuletzt erwies er sich so, hager, lang, schmächtig und rührig.

Die auf diesen Spazierweg zu verwendende Zeit war zum Teil schon verstrichen, und mir vertrieb die Furcht vor ähnlichen Retardationen bei der Rückkehr jede Lust das sonst so geliebte Tal zu besuchen, das doch nur das Gefühl schmerzlichen Entbehrens erregt und mich fruchtlos zu Betrachtung früherer Jahre aufgeregt hätte; doch stand ich lange hinüber schauend, friedlicher Zeiten mitten im verwirrenden Wechsel irdischer Ereignisse treulich eingedenk.

Und so traf es zufällig, daß ich von den Maßregeln zum ferneren Feldzuge auf dem rechten Ufer näher unterrichtet ward. Des Herzogs Regiment rüstete sich hinüber zu ziehen; der Fürst selbst mit seiner ganzen Umgebung sollte folgen. Mir bangte vor jeder Fortsetzung des kriegerischen Zustandes, und das Fluchtgefühl ergriff mich abermals. Ich möchte dies ein umgekehrtes Heimweh nennen, eine Sehnsucht ins Weite, statt ins Enge. Ich stand; der herrliche Fluß lag vor mir, er gleitete so sanft und lieblich hinunter, in ausgedehnter breiter Landschaft; er floß zu Freunden, mit denen ich, trotz manchem Wechseln und Wenden, immer treu verbunden geblieben. Mich verlangte aus der fremden gewaltsamen Welt an Freundesbrust, und so mietete ich, nach erhaltenem Urlaub, eilig einen Kahn bis Düsseldorf; meine noch immer zurückbleibende Chaise Koblenzer Freunden empfehlend, mit Bitte sie mir hinabwärts zu spedieren.

Als ich nun mit meinen Habseligkeiten mich eingeschifft und sogleich auf dem Strome dahin schwimmen sah, begleitet vom getreuen Paul und einem blinden Passagier, welcher gelegentlich zu rudern sich verband, hielt ich mich für glücklich, und von allem Übel befreit.

Indessen standen noch einige Abenteuer bevor. Wir hatten nicht lange flußabwärts gerudert, als zu bemerken war, daß der Kahn ein starkes Leck haben müsse, indem der Fährmann von Zeit zu Zeit das Wasser fleißig ausschöpfte. Und nun entdeckte ich erst, daß wir, bei übereilt unternommener Fahrt, nicht bedacht hatten, wie auf die weite Strecke hinab, von Koblenz bis Düsseldorf, der Schiffer nur ein altes Boot zu nehmen pflegt, um es unten als Brennholz zu verkaufen, und, sein Fährgeld in der Tasche, ganz leicht nach Hause zu wandern.

Indessen fuhren wir getrost dahin. Eine sternhelle, doch sehr kalte Nacht begünstigte unsere Fahrt, als auf einmal der fremde Ruderer verlangte ans Land gesetzt zu werden, und sich mit dem Schiffer zu streiten anfing, an welcher Stelle es denn eigentlich für den Wandrer am vorteilhaftesten sei, worüber sie sich nicht vereinigen konnten.

Unter diesen Händeln, die mit Heftigkeit geführt wurden, stürzte unser Fährmann ins Wasser, und wurde nur mit Mühe herausgezogen. Nun konnte er bei heller klarer Nacht nicht mehr aushalten, und bat dringend um die Erlaubnis, bei Bonn anfahren zu dürfen, um sich zu trocknen und zu erwärmen. Mein Diener ging mit ihm in eine Schifferkneipe, ich aber beharrte unter freiem Himmel zu bleiben, und ließ mir ein Lager auf Mantelsack und Portefeuille bereiten. So groß ist die Macht der Gewohnheit, daß mir, der ich die letzten sechs Wochen fast immer unter freiem Himmel zugebracht hatte, vor Dach und Zimmer graute. Diesmal aber entstand daraus für mich ein neues Unheil, welches man freilich hätte vorhersehen sollen: den Kahn hatte man zwar so weit als möglich auf den Strand gezogen, aber nicht so weit, daß er nicht durch das Leck noch hätte Wasser einnehmen können.

Nach einem tiefen Schlafe fand ich mich mehr als erfrischt, denn das Wasser war bis zu meinem Lager gedrungen, und hatte mich und meine Habseligkeiten durchnäßt. Ich war daher genötigt aufzustehen, das Wirtshaus aufzusuchen, und mich in Tabak schmauchender, Glühwein schlürfender Gesellschaft so gut als möglich zu trocknen; worüber denn der Morgen ziemlich herankam und eine verspätete Reise durch frisches Rudern eifrig beschleunigt wurde.

Zwischenrede

Wenn ich mich nun so, in der Erinnerung, den Rhein hinunter schwimmen sehe, wüßt' ich nicht genau zu sagen was in mir vorging. Der Anblick eines friedlichen Wasserspiegels, das Gefühl der bequemen Fahrt auf demselben, ließ mich nach der kurz vergangenen Zeit zurückschauen, wie auf einen bösen Traum, von dem ich mich soeben erwacht fände; ich überließ mich den heitersten Hoffnungen eines nächsten gemütlichen Zusammenseins.

Nun aber, wenn ich mitzuteilen fortfahren soll, muß ich eine andere Behandlung wählen, als dem bisherigen Vortrag wohl geziemte: denn wo Tag für Tag das Bedeutendste vor unsern Augen vorgeht, wenn wir mit so viel Tausenden leiden und fürchten und nur furchtsam hoffen, dann hat die Gegenwart ihren entschiedenen Wert, und, Schritt vor Schritt vorgetragen, erneuert sie das Vergangene, indem sie auf die Zukunft hindeutet.

Was aber in geselligen Zirkeln sich ereignet, kann nur aus einer sittlichen Folge der Äußerungen innerlicher Zustände begriffen werden; die Reflexion ist hier an ihrer Stelle, der

Augenblick spricht nicht für sich selbst, Andenken an das Vergangene, spätere Betrachtungen müssen ihn dolmetschen.

Wie ich überhaupt ziemlich unbewußt lebte, und mich vom Tag zum Tage führen ließ, wobei ich mich, besonders die letzten Jahre, nicht übel befand, so hatte ich die Eigenheit, niemals weder eine nächst zu erwartende Person, noch eine irgend zu betretende Stelle vorauszudenken, sondern diesen Zustand unvorbereitet auf mich einwirken zu lassen. Der Vorteil der daraus entsteht ist groß; man braucht von einer vorgefaßten Idee nicht wieder zurück zu kommen, nicht ein selbstbeliebig gezeichnetes Bild wieder auszulöschen, und mit Unbehagen die Wirklichkeit an dessen Stelle aufzunehmen; der Nachteil dagegen mag wohl hervortreten, daß wir mit Unbewußtsein in wichtigen Augenblicken nur herumtasten und uns nicht gerade in jeden ganz unvorhergesehenen Zustand aus dem Stegreife zu finden wissen.

In eben dem Sinne war ich auch niemals aufmerksam, was meine persönliche Gegenwart und Geistesstimmung auf die Menschen wirke, da ich denn oft ganz unerwartet fand, daß ich Neigung oder Abneigung und sogar oft beides zugleich erregte.

Wollte man nun auch dieses Betragen als eine individuelle Eigenheit weder loben noch tadeln, so muß doch bemerkt werden, daß sie im gegenwärtigen Falle gar wunderliche Phänomene und nicht immer die erfreulichsten hervorbrachte.

Ich war mit jenen Freunden seit vielen Jahren nicht zusammengekommen, sie hatten sich getreu an ihrem Lebensgange gehalten, dagegen mir das wunderbare Los beschieden war, durch manche Stufen der Prüfung, des Tuns und Duldens durchzugehen, so daß ich, in eben der Person beharrend, ein ganz anderer Mensch geworden, meinen alten Freunden fast unkenntlich auftrat.

Es würde schwer halten, auch in späteren Jahren, wo eine freiere Übersicht des Lebens gewonnen ist, sich genaue Rechenschaft von jenen Übergängen abzulegen, die bald als Vorschritt, bald als Rückschritt erscheinen, und doch alle dem gottgeführten Menschen zu Nutz und Frommen gereichen müssen. Ungeachtet solcher Schwierigkeiten aber will ich, meinen Freunden zuliebe, einige Andeutung versuchen.

Der sittliche Mensch erregt Neigung und Liebe nur insofern, als man Sehnsucht an ihm gewahr wird; sie drückt Besitz und Wunsch zugleich aus, den Besitz eines zärtlichen Herzens, und den Wunsch ein gleiches in andern zu finden; durch jenes ziehen wir an, durch dieses geben wir uns hin.

Das Sehnsüchtige, das in mir lag, das ich in früheren Jahren vielleicht zu sehr gehegt, und bei fortschreitendem Leben kräftig zu bekämpfen trachtete, wollte dem Manne nicht mehr ziemen, nicht mehr genügen, und er suchte deshalb die volle endliche Befriedigung. Das Ziel meiner innigsten Sehnsucht, deren Qual mein ganzes Inneres erfüllte, war Italien, dessen Bild und Gleichnis mir viele Jahre vergebens vorschwebte, bis ich endlich durch kühnen Entschluß die wirkliche Gegenwart zu fassen mich erdreistete. In jenes herrliche Land sind mir meine Freunde gern auch in Gedanken gefolgt, sie haben mich auf Hin- und Herwegen begleitet, möchten sie nun auch nächstens den längern Aufenthalt daselbst mit Neigung teilen und von dort mich wieder zurückbegleiten, da sich alsdann manches Problem faßlicher auflösen wird.

In Italien fühlt' ich mich nach und nach kleinlichen Vorstellungen entrissen, falschen Wünschen enthoben und an die Stelle der Sehnsucht nach dem Lande der Künste setzte sich die Sehnsucht nach der Kunst selbst; ich war sie gewahr geworden, nun wünscht' ich sie zu durchdringen.

Das Studium der Kunst wie das der alten Schriftsteller gibt uns einen gewissen Halt, eine Befriedigung in uns selbst; indem sie unser Inneres mit großen Gegenständen und Gesinnungen füllt, bemächtigt sie sich aller Wünsche die nach außen strebten, hegt aber jedes würdige Verlangen im stillen Busen; das Bedürfnis der Mitteilung wird immer geringer, und wie Malern, Bildhauern, Baumeistern, so geht es auch dem Liebhaber: er arbeitet einsam, für Genüsse, die er mit andern zu teilen kaum in den Fall kommt.

Aber zu gleicher Zeit sollte mich doch eine Ableitung der Welt entfremden und zwar die entschiedenste Wendung gegen die Natur, zu der ich aus eigenstem Trieb auf die individuellste Weise hingelenkt worden. Hier fand ich weder Meister noch Gesellen und mußte selbst für alles stehen. In der Einsamkeit der Wälder und Gärten, in den Finsternissen der dunklen Kammer wär' ich ganz einzeln geblieben, hätte mich nicht ein glückliches häusliches Verhältnis in dieser wunderlichen Epoche lieblich zu erquicken gewußt. Die Römischen Elegien, die Venezianischen Epigramme fallen in diese Zeit.

Nun aber sollte mir auch ein Vorgeschmack kriegerischer Unternehmungen werden: denn, der schlesischen durch den Reichenbacher Kongreß geschlichteten Kampagne beizuwohnen beordert, hatte ich mich in einem bedeutenden Lande durch manche Erfahrung aufgeklärt und erhoben gesehen und zugleich durch anmutige Zerstreuung hin und her gaukeln lassen, indessen das Unheil der französischen Staatsumwälzung sich immer weiter verbreitend, jeden Geist, er mochte hin denken und sinnen wohin er wollte, auf die Oberfläche der europäischen Welt zurückforderte und ihm die grausamsten Wirklichkeiten aufdrang. Rief mich nun gar die Pflicht, meinen Fürsten und Herrn erst in die bedenklichen, bald aber traurigen Ereignisse des Tags abermals hineinzubegleiten und das Unerfreuliche, das ich nur gemäßigt meinen Lesern mitzuteilen gewagt, männlich zu erdulden, so hätte alles, was noch Zartes und Herzliches sich ins Innerste zurückgezogen hatte, auslöschen und verschwinden mögen.

Fasse man dies alles zusammen, so wird der Zustand, wie er nachstehend skizzenhaft verzeichnet ist, nicht ganz rätselhaft erscheinen, welches ich um so mehr wünschen muß, da ich ungern dem Trieb widerstehe, diese vor vielen Jahren flüchtig verfaßten Blätter nach gegenwärtiger Einsicht und Überzeugung umzuschreiben.

Pempelfort, November 1792

Es war schon finster, als ich in Düsseldorf landete und mich daher mit Laternen nach Pempelfort bringen ließ, wo ich nach augenblicklicher Überraschung die freundlichste Aufnahme fand; vielfaches Hin- und Hersprechen, wie ein solches Wiedersehen aufregt, nahm einen Teil der Nacht hinweg.

Den nächsten Tag war ich durch Fragen, Antworten und Erzählen bald eingewohnt; der unglückliche Feldzug gab leider genugsame Unterhaltung, niemand hatte sich den Ausgang so traurig gedacht. Aber auch aussprechen konnte niemand die tiefe Wirkung eines beinahe vierwöchentlichen furchtbaren Schweigens, die sich immer steigernde Ungewißheit bei dem Mangel aller Nachrichten. Eben als wäre das alliierte Heer von der Erde verschlungen worden, so wenig verlautete von demselben; jedermann in eine gräßliche Leere hineinblickend war von Furcht und Ängsten gepeinigt, und nun erwartete man mit Entsetzen die Kriegsläufte schon wieder in den Niederlanden, man sah das linke Rheinufer und zugleich das rechte bedroht.

Von solchen Betrachtungen zerstreuten uns moralische und literarische Verhandlungen, wobei mein Realismus zum Vorschein kommend die Freunde nicht sonderlich erbaute.

Ich hatte seit der Revolution, mich von dem wilden Wesen einigermaßen zu zerstreuen, ein wunderbares Werk begonnen, eine Reise von sieben Brüdern verschiedener Art, jeder nach seiner Weise dem Bunde dienend, durchaus abenteuerlich und märchenhaft, verworren, Aussicht und Absicht verbergend, ein Gleichnis unsers eignen Zustandes. Man verlangte eine Vorlesung, ich ließ mich nicht viel bitten und rückte mit meinen Heften hervor; aber ich bedurfte auch nur wenig Zeit um zu bemerken, daß niemand davon erbaut sei. Ich ließ daher meine wandernde Familie in irgend einem Hafen und mein weiteres Manuskript auf sich selbst beruhen.

Meine Freunde jedoch, die sich in so veränderte Gesinnung nicht gleich ergeben wollten, versuchten mancherlei, um frühere Gefühle durch ältere Arbeiten wieder hervorzurufen, und gaben mir Iphigenien zur abendlichen Vorlesung in die Hand; das wollte mir aber gar nicht munden, dem zarten Sinne fühlt' ich mich entfremdet, auch von andern vorgetragen war mir ein solcher Anklang lästig. Indem aber das Stück gar bald zurückgelegt ward, schien es, als wenn man mich durch einen höhern Grad von Folter zu prüfen gedenke. Man brachte Ödipus auf Kolonos, dessen erhabene Heiligkeit meinem gegen Kunst, Natur und Welt gewendeten, durch eine schreckliche Kampagne verhärteten Sinn ganz unerträglich schien; nicht hundert Zeilen hielt ich aus. Da ergab man sich denn wohl in die Gesinnung des veränderten Freundes, fehlte es doch nicht an so mancherlei Anhaltepunkten des Gesprächs.

Aus den frühern Zeiten deutscher Literatur ward manches einzelne erfreulich hervorgerufen, niemals aber drang die Unterhaltung in einen tiefern Zusammenhang, weil man Merkmale ungleicher Gesinnung vermeiden wollte.

Soll ich irgend etwas Allgemeines hier einschalten, so war es schon seit zwanzig Jahren wirklich eine merkwürdige Zeit, wo bedeutende Existenzen zusammentrafen und Menschen von einer Seite sich aneinander schlossen, obgleich von der andern höchst verschieden; jeder brachte einen hohen Begriff von sich selbst zur Gesellschaft und man ließ sich eine wechselseitige Verehrung und Schonung gern gefallen.

Das Talent befestigte seinen erworbenen Besitz einer allgemeinen Achtung, durch gesellige Verbindungen wußte man sich zu hegen und zu fördern, die errungenen Vorteile wurden nicht mehr durch einzelne sondern durch eine übereinstimmende Mehrheit erhalten. Daß hiebei eine Art Absichtlichkeit durchwalten mußte, lag in der Sache; so gut wie andere Weltkinder verstanden sie eine gewisse Kunst in ihre Verhältnisse zu legen, man verzieh sich die Eigenheiten, eine Empfindlichkeit hielt der andern die Waage und die wechselseitigen Mißverständnisse blieben lange verborgen.

Zwischen diesem allen hatte ich einen wunderlichen Stand, mein Talent gab mir einen ehrenvollen Platz in der Gesellschaft, aber meine heftige Leidenschaft für das, was ich als wahr und naturgemäß erkannte, erlaubte sich manche gehässige Ungezogenheit gegen irgendein scheinbar falsches Streben; weswegen ich mich auch mit den Gliedern jenes Kreises zu Zeiten überwarf, ganz oder halb versöhnte, immer aber im Dünkel des Rechthabens auf meinem Wege fort ging. Dabei behielt ich etwas von der Ingenuität des Voltaireschen Huronen noch im späteren Alter, so daß ich zugleich unerträglich und liebenswürdig sein konnte.

Ein Feld jedoch, in welchem man sich mit mehr Freiheit und Übereinstimmung erging, war die westliche, um nicht zu sagen französische, Literatur. Jacobi, indem er seinen eigenen Weg wandelte, nahm doch Kenntnis von allem Bedeutenden, und die Nachbarschaft der Niederlande trug viel dazu bei, ihn nicht allein literarisch sondern auch persönlich in jenen Kreis zu ziehen. Er war ein sehr wohlgestalteter Mann, von den vorteilhaftesten Gesichtszügen, von einem zwar gemessenen aber doch höchst gefälligen Betragen, bestimmt in jedem gebildeten Kreise zu glänzen.

Wundersam war jene Zeit, die man sich kaum wieder vergegenwärtigen könnte; Voltaire hatte wirklich die alten Bande der Menschheit aufgelöst, daher entstand in guten Köpfen eine Zweifelsucht an dem was man sonst für würdig gehalten hatte. Wenn der Philosoph von Ferney seine ganze Bemühung dahin richtete, den Einfluß der Geistlichkeit zu mindern und zu schwächen und hauptsächlich Europa im Auge behielt, so erstreckte de Pauw seinen Eroberungsgeist über fernere Weltteile; er wollte weder Chinesen noch Ägyptern die Ehre gönnen, die ein vieljähriges Vorurteil auf sie gehäuft hatte. Als Kanonikus von Xanten, Nachbar von Düsseldorf, unterhielt er ein freundschaftliches Verhältnis mit Jacobi; und wie mancher andere wäre nicht hier zu nennen?

Und so wollen wir doch noch Hemsterhuis einführen, welcher der Fürstin Gallitzin ergeben in dem benachbarten Münster viel verweilte. Dieser ging nun von seiner Seite mit Geistesverwandten auf zartere Beruhigung, auf ideelle Befriedigung aus, und neigte sich mit platonischen Gesinnungen der Religion zu.

Bei diesen fragmentarischen Erinnerungen muß ich auch noch Diderots gedenken, des heftigen Dialektikers, der sich auch eine Zeitlang in Pempelfort als Gast sehr wohl gefiel und mit großer Freimütigkeit seine Paradoxen behauptete.

Auch waren Rousseaus auf Naturzustände gerichtete Aussichten diesem Kreise nicht fremd, welcher nichts ausschloß, also auch mich nicht, ob er mich gleich eigentlich nur duldete.

Denn wie die äußere Literatur auf mich in jüngeren Jahren gewirkt, ist an mehreren Orten schon angedeutet. Fremdes konnt' ich wohl in meinen Nutzen verwenden, aber nicht aufnehmen, deshalb ich mich denn über das Fremde mit andern ebenso wenig zu verständigen vermochte. Ebenso wunderlich sah es mit der Produktion aus; diese hielt immer gleichen Schritt mit meinem Lebensgange, und da dieser selbst für meine nächsten Freunde meist ein Geheimnis blieb, so wußte man selten mit einem meiner neuen Produkte sich zu befreunden, weil man denn doch etwas Ähnliches zu dem schon Bekannten erwartete.

War ich nun schon mit meinen sieben Brüdern übel angekommen, weil sie Schwester Iphigenien nicht im mindesten glichen, so merkt' ich wohl, daß ich die Freunde durch meinen Groß-Kophta, der längst gedruckt war, sogar verletzt hatte; es war die Rede nicht davon und ich hütete mich sie darauf zu bringen. Indessen wird man mir gestehen, daß ein Autor, der in der Lage ist seine neusten Werke nicht vortragen oder darüber reden zu dürfen, sich so peinlich fühlen muß wie ein Komponist der seine neusten Melodien zu wiederholen sich gehindert fühlte.

Mit meinen Naturbetrachtungen wollte es mir kaum besser glücken; die ernstliche Leidenschaft womit ich diesem

Geschäft nachhing konnte niemand begreifen, niemand sah wie sie aus meinem Innersten entsprang; sie hielten dieses löbliche Bestreben für einen grillenhaften Irrtum; ihrer Meinung nach konnt' ich was Besseres tun und meinem Talent die alte Richtung lassen und geben. Sie glaubten sich hiezu um desto mehr berechtigt, als meine Denkweise sich an die ihrige nicht anschloß, vielmehr in den meisten Punkten gerade das Gegenteil aussprach. Man kann sich keinen isoliertern Menschen denken als ich damals war und lange Zeit blieb. Der Hylozoismus, oder wie man es nennen will, dem ich anhing und dessen tiefen Grund ich in seiner Würde und Heiligkeit unberührt ließ, machte mich unempfänglich, ja unleidsam gegen jene Denkweise, die eine tote, auf welche Art es auch sei, auf- und angeregte Materie als Glaubensbekenntnis aufstellte. Ich hatte mir aus Kants Naturwissenschaft nicht entgehen lassen, daß Anziehungs- und Zurückstoßungskraft zum Wesen der Materie gehören und keine von der andern im Begriff der Materie getrennt werden könne; daraus ging mir die Urpolarität aller Wesen hervor, welche die unendliche Mannigfaltigkeit der Erscheinungen durchdringt und belebt.

Schon bei dem früheren Besuche der Fürstin Gallitzin mit Fürstenberg und Hemsterhuis in Weimar hatte ich dergleichen vorgebracht, ward aber als wie mit gotteslästerlichen Reden beiseite und zur Ruhe gewiesen.

Man kann es keinem Kreise verdenken, wenn er sich in sich selbst abschließt; und das taten meine Freunde zu Pempelfort redlich. Von der schon ein Jahr gedruckten Metamorphose der Pflanzen hatten sie wenig Kenntnis genommen, und wenn ich meine morphologischen Gedanken, so geläufig sie mir auch waren, in bester Ordnung und wie es mir schien bis zur kräftigsten Überzeugung vortrug, so mußte ich doch leider bemerken, daß die starre Vorstellungsart: nichts könne werden als was schon sei, sich aller Geister bemächtigt habe. In Gefolg dessen mußt' ich denn auch wieder hören: daß alles Lebendige aus dem Ei komme, worauf ich denn mit bitterm Scherze die alte Frage hervorhob: ob denn die Henne oder das Ei zuerst gewesen? Die Einschachtelungslehre schien so plausibel und die Natur mit Bonnet zu kontemplieren höchst erbaulich.

Von meinen Beiträgen zur Optik hatte auch etwas verlautet, und ich ließ mich nicht lange bitten die Gesellschaft mit einigen Phänomenen und Versuchen zu unterhalten, wo mir denn ganz Neues vorzubringen nicht schwer fiel: denn alle Personen, so gebildet sie auch waren, hatten das gespaltene Licht eingelernt und wollten leider das lebendige, woran sie sich erfreuten, auf jene tote Hypothese zurückgeführt wissen.

Doch ließ ich mir dergleichen eine Zeitlang gern gefallen, denn ich hielt niemals einen Vortrag ohne daß ich dabei gewonnen hätte; gewöhnlich gingen mir unterm Sprechen neue Lichter auf, und ich erfand im Fluß der Rede am gewissesten.

Freilich konnte ich auf diese Weise nur didaktisch und dogmatisch verfahren, eine eigentlich dialektische und konversierende Gabe war mir nicht verliehen. Oft aber trat auch eine böse Gewohnheit hervor, deren ich mich anklagen muß: da mir das Gespräch, wie es gewöhnlich geführt wird, höchst langweilig war, indem nichts als beschränkte individuelle Vorstellungsarten zur Sprache kamen, so pflegte ich den unter Menschen gewöhnlich entspringenden bornierten Streit durch gewaltsame Paradoxe aufzuregen und ans Äußerste zu führen. Dadurch war die Gesellschaft meist verletzt und in mehr als einem Sinne verdrießlich. Denn oft, um meinen Zweck zu erreichen, mußt' ich das böse Prinzip spielen, und da die Menschen gut sein und auch mich gut haben wollten, so ließen sie es nicht durchgehen; als Ernst konnte man es nicht gelten lassen, weil es nicht gründlich, als Scherz nicht, wei es zu herb war; zuletzt nannten sie mich einen umgekehrten Heuchler und versöhnten sich bald wieder mit mir. Doch kann ich nicht leugnen, daß ich durch diese böse Manier mir manche Person entfremdet, andere zu Feinden gemacht habe.

Wie mit dem Zauberstäbchen jedoch konnte ich sogleich alle bösen Geister vertreiben, wenn ich von Italien zu erzählen anfing. Auch dahin war ich unvorbereitet, unvorsichtig gegangen; Abenteuer fehlten keineswegs, das Land selbst, seine Anmut und Herrlichkeit hatte ich mir völlig eingeprägt; mir war Gestalt, Farbe, Haltung jener vom günstigsten Himmel umschienenen Landschaft noch unmittelbar gegenwärtig. Die schwachen Versuche eigenen Nachbildens hatten das Gedächtnis geschärft, ich konnte beschreiben als wenn ich's vor mir sähe; von belebender Staffage wimmelte es durch und durch, und so war jedermann von den lebhaft vorbeigeführten Bilderzügen zufrieden, manchmal entzückt.

Wünschenswert wäre nunmehr, daß man, um die Anmut des Pempelforter Aufenthalts vollkommen darzustellen, auch die Örtlichkeit, worin dies alles vorging, klar vergegenwärtigen könnte. Ein freistehendes geräumiges Haus, in der Nachbarschaft von weitläufigen wohlgehaltenen Gärten, im Sommer ein Paradies, auch im Winter höchst erfreulich. Jeder Sonnenblick ward in reinlicher freier Umgebung genossen; abends oder bei ungünstigem Wetter zog man sich gern in die schönen großen Zimmer zurück, die behaglich, ohne Prunk ausgestattet, eine würdige Szene jeder geistreichen Unterhaltung darboten. Ein großes Speisezimmer, zahlreicher Familie und nie fehlenden Gästen geräumig, heiter und bequem, lud an eine lange Tafel, wo es nicht an wünschenswerten Speisen fehlte. Hier fand man sich zusammen, der Hauswirt immer munter und aufregend, die Schwestern wohlwollend und einsichtig, der Sohn ernst und hoffnungsvoll, die Tochter wohlgebildet, tüchtig, treuherzig und liebenswürdig, an die leider schon vorübergegangene Mutter und an die früheren Tage erinnernd, die man vor zwanzig Jahren in Frankfurt mit ihr zugebracht hatte. Heinse, mit zur Familie gehörig, verstand Scherze jeder Art zu erwidern; es gab Abende wo man nicht aus dem Lachen kam.

Die wenigen einsamen Stunden, die mir in diesem gastfreisten aller Häuser übrig blieben, wendete ich im stillen an eine wunderliche Arbeit. Ich hatte während der Kampagne, neben dem Tagebuch, poetische Tagesbefehle, satirische Ordres du jour aufgezeichnet, nun wollte ich sie durchsehen und redigieren; allein ich bemerkte bald, daß ich mit kurzsichtigem Dünkel manches falsch gesehen und unrichtig beurteilt habe, und da man gegen nichts strenger ist als gegen erst abgelegte Irrtümer, es auch bedenklich schien dergleichen Papiere irgendeinem Zufall auszusetzen, so vernichtete ich das ganze Heft in einem lebhaften Steinkohlenfeuer; worüber ich mich nun insofern betrübe, als es mir jetzt viel wert zur Einsicht in den Gang der Vorfälle und die Folge meiner Gedanken darüber sein würde.

In dem nicht weit entfernten Düsseldorf wurden fleißige Besuche gemacht bei Freunden die zu dem Pempelforter Zirkel gehörten; auf der Galerie war die gewöhnliche Zusammenkunft. Dort ließ sich eine entschiedene Neigung für die italienische Schule spüren, man zeigte sich höchst ungerecht gegen die niederländische; freilich war der hohe Sinn der ersten anziehend, edle Gemüter hinreißend. Einst hatten wir uns lange in dem Saale des Rubens und der vorzüglichsten Niederländer aufgehalten; als wir heraustraten, hing die Himmelfahrt von Guido gerade gegenüber, da rief einer begeistert aus: «Ist es einem nicht zumute, als wenn man aus einer Schenke in gute Gesellschaft käme!» An meinem Teil konnt' ich mir gefallen lassen, daß die Meister, die mich noch vor kurzem über den Alpen entzückt, sich so herrlich zeigten und leidenschaftliche Bewunderung erweckten; doch sucht' ich mich auch mit den Niederländern bekannt zu machen, deren Tugenden und Vorzüge im höchsten Grade sich hier den Augen darstellten, ich fand mir Gewinn fürs ganze Leben.

Was mir aber noch mehr auffiel, war, daß ein gewisser Freiheitssinn, ein Streben nach Demokratie sich in die hohen Stände verbreitet hatte; man schien nicht zu fühlen was alles erst zu verlieren sei, um zu irgendeiner Art zweideutigen Gewinnes zu gelangen. Lafayette und Mirabeaus Büste, von

Houdon sehr natürlich und ähnlich gebildet, sah ich hier göttlich verehrt, jenen wegen seiner ritterlichen und bürgerlichen Tugenden, diesen wegen Geisteskraft und Rednergewalt. So seltsam schwankte schon die Gesinnung der Deutschen; einige waren selbst in Paris gewesen, hatten die bedeutenden Männer reden hören, handeln sehen und waren, leider nach deutscher Art und Weise, zur Nachahmung aufgeregt worden, und das gerade zu einer Zeit, wo die Sorge für das linke Rheinufer sich in Furcht verwandelte.

Die Not schien dringend: Emigrierte füllten Düsseldorf, selbst die Brüder des Königs kamen an; man eilte sie zu sehen, ich traf sie auf der Galerie und erinnerte mich dabei, wie sie durchnäßt bei dem Auszuge aus Glorieux gesehen worden. Herr von Grimm und Frau von Bueil erschienen gleichfalls. Bei Überfüllung der Stadt hatte sie ein Apotheker aufgenommen; das Naturalienkabinett diente zum Schlafzimmer; Affen, Papageien und andres Getier belauschten den Morgenschlaf der liebenswürdigsten Dame; Muscheln und Korallen hinderten die Toilette sich gehörig auszubreiten. und so war das Einquartierungsübel, das wir kaum erst nach Frankreich gebracht hatten, wieder zu uns herübergeführt.

Frau von Coudenhoven, eine schöne geistreiche Dame, sonst die Zierde des Mainzer Hofes, hatte sich auch hieher geflüchtet. Herr und Frau von Dohm kamen von deutscher Seite heran, um von den Zuständen nähere Kenntnisse zu nehmen.

Frankfurt war noch von den Franzosen besetzt, die Kriegsbewegungen hatten sich zwischen die Lahn und das Taunusgebirge gezogen; bei täglich abwechselnden, bald sichern bald unsichern Nachrichten war das Gespräch lebhaft und geistreich, aber wegen streitenden Interesses und Meinungen gewährte es nicht immer eine erfreuliche Unterhaltung. Ich konnte einer so problematischen, durchaus ungewissen, dem Zufall unterworfenen Sache keinen Ernst abgewinnen und war mit meinen paradoxen Späßen mitunter aufheiternd, mitunter lästig.

So erinnere ich mich, daß an dem Abendtische der Frankfurter Bürger mit Ehren gedacht ward, sie sollten sich gegen Custine männlich und gut betragen haben; ihre Aufführung und Gesinnung, hieß es, steche gar sehr ab gegen die unerlaubte Weise, wie sich die Mainzer betragen und noch betrügen. Frau von Coudenhoven, in dem Enthusiasmus der sie sehr gut kleidete, rief aus: sie gäbe viel darum eine Frankfurter Bürgerin zu sein. Ich erwiderte: das sei etwas Leichtes, ich wisse ein Mittel, werde es aber als Geheimnis für mich behalten. Da man nun heftig und heftiger in mich drang, erklärte ich zuletzt, die treffliche Dame dürfe mich nur heiraten, wodurch sie augenblicklich zur Frankfurter Bürgerin umgeschaffen werde. Allgemeines Gelächter!

Und was kam nicht alles zur Sprache! Als einst von der unglücklichen Kampagne, besonders von der Kanonade bei Valmy die Rede war, versicherte Herr von Grimm: es sei von meinem wunderlichen Ritt ins Kanonenfeuer an des Königs Tafel die Rede gewesen; wahrscheinlich hatten die Offiziere, denen ich damals begegnete, davon gesprochen; das Resultat ging darauf hinaus: daß man sich darüber nicht wundern müsse, weil gar nicht zu berechnen sei, was man von einem seltsamen Menschen zu erwarten habe.

Auch ein sehr geschickter, geistreicher Arzt nahm teil an unsern Halbsaturnalien, und ich dachte nicht in meinem Übermut, daß ich seiner so bald bedürfen würde. Er lachte daher zu meinem Ärger laut auf, als er mich im Bette fand, wo ein gewaltiges rheumatisches Übel, das ich mir durch Verkältung zugezogen, mich beinahe unbeweglich festhielt. Er, ein Schüler des Geheimrat Hofmann, dessen tüchtige Wunderlichkeiten, von Mainz und dem kurfürstlichen Hofe aus, bis weit hinunter den Rhein gewirkt, verfuhr sogleich mit Kampfer, welcher fast als Universalmedizin galt. Löschpapier, Kreide darauf gerieben, sodann mit Kampfer bestreut, ward äußerlich, Kampfer gleichfalls, in kleinen Dosen, innerlich angewandt. Dem sei nun wie ihm wolle, ich war in einigen Tagen hergestellt.

Die Langeweile jedoch des Leidens ließ mich manche Betrachtung anstellen, die Schwäche, die aus einem bettlägrigen Zustande gar leicht erfolgt, ließ mich meine Lage bedenklich finden, das Fortschreiten der Franzosen in den Niederlanden war bedeutend und durch den Ruf vergrößert, man sprach täglich und stündlich von neuangekommenen Ausgewanderten.

Mein Aufenthalt in Pempelfort war schon lang genug, und ohne die herzlichste Gastfreiheit der Familie hätte jeder glauben müssen dort lästig zu sein; auch hatte sich mein Bleiben nur zufällig verlängert; ich erwartete täglich und stündlich meine böhmische Chaise, die ich nicht gern zurücklassen wollte; sie war von Trier schon in Koblenz angekommen und sollte von dort bald weiter herab spediert werden; da sie jedoch ausblieb, vermehrte sich die Ungeduld, die mich in den letzten Tagen ergriffen hatte. Jacobi überließ mir einen bequemen, obgleich an Eisen ziemlich schweren Reisewagen. Alles zog, wie man hörte, nach Westfalen hinein, und die Brüder des Königs wollten dort ihren Sitz aufschlagen.

Und so schied ich denn mit dem wunderlichsten Zwiespalt; die Neigung hielt mich in dem freundlichsten Kreise, der sich soeben auch höchst beunruhigt fühlte, und ich sollte die edelsten Menschen in Sorgen und Verwirrung hinter mir lassen, bei schrecklichem Weg und Wetter mich nun wieder in die wilde wüste Welt hinauswagen, von dem Strome mit fortgezogen der unaufhaltsam eilenden Flüchtlinge, selbst mit Flüchtlingsgefühl.

Und doch hatte ich Aussicht unterwegs auf die angenehmste Einkehr, indem ich so nahe bei Münster die Fürstin Gallitzin nicht umgehen durfte.

Duisburg, November

Und so fand ich mich denn abermals, nach Verlauf von vier Wochen, zwar viele Meilen weit entfernt von dem Schauplatz unseres ersten Unheils, doch wieder in derselben Gesellschaft, in demselben Gedränge der Emigrierten, die nun, jenseits entschieden vertrieben, diesseits nach Deutschland strömten, ohne Hülfe und ohne Rat.

Zu Mittag in dem Gasthof etwas spät angekommen saß ich am Ende der langen Tafel; Wirt und Wirtin, die mir als einem Deutschen den Widerwillen gegen die Franzosen schon ausgesprochen hatten, entschuldigten, daß alle guten Plätze von diesen unwillkommenen Gästen besetzt seien. Hiebei wurde bemerkt, daß unter ihnen, trotz aller Erniedrigung, Elend und zu befürchtender Armut, noch immer dieselbe Rangsucht und Unbescheidenheit gefunden werde.

Indem ich nun die Tafel hinauf sah, erblickt' ich ganz oben, quer vor, an der ersten Stelle einen alten, kleinen, wohlgestalteten Mann von ruhigem, beinahe nichtigem Betragen. Er mußte vornehm sein, denn zwei Nebensitzende erwiesen ihm die größte Aufmerksamkeit, wählten die ersten und besten Bissen ihm vorzulegen und man hätte beinahe sagen können, daß sie ihm solche zum Munde führten. Mir blieb nicht lange verborgen, daß er vor Alter seiner Sinne kaum mächtig, als ein bedauernswürdiges Automat, den Schatten eines früheren wohlhabenden und ehrenvollen Lebens kümmerlich durch die Welt schleppe, indessen zwei Ergebene ihm den Traum des vorigen Zustandes wieder herbeizuspiegeln trachteten.

Ich beschaute mir die übrigen; das bedenklichste Schicksal war auf allen Stirnen zu lesen: Soldaten, Kommissäre, Abenteurer vielleicht zu unterscheiden; alle waren still, denn jeder hatte seine eigene Not zu übertragen, sie sahen ein grenzenloses Elend vor sich.

Etwa in der Hälfte des Mittagsmahles kam noch ein hübscher junger Mann herein, ohne ausgezeichnete Gestalt, oder irgendein Abzeichen, man konnte an ihm den Fußwanderer nicht verkennen. Er setzte sich still gegen mir über, nachdem er den Wirt um ein Kuvert begrüßt hatte, und speiste was man ihm nachholte und vorsetzte mit ruhigem Betragen. Nach aufgehobener Tafel trat ich zum Wirt, der mir ins Ohr sagte: Ihr Nachbar soll seine Zeche nicht teuer bezahlen!

Ich begriff nichts von diesen Worten, aber als der junge Mann sich näherte und fragte: was er schuldig sei? erwiderte der Wirt, nachdem er sich flüchtig über die Tafel umgeschaut, die Zeche sei ein Kopfstück. Der Fremde schien betreten und sagte: das sei wohl ein Irrtum, denn er habe nicht allein ein gutes Mittagessen gehabt, sondern auch einen Schoppen Wein; das müsse mehr betragen. Der Wirt antwortete darauf ganz ernsthaft: er pflege seine Rechnung selbst zu machen und die Gäste erlegten gerne, was er forderte. Nun zahlte der junge Mann, entfernte sich bescheiden und verwundert; sogleich aber löste mir der Wirt das Rätsel. Dies ist der erste von diesem vermaledeiten Volke, rief er aus, der schwarz Brot gegessen hat, das mußte ihm zugute kommen.

In Duisburg wußte ich einen einzigen alten Bekannten, den ich aufzusuchen nicht versäumte; Professor Plessing war es, mit dem sich vor vielen Jahren ein sentimental-romanhaftes Verhältnis anknüpfte, wovon ich hier das Nähere mitteilen will, da unsere Abendunterhaltung dadurch aus den unruhigsten Zeiten in die friedlichsten Tage versetzt wurde.

Werther bei seinem Erscheinen in Deutschland hatte keineswegs, wie man ihm vorwarf, eine Krankheit, ein Fieber erregt, sondern nur das Übel aufgedeckt, das in jungen Gemütern verborgen lag. Während eines langen und glücklichen Friedens hatte sich eine literarisch-ästhetische Ausbildung auf deutschem Grund und Boden, innerhalb der Nationalsprache, auf das schönste entwickelt; doch gesellte sich bald, weil der Bezug nur aufs Innere ging, eine gewisse Sentimentalität hinzu, bei deren Ursprung und Fortgang man den Einfluß von Yorick-Sterne nicht verkennen darf. Wenn auch sein Geist nicht über den Deutschen schwebte, so teilte sich sein Gefühl um desto lebhafter mit. Es entstand eine Art zärtlich leidenschaftlicher Asketik, welche, da uns die humoristische Ironie des Briten nicht gegeben war, in eine leidige Selbstquälerei gewöhnlich ausarten mußte. Ich hatte mich persönlich von diesem Übel zu befreien gesucht und trachtete nach meiner Überzeugung andern hülfreich zu sein; das aber war schwerer als man denken konnte, denn eigentlich kam es drauf an, einem jeden gegen sich selbst beizustehen, wo denn von aller Hülfe, wie sie uns die äußere Welt anbietet, es sei Erkenntnis, Belehrung, Beschäftigung, Begünstigung, die Rede gar nicht sein konnte.

Hier müssen wir nun gar manche damals miteinwirkende Tätigkeiten stillschweigend übergehen, aber zu unseren Zwekken macht sich nötig eines andern großen, für sich waltenden Bestrebens umständlicher zu gedenken.

Lavaters Physiognomik hatte dem sittlich geselligen Interesse eine ganz andere Wendung verliehen. Er fühlte sich im Besitz der geistigsten Kraft, jene sämtlichen Eindrücke zu deuten, welche des Menschen Gesicht und Gestalt auf einen jeden ausübt, ohne daß er sich davon Rechenschaft zu geben wüßte; da er aber nicht geschaffen war, irgendeine Abstraktion methodisch zu suchen, so hielt er sich am einzelnen Falle, und also am Individuum.

Heinrich Lips, ein talentvoller junger Künstler, besonders geeignet zum Porträt, schloß sich fest an ihn, und sowohl zu Hause als auf der unternommenen Rheinreise kam er seinem Gönner nicht von der Seite. Nun ließ Lavater, teils aus Heißhunger nach grenzenloser Erfahrung, teils um so viel bedeutende Menschen als möglich an sein künftiges Werk zu gewöhnen und zu knüpfen, alle Personen abbilden, die nur einigermaßen durch Stand und Talent, durch Charakter und Tat ausgezeichnet ihm begegneten.

Dadurch kam denn freilich gar manches Individuum zur Evidenz, es ward etwas mehr wert, aufgenommen in einen so edlen Kreis, seine Eigenschaften wurden durch den deutsamen Meister hervorgehoben, man glaubte sich einander näher zu kennen; und so ergab sich's aufs sonderbarste, daß mancher einzelne in seinem persönlichen Wert entschieden hervortrat, der sich bisher im bürgerlichen Lebens- und Staatsgange ohne Bedeutung eingeordnet und eingeflochten gesehen.

Diese Wirkung war stärker und größer, als man sie denken mag; ein jeder fühlte sich berechtigt von sich selbst, als von einem abgeschlossenen abgerundeten Wesen das Beste zu denken, und in seiner Einzelnheit vollständig gekräftigt, hielt er sich auch wohl für befugt, Eigenheiten, Torheiten und Fehler in den Komplex seines werten Daseins mit aufzunehmen. Dergleichen Erfolg konnte sich um so leichter entwickeln, als bei dem ganzen Verfahren die besondere individuelle Natur allein, ohne Rücksicht auf die allgemeine Vernunft, die doch alle Natur beherrschen soll, zur Sprache kam; dagegen war das religiöse Element, worin Lavater schwebte, nicht hinreichend, eine sich immer mehr entscheidende Selbstgefälligkeit zu mildern, ja es entstand bei Frommgesinnten daraus eher ein geistlicher Stolz, der es dem natürlichen an Erhebung auch wohl zuvor tat.

Was aber zugleich nach jener Epoche folgerecht auffallend hervorging, war die Achtung der Individuen untereinander. Namhafte ältere Männer wurden, wo nicht persönlich, doch im Bilde verehrt; und es durfte auch wohl ein junger Mann sich nur einigermaßen bedeutend hervortun, so war alsbald der Wunsch nach persönlicher Bekanntschaft rege, in deren Ermangelung man sich mit seinem Porträt begnügte; wobei denn die, mit Sorgfalt und gutem Geschick aufs genaueste gezogenen Schattenrisse willkommene Dienste leisteten. Jedermann war darin geübt, und kein Fremder zog vorüber, den man nicht abends an die Wand geschrieben hätte; die Storchschnäbel durften nicht rasten.

Menschenkenntnis und Menschenliebe waren uns bei diesem Verfahren versprochen, wechselseitige Teilnahme hatte sich entwickelt, wechselseitiges Kennen und Erkennen aber wollte sich so schnell nicht entfalten; zu beiden Zwecken jedoch war die Tätigkeit sehr groß, und was in diesem Sinne von einem herrlich begabten jungen Fürsten, von seiner wohlgesinnten, geistreich lebhaften Umgebung für Aufmunterung und Fördernis nah und fern gewirkt ward, wäre schön zu erzählen, wenn es nicht löblich schiene, die Anfänge bedeutender Zustände einem ehrwürdigen Dunkel anheim zu geben. Vielleicht sahen die Kotyledonen jener Saat etwas wunderlich aus; der Ernte jedoch, woran das Vaterland und die Außenwelt ihren Anteil freudig dahin nahm, wird in den spätesten Zeiten noch immer ein dankbares Andenken nicht ermangeln.

Wer Vorgesagtes in Gedanken festhält, und sich davon durchdringt, wird nachstehendes Abenteuer, welches beide Teilnehmende unter dem Abendessen vergnüglich in der Erinnerung belebten, weder unwahrscheinlich noch ungereimt finden.

Zu manchem andern, brieflichen und persönlichen Zudrang erhielt ich in der Hälfte des Jahres 1776 von Wernigerode datiert, Plessing unterzeichnet, ein Schreiben, vielmehr ein Heft, fast das Wunderbarste was mir in jener selbstquälerischen Art vor Augen gekommen; man erkannte daran einen jungen, durch Schulen und Universität gebildeten Mann, dem nun aber sein sämtlich Gelerntes zu eigener, innerer, sittlicher Beruhigung nicht gedeihen wollte. Eine geübte Handschrift war gut zu lesen, der Stil gewandt und fließend, und ob man gleich eine Bestimmung zum Kanzelredner darin entdeckte, so war doch alles frisch und brav aus dem Herzen geschrieben, daß man ihm einen gegenseitigen Anteil nicht versagen konnte. Wollte nun aber dieser Anteil lebhaft werden, suchte man sich die Zustände des Leidenden näher zu entwickeln, so glaubte man statt des Duldens Eigensinn, statt des Ertragens Hartnäckigkeit, und statt eines sehnsüchtigen Verlangens abstoßendes Wegweisen zu bemerken. Da ward mir denn nach jenem Zeitsinn der Wunsch lebhaft rege, diesen jungen Mann von Angesicht zu sehen; ihn aber zu mir zu bescheiden, hielt ich nicht für rätlich. Ich hatte mir, unter bekannten Umständen, schon eine Zahl von jungen Männern aufgebürdet, die, anstatt mit mir auf meinem Wege einer reineren höheren Bildung entgegen zu gehen, auf dem ihrigen verharrend, sich nicht besser befanden, und mich in meinen Fortschritten hinderten. Ich ließ die Sache indessen hängen, von der Zeit irgend eine Vermittelung erwartend. Da erhielt ich einen zweiten kürzern, aber auch lebhafteren, heftigern Brief, worin der Schreiber auf Antwort und Erklärung drang, und sie ihm nicht zu versagen mich feierlichst beschwor.

Aber auch dieser wiederholte Sturm brachte mich nicht aus der Fassung; die zweiten Blätter gingen mir so wenig als die ersten zu Herzen, aber die herrische Gewohnheit jungen Männern meines Alters in Herzens- und Geistesnöten beizustehen, ließ mich sein doch nicht ganz vergessen.

Die um einen trefflichen jungen Fürsten versammelte weimarische Gesellschaft trennte sich nicht leicht, ihre Beschäftigungen und Unternehmungen, Scherze, Freuden und Leiden waren gemeinsam. Da ward nun zu Ende Novembers eine Jagdpartie auf wilde Schweine, notgedrungen auf das häufige Klagen des Landvolks, im Eisenachischen unternommen, der ich, als damaliger Gast, auch beizuwohnen hatte; ich erbat mir jedoch die Erlaubnis nach einem kleinen Umweg mich anschließen zu dürfen.

Nun hatte ich einen wundersamen geheimen Reiseplan. Ich mußte nämlich, nicht nur etwa von Geschäftsleuten sondern auch von vielen am Ganzen teilnehmenden Weimarern, öfter den lebhaften Wunsch hören, es möge doch das Ilmenauer Bergwerk wieder aufgenommen werden. Nun ward von mir, der ich nur die allgemeinsten Begriffe von Bergbau allenfalls besaß, zwar weder Gutachten noch Meinung, doch Anteil verlangt, aber diesen konnt' ich an irgendeinem Gegenstand nur durch unmittelbares Anschauen gewinnen. Ich dachte mir unerläßlich vor allen Dingen das Bergwesen in seinem ganzen Komplex, und wär' es auch nur flüchtig, mit Augen zu sehen und mit dem Geiste zu fassen, denn alsdann nur konnt' ich hoffen in das Positive weiter einzudringen und mich mit dem Historischen zu befreunden. Deshalb hatt' ich mir längst eine Reise auf den Harz gedacht, und gerade jetzt, da ohnehin diese Jahreszeit in Jagdlust unter freiem Himmel zugebracht werden sollte, fühlte ich mich dahin getrieben. Alles Winterwesen hatte überdies in jener Zeit für mich große Reize, und was die Bergwerke betraf, so war ja in ihren Tiefen weder Winter noch Sommer merkbar; wobei ich zugleich gern bekenne, daß die Absicht meinen wunderlichen Korrespondenten persönlich zu sehen und zu prüfen wohl die Hälfte des Gewichtes meinem Entschluß hinzufügte.

Indem sich nun die Jagdlustigen nach einer andern Seite hin begaben, ritt ich ganz allein dem Ettersberge zu und begann jene Ode, die unter dem Titel: Harzreise im Winter so lange als Rätsel unter meinen kleineren Gedichten Platz gefunden. Im düstern und von Norden her sich heranwälzenden Schneegewölk schwebte hoch ein Geier über mir. Die Nacht verblieb ich in Sondershausen, und gelangte des andern Tags so bald nach Nordhausen, daß ich gleich nach Tische weiter zu gehen beschloß, aber mit Boten und Laterne nach mancherlei Gefährlichkeiten erst sehr spät in Ilfeld ankam.

Ein ansehnlicher Gasthof war glänzend erleuchtet, es schien ein besonderes Fest darin gefeiert zu werden. Erst wollte der Wirt mich gar nicht aufnehmen: die Kommissarien der höchsten Höfe, hieß es, seien schon lange hier beschäftigt, wichtige Einrichtungen zu treffen, und verschiedene Interessen zu vereinbaren, und da dies nun glücklich vollendet sei, gäben sie heute abend einen allgemeinen Schmaus. Auf dringende Vorstellung jedoch und einige Winke des Boten, daß man mit mir nicht übel fahre, erbot sich der Mann mir den Bretterverschlag in der Wirtsstube, seinen eigentlichen Wohnsitz, und zugleich sein weißzuüberziehendes Ehebett einzuräumen. Er führte mich durch das weite hellerleuchtete Wirtszimmer, da ich mir denn im Vorbeigehen die sämtlichen munteren Gäste flüchtig beschaute.

Doch sie sämtlich zu meiner Unterhaltung näher zu betrachten, gab mir in den Brettern des Verschlages eine Astlücke die beste Gelegenheit, die seine Gäste zu belauschen, dem Wirte selbst oft dienen mochte. Ich sah die lange und wohlerleuchtete Tafel von unten hinauf, ich überschaute sie wie man oft die Hochzeit von Kana gemalt sieht; nun musterte ich bequem von oben bis herab also: Vorsitzende,

Räte, andere Teilnehmende, und dann immer so weiter, Sekretarien, Schreiber und Gehülfen. Ein glücklich geendigtes beschwerliches Geschäft schien eine Gleichheit aller tätig Teilnehmenden zu bewirken, man schwatzte mit Freiheit, trank Gesundheiten, wechselte Scherz um Scherz, wobei einige Gäste bezeichnet schienen, Witz und Spaß an ihnen zu üben; genug, es war ein fröhliches bedeutendes Mahl, das ich bei dem hellsten Kerzenscheine in seinen Eigentümlichkeiten ruhig beobachten konnte, eben als wenn der hinkende Teufel mir zur Seite stehe und einen ganz fremden Zustand unmittelbar zu beschauen und zu erkennen mich begünstigte. Und wie dies mir nach der düstersten Nachtreise in den Harz hinein ergötzlich gewesen, werden die Freunde solcher Abenteuer beurteilen. Manchmal schien es mir ganz gespensterhaft, als säh' ich in einer Berghöhle wohlgemute Geister sich erlustigen.

Nach einer wohldurchschlafenen Nacht eilte ich frühe, von einem Boten abermals geleitet, der Baumannshöhle zu, ich durchkroch sie, und betrachtete mir das fortwirkende Naturereignis ganz genau. Schwarze Marmormassen aufgelöst, zu weißen kristallinischen Säulen und Flächen wieder hergestellt, deuteten mir auf das fortwebende Leben der Natur. Freilich verschwanden vor dem ruhigen Blick alle die Wunderbilder, die sich eine düster wirkende Einbildungskraft so gern aus formlosen Gestalten erschaffen mag; dafür blieb aber auch das eigne wahre desto reiner zurück, und ich fühlte mich dadurch gar schön bereichert.

Wieder ans Tageslicht gelangt schrieb ich die notwendigsten Bemerkungen, zugleich aber auch mit ganz frischem Sinn die ersten Strophen des Gedichts, das unter dem Titel: Harzreise im Winter, die Aufmerksamkeit mancher Freunde bis auf die letzten Zeiten erregt hat; davon mögen denn die Strophen, welche sich auf den nun bald zu erblickenden wunderlichen Mann beziehen, hier Platz finden, weil sie mehr als viele Worte den damaligen liebevollen Zustand meines Innern auszusprechen geeignet sind.

Aber abseits wer ist's?
Ins Gebüsch verliert sich sein Pfad,
Hinter ihm schlagen
Die Sträuche zusammen,
Das Gras steht wieder auf,
Die Öde verschlingt ihn.

Ach! wer heilet die Schmerzen
Des, dem Balsam zu Gift ward?
Der sich Menschenhaß
Aus der Fülle der Liebe trank?
Erst verachtet, nun ein Verächter,
Zehrt er heimlich auf
Seinen eigenen Wert
In ungnügender Selbstsucht.

Ist auf deinem Psalter,
Vater der Liebe, ein Ton
Seinem Ohr vernehmlich,
So erquicke sein Herz!
Öffne den umwölkten Blick
Über die tausend Quellen
Neben dem Durstenden
In der Wüste.

Im Gasthof zu Wernigerode angekommen ließ ich mich mit dem Kellner in ein Gespräch ein, ich fand ihn als einen sinnigen Menschen, der seine städtischen Mitgenossen ziemlich zu kennen schien. Ich sagt' ihm darauf, es sei meine Art, wenn ich an einem fremden Ort ohne besondere Empfehlung anlangte, mich nach jüngern Personen zu erkundigen, die sich durch Wissenschaft und Gelehrsamkeit auszeichneten; er möge mir daher jemanden der Art nennen, damit ich einen angenehmen Abend zubrächte. Darauf erwiderte ohne weiteres Bedenken der Kellner: es werde mir gewiß mit der Gesellschaft des Herrn Plessing gedient sein, dem

Sohne des Superintendenten; als Knabe sei er schon in Schulen ausgezeichnet worden, und habe noch immer den Ruf eines fleißigen guten Kopfes, nur wolle man seine finstere Laune tadeln, und nicht gut finden, daß er mit unfreundlichem Betragen sich aus der Gesellschaft ausschließe. Gegen Fremde sei er zuvorkommend, wie Beispiele bekannt wären; wollte ich angemeldet sein, so könne es sogleich geschehen.

Der Kellner brachte mir bald eine bejahende Antwort und führte mich hin. Es war schon Abend geworden, als ich in ein großes Zimmer des Erdgeschosses, wie man es in geistlichen Häusern antrifft, hineintrat und den jungen Mann in der Dämmerung noch ziemlich deutlich erblickte. Allein an einigen Symptomen konnt' ich bemerken, daß die Eltern eilig das Zimmer verlassen hatten, um dem unvermuteten Gaste Platz zu machen.

Das hereingebrachte Licht ließ mich den jungen Mann nunmehr ganz deutlich erkennen, er glich seinem Briefe völlig, und so wie jenes Schreiben erregte er Interesse ohne Anziehungskraft auszuüben.

Um ein näheres Gespräch einzuleiten, erklärt' ich mich für einen Zeichenkünstler von Gotha, der wegen Familienangelegenheiten in dieser unfreundlichen Jahrszeit Schwester und Schwager in Braunschweig zu besuchen habe.

Mit Lebhaftigkeit fiel er mir beinahe ins Wort und rief aus: Da Sie so nahe an Weimar wohnen, so werden Sie doch auch diesen Ort, der sich so berühmt macht, öfters besucht haben. Dieses bejaht' ich ganz einfach und fing an von Rat Kraus, von der Zeichenschule, von Legationsrat Bertuch und dessen unermüdeter Tätigkeit zu sprechen; ich vergaß weder Musäus noch Jagemann, Kapellmeister Wolf und einige Frauen, und bezeichnete den Kreis, den diese wackern Personen abschlossen und jeden Fremden willig und freundlich unter sich aufnahmen.

Endlich fuhr er etwas ungeduldig heraus: Warum nennen Sie denn Goethe nicht? Ich erwiderte daß ich diesen auch wohl in gedachtem Kreise als willkommenen Gast gesehen und von ihm selbst persönlich als fremder Künstler wohl aufgenommen und gefördert worden, ohne daß ich weiter viel von ihm zu sagen wisse, da er teils allein, teils in andern Verhältnissen lebe.

Der junge Mann, der mit unruhiger Aufmerksamkeit zugehört hatte, verlangte nunmehr mit einigem Ungestüm, ich solle ihm das seltsame Individuum schildern, das so viel von sich reden mache. Ich trug ihm darauf mit großer Ingenuität eine Schilderung vor, die für mich nicht schwer wurde, da die seltsame Person in der seltsamsten Lage mir gegenwärtig stand, und wäre ihm von der Natur nur etwas mehr Herzenssagazität gegönnt gewesen, so konnte ihm nicht verborgen bleiben, daß der vor ihm stehende Gast sich selbst schildere.

Er war einigemal im Zimmer auf- und abgegangen, indes die Magd hereintrat, eine Flasche Wein und sehr reinlich bereitetes kaltes Abendbrot auf den Tisch setzte; er schenkte beiden ein, stieß an und schluckte das Glas sehr lebhaft hinunter. Und kaum hatte ich mit etwas gemäßigtern Zügen das meinige geleert, ergriff er heftig meinen Arm und rief: O, verzeihen Sie meinem wunderlichen Betragen! Sie haben mir aber so viel Vertrauen eingeflößt, daß ich Ihnen alles entdecken muß. Dieser Mann, wie Sie mir ihn beschreiben, hätte mir doch antworten sollen; ich habe ihm einen ausführlichen herzlichen Brief geschickt, ihm meine Zustände, meine Leiden geschildert, ihn gebeten sich meiner anzunehmen, mir zu raten, mir zu helfen, und nun sind schon Monate verstrichen, ich vernehme nichts von ihm; wenigstens hätte ich ein ablehnendes Wort auf ein so unbegrenztes Vertrauen wohl verdient.

Ich erwiderte darauf, daß ich ein solches Benehmen weder erklären noch entschuldigen könne, so viel wisse ich aber, aus eigener Erfahrung, daß ein gewaltiger, sowohl ideeller als reeller Zudrang diesen sonst wohlgesinnten, wohlwollenden und hülfsfertigen jungen Mann oft außer Stand setze sich zu bewegen, geschweige zu wirken.

Sind wir zufällig so weit gekommen, sprach er darauf mit einiger Fassung, den Brief muß ich Ihnen vorlesen, und Sie sollen urteilen, ob er nicht irgend eine Antwort, irgend eine Erwiderung verdiente.

Ich ging im Zimmer auf und ab die Vorlesung zu erwarten, ihrer Wirkung schon beinahe ganz gewiß, deshalb nicht weiter nachdenkend, um mir selbst in einem so zarten Falle nicht vorzugreifen. Nun saß er gegen mir über und fing an die Blätter zu lesen, die ich in- und auswendig kannte, und vielleicht war ich niemals mehr von der Behauptung der Physiognomisten überzeugt, ein lebendiges Wesen sei in allem seinem Handeln und Betragen vollkommen übereinstimmend mit sich selbst, und jede in die Wirklichkeit hervorgetretene Monas erzeige sich in vollkommener Einheit ihrer Eigentümlichkeiten. Der Lesende paßte völlig zu dem Gelesenen, und wie dieses früher in der Abwesenheit mich nicht ansprach, so war es nun auch mit der Gegenwart; man konnte zwar dem jungen Mann eine Achtung nicht versagen, eine Teilnahme, die mich denn auch auf einen so wunderlichen Weg geführt hatte: denn ein ernstliches Wollen sprach sich aus, ein edler Sinn und Zweck; aber obschon von den zärtlichsten Gefühlen die Rede war, blieb der Vortrag ohne Anmut, und eine ganz eigens beschränkte Selbstigkeit tat sich kräftig hervor. Als er nun geendet hatte, fragte er mit Hast, was ich dazu sage, und ob ein solches Schreiben nicht eine Antwort verdient, ja gefordert hätte?

Indessen war mir der bedauernswürdige Zustand dieses jungen Mannes immer deutlicher geworden; er hatte nämlich von der Außenwelt niemals Kenntnis genommen, dagegen sich durch Lektüre mannigfaltig ausgebildet, alle seine Kraft und Neigung aber nach innen gewendet und sich auf diese Weise, da er in der Tiefe seines Lebens kein produktives Talent fand, so gut als zu Grunde gerichtet; wie ihm denn sogar Unterhaltung und Trost, dergleichen uns aus der Beschäftigung mit alten Sprachen so herrlich zu gewinnen offen steht, völlig abzugehen schien.

Da ich an mir und andern schon glücklich erprobt hatte, daß in solchem Fall eine rasche gläubige Wendung gegen die Natur und ihre grenzenlose Mannigfaltigkeit das beste Heilmittel sei, so wagt' ich alsobald den Versuch es auch in diesem Falle anzuwenden und ihm daher nach einigem Bedenken folgendermaßen zu antworten:

Ich glaube zu begreifen, warum der junge Mann, auf den Sie so viel Vertrauen gesetzt, gegen Sie stumm geblieben, denn seine jetzige Denkweise weicht zu sehr von der Ihrigen ab, als daß er hoffen dürfte sich mit Ihnen verständigen zu können. Ich habe selbst einigen Unterhaltungen in jenem Kreise beigewohnt und behaupten hören: man werde sich aus einem schmerzlichen, selbstquälerischen, düstern Seelenzustande nur durch Naturbeschauung und herzliche Teilnahme an der äußern Welt retten und befreien. Schon die allgemeinste Bekanntschaft mit der Natur, gleichviel von welcher Seite, ein tätiges Eingreifen, sei es als Gärtner oder Landbebauer, als Jäger oder Bergmann, ziehe uns von uns selbst ab; die Richtung geistiger Kräfte auf wirkliche wahrhafte Erscheinungen gebe nach und nach das größte Behagen, Klarheit und Belehrung: wie denn der Künstler, der sich treu an der Natur halte und zugleich sein Inneres auszubilden suche, gewiß am besten fahren werde.

Der junge Freund schien darüber sehr unruhig und ungeduldig, wie man über eine fremde oder verworrene Sprache, deren Sinn wir nicht vernehmen, ärgerlich zu werden anfängt. Ich darauf, ohne sonderliche Hoffnung eines glücklichen Erfolgs, eigentlich aber um nicht zu verstummen, fuhr zu reden fort. Mir, als Landschaftsmaler, sagte ich, mußte dies zu allererst einleuchten, da ja meine Kunst unmittelbar auf die Natur gewiesen ist; doch habe ich seit jener Zeit emsiger und eifriger als bisher nicht etwa nur ausgezeichnete und auffallende Naturbilder und Erscheinungen betrachtet, sondern mich zu allem und jedem liebevoll hingewendet. Damit ich mich nun aber nicht ins Allgemeine verlöre, erzählte ich wie mir sogar diese notgedrungene Winterreise, anstatt beschwerlich zu sein, dauernden Genuß gewährt; ich schilderte ihm mit malerischer Poesie, und doch so unmittelbar und natürlich als ich nur konnte den Vorschritt meiner Reise, jenen morgendlichen Schneehimmel über den Bergen, die mannigfaltigsten Tageserscheinungen, dann bot ich seiner Einbildungskraft die wunderlichen Turm- und Mauerbefestigungen von Nordhausen, gesehen bei hereinbrechender Abenddämmerung, fernerdie nächtlich rauschenden, von des Boten Laterne zwischen Bergschluchten flüchtig erleuchtet blinkenden Gewässer, und gelangte sodann zur Baumannshöhle. Hier aber unterbrach er mich lebhaft und versicherte: der kurze Weg den er daran gewendet gereue ihn ganz eigentlich; sie habe keineswegs dem Bilde sich gleich gestellt, das er in seiner Phantasie entworfen. Nach dem Vorhergegangenen konnten mich solche krankhafte Symptome nicht verdrießen: denn wie oft hatte ich erfahren müssen, daß der Mensch den Wert einer klaren Wirklichkeit gegen ein trübes Phantom seiner düstern Einbildungskraft von sich ablehnt. Ebensowenig war ich verwundert, als er auf meine Frage: wie er sich denn die Höhle vorgestellt habe, eine Beschreibung machte wie kaum der kühnste Theatermaler den Vorhof des Plutonischen Reiches darzustellen gewagt hätte.

Ich versuchte hierauf noch einige propädeutische Wendungen als Versuchsmittel einer zu unternehmenden Kur; ich ward aber mit der Versicherung, es könne und solle ihm nichts in dieser Welt genügen, so entschieden abgewiesen, daß mein Innerstes sich zuschloß und ich mein Gewissen, durch den beschwerlichen Weg, im Bewußtsein des besten Willens, völlig befreit und mich gegen ihn von jeder weiteren Pflicht entbunden glaubte.

Es war schon spät geworden, als er mir den zweiten, noch heftigern, mir gleichfalls nicht unbekannten brieflichen Erlaß vorlesen wollte, doch aber meine Entschuldigung wegen allzugroßer Müdigkeit gelten ließ, indem er zugleich eine Einladung auf morgen zu Tische im Namen der Seinigen dringend hinzufügte; wogegen ich mir die Erklärung auf morgen ganz in der Frühe vorbehielt. Und so schieden wir friedlich und schicklich; seine Persönlichkeit ließ einen ganz individuellen Eindruck zurück. Er war von mittlerer Größe, seine Gesichtszüge hatten nichts Anlockendes aber auch nichts eigentlich Abstoßendes, sein düsteres Wesen erschien nicht unhöflich, er konnte vielmehr für einen wohlerzogenen jungen Mann gelten, der sich in der Stille auf Schulen und Akademien zu Kanzel und Lehrstuhl vorbereitet hatte.

Heraustretend fand ich den völlig aufgehellten Himmel von Sternen blinken, Straßen und Plätze mit Schnee überdeckt, blieb auf einem schmalen Steg ruhig stehen und beschaute mir die winternächtliche Welt. Zugleich überdacht' ich das Abenteuer und fühlte mich fest entschlossen den jungen Mann nicht wieder zu sehen; in Gefolg dessen bestellt' ich mein Pferd auf Tagesanbruch, übergab ein anonymes entschuldigendes Bleistiftblättchen dem Kellner, dem ich zugleich so viel Gutes und Wahres von dem jungen Manne, den er mir bekannt gemacht, zu sagen wußte, welches denn der gewandte Bursche mit eigner Zufriedenheit gewiß wohl benutzt haben mag.

Nun ritt ich an dem Nordosthange des Harzes im grimmigen, mich zur Seite bestürmenden Stöberwetter, nachdem ich vorher den Rammelsberg, Messinghütten und die sonstigen Anstalten der Art beschaut und ihre Weise mir eingeprägt hatte, nach Goslar, wovon ich diesmal nicht weiter erzähle, da ich mich künftig mit meinen Lesern darüber umständlich zu unterhalten hoffe.

Ich wüßte nicht wieviel Zeit vorüber gegangen, ohne daß ich etwas weiter von dem jungen Manne gehört hätte, als unerwartet an einem Morgen mir ein Billett ins Gartenhaus bei Weimar zukam, wodurch er sich anmeldete; ich schrieb ihm einige Worte dagegen, er werde mir willkommen sein. Ich erwartete nun einen seltsamen Erkennungsauftritt, allein er blieb hereintretend ganz ruhig und sprach: Ich bin nicht überrascht Sie hier zu finden, die Handschrift Ihres Billetts rief mir so deutlich jene Züge wieder ins Gedächtnis, die Sie, aus Wernigerode scheidend, mir hinterließen, daß ich keinen Augenblick zweifelte jenen geheimnisvollen Reisenden abermals hier zu finden.

Schon dieser Eingang war erfreulich, und es eröffnete sich ein trauliches Gespräch, worin er mir seine Lage zu entwikkeln trachtete und ich ihm dagegen meine Meinung nicht vorenthielt. Inwiefern sich seine inneren Zustände wirklich gebessert hatten, wüßt' ich nicht mehr anzugeben, es mußte aber damit nicht so gar schlimm aussehen, denn wir schieden nach mehreren Gesprächen friedlich und freundlich, nur daß ich sein heftiges Begehren nach leidenschaftlicher Freundschaft und innigster Verbindung nicht erwidern konnte.

Noch eine Zeitlang unterhielten wir ein briefliches Verhältnis; ich kam in den Fall ihm einige reelle Dienste zu leisten, deren er sich denn auch bei gegenwärtiger Zusammenkunft dankbar erinnerte, so wie denn überhaupt das Zurückschauen in jene früheren Tage beiden Teilen einige angenehme Stunden gewährte. Er, nach wie vor immer nur mit sich selbst beschäftigt, hatte viel zu erzählen und mitzuteilen. Ihm war geglückt im Laufe der Jahre sich den Rang eines geachteten Schriftstellers zu erwerben, indem er die Geschichte älterer Philosophie ernstlich behandelte, besonders derjenigen die sich zum Geheimnis neigt, woraus er denn die Anfänge und Urzustände der Menschen abzuleiten trachtete. Seine Bücher, die er mir wie sie herauskamen zusendete, hatte ich freilich nicht gelesen; jene Bemühungen lagen zu weit von demjenigen ab was mich interessierte.

Seine gegenwärtigen Zustände fand ich auch keineswegs behaglich; er hatte Sprach- und Geschichtskenntnisse, die er so lange versäumt und abgelehnt, endlich mit wütender Anstrengung erstürmt und durch dieses geistige Unmaß sein Physisches zerrüttet; zudem schienen seine ökonomischen Umstände nicht die besten, wenigstens erlaubte sein mäßiges Einkommen ihm nicht sich sonderlich zu pflegen und zu schonen; auch hatte sich das düstere jugendliche Treiben nicht ganz ausgleichen können; noch immer schien er einem Unerreichbaren nachzustreben, und als die Erinnerung früherer Verhältnisse endlich erschöpft war, so wollte keine eigentlich frohe Mitteilung stattfinden. Meine gegenwärtige Art zu sein konnte fast noch entfernter von der seinigen als jemals angesehen werden. Wir schieden jedoch in dem besten Vernehmen, aber auch ihn verließ ich in Furcht und Sorge wegen der drangvollen Zeit.

Den verdienten Merrem besuchte ich gleichfalls, dessen schöne naturhistorische Kenntnisse alsbald eine frohere Unterhaltung gewährten. Er zeigte mir manches Bedeutende vor, schenkte mir sein Werk über die Schlangen, und so ward ich aufmerksam auf seinen weitern Lebensgang, woraus mir mancher Nutzen erwuchs; denn das ist der höchst erfreuliche Vorteil von Reisen, daß einmal erkannte Persönlichkeiten und Lokalitäten unsern Anteil zeitlebens nicht loslassen.

Münster, November 1792

Der Fürstin angemeldet hoffte ich gleich den behaglichsten Zustand; allein ich sollte noch vorher eine zeitgemäße Prüfung erdulden: denn auf der Fahrt von mancherlei Hindernissen aufgehalten, gelangte ich erst tief in der Nacht zur Stadt. Ich hielt nicht für schicklich, durch einen solchen Überfall gleich beim Eintritt die Gastfreundschaft in diesem Grade zu prüfen; ich fuhr daher an einen Gasthof, wo mir aber Zimmer und Bette durchaus versagt wurde; die Emigrierten hatten sich in Masse auch hierher geworfen und jeden Winkel gefüllt. Unter diesen Umständen bedachte ich mich nicht lange und brachte die Stunden auf einem Stuhle in der Wirtsstube hin, immer noch bequemer als vor kurzem, da beim dichtesten Regenwetter von Dach und Fach nichts zu finden war.

Auf diese geringe Entbehrung erfuhr ich den andern Morgen das allerbeste. Die Fürstin ging mir entgegen, ich fand in ihrem Hause zu meiner Aufnahme alles vorbereitet. Das Verhältnis von meiner Seite war rein, ich kannte die Glieder des Zirkels früher genugsam, ich wußte daß ich in einen frommen sittlichen Kreis hereintrat und betrug mich darnach. Von jener Seite benahm man sich gesellig, klug und nicht beschränkend.

Die Fürstin hatte uns vor Jahren in Weimar besucht, mit von Fürstenberg und Hemsterhuis; auch ihre Kinder waren von der Gesellschaft; damals verglich man sich schon über gewisse Punkte und schied, einiges zugebend, anderes duldend, im besten Vernehmen. Sie war eines der Individuen, von denen man sich gar keinen Begriff machen kann, wenn man sie nicht gesehen hat, die man nicht richtig beurteilt, wenn man eben diese Individualität nicht in Verbindung, sowie im Konflikt mit ihrer Zeitumgebung betrachtet. Von Fürstenberg und Hemsterhuis, zwei vorzügliche Männer, begleiteten sie treulich, und in einer solchen Gesellschaft war das Gute sowie das Schöne immerfort wirksam und unterhaltend. Letzterer war indessen gestorben, jener nunmehr um soviel Jahre älter, immer derselbe verständige, edle, ruhige Mann; und welche sonderbare Stellung in der Mitwelt! Geistlicher, Staatsmann, so nahe den Fürstenthron zu besteigen.

Die ersten Unterhaltungen, nachdem das persönliche Andenken früherer Zeit sich ausgesprochen hatte, wandten sich auf Hamann, dessen Grab in der Ecke des entlaubten Gartens mir bald in die Augen schien.

Seine großen unvergleichlichen Eigenschaften gaben zu herrlichen Betrachtungen Anlaß; seine letzten Tage jedoch blieben unbesprochen; der Mann der diesem endlich erwählten Kreise so bedeutend und erfreulich gewesen, ward im Tode den Freunden einigermaßen unbequem; man mochte sich über sein Begräbnis entscheiden wie man wollte, so war es außer der Regel.

Den Zustand der Fürstin, nahe gesehen, konnte man nicht anders als liebevoll betrachten: sie kam früh zum Gefühl, daß die Welt uns nichts gebe, daß man sich in sich selbst zurückziehen, daß man in einem innern beschränkten Kreise um Zeit und Ewigkeit besorgt sein müsse. Beides hatte sie erfaßt; das höchste Zeitliche fand sie im Natürlichen, und hier erinnere man sich Rousseauscher Maximen über bürgerliches Leben und Kinderzucht. Zum einfältigen Wahren wollte man in allem zurückkehren, Schnürbrust und Absatz verschwanden, der Puder zerstob, die Haare fielen in natürlichen Locken. Ihre Kinder lernten schwimmen und rennen, vielleicht auch balgen und ringen. Diesmal hätte ich die Tochter kaum wieder gekannt; sie war gewachsen und stämmiger geworden, ich fand sie verständig, liebenswert, haushälterisch, dem halbklösterlichen Leben sich fügend und widmend. So war es mit dem zeitlich Gegenwärtigen; das ewige Künftige hatten sie in einer Religion gefunden, die das, was andere lehrend hoffen lassen, heilig beteuernd zusagt und verspricht.

Aber als die schönste Vermittelung zwischen beiden Welten entsproßte Wohltätigkeit, die mildeste Wirkung einer ernsten Asketik; das Leben füllte sich aus mit Religionsübung und Wohltun; Mäßigkeit und Genügsamkeit sprach sich aus in der ganzen häuslichen Umgebung, jedes tägliche Bedürfnis ward reichlich und einfach befriedigt, die Wohnung selbst aber, Hausrat und alles dessen man sonst benötigt ist, erschien weder elegant noch kostbar; es sah eben aus, als wenn man anständig zur Miete wohne. Eben dies galt von Fürstenbergs häuslicher Umgebung; er bewohnte einen Palast, aber einen fremden, den er seinen Kindern nicht hinterlassen sollte. Und so bewies er sich in allem sehr einfach, mäßig, genügsam, auf innerer Würde beruhend, alles Äußere verschmähend, so wie die Fürstin auch. Innerhalb dieses Elementes bewegte sich die geistreichste herzlichste Unterhaltung, ernsthaft, durch Philosophie vermittelt, heiter durch Kunst, und wenn man bei jener selten von gleichen Prinzipien ausgeht, so freut man sich bei dieser meist Übereinstimmung zu finden.

Hemsterhuis, Niederländer, fein gesinnt, zu den Alten von Jugend auf gebildet, hatte sein Leben der Fürstin gewidmet, so wie seine Schriften, die durchaus von wechselseitigem Vertrauen und gleichem Bildungsgange das unverwüstlichste Zeugnis ablegen.

Mit eigener scharfsinniger Zartheit wurde dieser schätzenswerte Mann dem geistig Sittlichen, sowie dem sinnlich Ästhetischen unermüdet nachzustreben geleitet. Muß man von jenem sich durchdringen, so soll man von diesem immer umgeben sein; daher ist für einen Privatmann, der sich nicht in großen Räumen ergehen und selbst auf Reisen einen gewohnten Kunstgenuß nicht entbehren kann, eine Sammlung geschnittener Steine höchst wünschenswert; ihn begleitet überall das Erfreulichste, ein belehrendes Kostbares ohne Belästigung, und er genießt ununterbrochen des edelsten Besitzes.

Um aber dergleichen zu erlangen, ist nicht genug, daß man wolle; zum Vollbringen gehört, außer dem Vermögen, vor allen Dingen Gelegenheit. Unser Freund entbehrte dieser nicht; auf der Scheide von Holland und England wohnend, die fortdauernde Handelsbewegung, die darin auch hin- und herwogenden Kunstschätze beobachtend, gelangte er nach und nach durch Kauf- und Tauschversuche zu einer schönen Sammlung von etwa siebenzig Stücken, wobei ihm Rat und Belehrung des trefflichen Steinschneiders Natter für die sicherste Beihülfe galt.

Diese Sammlung hatte die Fürstin zum größten Teile entstehen sehen, Einsicht, Geschmack und Liebe daran gewonnen, und besaß sie nun als Nachlaß eines abgeschiedenen Freundes, der in diesen Schätzen immer als gegenwärtig erschien.

Hemsterhuis' Philosophie, die Fundamente derselben, seinen Ideengang konnt' ich mir nicht anders zu eigen machen, als wenn ich sie in meine Sprache übersetzte. Das Schöne und das an demselben Erfreuliche sei, so sprach er sich aus, wenn wir die größte Menge von Vorstellungen in einem Moment bequem erblicken und fassen; ich aber mußte sagen: das Schöne sei, wenn wir das gesetzmäßig Lebendige in seiner größten Tätigkeit und Vollkommenheit schauen, wodurch wir zur Reproduktion gereizt uns gleichfalls lebendig und in höchste Tätigkeit versetzt fühlen. Genau betrachtet ist eins und ebendasselbe gesagt, nur von verschiedenen Menschen ausgesprochen, und ich enthalte mich mehr zu sagen; denn das Schöne ist nicht sowohl leistend als versprechend, dagegen das Häßliche, aus einer Stockung entstehend, selbst stocken macht und nichts hoffen, begehren und erwarten läßt.

Ich glaubte mir auch den Brief über die Skulptur hiernach meinem Sinne gemäß zu deuten; ferner schien mir das Büchlein Über das Begehren auf diesem Wege klar: denn wenn das heftig verlangte Schöne in unsern Besitz kommt, so hält es nicht immer im einzelnen was es im ganzen versprach, und so ist es offenbar, daß dasjenige, was uns als Ganzes aufregte, im einzelnen nicht durchaus befriedigen wird.

Diese Betrachtungen waren um so bedeutender, als die Fürstin ihren Freund heftig nach Kunstwerken verlangen aber im Besitz erkalten gesehen, was er so scharfsinnig und liebenswürdig in obgemeldetem Büchlein ausgeführt hatte. Dabei hat man freilich den Unterschied zu bedenken, ob der Gegenstand des für ihn empfundenen Enthusiasmus würdig sei; ist er es, so muß Freude und Bewunderung immer daran wachsen, sich stets erneuern; ist er es nicht ganz, so geht das Thermometer um einige Grade zurück und man gewinnt an Einsicht, was man an Vorurteil verlor. Deshalb es wohl ganz richtig ist, daß man Kunstwerke kaufen müsse, um sie kennen zu lernen, damit das Verlangen aufgehoben und der wahre Wert festgestellt werde. Indessen muß auch hier Sehnsucht und Befriedigung in einem pulsierenden Leben miteinander abwechseln, sich gegenseitig ergreifen und loslassen, damit der einmal Betrogene nicht aufhöre zu begehren.

Wie empfänglich die Sozietät, in der ich mich befand, für solche Gespräche sein mochte, wird derjenige am besten beurteilen der von Hemsterhuis' Werken Kenntnis genommen hat, welche, in diesem Kreise entsprungen, ihm auch Leben und Nahrung verdankten.

Zu den geschnittenen Steinen aber wieder zurückzukehren war mehrmals höchst erfreulich; und man mußte dies gewiß als einen der sonderbarsten Fälle ansehen, daß gerade die Blüte des Heidentums in einem christlichen Hause verwahrt und hochgeschätzt werden sollte. Ich versäumte nicht die allerliebsten Motive hervorzuheben, die aus diesen würdigen kleinen Gebilden dem Auge entgegen sprangen. Auch hier durfte man sich nicht verleugnen, daß Nachahmung großer würdiger älterer Werke, die für uns ewig verloren wären, in diesen engen Räumen juwelenhaft aufgehoben worden, und es fehlte fast an keiner Art. Der tüchtigste Herkules mit Efeu bekränzt durfte seinen kolossalen Ursprung nicht verleugnen; ein ernstes Medusenhaupt, ein Bacchus, der ehemals im Mediceischen Kabinett verwahrt worden, allerliebste Opfer und Bacchanalien, und zu allem diesem die schätzbarsten Porträte von bekannten und unbekannten Personen mußten bei wiederholter Betrachtung bewundert werden.

Aus solchen Gesprächen, die ungeachtet ihrer Höhe und Tiefe nicht Gefahr liefen sich ins Abstruse zu verlieren, schien eine Vereinigung hervorzugehen, indem jede Verehrung eines würdigen Gegenstandes immer von einem religiösen Gefühl begleitet ist. Doch konnte man sich nicht verbergen, daß die reinste christliche Religion mit der wahren bildenden Kunst immer sich zwiespältig befinde, weil jene sich von der Sinnlichkeit zu entfernen strebt, diese nun aber das sinnliche Element als ihren eigentlichsten Wirkungskreis anerkennt und darin beharren muß. In diesem Geiste schrieb ich nachstehendes Gedicht augenblicklich nieder.

Amor, nicht aber das Kind, der Jüngling, der Psychen verführte,
Sah im Olympus sich um, frech und der Siege gewohnt;
Eine Göttin erblickt' er, vor allen die herrlichste Schöne,
Venus Urania wars, und er entbrannte für sie.
Ach, und die Heilige selbst, sie widerstand nicht dem Werben,
Und der Verwegene hielt fest sie im Arme bestrickt.
Da entstand aus ihnen ein neuer lieblicher Amor,
Der dem Vater den Sinn, Sitte der Mutter verdankt;
Immer findest du ihn in holder Musen Gesellschaft,
Und sein reizender Pfeil stiftet die Liebe der Kunst.

Mit diesem allegorischen Glaubensbekenntnis schien man nicht ganz unzufrieden; indessen blieb es auf sich selbst beruhen, und beide Teile machten sich's zur Pflicht von ihren Gefühlen und Überzeugungen nur dasjenige hervorzukehren, was gemeinsam wäre und zu wechselseitiger Belehrung und Ergötzung ohne Widerstreit gereichen könnte.

Immer aber konnten die geschnittenen Steine als ein herrliches Mittelglied eingeschoben werden, wenn die Unterhaltung irgend lückenhaft zu werden drohte. Ich von meiner Seite konnte freilich nur das Poetische schätzen, das Motiv selbst, Komposition, Darstellung überhaupt beurteilen und rühmen, dagegen die Freunde dabei noch ganz andere Betrachtungen anzustellen gewohnt waren. Denn es ist für den Liebhaber, der solche Kleinodien anschaffen, den Besitz zu einer würdigen Sammlung erheben will, nicht genug zur Sicherheit seines Erwerbs, daß er Geist und Sinn der köstlichen Kunstarbeit einsehe und sich daran ergötze, sondern er muß auch äußerliche Kennzeichen zu Hülfe rufen, die für den, der nicht selbst technischer Künstler im gleichen Fache ist, höchst schwierig sein möchten. Hemsterhuis hatte mit seinem Freunde Natter viele Jahre darüber korrespondiert, wovon sich noch bedeutende Briefe vorfanden. Hier kam nun erst die Steinart selbst zur Sprache in welcher gearbeitet worden, indem man sich der einen in frühern, der andern in folgenden Zeiten bedient; sodann war vor allen Dingen eine größere Ausführlichkeit im Auge zu halten, wo man auf bedeutende Zeiten schließen konnte, so wie flüchtige Arbeit bald auf Geist, teils auf Unfähigkeit teils auf Leichtsinn hindeutete, frühere oder spätere Epochen zu erkennen gab. Besonders legte man großen Wert auf die Politur vertiefter Stellen und glaubte darin ein unverwerfliches Zeugnis der besten Zeiten zu sehen. Ob aber ein geschnittener Stein entschieden antik oder neu sei, darüber wagte man keine festen Kriterien anzugeben; Freund Hemsterhuis habe selbst nur mit Beistimmung jenes trefflichen Künstlers sich über diesen Punkt zu beruhigen gewußt.

Ich konnte nicht verbergen daß ich hier in ein ganz frisches Feld gerate, wo ich mich höchst bedeutend angesprochen fühle und nur die Kürze der Zeit bedaure, wodurch ich die Gelegenheit mir abgeschnitten sehe, meine Augen sowohl als den innern Sinn auch auf diese Bedingungen kräftiger zu richten. Bei einem solchen Anlasse äußerte sich die Fürstin heiter und einfach: sie sei geneigt mir die Sammlung mitzugeben, damit ich solche zu Hause mit Freunden und Kennern studieren und mich in diesem bedeutenden Zweige der bildenden Kunst, mit Zuziehung von Schwefel- und Glaspasten, umsehen und bestärken möchte. Dieses Anerbieten, das ich für kein leeres Kompliment halten durfte und für mich höchst reizend war, lehnt' ich jedoch dankbarlichst ab; und ich gestehe, daß mir im Innern die Art, wie dieser Schatz aufbewahrt wurde, eigentlich das größte Bedenken gab. Die Ringe waren in einzelnen Kästchen, einer allein, zwei, drei, wie es der Zufall gegeben hatte, nebeneinander gesteckt; es war unmöglich beim Vorzeigen am Ende zu bemerken ob wohl einer fehle; wie denn die Fürstin selbst gestand, daß einst in der besten Gesellschaft ein Herkules abhanden gekommen, den man erst späterhin vermißt habe. Sodann schien es bedenklich genug in gegenwärtiger Zeit sich mit einem solchen Wert zu beschweren und eine höchst bedeutende ängstliche Verantwortung zu übernehmen. Ich suchte daher mit der freundlichsten Dankbarkeit die schicklichsten ablehnenden Gründe vorzubringen, welche Einrede die Freundin wohlwollend in Betracht zu ziehen schien, indem ich nun um desto eifriger die Aufmerksamkeit auf diese Gegenstände, insofern es sich nur einigermaßen schicken wollte, zu lenken suchte.

Von meinen Naturbetrachtungen aber, die ich, weil auch wenig Glück für sie hier am Orte zu hoffen war, eher verheimlichte, war ich doch genötigt einige Rechenschaft zu geben. Von Fürstenberg brachte zur Sprache, daß er mit Verwunderung, welche beinahe wie Befremden aussah, hie und da gehört habe, wie ich der Physiognomik wegen die allgemeine Knochenlehre studiere, wovon sich doch schwerlich irgend eine Beihülfe zu Beurteilung der Gesichtszüge des Menschen hoffen lasse. Nun mocht' ich wohl bei einigen Freunden, das für einen Dichter ganz unschicklich gehaltene Studium der Osteologie zu entschuldigen und einigermaßen einzuleiten, geäußert haben, ich sei, wie es denn wirklich auch an dem war, durch Lavaters Physiognomik in dieses Fach wieder eingeführt worden, da ich in meinen akademischen Jahren darin die erste Bekanntschaft gesucht hatte. Lavater selbst, der glücklichste Beschauer organisierter Oberflächen, sah sich, in Anerkennung, daß Muskel- und Hautgestalt und ihre Wirkung von dem entschiedenen inneren Knochengebilde durchaus abhängen müsse, getrieben, mehrere Tierschädel in sein Werk abbilden zu lassen, und selbige mir zu einem flüchtigen Kommentar darüber zu empfehlen. Was ich aber gegenwärtig hievon wiederholen oder in demselben Sinne zu Gunsten meines Verfahrens aufbringen wollte, konnte mir wenig helfen, indem zu jener Zeit ein solcher wissenschaftlicher Grund allzuweit ablag und man, im augenblicklichen geselligen Leben befangen, nur den beweglichen Gesichtszügen, und vielleicht gar nur in leidenschaftlichen Momenten, eine gewisse Bedeutung zugestand, ohne zu bedenken, daß hier nicht etwa bloß ein regelloser Schein wirken könne, sondern daß das Äußere, Bewegliche, Veränderliche als ein wichtiges bedeutendes Resultat eines innern entschiedenen Lebens betrachtet werden müsse.

Glücklicher als in diesen Vorträgen, war ich in Unterhaltung größerer Gesellschaft; geistliche Männer von Sinn und Verstand, heranstrebende Jünglinge, wohlgestaltet und wohlerzogen, an Geist und Gesinnung viel versprechend, waren gegenwärtig. Hier wählte ich unaufgefordert die Römischen Kirchenfeste, Karwoche und Ostern, Fronleichnam und Peter Paul; sodann zur Erheiterung die Pferdeweihe, woran auch andere Haus- und Hoftiere teil nehmen. Diese Feste waren mir damals nach allen charakteristischen Einzelnheiten vollkommen gegenwärtig, denn ich ging darauf aus, ein Römisches Jahr zu schreiben, den Verlauf geistlicher und weltlicher Öffentlichkeiten; daher ich denn auch sogleich, jene Feste nach einem reinen direkten Eindruck darzustellen imstande, meinen katholischen frommen Zirkel mit meinen vorgeführten Bildern ebenso zufrieden sah, als die Weltkinder mit dem Karneval. Ja einer von den Gegenwärtigen, mit den Gesamtverhältnissen nicht genau bekannt, hatte im stillen gefragt: ob ich denn wirklich katholisch sei? Als die Fürstin mir dieses erzählte, eröffnete sie mir noch ein anderes; man hatte ihr nämlich vor meiner Ankunft geschrieben, sie solle sich vor mir in acht nehmen, ich wisse mich so fromm zu stellen, daß man mich für religiös, ja für katholisch halten könne.

Geben Sie mir zu, verehrte Freundin, rief ich aus, ich stelle mich nicht fromm, ich bin es am rechten Orte, mir fällt nicht schwer mit einem klaren unschuldigen Blick alle Zustände zu beachten, und sie wieder auch ebenso rein darzustellen. Jede Art fratzenhafter Verzerrung, wodurch sich dünkelhafte Menschen nach eigener Sinnesweise an dem Gegenstand versündigen, war mir von jeher zuwider. Was mir widersteht, davon wend' ich den Blick weg, aber manches, was ich nicht gerade billige, mag ich gern in seiner Eigentümlichkeit erkennen; da zeigt sich denn meist, daß die andern ebenso recht haben nach ihrer eigentümlichen Art und Weise zu existieren, als ich nach der meinigen. Hiedurch war man denn auch wegen dieses Punkts aufgeklärt, und eine, freilich keineswegs zu lobende, heimliche Einmischung in unsere Verhältnisse hatte gerade im Gegenteil, wie sie Mißtrauen erregen wollte, Vertrauen erregt.

In einer solchen zarten Umgebung wär' es nicht möglich gewesen herb oder unfreundlich zu sein, im Gegenteil fühlt' ich mich milder als seit langer Zeit, und es hätte mir wohl kein größeres Glück begegnen können, als daß ich nach dem schrecklichen Kriegs- und Fluchtwesen endlich wieder fromme menschliche Sitte auf mich einwirken fühlte.

Einer so edlen, guten, sittlich frohen Gesellschaft war ich jedoch in einem Punkte ungefällig, ohne daß ich selbst weiß wie es zugegangen ist. Ich war wegen eines glücklichen, freien, bedeutenden Vorlesens berühmt, man wünschte mich zu hören, und da man wußte, daß ich die Luise von Voß, wie sie im Novemberheft des Merkur 1784 erschienen war, leidenschaftlich verehrte und sie gerne vortrug, spielte man darauf an ohne zudringlich zu sein; man legte das Merkurstück unter den Spiegel, und ließ mich gewähren. Und nun wüßt' ich nicht zu sagen, was mich abhielt; mir war wie Sinn und Lippe versiegelt, ich konnte das Heft nicht aufnehmen, mich nicht entschließen, eine Pause des Gesprächs zu meiner und der andern Freude zu nutzen; die Zeit ging hin und ich wundere mich noch über diese unerklärliche Verstocktheit.

Der Tag des Abschieds nahete heran, man mußte doch sich einmal trennen. Nun, sagte die Fürstin, hier gilt keine Widerrede, Sie müssen die geschnittenen Steine mitnehmen, ich verlange es. Als ich aber meine Weigerung auf das höflichste und freundlichste fortbehauptete, sagte sie zuletzt: So muß ich Ihnen denn eröffnen, warum ich es fordere. Man hat mir abgeraten Ihnen diesen Schatz anzuvertrauen, und eben deswegen will ich, muß ich es tun; man hat mir vorgestellt, daß ich Sie doch auf diesen Grad nicht kenne, um auch in einem solchen Falle von Ihnen ganz gewiß zu sein. Darauf habe ich, fuhr sie fort, erwidert: Glaubt ihr denn nicht, daß der Begriff, den ich von ihm habe, mir lieber sei, als diese Steine? Sollt' ich die Meinung von ihm verlieren, so mag dieser Schatz auch hinterdrein gehen. Ich konnte nun weiter nichts erwidern, indem sie durch eine solche Äußerung in eben dem Grad mich zu ehren und zu verpflichten wußte. Jedes übrige Hindernis räumte sie weg; vorhandene Schwefelabgüsse, katalogiert, waren zu Kontrolle, sollte sie nötig befunden werden, in einem sauberen Kästchen mit den Originalen eingepackt, und ein sehr kleiner Raum faßte die leicht transportablen Schätze.

So nahmen wir treulichen Abschied, ohne jedoch sogleich zu scheiden; die Fürstin kündigte mir an, sie wolle mich auf die nächste Station begleiten, setzte sich zu mir im Wagen, der ihrige folgte. Die bedeutenden Punkte des Lebens und der Lehre kamen abermals zur Sprache, ich wiederholte mild und ruhig mein gewöhnliches Kredo, auch sie verharrte bei dem ihrigen. Jedes zog nun seines Weges nach Hause; sie mit dem nachgelassenen Wunsche: mich wo nicht hier doch dort wieder zu sehen.

Diese Abschiedsformel wohldenkender freundlicher Katholiken war mir nicht fremd, noch zuwider, ich hatte sie oft bei vorübergehenden Bekanntschaften in Bädern, und sonst meist von wohlwollenden mir freundlichst zugetanen Geistlichen vernommen, und ich sehe nicht ein, warum ich irgend jemand verargen sollte, der wünscht mich in seinen Kreis zu ziehen, wo sich nach seiner Überzeugung ganz allein ruhig leben, und, einer ewigen Seligkeit versichert, ruhig sterben läßt.

Durch Vorsorge, auf Anregung der edlen Freundin, ward ich von dem Postmeister nicht allein rasch gefördert, sondern auch durch Laufzettel weiter angemeldet und empfohlen, welches angenehm und höchst notwendig war. Denn ich hatte bei schöner freundschaftlicher friedlicher Unterhaltung vergessen, daß Kriegsflucht mir nachstürme; und leider fand ich unterwegs die Schar der Emigrierten, die sich immer weiter nach Deutschland hineindrängte, und gegen welche die Postillone ebenso wenig als am Rhein günstig gesinnt waren. Gar oft kein gebahnter Weg, man fuhr bald hüben, bald drüben, begegnete und kreuzte sich. Heidegebüsch und Gesträuche, Wurzelstumpfen, Sand, Moor und Binsen, eins so unbequem und unerfreulich wie das andere. Auch ohne Leidenschaftlichkeit ging es nicht ab.

Ein Wagen blieb stecken, Paul sprang geschwind herab und zu Hülfe; er glaubte, die schönen Französinnen, die er in Düsseldorf in den traurigsten Umständen wieder angetroffen, seien abermals im Falle seines Beistandes zu bedürfen. Die Dame hatte ihren Gemahl nicht wieder gefunden, und war, in dem Strudel des Unheils mit fortgerissen und geängstigt, endlich über den Rhein geworfen worden.

Hier aber in dieser Wüste erschien sie nicht; einige alte ehrwürdige Damen forderten unsere Teilnahme. Als aber unser Postillon halten und mit seinen Pferden dem dortigen Wagen zu Hülfe kommen sollte, weigerte er sich trotzig und sagte: wir sollten nur zu unserm eignen, mit Silber und Gold genugsam beschwerten Wagen ernstlich sehen, damit wir nicht etwa stecken blieben, oder umgeworfen würden; denn ob er es gleich mit uns redlich meine, so ständ' er doch in dieser Wüstenei für nichts.

Glücklicherweise, unser Gewissen zu beschwichtigen, hatte sich eine Anzahl westfälischer Bauern um jenen Wagen versammelt und gegen ein bedungenes gutes Trinkgeld ihn wieder auf den fahrbaren Weg gebracht.

An unserm Fuhrwerk war freilich das Eisen das schwerste und der kostbare Schatz den wir mit uns führten so leicht, um in einer leichten Chaise nicht bemerkt zu werden. Wie lebhaft wünscht' ich mir mein böhmisches Wägelchen herbei! Gleichwohl gab mir jenes Vorurteil, welches wichtige Schätze bei uns voraussetzte, doch immer eine Art von Unruhe. Wir hatten bemerkt, daß ein Postillon dem andern die Notiz von Überschwere des Wagens und die Vermutung von Geld und Kostbarkeiten jederzeit überlieferte. Nun aber wurden wir wegen vorausgeschickter Postzettel, deren richtige Stunde wir ohnehin des schlechten Wetters wegen nicht einhielten, auf jeder Station eilig vorwärts gedrängt und ganz eigentlich in die Nacht hinausgestoßen, da uns denn wirklich der bängliche Fall begegnete, daß der Postillon in düsterer Nacht schwur, er könne das Ding nicht weiter fortbringen, und an einer einsamen Waldwohnung stille hielt, deren Lage, Bauart und Bewohner schon beim hellsten Sonnenschein hätten Schaudern erregen können. Der Tag, selbst der grauste, war dagegen erquicklich; man rief das Andenken der Freunde hervor, bei denen man vor kurzem so trauliche Stunden zugebracht; man musterte sie mit Achtung und Liebe, belehrte sich an ihren Eigenheiten und erbaute sich an ihren Vorzügen. Wie aber die Nacht wieder hereinbrach, da fühlte man sich schon wieder von allen Sorgen umstrickt in einem kummervollen Zustand. Wie düster aber auch in der letzten und schwärzesten aller Nächte meine Gedanken mochten gewesen sein, so wurden sie auf einmal wieder aufgehellt, als ich in das mit hundert und aber hundert Lampen erleuchtete Kassel hineinfuhr. Bei diesem Anblick entwickelten sich vor meiner Seele alle Vorteile eines bürgerlich städtischen Zusammenseins, die Wohlhäbigkeit eines jeden einzelnen in seiner von innen erleuchteten Wohnung, und die behaglichen Anstalten zu Aufnahme der Fremden. Diese Heiterkeit jedoch ward mir für einige Zeit gestört, als ich auf dem prächtigen tageshellen Königsplatze an dem wohlbekannten Gasthofe anfuhr; der anmeldende Diener kehrte zurück mit der Erklärung: es sei kein Platz zu finden. Als ich aber nicht weichen wollte, trat ein Kellner sehr höflich an den Schlag und bat in schönen französischen Phrasen um Entschuldigung, da es nicht möglich sei mich aufzunehmen. Ich erwiderte darauf in gutem Deutsch: wie ich mich wundern müsse, daß in einem so großen Gebäude, dessen Raum ich gar wohl kenne, einem Fremden in der Nacht die Aufnahme verweigert werden wolle. Sie sind ein Deutscher, rief er aus, das ist ein anderes! und sogleich ließ er den Postillon in das Hoftor hereinfahren. Als er mir ein schickliches Zimmer angewiesen, versetzte er: er sei fest entschlossen keinen Emigrierten mehr aufzunehmen. Ihr Betragen sei höchst anmaßend, die Bezahlung knauserig; denn mitten in ihrem Elend, da sie nicht wüßten wo sie sich hinwenden sollten, betrügen sie sich noch immer als hätten sie von einem eroberten Lande Besitz genommen. So schied ich nun in gutem Frieden und fand auf dem Wege nach Eisenach weniger Zudrang der so häufig und unversehens herangetriebenen Gäste.

Meine Ankunft in Weimar sollte auch nicht ohne Abenteuer bleiben; sie ereignete sich nach Mitternacht und gab Anlaß zu einer Familienszene, welche wohl in irgendeinem Roman die tiefste Finsternis erhellen und erheitern würde.

Nun fand ich das von meinem Fürsten mir bestimmte, erneuerte, wohleingerichtete Haus schon meistens wohnbar, ohne daß mir die Freude ganz versagt gewesen wäre, bei dem Ausbau mit- und einzuwirken. Die Meinigen entgegneten mir munter und gesund, und als es an ein Erzählen ging, kontrastierte freilich der heitere ruhige Zustand, in welchem sie die aus Verdun gesendeten Süßigkeiten genossen, mit demjenigen worin wir, die sie in paradiesischen Zuständen glaubten, mit aller denkbaren Not zu kämpfen hatten. Unser stiller häuslicher Kreis war nun um so reicher und froher abgeschlossen, indem Heinrich Meyer zugleich als Hausgenosse, Künstler, Kunstfreund und Mitarbeiter zu den Unsrigen gehörte, und an allem Belehrenden sowie an allem Wirksamen kräftigen Anteil nahm.

Das weimarische Theater bestand seit dem Mai 1791; es hatte sowohl den Sommer genannten Jahres als auch den des laufenden in Lauchstädt zugebracht und sich durch Wiederholung damals gangbarer meist bedeutender Stücke schon ziemlich gut zusammengespielt. Ein Rest der Bellomoschen Gesellschaft, also schon aneinander gewöhnter Personen, gab den Grund, andere teils schon brauchbare, teils vielversprechende Glieder füllten schicklich und gemächlich die entstandene Lücke.

Man kann sagen daß es damals noch ein Schauspielerhandwerk gab, wodurch befähigt sich Glieder entfernter Theater gar bald in Einklang setzten, besonders wenn man so glücklich war für die Rezitation Niederdeutsche, für den Gesang Oberdeutsche herbeizuziehen; und so konnte das Publikum für den Anfang gar wohl zufrieden sein. Da ich teil an der Direktion genommen, so war es mir eine unterhaltende Beschäftigung gelind zu versuchen, auf welchem Wege das Unternehmen weiter geführt werden könnte. Ich sah gar bald, daß eine gewisse Technik aus Nachahmung, Gleichstellung mit andern und Routine hervorgehen konnte, allein es fehlte durchaus an dem was ich Grammatik nennen dürfte, die doch erst zum Grunde liegen muß, ehe man zu Rhetorik und Poesie gelangen kann. Da ich auf diesen Gegenstand zurückzukehren gedenke und ihn vorläufig nicht gern zerstückeln möchte, so sage ich nur so viel: daß ich eben jene Technik, welche sich alles aus Überlieferung aneignet, zu studieren und auf ihre Elemente zurückzuführen suchte, und das was mir klar geworden, in einzelnen Fällen, ohne auf ein Allgemeines hinzuweisen, beobachten ließ.

Was mir bei diesem Unternehmen aber besonders zustatten kam, war der damals überhand nehmende Natur- und Konversationston, der zwar höchst lobenswert und erfreulich ist, wenn er als vollendete Kunst, als eine zweite Natur hervortritt, nicht aber wenn ein jeder glaubt nur sein eigenes nacktes Wesen bringen zu dürfen, um etwas Beifallswürdiges darzubieten. Ich aber benutzte diesen Trieb zu meinen Zwecken, indem ich gar wohl zufrieden sein konnte, wenn das angeborne Naturell sich mit Freiheit hervortat, um sich nach und nach durch gewisse Regeln und Anordnungen einer höhern Bildung entgegen führen zu lassen. Doch darf ich hievon nicht weiter sprechen, weil, was getan und geleistet worden, sich erst nach und nach aus sich selbst entwickelte, und also historisch dargestellt werden müßte.

Umstände jedoch, die für das neue Theater sich höchst günstig hervortaten, muß ich kürzlich anführen. Iffland und Kotzebue blühten in ihrer besten Zeit, ihre Stücke, natürlich und faßlich, die einen gegen ein bürgerlich rechtliches Behagen, die andern gegen eine lockere Sittenfreiheit hingewendet; beide Gesinnungen waren dem Tage gemäß und erhielten freudige Teilnahme; mehrere, noch als Manuskript ergötzten durch den lebendigen Duft des Augenblicks, den sie mit sich brachten. Schröder, Babo, Ziegler, glücklich energische Talente, lieferten bedeutenden Beitrag; Bretzner und Jünger, ebenfalls gleichzeitig, gaben anspruchslos einer bequemen Fröhlichkeit Raum. Hagemann und Hagemeister, Talente die sich auf die Länge nicht halten konnten, arbeiteten gleichfalls für den Tag und waren, wo nicht bewundert, doch als neu geschaut und willkommen. Diese lebendige, sich im Zirkel herumtreibende Masse suchte man mit Shakespeare, Gozzi und Schiller geistiger zu erheben; man verließ die bisherige Art, nur Neues zum nächsten Verlust einzustudieren, man war sorgfältig in der Wahl und bereitete schon ein Repertorium vor, welches viele Jahre gehalten hat. Aber auch dem Manne der uns diese Anstalt gründen half, müssen wir eine dankbare Erinnerung nicht schuldig bleiben. Es war F. J. Fischer, ein Schauspieler in Jahren, der sein Handwerk verstand, mäßig, ohne Leidenschaft, mit seinem Zustande zufrieden, sich mit einem beschränkten Rollenfache begnügend. Er brachte mehrere Schauspieler von Prag mit, die in seinem Sinne wirkten, und wußte die einheimischen gut zu behandeln, wodurch ein innerer Friede sich über das Ganze verbreitete.

Was die Oper anlangt so kamen uns die Dittersdorfischen Arbeiten auf das beste zustatten. Er hatte mit glücklichem Naturell und Humor für ein fürstliches Privattheater gearbeitet, wodurch seinen Produktionen eine gewisse leichte Behaglichkeit zuteil ward, die auch uns zugute kam, weil wir unser neues Theater als eine Liebhaberbühne zu betrachten die Klugheit hatten. Auf den Text, im rhythmischen und prosaischen Sinne, wendete man viel Mühe, um ihn dem obersächsischen Geschmack mehr anzueignen; und so gewann diese leichte Ware Beifall und Abgang.

Die aus Italien wiedergekehrten Freunde bemühten sich die leichteren italienischen Opern jener Zeit, von Paisiello, Cimarosa, Guglielmi und andern herüber zu führen, wo denn zuletzt auch Mozarts Geist einzuwirken anfing. Denke man sich, daß von diesem allem wenig bekannt, gar nichts abgebraucht war, so wird man gestehen, daß die Anfänge des weimarischen Theaters mit den jugendlichen Zeiten des deutschen Theaters überhaupt oder zugleich eintraten und Vorteile genossen, die offenbar zu einer natürlichen Entwickelung aus sich selbst den reinsten Anlaß geben mußten.

Um nun aber auch Genuß und Studium der anvertrauten Gemmensammlung vorzubereiten und zu sichern, ließ ich gleich zwei zierliche Ringkästchen verfertigen, worin die Steine mit einem Blick übersehbar nebeneinander standen, so daß irgend eine Lücke sogleich zu bemerken gewesen wäre; worauf alsdann Schwefel- und Gipsabgüsse in Mehrzahl verfertigt und der Prüfung durch stark vergrößernde Linsen unterworfen wurden, auch vorhandene Abdrücke älterer Sammlungen vorgesucht und zu Rate gezogen. Wir bemerkten wohl, daß hier für uns das Studium der geschnittenen Steine zu gründen sei; wie groß aber die Vergünstigung der Freundin gewesen, wurde erst nach und nach eingesehen.

Das Resultat mehrjähriger Betrachtung sei deshalb hier eingeschaltet, weil wir wohl schwerlich unsere Aufmerksamkeit so bald wieder auf diesen Punkt wenden dürften.

Aus innern Gründen der Kunst sahen sich die weimarischen Freunde berechtigt, wo nicht alle, doch bei weitem die größte Anzahl dieser geschnittenen Steine für echt antike Kunstdenkmale zu halten, und zwar fanden sich mehrere darunter welche zu den vorzüglichsten Arbeiten dieser Art gerechnet werden durften. Einige zeichneten sich dadurch aus, daß sie als wirklich identisch mit ältern Schwefelpasten angesehen werden mußten; mehrere bemerkte man, deren Darstellung mit andern antiken Gemmen zusammentraf, die aber deswegen immer noch für echt gelten konnten. In den größten Sammlungen kommen wiederholte Vorstellungen vor, und man würde sehr irren, die einen als Original, die andern als moderne Kopien anzusprechen.

Immer müssen wir dabei die edle Kunsttreue der Alten im Sinne tragen, welche die einmal glücklich gelungene Behandlung eines Gegenstands nicht oft genug wiederholen konnte. Jene Künstler hielten sich für Original genug, wenn sie einen originellen Gedanken aufzufassen und ihn auf ihre Weise wieder darzustellen Fähigkeit und Fertigkeit empfanden. Mehrere Steine zeigten sich auch mit eingeschnittenen Künstlernamen, worauf man seit Jahren großen Wert gelegt hatte. Eine solche Zutat ist wohl immer merkwürdig genug, doch bleibt sie meist problematisch: denn es ist möglich, daß der Stein alt und der Name neu eingeschnitten sei, um dem Vortrefflichen noch einen Beiwert zu verleihen.

Ob wir uns nun gleich hier wie billig alles Katalogierens enthalten, da Beschreibung solcher Kunstwerke ohne Nachbildung wenig Begriff gibt, so unterlassen wir doch nicht von den vorzüglichsten einige allgemeine Andeutungen zu geben.

Kopf des Herkules. Bewundernswürdig in Betracht des edeln freien Geschmacks der Arbeit und noch mehr zu bewundern in Hinsicht auf die herrlichen Idealformen, welche mit keinem der bekannten Herkulesköpfe ganz genau übereinkommen, und eben dadurch die Merkwürdigkeit dieses köstlichen Denkmals noch vermehren helfen.

Brustbild des Bacchus. Arbeit, wie auf den Stein gehaucht, und in Hinsicht auf die idealen Formen eines der edelsten antiken Werke. Es finden sich in verschiedenen Sammlungen mehrere diesem ähnliche Stücke, und zwar, wenn wir uns recht erinnern, sowohl hoch als tief geschnitten; doch ist uns noch keines bekannt geworden, welches vor dem gegenwärtigen den Vorzug verdiente.

Faun, welcher einer Bacchantin das Gewand rauben will. Vortreffliche und auf alten Monumenten mehrmals vorkommende Komposition, ebenfalls gut gearbeitet.

Eine umgestürzte Leier, deren Hörner zwei Delphine darstellen, der Körper, oder wenn man will der Fuß, Amors Haupt mit Rosen bekränzt; zu derselben ist Bacchus Panther, in der Vorderpfote den Thyrsusstab haltend, zierlich gruppiert. Die Ausführung dieses Steins befriedigt den Kenner, und wer zarte Bedeutung liebt, wird gleichfalls seine Rechnung finden.

Maske mit großem Bart und weit geöffnetem Mund; eine Efeuranke umschlingt die kahle Stirn. In seiner Art mag dieser Stein einer der allervorzüglichsten sein, und ebenso schätzbar ist auch:

Eine andere Maske mit langem Bart und zierlich aufgebundenen Haaren; ungewöhnlich tief gearbeitet.

Venus tränket den Amor. Eine der lieblichsten Gruppen die man sehen kann, geistreich behandelt, doch ohne großen Aufwand von Fleiß.

Kybele, auf dem Löwen reitend, tief geschnitten; ein Werk welches als vortrefflich den Liebhabern durch Abdrücke, die fast in allen Pastensammlungen zu finden sind, genugsam bekannt ist.

Gigant, der einen Greif aus seiner Felsenhöhle hervorzieht. Ein Werk von sehr vielem Kunstverdienst und als Darstellung vielleicht ganz einzig. Die vergrößerte Nachbildung desselben finden unsere Leser vor dem Voßschen Programm zu der Jenaischen Allgemeinen Literaturzeitung 1804 IV. Band.

Behelmter Kopf in Profil, mit großem Bart. Vielleicht ist's eine Maske; indessen hat sie im geringsten nichts Karikaturartiges, sondern ein gedrungenes heldenmäßiges Angesicht und ist vortrefflich gearbeitet.

Homer, als Herme, fast ganz von vorne dargestellt und sehr tief geschnitten. Der Dichter erscheint hier jünger als gewöhnlich, kaum im Anfange des Greisenalters; daher dieses Werk nicht allein von seiten der Kunst, sondern auch des Gegenstandes wegen schätzbar ist.

In Sammlungen von Abdrücken geschnittener Steine wird oftmals der Kopf eines ehrwürdigen bejahrten Mannes mit langem Bart und Haaren angetroffen, der (jedoch ohne daß Gründe dafür angegeben werden) das Bild des Aristophanes sein soll. Ein ähnlicher, nur durch unbedeutende Abweichungen von jenem sich unterscheidender Kopf ist in unserer Sammlung anzutreffen, und in der Tat eins der besten Stücke.

Das Profil eines Unbekannten ist vermutlich über den Augenbrauen abgebrochen gefunden, und in neuerer Zeit wieder zum Ringstein zugeschliffen worden. Großartiger und lebenvoller haben wir nie menschliche Gestalt auf dem kleinen Raum einer Gemme dargestellt gesehen, selten den Fall, wo der Künstler ein so unbeschränktes Vermögen zeigte. Von ähnlichem Gehalt ist auch:

Der ebenfalls unbekannte Porträtkopf mit übergezogener Löwenhaut; derselbe war auch so wie der vorige über dem Auge abgebrochen, allein das Fehlende ist mit Gold ergänzt.

Kopf eines bejahrten Mannes von gedrungenem kräftigem Charakter mit kurzgeschornen Haaren. Außerordentlich geistreich und meisterhaft gearbeitet; besonders ist die kühne Behandlung des Barts zu bewundern und vielleicht einzig in ihrer Art.

Männlicher Kopf oder Brustbild ohne Bart, um das Haar eine Binde gelegt, das reichgefaltete Gewand auf der rechten Schulter geheftet. Es ist ein geistreicher kräftiger Ausdruck in diesem Werk, und Züge, wie man gewohnt ist dem Julius Cäsar zuzuschreiben.

Männlicher Kopf ebenfalls ohne Bart, die Toga, wie bei Opfern gebräuchlich war, über das Haupt gezogen. Außerordentlich viel Wahrheit und Charakter ist in diesem Gesicht, und kein Zweifel, daß die Arbeit echt alt und aus den Zeiten der ersten römischen Kaiser sei.

Brustbild einer römischen Dame; um das Haupt doppelte Flechten von Haaren gewunden, das ganze bewunderungswürdig fleißig ausgeführt, und in Hinsicht des Charakters voll Wahrheit, Behaglichkeit, Naivetät, Leben.

Kleiner behelmter Kopf, mit starkem Bart und kräftigem Charakter, ganz von vorne dargestellt und schätzbare Arbeit.

Eines neuern vortrefflichen Steines gedenken wir zum Schlusse: das Haupt der Meduse in dem herrlichsten Karneol. Es ist solches der bekannten Meduse des Sosikles vollkommen ähnlich und geringe Abweichungen kaum zu bemerken. Allerdings eine der vortrefflichsten Nachahmungen antiker Werke: denn für eine solche möchte er unerachtet seiner großen Verdienste doch zu halten sein, da die Behandlung etwas weniger Freiheit hat, und überdies ein unter dem Abschnitt des Halses angebrachtes N doch wohl auf eine Arbeit von Natter selbst schließen läßt.

An diesem wenigen werden wahre Kunstkenner den hohen Wert der gepriesenen Sammlung zu ahnen vermögen.

Wo sie sich gegenwärtig befindet, ist uns unbekannt; vielleicht erhielte man hierüber einige Nachricht, die einen reichen Kunstfreund wohl anreizen könnte diesen Schatz, wenn er verkäuflich ist, sich zuzueignen.

Die Weimarischen Kunstfreunde zogen, solange diese Sammlung in ihren Händen war, allen möglichen Vorteil daraus. Schon in dem laufenden Winter gab sie der geistreichen Gesellschaft, welche sich um die Herzogin Amalie zu vereinigen pflegte, ausgezeichnete Unterhaltung. Man suchte sich in dem Studium geschnittener Steine zu begründen, wobei uns das Wohlwollen der trefflichen Besitzerin sehr zustatten kam, indem sie uns mehrere Jahre diesen Genuß gönnte. Doch ergötzte sie sich kurz vor ihrem Ende noch an der schönen anschaulichen Ordnung, worin sie die Ringe in zwei Kästchen auf einmal, wie sie solche nie gesehen, vollständig gereiht wieder erblickte und also des geschenkten großen Vertrauens sich edelmütig zu erfreuen hatte.

Auch nach einer andern Seite wendeten sich unsere Kunstbetrachtungen. Ich hatte die Farben genugsam in unterschiedenen Lebensverhältnissen beobachtet und sah die Hoffnung auch endlich ihre Kunstharmonie, welche zu suchen ich eigentlich ausgegangen war, zu finden. Freund Meyer entwarf verschiedene Kompositionen, wo man sie teils in einer Reihe, teils im Gegensatz zu Prüfung und Beurteilung aufgestellt sah.

Am klarsten ward sie bei einfachen landschaftlichen Gegenständen, wo der Lichtseite immer das Gelbe und Gelbrote, der Schattenseite das Blau und Blaurote zugeteilt werden mußte, aber wegen Mannigfaltigkeit der natürlichen Gegenstände gar leicht durchs Braungrüne und Blaugrüne zu vermitteln. Auch hatten hier schon große Meister durch Beispiel gewirkt, mehr als im Historischen, wo der Künstler bei Wahl der Farben zu den Gewändern sich selbst überlassen bleibt und in solcher Verlegenheit nach Herkommen und Überlieferung greift, sich auch wohl durch irgend eine Bedeutung verführen läßt und dadurch von wahrer harmonischer Darstellung öfters abgeleitet wird.

Von solchen Studien bildender Kunst fühle ich mich denn doch gedrungen wieder zum Theater zurückzukehren und über mein eigenes Verhältnis an demselben einige Betrachtungen anzustellen, welches ich erst zu vermeiden wünschte. Man sollte denken, es sei die beste Gelegenheit gewesen, für das neue Theater und zugleich für das deutsche überhaupt, als Schriftsteller auch etwas von meiner Seite zu leisten: denn genau besehen lag zwischen oben genannten Autoren und ihren Produktionen noch mancher Raum, der gar wohl hätte ausgefüllt werden können; es gab zu natürlich einfacher Behandlung noch vielfältigen Stoff, den man nur hätte aufgreifen dürfen.

Um aber ganz deutlich zu werden, gedenk' ich meiner ersten dramatischen Arbeiten, welche, der Weltgeschichte angehörig, zu sehr ins Breite gingen um bühnenhaft zu sein; meine letzten, dem tiefsten innern Sinn gewidmet, fanden bei ihrer Erscheinung wegen allzugroßer Gebundenheit wenig Eingang. Indessen hatte ich mir eine gewisse mittlere Technik eingeübt, die etwas mäßig Erfreuliches dem Theater hätte verschaffen können; allein ich vergriff mich im Stoff, oder vielmehr ein Stoff überwältigte meine innere sittliche Natur, der allerwiderspenstigste um dramatisch behandelt zu werden.

Schon im Jahre 1785 erschreckte mich die Halsbandsgeschichte wie das Haupt der Gorgone. Durch dieses unerhört frevelhafte Beginnen sah ich die Würde der Majestät untergraben, schon im voraus vernichtet, und alle Folgeschritte von dieser Zeit an bestätigten leider allzusehr die furchtbaren Ahnungen. Ich trug sie mit mir nach Italien und brachte sie noch geschärfter wieder zurück. Glücklicherweise ward mein Tasso noch abgeschlossen, aber alsdann nahm die weltgeschichtliche Gegenwart meinen Geist völlig ein.

Mit Verdruß hatte ich viele Jahre die Betrügereien kühner Phantasten und absichtlicher Schwärmer zu verwünschen Gelegenheit gehabt und mich über die unbegreifliche Verblendung vorzüglicher Menschen bei solchen frechen Zudringlichkeiten mit Widerwillen verwundert. Nun lagen die direkten und indirekten Folgen solcher Narrheiten als Verbrechen und Halbverbrechen gegen die Majestät vor mir, alle zusammen wirksam genug, um den schönsten Thron der Welt zu erschüttern.

Mir aber einigen Trost und Unterhaltung zu verschaffen, suchte ich diesem Ungeheuern eine heitere Seite abzugewinnen, und die Form der komischen Oper, die sich mir schon seit längerer Zeit als eine der vorzüglichsten dramatischen Darstellungsweisen empfohlen hatte, schien auch ernstern Gegenständen nicht fremd, wie an König Theodor zu sehen gewesen. Und so wurde denn jeder Gegenstand rhythmisch bearbeitet, die Komposition mit Reichardt verabredet, wovon denn die Anlagen einiger tüchtigen Baßarien bekannt geworden; andere Musikstücke, die außer dem Kontext keine Bedeutung hatten, blieben zurück, und die Stelle, von der man sich die meiste Wirkung versprach, kam auch nicht zustande. Das Geistersehen in der Kristallkugel vor dem schlafend weissagenden Kophta sollte als blendendes Final vor allen glänzen.

Aber da waltete kein froher Geist über dem Ganzen, es geriet in Stocken, und um nicht alle Mühe zu verlieren, schrieb ich ein prosaisches Stück, zu dessen Hauptfiguren sich wirklich analoge Gestalten in der neuen Schauspielergesellschaft vorfanden, die denn auch in der sorgfältigsten Aufführung das ihrige leisteten.

Aber eben deswegen weil das Stück ganz trefflich gespielt wurde, machte es einen um desto widerwärtigern Effekt. Ein furchtbarer und zugleich abgeschmackter Stoff, kühn und schonungslos behandelt, schreckte jedermann, kein Herz klang an; die fast gleichzeitige Nähe des Vorbildes ließ den Eindruck noch greller empfinden; und weil geheime Verbindungen sich ungünstig behandelt glaubten, so fühlte sich ein großer respektabler Teil des Publikums entfremdet, so wie das weibliche Zartgefühl sich vor einem verwegenen Liebesabenteuer entsetzte.

Ich war immer gegen die unmittelbare Wirkung meiner Arbeiten gleichgültig gewesen und sah auch diesmal ganz ruhig zu, daß diese letzte, an die ich so viel Jahre gewendet, keine Teilnahme fand; ja ich ergötzte mich an einer heimlichen Schadenfreude, wenn gewisse Menschen, die ich dem Betrug oft genug ausgesetzt gesehen, kühnlich versicherten, so grob könne man nicht betrogen werden.

Aus diesem Ereignis zog ich mir jedoch keine Lehre; das was mich innerlich beschäftigte, erschien mir immerfort in dramatischer Gestalt, und wie die Halsbandsgeschichte als düstre Vorbedeutung, so ergriff mich nunmehr die Revolution selbst als die gräßlichste Erfüllung; den Thron sah ich gestürzt und zersplittert, eine große Nation aus ihren Fugen gerückt und nach unserm unglücklichen Feldzug offenbar auch die Welt schon aus ihren Fugen.

Indem mich nun dies alles in Gedanken bedrängte, beängstigte, hatte ich leider zu bemerken, daß man im Vaterlande sich spielend mit Gesinnungen unterhielt, welche eben auch uns ähnliche Schicksale vorbereiteten. Ich kannte genug edle Gemüter, die sich gewissen Aussichten und Hoffnungen, ohne weder sich noch die Sache zu begreifen, phantastisch hingaben; indessen ganz schlechte Subjekte bittern Unmut zu erregen, zu mehren und zu benutzen strebten.

Als ein Zeugnis meines ärgerlich guten Humors ließ ich den Bürgergeneral auftreten, wozu mich ein Schauspieler verführte, namens Beck, welcher den Schnaps in den Beiden Billetts nach Florian mit ganz individueller Vortrefflichkeit spielte, indem selbst seine Fehler ihm dabei zustatten kamen. Da ihm nun diese Maske so gar wohl anstand, brachte man des gedachten kleinen, durchaus beliebten Nachspiels erste Fortsetzung, den Stammbaum von Anton Wall hervor, und als ich nun auf Proben, Ausstattung und Vorstellung dieser Kleinigkeit ebenfalls die größte Aufmerksamkeit wendete, so konnte nicht fehlen, daß ich mich von diesem närrischen Schnaps so durchdrungen fand, daß mich die Lust anwandelte ihn nochmals zu produzieren. Dies geschah auch mit

Neigung und Ausführlichkeit; wie denn das gehaltreiche Mantelsäckchen ein wirklich französisches war, das Paul auf jener Flucht eilig aufgerafft hatte. In der Hauptszene erwies sich Malkolmi als alter wohlhabender, wohlwollender Bauersmann, der sich eine gesteigerte Unverschämtheit als Spaß auch einmal gefallen läßt, unübertrefflich, und wetteiferte mit Beck in wahrer natürlicher Zweckmäßigkeit. Aber vergebens, das Stück brachte die widerwärtigste Wirkung hervor, selbst bei Freunden und Gönnern, die um sich und mich zu retten hartnäckig behaupteten: ich sei der Verfasser nicht, habe nur als Grille meinen Namen und einige Federstriche einer sehr subalternen Produktion zugewendet.

Wie mich aber niemals irgend ein Äußeres mir selbst entfremden konnte, mich vielmehr nur strenger ins Innere zurückwies, so blieben jene Nachbildungen des Zeitsinnes für mich eine Art von gemütlich tröstlichem Geschäft. Die Unterhaltungen der Ausgewanderten, fragmentarischer Versuch, das unvollendete Stück, die Aufgeregten, sind ebensoviel Bekenntnisse dessen was damals in meinem Busen vorging; wie auch späterhin Hermann und Dorothea noch aus derselbigen Quelle flossen, welche denn freilich zuletzt erstarrte. Der Dichter konnte der rollenden Weltgeschichte nicht nacheilen und mußte den Abschluß sich und andern schuldig bleiben, da er das Rätsel auf eine so entschiedene als unerwartete Weise gelöst sah.

Unter solchen Konstellationen war nicht leicht jemand, in so weiter Entfernung vom eigentlichen Schauplatze des Unheils, gedrückter als ich; die Welt erschien mir blutiger und blutdürstiger als jemals, und wenn das Leben eines Königs in der Schlacht für tausende zu rechnen ist, so wird es noch viel bedeutender im gesetzlichen Kampfe. Ein König wird auf Tod und Leben angeklagt, da kommen Gedanken in Umlauf, Verhältnisse zur Sprache, welche für ewig zu beschwichtigen sich das Königtum vor Jahrhunderten kräftig eingesetzt hatte.

Aber auch aus diesem gräßlichen Unheil suchte ich mich zu retten, indem ich die ganze Welt für nichtswürdig erklärte, wobei mir denn durch eine besondere Fügung Reineke Fuchs in die Hände kam. Hatte ich mich bisher an Straßen-, Markt- und Pöbelauftritten bis zum Abscheu übersättigen müssen, so war es nun wirklich erheiternd in den Hof- und Regentenspiegel zu blicken: denn wenn auch hier das Menschengeschlecht sich in seiner ungeheuchelten Tierheit ganz natürlich vorträgt, so geht doch alles, wo nicht musterhaft, doch heiter zu, und nirgends fühlt sich der gute Humor gestört.

Um nun das köstliche Werk recht innig zu genießen, begann ich alsobald eine treue Nachbildung; solche jedoch in Hexametern zu unternehmen, war ich folgenderweise veranlaßt.

Schon seit vielen Jahren schrieb man in Deutschland nach Klopstocks Einleitung sehr läßliche Hexameter; Voß, indem er sich wohl auch dergleichen bediente, ließ doch hie und da merken, daß man sie besser machen könne, ja er schonte sogar seine eigenen vom Publikum gut aufgenommenen Arbeiten und Übersetzungen nicht. Ich hätte das gar gern auch gelernt, allein es wollte mir nicht glücken. Herder und Wieland waren in diesem Punkte Latitudinarier und man durfte der Voßschen Bemühungen, wie sie nach und nach strenger und für den Augenblick ungelenk erschienen, kaum Erwähnung tun. Das Publikum selbst schätzte längere Zeit die Voßschen früheren Arbeiten, als geläufiger, über die späteren; ich aber hatte zu Voß, dessen Ernst man nicht verkennen konnte, immer ein stilles Vertrauen und wäre, in jüngeren Tagen oder anderen Verhältnissen, wohl einmal nach Eutin gereist, um das Geheimnis zu erfahren; denn er, aus einer zu ehrenden Pietät für Klopstock, wollte, solange der würdige, allgefeierte Dichter lebte, ihm nicht geradezu ins Gesicht sagen: daß man in der deutschen Rhythmik eine striktere Observanz einführen müsse, wenn sie irgend gegründet werden solle. Was er inzwischen äußerte, waren für mich sibyllinische Blätter. Wie ich mich an der Vorrede zu den Georgiken abgequält habe, erinnere ich mich noch immer gerne, der redlichen Absicht wegen, aber nicht des daraus gewonnenen Vorteils.

Da mir recht gut bewußt war, daß alle meine Bildung nur praktisch sein könne, so ergriff ich die Gelegenheit ein paar tausend Hexameter hinzuschreiben, die bei dem köstlichsten Gehalt selbst einer mangelhaften Technik gute Aufnahme und nicht vergänglichen Wert verleihen durften. Was an ihnen zu tadeln sei, werde sich, dacht' ich, am Ende schon finden; und so wendete ich jede Stunde, die mir sonst übrig blieb, an eine solche schon innerhalb der Arbeit vorläufig dankbare Arbeit, baute inzwischen und möblierte fort, ohne zu denken was weiter mit mir sich ereignen würde, ob ich es gleich gar wohl voraussehen konnte.

So weit wir auch ostwärts von der großen Weltbegebenheit gelegen waren, erschienen doch schon diesen Winter flüchtige Vorläufer unserer ausgetriebenen westlichen Nachbarn; es war als wenn sie sich umsähen nach irgendeiner gesitteten Stätte, wo sie Schutz und Aufnahme fänden. Obgleich nur vorübergehend, wußten sie durch anständiges Betragen, duldsam zufriedenes Wesen, durch Bereitwilligkeit, sich ihrem Schicksal zu fügen und durch irgendeine Tätigkeit ihr Leben zu fristen, dergestalt für sich einzunehmen, daß durch diese einzelnen die Mängel der ganzen Masse ausgelöscht und jeder Widerwille in entschiedene Gunst verwandelt wurde. Dies kam denn freilich ihren Nachfahrern zugute, die sich späterhin in Thüringen festsetzten, unter denen ich nur Mounier und Camille Jordan zu nennen brauche, um ein Vorurteil zu rechtfertigen, welches man für die ganze Kolonie gefaßt hatte, die sich, wo nicht den Genannten gleich, doch derselben keineswegs unwürdig erzeigte.

Übrigens läßt sich hiebei bemerken, daß in allen wichtigen politischen Fällen immer diejenigen Zuschauer am besten dran sind, welche Partei nehmen; was ihnen wahrhaft günstig ist, ergreifen sie mit Freuden, das Ungünstige ignorieren sie, lehnen's ab, oder legen's wohl gar zu ihrem Vorteil aus. Der Dichter aber, der seiner Natur nach unparteiisch sein und bleiben muß, sucht sich von den Zuständen beider kämpfender Teile zu durchdringen, wo er denn, wenn Vermittlung unmöglich wird, sich entschließen muß tragisch zu endigen. Und mit welchem Zyklus von Tragödien sahen wir uns von der tosenden Weltbewegung bedroht!

Wer hatte seit seiner Jugend sich nicht vor der Geschichte des Jahrs 1649 entsetzt, wer nicht vor der Hinrichtung Karl I. geschaudert, und zu einigem Troste gehofft, daß dergleichen Szenen der Parteiwut sich nicht abermals ereignen könnten. Nun aber wiederholte sich das alles, greulicher und grimmiger, bei dem gebildetsten Nachbarvolke, wie vor unsern Augen; Tag für Tag, Schritt vor Schritt. Man denke sich, welchen Dezember und Januar diejenigen verlebten, die den König zu retten ausgezogen waren, und nun in seinen Prozeß nicht eingreifen, die Vollstreckung des Todesurteils nicht hindern konnten.

Frankfurt war wieder in deutschen Händen, die möglichsten Vorbereitungen Mainz wieder zu erobern wurden eifrigst besorgt. Man hatte sich Mainz genähert und Hochheim besetzt: Königstein mußte sich ergeben. Nun aber war vor allen Dingen nötig, durch einen vorläufigen Feldzug auf dem linken Rheinufer sich den Rücken frei zu machen. Man zog daher am Taunusgebirge hin auf Idstein über das Benediktinerkloster Schönau nach Kaub, sodann über eine wohlerrichtete Schiffbrücke nach Bacharach; von da an gab es fast ununterbrochene Vorpostengefechte, welche den Feind zum Rückzug nötigten. Man ließ den eigentlichen Hunsrück rechts, zog nach Stromberg, wo General Neuwinger gefangen wurde. Man gewann Kreuznach und reinigte den Winkel zwischen der Nahe und dem Rhein: und so bewegte man sich mit Sicherheit gegen diesen Fluß. Die Kaiserlichen waren bei Speyer über den Rhein gegangen und man konnte die Umzingelung von Mainz den 14. April abschließen, wenigstens vorerst die Einwohner mit Mangel, als dem Vorläufer größerer Not, in Angst setzen.

Diese Nachricht vernahm ich zugleich mit der Aufforderung mich an Ort und Stelle zu zeigen, um, wie früher an einem beweglichen Übel, so nun an einem stationären teil zu nehmen. Die Umzingelung war vollbracht, die Belagerung konnte nicht ausbleiben; wie ungern ich mich dem Kriegstheater abermals näherte, überzeuge sich wer etwa die zweite nach meinen Skizzen radierte Tafel in die Hand nimmt. Sie ist einem sehr genauen Federumriß nachgebildet, den ich wenige Tage vor meiner Abreise sorgfältig auf Papier gebracht hatte. Mit welchem Gefühl, sagen die wenigen dazu gedichteten Reimzeilen:

Hier sind wir denn vorerst ganz still zu Haus,
Von Tür' zu Türe sieht es lieblich aus;
Der Künstler froh die stillen Blicke hegt,
Wo Leben sich zum Leben freundlich regt.
Und wie wir auch durch ferne Lande ziehn,
Da kommt es her, da kehrt es wieder hin;
Wir wenden uns, wie auch die Welt entzücke,
Der Enge zu, die uns allein beglücke.

BELAGERUNG VON MAINZ

Montag den 26. Mai 1793 von Frankfurt nach Höchst und Flörsheim; hier stand viel Belagerungsgeschütz. Der alte freie Weg nach Mainz war gesperrt, ich mußte über die Schiffbrücke bei Rüsselsheim; in Ginsheim ward gefüttert, der Ort ist sehr zerschossen; dann über die Schiffbrücke auf die Nonnenaue, wo viele Bäume niedergehauen lagen, sofort auf dem zweiten Teil der Schiffbrücke über den größern Arm des Rheins. Ferner auf Bodenheim und Oberolm, wo ich mich kantonierungsmäßig einrichtete, und sogleich mit Hauptmann Vent nach dem rechten Flügel über Hechtsheim ritt, mir die Lage besah von Mainz, Kastel, Kostheim, Hochheim, Weisenau, der Mainspitze und den Rheininseln. Die Franzosen hatten sich der einen bemächtigt und sich dort eingegraben; ich schlief nachts in Oberolm.

Dienstag den 27. Mai eilte ich meinen Fürsten im Lager bei Marienborn zu verehren, wobei mir das Glück ward, dem Prinzen Maximilian von Zweibrücken, meinem immer gnädigen Herrn, aufzuwarten; vertauschte dann sogleich gegen ein geräumiges Zelt in der Fronte des Regiments mein leidiges Kantonierungsquartier. Nun wollt' ich auch die Mitte des Blockadehalbkreises kennen lernen, ritt auf die Schanze vor dem Chausseehaus, übersah die Lage der Stadt, die neue französische Schanze bei Zahlbach und das merkwürdig gefährliche Verhältnis des Dorfes Bretzenheim. Dann zog ich mich gegen das Regiment zurück und war bemüht einige genaue Umrisse aufs Papier zu bringen, um mir die Bezüge und die Distanzen der landschaftlichen Gegenstände desto besser zu imprimieren.

Ich wartete dem General Grafen Kalckreuth in Marienborn auf, und war abends bei demselben; da denn viel über eine Märe gesprochen wurde, daß in dem Lager der anderen Seite vergangene Nacht der Lärm entstanden, als sei ein deutscher General zu den Franzosen übergegangen, worüber sogar das Feldgeschrei verändert worden und einige Bataillons ins Gewehr getreten.

Ferner unterhielt man sich über das Detail der Lage überhaupt, über Blockade und künftige Belagerung. Viel ward gesprochen über Persönlichkeiten und deren Verhältnisse, die gar mancherlei wirken, ohne daß sie zur Sprache kommen. Man zeigte daraus, wie unzuverlässig die Geschichte sei, weil kein Mensch eigentlich wisse, warum oder woher dieses und jenes geschehe.

Mittwoch den 28. Mai bei Obrist von Stein auf dem Forsthause, das äußerst schön liegt; ein höchst angenehmer Aufenthalt. Man fühlte, welch eine behagliche Stelle es gewesen, Landjägermeister eines Kurfürsten von Mainz zu sein. Von da übersieht man den großen landschaftlichen Kessel, der sich bis Hochheim hinüber erstreckt, wo in der Urzeit Rhein und Main sich wirbelnd drehten und restagnierend die besten Äcker vorbereiteten, ehe sie bei Biebrich westwärts zu fließen völlige Freiheit fanden.

Ich speiste im Hauptquartier; der Rückzug aus der Champagne ward besprochen; Graf Kalckreuth ließ seiner Laune gegen die Theoristen freien Lauf.

Nach der Tafel ward ein Geistlicher hereingebracht, als revolutionärer Gesinnungen verdächtig. Eigentlich war er toll, oder wollte so scheinen; er glaubte Turenne und Condé gewesen, und nie von einem Weibe geboren zu sein. Durch das Wort werde alles gemacht! Er war guter Dinge und zeigte in seiner Tollheit viel Konsequenz und Gegenwart des Geistes.

Ich suchte mir die Erlaubnis Lieutenant von Itzenplitz zu besuchen, welcher am 9. Mai in einer Affaire vor Mainz mit Schuß und Hieb verwundet und endlich gefangen genommen worden. Feindlicherseits betrug man sich auf das schonendste gegen ihn und gab ihn bald wieder heraus. Reden durft' er noch nicht, doch erfreute ihn die Gegenwart eines alten Kriegskameraden, der manches zu erzählen wußte.

Gegen Abend fanden sich die Offiziere des Regiments beim Marketender, wo es etwas mutiger herging als vorm Jahr in der Champagne: denn wir tranken den dortigen schäumenden Wein und zwar im Trocknen beim schönsten Wetter. Meiner vormaligen Weissagung ward auch gedacht; sie wiederholten meine Worte: «Von hier und heute geht eine neue Epoche der Weltgeschichte aus, und ihr könnt sagen ihr seid dabei gewesen.» Wunderbar genug sah man diese Prophezeiung nicht etwa nur dem allgemeinen Sinn, sondern dem besonderen Buchstaben nach genau erfüllt, indem die Franzosen ihren Kalender von diesen Tagen an datieren.

Wie aber der Mensch überhaupt ist, besonders aber im Kriege, daß er sich das Unvermeidliche gefallen läßt, und die Intervalle zwischen Gefahr, Not und Verdruß mit Vergnügen und Lustbarkeit auszufüllen sucht: so ging es auch hier; die Hoboisten von Thadden spielten Ça ira und den Marseiller Marsch, wobei eine Flasche Champagner nach der andern geleert wurde.

Abends acht Uhr kanonierte man stark von den Batterien des rechten Flügels.

Donnerstag den 29. Mai früh neun Uhr: Viktoria wegen des Siegs der Österreicher bei Famars. Dieses allgemeine Abfeuern nützte mir die Lage der Batterien und die Stellung der Truppen kennen zu lernen; zugleich war ein ernstlicher Handel bei Bretzenheim, denn freilich hatten die Franzosen alle Ursache uns aus diesem so nahe gelegenen Dorfe zu vertreiben.

Inzwischen erfuhr man, woher das Märchen der gestrigen Desertion entstanden: durch seltsam zufällige Kombinationen, so abgeschmackt als möglich, aber doch einige Zeit umherlaufend.

Ich begleitete meinen gnädigsten Herrn nach dem linken Flügel, wartete dem Herrn Landgrafen von Darmstadt auf, dessen Lager besonders zierlich mit kiefernen Lauben ausgeputzt war, dessen Zelt jedoch alles was ich je in dieser Art gesehen, übertraf, wohl ausgedacht, vortrefflich gearbeitet, bequem und prächtig.

Gegen Abend war uns, mir aber besonders, ein liebenswürdiges Schauspiel bereitet: die Prinzessinnen von Mecklenburg hatten im Hauptquartier zu Bodenheim bei Ihro Majestät dem Könige gespeist und besuchten nach Tafel das Lager. Ich heftelte mich in mein Zelt ein und durfte so die hohen Herrschaften, welche unmittelbar davor ganz vertraulich auf und nieder gingen, auf das genaueste beobachten. Und wirklich konnte man in diesem Kriegsgetümmel die beiden jungen Damen für himmlische Erscheinungen halten, deren Eindruck auch mir niemals verlöschen wird.

Freitag den 30. Mai. Früh hörte man hinter dem Lager Kleingewehrfeuer, welches einige Apprehension gab; dies klärte sich dahin auf, daß die Bauern den Fronleichnam gefeiert. Ferner ward Viktoria geschossen aus Kanonen und kleinem Gewehr, jenes glücklichen Ereignisses in den Niederlanden wegen; dazwischen scharf aus der Stadt und hinein. Nachmittag ein Donnerwetter.

Holländische Artillerieflotille ist angekommen, liegt bei Erbenheim.

In der Nacht vom 30. zum 31. Mai schlief ich, wie gewöhnlich ganz angezogen, ruhig im Zelte, als ich vom Platzen eines kleinen Gewehrfeuers aufgeweckt wurde, das nicht allzu entfernt schien. Ich sprang auf und heraus, und fand schon alles in Bewegung; es war offenbar, daß Marienborn überfallen sei. Bald darauf feuerten unsere Kanonen von der Batterie vor dem Chausseehaus, dies mußte also einem herandringenden Feinde gelten. Das Regiment des Herzogs, von dem eine Schwadron hinter dem Chausseehaus gelagert war, rückte aus; der Moment war kaum erklärbar. Das kleine Gewehrfeuer in Marienborn, im Rücken unserer Batterien, dauerte fort und unsere Batterien schossen auch. Ich setzte mich zu Pferde und ritt weiter vor, wo ich, nach früher genommener Kenntnis, ob es gleich Nacht war, die Gegend beurteilen konnte. Ich erwartete jeden Augenblick Marienborn in Flammen zu sehen und ritt zu unseren Zelten zurück, wo ich die Leute des Herzogs beschäftigt fand, ein- und aufzupacken auf alle Fälle. Ich empfahl ihnen meinen Koffer und Portefeuille und besprach unsern Rückzug. Sie wollten auf Oppenheim zu; dorthin konnte ich leicht folgen, da mir der Fußpfad durch das Fruchtfeld bekannt war, doch wollt' ich den Erfolg erst abwarten und mich nicht eher entfernen, bis das Dorf brennte und der Streit sich hinter demselben weiter heraufzöge.

In solcher Ungewißheit sah ich der Sache zu, aber bald legte sich das kleine Gewehrfeuer, die Kanonen schwiegen, der Tag fing an zu grauen, und das Dorf lag ganz ruhig vor mir. Ich ritt hinunter. Die Sonne ging auf mit trübem Schein, und die Opfer der Nacht lagen nebeneinander. Unsere riesenhaften wohlgekleideten Kürassiere machten einen wunderlichen Kontrast mit den zwergenhaften, schneiderischen, zerlumpten Ohnehosen; der Tod hatte sie ohne Unterschied hingemäht. Unser guter Rittmeister La Viere war unter den ersten geblieben, Rittmeister von Voß, Adjutant des Grafen Kalckreuth durch die Brust geschossen, man erwartete seinen Tod. Ich war veranlaßt, eine kurze Relation dieses wunderbaren und unangenehmen Vorfalls aufzusetzen, welche ich hier einschalte und sodann noch einige Partikularitäten hinzufüge.

Von dem Ausfall der Franzosen in der Nacht auf Marienborn vermelde ich folgendes:

Das Hauptquartier Marienborn liegt in der Mitte des Halbkreises von Lagern und Batterien, die am linken Ufer des Rheins oberhalb Mainz anfangen, die Stadt nicht gar in der Entfernung einer halben Stunde umgeben, und unterhalb derselben sich wieder an den Fluß anschließen. Die Kapelle zum heiligen Kreuz, die Dörfer Weißenau, Hechtsheim, Marienborn, Drais, Gonsenheim, Mombach werden von diesem Kreise entweder berührt oder liegen nicht weit außerhalb desselben. Die beiden Flügel bei Weißenau und

Mombach wurden vom Anfang der Blockade an von den Franzosen öfters angegriffen und ersteres Dorf abgebrannt, die Mitte hingegen blieb ohne Anfechtung. Niemand konnte vermuten, daß sie dahin einen Ausfall richten würden, weil sie in Gefahr kamen von allen Seiten ins Gedränge zu geraten, abgeschnitten zu werden, ohne irgend etwas von Bedeutung auszurichten. Indessen waren die Vorposten um Bretzenheim und Dahlheim, Orte die vor Marienborn in einem Grunde liegen, der sich nach der Stadt zieht, immer aneinander und man behauptete Bretzenheim diesseits um so eifriger, als die Franzosen bei Zahlbach, einem Kloster nahe bei Dahlheim, eine Batterie errichtet hatten und damit das Feld und die Chaussee bestrichen.

Eine Absicht, die man dem Feinde nicht zutraute, bewog ihn endlich zu einem Ausfall gegen das Hauptquartier. Die Franzosen wollten, so ist man durch die Gefangenen überzeugt, den General Kalckreuth, der in Marienborn, den Prinzen Ludwig, Ferdinands Sohn, der auf dem Chausseehause einige hundert Schritte vom Dorfe in Quartier lag, entweder gefangen fortführen, oder tot zurücklassen. Sie wählten die Nacht vom 30sten zum 31sten, zogen sich, vielleicht dreitausend Mann, aus dem Zahlbacher Grunde schlängelnd über die Chaussee und durch einige Gründe bis wieder an die Chaussee, passierten sie wieder und eilten auf Marienborn los. Sie waren gut geführt und nahmen ihren Weg zwischen den österreichischen und preußischen Patrouillen durch, die leider, wegen geringen Wechsels von Höhen und Tiefen, nicht aneinander stießen. Auch kam ihnen noch ein Umstand zu Hülfe.

Tags vorher hatte man Bauern beordert, das Getreide, das gegen die Stadt zu steht, in dieser Nacht abzumähen; als diese nach vollendeter Arbeit zurückgingen, folgten ihnen die Franzosen, und einige Patrouillen wurden dadurch irre gemacht. Sie kamen unentdeckt ziemlich weit vorwärts, und als man sie bemerkte und auf sie schoß, drangen sie in der größten Eile nach Marienborn vor, und erreichten das Dorf gegen ein Uhr, wo man sorglos entweder schlief oder wachte. Sie schossen sogleich in die Häuser, wo sie Licht sahen, drängten sich durch die Straße und umringten den Ort und das Kloster, in welchem der General lag. Die Verwirrung war groß, die Batterien schossen, das Infanterieregiment Wegner rückte gleich vor, eine Schwadron des Herzogs von Weimar, die hinter dem Orte lag, war bei der Hand, die sächsischen Husaren desgleichen. Es entstand ein verwirrtes Gefecht.

Indessen hörte man im ganzen Umkreis des blockierenden Lagers das Feuern von falschen Attacken, jeder wurde auf sich aufmerksam gemacht und niemand wagte dem andern zu Hülfe zu eilen.

Der abnehmende Mond stand am Himmel und gab ein mäßiges Licht. Der Herzog von Weimar nahm den übrigen Teil seines Regiments, das eine Viertelstunde hinter Marienborn auf der Höhe lag, und eilte hinzu, Prinz Ludwig führte die Regimenter Wegner und Thadden; und nach einem anderthalbstündigen Gefechte trieb man die Franzosen gegen die Stadt. An Toten und Blessierten ließen sie dreißig Mann zurück, was sie mit sich geschleppt, ist unbekannt.

Der Verlust der Preußen an Toten und Blessierten mag neunzig Mann sein. Major La Viere von Weimar ist tot; Rittmeister und Adjutant von Voß tödlich verwundet. Ein unglücklicher Zufall vermehrte den diesseitigen Verlust: denn als sich die Feldwachen von Bretzenheim auf Marienborn zurückziehen wollten, kamen sie unter die Franzosen und wurden zugleich mit ihnen von unsern Batterien beschossen.

Als es Tag ward, fand man Pechkränze und mit Pech überzogene Birkenwellen an allen Enden des Dorfes; sie hatten die Absicht, wenn der Coup gelänge, zuletzt das Dorf anzuzünden.

Man erfuhr, daß sie zu gleicher Zeit versucht hatten, eine Brücke von einer Rheininsel an der Mainspitze, in die sie sich seit einiger Zeit genistet, auf die nächste Insel zu schlagen, wahrscheinlich in der Absicht gegen die Schiffbrücken bei Ginsheim etwas vorzunehmen. Das zweite Treffen der

Kette ward näher an das erste herangezogen und des Herzogs Regiment steht nah bei Marienborn.

Man weiß daß beim Ausfall Nationaltruppen vorangingen, dann Linien-, dann wieder Nationaltruppen folgten; es mag daher das Gerücht entstanden sein, die Franzosen seien in drei Kolonnen ausgezogen.

Den 1. Juni rückte das Regiment näher nach Marienborn; der Tag ging hin mit Veränderung des Lagers; auch die Infanterie veränderte ihre Stellung und man traf verschiedene Verteidigungsanstalten.

Ich besuchte Rittmeister von Voß, den ich ohne Hoffnung fand; er saß aufrecht im Bette und schien seine Freunde zu kennen, zu sprechen vermocht' er nicht. Auf einen Wink des Chirurgen begaben wir uns weg; und ein Freund machte mich unterwegs aufmerksam, daß vor einigen Tagen in demselben Zimmer ein heftiger Streit entstanden, indem einer gegen viele hartnäckig behauptet: Marienborn, als Hauptquartier, liege viel zu nahe an der blockierten und zu belagernden Stadt, man habe sich gar wohl eines Überfalls zu versehen.

Weil aber überhaupt eine heftige Widerrede gegen alles, was von oben herein befohlen und veranstaltet war, zur Tagesordnung gehörte, so ging man drüber hinaus und ließ diese Warnung, so wie manche andere, verhallen.

Den 2. Juni ward ein Bauer aus Oberolm gehenkt, der beim Überfall die Franzosen angeführt hatte: denn ohne die genauste Kenntnis des Terrains wäre das schlängelnde Heranziehen nicht denkbar gewesen; zum Unglück für ihn wußte er nicht ebenso gut mit den Rückkehrenden die Stadt zu erreichen und wurde von den ausgesandten Patrouillen, die alles auf das sorgfältigste durchsuchten, eingefangen.

Ward Major La Viere mit allen militärischen Ehren vor den Standarten begraben. Starb Rittmeister von Voß. Waren Prinz Ludwig, General Kalckreuth und mehrere bei dem Herzog zur Tafel. Abends Feuern an der Rheinspitze.

Den 3. Juni große Mittagstafel bei Herrn von Stein auf dem Jägerhause; herrliches Wetter, unschätzbare Aussicht, ländlicher Genuß, durch Szenen des Todes und Verderbens getrübt. Abends wurde Rittmeister von Voß neben La Viere niedergesenkt.

Den 5. Juni. Man fährt fort an der Verschanzung des Lagers ernstlich zu arbeiten.

Große Attacke und Kanonade an der Mainspitze.

Den 6. Juni war die preußische und österreichische Generalität bei Serenissimo zu Tafel, in einem großen von Zimmerwerk zu solchen Festen auferbauten Saale. Ein Obristlieutenant vom Regiment Wegner, schief gegen mir über sitzend, betrachtete mich gewissermaßen mehr als billig.

Den 7. Juni schrieb ich früh viel Briefe. Bei Tafel im Hauptquartier schwadronierte ein Major viel über künftige Belagerung und redete sehr frei über das Benehmen bisher.

Gegen Abend führte mich ein Freund zu jenem beobachtenden Obristlieutenant, der vor einigen Tagen meine Bekanntschaft zu machen gewünscht hatte. Wir fanden keine sonderliche Aufnahme; es war Nacht geworden, es erschien keine Kerze. Selterswasser und Wein, das man jedem Besuchenden anbot, blieb aus, die Unterhaltung war Null. Mein Freund, welcher diese Verstimmung dem Umstande zuschrieb, daß wir zu spät gekommen, blieb nach dem Abschiede einige Schritte zurück um uns zu entschuldigen, jener aber versetzte zutraulich, es habe gar nichts zu sagen: denn gestern bei Tafel habe er schon an meinen Gesichtszügen gesehen, daß ich gar der Mann nicht sei, wie er sich ihn vorgestellt habe. Wir scherzten über diesen verunglückten Versuch neuer Bekanntschaft.

Den 8. Juni setzte ich meine Arbeit an Reineke Fuchs fleißig fort; ritt mit durchlauchtigstem Herzog nach dem darmstädtischen Lager, wo ich den Herrn Landgrafen als meinen vieljährigen unabänderlich gnädigsten Herrn mit Freuden verehrte.

Abends kam Prinz Maximilian von Zweibrücken mit Obrist von Stein zu Serenissimo; da ward manches durchgesprochen; zuletzt kam das offenbare Geheimnis der nächstkünftigen Belagerung an die Reihe.

Den 9. Juni glückte den Franzosen ein Ausfall auf Heiligkreuz; es gelang ihnen Kirche und Dorf unmittelbar vor den österreichischen Batterien anzuzünden, einige Gefangene zu machen und sich, nicht ohne Verlust, hierauf zurückzuziehen.

Den 10. Juni wagten die Franzosen einen Tagesüberfall auf Gonsenheim, der zwar abgeschlagen ward, aber uns doch wegen des linken Flügels, und besonders wegen des Darmstädter Lagers, einige Zeit in Verlegenheit und Sorge setzte.

Den 11. Juni. Das Lager Ihro Majestät des Königs war nun etwa tausend Schritte über Marienborn bestimmt und angelegt, gerade an dem Abhange, wo der große Kessel in welchem Main liegt sich endigt, in aufsteigenden Lehmwänden und Hügeln; dieses gab zu den anmutigsten Einrichtungen Gelegenheit. Das leicht zu behandelnde Erdreich bot sich den Händen geschickter Gärtner dar, welche die gefälligste Parkanlage mit wenig Bemühung bildeten: die abhängige Seite ward geböscht und mit Rasen belegt, Lauben gebaut, auf- und absteigende Kommunikationsgänge gegraben, Flächen planiert, wo das Militär in seiner ganzen Pracht und Zierlichkeit sich zeigen konnte, anstoßende Wäldchen und Büsche mit in den Plan gezogen, so daß man bei der köstlichsten Aussicht nichts mehr wünschen konnte, als diese sämtlichen Räume ebenso bearbeitet zu sehen, um des herrlichsten Parks von der Welt zu genießen. Unser Kraus zeichnete sorgfältig die Aussicht mit allen ihren gegenwärtigen Eigentümlichkeiten.

Den 14. Juni. Eine kleine Schanze, welche die Franzosen unterhalb Weisenau errichtet hatten und besetzt hielten, stand der Eröffnung der Parallele im Weg; sie sollte nachts eingenommen werden und mehrere davon unterrichtete Personen begaben sich auf die diesseitigen Schanzen unseres rechten Flügels, von wo man die ganze Lage übersehen konnte. In der sehr finstern Nacht erwartete man nunmehr, da man die Stelle recht gut kannte, wohin unsere Truppen gesendet waren, Angriff und Widerstand sollten durch ein lebhaftes Feuer ein bedeutendes Schauspiel geben. Man harrte lang, man harrte vergebens; statt dessen gewahrte man aber eine weit lebhaftere Erscheinung. Alle Posten unserer Stellung mußten angegriffen sein, denn in dem ganzen Kreis derselben erblickte man ein lebhaftes Feuern, ohne daß man dessen Veranlassung irgend begreifen konnte; auf der Stelle aber von der eigentlich die Rede sein sollte, blieb alles tot und stumm. Verdrießlich gingen wir nach Hause, besonders Herr Gore, als auf solche Feuer- und Nachtgefechte der Begierigste. Der folgende Tag gab uns die Auflösung dieses Rätsels. Die Franzosen hatten sich vorgenommen in dieser Nacht alle unsere Posten anzugreifen und deshalb ihre Truppen aus den Schanzen weg und zum Angriff zusammengezogen. Unsere Abgesendeten daher, die mit der größten Vorsicht an die Schanze herangingen, fanden weder Waffen noch Widerstand; sie erstiegen die Schanze und fanden sie leer, einen einzigen Kanonier ausgenommen, der sich über diesen Besuch höchlich verwunderte. Während des allgemeinen Feuerns, das nur sie nicht betraf, hatten sie gute Zeit die Wälle zu zerstören und sich zurückzuziehen. Jener allgemeine Angriff hatte auch keine weitern Folgen; die alarmierten Linien beruhigten sich wieder mit dem Einbruch des Tags.

Den 16. Juni. Die immer besprochene, und dem Feind verheimlichte Belagerung von Mainz nahte sich denn doch endlich; man sagte sich ins Ohr: heute nacht soll die Tranchee eröffnet werden. Es war sehr finster und man ritt den bekannten Weg nach der Weisenauer Schanze; man sah nichts, man hörte nichts, aber unsere Pferde stutzten auf einmal und wir wurden unmittelbar vor uns einen kaum zu unterscheidenden Zug gewahr. Österreichische, grau gekleidete Soldaten mit grauen Faschinen auf den Rücken, zogen stillschweigend dahin, kaum daß von Zeit zu Zeit der Klang aneinander schlagender Schaufeln und Hacken irgend eine nahe Bewegung andeutete. Wunderbarer und gespensterhafter läßt sich kaum eine Erscheinung denken, die sich halb gesehen immer wiederholte, ohne deutlicher gesehen zu werden. Wir blieben auf dem Flecke halten, bis daß sie vorüber waren, denn von da aus konnten wir wenigstens nach der Stelle hinsehen, wo sie im Finstern wirken und arbeiten sollten. Da dergleichen Unternehmungen immer in Gefahr sind dem Feind verraten zu werden, so konnte man erwarten, daß von den Wällen aus auf diese Gegend, und wenn auch nur auf gut Glück, gefeuert werden würde. Allein in dieser Erwartung blieb man nicht lange, denn gerade an der Stelle, wo die Tranchee angefangen werden sollte, ging auf einmal klein Gewehrfeuer los, allen unbegreiflich. Sollten die Franzosen sich herausgeschlichen, bis an oder gar über unsere Vorposten herangewagt haben? Wir begriffen es nicht. Das Feuern hörte auf und alles versank in die allertiefste Stille. Erst den andern Morgen wurden wir aufgeklärt, daß unsere Vorposten selbst auf die still heranziehende Kolonne wie auf eine feindliche gefeuert hatten; diese stutzte, verwirrte sich, jeder warf seine Faschine weg, Schaufeln und Hacken wurden allenfalls gerettet; die Franzosen auf den Wällen aufmerksam gemacht, waren auf ihrer Hut, man kam unverrichteter Sache zurück, die sämtliche Belagerungsarmee war in Bestürzung.

Den 17. Juni. Die Franzosen errichteten eine Batterie an der Chaussee. Nachts entsetzlicher Regen und Sturm.

Den 18. Juni. Als man die neulich mißglückte Eröffnung der Tranchee unter den Sachverständigen besprach, wollte sich finden, daß man viel zu weit von der Festung mit der Anlage geblieben sei; man beschloß daher sogleich die dritte Parallele näher zu rücken und dadurch aus jenem Unfall entschiedenen Vorteil zu ziehen. Man unternahm es und es ging glücklich vonstatten.

Den 24. Juni. Franzosen und Klubbisten, wie man wohl bemerken konnte, daß es Ernst werde, veranstalteten, dem zunehmenden Mangel an Lebensmitteln Einhalt zu tun, eine unbarmherzige Exportation gegen Kastel, von Greisen und Kranken, Frauen und Kindern, die ebenso grausam wieder zurückgewiesen wurden. Die Not wehr- und hülfloser zwischen innere und äußere Feinde gequetschter Menschen ging über alle Begriffe.

Man versäumte nicht den österreichischen Zapfenstreich zu hören, welcher alle andere der ganzen alliierten Armee übertraf.

Den 25. Juni nachmittag entstand ein heftiges allen unbegreifliches Kanonieren am Ende unsers linken Flügels; zuletzt klärte sich's auf, das Feuern sei auf dem Rhein, wo die holländische Flotte vor Ihro Majestät dem Könige manövriere; Höchstdieselben waren deshalb nach Ellfeld gegangen.

Den 27. Juni. Anfang des Bombardements, wodurch die Dechanei sogleich angezündet war.

Nachts glückte den Unsern der Sturm auf Weisenau und die Schanze oberhalb der Kartause, freilich unerläßliche Punkte den rechten Flügel der zweiten Parallele zu sichern.

Den 28. Juni nachts. Fortgesetztes Bombardement gegen den Dom; Turm und Dach brennen ab und viele Häuser umher. Nach Mitternacht die Jesuitenkirche.

Wir sahen auf der Schanze vor Marienborn diesem schrecklichen Schauspiele zu; es war die sternenhellste Nacht, die Bomben schienen mit den Himmelslichtern zu wetteifern, und es waren wirklich Augenblicke wo man beide nicht unterscheiden konnte. Neu war uns das Steigen und Fallen der Feuerkugeln; denn wenn sie erst mit einem flachen Zirkelbogen das Firmament zu erreichen drohten, so knickten sie in einer gewissen Höhe parabolisch zusammen und die aufsteigende Lohe verkündigte bald, daß sie ihr Ziel zu erreichen gewußt.

Herr Gore und Rat Kraus behandelten den Vorfall künstlerisch und machten so viele Brandstudien, daß ihnen später gelang ein durchscheinendes Nachtstück zu verfertigen, welches noch vorhanden ist und, wohlerleuchtet, mehr als irgend eine Wortbeschreibung die Vorstellung einer unselig glühenden Hauptstadt des Vaterlandes zu überliefern imstande sein möchte.

Und wie deutete nicht ein solcher Anblick auf die traurigste Lage, indem wir uns zu retten, uns einigermaßen wieder herzustellen, zu solchen Mitteln greifen mußten!

Den 29. Juni. Schon längst war von einer schwimmenden Batterie die Rede gewesen, welche bei Ginsheim gebaut auf den Mainkopf und die zunächst liegenden Inseln und Auen wirken und sie besetzen sollte. Man sprach so viel davon, daß sie endlich vergessen ward. Auf meinem gewöhnlichen Nachmittagsritte nach unserer Schanze über Weisenau war ich kaum dorthin gelangt, als ich auf dem Fluß eine große Bewegung bemerkte: französische Kähne ruderten emsig nach den Inseln, und die österreichische Batterie, angelegt um den Fluß bis dorthin zu bestreichen, feuerte unausgesetzt in Prellschüssen auf dem Wasser; für mich ein ganz neues Schauspiel. Wie die Kugel zum erstenmal auf das bewegliche Element aufschlug, entsprang eine starke, sich viele Fuß in die Höhe bäumende Springwelle; diese war noch nicht zusammengestürzt, als schon eine zweite in die Höhe getrieben wurde, kräftig wie die erste, nur nicht von gleicher Höhe, und so folgte die dritte, vierte, immer ferner abnehmend, bis sie zuletzt gegen die Kähne gelangte, flächer fortwirkte und den Fahrzeugen zufällig gefährlich ward.

An diesem Schauspiel konnt' ich mich nicht satt sehen, denn es folgte Schuß auf Schuß, immer wieder neue mächtige Fontänen, indessen die alten noch nicht ganz verrauscht hatten.

Auf einmal löste sich drüben auf dem rechten Ufer, zwischen Büschen und Bäumen, eine seltsame Maschine los; ein viereckte, großes, von Balken gezimmertes Lokal schwamm daher, zu meiner großen Verwunderung, zu meiner Freude zugleich, daß ich bei dieser wichtigen, soviel besprochenen Expedition Augenzeuge sein sollte. Meine Segenswünsche schienen jedoch nicht zu wirken, meine Hoffnung dauerte nicht lange: denn gar bald drehte die Masse sich auf sich selbst, man sah daß sie keinem Steuerruder gehorchte, der Strom zog sie immer im Drehen mit sich fort. Auf der Rheinschanze oberhalb Kastel und vor derselben war alles in Bewegung, Hunderte von Franzosen rannten am Ufer aufwärts und verführten ein gewaltiges Jubelgeschrei, als dieses trojanische Meerpferd, fern von dem beabsichtigten Ziel der Landspitze, durch den einströmenden Main ergriffen und nun zwischen Rhein und Main gelassen und unaufhaltsam dahinfuhr. Endlich zog die Strömung diese unbehülfliche Maschine gegen Kastel, dort strandete sie unfern der Schiffbrücke auf einem flachen, noch vom Fluß überströmten Boden. Hier versammelte sich nun das sämtliche französische Kriegsvolk, und wie ich bisher mit meinem trefflichen Fernrohr das ganze Ereignis aufs genauste beobachtet, so sah ich nun auch, leider, die Falltüre, die diesen Raum verschloß, niedersinken und die darin Versperrten heraus und in die Gefangenschaft wandern. Es war ein ärgerlicher Anblick; die Fallbrücke reichte nicht bis ans trockene Land, die kleine Garnison mußte daher erst durchs Wasser waten, bis sie den Kreis ihrer Gegner erreichten. Es waren vierundsechzig Mann, zwei Offiziere und zwei Kanonen, sie wurden gut empfangen, sodann nach Mainz und zuletzt ins preußische Lager zur Auswechselung gebracht.

Nach meiner Rückkehr verfehlte ich nicht, von diesem unerwarteten Ereignis Nachricht zu geben; niemand wollt' es glauben, wie ich ja selbst meinen Augen nicht getraut hatte. Zufällig befanden sich Ihro Königliche Hoheit der Kronprinz in des Herzogs von Weimar Gezelt, ich ward gerufen und mußte den Vorfall erzählen; ich tat es genau aber ungern, wohl wissend, daß man dem Boten der Hiobspost immer etwas von der Schuld des Unglücks, das er erzählt, anzurechnen pflegt.

Unter den Täuschungen mancher Art, die uns bei unerwarteten Vorfällen in einem ungewohnten Zustande betreffen mögen, gibt es gar viele, gegen die man sich erst im Augenblick waffnen kann. Ich war gegen Abend ohne den mindesten Anstoß den gewöhnlichen Fußpfad nach der Weisenauer Schanze geritten; der Weg ging durch eine kleine Vertiefung, wo weder Wasser noch Sumpf noch Graben noch irgend ein Hindernis sich bemerken ließ; bei meiner Rückkehr war die

Nacht eingebrochen, und als ich eben in jene Vertiefung hereinreiten wollte, sah ich gegenüber eine schwarze Linie gezogen, die sich von dem verdüsterten braunen Erdreich scharf abschnitt. Ich mußt' es für einen Graben halten, wie aber ein Graben in der kurzen Zeit über meinen Weg her sollte gezogen sein, war nicht begreiflich. Mir blieb daher nichts übrig als drauf los zu reiten.

Als ich näher kam blieb zwar der schwarze Streif unverrückt, aber es schien mir vor demselbigen sich einiges hin und wieder zu bewegen, bald auch ward ich angerufen und befand mich sogleich mitten unter wohlbekannten Kavallerieoffizieren. Es war des Herzogs von Weimar Regiment, welches, ich weiß nicht zu welchem Zwecke ausgerückt, sich in dieser Vertiefung aufgestellt hatte, da denn die lange Linie schwarzer Pferde mir als Vertiefung erschien die meinen Fußpfad zerschnitt. Nach wechselseitigem Begrüßen eilte ich sodann ungehindert zu den Zelten.

Und so war nach und nach das innere grenzenlose Unglück einer Stadt, außen und in der Umgegend, Anlaß zu einer Lustpartie geworden. Die Schanze über Weisenau, welche die herrlichste Übersicht gewährte, täglich von einzelnen besucht, die sich von der Lage einen Begriff machen und was in dem weiten übersehbaren Kreis vorginge bemerken wollten, war sonn- und feiertags der Sammelplatz einer unzählbaren Menge Landleute, die sich aus der Nachbarschaft herbei zogen. Dieser Schanze konnten die Franzosen wenig anhaben, Hochschüsse waren sehr ungewiß und gingen meist drüber weg. Wenn die Schildwache, auf der Brustwehr hin und wieder gehend, bemerkte, daß die Franzosen das hieher gerichtete Geschütz abfeuerten, so rief sie: Buck! und sodann ward von allen innerhalb der Batterie befindlichen Personen erwartet, daß sie sich auf die Knie wie aufs Angesicht niederwürfen, um durch die Brustwehr gegen eine niedrig ankommende Kugel geschützt zu sein.

Nun war es sonntags und feiertags lustig anzusehen, wenn die große Menge geputzter Bauersleute, oft noch mit Gebetbuch und Rosenkranz aus der Kirche kommend, die Schanze füllten, sich umsahen, schwatzten und schäkerten, auf einmal aber die Schildwache Buck! rief und sie sämtlich flugs vor dieser gefährlich-hochwürdigen Erscheinung niederfielen und ein vorüberfliegendes göttlich sausendes Wesen anzubeten schienen; bald aber nach geschwundener Gefahr sich wieder aufrafften, sich wechselsweise verspotteten und bald darauf, wenn es den Belagerten gerade beliebte, abermals niederstürzten. Man konnte sich dieses Schauspiel sehr bequem verschaffen, wenn man sich auf der nächsten Höhe etwas seitwärts außer der Richtung der Kugel stellte, unter sich dieses wunderliche Gewimmel sah und die Kugel an sich vorbeisausen hörte.

Aber eine solche über die Schanze weggehende Kugel verfehlte nicht Zweck noch Absicht. Auf dem Rücken dieser Höhen zog sich der Weg von Frankfurt her, so daß man die Prozession von Kutschen und Chaisen, Reitern und Fußgängern aus Mainz sehr gut beobachten und also zugleich die Schanze und die Wallfahrtenden in Schrecken setzen konnte. Auch wurde bei einiger Aufmerksamkeit des Militärs der Eintritt einer solchen Menge gar bald verboten, und die Frankfurter nahmen einigen Umweg, auf welchem sie unbemerkt und unerreicht in das Hauptquartier gelangten.

Ende Juni. – In einer unruhigen Nacht unterhielt ich mich aufzuhorchen auf die mannigfaltigen fern und nah erregten Töne, und konnte folgende genau unterscheiden:

Werda! der Schildwache vorm Zelt.
Werda! der Infanterieposten.
Werda! wenn die Runde kam.
Hin- und Wiedergehen der Schildwache.
Geklapper des Säbels auf dem Sporn.
Bellen der Hunde fern.
Knurren der Hunde nahe.
Krähen der Hähne.
Scharren der Pferde.

Schnauben der Pferde.
Häckerlingschneiden.
Singen, Diskurieren und Zanken der Leute.
Kanonendonner.
Brüllen des Rindviehs.
Schreien der Maulesel.

Lücke

Daß eine solche hier einfällt, möchte wohl kein Wunder sein. Jede Stunde war unglücksträchtig; man sorgte jeden Augenblick für seinen verehrten Fürsten, für die liebsten Freunde, man vergaß an eigene Sicherheit zu denken. Von der wilden wüsten Gefahr angezogen, wie von dem Blick einer Klapperschlange, stürzte man sich unberufen in die tödlichen Räume, ging, ritt durch die Trancheen, ließ die Haubitzgranaten über dem Kopfe dröhnend zerspringen, die Trümmer neben sich niederstürzen; manchem Schwerblessierten wünschte man baldige Erlösung von grimmigen Leiden, und die Toten hätte man nicht ins Leben zurückgerufen.

Wie Verteidiger und Angreifende nunmehr aber gegeneinander standen, davon wäre im allgemeinen hier so viel zu sagen. Die Franzosen hatten bei androhender Gefahr sich zeitig vorgesehen und vor die Hauptwerke hinaus kleinere Schanzen kunstgemäß angelegt, um die Blockierenden in gewisser Ferne zu halten, die Belagerung aber zu erschweren. Alle diese Hindernisse mußten nun weggeräumt werden, wenn die dritte Parallele eröffnet, fortgesetzt und geschlossen werden wollte, wie im Nachfolgenden einzeln aufgezeichnet ist. Wir aber indessen, mit einigen Freunden, obgleich ohne Ordre und Beruf, begaben uns an die gefährlichsten Posten. Weisenau war in deutschen Händen, auch die flußabwärts liegende Schanze schon erobert; man besuchte den zerstörten Ort, hielt in dem Gebeinhause Nachlese von krankhaften Knochen, wovon das Beste schon in die Hände der Wundärzte mochte gelangt sein. Indem nun aber die Kugeln der Karlsschanze immer in die Überreste der Dächer und Gemäuer schlugen, ließen wir uns durch einen Mann des dortigen Wachtpostens, gegen ein Trinkgeld, an eine bekannte bedeutende Stelle führen, wo mit einiger Vorsicht gar vieles zu übersehen war. Man ging mit Behutsamkeit durch Trümmer und Trümmer und ward endlich eine stehen gebliebene steinerne Wendeltreppe hinauf, an das Balkonfenster eines freistehenden Giebels geführt, das freilich in Friedenszeiten dem Besitzer die herrlichste Aussicht gewährt haben mußte. Hier sah man den Zusammenfluß des Main- und Rheinstroms, und also die Main- und Rheinspitze, die Bleiau, das befestigte Kastel, die Schiffbrücke und am linken Ufer sodann die herrliche Stadt; zusammengebrochene Turmspitzen, lückenhafte Dächer, rauchende Stellen untröstlichen Anblicks.

Unser Führer hieß bedächtig sein, nur einzeln um die Fensterpfosten herum schauen, weil von der Karlsschanze her gleich eine Kugel würde geflogen kommen, und er Verdruß hätte solche veranlaßt zu haben.

Nicht zufrieden hiermit schlich man weiter gegen das Nonnenkloster, wo es freilich auch wild genug aussah, wo unten in den Gewölben für billiges Geld Wein geschenkt wurde, indes die Kugeln von Zeit zu Zeit rasselnde Dächer durchlöcherten.

Aber noch weiter trieb der Vorwitz; man kroch in die letzte Schanze des rechten Flügels, die man unmittelbar über den Ruinen der Favorite und der Kartause tief ins Glacis der Festung eingegraben hatte, und nun hinter einem Bollwerk von Schanzkörben auf ein paar hundert Schritte Kanonenkugeln wechselte; wobei es denn freilich darauf ankam, wer dem andern zuerst Schweigen aufzulegen das Glück hatte.

Hier fand ich es nun, aufrichtig gestanden, heiß genug und man nahm sich's nicht übel, wenn irgendeine Anwandlung jenes Kanonenfiebers sich wieder hervortun wollte; man drückte sich nun zurück wie man gekommen war, und kehrte doch, wenn es Gelegenheit und Anlaß gab, wieder in gleiche Gefahr.

Bedenkt man nun, daß ein solcher Zustand wo man sich die Angst zu übertäuben jeder Vernichtung aussetzte, bei drei Wochen dauerte, so wird man uns verzeihen, wenn wir über diese schrecklichen Tage wie über einen glühenden Boden hinüber zu eilen trachten.

Den 1. Juli war die dritte Parallele in Tätigkeit und sogleich die Bocksbatterie bombardiert.

Den 2. Juli. Bombardement der Zitadelle und Karlsschanze.

Den 3. Juli. Neuer Brand in der St. Sebastianskapelle; benachbarte Häuser und Paläste gehen in Flammen auf.

Den 6. Juli. Die sogenannte Klubbistenschanze, welche den rechten Flügel der dritten Parallele nicht zustande kommen ließ, mußte weggenommen werden; allein man verfehlte sie und griff vorliegende Schanzen des Hauptwalles an, da man denn freilich zurückgeschlagen wurde.

Den 7. Juli. Endliche Behauptung dieses Terrains; Kostheim wird angegriffen, die Franzosen geben es auf.

Den 13. Juli nachts. Das Rathaus und mehrere öffentliche Gebäude brennen ab.

Den 14. Juli. Stillstand auf beiden Seiten, Freuden- und Feiertag; der Franzosen wegen der in Paris geschlossenen Nationalkonföderation, der Deutschen wegen Eroberung von Condé; bei den letzten Kanonen- und Kleingewehrfeuer, bei jenen ein theatralisches Freiheitsfest, wovon man viel zu hören hatte.

Nachts vom 14. zum 15. Juli. Die Franzosen werden aus einer Batterie vor der Karlsschanze getrieben; fürchterliches Bombardement. Von der Mainspitze über den Main brachte man das Benediktinerkloster auf der Zitadelle in Flammen. Auf der andern Seite entzündet sich das Laboratorium und fliegt in die Luft. Fenster, Läden und Schornsteine dieser Stadtseite brechen ein und stürzen zusammen.

Am 15. Juli besuchten wir Herrn Gore in Kleinwintersheim und fanden Rat Kraus beschäftigt ein Bildnis des werten Freundes zu malen, welches ihm gar wohl gelang. Herr Gore hatte sich stattlich angezogen, um bei fürstlicher Tafel zu erscheinen, wenn er vorher sich in der Gegend abermals würde umgeschaut haben. Nun saß er, umgeben von allerlei Haus- und Feldgerät, in der Bauernkammer eines deutschen Dörfchens, auf einer Kiste, den angeschlagenen Zuckerhut auf einem Papiere neben sich; er hielt die Kaffeetasse in der einen, die silberne Reißfeder, statt des Löffelchens, in der andern Hand; und so war der Engländer ganz anständig und behaglich auch in einem schlechten Kantonierungsquartier vorgestellt, wie er uns noch täglich zu angenehmer Erinnerung vor Augen steht.

Wenn wir nun dieses Freundes allhier gedenken, so verfehlen wir nicht etwas mehreres über ihn zu sagen. Er zeichnete sehr glücklich in der Camera obscura und hatte, Land und See bereisend, sich auf diese Weise die schönsten Erinnerungen gesammelt. Nun konnte er, in Weimar wohnhaft, angewohnter Beweglichkeit nicht entsagen, blieb immer geneigt kleine Reisen vorzunehmen, wobei ihn denn gewöhnlich Rat Kraus zu begleiten pflegte, der mit leichter glücklicher Fassungsgabe die vorstehenden Landschaften zu Papier brachte, schattierte, färbte, und so arbeiteten beide um die Wette.

Die Belagerung von Mainz, als ein seltener wichtiger Fall, wo das Unglück selbst malerisch zu werden versprach, lockte die beiden Freunde gleichfalls nach dem Rhein, wo sie sich keinen Augenblick müßig verhielten.

Und so begleiteten sie uns denn auch auf einem Gefahrzug nach Weisenau, wo sich Herr Gore ganz besonders gefiel. Wir besuchten abermals den Kirchhof in Jagd auf pathologische Knochen; ein Teil der nach Mainz gewendeten Mauer war eingeschossen, man sah übers freie Feld nach der Stadt. Kaum aber merkten die auf den Wällen etwas Lebendiges in diesem Raume, so schossen sie mit Prellschüssen nach der Lücke; nun sah man die Kugel mehrmals aufspringen und Staub erregend herankommen, da man sich denn zuletzt hinter die stehen gebliebene Mauer, oder in das Gebeingewölbe zu retten wußte und der den Kirchhof durchrollenden Kugel heiter nachschaute.

Die Wiederholung eines solchen Vergnügens schien dem Kammerdiener bedenklich, der um Leben und Glieder seines alten Herrn besorgt uns allen ins Gewissen sprach und die kühne Gesellschaft zum Rückzug nötigte.

Der 16. Juli war mir ein bänglicher Tag, und zwar bedrängte mich die Aussicht auf die nächste, meinen Freunden gefährliche Nacht; damit verhielt es sich aber folgendermaßen. Eine der vorgeschobenen kleinen feindlichen Schanzen, vor der sogenannten Welschen Schanze, leistete völlig ihre Pflicht; sie war das größte Hindernis unserer vordern Parallele und mußte, was es auch kosten möchte, weggenommen werden. Dagegen war nun nichts zu sagen, allein es zeigte sich ein bedenklicher Umstand. Auf Nachricht, oder Vermutung: die Franzosen ließen hinter dieser Schanze und unter dem Schutz der Festung Kavallerie kampieren, wollte man zu diesem Aus- und Überfalle auch Kavallerie mitnehmen. Was das heiße: aus der Tranchee heraus, unmittelbar vor den Kanonen der Schanze und der Festung, Kavallerie zu entwickeln und sich in düsterer Nacht damit auf dem feindlich besetzten Glacis herumzutummeln, wird jedermann begreiflich finden; mir aber war es höchst bänglich Herrn von Oppen, als den Freund der mir vom Regiment zunächst anlag, dazu kommandiert zu wissen. Gegen Einbruch der Nacht mußte jedoch geschieden sein, und ich eilte zur Schanze Nummer vier, wo man jene Gegend ziemlich im Auge hatte. Daß es losbrach und hitzig zuging, ließ sich wohl aus der Ferne bemerken, und daß mancher wackere Mann nicht zurückkehren würde, war vorauszusehen.

Indessen verkündigte der Morgen die Sache sei gelungen, man habe die Schanze erobert, geschleift und sich ihr gegenüber gleich so festgesetzt, daß ihre Wiederherstellung dem

Feinde wohl unmöglich bleiben sollte. Freund Oppen kehrte glücklich zurück; die Vermißten gingen mich so nahe nicht an; nur bedauerten wir den Prinzen Ludwig, der als kühner Anführer eine wo nicht gefährliche, doch beschwerliche Wunde davon trug, und in einem solchen Augenblick den Kriegsschauplatz sehr ungern verließ.

Den 17. Juli ward nun derselbe zu Schiffe nach Mannheim gebracht; der Herzog von Weimar bezog dessen Quartier im Chausseehause; es war kein anmutigerer Aufenthalt zu denken.

Nach herkömmlicher Ordnungs- und Reinlichkeitsliebe ließ ich den schönen Platz davor kehren und reinigen, der bei dem schnellen Quartierwechsel mit Stroh und Spänen und allerlei Abwürflingen eines eilig verlassenen Kantonnements übersäet war.

Den 18. Juli nachmittags auf große, fast unerträgliche Hitze Donnerwetter, Sturm und Regenguß, dem Allgemeinen erquicklich, den Eingegrabenen als solchen freilich sehr lästig.

Der Kommandant tut Vergleichsvorschläge, welche zurückgewiesen werden.

Den 19. Juli. Das Bombardement geht fort, die Rheinmühlen werden beschädigt und unbrauchbar gemacht.

Den 20. Juli. Der Kommandant General d'Oyré überschickt eine Punktation, worüber verhandelt wird.

Nachts vom 21sten auf den 22sten Juli. Heftiges Bombardement, die Dominikanerkirche geht in Flammen auf, dagegen fliegt ein preußisches Laboratorium in die Luft.

Den 22. Juli. Als man vernahm der Stillstand sei wirklich geschlossen, eilte man nach dem Hauptquartier, um die Ankunft des französischen Kommandanten d'Oyré zu erwarten. Er kam; ein großer wohlgebauter, schlanker Mann von mittlern Jahren, sehr natürlich in seiner Haltung und Betragen. Indessen die Unterhandlung im Innern vorging, waren wir alle aufmerksam und hoffnungsvoll; da es aber ausgesprochen ward, daß man einig geworden und die Stadt den folgenden Tag übergeben werden sollte, da entstand in mehreren das wunderbare Gefühl einer schnellen Entledigung von bisherigen Lasten, von Druck und Bangigkeit, daß einige Freunde sich nicht erwehren konnten aufzusitzen und gegen Mainz zu reiten. Unterwegs holten wir Sömmering ein, der gleichfalls mit einem Gesellen nach Mainz eilte, freilich auf stärkere Veranlassung als wir, aber doch auch die Gefahr einer solchen Unternehmung nicht achtend. Wir sahen den Schlagbaum des äußersten Tores von fern, und hinter demselben eine große Masse Menschen die sich dort auflehnten und andrängten. Nun sahen wir Wolfsgruben vor uns, allein unsere Pferde, dergleichen schon gewohnt, brachten uns glücklich zwischen durch. Wir ritten unmittelbar bis vor den Schlagbaum; man rief uns zu: was wir brächten? Unter der Menge fanden sich wenig Soldaten, alles Bürger, Männer und Frauen; unsere Antwort, daß wir Stillstand und wahrscheinlich morgen Freiheit und Öffnung versprächen, wurde mit lautem Beifall aufgenommen. Wir gaben einander wechselsweise so viel Aufklärung als einem jeden beliebte, und als wir eben von Segenswünschen begleitet wieder umkehren wollten, traf Sömmering ein, der sein Gespräch an das unsrige knüpfte, bekannte Gesichter fand, sich vertraulicher unterhielt und zuletzt verschwand ehe wir's uns versahen; wir aber hielten für Zeit umzukehren.

Gleiche Begierde, gleiches Bestreben fühlten eine Anzahl Ausgewanderter, welche mit Viktualien versehen erst in die Außenwerke, dann in die Festung selbst einzudringen verstanden, um die Zurückgelassenen wieder zu umarmen und zu erquicken. Wir begegneten mehreren solcher leidenschaftlichen Wanderer, und es mochte dieser Zustand so heftig werden, daß endlich, nach verdoppelten Posten, das strengste Verbot ausging, den Wällen sich zu nähern; die Kommunikation war auf einmal unterbrochen.

Am 23. Juli. Dieser Tag ging hin unter Besetzung der Außenwerke sowohl von Mainz als von Kastel. In einer leichten Chaise machte ich eine Spazierfahrt in einem so engen Kreis um die Stadt als es die ausgesetzten Wachen erlauben wollten. Man besuchte die Trancheen und besah sich die nach erreichtem Zweck verlassene unnütze Erdarbeit.

Als ich zurückfuhr, rief mich ein Mann mittleren Alters an und bat mich seinen Knaben von ungefähr acht Jahren, den er an der Hand mit fortschleppte, zu mir zu nehmen. Er war ein ausgewanderter Mainzer, welcher mit großer Hast und Lust seinen bisherigen Aufenthalt verlassend herbeilief den Auszug der Feinde triumphierend anzusehen, sodann aber den zurückgelassenen Klubbisten Tod und Verderben zu bringen schwor. Ich redete ihm begütigende Worte zu und stellte ihm vor, daß die Rückkehr in einen friedlichen und häuslichen Zustand nicht mit neuem bürgerlichen Krieg, Haß und Rache müsse verunreinigt werden, weil sich das Unglück ja sonst verewige. Die Bestrafung solcher schuldigen Menschen müsse man den hohen Alliierten und dem wahren Landesherrn nach seiner Rückkehr überlassen, und was ich sonst noch Besänftigendes und Ernstliches anführte; wozu ich ein Recht hatte, indem ich das Kind in den Wagen nahm und beide mit einem Trunk guten Weins und Brezeln erquickte. An einem abgeredeten Ort setzt' ich den Knaben nieder, da sich denn der Vater schon von weitem zeigte und mit dem Hut mir tausend Dank und Segen zuwinkte.

Den 24. Juli. Der Morgen ging ziemlich ruhig hin, der Ausmarsch verzögerte sich, es sollten Geldangelegenheiten sein, die man so bald nicht abtun könne. Endlich zu Mittag, als alles bei Tisch und Topf beschäftigt und eine große Stille im Lager sowie auf der Chaussee war, fuhren mehrere dreispännige Wagen in einiger Ferne voneinander sehr schnell vorbei, ohne daß man sich's versah und darüber nachsann; doch bald verbreitete sich das Gerücht: auf diese kühne und kluge Weise hätten mehrere Klubbisten sich gerettet. Leidenschaftliche Personen behaupteten, man müsse nachsetzen, andere ließen es beim Verdruß bewenden, wieder andere wollten sich verwundern, daß auf dem ganzen Weg keine Spur von Wache, noch Pikett, noch Aufsicht erscheine; woraus erhelle, sagten sie, daß man von oben herein durch die Finger zu sehen und alles, was sich ereignen könnte, dem Zufall zu überlassen geneigt sei.

Diese Betrachtungen wurden jedoch durch den wirklichen Auszug unterbrochen und umgestimmt. Auch hier kamen mir und Freunden die Fenster des Chausseehauses zustatten. Den Zug sahen wir in aller seiner Feierlichkeit herankommen. Angeführt durch preußische Reiterei folgte zuerst die französische Garnison. Seltsamer war nichts als wie sich dieser Zug ankündigte; eine Kolonne Marseiller, klein, schwarz, buntscheckig, lumpig gekleidet, trappelten heran als habe der König Edwin seinen Berg aufgetan und das muntere Zwergenheer ausgesendet. Hierauf folgten regelmäßigere Truppen, ernst und verdrießlich, nicht aber etwas niedergeschlagen oder beschämt. Als die merkwürdigste Erscheinung dagegen mußte jedermann auffallen, wenn die Jäger zu Pferd heraufritten; sie waren ganz still bis gegen uns herangezogen, als ihre Musik den Marseiller Marsch anstimmte. Dieses revolutionäre Te Deum hat ohnehin etwas Trauriges, Ahnungsvolles, wenn es auch noch so mutig vorgetragen wird; diesmal aber nahmen sie das Tempo ganz langsam, dem schleichenden Schritt gemäß den sie ritten. Es war ergreifend und furchtbar, und ein ernster Anblick, als die Reitenden, lange, hagere Männer, von gewissen Jahren, die Miene gleichfalls jenen Tönen gemäß, heranrückten; einzeln hätte man sie dem Don Quixote vergleichen können, in Masse erschienen sie höchst ehrwürdig.

Bemerkenswert war nun ein einzelner Trupp, die französischen Kommissarien. Merlin von Thionville in Husarentracht, durch wilden Bart und Blick sich auszeichnend, hatte eine andere Figur in gleichem Kostüm links neben sich; das Volk rief mit Wut den Namen eines Klubbisten und bewegte sich zum Anfall. Merlin hielt an, berief sich auf seine Würde eines französischen Repräsentanten, auf die Rache die jeder Beleidigung folgen sollte: er wolle raten sich zu mäßigen, denn es sei das letztemal nicht, daß man ihn hier sehe. Die Menge stand betroffen, kein einzelner wagte sich vor. Er hatte einige unserer dastehenden Offiziere angesprochen und sich auf das Wort des Königs berufen, und so wollte niemand weder Angriff noch Verteidigung wagen; der Zug ging unangetastet vorbei.

Den 25. Juli. Am Morgen dieses Tags bemerkt' ich, daß leider abermals keine Anstalten auf der Chaussee und in deren Nähe gemacht waren, um Unordnungen zu verhüten. Sie schienen heute um so nötiger, als die armen ausgewanderten, grenzenlos unglücklichen Mainzer, von entfernteren Orten her nunmehr angekommen, scharenweis die Chaussee umlagerten, mit Fluch- und Racheworten das gequälte und geängstigte Herz erleichternd. Die gestrige Kriegslist der Entwischenden gelang daher nicht wieder. Einzelne Reisewagen rannten abermals eilig die Straße hin, überall aber hatten sich die Mainzer Bürger in die Chausseegraben gelagert, und wie die Flüchtlinge einem Hinterhalt entgingen, fielen sie in die Hände des andern.

Der Wagen ward angehalten, fand man Franzosen oder Französinnen, so ließ man sie entkommen, wohlbekannte Klubbisten keineswegs. Ein sehr schöner dreispänniger Reisewagen rollt daher, eine freundliche junge Dame versäumt nicht sich am Schlage sehen zu lassen und hüben und drüben zu grüßen; aber dem Postillon fällt man in die Zügel, der Schlag wird eröffnet, ein Erzklubbist an ihrer Seite sogleich erkannt. Zu verkennen war er freilich nicht, kurz gebaut, dicklich, breiten Angesichts, blatternarbig. Schon ist er bei den Füßen herausgerissen; man schließt den Schlag und wünscht der Schönheit glückliche Reise. Ihn aber schleppt man auf den nächsten Acker, zerstößt und zerprügelt ihn fürchterlich; alle Glieder seines Leibes sind zerschlagen, sein Gesicht unkenntlich. Eine Wache nimmt sich endlich seiner an, man bringt ihn in ein Bauernhaus, wo er auf Stroh liegend zwar vor Tätlichkeiten seiner Stadtfeinde, aber nicht vor Schimpf, Schadenfreude und Schmähungen geschützt war. Doch auch damit ging es am Ende so weit, daß der Offizier niemand mehr hineinließ; auch mich, dem er es als einem Bekannten nicht abgeschlagen hätte, dringend bat, ich möchte diesem traurigsten und ekelhaftesten aller Schauspiele entsagen.

Zum 25. Juli. Auf dem Chausseehause beschäftigte uns nun der fernere regelmäßige Auszug der Franzosen. Ich stand mit Herrn Gore daselbst am Fenster, unten versammelte sich eine große Menge; doch auf dem geräumigen Platze konnte dem Beobachtenden nichts entgehen.

Infanterie, muntere wohlgebildete Linientruppen kamen nun heran; Mainzer Mädchen zogen mit ihnen aus, teils nebenher, teils innerhalb der Glieder. Ihre eigenen Bekannten begrüßten sie nun mit Kopfschütteln und Spottreden: Ei Jungfer Lieschen, will Sie sich auch in der Welt umsehen? und dann: Die Sohlen sind noch neu, sie werden bald durchgelaufen sein! Ferner: Hat Sie auch in der Zeit Französisch gelernt?—Glück auf die Reise! Und so ging es immerfort durch diese Zungenruten; die Mädchen aber schienen alle heiter und getrost, einige wünschten ihren Nachbarinnen wohl zu leben, die meisten waren still und sahen ihre Liebhaber an.

Indessen war das Volk sehr bewegt, Schimpfreden wurden ausgestoßen, von Drohungen heftig begleitet. Die Weiber tadelten an den Männern, daß man diese Nichtswürdigen so vorbeilasse, die in ihrem Bündelchen gewiß manches von Hab und Gut eines echten Mainzer Bürgers mit sich schleppten, und nur der ernste Schritt des Militärs, die Ordnung durch nebenhergehende Offiziere erhalten, hinderte einen Ausbruch; die leidenschaftliche Bewegung war furchtbar.

Gerade in diesem gefährlichsten Momente erschien ein Zug, der sich gewiß schon weit hinweggewünscht hatte. Ohne sonderliche Bedeckung, zeigte sich ein wohlgebildeter Mann zu Pferde, dessen Uniform nicht gerade einen Militär ankündigte, an seiner Seite ritt in Mannskleidern ein wohlgebautes und sehr schönes Frauenzimmer, hinter ihnen folgten einige vierspännige Wagen mit Kisten und Kasten bepackt; die Stille war ahnungsvoll. Auf einmal rauscht' es im Volke und rief:

Haltet ihn an! schlagt ihn tot! das ist der Spitzbube von Architekten, der erst die Domdechanei geplündert und nachher selbst angezündet hat! Es kam auf einen einzigen entschlossenen Menschen an und es war geschehen.

Ohne weiteres zu überlegen, als daß der Burgfriede vor des Herzogs Quartier nicht verletzt werden dürfe, mit dem blitzschnellen Gedanken, was der Fürst und General bei seiner Nachhausekunft sagen würde, wenn er über die Trümmer einer solchen Selbsthülfe kaum seine Tür erreichen könnte, sprang ich hinunter, hinaus und rief mit gebietender Stimme: Halt!

Schon hatte sich das Volk näher herangezogen; zwar den Schlagbaum unterfing sich niemand herabzulassen, der Weg aber selbst war von der Menge versperrt. Ich wiederholte mein Halt! und die vollkommenste Stille trat ein. Ich fuhr darauf stark und heftig sprechend fort: hier sei das Quartier des Herzogs von Weimar, der Platz davor sei heilig; wenn sie Unfug treiben und Rache üben wollten, so fänden sie noch Raum genug. Der König habe freien Auszug gestattet, wenn er diesen hätte bedingen und gewisse Personen ausnehmen wollen, so würde er Aufseher angestellt, die Schuldigen zurückgewiesen oder gefangen genommen haben; davon sei aber nichts bekannt, keine Patrouille zu sehen. Und sie, wer und wie sie hier auch seien, hätten, mitten in der deutschen Armee, keine andere Rolle zu spielen, als ruhige Zuschauer zu bleiben; ihr Unglück und ihr Haß gebe ihnen hier kein Recht, und ich litte ein für allemal an dieser Stelle keine Gewalttätigkeit.

Nun staunte das Volk, war stumm, dann wogt' es wieder, brummte, schalt; einzelne wurden heftig, ein paar Männer drangen vor, den Reitenden in die Zügel zu fallen. Sonderbarerweise war einer davon jener Perückenmacher, den ich gestern schon gewarnt, indem ich ihm Gutes erzeigte. — Wie! rief ich ihm entgegen, habt ihr schon vergessen, was wir gestern zusammen gesprochen? Habt ihr nicht darüber nachgedacht, daß man durch Selbstrache sich schuldig macht, daß man Gott und seinen Oberen die Strafe der Verbrecher überlassen soll, wie man ihnen das Ende dieses Elends zu bewirken auch überlassen mußte, und was ich sonst noch kurz und bündig aber laut und heftig sprach. Der Mann, der mich gleich erkannte, trat zurück, das Kind schmiegte sich an den Vater und sah freundlich zu mir herüber; schon war das Volk zurückgetreten und hatte den Platz freier gelassen, auch der Weg durch den Schlagbaum war wieder offen. Die beiden Figuren zu Pferde wußten sich kaum zu benehmen. Ich war ziemlich weit in den Platz hereingetreten; der Mann ritt an mich heran und sagte: er wünsche meinen Namen zu wissen, zu wissen wem er einen so großen Dienst schuldig sei, er werde es zeitlebens nicht vergessen und gern erwidern. Auch das schöne Kind näherte sich mir und sagte das Verbindlichste. Ich antwortete, daß ich nichts als meine Schuldigkeit getan und die Sicherheit und Heiligkeit dieses Platzes behauptet hätte; ich gab einen Wink und sie zogen fort. Die Menge war nun einmal in ihrem Rachesinne irre gemacht, sie blieb stehen; dreißig Schritte davon hätte sie niemand gehindert. So ist's aber in der Welt: wer nur erst über einen Anstoß hinaus ist, kommt über tausend. Chi scampa d'un punto, scampa di mille.

Als ich nach meiner Expedition zu Freund Gore hinaufkam, rief er mir in seinem Englisch-Französisch entgegen: Welche Fliege sticht euch, ihr habt euch in einen Handel eingelassen, der übel ablaufen konnte.

Dafür war mir nicht bange, versetzte ich; und findet ihr nicht selbst hübscher, daß ich euch den Platz vor dem Hause so rein gehalten habe? wie säh' es aus, wenn das nun alles voll Trümmer läge, die jedermann ärgerten, leidenschaftlich aufregten und niemand zugute kämen; mag auch jener den Besitz nicht verdienen den er wohlbehaglich fortgeschleppt hat.

Indessen aber ging der Auszug der Franzosen gelassen unter unserm Fenster vorbei; die Menge die kein Interesse weiter daran fand verlief sich; wer es möglich machen konnte, suchte sich einen Weg, um in die Stadt zu schleichen, die Seinigen, und was von ihrer Habe allenfalls gerettet sein konnte, wiederzufinden und sich dessen zu erfreuen. Mehr aber trieb sie die höchst verzeihliche Wut ihre verhaßten Feinde die Klubbisten und Komitisten zu strafen, zu vernichten, wie sie mitunter bedrohlich genug ausriefen.

Indessen konnte sich mein guter Gore nicht zufrieden geben, daß ich, mit eigener Gefahr, für einen unbekannten, vielleicht verbrecherischen Menschen so viel gewagt habe. Ich wies ihn immer scherzhaft auf den reinen Platz vor dem Hause und sagte zuletzt ungeduldig: es liegt nun einmal in meiner Natur, ich will lieber eine Ungerechtigkeit begehen als Unordnung ertragen.

Den 26. und 27. Juli. Den 26sten gelang es uns schon mit einigen Freunden zu Pferd in die Stadt einzudringen; dort fanden wir den bejammernswertesten Zustand. In Schutt und Trümmer war zusammengestürzt, was Jahrhunderten aufzubauen gelang, wo in der schönsten Lage der Welt Reichtümer von Provinzen zusammenflossen, und Religion das was ihre Diener besaßen zu befestigen und zu vermehren trachtete. Die Verwirrung, die den Geist ergriff, war höchst schmerzlich, viel trauriger, als wäre man in eine durch Zufall eingeäscherte Stadt geraten.

Bei aufgelöster polizeilicher Ordnung hatte sich zum traurigen Schutt noch aller Unrat auf den Straßen gesammelt; Spuren der Plünderung ließen sich bemerken in Gefolg innerer Feindschaft. Hohe Mauern drohten den Einsturz, Türme standen unsicher, und was bedarf es einzelner Beschreibungen, da man die Hauptgebäude nacheinander genannt wie sie in Flammen aufgingen. Aus alter Vorliebe eilte ich zur Dechanei, die mir noch immer als ein kleines architektonisches Paradies vorschwebte; zwar stand die Säulenvorhalle mit ihrem Giebel noch aufrecht, aber ich trat nur zu bald über den Schutt der eingestürzten schöngewölbten Decken; die Drahtgitter lagen mir im Wege, die sonst netzweise von oben erleuchtende Fenster schützten; hie und da war noch ein Rest alter Pracht und Zierlichkeit zu sehen, und so lag denn auch diese Musterwohnung für immer zerstört. Alle Gebäude des Platzes umher hatten dasselbige Schicksal; es war die Nacht vom 27sten Juni, wo der Untergang dieser Herrlichkeiten die Gegend erleuchtete.

Hierauf gelangt' ich in die Gegend des Schlosses, dem sich niemand zu nähern wagte. Außen angebrachte bretterne Angebäude deuteten auf die Verunreinigung jener fürstlichen Wohnung; auf dem Platze davor standen gedrängt ineinander geschoben unbrauchbare Kanonen, teils durch den Feind, teils durch eigene hitzige Anstrengung zerstört.

Wie nun von außen her durch feindliche Gewalt so manches herrliche Gebäude mit seinem Inhalt vernichtet worden, so war auch innerlich vieles durch Roheit, Frevel und Mutwillen zu Grunde gerichtet. Der Palast Ostein stand noch in seiner Integrität, allein zur Schneiderherberge, zu Einquartierungs- und Wachstuben verwandelt, eine Umkehrung verwünscht anzusehen. Säle von Lappen und Fetzen, dann wieder die gips-marmornen Wände mit Haken und großen Nägeln zersprengt, Gewehre dort aufgehangen und umher gestellt.

Das Akademiegebäude nahm sich von außen noch ganz freundlich aus, nur eine Kugel hatte im zweiten Stock ein Fenstergewände von Sömmerings Quartier zersprengt. Ich fand diesen Freund wieder daselbst, ich darf nicht sagen eingezogen, denn die schönen Zimmer waren durch die wilden Gäste aufs schlimmste behandelt. Sie hatten sich nicht begnügt die blauen reinlichen Papiertapeten so weit sie reichen konnten zu verderben; Leitern, oder übereinander gestellte Tische und Stühle mußten sie gebraucht haben, um die Zimmer bis an die Decke mit Speck oder sonstigen Fettigkeiten zu besudeln. Es waren dieselbigen Zimmer, wo wir vorm Jahr so heiter und traulich zu wechselseitigem Scherz und Belehrung freundschaftlich beisammen gesessen. Indes war bei diesem Unheil doch auch noch etwas Tröstliches zu zeigen; Sömmering hatte seinen Keller uneröffnet und seine dahin geflüchteten Präparate durchaus unbeschädigt gefunden. Wir machten ihnen einen Besuch, wogegen sie uns zu belehrendem Gespräch Anlaß gaben.

Eine Proklamation des neuen Gouverneurs hatte man ausgegeben, ich fand sie in eben dem Sinne, ja fast mit den gleichen Worten meiner Anmahnung an jenen ausgewanderten Perückenmacher; alle Selbsthülfe war verboten; dem zurückkehrenden Landesherrn allein sollte das Recht zustehen zwischen guten und schlechten Bürgern den Unterschied zu bezeichnen. Sehr notwendig war ein solcher Erlaß, denn bei der augenblicklichen Auflösung, die der Stillstand vor einigen Tagen verursachte, drangen die kühnsten Ausgewanderten in die Stadt und veranlaßten selbst die Plünderung der Klubbistenhäuser, indem sie die hereinziehenden Belagerungssoldaten anführten und aufregten. Jene Verordnung war mit den mildesten Ausdrücken gefaßt, um, wie billig, den gerechten Zorn der grenzenlos beleidigten Menschen zu schonen.

Wie schwer ist es eine bewegte Menge wieder zur Ruhe zu bringen! Auch noch in unserer Gegenwart geschahen solche Unregelmäßigkeiten. Der Soldat ging in einen Laden, verlangte Tabak, und indem man ihn abwog bemächtigte er sich des ganzen. Auf das Zetergeschrei der Bürger legten sich unsere Offiziere ins Mittel und so kam man über eine Stunde, über einen Tag der Unordnung und Verwirrung hinweg.

Auf unseren Wanderungen fanden wir eine alte Frau an der Türe eines niedrigen, fast in die Erde gegrabenen Häuschens. Wir verwunderten uns, daß sie schon wieder zurückgekehrt, worauf wir vernahmen, daß sie gar nicht ausgewandert, ob man ihr gleich zugemutet die Stadt zu verlassen. Auch zu mir, sagte sie, sind die Hanswürste gekommen mit ihren bunten Schärpen, haben mir befohlen und gedroht; ich habe ihnen aber tüchtig die Wahrheit gesagt: Gott wird mich arme Frau in dieser meiner Hütte lebendig und in Ehren erhalten, wenn ich euch schon längst in Schimpf und Schande sehen werde. Ich hieß sie mit ihren Narreteien weiter gehen. Sie fürchteten, mein Geschrei möchte die Nachbarn aufregen und ließen mich in Ruhe. Und so hab' ich die ganze Zeit, teils im Keller, teils im Freien zugebracht, mich von wenigem genährt und lebe noch Gott zu Ehren, jenen aber wird es schlecht ergehen.

Nun deutete sie uns auf ein Eckhaus gegenüber, um zu zeigen wie nahe die Gefahr gewesen. Wir konnten in das untere Eckzimmer eines ansehnlichen Gebäudes hineinschauen, das war ein wunderlicher Anblick! Hier hatte seit langen Jahren eine alte Sammlung von Kuriositäten gestanden, Figuren von Porzellan und Bildstein, chinesische Tassen, Teller, Schüsseln und Gefäße; an Elfenbein und Bernstein mocht' es auch nicht gefehlt haben, sowie an anderem Schnitz- und Drechselwerk, aus Moos, Stroh und sonst zusammengesetzten Gemälden und was man sich in einer solchen Sammlung denken mag. Das alles war nur aus den Trümmern zu schließen: denn eine Bombe, durch alle Stockwerke durchschlagend, war in diesem Raume geplatzt; die gewaltsame Luftausdehnung, indem sie inwendig alles von der Stelle warf, schlug die Fenster herauswärts, mit ihnen die Drahtgitter, die sonst das Innere schirmten und nun zwischen den eisernen Stangengittern bauchartig herausgebogen erschienen. Die gute Frau versicherte, daß sie bei dieser Explosion selbst mit unterzugehen geglaubt habe.

Wir fanden unser Mittagsmahl an einer großen Wirtstafel; bei vielen Hin- und Widerreden schien uns das Beste zu schweigen. Wundersam genug fiel es aber auf, daß man von den gegenwärtigen Musikanten den Marseiller Marsch und das Ça ira verlangte; alle Gäste schienen einzustimmen und erheitert.

Bei unserm folgenden Hin- und Herwandern wußten wir den Platz, wo die Favorite gestanden, kaum zu unterscheiden. Im August vorigen Jahrs erhub sich hier noch ein prächtiger Gartensaal, Terrassen, Orangerie, Springwerke machten diesen unmittelbar am Rhein liegenden Lustort höchst vergnüglich. Hier grünten die Alleen, in welchen, wie der Gärtner mir erzählte, sein gnädigster Kurfürst die höchsten Häupter mit allem Gefolge an unübersehbaren Tafeln bewirtet; und was der gute Mann nicht alles von damastnen Gedecken, Silberzeug und Geschirr zu erzählen hatte. Geknüpft an jene Erinnerung machte die Gegenwart nur noch einen unerträglichern Eindruck.

Die benachbarte Kartause war ebenfalls wie verschwunden, denn man hatte die Steine dieser Gebäude sogleich zur bedeutenden Weisenauer Schanze vermauert. Das Nonnenklösterchen stand noch in frischen kaum wieder herzustellenden Ruinen.

Die Freunde Gore und Kraus begleitete ich auf die Zitadelle. Da stand nun Drusus' Denkmal, ungefähr noch ebenso wie ich es als Knabe gezeichnet hatte, auch diesmal unerschüttert, so viel Feuerkugeln daran mochten vorbei geflogen sein, ja darauf geschlagen haben.

Herr Gore stellte seine tragbare dunkle Kammer auf dem Walle sogleich zurechte, in Absicht eine Zeichnung der ganzen durch die Belagerung entstellten Stadt zu unternehmen, die auch von der Mitte, vom Dom aus, gewissenhaft und genau zustande kam, gegen die Seiten weniger vollendet, wie sie uns in seinen hinterlassenen, schön geordneten Blättern noch vor Augen liegt.

Endlich wendeten sich auch unsere Wege nach Kastel; auf der Rheinbrücke holte man noch frischen Atem wie vor alters, und betrog sich einen Augenblick als wenn jene Zeit wieder kommen könnte. An der Befestigung von Kastel hatte man während der Belagerung immerfort gemauert; wir fanden einen Trog frischen Kalks, Backsteine daneben und eine unfertige Stelle; man hatte, nach ausgesprochenem Stillstand und Übergabe, alles stehn und liegen lassen.

So merkwürdig aber als traurig anzusehen war der Verhau rings um die Kasteler Schanzen; man hatte dazu die Fülle der Obstbäume der dortigen Gegend verbraucht. Bei der Wurzel abgesägt, die äußersten zarten Zweige weggestutzt, schob man die stärkeren, regelmäßig gewachsenen Kronen ineinander und errichtete dadurch ein undurchdringliches letztes Bollwerk, es schienen zu gleicher Zeit gepflanzte Bäume, unter gleich günstigen Umständen erwachsen, nunmehr zu feindseligen Zwecken benutzt, dem Untergang überlassen.

Lange aber konnte man sich einem solchen Bedauern nicht hingeben, denn Wirt und Wirtin und jeder Einwohner den man ansprach, schienen ihren eigenen Jammer zu vergessen, um sich in weitläufigere Erzählungen des grenzenlosen Elends heraus zu lassen, in welchem die zur Auswanderung genötigten Mainzer Bürger zwischen zwei Feinde, den innern und äußern, sich geklemmt sahen. Denn nicht der Krieg allein, sondern der durch Unsinn aufgelöste bürgerliche Zustand hatte ein solches Unglück bereitet und herbeigeführt.

Einigermaßen erholte sich unser Geist von alle dem Trübsal und Jammer, bei Erzählung mancher heroischen Tat der tüchtigen Stadtbürger. Erst sah man mit Schrecken das Bombardement als ein unvermeidliches Elend an, die zerstörende Gewalt der Feuerkugeln war zu groß, das anrückende Unglück so entschieden, daß niemand glaubte entgegenwirken zu können; endlich aber bekannter mit der Gefahr, entschloß man sich ihr zu begegnen. Eine Bombe, die in ein Haus fiel, mit bereitem Wasser zu löschen, gab Gelegenheit zu kühnem Scherz; man erzählte Wunder von weiblichen Heldinnen dieser Art, welche sich und andere glücklich gerettet. Aber auch der Untergang von tüchtigen wackern Menschen war zu bedauern. Ein Apotheker und sein Sohn gingen über dieser Operation zu Grunde.

Wenn man nun, das Unglück bedauernd, sich und andern Glück wünschte das Ende der Leiden zu sehen, so verwunderte man sich zugleich, daß die Festung nicht länger gehalten worden. In dem Schiffe des Doms, dessen Gewölbe sich erhalten hatten, lag eine große Masse unangetasteter Mehlsäcke, man sprach von andern Vorräten und von unerschöpflichem Weine. Man hegte daher die Vermutung, daß die letzte Revolution in Paris, wodurch die Partei, wozu die Mainzer Kommissarien gehörten, sich zum Regiment aufgeschwungen, eigentlich die frühere Übergabe der Festung veranlaßt. Merlin von Thionville, Rewbell und andere wünschten gegenwärtig zu sein, wo nach überwundnen Gegnern nichts mehr zu scheuen und unendlich zu gewinnen war. Erst mußte man sich inwendig festsetzen, an dieser Veränderung teil nehmen, sich zu bedeutenden Stellen erheben, großes Vermögen ergreifen, alsdann aber bei fortgesetzter äußerer Fehde auch da wieder mitwirken und, bei wahrscheinlich ferner zu hoffendem Kriegsglück, abermals ausziehen, die regen Volksgesinnungen über andere Länder auszubreiten, den Besitz von Mainz, ja von weit mehr, wieder zu erringen trachten.

Für niemand war nun Bleibens mehr in dieser verwüsteten öden Umgebung. Der König mit den Garden zog zuerst, die Regimenter folgten. Weitern Anteil an den Unbilden des Krieges zu nehmen ward nicht mehr verlangt; ich erhielt Urlaub nach Hause zurückzukehren, doch wollt' ich vorher noch Mannheim wieder besuchen.

Mein erster Gang war Ihro königlichen Hoheit dem Prinzen Louis Ferdinand aufzuwarten, den ich ganz wohlgemut auf seinem Sofa ausgestreckt fand, nicht völlig bequem, weil ihn die Wunde am Liegen eigentlich hinderte; wobei er auch die Begierde nicht verbergen konnte, baldmöglichst auf dem Kriegsschauplatz persönlich wieder aufzutreten.

Darauf begegnete mir im Gasthofe ein artiges Abenteuer. An der langen sehr besetzten Wirtstafel saß ich an einem Ende, der Kämmerier des Königs, von Ritz, an dem andern, ein großer, wohlgebauter, starker, breitschultriger Mann; eine Gestalt wie sie dem Leibdiener Friedrich Wilhelms gar wohl geziemte. Er mit seiner nächsten Umgebung waren sehr laut gewesen und standen frohen Mutes von Tafel auf; ich sah Herrn Ritz auf mich zukommen; er begrüßte mich zutraulich, freute sich meiner lang gewünschten, endlich gemachten Bekanntschaft, fügte einiges Schmeichelhafte hinzu und sagte sodann: ich müsse ihm verzeihen, er habe aber noch ein persönliches Interesse mich hier zu finden und zu sehen. Man habe ihm bisher immer behauptet: schöne Geister und Leute von Genie müßten klein und hager, kränklich und vermüfft aussehen, wie man ihm denn dergleichen Beispiele genug angeführt. Das habe ihn immer verdrossen, denn er glaube doch auch nicht auf den Kopf gefallen zu sein, dabei aber gesund und stark und von tüchtigen Gliedmaßen; aber nun freue er sich an mir einen Mann zu finden, der doch auch nach etwas aussehe und den man deshalb nicht weniger für ein Genie gelten lasse. Er freue sich dessen und wünsche uns beiden lange Dauer eines solchen Behagens.

Ich erwiderte gleichfalls verbindliche Worte; er schüttelte mir die Hand, und ich konnte mich trösten, daß wenn jener wohlgesinnte Obristlieutnant meine Gegenwart ablehnte, welcher wahrscheinlich auch eine vermüffte Person erwartet hatte, ich nunmehr, freilich in einer ganz entgegengesetzten Kategorie, zu Ehren kam.

In Heidelberg, bei der alten treuen Freundin Delph, begegnete ich meinem Schwager und Jugendfreund Schlosser. Wir besprachen gar manches, auch er mußte einen Vortrag meiner Farbenlehre aushalten. Ernst und freundlich nahm er sie auf, ob er gleich von der Denkweise, die er sich festgesetzt hatte, nicht loskommen konnte und vor allen Dingen darauf bestand zu wissen: inwiefern sich meine Bearbeitung mit der Eulerischen Theorie vereinigen lasse, der er zugetan sei. Ich mußte leider bekennen, daß auf meinem Wege hiernach gar nicht gefragt werde, sondern nur daß darum zu tun sei, unzählige Erfahrungen ins Enge zu bringen, sie zu ordnen, ihre Verwandtschaft, Stellung gegeneinander und nebeneinander aufzufinden, sich selbst und andern faßlich zu machen. Diese Art mochte ihm jedoch, da ich nur wenig Experimente vorzeigen konnte, nicht ganz deutlich werden.

Da nun hiebei die Schwierigkeit des Unternehmens sich hervortat, zeigt' ich ihm einen Aufsatz den ich während der Belagerung geschrieben hatte, worin ich ausführte: wie eine Gesellschaft verschiedenartiger Männer zusammen arbeiten und jeder von seiner Seite mit eingreifen könnte, um ein so schwieriges und weitläufiges Unternehmen fördern zu helfen. Ich hatte den Philosophen, den Physiker, Mathematiker,

Maler, Mechaniker, Färber und Gott weiß wen alles in Anspruch genommen: dies hörte er im allgemeinen ganz geduldig an, als ich ihm aber die Abhandlung im einzelnen vorlesen wollte, verbat er sich's und lachte mich aus: ich sei, meinte er, in meinen alten Tagen noch immer ein Kind und Neuling, daß ich mir einbilde, es werde jemand an demjenigen teil nehmen, wofür ich Interesse zeige, es werde jemand ein fremdes Verfahren billigen und es zu dem seinigen machen, es könne in Deutschland irgend eine gemeinsame Wirkung und Mitwirkung stattfinden!

Ebenso wie über diesen Gegenstand äußerte er sich über andere; freilich hatte er als Mensch, Geschäftsmann, Schriftsteller gar vieles erlebt und erlitten, daher denn sein ernster Charakter sich in sich selbst verschloß und jeder heitern, glücklichen, oft hülfreichen Täuschung mißmutig entsagte. Mir aber machte es den unangenehmsten Eindruck, daß ich, aus dem schrecklichsten Kriegszustand wieder ins ruhige Privatleben zurückkehrend, nicht einmal hoffen sollte auf eine friedliche Teilnahme an einem Unternehmen, das mich so sehr beschäftigte, und das ich der ganzen Welt nützlich und interessant wähnte.

Dadurch regte sich abermals der alte Adam; leichtsinnige Behauptungen, paradoxe Sätze, ironisches Begegnen und was dergleichen mehr war, erzeugte bald Apprehension und Mißbehagen unter den Freunden: Schlosser verbat sich dergleichen sehr heftig, die Wirtin wußte nicht, was sie aus uns beiden machen sollte, und ihre Vermittlung bewirkte wenigstens, daß der Abschied zwar schneller als vorgesetzt doch nicht übereilt erschien.

Von meinem Aufenthalt in Frankfurt wüßte ich wenig zu sagen, ebensowenig von meiner übrigen Rückreise; der Schluß des Jahrs, der Anfang des folgenden ließ nur Greueltaten einer verwilderten und zugleich siegberauschten Nation vernehmen. Aber auch mir stand ein ganz eigener Wechsel der gewohnten Lebensweise bevor. Der Herzog von Weimar trat nach geendigter Kampagne aus preußischen Diensten; das

Wehklagen des Regiments war groß durch alle Stufen, sie verloren Anführer, Fürsten, Ratgeber, Wohltäter und Vater zugleich. Auch ich sollte von engverbundenen trefflichen Männern auf einmal scheiden; es geschah nicht ohne Tränen der besten. Die Verehrung des einzigen Mannes und Führers hatte uns zusammengebracht und gehalten, und wir schienen uns selbst zu verlieren, als wir seiner Leitung und einem heitern verständigen Umgang untereinander entsagen sollten. Die Gegend um Aschersleben, der nahe Harz, von dort aus so leicht zu bereisen, erschien für mich verloren, auch bin ich niemals wieder tief hineingedrungen.

Und so wollen wir schließen, um nicht in Betrachtung der Weltschicksale zu geraten, die uns noch zwölf Jahre bedrohten, bis wir von eben denselben Fluten uns überschwemmt, wo nicht verschlungen gesehen.

IN BÖHMEN

[Aus den Tag- und Jahresheften]

Zu Fördernis geologischer Studien hatte, in den Jahren da ich Karlsbad nicht besucht, Joseph Müller treulich vorgearbeitet. Dieser wackere Mann, von Turnau gebürtig, als Steinschneider erzogen, hatte sich in der Welt mancherlei versucht und war zuletzt in Karlsbad einheimisch geworden. Dort beschäftigte er sich mit seiner Kunst und geriet auf den Gedanken, die Karlsbader Sprudelsteine in Tafeln zu schneiden und reinlich zu polieren, wodurch denn diese ausgezeichneten Sinter nach und nach der naturliebenden Welt bekannt wurden. Von diesen Produktionen der heißen Quellen wendete er sich zu andern auffallenden Gebirgserzeugnissen, sammelte die Zwillingskristalle des Feldspates, welche die dortige Umgegend vereinzelt finden läßt.

Schon vor Jahren hatte er an unsern Spaziergängen teilgenommen, als ich mit Baron von Racknitz und andern Naturfreunden bedeutenden Gebirgsarten nachging, und in der Folge hatte er Zeit und Mühe nicht gespart, um eine mannigfaltige charakteristische Sammlung aufzustellen, sie zu numerieren und nach seiner Art zu beschreiben. Da er nun dem Gebirg gefolgt war, so hatte sich ziemlich, was zusammengehörte, auch zusammengefunden, und es bedurfte nur weniges, um sie wissenschaftlichen Zwecken näherzuführen, welches er sich denn auch, obgleich hie und da mit einigem Widerstreben gefallen ließ.

Was von seinen Untersuchungen mir den größten Gewinn versprach, war die Aufmerksamkeit, die er dem Übergangsgestein geschenkt hatte, das sich dem Granit des Hirschensprungs vorlegt, einen mit Hornstein durchzogenen Granit darstellt, Schwefelkies und auch endlich Kalkspat enthält. Die heißen Quellen entspringen unmittelbar hieraus, und man war nicht abgeneigt, in dieser auffallenden geologischen Differenz, durch den Zutritt des Wassers, Erhitzung und Auflösung und so das geheimnisvolle Rätsel der wunderbaren Wasser aufgehellt zu sehen.

Er zeigte mir sorgfältig die Spuren obgedachten Gesteins, welches nicht leicht zu finden ist, weil die Gebäude des Schloßbergs darauf lasten. Wir zogen sodann zusammen durch die Gegend, besuchten die auf dem Granit aufsitzenden Basalte über dem Hammer, nahe dabei einen Acker, wo die Zwillingskristalle sich ausgepflügt finden. Wir fuhren nach Engelhaus, bemerkten im Orte selbst den Schriftgranit und anderes vom Granit nur wenig abweichendes Gestein. Der Klingsteinfelsen ward bestiegen und beklopft und von der weiten, obgleich nicht erheiternden Aussicht der Charakter gewonnen.

Zu allem diesem kam der günstige Umstand hinzu, daß Herr Legationsrat von Struve, in diesem Fache so unterrichtet als mitteilend und gefällig, seine schönen mitgeführten Stufen belehrend sehen ließ, auch an unsern geologischen Betrachtungen vielen Teil nahm und selbst einen ideellen Durchschnitt des Lessauer und Hohdorfer Gebirges zeichnete, wodurch der Zusammenhang der Erdbrände mit dem unter und nebenliegenden Gebirg deutlich dargestellt und vermittelst vorliegender Muster sowohl des Grundgesteins, als seiner Veränderung durch das Feuer belegt werden konnte.

Spazierfahrten, zu diesem Zwecke angestellt, waren zugleich belehrend, erheiternd und von den Angelegenheiten des Tags ablenkend.

Späterhin traten Bergrat Werner und August von Herder, jener auf längere, dieser auf kürzere Zeit, an uns heran. Wenn nun auch, wie bei wissenschaftlichen Unterhaltungen immer geschieht, abweichende, ja kontrastierende Vorstellungsarten an den Tag kommen, so ist doch, wenn man das Gespräch auf die Erfahrung hinzuwenden weiß, gar vieles zu lernen. Werners Ableitung des Sprudels von fortbrennenden Steinkohlen-Flözen war mir zu bekannt, als daß ich hätte wagen sollen, ihm meine neusten Überzeugungen mitzuteilen, auch gab er der Übergangsgebirgsart vom Schloßberge, die ich so wichtig fand, nur einen untergeordneten Wert. August von Herder teilte mir einige schöne Erfahrungen von dem Gehalt der Gebirgsgänge mit, der verschieden ist, indem sie nach verschiedenen Himmelsgegenden streichen. Es ist immer schön, wenn man das Unbegreifliche als wirklich vor sich sieht.

AUFENTHALT IN KARLSBAD. 1807

[Aus den Tag- und Jahresheften]

Glücklich war ich nicht weniger mit Joseph Müllers Karlsbader Sammlung. Die Vorbereitungen des verflossenen Jahres waren sorgfältig und hinreichend; ich hatte Beispiele der darin aufzuführenden Gebirgsarten zur Genüge mitgenommen und dieselben, meine Zwecke hartnäckig verfolgend, in dem Jenaischen Museum niedergelegt, mit Bergrat Lenz ihre Charakteristik und dem Vorkommen gemäße Anordnung besprochen.

Also ausgerüstet gelangt ich diesmal nach Karlsbad in die Fülle des Müllerischen Steinvorrats. Mit weniger Abweichung von der vorjährigen Ordnung, in welcher ich eine Mustersammlung noch beisammen fand, wurde, mit gutem Willen und Überzeugung des alten Steinfreundes, die entschiedene neue Ordnung beliebt, sogleich ein Aufsatz gefertigt und wiederholt mit Sorgfalt durchgegangen.

Ehe der kleine Aufsatz nun abgedruckt werden konnte, mußte die Billigung der obern Prager Behörde eingeholt werden, und so hab ich das Vergnügen, auf einem meiner Manuskripte das Vidi der Prager Zensur zu erblicken. Diese wenigen Bogen sollten mir und andern in der Folge zum Leitfaden dienen und zu mehr spezieller Untersuchung Anlaß geben.

Zugleich war die Absicht, gewisse geologische Überzeugungen in die Wissenschaft einzuschwärzen.

Für den guten Joseph Müller aber war die erfreuliche

Folge, daß die Aufmerksamkeit auf seine Sammlung gerichtet und mehrere Bestellungen darauf gegeben wurden. Doch so eingewurzelt war ihm die, freilich wegen der Konkurrenz so nötige Geheimnislust, daß er mir den Fundort von einigen Nummern niemals entdecken wollte, vielmehr die seltsamsten Ausflüchte ersann, um seine Freunde und Gönner irrezuführen.

Meiner Neigung zur Mineralogie war noch manches andere förderlich. Die Porzellanfabrik in Dallwitz bestätigte mich abermals in meiner Überzeugung, daß geognostische Kenntnis im großen und im kleinen jedem praktischen Unternehmen von der größten Wichtigkeit sei. Was wir sonst nur diesem oder jenem Lande zugeeignet glaubten, wissen wir jetzt an hundert Orten zu finden: man erinnere sich der vormals wie ein Kleinod geachteten sächsischen Porzellanerde, die sich jetzt überall hervortut.

Für ein näheres Verständnis der Edelsteine war mir die Gegenwart eines Juweliers, Zöldner von Prag, höchst interessant: denn ob ich ihm gleich nur weniges abkaufte, so machte er mich mit so vielem bekannt, was mir im Augenblick zur Freude und in der Folge zum Nutzen gereichte.

Übergehen will ich nicht, daß ich in meinen Tagebüchern angemerkt finde, wie des Dr. Hausmanns und seiner Reise nach Norwegen mit Ehren und Zutrauen in der Gesellschaft gedacht worden.

Und so wurde mir auch noch, wie gewöhnlich in den spätesten Tagen des Karlsbader Aufenthalts, Bergrat Werners Anwesenheit höchst belebend. Wir kannten einander seit vielen Jahren und harmonierten, vielleicht mehr durch wechselseitige Nachsicht als durch übereinstimmende Grundsätze. Ich vermied seinen Sprudelursprung aus Kohlenflözen zu berühren, war aber in andern Dingen aufrichtig und mitteilend, und er, mit wirklich musterhafter Gefälligkeit, mochte gern meinen dynamischen Thesen, wenn er sie auch für Grillen hielt, aus reicher Erfahrung belehrend nachhelfen.

Es lag mir damals mehr als je am Herzen, die porphyrartige Bildung gegen konglomeratische hervorzuheben, und ob ihm gleich das Prinzip nicht zusagte, so machte er mich doch in Gefolg meiner Fragen mit einem höchst wichtigen Gestein bekannt; er nannte es nach trefflicher eigenartiger Bestimmung dattelförmig körnigen Quarz, der bei Prieborn in Schlesien gefunden werde. Er zeichnete mir sogleich die Art und Weise des Erscheinens und veranlaßte dadurch vieljährige Nachforschungen.

Es begegnet uns auf Reisen, wo wir entweder mit fremden oder doch lange nicht gesehenen Personen, es sei nun an ihrem Wohnort oder auch unterwegs, zusammentreffen, daß wir sie ganz anders finden als wir sie zu denken gewohnt waren. Wir erinnern uns, daß dieser oder jener namhafte Mann einem oder dem andern Wissen mit Neigung und Leidenschaft zugetan ist; wir treffen ihn und wünschen uns gerade in diesem Fache zu belehren, und siehe da, er hat sich ganz wo anders hingewendet, und das, was wir bei ihm suchen, ist ihm völlig aus den Augen gekommen. So ging es mir diesmal mit Bergrat Werner, welcher oryktognostische und geognostische Gespräche lieber vermied und unsere Aufmerksamkeit für ganz andere Gegenstände forderte.

Der Sprachforschung war er diesmal ganz eigentlich ergeben; deren Ursprung, Ableitung, Verwandtschaft gab seinem scharfsinnigen Fleiß hinreichende Beschäftigung, und es bedurfte nicht viel Zeit, so hatte er uns auch für diese Studien gewonnen. Er führte eine Bibliothek von Pappenkasten mit sich, worin er alles, was hierher gehörte, ordnungsgemäß, wie es einem solchen Mann geziemt, verwahrte und dadurch eine freie geistreiche Mitteilung erleichterte.

Damit aber dieses nicht allzu paradox erscheine, so denke man an die Nötigung, wodurch dieser Treffliche in ein solches Fach hineingedrängt worden. Jedes Wissen fordert ein zweites, ein drittes und immer so fort; wir mögen den Baum in seinen Wurzeln oder in seinen Ästen und Zweigen verfolgen, eins ergibt sich immer aus dem andern, und je lebendiger irgendein Wissen in uns wird, desto mehr sehen wir uns getrieben, es in seinem Zusammenhange auf- und abwärts zu verfolgen. Werner hatte sich in seinem Fach, wie er herankam, für die Einzelheiten solcher Namen bedient, wie sie seinem Vorgänger beliebt; da er aber zu unterscheiden anfing, da sich täglich neue Gegenstände aufdrangen, so fühlte er die Notwendigkeit, selbst Namen zu erteilen.

Namen zu geben ist nicht so leicht wie man denkt, und ein recht gründlicher Sprachforscher würde zu manchen sonderbaren Betrachtungen angeregt werden, wenn er eine Kritik der vorliegenden oryktognostischen Nomenklatur schreiben wollte. Werner fühlte das gar wohl und holte freilich weit aus, indem er, um Gegenstände eines gewissen Fachs zu benennen, die Sprachen überhaupt in ihrem Entstehen, Entwicklungs- und Bildungssinne betrachten und ihnen das, was zu seinem Zwecke gefordert ward, ablernen wollte.

Niemand hat das Recht, einem geistreichen Manne vorzuschreiben, womit er sich beschäftigen soll. Der Geist schießt aus dem Zentrum seine Radien nach der Peripherie, stößt er dort an, so läßt ers auf sich beruhen und treibt wieder neue Versuchslinien aus der Mitte, auf daß er, wenn ihm nicht gegeben ist seinen Kreis zu überschreiten, er ihn doch möglichst erkennen und ausfüllen möge. Und wenn auch Werner über dem Mittel den Zweck vergessen hätte, welches wir doch keineswegs behaupten dürfen, so waren wir doch Zeugen der Freudigkeit, womit er das Geschäft betrieb, und wir lernten von ihm, und lernten ihm ab, wie man verfährt, um sich in einem Unternehmen zu beschränken und darin eine Zeitlang Glück und Befriedigung zu finden.

AUS TEPLITZ (1813)

Die Umgebung von Teplitz ist in diesem Augenblicke sehr reizend. Die Wiesen, meist gewässert, blühen durchaus, die Felder stehen schmuck; Sommer- und Wintersaat, Klee, Erbsen und was sonst keimen mag, wetteifern miteinander, die Höhen und Flächen, die Tiefen und Berge herauszuputzen, und alles verspricht das fruchtbarste Jahr. Die Blüten, besonders der Birnbäume, waren höchst reich, die Kirschen blieben nicht zurück, und so hatte die ganze Gegend das munterste Ansehn. Jetzt noch haben die Kastanien ihre Kronleuchter im Park und an der Seite aller Alleen aufgesteckt, und man kann nichts Reichlicheres noch Vergnüglicheres erblicken.

Im Orte dagegen sieht es ganz anders aus. Schon seit der Hälfte des Februar befinden sich Dresdner und andere Sachsen hier, um einige Ruhe zu genießen, beunruhigen sich aber untereinander selbst täglich und stündlich. Aus Leipzig kamen später mehrere, die sich aber meistens wieder nach Hause begeben haben. Dagegen fanden sich ein viel russische und preußische Verwundete, die sowohl durch eigne, als auch durch hiesige Ärzte und Chirurgen sorgfältig behandelt werden. Ferner hat Besorgnis und Beängstigung noch mehrere Dresdner hierher getrieben, deren sich auch manche in Gießhübel und Peterswalde befinden. Eine Anzahl Polen hielt sich hier in der Stille, nun sind die meisten abgereist.

Mit so vielen und verschieden denkenden Menschen, zu einer so bedeutenden Zeit, an einem kleinen Orte zusammen zu wohnen, ist schon eine eigne Aufgabe, die noch schwerer wird, weil man dem Schauplatz so großer Begebenheiten nahe steht. Öfters wollen einige den Kanonendonner gehört haben, andere zweifeln daran, und wenn nachts die Feuerzeichen in den Wolken vor jedermanns Augen stehn, so entspringt abermals ein Streit, welches denn eigentlich der unglückliche Ort sei, der zugrunde gerichtet wird? Von morgens bis abends wechseln die Nachrichten, die denn jeder aufnimmt und auslegt, wie es seinen Gesinnungen gemäß ist, und sich meistens den andern Morgen schon wieder die Mühe nehmen muß, die ganze Geschichte umzubilden. In größerer Gesellschaft gibt es kein anderes Gespräch auch nicht im einzelnen, und doch beklagt sich ein jedes im stillen über das andere, daß es diese unseligen Gegenstände immer wieder auf die Bahn bringe. Selten kommt der Fall, daß man ein allgemeineres belehrendes Gespräch vernimmt. Nur Doktor Kapp mag ich gern begegnen; dieser hat aus seiner großen medizinischen und psychischen Erfahrung immer ein lustiges Geschichtchen bei der Hand, um der Gesellschaft einen gewissen Gleichmut zu geben und sich von seinen eignen Beängstigungen zu zerstreuen.

Unter diesen Umständen war das Geratenste, sich in der Gegend umzusehn. Wir begaben uns nach Bilin, dessen großer Fels in der ganzen Gegend so bedeutend hervorsteht. Auch in der Nähe ist er charakteristisch und imposant. Der Fuß besteht aus tafelartigem, der ausgezackte Rücken aus säulenförmigem Klingstein. Auf diesen wirkt die Witterung, die Säulen lösen sich ab und stürzen zusammen. Doktor Reuß, ein unterrichteter, tätiger, gefälliger Mann, war unser Führer.

Man hatte uns in der fürstlichen Kanzlei den großen Vorrat roher Granaten und einen kleinen geschliffener vorgezeigt. Die Nachfrage nach diesem sonst so gesuchten Schmuck hört fast gänzlich auf. Die rohen wurden meist nach Freiburg im Breisgau verkauft und dort verarbeitet. Diese sonst sogenannten böhmischen Granaten finden sich nur in einem kleinen Bezirk, an der Rückseite des Mittelgebirgs gegen die Eger zu. Sie liegen in einem aufgeschwemmten Boden. Niemand begreift, wie sie entstanden sein können. Sie finden sich niemals kristallisiert, anstatt daß alle andern Granaten, die nicht dieses Feuer haben, sondern mehr ins Violette fallen, gewöhnlich in entschiedenen Kristallformen gefunden werden. In der Größe einer Zuckererbse kommen sie selten vor, nach unten häufiger und zuletzt so klein, daß sie des Schleifens nicht mehr wert sind. Erst werden dieselben von dem sie umgebenden Grus gesondert und dann durch Siebe sortiert. Ich habe ein Mustersortiment für die Freunde der Mineralogie bestellt.

Im Schlosse Dux sind die Zimmer, seitdem eine Unzahl dieses Frühjahr aufgelebter und sogleich wieder verdursteter Fliegen weggekehrt worden, reinlich genug; auch die Museen und Sammlungen sehen etwas sauberer und abgestaubter aus als sonst, weil einer Frau das Amt eines Kastellans und Konservators übertragen worden. Um ein paar moderne Bronzen habe ich den Besitzer wie schon vormals beneidet. Es sind fußhohe, der Antike nachgebildete Kentauren. Die Menschen- und Pferdenatur ist sehr wohl verstanden, die Bewegung heftiger, das Detail ausführlicher, als es ein Alter würde gemacht haben; doch kann man einen schönen Kunstsinn und viel Geschmack den Werken nicht ableugnen. Der Künstler hat seinen Namen Giacomo Zoffoli an eine unscheinbare Stelle gesetzt, sich aber den Spaß gemacht, noch an die Hauptseite der Base wunderliche griechische Namen einzugraben.

In dem Hauptgebäude von Kloster Ossegg, wohin schon seit vielen Jahren kein Tüncher- und Malerpinsel gelangt, scheint nun auch die Scheuermagd mit Tode abgegangen zu sein. Mir wenigstens kam es vor, als wenn sich das traurige und schmutzige Ansehen desselben vermehrt hätte. Die Kirche sieht schon besser aus, und ein neuer Gärtner hält den Garten in der schönsten Ordnung; die bekannten regelmäßigen Anlagen stehen knapp und reinlich da; die Schildkröten in dem Kunstsumpfe treiben nach wie vor ihr abstruses Wesen.

Die Papiermühle, von Unterleidensdorf weiter nach Abend gelegen, hat uns endlich mit einem guten Papiere versorgt, welches in Teplitz nicht aufzutreiben war; nun müßte sich noch eine Tintenquelle auftun, und so wäre unser Schreibzeug in ziemlicher Ordnung.

Klostergrab, ein kleiner Ort, nordwärts von Ossegg und von diesem abhängig, liegt in einem sehr anmutigen Bergtale; unterhalb die schönsten Wiesen, oberhalb zum Fruchtbau so leichter Boden, als man im Gebirg nicht erwarten sollte. Die Bergwerke daselbst, sowie in Niklasberg, sucht man nur einigermaßen zu unterhalten. Man baut im Gneis auf Quarzgängen, die silberhaltigen Arsenik-Kies führen. Da man aber in der Nähe kein Blei hat, so können sie ihre Schliche nicht selbst zugute machen und müssen sie nach Joachimsthal schicken, welches Kosten und Beschwerlichkeit verursacht und das Geschäft bedenklicher macht.

Den Eichwald habe ich noch nicht zu besuchen getraut, weil ich mich fürchtete, ihn gegen vor dem Jahre öde und wüste zu finden.

Aus Doppelburg vertrieb uns ein einfallender Regen. Wir bewunderten nur abermals auf dem Hin- und Herwege den außerordentlichen Fleiß, mit dem man den Boden von den unendlichen Geschieben gereinigt und sich die tragbarsten Äcker verschafft hatte.

Graupen behält immer etwas Erfreuliches durch seine Lage; die Aussicht von der Bühne des alten Schlosses läßt gar bald die Schlucht vergessen, durch die man sich heraufgewunden hat. Der Bergbau, den sie auf schmalen, aber sehr reichen Zinngängen im Gneis treiben, geht sachte, die Zinngraupen, von denen das Örtchen den Namen hat, sind die schönsten in der Welt. Auf der Grube Regina fand ich die herrlichsten Anbrüche; aber freilich, was den Mineralogen entzückt, gibt noch lange keine Ausbeute. Die Gruben werden durch einzelne Gewerken betrieben, der Tagelohn steht hoch und reicht doch kaum zum Unterhalte der Bergleute hin. Der Absatz des Zinnes ist schwach, und so erhält sich auch dieses Bergstädtlein nur desto kümmerlicher bei Leben, als auch die sonstigen Weber sich bequemen müssen, Tagelöhnerdienste zu tun. Im Gebirge ist es besonders merkwürdig, wie die menschliche Industrie sich schnell herumwirft, ihrer Tätigkeit Surrogate sucht und sich so aus einem Winkel in den andern flüchtet. Die gegenwärtige Lage dient dazu, die Kultur des Bodens zu befördern. Man hat unter die Ärmern große bisher nur beweidete Plätze über dem Orte verteilt, die, sobald sie von Steinen gereinigt sind, den besten Boden darreichen und sehr tragbar werden müssen; wie denn dieses Gebirg bis zu seiner Höhe hinauf zwischen den Felsen guten Ackerboden besitzt, wovon täglich mehr urbar gemacht wird.

Mariaschein würde ganz vermodern, wenn nicht der fromme Sinn einiger Gläubigen die Türen manchmal wieder lüftete. Näher betrachtet, ist dieser Andachtsort mit großer Weisheit angelegt. Eine geräumige Kirche in der Mitte, darum her ein Kranz von Linden und um diesen ein architektonischer Kreis von Hallen, die nach dem Innern zu offen, an der Rückenwand Beichtstühle, Kapellen und Altäre sehen lassen. Ein bequemer, schicklicher, schattiger Raum für eine große Menschenmasse ist bedacht, und man bedauert, daß solche Anstalten, die nicht mehr in der Zeit sind, nach und nach verfallen müssen. Könnte man diese Einrichtung, wie sie steht, nach Ägypten oder Arabien in irgendeine Oase versetzen, sie würde zu geistiger und leiblicher Erquickung vieler Tausende gereichen. Schwerlich ist der Tempel des Jupiter Ammon so gut eingerichtet gewesen.

Der Park zu Culm konnte an neuen Anlagen und Wachstum seit vorigem Jahre wenig gewinnen, auch mußte er mir diesmal sehr öde vorkommen. Das Schloß ward eben, als ich es besuchte, zur Ankunft der Besitzer vorbereitet. Die Königin von Sachsen hat eine Nacht dort gerastet.

Weiterhin an dem Fuße des Berges, auf welchem Nollendorf liegt, befinden sich ein paar Dörfer Kinnitz und Arbesau, merkwürdig wegen eines Sandsteins älterer Formation mit kristallisiertem Quarz und Feldspat. Von hier aus gehen die Mühlsteine, ein wichtiges Bedürfnis, auf eine ziemliche Strecke ins Land. Dieser Sandstein liegt unmittelbar auf Gneis; am Fuße des Erzgebirges und auch in der Nähe von Ossegg liegt ein ähnlicher.

Und so wären wir denn in einem sanften Bogen so ziemlich am Gebirge her spaziert. Eine Fahrt nach Aussig steht noch bevor, um den dortigen Arzt, Dr. Stolz, zu besuchen. Er ist ein guter Geolog und treufleißiges Mitglied der Jenaischen Sozietät.

Indessen sind in der Nähe von Teplitz die Steinkohlenlager, die darüber liegenden Schiefertonschichten, sowie die hierauf sich beziehenden uralten Erdbrände gleichfalls beachtet worden. Von einem bewundernswürdigen Erzeugnis eines solchen Erdbrandes bei Kaden, dem stänglichen Toneisenstein, habe ich einige allerliebste Exemplare von Dr. Ambrosi erhalten.

Teplitz, entworfen den 22. Mai, revidiert den 30. Mai 1813.

REISE NACH ZINNWALDE UND ALTENBERG

[1813; Zur Naturwissenschaft überhaupt, Band I Heft 3, 1820]

Den 9. Juli 1813 fuhr ich abends um fünf Uhr von Töplitz ab; bis Eichwald findet man gute Chaussee, ich gelangte dahin in dreiviertel Stunden. Durch das Dorf selbst ist der Weg schlecht und enge Spur, hinter demselben aber hat man vor kurzem den Weg bergauf dergestalt verbreitert und mit quergelegten Holzstämmen zur Ableitung des Wassers eingerichtet, daß er gar wohl verhältnismäßig für gut gelten kann, wenigstens leidet eine breitere Spur keinen Anstoß, worauf doch eigentlich in Gebirgen alles ankommt.

Um halb acht Uhr war ich auf der Höhe von Zinnwalde. Dieser Ort, durch welchen die Grenze zwischen Böhmen und Sachsen durchgeht, ist auf einem flachen Bergrücken, mit zerstreuten Häusern, weitläufig angelegt; die Wohnungen sind durch Wiesen getrennt, die den anstoßenden Besitzern gehören; hier sieht man wenig Bäume, und die Berghalden kündigen sich von ferne an. Der bald auf-, bald absteigende Weg ist schlecht, und hier findet man wieder enge Spur.

Der Abend war sehr schön, der Himmel klar, die Sonne ging rein unter, und der Mond stand am Himmel. Ich kehrte in den Gasthof ein, der einem Fleischer gehört, und fand notdürftiges Unterkommen, ging noch auf die Halden, untersuchte die daselbst befindlichen Gangarten und unterhielt mich mit dem Steinschneider Mende, mit dem ich schon früher meine Ankunft verabredet hatte.

Den 10. Juli ging die Sonne am klarsten Himmel schon sehr früh auf. Mich wunderte, daß in einem keineswegs reinlichen Hause, durch eine Fleischerwirtschaft noch mehr verunreinigt, auch nicht eine Fliege zu finden war. Es scheint also, daß diese Berghöhen ihnen nicht zusagen.

Ich ging auf die Grube Vereinigt-Zwitterfeld und fand daselbst den Steiger mit seinen Leuten über Tage mit Ausklauben beschäftigt. Hier sondern sie den Zinnstein von den anhängenden Gangarten, vorzüglich vom Wolfram, der häufig vorkommt und beim Schmelzen Unheil macht. Der Schacht ist achtundvierzig Lachter tief, soviel bringt auch der Stollen ein. Sie bauen auf sogenannten Flözen, welche aber völlig die Eigenschaft der Erzlager haben, meist ganz horizontal liegen und nur gegen das Ende einen mehreren Fall bekommen. Die Bergleute sagen: die Flöze richten sich nach der Form des Berges; besser würde man sich ausdrücken: sie bringen die Form des Berges hervor. Sechs solche Hauptflöze liegen übereinander, von verschiedener Mächtigkeit. Das mächtigste ist sechsviertel Ellen, aber nicht durchaus von gleicher Stärke, die schmälsten, von sechs bis acht Zoll, sind die reichsten. Die Flöze bestehen durchgängig aus Quarz, welcher, von beiden Salbändern herein, gleichsam strahlenweise kristallisiert erscheint, weil er aber wenig Räume zwischen sich läßt, für derb angesehen werden kann. Zerschlägt man ihn, so sondert er sich in stängliche Stücke. Die beiden Salbänder dieser Flöze oder Horizontallager sind kristallisierter Glimmer, und in diesen Salbändern, vorzüglich aber in dem untersten, findet sich der Zinnstein eingesprengt; der Quarz dagegen des Flözes ist durchaus taub, sowie auch das obere Salband keinen Gehalt hat. Zwischen diesen Flözen liegen zwei verschiedene Bergarten, Greißen und Sandstein (sie sprechen Sandstein aus, daß es klingt wie Sansten, oder Sansken) genannt. Die erste ist aus Quarz und Glimmer gemischt, derjenigen ähnlich, woraus das Schlaggenwalder Stockwerk besteht, die andere aus Quarz und Ton und daher leicht verwitterlich.

Durch diese ganze Masse nun schneiden stehende, seigere Gänge durch (sie sprechen, daß es klingt wie Stehnichen), meistens sehr schmal, höchstens drei bis vier Zoll breit. Sie streichen in der zweiten Stunde, sind an sich zinnhaltend und veredeln die Flöze, wie sie solche durchschneiden.

Noch eine andere Erscheinung ist das, was sie Klüfte nennen, man könnte sie auch für Gänge ansprechen. Sie streichen in der dritten Stunde, gleichfalls seiger und schneiden alles durch. Sie sind ellenbreit, enthalten einen weichen tonartigen Schmand, den die Bergleute Besteg nennen, und führen niemals Metall. Das merkwürdigste dabei ist, daß sie die Flöze verwerfen. Wie nämlich eine solche Kluft auf das Flöz trifft, es sei von welcher Mächtigkeit es wolle, so schleppt sie dasselbe abwärts mit fort und verwirft es dergestalt, daß es erst drei bis vier bis sechs Lachter tiefer wieder vorkommt und auch wohl wieder zu seiner vorigen Stärke gelangt.

Nachdem ich mir dieses alles erklären und die genannten Produkte auf den Halden vorzeigen lassen habe, auch von jedem Musterstücke abgeschlagen, so begab ich mich mit dem Steinschneider in sein Haus. Außer einem kleinen Mineralienkabinett, das er für sich gesammelt hat, findet man bei ihm kleinere und größere Musterstücke von den Produkten des Leitmeritzer Kreises, besonders von allem, was sich auf die Pseudovulkane bezieht; er hat eine besondere

Geschicklichkeit im Zuschlagen seiner Muster, die deswegen sauber und appetitlich aussehen.

Nun ging ich mit ihm abwärts gegen Nordwest, bis an das Stollen-Mundloch; unterwegs fanden wir viel aufgerissenes Erdreich, in kleinen Hügeln. Hier wurden vor alten Zeiten die Tagflöze abgebaut, welche nah unter der Oberfläche lagen und zeigen, daß der ganze Berg zinnisch war, und das, was man Dammerde nennt, in den ältesten Zeiten unbedeutend.

Wir wanderten nun den Berggraben hin, welcher das Wasser dieser Höhen, wie es hier von den Pochwerken kommt, nach Altenberg leitet; er zieht sich, wie gewöhnlich, an dem Bergrücken her, und der Weg ist sehr angenehm, weil es immer durch Waldung geht.

Ist man ungefähr eine halbe Stunde [gegangen], so überschaut man die sich abstufenden Berge und Hügel, zwischen hier und der Elbe. Den Fluß sieht man zwar nicht, aber die Bergreihen drüben, bei klarem Wetter, ganz deutlich.

Der kleine Ort Geising wird zuerst im Tale sichtbar, die Häuser ziehen sich in dem engen Grunde herauf. Nun öffnet sich der Blick nach Altenberg, und zwar sieht man zuerst eine hohe steile Felswand; diese ist aber nicht durch Natur, sondern durch jenen großen Erdfall, Erdbruch entstanden, wodurch so viele Gruben zugrunde gegangen.

Man muß sich vorstellen, daß die sämtlichen Gruben an dem Abhange eines Berges gelegen, und da sie zusammengestürzt, so hat sich ein Trichter gebildet, mit Wänden von ungleicher Höhe, die vordere viel niedriger als die hintere. Sie nennen diesen Trichter, nach dem gewöhnlichen bergmännischen Ausdruck, die Binge.

Punkt neune hatten wir den untern Rand erreicht. Von dem obern bis in die Tiefe mag es viel über hundert Fuß betragen. Das Gestein an den Wänden ist sowohl senkrecht, als auch nach allen Richtungen zerklüftet, hat äußerlich eine rote Farbe, die sich von dem Eisengehalte des Gesteines herschreiben mag.

Unsere Absicht zu melden, ging mein Führer zu dem Bergmeister; dieser war nicht zu Hause, sondern in der Bergpredigt, indem heute gerade das Quartal Crucis eintrat, mit den gewöhnlichen Feierlichkeiten.

Das Städtchen Altenberg liegt näher zusammen als Zinnwalde, an einem sanften Abhange des Berges, und ist, nach sächsischer Art, schon städtischer gebaut als jenes. Man sieht auch hier verschiedene Göpel. Der mit Fichten wohlbewachsene Geisingsberg, welcher rechter Hand in einiger Entfernung hervorragt, gibt eine angenehme Ansicht.

Da ich auszuruhen wünschte, trat ich in die Kirche und fand die ganze Knappschaft im Putz und Ornat versammelt. Der Diakonus predigte in hergebrachten bergmännischen Phrasen, der Auszug aus der Kirche war nicht feierlich wie sonst, man bemerkte aber schöne Männer, besonders unter den Knappschafts-Ältesten, fast zu groß für Bergleute.

Wir besuchten einen Handelsmann, um ein Glas Wein zu trinken, diesen fanden wir in einer sonderbaren Beschäftigung. Er hatte nämlich einen Juden bei sich, wie sie mit Ferngläsern in dem Lande herumziehen; dieser stellte ein Mikroskop auf, weil der Kaufmann die Insekten näher betrachten wollte, die ihm seine Käse leichter machen, seinen Reis mit Staub überziehen und die Rosinen verderben. Es kamen unter dem Vergrößerungsglas die abscheulichsten Tiere zum Vorschein, Mitteltiere zwischen Läusen und Käfern, durchscheinend am Leibe und den meisten Gliedern, übrigens grau, sie bewegten sich mit viel Behendigkeit und waren von verschiedener Größe; man konnte auch ganz deutlich lange stilliegende Larven erkennen, aus denen sie hervorgehen mögen.

Man versicherte uns, daß diese Geschöpfe einen großen holländischen Käse in einigen Wochen um ein paar Pfund leichter machen; ein Mittel dagegen sei, aus Ziegelmehl einen feinen Brei zu bereiten und damit die Käse zu überstreichen, so blieben sie unangetastet. Die Ursache ist wohl, weil die Luft abgehalten wird, welche diese Geschöpfe zum Leben nötig haben.

Nun nahmen wir unsern Weg gegen die Pochwerke. Ich konnte die Steinhaufen, welche daneben aufgeschüttet waren, nicht begreifen; sie schienen aus taubem Gestein zu bestehen, wovon ich Musterstücke mitnahm und mich nach gehaltreicheren Stufen umsah. Allein ich war sehr verwundert, als ich bemerken mußte, daß diese sämtlichen Steine, wie sie durcheinanderlagen, zum Pochen bestimmt hieher gefahren worden.

Weil nun alle Bergleute nach dem Bergamte gezogen waren und überhaupt heute nicht gearbeitet wurde, so war die Stadt wie ausgestorben und wir unsern eigenen Betrachtungen überlassen. Mein Führer hatte ziemliche Kenntnisse dieser Dinge, und ein alter Mann, der heranschlich, bestätigte seine Aussage, daß wirklich das ganze Gebirg zinnhaltig sei und selten einige Teile desselben vor andern vorzuziehen. Es werde deshalb alles auf die Pochwerke gebracht, deren sehr viele hinunter in dem Tal gegen Geising angebracht sind.

Wir gingen von einer Halde zur andern und fanden sehr viele Abweichungen desselben Gesteines, die wir so lange auflasen und als Handstufen zerschlugen, bis wir zuletzt keine neue Abänderung mehr fanden. Wir traten darauf unsern Rückweg an, verfügten uns aber noch vorher an das Mundloch eines Versuchstollens, den sie in der Gegend der Schmelzhütte treiben; dort kommt ein schöner Porphyr vor, den sie Syenit-Porphyr mit Recht nennen, weil rötliche Feldspatkristalle in einem Grund von Hornblende liegen. Wir stiegen nun so weit wieder aufwärts, bis wir den Berggraben erreichten und gingen auf dem kühlen Wege ganz bequem zurück.

Vom Stollenmundloch an, den Zinnwalder kahlen Berg hinauf, hatten wir dagegen in der Mittagssonne einen beschwerlichen Weg und waren wohl zufrieden, als wir um ein Uhr in dem Gasthofe wieder anlangten.

Gegen Abend besuchte mich der Bergamtsassessor Friedrich August Schmidt von Altenberg, bedauerte, daß sie heute verhindert worden, wie sie gewünscht hätten, mich zu empfangen, daß sie mit der Bergpredigt und dem Anschnitt beschäftigt gewesen, auch erst nach meiner Abreise meine Ankunft vernommen. Ich ersuchte ihn um einige Nachrichten, die er mir denn auch erteilte.

Das große sogenannte Stockwerk zu Altenberg hat schon 1547 und 1548 einige Brüche erfahren, der Hauptbruch geschah aber 1620, wo 36 Gruben mit 36 Göpeln zu Grunde gingen. Dieses Unglück entstand aus der Natur des Berges und des Bergbaues: denn indem der Zinngehalt durch die ganze Masse des Berges ausgeteilt ist und sich in den verschiedenen Steinarten, woraus derselbe besteht, zerstreut befindet, ohne daß sich besondere bauwürdige Gänge oder Flöze zeigten, so muß das sämtliche Gestein weggenommen und überhaupt verpocht werden, wobei man denn, da man die entstandenen Räume nicht mit Holz wieder ausbauen kann, Bergfesten stehen läßt, um das Ganze einigermaßen zu unterstützen.

Da nun die sechsunddreißig Gruben jede für sich einzeln bauten, jede soviel als möglich aus ihrem Felde herausnahm, ohne sich um das Allgemeine oder um die Nachbarn zu bekümmern, so ward der Berg nach und nach ausgehöhlt, daß er sich nicht mehr hielt, sondern zusammenstürzte.

Dieser Unfall jedoch gereichte dem Werke zum Nutzen, indem die Hauptgewerken, ausländische reiche Kaufleute, unter Beirat von klugen Sachverständigen, mit vieler Mühe es dahin brachten, daß die Teilnehmer der sechsunddreißig zerstörten Gruben sich in eine Gewerkschaft vereinigten, deren Anteile durch eine verhältnismäßige Anzahl der nunmehr beliebten hundertachtundzwanzig Kuxe wieder erstattet wurden.

Diese neue Gesellschaft teilt sich nun wieder in drei Teile:

1. große Gewerkschaft, bestehend aus den Augsburger, Nürnberger und Dresdner Gewerken;

2. kleine Gewerkschaft; und
3. Propre-Teile.

Da nun dieses Unternehmen groß und kühn war, so wußten sie sich zugleich von der Landesherrschaft viele Vorteile zu bedingen; sie stehen eigentlich nicht unter dem Bergamte, sondern unter einer Direktion von drei Personen, die sich in Dresden aufhalten; am Orte haben sie einen eigenen Faktor, der gegenwärtige heißt Löbel, der alles besorgt. Die Kirche haben sie erbaut, die Glocken und die Uhr angeschafft, die Pochmühlen gehören ihnen zum größten Teil, auch haben sie Waldungen und ein Rittergut angekauft, so daß ihnen zu den notwendigsten Bedürfnissen nichts abgeht. Auch besitzen sie noch einen Teil des Berges, der damals nicht zusammenstürzte, und bauen sowohl unter als neben dem Bruche.

Der Bau unter dem Bruche ist sehr wunderbar, indem man sich nur versuchsweise der zusammengestürzten und zerbröckelten Steine zu bemächtigen sucht. Alles, was man gewinnt, wird zwar, wie oben gesagt, verpocht und das Zinn aus der ganzen Masse herausgewaschen; aber man sucht sich doch auch im einzelnen von dem mehr oder weniger Gehalt dieser und jener Steinart durch den Sichertrog zu unterrichten. Sie wissen es zu einer großen Fertigkeit zu bringen und haben sich eine Terminologie gemacht, um zehn Grade der Bauwürdigkeit zu unterscheiden; es sind folgende:

1. Mauseöhrchen.
2. 3 er.
3. 6 pf.
4. 1 gl.
5. 2 gl.
6. 4 gl.
7. 8 gl.
8. 9 gl.
9. Spezies-Taler.
10. Fensterscheibe.

Merkwürdig ist es, daß sie einen neuen Bruch befürchten müssen, indem sich um die große Binge her das Gebirg abermals abgelöst hat; weil aber diese Ablösung ganz seiger ist und also, wenn auch der vordere Teil nach der Binge zu einstürzen sollte, doch die Rückwand stehenbleiben und von oben nichts nachstürzen würde, so sind sie ohne Sorgen, ja sie bedienen sich des durch die Ablösung entstandenen Raumes zu Schächten und sonstigen Bedürfnissen.

Die verschiedenen Gruben, auf denen gebaut wird, haben ein schwerer oder leichter Geschäft und können den Zentner Zinn verkaufen von vierunddreißig bis neununddreißig Taler, nachdem es ihnen mehr oder weniger zu gewinnen kostet.

Sonntag den 11. Juli bereitete ich mich früh um sechs Uhr zur Stollenfahrt, und dieses umso lieber, als der Steiger von der Grube Vereinigt-Zwitterfeld auch die Aufsicht über den Stollen hat. Ich fuhr bis zum Stollenmundloch im Wagen und fand daselbst den gedachten Steiger und Steinschneider.

Das erste Gestein, was man mit dem Stollen durchfahren hat, ist Porphyr, der seine Gleichzeitigkeit oder wenigstens sein baldiges Nachfolgen auf die Zinnformation dadurch beweist, daß Zinnflöze noch in ihn hineinsetzen. Wir fuhren bis unter den Schacht von Vereinigt-Zwitterfeld, ungefähr dreihundert Lachtern. Der Stollen ist leider nicht in gerader Linie angelegt, und so ist er auch von verschiedener Höhe, deshalb unangenehm zu befahren. Auf dem Hin- und Herwege machte mich der Steiger auf alles dasjenige aufmerksam, was er mir gestern über Tage von der Natur des Gebirgs erzählt hatte; er zeigte mir die Flöze, deren Gangart, den Quarz, die Salbänder von Glimmer, die reichen unten, die tauben oben, das Durchstreichen der stehenden Gänge, besonders aber der Klüfte, wobei ich einen höchst merkwürdigen Fall, wo ein Flöz durch die Kluft verschleppt ward, zwar mit einiger Mühseligkeit, aber doch sehr deutlich zu sehen bekam. So zeigte er mir auch eine große Weitung, da wo die Gruben Vereinigt-Zwitterfeld und Reicher Trost zusammenstoßen. Hier konnte die ganze Masse zugute gemacht werden, weil die Greißen stockwerkartig metallhaltig waren. Als sie diese Räume abbauten, trafen sie auf eine große Druse, in welcher sich schöne Bergkristalle, teils einzeln, teils in Gruppen fanden.

Ich konnte hiernach die gestern auf den Halden zusammengesuchten und bei dem Steinschneider angeschafften Stufen desto besser ordnen, welches sogleich geschah.

Hiebei bemerke ich noch, daß in Zinnwalde auf sächsischer Seite vierzehn Gruben sind, alle gangbar, auf der böhmischen mehrere, aber nur sechs gangbar.

Nachdem ich also vor Tische bei dem Steinschneider die Auswahl der mir interessanten Mineralien gemacht, so wurden selbe eingepackt. Ich fuhr um halb drei Uhr ab und war dreiviertel auf fünf in Töplitz. Ein starkes Gewitter, welches von der Gegend über der Elbe heranzog, erreichte mich nicht, indem die Gebirge dem Zug der Wetter Hindernisse in den Weg legen.

Noch etwas von Altenberge zum Schluß.

Das Gestein des Gebirgs ist an und für sich sehr fest, daher hat ihnen das Zusammenstürzen der ungeheuern Masse den Vorteil gebracht, daß es dadurch zersplittert worden. Wie sie nun aber unter dem Bruche diese Trümmer gewinnen, ist mir zwar beschrieben worden, aber schwer zu begreifen und ohne Zeichnung nicht zu verstehen.

Wo sie im festen Gestein arbeiten, setzen sie Feuer und machen dadurch das Gestein brüchig, demungeachtet aber bleiben immer noch große Stücke; diese werden auf ungeheuren Scheiterhaufen neben den Pochwerken abermals durchgeglüht und auf diese Weise zersprengt, daß man ihrer durchs Pochen eher Herr werden kann.

Von ihrem Schmelzprozeß wüßte ich wenig zu sagen; sie rösten die Schliche, um den Arsenik und Schwefel wegzutreiben; übrigens macht die Beimischung von Wolfram und Eisen ihnen viel zu schaffen.

Wenn man das Datum bemerkt, wie ich den 11. Juli von dieser Höhe schied, so wird man verzeihen, daß ich einen mir so wichtigen Gegenstand nur flüchtig, ja verstohlen betrachtet. Es war, während des Stillstandes, an welchem das Schicksal der Welt hing, ein Wagstück nicht ohne leichtsinnige Kühnheit. Die Grenze von Sachsen und Böhmen geht durch Zinnwalde durch; um den Mineralienhändler zu besuchen, mußte ich schon Sachsen betreten; alles, was für mich bedeutend war, lag auf dieser Seite. Und nun gar die Wanderung nach Altenberg, dem Anscheine nach geheimnisvoll unternommen, hätte mir eigentlich üble Händel zuziehen sollen. Von sächsischer Seite war jedoch kein Mann zu sehen, alles ruhte dort im tiefsten Frieden; die österreichischen Schildwachen mußten für unverfänglich halten, wenn man mit zwei Schimmeln über die Grenze führe; der Mautner hatte auch nichts dagegen einzuwenden, und so kam ich glücklich zurück durch den Weg, den ich so gut fand, weil man ihn zum Transport der Artillerie gerade jetzt verbessert hatte. Abends spät gelangte ich nach Töplitz, frank und frei, zu einigem Mißvergnügen einer heitern Gesellschaft, welche schadenfroh gehofft hatte, mich, für meine Verwegenheit bestraft, als Gefangenen eskortiert, vor den kommandierenden General, meinen hohen Gönner und Freund, den Fürsten Moritz Lichtenstein und seine so lieb und werte Umgebung gebracht zu sehen. Bedenke ich nun, daß diese ruhige Berggegend, die ich in dem vollkommensten Frieden, der aus meinem Tagebuche hervorleuchtet, verließ, schon am 27. August von dem fürchterlichsten Rückzuge überschwemmt, allen Schrecknissen des Krieges ausgesetzt, ihren Wohlstand auf lange Zeit zerstört sah, so darf ich den Genius segnen, der mich zu dem flüchtigen und doch unauslöschbaren Anschauen dieser Zustände trieb, die von so langer Zeit her das größte Interesse für mich gehabt hatten.

[Zur Naturwissenschaft überhaupt, Band I Heft 1 1817]

Was ich dort gelebt, genossen,
Was mir all dorther entsprossen,
Welche Freude, welche Kenntnis,
Wär ein allzulang Geständnis!
Mög es jeden so erfreuen,
Die Erfahrenen, die Neuen!

Karlsbad

Vor geraumen Jahren verweilte ich einen glücklichen Sommer an der heißen Heilquelle, in Gesellschaft des edlen, für Kunst und Wissenschaft immer tätigen von Racknitz, an dessen Freundschaft und Umgang ich der vergnüglichsten Belehrung genoß. Er hatte schon bedeutende Kenntnisse des Mineralreichs aus der ersten Hand empfangen; die Akademie in Freiberg wirkte mächtig auf Sachsen, auf Deutschland; unser umsichtiger junger Fürst hatte Karl Wilhelm Voigt dorthin gesandt, um sich theoretisch und praktisch zu solchen Geschäften auszubilden. Auch ich ward veranlaßt, mich in dem anorganischen Reiche umzusehen, dessen Teile sich aufzuklären schienen und auf dessen Ganzes man mit mehrerem Zutrauen hinauszuschauen wagte.

Hier am Orte fühlte ich nun zuerst, welche große Gabe auch der geselligen Unterhaltung, durch eine solche aufkeimende Wissenschaft, mit geprüften Freunden sowie mit Neubekannten gegeben sei. In freier Luft, bei jedem Spaziergang, er führe nun durchs ruhige Tal oder zu schroffen wilden Klippen, war Stoff und Gelegenheit zu Beobachtung, Betrachtung, Urteil und Meinung: die Gegenstände blieben fest, die Ansichten bewegten sich aufs mannigfaltigste.

Nötigte ein widerwärtiges Wetter die Naturfreunde ins Zimmer, so hatten sich auch da so viele Musterstücke gehäuft, an denen man das Andenken der größten Gegenstände wieder beleben, und die, auch den kleinsten Teilen zu widmende Aufmerksamkeit prüfen und schärfen konnte. Hiezu war der Steinschneider Joseph Müller auf das treufleißigste behilflich; er hatte zuerst die Karlsbader Sprudelsteine, die sich vor allen Kalksintern der Welt vorteilhaft auszeichnen, in ihrer eigentümlichen Schönheit und Mannigfaltigkeit gesammelt, geschnitten, geschliffen und bekanntgemacht. Daneben versäumte derselbe nicht, auch auf andere geologische Denkwürdigkeiten seine Aufmerksamkeit gleichfalls zu richten; er verschaffte die merkwürdigen, aus dem verwitternden Granit sich ablösenden Zwillingskristalle und andere Musterstücke der an mannigfaltigen Erzeugnissen so reichen Gegend.

Die Briefe, welche hierauf der scharfblickende, bedächtige, genaue, emsige von Racknitz an den lebhaft umherschauenden, beobachtenden, erläuternden, erklärenden, meinenden und wähnenden von Veltheim schrieb und drucken ließ, dienten mir bei wiederholtem Besuch jener Urgegend zum festen Anhaltspunkte, und ich entfernte mich niemals von dem geliebten Ort ohne Gewinn an Belehrung und Bildung.

Nach einem Zwischenraum so mancher Jahre verfügte ich mich wieder dahin; ich fand die Gegend immer dieselbe, so auch den wackern Müller, an Tagen älter, in ununterbrochener Jünglingstätigkeit; er hatte seine Studien über die ganze Gegend ausgedehnt und seine Sammlung, vom Grundgebirge an, durch alle Übergänge bis zu den pseudovulkanischen Erscheinungen verbreitet. Er teilte mir einen schriftlichen Aufsatz mit, dessen Redaktion er wünschte; wir kamen über eine gewisse Anordnung überein, wie sie in dem nachstehenden Verzeichnis beliebt ist; und so wurden auch die Gedanken dieses braven Mannes, insofern ich sie mir aneignen konnte, mit meinen Überzeugungen verschmolzen; der daraus entsprungene Aufsatz, unter Teilnahme und Mitwirkung des Doktor Riemer, der mir in ästhetischen und wissenschaftlichen Arbeiten viele Jahre treulich beigestanden, auf der Stelle verfaßt und abgedruckt.

Diese wenigen Blätter gaben zeither den Besuchenden Fingerzeige, wonach sie die Gegend beschauen und sich nach eigner Sinnesweise daran belehren könnten. Möge nun auch dies erneuerte Denkmal einer von mir immer treulich fortgesetzten Bemühung nicht ohne Nutzen für unsere Nachreisenden bleiben.

Jena, den 1. Juli 1817

AM RHEIN

Zu des Rheins gestreckten Hügeln,
Hochgesegneten Gebreiten,
Auen die den Fluß bespiegeln,
Weingeschmückten Landesweiten,
Möget, mit Gedankenflügeln,
Ihr den treuen Freund begleiten.

SANKT ROCHUS-FEST ZU BINGEN

Am 16. August 1814

Vertraute gesellige Freunde, welche schon wochenlang in Wiesbaden der heilsamen Kur genossen, empfanden eines Tages eine gewisse Unruhe, die sie durch Ausführung längst gehegter Vorsätze zu beschwichtigen suchten. Mittag war schon vorbei und doch ein Wagen augenblicklich bestellt, um den Weg ins angenehme Rheingau zu suchen. Auf der Höhe über Biebrich erschaute man das weite prächtige Flußtal mit allen Ansiedelungen innerhalb der fruchtbarsten Gauen. Doch war der Anblick nicht vollkommen so schön, als man ihn am frühen Morgen schon öfters genossen, wenn die aufgehende Sonne so viel weißangestrichene Haupt- und Giebelseiten unzähliger Gebäude, größerer und kleinerer, am Flusse und auf den Höhen beleuchtete. In der weitesten Ferne glänzte dann vor allen das Kloster Johannisberg, einzelne Lichtpunkte lagen dies- und jenseits des Flusses ausgesät.

Damit wir aber sogleich erführen, daß wir uns in ein frommes Land bewegten, entgegnete uns vor Mosbach ein italienischer Gipsgießer, auf dem Haupte sein wohlbeladenes Brett gar kühnlich im Gleichgewichte schwenkend. Die darauf schwebenden Figuren aber waren nicht etwa, wie man sie nordwärts antrifft, farblose Götter- und Heldenbilder, sondern, der frohen und heitern Gegend gemäß, bunt angemalte Heilige. Die Mutter Gottes thronte über allen; aus den vierzehn Nothelfern waren die vorzüglichsten auserlesen; der heilige Rochus, in schwarzer Pilgerkleidung, stand voran, neben ihm sein brottragendes Hündlein.

Nun fuhren wir bis Schierstein durch breite Kornfelder, hie und da mit Nußbäumen geschmückt. Dann erstreckt sich das fruchtbare Land links an den Rhein, rechts an die Hügel, die sich nach und nach dem Wege näher ziehen. Schön und gefährlich erscheint die Lage von Walluf, unter einem Rheinbusen, wie auf einer Landzunge. Durch reich befruchtete, sorgfältig unterstützte Obstbäume hindurch sah man Schiffe segeln, lustig, doppelt begünstigt, stromabwärts.

Auf das jenseitige Ufer wird das Auge gezogen; wohlgebaute, große, von fruchtbaren Gauen umgebene Ortschaften zeigen sich, aber bald muß der Blick wieder herüber: in der Nähe steht eine Kapellenruine, die, auf grüner Matte, ihre mit Efeu begrünten Mauern wundersam reinlich, einfach und angenehm erhebt. Rechts nun schieben Rebhügel sich völlig an den Weg heran.

In dem Städtchen Walluf tiefer Friede, nur die Einquartierungskreide an den Haustüren noch nicht ausgelöscht. Weiterhin erscheint Weinbau zu beiden Seiten. Selbst auf flachem, wenig abhängigem Boden wechseln Rebstücke und Kornfelder, entferntere Hügel rechts ganz bedeckt von Rebgeländern.

Und so, in freier, umhügelter, zuletzt nordwärts von Bergen umkränzter Fläche liegt Ellfeld, gleichfalls nah am Rheine, gegenüber einer großen bebauten Aue. Die Türme einer alten Burg sowie der Kirche deuten schon auf eine größere Landstadt, die sich auch inwendig, durch ältere, architektonisch verzierte Häuser und sonst auszeichnet.

Die Ursachen, warum die ersten Bewohner dieser Ortschaften sich an solchen Plätzen angesiedelt, auszumitteln, würde ein angenehmes Geschäft sein. Bald ist es ein Bach, der von der Höhe nach dem Rhein fließt, bald günstige Lage zum Landen und Ausladen, bald sonst irgend eine örtliche Bequemlichkeit.

Man sieht schöne Kinder und erwachsen wohlgebildete Menschen, alle haben ein ruhiges, keineswegs ein hastiges Ansehen. Lustfuhren und Lustwandler begegneten uns fleißig, letztere öfters mit Sonnenschirmen. Die Tageshitze war groß, die Trockenheit allgemein, der Staub höchst beschwerlich.

Unter Ellfeld liegt ein neues, prächtiges, von Kunstgärten umgebenes Landhaus. Noch sieht man Fruchtbau auf der Fläche links, aber der Weinbau vermehrt sich. Orte drängen sich, Höfe fügen sich dazwischen, so daß sie, hintereinander gesehen, sich zu berühren scheinen.

Alles dieses Pflanzenleben der Flächen und Hügel gedeiht in einem Kiesboden, der, mehr oder weniger mit Leimen gemischt, den in die Tiefe wurzelnden Weinstock vorzüglich begünstigt. Die Gruben, die man zu Überschüttung der Heerstraße ausgegraben, zeigen auch nichts anders.

Erbach ist, wie die übrigen Orte, reinlich gepflastert, die Straßen trocken, die Erdgeschosse bewohnt und, wie man durch die offenen Fenster sehen kann, reinlich eingerichtet. Abermals folgt ein palastähnliches Gutsgebäude, die Gärten erreichen den Rhein, köstliche Terrassen und schattige Lindengänge durchschaut man mit Vergnügen.

Der Rhein nimmt hier einen andern Charakter an; es ist nur ein Teil desselben, die vorliegende Aue beschränkt ihn und bildet einen mäßigen, aber frisch und kräftig strömenden Fluß. Nun rücken die Rebhügel der rechten Seite ganz an den Weg heran, von starken Mauern getragen, in welchen eine vertiefte Blende die Aufmerksamkeit an sich zieht. Der Wagen hält still, man erquickt sich an einem reichlich quellenden Röhrwasser; dieses ist der Marktbrunnen, von welchem der auf der Hügelstrecke gewonnene Wein seinen Namen hat.

Die Mauer hört auf, die Hügel verflächen sich, ihre sanften Seiten und Rücken sind mit Weinstöcken überdrängt. Links Fruchtbäume. Nah am Fluß Weidichte, die ihn verstecken.

Durch Hattenheim steigt die Straße; auf der hinter dem Ort erreichten Höhe ist der Lehmenboden weniger kiesig. Von beiden Seiten Weinbau, links mit Mauern eingefaßt, rechts abgeböscht. Reichardtshausen, ehemaliges Klostergut, jetzt der Herzogin von Nassau gehörig. Die letzte Mauerecke durchbrochen, zeigt einen anmutig beschatteten Akaziensitz.

Reiche sanfte Fläche auf der fortlaufenden Höhe, dann aber zieht sich die Straße wieder an den Fluß, der bisher tief und entfernt gelegen. Hier wird die Ebene zu Feld- und Gartenbau benutzt, die mindeste Erhöhung zu Wein. Östrich in einiger Entfernung vom Wasser, auf ansteigendem Boden, liegt sehr anmutig: denn hinter dem Orte ziehen sich die Weinhügel bis an den Fluß, und so fort bis Mittelheim, wo sich der Rhein in herrlicher Breite zeigt. Langenwinkel folgt unmittelbar; den Beinamen des Langen verdient es, ein Ort bis zur Ungeduld der Durchfahrenden in die Länge gezogen, Winkelhaftes läßt sich dagegen nichts bemerken.

Vor Geisenheim erstreckt sich ein flaches niederes Erdreich bis an den Strom, der es wohl noch jetzt bei hohem Wasser überschwemmt; es dient zu Garten- und Kleebau. Die Aue im Fluß, das Städtchen am Ufer ziehen sich schön gegeneinander, die Aussicht jenseits wird freier. Ein weites hüglichtes Tal bewegt sich zwischen zwei ansteigenden Höhen gegen den Hunsrück zu.

Wie man sich Rüdesheim nähert, wird die niedere Fläche links immer auffallender, und man faßt den Begriff, daß in der Urzeit, als das Gebirge bei Bingen noch verschlossen gewesen, das hier aufgehaltene zurückgestauchte Wasser diese Niederung ausgeglichen, und endlich, nach und nach ablaufend und fortströmend, das jetzige Rheinbett daneben gebildet habe.

Und so gelangten wir in weniger als viertehalb Stunden nach Rüdesheim, wo uns der Gasthof zur Krone, unfern des Tores anmutig gelegen, sogleich anlockte.

Er ist an einen alten Turm angebaut, und läßt aus den vordern Fenstern rheinabwärts, aus der Rückseite rheinaufwärts blicken; doch suchten wir bald das Freie. Ein vorspringender Steinbau ist der Platz, wo man die Gegend am reinsten überschaut. Flußaufwärts sieht man von hier die bewachsenen Auen, in ihrer ganzen perspektivischen Schönheit. Unterwärts am gegenseitigen Ufer Bingen, weiter hinabwärts den Mäuseturm im Flusse.

Von Bingen heraufwärts erstreckt sich, nahe am Strom, ein Hügel gegen das obere flache Land. Er läßt sich als Vorgebirg in den alten höheren Wassern denken. An seinem östlichen Ende sieht man eine Kapelle, dem heiligen Rochus gewidmet, welche soeben vom Kriegsverderben wieder hergestellt wird. An einer Seite stehen noch die Rüststangen; dessen ungeachtet aber soll morgen das Fest gefeiert werden. Man glaubte, wir seien deshalb hergekommen, und verspricht uns viel Freude.

Und so vernahmen wir denn: daß während der Kriegszeiten, zu großer Betrübnis der Gegend, dieses Gotteshaus entweiht und verwüstet worden. Zwar nicht gerade aus Willkür und Mutwillen, sondern weil hier ein vorteilhafter Posten die ganze Gegend überschaute und einen Teil derselben beherrschte. Und so war das Gebäude denn aller gottesdienstlichen Erfordernisse, ja aller Zierden beraubt, durch Biwaks angeschmaucht und verunreinigt, ja durch Pferdestallung geschändet.

Deswegen aber sank der Glaube nicht an den Heiligen, welcher die Pest und ansteckende Krankheiten von Gelobenden abwendet. Freilich war an Wallfahrten hieher nicht zu denken: denn der Feind, argwöhnisch und vorsichtig, verbot alle frommen Auf- und Umzüge als gefährliche Zusammenkünfte, Gemeinsinn befördernd und Verschwörungen begünstigend. Seit vierundzwanzig Jahren konnte daher dort oben kein Fest gefeiert werden. Doch wurden benachbarte Gläubige, welche von den Vorteilen örtlicher Wallfahrt sich überzeugt fühlten, durch große Not gedrängt, das Äußerste zu versuchen. Hiervon erzählen die Rüdesheimer folgendes merkwürdige Beispiel. In tiefer Winternacht erblickten sie einen Fackelzug, der sich ganz unerwartet, von Bingen aus, den Hügel hinauf bewegte, endlich um die Kapelle versammelte, dort, wie man vermuten können, seine Andacht verrichtete. Inwiefern die damaligen französischen Behörden dem Drange dieser Gelobenden nachgesehen, da man sich ohne Vergünstigung dergleichen wohl kaum unterfangen hätte, ist niemals bekannt geworden, sondern das Geschehene blieb in tiefer Stille begraben.

Alle Rüdesheimer jedoch, die ans Ufer laufend von diesem Schauspiel Zeugen waren, versichern: seltsamer und schauderhafter in ihrem Leben nichts gesehen zu haben.

Wir gingen sachte den Strand hinab, und wer uns auch begegnete, freute sich über die Wiederherstellung der nachbarlichen heiligen Stätte: denn obgleich Bingen vorzüglich diese Erneuerung und Belebung wünschen muß, so ist es doch eine fromme und frohe Angelegenheit für die ganze Gegend, und deshalb eine allgemeine Freude auf morgen.

Denn der gehinderte, unterbrochene, ja oft aufgehobene Wechselverkehr der beiden Rheinufer, nur durch den Glauben an diesen Heiligen unterhalten, soll glänzend wieder hergestellt werden. Die ganze umliegende Gegend ist in Bewegung, alte und neue Gelübde dankbar abzutragen. Dort will man seine Sünden bekennen, Vergebung erhalten, in der Masse so vieler zu erwartenden Fremden längst vermißten Freunden wieder begegnen.

Unter solchen frommen und heitern Aussichten, wobei wir den Fluß und das jenseitige Ufer nicht aus dem Auge ließen, waren wir, das weit sich erstreckende Rüdesheim hinab, zu dem alten römischen Kastell gelangt, das, am Ende gelegen, durch treffliche Mauerung sich erhalten hat. Ein glücklicher Gedanke des Besitzers, des Herrn Grafen Ingelheim, bereitete hier jedem Fremden eine schnell belehrende und erfreuliche Übersicht.

Man tritt in einen brunnenartigen Hof, der Raum ist eng, hohe schwarze Mauern steigen wohlgefügt in die Höhe, rauh anzusehen, denn die Steine sind äußerlich unbehauen, eine kunstlose Rustika. Die steilen Wände sind durch neu angelegte Treppen ersteiglich; in dem Gebäude selbst findet man einen eigenen Kontrast wohleingerichteter Zimmer und großer, wüster, von Wachfeuern und Rauch geschwärzter Gewölbe. Man windet sich stufenweise durch finstere Mauerspalten hindurch und findet zuletzt, auf turmartigen Zinnen, die herrlichste Aussicht. Nun wandeln wir in der Luft hin und wieder, indessen wir Gartenanlagen, in den alten Schutt gepflanzt, neben uns bewundern. Durch Brücken sind Türme, Mauerhöhen und Flächen zusammengehängt, heitere Gruppen von Blumen und Strauchwerk dazwischen; sie waren diesmal regenbedürftig, wie die ganze Gegend.

Nun, im klaren Abendlichte, lag Rüdesheim vor und unter uns. Eine Burg der mittlern Zeit, nicht fern von dieser uralten. Dann ist die Aussicht reizend über die unschätzbaren Weinberge; sanftere und steilere Kieshügel, ja Felsen und Gemäuer sind zu Anpflanzung von Reben benutzt. Was aber auch sonst noch von geistlichen und weltlichen Gebäuden dem Auge begegnen mag, der Johannisberg herrscht über alles.

Nun mußte denn wohl, im Angesicht so vieler Rebhügel, des Elfers in Ehren gedacht werden. Es ist mit diesem Weine wie mit dem Namen eines großen und wohltätigen Regenten: er wird jederzeit genannt, wenn auf etwas Vorzügliches im Lande die Rede kommt; ebenso ist auch ein gutes Weinjahr in aller Munde. Ferner hat denn auch der Elfer die Haupteigenschaft des Trefflichen: er ist zugleich köstlich und reichlich.

In Dämmerung versank nach und nach die Gegend. Auch das Verschwinden so vieler bedeutender Einzelheiten ließ uns erst recht Wert und Würde des Ganzen fühlen, worin wir uns lieber verloren hätten; aber es mußte geschieden sein.

Unser Rückweg ward aufgemuntert durch fortwährendes Kanonieren von der Kapelle her. Dieser kriegerische Klang gab Gelegenheit an der Wirtstafel des hohen Hügelpunktes als militärischen Postens zu gedenken. Man sieht von da das ganze Rheingau hinauf, und unterscheidet die meisten Ortschaften, die wir auf dem Herwege genannt.

Zugleich machte man uns aufmerksam, daß wir von der Höhe über Biebrich schon die Rochuskapelle, als weißen Punkt von der Morgensonne beleuchtet, deutlich öfters müßten gesehen haben, dessen wir uns denn auch gar wohl erinnerten.

Bei allem diesem konnte es denn nicht fehlen, daß man den heiligen Rochus als einen würdigen Gegenstand der Verehrung betrachtete, da er, durch das gefesselte Zutrauen, diesen Hader- und Kriegsposten augenblicklich wieder zum Friedens- und Versöhnungsposten umgeschaffen.

Indessen hatte sich ein Fremder eingefunden und zu Tische gesetzt, den man auch als einen Wallfahrer betrachtete und deshalb sich um so unbefangener zum Lobe des Heiligen erging. Allein zu großer Verwunderung der wohlgesinnten Gesellschaft fand sich, daß er, obgleich Katholik, gewissermaßen ein Widersacher des Heiligen sei. Am sechzehnten August, als am Festtage, während so viele den heiligen Rochus feierten, brannte ihm das Haus ab. Ein anderes Jahr am selbigen Tage wurde sein Sohn blessiert; den dritten Fall wollte er nicht bekennen.

Ein kluger Gast versetzte darauf: bei einzelnen Fällen komme es hauptsächlich darauf an, daß man sich an den eigentlichen Heiligen wende, in dessen Fach die Angelegenheit gehöre. Der Feuersbrunst zu wehren, sei Sankt Florian beauftragt; den Wunden verschaffe Sankt Sebastian Heilung; was den dritten Punkt betreffe, so wisse man nicht, ob Sankt Hubertus vielleicht Hülfe geschafft hätte? Im übrigen sei den Gläubigen genugsamer Spielraum gegeben, da im ganzen vierzehn heilige Nothelfer aufgestellt worden. Man ging die Tugenden derselben durch und fand, daß es nicht Nothelfer genug geben könne.

Um dergleichen, selbst in heiterer Stimmung immer bedenkliche Betrachtungen los zu werden, trat man heraus unter den brennend gestirnten Himmel, und verweilte so lange, daß der darauf folgende tiefe Schlaf als Null betrachtet werden konnte, da er uns vor Sonnenaufgang verließ. Wir treten sogleich heraus, nach den grauen Rheinschluchten hinab zu blicken, ein frischer Wind blies von dorther uns ins Angesicht, günstig den Herüber- wie den Hinüberfahrenden.

Schon jetzt sind die Schiffer sämtlich rege und beschäftigt, die Segel werden bereitet, man feuert von oben, den Tag anzufangen wie man ihn abends angekündigt. Schon zeigen sich einzelne Figuren und Geselligkeiten, als Schattenbilder am klaren Himmel, um die Kapelle und auf dem Bergrükken, aber Strom und Ufer sind noch wenig belebt.

Leidenschaft zur Naturkunde reizt uns, eine Sammlung zu betrachten, wo die metallischen Erzeugnisse des Westerwaldes, nach dessen Länge und Breite, auch vorzügliche Minern von Rheinbreitbach vorliegen sollten. Aber diese wissenschaftliche Betrachtung wäre uns fast zum Schaden gediehen: denn als wir zum Ufer des Rheins zurückkehren, finden wir die Abfahrenden in lebhaftester Bewegung. Massenweise strömen sie an Bord und ein überdrängtes Schiff nach dem andern stößt ab.

Drüben, am Ufer her, sieht man Scharen ziehen, Wagen fahren, Schiffe aus den obern Gegenden landen daselbst. Den Berg aufwärts wimmelt's bunt von Menschen, auf mehr oder weniger gähen Fußpfaden, die Höhe zu ersteigen bemüht. Fortwährendes Kanonieren deutet auf eine Folge wallfahrender Ortschaften.

Nun ist es Zeit! Auch wir sind mitten auf dem Flusse, Segel und Ruder wetteifern mit Hunderten. Ausgestiegen bemerken wir sogleich, mit geologischer Vorliebe, am Fuße des Hügels wundersame Felsen. Der Naturforscher wird von dem heiligen Pfade zurückgehalten. Glücklicherweise ist ein Hammer bei der Hand. Da findet sich ein Konglomerat der größten Aufmerksamkeit würdig. Ein im Augenblicke des Werdens zertrümmertes Quarzgestein, die Trümmer scharfkantig, durch Quarzmasse wieder verbunden. Ungeheure Festigkeit hindert uns mehr als kleine Bröckchen zu gewinnen. – Möge bald ein reisender Naturforscher diese Felsen näher untersuchen, ihr Verhältnis zu den ältern Gebirgsmassen unterwärts bestimmen, mir davon gefälligst Nachricht nebst einigen belehrenden Musterstücken zukommen lassen! Dankbar würde ich es erkennen.

Den steilsten, zickzack über Felsen springenden Stieg erklommen wir mit Hundert und aber Hunderten, langsam, öfters rastend und scherzend. Es wardie Tafel des Cebes im eigentlichsten Sinne, bewegt, lebendig; nur daß hier nicht so viel ableitende Nebenwege stattfanden.

Oben um die Kapelle finden wir Drang und Bewegung. Wir dringen mit hinein. Der innere Raum, ein beinahe gleiches Viereck, jede Seite von etwa dreißig Fuß, das Chor im Grunde vielleicht zwanzig. Hier steht der Hauptaltar, nicht modern, aber im wohlhäbigen katholischen Kirchengeschmack. Er steigt hoch in die Höhe und die Kapelle überhaupt hat ein recht freies Ansehen. Auch in den nächsten Ecken des Hauptvierecks zwei ähnliche Altäre, nicht beschädigt, alles wie vor Zeiten. Und wie erklärt man sich dies in einer jüngst zerstörten Kirche?

Die Menge bewegte sich von der Haupttür gegen den Hochaltar, wandte sich dann links, wo sie einer im Glassarge liegenden Reliquie große Verehrung bezeigte. Man betastete den Kasten, bestrich ihn, segnete sich und verweilte so lange man konnte; aber einer verdrängte den andern, und so ward auch ich im Strome vorbei und zur Seitenpforte hinaus geschoben.

Ältere Männer von Bingen treten zu uns, den herzoglich nassauischen Beamten, unsern werten Geleitsmann, freundlich zu begrüßen, sie rühmen ihn als einen guten und hülfreichen Nachbar, ja, als den Mann, der ihnen möglich gemacht, das heutige Fest mit Anstand zu feiern. Nun erfahren wir, daß, nach aufgehobenem Kloster Eibingen, die inneren Kirchenerfordernisse, Altäre, Kanzel, Orgel, Bet- und Beichtstühle, an die Gemeinde zu Bingen, zu völliger Einrichtung der Rochuskapelle um ein Billiges überlassen worden. Da man sich nun von protestantischer Seite dergestalt förderlich erwiesen, gelobten sämtliche Bürger Bingens, gedachte Stücke persönlich herüber zu schaffen. Man zog nach Eibingen, alles ward sorgfältig abgenommen, der einzelne bemächtigte sich kleinerer, mehrere der größeren Teile, und so trugen sie, Ameisen gleich, Säulen und Gesimse, Bilder und Verzierungen herab an das Wasser; dort wurden sie, gleichfalls dem Gelübde gemäß, von Schiffern eingenommen, übergesetzt, am linken Ufer ausgeschifft und abermals auf frommen Schultern die mannigfaltigen Pfade hinaufgetragen. Da nun das alles zugleich geschah, so konnte man von der Kapelle herabschauend, über Land und Fluß, den wunderbarsten Zug sehen, indem Geschnitztes und Gemaltes, Vergoldetes und Lackiertes, in bunter Folgereihe sich bewegte; dabei genoß man des angenehmen Gefühls, daß jeder, unter seiner Last und bei seiner Bemühung, Segen und Erbauung sein ganzes Leben hoffen durfte. Die auch herübergeschaffte, noch nicht aufgestellte Orgel wird nächstens auf einer Galerie, dem Hauptaltar gegenüber, Platz finden. Nun löste sich erst das Rätsel, man beantwortet sich die aufgeworfene Frage: wie es komme, daß alle diese Zierden schon verjährt und doch wohlerhalten, unbeschädigt und doch nicht neu in einem erst hergestellten Raum sich zeigen konnten.

Dieser jetzige Zustand des Gotteshauses muß uns um so erbaulicher sein, als wir dabei an den besten Willen, wechselseitige Beihülfe, planmäßige Ausführung und glückliche Vollendung erinnert werden. Denn daß alles mit Überlegung geschehen, erhellt nicht weniger aus Folgendem. Der Hauptaltar aus einer weit größeren Kirche sollte hier Platz finden, und man entschloß sich die Mauern um mehrere Fuß zu erhöhen, wodurch man einen anständigen, ja reich verzierten Raum gewann. Der ältere Gläubige kann nun vor demselbigen Altar auf dem linken Rheinufer knieen, vor welchem er, von Jugend an, auf dem rechten gebetet hatte.

Auch war die Verehrung jener heiligen Gebeine schon längst herkömmlich. Diese Überreste des heiligen Ruprechts, die man sonst zu Eibingen gläubig berührt und hülfreich gepriesen hatte, fand man hier wieder. Und so manchen belebt ein freudiges Gefühl, einem längst erprobten Gönner wieder in die Nähe zu treten. Hiebei bemerke man wohl, daß es sich nicht geziemt hätte, diese Heiligtümer in den Kauf mit einzuschließen, oder zu irgendeinem Preis anzuschlagen; nein, sie kamen vielmehr durch Schenkung als fromme Zugabe gleichfalls nach Sankt Rochus. Möchte man doch überall, in ähnlichen Fällen, mit gleicher Schonung verfahren sein!

Und nun ergreift uns das Gewühl! Tausend und abertausend Gestalten streiten sich um unsere Aufmerksamkeit. Diese Völkerschaften sind an Kleidertracht nicht auffallend verschieden, aber von der mannigfaltigsten Gesichtsbildung. Das Getümmel jedoch läßt keine Vergleichung aufkommen; allgemeine Kennzeichen suchte man vergebens in dieser augenblicklichen Verworrenheit, man verliert den Faden der Betrachtung, man läßt sich ins Leben hinein ziehen.

Eine Reihe von Buden, wie ein Kirchweihfest sie fordert, stehen unfern der Kapelle. Voran geordnet sieht man Kerzen, gelbe, weiße, gemalte, dem verschiedenen Vermögen der Weihenden angemessen. Gebetbücher folgen, Offizium zu Ehren des Gefeierten. Vergebens fragten wir nach einem erfreulichen Hefte, wodurch uns sein Leben, Leisten und Leiden klar würde; Rosenkränze jedoch aller Art fanden sich häufig. Sodann war aber auch für Wecken, Semmeln, Pfeffernüsse und mancherlei Buttergebackenes gesorgt, nicht weniger für Spielsachen und Galanteriewaren, Kinder verschiedenen Alters anzulocken.

Prozessionen dauerten fort. Dörfer unterschieden sich von Dörfern, der Anblick hätte einem ruhigen Beobachter wohl Resultate verliehen. Im ganzen durfte man sagen: die Kinder schön, die Jugend nicht, die alten Gesichter sehr ausgearbeitet, mancher Greis befand sich darunter. Sie zogen mit Angesang und Antwort, Fahnen flatterten, Standarten schwankten, eine große und größere Kerze erhob sich Zug für Zug. Jede Gemeinde hatte ihre Mutter Gottes, von Kindern und Jungfrauen getragen, neu gekleidet, mit vielen rosenfarbenen, reichlichen, im Winde flatternden Schleifen geziert. Anmutig und einzig war ein Jesuskind, ein großes Kreuz haltend und das Marterinstrument freundlich anblikkend. Ach! rief ein zartfühlender Zuschauer: ist nicht ein jedes Kind, das fröhlich in die Welt hinein sieht, in demselben

Falle! Sie hatten es in neuen Goldstoff gekleidet, und es nahm sich, als Jugendfürstchen, gar hübsch und heiter aus.

Eine große Bewegung aber verkündet: nun komme die Hauptprozession von Bingen herauf. Man eilt den Hügelrücken hin, ihr entgegen. Und nun erstaunt man auf einmal über den schönen, herrlich veränderten Landschaftsblick in eine ganz neue Szene. Die Stadt, an sich wohlgebaut und -erhalten, Gärten und Baumgruppen um sie her, am Ende eines wichtigen Tales, wo die Nahe heraus kommt. Und nun der Rhein, der Mäuseturm, die Ehrenburg! Im Hintergrunde die ernsten und grauen Felswände, in die sich der mächtige Fluß eindrängt und verbirgt.

Die Prozession kommt bergauf, gereiht und geordnet wie die übrigen. Vorweg die kleinsten Knaben, Jünglinge und Männer hinterdrein. Getragen der heilige Rochus, in schwarzsamtenem Pilgerkleide, dazu, von gleichem Stoff, einen langen goldverbrämten Königsmantel, unter welchem ein kleiner Hund, das Brot zwischen den Zähnen haltend, hervorschaut. Folgen sogleich mittlere Knaben in kurzen schwarzen Pilgerkutten, Muscheln auf Hut und Kragen, Stäbe in Händen. Dann treten ernste Männer heran, weder für Bauern noch Bürger zu halten. An ihren ausgearbeiteten Gesichtern glaubt' ich Schiffer zu erkennen, Menschen, die ein gefährliches bedenkliches Handwerk, wo jeder Augenblick sinnig beachtet werden muß, ihr ganzes Leben über sorgfältig betreiben.

Ein rotseidener Baldachin wankte herauf, unter ihm verehrte man das Hochwürdigste, vom Bischof getragen, von Geistlichwürdigen umgeben, von österreichischen Kriegern begleitet, gefolgt von zeitigen Autoritäten. So ward vorgeschritten, um dies politisch-religiöse Fest zu feiern, welches für ein Symbol gelten sollte des wiedergewonnenen linken Rheinufers, sowie der Glaubensfreiheit an Wunder und Zeichen.

Sollte ich aber die allgemeinsten Eindrücke kürzlich aussprechen, die alle Prozessionen bei mir zurückließen, so würde ich sagen: die Kinder waren sämtlich froh, wohlgemut und behäglich, als bei einem neuen, wundersamen, heitern Ereignis. Die jungen Leute dagegen traten gleichgültig anher. Denn sie, in böser Zeit geborne, konnte das Fest an nichts erinnern, und wer sich des Guten nicht erinnert, hofft nicht. Die Alten aber waren alle gerührt, als von einem glücklichen, für sie unnütz zurückkehrenden Zeitalter. Hieraus ersehen wir, daß des Menschen Leben nur insofern etwas wert ist, als es eine Folge hat.

Nun aber ward von diesem edlen und vielfach würdigen Vorschreiten der Betrachter unschicklich abgezogen und weggestört durch einen Lärm im Rücken, durch ein wunderliches gemein-heftiges Geschrei. Auch hier wiederholte sich die Erfahrung, daß ernste, traurige, ja schreckliche Schicksale oft durch ein unversehenes abgeschmacktes Ereignis, als von einem lächerlichen Zwischenspiel, unterbrochen werden.

An dem Hügel rückwärts entsteht ein seltsames Rufen, es sind nicht Töne des Haders, des Schreckens, der Wut, aber doch wild genug. Zwischen Gestein und Busch und Gestripp irrt eine aufgeregte, hin- und widerlaufende Menge, rufend: halt! – hier! – da! – dort! – nun! – hier! nun heran! – so schallt es mit allerlei Tönen; Hunderte beschäftigen sich laufend, springend, mit hastigem Ungetüm, als jagend und verfolgend. Doch gerade in dem Augenblick, als der Bischof mit dem hochehrwürdigen Zug die Höhe erreicht, wird das Rätsel gelöst.

Ein flinker derber Bursche läuft hervor, einen blutenden Dachs behaglich vorzuweisen. Das arme schuldlose Tier, durch die Bewegung der andringenden frommen Menge aufgeschreckt, abgeschnitten von seinem Bau, wird, am schonungsreichsten Feste, von den immer unbarmherzigen Menschen, im segensvollsten Augenblicke getötet.

Gleichgewicht und Ernst war jedoch alsobald wieder hergestellt, und die Aufmerksamkeit auf eine neue, stattlich heranziehende Prozession gelockt. Denn, indem der Bischof nach der Kirche zu wallte, trat die Gemeinde von Büdesheim so zahlreich als anständig heran. Auch hier mißlang der Versuch, den Charakter dieser einzelnen Ortschaft zu erforschen. Wir, durch so viel Verwirrendes verwirrt, ließen sie in die immer wachsende Verwirrung ruhig dahinziehen.

Alles drängte sich nun gegen die Kapelle und strebte zu derselben hinein. Wir, durch die Woge seitwärts geschoben, verweilten im Freien, um an der Rückseite des Hügels der weiten Aussicht zu genießen, die sich in das Tal eröffnet, in welchem die Nahe ungesehen heranschleicht. Hier beherrscht ein gesundes Auge die mannigfaltigste fruchtbarste Gegend, bis zu dem Fuße des Donnersbergs, dessen mächtiger Rükken den Hintergrund majestätisch abschließt.

Nun wurden wir aber sogleich gewahr, daß wir uns dem Lebensgenusse näherten. Gezelte, Buden, Bänke, Schirme aller Art standen hier aufgereiht. Ein willkommener Geruch gebratenen Fettes drang uns entgegen. Beschäftigt fanden wir eine junge tätige Wirtin, umgehend einen glühenden weiten Aschenhaufen, frische Würste – sie war eine Metzgerstochter – zu braten. Durch eigenes Handreichen und vieler flinker Diener unablässige Bemühung wußte sie einer solchen Masse von zuströmenden Gästen genug zu tun.

Auch wir, mit fetter dampfender Speise nebst frischem trefflichem Brot reichlich versehen, bemühten uns, Platz an einem geschirmten, langen, schon besetzten Tische zu nehmen. Freundliche Leute rückten zusammen, und wir erfreuten uns angenehmer Nachbarschaft, ja liebenswürdiger Gesellschaft, die von dem Ufer der Nahe zu dem erneuten Fest gekommen war. Muntere Kinder tranken Wein wie die Alten. Braune Krüglein, mit weißem Namenszug des Heiligen rundeten im Familienkreise. Auch wir hatten dergleichen angeschafft und setzten sie wohlgefüllt vor uns nieder.

Da ergab sich nun der große Vorteil solcher Volksversammlung, wenn, durch irgendein höheres Interesse, aus einem großen weitschichtigen Kreise, so viele einzelne Strahlen nach einem Mittelpunkt gezogen werden.

Hier unterrichtet man sich auf einmal von mehreren Provinzen. Schnell entdeckte der Mineralog Personen, welche, bekannt mit der Gebirgsart von Oberstein, den Achaten daselbst und ihrer Bearbeitung, dem Naturfreunde belehrende Unterhaltung gaben. Der Quecksilberminern zu Moschel-Landsberg erwähnte man gleichfalls. Neue Kenntnisse taten sich auf, und man faßte Hoffnung, schönes kristallisiertes Amalgam von dorther zu erhalten.

Der Genuß des Weins war durch solche Gespräche nicht unterbrochen. Wir sendeten unsere leeren Gefäße zu dem Schenken, der uns ersuchen ließ Geduld zu haben, bis die vierte Ohm angesteckt sei. Die dritte war in der frühen Morgenstunde schon verzapft.

Niemand schämt sich der Weinlust, sie rühmen sich einigermaßen des Trinkens. Hübsche Frauen gestehen, daß ihre Kinder mit der Mutterbrust zugleich Wein genießen. Wir fragten, ob denn wahr sei, daß es geistlichen Herren, ja Kurfürsten geglückt, acht rheinische Maß, das heißt sechzehn unserer Bouteillen, in vierundzwanzig Stunden zu sich zu nehmen?

Ein scheinbar ernsthafter Gast bemerkte: man dürfe sich, zu Beantwortung dieser Frage, nur der Fastenpredigt ihres Weihbischofs erinnern, welcher, nachdem er das schreckliche Laster der Trunkenheit seiner Gemeinde mit den stärksten Farben dargestellt, also geschlossen habe:

«Ihr überzeugt euch also hieraus, andächtige, zu Reu' und Buße schon begnadigte Zuhörer, daß derjenige die größte Sünde begehe, welcher die herrlichen Gaben Gottes solcherweise mißbraucht. Der Mißbrauch aber schließt den Gebrauch nicht aus. Stehet doch geschrieben: der Wein erfreuet des Menschen Herz! Daraus erhellet, daß wir, uns und andere zu erfreuen, des Weines gar wohl genießen können und sollen. Nun ist aber unter meinen männlichen Zuhörern vielleicht keiner, der nicht zwei Maß Wein zu sich nähme, ohne deshalb gerade einige Verwirrung seiner Sinne zu spüren; wer jedoch bei dem dritten oder vierten Maß schon so arg in Vergessenheit seiner selbst gerät, daß er Frau und Kinder verkennt, sie mit Schelten, Schlägen und Fußtritten verletzt und seine Geliebtesten als die ärgsten Feinde behandelt, der gehe sogleich in sich und unterlasse ein solches Übermaß, welches ihn mißfällig macht Gott und Menschen, und seinesgleichen verächtlich.

Wer aber bei dem Genuß von vier Maß, ja von fünfen und sechsen, noch dergestalt sich selbst gleich bleibt, daß er seinem Nebenchristen liebevoll unter die Arme greifen mag, dem Hauswesen vorstehen kann, ja die Befehle geistlicher und weltlicher Obern auszurichten sich imstande findet, auch der genieße sein bescheiden Teil, und nehme es mit Dank dahin. Er hüte sich aber, ohne besondere Prüfung weiter zu gehen, weil hier gewöhnlich dem schwachen Menschen ein Ziel gesetzt ward. Denn der Fall ist äußerst selten, daß der grundgütige Gott jemanden die besondere Gnade verleiht acht Maß trinken zu dürfen, wie er mich, seinen Knecht, gewürdigt hat. Da mir nun aber nicht nachgesagt werden kann, daß ich in ungerechtem Zorn auf irgend jemand losgefahren sei, daß ich Hausgenossen und Anverwandte mißkannt, oder wohl gar die mir obliegenden geistlichen Pflichten und Geschäfte verabsäumt hätte, vielmehr ihr alle mir das Zeugnis geben werdet, wie ich immer bereit bin, zu Lob und Ehre Gottes, auch zu Nutz und Vorteil meines Nächsten mich tätig finden zu lassen: so darf ich wohl mit gutem Gewissen und mit Dank dieser anvertrauten Gabe mich auch fernerhin erfreuen.

Und ihr, meine andächtigen Zuhörer, nehme ein jeder, damit er nach dem Willen des Gebers am Leibe erquickt, am Geiste erfreut werde, sein bescheiden Teil dahin. Und, auf daß ein solches geschehe, alles Übermaß dagegen verbannt sei, handelt sämtlich nach der Vorschrift des heiligen Apostels, welcher spricht: Prüfet alles und das Beste behaltet.»

Und so konnte es denn nicht fehlen, daß der Hauptgegenstand alles Gesprächs der Wein blieb, wie er es gewesen. Da erhebt sich denn sogleich ein Streit über den Vorzug der verschiedenen Gewächse, und hier ist erfreulich zu sehen, daß die Magnaten unter sich keinen Rangstreit haben. Hochheimer, Johannisberger, Rüdesheimer lassen einander gelten, nur unter den Göttern minderen Ranges herrscht Eifersucht und Neid. Hier ist denn besonders der sehr beliebte Aßmannshäuser Rote vielen Anfechtungen unterworfen. Einen Weinbergsbesitzer von Oberingelheim hört' ich behaupten: der ihrige gebe jenem wenig nach. Der Elfer solle köstlich gewesen sein, davon sich jedoch kein Beweis führen lasse, weil er schon ausgetrunken sei. Dies wurde von den Beisitzenden gar sehr gebilligt, weil man rote Weine gleich in den ersten Jahren genießen müsse.

Nun rühmte dagegen die Gesellschaft von der Nahe einen in ihrer Gegend wachsenden Wein, der Monzinger genannt. Er soll sich leicht und angenehm wegtrinken, aber doch, ehe man sich's versieht, zu Kopfe steigen. Man lud uns darauf ein. Er war zu schön empfohlen, als daß wir nicht gewünscht hätten, in so guter Gesellschaft, und wäre es mit einiger Gefahr, ihn zu kosten und uns an ihm zu prüfen.

Auch unsere braunen Krüglein kamen wiederum gefüllt zurück, und als man die heiteren weißen Namenszüge des Heiligen überall so wohltätig beschäftigt sah, mußte man sich fast schämen die Geschichte desselben nicht genau zu wissen, ob man gleich sich recht gut erinnerte, daß er, auf alles irdische Gut völlig verzichtend, bei Wartung von Pestkranken auch sein Leben nicht in Anschlag gebracht habe.

Nun erzählte die Gesellschaft, dem Wunsche gefällig, jene anmutige Legende, und zwar um die Wette, Kinder und Eltern sich einander einhelfend.

Hier lernte man das eigentliche Wesen der Sage kennen, wenn sie von Mund zu Mund, von Ohr zu Ohr wandelt. Widersprüche kamen nicht vor, aber unendliche Unterschiede, welche daher entspringen mochten, daß jedes Gemüt einen andern Anteil an der Begebenheit und den einzelnen Vorfällen genommen, wodurch denn ein Umstand bald zurückgesetzt, bald hervorgehoben, nicht weniger die verschiedenen Wanderungen, sowie der Aufenthalt des Heiligen an verschiedenen Orten verwechselt wurde.

Ein Versuch, die Geschichte, wie ich sie gehört, gesprächsweise aufzuzeichnen, wollte mir nicht gelingen; so mag sie nur auf die Art, wie sie gewöhnlich überliefert wird, hier eingeschaltet stehen.

Sankt Rochus, ein Bekenner des Glaubens, war aus Montpellier gebürtig, und hieß sein Vater Johann, die Mutter aber Libera, und zwar hatte dieser Johann nicht nur Montpellier, sondern auch noch andere Orte unter seiner Gewalt, war aber ein frommer Mann, und hatte lange Zeit ohne Kindersegen gelebt, bis er seinen Rochum von der heiligen Maria erbeten, und brachte das Kind ein rotes Kreuz auf der Brust mit auf die Welt. Wenn seine Eltern fasteten, mußte er auch fasten, und gab ihm seine Mutter an einem solchen Tag nur einmal ihre Brust zu trinken. Im fünften Jahre seines Alters fing er an sehr wenig zu essen und zu trinken; im zwölften legte er allen Überfluß und Eitelkeit ab und wendete sein Taschengeld an die Armen, denen er sonderlich viel Gutes tat. Er bezeigte sich auch fleißig im Studieren, und erlangte bald großen Ruhm durch seine Geschicklichkeit, wie ihn dann auch noch sein Vater auf seinem Todbette durch eine bewegliche Rede, die er an ihn hielte, zu allem Guten ermahnte. Er war noch nicht zwanzig Jahre alt, als seine Eltern gestorben, da er denn alle sein ererbtes Vermögen unter die Armen austeilte, das Regiment über das Land niederlegte, nach Italien reiste, und zu einem Hospital kam, darinnen viele an ansteckenden Krankheiten lagen, denen er aufwarten wollte; und ob man ihn gleich nicht alsobald hinein ließ, sondern ihm die Gefahr vorstellte, so hielte er doch ferner an, und als man ihn zu den Kranken ließ, machte er sie alle durch Berührung mit seiner rechten Hand und Bezeichnung mit dem heiligen Kreuz gesund. Sodann begab er sich ferner nach Rom, befreite auch allda nebst vielen andern einen Kardinal von der Pest und hielt sich in die drei Jahre bei demselben auf.

Als er aber selbsten endlich auch mit dem schrecklichen Übel befallen wurde, und man ihn in das Pesthaus zu den andern brachte, wo er, wegen grausamer Schmerzen, manchmal erschrecklich schreien mußte, ging er aus dem Hospital, und setzte sich außen vor die Türe hin, damit er den andern durch sein Geschrei nicht beschwerlich fiele; und als die Vorbeigehenden solches sahen, vermeinten sie, es wäre aus Unachtsamkeit der Pestwärter geschehen; als sie aber hernach das Gegenteil vernahmen, hielte ihn jedermann für töricht und unsinnig, und so trieben sie ihn zur Stadt hinaus. Da er denn, unter Gottes Geleit, durch Hülfe seines Stabes allgemach in den nächsten Wald fortkroch. Als ihn aber der große Schmerz nicht weiter fortkommen ließ, legte er sich unter einen Ahornbaum und ruhete daselbst ein wenig, da denn neben ihm ein Brunnen entsprang, daraus er sich erquickte.

Nun lag nicht weit davon ein Landgut, wohin sich viele Vornehme aus der Stadt geflüchtet, darunter einer, namens Gotthardus, welcher viele Knechte und Jagdhunde bei sich hatte. Da ereignet sich aber der sonderbare Umstand, daß ein sonst sehr wohlgezogener Jagdhund ein Brot vom Tische wegschnappt und davon läuft. Obgleich abgestraft ersieht er seinen Vorteil den zweiten Tag wieder und entflieht glücklich mit der Beute. Da argwohnt der Graf irgendein Geheimnis und folgt mit den Dienern.

Dort finden sie denn unter dem Baum den sterbenden frommen Pilger, der sie ersucht, sich zu entfernen, ihn zu verlassen, damit sie nicht von gleichem Übel angefallen würden. Gotthardus aber nahm sich vor, den Kranken nicht eher von sich zu lassen, als bis er genesen wäre, und versorgte ihn zum besten. Als nun Rochus wieder ein wenig zu Kräften kam, begab er sich vollends nach Florenz, heilte daselbst viele von der Pest, und wurde selbst durch eine Stimme vom Himmel völlig wieder hergestellt. Er beredte auch Gotthardum dahin, daß dieser sich entschloß, mit ihm seine Wohnung in dem Wald aufzuschlagen und Gott ohne Unterlaß zu dienen, welches auch Gotthardus versprach, wenn er nur bei ihm bleiben wollte; da sie sich denn eine geraume Zeit miteinander in einer alten Hütte aufhielten, und nachdem endlich Rochus Gotthardum zu solchem Eremitenleben genugsam eingeweiht, machte er sich abermals auf den Weg, und kam nach einer beschwerlichen Reise glücklich wieder nach Hause, und zwar in seiner Stadt, die ihm ehemals zugehört und die er seinem Vetter geschenkt hatte. Allda nun wurde er, weil es Kriegszeit war, für einen Kundschafter gehalten und vor den Landesherrn geführt, der ihn wegen seiner großen Veränderung und armseligen Kleidung nicht mehr kannte, sondern in ein hart Gefängnis setzen ließ. Er aber dankte seinem Gott, daß er ihn allerlei Unglück erfahren ließ, und brachte fünf ganzer Jahre im Kerker zu; wollte es auch nicht einmal annehmen, wenn man ihm etwas Gekochtes zu essen brachte, sondern kreuzigte noch dazu seinen Leib mit Wachen und Fasten. Als er merkte, daß sein Ende nahe sei, bat er die Bedienten des Kerkermeisters, daß sie ihm einen Priester holen möchten. Nun war es eine sehr finstere Gruft, wo er lag; als aber der Priester kam, wurde es helle, darüber dieser sich höchlich verwunderte, auch, sobald er Rochum ansahe, etwas Göttliches an ihm erblickte und vor Schrecken halbtot zur Erden fiel, auch sich sogleich zum Landesherrn begab und ihm anzeigte, was er erfahren; und wie Gott wäre sehr beleidigt worden, indem man den frömmsten Menschen so lange Zeit in einem so beschwerlichen Gefängnis aufgehalten. Als dieses in der Stadt bekannt worden, lief jedermann häufig nach dem Turm; Sankt Rochus aber wurde von einer Schwachheit überfallen und gab seinen Geist auf. Jedermann aber sah durch die Spalten der Türe einen hellen Glanz hervordringen; man fand auch bei Eröffnung den Heiligen tot und ausgestreckt auf der Erde liegen und bei seinem Haupt und den Füßen Lampen brennen; darauf man ihn auf des Landesherrn Befehl mit großem Gepränge in die Kirche begrub. Er wurde auch noch an dem roten Kreuz, so er auf der Brust mit auf die Welt gebracht hatte, erkannt, und war ein großes Heulen und Lamentieren darüber entstanden.

Solches geschahe im Jahre 1327 den 16. August; und ist ihm auch nach der Zeit zu Venedig, allwo nunmehr sein

Leib verwahret wird, eine Kirche zu Ehren gebaut worden. Als nun im Jahre 1414 zu Konstanz ein Konzilium gehalten wurde, und die Pest allda entstand, auch nirgend Hülfe vorhanden war, ließ die Pest alsobald nach, sobald man diesen Heiligen anrief, und ihm zu Ehren Prozessionen anstellte.

Diese friedliche Geschichte ruhig zu vernehmen war kaum der Ort. Denn in der Tischreihe stritten mehrere schon längst über die Zahl der heute Wallfahrenden und Besuchenden. Nach einiger Meinung sollten zehntausend, nach anderen mehr, und dann noch mehr auf diesem Hügelrücken durcheinander wimmeln. Ein österreichischer Offizier, militärischem Blick vertrauend, bekannte sich zu dem höchsten Gebote.

Noch mehrere Gespräche kreuzten sich. Verschiedene Bauernregeln und sprüchwörtliche Wetterprophezeiungen, welche dies Jahr eingetroffen sein sollten, verzeichnete ich ins Taschenbuch, und als man Teilnahme bemerkte, besann man sich auf mehrere, die denn auch hier Platz finden mögen, weil sie auf Landesart und auf die wichtigsten Angelegenheiten der Bewohner hindeuten.

«Trockner April ist nicht der Bauern Will'. – Wenn die Grasmücke singt, ehe der Weinstock sproßt, so verkündet es ein gutes Jahr. – Viel Sonnenschein im August bringt guten Wein. – Je näher das Christfest dem neuen Monde zu fällt, ein desto härteres Jahr soll hernach folgen; so es aber gegen den vollen und abnehmenden Mond kommt, je gelinder es sein soll. – Die Fischer haben von der Hechtsleber dieses Merkmal, welches genau eintreffen soll: wenn dieselbe gegen dem Gallenbläschen zu breit, der vordere Teil aber spitzig und schmal ist, so bedeutet es einen langen und harten Winter. – Wenn die Milchstraße im Dezember schön weiß und hell scheint, so bedeutet es ein gutes Jahr. – Wenn die Zeit von Weihnachten bis drei Könige neblicht und dunkel ist, sollen das Jahr darauf Krankheiten folgen. – Wenn in der Christnacht die Weine in den Fässern sich bewegen, daß sie übergehen, so hofft man auf ein gutes Weinjahr. – Wenn die Rohrdommel zeitig gehört wird, so hofft man eine gute Ernte. – Wenn die Bohnen übermäßig wachsen und die Eichbäume viel Frucht bringen, so gibt es wenig Getreide. – Wenn die Eulen und andere Vögel ungewöhnlich die Wälder verlassen, und häufig den Dörfern und Städten zufliegen, so gibt es ein unfruchtbares Jahr. – Kühler Mai gibt guten Wein und vieles Heu. – Nicht zu kalt und nicht zu naß, füllt die Scheuer und das Faß. – Reife Erdbeeren um Pfingsten bedeuten einen guten Wein. – Wenn es in der Walpurgisnacht regnet, so hofft man ein gutes Jahr. – Ist das Brustbein von einer gebratenen Martinsgans braun, so bedeutet es Kälte; ist es weiß, Schnee.» –

Ein Bergbewohner, welcher diese vielen, auf reiche Fruchtbarkeit hinzielenden Sprüche, wo nicht mit Neid, doch mit Ernst vernommen, wurde gefragt, ob auch bei ihnen dergleichen gäng und gäbe wäre? Er versetzte darauf: mit so viel Abwechselung könne er nicht dienen, Rätselrede und Segen sei bei ihnen nur einfach und heiße:

Morgens rund,
Mittag gestampft,
Abends in Scheiben;
Dabei soll's bleiben,
Es ist gesund.

Man freute sich über diese glückliche Genügsamkeit, und versicherte, daß es Zeiten gäbe, wo man zufrieden sei, es ebenso gut zu haben.

Indessen steht manche Gesellschaft gleichgültig auf, den fast unübersehbaren Tisch verlassend, andere grüßen und werden gegrüßt, so verliert sich die Menge nach und nach. Nur die zunächst sitzenden, wenige wünschenswerte Gäste zaudern, man verläßt sich ungern, ja man kehrt einigemal gegeneinander zurück, das angenehme Weh eines solchen Abschieds zu genießen, und verspricht endlich, zu einiger Beruhigung, unmögliches Wiedersehen.

Außer den Zelten und Buden empfindet man leider in der hohen Sonne sogleich den Mangel an Schatten, welchen jedoch eine große neue Anpflanzung junger Nußbäume auf dem Hügelrücken künftigen Urenkeln verspricht. Möge jeder Wallfahrende die zarten Bäume schonen, eine löbliche Bürgerschaft von Bingen diese Anlage schirmen, durch eifriges Nachpflanzen und sorgfältiges Hegen ihr, zu Nutz und Freude so vieler Tausende, nach und nach in die Höhe helfen.

Eine neue Bewegung deutet auf neues Ereignis; man eilt zur Predigt, alles Volk drängt sich nach der Ostseite. Dort ist das Gebäude noch nicht vollendet, hier stehen noch Rüststangen, schon während des Baues dient man Gott. Ebenso war es, als in Wüsteneien von frommen Einsiedlern mit eigenen Händen Kirchen und Klöster errichtet wurden. Jedes Behauen, jedes Niederlegen eines Steins war Gottesdienst. Kunstfreunde erinnern sich der bedeutenden Bilder von Le Sueur, des heiligen Bruno Wandel und Wirkung darstellend. Also wiederholt sich alles Bedeutende im großen Weltgange, der Achtsame bemerkt es überall.

Eine steinerne Kanzel, außen an der Kirchmauer auf Kragsteinen getragen, ist nur von innen zugänglich. Der Prediger tritt hervor, ein Geistlicher in den besten Jahren. Die Sonne steht hoch, daher ihm ein Knabe den Schirm überhält. Er spricht, mit klarer verständlicher Stimme, einen rein verständigen Vortrag. Wir glaubten seinen Sinn gefaßt zu haben und wiederholten die Rede manchmal mit Freunden. Doch ist es möglich, daß wir, bei solchen Überlieferungen, von dem Urtext abwichen und von dem unsrigen mit einwebten. Und so wird man im Nachstehenden einen milden, Tätigkeit fordernden Geist finden, wenn es auch nicht immer die kräftigen ausführlichen Worte sein sollten, die wir damals vernahmen.

«Andächtige geliebte Zuhörer! In großer Anzahl besteigt ihr an dem heutigen Tage diese Höhe, um ein Fest zu feiern, das seit vielen Jahren durch Schickung Gottes unterbrochen worden. Ihr kommt, das vor kurzem noch entehrt und verwüstet liegende Gotteshaus hergestellt, geschmückt und eingeweiht zu finden, dasselbe andächtig zu betreten, und die dem Heiligen, der hier besonders verehrt wird, gewidmeten Gelübde dankbar abzutragen. Da mir nun die Pflicht zukommt, an euch bei dieser Gelegenheit ein erbauliches Wort zu sprechen, so möchte wohl nichts besser an der Stelle sein, als wenn wir zusammen beherzigen: wie ein solcher Mann, der zwar von frommen, aber doch sündigen Eltern erzeugt worden, zur Gnade gelangt sei vor Gottes Thron zu stehen, und für diejenigen, die sich im Gebet gläubig an ihn wenden, vorbittend, Befreiung von schrecklichen, ganze Völkerschaften dahinraffenden Übeln, ja vom Tode selbst, erlangen könne?

Er ist dieser Gnade gewürdigt worden, so dürfen wir mit Zutrauen erwidern, gleich allen denen die wir als Heilige verehren, weil er die vorzüglichste Eigenschaft besaß, die alles übrige Gute in sich schließt, eine unbedingte Ergebenheit in den Willen Gottes.

Denn obgleich kein sterblicher Mensch sich anmaßen dürfte Gott gleich, oder demselben auch nur ähnlich zu werden, so bewirkt doch schon eine unbegrenzte Hingebung in seinen heiligen Willen die erste und sicherste Annäherung an das höchste Wesen.

Sehen wir doch ein Beispiel an Vätern und Müttern, die, mit vielen Kindern gesegnet, liebreiche Sorge für alle tragen. Zeichnet sich aber eins oder das andere darunter in Folgsamkeit und Gehorsam besonders aus, befolgt ohne Fragen und Zaudern die elterlichen Gebote, vollzieht es die Befehle sträcklich und beträgt sich dergestalt, als lebte es nur in und für die Erzeuger: so erwirbt es sich große Vorrechte. Auf dessen Bitte und Vorbitte hören die Eltern und lassen oft Zorn und Unmut, durch freundliche Liebkosungen besänftigt, vorübergehen. Also denke man sich, menschlicherweise, das Verhältnis unsers Heiligen zu Gott, in welches er sich durch unbedingte Ergebung empor geschwungen.»

Wir Zuhörenden schauten indes zu dem reinen Gewölbe des Himmels hinauf; das klarste Blau war von leicht hinschwebenden Wolken belebt, wir standen auf hoher Stelle. Die Aussicht rheinaufwärts licht, deutlich, frei, den Prediger zur Linken über uns, die Zuhörer vor ihm und uns hinabwärts.

Der Raum, auf welchem die zahlreiche Gemeinde steht, ist eine große unvollendete Terrasse, ungleich und hinterwärts abhängig. Künftig, mit baumeisterlichem Sinne, zweckmäßig herangemauert und eingerichtet, wäre das Ganze eine der schönsten Örtlichkeiten in der Welt. Kein Prediger, vor mehrern tausend Zuhörern sprechend, sah je eine so reiche Landschaft über ihren Häuptern. Nun stelle der Baumeister aber die Menge auf eine reine, gleiche, vielleicht hinterwärts wenig erhöhte Fläche, so sähen alle den Prediger, und hörten bequem; diesmal aber, bei unvollendeter Anlage, standen sie abwärts, hintereinander, sich ineinander schickend, so gut sie konnten. Eine von oben überschaute wundersame stillschwankende Woge. Der Platz, wo der Bischof der Predigt zuhörte, war nur durch den hervorragenden Baldachin bezeichnet, er selbst in der Menge verborgen und verschlungen. Auch diesem würdigen obersten Geistlichen würde der einsichtige Baumeister einen angemessenen ansehnlichen Platz anweisen und dadurch die Feier verherrlichen. Dieser Umblick, diese dem geübten Kunstauge abgenötigten Betrachtungen hinderten nicht, aufmerksam zu sein auf die Worte des würdigen Predigers, der zum zweiten Teile schritt und etwa folgendermaßen zu sprechen fortfuhr:

«Eine solche Ergebung in den Willen Gottes, so hoch verdienstlich sie auch gepriesen werden kann, wäre jedoch nur unfruchtbar geblieben, wenn der fromme Jüngling nicht seinen Nächsten so wie sich selbst, ja mehr wie sich selbst, geliebt hätte. Denn ob er gleich, vertrauensvoll auf die Fügungen Gottes, sein Vermögen den Armen verteilt, um als frommer Pilger das Heilige Land zu erreichen, so ließ er sich doch von diesem preiswürdigen Entschlusse unterwegs ablenken. Die große Not, worin er seine Mitchristen findet, legt ihm die unerläßliche Pflicht auf, den gefährlichsten Kranken beizustehen, ohne an sich selbst zu denken. Er folgt seinem Beruf durch mehrere Städte, bis er endlich, selbst vom wütenden Übel ergriffen, seinen Nächsten weiter zu dienen außer Stand gesetzt wird. Durch diese gefahrvolle Tätigkeit nun hat er sich dem göttlichen Wesen abermals genähert: denn wie Gott die Welt in so hohem Grade liebte, daß er zu ihrem Heil seinen einzigen Sohn gab, so opferte Sankt Rochus sich selbst seinen Mitmenschen.»

Die Aufmerksamkeit auf jedes Wort war groß, die Zuhörer unübersehbar. Alle einzeln herangekommenen Wallfahrer und alle vereinigten Gemeindeprozessionen standen hier versammelt, nachdem sie vorher ihre Standarten und Fahnen an die Kirche zur linken Hand des Predigers angelehnt hatten, zu nicht geringer Zierde des Ortes. Erfreulich aber war nebenan, in einem kleinen Höfchen, das gegen die Versammlung zu unvollendet sich öffnete, sämtliche herangetragene Bilder auf Gerüsten erhöht zu sehen, als die vornehmsten Zuhörer ihre Rechte behauptend.

Drei Muttergottesbilder von verschiedener Größe standen neu und frisch im Sonnenscheine, die langen rosenfarbenen Schleifenbänder flatterten munter und lustig im lebhaftesten Zugwinde. Das Christuskind in Goldstoff blieb immer freundlich. Der heilige Rochus, auch mehr als einmal, schaute seinem eigenen Feste geruhig zu. Die Gestalt im schwarzen Samtkleide wie billig obenan.

Der Prediger wandte sich nun zum dritten Teil und ließ sich ungefähr also vernehmen:

«Aber auch diese wichtige und schwere Handlung wäre von keinen seligen Folgen gewesen, wenn Sankt Rochus für so große Aufopferungen einen irdischen Lohn erwartet hätte. Solchen gottseligen Taten kann nur Gott lohnen, und zwar in Ewigkeit. Die Spanne der Zeit ist zu kurz für grenzenlose Vergeltung. Und so hat auch der Ewige unsern heiligen Mann für alle Zeiten begnadigt und ihm die höchste Seligkeit gewährt: nämlich andern, wie er schon hienieden im Leben getan, auch von oben herab für und für hülfreich zu sein.

Wir dürfen daher in jedem Sinne ihn als ein Muster ansehn, an welchem wir die Stufen unsers geistlichen Wachstums abmessen. Habt ihr nun in traurigen Tagen euch an ihn gewendet und glückliche Erhörung erlebt durch göttliche Huld, so beseitiget jetzt allen Übermut und anmaßliches Hochfahren; aber fragt euch demütig und wohlgemut: haben wir denn seine Eigenschaften vor Augen gehabt? Haben wir uns beeifert ihm nachzustreben?

Ergaben wir uns zur schrecklichsten Zeit, unter kaum erträglichen Lasten, in den Willen Gottes? Unterdrückten wir ein aufkeimendes Murren? Lebten wir einer getrosten Hoffnung, um zu verdienen, daß sie uns nun, so unerwartet als gnädig, gewährt sei? Haben wir in den gräßlichsten Tagen pestartig wütender Krankheiten nicht nur gebetet und um Rettung gefleht? Haben wir den Unsrigen, näher- oder entfernteren Verwandten und Bekannten, ja Fremden und Widersachern in dieser Not beigestanden, um Gottes und des Heiligen willen unser Leben dran gewagt?

Könnt ihr nun diese Fragen im stillen Herzen mit Ja beantworten, wie gewiß die meisten unter euch redlich vermögen, so bringt ihr ein löbliches Zeugnis mit nach Hause.

Dürft ihr sodann, wie ich nicht zweifle, noch hinzufügen: wir haben bei allem diesem an keinen irdischen Vorteil gedacht, sondern wir begnügten uns an der gottgefälligen Tat selbst, so könnt ihr euch um desto mehr erfreuen, keine Fehlbitte getan zu haben, und ähnlicher geworden zu sein dem Fürbittenden.

Wachset und nehmet zu an diesen geistlichen Eigenschaften, auch in guten Tagen, damit ihr, zu schlimmer Zeit, wie sie oft unversehens hereinbricht, zu Gott durch seinen Heiligen Gebet und Gelübde wenden dürfet.

Und so betrachtet auch künftig die wiederholten Wallfahrten hieher als erneute Erinnerungen, daß ihr dem Höchsten kein größeres Dankopfer darbringen könnt, als ein Herz gebessert und an geistlichen Gaben bereichert.»

Die Predigt endigte gewiß für alle heilsam; denn jeder hat die deutlichen Worte vernommen, und jeder die verständigen praktischen Lehren beherzigt.

Nun kehrt der Bischof zur Kirche zurück; was drinnen vorgegangen, blieb uns verborgen. Den Widerhall des Te Deum vernahmen wir von außen. Das Ein- und Ausströmen der Menge war höchst bewegt, das Fest neigte sich zu seiner Auflösung. Die Prozessionen reihten sich, um abzuziehen; die Büdesheimer, als zuletzt angekommen, entfernten sich zuerst. Wir sehnten uns aus dem Wirrwarr und zogen deshalb mit der ruhigen und ernsten Binger Prozession hinab. Auch auf diesem Wege bemerkten wir Spuren der Kriegs-Wehetage. Die Stationen des Leidensganges unsers Herrn waren vermutlich zerstört. Bei Erneuerung dieser könnte frommer Geist und redlicher Kunstsinn mitwirken, daß jeder, er sei wer er wolle, diesen Weg mit teilnehmender Erbauung zurücklegte.

In dem herrlich gelegenen Bingen angelangt, fanden wir doch daselbst keine Ruhe; wir wünschten vielmehr nach so viel wunderbaren, göttlichen und menschlichen Ereignissen uns geschwind in das derbe Naturbad zu stürzen. Ein Kahn führte uns flußabwärts die Strömungen. Über den Rest des alten Felsendammes, den Zeit und Kunst besiegten, glitten wir hinab; der märchenhafte Turm, auf unverwüstlichem Quarzgestein gebaut, blieb uns zur Linken, die Ehrenburg rechts; bald aber kehrten wir für diesmal zurück, das Auge voll von jenen abschießenden graulichen Gebirgsschluchten, durch welche sich der Rhein seit ewigen Zeiten hindurch arbeitete.

So wie den ganzen Morgen, also auch auf diesem Rückwege begleitete uns die hohe Sonne, obgleich aufsteigende vorüberziehende Wolken zu einem ersehnten Regen Hoffnung gaben; und wirklich strömte er endlich alles erquikkend nieder und hielt lange genug an, daß wir auf unserer Rückreise die ganze Landesstrecke erfrischt fanden. Und so hatte der heilige Rochus, wahrscheinlich auf andere Nothelfer wirkend, seinen Segen auch außer seiner eigentlichen Obliegenheit reichlich erwiesen.

IM RHEINGAU HERBSTTAGE

Supplement des Rochus-Festes 1814

Das lebendige Schauen der nunmehr zu beschreibenden Örtlichkeiten und Gegenstände verdanke ich der geliebten wie verehrten Familie Brentano, die mir an den Ufern des Rheins, auf ihrem Landgute zu Winkel, viele glückliche Stunden bereitete.

Die herrliche Lage des Gebäudes läßt nach allen Seiten die Blicke frei, und so können auch die Bewohner, zu welchen ich mehrere Wochen mich dankbar zählte, sich ringsumher, zu Wasser und Land, fröhlich bewegen. Zu Wagen, Fuß und Schiff erreichte man auf beiden Ufern die herrlichsten, oft vermuteten, öfters unvermuteten Standpunkte. Hier zeigt sich die Welt mannigfaltiger, als man sie denkt; das Auge selbst ist sich in der Gegenwart nicht genug: wie sollte nunmehr ein schriftliches Wort hinreichen, die Erinnerung aus der Vergangenheit hervorzurufen? Mögen deshalb diese Blätter wenigstens meinem Gefühl an jenen unschätzbaren Augenblicken und meinem Dank dafür treulich gewidmet sein.

Den 1. September

Kloster Eibingen gibt den unangenehmsten Begriff eines zerstörten würdigen Daseins. Die Kirche, alles Zubehörs beraubt, Zimmer und Säle ohne das mindeste Hausgerät, die Zellenwände eingeschlagen, die Türen nach den Gängen mit Riegeln verzimmert, die Fache nicht ausgemauert, der Schutt umherliegend. Warum denn aber diese Zerstörung ohne Zweck und Sinn? Wir vernehmen die Ursache. Hier sollte ein Lazarett angelegt werden, wenn der Kriegsschauplatz in der Nähe geblieben wäre. Und so muß man sich noch über diesen Schutt und über die verlassene Arbeit freuen. Man scheint übrigens gegenwärtig die leeren Räume zu Monturkammern und Aufbewahrung älterer, wenig brauchbarer Kriegsbedürfnisse benutzen zu wollen. Im Chor liegen Sättel gereihet, in Sälen und Zimmern Tornister, an abgelegten Montierungsstücken fehlt es auch nicht, so daß, wenn eine der Nonnen vor Jahren die Gabe des Vorgesichts gehabt hätte, sie sich vor der künftigen Zerrüttung und Entweihung hätte entsetzen müssen. Die Wappen dieser ehemals hier beherbergten und ernährten Damen verzieren noch einen ausgeleerten Saal.

Hierauf besuchten wir in Rüdesheim das Brömserische Gebäude, welches zwar merkwürdige, aber unerfreuliche Reste aus dem sechzehnten Jahrhundert enthält. Nur ist ein Familiengemälde der Herren von Kronberg, von 1549, in seiner Art besonders gut und der Aufmerksamkeit aller Freunde des Altertums und der Kunst würdig.

In der Stadtkirche auf dem Markt befindet sich das Wunderbild, das ehemals so viele Gläubige nach Not Gottes gezogen hatte. Christus knieend, mit aufgehobenen Händen, etwa acht Zoll hoch, wahrscheinlich die übrig gebliebene Hauptfigur einer uralten Ölbergsgruppe. Kopf und Körper aus Holz geschnitzt. Das Gewand von feinem Leinenzeuge aufgeklebt, fest anliegend wo die Falten schon ins Holz geschnitzt waren, an den rohen Armen aber locker, die Ärmel bildend und ausgestopft, das Ganze bekreidet und bemalt. Die angesetzten Hände zwar zu lang, die Gelenke und Nägel hingegen gut ausgedrückt; aus einer nicht unfähigen, aber ungeschickten Zeit.

Den 2. September

Ungefähr in der Mitte von Winkel biegt man aus nach der Höhe zu, um Vollrads zu besuchen. Erst geht der Weg zwischen Weinbergen, dann erreicht man eine Wiesenfläche; sie ist hier unerwartet, feucht und mit Weiden umgeben. Am Fuß des Gebirges, auf einem Hügel, liegt das Schloß, rechts und links fruchtbare Felder und Weinberge, einen Bergwald von Buchen und Eichen im Rücken.

Der Schloßhof, von ansehnlichen Wohn- und Haushaltungsgebäuden umschlossen, zeugt von altem Wohlstande, der kleinere hintere Teil desselben ist den Feldbedürfnissen gewidmet.

Rechts tritt man in einen Garten, der, wie das Ganze, von altem Wohlhaben und gutsherrlicher Vorsorge zeugt, und jetzt als eine belebte Ruine uns eigentümlich anspricht. Die sonst pyramiden- und fächerartig gehaltenen Obstbäume sind zu mächtigen Stämmen und Ästen kunstlos wild ausgewachsen, überschatten die Beete, ja verdrängen die Wege und geben, von vortrefflichem Obste reich behangen, den wundersamsten Anblick. Eine Lustwohnung, von dem Kurfürsten aus der Greifenklauischen Familie erbaut, empfängt mit sichtbarstem Verfall den Eintretenden. Die untern Räume sind völlig entadelt, der Saal des ersten Stocks erweckt durch Familienbilder, die ohne gut gemalt zu sein, doch die Gegenwart der Persönlichkeiten aussprechen, das Andenken einer früheren blühenden Zeit. Lebensgroß sitzt ein behaglicher Greifenklau, der auf sich und seinen Zustand sich etwas einbilden durfte. Zwei Gattinnen und mehrere Söhne, Domherren, Soldaten und Hofleute, stehen ihm zur Seite, und was von Kindern, vielleicht auch Verwandten auf ebenem Boden nicht Platz fand, erscheint als Gemälde im Gemälde oben im Bilde. So hängen auch Kurfürsten, Domherren und Ritter lebensgroß, in ganzen und halben Figuren umher, in dem nicht verwüsteten, aber wüsten Saale, wo alte reiche Stühle, zwischen vernachlässigten Samenstauden und anderm Unrat, unordentlich noch ihren Platz behaupten. In den Seitenzimmern schlottern die Goldledertapeten an den Wänden, man scheint die Tapeziernägel, die sie festhielten, zu anderm Gebrauch herausgezogen zu haben.

Wendet nun das Auge von diesem Greuel sich weg gegen das Fenster, so genießt es, den verwilderten fruchtbaren Garten unter sich, der herrlichsten Aussicht. Durch ein sanft geöffnetes Tal sieht man Winkel nach seiner Länge; überrheinisch sodann Unter- und Oberingelheim, in fruchtbarer Gegend. Wir gingen durch den vernachlässigten Garten, die Baumschulen aufzusuchen, die wir aber in gleichem Zustande fanden; der Gärtner, wollte man wissen, liebe die Fischerei.

Draußen, unter dem Garten, auf der Wiese, zog eine große wohlgewachsene Pappel unsere Aufmerksamkeit an sich; wir hörten, sie sei am Hochzeitsfeste des vorletzten Greifenklau gepflanzt, dessen Witwe noch zuletzt diese Herrlichkeiten mit ungebändigter Lust genossen habe. Nach dem frühzeitigen Tode eines Sohnes aber ging der Besitz dieses schönen Guts auf eine andere Linie hinüber, welche, entfernt wohnend, für dessen Erhaltung weniger besorgt zu sein scheint. Einen wunderlichen, in einen kleinen Teich gebauten Turm gingen wir vorüber und verfügten uns in das ansehnliche Wohngebäude.

Hatten wir gestern im Kloster Eibingen die Zerstörung gesehen, welche durch Änderung der Staatsverhältnisse, Religionsbegriffe, durch Kriegsläufte und andere Sorgen und Bedürfnisse mit Willen und Unwillen einreißt, sahen wir dort ein aufgehobenes Kloster: so fanden wir hier die Spuren einer alten Familie, die sich selbst aufhebt. Die ehrwürdigen Stammbäume erhielten sich noch an den Wänden der umherlaufenden Gänge. Hier sproßten Greifenklaue und Sickingen gegeneinander über und verzweigten sich ins Vielfache; die vornehmsten und berühmtesten Namen schlossen sich weiblicherseits an den Greifenklauischen.

Auf einem andern dieser Bilder knieten Bischöfe, Äbte, Geistliche, Frauen unter dem Baume, von dem sie entsprossen, Heil erbittend. Ein drittes Gemälde dieser Art war mutwillig oder absichtlich entstellt; es hatte jemand den Stammvater herausgeschnitten, vielleicht ein Liebhaber solcher Altertümer, denen nirgends zu trauen ist. Da schwebten nun Äste und Zweige in der Luft, das Verdorren weissagend.

Wie unterhaltend übrigens in guten lebendigen Zeiten diese Galerien für Familienglieder, für Verwandte müssen gewesen sein, kann man noch daraus ermessen, daß die Grundrisse mancher Besitzungen mit ihren Grenzen, Gerechtsamen, streitigen Bezirken, und was sonst bemerklich sein mochte, hier aufgehangen und vor das Auge gebracht sind.

Doch fehlte nunmehr manches, was Besuchende hier in früherer Zeit gekannt hatten, und wir entdeckten zuletzt in einer Kammer sämtliche Familienbilder, flözweise übereinander geschichtet und dem Verderben geweiht. Einige sind wert erhalten zu sein, allen hätte man wohl einen Platz an den Wänden gegönnt. In wenigen Zimmern finden sich noch Stühle und Bettstellen, Kommoden und dergleichen, durch Zeit und Unordnung langsam verdorben und unbrauchbar.

In der kleinen Kapelle wird noch Gottesdienst gehalten, auch diese ist nur notdürftig reinlich. Ein paar kleine griechische Bildchen verdienen kaum aus diesem allgemeinen Verderben gerettet zu werden.

Aus solchen traurigen Umgebungen eilten wir in die reiche frohe Natur, indem wir auf der Höhe des Hügels, Weinberge links, frisch geackerte Fruchtfelder rechts, dem Johannisberg zugingen. Die Grenze des Weinbaues bezeichnet zugleich die Grenze des aufgeschwemmten Erdreichs; wo die Äcker anfangen, zeigt sich die ursprüngliche Gebirgsart. Es ist ein Quarz, dem Tonschiefer verwandt, der sich in Platten und Prismen zu trennen pflegt.

Man kann nicht unterlassen, links hinterwärts, nach dem Fluß und nach den ihn an beiden Ufern begleitenden Landschaften und Wohnlichkeiten umzuschauen, die, im einzelnen schon bekannt, mit größerem Anteil im ganzen überblickt werden.

Überrascht wird man aber doch, wenn man auf den Altan des Johannisberger Schlosses tritt. Denn wollte man auch alle in der Festbeschreibung genannten Orte und Gegenstände wiederholen, so würde sich doch nur dasjenige allenfalls in der Folge dem Gedächtnis darstellen, was man hier auf einmal übersieht, wenn man, auf demselben Flecke stehend, den Kopf nur rechts und links wendet. Denn von Biebrich bis

Bingen ist alles einem gesunden oder bewaffneten Auge sichtbar. Der Rhein, mit den daran gegürteten Ortschaften, mit Inselauen, jenseitigen Ufern und ansteigenden Gefilden. Links oben die blauen Gipfel des Altkönigs und Feldbergs, gerade vor uns der Rücken des Donnersbergs! Er leitet das Auge nach der Gegend woher die Nahe fließt. Rechts unten liegt Bingen, daneben die ahnungsvolle Bergschlucht wohin sich der Rhein verliert.

Die uns im Rücken verweilende Abendsonne beleuchtete diese mannigfaltigen Gegenstände an der uns zugekehrten Seite. Leichte, seltsam, streifenweis vom Horizont nach dem Zenit strebende Wolken unterbrachen die allgemeine Klarheit des Bildes, wechselnde Sonnenblicke lenkten jetzt die Aufmerksamkeit bald da- bald dorthin, und das Auge ward stellenweise mit einzelner frischer Anmut ergötzt. Der Zustand des Schlosses selbst störte nicht diese angenehmen Eindrücke. Leer steht's, ohne Hausgerät, aber nicht verdorben.

Bei untergehender Sonne bedeckte sich der Himmel von allen Seiten mit bunten, immer auf den Horizont sich beziehenden, pfeilförmigen Streifen, sie verkündigten eine Wetterveränderung, über welche die Nacht entscheiden wird.

Den 3. September

Der Morgenhimmel, erst völlig umwölkt, erheiterte sich bei fortdauerndem Nordwind. Nachdem wir in Geisenheim, bei einem Handelsmanne, ein altes Gemälde gesehen, ging der Weg aufwärts durch einen Eichenbusch, welcher alle vierzehn Jahre zum Behuf der Gerberei abgetrieben wird. Hier findet sich das Quarzgestein wieder und weiter oben eine Art von Totliegendem. Rechts blickt man in ein tiefes, von alten und jungen Eichen vollgedrängtes Bergtal hinab; die Türme und Dächer eines alten Klosters zeigen sich, von dem reichsten Grün ganz eingeschlossen, in wildem einsamem Grunde: eine Lage übereinstimmend mit dem Namen dieser heiligen Stätte, denn man nennt sie noch immer Not Gottes, obgleich das Wunderbild, das dem Ritter hier seine Not zujammerte, in die Kirche von Rüdesheim versetzt worden. Völlig unwirtbar erschiene diese Stelle noch jetzt, hätte man nicht einen kleinen Teil der angrenzenden Höhe gerodet und dem Feldbau gewidmet.

Aufwärts dann, eine hochgelegene bebaute Fläche hin, geht der Weg, bis man endlich auf den Niederwald gelangt, wo eine gerade, lange, breite Fahrstraße vornehme Anlagen verkündigt. Am Ende derselben steht ein Jagdschloß mit Nebengebäuden. Schon vor dem Hofraum, besser von einem Türmchen, sieht man in der ungeheuren Schlucht den Rhein abwärts fließen. Lorch, Trechlingshausen, Bacharach sind hüben und drüben zu sehen, und mir war in diesem Blick der Anfang einer neuen Gegend und der völlige Abschluß des Rheingaues gegeben.

Auf einem Spaziergang durch den Wald gelangte man zu verschiedenen Aussichten und endlich zu einem auf einer Felskuppe des Vorgebirgs liegenden Altan, von welchem eine der schönsten Übersichten genossen wird. Tief unter uns die Strömung des Binger Lochs, oberhalb derselben den Mäuseturm. Die Nahe durch die Brücke von Bingen herfließend, aufwärts der Bergrücken der Rochuskapelle und was dem angehört, eine große in allen Teilen mannigfaltige Ansicht. Wendet sich das Auge zurück und unterwärts, so sehen wir das verfallene Schloß Ehrenfels zu unsern Füßen.

Durch eine große wohlbestandne Waldstrecke gelangt man zu dem gegen Norden gerichteten runden Tempel. Hier blickt man von neuem rheinaufwärts, und findet Anlaß alles zu summieren was man diese Tage her gesehen und wieder gesehen hat. Wir sind mit den Gegenständen im einzelnen wohlbekannt, und so läßt sich durch das Fernrohr, ja sogar mit bloßen Augen manches Besondere, nah und fern, schauen und bemerken.

Wer sich in der Folge bemühte den Niederwald besser darzustellen, müßte im Auge behalten, wie das Grundgebirge von Wiesbaden her immer mehr an den Rhein heranrückt, den Strom in die westliche Richtung drängt, und nun die Felsen des Niederwaldes die Grenzen sind, wo er seinen nördlichen Weg wieder antreten kann.

Der steile Fußpfad nach Rüdesheim hinab führt durch die herrlichsten Weinberge, welche mit ihrem lebhaften Grün in regelmäßigen Reihen, wie mit wohlgewirkten Teppichen, manche sich an- und übereinander drängende Hügel bekleiden.

Den 4. September

Früh in der Kirche, wo der Gottesdienst, wegen einer Greifenklauischen Stiftung, feierlicher als gewöhnlich begangen wurde. Geputzte und bekränzte Kinder knieten an den Seitenstufen des Altars und streuten in den Hauptmomenten des Hochamtes Blumenblätter aus ihren Körbchen; weil sie aber verschwenderisch damit umgingen und doch in dem feierlichsten Augenblick nicht fehlen wollten, rafften sie das Ausgestreute wieder in ihre Körbchen und die Gabe ward zum zweiten Male geopfert.

Sodann zu der verfallenen, in ein Winzerhaus verwandelten Kapelle des heiligen Hrabanus. Sie soll das erste Gebäude in Winkel gewesen sein; alt genug scheint es. Die Erde, oder vielmehr der Schutt, aufgerafft an der Stelle wo der Altar gestanden, soll Ratten und Mäuse vertreiben.

Nach Tische in einem mit Menschen überladenen Kahne von Mittelheim nach Weinheim, bei ziemlich lebhaftem Nordostwind. Der Stromstrich wirkt hier stark auf das linke Ufer, nachdem er eine vorliegende Aue weggerissen. Die Wurzeln der alten Weiden sind entblößt, die Stämme vom Eis entrindet. Man hat einen Damm aufgeworfen, um die dahinter liegenden Felder vor Überschwemmung zu sichern.

Am Ende dieses Dammes, gegen Niederingelheim zu, fanden wir ganz eigentliche Dünen, in den ältesten Zeiten vom Wasser abgesetzt, nun ihr leichter Sand vom Winde hin- und hergetrieben. Unzählige kleine Schnecken waren mit demselben vermengt, ein Teil davon den Turbiniten ähnlich, die sich im Weinheimer Kalktuffe befinden. Daß dergleichen sich noch jetzt in diesem Sandbezirk vermehren, läßt sich folgern, da mir die aufmerksamen Kinder ein Schneckenhaus mit lebendigem Tiere vorgezeigt.

Hinter einer Mühle beginnt ein fruchtbareres Gelände, das sich bis Niederingelheim zieht. Dieser Ort, schon hoch, an einer sanften Anhöhe gelegen, gehört zu dem Distrikt, der sonst des Heiligen Römischen Reichs Tal genannt wurde. Karl des Großen Palast fanden wir halb zerstört, zerstückelt, in kleine Besitzungen verteilt, den Bezirk desselben kann man noch an den hohen, vielleicht spätern Mauern erkennen. Ein Stück einer weißen Marmorsäule findet sich an dem Tor eingemauert, mit folgender Inschrift aus dem Dreißigjährigen Kriege:

Vor 800 Jahren ist dieser Saal des großen Kaisers Carl, nach ihm Ludwig des milden Kaisers Carlen Sohn, im Jahr 1044 aber Kaisers Heinrichs, im J. 1360 Kaisers Carlen Königs in Böhmen Pallast gewesen und hat Kaiser Carle d. Große, neben andern gegossenen Säulen, diese Säule aus Italia von Ravenna anhero in diesen Pallast fahren lassen, welche man bey Regierung Kaisers Ferdinandi des II und Königs in Hispania Philippi des IV auch derer verordneter hochlöblicher Regierung in der untern Pfalz, den 6. Aprilis Anno 1628 als der katholische Glauben wiederumb eingeführet worden ist aufgerichtet.

Münsterus in Historia von Ingelheim des heilg. römisch. Reichs Thal fol. DCLXXXIX.

Den Ort, wo die Küche vor alters gestanden, will man dadurch entdeckt haben, daß sehr viele Tierknochen, besonders wilde Schweinszähne, in dem nächsten Graben entdeckt worden. Während der französischen Herrschaft hat man verschiedene Nachsuchungen getan; auch wurden einige Säulen nach Paris geschafft.

Neuerlich ward bei Gelegenheit des großen Chausseebaues Ingelheim vortrefflich gepflastert, das Posthaus gut eingerichtet. Frau Glöckle nennt sich die Postmeisterin, jetzt von Reisenden, besonders Engländern und Engländerinnen, fleißig besucht.

Bei dunkler Nacht gelangten wir auf der Fähre, zwar nicht ohne Unbilden, aber doch glücklich nach Hause.

Den 5. September

fuhren wir im Wagen nach Rüdesheim, sodann im Kahne, bei einem starken stromaufwärtswehenden Winde, nach Bingen hinüber; die Fähre brachte den Wagen nach.

Spaziergang am Ufer, Gips ausgeladen, viel mit grauem Ton vermischt. Woher derselbe kommen mag? Spaziergang durch die Stadt, im Gasthaus zum Weißen Roß eingekehrt. Melancholische Wirtin, mit seltsamem Bewußtsein ihres Zustandes. Nach guter und wohlfeiler Bewirtung fuhren wir den Rochusberg hinauf, an den verfallenen Stationen vorbei. Die Rochuskapelle fanden wir offen. Der Mann, der die Wiederherstellung besorgt hatte, war gegenwärtig, froh über sein Werk, das auch wirklich für gelungen gelten kann. Man hat die Kirchenmauern erhöht, so viel als nötig um dem Hauptaltar von Eibingen gehörigen Raum zu verschaffen. Der Transport kostete nichts, denn die von Bingen hatten alles von drüben herab und hüben herauf getragen, die Schiffer gleichfalls ohne Lohn gefahren. Dadurch war das einzelne wohlerhalten geblieben und nur weniges zu reparieren nötig.

Man beschäftigte sich eben die Orgel aufzustellen. Als wir denjenigen, den wir für den Meister hielten, nach der Güte der Orgel fragten, erwiderte er mit Bedeutsamkeit: Es ist eine weiche Orgel, eine Nonnenorgel! Man ließ uns einige Register hören, sie waren für den Umfang der Kapelle stark genug.

Nun wendeten wir uns zu der niemals genug zu schauenden Aussicht und untersuchten sodann das Gestein. Auf der Höhe besteht es aus einem dem Tonschiefer verwandten Quarz, am Fuße gegen Kempten zu aus einer Art Totliegendem, welches aus scharfkantigen Quarzstücken, fast ohne Bindungsmittel besteht. Es ist äußerst fest und hat außen durch die Witterung den bekannten Chalcedonüberzug erlangt. Es wird billig unter die Urbrekzien gerechnet.

Wir fuhren durch die Weinberge hinabwärts, ließen Kempten links und gelangten auf die neue treffliche Chaussee, an deren beiden Seiten ein leicht zu bearbeitender Boden gesehen wird. Da wir nach Oberingelheim verlangten, so verließen wir die Straße und fuhren rechts auf einem sandigen Boden durch junge Kieferwäldchen; sanfte Anhöhen zeigten schon besseres Erdreich; endlich trafen wir Weinberge und gelangten nach Oberingelheim. Dieses Örtchen liegt an einer Anhöhe, an deren Fuß ein Wasser, die Selz genannt, hinfließt.

In dem reinlichen wohlgepflasterten Orte sind wenig Menschen zu sehen. Zu oberst liegt ein altes, durchaus verfallenes, weitläufiges Schloß, in dessen Bezirk eine noch gebrauchte, aber schlecht erhaltene Kirche. Zur Revolutionszeit meißelte man die Wappen von den Rittergräbern. Uralte Glasscheiben brechen nach und nach selbst zusammen. Die Kirche ist protestantisch.

Ein wunderbarer Gebrauch war zu bemerken. Auf den Häuptern der steinernen Ritterkolossen sah man bunte leichte Kronen von Draht, Papier und Band, turmartig zusammengeflochten. Dergleichen standen auch auf Gesimsen, große beschriebene Papierherzen daran gehängt. Wir erfuhren, daß es zum Andenken verstorbener unverheirateter Personen geschehe. Diese Totengedächtnisse waren der einzige Schmuck des Gebäudes.

Wir begaben uns in ein Weinhaus und fanden einen alten Wirt, der, ungeachtet seines kurzen Atems, uns von guten und bösen Zeiten zu unterhalten nicht ermangelte. Die beiden Ingelheime gehörten zu einem Landesstrich, den man die acht Ortschaften nannte, welche seit uralten Zeiten große Privilegien genossen. Die Abgaben waren gering, bei schöner Fruchtbarkeit. Unter französischer Botmäßigkeit hatte man große Lasten zu tragen.

Man baute sonst hier nur weißen Wein, nachher aber, in Nachahmung und Nacheiferung von Aßmannshausen, auch roten; man rühmte dessen Vorzüge, ob man uns gleich mit keinem roten Elfer mehr dienen konnte; wir ließen uns daher den weißen genannten Jahres wohl schmecken.

Als wir nach Weinheim zurück ans Ufer kamen und nach einem Kahn verlangten, erboten sich zwei Knaben uns überzufahren. Man zeigte einiges Mißtrauen gegen ihre Jugend, sie versicherten aber besser zu sein als die Alten, auch brachten sie uns schnell und glücklich ans rechte Ufer.

Den 6. September

Auf einem Spaziergange, bei Gelegenheit daß eine Mauer errichtet wurde, erfuhr ich, daß der Kalkstein, welcher fast ganz aus kleinen Schnecken besteht, an den jenseitigen Höhen und mehreren Orten gebrochen werde. Da diese Schnekken, nach der neusten Überzeugung, Ausgeburten des süßen Wassers sind, so wird die ehemalige Restagnation des Flusses zu einem großen See immer anschaulicher.

Man zeigte mir am Rheine zwischen einem Weidicht den Ort, wo Fräulein von Günderode sich entleibt. Die Erzählung dieser Katastrophe an Ort und Stelle, von Personen, welche in der Nähe gewesen und teil genommen, gab das unangenehme Gefühl, was ein tragisches Lokal jederzeit erregt. Wie man Eger nicht betreten kann, ohne daß die Geister Wallensteins und seiner Gefährten uns umschweben.

Von diesen tragischen Gefühlen wurden wir befreit, indem wir uns nach den Gewerben des Lebens erkundigten.

Gerberei. Der Stockausschlag eines abgetriebenen Eichenbusches braucht dreizehn bis vierzehn Jahre; dann werden die jungen Eichen geschält, entweder am Stamme, oder schon umgeschlagen, dies muß im Safte geschehen. Diese Schale wird von fernen Orten hergeholt, vom Neckar über Heidelberg, von Trier und so weiter. Die Wasserfahrt erleichtert das Geschäft. Mühlen zum Kleinmahlen der Lohe. Häute, die nordamerikanischen, kommen während der letzten

Zeit immer über Frankreich. Behandlung der Häute, Zeit des Garwerdens.

Weinbau. Mühe dabei. Vorteile, Gewinn, Verlust. Anno 1811 wurden in Winkel achthundert Stück Wein gebaut. Großer Ertrag des Zehnten. Die Güte des Weins hängt von der Lage ab, aber auch von der spätern Lese. Hierüber liegen die Armen und Reichen beständig im Streite; jene wollen viel, diese guten Wein. Man behauptet, es gebe um den Johannisberg bessere Lagen; weil aber jener, als eingeschlossener Bezirk, seine Weinlese ungehindert verspäten könne, daher komme die größere Güte des Erzeugnisses. In den Gemeindebezirken werden die Weinberge einige Zeit vor der Lese geschlossen, auch der Eigentümer darf nicht hinein. Will er Trauben, so muß er einen verpflichteten Mann zum Zeugen rufen.

Und so hätten wir denn abermals mit dem glücklichen Rundworte geschlossen:

Am Rhein! am Rhein!
Da wachsen unsre Reben!

ORTSREGISTER

Janiculus, der 1612 unter Paul V. errichtete Brunnen von G. Fontana und C. Maderno, in den die Wasserleitung aus dem Lago Bracciano mündet 499f.
– S. Andrea della Valle, Barockkirche nach dem Vorbild von Il Gesù, geweiht 1650, mit Fassade von Rainaldi, mit Deckenfresken der vier Apostel und Szenen aus dem Leben des Hl. Andreas von Domenichino 1624–1628 149
– Antoninische Säule, siehe Marc Aurel-Säule
– S. Antonio Abate lag an Stelle des heutigen Seminario Lombardo an der Piazza S. Maria Maggiore 176
– S. Apollinare von 780 bei der Piazza Navona, um 1700 umgebaut, jetzt geschlossen 169f.
– Apollo von Belvedere, siehe Vatikan, Museo Pio-Clementino
– Basilica di Costantino o di Massenzio d. i. Minerven- und Friedenstempel, Basilika des Maxentius, begonnen 306–312 n. Chr., vollendet durch Konstantin. Drei ungeheure Bogen, Reste der 100 m langen und 75 m breiten dreischiffigen Basilika. Sie beherrschen das Forum im Osten 575
– Botanischer Garten, siehe Orto Botanico
– Campo Vaccino, das Kuhfeld, wo Viehmarkt abgehalten wurde, ist das verschüttete Forum, das erst seit 1813 ausgegraben wurde. Nur einzelne Säulentrümmer ragten aus dem Erdboden heraus 575
– Campus Martius, das in der Tiberschleife ebene Gebiet nördlich vor den Mauern des voraugusteischen Rom, später das Siedlungsgebiet der barocken Stadt 180 434 445
– S. Carlo al Corso 1612 errichtet 539 580
– Castel S. Angelo, ursprünglich Grabmal Hadrians, dann mittelalterliche Festung, später mit dem Vatikan durch eine Mauer verbundenes Kastell der Päpste am Tiber 388 534 585
– S. Cecilia in Trastevere über dem Wohnhaus der Heiligen errichtet, jetzt ihr Grab bergend, eine der mittelalterlichen Kirchen Roms. Cavallinis große Fresken wurden erst 1901 entdeckt. Die Hl. Cäcilia wurde im 15. Jahrhundert Patronin der Kirchenmusik und gilt als Erfinderin der Orgel 153f.
– Cestius-Pyramide, Grab des Prätors und Volkstribuns C. Cestius, gestorben 12 v. Chr., an der Porta S. Paolo im Süden. Eine Zeichnung Goethes von der Pyramide bei Mondschein ist erhalten. Benachbart der protestantische Friedhof mit dem Grab Augusts v. Goethe, gestorben 1830 146 499 571
– Circus des Maxentius, d. i. Rennbahn des Caracalla, an der Via Appia 311 n. Chr. erbaut, in dessen Mitte die Spina, eine Mauer, die bei Wettrennen umfahren werden mußte 147 499
– Cloaca Massima südlich der Stadt in den Tiber mündend, Entwässerungsanlage des Forums und der antiken Stadt mit großen Tonnengewölben 604
– Coelius im Süden, einer der sieben Hügel des antiken Rom 180
– Colosseo am Südende des Forum als Amphitheater unter Vespasian und Titus, 188 m lang, mit umlaufenden Arkaden in 3 Geschossen, 72–80 n. Chr. errichtet. Als Zirkus bis ins 5. Jahrhundert benutzt, dann Festung römischer Familien, im 16. Jahrhundert Steinbruch für St. Peter. Um 1750 unter den Schutz der Kirche als Märtyrerort gestellt 147 182 409 463 574f. 611
– Corso, gemeint ist stets der Corso Umberto, die von der Piazza del Popolo im Norden bis zum Palazzo Venezia im Süden die Stadtmitte durchlaufende enge Hauptstraße des

barocken Rom. Die Wettrennen fanden bis 1884 statt 258 405 417 465 480 533–560 562–567 611
– S. Croce in Gerusalemme am südöstlichen Stadtrand, eine der sieben Hauptkirchen Roms mit Reliquien des Hl. Kreuzes, von Konstantin errichtet, 1743 barock ausgebaut 586
– Domus aurea, d. i. Neronischer Palast am Südabhang des Esquilin neben dem Colosseo, 64 n.Chr. von Nero errichtet 150f.
– Eine besonders besuchte Kirche, d. i. S. Apollinare bei der Piazza Navona 169f.
– Eine mäßig besuchte Kirche zu den drei Brünnlein, siehe S. Paolo alle tre Fontane 498 520
– Forum, siehe Campo Vaccino
– Französische Akademie, 1666 gegründet im Palazzo Mancini am Corso, seit 1801 in der Villa Medici am Pincio. Sie besaß 12 Stipendiaten 427 431 553 597
– Galerie Aldobrandini. Die Bilder des Prinzen Paolo Borghese-Aldobrandini befanden sich damals neben der Galerie Borghese im Palazzo Borghese, die Sammlung wurde um 1800 verkauft, so auch der vermeintliche Leonardo da Vinci: Christus unter den Pharisäern von Bernardino Luini, jetzt National Gallery London 424 430
– Garten des Lucullus auf dem Pincio, Reste im Klostergarten Trinità dei Monti 183
– S. Giovanni in Laterano, eine der sieben Hauptkirchen, Kathedrale des Bischofs von Rom, ursprünglich von Konstantin gegründet, häufig umgebaut, zuletzt 1734 mit großartiger barocker Fassade Aless. Galileis im Stile Palladios 586
– S. Girolamo della Carità, ein römisches Kloster an der Via di Monserrato. Später bezog Filippo Neri das Kloster der florentinischen Bruderschaft S. Giovanni zwischen Palatin und Tiber 511
– Grab der Cäcilia Metella, der Gattin des Crassus, des Sohnes des Triumvirn, ein Rundbau aus augusteischer Zeit an der Via Appia 147 499
– Grotte der Egeria, antikes Brunnenheiligtum bei der Via Appia, nach der altlatinischen Quell- und Geburtsgöttin Egeria genannt. Goethe zeichnete die Grotte 147
– Kapitol, der Burgfelsen des antiken Rom über dem Forum. Michelangelo gestaltete 1546 den Platz neu: an drei Seiten umgeben vom Senatorenpalast, Konservatorenpalast und Kapitolinischen Museum, nach Norden geöffnet mit einer breiten Freitreppe in die Stadt hinab, flankiert von den antiken Dioskuren. In der Mitte erhebt sich das spätantike Reiterstandbild Marc Aurels 177 183 404f. 409 424 526 539 576 580 611 613
– Kapitolinisches Museum, die älteste öffentliche Skulpturensammlung, 1471 von Sixtus IV. gegründet 484 bis 486
– – Ariadnekopf, d. i. Dionysos nach Praxiteles, jetzt Sala I 485
– – Juno, d. i. Hera des 5. Jahrhunderts v.Chr., jetzt im Salone 485
– – Kapitolinische Venus, nach der Venus des Praxiteles, jetzt in einem eigenen Kabinett 485
– – Pyrrhus, d. i. kolossaler römischer Mars des 2. Jahrhunderts 485
– – Venus, bekleidet 485
– Senatorenpalast. Er enthielt die Amtsräume und war z. T. Wohnsitz des Senats von Rom 574–576
– Die Kolosse, die beiden antiken Rossebändiger, römische Kopien griechischer Originale vom Ende des 5. Jahrhunderts, seit 1598 auf dem Monte Cavallo, standen in den ursprünglich benachbart liegenden Thermen des Konstantin, jetzt dort

Gärten, die ersten öffentlichen botanischen Gärten, hatte Paul III. aus dem Hause Farnese 1534–1550 hier angelegt 146 409 444 575
– Palazzo Barberini an der Piazza Barberini von Carlo Maderno 1652 begonnen und von Borromini und Bernini vollendet. Die Sammlung Barberini, mit Raffaels Fornarina, jetzt Villa Borghese, wurde 1935 aufgelöst. Der angebliche Leonardo stellte die Eitelkeit und die Bescheidenheit dar 408
– Palazzo Borghese mit Innenhof und Garten von M. Lunghi d. Ä. erbaut. Hier befand sich bis 1891 die berühmte Galerie Borghese, jetzt Villa Borghese, und bis um 1800 die Galerie Aldobrandini (Bildersammlung des Prinzen Paolo Borghese-Aldobrandini) 175 424 430 580 Christus unter den Pharisäern von Bernardino Luini (um 1485–1532), dem bedeutendsten lombardischen Maler seiner Zeit, früher fälschlicherweise Leonardo da Vinci (1452–1519) zugeschrieben, jetzt National Gallery, London 424 430
– Palazzo Chigi (Chigi: römische Adelsfamilie, ursprünglich aus Siena) von 1580 bis 1630 erbaut am Corso 409
– Palazzo Colonna an der Piazza SS. Apostoli, mit Gärten am Quirinal. Die Galerie, im Familienbesitz, mit Werken von Tintoretto, Palma Vecchio, Veronese, Poussin, Dughet u. a. 387f. 483
– Palazzo Farnese von A. Sangallo d. J. 1514 begonnen, von Michelangelo und G. della Porta weitergeführt, darin die Farnesische Galerie mit dem Hauptwerk Ann. und Ag. Carraccis und Domenichinos mythologische Fresken, den Triumph der Liebe darstellend 149 387 Auf dem Hof stand der Herkules Farnese, römische Kopie des Glykon nach Lysippos 4. Jahrhundert, gefunden bei den Caracalla-Thermen, jetzt Museo Nazionale Neapel 387 450 Im zweiten Hof stand der Torso Farnese, römische Kopie einer Kolossalgruppe aus Rhodos: Zethos und Amphion binden ihre Stiefmutter Dirke an die Hörner eines Stiers, jetzt Museo Nazionale Neapel 387 Farnesische Besitzungen, die ebenfalls nach Neapel gingen: Torso eines sitzenden Apoll, d. i. griechisches Original eines Bacchustorsos des 4. Jahrhunderts, jetzt Museo Nazionale Neapel 406 408
– Palazzo Giustiniani beim Pantheon, die einst berühmte Antikensammlung wurde zur Zeit Napoleons versteigert, die Pallas Giustiniani jetzt Vatikan, der Apollo Pourtalès' jetzt British Museum, London 172 431f.
– Palazzo Piombino am Corso an der Piazza Colonna, jetzt abgebrochen 409 418
– Palazzo della Propaganda von Bernini an der Piazza di Spagna. Sitz der 1622 gegründeten Congregatio de propaganda fide 173
– Palazzo Rondanini am Corso Umberto I, gegenüber Goethes Wohnung, dem Haus Nr. 18. Die Medusa Rondanini jetzt Glyptothek, München. Einen Abguß erhielt Goethe 1826 von Ludwig I. von Bayern geschenkt 145 164 410 417 480 601
– Palazzo Ruspoli am Corso an einer der lebhaftesten Straßenkreuzungen errichtet für die Familie Ruccellai 549 551
– Palazzo Venezia am Südende des Corso, burgartiger Palast der Frührenaissance, 1455 von dem venezianischen Kardinal Pietro Barbo erbaut 535 537 545 558f.
– Pantheon, d. i. Rotonda, ein Rundtempel Hadrians, Stern-Gottheiten geweiht wie ein früherer Tempel Agrippas an der gleichen Stelle, seit 609 S. Maria dei Martiri, mit dem

Grabe Raffaels. Unter Urban VIII. wurden um 1630 dem Portal zwei kleine Glockentürme beigefügt, die erst 1883 wieder abgetragen wurden. Ein Stich Piranesis gibt den Zustand des 18. Jahrhunderts wieder 95 146 160 183

– S. Paolo alle tre Fontane südlich vor der Porta S. Paolo, eine der drei Kirchen der Abtei Tre Fontane, wo Paulus enthauptet worden sein soll. Die Quellen im Innern der Kirche, 1868–70 Trappistenkloster. Die Fresken in der Hauptkirche SS. Vincenzo ed Anastasio 494–498 520

– S. Paolo fuori le Mura, eine der sieben Hauptkirchen südlich Roms vor der Porta S. Paolo. Der ungeheure Bau, eine fünfschiffige Basilika aus dem 5. Jahrhundert mit 80 antiken Säulen, brannte in einer Nacht 1823 ab. Der jetzige Bau hat die alten Mosaiken z. T. beibehalten 498 586

– Piazza Colonna am Corso mit Marc-Aurel-Säule und Palazzo Chigi 409

– Piazza Navona, einst Stadion des Domitian für Schiffskämpfe, noch jetzt die Form des Platzes bestimmend mit S. Agnese und drei großen Brunnen. Das Kloster F. Neris ist S. Maria in Vallicella am Corso Vittorio Emanuele 512

– Piazza del Popolo am nördlichen Eingangstor der Stadt, der Porta del Popolo, wo die Via Flaminia Rom erreicht. In der Mitte der 36 m hohe Obelisk Ramses' II., 1589 errichtet, hier öffnet sich der Corso, umrahmt von den barocken Kirchen S. Maria dei Miracoli und S. Maria di Monte Santo nach Süden 535 537f. 556 559 562

– Piazza di Spagna, d. i. der spanische Platz, wo der spanische Gesandte wohnte und weitgehende Sonderrechte in Rom besaß, eigene Gerichtsbarkeit und eigene Soldateska. Er galt daher im 18. Jahrhundert für Verbrecher als Zufluchtsort 555

– Piazza Venezia am Südende des Corso vor dem Kapitol, mit Palazzo Venezia 573

– S. Pietro in Montorio am Janiculus mit dem Tempietto Bramantes, an der Stelle, wo Petrus gekreuzigt worden sein soll, enthielt bis 1797 die Verklärung Christi von 1517, Raffaels letztes und nicht eigenhändig vollendetes Werk, jetzt Pinacoteca Vaticana 149 429 499–501

– Ponte Molle, d. i. Ponte Milvio nördliche Tiberbrücke der Via Flaminia, 110 v. Chr. errichtet 535

– Porta del Popolo, das Eingangstor der Stadt im Norden an der Via Flaminia. Den noch heute die Stadt umschließenden Mauerring mit einst 300 Türmen und 16 Toren schuf Kaiser Aurelian 270–275 n. Chr. 136 540

– Porta S. Sebastiano im Süden, das Tor zur Via Appia, die drei Brunnen, d. i. S. Paolo alle tre Fontane 520

– Quirinal, einer der sieben Hügel Roms, darauf der Palazzo del Quirinale, wegen der gesunden Lage 1574 als Sommerresidenz für die Päpste begonnen, bis 1870 in ihrem Besitz, dann königlicher Palast, jetzt Sitz der Regierung. Der Platz davor der Monte Cavallo 138–141 Das große Altarbild Hl. Petronilla des Guercino für St. Peter, dort durch Mosaik ersetzt, jetzt in der Pinacoteca Capitolina 139 Die Madonna mit den Heiligen Nikolaus, Katharina, Petrus und Sebastian und den beiden Mönchen Franz von Assisi und Antonius von Padua 1523 von Tizian, für die Kirche S. Niccolò dei Frari in Venedig, jetzt in der Pinacoteca Vaticana 139f. Die Verkündigung von Guido Reni in der Cappella dell'Annunziata 140 Der Hl. Georg, den Drachen tötend, von Paris Bordone, einst wegen der unechten Signatur Pordenone zuge-

die südliche schmale, langgestreckte Insel mit der Kirche Il Redentore 75 92
– S. Giustina, Kirche im Osten am Rio di S. Giustina, seit Napoleon Kaserne. Der 7. Oktober war der Jahrestag des Sieges von Lepanto 1571. Der Doge war Paolo Renieri, der vorletzte Doge der Republik 90 95
– Königin von England nordwestlich der Piazza S. Marco, später Hotel Victoria, an einem Seitenkanal des Rio Memmo mit dem Ponte dei Fuseri und der Calle dei Fuseri 69
– Lido, der schmale Landstreifen, der die Lagune, in der Venedig liegt, vom offenen Adriatischen Meer trennt. Hier die Friedhöfe für Protestanten und Juden 76 92 96–98
– S. Luca, siehe Teatro S. Luca
– Malamocco, Dorf südlich Venedig auf dem Lido 92
– S. Marco, Grabkirche des Hl. Markus, des Schutzpatrons der Stadt, aus dem 9. Jahrhundert, im 11. Jahrhundert nach der Apostelkirche in Konstantinopel in byzantinischem Stil umgebaut, im 15. Jahrhundert mit gotischer Fassade versehen. Im Innern und in den Bogen der Fassade zahlreiche Mosaiken des 10. bis 16. Jahrhunderts. Im Tagebuch urteilt Goethe: «Die Bauart ist jeden Unsinns wert, der jemals drinne gelehrt oder getrieben worden sein mag. Ich pflege mir die Fassade zum Scherz als einen kolossalen Taschenkrebs zu denken.» Die vier Rosse aus Bronze, römische Nachbildungen griechischer Originale, wohl für einen Triumphbogen des alten Rom gedacht, dann in Konstantinopel, kamen 1206 nach der Eroberung als Trophäen nach Venedig und stehen über dem Hauptportal. Winckelmann hielt sie für die schönsten Pferde des Altertums 76 94 96 100 214
– Markusplatz siehe Piazza di S. Marco
– S. Maria della Salute, d. i. ungeheurer Marmortempel, 1631–1656 von Longhena errichteter achtseitiger Zentralbau des Barock mit hoher Kuppel, innen zahlreiche Malereien Tizians. Goethes Tagebuch: «Das mittelste Gefäß, worauf der Dom ruht, als Höhe und Breite nicht zu verachten. Aber das Ganze bis ins einzelne Muster über Muster eines schlechten Geschmacks, eine Kirche die wert ist, daß Wunder drinne geschehn» 73
– Mendicanti, S. Lazzaro dei Mendicanti, Hospital und Kirche der Bettelmönche nahe der Fondamenta nuove, das berühmteste der vier Hospitäler der Stadt, wo sonn- und feiertags große geistliche Konzerte gegeben wurden 80
– S. Michele im Nordosten, die Gräberinsel der Stadt mit dem Cimitero seit 1813. Die Kirche S. Michele als die älteste Renaissancekirche Venedigs 1469 von Coducci begonnen 74
– Murano, Insel im Norden Venedigs, wo die venezianischen Glaswaren hergestellt werden 76
– Palazzo Ducale, Dogenpalast, d. i. der herzogliche Palast, im 9. Jahrhundert begonnen mit vielfachen Umbauten späterer Zeiten. Die Fassade gliedert sich in zwei übereinanderliegende gotische Arkadengeschosse, davon das untere mit kurzen derben Säulen ohne Fuß, und darüber ein drittes blockmäßiges mit glatter, farbig gemusterter Wand. Tagebuch Goethes: «Das sonderbarste was der Menschengeist glaube ich hervorgebracht hat». Goethe wundert sich über die kurzen Säulen. Die öffentlichen Gerichtsverhandlungen wurden hier abgehalten. Der Prozeß, den der Advokat Reccaini – Goethe hat ihn bei der Verhandlung gezeichnet –

führte, ging gegen Margarete Dalmaz, eine ehemalige Seiltänzerin, die, heimlich mit dem Dogen verheiratet, öffentlich nicht als Dogaressa anerkannt wurde. Die gedruckten Reden wurden nach den Verhandlungen unter dem Volk verkauft 81

– Palazzo Farsetti am Canale Grande. Die Sammlung von Gemälden und Antiken mit einer Kunstschule hatte Filippo Farsetti, gestorben 1774, gegründet und Canova hat sich daran gebildet. 1797 mit dem Sturz der Republik wurde sie verkauft und zerstreut 94f.

– Palazzo Pisani Moretta am Canale Grande. Die Familie des Darius vor Alexander von Paolo Veronese, jetzt London National Gallery 92f.

– Palazzo Grimani, im Hof die Statue des Marcus Agrippa, jetzt Museo Civico 96

– Pelestrina im Süden Venedigs auf dem Lido 92 97f.

– Piazza di S. Marco, d.i. Markusplatz am Canale di S. Marco, von S. Marco, dem Palazzo Ducale und an den Seiten von den Procuratie vecchie e nuove mit den Botteghe di Café begrenzt. In dem 1720 gegründeten Café Florian soll Goethe verkehrt haben. Auf der Piazzetta, auf dem an der Lagune gelegenen Teil, zwei 1180 aufgestellte Säulen mit dem alten und neuen Schutzpatron Venedigs, dem Hl. Theodor auf einem Krokodil und dem Löwen des Hl. Markus 69 73 75 99

– S. Pietro in Volta südlich auf dem Lido 98

– Il Redentore auf der Insel La Giudecca, das Hauptwerk Palladios in Venedig; die einschiffige Franziskanerkirche 1576 zum Dank für Erlösung von der Pest begonnen, 1592 beendet 78f.

– Rialto, Ponte die Rialto, die 1588 bis 1592 erbaute, der Gondeln wegen stark gewölbte, überdachte Brücke in der Mitte der Stadt über den Canale Grande 74

– Riva degli Schiavoni, die breite Uferstraße vom Markusplatz am Canale di S. Marco entlang 85

– Teatro S. Chrisostomo, später Teatro Malibran, bei S. Giovanni Chrisostomo, ursprünglich das angesehenste Theater. Metastasio ließ hier seine Dramen aufführen 89

– Teatro S. Luca, später Teatro Goldoni an der Calle dei Fabri. Das Spiel aus dem Stegreif mit festen Charaktermasken: Pantalon, Brighella, dem Doktor und dem Harlekin sind die Besonderheiten der Commedia dell'Arte 84 101 104

– Teatro S. Moisé in der Nähe der Piazza di S. Marco, das 1639 erbaute Theater galt als das beliebteste der sieben Theater der Stadt, von denen vier Opernbühnen waren 81

VERDUN, Stadt an der Meuse 865–881 913 933–940 961 963 1022

VERONA. Von der Etsch in großem Bogen umschlossen. Das Stadtbild Veronas hat Michele Sanmicheli, 1484–1559, stark bestimmt, selbst Veroneser und Festungsbaumeister seiner Vaterstadt, zumal in den Gebäuden, von denen Goethe berichtet 31 35 40 43–55 60 62 65 137 169 696

– Amphitheater in der Mitte der Stadt auf der Piazza Brà, ein rund 150 m langer Ovalbau für 20000 Zuschauer. Er wurde 290 n. Chr. unter Diokletian errichtet. 1771 wurden für Joseph II. und 1782 für Pius VI. in der Arena Stiergefechte und Festlichkeiten abgehalten. Die Inschrift, Hieronymus Marmoreus, statt irrtümlich Maurigenus, gewidmet, stammt von 1569. Seit dieser Zeit wurde häufig restauriert, so auch 1805 unter Napoleon 43f. 47f.

– Il Brà von lateinisch Pratum, Wiese,

INHALTSVERZEICHNIS

ITALIENISCHE REISE

SCHWEIZER REISEN

IN BÖHMEN

AM RHEIN

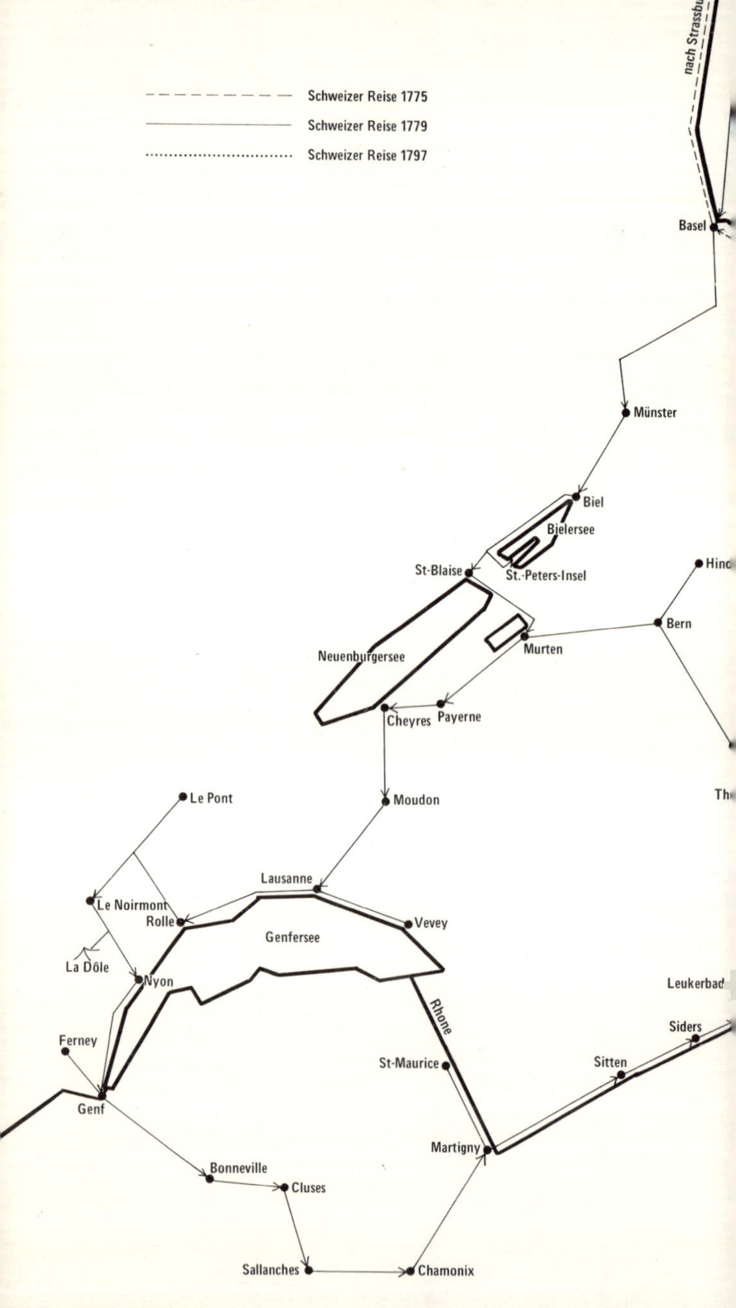

Schweizer Reise 1775
Schweizer Reise 1779
Schweizer Reise 1797
nach Strassburg
Basel
Münster
Biel
Bielersee
St.-Peters-Insel
St-Blaise
Bern
Murten
Neuenburgersee
Payerne
Cheyres
Moudon
Le Pont
Lausanne
Le Noirmont
Rolle
Vevey
Genfersee
La Dôle
Nyon
Rhone
Leukerbad
Siders
Sitten
Ferney
St-Maurice
Genf
Martigny
Bonneville
Cluses
Sallanches
Chamonix